Confédération Générale d

XVIIe CONGRÈS NATIONAL CORPORATIF

(XIe de la Confédération)

ET

4e CONFÉRENCE DES BOURSES DU TRAVAIL

OU UNIONS DE SYNDICATS

Tenus à TOULOUSE, du 3 au 10 Octobre 1910

Compte rendu des Travaux

TOULOUSE

IMPRIMERIE OUVRIÈRE

6, Rue Bayard, 6

1911

Confédération Générale du Travail

XVIIe CONGRÈS NATIONAL CORPORATIF

(XIe de la Confédération)

ET

4e CONFÉRENCE DES BOURSES DU TRAVAIL

OU UNIONS DE SYNDICATS

Tenus à TOULOUSE, du 3 au 10 Octobre 1910

Compte rendu des Travaux

PARIS

MAISON DES FÉDÉRATIONS (SERVICE DE L'IMPRIMERIE)

1911

CONFÉDÉRATION GÉNÉRALE DU TRAVAIL

Siège social : **Maison des Fédérations**

33, Rue de la Grange-aux-Belles — PARIS (X[e])

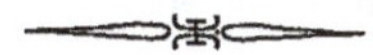

STATUTS

(Modifiés aux Congrès d'Amiens 1906 et de Marseille 1908)

CHAPITRE PREMIER

But et constitution

ARTICLE PREMIER. — La Confédération Générale du Travail, régie par les présents statuts, a pour but :

1° *Le groupement des salariés pour la défense de leurs intérêts moraux et matériels, économiques et professionnels ;*

2° *Elle groupe, en dehors de toute école politique, tous les travailleurs conscients de la lutte à mener pour la disparition du Salariat et du Patronat.*

Nul ne peut se servir de son titre de Confédéré ou d'une fonction de la Confédération dans un acte électoral politique quelconque.

ART. 2. — La Confédération Générale du Travail est constituée par :

1° Les Fédérations nationales d'industrie et les Syndicats nationaux d'industrie. Elle admet les Syndicats dont les professions ne sont pas constituées en Fédérations d'industrie ou dont la Fédération n'est pas adhérente à la Confédération Générale du Travail.

Les Syndicats admis seront groupés par Fédérations d'industrie, lorsqu'ils seront au nombre de trois, s'ils ne se rattachent pas à une Fédération existante.

2° Les Bourses du Travail considérées comme Unions locales, ou départementales ou régionales de corporations diverses et sans qu'il y ait superfétation.

ART. 3. — Nul Syndicat ne pourra faire partie de la Confédération s'il n'est fédéré nationalement et adhérent à une Bourse du Travail ou à une Union de Syndicats locale, ou départementale ou régionale de corporations diverses.

Toutefois, la Confédération Générale du Travail examinera le cas des Syndicats qui, trop éloignés du siège social d'une Union locale, ou départementale ou régionale, demanderaient à n'adhérer qu'à l'un des groupements nationaux cités à l'article 2.

Elle devra, en outre, dans le délai d'un an, engager et ensuite mettre en demeure les Syndicats, les Bourses du Travail, Unions locales, ou départementales ou régionales, les Fédérations diverses de suivre les clauses stipulées au paragraphe 1 du présent article.

Nulle organisation ne pourra être confédérée si elle n'a pas au moins un abonnement au journal *La Voix du Peuple*.

Art. 4. — Chaque organisation adhérente à la Confédération Générale du Travail sera représentée par un délégué.

L'ensemble de ces délégués constitue le Comité confédéral.

Le même délégué pourra représenter, au maximum, trois organisations.

Les délégués doivent remplir les conditions stipulées à l'article 3 et être syndiqués depuis au moins un an. Cette condition de stage n'aura pas d'effet rétroactif et ne sera pas applicable aux organisations n'ayant pas un an d'existence.

Art. 5. — La Confédération Générale du Travail se divise en deux sections autonomes :

La première prend le titre de : Section des Fédérations d'industrie, de métier et des Syndicats isolés :

La deuxième prend le titre : Section de la Fédération des Bourses du Travail.

En outre, elle nomme trois commissions permanentes, ainsi qu'il suit :

1° Commission du journal :

2° Commission des grèves et de la Grève Générale :

3° Commission de contrôle.

CHAPITRE II

Composition et attributions des Sections et des Commissions

PREMIÈRE SECTION

Art. 6. — La Section des Fédérations d'industrie, de métier et des Syndicats isolés est formée par les représentants de ces Fédérations et par les représentants des Syndicats qui pourraient être admis isolément. A moins d'impossibilité absolue et dûment constatée, ces délégués devront appartenir à la Fédération qu'ils représentent et remplir les conditions stipulées à l'article 3.

Elle nomme son bureau, composé : d'un secrétaire, d'un secrétaire-adjoint, d'un archiviste, et fixe les attributions de chaque membre du bureau. Elle participe, avec l'autre section, à l'élection du trésorier.

Elle perçoit les cotisations des Fédérations d'industrie ou de métier et des Syndicats isolés et en dispose selon les besoins de ses attributions.

La réunion de ces délégués prend le nom de Comité des Fédérations d'industrie ou de métier et des Syndicats isolés.

Art. 7. — La Section des Fédérations d'industrie ou de métier et des Syndicats isolés a pour objet : d'entretenir des relations entre lesdites Fédérations pour coordonner l'action de ces organisations et de prendre toutes les mesures nécessaires pour soutenir l'action syndicale sur le terrain de la lutte économique : de créer ou de provoquer la création de Fédérations d'industrie ou de métier et de grouper en branches d'industrie ou de métier les Syndicats de même profession ou de même industrie, pour lesquels il n'existe aucune Fédération.

Elle invite à adhérer aux Bourses du Travail ou Unions locales, ou départementales ou régionales de Syndicats divers, les Syndicats de ces organisations qui en sont en dehors, afin de compléter l'Union syndicale.

Art. 8. — La Section des Fédérations d'industrie ou de métier et des Syndicats isolés se réunit ordinairement le deuxième mardi de chaque mois et extraordinairement quand c'est nécessaire, sur la convocation de son secrétaire et prend toutes les mesures indispensables à la bonne marche des fonctions qui lui sont dévolues.

DEUXIÈME SECTION

Art. 9. — La Section de la Fédération des Bourses du Travail est formée par les représentants des Bourses du Travail ou Unions locales, ou départementales ou régionales de Syndicats divers. Les délégués doivent obligatoirement remplir les conditions stipulées à l'article 3.

Elle nomme son bureau, composé de : un secrétaire, secrétaire-adjoint, un archiviste et fixe les attributions de chaque membre du bureau. Elle participe avec l'autre section à l'élection du trésorier et du trésorier-adjoint.

Elle perçoit les cotisations des éléments qui la composent et en dispose selon les besoins de ses attributions.

La réunion de ces délégués prend le nom de Comité des Bourses du Travail.

Art. 10. — La Section des Bourses du Travail a pour objet d'entretenir des relations entre toutes les Bourses dans le but de coordonner et de simplifier le travail de ces organisations; de créer ou de provoquer la création de nouvelles Bourses ou Unions de Syndicats divers dans les centres, villes ou régions qui en sont dépourvus; de décider les Syndicats de ces organisations non fédérés par métier ou par industrie à adhérer à leur Fédération respective.

Elle dresse périodiquement, avec les renseignements fournis par les Bourses du Travail ou toute autre organisation syndicale, des statistiques de la production en France, de la consommation, du chômage, des statistiques comparées des salaires et du coût des vivres par région, ainsi que du placement gratuit qu'elle généralise aux travailleurs des deux sexes de tous les corps d'état.

Elle surveille avec attention la marche de la juridiction ouvrière pour en signaler les avantages ou les inconvénients aux organisations confédérées.

Elle s'occupe de tout ce qui a trait à l'administration syndicale et à l'éducation morale des travailleurs.

Art. 11. — La Section de la Fédération des Bourses du Travail se réunit ordinairement tous les deuxièmes vendredis de chaque mois et extraordinairement selon les besoins, sur convocation de son secrétaire, et prend toutes les mesures nécessaires à la bonne marche des fonctions qui lui sont dévolues.

Commission du Journal

Art. 12. — La Commission du journal est composée de douze membres, pris à raison de six dans chacune des deux sections de la Confédération.

Elle nomme son secrétaire chargé de convoquer et de rédiger les procès-verbaux. Le secrétaire de cette Commission est en outre spécialement chargé de l'administration proprement dite du journal : abonnements, vente, expédition, correction des articles et correspondance y afférente.

Le gérant du journal fait partie de droit de cette Commission.

Art. 13. — La Commission du journal a pour objet de recevoir, de classer et de vérifier les articles et communications.

Le journal étant l'organe officiel de la Confédération Générale du Travail, ne peut être rédigé que par des ouvriers confédérés.

La Commission du journal veille à ce qu'en aucun cas l'organe de la Confédération ne devienne la tribune de polémiques injurieuses, de querelles personnelles ou politiques, ou entre Syndicats.

Au cas où un article demanderait rectification, elle en aviserait l'auteur.

Les délibérations officielles de la Confédération, de ses Sections ou de ses Commissions sont insérées dans le journal aussitôt leur adoption et avant tout autre article.

Les dépenses et recettes de cette Commission sont communes aux Sections de la Confédération.

Art. 14. — La Commission du journal se réunit sur convocation de son secrétaire avant l'apparition de chaque numéro et prend toutes les dispositions nécessaires pour assurer le succès et la prospérité du journal.

Commission des Grèves et de la Grève Générale

Art. 15. — La Commission des Grèves et de la Grève Générale est composée de douze membres pris à raison de six dans chacune des deux Sections de la Confédération.

Elle nomme son secrétaire, chargé de la convoquer et de rédiger les procès-verbaux.

Art. 16. — La Commission des Grèves et de la Grève Générale a pour objet d'étudier le mouvement des grèves dans tous les pays.

Elle recueille les souscriptions de solidarité et en assure la répartition aux intéressés.

Elle s'efforce, en outre, de faire toute la propagande utile pour faire pénétrer dans l'esprit des travailleurs organisés la nécessité de la Grève Générale. A cet effet, elle crée ou provoque la création, partout où il est possible, de Sous-Comités de Grève Générale.

Art. 17. — La Commission des Grèves et de la Grève Générale se réunit sur convocation de son secrétaire et envoie, si possible, aux organisations en grève, qui en feraient la demande, des camarades pour soutenir leur action.

Art. 18. — Le fonctionnement de la Commission des Grèves et de la Grève Générale est assuré par un prélèvement :

1° De 50 pour 100 sur les cotisations perçues par les Sous-Comités de Grève Générale ;

2° De 5 p. 100 sur les cotisations perçues par chacune des Sections de la Confédération.

Commission de Contrôle

Art. 19. — La Commission de contrôle est formée à raison de 1 membre par Fédération adhérente ayant son siège à Paris.

Elle nomme son secrétaire chargé de la convoquer et de rédiger les procès-verbaux.

Art. 20. — La Commission de contrôle a pour objet de veiller à la bonne gestion financière des divers services de la Confédération.

Chaque année, au mois de juin, elle procède à la vérification des comptes financiers, dépenses et recettes des deux Sections, de la Commission des Grèves, de la Grève Générale et du Journal.

Le résultat de ses opérations est consigné dans un rapport d'ensemble qui est soumis au Comité Confédéral et publié dans le journal de la Confédération.

Comité Confédéral

Art. 21. — Le Comité Confédéral est formé par la réunion des deux Sections. Il se réunit tous les deux mois pour permettre à chaque Section d'exposer les observations qu'elle pourrait avoir à présenter et les modifications qu'elle pourrait proposer dans l'intérêt supérieur du prolétariat organisé. Il peut se réunir extraordinairement, en cas de besoin ou d'urgence, sur la décision du Bureau. Il est l'exécuteur des décisions des Congrès nationaux : il intervient dans tous les événements de la classe ouvrière et prononce sur tous les points d'ordre général.

Art. 22. — Étant donné que tous les éléments qui constituent la Confédération doivent se tenir en dehors de toute école politique, les discussions, conférences, causeries organisées par le Comité confédéral ne peuvent porter que sur des points d'ordre économique ou d'éducation syndicale et scientifique.

Bureau

Art. 23. — Le bureau de la Confédération est formé par la réunion des bureaux des deux sections et du secrétaire de chaque Commission.

Il prépare la réunion du Comité confédéral et veille à l'exécution des décisions prises en assemblée générale. Le secrétaire de la Section des Fédérations d'industrie et de métier aura le titre de Secrétaire général de la Confédération.

Art. 24. — Le bureau des Sections est renouvelé après chaque Congrès national des Syndicats : les membres sortants sont rééligibles.

Le Comité confédéral avisera les organisations adhérentes au moins un mois avant ce renouvellement, afin qu'elles puissent se réunir et désigner les candidats pour que les noms de ceux-ci puissent être publiés quinze jours avant l'élection.

Art. 25. — Les indemnités des fonctionnaires qui, en raison de l'importance de leurs fonctions, pourront être rétribués, seront fixées par le Comité confédéral.

Les fonctionnaires de la Confédération ou les délégués à ses divers Comités pourront être envoyés en délégation au nom de la Confédération, suivant les décisions de leurs Sections respectives, ou, en cas d'urgence absolue, sur l'initiative du Bureau confédéral. La date et les motifs nécessitant ces délégations seront consignés sur un registre spécial, qui indiquera également, avec les noms des organisations visitées, les noms et organisations des camarades délégués de la C. G. T.

CHAPITRE III

Cotisations

Art. 26. — Pour permettre à la Confédération d'assurer ses divers services, les organisations confédérées sont tenues de verser des cotisations comme suit :

1° Les Bourses du Travail ou Unions des Syndicats divers : CINQ CENTIMES PAR AN ET PAR MEMBRE ;

2° Les Fédérations d'industrie de métier et les Syndicats nationaux : SIX FRANCS PAR MILLE MEMBRES ET PAR MOIS :

3° Les Syndicats isolés : CINQ CENTIMES PAR MEMBRE ET PAR MOIS.

CHAPITRE IV

Règlement intérieur

Art. 27. — Seules, les organisations remplissant les conditions prescrites à l'article 3 des présents Statuts auront droit à la marque distinctive appelée Label confédéral.

Pendant la période transitoire, le Label sera accordé aux organisations confédérées qui ne rempliraient qu'une des conditions prévues au paragraphe 1 de l'article 3.

Art. 28. — Toute organisation en retard de trois mois de ses cotisations est considérée comme démissionnaire, après une lettre d'avis restée sans effet. Si cette organisation demandait sa réadmission, elle serait tenue de payer les cotisations depuis son dernier versement.

Art. 29. — Pour tous les cas autres que ceux prévus à l'article précédent, la radiation ne pourra être prononcée que par un Congrès. Toutefois, dans une circonstance grave, le Comité confédéral peut prononcer la suspension de l'organisation incriminée jusqu'au Congrès suivant, qui prononcera définitivement. Les cotisations versées par les organisations démissionnaires ou radiées resteront acquises à la Confédération.

Art. 30. — Les délégués au Comité confédéral sont tenus d'assister régulièrement aux séances pour lesquelles ils sont convoqués, dans l'intérêt même des organisations qu'ils représentent.

Lorsqu'un délégué aura manqué à plus de trois réunions, sans excuse, le bureau de la section respective en avisera l'organisation intéressée en l'invitant à le remplacer.

Avec le procès-verbal de chacune des séances des divers Comités, seront publiés les noms des organisations représentées, excusées et absentes.

Les délégués sont tenus de ne rendre compte des décisions, discussions, séances, etc., etc., des divers Comités confédéraux qu'à leurs organisations respectives ; toute infraction à cette clause motivera de la part du Comité confédéral la demande du retrait de leur mandat.

CHAPITRE V

Congrès et divers

Art. 31. — La Confédération organise vers le mois de septembre, tous les deux ans, un Congrès National du Travail, auquel sont invitées à prendre part les organisations qui, directement ou par intermédiaire, sont adhérentes à la Confédération.

L'ordre du jour de ces Congrès sera établi par les soins du Comité confédéral et adressé, au moins trois mois à l'avance, aux organisations confédérées après les avoir consultées.

Le Comité confédéral peut déléguer partie de ses pouvoirs aux organisations confédérées ayant leur siège dans la ville où se tiendra le

Congrès, sous réserve qu'il se sera assuré que les villes possèdent les éléments nécessaires.

Ne pourront assister au Congrès que les organisations ayant rempli leurs obligations financières envers la Confédération Générale du Travail au moment où le rapport financier à présenter au Congrès sera établi et qui auront donné leur adhésion à la Confédération au moins trois mois avant l'époque fixée par le Congrès.

N'ont voix délibérative au Congrès que les unités syndicales : les Bourses du Travail et les Fédérations n'y ont que voix consultative.

A l'ouverture de chaque Congrès, une Commission de contrôle prise parmi les délégués de province sera chargée d'examiner les comptes du trésorier de la Confédération.

Art. 32. — La Confédération Générale du Travail préparera pour chaque Congrès un rapport général sur sa gestion, qui sera soumis à l'approbation du Congrès.

Art. 33. — Le compte rendu du Congrès sera publié sous la responsabilité de la Confédération Générale du Travail.

Un duplicata de la minute sténographique, les rapports des organisations et des Commissions, ainsi que les propositions déposées sur le bureau, seront versés aux archives de la Confédération.

Art. 34. — Chaque organisation représentée au Congrès n'aura droit qu'à une voix, chaque délégué ne pourra représenter que dix Syndicats au maximum.

Les mandats arrivés au Congrès après le premier jour seront déclarés nuls. Un règlement spécial des Congrès fixera les autres détails d'organisation.

Art. 35. — Les deux Sections pourront tenir, si elles le jugent utile, des Conférences particulières qui auront lieu à l'issue du Congrès général du Travail.

Art. 36. — Dans le but de favoriser la création d'une entente internationale du Travail, la Confédération entretiendra des relations avec les organisations ouvrières et Bourses du Travail des autres pays.

La Confédération est adhérente au Secrétariat International Corporatif.

Art. 37. — La Confédération Générale du Travail, basée sur le principe du fédéralisme et de la liberté, assure et respecte la complète autonomie des organisations qui se seront conformées aux présents statuts.

Art. 38. — Le siège social de la Confédération Générale du Travail est fixé à Paris.

Art. 39. — Les présents statuts ne peuvent être modifiés que par un Congrès, à condition que le texte des propositions de modifications ait été publié dans l'ordre du jour de ce Congrès.

Art. 40. — Les présents statuts, modifiés par les Congrès d'Amiens 1906 et de Marseille 1908, sont en vigueur depuis le 1er janvier 1903.

Ordre du Jour du Congrès

1. **Vérification des mandats ;**
2. **Discussion et vote sur les rapports des Comités et du journal ;**
3. **Modifications aux statuts.**

Employés municipaux (Paris). Métaux (Seine). Employés de l'épicerie (Paris). — Rééligibilité des fonctionnaires de la C. G. T.

Fédération Lithographes (Paris). — Modification à l'article 25 des statuts confédéraux. Remplacer « seront fixés par le Comité confédéral » par « seront fixés par le Congrès corporatif confédéral ».

B. du T. (Tourcoing). — Suppression de la Section des Bourses.

U. des S. (Bordeaux). Maçons (Chambéry). — Obligation pour les Bourses et Fédérations d'imposer la triple obligation.

Fédération nationale de l'Eclairage (Paris). B. du T. (Alais). — Nomination et composition du Comité confédéral.

B. du T. (Mèze). B. du T. (Mazamet). Camionneurs et Rouliers (Toulouse). Marbriers (Toulouse). B. du T. (Toulouse). Chapellerie (Toulouse). Textile (Dunkerque). Bijouterie (Paris). — Caisse confédérale des grèves.

Dessinateurs (Paris). — De l'admission des Syndicats de professions dites libérales à la C. G. T.

Fédération de la Céramique (Limoges). Personnel civil libre des Etablissements de la guerre (Valence). B. du T. (Tourcoing). Mécaniciens (Seine). B. du T. (Valence). Métallurgistes (Roubaix). Fédération Lithographique (Paris). Textile (Lille). Fédération Textile (Lille). B. du T. (Béziers). B. du T. (Abbeville). — Représentation proportionnelle.

B. du T. (Alais). — Suppression de l'abonnement obligatoire des Syndicats à *la Voix du Peuple.*

U. des S. (Chambéry). Maçons (Chambéry). — Attitude de la C. G. T., des Fédérations et des Bourses ou Unions vis-à-vis des Syndicats qui ne remplissent pas la triple obligation.

A retenir par le Congrès

Propositions comportant des augmentations aux statuts ou affirmant à nouveau l'obligation de se conformer à l'application stricte de ces statuts.

Les élus fonctionnaires et membres du Comité confédéral ;

Obligation pour les Bourses et Fédérations d'imposer la triple obligation :

Timbres et cartes confédéraux;

Classification des Syndicats et Fédérations;

Fusion des Fédérations et Syndicats.

Pour les mouvements généraux, une consultation devra être faite auprès des Fédérations pour connaître si leurs Syndicats adhérents sont prêts à agir et à se mettre en grève.

Les organisations centrales devront relever de son mandat tout délégué qui aura outrepassé son droit en engageant l'organisation qu'il représente sans avoir été spécialement mandaté à cet effet;

Décentralisation de la propagande confédérale;

Remboursement du viaticum par la Section des Bourses;

Le livret viaticum à la charge de la C. G. T.;

Viaticum : application de la décision de la Conférence des Bourses, juin 1909;

La Voix du Peuple quotidienne;

Que tous les secours de grève soient envoyés directement à la C. G. T.;

Attitude à prendre envers les organisations qui n'adhèrent pas à leurs Fédérations ou Bourses respectives;

Caisse confédérale de chômage;

Versements obligatoires pour les grèves;

Carte confédérale internationale;

Versements, pendant un temps déterminé, par tous les Syndicats adhérents à la C. G. T., du sou quotidien pour chômage et grèves;

Protestation contre le gouvernement.

Nota. — L'augmentation des cotisations confédérales pour achat de « Brownings » ne doit être également retenue qu'à titre de proposition.

Suite de l'ordre du jour :

4. Retraites ouvrières;

5. Diminution des heures de travail;

6. Contrat collectif; — Capacité commerciale des syndicats; — Arbitrage obligatoire;

7. Propagande antimilitariste;

8. Accidents du travail.

MODIFICATIONS AUX STATUTS

Employés municipaux (*Paris*). *Métaux* (*Seine*). *Employés de l'épicerie* (*Paris*). — Rééligibilité des fonctionnaires de la C. G. T.

Fédération Lithographes (*Paris*). — Modification à l'article 25 des statuts confédéraux. Remplacer « seront fixés par le Comité confédéral » par « seront fixés par le Congrès corporatif confédéral ».

Métallurgistes (*Villefranche-sur-Saône*). *Métaux* (*Saint-Chamond*). *Fédération de la Chapellerie* (*Paris*). *Métallurgistes* (*Sainte-Uze et Saint-Barthélemy*). *Métallurgistes* (*Auxerre*). — Les élus fonctionnaires des Syndicats et membres du Comité confédéral.

B. du T. (*Tourcoing*). — Suppression de la Section des Bourses.

U. des S. (*Bordeaux*). *Maçons* (*Chambéry*). — Obligation pour les Bourses et Fédérations d'imposer la triple obligation.

Fédération nationale de l'Eclairage (*Paris*). *B. du T.* (*Alais*). — Nomination et composition du Comité confédéral.

B. du T. (*Mèze*). *B. du T.* (*Mazamet*). *Camionneurs et Rouliers* (*Toulouse*). *Marbriers* (*Toulouse*). *B. du T.* (*Toulouse*). *Chapellerie* (*Toulouse*). *Textile* (*Dunkerque*). *Bijouterie* (*Paris*). — Caisse confédérale des grèves.

Dessinateurs (*Paris*). — De l'admission des Syndicats de professions dites libérales à la C. G. T.

B. du T. (*Alger*). *Ch. de fer* (*Syndicat national, Paris*). *Cimentiers* (*Seine*). *Maçons* (*Chambéry*). *Métallurgistes* (*Cette*). *Ouvr. en bois merrains* (*Cette*). — Timbre et carte confédéraux.

Métallurgistes (*Livry*). — Classification des Syndicats et Fédérations.

Fédération de la Céramique (*Limoges*). *Personnel civil libre des Etablissements de la guerre* (*Valence*). *B. du T.* (*Tourcoing*). *Mécaniciens* (*Seine*). *B. du T.* (*Valence*). *Métallurgistes* (*Roubaix*). *Fédération Lithographes* (*Paris*). *Textile* (*Lille*). *Fédération Textile* (*Lille*). *B. du T.* (*Béziers*). *B. du T.* (*Abbeville*). — Représentation proportionnelle.

Bâtiment (*Roubaix*). *Métallurgistes* (*Roubaix*). *Agricoles de Seine-et-Oise* (*Morangis*). *B. du T.* (*Roubaix*). *Métallurgistes* (*Cette*). — Fusion des Fédérations et Syndicats.

Fédération de l'Ameublement (*Paris*). — Pour les mouvements généraux, une consultation devra être faite auprès des fédérations pour connaître si leurs syndicats adhérents sont prêts à agir et à se mettre en grève.

Les organisations centrales devront relever de son mandat tout délégué qui aura outrepassé son droit en engageant l'organisation qu'il représente sans avoir été spécialement mandaté à cet effet.

U. d. S. (*Bordeaux*). — Décentralisation de la propagande confédérale.

U. d. S. (*Soissons*). — Remboursement du viaticum par la Section des Bourses.

B. du T. (*Alais*). *U. d. S.* (*Abbeville*). — Viaticum, application de la décision de la Conférence des Bourses, juin 1909.

B. du T. (*Alais*). — Suppression de l'abonnement obligatoire des syndicats à *la Voix du Peuple*.

B. du T. (*Alais*). — Augmentation de la cotisation confédérale pour achats de « Brownings ».

Infirmiers (*Nice*). — Le livret viaticum à la charge de la C. G. T.

Trav. de la Peau (*Seine*). — *La Voix du Peuple* quotidienne.

Métallurgistes (*Sainte-Uze et Saint-Barthélemy*). — Que tous les secours de grève soient envoyés directement à la Confédération.

Métallurgistes-Mouleurs (*Chambéry*). — Attitude à prendre envers les organisations qui n'adhèrent pas à leurs Fédérations ou Bourses respectives.

Métallurgistes-Mouleurs (*Chambéry*). *U. d. S.* (*Chambéry*). *Maçons* (*Chambéry*). — Caisse confédérale de chômage.

B. du T. (*Mazamet*). *B. du T.* (*Toulouse*). — Versements obligatoires pour les grèves.

U. d. S. (*Chambéry*). *Maçons* (*Chambéry*). — Attitude de la C. G. T., des Fédérations et des Bourses ou Unions vis-à-vis des Syndicats qui ne remplissent pas la triple obligation.

U. d. S. (*Chambéry*). *Maçons* (*Chambéry*). — Carte confédérale internationale.

Chapellerie (*Toulouse*). — Versement pendant un temps déterminé, par tous les Syndicats adhérents à la C. G. T., du sou quotidien pour chômage et grèves.
Protestation contre le gouvernement.

Instruments de précision (*Paris*). — Modifications à l'article 21 : « . . . sur tous les points d'ordre général et, en cas de conflit entre des organisations adhérentes, il consulte ses adhérents par referendum. »

B. du T. (*Tourcoing*). — Suppression de la Section des Bourses.

B. du T. (*Mèze*). — Caisse confédérale des grèves.

RAPPORT

DE LA

Commission de Vérification des Mandats

DES DÉLÉGUÉS AU

XVIIe CONGRÈS NATIONAL CORPORATIF

(XIe Congrès Confédéral)

Tenu à TOULOUSE, du 3 au 10 Octobre 1910

Salle des Jacobins, rue Pargaminières

CAMARADES,

Au nom de la Commission de vérification des mandats qui a fonctionné à Paris les 29, 30 septembre et 1er octobre, et les 2 et 3 octobre à Toulouse, j'ai l'avantage de vous présenter le Rapport des mandats de délégués de Fédérations, Bourses de Travail et Syndicats assistant au Congrès, ainsi que des mandats contestés et avec les raisons.

FÉDÉRATIONS

Noms des Fédérations	Noms des Délégués
Fédération des Travailleurs agricoles de la région du Midi	ADER (Paul).
— nationale des Travailleurs de l'Alimentation	BOUSQUET.
— nationale de l'Ameublement	ARBOGAST.
— nationale des Travailleurs du Bâtiment	PÉRICAT et CLÉMENT.
— de la Bijouterie-Orfèvrerie et professions s'y rattachant	LEFÈVRE.
— internationale des Ouvriers et Ouvrières Blanchisseurs	MARCK.
— nationale des Brossiers-Tabletiers	MARTY-ROLLAN.
— nationale des Syndicats de Bûcherons	BORNET.
— nationale de la Céramique	TILLET.
— des Syndicats de la Chapellerie française	ROUX (Auguste).
— internationale des Chauffeurs, Conducteurs, Mécaniciens, Electriciens, Automobilistes	PATAUD et HINOUX.
— nationale des Syndicats d'ouvriers coiffeurs	LUQUET.

Noms des Fédérations	Noms des Délégués
Fédération nationale de la Confection militaire..	Hervier.
— nationale des Cuirs et Peaux........	Griffuelhes.
— des Dessinateurs de France.........	Deplante (Charles).
— nationale des Syndicats d'Employés..	Cleuet.
— des Ouvriers Ferblantiers-Boîtiers...	Ferré.
— nationale de la Fourrure, Lustreurs, Fourreurs, Coupeurs de poils......	
— du Personnel civil des Établissements de la Guerre....................	Berlier.
— d'Industrie des Travailleurs de l'Habillement........................	Dumas.
— ouvrière horticole de France et des Colonies.........................	Bled.
— nationale des Syndicats maritimes....	Rivelli et Gauthier
— lithographique française............	Pichon.
— française des Travailleurs du Livre..	Liochon.
— nationale des Ouvriers des Magasins administratifs de la Guerre........	Galice.
— nationale des Travailleurs réunis de la Marine et de l'État.............	Yvetot.
— des Ouvriers Mécaniciens de France.	Coupat.
— des Ouvriers des Métaux et similaires de France.........................	Merrheim.
— nationale des Travailleurs municipaux	Caillot.
— française des Industries du Papier...	Togny.
— ouvrière des Poudreries et Raffineries de l'État........................	Larroque.
— nationale des Syndicats de Préparateurs en Pharmacie..............	Diem.
— nationale des Ports, Docks, Transports, Manouvriers et Manutentionnaires.........................	Pajean (Georges).
Syndicat national des Ouvriers des P. T. T......	Pauron.
Fédération nationale des Ouvriers Sabotiers-Galochiers........................	Rougerie.
— des Services de Santé de France et des Colonies.........................	Duval.
— nationale des Syndicats du Sciage et Façonnage mécanique du bois.....	Roux.
— générale du Spectacle..............	Elie.
— nationale des Transports...........	Baladier.
— nationale des Travailleurs du Tonneau.	Bourderon.
— des Produits chimiques de France...	Stretti.
— nationale des Ouvrières et Ouvriers des Manufactures d'Allumettes....	Jouhaux et Coudert
— nationale de l'Industrie des Mines, Minières et Carrières............	Cordier.
— nationale de l'Éclairage............	Passenaud.
— nationale des Travailleurs du Verre..	Delzant.
— nationale des Syndicats et Groupes ouvriers de la Voiture...........	Constant.

SYNDICATS ISOLÉS

Noms des Délégués	Noms des Syndicats	Noms des Bourses du Travail ou Unions de Syndicats auxquelles ils adhèrent.
COURT (Claude)...	Syndicat des Ouvriers des Établissements thermaux de Vichy.	Fédération des Syndicats ouvriers de Vichy.
DEKOONINCK......	Syndicat des Ouvriers Voiliers et similaires de Dunkerque.	Bourse du Travail de Dunkerque.
GERVAISE.........	Syndicat des Ouvriers des Monnaies et Médailles de Paris.	Union des Syndicats de la Seine.
GOGUMUS.........	Syndicat des Employés de la région parisienne.	Union des Syndicats de la Seine.
BARRIÈRE	Syndicat des Crieurs et Vendeurs de journaux de Marseille.	Union des Syndicats des Bouches-du-Rhône.
AMBLARD (Caroline)	Syndicat des Ouvrières de l'Imprimerie de Marseille.	Union des Syndicats des Bouches-du-Rhône.

BOURSES DU TRAVAIL et UNIONS DE SYNDICATS

Noms des Bourses du Travail ou Unions de Syndicats	Noms des Délégués
Bourse du Travail d'Abbeville..................	CLEUET.
— — d'Agde......................	CLEUET.
— — d'Agen......................	GRAS.
Union des Syndicats d'Ain et Jura...............	KLEMCZINSKI.
Bourse du Travail d'Aix	BARRIÈRE.
— — d'Alais....................	BRUNEL.
— — d'Albi......................	CAVAGNAC.
Fédération des Chambres syndicales des Alpes-Maritimes....................................	HERMANN (Danis).
Bourse du Travail d'Amiens....................	CLEUET.
— — d'Angers....................	BAHONNEAU.
— — d'Angoulême........	LENOIR.
— — d'Arles.....................	CAMY (Louis).
Union des Syndicats d'Auch et de la région......	DROUILHET.
Bourse du Travail d'Auxerre..................	DUPUIS.
— — de Belfort................	CHEVALLIER.
— — de Besançon et de Franche-Comté....................................	DANREZ (Arthur).
Union des Syndicats de Béziers et des environs..	VIALA.
Bourse du Travail de Blois....................	VIGNAUD (Henri).
Union des Chambres syndicales des Bouches-du-Rhône.....................................	RÉAUD.
Bourse du Travail de Bourges.................	HERVIER.
— — de Brive...................	BOUDET (Adrien).
— — de Cahors...................	ALAUX.

Noms des Bourses du Travail ou Unions de Syndicats	Noms des Délégués
Union des Syndicats ouvriers du Calvados.......	Luquet.
Bourse du Travail de Carcassonne..............	Jammes.
— — de Castres....................	Bigot.
— — de Cette......................	Jeannot et Fabre.
— — de Calais.....................	Marck (Charles).
Union des Syndicats ouvriers de Chartres.......	Métivier.
Bourse du Travail de Châteauroux.............	Turin.
— — de Commentry................	Provost.
— — de Constantine...............	Pochat.
Union des Syndicats ouvriers de la Creuse.......	Rougerie.
Fédération des Syndicats ouvriers de Dijon et de la Côte-d'Or..........................	Cathomen.
Bourse du Travail de Dunkerque..............	Dekooninck.
— — d'Elbeuf....................	Vignaud (Henri).
— — d'Epernay...................	Luquet.
— — de Firminy..................	Malot.
— — de Fougères.................	Laigre.
Union des Syndicats ouvriers fédérés de Bordeaux et de la Gironde..........................	Mourgues.
Bourse du Travail du Havre..................	Rome (G.).
Union des Chambres syndicales ouvrières de Tours et d'Indre-et-Loire.................	Morin (Ferdinand).
Union des Syndicats de l'Isère................	Badin.
Bourse du Travail d'Issy-les-Moulineaux........	Le Guerry.
Bourse du Travail de La Guerche..............	Hervier.
— — de La Pallisse................	Vignaud (Edmond).
Union des Syndicats de la Manche.............	Laurens.
Bourse du Travail de La Rochelle..............	Clément.
— — de Lille....................	Saint-Venant.
— — de Limoges..................	Rougerie.
Union des Syndicats ouvriers du Loiret.........	Constant.
Bourse du Travail de Lorient..................	Trevenec.
— — de Mâcon....................	Klemczinski.
— — de Mazamet..................	Gardiés.
— — de Mehun-sur-Yèvre..........	Hervier.
Union des Syndicats de Meurthe-et-Moselle......	Blanchard (M.).
Bourse du Travail de Mèze...................	Marie.
— — de Montluçon................	Provost.
— — de Montauban................	Carrié.
— — de Montpellier...............	Estor.
Union fédérative des Syndicats ouvriers de Moulins..................................	Galantus.
Bourse du Travail de Nantes..................	Blanchard.
— — de Narbonne.................	Daïdé.
Fédération des Syndicats ouvriers de la Nièvre...	Bondoux.
Bourse du Travail de Nimes..................	Lescalié.
— — de Niort....................	Togny.
Union des Syndicats ouvriers de l'Oise.........	Leroux.
— — — de l'Orne........	Hureau.
— — — de Pantin, Aubervilliers, Pré-Saint-Gervais...................	Coudert.

Noms des Bourses du Travail ou Unions de Syndicats	Noms des Délégués
Bourse du Travail de Périgueux	TEYSSANDIER.
— — de Perpignan	BAZERBE.
— — de Poitiers	NIEL.
Union des Syndicats du Puy-de-Dôme	ROCHET.
Bourse du Travail de Reims	GUERNIER.
— — de Rennes	CHÉREAU.
Union des Syndicats ouvriers du Rhône	ROYER.
Bourse du Travail de Rive-de-Gier	BLANC (Pierre).
— — de Roanne	LENOIR.
— — de Rochefort	VIGNAUD.
— — de Romans	JOUHAUX.
— — de Romilly-sur-Seine	NIEL.
Fédération des Chambres syndicales ouvrières de l'arrondissement de Romorantin	YVETOT.
Bourse du Travail de Roubaix	VERBEURGT.
— — de Saint-Brieuc	GRIFFUELHES.
— — de Saint-Chamond	BARREILLE.
— — de Saint-Etienne	MALOT.
— — de Saint-Malo	MARC (Henry).
— — de Saint-Nazaire	GAUTHIER.
Union des Chambres syndicales ouvrières de Saint-Quentin et la région	DEMARET.
Union départementale des Syndicats de Saône-et-Loire	MERZET.
Union des Chambres syndicales ouvrières de la Sarthe	HUREAU.
Union des Syndicats de la Savoie	CLÉMENT.
— — de la Seine	SAVOIE, BEAUSOLEIL
— — de Seine-et-Marne	JEANNET.
— — de Seine-et-Oise	LAPIERRE, BRÉJEAUD
— — de Soissons	GUERNIER.
Bourse du Travail de Tarare	JOUHAUX.
— — de Tarbes	LESCAMELA.
Union des Synd. ouvr. de Toulouse et de la région	MARTY-ROLLAN et BOUSQUET (Fr.).
Union locale des Syndicats ouvriers de Troyes et environs	SAVOIE.
Bourse du Travail de Tulle	VAYSSE.
— — de Valence	BRAVAIS.
Union des Syndicats ouvriers et employés de Valenciennes	DELZANT.
Union des Syndicats ouvriers du Var	DORIA.
Fédération départementale de Vaucluse	FRANCHIMONT.
Bourse du Travail de Vichy	PERRIN.
— — de Vierzon	LAPORTE.
— — de Voiron	PIERRETON.

SYNDICATS

Par Fédérations respectives

Fédération des Travailleurs agricoles du Midi.

14 Syndicats représentés par 7 délégués.

Fédération des Travailleurs agricoles du Nord.

2 Syndicats représentés par 2 délégués.

Fédération nationale des Travailleurs de l'Alimentation.

70 Syndicats représentés par 33 délégués.

Fédération nationale des Manufactures d'Allumettes.

6 Syndicats représentés par 2 délégués.

Fédération nationale de l'Ameublement.

31 Syndicats représentés par 12 délégués.

Fédération nationale des Travailleurs du Bâtiment.

238 Syndicats représentés par 100 délégués.

Fédération de la Bijouterie-Orfèvrerie.

19 Syndicats représentés par 8 délégués.

Fédération nationale des Brossiers-Tabletiers.

5 Syndicats représentés par 5 délégués.

Fédération nationale des Bûcherons.

26 Syndicats représentés par 9 délégués.

Fédération nationale de la Céramique.

21 Syndicats représentés par 7 délégués.

Fédération des Syndicats ouvriers de la Chapellerie française.

16 Syndicats représentés par 7 délégués.

Fédération internationale des Chauffeurs, Conducteurs, Mécaniciens, Electriciens, Automobilistes.

10 Syndicats représentés par 7 délégués.

Syndicat national des Chemins de fer.

43 Syndicats représentés par 20 délégués.

Fédération nationale des Syndicats d'Ouvriers Coiffeurs.

12 Syndicats représentés par 7 délégués.

Fédération nationale de la Confection militaire.

3 Syndicats représentés par 3 délégués.

Fédération nationale des Cuirs et Peaux.

58 Syndicats représentés par 23 délégués.

Fédération des Dessinateurs de France.

6 Syndicats représentés par 1 délégué.

Fédération nationale de l'Eclairage.

12 Syndicats représentés par 10 délégués.

Fédération nationale des Syndicats d'Employés.

40 Syndicats représentés par 27 délégués.

Fédération des Ouvriers Ferblantiers-Boîtiers.

6 Syndicats représentés par 2 délégués.

Fédération nationale du Personnel civil de la Guerre.

20 Syndicats représentés par 10 délégués.

Fédération d'Industrie des Travailleurs de l'Habillement.

21 Syndicats représentés par 14 délégués.

Fédération ouvrière horticole de France.

10 Syndicats représentés par 4 délégués.

Fédération nationale des Instituteurs et Institutrices.

5 Syndicats représentés par 3 délégués.

Fédération nationale des Syndicats maritimes.

7 Syndicats représentés par 6 délégués.

Fédération Lithographique française.

21 Syndicats représentés par 14 délégués.

Fédération française des Travailleurs du Livre.

50 Syndicats représentés par 26 délégués.

Fédération nationale des Ouvriers et Ouvrières civils des Magasins administratifs de la Guerre.

12 Syndicats représentés par 2 délégués.

Syndicat national des Ouvriers Maréchaux de France.

6 Syndicats représentés par 1 délégué.

Fédération nationale des Travailleurs de la Marine et de l'Etat.

8 Syndicats représentés par 2 délégués.

Fédération des Ouvriers Mécaniciens de France.

21 Syndicats représentés par 10 délégués.

Fédération des Ouvriers des Métaux de France.

174 Syndicats représentés par 60 délégués.

Fédération de l'Industrie des Mines, Minières et Carrières.

39 Syndicats représentés par 14 délégués.

Fédération nationale des Travailleurs municipaux.

17 Syndicats représentés par 11 délégués.

Fédération française des Industries du Papier.

9 Syndicats représentés par 4 délégués.

Fédération ouvrière des Poudreries et Raffineries de l'Etat.

8 Syndicats représentés par 2 délégués.

Fédération nationale des Préparateurs en Pharmacie.

10 Syndicats représentés par 3 délégués.

Fédération nationale des Ports, Docks, Transports, Manouvriers et Manutentionnaires en Marchandises.

28 Syndicats représentés par 11 délégués.

Fédération des Produits chimiques de France.

5 Syndicats représentés par 2 délégués.

Syndicat national des Ouvriers des P. T. T.

69 Syndicats représentés par 10 délégués.

Syndicat national des Sous-Agents des P. T. T.

5 Syndicats représentés par 1 délégué.

Fédération nationale des Ouvriers Sabotiers-Galochiers.

8 Syndicats représentés par 5 délégués.

Fédération des Services de Santé.

15 Syndicats représentés par 3 délégués.

Fédération nationale de l'Industrie du Sciage et Façonnage mécanique du bois.

5 Syndicats représentés par 3 délégués.

Fédération générale du Spectacle.

10 Syndicats représentés par 4 délégués.

Fédération de la Teinture et Apprêts.

5 Syndicats représentés par 2 délégués.

Fédération nationale de l'Industrie textile.

66 Syndicats représentés par 23 délégués.

Fédération nationale des Transports.

14 Syndicats représentés par 14 délégués.

Fédération nationale des Ouvriers Vanniers.

2 Syndicats représentés par 2 délégués.

Fédération nationale des Travailleurs du Verre.

23 Syndicats représentés par 9 délégués.

Fédération nationale de la Voiture.

12 Syndicats représentés par 3 délégués.

Fédération nationale des Manufactures de Tabacs.

19 Syndicats représentés par 2 délégués.

Fédération nationale du Tonneau.

19 Syndicats représentés par 5 délégués.

Fédération des Travailleurs Agricoles du Midi

Noms des Délégués	Organisations représentées	Bourses du Travail ou Unions syndicales.
MARTY (Marius)...	Syndicat des Ouvriers Agricoles d'Ornaisons (Aude).	Union des Syndicats de l'Aude.
VIALA (Louis).....	Syndicat des Cultivateurs-Terrassiers de Béziers.	Bourse du Travail de Béziers.
CAMY (Louis).....	Syndicat des Travailleurs de la ferme d'Arles-s/-Rhône.	Bourse du Travail d'Arles.
REYMOND (J.-B.)..	Syndicat des Travailleurs Agricoles de Muret.	Bourse du Travail de Toulouse.
ADER (Paul)......	Syndicat des Agriculteurs de Mèze.	Union des Syndicats de Mèze.
—	Syndicat des Agricoles de Marsillargues.	
—	Syndicat des Cultivateurs de Coursan.	Union des Syndicats de l'Aude.
—	Syndicat des Ouvriers Agricoles de Cuxac.	Union des Syndicats de l'Aude.
—	Syndicat Agricole ouvrier d'Aspiran.	
ESCUDIER.........	Syndicat des Travailleurs de terre de Canohès.	
MARTY (Marius)...	Syndicat des Ouvriers Cultivateurs de Portel.	Union des Syndicats de l'Aude.
— ...	Syndicat des Travailleurs agricoles de Vias.	Bourse du Travail de Béziers.
— ...	Syndicat des Cultivateurs d'Aimargues.	Bourse du Travail de Nîmes.
CASTAN (Simon)...	Syndicat des Cultivateurs de Narbonne.	Union des Syndicats de Narbonne.
ADER (Paul)......	Fédération des Agricoles du Midi.	

Fédération des Agricoles du Nord

Noms des Délégués	Organisations représentées	Bourses du Travail ou Unions syndicales.
VOIRIN...........	Syndicat Agricole de Morangis.	Union des Syndicats de Seine-et-Oise.
JEANNET..........	Syndicat Agricole de Provins (Seine-et-Marne).	Bourse du Travail de Meaux.

Fédération Nationale des Travailleurs de l'Alimentation

Noms des Délégués	Organisations représentées	Bourses du Travail ou Unions syndicales.
VAYSSE (Jules)....	Syndicat des Ouvriers et Aides boulangers de Tulle.	Bourse du Travail de Tulle.
BOUSQUET (A.)....	Syndicat des Ouvriers Boulangers de Montpellier.	Bourse du Travail de Montpellier.
COLIN (Alfred)....	Syndicat des Bouchers-Charcutiers. p. s.. d'Amiens.	Bourse du Travail d'Amiens.
MARC (Henry)....	Syndicat des Boulangers de Saint-Malo.	Bourse du Travail de Saint-Malo.
BAZERBE (Joseph).	Syndicat des Cuisiniers-Pâtissiers-Confiseurs de Perpignan.	Bourse du Travail de Perpignan.
FONCLARE	Syndicat des Travailleurs de l'Alimentation de Tunis.	Union des Syndicats de Tunis.
DEKOONINCK	Syndicat des Travailleurs de l'Alimentation de Dunkerque.	Bourse du Travail de Dunkerque.
SAVOIE..........	Syndicat des Travailleurs de l'Alimentation de Chartres.	Union des Syndicats d'Eure-et-Loir.
—	Syndicat des Boulangers de Saint-Germain-en-Laye.	Union des Syndicats de Seine-et-Oise.
—	Syndicat des Boulangers de Melun.	Union des Syndicats de Melun.
BUSNEL..........	Syndicat des Employés Limonadiers et Restaurateurs d'Alais.	Bourse du Travail d'Alais.
ANTOURVILLE	Syndicat des Cuisiniers de Montpellier.	Bourse du Travail de Montpellier.
—	Syndicat des Boulangers de Rochefort-sur-Mer.	Bourse du Travail de Rochefort.
—	Syndicat des Fondeurs-Margariniers de Paris.	Union des Syndicats de la Seine.
—	Syndicat des Charcutiers-Salaisonniers de Paris.	Union des Syndicats de la Seine.
ANTOURVILLE	Syndicat des Ouvriers Confiseurs de Paris et Seine.	Union des Syndicats de la Seine.
— .	Syndicat des Cuisiniers-Pâtissiers de Nantes.	Bourse du Travail de Nantes.
— .	Syndicat des Cuisiniers de Lyon.	Union des Syndicats du Rhône, Lyon.
BOUDET (Adrien)..	Syndicat des Boulangers de Brive.	Bourse du Travail de Brive.
FLAMENT (Constant).	Syndicat de l'Alimentation de Tourcoing.	Union des Syndicats de Tourcoing.
TENDERO	Syndicat des Boulangers de Nice.	Union des Syndicats de Nice.
—	Syndicat des Boulangers de Menton.	Union des Syndicats de Nice.

Tendero	Syndicat des Boulangers de Vallauris.	Union des Syndicats de Vallauris.
Rinquosy	Syndicat des Boulangers de Saint-Raphaël et Fréjus.	Bourse du Travail de Saint-Raphaël.
Tendero	Syndicat des Boulangers d'Alais.	Bourse du Travail d'Alais.
—	Syndicat des Meuniers de Lorient.	Bourse du Travail de Lorient.
—	Syndicat des Ouvriers de la Boucherie de Paris.	Union des Syndicats de la Seine. Paris.
—	Syndicat des Meuniers de Rennes.	Bourse du Travail de Rennes.
—	Syndicat des Ouvriers Meuniers-Grainetiers et similaires de la Seine.	Union des Syndicats de la Seine. Paris.
Métivier (Lucien).	Syndicat des Cuisiniers-Pâtissiers d'Orléans.	Union des Syndicats du Loiret.
— .	Syndicat des Ouvriers Biscuitiers pain épices et assimilés de la Seine.	Union des Syndicats de la Seine.
Bousquet (A.)....	Syndicat des Ouvriers Boulangers de Limoges.	Bourse du Travail de Limoges.
—	Syndicat des Ouvriers Boulangers d'Indre-et-Loire.	Union des Syndicats de Tours.
—	Syndicat des Limonadiers-Rest[rs] et assim. de Lyon.	Union des Syndicats du Rhône. Lyon.
—	Syndicat des Ouvriers Boulangers de la Seine.	Union des Syndicats de la Seine. Paris.
—	Syndicat des Ouvriers Boulangers de Dijon.	Bourse du Travail de Dijon.
—	Syndicat des Ouvriers Boulangers-Biscuitiers de Bordeaux.	Union des Syndicats de la Gironde. Bordeaux.
—	Syndicat des Ouvriers Limonadiers-Restaurateurs et assimilés de la Seine.	Union des Syndicats de la Seine. Paris.
—	Syndicat des Ouvriers Laitiers-Crèmiers-Nourrisseurs de Paris.	Union des Syndicats de la Seine.
—	Syndicat des Ouvriers Boulangers de Marseille.	Bourse du Travail de Marseille.
Savoie...........	Syndicat des Ouvriers Boulangers de Bayonne.	Bourse du Travail de Bayonne.
—	Syndicat des Ouvriers Boulangers de Corbeil.	Union des Syndicats de Seine-et-Oise.
—	Syndicat des Ouvriers Boulangers-Meuniers similaires de l'Aube.	Union des Syndicats de Troyes.
—	Syndicat des Ouvriers Boulangers, p. s., des Deux-Sèvres (Niort).	Bourse du Travail de Niort.
—	Syndicat des Ouvriers Boulangers de Beauvais.	Union des Syndicats de l'Oise.

MOREL (Georges)..	Syndicat des Ouvriers Boulangers d'Amiens.	Bourse du Travail d'Amiens.
TORTON (Léon)....	Syndicat des Ouvriers Boulangers de Rouen.	Union des Syndicats de Rouen.
MARIN (Léon).....	Syndicat des Cuisiniers de Toulouse.	Bourse du Travail de Toulouse.
JEANNET..........	Syndicat de la Chocolaterie de Noisel.	Union des Syndicats de Meaux.
RYNKOWSKI (A.)..	Syndicat des Restaurateurs de Marseille.	Bourse du Travail de Marseille.
ANTOURVILLE.....	Syndicat des Abattoirs, p. s., de la Seine, Paris.	Union des Syndicats.
RYNKOWSKI.......	Synd. des Gérants-Limonadiers-Restaurat^rs d'Alger.	Bourse du Travail d'Alger.
JAMMES (Benjamin)	Syndicat des Cuisiniers-Pâtissiers de Carcassonne.	Bourse du Travail de Carcassonne.
SAINT-VENANT (Ch.).	Syndicat des Confiseurs-Chocolatiers de Lille.	Bourse du Travail de Lille.
FANTINI..........	Synd. des Ouvriers Meuniers-Boulang^rs, p. s., de l'Yonne.	Bourse du Travail de Sens.
—	Syndicat des Ouvriers Boulangers de Biarritz.	Bourse du Travail de Bayonne.
—	Synd. des Ouvriers Boulangers-Rizeurs de Marseille.	Bourse du Travail de Marseille.
MOURGUES........	Syndicat des Ouvriers Cuisiniers.	Union des Syndicats de Bordeaux.
GAUTIER (Henri)..	Syndicat des Ouvriers Boulangers de Saint-Nazaire.	Bourse du Travail de Saint-Nazaire.
DANIS (Hermann).	Synd. des Employés-Restaurat^rs-Limonadiers de Nice.	Union des Syndicats de Nice.
ROYER (Marius)...	Syndicat des Tripiers-Boyaudiers de Lyon.	Union des Syndicats de Lyon.
RYNKOWSKI (A.)..	Syndicat des Limonadiers d'Alger.	Bourse du Travail d'Alger.
SAVOIE...........	Syndicat des Ouvriers de la Boulangerie de Grenoble.	Union des Syndicats de Grenoble.
FORT (J.-B.)......	Syndicat des Ouvriers Boulangers de Toulouse.	Bourse du Travail de Toulouse.
CALMET..........	Syndicat des Cuisiniers-Pâtissiers de Pau.	
GOGUMUS.........	Syndicat des Employés de l'Epicerie de la Seine.	Union des Syndicats de la Seine.
RYNKOWSKI.......	Syndicat des Ouvriers Boulangers d'Alger.	Bourse du Travail d'Alger.
TEYSSANDIER......	Syndicat des Ouvriers Boulangers de Périgueux.	Bourse du Travail de Périgueux.
POCHAT (Alexis)...	Syndicat des Cuisiniers-Pâtissiers, p. s., de Constantine.	Bourse du Travail de Constantine.
ROYER...........	Syndicat des Ouvriers Boulangers de Lyon.	Union des Syndicats de Lyon.
BOUSQUET (A.)....	Syndicat de la Chocolaterie de la Seine. — Fédération de l'Alimentation.	Union des Syndicats de la Seine.

Fédération Nationale des Allumettiers

Noms des Délégués	Organisations représentées	Bourses du Travail ou Unions syndicales.
Jouhaux (L.).....	Syndicat des Allumettiers de Trélazé.	Bourse du Travail d'Angers.
—	Syndicat des Allumettiers de la Seine.	Union des Syndicats de Pantin.
—	Syndicat des Allumettiers de Saintines.	Bourse du Travail de l'Oise.
Coudert (Auguste)	Syndicat des Allumettiers d'Aix.	Union des Syndicats d'Aix.
—	Syndicat des Allumettiers de Bègles.	Union des Syndicats de Bordeaux.
—	Syndicat des Allumettiers de Marseille.	Bourse du Travail de Marseille.
Jouhaux, Coudert	Mandat Comité Fédéral.	

Fédération Nationale de l'Ameublement

Noms des Délégués	Organisations représentées	Bourses du Travail ou Unions syndicales.
Datave (J.-B.)....	Syndicat des Ouvriers Tapissiers sur meubles de Marseille.	Bourse du Travail de Marseille.
Miramont (De)...	Syndicat des Ouvriers des Bois ouvrés de Bayonne.	Bourse du Travail de Bayonne.
Hervier (Pierre)..	Syndicat de l'Ameublement de Bourges.	Bourse du Travail de Bourges.
Morin (Ferdinand)	Syndicat de l'Ameublement de Tours.	Union des Syndicats d'Indre-et-Loire.
Bousquet (Fr.)...	Syndicat des Ouvriers Menuisiers en fauteuil de Toulouse.	Bourse du Travail de Toulouse.
Baronneau.......	Syndicat des Sculpteurs d'Angers.	Bourse du Travail d'Angers.
Bigot............	Syndicat des Menuisiers ébénistes. p. s.. de Bastia.	Bourse du Travail de Bastia.
Arbogast........	Mandat de la Fédération.	
—	Syndicat des Menuisiers en sièges de Paris.	Union des Syndicats de la Seine.
—	Syndicat des Ebénistes de la Seine.	Union des Syndicats de la Seine.
—	Syndicat de la Sculpture de Paris.	Union des Syndicats de la Seine.
—	Syndicat des Tapissiers de Paris.	Union des Syndicats de la Seine.
—	Syndicat des Ouvriers Sculpteurs de Nantes.	Bourse du Travail de Nantes.

Arbogast........	Syndicat des Ouvriers Sculpteurs de Limoges.	Bourse du Travail de Limoges.
—	Syndicat des Ebénistes et similaires de Limoges.	Bourse du Travail de Limoges.
Kestemann.......	Syndicat de l'Ameublement de Gap.	Union des Syndicats des Hautes-Alpes.
—	Syndicat des Facteurs en pianos et orgues de Paris.	Union des Syndicats de la Seine.
—	Syndicat de l'Ameublement de Nancy.	Union des Syndicats de Meurthe-et-Mos.
—	Syndicat de l'Ameublement de Vierzon.	Bourse du Travail de Vierzon.
—	Syndicat de l'Ebénisterie, p. s.. de Marseille.	Union des Syndicats des Bouches-du-Rh.
Izard (Marius)....	Syndicat des Ebénistes de Bordeaux.	Union des Syndicats de la Gironde.
—	Syndicat des Menuisiers de Castres.	Bourse du Travail de Castres.
—	Syndicat des Ouvriers Sculpteurs de Castres.	Bourse du Travail de Castres.
Caspard (Georges)	Syndicat de l'Ameublement de Nantua.	Union des Syndicats de l'Ain.
—	Syndicat de l'Ameublement de Bourg.	Union des Syndicats de l'Ain.
Dreyer (Eugène)..	Syndicat de l'Ameublement de Romans.	Bourse du Travail de Romans.
— ..	Syndicat des Ebénistes de Lyon.	Union des Syndicats du Rhône.
— ..	Syndicat des Ebénistes billardiers de Bordeaux.	Union des Syndicats de la Gironde.
— ..	Syndicat des Ouvriers sur bois de Lyon.	Union des Syndicats du Rhône.
Vandeputte (V.)..	Syndicat des Ouvriers travailleurs sur bois d'Halluin.	
— ..	Syndicat de l'Ameublement d'Amiens.	Bourse du Travail d'Amiens.
— ..	Syndicat de l'Ameublement de Caen.	Bourse du Travail de Caen.

Fédération Nationale du Bâtiment

Noms des Délégués	Organisations représentées	Bourses du Travail ou Unions syndicales.
Péricat..........	Syndicat des Carriers de Châteaumeillant.	Bourse du Travail de Saint-Amand-Mont-Rond.
—	Syndicat du Bâtiment de Melun.	Bourse du Travail de Melun.
—	Syndicat du Bâtiment d'Epernay.	Bourse du Travail d'Epernay.

PÉRICAT..........	Syndicat des Ouvriers Maçons, Manœuvres, Mineurs, Terrassiers de Chambéry.	Union des Syndicats de la Savoie.
—	Syndicat des Ouvriers du Bâtiment d'Aix-les-Bains.	Union des Syndicats de la Savoie.
PIERRETON (Fr.)...	Syndicat des Ouvriers en ciment, usine Vicat, de Saint-Laurent-du-Pont.	Bourse du Travail de Voiron.
— ...	Syndicat des Ouvriers Menuisiers ébén. de Voiron.	Bourse du Travail de Voiron.
— ...	Syndicat des Ouvriers du Bâtiment de Voiron.	Bourse du Travail de Voiron.
MOURGUES........	Syndicat des Tailleurs de pierre, Maçons de Bordeaux.	Union des Syndicats de la Gironde.
—	Syndicat des Ouvriers Serruriers de Bordeaux.	Union des Syndicats de la Gironde.
—	Syndicat des Ouvriers Peintres en bât. de Bordeaux.	Union des Syndicats de la Gironde.
—	Syndicat des Ouvriers Ferblantiers-Zing. de Bordeaux	Union des Syndicats de la Gironde.
—	Syndicat des Ouvriers Menuisiers de Bordeaux.	Union des Syndicats de la Gironde.
ROUESTE..........	Syndicat des Piqueurs de moellons de Paris.	Union des Syndicats de la Seine.
—	Syndicat des Paveurs et Aides de la Seine.	Union des Syndicats de la Seine.
—	Syndicat des Briquetiers et Aides, p. s., de la Seine.	Union des Syndicats de la Seine.
—	Syndicat des Ouvriers Carriers et Plâtr. de la Seine.	Union des Syndicats de la Seine.
—	Syndicat des Ouvriers Peintres et Apprentis de Sens.	Union des Syndicats de l'Yonne, Sens.
—	Syndicat du Bâtiment de Sens.	Union des Syndicats de l'Yonne, Sens.
—	Syndicat du Bâtiment et Bois de Saint-Dié.	Union des Syndicats des Vosges, Épinal.
—	Syndicat des Ouvriers Menuisiers de Sens.	Union des Syndicats de l'Yonne, Sens.
JEANNET..........	Syndicat du Bâtiment, p. s., de Chelles.	Bourse du Travail de Meaux.
—	Syndicat du Bâtiment d'Esbly.	Bourse du Travail de Meaux.
—	Syndicat du Bâtiment de Lagny.	Bourse du Travail de Meaux.
—	Syndicat du Bâtiment de Meaux.	Bourse du Travail de Meaux.
—	Syndicat de l'Industrie du Bâtiment de Provins.	Bourse du Travail de Meaux.
—	Syndicat des Carriers-Plâtriers de Quincy.	Bourse du Travail de Meaux.
—	Syndicat des Ouvriers Carriers de Villeparisis.	Bourse du Travail de Meaux.

Jeannet..........	Syndicat des Ouvriers Carriers plâtriers d'Aunet.	Bourse du Travail de Meaux.
Bernard.........	Syndicat des Ouvriers du Bâtiment, p. s., de Desvres.	Union des Syndicats de Boulogne-s/-Mer.
—	Syndicat des Ouvriers du Bâtiment d'Epinal.	Union des Syndicats d'Epinal.
—	Syndicat des Ouvriers du Bâtiment de Niort.	Bourse du Travail de Niort.
—	Syndicat des Dessinateurs, Commis et assimilés du Bâtiment et des Travaux publics de Paris.	Union des Syndicats de la Seine.
—	Syndicat des Plombiers, Couvreurs, Zing. de Paris.	Union des Syndicats de la Seine.
—	Union des Charpentiers de Paris.	Union des Syndicats de la Seine.
—	Syndicat des Ouvriers Menuisiers, p. s., de Paris.	Union des Syndicats de la Seine.
Ribot............	Syndicat des Ouvriers Menuisiers de Vichy.	Union des Syndicats de Vichy.
—	Syndicat du Bâtiment de Meulan.	Union des Syndicats de Seine-et-Oise.
—	Syndicat du Bâtiment de Poissy.	Union des Syndicats de Seine-et-Oise.
—	Syndicat Régional de Saint-Germain.	Union des Syndicats de Seine-et-Oise.
—	Syndicat des Serruriers de Versailles.	Union des Syndicats de Seine-et-Oise.
—	Syndicat des Menuisiers de Versailles.	Union des Syndicats de Seine-et-Oise.
—	Syndicat des Maçons et Tailleurs de pierre, Versailles.	Union des Syndicats de Seine-et-Oise.
—	Syndicat des Couvreurs plombiers de Versailles.	Union des Syndicats de Seine-et-Oise.
—	Syndicat des Charpentiers de Versailles.	Union des Syndicats de Seine-et-Oise.
—	Syndicat des Peintres de Versailles.	Union des Syndicats de Seine-et-Oise.
Dumont..........	Syndicat des Fumistes, B. du Travail, de Paris.	Union des Syndicats de la Seine.
—	Syndicat des Granitiers de Nantes.	Bourse du Travail de Nantes.
—	Syndicat des Ouvriers du Bâtiment de Valenciennes.	Union des Syndicats de Valenciennes.
—	Syndicat des Ouvriers du Bâtiment de Trouville et Deauville.	Bourse du Travail de Caen.
—	Syndicat des Fumistes de la Seine.	Union des Syndicats de la Seine.
—	Syndicat de la Maçonnerie pierre, p. s., de la Seine.	Union des Syndicats de la Seine.
—	Syndicat des Ouvriers du Bâtiment de Dunkerque.	Bourse du Travail de Dunkerque.

Clément	Syndicat des Travailleurs du Bâtiment de Saint-Brieuc.	Bourse du Travail de Saint-Brieuc.
—	Syndicat des Carriers de Monthermé.	
—	Syndicat du Bâtiment, Laleu. de La Palisse.	Union des Syndicats de La Palisse.
—	Syndicat du Bâtiment de Dôle.	
—	Syndicat Charleville-Bâtiment de Mézières.	
Hureau (Emile)...	Syndicat du Bâtiment de Flers.	
— ...	Syndicat du Bâtiment d'Alençon.	Union des Syndicats de l'Orne.
— ...	Syndicat des Marbriers de Sablé.	Bourse du Travail du Mans.
— ...	Syndicat des Peintres de Nantes.	Bourse du Travail de Nantes.
— ...	Syndicat des Plâtriers de Nantes.	Bourse du Travail de Nantes.
— ...	Syndicat des Ouvriers du Bâtiment du Mans.	Bourse du Travail du Mans.
— ...	Syndicat des Peintres en Bâtiment de la Seine.	Union des Syndicats de la Seine.
Chereau (Ernest).	Syndicat du Bâtiment d'Isle-la-Grande.	Bourse du Travail de Saint-Brieuc.
—	Syndicat des Serruriers de Rennes.	Bourse du Travail de Rennes.
—	Syndicat des Plâtriers de Rennes.	Bourse du Travail de Rennes.
—	Syndicat des Peintres de Rennes.	Bourse du Travail de Rennes.
—	Syndicat des Menuisiers de Rennes.	Bourse du Travail de Rennes.
—	Syndicat des Manœuvres de Rennes.	Bourse du Travail de Rennes.
—	Syndicat des Ouvriers Charpentiers de Rennes.	Bourse du Travail de Rennes.
—	Syndicat des Ouvriers Maçons, Tailleurs de pierre de Rennes.	Bourse du Travail de Rennes.
Miller...........	Syndicat du Bâtiment de Rouen.	Union des Syndicats de Rouen.
—	Syndicat du Bâtiment de Rochefort.	Bourse du Travail de Rochefort-sur-Mer.
—	Syndicat du Bâtiment de Paris, Plage.	
—	Syndicat Ornemaniste, carton pierre, de la Seine.	Union des Syndicats de la Seine.
—	Syndicat des Mouleurs ornemanistes de Lyon.	Union des Syndicats du Rhône.
—	Syndicat des Plâtriers, p. s.. Boulogne-sur-Mer.	Union des Syndicats de Boulogne-s/-Mer.

Miller...........	Syndicat des Sculpteurs décorateurs de la Seine.	Union des Syndicats de la Seine.
Voirin...........	Syndicat du Bâtiment de Dourdan.	Union des Syndicats de Seine-et-Oise.
—	Syndicat des Ouvriers de l'Industrie du Bâtiment d'Arpajon.	Union des Syndicats de Seine-et-Oise.
Marty-Rollan....	Syndicat des Ferblantiers-Zingueurs de Toulouse.	Bourse du Travail de Toulouse.
— ..	Syndicat des Colleurs de papiers peints de Toulouse.	Bourse du Travail de Toulouse.
Blanchard (Jos.).	Syndicat des Menuisiers de Nantes.	Bourse du Travail de Nantes.
—	Syndicat des Maçons de Nantes.	Bourse du Travail de Nantes.
Lambert (Antoine)	Syndicat des Charpentiers d'Angers.	Bourse du Travail d'Angers.
—	Syndicat des Menuisiers d'Angers.	Bourse du Travail d'Angers.
—	Syndicat des Peintres d'Angers.	Bourse du Travail d'Angers.
Trioulèyre......	Syndicat des Ouvriers du Bâtiment réunis d'Epernon.	Union des Syndicats d'Eure-et-Loir.
—	Syndicat des Tailleurs de pierre de la Seine.	Union des Syndicats de la Seine.
—	Syndicat des Tailleurs de pierre de Périgueux.	Bourse du Travail de Périgueux.
—	Syndicat des Tailleurs de pierre de Nantes.	Bourse du Travail de Nantes.
—	Syndicat des Tailleurs de pierre de Château-Landon.	Union des Syndicats de Souppes.
Trévenec (Yves)..	Syndicat des Ouvriers du Bâtiment de Lorient.	Bourse du Travail de Lorient.
— ..	Syndicat des Maçons. p. s.. de Lorient.	Bourse du Travail de Lorient.
— ..	Syndicat des Menuisiers de Lorient.	Bourse du Travail de Lorient.
— ..	Syndicat des Peintres de Lorient.	Bourse du Travail de Lorient.
— ..	Syndicat des Terrassiers de Lorient.	Bourse du Travail de Lorient.
— ..	Syndicat des Couvreurs de Lorient.	Bourse du Travail de Lorient.
— ..	Syndicat des Maçons de Lorient.	Bourse du Travail de Lorient.
— ..	Syndicat des Maçons de Port-Louis. Lorient.	Bourse du Travail de Lorient.
Hervier (Pierre)..	Syndicat du Bâtiment de Bourges.	Bourse du Travail de Bourges.
— ..	Synd. des Carriers Tailleurs de pierre de Saint-Florent.	Bourse du Travail de Bourges.
— ..	Syndicat du Bâtiment de Saint-Florent.	Union des Syndicats de Bourges.

LAPIERRE (J.).....	Syndicat du Bâtiment de Pontoise.	Union des Syndicats de Seine-et-Oise.
—	Syndicat du Bâtiment de Rueil.	Union des Syndicats de Seine-et-Oise.
—	Syndicat du Bâtiment d'Argenteuil.	Union des Syndicats de Seine-et-Oise.
DESSALLES........	Syndicat des Maçons-Terrassiers de Chaville.	Union des Syndicats de Seine-et-Oise.
—	Syndicat des Treillageurs-Fondeurs de Versailles.	Union des Syndicats de Seine-et-Oise.
HENRY (Marc).....	Syndicat du Bâtiment de Dinard.	Union des Syndicats de Saint-Malo.
—	Syndicat du Bâtiment de Saint-Malo.	Union des Syndicats de Saint-Malo.
PERRIN (Louis)....	Syndicat des Ouvriers Plâtriers-Peintres de Vichy.	Union des Syndicats de Vichy.
—	Syndicat des Tailleurs de pierre de Vichy.	Union des Syndicats de Vichy.
CASPARD (Georges)	Syndicat du Bâtiment de Nantua.	Union des Syndicats d'Ain (Jura).
—	Syndicat du Bâtiment de Bourg.	Union des Syndicats d'Ain (Jura).
CHASLES..........	Syndicat des Ouvriers du Bâtiment de Thouars.	Bourse du Travail de Thouars.
—	Syndicat du Bâtiment de Chinon.	Union des Syndicats de Tours.
—	Syndicat du Bâtiment de Tours.	Union des Syndicats de Tours.
MICHELLETI (Aug.),	Syndicat des Maçons de Saint-Etienne.	Bourse du Travail de Saint-Etienne.
— .	Syndicat du Bâtiment de Constantine.	Bourse du Travail de Constantine.
CATHOMEN........	Syndicat du Bâtiment de Dijon.	Bourse du Travail de Dijon.
—	Syndicat des Maçons de Dijon.	Bourse du Travail de Dijon.
GIBAULT..........	Syndicat du Bâtiment, p. s., de Montmorency.	Union des Syndicats de Seine-et-Oise.
—	Syndicat du Bâtiment de Maisons-Laffitte.	Union des Syndicats de Seine-et-Oise.
—	Syndicat du Bâtiment de l'Isle-Adam.	Union des Syndicats de Seine-et-Oise.
—	Syndicat du Bâtiment de Sucy-en-Brie.	Union des Syndicats de Seine-et-Oise.
BRÉJAUD.........	Synd. des Ouvriers Carriers, Terrassiers, Paveurs, Meuliers, p. s., Juvisy-s/-Orge.	Union des Syndicats de Seine-et-Oise.
—	Syndicat du Bâtiment de Meudon.	Union des Syndicats de Seine-et-Oise.
—	Syndicat du Bâtiment de Corbeil.	Union des Syndicats de Seine-et-Oise.
—	Syndicat du Bâtiment de Saint-Cloud.	Union des Syndicats de Seine-et-Oise.

Bréjaud	Syndicat du Bâtiment de Villeneuve-Saint-Georges.	Union des Syndicats de Seine-et-Oise.
—	Syndicat du Bâtiment de Rambouillet.	Union des Syndicats de Seine-et-Oise.
Bled (Jules)......	Syndicat des Scieurs de pierre dure de la Seine.	Union des Syndicats de la Seine.
—	Syndicat des Scieurs de pierre tendre de Paris.	Union des Syndicats de la Seine.
Darbois (Alph.)..	Syndicat des Ouvriers Carriers de La Ciotat.	Bourse du Travail de Marseille.
— ..	Syndicat des Terrassiers Mineurs de Marseille.	Bourse du Travail de Marseille.
— ..	Syndicat des Menuisiers de Marseille.	Bourse du Travail de Marseille.
— ..	Syndicat des Charpentiers de Marseille.	Bourse du Travail de Marseille.
Jalbert (Octave)..	Syndicat des Menuisiers en Bâtiment de Toulouse.	Bourse du Travail de Toulouse.
— ..	Syndicat des Ouvriers Marbriers de Toulouse.	Bourse du Travail de Toulouse.
— ..	Syndicat des Marbriers, p. s., de la Seine.	Union des Syndicats de la Seine.
Rochet (Raymond)	Syndicat des Serruriers de Clermont-Ferrand.	Union des Syndic. de Clermont-Ferrand.
—	Syndicat des Menuisiers de Clermont-Ferrand.	Union des Syndic. de Clermont-Ferrand.
—	Syndicat des Maçons de Clermont-Ferrand.	Union des Syndic. de Clermont-Ferrand.
Fonclare (De)....	Syndicat des Imelleurs de pavés de Marseille.	Bourse du Travail de Marseille.
—	Syndicat des Carriers, p. s., d'Herbillon.	Union des Syndicats de Bône.
—	Syndicat du Bâtiment de Tunis.	Bourse du Travail de Tunis.
Mallet	Syndicat des Ouvriers Cimentiers-Gâcheurs de Marseille.	Bourse du Travail de Marseille.
Eudet............	Syndicat des Tailleurs de pierre de Lyon.	Union des Syndicats de Lyon.
—	Syndicat du Bâtiment de Grenoble.	Union des Syndicats de l'Isère.
—	Syndicat des Terrassiers, Puisatiers, Mineurs, p. s., de Lyon.	Union des Syndicats du Rhône.
—	Syndicat de la Marbrerie de Lyon.	Union des Syndicats du Rhône.
Ricordeau	Syndicat des Ouv. du Canal du Nord, Libermont.	Union des Syndicats de l'Oise.
—	Syndicat des Ouvriers Chaufourniers, Carriers, p. s., de Beffes.	Bourse du Travail de la Guerche.
—	Syndicat des Terrassiers de Nantes.	Bourse du Travail de Nantes.

Ricordeau	Syndicat du Bâtiment d'Avignon.	Union des Syndicats du Vaucluse.
—	Syndicat du Bâtiment de Reims.	Bourse du Travail de Reims.
—	Syndicat du Bâtiment de Germigny-l'Exempt.	Bourse du Travail de La Guerche.
Noyer	Syndicat des Tailleurs de pierre de Roanne.	Bourse du Travail de Roanne.
—	Syndicat des Plâtriers-Peintres de Roanne.	Bourse du Travail de Roanne.
—	Syndicat des Plâtres de Lurcy-Lery.	
Cassagne........	Syndicat des Travailleurs du Bâtiment de La Rochelle.	Bourse du Travail de La Rochelle.
—	Syndicat des Ouvriers Maçons de Toulouse.	Bourse du Travail de Toulouse.
—	Syndicat des Ouvriers Terrassiers de Toulouse.	Bourse du Travail de Toulouse.
Andrieu (Clovis)..	Syndicat des Ouvriers Charpentiers en fer, Monteurs, p. s., de la Seine.	Union des Syndicats de la Seine.
— ..	Syndicat du Bâtimt de Digne.	
— ..	Syndicat des Couvreurs de Nantes.	Bourse du Travail de Nantes.
— ..	Syndicat des Ouvriers en Chaux et Ciments de Contes-les-Pins.	Union des Syndicats des Alpes-Maritim.
Rouzoul (J.)......	Syndicat des Carreleurs réunis de Marseille.	Bourse du Travail de Marseille.
—	Syndicat des Ouvriers Serruriers de Marseille.	Bourse du Travail de Marseille.
Cordier (Henri)..	Syndicat des Serruriers du Bâtiment de la Seine.	Union des Syndicats de la Seine.
— ..	Syndicat des Monteurs-Poseurs de Stores de la Seine.	Union des Syndicats de la Seine.
Pichon...........	Syndicat du Bâtiment de Quimper.	Union des Syndicats de Quimper.
—	Syndicat du Bâtiment d'Amiens.	Bourse du Travail d'Amiens.
—	Syndicat des Bétonniers-Bitumiers de la Seine.	Union des Syndicats de la Seine.
—	Syndicat des Terrassiers-Mineurs, p. s., de Toulon.	Bourse du Travail de Toulon.
Constant (J.-B.)..	Syndicat du Bâtiment d'Orléans.	Union des Syndicats d'Orléans.
— ..	Syndicat du Bâtiment de Romorantin.	Union des Syndicats de Romorantin.
Bénasset.........	Syndicat des Ouvriers Plâtriers de Montpellier.	Bourse du Travail de Montpellier.
Danis............	Syndicat du Bâtiment de Nice.	Union des Syndicats des Alpes-Maritim.
Verth	Syndicat des Maçons de Besançon.	Bourse du Travail de Besançon.

Petit (Gabriel)...	Syndicat des Maçons et Aides de la Seine.	Union des Syndicats de la Seine.
— ...	Syndicat du Bâtiment de Cognac.	Union des Syndicats de Cognac.
— ...	Syndicat du Bâtiment de Châlons-sur-Marne.	Union des Syndicats de Châlons-s/-Marne
Charial (Antoine).	Syndicat des Maçons et Aides de Roanne.	Bourse du Travail de Roanne.
—	Syndicat des Maçons de Lyon.	Union des Syndicats du Rhône.
Vassanti.........	Syndicat des Terrassiers d'Auch.	Bourse du Travail d'Auch.
Brunel (Léon)....	Syndicat du Bâtiment d'Alais	Bourse du Tr. d'Alais.
Bernard.........	Syndicat des Parqueteurs de Paris.	Union des Syndicats de la Seine.
Camboville......	Syndicat des Tailleurs de pierre de Toulouse.	Bourse du Travail de Toulouse.
Turin...........	Syndicat des Ouvriers du Bâtiment de Châteauroux.	Bourse du Travail de Châteauroux.
Laporte (Jean)...	Syndicat du Bâtiment de Vierzon.	Bourse du Travail de Vierzon.
Noel (Elie).......	Syndicat du Bâtiment de Narbonne.	Union des Syndicats de l'Aude.
Drouilhet.......	Syndicat des Charpentiers-Menuisiers d'Auch.	Bourse du Travail d'Auch.
Dupuis	Syndicat du Bâtiment d'Auxerre.	Bourse du Travail d'Auxerre.
Guilhet	Syndicat des Ferblantiers-Plombiers, p. s., d'Angers.	Bourse du Travail d'Angers.
Pitet	Syndicat des Aides-Maçons de Marseille.	Bourse du Travail de Marseille.
Couret (Claude)...	Syndicat des Terrassiers, Mineurs, Manœuv., de Vichy.	Union des Syndicats de Vichy.
Chopinaud.......	Syndicat des Ouvriers Menuisiers de Saint-Etienne.	Bourse du Travail de Saint-Etienne.
Laurens (Léon)...	Syndicat du Bâtiment de Cherbourg.	Bourse du Travail de Cherbourg.
Provost	Syndicat du Bâtiment de Cerilly.	Bourse du Travail de Montluçon.
Alaux (Paul).....	Syndicat des Peintres de Cahors.	Bourse du Travail de Cahors.
Thomas (Jean)....	Syndicat des Maçons-Tailleurs de pierre de Brive..	Bourse du Travail de Brive.
Ragot...........	Syndicat des Terrassiers-Mineurs, p. s., de Bordeaux.	Union des Syndicats de la Gironde.
Torton (Léon)....	Syndicat des Ouvriers Menuisiers d'Elbeuf.	Union des Syndicats d'Elbeuf.
Tyr (J.-M.).......	Syndicat des Ouvriers du Bâtiment de Firminy.	Bourse du Travail de Firminy.
Vandeputte (V.)..	Syndicat des Travailleurs du Bâtiment d'Halluin.	
Desmoulins (A.)..	Syndicat du Bâtiment de Guéret.	Union des Syndicats de la Creuse.

Rougerie	Syndicat des Tailleurs de pierre de Limoges.	Bourse du Travail de Limoges.
Royer	Syndicat des Plâtriers-Peintres de Lyon.	Union des Syndicats du Rhône.
Noyer-Vital	Syndicat des Charpentiers de Lyon.	Union des Syndicats du Rhône.
Autritye	Syndicat des Chaufourniers-Carriers, Bluteurs, Cimentiers de La Guerche.	Bourse du Travail de La Guerche.
Gardies (Joseph).	Syndicat du Bâtiment de Mazamet.	Bourse du Travail de Mazamet.
Pitet (Pierre)	Syndicat des Maçons de Marseille.	Bourse du Travail de Marseille.
Klemczinski	Syndicat du Bâtiment d'Oyonnax.	Union des Synd. d'Ain et Franche-Comté.
Bazerbe (Joseph).	Syndicat des Terrassiers-Aides-Maçons de Perpignan.	Bourse du Travail de Perpignan.
Teyssendier	Syndicat des Maçons et Aides de Périgueux.	Bourse du Travail de Périgueux.
Bahonneau	Syndicat des Granitiers de Bécon.	Bourse du Travail d'Angers.
Raynaud (Louis)	Syndicat des Charpentiers de Toulouse.	Bourse du Travail de Toulouse.
Chevillé	Syndicat des Peintres en Bâtiment de Toulouse.	Bourse du Travail de Toulouse.
Démaret (Franç.).	Syndicat du Bâtiment de Saint-Quentin.	Bourse du Travail de Saint-Quentin.
Gauthier (Louis).	Syndicat du Bâtiment de Saint-Nazaire.	Bourse du Travail de Saint-Nazaire.
Verbeury (Henri).	Syndicat du Bâtiment de Roubaix.	Union des Syndicats Roubaisienne.
Dreyer (Eugène)	Syndicat du Bâtiment de Lyon.	Union des Syndicats du Rhône.
Niel (L.)	Syndicat des Menuisiers Ebénistes de Poitiers.	Bourse du Travail de Poitiers.
Dayras (Eugène)	Syndicat des Cimentiers et Aides, p. s., de la Seine.	Union des Syndicats de la Seine.
Beausoleil	Syndicat du Bâtiment de Chantilly.	Union des Syndicats de l'Oise.
Malet	Syndicat des Ouvriers Serruriers et sim. de St-Etienne.	Bourse du Travail de Saint-Etienne.
Danrez (Arthur)	Syndicat du Bâtiment de Saint-Claude.	Un. des Synd. de l'Ain et Franche-Comté.
Sarrat	Syndicat des Menuisiers de Brive.	Bourse du Travail de Brive.
Luquet	Syndicat du Bâtiment de Caen.	Bourse du Travail de Caen.
Laigre	Syndicat du Bâtiment de Fougères.	Bourse du Travail de Fougères.
Gérooms	Syndicat du Bâtiment du Havre.	Bourse du Travail du Havre.
Rigaud	Syndicat des Maçons d'Albi.	Bourse du Travail d'Albi.

AUPRAT	Syndicat du Bâtiment de Montluçon.	Bourse du Travail de Montluçon.
PÉRICAT, CLÉMENT.	Fédération Nationale.	

Fédération de la Bijouterie

Noms des Délégués	Organisations représentées	Bourses du Travail ou Unions syndicales.
DARNEZ (Arthur) ..	Syndicat des Ouvriers Lapidaires d'Ain-Jura.	Union des Syndicats d'Ain-Fr[che]-Comté.
CASPARD	Syndicat des Ouvriers Diamantaires de Thouy-Saint-Gilles-Pouilly.	Union des Syndicats d'Ain-Fr[che]-Comté.
LE GUÉRY	Syndicat des Diamantaires de Nantua.	Union des Syndicats d'Ain-Fr[che]-Comté.
—	Syndicat des Diamantaires de Divonne.	Union des Syndicats d'Ain-Fr[che]-Comté.
—	Syndicat des Diamantaires de Paris.	Union des Syndicats de la Seine.
WARTH (Joseph)..	Syndicat des Décorateurs en boîtiers de montres de Besançon.	Bourse du Travail de Besançon.
DANREZ (Arthur)..	Syndicat des Diamantaires de Saint-Claude.	Union des Syndicats d'Ain-Fr[che]-Comté.
CHUARD..........	Syndicat de la Bijouterie-Orfèvrerie de Lyon.	
LEFÈVRE	Syndicat des Travailleurs de la Bijouterie de St-Amand.	Bourse du Tr. de Saint-Amand-Mont-Rond.
—	Syndicat des Ouvriers Bijoutiers et simil. de Valence.	Bourse du Travail de Valence.
—	Syndicat des Bijoutiers, p. s., de Marseille.	Bourse du Travail de Marseille.
—	Syndicat des Diamantaires de Nemours.	Union des Syndicats de Nemours.
—	Syndicat des Lamineurs-Tréfileurs de Paris.	Union des Syndicats de la Seine.
DELPECH (Gaston).	Syndicat des Ouvriers d'Industrie de la Bijouterie, Joaillerie, Orfèvrerie, p. s., de Paris.	Union des Syndicats de la Seine.
GARNERY.........	Syndicat des Ouvriers Diamantaires de Felletin.	Union des Syndicats d'Aubusson.
—	Syndicat des Chapeliers-Bijoutiers de Saumur.	
—	Syndicat des Potiers d'étain, p. s., de Paris.	Union des Syndicats de la Seine.
—	Syndicat des Ouvriers Lapidaires de Paris.	Union des Syndicats de la Seine.
—	Syndicat des Gainiers de Paris.	Union des Syndicats de la Seine.
LEFÈVRE	Fédération nationale.	

Fédération nationale des Brossiers et Tabletiers

Noms des Délégués	Organisations représentées	Bourses du Travail ou Unions syndicales.
DANREZ (Arthur)..	Syndicat Le Travail de Saint-Claude.	Union des Syndicats d'Ain-Fr^{che}-Comté.
KLEMCZINSKI......	Union des Ouvriers en peignes d'Oyonnax.	Union des Syndicats d'Ain et Jura.
BEAUSOLEIL.......	Syndicat de la Brosserie fine de Mony.	Union des Syndicats de l'Oise.
BEAUSOLEIL.......	Syndicat des Tabletiers de l'Oise, à Méru.	Union des Syndicats de l'Oise.
BOUSQUET (Franç.)	Syndicat ouvrier des Scieries mécaniques d'Hermes.	Union des Syndicats de l'Oise.
MARTY-ROLLAN ...	Fédération nationale.	

Fédération nationale des Bûcherons

Noms des Délégués	Organisations représentées	Bourses du Travail ou Unions syndicales.
HERVIER (Pierre)..	Syndicat des Ouvriers Bûcherons, p. s., de Levet.	Bourse du Travail de Bourges.
— ..	Syndicat des Bûcherons de Farges-en-Septaine.	Bourse du Travail de Bourges.
BOUDOUX.........	Syndicat des Ouvriers Bûcherons agricoles, s., de Groises.	
—	Syndicat des Ouvriers Bûcherons agricoles de Saint-Pierre-de-Juras.	Bourse du Travail de Mehun-sur-Yèvre.
—	Syndicat des Bûcherons agricoles de Vaton.	Bourse du Travail de Mehun-sur-Yèvre.
BORNET (J.).......	Syndicat des Bûcherons de Saint-Aubin-les-Forges.	Bourse du Travail de Nevers.
—	Syndicat des Bûcherons agricoles, s., de Reuilly.	Bourse du Travail de Mehun-sur-Yèvre.
—	Syndicat des Ouvriers Bûcherons de Nouvion.	Bourse du Travail de Saint-Quentin.
—	Syndicat des Bûcherons de Dun-sur-Auron.	Bourse du Travail de Dun-sur-Auron.
—	Syndicat des Bûcherons de Cernoy.	Bourse du Travail du Loiret.
—	Syndicat des Vieilles Maisons de Gridroy.	Bourse du Travail du Loiret.
—	Syndicat des Bûcherons, p. s., de Civray.	Bourse du Travail de Bourges.
—	Syndicat des Ouvriers Bûcherons de Torteron.	Bourse du Travail de La Guerche.
—	Syndicat des Bûcherons de Jussy-le-Chaudries.	

Bornet (J.).......	Syndicat des Bûcherons de Bigny-Vallenay.	
—	Fédération nationale des Bûcherons.	
Jouhaux.........	Syndicat des Bûcherons, p. s., de Cuffy.	Bourse du Travail de La Guerche.
—	Syndicat des Bûcherons agricoles, p. s., de Feux.	Bourse du Travail de La Guerche.
Turin (Georges)...	Syndicat des Bûcherons, p. s., de Vendeuvres.	Bourse du Travail de Châteauroux.
— ...	Syndicat des Ouvriers Bûcherons agricoles, t. s., de Luant	Bourse du Travail de Châteauroux.
— ...	Syndicat des Ouvriers Bûcherons, t. s., de Neuillay-les-Bois.	Bourse du Travail de Châteauroux.
— ...	Syndicat des Ouvriers Bûcherons et Terrassiers de Noherne.	Bourse du Travail de Châteauroux.
Leroux (Eugène)..	Syndicat des Bûcherons, t. s., de La Nouvelle-en-Hez.	Union des Syndicats de l'Oise.
Dessalles........	Syndicat des Bûcherons, p. s., de Seine-et-Oise.	Union des Syndicats de Seine-et-Oise.
Aufart (Henri)...	Union des Syndicats des Ouvriers Bûcherons fendeurs, t. s., de Couleuvres.	Union des Syndicats de la Nièvre.
— ...	Syndicat des Ouvriers Bûcherons de la Forêt-Tronçais.	Bourse du Travail de Montluçon.
Danrez..........	Syndicat des Bûcherons de Dôle.	Union des Syndicats d'Ain-Fr^che^-Comté.

Fédération nationale de la Céramique

Noms des Délégués	Organisations représentées	Bourses du Travail ou Unions syndicales.
Royer (Marius)...	Syndicat de la Céramique de Lyon.	Bourse du Travail du Rhône.
Cnudde (Henri)...	Syndicat de la Faïencerie de Lille.	Bourse du Travail de Lille.
Arquier (Elie)....	Syndicat des Produits céramiques de Givors.	Bourse du Travail de Givors.
Bonnet (L.).......	Syndicat des Faïenciers de Saint-Amand (Nord).	Union des Syndicats de Saint-Amand.
—	Syndicat des Faïenciers de Saint-Vallier-sur-Uze.	
—	Syndicat général de la Céramique de Limoges.	Bourse du Travail de Limoges.
Tillet (Jacques)..	Syndicat de la Céramique de Vierzon.	Bourse du Travail de Vierzon.
— ..	Syndicat des Journaliers de Vallauris.	Union des Syndicats de Vallauris.

TILLET (Jacques)..	Syndicat de la Poterie artistique Golfe-Juan de Vallauris	Union des Syndicats de Vallauris.
— ..	Syndicat de l'Engobeuse de Vallauris.	Union des Syndicats de Vallauris.
— ..	Syndicat des Potiers de Vallauris.	Union des Syndicats de Vallauris.
— ..	Syndicat des Tuiliers-Céramistes de Saint-Henri.	Bourse du Travail de Marseille.
— ..	Syndicat des Mouleurs-Tourneurs, p. s., de Roanne.	Bourse du Travail de Roanne.
— ..	Syndicat Céramiste d'Orléans.	Bourse du Travail d'Orléans.
— ..	Syndicat de la Céramique de la Seine.	Union des Syndicats de la Seine.
MARCHADIER (P.)..	Syndicat des Apprêteurs en kaolin de Saint-Yriex.	Bourse du Travail de Limoges.
— ..	Syndicat des Peintres sur verre, Céramistes, s., de Nancy.	Union des Syndicats de Meurthe-et-Moselle.
— ..	Syndicat des Ouvriers Faïenciers, p. s., de Montereau.	Union des Syndicats de Montereau.
— ..	Syndicat général de la Céramique de Mehun-s/-Yèvre.	Bourse du Travail de Mehun-sur-Yèvre.
ROUGERIE (Jean)..	Syndicat des Ouvriers et Employés aux Moufles dites Crématoires de Limoges.	Bourse du Travail de Limoges.
MARCHADIER......	Syndicat des Ouvriers et Ouvrières de Celle, Farges, Bruire, Alluchamp.	Bourse du Travail de St-Am.-Mont-Rond.
TILLET (J.)........	Fédération nationale de la Céramique.	

Fédération nationale de la Chapellerie

Noms des Délégués	Organisations représentées	Bourses du Travail ou Unions syndicales.
ROUX (Auguste)...	Syndicat des Ouvriers Chapeliers de Bourg-en-Péage et Romans.	Bourse du Travail de Romans.
— ...	Syndicat des Ouvriers Chapeliers de Bordeaux.	Bourse du Travail de Bordeaux.
— ...	Syndicat des Ouvriers Approprieurs-Chapeliers de Bort.	
— ...	Syndicat des Ouvriers et Ouvrières en Chapellerie de Chazelles-sur-Lyon.	
— ...	Syndicat des Ouvriers Chapeliers, p. s., de Caussade.	Bourse du Travail de Montauban.
— ...	Syndicat des Ouvriers Chapeliers d'Essonnes.	Union des Syndicats de Seine-et-Oise.

Roux (Auguste)...	Syndicat des Chapeliers de Nancy.	Union des Syndicats de Meurthe-et-Moselle.
— ...	Syndicat des Ouvriers Chapeliers de Vienne.	Union des Syndicats de Vienne.
— ...	Syndicat des Ouvriers et Ouvrières en Chapellerie de Bellegarde-sur-Valserine.	
Combes (L.-J.)....	Syndicat des Ouvriers et Ouvrières en Chapellerie de Mantes.	Union des Syndicats de Seine-et-Oise.
—	Syndicat des Travailleurs des deux sexes en Chapellerie de Lyon.	Union des Syndicats du Rhône.
Arquier (Elie)....	Syndicat des Chapeliers de Givors.	Bourse du Travail de Givors.
Milau	Syndicat des Ouvriers en Chapellerie de Paris.	Bourse du Travail de la Seine.
Rivière (Joseph)..	Syndicat des Ouvriers et Ouvrières en Chapellerie de Toulouse.	Bourse du Travail de Toulouse.
Saint-Venant (Ch.)	Syndicat des Ouvriers et Ouvrières en Chapellerie de Lille.	Bourse du Travail de Lille.
Jauzy (Isidore)....	Chapelleries d'Esperaza.	
Roux	Secrétaire. Mandat fédéral.	

Fédération des Chauffeurs, Mécaniciens, Conducteurs

Noms des Délégués	Organisations représentées	Bourses du Travail ou Unions syndicales.
Pataud (Emile)...	Syndicat des Chauffeurs, Conducteurs, p. s., de St-Quentin.	Bourse du Travail de Saint-Quentin.
— ...	Syndicat des Industries électriques de la Seine.	Union des Syndicats de la Seine.
Pontonnier	Syndicat des Chauffeurs, Conducteurs, Mécaniciens, Electriciens, p. s., de la Seine.	Union des Syndicats de la Seine.
—	Syndicat des Chauffeurs, Conducteurs, Mécaniciens, Electr., p. s., de la Gironde.	Union des Syndicats de la Gironde.
—	Syndicat des Chauffeurs, Conducteurs, Mécaniciens, de Coudry.	
Morice	Syndicat des Chauffeurs, Conducteurs, Mécaniciens, p. s., de la Seine.	Union des Syndicats de la Seine.
Passerieu........	Syndicat national des Industries électriques, p. s., de la Seine.	Union des Syndicats de la Seine.

Laforgue........	Fédération Lyonnaise des Chauffeurs. Mécaniciens. Electriciens de Lyon.	Union des Syndicats du Rhône.
Torton..........	Syndicat des Chauffeurs, Mécaniciens de Rouen.	Union des Syndicats de Rouen.
Hinoux..........	Union des Travailleurs Gaziers de Paris.	Union des Syndicats de la Seine.
Pataud et Hinoux.	Mandat fédéral.	

Fédération Nationale des Travailleurs des Chemins de fer

Noms des Délégués	Organisations représentées	Bourses du Travail ou Unions syndicales.
Niel (Louis)...	Groupe de Reims.	B. du T. de Reims.
— ...	— de Gray.	
Challaix......	— de Béthune.	
—	— de Dôle.	Bourse du Travail de Dôle
—	— de Lons-le-Saulnier.	B. du T. de Lons-le-Saulnier.
—	— de Gisors.	
—	— de Valenciennes.	U. des S. de Valenciennes.
—	— de Châlons-s-Marne	
—	— de Rennes.	B. du T. de Rennes.
—	— de Parisiens.	U. des S. de la Seine.
Niel..........	— d'Amagne-Lucquy.	
—	— de Meaux.	B. du T. de Meaux.
—	— de Provins.	B. du T. de Meaux.
—	— de Charleville.	
—	— de Vireux-Molhain.	
Bidamant.....	— de Nice.	Union des Synd. de Nice.
—	— de Bastia.	B. du T. de Bastia.
—	— d'Argenteuil.	U. des S. de Seine-et-Oise.
Bidegaray....	— d'Angers.	B. du T. d'Angers.
—	— d'Alais.	B. du T. d'Alais.
—	— d'Oullins.	B. du T. d'Oullins.
—	— de Roubaix.	U. des S. Roubaisiens.
—	— d'Epernay.	B. du T. d'Epernay.
—	— de Rouen.	U. des S. de Rouen.
—	— de Clermt-Ferrand.	U. des S. du Puy-de-Dôme
Silve..........	— de Bône.	B. du T. de Bône.
—	— de Tunis.	B. du T. de Tunis.
—	— de Constantine.	
Challaix......	— de Juvisy.	
Doria (Marius).	— de Toulon.	B. du T. de Toulon.
Beaujean (R.)..	— de Montauban.	B. du T. de Montauban.
Turin (Georges)	— de Châteauroux.	B. du T. de Châteauroux.
Coudert.......	— de Pantin.	U. des S. de Pantin.
Cathomen (A.).	— de Dijon.	B. du T. de Dijon.
Démaret (F.)..	— de Saint-Quentin.	B. du T. de St-Quentin.
Ostric........	— de Toulouse.	B. du T. de Toulouse.
Lescalier (M.).	— de Nîmes.	B. du T. de Nîmes.
Morin (Fd).....	— de Tours.	U. des S. d'Indre-et-Loire.

IMBERT (Alph.).	Groupe de Marseille.	B. du T. de Marseille.
BIGOT (Marius).	— de Castres.	B. du T. de Castres.
PETITOT (Paul).	— de Langres.	B. du T. de Chaumont.
TORTON (Léon).	— de Sotteville.	U. des S. de Rouen.
KLEMCZINSKI...	— de Bellegarde.	Union des Syndicats de l'Ain. Franche-Comté.

Fédération Nationale des Coiffeurs

Noms des Délégués	Organisations représentées	Bourses du Travail ou Unions syndicales.
LUQUET	Syndicat des Ouvriers Coiffeurs de Bordeaux.	Bourse du Travail de Bordeaux.
—	Syndicat des Ouvriers Coiffeurs de Grenoble.	Union des Syndicats de l'Isère.
—	Syndicat des Ouvriers Coiffeurs de Tours.	Union des Syndicats d'Indre-et-Loire.
VIGNAUD (Henri)..	Syndicat des Ouvriers Coiffeurs d'Angoulême.	Bourse du Travail d'Angoulême.
— ..	Syndicat des Ouvriers Coiffeurs de Toulon.	Bourse du Travail de Toulon.
— ..	Syndicat des Ouvriers Coiffeurs de Paris.	Union des Syndicats de la Seine.
— ..	Syndicat des Ouvriers Coiffeurs de Troyes.	Union des Synd. de Troyes et environs.
GAUTHIER (Henri).	Syndicat des Ouvriers Coiffeurs de Saint-Nazaire.	Bourse du Travail de Saint-Nazaire.
ROME (G.)........	Syndicat des Ouvriers Coiffeurs du Havre.	Bourse du Travail du Havre.
MAILLET (Antoine).	Syndicat des Ouvriers Coiffeurs réunis de Lyon.	Union des Syndicats du Rhône.
PONS (Ferdinand).	Syndicat des Ouvriers Coiffeurs de Marseille.	Bourse du Travail de Marseille.
SUBRA (Henri)....	Syndicat des Ouvriers Coiffeurs de Montluçon.	Bourse du Travail de Montluçon.
LUQUET	Mandat de la Fédération.	

Confection Militaire

Noms des Délégués	Organisations représentées	Bourses du Travail ou Unions syndicales.
LUCAIN...........	Syndicat des Ouvriers des Etabl[ts] milit[res] de Bourges.	Bourse du Travail de Bourges.
DREYER (Eugène).	Syndicat des Ouvriers de l'Habillement militaire de Lyon.	Union Syndicale départementale du Rhône.
ROCHET (Raymond)	Syndicat des Ouvriers-Ouvrières des Cuirs et Peaux et Confections militaires de Clermont-Ferrand.	Union Syndicale du Puy-de-Dôme.
HERVIER	Mandat de la Fédération.	

Fédération Nationale des Cuirs et Peaux

Noms des Délégués	Organisations représentées	Bourses du Travail ou Unions syndicales.
Griffuelhes	Syndicat Général des Cuirs et Peaux de Niort.	Bourse du Travail de Niort.
—	Synd Gén. des Trav. des Cuirs et Peaux de la Seine.	Union des Syndicats de la Seine.
—	Syndicat des Ouvriers Mégissiers, p. s., de Chaumont.	Bourse du Travail de Chaumont.
—	Syndicat de la Bourrellerie-Sellerie, p. s., de Paris.	Union des Syndicats de la Seine.
—	Syndicat des Monteurs en Galoches de Toulouse.	Bourse du Travail de Toulouse.
—	Syndicat des Travailleurs sp. de la Peau de Paris.	Union des Syndicats de la Seine.
—	Syndicat de la Chaussure de Rouen.	Union des Syndicats de Rouen.
—	Syndicat des Travailleurs des Cuirs et Peaux de Quimper.	Union des Syndicats de Quimper.
—	Synd. Général des Ouvriers-Ouvrières en Chaussures de la Seine.	Union des Syndicats de la Seine.
—	Syndicat de la Solidarité de Bourges.	Bourse du Travail de Bourges.
Duet.............	Syndicat des Palissonneurs en couleur de Milhau.	Union des Syndicats de l'Aveyron.
—	Syndicat des Cuirs et Peaux de Périgueux.	Bourse du Travail de Périgueux.
—	Syndicat des Ouvriers en Chaussures de Sillans.	Bourse du Travail de Grenoble.
—	Syndicat des Ouvriers des Cuirs et Peaux et similaires de Roanne.	Bourse du Travail de Roanne.
—	Syndicat des Ouvriers et Ouvrières Maroquiniers-Boursiers de Paris.	Union des Syndicats de la Seine.
—	Syndicat des Cordonniers et Coupeurs de Bordeaux.	Union des Syndicats de Bordeaux.
—	Syndicat des Cuirs et Peaux de Valence.	Bourse du Travail de Valence.
—	Synd. des Ouvriers-Ouvrières en Chaussures de Lyon.	Union des Syndicats du Rhône.
—	Syndicat des Selliers-Bourreliers-Harnacheurs de Bordeaux.	Union des Syndicats de la Gironde.
Voirin...........	Syndicat des Ouvriers Cordonniers et sim. d'Alais.	Bourse du Travail d'Alais.
—	Synd. Gén. des Trav. des Cuirs et Peaux de Lyon.	Union des Syndicats du Rhône.
—	Syndicat des Ouvriers Cordonniers de Versailles.	Union des Syndicats de Seine-et-Oise.

Voirin...........	Syndicat des Ouvriers-Tanneurs-Corroyeurs d'Henrichemont.	Bourse du Travail de Bourges.
—	Syndicat de la Chaussure de Blois.	Bourse du Travail de Blois.
Humbert.........	Synd. des Ouvriers en Chaussures, p. s., de l'Aveyron.	Union des Syndicats de Vaucluse.
—	Syndicat des Palissonneurs en bl. de Chaumont.	Bourse du Travail de Chaumont.
—	Synd. des Ouvriers en Cuirs et Peaux de Saint-Donat.	Union des Syndicats de Saint-Donat.
—	Synd. Gén. de la Chaussure et sim. de Nancy.	Union des Synd. de Meurthe-et-Moselle.
—	Syndicat des Chaussures de Troyes.	Union des Syndicats de Troyes.
Laigre (Pierre)...	Syndicat du Siège en Cuir de Paris.	Union des Syndicats de la Seine.
— ...	Syndicat des Cuirs et Peaux de Rennes.	Bourse du Travail de Rennes.
— ...	Syndicat du Cuir d'Auxerre.	Bourse du Travail d'Auxerre.
— ...	Syndicat de Fougères, Fougères.	Bourse du Travail de Fougères.
Calvignac (Rd)...	Syndicat des Cuirs et Peaux de Rodez.	
— ...	Synd. Général des Cuirs et Peaux, p. s., de Romans.	Bourse du Travail de Romans.
— ...	Syndicat des Ouvriers Moutonniers de Graulhet.	Union des Syndicats de Graulhet.
Morel...........	Syndicat des Cuirs et Peaux de Grenoble.	Union des Syndicats de l'Isère.
—	Syndicat des Fabricants de Colliers de Poitiers.	Bourse du Travail de Poitiers.
—	Syndicat des Cuirs et Peaux d'Issoudun.	Bourse du Travail d'Issoudun.
—	Syndicat des Galochiers de Saint-Pierre-des-Champs.	Union des Syndicats de l'Oise.
Berteaux (Joseph)	Syndicat des Ouvriers Cordonniers et sim. de Biarritz.	Bourse du Travail de Bayonne.
Colin...........	Syndicat des Ouvriers et Ouvrières en Cuirs d'Amiens.	Bourse du Travail d'Amiens.
Badin...........	Syndicat Général des Chaussures d'Izeaux.	Bourse du Travail de Grenoble.
Lambert (Antonin)	Syndicat de l'Unité de la Chaussure d'Angers.	Bourse du Travail d'Angers.
Charles.........	Syndicat des Cuirs d'Amboise.	Union des Syndicats d'Indre-et-Loire.
Aupart..........	Union des Synd. des Cuirs et Peaux de Montluçon.	Bourse du Travail de Montluçon.
Cathomen........	Syndicat des Ouvriers en Chaussures de Dijon.	Bourse du Travail de Dijon.
Trévenec........	Syndicat de la Chaussure de Lorient.	Bourse du Travail de Lorient.

Barthes (Isidore).	Synd. de l'Expl. de la peau de mouton de Mazamet.	Bourse du Travail de Mazamet.
—	Syndicat des Mégissiers de Mazamet.	Bourse du Travail de Mazamet.
Danis............	Syndicat des Ouvriers Cordonniers, p. s., de Nice.	Union des Syndicats de Nice.
Blanchard (Jh)...	Syndicat des Ouvriers Cordonniers de Nantes.	Bourse du Travail de Nantes.
Bousquet (Fçois)..	Syndicat des Ouvriers Malletiers de Toulouse.	Bourse du Travail de Toulouse.
Duédra (Victor)..	Synd. des Ouvriers-Ouvrières en Chaussures de Toulouse.	Bourse du Travail de Toulouse.
Anglade (Marius)	Synd. des Ouvriers Selliers-Bourreliers de l'Harnachement de Toulouse.	Bourse du Travail de Toulouse.
Beausoleil.......	Syndicat de la Cordonnerie, p. s., de Liancourt.	Union des Syndicats de l'Oise.
—	Syndicat des Cuirs et Peaux, p. s., de Mouy.	Union des Syndicats de l'Oise.
Rougerie (Jean)..	Synd. des Ouvriers-Ouvrières en Chaussures de Limoges.	Bourse du Travail de Limoges.
Griffuelhes	Mandat fédéral.	

Fédération des Dessinateurs de France

Noms des Délégués	Organisations représentées	Bourses du Travail ou Unions syndicales.
Deplante	Syndicat des Dessinateurs et assimilés de St-Nazaire.	Bourse du Travail de Saint-Nazaire.
—	Syndicat des Dessinateurs et assimilés de Rouen.	Union des Syndicats de Rouen.
—	Synd. des Graveurs sur bois et Dessinateurs de Paris.	Union des Syndicats de la Seine.
—	Syndicat des Dessinateurs de Nantes.	Bourse du Travail de Nantes.
—	Syndicat des Dessinateurs de la Métallurgie de Paris.	Union des Syndicats de la Seine.
—	Syndicat des Dessinateurs de Bordeaux.	Union des Syndicats de Bordeaux.
—	Mandat fédéral.	

Fédération de l'Eclairage

Noms des Délégués	Organisations représentées	Bourses du Travail ou Unions syndicales.
Passenaud	Syndicat des Travailleurs du Gaz et Electricité d'Orléans	Union des Syndicats d'Orléans.
Le Guéry	Syndicat des Ouvriers du Gaz de Belfort.	Bourse du Travail de Belfort.

Ruel	Syndicat de l'Eclairage de Mazamet.	Bourse du Travail de Mazamet.
Bravais..........	Syndicat des Travailleurs du Gaz de Valence.	Bourse du Travail de Valence.
Claverie.........	Syndicat des Employés du Gaz de Paris.	Union des Syndicats de la Seine.
Deffino..........	Syndicat des Travailleurs du Gaz de Toulon.	Union des Syndicats de Toulon.
Niel..............	Syndicat des Employés et Ouvriers du Gaz de Reims.	Bourse du Travail de Reims.
Laporte..........	Syndicat des Ouvriers du Gaz et Electricité de Vierzon.	Bourse du Travail de Vierzon.
Ruel	Syndicat général du Personnel gazier du Havre.	Union des Syndicats du Havre.
Nontoux..........	Syndicat des Gaziers de Périgueux.	Union des Syndicats de Périgueux.
Blanchard.......	Syndicat national des Travailleurs du Gaz et similaires de Nantes.	Bourse du Travail de Nantes.
Passenaud.......	Mandat fédéral.	

Fédération des Employés

Noms des Délégués	Organisations représentées	Bourses du Travail ou Unions syndicales.
Gauthier	Syndicat des Employés de l'arrondissement de Saint-Nazaire.	Bourse du Travail de Saint-Nazaire.
Cleuet...........	Syndicat des Employés de Commerce de Roanne et du Coteau.	Bourse du Travail de Roanne.
—	Syndicat des Employés d'Amiens.	Bourse du Travail d'Amiens.
—	Syndicat des Employés de Lyon.	Union des Syndicats de Lyon et du Rhône
—	Syndicat des Employés d'Orléans.	Bourse du Travail d'Orléans.
—	Syndicat des Comptables et Teneurs de livre de la Seine	Union des Syndicats de la Seine.
—	Syndicat des Clercs d'Huissiers de la Seine.	Union des Syndicats de la Seine.
—	Syndicat des Employés de Poitiers.	Bourse du Travail de Poitiers.
—	Syndicat des Employés de Troyes et Sainte-Savine.	Union des Syndicats de Troyes et envir.
—	Syndicat des Employés d'Abbeville.	Bourse du Travail d'Abbeville.
Decooninck......	Chambre syndicale des Employés de Dunkerque.	Bourse du Travail de Dunkerque.

FAURE (Léopold)..	Chambre syndicale des Employés de Banque et de Bourse de la région parisienne.	Union des Syndicats de la Seine.
BARRIÈRE.........	Syndicat des Employés de Commerce de Cette.	Bourse du Travail de Cette.
—	Syndicat des Employés de Commerce et d'Administration libre de Marseille.	Union des Syndicats des Bouch^{es}-d.-Rhône
GOGUMUS.........	Syndicat des Employés d'Elbeuf.	Bourse du Travail d'Elbeuf.
POULARD.........	Syndicat des Employés de commerce de Toulouse.	Bourse du Travail de Toulouse.
—	Chambre syndicale des Employés des deux sexes de Bergerac.	
—	Chambre syndicale des Employés de magasin du Havre	Union des Syndicats du Havre.
COSTE............	Syndicat des Voyageurs et Représentants de commerce de Paris.	Union des Syndicats de la Seine.
—	Syndicat des Voyageurs et Représentants de commerce de Lille.	Bourse du Travail de Lille.
YVETOT..........	Syndicat des Employés des deux sexes de Niort.	Bourse du Travail de Niort.
BRAVAIS..........	Syndicat des Employés de Valence et de Bourg-les-Valence.	Bourse du Travail de Valence.
DÉMAUX..........	Syndicat des Employés de Saint-Quentin.	Bourse du Travail de Saint-Quentin.
GUERNIER........	Chambre syndicale des Employés de Reims.	Bourse du Travail de Reims.
TORTON...........	Chambre syndicale des Employés de Rouen.	Union des Syndicats de Rouen.
DANREZ..........	Syndicat des Employés du Jura.	Union des Syndicats d'Ain-F^{rche}-Comté.
BAHONNEAU.......	Syndicat des Employés d'Angers.	Bourse du Travail d'Angers.
VERTH............	Syndicat des Employés de commerce de Besançon.	Bourse du Travail de Besançon.
CASTAGNÈDE......	Syndicat des Employés de commerce de Biarritz.	Bourse du Travail de Bayonne.
GIBAUD...........	Union syndicale des Commis et Comptables de la Gironde	Union des Syndicats de Bordeaux et Gironde
HERVIER..........	Syndicat des Employés réunis de Bourges.	Bourse du Travail de Bourges.
POCHAT..........	Syndicat des Employés de commerce de Constantine.	Bourse du Travail de Constantine.
BLANCHARD.......	Chambre syndicale des Employés de Nantes.	Bourse du Travail de Nantes.
DAÏDÉ............	Syndicat des Employés de commerce de Narbonne.	Bourse du Travail de Narbonne.

DANIS............	Syndicat des Employés de Banque de Nice.	Union des Syndicats de Nice.
—	Syndicat des Employés de commerce de Nice.	Union des Syndicats de Nice.
SAVOIE...........	Chambre syndicale des Sténo-Dactylo de Paris.	Union des Syndicats de la Seine.
DESSALLE.........	Association syndicale des Employés de Seine-et-Oise	Union des Syndicats de Seine-et-Oise.
LEROUX	Syndicat des Employés de l'Oise (section de Creil).	Union des Syndicats de l'Oise.
BARRIÈRE.........	Syndicat des Employés de commerce de Béziers.	Bourse du Travail de Béziers.
CLEUET...........	Mandat de la Fédération.	

Fédération Nationale des Ferblantiers-Boîtiers

Noms des Délégués	Organisations représentées	Bourses du Travail ou Unions syndicales.
FERRÉ............	Syndicat des Ferblantiers-Boîtiers de Belle-Isle.	
—	Syndicat des Ferblantiers-Boîtiers de Turbale.	
—	Syndicat des Ferblantiers-Boîtiers d'Audierne.	
—	Syndicat des Ferblantiers-Boîtiers de Nantes.	Bourse du Travail de Nantes.
—	Syndicat des Ferblantiers-Boîtiers de Concarneau.	Union des Syndicats du Finistère.
—	Mandat de la Fédération.	
LÉVY.............	Syndicat des Ferblantiers et Boîtiers de Bordeaux.	Union des Syndicats de la Gironde.

Personnel Civil de la Guerre

Noms des Délégués	Organisations représentées	Bourses du Travail ou Unions syndicales.
GAUREL..........	Syndicat du Personnel civil libre de la Direction de l'Artillerie de La Rochelle.	Bourse du Travail de La Rochellé.
SAINT-VENANT.....	Syndicat des Ouvriers civils de l'Artillerie de Lille.	Bourse du Travail de Lille.
LAURENS (Léon)...	Synd. des Travailleurs réunis de l'Arsenal de Cherbourg.	Union Syndicale de la Manche.
PICHON..........	Syndicat du Personnel civil de l'Etablissement militaire de Tarbes.	Bourse du Travail de Tarbes.
A. VALETTE	Syndicat de l'Arsenal et de la Cartoucherie de Douai.	

VALETTE et GAUBEL	Syndicat de l'Arsenal et de la Cartoucherie de Toulouse.	Union Synd. de Toulouse et de la région.
MARTIN (H.)......	Assoc. Synd. des Ouvriers civils du Dépôt de l'Artillerie de Clermont-Ferrand.	Union Syndicale de Clermont-Ferrand.
—	Syndicat des Ouvriers de l'Atelier de construction de Rennes.	Bourse du Travail de Rennes.
—	Syndicat des Ouvriers de l'Arsenal de la terre de Toulon.	Bourse du Travail de Toulon.
LUCAIN (E.).......	Syndicat des Ouvriers et Employés de l'Artillerie de Nantes.	Bourse du Travail de Nantes.
—	Synd. des Ouvriers civils de la guerre (service de l'Artillerie) de Marseille.	Bourse du Travail de Marseille.
—	Syndicat du Personnel civil des deux sexes et Etablissements militaires de Bourges	Bourse du Travail de Bourges.
BERLIER..........	Syndicat du Personnel des Etablissements militaires de Valence.	Bourse du Travail de Valence.
—	Syndicat du Personnel civil de la Manufacture d'armes de Saint-Etienne.	Bourse du Travail de Saint-Etienne.
MOIROUD.........	Syndicat du Personnel civil des deux sexes de l'Arsenal d'Alger.	Bourse du Travail d'Alger.
—	Syndicat des Etablissements militaires de la guerre de Lyon.	Union Syndicale du Rhône.
—	Syndicat du Personnel de la Manufacture d'armes de Châtellerault.	
VAYSSE..........	Syndicat de la Manufacture d'armes de Tulle.	Bourse du Travail indépendante de Tulle.
—	Syndicat des Etablissements de la guerre de la Seine.	Union Syndicale de la Seine.
—	Union Syndicale du Personnel civil libre des Etablissements milit^res de Vernon.	
BERLIER (J.)......	Mandat de la Fédération.	

Fédération de l'Habillement

Noms des Délégués	Organisations représentées	Bourses du Travail ou Unions syndicales.
DUMAS...........	Syndicat des Tailleurs pour Hommes et Dames de Vichy.	Union des Syndicats de Vichy.

Dumas..........	Syndicat Général des Travailleurs de l'Habillement de la Seine.	Union des Syndicats de la Seine.
—	Syndicat de l'Habillement d'Avignon.	Union des Syndicats d'Avignon.
—	Syndicat des Tailleurs d'Habits de Bordeaux.	Union des Syndicats de Bordeaux.
—	Syndicat des Ouvrières de l'Habillement d'Amiens.	Bourse du Travail d'Amiens.
Hackemberger...	Syndicat des Coupeurs-Chemisiers de Toulouse.	Bourse du Travail de Toulouse.
— ...	Syndicat des Coupeurs-Chemisiers, faux-cols et simil. de la Seine.	Union des Syndicats de la Seine.
Gardiès..........	Syndicat des Ouvrières et Ouvriers Tailleurs de Mazamet	Bourse du Travail de Mazamet.
Tajan..........	Syndicat des Tailleurs et Couturières de Grenoble.	Union des Syndicats de Grenoble.
Gisquet..........	Syndicat des Tailleurs d'Habits de Toulouse.	Bourse du Travail de Toulouse.
Rochet..........	Syndicat des Travailleurs de l'Habillement de Clermont-Ferrand.	Union des Syndicats du Puy-de-Dôme.
Rat..........	Syndicat des Dames de l'Habillement de Toulouse.	Bourse du Travail de Toulouse.
Hackemberger...	Syndicat de la Couture de Bourges.	Bourse du Travail de Bourges.
Augier..........	Syndicat de l'Habillement et simil. de Limoges.	Bourse du Travail de Limoges.
—	Synd. des Ouvrières Tailleuses-Lingères de Marseille.	Union des Syndicats de Marseille.
Colin..........	Syndicat des Coupeurs et Tailleurs d'Amiens.	Bourse du Travail d'Amiens.
Morin..........	Syndicat des Tailleurs d'Habits de Tours.	Union des Syndicats de Tours.
Royer..........	Syndicat des Coupeurs-Chemisiers de Lyon.	Union des Syndicats du Rhône.
Bondoux..........	Syndicat de l'Habillement civil de Nevers.	Bourse du Travail de Nevers.
Tajan..........	Syndicat des Tailleurs d'Habits de Nantes.	Bourse du Travail de Nantes.
Miremont..........	Syndicat des Ouvriers Tailleurs de Bayonne.	Bourse du Travail de Bayonne.
Dumas..........	Mandat fédéral.	

Fédération Horticole

Noms des Délégués	Organisations représentées	Bourses du Travail ou Unions syndicales.
Henry..........	Syndicat des Ouvriers Jardiniers de Paramé.	Union des Syndicats de Saint-Malo.

Bahonneau.......	Syndicat des Jardiniers-Pépiniéristes d'Angers.	Bourse du Travail d'Angers.
Jérome..........	Syndicat des Ouvriers Agricoles du Havre.	Union des Syndicats du Havre.
Bled............	Syndicat des Ouvriers Agricoles et Horticoles de Châteaufort.	Union des Syndicats de Seine-et-Oise.
—	Synd. des Champignonnistes de Conflans. Ste-Honorine.	Union des Syndicats de Seine-et-Oise.
—	Syndicat des Ouvriers Maraîchers et simil. de Montesson-Croissy, Montreuil-sous-Bois, Paris.	Union des Syndicats de Seine-et-Oise.
—	Syndicat des Ouvriers Cultivateurs de la région Est de Paris.	Union des Syndicats de la Seine.
—	Syndicat des Ouvriers Agricoles et simil. du Mesnil-Aubry.	Union des Syndicats de Seine-et-Oise.
—	Syndicat des Jardiniers de Paris.	Union des Syndicats de la Seine.
—	Union Corporative des Ouvriers de la terre de Vitry-sur-Seine.	Union des Syndicats d'Ivry.
—	Mandat fédéral.	

Fédération des Syndicats d'Instituteurs

Noms des Délégués	Organisations représentées	Bourses du Travail ou Unions syndicales.
Péricat..........	Syndicat des Instituteurs et Institutrices de l'Ardèche.	*Il n'y en a pas dans le département.*
—	Syndicat des Instituteurs et Institutrices de la Savoie.	Union des Syndicats de la Savoie.
Dessalle.........	Syndicat des Instituteurs et Institutrices ,de Seine-et-Oise.	Union des Syndicats de Seine-et-Oise.
Réaud	Syndicat des Instituteurs et Institutrices des Bouches-du-Rhône.	Bourse du Travail de Marseille.
Lambert	Syndicat des Instituteurs et Institutrices du Maine-et-Loire.	Bourse du Travail d'Angers.

Fédération Nationale Maritime

Noms des Délégués	Organisations représentées	Bourses du Travail ou Unions syndicales.
Gauthier (Henri).	Union Synd[le] des Marins du Commerce de St-Nazaire.	Bourse du Travail de Saint-Nazaire.

Gauthier (Henri).	Syndicat des Navigateurs civils de Saint-Nazaire.	Bourse du Travail de Saint-Nazaire.
Henri (Marc).....	Syndicat des Pêcheurs Marins côtiers.	Bourse du Travail de Saint-Malo.
Laurens (Léon)...	Syndicat des Inscrits Maritimes de Cherbourg.	Bourse du Travail de Cherbourg.
Decooninck (Const^t)	Syndicat des Inscrits Maritimes de Dunkerque.	Bourse du Travail de Dunkerque.
Réaud (Louis)....	Union des Marins Pêcheurs du Commerce de Marseille.	Bourse du Travail de Marseille.
Lassalle (J.-B.)..	Syndicat des Maîtres-d'Hôtel garçons, nav.. Marseille.	Bourse du Travail de Marseille.
Rivelli, Gauthier	Mandat fédéral.	

Fédération de la Lithographie

Noms des Délégués	Organisations représentées	Bourses du Travail ou Unions syndicales.
Pichon..........	Syndicat des Ouvriers Lithographes et simil. d'Épinal.	Union des Syndicats des Vosges.
Lescallier.......	Syndicat des Ouvriers Lithographes de Nimes.	Bourse du Travail de Nimes.
Léguevaques.....	Syndicat des Ouvriers Lithographes et simil. de Nancy.	Union des Synd. de la Meurthe-et-Moselle.
Danrez..........	Syndicat des Lithographes Dolois.	Un. des Synd. de l'Ain et Franche-Comté.
Pichon..........	Syndicat des Lithographes d'Orléans.	Bourse du Travail d'Orléans.
Léguevaques.....	Syndicat des Lithographes de Montpellier.	Bourse du Travail de Montpellier.
Royer..........	Syndicat des Lithographes de Lyon.	Union des Syndicats du Rhône.
Léguevaques.....	Syndicat des Ouvriers Imprimeurs de Limoges.	Bourse du Travail de Limoges.
Modant.........	Syndicat des Dessinateurs-Chromistes Lithographes de Bordeaux.	Union des Syndicats de Bordeaux.
—	Syndicat des Ouvriers Imprimeurs Lithos de Bordeaux.	Union des Syndicats de Bordeaux.
Cleuet..........	Syndicat des Lithographes d'Amiens.	Bourse du Travail d'Amiens.
Rochet..........	Syndicat Lithographique de Clermont-Ferrand.	Union des Syndicats du Puy-de-Dôme.
Pichon..........	Syndicat des Dessinateurs Lithographes de Paris.	Union des Syndicats de la Seine.
—	Syndicat des Reporteurs Lithographes de la Seine.	Union des Syndicats de la Seine.
—	Syndicat de La Résistance des Lithographes de Paris.	Union des Syndicats de la Seine.
—	Syndicat des Ouvriers Lithographes et simil. de Nantes.	Bourse du Travail de Nantes.

Pichon..........	Syndicat des Ouvriers Lithographes de Caen.	Union des Syndicats du Calvados.
Modant.........	Syndicat des Ouvriers Lithographes de Rennes.	Bourse du Travail de Rennes.
—	Syndicat Lithographique de Poitiers.	Bourse du Travail de Poitiers.
Niel............	Syndicat des Lithos-Papetiers-Relieurs de Reims.	Bourse du Travail de Reims.
Léguevaques.....	Syndicat Lithographique de Toulouse.	Union des Syndicats de Toulouse.
Pichon..........	Mandat fédéral.	

Fédération Nationale du Livre

Noms des Délégués	Organisations représentées	Bourses du Travail ou Unions syndicales.
Liochon (Claude).	Syndicat Typographique d'Epinal.	Union des Syndicats des Vosges.
—	Syndicat des Ouvriers Typographes et simil. d'Alger.	Bourse du Travail d'Alger.
—	Syndicat Typographique de Charleville.	Union des Syndicats des Ardennes.
—	Syndicat Typographique de Belfort.	Bourse du Travail de Belfort.
—	Syndicat des Typographes de Lunéville.	Union des Synd. de Meurthe-et-Moselle.
—	Syndicat des Typographes p. s., de Caen.	Union des Syndicats du Calvados.
—	Syndicat de l'Imprimerie de Poitiers.	Bourse du Travail de Poitiers.
—	Syndicat Typographique de Bourges.	Bourse du Travail de Bourges.
—	31me Section du Livre de Bourg.	Un. des Synd. de l'Ain et Franche-Comté.
Masson (Louis)...	Syndicat des Fondeurs Typographes de la Seine.	Union des Syndicats de la Seine.
— ...	Syndicat des Travailleurs du Livre de Bayonne.	Bourse du Travail de Bayonne.
— ...	Syndicat des Typographes de Lille.	Bourse du Travail de Lille.
— ...	Syndicat des Travailleurs du Livre de Valenciennes.	Union des Syndicats de Valenciennes.
— ...	Syndicat des Travailleurs du Livre de Nevers.	Bourse du Travail de Nevers.
— ...	Syndicat Typographique de Nancy.	Union des Synd. de Meurthe-et-Moselle.
Reymond.........	Syndicat du Livre d'Angers.	Bourse du Travail d'Angers.
—	Syndicat Typographique de Saint-Etienne.	Bourse du Travail de Saint-Etienne.
—	Syndicat des Typographes d'Amiens.	Bourse du Travail d'Amiens.

Reymond.........	Union Typographique de Montpellier.	Bourse du Travail de Montpellier.
—	Syndicat des Ouvriers du Livre de Lagny.	Bourse du Travail de Meaux.
—	Syndicat des Typographes de Bordeaux.	Bourse du Travail de Bordeaux.
Bravais (Paul)....	Syndicat des Typographes de Limoges.	Bourse du Travail de Limoges.
—	152me Section du Livre de Roanne.	Bourse du Travail de Roanne.
—	Syndicat des Typographes de Valence.	Bourse du Travail de Valence.
—	Syndicat Typographique de Soissons.	Union des Syndicats de Soissons.
Leclerc (Pierre)..	Syndicat Typographique de Châteauroux.	Bourse du Travail de Châteauroux.
— ..	Syndicat Typographique de Melun.	Union des Syndicats de Melun.
— ..	Syndicat Typographique de Clermont-Ferrand.	Union des Syndicats du Puy-de-Dôme.
Bazerbe (Joseph).	Synd. Typographique d'Albi.	Bourse du Tr. d'Albi.
—	Syndicat des Travailleurs du Livre de Perpignan.	Bourse du Travail de Perpignan.
Niel (Louis)......	Syndicat de l'Imprimerie Rémoise de Reims.	Bourse du Travail de Reims.
Rouchouse.......	146me Section des Travailleurs du Livre de Brive.	Bourse du Travail de Brive.
Marie...........	Synd. Général de l'impression typographique Parisienne.	Union des Syndicats de la Seine.
Viala...........	Syndicat Typo-Lithographique de Béziers.	Bourse du Travail de Béziers.
Morin...........	92me Section du Livre de Tours.	Union des Syndicats d'Indre-et-Loire.
Doria (Marius)...	Syndicat Typographique de Toulon.	Bourse du Travail de Toulon.
Sillières (J.-H.)..	Syndicat Typographique d'Auch.	Bourse du Travail d'Auch.
Boudet (Aymard).	Synd. de la 21me Section des Compositeurs de Paris.	Union des Syndicats de la Seine.
Badin (J.-B.).....	Syndicat des Typographes de Grenoble.	Bourse du Travail de Grenoble.
Gauthier (Henri).	Syndicat des Typographes de Saint-Nazaire.	Bourse du Travail de Saint-Nazaire.
Laurens (Léon)...	Syndicat des Typographes de Cherbourg.	Bourse du Travail de Cherbourg.
Henri (Marc).....	Syndicat des Typographes de Saint-Malo.	Union des Syndicats de Saint-Malo.
Werth...........	Syndicat des Typographes de Besançon.	Bourse du Travail de Besançon.
Cazanave (Raymd)	Syndicat des Typographes de Toulouse.	Bourse du Travail de Toulouse.
Démaret (Fçois)...	Syndicat des Typographes de Saint-Quentin.	Bourse du Travail de Saint-Quentin.

Marre...........	Syndicat des Typographes de Montauban.	Bourse du Travail de Montauban.
Jeannet..........	Syndicat des Typographes de Meaux.	Bourse du Travail de Meaux.
Coolen..........	Syndicat des Typographes de Nantes.	Bourse du Travail de Nantes.
Provost.........	Syndicat des Typographes de Montluçon.	Bourse du Travail de Montluçon.
Prosperi (Martin).	Syndicat des Typographes de Constantine.	Bourse du Travail de Constantine.
Liochon (Claude).	Mandat fédéral.	

Fédération des Magasins Administratifs de la Guerre

Noms des Délégués	Organisations représentées	Bourses du Travail ou Unions syndicales.
Galice...........	Syndicat du Magasin Régional d'Amiens.	Bourse du Travail d'Amiens.
—	Syndicat des Ouvriers et Ouvrières de l'Habillement du Campement de Nantes.	Bourse du Travail de Nantes.
—	Syndicat des Employés du Magasin Central de Clermont-Ferrand.	Union des Syndicats du Puy-de-Dôme.
—	Syndicat Ouvrier des Magasins Administratifs d'Alger.	Bourse du Travail d'Alger.
—	Syndicat Ouvrier des Magasins Administratifs de Marseille.	Union des Syndicats des Bouches-du-Rhône.
—	Syndicat Ouvrier des Magasins Administratifs de Toulon.	Union des Syndicats de Toulon.
—	Syndicat du Campement et de l'Habillement de Lille.	Bourse du Travail de Lille.
—	Syndicat des Magasins Administratifs de la guerre de la Seine.	Union des Syndicats de la Seine.
—	Syndicat du Magasin Régional de l'Habillement de Montpellier.	Bourse du Travail de Montpellier.
—	Synd. Ouvrier des Magasins Administratifs de Reims.	Bourse du Travail de Reims.
Born.............	Syndicat Ouvrier du Magasin Régional d'Orléans.	Union des Syndicats du Loiret.
—	Syndicat Ouvrier du Magasin Central de l'Habillement du Campement de Toulouse.	Union des Syndicats de Toulouse.
Galice...........	Mandat fédéral.	

Syndical National des Maréchaux

Noms des Délégués	Organisations représentées	Bourses du Travail ou Unions syndicales.
JACQUEMIN........	Syndicat des Maréchaux de Marseille.	Bourse du Travail de Marseille.
—	Syndicat Ouvrier des Maréchaux de Narbonne.	*L'Union n'a pas de timbre.*
—	Syndicat Ouvrier des Maréchaux de Toulouse.	Bourse du Travail de Toulouse.
—	Syndicat Ouvrier des Maréchaux de Saint-Etienne.	Bourse du Travail de Saint-Etienne.
—	Syndicat Ouvrier des Maréchaux de Seine-et-Oise.	Union des Syndicats de Seine-et-Oise.
—	Syndicat Ouvrier des Maréchaux de la Seine.	Union des Syndicats de la Seine.

Fédération des Travailleurs de la Marine et de l'Etat

Noms des Délégués	Organisations représentées	Bourses du Travail ou Unions syndicales.
YVETOT...........	Syndicat des Travailleurs du Port de Brest.	Union des Syndicats du Finistère.
—	Syndicat des Travailleurs de la Fonderie Nationale de Ruelle.	
—	Syndicat des Travailleurs du Laboratoire de la Marine de Paris.	Union des Syndicats de la Seine.
—	Syndicat des Travailleurs du Port de Lorient.	Bourse du Travail de Lorient.
—	Syndicat des Travailleurs des Forges de Chérigny.	Bourse du Travail de Nevers.
—	Syndicat des Travailleurs des Etablissements Maritimes de l'Indre.	Bourse du Travail de Nantes.
LAURENS..........	Syndicat des Travailleurs du Port de Cherbourg.	Union des Syndicats de la Manche.
YVETOT...........	Syndicat des Travailleurs du Port de Sidi-Abdalat (Tunisie).	
—	Mandat fédéral.	

Fédération des Ouvriers Mécaniciens

Noms des Délégués	Organisations représentées	Bourses du Travail ou Unions syndicales.
COUPAT...........	Syndicat Ouvrier des Mécaniciens de Tarbes.	Bourse du Travail de Tarbes.

Coupat..........	Syndicat Ouvrier des Mécaniciens de Tourcoing.	Union des Syndicats de Tourcoing.
—	Syndicat Ouvrier des Mécaniciens de Soissons.	Union des Syndicats de Soissons.
—	Synd. Ouvrier des Tourneurs-Mécaniciens d'Orléans.	Union des Syndicats du Loiret.
—	Syndicat des Mécaniciens de Nantes.	Bourse du Travail de Nantes.
—	Syndicat des Mécaniciens de Morlaix.	*Il n'y a pas de Bourse.*
—	Syndicat des Mécaniciens de Flers.	Union des Syndicats Fleriens.
—	Syndicat des Mécaniciens de Caen.	Union des Syndicats de Caen.
—	Syndicat des Mécaniciens de Chartres.	Union des Syndicats d'Eure-et-Loir.
Boissière........	Syndicat des Ajusteurs-Mécaniciens d'Orléans.	Union des Syndicats du Loiret.
—	Syndicat des Mécaniciens de Marpent.	*Pas d'Union locale.*
—	Syndicat des Mécaniciens de Jeumont.	*Pas d'Union locale.*
Redon..........	Syndicat Ouvrier des Mécaniciens-Electriciens de Saint-Etienne.	Bourse du Travail de Saint-Etienne.
—	Syndicat des Mécaniciens d'Albert.	Bourse du Travail d'Amiens.
André..........	Syndicat des Mécaniciens et simil. de Troyes.	Union des Syndicats de Troyes.
Rogalle.........	Syndicat des Mécaniciens et simil. de Toulouse.	Union des Syndicats de Toulouse.
Boisson.........	Syndicat des Tourneurs-Robinetiers de Paris.	Union des Syndicats de la Seine.
Niel............	Syndicat des Mécaniciens de Reims.	Bourse du Travail de Reims.
Rochet..........	Syndicat des Mécaniciens de Clermont-Ferrand.	Union des Syndicats du Puy-de-Dôme.
Guillet.........	Syndicat des Mécaniciens d'Angers.	Bourse du Travail d'Angers.
Laurens.........	Syndicat des Mécaniciens de Cherbourg.	Bourse du Travail de la Manche.
Coupat..........	Mandat fédéral.	

Fédération des Métaux

Noms des Délégués	Organisations représentées	Bourses du Travail ou Unions syndicales.
Merrheim........	Syndicat des Métallurgistes et similaires d'Alais.	Bourse du Travail d'Alais.
—	Syndicat Métallurgiste d'Aulnoye.	

MERRHEIM........	Syndicat Métallurgiste. Fresnes-d'Escaupont.	Union des Syndicats de Valenciennes.
—	Syndicat des Polisseurs sur Métaux de Lyon.	Union des Syndicats de Lyon.
—	Syndicat des Ouvriers sur Métaux de Monthermé.	Bourse du Travail de Nouzon.
—	Syndicat des Coffre-forts de la Seine.	Union des Syndicats de la Seine.
—	Syndicat des Métallurgistes de Saint-Amand-les-Eaux.	Bourse du Travail de Saint-Amand.
—	Syndicat des Métallurgistes de Troyes.	Union des Syndicats de Troyes.
—	Syndicat des Métallurgistes et similaires de Villefranche-sur-Saône.	Union des Syndicats de Lyon.
DEVERTUS........	Syndicat des Mouleurs d'Outreau.	Pas-de-Calais.
—	Syndicat des Métallurgistes de Saint-Dizier.	
PIERRETON........	Syndicat des Métallurgistes de Saint-Laurent-du-Pont.	Bourse du Travail de Voiron.
—	Syndicat des Métallurgistes de Voiron.	Bourse du Travail de Voiron.
MERRHEIM........	Syndicat des Métallurgistes d'Anzin.	Union des Syndicats de Valenciennes.
LAPORTE..........	Syndicat des Ouvriers en Lime de Cosne.	
—	Syndicat des Métallurgistes d'Imphy.	Union des Syndicats de la Nièvre.
—	Syndicat des Métallurgistes de Tonnerre.	
—	Syndicat des Métallurgistes de Vierzon.	Bourse du Travail de Vierzon.
MOURGUES........	Syndicat des Ouvriers Ajusteurs, Mécaniciens, etc., de Bordeaux.	Union des Syndicats de Bordeaux.
—	Syndicat des Ferblantiers, articles de ménage, de Bordeaux.	Union des Syndicats de Bordeaux.
BLANCHARD.......	Syndicat des Métallurgistes de Belfort.	Union des Syndicats de Belfort.
—	Syndicat des Métallurgistes de Domène.	Union des Syndicats de Grenoble.
—	Syndicat des Mouleurs de Fréteval.	Bourse du Travail de Blois.
—	Syndicat des Mouleurs de Grenoble.	Union des Syndicats de l'Isère.
—	Syndicat des Métallurgistes d'Isle-sur-le-Doubs.	Bourse du Travail de Besançon.
—	Syndicat des Découpeurs-Estampeurs de la Seine.	Union des Syndicats de la Seine.
—	Syndicat des Polisseurs-Nickeleurs de Paris.	Union des Syndicats de la Seine.

Blanchard.......	Syndicat des Métallurgistes de Ronchamp.	
—	Syndicat des Métallurgistes de Rouen.	Union des Syndicats de Rouen.
—	Syndicat des Métallurgistes de Vendôme.	Union des Syndicats de Blois.
Démaret.........	Syndicat des Mouleurs de Guise.	Union des Syndicats de Saint-Quentin.
—	Syndicat des Mécaniciens de Saint-Quentin.	Bourse du Travail de Saint-Quentin.
—	Syndicat des Chaudronniers de Saint-Quentin.	Bourse du Travail de Saint-Quentin.
Legros...........	Syndicat des Mouleurs d'Angers.	Bourse du Travail d'Angers.
—	Syndicat des Mouleurs d'Armentières.	Bourse du Travail d'Armentières.
—	Syndicat des Mouleurs de Flers.	Union des Syndicats de Flers.
—	Syndicat des Ouvriers en Métaux de Nouzon.	Union des Syndicats des Ardennes.
—	Syndicat des Mouleurs de Marquise.	
—	Syndicat des Ouvriers sur Métaux de Nancy.	Union des Syndicats de Meurthe-et-Mos.
—	Syndicat des Mouleurs de Sérigné.	Union des Syndicats de Rennes.
—	Syndicat des Métallurgistes de Vizille.	Union des Syndicats de l'Isère.
Galantus........	Syndicat des Métallurgistes de Cambrai.	Union des Syndicats de Cambrai.
—	Syndicat des Métallurgistes de Cousances-sur-Forges.	Union des Syndicats de Meurthe-et-Mos.
—	Syndicat des Métallurgistes de Deville-les-Rouen.	Union des Syndicats de Rouen.
—	Syndicat des Métallurgistes de Douai.	
—	Syndicat de la Métallurgie de Dunkerque.	Bourse du Travail de Dunkerque.
—	Syndicat des Métallurgistes de la Haute-Vienne.	Bourse du Travail de Limoges.
—	Syndicat des Métallurgistes (Sous-le-Bois-Maubeuge).	Union des Syndicats de Maubeuge.
—	Syndicat des Tôliers de la Seine.	Union des Syndicats de la Seine.
—	Syndicat des Graveurs et Ciseleurs sur Métaux de la Seine.	Union des Syndicats de la Seine.
—	Syndicat des Métallurgistes de Trith-Saint-Léger.	Union des Syndicats de Valenciennes.
Chareille........	Syndicat des Mouleurs de Vienne.	Union des Syndicats de Vienne.
—	Syndicat des Mouleurs de Valence.	Bourse du Travail de Valence.

CHAREILLE........	Syndicat des Métallurgistes de Mazières.	Bourse du Travail de Bourges.
—	Syndicat des Métallurgistes de Saint-Florent.	Bourse du Travail de Bourges.
SMOLENSKY.......	Syndicat des Métallurgistes de Decazeville.	Union des Syndicats de l'Aveyron.
—	Syndicat des Ouvriers sur métaux de Toulouse.	Union des Syndicats de Toulouse.
BOUYÉ...........	Syndicat des Mouleurs de Chauny.	
—	Syndicat des Métallurgistes du Havre.	Bourse du Travail du Havre.
—	Syndicat des Fondeurs de la Seine.	Union des Syndicats de la Seine.
—	Syndicat des Métallurgistes de Rennes.	Bourse du Travail de Rennes.
—	Syndicat des Monteurs de Soyons.	
—	Synd. des Mouleurs de Stenay.	
—	Syndicat des Mouleurs de Lyon.	Union des Syndicats du Rhône.
—	Syndicat des Mouleurs de Caen.	Union des Syndicats du Calvados.
LHIOTHIER........	Syndicat des Mouleurs en cuivre de Lyon.	Union des Syndicats du Rhône.
—	Syndicat des Ferblantiers-Lampistes de Lyon.	Union des Syndicats du Rhône.
—	Syndicat des Mouleurs de Saint-Etienne.	Bourse du Travail de Saint-Etienne.
—	Syndicat des Métallurgistes et Cycles de Saint-Etienne.	Bourse du Travail de Saint-Etienne.
—	Syndicat des Armuriers de la Loire.	Bourse du Travail de Saint-Etienne.
SOFFRAY..........	Syndicat des Métallurgistes de Chalon-sur-Saône.	Bourse du Travail de Chalon-sur-Saône.
—	Syndicat de la Métallurgie de Maubert-Fontaine.	
—	Syndicat des Instruments de musique de Château-Thierry	
—	Syndicat des Ouvriers en lime de la Seine.	Union des Syndicats de la Seine.
—	Syndicat des Ouvriers en scies de Paris.	Union des Syndicats de la Seine.
—	Syndicat des Instruments de musique de Paris.	Union des Syndicats de la Seine.
LOYAU	Syndicat des Cartouchiers de la Seine et Seine-et-Oise.	Bourse du Travail d'Issy-les-Moulineaux.
—	Syndicat des Tourneurs en optiques de Paris.	Union des Syndicats de la Seine.
—	Syndicat des Métallurgistes de Monceau-les-Mines.	Union des Syndicats de Saône-et-Loire.
—	Syndicat des Serruriers-Mécaniciens de Niort.	Bourse du Travail de Niort.

Loyau...........	Syndicat des Mouleurs de Niort.	Bourse du Travail de Niort.
—	Syndicat des Monteurs-Tourneurs de Paris.	Union des Syndicats de la Seine.
—	Syndicat des Lits en fer et fer et cuivre de Paris.	Union des Syndicats de la Seine.
—	Syndicat des Monteurs-Etalagistes de Paris.	Union des Syndicats de la Seine.
—	Syndicat de la Manufacture des douilles de chasse de Valence.	Bourse du Travail de Valence.
Morin...........	Syndicat des Mouleurs de La Ferté-Saint-Aubin.	
—	Syndicat des Ferblantiers de Saumur.	Bourse du Travail de Saumur.
—	Syndicat des Mécaniciens de Tours.	Union des Syndicats de Tours.
—	Syndicat des Mouleurs de Tours.	Union des Syndicats de Tours.
Vignal...........	Syndicat des Electriciens de Bayonne et Biarritz.	Bourse du Travail de Bayonne.
—	Syndicat des Métallurgistes de Fumel.	
—	Syndicat des Métallurgistes de Pauillac.	
—	Syndicat des Métallurgistes de Saint-Uze.	
Chevallier......	Syndicat des Métallurgistes de Le Boucau.	Bourse du Travail de Bayonne.
—	Syndicat des Ouvriers en Instruments de précision de la Seine.	Union des Syndicats de la Seine.
—	Syndicat des Opticiens de Paris.	Union des Syndicats de la Seine.
—	Synd. des Métallurgistes de St-Juéry et Saut-du-Tarn.	Bourse du Trav. d'Albi
Gauthier........	Syndicat des Métallurgistes de Basse-Indre.	Union des Syndicats de Nantes.
—	Syndicat des Métallurgistes de Couëron.	Bourse du Travail de Saint-Nazaire.
—	Syndicat des Travailleurs réunis Les Coteaux-Pellerin.	
—	Syndicat des Métallurgistes de Saint-Nazaire.	Bourse du Travail de Saint-Nazaire.
Pontis..........	Synd. des Mouleurs-Noyautiers de Marseille.	Union des Syndicats de Marseille.
—	Syndicat des Mécaniciens-Electriciens de Marseille.	Union des Syndicats de Marseille.
Dufil...........	Union corporative des Ouvriers Mécaniciens de la Seine.	Union des Syndicats de la Seine.
—	Syndicat de la Métallurgie de Melun et environs.	Union des Syndicats de Melun.

Dufil.............	Syndicat des Horlogers de Badevel.	
Dumas............	Syndicat des Métallurgistes de Commentry.	Bourse du Travail de Commentry.
—	Syndicat des Métallurgistes de Lure.	
Chevrier.........	Syndicat des Serruriers de Lyon.	Union des Syndicats du Rhône.
—	Syndicat des Travailleurs sur cuivre de Lyon.	Union des Syndicats du Rhône.
Royer............	Syndicat des Métallurgistes de Lyon.	Union des Syndicats du Rhône.
St-Venant........	Syndicat de la Fonderie de Lille.	Bourse du Travail de Lille.
—	Syndicat des Modeleurs-Mécaniciens de Lille.	Bourse du Travail de Lille.
Morel............	Syndicat des Métallurgistes d'Amiens.	Bourse du Travail d'Amiens.
—	Syndicat des Métallurgistes de Vimeu.	Bourse du Travail d'Amiens.
Hureau..........	Syndicat des Métallurgistes de Commerré.	Union des Syndicats de la Sarthe.
—	Syndicat des Métallurgistes de la Sarthe.	Union des Syndicats de la Sarthe.
Gérooms.........	Syndicat des Mouleurs de Dreux.	
—	Syndicat des Mouleurs de Caudebec-les-Elbeuf.	Bourse du Travail d'Elbeuf.
—	Syndicat des Fondeurs du Havre.	Union des Syndicats du Havre.
Tyr..............	Synd. des Ferblantiers-Zingueurs de Clermont-Ferrand.	Union des Syndicats du Puy-de-Dôme.
—..............	Syndicat des Métallurgistes du Chambon-Feugerolles.	
Arquier.........	Syndicat des Métallurgistes de Givors.	
—	Syndicat des Mouleurs de Givors.	Union des Syndicats de Givors.
Aupart..........	Syndicat des Métallurgistes de Montluçon.	Bourse du Travail de Montluçon.
Gardiès..........	Syndicat des Métallurgistes de Mazamet.	Bourse du Travail de Mazamet.
Soffray..........	Syndicat des Métallurgistes de Rocroi.	
H. Verbeurgt....	Syndicat des Mouleurs de Marpent.	
—	Syndicat de la Métallurgie de Roubaix.	Union des Syndicats de Roubaix.
—	Syndicat des Métallurgistes de Flize.	Union des Syndicats des Ardennes.
—	Synd. de la Métallurgie de Lille	Bourse du Trav. de Lille
Danrez..........	Syndicat de la Métallurgie de Dôle.	Union des Syndicats de l'Ain et du Jura.

DANREZ..........	Syndicat des Lunettiers de Morez.	Union des Syndicats de l'Ain et du Jura.
INCGVEILLER......	Syndicat des Métallurgistes de Fourchambault.	Bourse du Travail de Nevers.
—	Syndicat des Métallurgistes de Jeumont.	
—	Syndicat des Ouvriers sur Métaux de la Seine.	Union des Syndicats de la Seine.
—	Syndicat des Métallurgistes de Reims.	
LAPIERRE.........	Syndicat des Métallurgistes d'Argenteuil.	Union des Syndicats de Seine-et-Oise.
—	Syndicat des Métallurgistes d'Etampes.	Union des Syndicats de Seine-et-Oise.
—	Syndicat des Métallurgistes de Corbeil-Essonnes.	Union des Syndicats de Seine-et-Oise.
—	Syndicat des Métallurgistes de Juvisy.	Union des Syndicats de Seine-et-Oise.
—	Syndicat des Métallurgistes de Livry.	Union des Syndicats de Seine-et-Oise.
—	Syndicat des Métallurgistes de Port-Marly.	Union des Syndicats de Seine-et-Oise.
FERRÉ...........	Syndicat des Tourneurs-Repousseurs de Paris.	Union des Syndicats de la Seine.
—	Syndicat des Ferblantiers de Paris.	Union des Syndicats de la Seine.
BERLIOZ..........	Syndicat des Mouleurs d'Orléans.	Bourse du Travail d'Orléans.
—	Syndicat des Mouleurs de Roanne.	Bourse du Travail de Roanne.
—	Syndicat des Mouleurs en cuivre de Paris.	Union des Syndicats de la Seine.
—	Syndicat des Mouleurs de Pontchardon.	
PONTIS...........	Syndicat des Métallurgistes de Chambéry.	Union des Syndicats de Chambéry.
—	Syndicat des Constructions navales de La Seyne.	Bourse du Travail de La Seyne.
CATHOMEN........	Syndicat des Mouleurs de Dijon.	Union des Syndicats de la Côte-d'Or.
CHALBOS..........	Syndicat des Mineurs-Métallurgistes de Briey.	Union des Syndicats de Meurt.-et-Moselle
LEROUX..........	Syndicat des Métallurgistes de Creil.	Union des Syndicats de l'Oise.
LENOIR...........	Syndicat des Mouleurs d'Amiens.	Bourse du Travail d'Amiens.
JEANNOT..........	Synd. des Métallurg. de Cette	Bourse du Trav. de Cette.
VERLIAC..........	Syndicat des Métallurgistes de La Rochelle.	Union des Syndicats de La Rochelle.
MÉTIVIER.........	Syndicat des Mouleurs sur métaux de Chartres.	Union des Syndicats d'Eure-et-Loir.
MALLET..........	Syndicat Internationial des Métaux de Marseille.	Union des Syndicats des Bes-du-Rhône.

Teyssandier	Syndicat des Métaux de Périgueux.	Bourse du Travail de Périgueux.
C. Beausoleil	Syndicat des Métallurgistes de Moulins.	Union des Syndicats de Moulins.
Granjouan	Syndicat de la Métallurgie de Nantes.	Bourse du Travail de Nantes.
Verth	Syndicat de la Métallurgie de Pontarlier.	Union des Syndicats de l'Ain et du Jura.
Bondoux	Syndicat de la Métallurgie de Nevers.	Union des Syndicats de la Nièvre.
Blanc	Syndicat de la Métallurgie de Rive-de-Gier.	Bourse du Travail de Rive-de-Gier.
Bareille	Syndicat des Métaux de St-Chamond.	Bourse du Travail de Saint-Chamond.
Pierreton	Syndicat des Mouleurs de Voiron.	Bourse du Travail de Voiron.
Roueste	Syndicat des Métallurgistes de Sens.	Union des Syndicats de Sens.
Lécussan	Syndicat des Electriciens de Toulouse.	Bourse du Travail de Toulouse.
Sauvage	Syndicat des Mouleurs de St-Quentin.	Union des Syndicats de Saint-Quentin.
Doria	Syndicat des Ouvriers sur métaux de Toulon.	Bourse du Travail de Toulon.
Thezenas	Syndicat du Bronze de Lyon.	Union des Syndicats du Rhône.
Dupuy	Syndicat des Métallurgistes d'Auxerre.	Bourse du Travail d'Auxerre.
Laporte	Syndicat des Métallurgistes de Denain.	
Merrheim	Mandat de la Fédération.	

Fédération Nationale des Mineurs

Noms des Délégués	Organisations représentées	Bourses du Travail ou Unions syndicales.
Cordier (Séraphin)	Syndicat des Mineurs du bassin d'Anzin.	
—	Syndicat des Mineurs, p. s.. du Pas-de-Calais.	Union des Syndicats Départementale.
—	Syndicat des Mineurs de Puits-Brivet, Gardanne.	
—	Syndicat des Mineurs de Valdonne.	
—	Syndicat des Industries des Mines, Minières et Carrières de Bessèges.	Bourse du Travail de Nimes.
—	Syndicat des Industries des Mines, Minières et Carrières de Commentry.	Bourse du Travail de Commentry.
—	Syndicat des Mineurs de Firminy.	

Cordier (Séraphin)	Syndicat des Mineurs du Nord.	
—	Syndicat des Mineurs de Brassac-les-Mines.	
—	Syndicat des Mineurs de Trets.	
Gesnin...........	Syndicat des Ardoisiers, p. s., de Fumay.	Union des Syndicats des Ardennes.
Gemin (Pierre)....	Syndicat des Ardoisiers de Labassère.	Union des Syndicats de Bagnères-de-Bigorre
—	Syndicat des Ardoisiers de Coesme.	Bourse du Travail de Rennes.
—	Syndicat des Ardoisiers d'Haybes.	
—	Syndicat des Mineurs de Segré.	Bourse du Travail d'Angers.
—	Syndicat des Ardoisiers de Misengrain.	Bourse du Travail d'Angers.
—	Syndicat des Ardoisiers de Renazé.	Bourse du Travail de Laval.
—	Syndicat des Ardoisiers de Trelazé.	Bourse du Travail d'Angers.
—	Syndicat des Ardoisiers de Bel-Air.	Bourse du Travail d'Angers.
Abgrall (Franç.).	Syndicat des Mineurs de Bizanet.	
—	Syndicat des Mineurs de Montvicq.	
—	Syndicat des Mineurs, p. s., de Lavareix-les-Mines.	Union des Syndicats du Centre.
Terrasson........	Syndicat des Mineurs de St-Genest-Lerp.	
—	Syndicat des Mineurs de Villars.	
—	Fédération régionale de la Loire.	Union des Syndicats de la Loire.
Clergue (Auguste)	Syndicat des Mineurs de Carmaux.	
—	Syndicat des Ouvriers et Ouvrières Mineurs, p. s., de Salsigne.	Union des Syndicats de l'Aude.
Brunel (Léon)....	Syndicat des Ouvriers Mineurs de St-Martin-de-Valgalgues.	Bourse du Travail d'Alais.
—	Syndicat des Mineurs d'Alais.	Bourse du Trav. d'Alais
Mayoud (Antoine)	Syndicat des Mineurs de Sain-Bel et région de Sain-Bel.	Union des Syndicats du Rhône.
Duranton (Pascal)	Syndicat des Mineurs de la Loire de St-Etienne.	Bourse du Travail de Saint-Etienne.
Merzet (Etienne).	Syndicat des Mineurs d'Epirac.	Union des Syndicats de Saône-et-Loire.
Puel (Gabriel)....	Syndicat des Mineurs, s., d'Albi-Cagnac.	Bourse du Travail d'Albi.

Merzet (Etienne).	Syndicat des Mineurs, s., de Montceau-les-Mines.	Union des Syndicats de Saône-et-Loire.
Rougerie........	Syndicat des Mines d'Or du Châtelet, de Budelière.	Union des Syndicats de la Creuse.
Bahonneau.......	Syndicat des Mines de la Bellière St-Pierre-Montlimard, de Bellière.	Bourse du Travail d'Angers.
Mazars (Victor)...	Syndicat des Mineurs d'Aubin.	
Badin (J.-B.).....	Syndicat des Mineurs, p. s., de Motte-d'Aveillans.	Union des Syndicats de l'Isère.
Mazars (Victor)...	Syndicat des Ouvriers Mineurs de l'Aveyron, de Decazeville.	
Cordier (Séraphin)	Mandat fédéral.	

Fédération Nationale des Travailleurs Municipaux

Noms des Délégués	Organisations représentées	Bourses du Travail ou Unions syndicales.
Caillot (L.)......	Syndicat Général des Travailleurs Munic. d'Amiens.	Bourse du Travail d'Amiens.
—	Syndicat Municipal Carrières, Maréchaux, Régie de Cernay.	Union des Syndicats de Seine-et-Oise.
—	Syndicat Général des Travailleurs et Employés de Villeurbanne.	Union des Syndicats du Rhône.
—	Syndicat Général des Travailleurs Municipaux de Lyon.	Union des Syndicats du Rhône.
—	Syndicat des Trav. Municip. de Nimes.	Bourse du Travail de Nimes.
—	Syndicat des Trav. Municip. de Rennes.	Bourse du Travail de Rennes.
Roche (Auguste)..	Syndicat des Trav. Municip. et Département, de Paris et de la Seine, Seine.	Union des Syndicats de la Seine.
— ..	Syndicat des Trav. Municip. d'Angers.	Bourse du Travail d'Angers.
Niel (Louis)......	Syndicat des Trav. Municip. de Reims.	Bourse du Travail de Reims.
Cnudde	Syndicat des Trav. Municip. de Lille.	Bourse du Travail de Lille.
Dekooninck	Syndicat des Trav. Municip. de Dunkerque.	Bourse du Travail de Dunkerque.
Laurens (Léon)...	Syndicat des Trav. Municip. et Etablissements publics de la Manche.	Bourse du Travail de Cherbourg.
Turin (Georges)...	Syndicat des Trav. Municip. de Châteauroux.	Bourse du Travail de Châteauroux.

TENDERO	Syndicat des Ouvriers et Ouvrières de l'Assistance publique de la Seine.	Union des Syndicats de la Seine.
ALBOUZE (Eugène)	Syndicat des Ouvr. Egouttiers et Assainissem[t], Paris.	Union des Syndicats de la Seine.
SICRE (Louis).....	Syndicat des Trav. Municip. de Toulouse.	Bourse du Travail de Toulouse.
HERVIER	Syndicat des Trav. Municip. de Bourges.	Bourse du Travail de Bourges.
CAILLOT..........	Mandat de la Fédération.	

Fédération Nationale des Papiers

Noms des Délégués	Organisations représentées	Bourses du Travail ou Unions syndicales.
TOGNY............	Syndicat général des Papeteries de Rottersac.	
—	Syndicat des Papetiers-Relieurs de Roubaix.	Union des Syndicats de Roubaix.
—	Syndicat des Papetiers-Relieurs, s.. de Nancy.	Union des Syndic[ts] de Meurthe-et-Moselle.
—	Syndicat des Papetiers de Brignoux.	Bourse du Travail de Grenoble.
—	Synd[t] des Coloristes-Enlumineurs, p. s., de la Seine.	Union des Syndicats de la Seine.
COOLER...........	Synd[t] des Papetiers-Relieurs de Lille.	Bourse du Travail de Lille.
LAMARQUE........	Syndicat des Travailleurs des papiers-cartons, s.. de la Seine.	Union des Syndicats de la Seine.
BADIN (J.-B.).....	Synd[t] des Ouvrières et Ouvriers des Papet[s]-Relieurs, p. s.. de Grenoble.	Bourse du Travail de Grenoble.
—	Syndicat des Ouvriers Papetiers de Domène.	Bourse du Travail de Grenoble.
TOGNY............	Mandat fédéral.	

Fédération Nationale des Poudreries

Noms des Délégués	Organisations représentées	Bourses du Travail ou Unions syndicales.
LARROQUE (A.)....	Synd[t] des Ouvrières et Ouv. auxiliaires de la poudrerie de Vouges.	Bourse du Travail de Dijon.
—	Synd[t] des Ouvrières et Ouv. auxiliaires de la poudrerie de St-Chamas.	
—	Synd[t] des Ouvrières et Ouv. auxiliaires de la poudrerie de Siévan-Livry.	Union des Syndicats de Seine-et-Oise.

LARROQUE........	Synd[t] des Trav[rs] réunis de la poudrerie de Moulin-Blanc.	Union des Syndicats du Finistère.
—	Synd[t] des Ouvrières, Ouv. et Employés de la poudrerie d'Angoulême.	Bourse du Travail d'Angoulême.
COOLEN............	Syndicat des Ouvriers de la Raffinerie Nat[le] de Lille.	Bourse du Travail de Lille.
LARROQUE........	Synd[t] des Ouvrières et Ouv. auxiliaires de la Poudrerie Nationale d'Ether.	Union des Syndicats de la Gironde.
BEDEL (Omer)....	Synd[t] des Ouvrières et Ouv. auxiliaires de la Poudrerie Nationale de Toulouse.	Bourse du Travail de Toulouse.
LARROQUE........	Mandat fédéral.	

Fédération des Préparateurs en Pharmacie

Noms des Délégués	Organisations représentées	Bourses du Travail ou Unions syndicales.
DIEM (Jules)......	Syndicat des Préparateurs en pharmacie de l'Aube.	Bourse du Travail de Troyes.
—	Syndicat des Préparateurs en pharmacie du Gard.	Bourse du Travail de Nimes.
—	Syndicat des Préparateurs en pharm. des Alpes-Marit[es].	Bourse du Travail de Nice.
—	Syndicat des Préparateurs en pharmacie du Sud-Ouest.	Union des Syndicats de Bordeaux.
—	Syndicat des Préparateurs en pharmacie de Calais.	
—	Syndicat des Préparateurs en pharmacie de la Loire.	Bourse du Travail de St-Etienne.
—	Syndicat des Préparateurs en pharmacie du Var.	Bourse du Travail de Toulon.
—	Mandat fédéral.	
ROYER (Marius)...	Syndicat des Préparateurs en pharmacie. Centre, Lyon.	Union des Syndicats du Rhône.
ROUGERIE (Jean)..	Syndicat des Préparateurs en pharmacie de Limoges.	Bourse du Travail de Limoges.

Fédération des Produits Chimiques

Noms des Délégués	Organisations représentées	Bourses du Travail ou Unions syndicales.
STRETTI (Charles)..	Synd[t] des Ouvrières et Ouv. des huileries de Marseille.	Bourse du Travail de Marseille.
— ..	Syndicat des Produits chimiques de Prensery.	Bourse du Travail de Nevers.
— ..	Synd[t] des Ouvrières et Ouv. en crin de Marseille.	Bourse du Travail de Marseille.

Stretti (Charles).	Syndicat des Ouvriers caoutchoutiers de Chalette.	Union des Syndicats de Montargis.
Decooninck......	Syndic[t] des Tordeurs d'huile de Dunkerque.	Bourse du Travail de Dunkerque.
Stretti...........	Mandat fédéral.	

Fédération des Ports et Docks

Noms des Délégués	Organisations représentées	Bourses du Travail ou Unions syndicales.
Pagean..........	Synd[t] international des Charretiers et sim. de Marseille.	Bourse du Travail de Marseille.
—	Synd[t] des Dockers de Marseille.	Bourse du Travail de Marseille.
—	Syndicat de la Manutention des bois de Marseille.	Bourse du Travail de Marseille.
Vendangeon.....	Syndicat des Arrimeurs et Manœuvres de Bordeaux.	Union des Syndicats de Bordeaux.
—	Synd[t] des Arrimeurs. Trieurs et Transport[s] de Bordeaux.	Union des Syndicats de Bordeaux.
—	Syndicat des Transporteurs-Camionneurs de Bordeaux.	Union des Syndicats de Bordeaux.
—	Synd[t] des Ouv[s] Boucleurs-Morutiers de Bègles.	Union des Syndicats de Bordeaux.
Marc............	Syndicat des Charbonniers de St-Malo.	Union des Syndicats de St-Malo.
—	Synd[t] des Dockers de St-Malo	Union des Syndicats de St-Malo.
Coupart.........	Syndicat des Camionneurs du Havre.	Union des Syndicats du Havre.
—	Synd[t] des Ouvriers du port du Havre.	Union des Syndicats du Havre.
—	Synd[t] des Voiliers du Havre.	Union des Syndicats du Havre.
—	Synd[t] des Ouv[s] et Employés des docks du Havre.	Union des Syndicats du Havre.
Fabre...........	Syndicat des Bois du Nord de Cette.	Bourse du Travail de Cette.
—	Syndicat des Ouvriers en bois merrains de Cette.	Bourse du Travail de Cette.
Gardiès.........	Synd[t] des Charretiers et sim. de Mazamet.	Bourse du Travail de Mazamet.
Sauvage.........	Synd[t] des Ouvriers Dockers de Tréport.	Union des Syndicats de Tréport.
Vignaud.........	Synd[t] de l'Union syndicale des usines de Lapalisse.	Union des Syndicats de Lapalisse.
—	Synd[t] des Dockers de La Rochelle ville.	Union des Syndicats de Lapalisse.
—	Synd[t] des Ouvriers des quais et docks de Lapalisse.	Union des Syndicats de Lapalisse.
Debrock.........	Synd[t] des Ouvriers du port de Dunkerque.	Bourse du Travail de Dunkerque.

Doria...........	Synd[t] des Dockers-Charbonniers de Toulon.	Union des Syndicats du Var.
Tabard..........	Synd[t] des Garçons Group[rs]-Camionneurs de Toulouse.	Bourse du Travail de Toulouse.
—	Synd[t] général des Transports de la Seine.	Union des Syndicats de la Seine.
—	Synd[t] des Déménageurs de Paris.	Union des Syndicats de la Seine.
—	Synd[t] des Layetiers-Emball[s] de la Seine.	Union des Syndicats de la Seine.
—	Syndicat des Transports et Manutentions de Rainey.	Union des Syndicats de Seine-et-Oise.
Pagean..........	Mandat fédéral.	

Fédération des Ouvriers des P. T. T.

Noms des Délégués	Organisations représentées	Bourses du Travail ou Unions syndicales.
Pauron..........	Synd[t] des Ouv[s] des P. T. T. de Melun.	Union des Syndicats de Melun.
—	Synd[t] des Ouv[s] des P. T. T. de Valence.	Bourse du Travail de Valence.
—	Synd[t] des Ouv[s] des P. T. T. de Mâcon.	Bourse du Travail de Mâcon.
—	Synd[t] des Ouv[s] des P. T. T. de Nevers.	Bourse du Travail de Nevers.
—	Synd[t] des Ouv[s] des P. T. T. de Cahors.	Bourse du Travail de Cahors.
—	Synd[t] des Ouv[s] des P. T. T. de Troyes.	Union des Syndicats de Troyes.
—	Synd[t] des Ouv[s] des P. T. T. de Boulogne-sur-Mer.	Union des Syndicats de Boulogne-s/-Mer.
—	Synd[t] des Ouv[s] des P. T. T. de Moulins.	Union des Syndicats de Moulins.
—	Synd[t] des Ouv[s] des P. T. T. de St-Etienne.	Bourse du Travail de Saint-Etienne.
Dutailly........	Synd[t] des Ouv[s] des P. T. T. de Périgueux.	Bourse du Travail de Périgueux.
—	Synd[t] des Ouv[s] des P. T. T. d'Orléans.	Union des Syndicats du Loiret.
—	Synd[t] des Ouv[s] des P. T. T. de la Haute-Saône.	*Il n'y en a pas.*
—	Synd[t] des Ouv[s] des P. T. T. d'Angoulême.	Bourse du Travail d'Angoulême.
—	Synd[t] des Ouv[s] des P. T. T. de Lorient.	Bourse du Travail de Lorient.
—	Synd[t] des Ouv[s] des P. T. T. de La Roche-sur-Yon.	Union des Syndicats de La Roche-s/-Yon.
—	Synd[t] des Ouv[s] des P. T. T. de Poitiers.	Bourse du Travail de Poitiers.
—	Synd[t] des Ouv[s] des P. T. T. de Châteauroux.	Bourse du Travail de Châteauroux.

DUTAILLY.........	Synd[t] des Ouv[s] des P. T. T. de Lons-le-Saulnier.	Bourse du Travail de Lons-le-Saulnier.
—	Synd[t] des Ouv[s] des P. T. T. de la Seine.	Union des Syndicats de la Seine.
VAYSSE...........	Synd[t] des Ouv[s] des P. T. T. de Niort.	Bourse du Travail de Niort.
—	Synd[t] des Ouv[s] des P. T. T. de La Rochelle.	Union des Syndicats de La Rochelle.
—	Synd[t] des Ouv[s] des P. T. T. d'Angers.	Bourse du Travail d'Angers.
—	Synd[t] des Ouv[s] des P. T. T. de la Gironde.	Union des Syndicats de la Gironde.
—	Synd[t] des Ouv[s] des P. T. T. de Grenoble.	Union des Syndicats de l'Isère.
—	Synd[t] des Ouv[s] des P. T. T. de Perpignan.	Bourse du Travail de Perpignan.
GERVAISE.........	Synd[t] des Ouv[s] des P. T. T. de Tulle.	Bourse du Travail de Tulle.
—	Synd[t] des Ouv[s] des P. T. T. d'Agen.	Bourse du Travail d'Agen.
—	Synd[t] des Ouv[s] des P. T. T. de Roanne.	Bourse du Travail de Roanne.
—	Synd[t] des Ouv[s] des P. T. T. du Var.	Bourse du Travail du Var.
—	Synd[t] des Ouv[s] des P. T. T. de Rennes.	Bourse du Travail de Rennes.
—	Synd[t] des Ouv[s] des P. T. T. d'Aurillac.	Bourse du Travail d'Aurillac.
—	Synd[t] des Ouv[s] des P. T. T. des Côtes-du-Nord.	Bourse du Travail de Saint-Brieuc.
—	Synd[t] des Ouv[s] des P. T. T. de Belfort.	Bourse du Travail de Belfort.
—	Synd[t] des Ouv[s] des P. T. T. de Gap.	*Il n'y en a pas.*
BERLIER..........	Synd[t] des Ouv[s] des P. T. T. de Tours.	Union des Syndicats de Tours.
—	Synd[t] des Ouv[s] des P. T. T. de Montauban.	Bourse du Travail de Montauban.
—	Synd[t] des Ouv[s] des P. T. T. de Nice.	Union des Syndicats de Nice.
—	Synd[t] des Ouv[s] des P. T. T. d'Auxerre.	Bourse du Travail d'Auxerre.
—	Synd[t] des Ouv[s] des P. T. T. de Rodez.	Bourse du Travail de Rodez.
—	Synd[t] des Ouv[s] des P. T. T. de Le Puy.	
LARROQUE.........	Syndicat des Ouvriers des P. T. T. de Montpellier.	Bourse du Travail de Montpellier.
—	Synd[t] des Ouv[s] des P. T. T. de Limoges.	Bourse du Travail de Limoges.
—	Synd[t] des Ouv[s] des P. T. T. du Puy-de-Dôme.	Union des Syndicats du Puy-de-Dôme.

Hervier..........	Syndt des Ouvs des P. T. T. et sim. de Bourges.	Bourse du Travail de Bourges.
Samazan..........	Syndt des Ouvs des P. T. T. de Saintes.	
—	Syndt des Ouvs des P. T. T. de Tarbes.	Bourse du Travail de Tarbes.
—	Syndt des Ouvs des P. T. T. de Béziers.	Bourse du Travail de Béziers.
—	Syndt des Ouvs des P. T. T. de Carcassonne.	Bourse du Travail de Carcassonne.
—	Syndt des Ouvs des P. T. T. d'Avignon.	Union des Syndicats de Vaucluse.
—	Syndt des Ouvs des P. T. T. de Toulouse.	Bourse du Travail de Toulouse.
—	Syndt des Ouvs des P. T. T. d'Auch.	Bourse du Travail d'Auch.
—	Syndt des Ouvs des P. T. T. de Bayonne-Biarritz.	Bourse du Travail de Bayonne.
—	Syndt des Ouvs des P. T. T. d'Alençon.	Union des Syndicats de l'Orne.
—	Syndt des Ouvs des P. T. T. de Laval.	Bourse du Travail de Laval.
Chobeaux........	Syndt des Ouvs des P. T. T. de Blois.	Bourse du Travail de Blois.
—	Syndt des Ouvs des P. T. T. de Nantes.	Bourse du Travail de Nantes.
—	Syndt des Ouvs des P. T. T. de l'Aisne.	
—	Syndt des Ouvs des P. T. T. de Rouen.	Union des Syndicats de Rouen.
—	Syndt des Ouvs des P. T. T. de la Meuse.	
—	Syndt des Ouvs des P. T. T. de Meurthe-et-Moselle.	Union des Synd. de Meurthe-et-Moselle.
—	Syndt des Ouvs des P. T. T. de Sens.	Union des Syndicats de Sens.
—	Syndt des Ouvs des P. T. T. de Dijon.	Bourse du Travail de Dijon.
—	Syndt des Ouvs des P. T. T. de Lille.	Bourse du Travail de Lille.
—	Syndt des Ouvs des P. T. T. de Châlons-sur-Marne.	Bourse du Travail de Châlons-sur-Marne.
Born..............	Syndt des Ouvs des P. T. T. de Chaumont.	Bourse du Travail de Chaumont.
—	Syndt des Ouvs des P. T. T. de Nimes.	Bourse du Travail de Nimes.
—	Syndt des Ouvs des P. T. T. de Bourg.	Union des Syndicats de Bourg.
—	Syndt des Ouvs des P. T. T. du Tarn.	Bourse du Travail d'Albi.
—	Syndt des Ouvs des P. T. T. d'Amiens.	Bourse du Travail d'Amiens.
Pauron	Mandat fédéral.	

Fédération Nationale des Sous-Agents des P. T. T.

Noms des Délégués	Organisations représentées	Bourses du Travail ou Unions syndicales.
JOUHAUX	Section de la Loire.	Bourse du Travail de St-Etienne.
—	— du Nord.	Bourse du Tr. de Lille.
—	— de l'Isère.	Bourse du Travail de Grenoble.
—	— de la Gironde.	Union des Syndicats de la Gironde.
—	— des Bches-du-Rhône.	Bourse du Travail de Marseille.

Fédération Nationale des Saboliers-Galochiers

Noms des Délégués	Organisations représentées	Bourses du Travail ou Unions syndicales.
CASPAR (Georges).	Syndt des Saboliers de l'Ain de St-Claude.	Un. des Synd. de l'Ain et Franche-Comté.
MARCHANDIER (Pre)	Syndt des Ouvriers Sabotiers-Galochiers de Bort.	
—	Syndt des Ouvriers Sabotiers-Galochiers de Bordeaux.	Union des Syndicats de la Gironde.
—	Syndt des Ouvriers Sabotiers-Galrs de la Corne-de-Rollay.	Union des Syndicats de l'Allier.
—	Syndt des Ouvriers Sabotiers-Galochiers de Romans.	Bourse du Travail de Romans.
BOUDET (Adrien)..	Syndt des Ouvriers Sabotiers-Galochiers de Brive.	Bourse du Travail de Brive.
AUPART (Henri)...	Syndt des Ouvriers Sabotiers-Galochiers de Montluçon.	Bourse du Travail de Montluçon.
ROUGERIE (Jean)..	Syndt des Ouvriers Sabotiers-Galochiers de Limoges.	Bourse du Travail de Limoges.
— ..	Mandat fédéral.	

Fédération Nationale du Sciage et Façonnage du Bois

Noms des Délégués	Organisations représentées	Bourses du Travail ou Unions syndicales.
ROUX (E.)........	Syndt des Travaillrs du bois et p. sim. de Villers-Coterets.	Union des Syndicats de Soissons.
—	Syndt des Ouvs Mouluriers de la Seine.	Union des Syndicats de la Seine.
—	Syndt des Scieurs-Découprs de la Seine.	Union des Syndicats de la Seine.
CHEREAU	Syndt des Scieurs-Mouluriers de Rennes.	Bourse du Travail de Rennes.
ROYER (Marius)...	Syndt des Ouvs des scieries mécaniques de Lyon.	Union des Syndicats du Rhône.
ROUX	Mandat fédéral.	

Fédération Nationale du Service de Santé

Noms des Délégués	Organisations représentées	Bourses du Travail ou Unions syndicales.
DUVAL (Eugène)..	Synd[t] des Employés des deux sexes de l'Asile de La Charité-s/-Loire.	Bourse du Travail de Nevers.
— ..	Synd[t] des Employés des deux sex. de l'Asile de Neaugeat.	Bourse du Travail de Limoges.
— ..	Syndicat des Infirmières et Infirmiers de Montpellier.	Bourse du Travail de Montpellier.
— ..	Synd[t] des Infi[rs], Infi[res], Garçons et Filles de salle de Nice	Union des Syndicats de Nice.
— ..	Synd[t] du Personnel non gradé des hôpitaux de la Seine.	Union des Syndicats de la Seine.
— ..	Synd[t] des Employés des deux sexes de l'Asile de Pierrefeu	Bourse du Travail de Toulon.
— ..	Synd[t] des Infirm[rs], Infirm[res] et Garde-Malades de la Seine.	Union des Syndicats de la Seine.
— ..	Syndicat des Asiles nationaux de St-Maurice.	Union des Syndicats de la Seine.
— ..	Syndicat de Médecine sociale de Paris.	Union des Syndicats de la Seine.
DORIA............	Syndicat des Employés des Hospices civils de Toulon.	Bourse du Travail de Toulon.
JAMMES (Benjamin)	Syndicat des Infirmières et Infirmiers de Carcassonne.	Bourse du Travail de Carcassonne.
REYNAL (Auguste).	Synd[t] des Infirm[rs], Infirm[res] et Employés de Toulouse.	Bourse du Travail de Toulouse.
—	Synd[t] des Infirm[rs], Infirm[res] et Employés de Lyon.	Union des Syndicats du Rhône.
—	Synd[t] des Infirm[rs] et Inf[res] de l'As[le] d'aliénés de Cadillac.	
—	Synd[t] des Infirm[rs], Infirm[res] et sim. des aliénés de Bron.	Union des Syndicats du Rhône.
DUVAL (Eugène)..	Mandat fédéral.	

Fédération Nationale du Spectacle

Noms des Délégués	Organisations représentées	Bourses du Travail ou Unions syndicales.
PRÉVOST..........	Syndicat des Artistes Musiciens de Marseille.	Bourse du Travail de Marseille.
—	Syndicat des Artistes Musiciens de Béziers.	Bourse du Travail de Béziers.
—	Syndicat des Artistes Musiciens de Bône.	Bourse du Travail de Bône.
—	Syndicat des Artistes Musiciens de Rouen.	Bourse du Travail de Rouen.
ELIE.............	Union Syndicale des Artistes Lyriques de Paris.	Union des Syndicats de la Seine.

Elie.............	Union Syndicale du Petit Personnel des Théâtres de Paris.	Union des Syndicats de la Seine.
—	Union Syndicale des Choristes de Paris.	Union des Syndicats de la Seine.
Bary (Maxime)...	Syndicat des Artistes Musiciens de Paris.	Union des Syndicats de la Seine.
Taverne (Jean)...	Syndicat des Artistes Musiciens de Toulouse.	Bourse du Travail de Toulouse.
Elie.............	Mandat fédéral.	
Prévost.........	Fédération des Artistes Musiciens.	

Fédération des Teintures et Apprêts

Noms des Délégués	Organisations représentées	Bourses du Travail ou Unions syndicales.
Charvet (Blaise)..	Syndicat des Teinturiers en soie de Paris.	Union des Syndicats de la Seine.
— ..	Syndicat des Ouvriers Apprêteurs de Roanne.	Bourse du Travail de Roanne.
— ..	Synd. des Ouvrs Apprêteurs-Teinturiers de St-Etienne.	Bourse du Travail de Saint-Etienne.
— ..	Syndicat des Ouvriers et Ouvrières de la Teinture et p. s., de Troyes.	Union des Syndicats de Troyes.
Dandel (Claudius)	Union des Teinturiers et sim. de Lyon.	Union des Syndicats du Rhône.

Fédération Nationale des Tabacs

Noms des Délégués	Organisations représentées	Bourses du Travail ou Unions syndicales.
Mallardé........	Syndicat Ouvrier de Tonneins.	
—	Syndicat des Ouvriers et Ouvres des Magasins du Tabac en feuille de Tonneins.	
—	Syndicat des Ouvriers et Ouvrières de Pantin.	Union des Syndicats de la Seine.
—	Syndicat des Ouvriers et Ouvrières d'Orléans.	Bourse du Travail d'Orléans.
—	Syndicat des Ouvriers et Ouvrières de Riom.	
—	Syndicat des Ouvriers et Ouvrières de Nantes.	Bourse du Travail de Nantes.
—	Syndicat des Ouvriers et Ouvrières de Limoges.	Bourse du Travail de Limoges.

MALLARDÉ........	Syndicat des Ouvriers et Ouvrières de Lille.	Bourse du Travail de Lille.
—	Syndicat des Ouvriers et Ouvrières d'Issy-les-Moulineaux.	Bourse du Travail d'Issy-les-Moulineaux.
—	Syndicat des Ouvriers et Ouvrières de Marmande.	Bourse du Travail de Marmande.
BARLAN..........	Syndicat des Ouvriers et Ouvrières de Toulouse.	Bourse du Travail de Toulouse.
—	Syndicat des Ouvriers et Ouvrières de Reuilly.	Union des Syndicats de la Seine.
—	Syndicat des Ouvriers et Ouvrières de Châteauroux.	Bourse du Travail de Châteauroux.
—	Syndicat des Ouvriers et Ouvrières de Bordeaux.	Bourse du Travail de Bordeaux.
—	Syndicat des Ouvriers et Ouvrières de Dijon.	Bourse du Travail de Dijon.
—	Syndicat des Ouvriers et Ouvrières de Dieppe.	
—	Syndicat des Ouvriers et Ouvrières de Marseille.	Bourse du Travail de Marseille.
—	Syndicat des Ouvriers et Ouvrières de Lyon.	Union des Syndicats du Rhône.
—	Syndicat des Ouvriers et Ouvrières de Morlaix.	

Fédération du Textile

Noms des Délégués	Organisations représentées	Bourses du Travail ou Unions syndicales.
GUERNIER (E.)....	Synd[t] de l'Industrie lainière de Reims.	Bourse du Travail de Reims.
—	Synd[t] des Ouvrières et Ouv[rs] en tissus de St-Menges.	Union des Syndicats de Sedan.
—	Syndicat de la Broderie de St-Quentin.	Bourse du Travail de St-Quentin.
—	Synd[t] des Trieurs de laines de Reims.	Bourse du Travail de Reims.
BAUCHE..........	Synd[t] des Teintur[rs] d'Amiens.	Bourse du Travail d'Amiens.
—	Synd[t] du Textile de Frévent.	
—	Syndicat du Textile de Lille.	Bourse du Travail de Lille.
—	Syndicat du Textile de Sains-du-Nord.	
DÉMARET........	Syndicat des Pareurs de St-Quentin.	Bourse du Travail de St-Quentin.
—	Synd[t] des Tiss[rs] et Tisseuses de St-Quentin.	Bourse du Travail de St-Quentin.

Démaret	Synd[t] des Tiss[rs] et Tisseuses de Bohain.	Bourse du Travail de St-Quentin.
Rougerie	Synd[t] de la Tapisserie d'Aubusson.	Union des Syndicats de la Creuse.
—	Synd[t] des Teinturiers d'Aubusson.	Union des Syndicats de la Creuse.
—	Syndicat des Tapissiers de Felletin.	Union des Syndicats de la Creuse.
Lepers	Synd[t] du Textile d'Armentières.	
—	Synd[t] du Textile de Roubaix.	Union des Syndicats de Roubaix.
—	Synd[t] du Textile de Neuvilly.	
—	Synd[t] de la Soie de St-Hippolyte-du-Fort.	Bourse du Travail de Nimes.
—	Synd[t] des Passementiers à la main de Paris.	Union des Syndicats de la Seine.
—	Synd[t] du Textile de Fourmies.	Union des Syndicats de Fourmies.
—	Synd[t] du Textile de la Bastide-Rouairoux.	
—	Synd[t] du Textile de St-Dié.	
Renard	— de Troyes.	Union des Syndicats de Troyes.
—	Syndicat des Filatiers de lin, chanvre et jute de Lille.	Bourse du Travail de Lille.
—	Synd[t] du Text[le] d'Aumontzey.	
—	St du Textile de St-Maurice-sur-Moselle.	Fédér[on] des Syndicats des Vosges.
—	Synd[t] de l'Indust[e] cotonnière de Condé-s/-Moreau.	Union des Syndicats du Calvados.
—	Synd[t] des Tisseurs de Cublize.	
—	Synd[t] des Tisseurs d'Avesnes-les-Aubert.	
—	Synd[t] des Ouvriers des draps de Romorantin.	Union des Syndicats de Romorantin.
—	Syndicat des Imprimeurs sur étoffes de Puteaux.	Bourse du Travail de Puteaux-Courbev[oie].
Torton	Synd[t] du Textile de Rouen.	Union des Syndicats de Rouen.
—	« La Ruche Elbeuvienne. »	Union des Syndicats d'Elbeuf.
—	Synd[t] du Textile de la vallée de Maromme.	Union des Syndicats de Rouen.
Yvetot	Syndicat des Bonnetiers de Ganges.	*Pas de Bourse.*
Vandeputte	Synd[t] du Textile de Roncq.	—
—	— d'Halluin.	—
—	— d'Erquinghem.	—
—	— de Lannoy.	—
—	— de St-Ouen.	—
Flament	Synd[t] des Tisseurs de laine de Tourcoing.	Bourse du Travail de Tourcoing.

Flament	Syndt du Textile de Roanne-le-Coteau.	Bourse du Travail de Roanne.
—	Syndt du Textle de Tourcoing.	Union des Syndicats de Tourcoing.
—	— de Comines.	
—	Syndt des Tisseurs et Fileurs d'Amiens.	Bourse du Travail d'Amiens.
—	Syndt du Textile d'Houplines.	
—	Syndt du Textile de Trélon-Gageon.	Union des Syndicats de Fourmies.
Baillez...........	St du Textile de Poix-du-Nord	
—	Syndt du Textile de Nieppe.	
—	Syndicat de l'Industrie cotonnière de Flers.	Union des Syndicats de Flers.
—	Syndt des Tisseurs de Cholet.	Bourse du Travail de Cholet.
Guillet..........	Syndt du Textile d'Angers.	Bourse du Travail d'Angers.
Auda	Syndicat du Textile des Forges de Thuminond.	
—	Syndicat du Tissage mécanique de Lyon.	Union des Syndicats du Rhône.
—	Syndicat du Tissage mécanique de Tarare.	Bourse du Travail de Tarare.
—	Union Syndicale du Tissage de la région lyonnaise.	Union des Syndicats du Rhône.
Gérooms	Synd. du Textile du Havre.	Union des Syndicats du Havre.
Leroux	Synd. du Textile de Mouy.	Union des Syndicats de l'Oise.
Ferran	Synd. du Textile de Mazamet.	Bourse du Travail de Mazamet.
Monatte	Syndicat du Textile de Romilly-sur-Seine.	Bourse du Travail de Romilly.
Volt-Catteau	Synd. du Textile d'Haspres.	
Dekooninck	Syndicat du Textile de Dunkerque.	Bourse du Travail de Dunkerque.
Pierreton	Syndicat de la Soierie de Voiron.	Bourse du Travail de Voiron.
Cocholat	Synd. des Tullistes de Lyon.	Union des Syndicats du Rhône.
Luquet...........	Synd. des Tisseurs de Paris.	Union des Syndicats de la Seine.
Morin	Syndicat des Passementiers de Tours.	Union des Syndicats de Tours.

Fédération Nationale des Transports

Noms des Délégués	Organisations représentées	Bourses du Travail ou Unions syndicales.
Baladier (Pierre).	Syndicat des Ouvrs-Employés des tramw. E. P. de Paris.	Union des Syndicats de la Seine.

GACH (Charles)......	Syndicat des Ouv^rs-Employés des tramw. O.T.L. de Lyon.	Union des Syndicats du Rhône.
DECOONINCK (C.)..	Syndicat des Ouv^rs-Employés des tramw. de Dunkerque.	Bourse du Travail de Dunkerque.
MÉTIVIER.........	Syndicat des Ouv^rs-Employés des tramways C. G. P.	Union des Syndicats de la Seine.
FIANCETTE........	Synd^t des Cochers-Chauffeurs de la Seine.	Union des Syndicats de la Seine.
GACHE...........	Syndicat des Ouv^rs-Employés des tramw. de St-Etienne.	Bourse du Travail de St-Etienne.
SOUBRIER.........	Synd^t des Ouv^rs-Employés de la Cie des tramw. de Paris.	Union des Syndicats de la Seine.
GARDIÈS..........	Synd^t des Ouv^rs-Empl. de la Cie G^le Omnibus de Paris.	Union des Syndicats de la Seine.
TESCHE...........	Synd^t des Ouv^rs-Employés du Métropolitain de Paris.	Union des Syndicats de la Seine.
NIEL (Louis)......	Synd^t des Ouv^rs-Employés des tramw. électriq. de Reims.	Bourse du Travail de Reims.
MAZAUD (Jacques).	Syndicat des T. Transports et Manutentions de la Seine.	Union des Syndicats de la Seine.
TRAMONI (Barth.).	Syndicat des Ouv^rs-Employés des tramw. de Marseille.	Bourse du Travail de Marseille.
DESSALLES........	Syndicat des Transports de Versailles.	Union des Syndicats de Seine-et-Oise.
BAYLE............	Syndicat des Ouv^rs-Employés des tramways de Limoges.	Bourse du Travail de Limoges.
BALADIER.........	Mandat fédéral.	

Fédération Nationale des Vanniers

Noms des Délégués	Organisations représentées	Bourses du Travail ou Unions syndicales.
DUFIL............	Synd^t des Ouvriers Vanniers de Paris et dép^t de la Seine.	Union des Syndicats de la Seine.
MARCK (Henry)...	Synd^t des Ouvriers Vanniers de St-Malo et de St-Servan.	Union des Syndicats de la Manche.

Fédération Nationale des Verriers

Noms des Délégués	Organisations représentées	Bourses du Travail ou Unions syndicales.
DELZANT (Charles).	Synd. des Verriers et Tailleurs de verre de Vierzon.	Bourse du Travail de Vierzon.
—	Syndicat des Verriers réunis de Molière.	Union des Syndicats de Vaucluse.
—	Syndicat des Verriers de Dorignies.	
—	Syndicat des Ouvriers Verriers de Bordeaux.	Union des Syndicats de la Gironde.

Delzant (Charles)	Syndicat des Ouvriers Verriers en bouteilles de Fresnes-Escaupont.	Union des Syndicats de Valenciennes.
—	Syndicat des Ouvriers Verriers de Venissieux.	Union des Syndicats du Rhône.
—	Syndicat des Ouvriers Verriers en vitres de Fresnes.	
—	Syndicat des Ouvriers Verriers réunis de Lyon.	Union des Syndicats de Lyon.
—	Syndicat des Ouvriers Verriers de Saint-Germier.	Union des Syndicats de l'Oise.
—	Syndicat du Verre blanc d'Aniche.	
Monatte.........	Syndicat des Verriers en vitres de Bessèges.	Union des Syndicats du Gard.
—	Syndicat des Ouvriers Verriers de Romesnil.	Union des Synd. de la Seine-Inférieure.
—	Syndicat des Ouvriers Verriers de Masnières.	Union des Syndicats de Cambrai.
Blanc (Pierre)....	Synd. des Ouvriers Verriers en verre blanc de Couzon.	Bourse du Travail de Rive-de-Gier.
—	Synd. des Ouvriers Verriers en verre blanc des Vomes.	Bourse du Travail de Rive-de-Gier.
—	Syndicat des Verriers en vitres de Rive-de-Gier.	Bourse du Travail de Rive-de-Gier.
Mourgues........	Synd. des Ouvriers Verriers en verre blanc de Mérignac.	Union des Syndicats de la Gironde.
—	Synd. des Ouvriers Verriers en verre blanc de Bordeaux	Union des Syndicats de la Gironde.
Royer (C.-M.)....	Syndicat des Verriers de Villeurbanne.	Union des Syndicats du Rhône.
Marck (Charles)..	Syndicat des Ouvriers Verriers de Terrasson.	Bourse du Travail de Terrasson.
Cathomen........	Syndicat des Ouvriers Verriers de Dijon.	Bourse du Travail de Dijon.
Rouvet (Pierre)..	Syndicat des Verriers et sim. d'Albi.	Bourse du Travail d'Albi.
Malo............	Syndicat des Ouvriers Réunis en verrerie de Saint-Etienne.	Bourse du Travail de Saint-Etienne.
Delzant..........	Mandat fédéral.	

Fédération de la Voiture

Noms des Délégués	Organisations représentées	Bourses du Travail ou Unions syndicales.
Bornet...........	Synd[t] des Carrossiers et sim. de Limoges.	Bourse du Travail de Limoges.
Perrin...........	Synd[t] des Ouvriers en voiture de Vichy.	Union des Syndicats de Vichy.
Constant.........	Synd[t] des Ouvriers en voiture de la Seine.	

Constant.........	Synd[t] des Ouvriers en voiture de St-Etienne.	Bourse du Travail de St-Etienne.
—	Syndicat de la Voiture de St-Amand.	Bourse du Travail de St-Amand.
—	Syndicat de la Voiture de Roubaix-Tourcoing.	Union des Syndicats de Roubaix.
—	Synd[t] des Ouvriers en voiture et sim. de Rennes.	Bourse du Travail de Rennes.
—	Synd[t] des Ouv[rs] Carrossiers-Selliers de Moulins.	Union des Syndicats de Moulins.
—	Syndicat de la Carrosserie de Lille.	Bourse du Travail de Lille.
—	Syndicat des Ouvriers en voiture de Dinan.	Union des Syndicats de Dinan.
—	Syndicat de la Voiture de Bourges.	Bourse du Travail de Bourges.
—	Syndicat de la Voiture de Bordeaux.	Union des Syndicats de Bordeaux.
—	Mandat fédéral.	

Fédération du Tonneau

Noms des Délégués	Organisations représentées	Bourses du Travail ou Unions syndicales.
Vullien..........	Synd[t] des Ouvriers tonneliers et similaires de la Seine.	Union des Syndicats de la Seine.
—	Synd[t] des Ouvriers tonneliers de Montauban.	Bourse du Travail de Montauban.
—	Synd[t] des Ouvriers tonneliers et similaires de Limoges.	Bourse du Travail de Limoges.
—	Syndicat des Ouvriers tonneliers-cavistes de Valence-sur-Rhône.	Bourse du Travail de Valence.
Jeannot..........	Synd[t] des Ouvriers foudriers et aides de Cette.	Bourse du Travail de Cette.
—	Syndicat des Tonneliers de Frontignan.	
—	Syndicat des Ouvriers soutireurs de Cette.	Bourse du Travail de Cette.
—	Syndicat des Ouvriers tonneliers et barilleurs de Cette.	Bourse du Travail de Cette.
Jammes	Syndicat des Ouvriers tonneliers de Carcassonne.	Bourse du Travail de Carcassonne.
Dekooninck......	Syndicat des Ouvriers tonneliers de Dunkerque.	Bourse du Travail de Dunkerque.
Bourderon.......	Syndicat des Ouvriers tonneliers-foud[rs] de Perpignan.	Bourse du Travail de Perpignan.
—	Syndicat des Ouvriers tonneliers et sim. d'Orléans.	Bourse du Travail d'Orléans.
—	Synd[t] des Ouvriers tonneliers de Mèze.	Union des Syndicats de Mèze.

BOURDERON.......	Synd^t des Ouvriers tonneliers de l'Aude.	Union des Syndicats de Narbonne.
—	Synd^t des Ouvriers tonneliers de Cognac.	Bourse du Travail de Cognac.
—	Synd^t des Ouvriers tonneliers de Bordeaux.	Union des Syndicats de Bordeaux.
—	Synd^t des Ouvriers tonneliers et sim. de Marseille.	Union des Syndicats de Marseille.
—	Synd^t des Ouvriers tonneliers de Reims.	Bourse du Travail de Reims.
—	Synd^t des Ouvriers bouchonniers de Lavardac.	
—	Mandat fédéral.	

Fédération Nationale des Blanchisseurs

Noms des Délégués	Organisations représentées	Bourses du Travail ou Unions syndicales.
MARCK...........	Fédérat^{on} Nationale des blanchisseurs.	

Fédération Nationale de la Fourrure

Pas de Délégué.	Fédération de la Fourrure.	Paris.

Syndicat des Employés de la Région Parisienne

GOGUMUS (Ch.)...	Mandat du Syndicat.	Union des Syndicats de la Seine.

Syndicat des Ouvrières de l'Imprimerie de Marseille

AMBLARD (Caroline)	Mandat du Syndicat.	Bourse du Travail de Marseille.

Syndicat des Ouvriers des Monnaies et Médailles de Paris

GERVAISE (Léon)..	Mandat du Syndicat.	Union des Syndicats de la Seine.

Syndicat des Crieurs et Vendeurs de Journaux de Marseille

BARRIÈRE (Eugène).	Mandat du Syndicat.	Bourse du Travail de Marseille.

Syndicat des Voiliers de Dunkerque

DEKOONINCK......	Mandat du Syndicat.	Bourse du Travail de Dunkerque.

Syndicat des Etablissements Thermaux de Vichy

COURT (Claude)...	Mandat du Syndicat.	Un. des Synd. de Vichy.

MANDATS DE DÉLÉGUÉS REFUSÉS

FÉDÉRATION DE L'ALIMENTATION

Noms des Organisations	Noms des Délégués	Motif du refus
Chambre syndicale ouvrière des Cuisiniers de Paris.	FRANCHET....	Radié de la Fédération.
Syndicat des Employés de l'Epicerie de Lyon.	ANTOURVILLE.	Non adhér[t] à l'Union du Rhône.
Syndicat ouvrier des Dames de Cafés-Restaurants de Paris.	LE GUERRY...	Radié de l'Union des Synd[ts] de la Seine.
Chambre syndicale ouvrière des Pâtissiers de la Seine.	SARDIN.......	Radié de l'Union des Synd[ts] de la Seine.

FÉDÉRATION DU BATIMENT

Syndicat des Ouvriers Peintres de Lille.	PÉRICAT.....	Non adhér[t] à la Bourse du Travail de Lille.

FÉDÉRATION DES TRAVAILLEURS DES CHEMINS DE FER

Groupe des Travailleurs des Chemins de fer de Noisy-le-Sec.	NIEL.........	Double emploi avec le groupe de Paris.
Groupe des Travailleurs des Chemins de fer de Longwy.	—	Non adhér[t] à l'U. des S. de Meurthe-et-Mos.

FÉDÉRATION DE L'ÉCLAIRAGE

Syndicat des Ouvriers et Employés du Gaz de Nice.	RHUL.........	Non adhér[t] à l'U. des S. des Alpes-Marit[s].

SYNDICAT NATIONAL DES MARÉCHAUX-FERRANTS

Syndicat des Ouvriers Maréchaux de Bordeaux (4e section).	JACQUEMIN ...	Non adhér[t] à l'U. des S. de la Gironde.
Syndicat des Ouvriers Maréchaux de Lyon (2e section).	— ...	Non adhér[t] à l'U. des S. du Rhône.

FÉDÉRATION DES MÉTAUX

Syndicat des Ouvriers Métallurgistes de Tullins-Fures.	BOUYÉ.......	Non adhér[t] à l'U. des S. de l'Isère.
Syndicat des Tôliers-Fumistes d'Orléans.	DEVERTUS....	Non adhér[t] à l'U. des S. du Loiret.

FÉDÉRATION DU PERSONNEL CIVIL DE LA GUERRE

Syndicat des Ouvriers civils de la Don d'Artillerie de Toul.	BERLIER......	Non adhért à l'U. des S. de Meurthe-et-Mos.

SYNDICAT NATIONAL DES SOUS-AGENTS DES P. T. T.

Syndt des Sous-Agents des P.T.T. de Paris.	JOUHAUX.....	Non adhért à l'U. des S. de la Seine.

FÉDÉRATION DES PRÉPARATEURS EN PHARMACIE

Syndicat des Préparateurs en Pharmacie de Paris.	DIEM	Radié de l'Union des Syndts de la Seine.

FÉDÉRATION DU TEXTILE

Union des syndicats du Tissage de St-Geoire-en-Valdaine.	LEPERS.......	Non adhért à l'U. des S. de l'Isère.
Union des Syndicats du Tissage de la section de Moirans.	—	Non adhért à l'U. des S. de l'Isère.

FÉDÉRATION NATIONALE DES TRAVAILLEURS MUNICIPAUX

Syndicat des Ouvriers Municipaux d'Alfortville.	CAILLOT......	Non adhért à l'U. des S. de la Seine.

FÉDÉRATION DES TABACS

Chambre syndicale des Ouvriers de la Manufre de tabacs de Nice.	MALLARDÉ ...	Non adhért à l'U. des S. des Alpes-Marits.

BOURSE DU TRAVAIL

Bourse du Travail de Nice.	YVETOT......	Non adhért à l'U. des S. des Alpes-Marits.

FÉDÉRATION DU TONNEAU

Syndicat des Ouvriers de chais et Entonneurs de Béziers.	CLARENC.....	*Syndicat ayant écrit une lettre à la Fédération annonçant sa dissolution.*

RÉCAPITULATION

TOTAL des Fédérations	46	représentées	par 49	délégués.
— des Syndicats isolés....	6	—	6	—
— des Bourses du Travail et Unions de Syndicats.	107	—	94	—
— des Syndicats..........	1.382	—	554	—

Le nombre des mandats ayant droit au vote est donc de 1.388.

Le Congrès se compose de 559 délégués.

POUR LA COMMISSION DE VÉRIFICATION DES MANDATS.

Le Rapporteur,

A. TOGNY,

des Coloristes-Enlumineurs de Paris.

ERRATUM

Page 16 (deuxième partie), lignes 30 et 31, lire :

La proposition Verdier est adoptée : le Syndicat des Peintres de Lille n'est pas admis.

Au lieu de :

La proposition Verdier est repoussée : le Syndicat des Peintres de Lille est admis.

PREMIÈRE PARTIE

Rapports des Comités et des Commissions pour l'exercice 1908-1910.

Confédération Générale du Travail

SIÈGE SOCIAL :
Maison des Fédérations, 33, Rue de la Grange-aux-Belles
PARIS (Xe)

RAPPORTS

DES

Comités & des Commissions

pour l'Exercice 1908-1910

PRÉSENTÉS AU

XVIIe Congrès Corporatif

(XIe de la C. G. T.)

Tenu à TOULOUSE, du 3 au 10 Octobre 1910

PARIS
MAISON DES FÉDÉRATIONS (SERVICE DE L'IMPRIMERIE)
33, Rue de la Grange-aux-Belles, 33

RAPPORT

DU

Comité Confédéral

(Deux Sections réunies)

CAMARADES,

Deux années se sont écoulées depuis le Congrès de Marseille, temps relativement court pour l'énorme somme de travail que la C. G. T. eut à accomplir.

Au milieu des difficultés de tous ordres, malgré les manœuvres et la répression gouvernementales, le Comité sut faire face à toutes ses obligations.

Cependant, rien ne lui fut épargné ! La répression, pour avoir été en ces temps derniers moins bruyante, n'en fut pas moins effective.

Devant la poussée sans cesse montante du syndicalisme, bourgeois capitalistes et gouvernants, unis dans un même sentiment de crainte, ont déclaré une guerre sans merci aux groupements ouvriers. Il suffit de lire les deux discours-programme prononcés par le renégat Briand pour s'en rendre compte.

Au Neubourg, comme à Saint-Chamond, les requins de la finance et de l'industrie ont reçu du président du conseil l'assurance que leurs privilèges seraient vigoureusement défendus.

Avances et sourires aux exploiteurs, menaces envers les travailleurs organisés, tel fut le sens des déclarations ministérielles. D'ailleurs, la mise en pratique avait précédé ces déclarations.

Cette politique de lutte sourde, chère à la méthode briandiste, a permis aux aboyeurs rétribués de la presse bourgeoise de reprendre de la voix. Aussi voit-on actuellement un grand nombre de nos quotidiens étaler dans leurs colonnes de violentes attaques contre le mouvement confédéral, et dont la conclusion est une invite au gouvernement à dissoudre la C. G. T.

Malgré ces obstacles nombreux et divers, le Comité confédéral a répondu aux exigences toujours plus croissantes de l'organisation syndicale. Méprisant les critiques malsaines et fielleuses, indifférente aux menaces comme aux coups des puissants, déjouant les pièges qui lui étaient habilement tendus, la C. G. T. sut accomplir sans vaine forfanterie sa besogne journalière dans la mesure que le lui permettaient ses modestes ressources.

C'est cette œuvre que nous allons examiner.

Contre les poursuites.

Le Congrès de Marseille à peine terminé, le Comité eut à se préoccuper de la situation des camarades arrêtés dans les conditions que l'on sait, à la suite de la tragédie de Villeneuve-Saint-Georges. Il fallait à tout prix arracher des griffes de la justice de classe les victimes qu'elle s'apprêtait à envoyer dans ses bagnes.

A cet effet une commission fut nommée, avec charge de continuer l'agitation commencée pendant le cours de l'année. Les camarades Dumas, Bruon, Lefèvre, Janvion, Le Guéry, Jouhaux, Merrheim, plus le bureau intérimaire, la composèrent.

Cette commission se mit immédiatement au travail et décida d'organiser dix meetings régionaux qui devaient se tenir dans les villes les plus importantes du pays, en même temps qu'il serait lancé un manifeste de protestation tiré à 500.000 exemplaires.

Toutes les mesures étaient prises ; Bourses du Travail et Syndicats avaient répondu favorablement. Les meetings étaient fixés au 9 janvier et devaient se tenir dans les villes suivantes : Reims, Rennes, Vierzon, Limoges, Toulouse, Marseille, Nice, Saint-Etienne, Lyon, Besançon.

L'affiche suivante fut expédiée partout où devaient se tenir les meetings (*Voix du Peuple* du 10 au 17 janvier 1909) :

CONFEDERATION GENERALE DU TRAVAIL

A L'OPINION !

« Le 11 janvier comparaîtront devant la Cour d'assises de Versailles les huit camarades retenus par le Parquet de Corbeil pour les événements de Villeneuve-Saint-Georges.

On se souvient de ce que fut le guet-apens du 30 juillet dernier : le gouvernement voulait une tuerie. Il la provoqua ! Nombreuses furent les victimes. Tués et blessés *furent tous du côté ouvrier !*

Le gouvernement voulait davantage ! Il espérait que les balles de Villeneuve, à travers les victimes, frapperaient l'organisation syndicale. Dans ce but, pour couronner son œuvre de sang, il fit incarcérer un certain nombre de militants de la C. G. T.

Malgré trois mois d'une méticuleuse instruction judiciaire, le Parquet ne put échafauder le *procès d'opinion* que voulait le gouvernement ; des non-lieu mirent hors de cause seize des inculpés.

Pour masquer l'échec de l'instruction, un choix fut opéré et huit camarades furent maintenus. Ce sont eux qui sont aujourd'hui poursuivis. *Ils le sont en formelle violation de la loi* (articles 213 et 100 du Code pénal).

Cinq mois se sont écoulés entre la date d'arrestation de ces victimes et leur comparution en Cour d'assises.

Cet arbitraire, si excessif, a contraint la Chambre des députés, dans sa séance du 23 décembre, à voter une amnistie en leur faveur. C'est, en effet, par un truquage, dont nos parlementaires sont coutumiers, que cette amnistie n'a pas été proclamée en séance publique, malgré qu'elle ait été votée à 14 voix de majorité.

Travailleurs !

Le procès de Versailles va s'ouvrir dans des conditions d'une révoltante iniquité.

Laisserons-nous s'exercer contre huit des nôtres la basse vengeance d'un gouvernement criminel ?

Laisserons-nous s'accomplir le monstrueux déni de justice qui se prépare à Versailles ?

La classe ouvrière se doit d'affirmer sa réprobation contre cet odieux procès en participant aux

MANIFESTATIONS RÉGIONALES

que la Confédération générale du Travail organise

le Samedi 9 Janvier

à Reims, Rennes, Vierzon, Limoges, Toulouse, Marseille, Nice, Lyon, Saint-Etienne, Besançon.

Au jour fixé, le 9 janvier, dans toutes les villes ci-dessus désignées se tiendra un

MEETING

auquel tous les travailleurs se feront un devoir d'assister afin de proclamer leur solidarité avec les huit prisonniers de Versailles dont la libération s'impose. »

« LE COMITE CONFEDERAL. »

L'agitation menaçait de revêtir un caractère tel que le gouvernement, apeuré, espérant sans doute par ce moyen et à l'aide de cette mesure faire cesser la campagne, fit rendre une ordonnance de non-lieu en ce qui concernait les membres de la Confédération.

Le Comité, avec raison, jugea qu'il ne saurait y avoir, dans le mouvement syndical, ni « menu » ni « gros » fretin. En conséquence, il estima que l'agitation ne devait cesser qu'avec la libération complète et définitive de tous les camarades arrêtés.

Devant cette décision — et pour sauver les gendarmes assassins — les parlementaires crurent prudent de voter, dès le commencement de janvier — et malgré l'opposition de Clemenceau — une amnistie qui permettait aux autres inculpés de recouvrer la liberté.

C'était la victoire ! Il ne restait plus qu'à l'enregistrer. C'est ce que fit le Comité confédéral.

Une fois de plus, la volonté ouvrière avait eu raison des instincts répressifs des gouvernants !

Élection du Trésorier — Incident Lévy-Griffuelhes La Maison des Fédérations.

L'élection du trésorier donna lieu à des incidents de diverse nature.

Emu par certains bruits qui circulaient dans les milieux ouvriers, le camarade Griffuelhes, secrétaire sortant, crut devoir demander au camarade Lévy, trésorier sortant, des explications sur le bien-fondé de ces bruits.

Pendant trois séances consécutives, auxquelles, chose extraordinaire, assistaient la totalité des délégués aux deux sections, l'on discuta sur la valeur de ces propos qui, colportés de l'un à l'autre, arrivaient aux oreilles des intéressés considérablement amplifiés, parfois même dénaturés.

Nous ne croyons pas qu'il soit nécessaire de faire revivre dans ce rapport ces pages vraiment pénibles de notre histoire syndicale. Laissons dormir dans l'oubli le plus profond ces heures fiévreuses de bataille qui, pendant quelques semaines, ont menacé de rompre l'unité ouvrière.

Qu'il nous suffise, maintenant que le temps a fait son œuvre d'apaisement, d'extraire de cette longue discussion les deux phrases qui, dans la bouche de chacun des intéressés, nous paraissent être la conclusion de ce corps-à-corps.

C'est d'abord Lévy, invité à préciser, qui déclare n'avoir jamais mis en doute l'honnêteté de Griffuelhes. « Ce que j'ai voulu attaquer, dit-il, ce sont : 1° les procédés selon moi irréguliers qui ont présidé à l'édification de la Maison des Fédérations ; 2° le fonctionnement non moins irrégulier de son Conseil d'administration ».

C'est ensuite Griffuelhes déclarant : « S'il y eût, à l'origine de cette Maison, des irrégularités commises, elles ont été motivées par les difficultés avec lesquelles nous nous sommes trouvés aux prises lorsqu'il a fallu, à la suite de l'expulsion de la Bourse du Travail et de la cité Riverin, trouver un nouveau local à la C. G. T., menacée d'errer éternellement.

« J'ai conscience d'avoir accompli mon devoir en dotant l'organisation confédérale d'un immeuble qui lui a permis de ne pas sombrer dans la désagrégation et à l'abri duquel elle peut maintenant narguer les menaces du gouvernement ».

Comme nous le disons plus haut, le temps a maintenant fait son œuvre ; et si quelques petits malaises subsistent encore, ils pourront facilement disparaître lorsque le Conseil d'administration de la Maison des Fédérations aura été établi sur des bases plus larges. C'est ce que notre camarade Griffuelhes a toujours espéré faire le jour où les organisations confédérées voudront apporter une contribution effective à la vie de l'œuvre. Souhaitons que ce jour arrive bientôt.

A la suite de ces longues séances, le camarade Lévy fut élu par 56 voix contre 51 et 22 abstentions, mais il démissionna immédiatement. Le Comité élut alors comme trésorier le camarade Marck, présenté par la Fédération des Syndicats Maritimes, par 49 voix contre 63 abstentions et 8 diverses.

Première Grève des Postiers.

Au mois de mars 1909, les agents et sous-agents des P. T. T., mécontents de la situation qui leur était faite et écœurés des procédés inqualifiables que les politiciens placés à la tête de leur administration employaient à leur égard, déclarèrent la grève à la suite du coup de force odieux commis envers leurs délégués par le cynique et grossier personnage Simyan, alors sous-secrétaire d'Etat aux Postes et Télégraphes.

Le mouvement fut admirable d'élan et de solidarité ; aussi, se termina-t-il par une victoire complète de nos camarades postiers. Le Comité Confédéral, quoique ne voulant pas s'immiscer dans cette lutte, suivait avec intérêt le conflit, prêt à intervenir si les circonstances l'exigeaient.

Voulant créer dans les masses ouvrières un courant de sympathie en faveur des grévistes, en même temps qu'il protestait contre les mesures répressives prises par le gouvernement, le Comité décida de faire paraître le manifeste suivant (*Voix du Peuple* du 28 mars au 4 avril 1909) :

Un Manifeste de la C. G. T.

A TOUS LES TRAVAILLEURS

« La Confédération Générale du Travail, sans vouloir s'immiscer dans la grève des postiers, a le devoir d'appeler votre attention sur les circonstances de cette grève et de vous engager à lui apporter tout votre appui.

Comme dans toutes les grèves, les procédés employés contre les travailleurs sont les mêmes, « qu'il s'agisse d'ouvriers en conflit avec des patrons, ou de fonctionnaires en conflit avec l'Etat ».

Vous connaissez l'origine du mouvement. Il est né non seulement de la résistance que l' « Etat-patron » opposait aux réclamations légitimes des intéressés, mais surtout de l'arrogance du sous-secrétaire d'Etat, M. Simyan.

Comment seraient-ils restés impassibles devant les injures de ce grossier personnage qui, « manquant de respect à des femmes », leur adressait des invectives outrageantes ?

Les arrestations arbitraires, les violences de la police ont mis le comble à l'exaspération de nos camarades des postes. Par surcroît, des « condamnations iniques » ont été prononcées sans le moindre sentiment de justice, sans même la loi de sursis, contre des travailleurs coupables uniquement d'avoir manifesté leur indignation au cri de : « Conspuez Simyan ! » La prison pour un tel crime est une monstruosité !

Révoltés par ces procédés, les postiers ont déclaré la grève et immédiatement le gouvernement tourne l'armée contre eux, non seulement sous le prétexte habituel de maintenir l'ordre que personne ne songe à troubler, mais encore et surtout pour remplacer les grévistes dans leur travail.

« Un fois de plus, le prolétariat constatera que l'armée est dirigée contre les travailleurs. »

Toutes les forces dont dispose le pouvoir gouvernemental : la police, la magistrature, l'armée sont contre les postiers. Pour les soutenir dans leur résistance, il faut qu'ils aient avec eux la sympathie de tout le prolétariat, de tous les gens de cœur.

TRAVAILLEURS !

Quelle que soit la perturbation que la grève des postiers apportera dans vos habitudes, dans vos relations, dans vos affections même, il faut que vous supportiez de bonne volonté cette gêne momentanée.

Il faut que les travailleurs des postes sachent que toute la sympathie de la population leur est acquise. Ils seront ainsi encouragés à persévérer dans leur lutte jusquà ce que la victoire couronne leurs efforts. »

« LE COMITE CONFEDERAL. »

Afin de marquer la signification du mouvement de nos camarades des postes, et voulant, par ce moyen, aider à la diffusion de l'idée de grève générale en en démontrant la possibilité d'application, le Comité Confédéral, ne négligeant aucune occasion de faire l'éducation des masses, adopta l'ordre du jour suivant, qui fut imprimé en manifestes et affiché par les soins des Bourses du Travail de Paris et de la province. (*Voix du Peuple* du 11 au 18 avril 1909.)

Après la grève des Postiers

ORDRE DU JOUR DE LA C. G. T.

Le Comité confédéral, réuni en séance le mardi 6 avril, a voté l'ordre du jour suivant :

« Le Comité Confédéral adresse aux fonctionnaires et ouvriers des P. T. T. l'assurance de sa fraternelle solidarité. Il les assure que, quelles qu'aient été les difficultés et la gène éprouvée par les travailleurs au cours de leur grève, c'est avec la plus vive sympathie que ceux-ci ont suivi leur admirable mouvement.

Le C. C. fait appel à l'esprit d'analyse de ces fonctionnaires et travailleurs, exploités par l'Etat comme le sont les travailleurs de l'industrie et du commerce, pour qu'ils dégagent eux-mêmes, de leur propre grève, la justification de toutes les résolutions des Congrès de la C. G. T. et de son action.

Plus convaincu que jamais que l'émancipation de tous les salariés de toutes catégories ne peut être que l'œuvre des salariés eux-mêmes ;

Enregistrant le grand fait historique que constitue la grève des postiers et l'enseignement qui en découle ;

Considérant que semblable mouvement, inspiré d'un désir plus profond d'affranchissement total et généralisé à certaines industries et exploitations, serait bien de nature à réduire et à paralyser le fonctionnement du système capitaliste et l'oppression coercitive de son agent l'Etat bourgeois ;

Le C. C. affirme sa confiance en la grève générale comme moyen déterminant d'une situation et de conditions favorables à la reprise des instruments de production et d'échange pour les remettre au service de tous et les faire fonctionner au profit de la société tout entière, réalisant ainsi la suppression du salariat, source de toutes les oppositions et de toutes les exactions.

C'est avec joie que pour cette grande œuvre révolutionnaire et à la fois humanitaire, le Comité Confédéral voit les fonctionnaires prendre conscience de leur force et de leurs intérêts de classe et se rapprocher par leur action de l'ensemble du prolétariat organisé dont ils sont solidaires. »

« LE COMITE CONFEDERAL. »

Le Premier Mai — Arrestation de Marck et Torton.

Comme toutes les années précédentes, le Comité Confédéral prit toutes les mesures propres à donner à la journée du Premier Mai sa véritable signification de manifestation revendicatrice du prolétariat mondial en marche vers son affranchissement intégral.

Par ses soins, un manifeste fut envoyé dans tous les centres syndicaux.

Plus de cent meetings furent tenus dans lesquels les travailleurs affirmèrent, outre leur désir d'améliorations immédiates, leur soif de liberté toujours plus grande.

Ces manifestations ne furent marquées que par un seul événement : l'arrestation de Marck et de Torton à Rouen.

Sur la foi de rapports imbéciles et mensongers, rédigés par de répugnants mouchards, nos amis furent jetés en prison au mépris de tous les règlements judiciaires ; Marck fut arrêté en violation de la liberté de domicile.

Le Comité, indigné de ces procédés ignobles et arbitraires, se proclamait solidaire des camarades arrêtés et décidait de reproduire dans le texte d'une affiche les phrases incriminées.

Contre l'Arbitraire

« Quand ce n'est pas avant, c'est pendant et après le Premier Mai, que le gouvernement actuel, pour complaire à la bourgeoisie, dont il est le serviteur, use chaque année d'arbitraire contre la classe ouvrière.

N'ayant pas osé faire usage du traditionnel complot pour arrêter les militants syndicalistes avant le Premier Mai, on a usé de provocations policières le jour même. Pour arrêter certains de nos camarades et les faire condamner ensuite, on les a inculpés de délit de paroles ou d'injures à des magistrats.

A Orléans, au cours d'une manifestation, trois ouvriers terrassiers ont été arrêtés et aussitôt condamnés, *sans défense, sans témoins,* l'un à 13 mois et les deux autres à 8 mois de prison.

A Rouen, le camarade Marck, trésorier de la C. G. T., a été arrêté la nuit, à l'issue d'une réunion tenue le Premier Mai. Le camarade Torton, secrétaire de la Bourse du travail de Rouen, fut, le lendemain, également arrêté et emprisonné.

Qu'ont-elles donc de criminelles les phrases imputées à Marck et que celui-ci revendique ?

En voyant autour de lui, dans la salle, les louches personnages payés pour épier et dénaturer ses paroles, il s'écria :

« *Parmi nous se trouvent les représentants officiels de la succursale Vermine, Fripouille, Clemenceau et Cie.* »

Puis, au cours de sa conférence, Marck, faisant l'énumération des gaspillages dont tous les journaux entretiennent chaque jour l'opinion publique (Voir les dessous dévoilés du sabotage financier et industriel de la marine, de l'armée, des travaux publics), on a retenu pour l'en inculper la phrase suivante :

« 105 *millions sont dépensés pour la valetaille policière et la création de brigades mobiles dont nous avons journellement des représentants dans nos réunions. On les a créées pour arrêter les voleurs, mais ils ramassent ceux qui, comme moi, viennent dans les réunions.* »

Quant à Torton, il est inculpé d'avoir dit :

« *Dans l'après-midi, j'ai aperçu des mines patibulaires dans la salle. Ce soir, je vois encore des mouchards, des roussins, qui sont les souteneurs de la Troisième République.* »

Telles sont les ridicules accusations par lesquelles on veut remettre en prison ces deux militants pour y augmenter le nombre de tous ceux de nos camarades victimes de l'arbitraire gouvernemental et de la justice de classe du régime actuel.

Il est de notre devoir de solidarité de protester contre les mesures stupides d'autorité exercées contre nos camarades, contre nos militants.

C'est pourquoi le Comité Confédéral, dans sa séance du 4 mai, a décidé de manifester son indignation contre les tyranneaux du gouvernement actuel en affirmant son entière solidarité avec les camarades arrêtés et en prenant, comme eux, la responsabilité des phrases citées plus haut, dont on leur fait une inculpation.

LE COMITE CONFEDERAL.

(Suivent les signatures.)

Marck fut arrêté et condamné ; il fallait pourvoir à son remplacement comme trésorier ; c'est ce que fit le Comité en désignant Jouhaux, des Allumettiers, pour faire l'intérim pendant l'incarcération de Marck.

Deuxième grève des Postiers.

Le gouvernement, humilié d'avoir été une première fois obligé de capituler devant l'énergie des camarades postiers, cherchait à se procurer l'occasion d'une revanche.

Mesures vexatoires et arbitraires pleuvaient donc sur la tête de nos amis. Clemenceau, méconnaissant la parole donnée, refusait de mettre en application les promesses faites sous le coup de la peur.

On sentait en haut lieu l'influence grandissante que prenait l'organisation syndicale dans le prolétariat postal. Il fallait, coûte que coûte, et par des procédés plus sales les uns que les autres, essayer de saper cette force montante et de plus en plus menaçante pour la sécurité des politiciens tarés que les hasards de l'intrigue et de la courtisanerie avait placés à la tête de l'Administration postale.

Poussés à bout par ces procédés vexatoires et irritants, les postiers déclarèrent à nouveau la grève.

Malheureusement, les manœuvres et les faveurs gouvernementales avaient réussi à semer la division parmi le personnel. L'hésitation, l'indécision, faisaient place à la spontanéité du premier mouvement.

La grève fut loin d'être générale ; le Central télégraphique continua de fonctionner malgré la désertion de quelques-uns.

Recevant régulièrement ses dépêches, la province ne marcha pas. Aussi les militants virent-ils qu'ils couraient à un échec. Ils résolurent de tenter un dernier coup en donnant à la grève une allure nouvelle. Ils crurent, par une déclaration de grève générale de toutes les corporations, réveiller l'énergie des employés et facteurs des postes. C'est alors qu'ils firent appel à la C. G. T.

Il était trop tard, l'on avait trop tergiversé !

Le mouvement des postiers était virtuellement mort ! Comment, dans de telles conditions, faire marcher les syndiqués des autres organisations?

Fallait-il, d'autre part, rester dans l'inaction lorsque des camarades, dans une situation critique, faisaient appel à la solidarité des travailleurs organisés ?

Pouvait-on, par un refus brutal, briser à jamais les liens qui s'étaient créés pendant le cours de la première et de la deuxième grèves, entre le prolétariat postal et celui de l'industrie privée ?

Devait-on, en raison des difficultés du moment, faire crouler le pont que, si difficilement, l'on était arrivé à jeter entre les deux prolétariats, jusque-là restés indifférents l'un à l'autre ?

La Confédération, malgré les obstacles, devait-elle s'avouer impuissante avant d'être allée à la bataille ?

Ce sont ces questions que le Comité Confédéral se posa lorsque les délégués des ouvriers des P. T. T. — organisation adhérente à la C. G. T. — vinrent lui demander son concours.

Le Comité estima qu'il ne pouvait, sans manquer gravement à la solidarité, refuser de marcher. Par une majorité de 83 voix contre 6 et 28 abstentions, il décida d'inviter toutes les organisations affiliées à faire cause commune avec les postiers.

Les conditions défavorables dans lesquelles cet appel à la grève générale fut lancé firent que peu d'organisations y répondirent. Seules, la Fédération du Bâtiment et quelques autres organisations parisiennes se mirent en branle.

Cet appoint ne put arriver à relever le courage des postiers. Malgré la déclaration de grève générale, les rentrées s'opéraient chaque jour plus nombreuses. La lassitude et la crainte des renvois avaient fait place à l'énergie du début : le mouvement postal menaçait de finir faute de combattants. C'est ce que comprirent ses militants qui, estimant que la classe ouvrière avait assez donné, vinrent demander au Comité de faire cesser l'agitation.

Le Comité Confédéral rédigea alors un appel qui, enregistrant les déclarations des intéressés, déclarait terminé le mouvement de solidarité. Voici cet appel :

Aux Travailleurs de France

Pour répondre aux provocations et à l'arbitraire du gouvernement, pour se solidariser avec les grévistes de l'administration des postes, et sur l'invitation de la Confédération Générale du Travail, diverses corporations, en un superbe élan, firent immédiatement grève.

Ce mouvement de protestation énergique et généreux s'étendait graduellement dans toute la France et principalement à Paris. Nos camarades postiers — révoqués et grévistes — pensaient qu'une telle action, une telle preuve de solidarité effective rappelleraient à leur devoir tous les inconscients qui avaient déjà trahi leurs camarades en grève en réintégrant leur emploi.

Il n'en fut malheureusement rien.

Des responsabilités s'établiront plus tard.

Mais nos camarades postiers avaient trop préjugé de l'issue heureuse d'une deuxième grève. Celle-ci fut, à l'évidence, préparée, incitée, voulue par le gouvernement désireux d'exercer des représailles contre les militants de la première grève qui avaient, avec l'opinion publique, mis le ministère en échec et démontré la puissance victorieuse du *Syndicalisme fonctionnaire* qui se substituera demain à la puissance d'Etat.

Cependant si la plupart des fonctionnaires ont consenti à être domestiqués et à abandonner leurs frères, ce ne sera pas pour longtemps.

Toute action comporte un enseignement.

Mais, en attendant, *tous nos camarades révoqués et grévistes des P. T. T. demandent au prolétariat de ne pas continuer plus longtemps un sacrifice inutile.*

La protestation du monde ouvrier fut suffisamment démonstrative. C'est un résultat.

La C. G. T. constate donc que, par suite des conséquences qu'a eues sur le mouvement postier la solidarité de certaines corporations, il n'y a plus nécessité de faire appel aux organisations décidées à se mêler à la lutte, et, notamment, aux électriciens.

Le mouvement de protestation en faveur de nos camarades des P. T. T. peut, dès lors, être considéré comme terminé.

Il reste au prolétariat postier à prendre sa revanche. Il la prendra. Et la classe ouvrière, encore une fois, secondera son action. »

« LE COMITE CONFEDERAL. »

Cette grève générale avait fait naître divers incidents, dont celui qui fut cause de la démission des camarades Niel et Thil, secrétaire et secrétaire-adjoint de la C. G. T.

Conférence des Bourses et Fédérations.

Conformément au mandat que le Congrès de Marseille lui avait donné, le Comité eut à organiser une conférence nationale des Bourses ou Unions et des Fédérations. Le rôle de cette conférence était de solutionner les questions d'ordre administratif que le Congrès n'avait pu trancher définitivement.

Il ne nous paraît pas nécessaire de retracer ici la besogne accomplie par cette conférence, le compte rendu de ses travaux étant paru dans une brochure très explicite que tous les syndiqués ont dû lire. Qu'il nous suffise de rappeler brièvement les questions principales sur lesquelles elle se prononça définitivement.

Ce sont : 1° La création du timbre et de la carte confédéraux ; 2° L'augmentation des cotisations confédérales qui furent portées de 4 à 6 fr. par mille membres et par mois, et à 5 centimes par membre et par an pour les Unions de Syndicats, au lieu de 35 centimes par mois et par syndicat ; 3° le viaticum confédéral ; 4° l'unification de la comptabilité confédérale. Aujourd'hui, toutes, sauf le viaticum, sont appliquées de façon normale. Déjà l'établissement de la carte et du timbre a fait sentir ses effets bienfaisants ; les effectifs confédéraux ont sensiblement augmenté. Quoiqu'il y ait encore quelques légères améliorations à apporter, on peut espérer, vu les résultats déjà obtenus, voir le Congrès de Toulouse maintenir l'application de la carte et du timbre.

Si le viaticum confédéral n'est pas encore appliqué, cela tient à ce que nous n'avons pas reçu un nombre suffisant de réponses à la circulaire que, conformément à la décision de la conférence, nous avons fait parvenir aux organisations. Ces réponses devaient, à l'aide des indications qu'elles nous apporteraient, nous permettre d'établir, sur des bases rationnelles, le service du viaticum. N'ayant pas les éléments d'appréciation nécessaires, il nous fut impossible d'appliquer la décision.

Le 30 et le 31 août 1909 eut lieu à Paris une Conférence internationale dont nous parlons plus loin au chapitre « Rapports internationaux ». Elle se termina par un vaste meeting contre la guerre.

La Grève Générale de Barcelone.

Tous les camarades ont encore présent à la mémoire l'admirable mouvement de révolte accompli par les travailleurs de Barcelone et des principaux centres de Catalogne, contre l'expédition marocaine.

Pendant trois jours, des valeureux révoltés luttèrent contre les armées de l'assassin royal, accomplissant des prodiges d'héroïsme.

Les femmes du peuple, sublimes de courage, se couchaient sur les rails pour empêcher de passer les trains qui devaient emporter vers les champs de carnage leurs maris, leurs fils, leurs amants ou leurs frères.

Ce fut une lutte épique, d'une population noble et intelligente contre un régime d'ignorance et de cruauté. Le Comité Confédéral, comprenant l'importance et la portée du mouvement, lança un premier manifeste qui, en même temps qu'il faisait connaître les raisons véritables de cette révolte au prolétariat français, était, comme on le verra plus bas, un encouragement pour nos frères d'Espagne.

Manifeste à nos Frères d'Espagne

« Dans un noble sentiment de fraternité internationale, dans un élan d'admiration et d'émotion, le prolétariat organisé de France adresse à ses frères d'Espagne ses vœux les plus sincères pour le triomphe de leur lutte héroïque contre la guerre.

Nous comprenons trop bien, ouvriers de France, l'importance d'une aussi belle révolte du peuple espagnol pour ne pas nous réjouir aux moindres succès de la révolte ouvrière en Catalogne. Nous applaudissons aux actes d'insubordination militaire. Honneur à ceux qui refusèrent d'être des assassins !

Honneur aux femmes et aux jeunes gens d'Espagne, empêchant les hommes de partir pour la tuerie du Maroc !

Nous applaudissons de tout cœur à tous les actes révolutionnaires accomplis au delà des Pyrénées.

La Grève Générale proclamée par le monde ouvrier des centres industriels d'Espagne, aussitôt suivie d'un sabotage énergique des lignes téléphoniques, télégraphiques et de chemins de fer, c'est en somme, la réalisation des vœux émis en France, dans nos Congrès ouvriers.

Il n'y a pas d'autres moyens en notre pouvoir pour empêcher les exploiteurs de partout d'arroser du sang du Peuple les territoires qu'ils convoitent comme favorables à leurs opérations financières.

« Plutôt l'insurrection que la guerre! » ont proclamé les socialistes au Parlement français.

« A la déclaration de guerre, nous répondrons par la Grève Générale ! » ont dit les ouvriers de France dans leurs Congrès nationaux et internationaux.

Nos amis, nos frères d'Espagne mettent en pratique ce que nous avons mis en résolution. Nos souhaits les plus chaleureux les accompagnent et, s'ils sont vainqueurs, toute l'Internationale ouvrière voudra bientôt imiter leur exemple. S'ils sont vaincus, leur courage, leur héroïsme n'auront pas été inutiles. Le sang répandu ne l'aura pas été en vain : il fécondera, comme toujours, les idées de révolte, créatrices de mieux-être et de liberté !

Quelle que soit l'issue de la lutte acharnée des ouvriers espagnols, un enseignement salutaire s'en dégage pour le Prolétariat universel

Pour vous, braves camarades en lutte, c'est une expérience qui portera ses fruits.

Frères d'Espagne, courage !

Les travailleurs organisés de France sont avec vous ! »

« LE COMITE CONFEDERAL. »

Nos amis révolutionnaires connurent les heures de succès ; dans plusieurs villes, ils furent les maîtres de la situation. Malheureusement, le manque d'organisation devait amener leur défaite.

Enserrée par une ceinture de fusils et de canons qui, à chaque minute, vomissaient la mort ; sans communication avec le reste de l'Espagne, la Catalogne ouvrière dut capituler.

Ce fut le signal de la répression la plus horrible ! Tous ceux qui, pendant les journées d'émeute, avaient sué la peur, sortirent de leurs antres ivres de vengeance, altérés du sang des travailleurs.

C'était le carnage après la bataille !

Hommes, femmes, enfants, tous étaient arrêtés et jetés dans la sinistre forteresse de Montjuich. Traduits devant un tribunal d'exception, nos amis étaient pour la plupart condamnés à mort !

Déjà les fossés de la forteresse avaient retenti du bruit des fusillades des pelotons d'exécution. Ferrer, cette noble figure, fut arrêté et poursuivi comme instigateur de la révolte et contre toute évidence.

La Confédération ne pouvait rester indifférente devant de tels crimes. Le Comité se réunit et décida d'ouvrir immédiatement une souscription en faveur des réfugiés espagnols en France. Partout, sur son instigation, dans toutes les Bourses du travail, des comités s'organisèrent en vue de venir en aide aux camarades que la chance avait assez favorisés pour pouvoir échapper aux griffes des tigres à face humaine qui, dans la Catalogne vaincue, faisaient couler des ruisseaux de sang ouvrier. Des meetings régionaux furent organisés en protestation contre les condamnations à mort et les exécutions de camarades révolutionnaires.

Le 20 septembre, le bureau confédéral adressait aux Unions de Syndicats une circulaire les invitant à organiser des réunions, suivies de manifestations dans la rue.

L'appel suivant, envoyé par la C. G. T., fut affiché partout par les soins des Bourses du travail.

Contre les Bourreaux de la Liberté

« Nous avons tous admiré le beau geste par lequel les ouvriers d'Espagne se sont révoltés.

Qui donc pourrait blâmer des travailleurs, des pères de famille qui s'insurgèrent plutôt que de courir aux abattoirs du Maroc pour le profit des capitalistes internationaux ?

Ce fut un spectacle réconfortant que cette grève générale spontanée qui fit trembler tous les profiteurs de la monarchie cléricale et inquisitoriale.

Mais cette grève, trop localisée, malgré les actes héroïques de nos courageux camarades, fut vaincue.

C'est la Réaction sauvage, féroce, impitoyable qui sévit maintenant.

Tous les braves qui luttèrent, tous ceux qui ne sont pas morts en combattant expient leur acte sublime dans les cachots, dans les tortures, en attendant leur jugement, leur condamnation et leur exécution.

Les galonnés espagnols, vaincus sur tous les champs de bataille, prennent *bravement* leur revanche sur les sièges des conseils de guerre.

Ils condamnent à la mort tout ce que l'Espagne compte encore de noble, de généreux dans sa population.

Les hommes de progrès, les hommes de pensée libre sont voués au garrot ou au peloton d'exécution.

Laisserons-nous assassiner nos frères d'Espagne sans protester, sans crier haut notre admiration aux victimes, notre haine aux bourreaux.

NON !

Il faut qu'on nous entende !

Il faut que les tortureurs frémissent devant nos vibrantes protestations.

Toute l'Europe ouvrière proteste avec nous. Il faut que nos camarades en danger de mort reprennent espoir. Faisons tout pour les arracher aux cruelles et lâches vengeances des moines et des officiers.

TRAVAILLEURS !

Joignez-vous aux protestataires. Si vous êtes des hommes conscients, venez tous à la manifestation organisée par la C. G. T. »

La date des meetings fut fixée au 16 octobre ; ils eurent lieu dans les villes suivantes : Bordeaux, Besançon, Bayonne, Bourges, Béziers, Cette, Clermont-Ferrand, La Rochelle, La Guerche, Le Mans, Lille, Limoges, Marseille, Méru, Nancy, Rennes, Rouen, Toulouse, Valence, Troyes, Soissons, Saint-Denis, Versailles, Ivry-sur-Seine, Corbeil, Saint-Quentin, Decazeville, Paris, Lyon, Bruay, Brive, Grenoble, Voiron, Nouzon, etc., etc.

Avec les délégués confédéraux, parlèrent dans ces meetings des délégués des Bourses de la région où se tenait la réunion. Leur réussite fut complète ; l'élan de solidarité fut admirable.

Dans toutes les villes, les consuls représentants de l'assassin royal reçurent la visite des foules ouvrières venant clamer leur indignation et leur dégoût. A Paris, la manifestation revêtit un caractère particulièrement grandiose.

Le Comité ne borna pas là seulement ses efforts : il résolut de frapper d'un grand coup le commerce espagnol en déclarant le boycottage de ses navires dans les ports français.

Les obstacles nombreux que rencontrèrent, dans l'application de cette mesure, les organisations des dockers, n'empêchèrent pas les marchandises espagnoles de rester en souffrance dans de nombreux ports de la Méditerranée et de l'Atlantique.

A Marseille, le boycottage fut complet pendant quarante-huit heures ; il ne cessa qu'en raison de la trahison de certains sujets espagnols qui, sous la protection de l'armée et de la police, effectuaient le travail que, par solidarité et en protestation des assassinats commis à Montjuich, les travailleurs marseillais avaient délaissé.

Si restreint qu'il fût, ce boycottage produisit un effet salutaire.

Devant les démonstrations de l'indignation populaire, devant la résolution prise par les travailleurs organisés de ne plus manipuler les marchandises espagnoles les dirigeants meurtriers crurent prudent de faire taire la voix meurtrière des fusils. En conclusion, si la campagne de la C. G. T. n'a pu empêcher l'assassinat légal de Ferrer et de cinq autres camarades, elle aura tout au moins évité que d'autres victimes ne tombent sous les coups des sbires assassins.

Comme toujours, la Confédération s'est, dans la mesure que le lui permettaient ses ressources et ses moyens, mise au service de la solidarité internationale.

Elle a conscience d'avoir accompli son devoir !

Retraites Ouvrières.

Le projet de retraites ouvrières, tant de fois mis à l'ordre du jour depuis 1901 par les différents gouvernements qui se sont succédés et qui, depuis 1906, dormait dans les cartons du Sénat, fut remis en discussion à la tribune de cette assemblée dans les tout derniers mois de l'année 1909. Cette fois, les sénateurs apportaient un tel zèle à discuter les différents articles du projet qu'il y avait tout lieu de croire que la loi serait votée au Sénat et ratifiée par la Chambre avant la fin de la législature.

Rien cependant — sauf l'aggravation de l'âge plus élevé des bénéficiaires et la diminution au quart de la rente proposée — n'avait été modifié dans les dispositifs de la loi. Comme précédemment, elle reposait sur les versements ouvriers et patronaux et sur la capitalisation.

Le Comité, saisi de cette question, devait donc, se référant aux diverses résolutions antérieures, se prononcer non contre le principe des retraites, mais contre la capitalisation, contre les versements, contre le taux ridicule de cette retraite et contre l'âge beaucoup trop reculé. C'est ce qu'il fit dans sa séance du 14 décembre 1909. Par un ordre du jour, adopté à l'unanimité, moins une voix, il fit connaître son opinion sur cette importante question.

Voici la teneur de cet ordre du jour :

« Le Comité Confédéral, inquiet de ce qui se prépare contre le pro-
« létariat par le vote du projet de loi sur les retraites ouvrières, dénonce
« l'escroquerie formidable que sera cette loi, si le Sénat la vote telle
« quelle et si la Chambre, à l'approche des élections, ratifie ce vote.

« Se conformant à l'ordre du jour du Congrès Confédéral de
« Lyon 1901, le Comité attire, sur cette question des retraites, toute
« l'attention de la classe ouvrière et déclare protester surtout contre le
« système de capitalisation au lieu de répartition plus ou moins équi-
« table ; il proteste encore contre les cotisations ouvrières et contre l'âge
« beaucoup trop avancé des bénéficiaires prévu par le projet.

« Enfin, le Comité Confédéral décide de faire, au plus tôt, une
« agitation intense contre les projets actuels du Parlement. Il estime
« que tout ouvrier qui ne peut plus travailler doit être à la charge d'une
« société qu'il a enrichie et, mieux que les défenseurs de la société
« bourgeoise, le producteur, devenu incapable de produire, doit pouvoir
« vivre comme s'il travaillait encore. »

Dans la même séance, une commission était nommée pour organiser l'agitation.

Une première circulaire fut adressée à toutes les organisations syndicales pour les inviter à voter des ordres du jour contre cette loi de retraites pour les morts. Ces ordres du jour devaient être envoyés au Sénat, au gouvernement, à la C. G. T., et être insérés dans la presse locale et régionale.

Une seconde circulaire fut envoyée pour l'organisation de meetings dont la date avait été fixée dans la première quinzaine de février 1910. Une première affiche de protestation fut éditée, ainsi qu'un tract tiré à deux cent mille exemplaires et distribué dans tous les centres ouvriers.

Partout nos appels furent entendus : les ordres du jour arrivèrent nombreux au bureau de la C. G. T. L'on pouvait dire qu'à la presque unanimité, les groupements ouvriers se prononçaient contre le projet de duperie et d'escroquerie du gouvernement.

Ces protestations avaient jeté l'alarme dans le clan parlementaire. Les sénateurs commençaient à ouvrir les oreilles aux bruits qui leur arrivaient du dehors. Aussi, M. Viviani, ministre du travail, crut-il nécessaire de monter à la tribune du Sénat pour déclarer que l'on ne devait pas prêter une oreille attentive aux protestations de la C G. T., organisme qui, selon lui, ne représentait qu'une infime minorité de la classe ouvrière.

Heureux d'enregistrer ces résultats, le Comité cru devoir redoubler d'activité ; une seconde affiche fut éditée en même temps que la date des meetings était fixée aux 12 et 13 février.

Voici la teneur de la seconde affiche qui, condensant les termes de la première et du manifeste, indiquait clairement les raisons pour lesquelles le Comité avait pris position contre le projet de loi des Retraites ouvrières.

CONFEDERATION GENERALE DU TRAVAIL

L'Escroquerie des Retraites

« De nouveau, la classe ouvrière est menacée, sous le prétexte des Retraites ouvrières, d'une *formidable escroquerie.*

Nos dirigeants veulent, par la loi actuellement en discussion au Parlement, frapper tous les travailleurs d'un impôt nouveau.

EN EFFET, LE PROJET, BASE SUR LA CAPITALISATION, consiste en une cotisation annuelle de 9 francs pour les hommes, 6 francs pour les femmes, et 4 fr. 50 pour les jeunes ouvriers. Les patrons seront taxés d'une cotisation identique ; *cette taxe patronale sera encore fournie par le travail exploité.*

A l'aide de ces versements, *l'Etat capitalisera annuellement :*

Versements ouvriers	80.000.000 *de francs*
Versements patronaux...	80.000.000 *de francs*
Au total........	160.000.000 *de francs*

qui, par intérêts composés, constitueront, au bout de 40 *années*, un capital de 11 *milliards* 500 *millions de francs* environ ; *en* 80 *années*. 15 *milliards*.

QUE FERA-T-ON DE CET ARGENT ?

Cette capitalisation est pour nos gouvernants une bonne affaire financière. Elle leur permettra, en cas de conflagration internationale, de trouver les fonds nécessaires pour soutenir la guerre. L'exemple de la Caisse des Inscrits maritimes est là pour nous ouvrir les yeux.

Par six prélèvements successifs, les six gouvernements qui se sont succédés, de 1740 à 1870, ont soustrait à cette caisse une somme globale de 342.000.000 de francs.

C'est encore à l'aide de cette capitalisation que l'Etat comblerait les vides creusés tous les ans dans le trésor public par l'augmentation croissante des budgets de la guerre et de la marine — œuvre essentielle de mort.

OU PLACERA-T-ON CET ARGENT ?

Dans des exploitations capitalistes, comme le démontre la démarche faite auprès du président du Conseil par le Crédit commercial et industriel.

L'argent des ouvriers servira à leur exploitation !

DEVONS-NOUS ACCEPTER CE PROJET ?

Après trente années de versements, il ne nous réserve qu'une rente de 300 à 400 francs par an, alors que, sans aucun prélèvement, l'Etat accorde aux militaires — gens oisifs par excellence — ayant accompli 15 *ans de service*, des retraites variant entre 700 *et* 1.100 *francs.*

Combien de nous arriveront au terme exigé par la loi, 65 *ans ?*

Pas même 600.000 sur 11 millions de travailleurs. *Pas même* 5 *pour cent !*

Ainsi, *pendant treize ans*, nous paierons un impôt nouveau sous forme de cotisations annuelles. Nous prélèverons sur notre budget, déjà si maigre, des sommes qui ne serviront même pas à procurer à nos vieux camarades d'atelier les moyens de vivre.

L'Etat n'assurera, pendant les trente premières années, que des *allocations* ridicules, allant de 60 *à* 120 *francs par an !*

NOUS DEVONS PROTESTER ENERGIQUEMENT

contre cette formidable duperie ! Il faut que nos clameurs d'indignation fassent reculer tous les parlementaires devant l'accomplissement de cette hypocrite et monstrueuse escroquerie.

Toute la classe ouvrière se doit d'assister aux meetings que la C. G. T. organise pour les samedi 12 *et dimanche* 13 *février..*

Dans ces meetings, vous direz, travailleurs, que vous voulez des retraites, mais que vous les voulez juste, équitables et humaines.

Avec nous, vous protesterez : *contre les versements obligatoires, contre l'âge trop avancé de l'entrée en jouissance, contre le taux dérisoire de cette retraite.* Avec nous, vous affirmerez votre volonté *d'obtenir des retraites sur la base de la « Répartition ».*

Parce que, seule, la répartition est susceptible de nous donner satisfaction ;

Parce que, seule, et contrairement à la capitalisation, la répartition ne constitue pas un danger pour notre avenir d'émancipation.

Affirmons-nous

CONTRE LA CAPITALISATION !

POUR LA REPARTITION ! »

« LE COMITÉ CONFÉDÉRAL. »

Les principaux meetings se tinrent dans les villes suivantes : Rennes, Fougères, Dinan, Saint-Malo, Arles, Marseille, Aix-en-Provence, La Seyne-sur-Mer, Saint-Nazaire, Nantes, La Rochelle, Fresnes, Dunkerque, Toulouse, Béziers, Mèze, Brest, Morlaix, Vannes, Lorient, Quimper, Carhaix, Châteaulin, Quimperlé, Douarnenez, Pont-l'Abbé, Saint-Pol-de-Léon, Orléans, Bourges, Saint-Quentin, Tergnier, Oullins, Lyon, Saint-Etienne, Firminy, Saint-Chamond, Roanne, Clermont-Ferrand, Givors, Romans, Tarare, Le Havre, Rouen, Elbeuf, Nancy, Romilly, Versailles, Chartres, Dun-sur-Auron, La Guerche, Méhun-sur-Yèvre, Saint-Denis, Hermes, Besançon, Le Mans, Alençon, Bordeaux, Bayonne, Commentry, Cognac, Angoulême, Melun, Saint-Amand, Montluçon, Mâcon, Montpellier, Narbonne, Albi, Nice, Cherbourg, Lille, Paris, etc., etc.

Partout, ces meetings obtinrent le plus vif succès. Syndiqués et non-syndiqués, tous les travailleurs se trouvaient d'accord pour protester contre le projet, très onéreux pour leur bourse, et sans profit pour les ouvriers.

Une troisième affiche, illustrée par Grandjouan, fut lancée ; un diminutif de ces affiches fut tiré en cartes postales.

Deux numéros spéciaux — dont l'un illustré — de la *Voix du Peuple*, et entièrement consacrés aux retraites, furent mis en circulation.

L'accueil que recevaient nos affiches, nos cartes et nos numéros spéciaux, la protestation considérable qu'avait soulevée notre campagne, permettaient de laisser croire que sénateurs et députés allaient tenir compte de nos vœux et transformer la loi suivant les désirs de la classe ouvrière.

Malgré nos protestations, malgré le courant d'opinion qui s'était montré si hostile au projet du gouvernement, ce dernier fut voté par le Sénat et ratifié par la Chambre !

Afin de justifier cette attitude, l'on prétendit dans les milieux parlementaires que notre intervention était trop tardive ! que nous nous trompions sur le pourcentage des survies à soixante-cinq ans et sur le rôle de la capitalisation en matière de retraites ouvrières.

On nous déclara également que la loi, si mauvaise fût-elle, devait être votée, car elle inscrivait dans notre législation le principe d'assurance sociale, jusqu'ici totalement méconnu.

A tous ces essais de réfutation nous répondîmes en démontrant que, déjà, par un ordre du jour voté par le Congrès de Lyon en 1901, par un manifeste de protestation en 1906 et par les réponses des organisations ouvrières aux questionnaires du gouvernement et du Sénat — ce dernier en 1907 — la Confédération générale du Travail s'était prononcée contre la capitalisation, contre le taux ridicule, contre l'âge trop reculé des bénéficiaires et contre les cotisations ouvrières.

En ce qui concerne le pourcentage des survies, il nous fut facile de faire constater que nos chiffres étaient aussi exacts qu'ils pouvaient l'être en pareille matière. Au surplus, tous avaient été extraits des statistiques officielles.

Au point de vue « assurance sociale », nous répondons à nos contradicteurs que le mince avantage que contient l'inscription d'un principe dans notre code ne pouvait nous faire oublier les défauts et les dangers du projet de loi. Nous estimions, nous basant sur les enseignements du passé, qu'il était bien plus facile de faire modifier la loi avant son adoption par le Parlement, qu'après.

Ainsi, deux thèses se trouvaient en opposition : ce fut la thèse parlementaire qui prévalut. Nos arguments et bien d'autres, non des moindres, que nous sommes obligés de passer sous silence, aboutirent à un résultat négatif.

En 1909, comme en 1901 et 1906, l'on se trouvait à la veille de la consultation électorale ! Le gouvernement voulait le vote de sa loi qui, en même temps qu'elle constituait pour lui une fructueuse opération, lui permettait de jeter un voile sur tous les crimes et les actes arbitraires qu'au nom de l'Ordre (?) il avait commis à l'égard de la classe ouvrière.

Devons-nous considérer comme une défaite le résultat intervenu ?

Non, car si nous n'avons pas pu empêcher le vote de cette loi — que nous persistons à considérer comme une duperie doublée d'une escroquerie — nous n'en avons pas moins mis en garde les ouvriers contre les dangers et les défauts de cette pseudo-réforme.

Aujourd'hui, les travailleurs avertis pourront, nous en sommes certains, mieux faire face aux difficultés qui ne manqueront pas de se présenter au moment de l'application de la loi.

L'heure des responsabilités peut sonner : le Comité confédéral a conscience d'avoir accompli tout son devoir.

Demain, lorsque la loi sera appliquée, il faudra que les organisations ouvrières sachent quelle attitude elles doivent avoir en face de cette application. *Devront-elles se refuser catégoriquement à payer les cotisations ?*

Devront-elles, au contraire, orienter leurs efforts vers les modifications à intervenir ?

Ou bien encore, devront-elles rechercher les moyens qui leur permettront de faire servir les cotisations des ouvriers à la propagande syndicale, mettant ainsi leur argent en dehors des griffes gouvernementales ?

Autant de points d'interrogation que la situation actuelle pose à notre esprit.

Le Congrès de Toulouse se doit, à ce sujet, de prendre une résolution qui dictera pour l'avenir la conduite de chacun.

Le 1er Mai 1910

La Grève Générale à Marseille et à Dunkerque.

Le 1er mai 1910, comme les années précédentes, fut, dans tous les centres ouvriers, une journée de protestation ouvrière :

Contre l'interdiction de séjour pour faits syndicalistes ;

Contre les crimes policiers et militaires ;

Contre la non-application des lois ouvrières ;

Contre l'interprétation donnée par la jurisprudence à la loi sur les accidents du travail ;

Contre la violation de la liberté de pensée ;

Contre tous les projets de loi liberticides que les parlementaires s'apprêtaient à voter, y compris la loi sur les retraites ouvrières.

Le Comité confédéral lança dans toutes les Bourses l'appel suivant :

CONFEDERATION GENERALE DU TRAVAIL

LE PREMIER MAI

En dehors des ambitions politiques, en des disputes intéressées des arrivistes et des politiciens de toutes nuances, pour conserver ou conquérir les sièges parlementaires, voici que surgit, une fois de plus, pour les travailleurs, l'occasion de s'affirmer résolus et conscients : *Voici le Premier Mai !*

TRAVAILLEURS, CE JOUR-LA,

TOUS DEBOUT ! MANIFESTONS !

Oui, manifestons notre mépris des palinodies parlementaires !

Manifestons notre indignation des répressions et des crimes de la police, de la magistrature et du gouvernement, *domestiques serviles du Capital !*

Travailleurs,

Rappelons que l'*Etat-Patron* a toujours entravé la liberté de penser et d'agir de ses exploités. Il a révoqué, réduit à la faim, les meilleurs et les plus courageux des travailleurs des Postes Télégraphes et Téléphones. Il a frappé très durement, les instituteurs. C'est par nécessité politique, par crainte des électeurs, que des réintégrations — bien incomplètes — ont été récemment opérées. Rattachant, par une sournoise combinaison financière, les chemins de fer de l'Ouest au réseau de l'Etat, il n'a pas encore donné à ses cheminots, à ses esclaves de la voie ferrée, *la malheureuse pièce de cent sous quotidienne* que ceux-ci réclament et lui arracheront peut-être de force.

Pour faire patienter les cheminots, le gouvernement fait brutaliser assommer par son abjecte police et condamner par ses valets de cour ceux qui revendiquent dans la rue leur droit à la vie.

Rappelons-nous que la *Magistrature*, en ces derniers temps, a distribué, sans scrupules, les peines les plus variées aux militants, aux travailleurs, sous l'hypocrite raison de faire respecter la liberté du travail. C'est la liberté de la lâcheté et de la trahison que la justice protège et encourage ! C'est pour cela qu'aux années et aux mois de prison, cette justice de classe applique à des travailleurs l'*infamante interdiction de séjour*, réservée jusqu'alors à ceux qui vivent de la prostitution.

Voilà ce que les souteneurs d'un régime d'exploitation, de honte de sang, ont osé faire !

Travailleurs,

Pour accomplir de tels forfaits, police, magistrature, gouvernement s'appuient sur l'armée. Ils font de nos fils et de nos frères, des traîtres à leur cause, des jaunes ou des assassins.

Dénonçons alors les cruautés sans nom des brutes galonnées ; dénonçons les infamies, les forfaitures de Biribi ; donnons aux soldats une conscience.

Un trio de renégats, un trio de traîtres à leur passé, à leur parti, au peuple, s'est fait stipendier pour accomplir une œuvre néfaste au prolétariat qu'il veut tromper, corrompre ou massacrer, pour le profit des parasites et des exploiteurs du travail : *Crachons-lui notre haine !*

Pour masquer tous leurs crimes, pour voiler leurs mauvaises intentions, pour *arriver à leur but*, ces gens-là ont fait voter, par un Parlement sans conscience, une loi de bluff électoral d'*escroquerie* et de vol : *les retraites ouvrières.*

La classe ouvrière n'en est pas dupe, et *contre l'application de cette loi, les travailleurs se révolteront.*

Contre tout cela, au souvenir de tant d'infamie, la classe des exploités doit

AU PREMIER MAI, SE LEVER ET PROTESTER

Ce jour-là, les travailleurs affirmeront leur volonté de conquérir de leurs propres forces, le bien-être, la liberté auxquels ils ont droit, pour être des hommes fiers et dignes.

Dans ce but, dans leurs meetings publics, dans leurs réunions éducatives, les Syndicats, les Bourses du Travail ont fait appel à leurs militants pour dénoncer au peuple les crimes des gouvernants, les hontes du régime capitaliste et l'espoir d'en finir.

Si la manifestation organisée par l'Union des Syndicats de la Seine avorta, en raison des mesures de répression prises par le gouvernement, à Marseille, l'intervention brutale et ridicule de M. Chéron, sous-secrétaire d'Etat à la Marine, dans la grève des inscrits maritimes, détermina, avant le 1er mai, les organisations ouvrières à déclarer la grève générale de vingt-quatre heures.

A Dunkerque, les travailleurs, en réponse aux brutalités commises par la police et l'armée pendant la manifestation du 2 mai, déclarèrent également la grève générale de vingt-quatre heures.

Dans ces deux villes, le mouvement fut admirable. Pas une usine ne fonctionna, pas un chantier ne reçut la visite des ouvriers, pas un seul tramway ne sortit des dépôts.

L'arrêt de l'activité fut complet. Seules, les patrouilles de soldats sillonnaient les rues, à l'affût de nouvelles brutalités à commettre.

La Conférence de Lille.

Le 12 juillet dernier eut lieu, à Lille, une conférence franco-belge, dans le but de rechercher les moyens d'organiser les ouvriers étrangers travaillant des deux côtés de la frontière.

Cette conférence avait d'abord été motivée par le dépôt, sur le bureau de la Chambre, d'un amendement présenté par le député Ceccaldi, et tendant à frapper d'une taxe spéciale les ouvriers belges travaillant en France.

Les protestations qui se produisirent des deux côtés de la frontière, firent comprendre aux dirigeants que cette solution ne serait pas tolérée par la classe ouvrière. L'amendement tomba dans l'oubli ; l'on n'en parla plus et tout porte à croire que l'on n'en parlera plus jamais.

Cependant, si le danger de l'amendement n'existait plus, l'utilité d'organiser les travailleurs n'en subsistait pas moins.

Aussi, la Commission syndicale belge et le Comité confédéral résolurent-ils d'organiser une conférence qui réunirait les délégués de toutes les Fédérations intéressées des deux pays.

Cette conférence eut lieu à la Bourse du Travail de Lille. Après discussion et échange de vues entre les délégués, l'ordre du jour suivant fut adopté :

« Les délégués des Fédérations et des Bourses du Travail, réunis à l'occasion de la conférence franco-belge, à la Bourse du Travail de Lille, décident : d'employer tous leurs efforts pour arriver à syndiquer, *dans les localités où ils travaillent, autant que les circonstances locales le permettent,* les travailleurs occupés dans les usines, chantiers et mines des régions de frontière de ces deux pays.

« En conséquence, les diverses Fédérations s'engagent à entrer d'urgence en pourparlers, et ce, par similitude de profession, pour déterminer d'une façon exacte les dispositions les plus propres et les plus efficaces à rendre la propagande profitable à l'organisation syndicale nationale et internationale. »

Il est à espérer que les mesures prises à cette conférence seront mises en application et que, bientôt, nous ne verrons plus des ouvriers, parce qu'inorganisés, venir offrir leurs bras à des salaires moindres que ceux payés aux ouvriers de la région.

La propagande générale.

Il est utile de rappeler, dans ce rapport, que le Comité entreprit, entr'autres campagnes d'agitation, celles contre la peine d'interdiction de séjour en matière de grève, et contre la condamnation de Vignaud, gérant de la *Voix du Peuple,* pour la reproduction d'un article qui, inséré une première fois dans le *Petit Sou,* ne fut pas poursuivi et, reproduit dans le *Pioupiou* de l'Yonne, fut acquitté aux assises d'Auxerre après la brillante plaidoirie de l'actuel président du conseil des ministres; contre l'arbitraire gouvernemental en matière de révocations et de répressions dans les grèves (l'affiche suivante, rappelant le bilan du gouvernement, fut lancée) :

CONFEDERATION GENERALE DU TRAVAIL

Dénonçons leurs crimes !

« L'opinion publique semble se trouver toute accaparée par le scandale financier des honnêtes liquidateurs du fameux Milliard des Congrégations ! Joint aux honteuses combinaisons capitalistes de l'Ouenza, du Maroc, de la Marine et autres tripotages du monde politique et financier ; ce n'est cependant là qu'une sale affaire de plus.

Il est d'autres crimes à l'actif de nos maîtres actuels. La classe ouvrière ne doit pas les oublier.

Nous les lui rappelons.

LES MASSACRES

C'est à Narbonne, contre les vignerons révoltés.

Cest à Nantes, contre les dockers.

C'est à Raon-l'Etape, contre les esclaves de la chaussure.

C'est enfin à Villeneuve-Saint-Georges, contre les serfs du bâtiment.

Bilan de ces glorieuses journée pour la République :

15 *ouvriers tués et* **467** *mutilés.*

LES CONDAMNATIONS

A cette férocité dans la répression, s'est joint un arbitraire gouvernemental sans précédent.

Des magistrats domestiqués, sur d'odieux et ridicules rapports de police, ont frappé durement bon nombre de militants ouvriers, pour délits de parole, faits de grève ; enfin, suprême arbitraire, comme gérant de la *Voix du Peuple*.

Pour deux d'entre ces militants, Julian et Ricordeau, la peine de la prison s'est augmentée de celle de l'interdiction de séjour, ordinairement réservée aux délits de vagabondage spécial.

C'est, au total :

180 *années de prison qui, pendant cette législature, ont été généreusement distribuées par les chats-fourrés républicains.*

LES REVOCATIONS

Les fonctionnaires ne furent pas épargnés par cette vague de réaction féroce.

Ce sont un instituteur et des sous-agents des postes, révoqués pour délit d'opinion.

C'est un fonctionnaire municipal, révoqué parce qu'ayant signé une affiche en tant que délégué de sa Fédération.

Ce sont des postiers révoqués pour faits de grève.

Ce sont des déplacements d'office s'abattant sur tous les fonctionnaires assez libres pour protester contre l'arbitraire de l'autorité administrative.

Le bilan des révocations, pour cette législation, est de :

392 *révocations,* 16 *déplacements.*

LES CRIMES MILITAIRES

C'est enfin, pour couronner cette longue série d'exactions, le crime exécuté contre le soldat *Aernoult*, dans les bagnes d'Afrique ; c'est le soldat Rousset, courageux accusateur des criminels, et, pour ce fait, condamné à cinq ans de prison, qui risque maintenant d'être aussi la victime des chaouchs.

C'est le soldat Amirault, poursuivi comme antimilitariste, acquitté par le conseil de guerre, qui, par ordre d'un officier supérieur, reste menacé d'un départ aux compagnies de discipline.

Ce sont les pioupious du 17ᵉ, exposés au *climat meurtrier de l'Afrique,* pour avoir obéi à leur *conscience de fils du peuple.*

La C. G. T., organisme central de la classe ouvrière, s'élève avec indignation contre ces attentats répétés de gouvernants malpropres et véreux, pris la main dans le sac au pillage des biens des congrégations ; capables de toutes les bassesses et de tous les crimes, soutenus par des parlementaires aveulis et tarés, qui ont volé et dilapidé, eux et leurs amis, le milliard destiné aux retraites ouvrières.

A l'occasion des élections et de l'effervescence qui les entoure, la C. G. T. veut dénoncer, dans ses meetings, les escroqueries et les crimes de nos gouvernants.

Elle veut ainsi amplifier encore l'agitation nécessaire dont les manifestations du Premier Mai seront le couronnement.

Tous debout pour la défense de nos droits et de nos libertés. »

Plusieurs meetings furent, à Paris et en province, organisés par l'Union des Syndicats de la Seine et par les Bourses du Travail, avec le concours de la C. G. T.

Fut également décidée une tournée de propagande en Algérie, à l'effet de réclamer l'application des lois ouvrières en général, et en particulier celle de la loi sur les accidents du travail, qui semblent être totalement inconnues pour les fonctionnaires et magistrats du gouvernement de la République dans cette colonie.

Enfin, un mouvement de protestation contre les crimes militaires, contre *Biribi* et les conseils de guerre est amorcé. Il devra se continuer jusqu'à la disparition complète des bagnes militaires.

Les Conflits.

Outre sa besogne de propagande et d'administration, le Comité confédéral fut appelé à solutionner trois conflits.

Le premier fut porté par la Bourse du Travail de Saint-Etienne ; il concernait les deux organisations de mineurs qui existaient dans cette ville. La Bourse du Travail voulait la fusion entre les deux syndicats, dont l'un était adhérent à la Fédération des Mineurs et l'autre à celle des Ardoisiers.

Le Comité, après explications de part et d'autre, adopta l'ordre du jour suivant qui, momentanément, permettait de mettre fin au conflit :

« Après avoir entendu les intéressés et, dans l'espoir d'une entente prochaine,

« Le Comité, tenant compte de la situation créée par la décision du Congrès de Marseille, invite instamment la Bourse du Travail à accepter le Syndical des Mineurs adhérent à la Fédération des Mineurs, considérant que c'est le meilleur moyen pour s'acheminer vers l'entente complète ;

« Invite la Fédération des Ardoisiers à s'en tenir, en ce qui concerne les Syndicats de Mineurs, aux situations acquises au moment de l'admission de la Fédération des Mineurs à la C. G. T. ;

« Le Comité considère que des sections ne peuvent être créées par ces deux Syndicats là où existent des Syndicats de Mineurs confédérés ;

« Ne sont pas considérés comme sections les endroits où existe simplement un bureau collecteur. »

Le deuxième conflit fut présenté par l'Union des Syndicats de la Seine ; il concernait le Syndicat des Employés de la région parisienne, non adhérent à la Fédération d'industrie.

Il occupa deux séances. Les délégués du Syndicat formulèrent devant le Comité les raisons qui les avaient obligés à se retirer de la Fédération en désertant la Chambre syndicale y adhérant.

Dans un esprit de conciliation, le Comité nomma une commission de six membres, choisis, à part égale, par les deux organisations intéressées. Cette commission avait charge de rechercher les moyens propres à terminer le conflit. Elle devait entendre les deux parties et formuler, après appréciation, des propositions qui seraient soumises aux Syndicats en cause.

Dès sa première réunion, le Syndicat fédéré lui présenta des résolutions telles qu'il lui fut impossible de poursuivre plus avant la recherche des moyens de conciliation. Elle déclara donc, devant l'évident parti pris de la partie adverse, sa mission terminée et déposa son mandat devant le Comité.

Le secrétaire confédéral fut alors chargé d'écrire à la Fédération pour lui demander si elle ne pouvait pas intervenir dans un sens amiable. La Fédération répondit en déclarant qu'elle se trouvait devant une résolution de Congrès qui ne lui permettait pas d'imposer la fusion à un syndicat qui ne la voulait pas autrement que dans la forme déjà indiquée par lui à la commission.

Les choses restaient donc en l'état ; et c'est dans ces conditions que le conflit revint devant le Comité à la séance du 14 juin dernier.

Après avoir entendu, d'une part, les délégués de la Fédération et, d'autre part, ceux du Syndicat de la région parisienne, le Comité, reconnaissant que tout espoir de fusion entre les deux organisations devait être abandonné, au moins pour le moment, décida, par 63 voix contre 2, que, sans porter atteinte à l'autonomie d'une organisation, il pouvait, suivant le désir manifesté, permettre à un syndicat d'être régulièrement confédéré, en adoptant la résolution suivante :

« En principe, le Syndicat des Employés de la région parisienne est admis à la C. G. T.

« Le Congrès de Toulouse devra statuer sur l'admission définitive si, par la fusion entre les deux syndicats ou par l'adhésion individuelle du Syndicat des Employés de la région parisienne, la Fédération n'a pas régularisé la situation. »

Rapports internationaux.

Au commencement de l'année 1909, le camarade Legien, secrétaire du Bureau international, demandait au camarade Niel, alors secrétaire de la Confédération, si la Conférence internationale pouvait avoir lieu à Paris, sous les auspices de la C. G. T.

Le camarade Niel communiqua cette proposition au Comité confédéral. Conformément à la décision de Marseille, celui-ci répondit qu'il accepterait d'organiser la Conférence, sous la condition que la question « de transformation des Conférences internationales en Congrès internationaux avec représentation effective des Fédérations » y serait discutée.

Le secrétaire international fit réponse que cette question serait inscrite à l'ordre du jour.

Les difficultés de principe étant ainsi aplanies, le Comité s'occupa de l'organisation matérielle. Il manifesta, en outre, le désir que cette conférence se terminât par un vaste meeting contre la guerre et dans lequel prendraient la parole les délégués étrangers, principalement les représentants allemands, anglais, autrichiens, italiens et espagnols. Ce désir fut porté à la connaissance des camarades de ces différentes nations, qui répondirent en y acquiesçant.

La date de la Conférence fut fixée aux 30 et 31 août 1909. Le meeting la clôturant devait avoir lieu le mercredi soir, 1er septembre.

La Conférence des Secrétaires Nationaux.

Pendant deux jours et demi, les délégués discutèrent les questions à l'ordre du jour.

Sur bien des points, les délégués de la C. G. T. se trouvèrent en désaccord de vues avec leurs camarades étrangers ; cela n'empêcha nullement la Conférence de continuer sur le ton le plus courtois. Entre les tactiques syndicales étrangères et la nôtre, il y a de grandes différences. Nous procédons d'un tout autre esprit que le leur.

Alors que la plupart de nos camarades étrangers veulent organiser le prolétariat sur les deux terrains politique et économique, les organisations françaises maintiennent jalousement l'autonomie du mouvement syndical. C'est ce qui peut expliquer les divergences existantes ; c'est ce qui explique aussi pourquoi la proposition française ne fut pas acceptée.

En effet, les délégués étrangers ont, au cours de la discussion, manifesté clairement leurs craintes de voir, si notre proposition était adoptée, les congrès internationaux socialistes diminuer d'importance.

Ajoutons que cette Conférence fut la première qui revêtit le véritable caractère du syndicalisme général. Les deux secrétaires confédéraux qui y furent délégués, se tinrent strictement dans les limites du mandat qui leur avait été donné. Le Comité, dans une séance ultérieure, a d'ailleurs approuvé à l'unanimité leur attitude.

L'on nous promit d'aborder à nouveau la question que nous avions proposée à la Conférence de Budapest, qui doit avoir lieu en 1911. Nous voudrions espérer voir, à cette Conférence, les délégués, plus avertis, adopter notre proposition qui permettrait de fonder une Confédération internationale souple et puissante, susceptible de servir efficacement la cause des travailleurs.

Mais nous avons pu nous convaincre, au cours de la Conférence de Paris, que c'était là une œuvre vraiment difficile à accomplir. Il faudrait, pour atteindre ce résultat, que les organismes syndicaux étrangers fussent, comme l'organisme français, absolument autonomes.

Le temps, seul, et les événements de la lutte économique peuvent amener les organisations étrangères à se pénétrer de cette nécessité.

Quoi qu'il en soit, les relations internationales sont aujourd'hui renouées effectivement : la France participe, suivant les conceptions qui animent son organisation syndicale, à la vie du prolétariat international.

Déjà, le rapport international pour 1908 a pu paraître avec une partie pour la France. Le Congrès de Toulouse devra dire si ces relations doivent continuer dans les mêmes conditions.

Le Meeting.

Par les soins du Comité, l'affiche suivante avait été apposée sur les murs de Paris :

CONFEDERATION GENERALE DU TRAVAIL

Contre la Guerre

« A l'occasion de la CONFERENCE INTERNATIONALE des secrétaires d'organisations centrales qui se tiendra à Paris aux Salons du Globe, les 30 et 31 août, *la Confédération Générale du Travail* organise pour le MERCREDI 1er SEPTEMBRE, 8 HEURES ET DEMIE PRECISES DU SOIR, GRANDE SALLE WAGRAM, *un*

GRAND MEETING INTERNATIONAL

Présidé par le camarade *Bourderon*, de la Fédération du Tonneau,
Assisté des camarades *Péricat*, du Bâtiment,
et *Thuillier*, de l'Union des Syndicats de la Seine

A CETTE IMPORTANTE

Manifestation Ouvrière

Prendront la parole :

ALLEMAGNE :
C. LEGIEN

ANGLETERRE :
A. APPLETON

AUTRICHE :
A. HUEBER

ÉTATS-UNIS :
SAMUEL GOMPERS

ESPAGNE :
VICENTE BARRIO

ITALIE :
RINALDO RIGOLA

FRANCE :
LEON JOUHAUX — GEORGES YVETOT

Avis important. — Les ouvriers syndiqués sont invités à assister très nombreux à cette imposante et significative démonstration internationale et à se munir, pour l'entrée, de leur *carte* ou *livret de syndiqué* ou, à leur défaut, de la *circulaire-convocation.* »

Dès huit heures, la salle Wagram est bondée. Plus de 8.000 auditeurs, pour la grande majorité ouvriers syndiqués, s'y trouvaient entassés — sans compter les milliers de travailleurs qui n'y purent entrer, faute de place.

C'est au milieu d'un enthousiasme indescriptible que les déclarations niant l'existence des patries, au point de vue ouvrier, de *Appleton,* pour l'Angleterre ; *Legien,* pour l'Allemagne ; *Rigola,* pour l'Italie ; *Vicente Barrio,* pour l'Espagne et de *Jouhaux* et *Yvetot,* pour la France, sont acclamées.

L'ordre du jour clôturant cette admirable soirée expose nettement et clairement les sentiments ouvriers des divers prolétariats à l'égard de toutes les patries et contre toutes les guerres.

Cette journée a eu, tant par le nombre des auditeurs que par les déclarations des orateurs étrangers, une portée considérable sur l'opinion publique. On peut affirmer, sans crainte d'être démenti, qu'aujourd'hui tous les travailleurs sont d'accord pour déclarer que « les prolétaires, tenus en esclavage par le salariat, *n'ont pas de patrie* ».

C'est la signification du meeting de la salle Wagram.

CONCLUSION

Peu de choses restent à dire pour terminer ce long rapport.

L'œuvre de ces deux années a été la mise en application des décisions du Congrès confédéral de Marseille 1908.

L'attitude et la ligne de conduite du Comité furent toujours dirigées par l'esprit des résolutions antérieures.

Nous avons conscience d'avoir, dans la limite des ressources dont nous disposions, fait tout le possible.

Avec nous, le Congrès de Toulouse estimera que nous avons rempli la tâche qui nous était assignée.

Pour le Comité confédéral,

Le secrétaire :

L. JOUHAUX.

RAPPORT

DE LA

Section des Fédérations Nationales

Camarades,

Il ne nous parait pas nécessaire de retracer ici toute l'œuvre de propagande à laquelle le Comité des Fédérations a, pour sa part, participé, d'autant plus que cette besogne se trouve détaillée dans le rapport du Comité Confédéral. Il nous suffira d'indiquer dans ce rapport le travail d'organisation, d'administration et la propagande particulière à cette section.

Désignation du Bureau et des Commissions.

Conformément aux élections précédentes, le Comité constitua une première fois le bureau et les commissions de la façon suivante :

Le camarade Niel, du Livre, secrétaire ; le camarade Thil, des Lithographes, secrétaire-adjoint.

Furent désignés pour composer la commission du journal les camarades Brun, Latapie, Garreau, Laval, Luquet, Garnery.

Pour la Commission des Grèves et de la Grève générale, furent nommés : les camarades Roche, décédé depuis ; Curie, Clavier, Péricat, Jouhaux, Lévy.

Des incidents, dont nous n'avons pas à parler ici, obligèrent les camarades Niel et Thil à donner leur démission. De ce fait, de nouvelles élections furent nécessaires ; en voici les résultats : Jouhaux, des Allumettiers, fut élu secrétaire, et le camarade Lefèvre, des Bijoutiers, secrétaire-adjoint.

D'autre part, par suite de décès, départ et aussi du désintéressement qu'apportaient certains camarades à assister aux séances des Commissions, divers changements se produisirent dans leur composition.

Situation confédérale.

Adhésions

Par le tableau ci-dessous, les camarades pourront se rendre compte de l'effort d'organisation accompli par le Comité durant le cours de ces deux dernières années.

ORGANISATIONS ADHÉRENTES *Septembre* 1908	ORGANISATIONS ADHÉRENTES *Juillet* 1910
1. Féd. des Ouvriers Agricoles du Midi.	1. Féd. des Ouvriers Agricoles du Midi.
2. Féd. des Ouvriers Agricoles du Nord.	2. Féd. des Ouvriers Agricoles du Nord.
3. Féd. Nat. des Travailleurs de l'Alimentation.	3. Féd. Nat. des Travailleurs de l'Alimentation.
4. Féd. Nat. des Ouvriers et Ouvrières des Manufactures d'Allumettes.	4. Féd. Nat. des Ouvriers et Ouvrières des Manufactures d'Allumettes.
5. Féd. Nat. de l'Ameublement.	5. Féd. Nat. de l'Ameublement.
6. Féd. Nat. des Ardoisiers.	6. Féd. Nat. des Travailleurs du Bâtiment.
7. Féd. Nat. des Artistes Musiciens.	7. Féd. Nat. de la Bijouterie-Orfèvrerie-Horlogerie.
8. Féd. Nat. des Travailleurs du Bâtiment.	8. Féd. Int. des Blanchisseurs.
9. Féd. Nat. de la Bijouterie, Orfèvrerie, Horlogerie.	9. Féd. Nat. des Brossiers-Tabletiers.
10. Internation. des Blanchisseurs.	10. Féd. Nat. des Bûcherons.
11. Féd. Nat. des Brossiers-Tabletiers.	11. Féd. Nat. de la Céramique.
12. Féd. Nat. des Bûcherons.	12. Féd. Nat. de la Chapellerie.
13. Féd. Nat. des Carriers-Chaufourniers.	13. Syn. Nat. des Chemins de fer.
14. Féd. Nat. de la Céramique.	14. Féd. Nat. des Coiffeurs.
15. Féd. Nat. de la Chapellerie.	15. Féd. Nat. de la Confection militaire.
16. Synd. Nat. des Chemins de fer.	16. Féd. Nat. des Cuirs et Peaux.
17. Féd. Nat. des Coiffeurs.	17. Féd. Nat. des Chauffeurs, Conducteurs, Mécaniciens.
18. Féd. Nat. de la Confection Militaire.	18. Féd. Nat. des Dessinateurs en Bâtiment.
19. Féd. Nat. des Cuirs et Peaux.	19. Féd. Nat. des Employés.
20. Féd. Nat. des Chauffeurs-Conducteurs-Mécaniciens.	20. Féd. Nat. de l'Eclairage.
21. Féd. Nat. des Dessinateurs en Bâtiment.	21. Féd. Nat. des Ferblantiers-Boitiers.
22. Féd. Nat. des Employés.	22. Féd. Nat. des Ouvriers des Magasins administratifs de la guerre.
23. Féd. Nat. de l'Eclairage.	23. Féd. Nat. du Personnel civil de la guerre.
24. Féd. Nat. des Ferblantiers-Boitiers.	24. Féd. Nat des Gantiers.
25. Féd. Nat. des Ouv. des Magas. administratifs de la Guerre.	25. Féd. Nat. de l'Habillement.
26. Féd. Nat. du Personnel Civil de la Guerre.	26. Féd. Nat. de l'Horticulture.
27. Féd. Nat. des Gantiers.	27. Féd. Nat. des Syndicats d'Instituteurs.
28. Féd. Nat. de l'Habillement.	28. Féd. Nat. Lithographique.
29. Féd. Nat. de l'Horticulture.	29. Féd. Nat. du Livre.
30. Féd. Nat. des Huiliers-Pétroliers.	30. Synd. Nat. de la Maréchalerie.

ORGANISATIONS ADHÉRENTES

Septembre 1908

31. Féd. Nat. Lithographique.
32. Féd. Nat. du Livre.
33. Syn. Nat. de la Maréchalerie.
34. Féd. Nat, des Travailleurs de la Marine.
35. Féd. Nat. des Mécaniciens.
36. Féd. Nat. des Mineurs.
37. Un. Féd. de la Métallurgie.
38. Féd. Nat. des Modeleurs-Mécaniciens.
39. Féd. Nat. des Mouleurs.
40. Féd. Nat. des Métaux et Similaires.
41. Féd. Nat. des Syndicats Maritimes.
42. Féd. Nat. du Papier.
43. Féd. Nat. des Peintres.
44. Féd. Nation. des Ports-Docks-Transports.
45. Féd. Nat. des Pelletiers-Fourreurs.
46. Synd. Nat. des Ouvriers des P. T. T.
47. Féd. Nat. des Presses Typographiques.
48. Féd. Nat. des Préparateurs en Pharmacie.
49. Féd. Nat. des Poudreries-Raffineries.
50. Féd. Nat. des Ouvr. en Peigne.
51. Féd. Nat. des Sabotiers-Galochiers.
52. Féd. Nat. de la Sellerie-Bourrellerie.
53. Féd. Nat. des Services de Santé.
54. Féd. Nat. des Tabacs.
55. Féd. Nat. du Textile.
56. Féd. Nat. du Tonneau.
57. Féd. Int. des Teinturiers-Dégraisseurs.
58. Féd. Nat. des Transports.
59. Féd. Nat. des Transports et Ma nutentions.
60. Féd. Nat. des Travailleurs-Municipaux.
61. Féd. Nat. de la Teinture et Apprêt.
62. Féd. Nat. des Verriers.
63. Féd. Nat. de la Voiture.

ORGANISATIONS ADHÉRENTES

Juillet 1910

31. Féd. Nat. des Travailleurs de la Marine.
32. Féd. Nat. des Mécaniciens.
33. Féd. Nat. des Mines, Minières, Carrières.
34. Féd. Nat. des Métaux et Similaires.
35. Féd. Nat. des Syndicats Maritimes.
36. Féd. Nat. du Papier.
37. Féd. Nat. des Ports, Docks, Transports.
38. Féd. Nat. des Pelletiers-Fourreurs.
39. Synd. Nat. des Ouvriers des P. T. T.
40. Féd. Nat. des Préparateurs en Pharmacie.
41. Féd. Nat. des Produits Chimiques.
42. Féd. Nat. des Poudreries-Raffineries.
43. Féd. Nat. des Sabotiers-Galochiers.
44. Féd. Nat. des Services de Santé.
45. Féd. Gén. du Spectacle.
46. Synd. Nat. des Sous-Agents des P. T. T.
47. Féd. Nat. du Sciage, Façonnage du bois.
48. Féd. Nat. des Tabacs.
49. Féd. Nat. du Textile.
50. Féd. Nat. du Tonneau.
51. Féd. Int. des Teinturiers-Dégraisseurs.
52. Féd. Nat. des Transports.
53. Féd. Nat. des Travailleurs Municipaux.
54. Féd. Nat. de la Teinturerie et Apprêts.
55. Féd. Nat. des Verriers.
56. Féd. Nat. de la Voiture.
57. Féd. Nat. des Vanniers.

A ces organisations, il convient d'ajouter les Syndicats suivants, adhérents isolément à la Section des Fédérations : Syndicat des Peintres de Levallois, Syndicat des Cannes, Fouets, Parapluies, Syndicat des Monnaies et Médailles, Syndicat des Voiliers de Dunkerque, Syndicat des Vendeurs de journaux de Marseille, Syndicat des Employés de la région parisienne.

Ce tableau permet de s'apercevoir que le nombre des Fédérations a diminué, la raison en est dans les fusions qui se sont opérées sous l'influence du courant entraînant le mouvement syndical vers le mode d'organisation par industrie et non plus par métiers.

L'on ne peut nier qu'il y ait là un progrès réalisé au point de vue de la défense ouvrière. Il est, en effet, indiscutable qu'une organisation, groupant dans son sein l'ensemble des ouvriers d'une même industrie, ait une puissance d'action supérieure à celle d'une fédération de métier, qui ne grouperait qu'une partie de ces mêmes travailleurs.

S'il y a cependant avantage à organiser les ouvriers dans des fédérations d'industries, il convient, selon nous, avant d'aller trop avant dans cette voie, de rechercher des bases fixes et nettement déterminées qui permettraient d'obtenir de cette méthode le maximum de résultats que l'on puisse espérer en retirer. Autrement dit, il serait nécessaire, maintenant que le principe des Fédérations d'industrie est en voie d'admission définitive, de fixer selon quelles règles ces organisations devraient s'établir. Devront-elles l'être en raison de l'objet à confectionner, comme c'est le cas dans la Fédération du Bâtiment, ou bien en raison de la matière extraite, ou bien encore, en raison des méthodes de transformation de la matière.

Le prolétariat syndical se doit d'accomplir ce travail s'il ne veut voir, dans un avenir prochain, toute son organisation tomber dans le chaos et l'incohérence.

Il appartient donc au prochain Congrès, s'il le juge nécessaire, de nous donner à ce sujet une indication nette.

Les Fédérations ayant fusionné sont les suivantes : La Fédération des Huiliers-Pétroliers s'est fondue dans celle des Produits Chimiques ; la Métallurgie, les Mouleurs et certains Syndicats des Mécaniciens ont formé la Fédération des Métaux ; la Fédération des Choristes et celle des Musiciens disparaissent pour constituer la Fédération générale du Spectacle ; celle des Transports et Manutentions diverses avec les Ports et Docks ; la Fédération des Presses Typographiques est disparue ; celle des Ouvriers en Peignes s'est ralliée à la Fédération des Brossiers-Tablettiers ; trois syndicats de scieurs à la mécanique fusionnent pour fonder la Fédération du Sciage et Façonnage mécanique ; la Fédération des Ardoisiers fusionne avec celle des Mineurs pour former la Fédération des Travailleurs du sous-sol ; la Fédération des Peintres et celles des Carriers-Chaufourniers entrent au Bâtiment ; la Fédération de la Sellerie-Bourrellerie est fusionnée avec les Cuirs et Peaux.

D'autre part, des adhésions nouvelles ont été faites ; ce sont celles des Vanniers, novembre 1908, des Instituteurs et des Sous-Agents des P. T. T., août 1909, des Peintres de Levallois, avril 1909 et des Vendeurs de journaux de Marseille, mars 1910, ces deux dernières organisations à titre de Syndicats isolés.

Le Syndicat des Employés de la Région Parisienne, sur décision du Comité Confédéral, est admis comme Syndicat isolé, jusqu'au prochain Congrès de Toulouse, qui devra statuer définitivement.

Situation fédérale.

Il nous a paru nécessaire d'indiquer par un autre tableau la situation numérique en Syndicats adhérents de chaque Fédération pour six périodes correspondant à la publication des répertoires contenant la nomenclature des organisations confédérées. Nous le donnons ci-dessous.

	Nombre de Syndicats Adhérents					
	1902	1903	1904	1906	1908	1910
	—	—	—	—	—	—
1. Féd. Agricole du Midi.	»	»	96	106	72	70
2. Féd. Agricole du Nord.	»	»	»	»	13	6
3. Féd. de l'Alimentation.	43	45	49	62	70	132
4. Féd. des Allumettiers.	»	»	6	6	6	6
5. Féd. de l'Ameublement	41	45	49	50	40	44
6. Féd. des Ardoisiers. .	»	»	»	»	9	»
7. Féd. des Artistes Musiciens	»	»	25	24	31	»
8. Féd. du Bâtiment. . . .	»	8	34	94	336	485
9. Féd. de la Bijouterie-Orfévrerie	8	10	6	15	15	20
10. Féd. des Blanchisseurs	»	4	4	4	4	4
11. Féd. des Brossiers-Tablettiers	»	»	12	11	21	31
12. Féd. des Bûcherons. .	»	40	63	85	104	115
13. Féd. des Carriers-Chaufourniers	»	»	6	6	27	»
14. Féd. de la Céramique.	19	20	20	24	26	24
15. Féd. de la Chapellerie.	31	31	27	30	24	39
16. Féd. des Charpentiers.	»	»	15	15	»	»
17. Synd. des Chemins de fer	152	152	156	178	269	340
18. Féd. des Coiffeurs. . . .	8	20	30	35	30	33
19. Féd. des Chauffeurs-Conducteurs	»	»	»	8	8	15
20. Féd. de la Confection Militaire	»	»	9	10	17	16
21. Féd. des Cuirs et Peaux	34	38	54	64	68	101
22. Féd. des Dessinateurs.	»	»	»	4	7	7
23. Fédération de l'Eclairage	»	»	»	»	21	30
24. Féd. des Employés. . .	28	29	36	85	85	82
25. Féd. des Ferblantiers-Boîtiers	»	»	»	»	11	12
26. Féd. des Gantiers. . . .	»	»	»	6	5	5
27. Féd. des Magasins de la guerre	»	»	15	16	18	23
28. Féd. du Personnel civil de la guerre.	»	»	19	23	25	26
29. Féd. de l'Habillement.	»	»	»	45	41	50
30. Féd. Horticole	»	»	»	10	16	13

	Nombre de Syndicats adhérents					
	1902	1903	1904	1906	1908	1910
31. Féd. des Huiliers-Pétroliers	»	»	»	»	3	»
32. Féd. des Syndicats d'Instituteurs	»	»	»	»	»	36
33. Féd. Lithographique	27	28	28	39	39	37
34. Féd. du Livre	161	159	159	180	167	167
35. Féd. de la Maçonnerie	40	48	91	122	»	»
36. Féd. de la Maréchalerie (Synd. nat. 1910)	13	13	8	7	12	13
37. Féd. de la Marine	»	»	9	9	10	10
38. Féd. des Mécaniciens	20	40	42	54	50	48
39. Féd. des Menuisiers	»	»	16	22	»	»
40. Un. de la Métallurgie	111	121	148	173	147	»
41. Un. Féd. des Mineurs	»	»	10	21	»	»
42. Féd. des Modeleurs-Mécaniciens	»	»	6	7	7	»
43. Féd. des Mouleurs	86	88	91	79	70	»
44. Féd. des Syndicats Maritimes	»	»	»	48	16	27
45. Féd. des Mineurs	»	»	»	»	47	»
46. Féd. des Mines, Minières et Carrières	»	»	»	»	»	88
47. Féd. des Métaux et similaires	»	»	»	»	»	196
48. Féd. du Papier	12	13	22	24	21	20
49. Féd. de la Peinture	12	20	34	40	19	»
50. Féd. des Pelletiers-Fourreurs	»	»	»	8	5	3
51. Féd. des Ports et Docks	21	23	34	60	60	»
52. Synd. des P. T. T.	88	93	93	94	93	97
53. Féd. des Poudreries	»	»	»	»	13	13
54. Féd. des Presses typographiques	»	»	»	»	7	»
55. Féd. des Ports, Docks et Transports	»	»	»	»	»	62
56. Féd. des Préparateurs en Pharmacie	»	»	»	»	5	16
57. Féd. des Produits Chimiques	»	»	»	»	»	9
58. Féd. des Ouvriers en Peignes	»	»	»	»	5	»
59. Féd. des Ouvriers d'art des Poudreries	»	»	»	»	»	»
60. Féd. des Sabotiers-Galochiers	»	»	10	16	10	21
61. Féd. de la Sellerie-Bourrellerie	7	11	10	9	9	»
62. Féd. Gén. des Services de Santé	»	»	»	»	13	24
63. Féd. Gén. du Spectacle	»	»	»	»	»	42

	Nombre de Syndicats Adhérents					
	1902	1903	1904	1906	1908	1910
64. Synd. des Sous-Agents des P. T. T.	»	»	»	»	»	14
65. Féd. du Sciage et Découpage du bois. ..	»	»	»	»	»	8
66. Féd. des Tabacs.......	»	»	23	25	25	33
67. Féd. des Teinturiers-Dégraisseurs	»	»	6	6	5	6
68. Féd. de la Teinture et Apprêt	»	»	»	»	»	»
69. Féd. du Textile......	16	48	93	114	126	125
70. Féd. du Tonneau....	»	»	12	47	21	30
71. Féd. des Transports..	»	»	»	33	19	29
72. Féd. des Transports et et Manutentions ...	»	»	12	29	19	»
73. Féd. des Travailleurs Municipaux	»	»	»	34	37	23
74. Féd. des Verriers....	»	8	22	49	57	46
75. Féd. de la Voiture. ..	19	23	30	33	23	31
76. Féd. des Vanniers....	»	»	»	»	»	9
Totaux........	1.043	1.220	1.792	2.399	2.586	3.012

Il est réconfortant de constater par ces chiffres l'augmentation constante des Syndicats confédérés. De 1902 à 1910, l'augmentation est de 1.969 syndicats. Malgré les fusions des divers Syndicats des professions du Bâtiment en de nombreuses villes de province et la création de Syndicats uniques d'industrie d'autres professions, le total, pour 1910 est encore sensiblement plus élevé que celui de 1908.

Ces chiffres et ceux du compte rendu financier démontrent surabondamment le rôle joué par la C. G. T.

Adhésions ajournées.

Le Comité eut à s'occuper de l'admission, à titre de Syndicats isolés, des Tullistes de Calais, du Textile de Reims et des Femmes imprimeurs de Marseille. Ne voulant pas empiéter sur l'autonomie des Fédérations, le Comité ne crut pas devoir les accepter, malgré la valeur des raisons données par ces groupements.

Par les soins du Secrétariat, des lettres furent adressées aux Fédérations d'industrie desquelles relèvent ces organisations, dans l'espérance de faire cesser la situation anormale de ces Syndicats. Jusqu'ici les réponses parvenues n'ont pas permis de réaliser cet espoir. Il appartiendra au Comité de prendre ultérieurement telle mesure susceptible de mettre fin à cette situation équivoque, toujours préjudiciable au mouvement syndical.

Organes Corporatifs fédéraux.

Pour compléter les renseignements contenus dans les deux précédents tableaux, il est utile de mentionner que le nombre des organes corporatifs des Fédérations adhérentes à la C. G. T. a augmenté : de 29 en 1908, il passe à 39 en 1910.

Cette augmentation, sur laquelle nous insistons tout particulièrement, marque l'effort d'éducation syndicale fait dans les organisations ouvrières. En effet, il ne faut pas oublier que si les résultats à obtenir dépendent en partie du nombre des syndiqués, ils sont encore plus dépendants du degré de conscience et de volonté des travailleurs intéressés.

Or, ces deux qualités ne s'acquièrent que par l'éducation. Il y a donc tout lieu de se réjouir de l'énergie dépensée dans cette voie par les Fédérations.

Voici la liste des Fédérations possédant un organe :

Agricoles, Bûcherons et Horticoles, organe commun ; Alimentation, Ameublement, Bâtiment, Bijouterie, Céramistes, Chapeliers, Coiffeurs, Chemins de fer, Cuirs et Peaux, Employés, Eclairage, Gantiers ; Personnel civil de la guerre, Magasins administratifs, Poudreries, Monnaies et Médailles, Allumettiers, organe commun ; Habillement, Instituteurs, Livre, Lithographie, Marine, Mécaniciens ; Mineurs et Ardoisiers, organe commun ; Métaux, Travailleurs municipaux, Maréchaux, Inscrits Maritimes, Papier, Sous-Agents des P. T. T., Préparateurs en Pharmacie, Ouvriers des P. T. T., Services de santé, Ports et Docks, Transports, Sabotiers-Galochiers, Artistes Musiciens, Tabacs, Teinturiers-Dégraisseurs, Textile, Verriers et Voiture.

Les dix nouveaux organes appartiennent aux Fédérations de l'Eclairage, Guerre, Magasins administratifs, Poudreries, Monnaies et Médailles, Allumettiers, Instituteurs, Mineurs et Ardoisiers, Inscrits Maritimes, Sous-Agents des P. T. T., Préparateurs en Pharmacie, Ports et Docks, Sabotiers-Galochiers, Teinturiers-Dégraisseurs.

Activité fédérale — Propagande.

La besogne de propagande fut particulièrement active pendant le cours de ces deux dernières années.

Le Comité eut à faire face à de nombreuses demandes de délégués, soit pour meetings, conférences éducatives ou faits de grèves, tant à Paris qu'en province. Toujours il s'efforça de donner satisfaction à ces demandes dans la mesure que lui permettaient et ses ressources en argent, lorsque les frais n'étaient pas à la charge des organisations demanderesses, et en camarades disponibles.

Nous ne pouvons malheureusement pas mentionner toutes les délégations de propagande qui ont été accomplies ; elles sont véritablement trop nombreuses. Qu'il suffise de connaître qu'il ne s'est pas passé une seule semaine sans que le Comité, ou à son défaut le bureau, n'eut à désigner un camarade pour partir en délégation.

D'ailleurs, les organisations qui ont fait des demandes de cette nature ont pu s'en apercevoir : peu sont restées sans réponse favorable. Nous regrettons bien sincèrement de n'avoir pu les satisfaire toutes et nous devons dès maintenant prendre les dispositions nécessaires pour remédier à cet état de choses.

Pour cela, il suffira que des militants de province — dûment autorisés par leurs organisations respectives — se mettent à la disposition du Comité, afin que ce dernier puisse, par un nombre plus considérable de camarades disponibles, donner satisfaction à toutes les organisations.

Parmi les grèves, pour ne parler que des plus importantes, soit par le nombre des grévistes, soit par la longueur de leur durée, soit par les circonstances qu'elles firent naître, dont le Comité eut à s'occuper par suite du fonctionnement irrégulier de la Commission des grèves et de la Grève générale, citons celle des Délaineurs de Mazamet, des Mégissiers de Graulhet, des Boutonniers de l'Oise, des Bûcherons de la Nièvre, de l'Allier et du Cher, des Meuliers de La-Ferté-sous-Jouarre, des Postiers, des Chapeliers d'Esperaza, des Teinturiers de Lyon, des Mineurs de la Machine et de Ronchamp, des Métallurgistes du Chambon-Feugerolles, des Plâtriers d'Argenteuil et de Seine-et-Oise, des Jockeys et Lads de Chantilly-Maisons-Laffitte, des Carriers de Méry, des Agricoles du Midi, des Inscrits Maritimes, du Bâtiment de Dunkerque, des Serruriers de Paris et de la Seine, des Céramistes de Mehun-sur-Yèvre, des Ardoisiers de Trélazé, de l'Ameublement de Paris, des Métallurgistes d'Argenteuil, etc., etc.

Diverses Fédérations manifestèrent le désir de voir un délégué confédéral assister à leur Congrès. Là encore, le Comité s'efforça de donner satisfaction à ces organisations.

De nombreux délégués de la C. G. T. se rendirent dans ces assises ouvrières avec le mandat, non pas d'intervenir dans la marche des organisations, mais de répondre simplement à toutes les demandes de renseignements qui pouvaient leur être adressées.

Le délégué apportait, d'autre part, par sa présence, une marque de sympathie aux travailleurs de ces organisations de la part de la C. G. T., en même temps que cela constituait une affirmation éclatante des liens de solidarité effective qui, dans le monde ouvrier organisé, unissent tous les groupements syndicaux.

Voici, avec le nom des délégués, la liste de ces Congrès :

Congrès des Mineurs, à Lens (mai 1909), délégué, Niel.
Congrès de la Céramique, à Mehun-sur-Yèvre (mai 1909), délégué, Roche.
Congrès des Sabotiers, à Palis (Aube) (mai 1909), délégué, Robert.
Congrès des Verriers, au Tréport (juin 1909), délégué, Monatte.
Congrès de la Bijouterie, Orfèvrerie, Horlogerie, à Paris (mai et juin 1909), délégué, Lefèvre.
Congrès unitaire des Métaux, à Paris (mai 1909), délégué Jouhaux.
Congrès des Ports et Docks, à Marseille (juin 1909), délégué, Tabard.
Congrès des Agricoles du Midi, à Carcassonne (août 1909), délégué Jouhaux.
Congrès des Bûcherons, à Saint-Amand (septembre 1909), délégué, Dumas.
Congrès des Cuirs et Peaux, à Fougères (septembre 1909), délégué, Yvetot.
Congrès des Inscrits Maritimes, à Bordeaux (octobre 1909), délégué Marck.
Congrès extraordinaire des Chemins de fer, à Paris (décembre 1909), délégué, Jouhaux.
Congrès unitaire des Travailleurs du sous-sol, à Albi (mars 1910), délégué, Merrheim.
Congrès du Sciage-Découpage, à Paris (mars 1910), délégué, Arbogast.
Congrès du Bâtiment, à Orléans (mars 1910), délégué, Jouhaux.
Congrès des Allumettiers, à Paris (mars 1910), délégué, Jouhaux.
Congrès ordinaire des Chemins de fer (avril 1910), délégué, Lefèvre.
Congrès du Tonneau, à Bordeaux (août 1910), délégué, Robert.

Congrès des Agricoles du Midi, à Montpellier (août 1910), délégué, Jouhaux.

D'autres Fédérations nationales tinrent des Congrès pendant l'exercice de ces deux dernières années. Ce sont :

Congrès régional des Boulangers, à Narbonne (avril 1909).
Congrès des Ardoisiers, à Paris (mai 1909).
Congrès des Employés, à Marseille (août 1909).
Congrès des Brossiers-Tabletiers, à Paris (août 1909).
Congrès du Textile, à Lyon (août 1909).
Congrès de l'Ameublement, à Tours (septembre 1909).
Congrès des Chauffeurs, Mécaniciens, Electriciens, à Rouen (septembre 1909).
Congrès des Travailleurs Municipaux, à Amiens (septembre 1909).
Congrès des Services hospitaliers de santé, à Toulouse (septembre 1909).
Congrès de la Voiture, à Paris (octobre 1909).
Congrès des Maréchaux, à Paris (mars 1910).
Congrès du personnel civil de la Guerre, à Paris (juin 1910).
Congrès des Poudreries et Raffineries, à Paris (juin 1910).
Congrès des Magasins administratifs de la Guerre, à Paris (juin 1910).
Congrès de la Marine de l'Etat, à Paris (juin 1910).
Congrès des Tabacs, à Paris (juin 1910).
Congrès du Livre, à Bordeaux (juillet 1910).

Nous ne pouvons, à notre grand regret, donner ici le texte de toutes les résolutions prises dans ces différents Congrès. Cependant, il nous est permis de dire que toutes marquent, chez les travailleurs, la volonté de perfectionner leur organisation de classe. A noter également une tendance générale à relever le taux des cotisations. Aujourd'hui plus qu'hier, l'ouvrier syndiqué, devant la nouvelle tactique patronale, sent la nécessité de fortifier, au point de vue de la résistance, ses groupements syndicaux.

Les Congrès fédéraux sont, à ce point de vue, d'une utilité incontestable ; en même temps qu'ils donnent la possibilité de constater les progrès réalisés par l'organisation, ils permettent de transformer les rouages intérieurs des Syndicats ou des Fédérations en leur donnant plus d'élasticité, en un mot en les adaptant aux nouvelles nécessités de lutte qui ont pu se créer.

L'organisation syndicale, en gestation continuelle, doit, pour être féconde, pouvoir faire face aux nécessités du moment. Seuls des Congrès assez fréquents permettent cette adaptation aux conditions nouvelles, adaptation indispensable pour obtenir des résultats tangibles.

Le mouvement syndical ne saurait reposer sur des principes immuables ; il doit au contraire pouvoir être assez souple pour se plier au gré des circonstances qui lui sont faites.

A PROPOS DES CONCESSIONS DE MEURTHE-ET-MOSELLE

Le Comité jugea nécessaire de s'occuper de la situation des travailleurs exploités dans le bassin de Meurthe-et-Moselle.

Devant les nouvelles demandes de concessions faites par les capitalistes internationaux, la Confédération estima qu'il était utile de faire paraître une affiche, prélude de la campagne organisée.

Le but de cette campagne est d'empêcher, par tous les moyens, d'accorder de nouvelles concessions, sans que des garanties et des améliorations viennent modifier la situation des parias présents et futurs des exploitations actuelles et à venir.

Voici le texte de cette première affiche :

Les "Requins" à l'œuvre

Accaparement des Richesses Minières

L'opinion publique connaît aujourd'hui, dans tous ses détails, l'affaire de l'Ouenza. Néanmoins, rappelons-les brièvement :

L'Ouenza est une région dont la richesse en métaux est évaluée à plus de 200 *millions de tonnes*, soit au prix minimum de 18 francs la tonne, un capital *de plus de* 3 *milliards* 500 *millions*.

Pareille fortune est convoitée par une bande *cosmopolite*, composée des grands industriels : *Schneider, du Creusot français, Krupp, du Creusot allemand, Devillers, du Creusot belge, Cockrill, du Creusot anglais,* et de *quelques personnalités politiques françaises*, parmi lesquelles se distinguent *Etienne, de la Compagnie des Omnibus parisiens, Thomson, des Phosphates algériens, Millerand, l'homme des liquidations.*

Bornons-nous à ces noms !

A eux seuls, ils évoquent un régime fait de rapines, de concussions et de vols.

Grâce à notre campagne, la concession de l'Ouenza n'a pu être accordée à ce jour.

Sous notre pression, les partis politiques, dits d'avant-garde, ont dû se livrer à une obstruction organisée.

Aujourd'hui sera-t-il comme hier ?

L'obstruction va-t-elle se poursuivre ?

Pour notre part, nous restons décidés à combattre toute main-mise sur les richesses naturelles et nationales, sans qu'en retour la classe ouvrière n'obtienne des garanties sérieuses et des droits incontestés.

APRES L'OUENZA, LA MEURTHE-ET-MOSELLE.

En même temps que nous ferons œuvre de salubrité dans l'affaire de l'*Ouenza*, nous nous opposerons à la réalisation du plan poursuivi en *Meurthe-et-Moselle*, par la même association de forbans internationaux.

En Meurthe-et-Moselle, les richesses en minerai dépassent celles de l'Ouenza.

L'Ouenza représente 200 *millions de tonnes.*

La Meurthe-et-Moselle représente 2 *milliards* 500 *millions de tonnes.*

A ces milliards de tonnes en minerais de fer s'ajoutent des gisements de houille d'une incalculable importance

C'est *Krupp, Schneider, Dervillers, John Cockrill* qui exigent l'*Ouenza*.

C'est encore eux qui veulent obtenir sans contrôle, sans garantie, pour les exploités, ce qui reste à concéder du colossal trésor de la *Meurthe-et-Moselle*.

Il faut que l'opinion publique sache qu'en *Meurthe-et-Moselle*, pays frontière, règne un *despotisme, une tyrannie sans limite.*

Les grandes sociétés métallurgiques dominent et gouvernent cette région.

Elles sont maîtresses de l'administration, des autorités, du sol et du sous-sol.

Rien ne peut se produire, se créer, qui ne soit voulu et accepté par elles.

LA LIBERTE SYDICALE Y EST MECONNUE.

Interdiction est faite à tout commerçant de prêter une salle pour réunion. Celui qui enfreint les ordres des potentats métallurgistes, est l'objet, de la part *des autorités, de menaces et de poursuites.*

LES MAIGRES LOIS OUVRIERES Y SONT VIOLEES.

Pas de limite dans les heures de travail. Pas de repos hebdomadaire. La loi sur les accidents est cyniquement tournée, *l'ouvrier étranger* osant se réclamer d'elle, est *congédié, expulsé et mis ainsi dans l'impossibilité* de faire valoir *ses droits.*

AUCUNE LIBERTE N'EXISTE.

Le travailleur assujetti à un labeur écrasant, n'a ni le droit de parler, ni le droit d'agir, ni celui de penser. A l'usine, à son domicile, au café, partout, il est sous le *contrôle direct des contremaîtres, des agents de l'usine, mouchards officiels,* dont le pouvoir est reconnu par l'*autorité préfectorale.*

Pour justifier cet arbitraire, l'on invoque que les victimes de cet état de choses sont de nationalités étrangères. Or, ces étrangers sont recrutés par des rabatteurs à la solde du patronat. Ils sont attirés par l'appât d'avantages stipulés dans les contrats.

Arrivés à l'usine, à ces ouvriers, *l'on refuse* ce que le *contrat leur accordait,* et, comme ils sont sans ressources, il leur faut passer par la volonté des exploiteurs.

Avec la complicité des autorités administratives et judiciaires, pèse sur les Français et sur les étrangers la domination d'un patronat sans scrupule, uniquement avide de bénéfices scandaleux réalisés en volant sur les salaires.

C'est ainsi que pour *deux tonnes de minerai* extrait, il n'est payé à l'ouvrier qu'*une tonne et demie.* Et, si l'on calcule que *cette fraude* porte sur des *milliers et des milliers de tonnes,* on peut juger de l'importance *du vol* dont les salariés sont victimes.

Semblable situation est connue de l'*Etat,* des *gouvernants* et du *Parlement.* A maintes reprises, nous avons attiré, sur elle, leur attention et celle du public.

RIEN N'Y FAIT, POURQUOI ?

C'est que les parlementaires et gouvernants sont *les serviteurs rétribués* du puissant *Comité des Forges,* dont font partie les aigrefins de Meurthe-et-Moselle.

Comme pour l'*Ouenza,* le gouvernement *est prêt à obéir* aux ordres du Comité des Forges. Il est prêt à donner toutes les concessions, pour faire de *nos requins métallurgistes* les maîtres de l'Ouenza et de Meurthe-et-Moselle, *maîtres sans contrôle et sans partage.*

C'est pour les milliers d'ouvriers, présentement occupés, et pour ceux qui le seront demain, une aggravation de leur état et l'impossibilité de s'échapper de leur servitude.

Les maîtres du pays, forts de leurs droits de propriété du sol et du sous-sol, pour un temps indéterminé, pourront accroître leurs moyens de pressurer le travailleur sans avoir à craindre le plus léger contrôle.

A LA CLASSE OUVRIÈRE

Une fois de plus, le prolétariat va être dupe. Gouvernants et Parlementaires se préparent à livrer à une bande d'aigrefins d'immenses richesses. En retour, l'ouvrier ne reçoit aucun avantage, n'obtient aucune garantie.

LAISSERONS-NOUS FAIRE ?

Supporterons-nous que les dirigeants concussionnaires dilapident ainsi la richesse publique, en remettant, sans garantie pour les salariés, le sol et le sous-sol Algérien et Lorrain aux mains des *flibustiers de la Métallurgie.*

L'on invoque, mais en vain, depuis quarante ans, *la loi de* 1810, dite loi sur les mines ! Loi qui stipule les règles fixant la propriété des concessionnaires.

Ce n'est là qu'un hypocrite prétexte !

Le Parlement a toujours le droit de déterminer de nouvelles conditions s'appliquant aux concessions minières.

Nous le répétons, rien ne *pourrait justifier l'abandon* par l'Etat d'une partie de la propriété nationale, *sans profit* pour la classe ouvrière.

Il faut que les futurs exploités de ces concessions jouissent d'un minimum de salaire, de la journée de huit heures, de la loi sur les accidents du travail, de la liberté de réunion.

Il faut qu'on ne puisse pas demain *invoquer le droit d'absolue propriété*, pour refuser *au prolétariat le droit de s'organiser, de se défendre.*

Nous disons hautement qu'en dehors de ces avantages, nous n'admettrons aucune DEFAILLANCE, aucune HESITATION, qui, en l'occurrence serait COMPLICITE ET TRAHISON.

Le Comité Confédéral.

Conflits.

Le Comité eut, en outre, à se préoccuper de plusieurs conflits survenus entre différentes organisations syndicales. Sa préoccupation fut toujours de les résoudre au mieux des intérêts des parties en cause, en tenant compte toutefois de l'intérêt général du mouvement.

C'est d'abord, par ordre de date, le conflit du Syndicat des Peintres de Levallois et de la Fédération du Bâtiment. Une résolution du Comité, en date du 13 avril 1909, solutionna ce conflit par l'admission à titre de Syndicat isolé, à la section des Fédérations, du Syndicat des Peintres de Levallois.

C'est ensuite celui de la jeune Fédération Syndicale des Mineurs du Pas-de-Calais et la Fédération des Ardoisiers. Là aussi, un ordre du jour, adopté dans la séance du 28 septembre 1909, mit fin à ce conflit en permettant à la jeune Fédération du Pas-de-Calais de rejoindre l'organisation confédérale en lui donnant le droit de participer aux travaux du Congrès d'Albi, Congrès qui avait pour but de constituer, par la réunion des Fédérations des Mineurs et des Ardoisiers, l'unique Fédération des Travailleurs du Sous-Sol et dans laquelle la Fédération syndicale des Mineurs du Pas-de-Calais avait sa place toute marquée.

C'est enfin celui du Syndicat des Industries Electriques, de la Fédération des Chauffeurs, Conducteurs, Electriciens, et de la Fédération des

Métaux. Le Comité crut très sage, en l'occurrence, de ne pas apporter dans la solution de ce litige une sentence trop rigoureuse qui aurait pu éloigner à jamais des organisations n'ayant que des dissentiments momentanés. Il a estimé que le temps et la réflexion devraient souffire à aplanir les difficultés du moment ; aussi a-t-il adopté, le 11 janvier 1910, une résolution qui laisse possible, dans un délai plus ou moins proche, une fusion des trois organisations intéressées.

En terminant, espérons — le temps ayant fait son œuvre et adouci les angles de tous ces petits désaccords — voir le Congrès de Toulouse solutionner, par une décision définitive, ces conflits qui, s'ils se perpétuaient, finiraient par entraver la marche ascendante du syndicalisme.

CONCLUSION

Nous avons voulu, par un exposé assez complet, quoique très court, permettre de constater le chemin parcouru par l'organisation malgré les difficultés sans nombre qui se sont érigées sur sa route.

A la lecture de ce rapport, on aura l'impression d'un fort mouvement ouvrier, devenant de jour en jour plus homogène.

Chacun pourra se rendre compte du développement acquis par les organisations confédérées, de l'intensification de leur action et des progrès réalisés dans le domaine de l'éducation syndicale. Cette besogne de croissance et d'action ne peut que se fortifier sous la poussée intelligente des organismes fédératifs réunis dans le sein de la Confédération Générale du Travail.

A noter en terminant l'influence heureuse qu'eut, sur la notable augmentation des effectifs de la section des Fédérations Nationales, l'application de la carte et du timbre confédéraux.

Le Congrès de Toulouse devra dire si nous avons répondu aux désirs et aux aspirations des organisations et des militants. Pour nous, c'est en toute confiance que nous attendons son jugement, certains d'avoir fait tout ce que nos forces et les circonstances nous ont permis de réaliser.

Pour la Section des Fédérations Nationales,
Le Secrétaire,

L. JOUHAUX.

RAPPORT MORAL

DE LA

Section des Bourses

1908 - 1910

La Situation.

La force et l'activité d'une organisation comme la C. G. T. ne doit pas être faussement portée à la connaissance de tous.

Ceux qui la jugent superficiellement se font seulement une opinion par le bruit fait autour d'elle et de son action. Ce n'est pas suffisant.

Si la tactique de Clemenceau fut de rendre la C. G. T. responsable de tous les événements politiques désavantageux à la bourgeoisie, de tous les faits économiques désastreux pour le patronat, la tactique de son successeur paraît être toute contraire. Au lieu d'attribuer à l'action syndicale la puissance exagérée que lui attribua Clemenceau et la presse à ses ordres, Briand se garde bien de faire trop de bruit autour des événements de la lutte ouvrière. Il assourdit, par les espèces sonnantes des fonds secrets, les extravagances de plume des domestiques du journalisme qui vont, place Beauveau, chercher le ton et la note à donner à l'opinion publique sur les faits sociaux en cours.

Puis, au lieu de frapper avec éclat, au grand jour, comme son prédécesseur, Briand frappe sournoisement, avec l'hypocrisie d'un traître, les militants de la classe ouvrière. La manière, c'est l'homme lui-même. Cette façon d'agir réussit à donner le change. Que de naïfs et d'aveugles ont sincèrement cru la C. G. T. endormie !

Pourtant, son action fut la même que toujours ; sa propagande ne fut ni moins intense, ni moins hardie ; les résultats n'en furent ni moins efficaces ni moins féconds que les années précédentes.

Pour s'en rendre compte, il suffit de comparer le travail d'organisation qui fut accompli pendant ces deux années. Il suffit encore de vouloir examiner les faits sociaux et la part qu'y prit l'une et l'autre des deux sections de la C. G. T. On s'apercevra alors qu'il n'y eut rien de changé ni dans l'action ni dans la vie de l'organisme central qui unit entre eux tous les syndiqués rouges, qui harmonise l'entente entre elles de toutes les organisations syndicales de France qui ont pour idéal la suppression du patronat et du salariat.

Sombre arbitraire.

Il faut cependant le reconnaître, si des militants sont frappés aussi durement aujourd'hui qu'hier, les fonctionnaires de la C. G. T. ont été moins traqués. Ils ont pu s'adonner sans arrêt à la lourde tâche d'organisation que leur traça le Congrès de Marseille et la Conférence des Bourses et des Fédérations. On frappa sans bruit d'autres militants plus modestes, parmi les meilleurs.

Mais si les longs séjours habituels dans les prisons de la République furent épargnés à certains militants, il faut se rappeler que Marck et Torton furent emprisonnés à Rouen, comme le furent ailleurs Ricordeau et Jullian auxquels on prétendait encore infliger la peine infamante de l'interdiction de séjour, qui leur aurait été appliquée sans la solidaire et énergique attitude de leurs camarades.

Il ne faut pas oublier la multitude de braves camarades auxquels une magistrature de classe sut distribuer, à profusion et comme à plaisir, des mois et des mois de prison pour des faits de grève et souvent sur les simples dénonciations de vils mouchards menteurs et parjures. Il faut se souvenir enfin que le camarade Vignaud, notre gérant de la *Voix du Peuple*, fut condamné à un an de prison pour un article qu'il n'avait point écrit. Malgré nos protestations réitérées il fit sa peine entière. La sollicitude habituelle de l'administration pénitentiaire se donne aux condamnés de droit commun, auxquels on fait la faveur de la libération conditionnelle ; mais elle ne fut point pour Vignaud.

Tout cela, ce n'est pas de la répression bruyante ; c'est tout simplement de la partialité voulue contre tout ouvrier militant, contre tout militant digne. C'est du sombre arbitraire.

Beaucoup de travail, peu de moyens.

Certes, de rester au complet pendant un moment, le bureau confédéral en avait besoin. Il y avait une besogne, en dehors de la besogne courante d'administration et de propagande, à laquelle trois hommes ne pouvaient suffire.

La Conférence des Bourses et des Fédérations, la Conférence internationale, les campagnes en faveurs des ouvriers espagnols, celle en faveur des prisonniers de la lutte ouvrière, celle contre l'escroquerie des retraites ouvrières et celle contre de multiples iniquités, tout cela demandait une somme de travail pour laquelle trois fonctionnaires, qui forment le bureau de la C. G. T., eurent beaucoup de peine à suffire. Ils durent se faire aider.

Qu'on veuille bien réfléchir qu'il y avait en même temps à appliquer les décisions de la Conférence des Bourses et des Fédérations, surtout celle qui consistait à la mise en pratique, à l'organisation, à l'application du timbre et de la carte.

L'on se rend compte qu'après cela on peut affronter tranquillement le Congrès. Surtout que cela ne s'est pas accompli sans difficultés. Nous les énumérerons ces difficultés, si le Congrès l'exige. Nous dirons comment nous avons été secondés par quelques organisations et comment d'autres nous ont aidés en ne répondant pas à nos circulaires.

Mais, attendons les critiques et préparons-nous à y répondre avec la tranquillité de conscience de militants et de fonctionnaires qui croient avoir fait tout ce qu'ils devaient.

D'ailleurs, l'énumération de la besogne accomplie, des résultats obtenus va maintenant parler pour nous. Si le Comité des Bourses n'eut aucune critique à adresser à son bureau, exécuteur de ses ordres, le Congrès, nous l'espérons, n'aura point d'observations trop amères pour ce Comité, qui fit le possible pour réaliser ce qu'on attendait de lui.

Election du Bureau et des Membres de Commission Fonctionnement du Comité.

Le 11 décembre 1908 fut la séance des élections du bureau et des Commissions.

Quelques jours avant la première séance qui suivit le Congrès, chaque délégué au Comité de la Section des Bourses avait reçu du secrétaire la circulaire suivante :

« Camarade,

« Vous êtes invité à vous rendre à la prochaine réunion du Comité des Bourses, qui aura lieu *le vendredi 13 novembre, à neuf heures du soir, au siège de la C. G. T.*

« Nous vous rappelons que l'élection des membres du bureau (secrétaire et secrétaire adjoint) doit avoir lieu à l'une des séances qui suivent immédiatement le Congrès.

« En conséquence, vous êtes prié de nous faire parvenir au plus tôt — si vous en avez l'intention — votre candidature à l'une des fonctions de *secrétaire* ou de *secrétaire adjoint.*

« Egalement, nous vous prions d'insister auprès de la Bourse du Travail ou Union de Syndicats dont vous êtes le délégué, pour qu'elle nous adresse au plus tôt le renouvellement de votre mandat.

« Jusqu'à nouvel ordre, les réunions ordinaires du Comité des Bourses ont toujours lieu le second vendredi du mois.

« Fraternels saluts.

« Pour le Comité des Bourses,

« *Le secrétaire :* G. Yvetot. »

Il suffit de la reproduction de cette circulaire pour que chacun sache comment les choses se passent au Comité de la Section des Bourses.

S'il est une manière plus loyale d'agir, le Congrès voudra bien nous l'indiquer.

Il est bien entendu que le secrétaire a le devoir de s'assurer et de signaler au Comité le délégué qui aurait un mandat de délégué au Comité de la Section des Bourses sans être en situation normale pour y représenter une Bourse ou Union, c'est-à-dire que chaque délégué doit appartenir à un Syndicat confédéré et être à jour de ses cotisations à ce Syndicat.

Les délégués sont tenus de se conformer aux obligations stipulées à l'article 30 des statuts confédéraux.

Il est vrai de dire que le Comité n'eut pas la sévérité d'appliquer rigoureusement les statuts pour ceux des délégués qui, sans excuses, furent plus de trois fois consécutives absents des séances du Comité. Il s'excuse de son indulgence parce qu'il sait que la plupart des délégués sont des militants ouvriers que le travail ou la propagande accaparent au point de leur faire oublier la date des réunions. D'ailleurs, il lui semble que l'organisation qui observe les absences réitérées de son délégué a, encore mieux que le Comité, le devoir de s'en inquiéter et la faculté d'y remédier puisque la *Voix du Peuple,* en publiant les présences et les excuses, indique, de ce fait, ceux des délégués qui négligent la tâche qu'ils ont assumée.

Le renouvellement des membres du bureau se fit au vote secret.
En voici les résultats :
Il y avait 91 votants.

Pour le *secrétariat* de la Section des Bourses, nul candidat ne se présentait contre le secrétaire sortant, le camarade Yvetot, qui fut *réélu* par 83 voix. Il y eut 8 abstentions et aucune voix contre.

Pour le *secrétariat adjoint*, il y eut deux candidats : les camarades *Charles Desplanques* et *Georges Paul*. Par 56 voix, Desplanques fut élu. Georges Paul eut 12 voix. Il y eut 16 abstentions et 6 bulletins blancs.

Plus tard, le camarade Desplanques donna sa démission et, dans sa séance du 11 juin 1909, le Comité de la Section des Bourses procéda à l'élection de son remplaçant, le camarade Lenoir, seul candidat. Il fut élu par 42 voix sur 48 votants. Il y eut 6 abstentions.

Dans la même séance du 11 décembre 1908, le Comité procéda à l'élection de la Commission du journal et de la Commission des grèves et de la grève générale, à chacune desquelles la section des Bourses doit fournir 6 membres.

Pour la *Commission du journal*, il y eut 9 candidats qui obtinrent le nombre de voix ci-après : 1. Le Guery, 65 voix ; 2. Janvion, 64 voix ; 3. Tesche, 62 voix ; 4. Merrheim, 60 voix ; 5. Monatte, 60 voix ; 6. Robert, 44 voix ; — 7. Georges Paul, 42 voix ; 8. Blanchard, 34 voix ; 9, Gauthier, 19 voix. Les 6 premiers furent élus.

Pour la *Commission des grèves et de la grève générale*, il y eut également 9 candidats, qui se classèrent ainsi par nombre de voix : 1. Dret, 64 voix ; 2. Marck, 60 voix ; 3. Thuilier, 59 voix ; 4. Lefèvre, 59 voix ; 5. Tabard, 52 voix ; 6. Delalé, 50 voix ; — 7. Delpech, 50 voix ; 8. Lemoux, 28 voix ; 9. Etard, 6 voix. Les 6 premiers furent élus.

Le détail intégral de tous ces votes, qui eurent lieu au bulletin secret, fut publié dans la *Voix du Peuple*.

Le Congrès n'a plus maintenant qu'à examiner et juger le fonctionnement de la section des Bourses.

C'est le travail du Comité des Bourses que nous présentons par ce rapport. Ce sont les observations que le Congrès ou la Conférence croiront devoir y faire dont le Comité devra tenir compte. Ce sont les décisions que le Congrès prendra à son sujet que le Comité devra appliquer.

Aussi, de tout ce qui put atteindre, émouvoir, entraver ou aider l'action du Comité de la Section des Bourses, celui-ci n'a rien à cacher.

Il croit même de son devoir d'aller au-devant de la critique, de la provoquer afin de prouver quelle confiance il a pour la bonne foi avec laquelle il a toujours agi, très librement.

Le Malaise.

Au lendemain du Congrès de Marseille, on sait de quel malaise se trouva fatalement atteint le Comité confédéral et l'on comprend combien ce malaise pouvait influer sur chacun des membres du Comité de la Section des Bourses, bien qu'il ait eu soin de rester en dehors de toute campagne de désorganisation et qu'il sut éviter toutes les discussions susceptibles de l'entraîner sur un terrain autre que celui où il s'est toujours tenu, pour le plus grand bien de l'organisation syndicale et du principe fédéraliste.

Pourtant, de ce malaise, il advint une transformation dans le bureau confédéral.

On sentait par trop qu'il y avait, sur une question d'administraton, en dehors même de la C. G. T., un antagonisme entre individus et, sur des questions personnelles se greffèrent de vieilles questions de tendances et de tactiques. Déjà moins aiguës, ces questions s'apaiseront, l'entente renaîtra partout et la Section des Bourses, par sa neutralité, y aura contribué.

A PROPOS DU CAS LEVY-GRIFFUELHES

Vers février ou mars 1909, les Bourses du Travail ou Unions locales de Lille, Montluçon, Clermont-Ferrand, Belfort, Commentry, Quimper, Montpellier, La Guerche, Le Havre, Saint-Etienne, Mèze, Elbeuf, Caen, Romilly, Albi, Auch, Vierzon demandaient qu'il leur soit donné copie ou communication des procès-verbaux relatifs aux incidents Lévy-Griffuelhes.

Etant donnée les décisions antérieures de ne pas publier ces procès-verbaux, une note fut insérée dans la *Voix du Peuple* au nom du bureau de la C. G. T., pour informer les organisations de l'impossibilité où nous nous trouvions de les satisfaire sur ce point, jusqu'à décision nouvelle du Comité confédéral. On sait que, d'ailleurs, cette demande eut dû plutôt être faite au Comité confédéral.

Malgré l'avis de la *Voix du Peuple,* Moulins, Alais, Lille, Romilly, Chartres, Vichy, Marseille nous refirent la même demande, à laquelle il fut fait la même réponse.

Le délégué de Belfort-Elbeuf (Chevallier) nous proposa même l'impression des procès-verbaux des séances relatives à l'affaire Lévy-Griffuelhes. Cette proposition fut renvoyée ou Comité confédéral, que cela regardait spécialement.

Il fut également passé à l'ordre du jour pur et simple sur une assez belle quantité d'ordres du jour contradictoires les uns aux autres concernant le cas Lévy-Griffuelhes, et il fut pratiqué de même à l'égard des lettres qui, comme celle de Limoges, nous payant ses cotisations en juin ou juillet 1909, nous écrivait textuellement ceci :

« ...*Il serait désirable que le Comité confédéral mit la même célérité à rendre compte des fonds par lui perçus,* qu'il met à réclamer nos cotisations lorsqu'elles sont échues. »

Blâmera-t-on le Comité d'avoir compris que la Section des Bourses avait un autre travail que celui-là à faire en votre nom ?

Propagande.

C'est surtout un travail de propagande générale qui entre dans le rôle d'action de la Section des Bourses. Son Comité croit s'en être acquitté.

On se souvient des questions passionnantes, en dehors même des intérêts spécialement corporatifs que les Congrès anciens de la Fédération des Bourses d'autrefois et des Conférences des Bourses de maintenant, que le Comité dut mettre au point après avoir eu mandat d'agir par les Congrès ou les Conférences. Ces questions restent toujours d'actualité, car, si le mal de la classe ouvrière réside en la continuation du système de l'exploitation, le remède demeure également le même : organisation et éducation du prolétariat pour l'action sur le terrain économique.

Sur ce point, nul effort ne fut marchandé.

DELEGATIONS

C'est ce que prouvent les multiples délégations de propagande faites partout.

Parmi les délégations à signaler selon leur importance — car on ne peut vraiment les signaler toutes, tant elles sont nombreuses — les premières auxquelles le Comité de la Section des Bourses dut, pour sa part, répondre favorablement, furent celles en faveur des camarades retenus à la prison de Corbeil, puis de Versailles, pour les événements de Villeneuve-Saint-Georges, si la prison ne s'ouvrait pas devant nos protestations et notre agitation déjà faites. Heureusement, on libéra nos amis et l'amnistie vint ensuite.

Dans sa séance du 5 janvier, le Comité confédéral décida alors, sinon de suspendre ou d'ajourner les meetings organisés, tout au moins de faire l'économie de certaines délégations projetées. Néanmoins, des meetings antérieurs à ceux projetés pour le 9 janvier eurent lieu en divers endroits, notamment dans l'Anjou, la Somme, la Seine-Inférieure, le Nord, la Seine et Seine-et-Oise. Pour sa part, et à cette occasion le secrétaire de la Section des Bourses s'en fut semer la propagande syndicaliste révolutionnaire à Dunkerque, Angers, Trélazé, Tours, Lyon, Le Havre, Bezons, Amiens. Mais il ne put encore satisfaire aux demandes faites à des dates coïncidant avec celles de réunions promises. C'est ainsi qu'il ne put se rendre à Limoges, ni dans plusieurs villes de Bretagne et de l'Isère.

Bien que beaucoup de meetings furent ajournés de ceux qui devaient avoir lieu le 9 janvier, nous pouvons dire que ceux-ci auraient eu un beau succès, car les Bourses ou Unions de Syndicats avaient compris et secondé l'initiative du Comité confédéral. Celui-ci, sur la proposition de son secrétaire à ce temps-là, le camarade Griffuelhes, invita les Bourses ou Unions qui, pour des raisons diverses, ne pouvaient organiser des meetings sérieux, efficaces et retentissants, à contribuer de leur mieux à la réussite, au succès de celles des Unions qui pouvaient faire grand et bien. Pour cela, les petites Unions, les plus pauvres, les moins importantes, n'avaient qu'à envoyer de leurs Bourses ou Unions environnant celle où se tenait le meeting, le plus grand nombre possible d'orateurs, de militants pour les représenter à ce meeting. Ce système excellent, qui est désormais adopté par le bureau de la C. G. T. pour toute agitation importante et vaste, est du meilleur effet. Il donne à certains moments une activité extraordinaire aux militants de partout et il intéresse à une agitation nécessaire les milieux les plus modestes en ressources, qui avaient été vraiment trop oubliés jusque-là.

En outre de ces réunions pour un but défini, le Comité adopta que son secrétaire fut en mai à Périgueux, en mars au Tréport et à Blangy, chez les verriers, etc.

Par suite fâcheuse d'une lettre restée en souffrance, Yvetot ne put aller à Lorient où il était instamment demandé, d'abord pour le 1er mars, ensuite pour le 1er mai.

Le secrétaire fit une féconde tournée de propagande dans la Loire. Elle laissa une très bonne impression.

Le Chambon, en nous remerciant ainsi que Firminy, nota que la conférence valut au Syndicat des Métallurgistes du Chambon 38 adhésions du coup. De plus, une masse d'exploités furent un peu secoués par la propagande syndicale et leur réveil s'est manifesté naguère.

Limoges, Lorient, Montceau, Brive expriment en avril le désir pressant d'avoir le secrétaire de la Section des Bourses comme délégué de la C. G. T. au 1er mai 1909.

Devant cette difficulté d'accorder à l'une de ces Unions le même délégué que les autres demandent également, le Comité croit sage de laisser partir son secrétaire à Genève et à Lauzanne, où il est également demandé depuis plusieurs années pour le 1er mai par les organisations syndicales de la Suisse romande.

Beaucoup d'autres Bourses demandent spécialement leur délégué au Comité des Bourses pour le 1er mai. Ainsi La Rochelle demande Janvion ; Cette demande Marie ; Rennes demande Lévy, etc., etc.

Après le 1er mai, ce sont encore des demandes nombreuses de délégués : Montluçon demande Merrheim, Pataud ou Yvetot.

En août 1909, nous passons sous silence les demandes d'orateurs qui sont faites par d'autres organisations que les Syndicats ou Unions de Syndicats.

Commentry demanda Yvetot au cas où il irait à Montluçon. Or, il fut décidé que, comme d'habitude, le secrétaire tâcherait de visiter Commentry, Montluçon, Vichy, Moulins. Cette tournée n'eut pas lieu à cause de circonstances nouvelles.

La Bourse du Travail de *Lyon* demanda le secrétaire de la Section des Bourses pour l'inauguration de son Dispensaire. Après avoir obtenu la certitude que l'Union des Syndicats du Rhône était d'accord avec la Bourse du Travail de Lyon pour faire cette demande, ce fut accepté. Ce fut une superbe réunion.

A *Soissons*, le camarade Galantus fut délégué.

A *Angers* et dans la région, ce fut Jouhaux.

En novembre 1909, Yvetot fut demandé par le Textile de Frévent ; puis une tournée dans la Haute-Marne fut organisée pour lui par la Bourse du Travail de Chaumont. Elle dura cinq jours. Des centres industriels où n'existent pas de syndicats furent visités ; des réunions y furent tenues.

En mars 1910, le Comité a connaissance des résultats satisfaisants des délégations faites à Dunkerque, Blois, Romorantin, Nouzon, Corbie et la tournée de Bretagne qui dura 15 jours, ainsi que d'autres participations à des meetings pour Hervé, Ricordeau et autres réunions syndicales à Paris et dans la banlieue.

Puis c'est le Congrès du Rhône, où est délégué Merrheim.

Bastia demandait un délégué pour une tournée. Il fut impossible d'accéder au désir de ces camarades, car, il faut le répéter, nous n'avons ni le temps, ni le personnel, ni l'argent pour suffire à une propagande qui serait cependant si utile et qui devient de plus en plus nécessaire. Que de Syndicats perdus faute de propagande !

Nous ne pouvons oublier, du moins les Unions départementales ne l'oublieront pas, parmi celles qui en ont fait le sacrifice des frais de délégations, les envois de délégués du Comité des Bourses aux Congrès départementaux. En feuilletant la *Voix du Peuple*, on peut se rendre compte s'ils furent nombreux, ainsi que les fêtes et inaugurations, qui furent autant de bonnes occasions d'éducation syndicale.

Est-ce à dire que les membres du Comité de la Section des Bourses en général, et ceux du bureau en particulier, ont négligé de se dépenser de tout leur individu dans les circonstances difficile ? Non pas, on les voit dans plusieurs grèves à Paris, aux environs et en province.

Enfin, nous avons assez démontré que la Section des Bourses a, pour sa part, pleinement donné dans l'action, dans toute l'action syndicale dont la C. G. T. a le droit d'être satisfaite pour ces deux années. Nous l'avons démontré pour répondre à des critiques et des propositions qui ont semblé viser les fonctionnaires syndicaux.

Hélas ! si grande que soit la bonne volonté des militants en tournée pour faire au mieux des intérêts généraux de la classe ouvrière, ils ne peuvent pas toujours dire leur pensée sans froisser et même s'attirer la haine d'autres militants. A ces derniers de venir exposer leurs griefs ; il leur sera répondu et le Congrès jugera. Et il jugera comme l'a déjà fait le Comité confédéral lui-même, sans polémiques et sans insultes susceptibles de créer à nouveau des divisions qu'il tient à éviter, même quand elles semblent être obstinément cherchées.

FRAIS DE DELEGATION

Après une assez longue discussion sur cette délicate question, le Comité se rallia à la décision suivante :

« Les délégués du Comité des Bourses qui seront désignés pour aller en province pour la propagande syndicale, pour les congrès, pour les grèves, etc., auront leurs frais payés par les organisations qui auront fait la demande d'un délégué. Mais le trésorier de la C. G. T. leur avancera l'argent. »

Ceci fut la conséquence de quelques difficultés survenues entre des délégués et des organisations qui ne purent toujours rembourser les frais promis d'une délégation au délégué lui-même.

Ce fut aussi une facilité de contrôle des exigences, ordinairement modestes, des délégués consciencieux, qui donnent sans compter leur temps et leurs efforts, mais ne doivent et ne peuvent rien de plus.

Conférence extraordinaire des Bourses et Fédérations (1).

A sa séance ordinaire du 12 mars 1909, le Comité de la Section des Bourses avait à son ordre du jour : « La Conférence des Bourses et des Fédérations. » Après une courte discussion, le Comité décidait de proposer la fixation de cette Conférence aux 1, 2 et 3 juin.

A la séance suivante, une commission fut désignée pour l'organisation de cette Conférence. Elle était ainsi composée : Duchêne, Savoie, Georges Paul, Vignaud et le bureau confédéral.

Seul Vignaud put, avec le bureau, consacrer son temps à l'organisation de la Conférence.

Cette Conférence aurait eu un joli retentissement, elle eût été une belle époque de l'organisation syndicale si des questions véritablement

(1) Qu'on nous permette, à propos de cette Conférence extraordinaire tenue en juin 1909, de rappeler à tous que le compte rendu en a été publié et qu'il reste un nombre assez restreint de ces brochures qui deviennent à présent indispensables à tout militant, à tout Syndicat qui veut s'intéresser au prochain Congrès national corporatif, comme à toute personne qui veut connaître le système nouveau de fonctionnement de la C. G. T., d'après les résolutions prises en cette Conférence. La demander au trésorier de la C. G. T. — Prix : 50 centimes.

étrangères à celles portées à l'ordre du jour n'étaient venues assombrir les débats de résolutions qui eussent pu être définitives et d'une salutaire efficacité pour l'organisme confédéral si elles avaient été portées en dehors de cette Conférence.

Néanmoins, les plus importantes des questions solutionnées auront donné à la C. G. T. un appoint formidable d'influence pour l'avenir sur le monde ouvrier. Parmi ces questions, une surtout.

Nous voulons parler de la carte et du timbre confédéraux sur lesquels le rapport confédéral et les rapports financiers édifieront davantage.

Quatre-vingt-dix Bourses ou Unions de Syndicats furent représentées à cette Conférence extraordinaire.

L'AUGMENTATION DE LA COTISATION

L'un des points d'organisation qui regardent spécialement les Bourses ou Unions fut celui de l'augmentation des cotisations.

En ce qui concerne la Section des Bourses, il y avait un principe fédératif à défendre.

L'augmentation de la cotisation paraissait nécessaire. C'est pourquoi furent mises au vote plusieurs propositions :

1° 50 centimes par Syndicat et par mois au lieu de 35 centimes ;

2° 35 centimes par Syndicat et par mois, c'est-à-dire le *statu quo ;*

3° 5 centimes par membre et par an.

Ce fut cette dernière qui fut adoptée par 43 voix et que l'application du timbre met en pratique depuis le 1er janvier 1910.

L'augmentation de 15 centimes par Syndicat et par mois, c'est-à-dire la cotisation ordinaire des Bourses portée de 0 fr. 35 à 0 fr. 50, était *une question de principe fédératif s'expliquant très bien et se maintenant dans la tradition vieille, bonne et vraie, qu'un syndical en vaut un autre, quel que soit le nombre de ses adhérents.*

Nous espérons bien, maintenant, que ce n'est pas le système de cotisation actuelle qui atténuera ce beau principe, qui fut toujours si cher à la Fédération des Bourses et qui l'est demeuré, nous voulons le croire, à la Section des Bourses. Disons de suite que beaucoup de Bourses ont appliqué le nouveau système et le trouvent très efficace.

CONFERENCES PERIODIQUES

On adopta d'abord le principe de ces *conférences,* qui seraient semestrielles. Puis une commission fut nommée qui soumit un rapport sur la question. Ce rapport fut adopté.

Il se résume à ceci :

1° Pour des raisons d'ordre financier, ces réunions auraient d'abord lieu annuellement, puis, plus tard, à des époques plus rapprochées les unes des autres ;

2° Les frais de transport des délégués incomberaient à la caisse confédérale ; un délégué pourrait représenter deux Bourses ou Unions ;

3° Elles auraient lieu à Paris ;

4° Elles auront à solutionner les conflits entre organisations et les questions d'ordre administratif entre deux congrès ; elles auraient mandat de contrôle d'ordre général ;

5° Les membres du Comité confédéral pourraient assister à ces Conférences, à titre consultatif.

N'y a-t-il pas là un pas sérieux vers une meilleure compréhension de nos assises ouvrières ? Et ne pourrait-on s'en inspirer pour faire que les Congrès nationaux soient vraiment, dans les discussions et dans les décisions, l'émanation des Syndicats confédéraux.

A ces Congrès nationaux, les délégués des Syndicats seuls prendraient la parole pour défendre ou exposer leurs propositions, pour discuter et solutionner les questions à l'ordre du jour du Congrès. Ce serait la logique même ; puisqu'ils ont eux-mêmes proposé les questions, qu'ils les discutent et qu'ils les votent sans être influencés par qui que ce soit.

Les fonctionnaires ou délégués des Bourses ou Unions; les délégués et fonctionnaires des Fédérations et les membres du bureau confédéral n'y auraient que voix consultative. Ils ne devraient même pas y représenter de Syndicats. Ils n'auraient qu'à répondre brièvement aux questions posées, aux interpellations sur les rapports. Ce serait alors vraiment le Congrès national des Syndicats. Les fonctionnaires des Unions, des Fédérations, du bureau confédéral auraient à appliquer les *décisions qui les concerneraient*. Après les discussions de Comité qui les auraient mises au point, les fonctionnaires n'auraient plus qu'à les mettre en pratique. C'est ainsi qu'il en fut pour la carte et le timbre.

S'il dépend du Comité de la Section des Bourses d'en arriver à ce résultat, il n'y faillira pas.

COMPTABILITE UNIQUE

Là-dessus, rien à dire ; car l'exécution est facile et cette simplification renforce l'unité.

RAPPORT FINANCIER SEMESTRIEL

Rien à dire non plus sur cette décision. Ce rapport doit être fourni aux organisations confédérées de façon que les Syndicats, les Fédérations et les Bourses connaissent les versements de chaque organisation. Rien de plus logique.

Mais la grosse question qui ressort de la Conférence extraordinaire des Bourses et Fédérations, et qui intéresse particulièrement la Section des Bourses, c'est le viaticum des Bourses.

Viaticum.

A la séance d'avril 1909 fut proposée la nomination d'une commission, composée de trois membres de chaque section, qui se réunirait le plus tôt possible.

La Section des Bourses désigna immédiatement : *Lapierre*, délégué de l'Union départementale de Seine-et-Oise ; *Hanot*, des Métaux, délégué suppléant ; *Thuilier*, délégué de l'Union des Syndicats de la Seine.

Le camarade Thil se chargea de faire désigner à la prochaine séance de la Section des Fédérations, les trois autres membres.

A la séance du mois suivant (mai), le délégué de Montpellier et Narbonne (Niel) crut devoir nous rappeler que les délégués des Fédérations n'avaient pas à se prononcer sur le viaticum. « C'est entendu, lui fut-il répondu, et c'est seulement à titre consultatif qu'ils doivent être dans la commission, puisque l'on a demandé à ce que ce soient surtout des membres des Fédérations qui ont institué chez elles le viaticum. »

Il faut rappeler qu'en 1908, la Conférence qui suivit le Congrès de

Marseille avait comme première question à l'ordre du jour : *Perfectionnement du viaticum des Bourses.*

Plusieurs rapports furent présentés sur la question par les Bourses ou Unions de Narbonne, de la Seine, de Poitiers.

Ils furent discutés sans qu'il soit pris de résolution.

Puis des ordres du jour furent présentés.

Enfin, la Conférence de Marseille fut à peu près unanime à renvoyer la question du viaticum à la Conférence extraordinaire décidée par le Congrès. Jusque-là ce fut le *statu quo.*

En juin 1909, à cette Conférence extraordinaire, beaucoup de délégués auraient voulu que le viaticum, auquel on se devait d'apporter des perfectionnements, fut définitivement établi. Malheureusement, il ne le fut pas encore.

Ce qui fut établi par un vote, c'est le *principe obligatoire* du Viaticum des Bourses.

Au début de la discussion, le camarade Bousquet, au nom de la Bourse du Travail d'Alais, déposa un vœu tendant à ce que soit établie une caisse centrale, gérée par la C. G. T., destinée à mettre les ressources nécessaires à la disposition de toutes les Bourses ou Unions pour le viaticum. Cette caisse serait alimentée par une cotisation supplémentaire de tous les syndiqués et imposée par les soins de leurs Fédérations.

Une commission spéciale fut désignée pour présenter un projet.

Un rapport fut donc soumis, au nom de cette commission, à la Conférence extraordinaire qui le discuta encore, puis l'adopta à l'unanimité moins deux voix.

Mais le rapport ne parlait point de la façon dont seraient prélevées les ressources nécessaires à la vitalité du viaticum obligatoire. Il laissait entrevoir les ressources du système nouveau de cotisations.

C'est alors qu'un amendement au projet qu'était ce rapport du viaticum fut proposé et adopté.

Cet amendement était la ferme proposition suivante :

Une enquête sera faite auprès des Bourses, des Fédérations et des Syndicats isolés pour connaître le nombre d'ouvriers secourus et les sommes dépensées pour cela ; afin aussi de savoir si le nouveau système de cotisation ne pourrait suffire à alimenter la caisse centrale de viaticum prévue par le rapport adopté.

L'enquête fut faite. Environ une cinquantaine de Bourses ou Unions ont répondu sur 150. Aucune Fédération ne répondit.

En présence de ce résultat, le Comité décida la continuation du *statu quo.*

L'expérience de la pratique du nouveau système nous éclairera sans doute au prochain Congrès et à la prochaine Conférence pour savoir ce qu'il est nécessaire d'instituer définitivement pour le fonctionnement du viaticum des Bourses, que nous voudrions voir mis en pratique à cause des bons résultats que nous en attendons à plusieurs points de vue.

A ce propos, nous répétons qu'il est indispensable aux militants et aux organisations d'avoir en mains le compte rendu de la Conférence extraordinaire.

Le Comité de la Section des Bourses a donc fait au sujet du viaticum tout ce qu'il devait faire, et il n'est point responsable de la négligence apportée par les organisations à répondre à ses circulaires, à ses referendums. Son devoir et son rôle est de susciter la bonne volonté des organisations ; il croit s'en être acquitté. Il voudrait que les organisations à leur tour puissent dire qu'elles ont également secondé ses efforts.

Quoi qu'il en soit, si la bonne marche de la carte et du timbre se continue, il en découlera sûrement le bon fonctionnement très prochain du viaticum. Le Congrès et la Conférence de Toulouse le voudront ainsi, et le Comité des Bourses ne regrettera rien de ce qu'il aura fait !

Correspondance internationale.

Le Comité de la Section des Bourses eut connaissance de la correspondance internationale qui parvint au secrétariat.

Ce fut d'abord, en mars 1909, une communication du secrétariat international concernant l'organisation typographique de l'Amérique et invitant les organisations syndicales et les ouvriers syndiqués d'Europe à secourir les camarades typographes américains en lutte. Par la *Voix du Peuple*, il fut fait le nécessaire.

Ce fut ensuite une circulaire de la C. G. T. d'Italie répondant, par notre entremise, à une invitation de la Fédération du Bâtiment de France. Celle-ci priait la C. G. T. italienne de vouloir bien se mettre d'accord avec elle pour une action d'ensemble, afin de combattre les rabatteurs de chair humaine à exploiter. Et la C. G. T. d'Italie répondait qu'elle ferait le nécessaire, mais marquait son mécontentement de ce qui lui advint au Congrès de Marseille.

En avril 1909, le Comité eut connaissance d'un manifeste venu de Spokane (Etat de Washington), émanant du Labor Union Industrial Wolkers of the World, se solidarisant avec les postiers en grève. Ce manifeste fut communiqué au Syndicat des P. T. T.

Une autre lettre venue d'Amérique émanait de Samuel Gompers, président de la Confédération américaine du Travail (American Federation of Labor). Samuel Gompers faisait part de son désir de rencontrer à Paris, en juillet, le secrétaire de la Section des Bourses pour s'entretenir avec lui de l'organisation syndicale en France.

Le Comité approuva la réponse faite à ce désir exprimé, donnant ainsi mandat au secrétaire de la Section des Bourses de recevoir de son mieux le délégué d'Amérique.

En juin 1909, la Fédération des Unions ouvrières suisses nous demanda des renseignements pour former des Fédérations d'industries.

Beaucoup de cette correspondance internationale qui parvint à la Section des Bourses regardait plus spécialement le Comité confédéral ; c'est pourquoi nous n'en parlons pas davantage.

Nous ne parlons pas non plus en ce rapport de la Section des Bourses de la Conférence internationale, à laquelle furent délégués pour la C. G. T. les deux secrétaires.

Enfin, le secrétaire de la Section des Bourses eut, de concert avec l'un des secrétaires de l'Union des Syndicats de la Seine, le plaisir de recevoir et de renseigner sur le syndicalisme français le militant syndicaliste anglais Tom Mann, de retour d'Australie.

Cas divers et particuliers des Bourses ou Unions.

LE CAS DE SAINT-QUENTIN

Inutile d'en refaire l'historique, puisque nous avons le bonheur d'en enregistrer l'heureuse solution. Disons seulement que le mal naquit de la politique et du subventionnisme et que la guérison s'opéra par le débarras de l'une et de l'autre.

LE CAS DE CALAIS

S'il est une Bourse du Travail qui fut peu vivante, c'est bien celle de Calais. Cependant, quelques bons militants ont essayé longtemps de la maintenir.

Déjà en 1908 — pour ne pas remonter plus haut — la Bourse du Travail de Calais fut sur le point de disparaître complètement. Peu de temps après, le maire — prétendu socialiste — de Calais fit fermer la Bourse du Travail et n'eut pas même la délicatesse de laisser les camarades prendre leurs livres de procès-verbaux et de comptabilité.

De plus, des divisions politiques entre certains personnages ont valu des rancunes à la Bourse du Travail, qui tenait à se maintenir à l'écart de la politique.

Enfin, malgré la bonne volonté de quelques militants syndicalistes de Calais, et malgré les efforts du Comité de la Section des Bourses qui, pour tenter de relever cette Bourse du Travail délégua un de ses membres, le camarade Blanchard, la Bourse du Travail de Calais a végété, végète encore, ou plutôt ne vit plus. Pourtant, quelques Syndicats voudraient bien s'unir entre eux et reformer une Union locale vivante.

Nous croyons qu'il n'y a qu'un moyen de sauver la situation syndicale à Calais, c'est celui-ci :

La Bourse du Travail de Dunkerque fonctionne très bien. La plupart de ses Syndicats sont fédérés et marchent dans la voie révolutionnaire. Les événements d'avril-mai de cette année l'ont prouvé. Il semble que c'est à cette Bourse qu'incombe le devoir de faire revivre le syndicalisme à Calais... Et comment ? Par le moyen qui, sans cesse, s'offre à l'initiative et à l'activité des militants : par la formation d'une Union régionale du littoral du Nord et du Pas-de-Calais, qui pourrait englober les Unions locales de Gravelines, Dunkerque, Calais, Boulogne et Montreuil ; tandis qu'une autre Union de l'intérieur des mêmes départements engloberait les Unions locales des centres industriels importants.

Les organisations qui comprendront cela sauveront Calais et d'autres Unions locales de Syndicats en les affranchissant de la politique qui les tue, soit qu'elles y participent, soit qu'elles s'en éloignent trop tard.

Les militants syndicalistes qui, dans ces régions, voudront entreprendre cette tâche trouveront certainement l'aide du Comité de la Section des Bourses.

Voilà ce que nous pouvons dire et proposer pour sauver le syndicalisme qui se meurt à Calais.

LE CAS DE TOULON

Il est trop connu pour que, cette année encore, nous ayons à l'exposer. Disons seulement que la paix n'est pas absolument faite au moment où nous mettons notre rapport sous presse. Pourtant, des décisions prises à la Conférence des Bourses, après Marseille, et à la Conférence extraordinaire de juin 1909, il ne devrait plus en être question. L'union devrait être faite : elle ne l'est pas.

Espérons qu'elle le sera enfin pour le Congrès de Toulouse. Le Comité de la Section des Bourses peut se flatter d'avoir usé de tact, de prudence et de patience pour qu'on n'ait à lui reprocher qu'une trop grande indulgence.

Il souhaite ces reproches si les organisations qui, à Toulon, sont encore réfractaires à l'union définitive peuvent venir à Toulouse assez franchement unies pour dire au Congrès que l'indulgence du Comité a plus fait que les rigueurs. Il est un moyen pour elles de faire l'accord : c'est, par un Congrès départemental de tous les Syndicats du Var, d'instituer l'Union départementale du Var, englobant les Unions locales de Toulon, La Seyne, Draguignan et Saint-Raphaël.

Ainsi, d'un regrettable et trop long désaccord, naîtra une Union plus grande, plus forte, plus féconde, qui étouffera d'elle-même les petites rivalités personnelles, fera taire les mauvaises langues et dissipera les haines de personnalités.

Les militants du Var, — et de Toulon en particulier, — s'ils comprennent l'importance du groupement, s'ils ont plus de convictions syndicales que de rancunes personnelles, réaliseront ce vœu du Comité de la Section des Bourses avant le Congrès de Toulouse.

LE CAS DE L'U. D. DE MEURTHE-ET-MOSELLE

Un cas bien spécial s'est présenté à Nancy. Voici : Des Syndicats, pour des divergences de vues, pour des dissensions personnelles, menaçaient de se retirer de l'Union départementale de Meurthe-et-Moselle. Le Comité de la Section des Bourses était invité à intervenir pour empêcher cela et pour déclarer qu'en cas de scission la C. G. T. ne reconnaîtrait que les Syndicats confédérés, c'est-à-dire appartenant à leur Union, comme à leur Fédération.

Il fut immédiatement écrit à chacune des Fédérations desquelles dépendaient les Syndicats susceptibles d'opérer une scission.

De l'empressement que témoigna le secrétaire à éviter la désunion à Nancy, bien qu'il ait agi au nom du Comité des Bourses, il n'en fut pas moins accusé par la Section du Livre de Nancy d'avoir voulu la division.

Informé, le Comité dut déclarer qu'il approuvait entièrement ce qu'avait fait son secrétaire.

Nous ne doutons pas que, s'il est nécessaire, le Congrès fera de même.

LE CAS D'EPERNAY

Inutile de nous étendre longuement sur le cas de la Bourse du Travail d'Epernay. D'un conflit entre le Syndicat des Chemins de fer et la Bourse du Travail d'Epernay, le Comité eut à s'occuper ; il assuma la tâche difficile — mais toujours agréable — de tenter la réconciliation de frères ennemis. Le camarade Lucien Roland fut chargé d'aller à Epernay et de faire le nécessaire pour un bon résultat, c'est-à-dire pour l'union. Il s'acquitta au mieux de sa mission et ses efforts furent récompensés par le succès. L'accord fut conclu à Epernay et l'incident fut clos au Comité des Bourses.

LE CAS DE NICE

Si le cas d'Epernay, avec la bonne volonté de chacun des camarades des parties adverses fut vite solutionné, il n'en fut pas de même à Nice.

Il serait trop long de donner en détails tout ce qui fut dit, écrit sur le cas de Nice. Des séances entières ont été consacrées par le Comité sans que jamais les Syndicats de la Bourse du Travail aient voulu se rendre à l'évidence simple et juste de nos arguments.

Que des Syndicats aient leur siège à la Bourse du Travail municipale de Nice ou ailleurs, cela n'empêchait aucun d'eux d'adhérer à l'Union locale de Nice, adhérente elle-même à l'Union départementale des Alpes-Maritimes, la seule reconnue par la C. G. T. (Section des Bourses).

Pourtant, le secrétaire actuel de la Bourse du Travail de Nice doit se souvenir des luttes anciennes de 1902. Il s'agissait alors de lutter contre la municipalité. Il était le premier à vouloir l'autonomie des Syndicats et le Congrès des Bourses de 1901, tenu à Nice même, avait adopté une résolution qui engageait toutes les Bourses du Travail à former et à devenir des Unions locales de Syndicats contre lesquelles les municipalités ne pourraient rien. Fermer une Bourse et la dissoudre c'était facile. Sans abri, les Syndicats se croyaient perdus et condamnés à disparaître. Léon Morel comprenait à ce moment que si la Bourse du Travail de Nice était sous la tutelle, sous la surveillance, sous la direction du maire, l'Union des Syndicats pouvait être indépendante. Et il fut le secrétaire de cette Union indépendante et révolutionnaire. Quand tous les Syndicats eurent, plus tard, repris leur place à la Bourse et qu'il fallut un secrétaire, ils se souvinrent de Morel, boycotté partout à Nice pour son action révolutionnaire, et ils lui donnèrent le poste de secrétaire de la Bourse du Travail et Morel devint le secrétaire de la Bourse du Travail comme le fut avant lui Corbani qu'il combattit. Il voulut que la Bourse du Travail de Nice fut la seule organisation confédérée et ceux qui, restés fidèles à la conception syndicale pour laquelle autrefois Morel lutta, voulurent maintenir l'Union locale, adhérente à l'Union départementale. Et des scissions se produisirent, des polémiques s'engagèrent et le Comité des Bourses reçut des deux parties adverses une telle quantité de lettres, de rapports, qu'une commission dut être nommée dont les membres s'effrayèrent en voyant la quantité de pièces, en voyant le volume du dossier concernant ce conflit. Néanmoins, le Comité dut prendre une décision à laquelle tous les Syndicats de Nice auraient dû se conformer. Elle consistait à prier le secrétaire de l'Union départementale d'inviter tous les Syndicats de Nice à se rallier à l'Union locale adhérente à l'Union départementale des Alpes-Maritimes, seule organisation adhérente à la Section des Bourses.

Et l'incident fut clos. Les Syndicats qui, à Nice, sont en dehors de leur Union locale et, par conséquent en dehors de l'Union départementale des Alpes-Maritimes, ne sont pas conférédés.

S'il l'exige, le Congrès aura de vive voix les détails complémentaires qu'il demandera, s'il les croit nécessaires, pour ratifier la décision du Comité des Bourses.

LE CAS DE LILLE

A Lille se tint, en février dernier, un Congrès interdépartemental dont le Comité eut connaissance par circulaire. De plus, la Bourse du Travail de Dunkerque ayant invité le secrétaire de la Section des Bourses à ce Congrès, le secrétaire de la Bourse du Travail de Lille l'adjura de n'y pas venir. Le secrétaire de la Section des Bourses, dans un but d'union, promit de ne pas s'y rendre, mais Dunkerque ne s'y rendit pas non plus. Tous ces faits émurent le Comité qui fit demander à Lille quelques explications sur ce Congrès. La réponse de Lille fut assez rassurante pour que le Comité considère l'incident clos.

Cas spéciaux.

DELEGUES ET DEPUTES

Un incident fut soulevé sur le cas des députés membres du Comité de la Section des Bourses. Un délégué proposait que le mandat de député fut considéré incompatible avec celui de délégué à nos Comités de la C. G. T. Le Comité pensa que cette proposition était une modification ou une adjonction à faire aux statuts et qu'elle devait émaner d'un Syndicat la présentant au Congrès. Néanmoins, d'eux-mêmes, les délégués au Comité de la Section des Bourses, devenus députés, ont donné leur démission.

LE CAS DE SAINT-NAZAIRE

Sur le point de perdre sa subvention, la Bourse du Travail de Saint-Nazaire avait déjà pris ses précautions. Continuant alors sa bonne propagande syndicaliste, ce qui devait arriver arriva. Résultats : La subvention supprimée, la Bourse du Travail de Saint-Nazaire est chez elle, indépendante et marche très bien.

Progrès de l'Organisation.

C'est le meilleur chapitre que nous ayons à exposer celui-là. Il faudrait pour cette question spéciale un rapport spécial pour montrer quels progrès la propagande syndicale fait actuellement parmi le masse des exploités de partout. L'organisation s'améliore et se précise en se développant. Il est indéniable que l'avenir est aux Unions départementales. Parlons-en brièvement.

UNIONS DEPARTEMENTALES

Le Comité des Bourses eut à approuver la fusion des Unions de l'Ain et du Jura (novembre 1908), comme il eut à approuver l'autonomie de l'Union locale d'Ivry et celle du Pré-Saint-Gervais.

Plusieurs réunions furent presque entièrement consacrées à la discussion des Unions locales, départementales et régionales.

Pour en finir sur la question, le Comité approuva la publication d'une *Notice* qui eut pour but de définir, d'expliquer et de propager la nécessité de former des Unions départementales. Nous recommandons à tous les militants de répandre cette *Notice*.

Caen fonde une Union départementale.

Menton se plaint, comme Union locale, de l'indifférence de l'Union départementale des Alpes-Maritimes.

Ain-Jura, Cherbourg donnent des renseignements encourageants sur leur Union départementale. Les Syndicats se multiplient dans la région.

La Bourse du Travail de *Moulins* tente, par un Congrès départemental, de former une Union départementale. Elle y réussit difficilement.

Montceau-les-Mines essaie de former une Union départementale et fonde une Maison du Peuple. Plus tard, l'Union départementale de Saône-et-Loire est fondée et la Bourse du Travail de Chalon-sur-Saône qui végétait fusionne dans l'Union de Saône-et-Loire, dont le siège est à la Maison du Peuple de Montceau.

Autun est englobé par cette Union départementale et des Syndicats se forment là où jamais la propagande syndicale n'avait porté ses fruits. Cependant, la Bourse du Travail de Mâcon reste indépendante de cette Union.

En avril 1909, *Auch* fait part de son idée et de son intention de former une Union régionale.

En mai 1909, L'Union départementale du Calvados est un fait acquis et Caen est le siège de cette Union, qui veut élargir la portée de sa propagande dans le département, au lieu de la restreindre à Caen.

En juillet 1909, c'est la Bourse du Travail de Bordeaux qui, périclitant depuis longtemps, parce que, malade de politique et de subventionnisme, disparaît. Et c'est l'Union départementale de la Gironde, relevant les Syndicats tombés et les groupant au nombre de 32 d'abord, pour adhérer à la Section des Bourses à la place de la Bourse du Travail de Bordeaux qui ne compte plus.

Les Unions départementales suivantes : Rhône, Alpes-Maritimes, Seine-et-Marne, Seine-et-Oise, Yonne, Meurthe-et-Moselle, Ain, Jura, Manche, Nièvre, Seine-Inférieure, etc., font des Congrès annuels dans leur département. Pour ces Congrès, presque toujours un délégué de la Section est demandé.

Nous attendons les délégués de ces Unions départementales au Congrès ou à la Conférence prochaine pour nous rendre compte des résultats acquis par les Unions départementales.

On le voit, c'est un acheminement rapide et sûr vers la forme qui convient le mieux à l'organisation actuelle des Syndicats, à l'expansion incontestable du syndicalisme. Les Unions départementales, c'est l'avenir de l'organisation syndicale en France qui ressent le besoin de la décentralisation et qui se régénérera toujours dans le principe fédéraliste.

Pour la Section des Bourses :

Le secrétaire,

G. Yvetot.

RAPPORT

DE LA

"Voix du Peuple"

On verra par le Rapport financier quelle est la situation matérielle très exacte du journal de la C. G. T.

Nous n'avons pas ici à montrer combien la classe ouvrière est loin de donner tout ce qu'elle devrait donner pour que la *Voix du Peuple* soit véritablement l'organe officiel du Prolétariat organisé de France. Nous n'avons qu'à exposer les travaux de la Commission du Journal.

Le premier soin qu'eut le Comité confédéral, après le dernier Congrès, ce fut de donner au journal une organisation nouvelle qui lui permît de réaliser quelques économies. C'est ainsi qu'au cours des deux années écoulées, le camarade Pouget, démissionnaire, fut remplacé comme secrétaire-adjoint de la Section des Fédérations, mais ne le fut pas comme administrateur-rédacteur et permanent de la *Voix du Peuple.*

La Commission du Journal elle-même a subi une transformation par suite du remplacement de certains de ses membres nommés par chacune des sections au lendemain du Congrès de Marseille.

Définitivement constituée, en novembre 1909, la Commission du Journal se compose ainsi :

Pour la Section des Bourses : Le Guery, Janvion, Tesche, Merrheim, Monatte, Robert.

Pour la Section des Fédérations : Tabard, Bled, Bourderon, Arbogast, Bousquet, et le Bureau confédéral.

L'Administration du Journal fut tout entière aux soins du trésorier et la rédaction en incomba aux secrétaires, sous le contrôle de la Commission du Journal.

Cette Commission s'est réunie toutes les semaines, le lundi soir, afin d'examiner les articles adressés à la *Voix du Peuple* et de trancher les cas qui semblaient difficiles.

Bien rarement, furent nombreux les membres de cette Commission ; cependant le Journal fut imprimé avec exactitude et les camarades qui eurent le soin de le rédiger, de le publier, s'appliquèrent à éviter les réclamations.

Nous croyons que le Journal de la C. G. T. fut bien le fidèle reflet de l'action syndicale pendant ces deux années écoulées. Nous croyons qu'il s'est maintenu dans la voie qui est celle de la Confédération elle-même et que sa propagande fut efficace.

Certes, nous ne croyons pas avoir obtenu le maximum d'effet, mais nous pouvons assurer que le maximum de bonne volonté fut mis au service de la cause syndicale par tous ceux des militants qui s'occupèrent de donner à la *Voix du Peuple* un regain de vie et de prospérité.

On peut certainement contester le succès de l'organe de la C. G. T., mais nous demandons à ceux qui voudront lui apporter quelques critiques de bien vouloir se souvenir des appels répétés que nous avons publiés dans le Journal pour obtenir des renseignements sur les grèves, pour obtenir des articles intéressants sur les faits syndicaux par ceux qui les vivaient. Combien de militants ont pris la peine de nous annoncer et surtout de nous rendre compte de leurs Congrès spéciaux de corporations ? Et combien de militants ont répondu à nos appels ? On pourrait en dire le chiffre... Un trop grand nombre sont restés indifférents. Cependant, autant que nous l'avons pu, nous avons secondé les sampagnes des corporations diverses dans leurs revendications. Nous avons signalé leurs succès.

La *Voix du Peuple* a publié deux numéros spéciaux sur les Retraites Ouvrières.

En outre, comme chaque année, des numéros illustrés ont donné l'idée à tous que les décisions prises par les deux derniers Congrès nationaux de la C. G. T. (Amiens et Marseille) ont été mises en pratique. Au point de vue antimilitariste, des numéros illustrés ont été tirés en grand nombre et répandus à profusion.

Le Conseil de revision, le Départ de la classe, ont été des occasions merveilleuses de propagande antimilitariste que nous n'avons pas manquées. C'étaient, là encore, de bonnes occasions d'éducation syndicale par le Journal illustré.

Mais cela nous a valu la condamnation et l'emprisonnement pour un an de notre gérant, le camarade Vignaud.

Enfin, la campagne menée contre Biribi, l'enfer du soldat, où souffrent et meurent atrocement les Enfants du Peuple fut une nouvelle occasion de lancer partout le cri d'indignation et de colère du monde ouvrier contre ces lieux de tortures et contre les bourreaux galonnés formés au sein de notre belle armée de défense bourgeoise et de protection capitaliste.

La *Voix du Peuple* a sans cesse mené une campagne ardente contre les gros exploiteurs internationaux ; contre les potentats de l'Industrie et de la Finance et contre les gouvernants domestiqués, toujours prêts à frapper par leur magistrature, à massacrer par leur police et leur armée tout ce qu'il y a de dignes militants parmi la classe ouvrière en œuvre d'affranchissement par sa force d'organisation, par sa conscience de classe, par son action de révolte collective.

La *Voix du Peuple* n'a pas négligé pour cela de dire ce qu'elle pensait des mouvements en cours, des mouvements passés, des mouvements en perspective. Elle n'a pas trop limité la liberté de ses collaborateurs. Si quelques-uns de ceux qui ne collaborent jamais à l'organe de tous ont su critiquer et ont semblé prendre à leur adresse personnelle certaines appréciations, nous n'y pouvons rien ; mais nous estimons qu'un camarade, un militant a le droit d'écrire ce qu'il pense des faits sociaux et d'apprécier le rôle des militants qui prennent part à ces faits, pourvu que leurs appréciations n'aient ni la forme d'injures personnelles, ni l'intention de troubler l'union des travailleurs entre eux.

Sous réserve de ces conditions, la Commission assume devant le Congrès toute la responsabilité de ce qu'a publié la *Voix du Peuple.*

Enfin, rappelons quelle campagne fut menée par l'organe syndicaliste en faveur des Retraites Ouvrières et contre les projets de loi qui semblaient à la C. G. T. des projets de bluff, d'escroquerie et de réclame électorale...

Et, par notre Journal, parallèlement à l'action syndicale, la lutte continue.

Le Congrès donnera son opinion sur l'œuvre accomplie et les efforts dépensés.

A lui de critiquer, à lui de faire des propositions salutaires pour la *Voix du Peuple.*

Il dira s'il n'y a pas un moyen ou plusieurs d'assurer la vie matérielle du Journal, de le rendre intéressant à tous et d'en faire non seulement un organe enregistreur de la vie syndicale de la C. G. T., mais encore un organe de combat du Syndicalisme français.

Pour la Commission :

G. Yvetot.

RAPPORT

DU

Comité des Grèves de la Grève Générale et des Huit Heures

Quoique les événements survenus depuis notre dernier Congrès aient été très nombreux et tous intéressant particulièrement notre Comité des Grèves, de la Grève générale et des Huit Heures, nous ne présenterons pas au Congrès de Toulouse le rapport que nous aurions tous désiré et qu'il était de notre devoir d'établir.

Des raisons indépendantes de notre volonté nous ayant empêché d'apporter toute notre attention aux faits qui se sont produits depuis deux ans, il ne nous a pas été possible de faire un rapport sur un travail qui n'a pas été exécuté. C'est avec beaucoup de regret que nous faisons cette déclaration ; nous eussions préféré apporter un autre rapport dans lequel nous aurions donné l'historique d'une action à laquelle nous aurions participé.

Notre inaction n'est pas imputable aux membres de notre Comité de la Grève générale ; ils se sont tous dépensés comme il l'ont pu et dans la mesure de leurs moyens. La faute réside dans la constitution même de ce Comité qui n'a aucun moyen capable de permettre une activité constante et particulière.

Les moyens financiers lui étaient indispensables pour faire œuvre utile ; il eût fallu surtout un camarade affecté spécialement à cet organisme pour la régularité des travaux, pour maintenir des relations permanentes avec les sous-comités existants, pour répondre aux nombreuses demandes de renseignements des Syndicats, des Fédérations, des Bourses, pour entretenir une agitation, soutenir des mouvements, en provoquer parfois, et propager l'idée de la grève générale et de la diminution des heures de travail.

Nous ne pouvions pas songer à distraire les fonctionnaires actuels de la C. G. T. pour cette besogne particulière, déjà absorbés par le travail administratif et l'agitation constante en faveur des questions d'ordre général ; comme nous, ils firent de leur mieux, mais ne purent satisfaire à toutes les exigences de notre action.

Les camarades qui lurent le compte rendu des travaux du Congrès de Marseille ou qui y assistèrent en qualité de délégués seront peut-être surpris des raisons invoquées par nous, alors que ce point (moyens financiers) avait été examiné en discutant l'augmentation de la cotisation.

Il est évident que de l'augmentation de cotisations adoptée à Marseille, il devait en être attribué une grande partie à notre Comité pour les besoins de la propagande ; c'est dans cet esprit que les congressistes donnèrent des ressources nouvelles, mais faute de précision dans la résolution, aucune suite ne lui fut donnée, pour ce qui avait trait à la vie de notre Comité.

Par cette lacune, la volonté du Congrès fut interprétée différemment, et nous ne pûmes pas disposer des fonds nécessaires à notre fonctionnement, tant pour la propagande que pour l'administration.

Les inconvénients d'une semblable situation surgirent aussitôt. Le Comité de la Grève générale changeant plusieurs fois de secrétaire, un travail commencé ne fut pas terminé ; il n'eut aucune ligne de conduite bien déterminée ; il resta même, plusieurs fois, dans un profond sommeil. Cette façon de procéder ne pouvait que provoquer des réclamations légitimes de la part de nos camarades de province et contribua pour beaucoup à la disparition de la plupart des sous-comités qui s'étaient formés dans plusieurs régions.

Ceci explique le peu d'empressement apporté à répondre à nos dernières circulaires relatives à la formation nouvelle de ces sous-comités. Seule l'insistance que nous mîmes, auprès des Bourses, à obtenir une réponse nous donna un premier résultat, qui témoigne un désir de reprendre et de mener à bien la propagande en faveur de la grève générale et de la diminution des heures de travail.

Pour continuer ce travail et suivre ainsi la voie que nous ont tracée les précédents Congrès, le Comité des Grèves, de la Grève générale et des Huit Heures demande au Congrès de Toulouse de lui fournir les **Vierzon, Fougères.** moyens d'existence.

1° En adoptant la création d'un secrétariat permanent avec un ou plusieurs secrétaires ;

2° En fixant les ressources nécessaires à son fonctionnement.

Ainsi organisé, le Comité pourra centraliser les renseignements relatifs aux conflits et en tirer des documents précieux pour les militants qui s'intéressent à l'action syndicale ; il pourra également répondre aux demandes d'orateurs dans les grèves où la nécessité s'en fera sentir ; il pourra continuer un travail d'organisation pour préparer les forces syndicales en vue d'une grève générale : aboutissant du syndicalisme.

Pour la formation des sous-comités, nous avons fait parvenir une première circulaire le 29 avril 1910 et une deuxième le 1er juin. A toutes les organisations qui nous répondirent favorablement, nous adressâmes une autre circulaire renfermant les renseignements complémentaires. Ces circulaires ayant paru dans la « Voix du Peuple », nous jugeons qu'il est inutile de les reproduire dans ce rapport ; nous nous bornons à donner la liste des Bourses qui ont donné suite à notre demande :

Agen, Arles, Besançon, Béziers, Blois, Carcassonne, Constantine, Dijon, Epernay, La Rochelle, La Seyne-sur-Mer, Le Tréport, Lille, Li-

moges, **Lons-le-Saunier, Lorient, Le Mans, Marseille, Mehun-sur-Yèvre, Montceau-les-Mines, Montpellier, Moulins, Nancy, Nîmes, Oullins, Perpignan, Poitiers, Saint-Brieuc, Saint-Etienne, Seine-et-Oise, Troyes, Vierzon, Fougères.**

Les Bourses suivantes nous ont répondu que, prises par des difficultés matérielles, elles ne peuvent donner suite à notre demande. Certaines d'entre elles espèrent avant peu réussir à former un sous-comité :

Angoulême, Châteauroux, Commentry, Isère, Mazamet, Mèze, Montluçon, Niort, Orne, Rochefort-sur-Mer, Romilly-sur-Seine.

Le secrétaire : G. DELPECH.

———

RAPPORT FINANCIER

DE LA

SECTION DES FÉDÉRATIONS

RAPPORT FINANCIER DE LA SECTION DES FÉDÉRATIONS

Recettes du 1er Juillet 1908 au 31 Décembre 1909

Années	Mois	Cotisations		Labels		Brochures		Souscriptions		Divers		Totaux	
1908	Juillet	434	85	11	55	24	50	»		»		470	90
	Août	1.717	95	37	»	3	50	58	»	5	»	1.821	45
	Septembre.	1.096	50	42	30	64	60	202	85	646	35	2.052	60
	Octobre	339	»	38	20	130	85	»		290	»	798	05
	Novembre.	992	90	8	»	46	35	26	10	»		1.073	35
	Décembre	1.568	80	26	85	50	10	23	20	»		1.668	95
1909	Janvier	1.167	65	31	50	22	»	26	»	»		1.247	15
	Février.	271	90	10	20	26	75	87	50	»		396	35
	Mars	1.062	85	12	35	25	90	»		»		1.101	10
	Avril.	2.375	40	30	65	20	85	»		7	»	2.433	90
	Mai.	361	»	15	25	14	»	»		519	»	909	25
	Juin	384	55	8	45	21	»	»		»		414	»
	Juillet	1.198	20	26	05	4	50	»		»		1.228	75
	Août	592	»	5	35	15	20	»		»		612	55
	Septembre.	1.244	65	13	60	20	45	20	»	»		1.298	70
	Octobre	2.047	20	13	70	31	70	10	»	»		2.102	60
	Novembre	655	25	11	05	159	80	»		2	»	828	10
	Décembre	3.109	10	22	95	154	35	»		»		3.286	40
	TOTAUX	20.619	75	365	»	836	40	453	65	1.469	35	23.744	15

Dépenses du 1er Juillet 1908 au 31 Décembre 1909

nnées	Mois	Correspondance		Impressions		Frais de Bureau		Cotisation Internationale		Appointements		Divers		Délégation		Loyer		Totaux	
908	Juillet.	3	30	346	50	»		»		350	»	217	45	135	»	»		1.052	25
	Août.	48	10	1.266	»	5	»	»		350	»	214	»	268	70	148	»	2.299	80
	Septembre	38	90	2.018	05	12	50	»		350	»	478	85	128	25	»		3.026	55
	Octobre.	2	65	605	»	9	85	»		18	»	22	50	239	»	80	»	977	»
	Novembre.	91	60	314	»	»		»		616	»	32	10	»		»		1.053	70
	Décembre.	8	35	»		29	70	»		450	»	79	60	1	50	»		569	15
909	Janvier	76	35	»		220	05	»		350	»	61	20	»		80	»	787	60
	Février	2	70	»		71	40	»		430	»	30	»	»		»		534	10
	Mars.	46	95	118	»	15	»	»		600	»	134	»	184	»	»		1.097	95
	Avril.	62	75	188	»	4	75	»		350	»	689	»	347	90	»		1.642	40
	Mai	55	50	408	»	45	»	»		450	»	717	55	210	90	»		1.886	95
	Juin	13	70	103	»	»		»		950	»	»		444	40	»		1.511	10
	Juillet	3	30	»		»		402	25	550	»	83	40	3	»	80	»	1.121	95
	Août	4	80	391	»	20	»	»		350	»	1.244	55	174	50	»		2.184	85
	Septembre. . . . . , ...	32	40	»		»		»		350	»	1.088	75	»		»		1.471	15
	Octobre	»		500	»	15	90	»		350	»	54	80	»		80	»	1.000	70
	Novembre	26	05	482	»	71	15	»		350	»	372	»	»		»		1.301	20
	Décembre	8	30	1.696	35	160	20	»		350	»	49	60	230	»	»		2.494	45
	TOTAUX. . . .	525	70	8.435	90	680	50	402	25	7.564	»	5.569	35	2.367	15	468	»	26.012	85

BILAN DE LA SECTION DES FÉDÉRATIONS

Du 1er Juillet 1908 au 31 Décembre 1909

RECETTES			DÉPENSES		
Cotisations	20.619	75	Correspondance	525	70
Labels	365	»	Impressions	8.435	90
Brochures diverses	836	40	Frais de bureau	680	50
Souscriptions	453	65	Cotisation au Bureau International	402	25
Divers	1.469	35	Appointements	7.564	»
			Divers	5.569	35
			Délégations	2.367	15
			Loyer	468	»
	23 744	15		26.012	85
En caisse le 30 juin 1908	3.804	25	En caisse le 31 décembre 1909	1.535	55
	27.548	40		27.548	40

Situation du 1er Juillet 1908 au 31 Décembre 1909

FÉDÉRATIONS OU SYNDICATS	EFFECTIFS DES SYNDIQUÉS 1908	1909	PAIEMENTS EFFECTUÉS	SOMMES REÇUES		RESTE DU AU 31 Décemb. 1909
Travailleurs agricoles du Midi	2.500	2.500	Du 1er Juillet 1908 au 31 Décembre 1909	198	»	»
— — du Nord	716	300	— au —	45	85	»
Alimentation	2 500	2.500	— au —			3 mois
Allumettiers	1.500	1.500	— au —	118	80	»
Ameublement	2.000	2.000	— au —	158	40	»
Ardoisiers	2.500	2.000	— au —	187	»	»
Artistes Musiciens (affiliée à la Fon du Spectacle)	4.750	4.750	— au 30 Juin 1909	250	80	»
Bâtiment	43.000	85.000	— au 31 Décembre 1909	3.864	70	»
Bijouterie-Orfèvrerie	1.800	1.800	Du 1er Avril 1908 au —	172	15	»
Blanchisseurs	50	50	Du 1er Juillet 1908 au —	8	25	»
Brossiers-Tabletiers	1.500	1.500	— au —	118	80	»
Bûcherons	6.250	6.250	— au —	495	»	»
Céramique	3 000	3.000	— au —	223	20	»
Chapellerie	1.700	3.000	— au —	155	80	»
Chauff.-Conduc.-Mécan.-Auto	1.000	3.500	— au —	112	20	»
Chemins de fer	45.600	47.934	— au —	3.734	30	»
Coiffeurs	2.000	2.000	— au —	158	40	»
Confection Militaire	700	580	— au —	48	50	»
Cuirs et Peaux	8.000	8.000	— au —	739	20	»
Dessinateurs	500	500	— au —	43	50	»

	FÉDÉRATIONS OU SYNDICATS	EFFECTIFS DES SYNDIQUÉS 1908	1909	PAIEMENTS EFFECTUÉS	SOMMES REÇUES		RESTE DU AU 31 Décemb. 1909
21	Eclairage	5.200	5.700	Du 1er Juillet 1908 au 31 Décembre 1909	444	90	»
22	Employés	3.000	3.000	— au —	216	»	»
23	Ferblantiers-Boitiers	550	700	Du 1er Décemb. 1907 au —	71	65	»
24	Magasins Administ. de la Guerre.	900	900	Du 1er Juillet 1908 au —	71	65	»
25	Pers. civil des Etablts de la Guerre	5.000	5.000	— au —	396	»	»
26	Gantiers	500	500	— au —	39	60	»
27	Habillement	1.500	2.200	— au —	110	05	»
28	Produits chimiques	450	600	Du 1er Janvier 1908 au —	59	25	»
29	Horticoles	500	500	Du 1er Juillet 1908 au —	39	60	»
30	Instituteurs et Institutrices	»	1.500	Du 1er Juillet 1909 au —	31	60	»
31	Lithographie	1.500	1.500	Du 1er Juillet 1908 au —	118	80	»
32	Livre	10.000	10.000	— au —	780	»	»
33	**Maréchalerie**	1.250	1.250	Du 1er Octobre 1908 au —	79	50	»
34	Marine et de l'Etat	5.000	5.000	Du 1er Juillet 1908 au —	448	80	»
35	Syndicats Maritimes	3.500	3.500	— 1907 au —	256	60	»
36	Mécaniciens	5.000	1.000	Du 1er Avril 1908 au —	303	60	»
37	Métallurgistes (affiliée aux Métaux).	14 000	14.000	Du 1er Juillet 1908 au 30 Juin 1909	683	20	»
38	Métaux (1er Juillet 1909)	»	15.000	Du 1er Juillet 1909 au 31 Décembre 1909	396	»	»
39	Mineurs	30.000	30.000	Du 15 Juin 1908 au —	2.412	»	»
40	Mouleurs (affiliée aux Métaux)	4.000	4.000	Du 1er Juillet 1908 au —	264	»	»
41	Papier	1.000	1.500	— au —	85	80	»
42	Peignes (affiliée aux Brossiers-Tabletiers).	350	»	Du 1er Octobre 1908 au 31 Mars 1909	15	20	»
43	**PEINTRES DE LEVALLOIS**	»	25	Du 1er Juillet 1909 au 31 Décembre 1909	7	50	»
44	Pelletiers-Fourreurs	400	400	Du 1er Juillet 1908 au —	32	10	»
45	Préparateurs en Pharmacie	500	500	— au —	39	60	»
46	Ports, Docks, Transports	5.000	6.000	Du 1er Avril 1908 au —	462	»	»
47	P. T. T.	3.000	3.000	Du 1er Juillet 1908 au —	237	60	»

FÉDÉRATIONS OU SYNDICATS	EFFECTIFS DES SYNDIQUÉS 1908	1909	PAIEMENTS EFFECTUÉS	SOMMES REÇUES		RESTE DU AU 31 Décemb. 1909
Poudreries-Raffineries	2.000	2.000	Du 1er Avril 1908 au 31 Décembre 1909	193	80	»
Sabotiers-Galochiers	300	300	Du 1er Juillet 1908 au —	24	»	»
Services de Santé	2.700	2.700	— au —	159	75	»
Sous-Agents des P. T. T. (Août 1909)	»	1.500	....	...	.	5 mois
Sellerie-Bourrellerie	600	600	Du 1er Juillet 1908 au 31 Décembre 1909	47	40	»
Spectacle	»	8.000	....	...	.	6 mois
Tabacs	9.000	9.000	Du 1er Juillet 1908 au 31 Décembre 1909	1 181	»	»
Teinturiers-Dégraisseurs	1.000	1.000	— au —	72	»	»
Teintures et Apprêts	285	360	— au —	26	55	»
Textile	20.000	20.000	— au —	1.440	»	»
Tonneau	500	500	Du 1er Octobre 1907 au —	61	»	»
Transports	5.000	5.000	Du 1er Juillet 1908 au —	396	»	»
Transports et Manutentions (affiliée aux Ports et Docks)	1.000	1.000	— au 28 Février 1909	35	20	»
Travailleurs Municipaux	3.000	3.000	Du 1er Avril 1908 au 31 Décembre 1909	277	20	»
Vanniers	500	500	Du 1er Décemb. 1908 au —	26	»	»
Verriers	4.000	4.000	Du 1er Juillet 1908 au —	336	60	»
Voiture	1.000	1.500	Du 1er Avril 1908 au —	125	40	»
CANNES, FOUETS, PARAPLUIES	100	90	Du 1er Octobre 1907 au —	133	45	»
CAOUTCHOUC (Disparu)	130	130	Du 1er Décemb. 1908 au 31 Janvier 1909	13	»	»
MAIN-D'ŒUVRE des P. T. T. (Synd. Gl des P. T. T.)	1 150	»	Du 1er Juillet 1908 au 31 Décembre 1908	30	35	»
MONNAIES ET MÉDAILLES	200	200	— au 31 Décembre 1909	198	»	»
Sciage et Façonnage Mécanique	»	300	Du 1er Avril 1909 au —	11	90	»
SCIERIES MÉCANIQUES, PARIS	100	100	Du 1er Juillet 1908 au 31 Mars 1909	49	50	»
— **LYON**	25	25	— au 31 Décembre 1909	24	70	»
— **ANGERS**	»	20	Du 1er Janvier 1909 au —	12	»	»
— **NANTES**	15	»	Du 1er Avril 1908 au 31 Décembre 1908	6	75	»
VOILIERS, DUNKERQUE	50	50	Du 1er Décemb. 1907 au 31 Décembre 1909	62	50	»

Au 30 juin 1908, il existait 63 Fédérations adhérentes. Au 30 juin 1910 leur nombre a été ramené à 57. 5 Fédérations nouvelles se sont formées avec les éléments anciens et 3 se sont constituées ; d'autres se sont fondues dans les Fédérations existantes ou dissoutes.

Voici les modifications qui sont survenues au cours de l'exercice :

FÉDÉRATIONS FUSIONNÉES : *Carriers* et *Peinture*, fédérées au Bâtiment ; *Ouvriers en Peignes*, fédérée aux Brossiers-Tabletiers ; *Transports, Manœuvres, Manutentions*, fédérée aux Ports, Docks et Transports; *Sellerie-Bourrellerie*, fédérée aux Cuirs et Peaux.

DISPARUES : *Artistes-Musiciens*, pour faire place à la Fédération générale du Spectacle ; *Métallurgie* et *Mouleurs*, pour devenir la Fédération des Métaux ; *Ardoisiers* et *Mineurs*, pour fonder la Fédération des Travailleurs du Sous-Sol ; les Syndicats des *Ouvriers des Scieries Mécaniques*, pour former la Fédération du Sciage et Découpage à la mécanique et les *Huiliers-Pétroliers* pour établir la Fédération des Produits Chimiques.

NOUVELLEMENT CONSTITUÉES : Fédération des Instituteurs et Institutrices ; Fédération des Vanniers et Syndicat général des Sous-Agents des Postes, Télégraphes et Téléphones.

DISSOUTES : Modeleurs-Mécaniciens ; Fédération des Presses Typographiques.

SYNDICATS ISOLÉS : Il ne reste que 6 Syndicats isolés, dont 2 nouveaux admis, les Crieurs de Journaux de Marseille et le Syndicat des Employés de la Région Parisienne (admis provisoirement). Les 4 anciens sont : le Syndicat des Cannes, Fouets et Parapluies ; le Syndicat des Monnaies et Médailles ; le Syndicat des Peintres de Levallois et le Syndicat des Voiliers de Dunkerque.

Parmi ceux qui sont disparus, il en est qui ont fusionné dans leurs Fédérations respectives ou en ont formé une avec leurs éléments.

Fédérations en retard de leurs paiements au 30 juin 1910 : Spectacle, 6 mois ; *Syndicat général des Sous-Agents des P. T. T.*

RECETTES

Vente de Labels : galvanos, caoutchouc.

Souscriptions diverses: Coiffeurs, Paris, 20 francs ; Monthéus, Paris, 5 francs ; Syndicat des Bois de Merrains, Cette, 10 francs ; Syndicat des Métallurgistes, Amiens, 3 fr. 40; Syndicat Typographique, Brive, 5 francs; Syndicat des Travailleurs Réunis du Port de Lorient, 5 francs ; Bourse du Travail, Blois, 7 fr. 50 ; Syndicat des Cultivateurs, Narbonne, 10 fr. ; Bourse du Travail, Commentry, 10 francs ; Ardoisiers, Trélazé, 50 francs; Bourse du Travail, Marseille, 17 fr. 50 ; Journaliers, Lourdoueix, 3 francs; Syndicat des Charpentiers, Corbeil, 3 fr. 75 ; Syndicat des Charpentiers de la Seine, 9 fr. 60 ; Mouleurs, Amiens, 2 francs ; Syndicat des Travailleurs Réunis d'Indret, 13 fr. 70 ; Chemins de fer de Villeneuve-St-Georges, 25 francs ; Coopérative « La Famille », Lyon, 200 francs ; Syndicat des Maçons, Reims, 2 fr. 80 ; Syndicat des Maçons, Limoges, 3 fr. 30 ; Amicale « La Famille », Lyon, 15 francs ; Syndicat du Bâtiment, Levallois-Perret, 8 fr. 20 ; Syndicat des Verriers de Terrasson, 20 francs.

Versé par le camarade Andrieux sur la vente du papier à cigarettes « Le Syndiqué » : 316 fr. 50.

Brochures : Manuels du Soldat, Répertoires confédéraux, Livrets Statuts-types, Viaticums.

DEPENSES

Correspondances : Lettres, envois de reçus et de circulaires pour le Secrétariat et la Trésorerie.

Impressions relatives à l'affaire Draveil-Vigneux-Corbeil, 1.077 fr. 50; Répertoire confédéral, 2.000 francs ; carnets de reçus, 37 fr. 50 ; affiches labels, 6 francs ; 4.000 bandes, 3 francs ; 500 « Appel à la Population », 48 francs ; 2.000 affiches « A la Population », 67 francs ; numéro exceptionnel, affaire Draveil, 627 fr. 50 ; numéro exceptionnel, 2 août, 627 fr. 50 ; placards pour Défense Griffuelhes (emprisonnés de Corbeil), 105 francs ; affiches, Villeneuve-Saint-Georges, 84 francs ; numéro supplémentaire, Villeneuve, 230 francs ; circulaires, Congrès Unitaire de la Métallurgie, 10 francs ; affiches réunion pour Mazamet, 50 francs ; affiche pour les Postiers, 50 francs ; circulaires, Congrès Unitaire de la Métallurgie, 8 francs ; affiche grève des Postiers, 118 francs ; affiches, grève de Méru, 50 francs ; affiche « Appel pour les Postiers », 60 francs; affiches « Appel pour la grève générale », 225 francs ; circulaire pour la Conférence des Bourses et des Fédérations, 18 francs ; affiches, 25 mai, 105 francs ; circulaires pour l'élection au Secrétariat, 12 francs ; circulaires « Contre la Guerre », 250 francs; brochures « Compte rendu de la Conférence des Bourses et des Fédérations », 950 francs ; affiches « Etrennes aux facteurs », 35 francs ; Cartes confédérales, 1.634 fr. 35.

Cotisations : 400 francs au Secrétariat International.

Locations de salles : Théâtre du Peuple, rue de Belleville, 50 fr. 30 ; Manège Saint-Paul (Draveil-Vigneux), 350 francs ; salle Wagram, pour meeting « Guerre à la Guerre », (part de la Section), 400 francs.

Appointements. — Aux secrétaires : Griffuelhes, 8 mois et 1 mois d'indemnité, 2.250 francs ; Niel, 5 mois, 1.250 francs ; Jouhaux, 5 mois, 1.250 francs.

Aux Trésoriers : Lévy, 8 mois et 1 mois d'indemnité, 800 francs ; Marck, 8 mois, 780 francs (et 300 francs pendant sa détention de 3 mois à Rouen) ; Jouhaux (intérim), 300 francs, pendant la détention de Marck.

Indemnités spéciales : Niel, 500 francs ; Thil, 100 francs.

Divers : Installation du gaz (part de la Section), 121 fr. 80 ; témoins pour le Procès Biétry, 113 francs ; travaux de menuiserie ; colis postaux; travaux supplémentaires au bureau ; confection de labels, galvanos et caoutchouc ; nettoyage du bureau, etc.

Loyer : 468 francs.

DELEGATIONS

Tabard, Congrès des Ports et Docks, 135 francs ; Luquet, Congrès des Travailleurs Agricoles du Midi et Marseille, 150 francs ; Bourderon, Congrès de l'Habillement; Avignon, 118 fr. 70 ; Pataud, Vendée, 53 francs; Dumas, Bûcherons du Cher, 75 fr. 25 ; Lévy, Marseille, 53 francs ; Luquet, Marseille, 186 francs : Marck, Asnières, 1 fr. 50 ; Thuilier, *Grève de Méru*, 33 fr. 10 ; Marie, *id.*, 30 francs; Lévy, *id.*, 70 fr. 70; Jouhaux, *id.*, 50 fr. 20; Lefebvre, *id.*, 40 francs ; Marck, *id.*, 5 francs ; Roche, *id.*, 5 francs ; Voirin, Grève de Mazamet, 12 fr. 30 ; Péricat, *Grèves de l'Oise*, 14 fr. 15 ; Thuilier, *id.*, 15 fr. 10 ; Marck, *id.*, 8 francs ; Voirin, *id.*, 25 fr. 80 ; Marck *id.*, 25 fr. 80 ; Favier, *id.*, 19 fr. 20 ; Legrand, *id.*, 26 fr. 70; Niel, *id.*, 12 francs ; Roche, *id.*, 25 fr. 80 ; Delpech, *id.*, 12 fr. 20 ; Blanchard, *id.*, 6 fr. 25 ; Jouhaux, *id.*, 15 francs ; Lévy, *id.*, 34 fr. 20 ; Péricat et Marck, *id.*, 12 fr. 40 ; Delpech, *id.*, 33 francs ; Niel, Meeting Rouen (arrestation Marck), 23 fr. 50 ; Le Guery, 1er *Mai*, Dijon, 24 fr. 90 ; Garnery, Le Vimeux, *id.*, 15 francs; Pereyre, *id.*, Melun, 18 fr. 50; Delalé, *id.*, Beauvais, 20 francs ; Le Guenic, *id.*, Béthune, 30 francs ; Voirin, Méru, 12 fr.; Le Guenic, Villeneuve-Saint-Georges, 4 francs ; Lenoir, 1er Mai, Valence, 63 francs ; Tabard, Congrès des Ports et Docks, Marseille, 173 francs ; Robert, Congrès des Sabotiers, 59 francs ; Garreau, propagande dans l'Isère, 75 francs; Griffuelhes, Montceau, 59 fr. 40 ; Monatte, Congrès des Verriers, 78 francs; Jouhaux, grève des Lads, Maisons-Lafitte, 3 francs ; Pommier, Concarneau, 71 fr. 50 ; Robert, Digoin, 30 francs ; Jouhaux, Congrès des Agricoles du Midi, 103 francs ; Jouhaux, tournée chez les Agricoles du Midi, 200 francs.

Le Trésorier,

CH. MARCK.

Conformément aux décisions prises, relativement aux frais de délégations, les indemnités versées aux délégués, mandatés par la C. G. T., sont toujours comptées à raison de 15 francs par jour pour ceux qui ne sont pas permanents d'organisations, et de 7 francs par jour pour ceux qui occupent des fonctions pour lesquelles ils sont rétribués.

Les frais de voyage, aller et retour, en plus.

RAPPORT FINANCIER

DE LA

Section des Bourses

RAPPORT FINANCIER DE LA SECTION DES BOURSES

Recettes du 1er Juillet 1908 au 31 Décembre 1909

Années	Mois	Cotisations		Divers		Brochures		Souscription		Totaux	
1908	Juillet	607	95	»		11	»	34	»	652	95
	Août	817	95	»		35	50	»		853	45
	Septembre	718	10	»		27	50	»		745	60
	Octobre	119	20	»		42	45	»		161	65
	Novembre	237	25	»		»		»		237	25
	Décembre	929	10	»		26	50	»		955	60
1909	Janvier	521	80	»		14	50	»		536	30
	Février	187	35	»		29	»	»		216	35
	Mars	361	90	»		25	60	»		387	50
	Avril	847	15	»		77	05	»		924	20
	Mai	290	50	»		38	40	»		328	90
	Juin	434	20	401	50	4	75	»		840	45
	Juillet	531	60	»		3	50	»		535	10
	Août	467	80	»		11	50	»		479	30
	Septembre	533	05	»		40	75	»		573	80
	Octobre	713	»	0	40	3	»	»		716	40
	Novembre	847	90	»		6	05	»		853	95
	Décembre	1.357	80	»		3	»	»		1.360	80
	TOTAUX	10.523	60	401	90	400	05	34	»	11.359	55

Dépenses du 1er Juillet 1908 au 31 Décembre 1909

		Correspondance		Impressions		Frais de bureau		Cotisations internationales		Appointements		Divers		Délégations		Loyer		Totaux	
1908	Juillet	11	25	»		20	»	»		350	»	59	75	»		»		441	»
	Août	12	10	»		»		»		350	»	»		»		146	»	508	10
	Septembre	35	85	255	»	»		»		350	»	29	15	28	70	»		698	70
	Octobre	20	25	450	»	»		»		»		1.600	40	254	»	80	»	2.404	65
	Novembre	10	70	»		20	»	»		350	»	95	60	»		»		476	30
	Décembre	6	60	»		20	»	»		700	»	77	55	22	»	»		826	15
1909	Janvier	2	70	»		20	»	»		350	»	127	»	»		80	»	579	70
	Février	»		»		»		»		430	»	4	»	»		»		434	»
	Mars	1	15	200	»	»		»		350	»	4	»	»		»		555	15
	Avril	13	40	10	»	20	»	»		350	»	»		»		80	»	473	40
	Mai	32	40	»		»		»		450	»	22	75	»		»		505	15
	Juin	5	65	28	»	»		»		450	»	127	75	»		»		611	40
	Juillet	2	80	»		»		402	»	450	»	125	50	»		80	»	1.060	30
	Août	»		65	»	25	»	»		350	»	584	45	»		»		1.024	45
	Septembre	18	60	»		»		»		350	»	»		»		»		368	60
	Octobre	»		»		»		»		350	»	9	50	60	»	80	»	499	60
	Novembre	11	25	15	»	20	»	»		350	»	75	30	»		»		471	55
	Décembre	3	80	1.237	»	20	»	»		350	»	13	»	88	60	»		1.712	40
	Totaux	188	50	2.260	»	165	»	402	»	6.680	»	2.955	70	453	30	546	»	13.650	50

BILAN DE LA SECTION DES BOURSES

du 1er Juillet 1908 au 31 Décembre 1909

RECETTES			DÉPENSES		
Cotisations	10.523	60	Correspondance	188	50
Divers	401	90	Impressions	2.260	»
Brochures	400	05	Frais de bureau	165	»
Souscriptions	34	»	Cotisation Internationale	402	»
			Appointements	6.680	»
			Divers	2.955	70
			Délégations	453	30
			Loyer	546	»
	11.359	55		13.650	50
En caisse au 30 juin 1908	2.754	30	En caisse au 31 décembre 1909	463	35
	14.113	85		14.113	85

Situation du 1er Juillet 1908 au 31 Décembre 1909

	BOURSES OU UNIONS	EFFECTIFS DES SYNDICATS 1908	1909	PAIEMENTS EFFECTUÉS	SOMMES REÇUES		RESTE DU AU 31 Décemb. 1909
1	Aix	6	6	Du 1er Juillet 1908 au 31 Décembre 1909	40	60	»
2	Agde	5	5	Du 1er Avril 1908 au —	40	45	»
3	Agen	»	»	A compte sur l'année 1909	20	»	»
4	Alais	9	9	Du 1er Juillet 1908 au 31 Décembre 1909	62	70	»
5	Albi	13	14	— au —	92	40	»
6	Abbeville (1er Août 1908)	5	6	Du 1er Août 1908 au —	35	85	»
7	Alençon	6	5	Du 1er Juillet 1908 au —	36	80	»
8	Alger (1er Janvier 1909)	»	10	Du 1er Janvier 1909 au 31 Mars 1909	10	50	9 mois
9	Amiens	30	30	Du 1er Juillet 1908 au 31 Décembre 1909	246	»	»
10	Angers	31	34	— au —	228	90	»
11	Angoulême	16	16	— au —	116	05	»
12	Annecy (1er Janvier 1910)	»	»	....	»	»	»
13	Ardennes (Fédération des)	»	»	Du 1er Juillet 1908 au 31 Décembre 1909	»	»	»
14	Arles	6	4	— au —	27	75	»
15	Aubusson (1er Août 1909	»	4	Du 1er Août 1909 au —	8	40	»
16	Auch	7	7	Du 1er Juillet 1908 au —	39	70	»
17	Aurillac (1er Août 1909	»	6	Du 1er Août 1909 au —	10	50	»
18	Auxerre	20	20	Du 1er Juillet 1908 au —	138	60	»
19	Bastia	6	6	— au —	35	50	»
20	Bayonne	8	6	— au —	43	90	»
21	Bédarieux	5	5	— au —	31	80	»
22	Belfort	13	8	— au —	78	50	»
23	Besançon	22	22	— au —	145	80	»
24	Béziers	18	18	— au —	128	20	»
25	Blois	7	7	Du 1er Janvier 1908 au —	63	60	»
26	Bône	13	10	Du 1er Juin 1908 au —	85	75	»

BOURSES OU UNIONS	EFFECTIFS DES SYNDICATS		PAIEMENTS EFFECTUÉS	SOMMES REÇUES		RESTE DU AU 31 Décemb. 1909
	1908	1909				
Bordeaux (réadmis le 1er Juillet 1909)	»	27	Du 1er Juillet 1909 au 31 Décembre 1909	109	70	»
Boulogne-sur-Mer	8	8	Du 1er Avril 1908 au —	72	90	»
Bourg (Ain-Jura)	3	»	Du 1er Mars 1908 au 30 Septembre 1908	7	35	»
Bourges	20	20	Du 1er Janvier 1908 au 31 Décembre 1909	193	20	»
Brest	»	»	. . . .			12 mois
Brive	9	10	Du 1er Avril 1908 au 31 Décembre 1909	73	20	»
Caen (Union des Syndicats du Calvados)	19	18	Du 1er Juillet 1908 au —	114	80	»
Cahors	9	9	— au —	58	70	»
Calais	»	»	. . . .			24 mois
Carcassonne	5	5	Du 1er Janvier 1908 au 31 Décembre 1909	46	20	»
Castres	13	14	Du 1er Juillet 1908 au —	92	55	»
Cette	20	20	Du 1er Janvier 1908 au —	186	40	»
Châlon-sur-Saône	6	6	Du 1er Juillet 1907 au —	70	60	»
Chambéry (réadmise)			. . . .			
Chartres (Eure-et-Loir)	5	5	Du 1er Juillet 1908 au 31 Décembre 1909	32	55	»
Chaumont	8	10	— au —	51	10	»
Châteauroux	12	12	— au —	83	10	»
Chauvigny	»	»	. . . .			16 mois
Cherbourg	13	13	Du 1er Juillet 1908 au 31 Décembre 1909	88	20	»
Cholet	5	5	Du 1er Janvier 1909 au —	23	10	»
Clichy (Union des Syndicats de la Seine)	5	5	Du 1er Novemb. 1907 au 30 Juin 1909	38	70	»
Clermont-Ferrand	20	22	Du 1er Juillet 1908 au 31 Décembre 1909	139	35	»
Cognac	11	11	— au 30 Juin 1909	48	»	6 mois
Commentry	7	3	Du 1er Avril 1908 au 31 Décembre 1909	39	30	»
Constantine	12	12	Du 1er Juillet 1908 au —	85	10	»
Fédération des Syndicats de l'Oise	12	12	— au —	75	»	»
Dinan (1er Janvier 1910)			. . . .			
Dun-sur-Auron (1er Janvier 1910)			. . . .			
Dijon (1er Janvier 1909)	»	20	Du 1er Janvier 1909 au 31 Décembre 1909	90	»	»
Dôle (Ain-Jura)	9	»	Du 1er Juillet 1908 au 30 Septembre 1908	10	40	»
Dunkerque	20	20	— au 31 Décembre 1909	138	60	»
Dreux (Eure-et-Loir)	5	5	— au 31 Octobre 1909	28	90	»
Elbeuf	7	7	Du 1er Janvier 1908 au 31 Décembre 1909	58	80	»
Epernay	6	5	Du 1er Juillet 1908 au —	37	»	»
Evreux	6	»	Du 1er Septemb. 1908 au 30 Novembre 1908	6	30	13 mois
Firminy (1er Janvier 1909)	»	6	Du 1er Janvier 1909 au 31 Décembre 1909	25	20	»

	BOURSES OU UNIONS	EFFECTIFS DES SYNDICATS		PAIEMENTS EFFECTUÉS	SOMMES REÇUES		RESTE DU AU 31 Décemb. 1909
		1908	1909				
63	Flers (1er Janvier 1910)			. . . .			
64	Fougères	8	4	Du 1er Juillet 1908 au 31 Décembre 1909	43	90	»
65	Givors	2	4	— au —	18	90	»
66	Grenoble (Isère)	»	31	A compte	50	»	56 40
67	La Guerche	10	13	Du 1er Avril 1908 au 31 Décembre 1909	112	90	»
68	Le Havre	18	25	— au —	185	20	»
69	Issoudun			. . . .			
70	Issy-les-Moulineaux	4	4	Du 1er Juillet 1908 au 31 Décembre 1909	27	90	»
71	Ivry (1er Janvier 1909)	»	4	Du 1er Janvier 1909 au —	16	80	»
72	Lapalisse	3	3	Du 1er Juin 1908 au —	27	10	»
73	La Rochelle	7	7	Du 1er Avril 1908 au —	56	50	»
74	La Roche-sur-Yon	4	4	Du 1er Octobre 1907 au 30 Juin 1909	29	40	6 mois
75	Laval	6	6	Du 1er Juillet 1908 au 31 Décembre 1909	48	50	»
76	Lille	27	27	— au —	157	50	»
77	Limoges	33	36	— au —	227	50	»
78	Lons-le-Saunier (Ain-Jura)	4	»	— au 30 Septembre 1908	10	»	»
79	Lorient	11	11	— au 31 Décembre 1909	76	65	»
80	Luchon			. . . .			
81	Lyon (Union des Syndicats)	44	50	Du 1er Juillet 1908 au 31 Décembre 1909	339	50	»
82	Macon	5	5	— au —	32	»	»
83	Le Mans	18	18	— au —	112	40	»
84	Marseille	73	73	— au —	477	75	»
85	Mazamet	4	9	— au —	30	10	»
86	Mehun-sur-Yèvre	2	3	— au —	18	45	»
87	Mèze	4	4	— au —	29	05	»
88	Millau (1er Janvier 1910)			. . . .			
89	Montargis	4	4	Du 1er Juillet 1908 au 30 Juin 1909	17	70	6 mois
90	Montauban (Réadmise)			. . . .			
91	Montceau-le-Mines			. . . .			
92	Montluçon	5	6	Du 1er Juillet 1908 au 31 Décembre 1909	39	35	»
93	Montpellier	20	20	— au —	138	60	»
94	Moulins	9	9	Du 1er Avril 1908 au —	72	35	»
95	Nancy (Meurthe-et-Moselle)	15	15	Du 1er Juillet 1908 au —	103	95	»
96	Nantes	29	26	Du 1er Sept. 1907 au —	282	70	»
97	Narbonne	13	6	Du 1er Juillet 1908 au —	65	80	»
[illegible]	[illegible]	[illegible]	[illegible]	— au —	[illegible]	[illegible]	»

	BOURSES OU UNIONS	EFFECTIFS DES SYNDICATS		PAIEMENTS EFFECTUÉS	SOMMES REÇUES		RESTE DU AU 31 Décemb. 1909
		1908	1909				
9	Nice (Alpes-Maritimes)	42	20	Du 1er Avril 1908 au 31 Décembre 1909	237	90	»
0	Nîmes	20	14	Du 1er Janvier 1909 au —	58	80	»
1	Niort	10	10	Du 1er Juillet 1908 au —	85	05	»
2	Orléans	30	30	— au —	207	90	»
3	Oullins (1er Janvier 1909)	»	5	Du 1er Janvier 1909 au —	22	15	»
4	Oyonnax (Ain-Jura)	5	»	Du 1er Juillet 1908 au 30 Septembre 1908	5	25	»
5	Pantin-Aubervilliers (1er Janvier 1909)	»	6	Du 1er Janvier 1909 au 31 Décembre 1909	25	20	»
6	Paris (Union des Syndicats de la Seine)	209	200	Du 1er Juillet 1908 au —	1.427	60	»
7	Pau	»	»				18 mois
8	Périgueux	7	7	Du 1er Juillet 1908 au 31 Décembre 1909	46	85	»
9	Perpignan	12	12	— au —	78	10	»
0	Poitiers	12	12	— au —	75	60	»
1	Puteaux (U. S. Seine)	7	7	Du 1er Janvier 1908 au —	64	70	»
2	Quimper	5	5	Du 1er Mars 1908 au 30 Juin 1909	29	80	6 mois
3	Reims	33	15	Du 1er Juillet 1908 au 31 Décembre 1909	139	20	»
4	Rennes	20	20	— au —	138	90	»
5	Rive-de-Gier	5	5	Du 1er Octobre 1907 au —	45	60	»
6	Roanne	11	11	Du 1er Juillet 1908 au —	73	90	»
7	Rochefort-sur-Mer	17	17	— au —	119	30	»
8	Romans	5	5	— au —	31	50	»
9	Romilly-sur-Seine	5	5	— au —	35	10	»
0	Romorantin	5	3	— au —	25	65	»
1	Roubaix	12	12	— au —	83	15	»
2	Rouen	46	40	— au —	293	50	»
3	Saint-Amand (Cher)	7	7	— au —	44	10	»
4	Saint-Brieuc	7	3	— au —	25	50	»
5	Saint-Claude (Union Synd. Ain-Jura)	34	29	Du 1er Octobre 1908 au —	168	25	»
6	Saint-Chamond	7	7	Du 1er Juillet 1908 au —	48	60	»
7	Saint-Etienne	25	25	— au —	173	40	»
8	Saint-Malo	8	8	— au —	55	50	»
9	Saint-Nazaire	10	10	— au —	68	80	»
0	Saint-Quentin	12	12	Du 1er Juillet 1907 au —	123	65	»
1	Saint-Raphaël	3	3	Du 1er Janvier 1908 au —	12	»	»
2	Seine-et-Marne	18	22	Du 1er Avril 1908 au —	162	45	»
3	Sens	8	8	Du 1er Juillet 1908 au —	61	40	»
4	La Seyne (1er Janvier 1909)	»	4	Du 1er Janvier 1909 au —	16	80	»

	BOURSES OU UNIONS	EFFECTIFS DES SYNDICATS		PAIEMENTS EFFECTUÉS	SOMMES REÇUES		RESTE DU AU 31 Décemb. 1909
		1908	1909				
135	Soissons	7	6	Du 1er Juillet 1908 au 31 Décembre 1909	42	85	»
136	Tarare	4	5	— au —	35	95	»
137	Tarbes.	12	12	— au —	75	»	»
138	Thiers	5	5	— au —	31	50	»
139	Toulon	15	15	— au —	98	50	»
140	Toulouse	29	29	Du 1er Octobre 1906 au —	455	»	»
141	Tourcoing	10	11	Du 1er Juillet 1908 au —	81	95	»
142	Tours.			. . . .			
143	Le Tréport (1er novembre 1909)	»	4	Du 1er Novemb. 1909 au 31 Décembre 1909	2	80	»
144	Troyes	8	8	Du 1er Juillet 1909 au —	56	10	»
145	Tulle	6	3	— au —	35	70	»
146	Tunis (réadmis 1er mars 1909)	»	»	. . . .			9 mois
147	Valence.	10	10	Du 1er Juillet 1908 au 31 Décembre 1909	69	30	»
148	Vaucluse (Avignon)	11	11	— au —	76	10	»
149	Seine-et-Oise (Versailles).	30	34	— au —	226	30	»
150	Vichy.	15	15	— au —	104	10	»
151	Vienne.	7	7	Du 1er Janvier 1909 au —	45	60	»
152	Vierzon.	12	12	Du 1er Juillet 1909 au —	88	25	»
153	Voiron	5	8	Du 1er Mars 1908 au —	53	55	»
154	Vosges (Fédération des)	17	18	Du 1er Juillet 1908 au —	120	»	»

Sur 154 Organisations qui figurent au Rapport financier de la Section des Bourses, 137 ont payé des cotisations.

Parmi celles qui étaient en retard au 31 décembre 1909 se trouvaient les Bourses suivantes : Grenoble, a versé 50 francs d'acompte sur 1909 ; Agen, 20 francs, acompte sur 1909 ; Alger doit depuis le 1er avril 1909 ; Cognac, le deuxième semestre 1909 ; Dreux, le quatrième trimestre 1909; La Roche-sur-Yon, le deuxième semestre 1909 ; Montargis, le deuxième semestre 1909 ; Quimper, le deuxième semestre 1909, et Vienne, le deuxième semestre 1909.

N'ont donné aucun signe de vie au cours de l'exercice : Issoudun, depuis le 1er avril 1907 ; Bagnères-de-Bigorre, Draguignan et la Fédération des Syndicats des Ardennes, depuis le 1er janvier 1908 ; Brest, Calais et Chauvigny, depuis le 1er juillet 1908 ; Tours, depuis le 1er octobre 1908 ; Evreux, depuis le 1er décembre 1908 ; Luchon, depuis le 1er avril 1909 (date d'admission ; Tunis, depuis le 1er mars 1909 ; Pau, depuis le 1er juillet 1908.

Les Bourses de Chambéry (réadmise), d'Annecy, de Valenciennes, de Dinan, de Flers, de Millau, de Montauban (réadmise) n'avaient rien à payer, puisque d'adhésion récente.

Bourses disparues : Chauny, Villeneuve-sur-Lot.

Formation d'Unions de Syndicats : Avignon devient « Fédération des Syndicats *du Vaucluse* » ; Nice et Cannes, « Fédération des Syndicats des *Alpes-Maritimes ;* Lons-le-Saunier, Bourg, Oyonnax et Dôle, « L'Union des Syndicats de l'*Ain-Jura* » ; Montceau-les-Mines et Mâcon, « L'Union des Syndicats de *Saône-et-Loire* » ; Orléans et Montargis, « L'Union des Syndicats du *Loiret* ».

Fusions : Les Bourses du Travail de Puteaux et de Clichy se sont affiliées à « L'Union des Syndicats de la Seine » ; Chartres et Dreux à « L'Union des Syndicats d'Eure-et-Loir ».

Au 31 décembre, il ne reste que 146 Bourses ou Unions, en comptant celles qui n'ont pas encore été rayées pour défaut de paiement et les deux Bourses de Montargis et de Mâcon qui, ayant pris des timbres, ne figurent sur le tableau que pour ce motif, puisqu'affiliées à une Union.

RECETTES

Les *cotisations* régulières des organisations.

Souscriptions°: Andrieux, versé sur la vente du papier à cigarettes « Le Syndiqué » : 34 francs ; un camarade d'Alger, 5 francs.

Brochures : Manuels du Soldat et Notices : 403 fr. 55.

Mandats pour la Conférence extraordinaire des Bourses et des Fédérations, 393 francs.

DEPENSES

Correspondance : Envois de lettres, reçus, circulaires, etc...

Imprimés : 5.000 Notices pour les Unions, 200 francs ; Manuels du Soldat, 475 francs ; Cartes confédérales, 1.237 francs ; Circulaires pour le 1er Mai, 10 francs ; Chemises pour la Conférence des Bourses et des

Fédérations, 28 francs ; 600 affiches « Guerre à la Guerre », 65 francs ; 500 circulaires, 15 francs.

Cotisation au Secrétariat International, 402 fr. (part de la Section).

Appointements : Yvetot, 18 mois à 250 francs, soit 4.500 francs ; Lévy, 8 mois et indemnité, 800 francs ; Marck, 8 mois à 100 francs (part de la Section des Bourses), 780 francs (et 300 francs pour les 3 mois pendant son incarcération à Rouen) ; Jouhaux, 300 francs, intérim pendant la détention de Marck.

Loyer : 546 francs.

Divers : Location de la salle pour la Conférence des Bourses et des Fédérations, 115 francs ; « Salle du Globe », pour la Conférence des Secrétaires Internationaux, 130 francs ; part de la location de la « Salle Wagram », pour le Meeting de la « Guerre à la Guerre », 400 francs ; Défense de Marck et de Torton à Rouen, 100 francs ; installation du gaz (part de la Section), 108 fr. 50 ; nettoyage des bureaux, travaux de menuiserie, frais de bureaux, etc...

DELEGATIONS

Blanchard, Calais, 28 fr. 70 ; Lévy, Marseille, 54 francs ; Garnery, Marseille, 200 francs ; Lefebvre, Saint-Amand, 22 francs ; Yvetot, Fougères, 60 francs ; Robert, Toulouse, 88 fr. 60.

RAPPORT FINANCIER

DE LA

CAISSE CENTRALE

RAPPORT FINANCIER DE LA CAISSE CENTRALE

RECETTES du 1er Janvier au 30 Juin 1910

ANNÉE	MOIS	COTISATIONS 1908-1909		TIMBRES				CARTES Confédérales		BROCHURES		LABELS		SOUSCRIPTIONS		DIVERS		TOTAUX	
				FÉDÉRATIONS		BOURSES ou UNIONS													
1910	Janvier	1.331	20	1.194	30	924	80	443	05	32	75	12	20	100	»	»	»	4.038	30
—	Février	577	50	1.158	80	1.062	50	19	20	10	»	14	10	164	»	9	»	3.015	10
—	Mars	533	15	1.211	»	1.025	»	74	40	34	60	24	90	41	»	161	10	3.105	15
—	Avril	208	30	2.866	95	1.032	15	168	»	29	75	60	90	5	»	901	80	5.272	85
—	Mai	774	55	2.170	15	940	»	48	»	32	55	15	»	1.255	35	781	10	6.016	70
—	Juin.	391	20	2.534	05	1.662	40	532	»	350	05	74	65	237	95	2.025	75	7.808	05
	TOTAUX. .	3.815	90	11.135	25	6.646	85	1.284	65	489	70	201	75	1.803	30	3.878	75	29.256	15

DÉPENSES du 1er Janvier au 30 Juin 1910

ANNÉE	MOIS	CORRESPONDANCE		IMPRESSIONS		PROVISIONS Frais de Bureau		Délégations		Appointements		Cotisations		LOYERS		DIVERS		EXPÉDITIONS		TOTAUX	
1910	Janvier . . .	41	55	1.325	70	342	60	14	50	700	»	»	»	160	»	49	»	267	65	2.901	»
—	Février . . .	»	»	1.000	50	263	85	2.174	35	700	»	»	»	»	»	250	30	198	45	4.587	45
—	Mars.	93	15	1.325	»	202	65	352	15	700	»	»	»	»	»	212	15	47	45	2.932	55
—	Avril	36	60	2.728	75	115	60	816	55	700	»	»	»	160	»	61	»	388	25	5.006	75
—	Mai	18	25	1.771	25	50	85	1.846	80	739	20	»	»	»	»	419	50	213	20	5.059	05
—	Juin	9	35	723	»	53	65	297	65	700	»	»	»	»	»	49	»	60	80	1.893	45
	TOTAUX .	198	90	8.874	20	1.029	20	5.502	»	4.239	20	»	»	320	»	1.040	95	1.175	80	22.380	25

RAPPORT FINANCIER GÉNÉRAL DE LA CAISSE CENTRALE

RECETTES
dú 1er Juillet 1908 au 30 Juin 1910

	Cotisations		Timbres — Fédérations		Timbres — Bourses ou Unions		Cartes Confédérales		Brochures		Labels		Souscriptions		Divers		Totaux	
Du 1er Juillet 1908 au 31 Décembre 1909. .	34.012	30	»	»	»	»	»	»	1.238	15	365	»	1.410	30	1.699	25	38.725	»
Du 1er Janvier 1910 au 30 Juin 1910	3.815	90	11.135	25	6.646	85	1.284	65	489	70	201	75	1 803	30	3.878	75	29.256	15
Totaux.	37.828	20	11.135	25	6.646	85	1.284	65	1.727	85	566	75	3.213	60	5.578	»	67.981	15

DÉPENSES
du 1er Juillet 1908 au 30 Juin 1910

	Correspondance		Impressions		Provisions Frais de Bureau		Délégations		Appointements		Cotisations		Loyers		Divers		Expéditions		Totaux	
Du 1er Juillet 1908 au 31 Décembre 1909.	881	45	11.510	90	850	50	4.263	20	14.244	»	804	25	934	»	9.033	25	»	»	42.521	55
Du 1er Janvier 1910 au 30 Juin 1910, .	198	90	8.874	20	1.029	20	5.502	»	4 239	20	»	»	320	»	1.040	95	1.175	80	22.380	25
Totaux. . . .	1.080	35	20.385	10	1.879	70	9.765	20	18.483	20	804	25	1254	»	10.074	20	1.175	80	64.901	80

BILAN GÉNÉRAL

de la

CAISSE CENTRALE

du 1er Juillet 1908 au 30 Juin 1910

RECETTES			DÉPENSES		
Cotisations	37.828	20	Correspondance	1.080	35
Timbres : Fédérations	11.135	25	Impressions	20.385	10
Timbres : Bourses ou Unions	6.646	85	Provisions, Frais de Bureau	1.879	70
Cartes confédérales	1.284	65	Délégations	9.765	20
Brochures	1.727	85	Appointements	18.483	20
Labels	566	75	Cotisations	804	25
Souscriptions	3.213	60	Loyers	1.254	»
Divers	5.578	»	Divers	10.074	20
			Expéditions diverses	1.175	80
TOTAL	67.981	15	TOTAL	64.901	80
En Caisse au 30 Juin 1908	7.149	70	En Caisse au 30 Juin 1910	10.229	05
	75.130	85		75.130	85

RAPPORT FINANCIER DE LA SECTION DES FÉDÉRATIONS

du 1er Janvier au 30 Juin 1910

OTISATIONS PERÇUES AU MOYEN des TIMBRES CONFÉDÉRAUX

FÉDÉRATIONS ET SYNDICATS	Cartes délivrées	TIMBRES						TOTAL des Timbres	Sommes reçues	
		Janvier	Février	Mars	Avril	Mai	Juin			
Travailleurs Agricoles du Midi	3.500	5.500	»	5.000	»	»	5.000	15.500	93	»
— — Nord	800	»	2.000	»	»	»	»	2.000	12	»
Alimentation	10.800	9.000	10.000	»	10.000	»	»	29.000	174	»
Allumettiers	2.000	»	»	»	»	7.500	1.500	9.000	54	»
Ameublement	5.800	600	4.000	2.000	2.000	4.000	4.500	17.100	102	60
Ardoisiers (fusionné avec la Fon du Sous-Sol)	3.000	»	7.700	»	»	»	»	7.700	46	20
Bâtiment	139.520	50.000	50.000	50.000	150.000	100.000	100.000	500.000	3.000	»
Bijouterie–Orfèvrerie	4.000	1.000	2.000	»	2.000	1.000	6.000	12.000	72	»
Blanchisseurs	600	50	250	»	»	»	250	550	3	30
Brossiers-Tabletiers	2.700	»	»	9.535	4.630	»	»	14.165	84	95
Bûcherons	8.000	18.000	»	»	18.000	»	»	36.000	216	»
Céramique	5.000	10.000	»	10.000	»	»	12.000	32.000	192	»
Chapellerie	4.500	»	»	»	»	»	»	3.000	Non payés.	
Chauffeurs-Conductrs-Mécanns-Electrns	8.500	11.500	»	»	13.200	»	»	24.700	148	20
Chemins de Fer	50.000	»	»	»	»	167.690	167.690	335.380	2.012	30
Coiffeurs	2.300	»	»	»	6.000	»	»	6.000	36	»
Confection militaire	950	»	2.500	»	»	2.500	»	5.000	30	»
Cuirs et Peaux	10.000	4.000	4.000	»	4.000	4.000	4 000	20.000	120	»
CANNES, FOUETS et PARAPLUIES	100	»	»	»	»	»	500	500	25	»

	FÉDÉRATIONS ET SYNDICATS	Cartes délivrées	TIMBRES						TOTAL des Timbres	Sommes reçues	
			Janvier	Février	Mars	Avril	Mai	Juin			
20	Dessinateurs	600	»	»	»	»	»	1.800	1.800	10	80
21	Eclairage	11.000	11.000	11 000	11.000	11.000	»	11.000	55.000	330	»
22	Employés	9.000	»	18.000	»	15.000	»	»	33.000	198	»
23	Ferblantiers-boîtiers	700	»	»	»	2.000	2.000	»	4.000	24	»
24	Fourrure	1.000	1.000	1.000	»	1.000	1.000	1.000	5.000	30	»
25	Magasins administratifs de la Guerre	1.150	»	3.000	»	»	3.000	»	6.000	35	80
26	Personnel civil des Établ[nts] de la Guerre	5.500	»	»	30.000	»	»	»	30.000	180	»
27	Gantiers	600	»	»	»	»	»	1.100	1.100	6	60
28	Habillement	5.000	1.500	2.500	»	2.500	3.500	»	10.000	60	»
29	Horticoles	3.000	»	»	2.000	»	»	2.000	4.000	24	»
30	Institutrices et Instituteurs	2.000	6.700	4.300	»	»	»	»	11 000	66	»
31	Lithographie	2.000	5.000	»	»	»	3.000	»	8.000	48	»
32	Livre	10.000	»	»	»	20.000	»	10.000	30.000	180	»
33	**Maréchalerie**	1.500	»	»	»	3.000	»	3.000	6.000	36	»
34	Travailleurs de la Marine et de l'Etat	9.200	»	20 000	»	25.000	20.000	»	65.000	390	»
35	Syndicats Maritimes	5.000	»	»	»	11.000	»	»	11.000	66	»
36	Mécaniciens	1 000	»	3.000	»	»	»	»	3.000	18	»
37	Métaux	40.000	15.000	15.000	15.000	30.000	15.000	15.000	105.000	630	»
38	Mineurs	30.000	»	»	»	60.000	»	»	60.000	360	»
39	**MONNAIES et MÉDAILLES**	400	»	»	»	»	1.320	»	1.320	66	»
40	Papier (Industries du)	2.800	2.000	2.000	»	2.000	2.000	»	8.000	48	»
41	**PEINTRES DE LEVALLOIS**	50	»	»	»	»	»	100	100	5	»
42	Ports, Docks et Transports	13.000	12 000	6.000	6.000	20.000	»	»	44.000	264	»
43	P. T. T.	5.200	»	»	»	»	»	19.000	19.000	114	»
44	Préparateurs en Pharmacie	1.000	»	1.000	1.000	1.000	»	»	3.000	18	»
45	Poudreries et Raffineries	2.500	»	»	»	»	»	12.000	12.000	72	»
46	Produits chimiques	2.200	»	»	»	»	»	»	2.000	*Non payés.*	

FÉDÉRATIONS ET SYNDICATS	Cartes délivrées	TIMBRES						TOTAL des Timbres	Sommes reçues	
		Janvier	Février	Mars	Avril	Mai	Juin			
Sabotiers-Galochiers	1.150	»	2.000	»	»	2.000	»	4.000	24	»
Services de Santé	3.300	»	»	5.000	»	5.000	»	10.000	60	»
Scieurs et Découpeurs à la Mécanique	3.000	1.000	»	»	1.000	»	1.000	3.000	18	»
Spectacle	8.000	»	»	»	»	»	»	—	—	
Sous-Agents des P. T. T. (Août 1909)		»	»	»	»	»	»	—	—	
Tabacs	10.000	»	»	»	»	59.400	»	59.400	356	40
Teinturiers-Dégraisseurs	900	4.000	»	»	»	»	»	4.000	24	»
Teintures et Apprêts	2.400	»	3.000	»	6.000	»	»	9.000	54	»
Textile	20.000	»	»	»	40.000	»	»	40.000	240	»
Tonneau	1.600	»	4.000	»	4.000	»	1.000	9.000	54	»
Transports	29.500	26.200	»	30.000	»	»	20.000	76.200	457	20
Travailleurs Municipaux	27.000	»	6.000	9.000	12.000	12.000	12.000	51.000	306	»
Vanniers	1.000	4.000	»	»	»	»	»	4.000	24	»
Verriers	5.000	»	»	8.800	»	»	»	8.800	52	80
Voiture	2.000	»	4.500	»	»	2.000	»	6.500	39	»
VOILIERS DE DUNKERQUE	50	»	50	»	»	»	»	50	2	50
Crieurs de Journaux de Marseille		»	»	»	30	»	»	30	3	»
Syndicat des Employés de la Région Parisienne										

RAPPORT FINANCIER DE LA SECTION DES BOURSES DU TRAVAIL

Du 1er Janvier au 30 Juin 1910

COTISATIONS PERÇUES AU MOYEN des TIMBRES CONFÉDÉRAUX

	BOURSES DU TRAVAIL OU UNIONS DE SYNDICATS	TIMBRES						TOTAL DES TIMBRES	SOMMES REÇUES	
		Janvier	Février	Mars	Avril	Mai	Juin			
1	Abbeville	»	1.000	»	»	1.000	»	2.000	8	30
2	Agde	»	»	»	»	»	3.800	3.800	15	80
3	Agen	»	»	1.500	»	»	1.500	3.000	12	70
4	**Ain-Jura** (Saint-Claude)	»	8.000	»	»	14.000	»	22.000	91	75
5	Aix	»	600	»	»	»	3.350	3.950	16	40
6	Alais	»	2.400	»	»	»	»	2.400	10	»
7	Albi	»	»	»	5.000	»	»	5.000	20	95
8	**Orne** (Alençon)	»	1.200	»	»	»	1.200	2.400	10	»
9	**Alpes-Maritimes** (Nice)	»	»	6.000	6.000	»	»	12.000	50	10
10	Amiens	15.000	»	»	»	»	»	15.000	62	50
11	Angers	»	4.000	2.000	»	2.000	2 000	10.000	41	75
12	Angoulême	»	»	»	»	»	5.000	5.000	16	70
13	Annecy	»	2.400	»	»	»	»	2.400	10	»
14	Arles	»	2.400	»	»	»	»	2.400	10	»
15	**Creuse** (Aubusson)	»	665	»	»	»	»	665	2	80
16	Auch	»	»	»	»	»	1.200	1.200	5	»
17	Aurillac	»	»	500	»	»	»	500	2	10
18	Auxerre	»	»	»	»	»	4.000	4.000	16	70
19	Bastia	»	»	»	2.525	»	500	3.025	12	80

	BOURSES DU TRAVAIL OU UNIONS DE SYNDICATS	TIMBRES						TOTAL des TIMBRES	SOMMES REÇUES	
		Janvier	Février	Mars	Avril	Mai	Juin			
20	Bayonne	»	»	2.000	»	»	1.700	3.700	15	30
21	Bédarieux	»	»	»	»	1.000	»	1.000	4	20
22	Belfort	»	»	»	»	7.100	»	7.100	29	55
23	Besançon	»	»	»	»	»	2.000	2.000	8	40
24	Béziers	»	2 000	»	»	2.000	2.000	6.000	25	20
25	Blois	»	500	»	»	1.000	»	1.500	6	30
26	Bône	»	»	»	»	3.000	»	3.000	12	50
27	Bordeaux	»	»	»	»	»	12.000	12.000	50	05
28	Boulogne-sur-Mer	»	»	»	1.200	»	1.000	2.200	9	20
29	Bourges	»	»	»	»	»	»	22.000	non payés	
30	Brest	»	»	»	»	»	»	1.000	—	
31	Brive	»	»	»	»	»	1.000	1.000	4	20
32	Cahors	»	1.200	»	»	»	»	1.200	5	»
33	**Calvados** (Caen)	»	3.000	»	3.000	»	3.000	9.000	37	65
34	Carcassonne	»	3.000	»	»	»	»	3.000	12	50
35	Castres	»	»	»	»	»	1 000	1.000	4	15
36	Cette	»	10.000	»	»	»	»	10.000	41	70
37	Châlon-sur-Saône	»	»	»	»	»	»	1.000	non payés	
38	Châteauroux	2.000	»	»	2.000	»	2.000	6.000	25	05
39	Chaumont	»	»	2.400	»	»	»	2.400	10	»
40	Cherbourg	»	»	»	»	»	»	10.000	non payés	
41	Cholet	»	»	»	»	»	»	500	—	
42	Clermont-Ferrand	3.000	»	»	»	»	»	3.000	12	50
43	Cognac	»	»	»	»	»	»	500	non payés	
44	Commentry	»	750	»	»	»	750	1.500	6	30
45	Constantine	»	»	»	»	»	4.000	4.000	16	70
46	Dijon	»	»	»	»	6.000	»	6 000	25	»

	BOURSES DU TRAVAIL OU UNIONS DE SYNDICATS	TIMBRES						TOTAL DES TIMBRES	SOMMES REÇUES	
		Janvier	F évrier	Mars	Avril	Mai	Juin			
47	Dinan	»	3.250	»	1.950	»	»	5.200	21	70
48	Dunkerque	»	»	»	»	»	47.400	47.400	197	65
49	Dun-sur-Auron	»	»	»	2.200	»	»	2.200	9	10
50	Elbeuf	»	1.000	»	»	3.600	2.100	6.700	28	»
51	Epernay	»	2.000	»	»	»	»	2.000	8	35
52	**Eure-et-Loir** (Chartres)	2.400	»	»	»	»	2.400	4.800	20	»
53	Firminy	»	»	»	»	»	4.800	4.800	20	»
54	Flers (Nouvelle adhésion)	»	»	»	»	»	»	1.000	non payés	
55	Fougères	»	4.000	»	6.000	»	»	10.000	41	75
56	Givors	»	»	»	»	»	2.520	2.520	10	45
57	La Guerche	»	2.400	»	»	2.400	3.400	8.200	34	20
58	Le Havre	»	»	12.000	»	6.000	12.000	30.000	125	»
59	Isère (Grenoble)	»	»	7.230	»	»	2.400	9.630	40	»
60	Ivry	»	250	»	»	»	»	250	1	05
61	Issy-les-Moulineaux	»	»	»	4.000	»	»	4.000	16	70
62	La Pallisse	»	3.000	»	»	»	»	3.000	12	50
63	La Rochelle	»	1.200	»	»	»	1.000	2.200	9	20
64	La Roche-sur-Yon	»	»	»	»	»	»	500	non payés	
65	Laval	»	»	3.600	»	»	5.000	8.600	35	85
66	Lille	»	9.000	»	»	3.000	3.000	15.000	62	55
67	Limoges	8.670	»	14.000	»	»	»	22.670	94	20
68	Lorient	»	4.000	4 000	»	4.000	»	12 000	50	10
69	Rhône (Lyon)	24.000	»	24.000	»	»	24.000	72.000	300	80
70	Macon	»	»	»	»	»	1.000	1.000	4	20
71	Le Mans	»	2.000	»	»	»	2.000	4.000	16	70
72	Marseille	»	15.000	»	15.000	»	»	30.000	125	10
73	Mazamet	»	8.000	»	»	»	»	8.000	33	35

	BOURSES DU TRAVAIL OU UNIONS DE SYNDICATS	TIMBRES						TOTAL des TIMBRES	SOMMES REÇUES	
		Janvier	Février	Mars	Avril	Mai	Juin			
4	Mehun-sur-Yèvre	2.500	»	»	2.400	»	»	4.900	20	45
5	Mèze	»	875	»	900	»	»	1.775	7	50
6	Meurthe-et-Moselle (Nancy)	»	»	»	»	6.000	»	6.000	25	»
7	Millau (f[on])	»	»	»	12.000	»	»	12.000	50	»
8	Montargis	»	»	»	»	»	»	1.000	non payés	
9	Montauban	»	»	»	»	»	500	500	2	10
0	Montceau-les-Mines (**Saône-et-Loire**)	»	»	»	»	»	5.500	5.500	22	95
1	Montluçon	»	2.600	»	»	»	»	2.600	11	»
2	Montpellier	»	2.400	»	»	»	»	2.400	10	»
3	Moulins	»	750	»	»	»	750	1.500	6	40
4	Nantes	16.500	»	»	»	»	»	16.500	68	80
5	Narbonne	6 000	»	»	»	»	»	6.000	25	»
6	Nevers (Nièvre)	»	6.000	»	»	»	»	6.000	25	»
7	Nîmes	»	»	2.000	»	»	2.000	4.000	16	70
8	Niort	»	»	»	»	2.000	»	2.000	8	30
9	**Oise** (Creil)	»	»	3.000	5.000	»	5.000	13.000	54	20
0	Orléans (**Loiret**)	6.030	»	»	6.000	»	»	12.030	50	»
1	Oullins	»	5.000	»	»	»	»	5.000	20	85
2	Pantin-Aubervilliers	»	»	»	»	»	5.500	5.500	22	95
3	Pau	»	»	»	»	»	»	500	non payés	
4	Périgueux	»	2.000	»	»	2.000	»	4.000	16	70
5	Perpignan	»	»	1.000	»	»	1.000	2.000	8	40
6	Poitiers	»	»	»	»	»	4.800	4.800	20	»
7	Quimper	»	500	»	»	»	»	500	2	10
8	Reims	2.400	»	»	5.000	»	»	7.400	30	85
9	Rennes	»	»	4.000	»	»	8.000	12.000	50	05
0	Rive-de-Gier	»	»	»	»	1.080	»	1.080	4	50

	BOURSES DU TRAVAIL OU UNIONS DE SYNDICATS	TIMBRES						TOTAL DES TIMBRES	SOMMES REÇUES	
		Janvier	Février	Mars	Avril	Mai	Juin			
101	Roanne	»	»	»	»	»	6.000	6.000	25	05
102	Rochefort-sur-Mer	»	»	6.000	»	»	6.000	12.000	50	»
103	Romans	»	1.250	»	»	»	1.200	2.450	10	»
104	Romilly-sur-Seine	»	»	»	»	6.000	»	6.000	25	»
105	Romorantin	»	»	»	»	»	1.000	1.000	4	20
106	Roubaix	»	»	»	5.500	5.000	»	10.500	43	80
107	Rouen	»	»	3.000	6.000	»	15.000	24.000	100	05
108	**Savoie** (Chambéry)	»	200	1.800	»	»	»	2.000	8	35
109	**Seine** (Paris)	100.000	100.000	100.000	100.000	100.000	100.000	600.000	2.499	50
110	**Seine-et-Oise** (Versailles)	24.000	»	12.000	24.000	12.000	12.000	84.000	350	»
111	**Seine-et-Marne** (Melun)	»	4.800	»	2.400	11.250	»	18.450	76	95
112	Saint-Amand (Cher)	»	1.000	»	»	1.000	»	2.000	8	50
113	Saint-Brieuc	»	1.200	»	»	»	»	1.200	5	»
114	Saint-Chamond	»	»	»	»	»	1.000	1.000	4	20
115	Saint-Etienne	»	15.000	»	»	»	15.000	30.000	125	10
116	Saint-Malo	»	5.000	»	600	4.000	»	9.600	40	05
117	Saint-Nazaire	»	»	»	»	»	10.500	10.500	43	75
118	Saint-Quentin	»	»	6.000	»	6.000	6.000	18.000	75	»
119	Saint-Raphaël	»	»	»	»	»	»	»	»	»
120	Sens	»	600	»	»	1.000	»	1.600	6	70
121	La Seyne	»	»	»	»	»	1.000	1.000	4	20
122	Soissons	1.625	»	»	»	»	»	1.625	6	75
123	Tarare	»	500	»	»	»	»	500	2	10
124	Tarbes	»	»	»	»	»	1.000	1.000	4	20
125	Thiers	»	»	»	»	»	1.000	1.000	4	15
126	Toulon	»	»	»	»	»	»	7.500	non	payés
127	Toulouse	»	3.000	4.800	3.340	7.220	3.180	21.540	89	80

BOURSES DU TRAVAIL OU UNIONS DE SYNDICATS	TIMBRES Janvier	Février	Mars	Avril	Mai	Juin	TOTAL des TIMBRES	SOMMES REÇUES	
Tourcoing	»	5.000	»	»	»	5.000	10.000	41	70
Tours	»	»	5.000	»	»	»	5.000	20	85
Le Tréport	»	1.800	»	»	2.060	»	3.860	16	45
Troyes	»	1.200	»	»	4.800	»	6.000	25	»
Tulle	»	»	»	»	1.000	»	1.000	4	15
Tunis	»	»	»	1.200	»	»	1.200	5	»
Valence	»	3.000	»	»	»	»	3.000	12	50
Valenciennes	»	»	»	10.000	»	»	10.000	41	70
Vaucluse (Avignon)	»	1.200	»	»	»	2.400	3.600	15	»
Vichy	»	500	»	»	500	»	1.000	4	20
Vierzon	»	3.000	»	»	»	9.000	12.000	50	»
Voiron	»	»	1.200	»	»	2.400	3.600	15	»
Vosges (Epinal)	7.700	»	»	»	7.700	»	15.400	63	90
Vienne	»	»	»	»	»	»	500	non payés	

BOURSES OU UNIONS N'AYANT VERSÉ AUCUNE COTISATION

POUR 1910

2 **Alger.**
3 **Ardennes.**
4 **Calais.**
5 **Chauvigny.**
6 **Issoudun.**
7 **Luchon.**

Depuis le 1er janvier 1910, la Caisse de la Section des Fédérations, celle de la Section des Bourses du Travail et celle de la Grève Générale et des 8 heures ont été fondues, et ne forment plus qu'une seule et même comptabilité — comme il est, d'ailleurs, permis de s'en rendre compte par les tableaux qui précèdent.

Toutefois, le livre de *Caisse Centrale* a été divisé en colonnes, qui permettent de se tenir au courant, sans grandes recherches, des sommes encaissées par la C. G. T. et provenant soit des Fédérations, soit des Bourses, Unions ou des Syndicats, pour les cartes ou les timbres livrés, ou tous autres objets spécifiés en tête de chaque colonne.

On trouvera également, à la suite du bilan, deux états, l'un pour les Fédérations, l'autre pour les Bourses ou Unions qui relatent la situation spéciale de chaque organisation pour les timbres pris et payés pendant le premier semestre de l'année 1910.

Pour les exercices prochains, la comptabilité confédérale ne comportera donc plus que deux livres-caisses : celui de la « Caisse Centrale » et celui de la *Voix du Peuple*. C'est là une simplification qui était devenue nécessaire, par suite de l'extension prise par la C. G. T. en ces derniers temps.

Il faut dire, en passant, qu'en général, le nouveau mode de perception des cotisations, par le moyen des timbres et l'emploi de la Carte confédérale, a rencontré le meilleur accueil de la part des *syndiqués*. Il pourra être formulé quelques critiques sur les inconvénients rencontrés par certaines organisations dans la pratique ! Mais une chose doit subsister — tout en admettant qu'il y soit apporté quelques modifications de détails — c'est l'application stricte de la Carte et du Timbre à tous. C'est le seul et le plus efficace des contrôles qu'il soit possible d'exercer, par la C. G. T., sur les Fédérations ou les Bourses ou Unions qui y sont affiliées ; par les Fédérations, les Bourses ou les Unions, sur leurs Syndicats, et par les Syndicats sur leurs membres adhérents.

De plus, c'est par ce moyen seulement qu'il sera possible d'établir les statistiques de nos forces confédérales et d'en connaître plus exactement les fluctuations.

Le Congrès sera certainement de cet avis, espérons-le ?

Etant donné les tâtonnements et les hésitations qu'on rencontre dans tout début ou dans toute innovation qui amène, fatalement, un bouleversement dans les habitudes contractées, il serait difficile d'établir, même approximativement, les retards qui pourraient exister dans le paiement des cotisations par les Fédérations, les Bourses ou les Unions pour le premier semestre 1910.

Mais, si l'on s'en tient aux chiffres d'adhérents pour lesquels certaines Fédérations cotisaient en 1909, on conviendra qu'il en est qui sont loin de se conformer aux obligations que comportent les Statuts de la C. G. T. Il en est de même de certaines Bourses ou Unions. Citons, entre autres, la Fédération du *Livre*, avec 10.000 membres, laquelle prend 30.000 timbres au lieu de 60.000 ; le *Spectacle*, qui ne croit pas devoir en prendre un seul, et reste, d'ailleurs, avec un retard de six mois de l'année 1909 ; les *Produits Chimiques*, 2.000 timbres (non payés), au lieu de 3.600 ; les sous-agents des P. T. T. ; les mécaniciens...

Par contre, il est des organisations fédérales auxquelles l'application de la carte et du timbre est loin d'avoir nui au développement. Qu'on en juge par les chiffres qui figurent au Rapport financier. « Cotisations perçues au moyen des timbres » et d'où nous extrayons : La Fédération du *Personnel civil des Etablissements de la Guerre* paie, à la fin de 1909, pour 5.000 membres, elle double presque son effectif à la C. G. T. en juin 1910 ; la Fédération des *Employés*, qui cotise pour 3.000 membres en décembre 1909, prend une moyenne de 5.550 timbres au cours du premiers semestre 1910 ; la *Bijouterie-Orfèvrerie* passe de 1.800 membres à 2.000 ; les *Brossiers-Tabletiers*, de 1.500 à 2.300 ; la Fédération de l'*Eclairage* saute de 5.700 à 9.170 ; la Fédération du *Bâtiment* arrive avec un effectif de près de 100.000 cotisants contre 85.000 au 31 décembre 1909 ; les Travailleurs de la Marine et de l'Etat doivent délivrer 10.835 timbres environ mensuellement ; cette Fédération ne payait que pour 5.000 membres en 1909. Toutes seraient à citer.

Il est des Fédérations, des Bourses ou Unions qui n'ont appliqué la carte et le timbre que vers le milieu du semestre, d'autres en mai, cependant qu'une certaine quantité ne l'appliquent que partiellement, ou lorsqu'on les contraint. Le Congrès dira quelles sanctions devront être prises contre les organisations réfractaires, au cas où cette situation se prolongerait.

Mais nous aimons à croire que toutes les Fédérations, les Bourses ou les Unions auront à cœur d'appliquer strictement toutes les décisions qui pourraient être prises à ce sujet.

RECETTES

Cotisations, dues par les Fédérations pour 1909 et payées avant le 30 juin 1910.

Les *Timbres confédéraux*, livrés aux organisations, Fédérations, Bourses, Unions ou Syndicats, du 1er janvier au 30 juin 1910.

Les *Cartes confédérales* livrées en supplément aux Fédérations : 1.284 fr. 65.

Brochures : Rapports de la Conférence des Bourses et des Fédérations ; Répertoires confédéraux ; Statuts-types ; Manuels du Soldat ; Viaticum ; *Labels*, galvanos et caoutchouc.

Souscriptions. — Pour les Meetings contre les Retraites Ouvrières, Bourses du Travail de Nantes, 50 francs ; Fougères, 35 francs ; Mèze, 10 francs ; Firminy, 30 francs ; Albi, 10 francs ; Arles, 25 francs ; Alençon, 15 francs ; La Seyne, 30 francs ; La Guerche, 25 francs ; Montluçon, 9 francs.

Souscriptions diverses. — Versé par le camarade Andrieux, sur la vente du papier à cigarettes « Le Syndiqué », 20 francs ; Syndicat des Verriers de Terrasson, 25 francs.

Vente d'affiches et de cartes postales illustrées sur les Retraites Ouvrières : 914 fr. 50.

DEPENSES

Correspondances : lettres, envois de reçus et circulaires.

Impressions : 3.000 circulaires « contre les Retraites Ouvrières, 18 francs; 200.000 circulaires d°, 650 francs; circulaires, 33 francs; appels pour les grèves, 69 fr. 70.

Affiches : 5.000 « contre les Retraites », 150 francs ; 3.000 meetings

« contre les Retraites », 88 francs ; 5.000 « Escroqueries des Retraites Ouvrières », 230 francs ; 5.000 « Dénonçons leurs crimes », 190 francs ; 8.000 « 1er Mai 1910 », 228 francs ; 6.000 « Requins à l'œuvre », 200 fr. ; 1.000 « Qu'on relâche Vignaud », 75 francs. — Divers : 100.000 bandes, 130 francs ; 1 registre comptabilité, 25 fr. 25.

Cartes confédérales supplémentaires : 673 fr. 20. Expéditions : 148 fr. 90.

Timbres confédéraux, 4.157 francs. Expéditions, 83 fr. 25.

Affiches illustrées et *Cartes postales* illustrées sur les Retraites Ouvrières, et expéditions, 679 fr. 05.

Petits Guides confédéraux: 5.000, 250 francs.

1er Mai : 10.000 « Grèves générales d'*Aristide Briand* », distribuées dans les meetings, 250 francs. Armoire pour les Timbres, 509 fr. 75. 250 francs. Armoire pour les Timbres, 509 fr. 75.

Divers : Gaz d'éclairage, chauffage des bureaux, labels, ficelle, papier d'emballage, travail au bureau, confection de bandes et d'adresses sur enveloppes, travaux divers, loyer, 320 francs.

DELEGATIONS

Lefebvre, Château-Thierry, 7 fr. 50 ; Péricat, Congrès Tours, 7 fr. ; Lemoux, Etampes, 6 francs ; Marty-Rollan, grève de Graulhet, 149 fr. 55 . Péricat, *Retraites Ouvrières*, Mâcon, 32 francs ; Métivier, *id.*, La Guerche, Foëcy, Dun-sur-Auron, 87 fr. 10 ; Constant, *id.*, Albi, 79 fr. 85 ; Lemoux, *id.*, Givors, Romans, Tarare, 117 fr. 15 ; Le Guéry, Saint-Quentin, Tergniers, 17 fr. 45 ; Robert, *id.*, Le Havre, Rouen, Elbeuf, 103 francs ; Griffuelhes, *id.*, Orléans, Bourges et Saint-Florent, 65 fr. 80 ; Garreau, *id.*, Melun, 13 fr. 55 ; Yvetot, tournée en Bretagne, 192 fr. 25 ; Beausoleil, *Retraites Ouvrières*, Versailles, Chartres, 15 francs ; Gallois, *id.*, Nancy, Romilly-sur-Seine, 78 fr. 20 ; Marck, *id.*, Saint-Nazaire, Nantes, 65 francs; Bourderon, *id.*, Le Mans, Alençon, 51 fr. 15 ; Jouhaux, Barcelone, Cette, Perpignan, mouvement espagnol, 180 francs ; Jacquemoud, *Retraites Ouvrières*, Toulouse, Béziers, Mèze, 150 fr. 95 ; Luquet, *id.*, Arles, Nice, 185 francs ; Jouhaux, *id.*, Fougères, Rennes, Saint-Malo, 96 fr. 25 ; Lenoir, *id.*, Saint-Etienne, Firminy, Saint-Chamond, 70 francs ; Klemzinsky, *id.*, Besançon, 22 fr. 80 ; Marty-Rollan, Montpellier, Esperaza, 101 fr. 30 ; Marie, *id.*, Saint-Amand, Commentry, Montluçon, 73 francs ; Bousquet, *id.*, Dunkerque, 49 francs ; Lefebvre, *id.*, Bordeaux, Angoulême, Cognac, 83 francs ; Le Guennic, *id.*, Oullins, Lyon, 49 francs ; Savoie, *id.*, Cherbourg, 5 francs ; Merrheim, *id.*, Clermont-Ferrand, Roanne, 46 fr. 15 ; Robert, *id.*, Méru, 19 fr. 20 ; Jacquemoud, grève des mineurs, Ronchamps, 236 fr. 80 ; Delmas, 1er Mai, Saint-Etienne, 50 francs ; Jouhaux, Angers et Congrès du Bâtiment, Orléans, 73 fr. 75 ; Jouhaux, grève Le Chambon, 76 fr. 25 ; Thuilier, Monthermé, 34 fr. 70 ; Yvetot, grève inscrits, Dunkerque, 39 francs ; Marck, grève des inscrits maritimes, Le Havre, 32 fr. 10 ; Marck, *id.*, Dunkerque, 42 fr. 60 ; Janvion, *id.*, Saint-Nazaire et Bordeaux, 221 fr. 85 ; Yvetot, grève métallurgistes, Argenteuil, 1 fr. 50 ; Jouhaux, grève ardoisiers, Trélazé, 60 francs ; Jouhaux, grève des inscrits maritimes, Marseille, 227 fr. 10 ; Lemoux, *id.*, Le Havre, 56 fr. 80 ; Bourderon, Pithiviers, 12 fr. 40 ; Jouhaux, supplément de voyage pour la Suisse, 1er Mai, 15 francs ; Yvetot, grève des inscrits maritimes, Marseille, 127 fr. 25 ; Griffuelhes, grèves d'Esperaza, 44 fr. 70 ; Lemoux, grève du Bâtiment, Dunkerque, 93 fr. 20 ; Péricat, Auxerre et Joigny, 26 fr. 45 ;

Thuilier, Congrès, Orléans, 17 francs ; Blanchard, Grenoble, 49 francs ; Jouhaux, Méry, 4 francs ; de Fontclare, tournée Algérie, 183 fr. 15.

Délégations pour le 1er Mai, réglées par les Bourses du Travail : Marie, Cette, Mèze, 100 francs ; Lévy, Fresnes, 20 fr. 10 ; Fabry, Epernay, 30 fr. 80 ; Grandidier, Amiens, 25 francs ; Bourderon, Rochefort, 50 fr. ; Bled, Trelazé, 40 fr. 40 ; Delzant, Bessèges, 100 francs ; Garreau, Mouy, Méru, 37 fr. 85 ; Beausoleil, Montpellier, 111 francs ; Janvion, Laval, 39 francs ; Vervialle, Commentry, 42 francs ; Savoie, Dijon, 40 francs ; Robert, Nantes, 76 fr. 30 ; Hagmann, Le Havre, 40 fr. 10 ; Travers, Mehun-sur-Yèvre, 32 fr. 50 ; Monatte, Bourges, Saint-Florent, 30 francs ; Fay, Angoulême, Ruelle, 64 fr. 10 ; Pied, Montereau, 13 fr. 50 ; Roux, Melun, 15 francs ; Diem, Clermont-Ferrand, 63 francs ; Le Blavec, Roanne, 40 fr. 50 ; Jouhaux, Montluçon, 25 francs; Hinoux, Châtellerault, 43 fr. 90 (dont 3 fr. 90 par la Caisse confédérale), Lemoux, Montvicq, Doyet, 58 fr. 80; Péricat, Lyon, 60 francs ; David, Nancy, 57 fr. 95 (dont 15 francs par la Caisse Confédérale) ; Tabard, Lorient (dont 14 francs par la Caisse confédérale), 74 francs ; Bodechon, Vierzon, 31 fr. 20 ; Marck, Armentières, 29 francs.

Le Trésorier,

CH. MARCK.

RAPPORT FINANCIER

DE LA

"VOIX DU PEUPLE"

RAPPORT FINANCIER DE LA "VOIX DU PEUPLE"

RECETTES du Journal du 1er Juillet 1908 au 30 Juin 1910

ANNÉES	MOIS	ABONNÉS		VENTE										DIVERS		TOTAUX	
				AU BUREAU		A PARIS		Départements et Extérieur		HACHETTE		Nos exceptionnels					
1908	Juillet	856	45	7	75	15	»	127	40	124	40	»	»	»	»	1.131	»
—	Août	554	10	2	50	13	»	202	50	153	35	235	50	»	»	1.160	95
—	Septembre	1.422	45	»	»	16	75	217	35	226	65	1.225	90	113	50	3.222	60
—	Octobre	793	90	1	50	»	»	124	20	224	80	323	25	1.512	»	2.979	65
—	Novembre	991	55	»	»	37	25	336	45	293	05	72	»	6	»	1.736	30
—	Décembre	2.284	85	»	»	351	50	194	10	358	15	30	»	»	»	3.218	60
1909	Janvier	1.718	65	3	75	»	»	168	05	295	20	117	»	»	»	2.302	65
—	Février	1.017	30	»	»	»	»	268	40	»	»	606	»	»	»	1.891	70
—	Mars	899	35	»	»	»	»	58	20	307	40	150	50	»	»	1.415	45
—	Avril	1.215	90	»	»	7	60	63	35	353	90	1.292	70	»	»	2.933	45
—	Mai	537	50	»	»	1	75	36	65	»	»	226	35	12	»	814	25
—	Juin	654	55	»	»	»	»	30	50	555	80	94	»	33	»	1.367	85
—	Juillet	914	75	»	»	»	»	67	50	233	55	14	»	»	»	1.229	80
—	Août	625	55	»	»	»	»	19	75	155	85	107	»	298	95	1.207	10
—	Septembre	697	05	5	05	64	»	298	»	209	35	744	30	46	35	2.064	10
—	Octobre	921	90	7	75	»	»	65	50	226	40	881	85	»	»	2.103	40
—	Novembre	1.548	70	»	»	»	»	335	15	»	»	190	»	»	»	2.073	85
—	Décembre	1.938	90	2	»	»	»	82	35	139	70	7	»	»	»	2.169	95
1910	Janvier	1.348	50	»	»	»	»	66	65	248	45	108	50	»	»	1.772	10
—	Février	1.393	10	»	»	»	»	231	50	»	»	1.133	55	»	»	2.758	15
—	Mars	1.421	60	14	15	2	»	46	85	225	95	631	20	»	»	2.341	75
—	Avril	1.271	10	»	»	4	10	65	25	258	»	1.737	50	»	»	3.335	95
—	Mai	1.159	»	5	70	»	»	142	80	246	40	240	75	»	»	1.794	65
—	Juin	1.212	05	»	»	»	»	94	70	305	30	1.021	85	10	»	2.643	90
	TOTAUX	27.398	75	50	15	512	95	3.343	15	5.141	65	11.190	70	2.031	80	49.669	15

DÉPENSES du Journal du 1er Juillet 1908 au 30 Juin 1910

ANNÉES	MOIS	Frais de bureau		Appointements		IMPRESSIONS		Nos exceptionnels		EXPÉDITIONS		LOYER		DIVERS		TOTAUX	
1908	Juillet	57	20	205	»	773	50	»	»	217	05	»	»	200	»	1.452	75
—	Août	155	45	323	70	585	90	»	»	73	15	»	»	»	»	1.138	20
—	Septembre	263	45	510	»	1.344	40	584	15	411	05	146	»	»	»	3.259	05
—	Octobre	230	45	491	»	926	90	286	50	313	80	80	»	552	85	2.881	50
—	Novembre	113	20	508	»	749	60	78	35	178	40	»	»	37	»	1.664	55
—	Décembre	159	75	538	»	1.962	»	»	»	383	50	»	»	60	»	3.103	25
1909	Janvier	396	35	258	»	1.205	30	24	»	259	10	80	»	»	»	2.222	75
—	Février	66	95	740	»	931	60	496	10	284	85	»	»	»	»	2.519	50
—	Mars	97	85	170	»	926	50	91	70	212	30	»	»	»	»	1.498	35
—	Avril	50	75	185	»	1.150	90	608	50	197	90	80	»	25	»	2.298	05
—	Mai	45	»	304	60	1.093	»	»	»	376	»	»	»	127	55	1.946	15
—	Juin	104	20	220	»	918	»	91	30	197	85	»	»	25	»	1.556	35
—	Juillet	10	25	250	»	1.170	90	»	»	249	75	80	»	»	»	1.760	90
—	Août	87	50	90	»	918	»	»	»	145	75	»	»	»	»	1.241	25
—	Septembre	54	15	250	»	1.147	50	314	50	214	90	»	»	100	»	2.081	05
—	Octobre	81	25	230	»	918	»	231	65	139	30	80	»	»	»	1.680	20
—	Novembre	228	95	170	»	901	»	199	60	131	90	»	»	3	»	1.634	45
—	Décembre	172	»	329	»	1.113	50	»	»	187	20	»	»	10	60	1.812	30
1910	Janvier	132	85	339	»	890	»	»	»	103	60	80	»	»	»	1.545	45
—	Février	48	60	297	»	884	»	516	65	163	20	»	»	»	»	1.909	45
—	Mars	200	15	354	»	442	»	1.123	95	133	90	»	»	19	20	2.273	20
—	Avril	62	70	271	»	889	40	1.067	30	132	90	80	»	»	»	2.503	30
—	Mai	80	70	511	60	884	»	90	60	167	65	»	»	68	»	1.802	55
—	Juin	94	55	340	»	1.105	»	572	05	155	60	»	»	»	»	2.267	20
	Totaux	2.994	25	7.884	90	23.830	90	6.376	90	5.030	60	706	»	1.228	20	48.051	75

BILAN DU JOURNAL

du 1er Juillet 1908 au 30 Juin 1910

RECETTES			DÉPENSES		
Abonnements	27.398	75	Frais de Bureau	2.994	25
Vente au bureau	50	15	Appointements	7.884	90
— à Paris	512	95	Impressions	23.830	90
— en Province	3.343	15	Frais Numéros exceptionnels	6.376	90
— Hachette	5.141	65	— expéditions	5.030	60
— Numéros exceptionnels	11.190	70	Loyer	706	»
Divers	2.031	80	Divers	1.228	20
TOTAL	49.669	15	TOTAL	48.051	75
En caisse au 30 juin 1908	372	95	En caisse au 30 juin 1910	1.990	35
TOTAL GÉNÉRAL	50.042	10	TOTAL GÉNÉRAL	50.042	10

RECETTES

Abonnements. — Une moyenne de 2.300 abonnés pour le deuxième semestre 1908.

Une moyenne de 2.180 abonnés pour l'année 1909.

Une moyenne de 2.600 abonnés pour le premier semestre 1910.

La moyenne des abonnés de juin 1909 à juin 1910 est de 2.520.

Vente à Paris et bureau. — Une moyenne de 155 exemplaires.

Vente en province. — Une moyenne de 500 exemplaires.

Vente Hachette. — Une moyenne de 660 exemplaires.

Tous ces chapitres donnent une vente moyenne de 3.835 exemplaires par numéro.

Le tirage a été de 6.000 numéros. Il est de 6.200 depuis la fin de juin 1910.

Numéros exceptionnels. — Il a été tiré 9 numéros spéciaux : 2 pour le Départ de la Classe ; 2 pour le Conseil de Revision ; 2 pour le 1er Mai ; 2 pour les Retraites Ouvrières (contre le projet) et 1 contre les Bagnes Militaires « Biribi ». La vente de ces numéros a produit la somme de 10.955 fr. 20.

DEPENSES

Frais de bureau. — Comprenant tous les frais de correspondance pour les recouvrements mensuels des abonnés ; les envois de circulaires ; les reçus pour les abonnements réglés ; les achats de ficelle et de papier d'emballage ; reliures de journaux ; nettoyage du bureau, etc.

Appointements aux secrétaire et trésoriers. — Pouget, secrétaire, 7 mois à 250 francs, soit 1.750 francs ; Lévy, trésorier, 8 mois à 50 francs, soit 400 francs ; Marck, trésorier, 14 mois à 50 francs, soit 700 francs (plus 3 mois pendant sa détention, soit 150 francs) ; Jouhaux (pendant la détention du trésorier), 3 mois à 50 francs, soit 150 francs.

Gérance. — Vignaud, 2.244 fr. 60 (plus 870 francs au cours de sa détention, jusqu'au 30 juin); Grandidier, 75 francs ; Deshayes, 63 francs ; Capy, 787 francs.

Travaux supplémentaires. — Robert, 414 francs. Divers 343 francs. Depuis janvier 1909, par suite du départ de Pouget, les fonctions de secrétaire de la *Voix du Peuple* ont été supprimées. Lorsque le surcroît de besogne l'exige, on a recours à des camarades chômeurs pour faire le travail. Comme on peut s'en rendre compte, les dépenses supplémentaires se sont élevées, pour la période du 1er janvier 1909 au 30 juin 1910, à 757 francs.

Formes de bandes. — Les frais pour la confection des bandes imprimées ont été de 1.265 fr. 50 pour l'exercice.

Renouvellement d'abonnements. — Il faut expédier, chaque mois, une moyenne de 160 à 200 avis de renouvellement d'abonnements, soit une dépense d'environ 10 francs. Les recouvrements par la poste ont coûté 317 fr. 25 et les refus 62 fr. 10. C'est un total de dépenses de 580 francs, approximativement, pour ce chapitre.

Combien cette somme serait mieux placée dans les caisses syndicales. Quand on songe qu'il ne s'agirait, pour les organisations, que de payer un premier avis, pour éviter plus des deux tiers de ces débours.

Numéros spéciaux. — Les frais d'impression ont été de 3.674 fr. 10.

Les expéditions ont entraîné une dépense de 602 fr. 45 ; la publicité, affiches et circulaires, 248 francs ; la photogravure, clichés, 570 fr. 75 ; il a été payé à Grandjouan, pour les dessins, 650 francs. Soit au total, 5.745 fr. 30.

Routages du service. — Un premier routage, exigé par la poste, contraignit à une dépense de 97 francs pour confection d'étiquettes spéciales. Avec ce système, l'expédition de la *Voix du Peuple* coûtait, chaque semaine, environ 68 francs. Après un changement nouveau intervenu dans le mode d'expédition postal, il fut versé 100 francs à un camarade postier révoqué pour établir le routage qui est actuellement en pratique. Aujourd'hui, grâce au nouveau fonctionnement du service, les frais d'expéditions se sont trouvés diminués de moitié, en moyenne 33 francs à 34 francs.

Délégations. — Lévy, à Marseille, 53 francs ; Desplanques, à Marseilles, 266 fr. 75 ; Thil, à Marseille, 233 fr. 10.

Frais de procès. — Pour Biétry, 210 francs.

Installation du gaz. — Part du journal, 108 fr. 50.

Comme on peut s'en rendre compte, le bilan de la *Voix du Peuple*, pour ces deux années, se clôt par un excédent de 1.990 fr. 35. Il y avait en caisse, au 30 juin 1908, 372 fr. 95.

BILAN

des Huit Heures et de la Grève Générale

du 1er *Juillet* 1908 *au* 31 *Décembre* 1909.

RECETTES

Cotisations	2.868 95
Souscriptions organisations	485 65
— individuelles	185
Brochures	1 70
Divers	80 »
	3.621 30
En caisse au 30 juin 1908	591 15
Fr.	4.212 45

DEPENSES

Correspondance	167 25
Délégations	1.442 75
Provision au secrétaire	5 »
Divers et impressions	1.243 20
	2.858 20
En caisse au 31 décembre 1909	1.354 25
Fr.	4.212 45

RECETTES

Jusqu'au 31 décembre 1909, la Caisse des 8 heures et de la Grève générale a été alimentée par le 10 0/0 versé par les Fédérations, les Bourses ou les Unions.

Ne se sont pas conformés à la décision dernière :

Fédérations : Employés ; Instituteurs.

Bourses ou Unions : Aix, Agen, Auch, Aubusson, Aurillac, Cahors, Chaumont, Cognac, Elbeuf, Givors, Ivry, La Roche-sur-Yon, Lille, Le Mans, Mazamet, Nantes, Nîmes, Oullins, Pantin-Aubervilliers, Poitiers, Romans, Romorantin, Saint-Amand, Saint-Raphaël, La Seyne, Tarare, Tarbes, Thiers, Tulle, Voiron.

Souscriptions reçues : Andrieux, sur la vente du papier à cigarettes « Le Syndiqué », 85 fr.; Verriers de Terrasson, 45 fr.; Bourse du Travail de Cherbourg, 5 fr.; Syndicat des Granitiers, Nantes, 5 fr.; Bourse du Travail de La Rochelle, 5 fr.; Syndicat des Polisseurs sur métaux, Paris, 5 fr.; Bourse du Travail de Périgueux, 10 fr.; Bourse du Travail d'Agen, 5 fr.; Bourse du Travail de Saint-Etienne, 7 fr.; Syndicat des Mouleurs, Le Havre, 5 fr.; Syndicat des Employés, Abbeville, 1 fr.; Union des Syndicats, Abbeville, 1 fr.; Syndicat des Mouleurs, Caudebec-les-Elbeuf, 5 fr.; Syndicat de la Voiture, Paris, 5 fr.; Bourse du Travail de La Guerche, 4 fr. 25 ; Syndicat des Canonniers, Saint-Etienne, 5 fr.; Syndicat des Charpentiers de la Seine, 5 fr.; Syndicat de la Chaussure, Nancy, 5 fr.; Bourse du Travail d'Angers, 15 fr.; Bourse du Travail de Béziers, 5 fr.; Syndicat des Armuriers, Saint-Etienne, 3 fr. 25 ; Syndicat des Bûcherons, La Guerche, 3 fr.; Syndicat des Bûcherons, Cuffy, 3 fr.; Bourse du Travail d'Epernay, 5 fr.; Bourse du Travail de Lorient, 15 fr.; Bourse du Travail d'Alais, 10 fr.; Bourse du Travail de Brive, 3 fr. 75 ; Syndicat de la Bonneterie, Romilly, 5 fr.; Syndicat des Bûcherons, Torteron, 5 fr.; Syndicat des Maçons, Brive, 3 fr.; Bourse du Travail d'Albi, 10 fr.; Syndicat des Employés, Laval, 5 fr.; Bourse du Travail de Clermont-Ferrand, 10 fr.; Bourse du Travail de Firminy, 30 fr.; Bourse du Travail de Rennes, 10 fr.; Syndicat des Crieurs de journaux, Marseille, 5 fr.; Bourse du Travail de Nîmes, 5 fr.; Bourse du Travail de Saint-Denis, 10 fr.; Bourse du Travail de Dunkerque, 20 fr.; Bourse du Travail de Puteaux, 10 fr.; Bourse du Travail de Valence, 30 fr.; Syndicat des Comptables et Employés, Saint-Nazaire, 5 fr.; Bourse du Travail de Montluçon, 10 fr.; Syndicat des Mineurs, Aubin, 20 fr.; Bourse du Travail de Carcassonne, 10 fr.; Syndicat des Tailleurs de pierres-Maçons, La Rochelle, 5 fr.; Syndicat des Coiffeurs, Montpellier, 3 fr.; Bourse du Travail de Vierzon, 5 fr.; Bourse du Travail de Voiron, 5 fr.; Syndicat des Chemins de fer, Béthune, 20 fr.; Syndicat des Mouleurs, Abbeville, 1 fr.; Bourse du Travail de Limoges, 16 fr. 90 ; Syndicat des Métallurgistes du Vimeu, 15 fr.; Syndicat des Métallurgistes, Fumel, 0 fr. 75 ; Syndicat des Métallurgistes, Jeumont, 7 fr.; Divers : 13 fr. 75.

DEPENSES

Correspondance : Envois de lettres, affiches, circulaires, reçus, etc.

Impressions : Carnets de reçus, 25 fr.; 10.000 appels pour Draveil, 104 fr. 50 ; appels pour Saint-Loup-sur Semouse, 132 fr.; 3.000 circulaires, Draveil, 31 fr. 50 ; 3.000 appels, lock-outés de Vallauris, 108 fr.; circulaires pour le 1er Mai 1909, 50 fr. 10

Affiches : 28 décembre, 135 fr.; expéditions de cette affiche, 16 fr. 15; 4 janvier 1909, 44 fr.; 6.000 affiches 1er Mai, 355 fr.; expéditions de ces affiches, 156 fr. 30 ; confection de bandes et divers, 53 fr. 25.

DELEGATIONS (1)

Lévy, Draveil, 47 fr. 50 ; Merrheim, Griffuelhes, Marck, grèves de Draveil, 25 fr.70 ; Bourse du Travail de Toulouse, Decazeville, Mèze, Mas-

---

(1) Pour les frais de délégation, il convient de retenir que les indemnités versées aux délégués mandatés par la C. G. T. sont toujours comptées à raison de 15 francs par jour pour les non-permanents et à 7 francs pour ceux qui occupent une fonction pour laquelle ils sont rétribués.

Les frais du voyage, aller et retour, en plus.

sillargues, 62 fr.; Millerat, enquête Draveil, 5 fr.; Marie, grève des cordonniers, Nancy, 43 fr. ; Yvetot, Lyon, 50 fr.; Dumas, grève des bûcherons du Cher, 220 fr. 75 ; Aulagnier, Saint-Etienne, 55 fr.; Voirin, grève de Mazamet, 61 fr. 90; Delalé, Méru, 20 fr.; Blanchard, grève de Freteval, 34 fr. 55; Jouhaux, Méru, 20 fr.; Maître, La Machine, 71 fr. 50 ; Propagande Givors, 15 fr.; Jouhaux, Aix, Marseille, 70 fr.; Loiseau, Armentières, 50 fr.; Roche, Tarbes, 100 fr.; Lemoux, Nantes, 50 fr.; Lévy, Rennes, Saint-Malo, 66 fr. 90; Passerieu, Orléans, 30 fr. 30 ; Jouhaux, Méru, 20 fr.; Jouhaux, Chantilly, 3 fr. 25 ; Jouhaux, Montceau-les-Mines, 50 fr.; Jouhaux, La Ferté-sous-Jouarre, grève des carriers, 7 fr.; Jouhaux, grève de Montmagny, 2 fr.; Tabard, grève des dockers, Le Havre, 97 fr. 70; Péricat, Grève des Lads, Maisons-Laffitte, 2 fr.; Lemoux, Lyon, 92 fr. 50 ; Dumas, bûcherons du Cher, 69 fr. 20.

Par suite de la suppression du 10 0/0, cette caisse a été supprimée le 1er janvier 1910 et les fonds versés à la Caisse centrale.

BILAN

de la Caisse des Grèves

RECETTES

Souscriptions aux grèves...............	61.444 50
	61.444 50
En caisse le 30 juin 1908...............	473 80
Fr.	61.918 30

DEPENSES

Versements aux grèves..................	59.694 25
	59.694 25
En caisse le 30 juin 1908...............	2.224 05
Fr.	61.918 30

CAISSE DES GREVES

Pour la Caisse des Grèves, il est de coutume de signaler, *en bloc*, les sommes reçues et dépensées ; la C. G. T. ne servant que d'intermédiaire entre les organisations qui lui font parvenir des fonds pour les grèves, et celles des organisations syndicales auxquelles ces fonds sont destinés.

Sous la rubrique : « Solidarité », toutes les souscriptions sont insérées dans la *Voix du Peuple*.

Nous nous serions bornés à pratiquer de même cette fois-ci, mais nous avons eu à enregistrer deux faits saillants qu'il convient de mentionner : les événements de Draveil-Villeneuve-Saint-Georges et ceux d'Espagne, pour lesquels des appels à la solidarité furent lancés.

On verra, par les chiffres qui suivent, comment il y fut répondu, en même temps qu'on pourra se rendre compte du puissant appui que seraient à même de prêter les *organisations syndicales confédérées*, si le même élan se manifestait également à chaque appel pour les conflits auxquels sont acculés les prolétaires.

Pour Draveil-Villeneuve-Saint-Georges, il a été reçu 22.931 fr. 50.

Cette somme a permis de soutenir *toutes les victimes* : les emprisonnés ont reçu des secours pendant toute la durée de leur incarcération et les veuves et orphelins ont été soutenus jusqu'au règlement des comptes qui a permis d'octroyer une somme de 2.000 francs à chacune des veuves.

En faveur de nos camarades Espagnols, le chiffre des sommes reçues s'est monté à 4.747 fr. 50.

L'appel fait par le Comité confédéral avait pour but de recueillir des fonds pour lui permettre de créer une vaste agitation dans toute la France. C'est sous forme de meetings que cette agitation devait se manifester. Ils furent organisés avec le concours des délégués désignés dans les villes suivantes :

Robert, à Rennes ; Jouhaux, à Marseille ; Lévy, à Nancy ; Bourderon, à Béziers ; Voirin, à Rouen ; Lefebvre, à Valence ; Tabare, à La Rochelle ; Thuilier, à Clermont-Ferrand ; Griffuelhes, à Toulouse ; Diem, à Lille ; Métivier, à Bourges ; Marck, à Bordeaux ; Lefebvre, à Firminy ; Le Guéry, à Epernay ; Torton, à Paris ; Bousquet, à Limoges ; Jacquemin, à Versailles ; Fortuné Henri, à Mazières ; Blanchard, à Decazeville ; Jouhaux, à Lyon ;... sans compter les meetings qui eurent lieu à Paris et dans les environs.

Le Comité de Défense des Victimes de la Répression espagnole reçut 3.573 fr. 10 de secours.

— Nous croyons aussi devoir signaler l'intervention des Coopératives qui, outre que ces organisations ont fait leur possible pour aider nos grévistes, soit en leur fournissant des locaux pour y établir des soupes communistes ou en leur envoyant des denrées, nous ont fait encore parvenir des fonds à leur adresse.

C'est ainsi que la Coopérative « L'Abeille », de Saint-Ouen, nous a versé 1.275 francs ; la « Bellevilloise, 1.625 francs ; « La Famille », à Lyon, 261 fr. 20 ; L' « Avenir du Haut de Montreuil », 50 francs ; « L'Economie Parisienne », 100 francs ; L' « Avenir de Plaisance », 239 fr. 15 ; « Le Bel-Air », 40 francs, etc.

Mentionnons aussi, pour mémoire, la collecte faite au 56e d'infanterie, pour Draveil, qui a produit 42 fr. 15.

Le Trésorier,

CH. MARCK.

RAPPORT

DE LA

Commission de Contrôle

CAMARADES,

Nous nous efforçons à donner à ce rapport toute l'ampleur nécessaire de façon à éclairer toutes les organisations, et, en même temps, pour simplifier la discussion au Congrès qui pourrait s'élever sur ces questions.

Tout d'abord, il faut vous dire que cette Commission ne fonctionne qu'imparfaitement, malgré les appels réitérés par convocations et par la presse, ainsi que les notes parues dans l'organe confédéral ; et pourtant il serait de toute logique que chaque Fédération assume sa part de responsabilité par l'intermédiaire de son délégué au contrôle. Pendant cinq mois aucun contrôle n'avait été fait ; depuis le 3 novembre 1909, il a repris son cours d'une façon assez normale, c'est-à-dire que sur les 12 fédérations désignées, 6 environ s'y trouvent représentées, ce qui n'est pas suffisant.

Il est évident que les camarades désignés étant des militants, ceux-ci se trouvent pris aux travaux de leur organisation ; ce serait aux Fédérations à choisir parmi leurs membres ceux qu'elles croient être libres les jours de contrôle. La Commission du Contrôle se réunissant le *mercredi* qui suit le *premier dimanche de chaque mois.*

En ce qui concerne nos attributions vis-à-vis du trésorier, les délégués présents ont constaté la parfaite régularité de ses comptes et la tenue irréprochable de ses livres, ainsi que la caisse toujours exacte avec les totaux portés au grand livre.

Nous avons constaté que la décision prise par la Conférence des Bourses et Fédérations, concernant le nouveau mode de comptabilite, fut mise en application, ce qui la simplifie énormément ; elle se compose donc de trois livres : Caisse de la C. G. T. ; Caisse du Journal ; Caisse de Grèves.

Le vœu émis par la Commission du Contrôle au Congrès de Marseille, lequel consistait à ce qu'un membre de la Commission assiste au Comité confédéral, deux sections réunies, afin de pouvoir rendre le contrôle plus efficace en connaissant le caractère et le bien fondé des dépenses engagées. Après deux lettres successives au C. C., celui-ci adopta en décembre 1909.

Sur notre demande, le trésorier fit imprimer des feuilles spéciales pour délégations (dites mandat de délégué), sur lesquelles celui-ci détaillerait ses frais.

Ces quelques améliorations, nous les jugeons insuffisantes. En effet, la Commission de Contrôle, telle que la conçoivent certains membres du Comité Confédéral (et c'est ici que le Congrès aura à définir d'une façon exacte le rôle de cette Commission), ne doit être qu'une machine à compter, vérifier les livres, les souches, les chiffres, les additions et les totaux, et c'est tout. Nous, Commission, nous pensons autrement pour qu'un contrôle soit sérieux, qu'il ne soit pas sujet à contestations de la part des organisations ; nous devons *contrôler*. Exemple :

Si nous jugeons des délégations excessives, le Congrès devra préciser s'il nous est permis de demander des explications à l'intéressé d'abord, puis, si celles-ci ne sont pas jugées suffisantes ou sans réponse, d'en faire part au bureau, lequel soumettra au Comité.

Sans nous immiscer dans les décisions prises par le Comité Confédéral, nous pensons de notre devoir de contrôler la façon donnée à ces décisions, c'est-à-dire que nous devons veiller à ce qu'aucun travail ne soit confié au patronat quand des coopératives ouvrières peuvent l'exécuter.

En outre, nous demandons au Congrès, à propos des délégations, de déterminer d'une façon précise les frais, c'est-à-dire le taux de l'indemnité de journée ainsi que l'indemnité de séjour.

Nous émettons le vœu qu'un poste de quatrième permanent soit créé de façon à décharger le travail du trésorier, fonction qui commande un surmenage de travail bien au delà de la normale, malgré les camarades qu'il emploie pour ce travail et qui sont portés au grand livre sous la rubrique travaux supplémentaires ; l'ensemble des sommes payées mensuellement étant à peu près égal à l'indemnité d'un fonctionnaire.

Egalement, nous vous demandons de décider l'envoi à toutes les organisations confédérées d'un rapport financier trimestriel, sur lequel figurerait la liste de toutes les organisations ; en regard, leurs cotisations payées, les mois impayés restant en blanc, les cartes confédérales prises ; au verso, la liste des dépenses et leur nature.

Pour la Caisse des Grèves, que les sommes globales et mensuelles y figurent, tant que recettes et envois.

Pour le journal, ses recettes et dépenses.

Que ce rapport soit vérifié et signé de la Commission du Contrôle avant d'être distribué.

Nous ne jugeons pas utile de dire que ce rapport ne devra être inséré dans aucun organe fédéral, local ou corporatif.

Nous concluons et nous demandons au Congrès de nous donner satisfaction ; au besoin même, qu'il revise la partie des statuts concernant cette commission ; il en résultera que le contrôle sera fait d'une façon parfaite, que les camarades mettront plus d'ardeur à leur tâche, n'étant plus des machines à additionner ; leurs présences seront plus nombreuses ; leur responsabilité plus grande. En un mot, ce sera la confiance dans l'organisation confédérale.

Ont signé les délégués au contrôle des Fédérations suivantes : *Ameublement*, Toussaint ; *Bijouterie*, Plu ; *Bâtiment*, Gallois ; *Lithographie*, Ricard ; *Papier*, Papillon ; *Travailleurs municipaux*, Albouze ; *Voiture*, Calinaud. — Excusé : *Employés*, Hergès.

Le secrétaire :

J. Gallois.

Au moment de l'impression du Répertoire, les organisations suivantes ont payé leur retard et pris des timbres pour 1910.

Fédérations : Livre, Tabacs, Spectacle, Alimentation (erreur de 1908, 4e trimestre).

Bourses ou Unions de Syndicats : Brest, Grenoble, Alger, Cognac, Cherbourg, Tours, Toulon.

DEUXIÈME PARTIE

Compte rendu sténographique des Travaux du Congrès.

XVIIe Congrès National Corporatif de 1910

(XIe de la C. G. T.)

Tenu à TOULOUSE, du 3 au 10 Octobre

COMPTE RENDU STÉNOGRAPHIQUE DES TRAVAUX

1re SÉANCE. — LUNDI 3 OCTOBRE 1910 (matin)

Sur la tribune prennent place les membres de la Commission d'organisation : Marty-Rollan, Reymond, Berdatxagar, Valette, Bedel, Born, Cazeneuve, Duédra, Ostric, Gisquet.

Discours d'Ouverture

La séance est ouverte à 9 h. 45 sous la présidence du citoyen Marty-Rollan, assisté des camarades Reymond et Berdatxagar.

Marty-Rollan. — Camarades, à l'heure où s'ouvre le XVIIe Congrès national corporatif, tout près du moment où les questions portées à l'ordre du jour vont être débattues en des discussions ardentes, passionnées et sérieuses, heureux du choix qui m'échoit de vous souhaiter la bienvenue au nom des travailleurs toulousains syndiqués, je vous adresse à tous les salutations et les sentiments de solidarité de Toulouse syndicaliste. Dans cette salle, dont s'est enfui l'écho de la parole de fanatisme dont elle a retenti jadis, durant six jours va se faire entendre la parole ouvrière, et durant six jours notre organisation prolétarienne, notre Confédération Générale du Travail, présentera à tous ceux qui s'intéressent au syndicalisme ce quelque chose de fixe, de déterminé, qui convient à une institution puissante dont la manière d'être, la vie, est réglée et se développe régulièrement.

Mes chers camarades, le Congrès Confédéral est un événement important pour la bourgeoisie, maîtresse de tous les pouvoirs. Elle s'intéresse fortement aux questions économiques, car elle se prépare à les ruiner par de trompeuses avances ou de brutales attaques adressées aux œuvres de défense prolétarienne entreprises par les syndicats ouvriers.

Dans un discours d'ouverture on pourrait peut-être se permettre d'envisager l'action syndicaliste durant la période de deux années qui sépare un Congrès d'un autre. Si je faisais ainsi, je me féliciterais en votre nom de ce que le Congrès de Toulouse ne paraît pas imprégné de ce malaise que tous nous avons éprouvé, il y a deux ans, lorsque de douloureux conflits divisaient nos organisations syndicales. Ah! c'est bien intentionnellement, camarades, que nous avons placé dans cette salle, au long de ce mur antique, quelques-unes des photographies représentant les Congrès antérieurs; voilà, en effet, ce que nous étions hier : des groupements peu nombreux passant presque inaperçus; regardons-nous, contemplons-nous seulement une seconde dans cette salle : voilà ce que nous sommes aujourd'hui, des centaines de délégués représentant des centaines d'organisations, et le syndicalisme aujourd'hui ayant conquis droit de cité, le syndicalisme aujourd'hui vivant, aujourd'hui agissant, combattant toutes les puissances d'exploitation et de domination sans exception aucune, le syndicalisme devenu aujourd'hui la vie sociale elle-même et s'identifiant de plus en plus au mouvement quotidien des êtres et des choses.

Une photographie sur ces murs, en est le témoignage. Au Congrès Confédéral de Toulouse en 1897, il y a de cela treize ans, je me revois encore, des espérances superbes plein le cerveau, avec mon visage de jeune citoyen égaré parmi des hommes graves, posant devant l'objectif; à la suite de ce Congrès je me rappelle que je me suis demandé à moi-même : que sera demain? Eh bien, camarades, demain a été tel, que de féconds résultats ont couronné les efforts des vieux lutteurs et des jeunes militants d'alors. Un rapide regard jeté en arrière nous montre les progrès immenses accomplis : la propagande agrandit chaque jour le champ d'action du syndicalisme dont l'influence augmente et gagne de plus en plus aux champs et dans les villes. Mais, pour plus d'action, pour plus de propagande, ne devons-nous pas toujours nous dire : que sera demain? Eh bien, demain nous serons forts et puissants, nous serons les maîtres, parce que nous aurons encore fortifié notre entente déjà puissante, si nos discussions ici sont des discussions de principe dégagées de tout parti-pris, des discussions d'intérêt général pour la classe ouvrière, et non des misérables questions de personnes et de malheureuses querelles qui pourraient faire croire à nos adversaires que décidément le syndicalisme s'incarne en quelques individualités, alors qu'il doit être compris comme la classe ouvrière elle-même tout entière. *(Applaudissements)*. Demain nous serons forts et puissants, sinon les maîtres, si nous savons nous rappeler pendant la tenue de ce Congrès, pendant que nous discuterons, que des milliers et des milliers de nos camarades travaillent dans l'enfer de l'usine, de l'atelier, du chantier, du magasin ou du bureau, et espèrent en notre organisation, en nos décisions, pour apporter quelque amélioration dans leurs lamentables conditions de travail. Nous devons nous rappeler pendant nos discussions, pour les guider et les orienter en quelque sorte, que parmi nos camarades les uns ont été frappés et emprisonnés pour leur vaillance dans la lutte économique, les autres ont été réduits à la famine par de criminels lock-outs ou supportent encore énergiquement les difficultés et les misères de grèves légitimes. Nous devons nous rappeler dans nos discussions, toujours, pour essayer de les guider et de les orienter, que tous nos camarades oublieront leurs souffrances et combattront avec d'autant plus d'ardeur que le Congrès de la C. G. T., au lieu d'être un Congrès s'éternisant en querelles de personnes, sera véritablement le Congrès de toute la classe ouvrière, que le Congrès de la C. G. T. montrera ici à tous, un prolétariat digne de lui-même, c'est-à-dire digne de son organisation, digne de ses espoirs et de son avenir : c'est-à-dire la transformation sociale par la suppression du salariat et du patronat! *(Applaudissements)*.

Le XVIIe Congrès national corporatif est ouvert : j'invite les congressistes à nommer le bureau de cette première séance.

Voix nombreuses. — Le Comité d'organisation ! *(Vive adhésion).*

Marty-Rollan. — Le Comité d'oganisation vous remercie de l'honneur que vous lui faites.

Avant de passser à l'examen des questions à l'ordre du jour, je préviens tous nos camarades que nous avons dans cette salle notre camarade Sassenbach, représentant des organisations ouvrières en Allemagne, et nos camarades Appleton et Allengee, représentant les Trades-Unions d'Angleterre ; si le Congrès y consent, je donnerai la parole à ces camarades qui viendront affirmer à cette tribune l'union solidaire de tous les travailleurs sur le terrain international. *(Applaudissements).*

Déclaration des Délégués d'Allemagne

Sassenbach. — Camarades, les travailleurs allemands ont eu toujours le désir de rester en bonnes relations avec les travailleurs des autres nations, parce qu'ils savent que les intérêts de tous les travailleurs du monde sont tous les mêmes ; ils savent bien que les travailleurs de l'autre côté de la frontière leur sont plus proches que les patrons de leur propre pays ; aussi les travailleurs allemands n'ont jamais manqué de donner une expression effective à ce désir, et si la Commission Générale des Syndicats allemands m'a chargé de prendre part à ce Congrès c'est pour donner publiquement une preuve de l'union entre les travailleurs de la France et de l'Allemagne, pour montrer les intérêts communs des travailleurs de ces deux pays. Nous estimons de plus qu'une connaissance personnelle rend plus faciles les façons de se comprendre. Dans ces dernières années, quelques différends dans les opinions entre les syndicats français et allemands, qui provenaient de ce qu'on les connaît trop peu et qu'on ne sut pas avoir égard aux différents caractères des deux pays, ont pu exister ; heureusement il est prouvé maintenant, depuis la Conférence internationale qui a eu lieu à Paris l'année dernière, qu'on peut travailler ensemble avec plus de camaraderie. Il est à espérer que ces bonnes relations continueront et que même elles se resserreront encore ; les ouvriers allemands sont toujours prêts à travailler dans cette direction.

Nous serions heureux si l'occasion se présentait de saluer en Allemagne une députation des ouvriers français ; vous pouvez être assurés, camarades, qu'elle serait reçue avec la plus grande cordialité. Nous nous efforcerions avant tout de vous faire connaître nos institutions syndicales ; alors les ouvriers français remarqueraient que les camarades allemands se sont donné beaucoup de peine pour travailler à l'amélioration du sort de l'ouvrier et qu'ils y ont réussi. Si les syndicats allemands ont réuni presque deux millions d'ouvriers et d'ouvrières, cela vous montre qu'ils ont défendu d'une bonne manière les intérêts de leurs membres et qu'ils ont fait autre chose que d'amasser des paperasses. Si les ouvriers allemands paient une forte cotisation et si les syndicats s'amassent une grande fortune, ce n'est pas pour une autre raison que celle d'être en état de pouvoir mieux lutter contre les entrepreneurs, à l'avantage des ouvriers. Vous avez souvent, camarades, une autre tactique que nous en Allemagne ; cela ne doit pas nous empêcher de travailler ensemble d'une manière fraternelle pour arriver au but commun qui est l'émancipation de la classe ouvrière. C'est pourquoi je souhaite de tout cœur à votre Congrès, au nom des syndicats allemands, le meilleur succès. (*Applaudissements*).

Déclaration des Délégués d'Angleterre

(Le camarade MARCK, trésorier de la C. G. T., traduit)

Notre camarade Appleton, parlant au nom des camarades anglais, regrette de ne pouvoir vous dire en français ce qu'il aurait à vous dire. Il est chargé par la Fédération des Trades-Unions d'Angleterre d'apporter ici le salut fraternel des camarades de l'autre côté du continent, et de dire combien ils ont été heureux d'apprendre que la Confédération Générale du Travail française n'avait pas oublié d'inviter les camarades des autres pays à assister à ses assises du travail. Il dit le désir de la classe ouvrière anglaise d'unir ses travaux aux nôtres pour arriver à supprimer les quelques différences de tendances qui existent encore à l'heure actuelle. Il dit que les ouvriers anglais n'ont pas encore la même conception du syndicalisme que celle que nous avons en France, mais que c'est justement par suite d'une entente entre les peuples étrangers que nous arriverons à faire comprendre — ils le feront de leur côté comme nous le ferons du nôtre — qu'il y a nécessité de s'unir de façon à arriver à n'avoir plus qu'une seule tactique en face du capitalisme toujours grandissant. Il dit la nécessité qu'il y a pour les travailleurs d'oublier leurs querelles intestines, celles de pays à pays, et il pense que des travaux français sortira certainement quelque chose qui permettra au prolétariat d'être demain encore plus grand qu'il n'était hier. (*Applaudissements répétés*).

LE PRÉSIDENT. — Les applaudissements qui ont accueilli les paroles éloquentes de nos camarades allemand et anglais me dispenseront de leur adresser des remerciements pour leur présence ici et des félicitations pour les sentiments qu'ils nous ont exprimés au nom de leurs camarades. Le Congrès de la Confédération Générale du Travail, tout le prolétariat français organisé est de cœur avec les camarades allemands et anglais, avec tous les prolétaires du monde entier qui sont tous courbés sous l'exploitation capitaliste. (*Applaudissements*).

Admission de la Presse

LE PRÉSIDENT. — Avant de passer aux premières questions à l'ordre du jour il y a toujours une question qui sollicite l'attention d'un Congrès à son ouverture, c'est la question de l'admission de la presse. Respectueux des décisions des Congrès antérieurs, le Comité d'organisation du Congrès de Toulouse n'a pas voulu admettre la presse, estimant que c'était vous qui deviez prononcer cette admission. Nous vous demandons donc si la presse doit être admise à suivre nos travaux. La discussion est ouverte sur ce point.

BOUDET. — Je demande la parole au nom de la 21e section de la Fédération des travailleurs du Livre, et je fais la proposition suivante : tous les journaux étant faits dans de mauvaises conditions, c'est-à-dire étant frappés d'index par la 21e section de la Fédération du Livre, par la typographie et la lithographie parisiennes, ne pourront pas suivre les débats de notre Congrès. Il serait véritablement déplorable, nous plaçant sur le terrain de la lutte contre le capital, de voir que pour qu'on sache à tous les coins du monde les travaux que nous allons faire, nous nous servions justement comme moyen de la publicité de journaux qui refusent de payer le tarif syndical à leurs ouvriers. Les directeurs de ces journaux sont des boutiquiers qui, riches à millions, font tous les ans des bénéfices scandaleux de deux, trois, quatre, et parfois cinq millions, comme *Le Journal ;* je dis qu'il serait déplorable que la C. G. T. tolère que les représentants de ces journaux suivent nos travaux, et, en conséquence, au nom de la 21e section de la Fédération des travailleurs du Livre, je fais la proposition que les journaux frappés d'index par la typographie tout entière ne puissent pas suivre les débats du Congrès.

Berlier. — Toutes les fois qu'il y a un Congrès la même proposition est faite et on admet la presse. Si nous voulons n'admettre qu'un certain nombre de journaux cela n'empêchera pas les correspondants de Toulouse d'envoyer aux autres tout ce qui se dira. Je demande donc qu'on admette toute la presse et que ce soit fini pour l'avenir. A la Conférence des Bourses ç'a été la *même* chose : le délégué de la typographie parisienne a fait cette proposition, elle a été repoussée : je demande qu'on admette la presse et qu'on passe à l'ordre du jour qui est beaucoup plus sérieux que cette question-là. (*Aux voix !*)

Boudet. — Je demande la priorité pour l'ordre du jour de la 21e section de la Fédération du Livre.

Le Président. — Je mets aux voix la priorité sur la proposition Boudet. (Adopté).

Je mets aux voix la proposition Boudet, d'admettre la presse mais à l'exception des journaux mis à l'index par la 21e section parisienne de la Fédération du Livre.

Plusieurs voix. — Quels sont-ils ?

Boudet. — *Le Journal*, *Le Matin*, *Le Petit Journal* et *Le Petit Parisien*. Voilà les journaux qu'il serait désastreux de voir admettre ici ; il serait abominable de voir admettre ces gens-là qui gagnent des millions dans la typographie, de même qu'il est désastreux de voir des camarades comme le camarade Gaston Thil qui écrit dans le journal *Le Matin* pour essayer de jeter le discrédit sur la C. G. T. (*Applaudissements*).

Un Délégué. — Vous n'ignorez pas que les représentants de la presse ici sont des camarades syndiqués, et si vous refusez l'admission de quelques-uns, par solidarité ils s'en iront tous ; il s'agit donc de les admettre ou de les repousser tous.

Le Président. — Je mets la proposition Boudet aux voix. (Adopté). En conséquence la presse est admise à l'exception des quatre journaux indiqués.

Blanchard. — Puisqu'il y a dans la salle une place pour le public, forcément si on exclut quelques journaux d'ici ils pourront se mettre à la place du public.

Bourderon. — La 21e section de la Fédération du Livre a simplement appelé l'attention du Congrès sur un fait dont elle fut victime de la part de riches millionnaires et d'une presse vénale ; nous devons par un vote manifester nos sentiments de solidarité envers la 21e section du Livre ; quant à l'application de la proposition du camarade Boudet elle devient si l'on peut dire presque impossible, mais du moins le Congrès aura flagellé cette presse et prouvé sa solidarité à la 21e section du Livre.

Le Président. — Je vais tranquilliser tout de suite, au nom de la Commission d'organisation du Congrès, le camarade Blanchard. Dans la partie réservée au public ne rentrent que les camarades syndiqués munis de la carte confédérale; il y rentre également une partie de ceux que nous avons invités; ce sont nos camarades qui luttent à côté de nous, qui ne peuvent pas se syndiquer, ou ce sont des camarades qui ont reçu une invitation particulière avec l'autorisation et sur la recommandation des syndicats.

La proposition du camarade Boudet ayant été adoptée, la presse sera admise à partir de la séance de cette après-midi.....

Boudet. — Sauf les journaux indiqués, bien entendu.

Nomination de la Commission de vérification des mandats.

Le Président. — Il nous arrive à chaque courrier de nouveaux mandats, et il y a également dans cette salle des délégués qui ont des mandats dans leur poche. Le travail de vérification des mandats a commencé hier après-midi à la Bourse du Travail, il reste à compléter ce travail auquel il faut que le Congrès donne son approbation. Il faut de plus que les mandats que les camarades ont dans leur poche et ceux qui arrivent par les courriers soient vérifiés. En conséquence, je demande au Congrès de nommer une commission de vérification des mandats qui aura pour but de compléter la vérification déjà faite et de l'approuver; il faut aussi qu'un rapport soit établi en ce qui concerne les mandats contestés. On pourrait nommer cette commission à raison d'un délégué par Fédération.

Sont nommés : les camarades Ader, Métivier, Coudert, Arbogast, Clément, Garnery, Borne, Tillet, Combes, Guignoux, Chalaix, Luquet, Morel, Basnot, Cleuet, Valette, Dumas, Trétry, Bled, Pichon, Liochon, Hagmann, Bréau, Blanchard, Cordier, Togny, Diem, Vigneau, Pauron, Bedel, Duval, Hélie, Malardé, Vandeputte, Bourderon, Delzant, Constans, Gervaise, Roux, Réaux, Deplante, Roueste, Stretti, Hervier, Daudel, Rougerie, Pichon.

Il y aurait peut-être lieu aussi de nommer la Commission de contrôle et la Commission de modifications aux statuts?

Plusieurs voix. — Il est préférable d'attendre que la vérification des mandats soit terminée.

Le Président. — Je prie les membres de la commission qui vient d'être nommée de se réunir immédiatement à la Bourse du Travail.

Ordre du jour de solidarité prolétarienne

Voici l'ordre du jour qui est proposé à l'approbation du Congrès :

Le XVIIe Congrès de la Confédération Générale du Travail qui s'ouvre à Toulouse envoie à ses frères ouvriers d'Allemagne l'expression sincère de son admiration pour le bel exemple qu'ils viennent de donner au monde du travail en résistant courageusement, en se défendant contre leur police, aussi ignoble en Allemagne que partout.

Le XVIIe Congrès de la C. G. T. adresse à tous ceux qui sont traqués, frappés par les tribunaux de classe, leurs fraternels encouragements; aux emprisonnés pour la lutte, aux emprisonnés pour la liberté, vont les meilleurs vœux du XVIIe Congrès.

Contre la Presse bourgeoise

Le Congrès engage les militants syndicalistes à ne jamais collaborer à des journaux bourgeois, toujours prêts à salir et à calomnier la classe ouvrière en œuvre d'affranchissement. Il engage ses militants à boycotter et à faire boycotter par les ouvriers conscients une presse particulièrement vénale et corrompue, toute au service de nos ennemis.

Ces ordres du jour sont adoptés.

Je vous prie de désigner les camarades qui devront constituer le bureau cette après-midi.

Sont désignés : les camarades Passerieu, président; Bourderon et Larroque, assesseurs.

La séance est levée à 10 h. 35.

2me SÉANCE. — LUNDI 3 OCTOBRE 1910 (après-midi)

La séance est ouverte à 3 heures sous la présidence de Passerieu. Assesseurs : Bourderon et Larroque.

Le Président. — Camarades, j'ai cru comprendre que la séance de ce soir devait s'ouvrir à 2 heures. Or, il est 3 heures. Camarades, je suis partisan plutôt des petits discours et de la bonne besogne à accomplir.

Pour Renault, cheminot révoqué

Le bureau a été saisi de l'ordre du jour suivant présenté par le camarade Bidamant :

Le Congrès Confédéral proteste contre la révocation arbitraire prononcée par ordre par un conseil de discipline du réseau de l'Etat contre le camarade Renault, coupable d'avoir exprimé sa pensée dans une brochure concernant le syndicalisme chez les cheminots;

Considère que le jugement qui frappe Renault frappe en même temps toutes les commissions régionales et les commissions de discipline qui n'ont été créées que pour tenter de dissimuler l'antagonisme de classe qui existe entre exploiteurs et exploités;

Le Congrès assure les cheminots de toutes ses sympathies et les encourage à persévérer dans leur action de combat contre les puissances capitalistes.

Adopté à l'unanimité.

Pas de Politique

Le Président. — Camarades, le bureau a été saisi de la lettre suivante :

Cercle Républicain Radical-Socialiste, 41, rue de Rémusat, Toulouse.

Monsieur le Président,

Le Cercle Républicain Radical-Socialiste de Toulouse adresse son salut de fraternelle bienvenue... *(Bruit et explosion de rire).*

Un Délégué. — A renvoyer à Clemenceau !

Le Président. — Le tumulte ne me dit pas si je dois continuer la lecture de cette lettre ?

Plusieurs Voix. — Inutile de continuer, ce n'est pas intéressant.

Reymond. — On pourrait continuer la lecture comme intermède comique !

Le Président. — Je consulte le Congrès pour savoir si je dois continuer la lecture.

Le Congrès décide de passer outre.

Adresse sympathique d'Algérie

Le Président. — Camarades, nous recevons les dépêches suivantes :

Oran, 3 octobre.

Conseil d'administration Bourse Travail d'Oran envoie, avec encouragement pour bonne besogne, salut fraternel aux délégués.

Le Secrétaire : Simonet.

Adresse sympathique d'Angleterre

Deuxième télégramme :

Londres, 3 octobre.

Salue cordialement amis congressistes, Heureuse leur apprendre succès symptômatique milieux ouvriers anglais de propagande syndicaliste révolutionnaire faite par Mann et moi.

Signé : Sorgue.

Pour Rousset

Camarades, plusieurs organisations proposent au bureau de demander au Congrès d'envoyer au camarade Rousset le télégramme de sympathie suivant :

L'Union des Syndicats Ouvriers du Rhône, les Coiffeurs de Lyon, les Bâtiments, Verriers, Chaussure, Maçons et Mouleurs de Dijon, les Charpentiers de Lyon, les Serruriers de Lyon, les Maçons de Lyon, les Plombiers-Zingueurs de Lyon, les Bronziers de Lyon, l'Union des Travailleurs de la teinture de Lyon, les Robinetiers de Paris proposent le télégramme suivant :

Congrès Confédéral vous exprime son admiration pour votre acte d'héroïsme; s'engage à obtenir au plus tôt votre libération.

Ce télégramme est à adresser à Rousset au pénitentier de Douéra (Algérie).

Je mets aux voix cette proposition.

Adopté à l'unanimité.

Vérification des Mandats

Suspension de Séance

Le Président. — Camarades, l'ordre du jour porte la vérification des mandats : mais je ne crois pas que la commission que vous avez nommée ce matin ait terminé son travail : par conséquent, nous ne pouvons pas statuer là-dessus. Nous ne pouvons pas davantage nommer une Commission de contrôle, puisque, sur la proposition du camarade Métivier, il n'y aura que les syndicats validés qui pourront nommer la Commission de contrôle. En second lieu, on ne peut pas discuter sur la question du journal, puisque tous les intéressés sont à la Commission de vérification. Nous avons alors les modifications aux statuts. (*Bruit*).

Un Délégué. — Nous n'avons qu'à nous ajourner jusqu'après la vérification des mandats. Je crois, en effet, camarades, que tant que nous n'aurons pas vérifié les mandats nous ne pourrons faire aucun travail. Nous ne pouvons pas discuter les modifications aux statuts, de même que nous ne pouvons nommer la Commission de contrôle. Je suis donc d'avis de renvoyer tout cela jusqu'à ce que la vérification des mandats soit terminée.

Le Président. — Camarades, le bureau est saisi d'une demande de suspension de séance jusqu'à ce que la Commission de vérification des mandats soit revenue et ait présenté son rapport. (*Bruit*). Je mets aux voix cette proposition.

Adopté.

La séance est suspendue à 3 h. 20.

Reprise de la Séance

La séance est reprise à 4 h. 45.

Le Président. — Le bureau vient d'être avisé que la Commission de vérification des mandats n'aura pas terminé ses travaux avant 6 heures. Je consulte le Congrès pour savoir ce qu'il veut faire, soit de lever la séance, soit de la reporter à 6 heures.

Le Secrétaire de la Céramique. — Camarades, au Congrès d'Amiens, on s'est aperçu qu'il y avait une lacune dans la vérification des mandats. On a essayé de la combler par une décision disant que tous les mandats devraient être envoyés à la C. G. T. Puis on décida pour le Congrès de Marseille que tous les délégués des Fédérations et surtout les Secrétaires des Fédérations et des Bourses devraient assister à une réunion à la veille du Congrès pour examiner s'il n'y avait pas des mandats contestés, afin que la vérification puisse se faire le lundi matin même. Or, que faisons-nous à Toulouse ? Nous retombons dans les mêmes errements, et pourtant je considère que chacun a fait son devoir, surtout à la C. G. T. On avait même fixé un délai pour que les Fédérations puissent faire le nécessaire et je dis que toutes les Fédérations auraient dû faire ce que nous avons fait à la Fédération de la Céramique. C'est ainsi que dans notre Fédération il y a un syndicat qui ne sera pas représenté au Congrès, parce qu'il n'a pas envoyé son mandat samedi. Eh bien, si tous les camarades avaient fait comme nous, nous ne perdrions pas notre temps.

Camarades, des décisions ont été prises : on doit les respecter, et si on fait ici ce qu'on a déjà fait ailleurs, nous n'en sortirons pas. Je dis donc que c'est la faute des Fédérations, étant donné que tous les syndicats avaient été avisés. J'espère que tous les Secrétaires des Fédérations prendront bonne note de mes observations et que ce qui arrive aujourd'hui ne se produira plus pour le prochain Congrès.

Boudet. — Je voulais dire ce que le Secrétaire de la Céramique vient de dire, car il est absolument déplorable de voir que les frais que représente une journée de Congrès comme celui-ci soient perdus : cela représente certainement plus de 4.000 francs. Je m'associe donc complètement à ce que vient de dire le Secrétaire de la Céramique. On devrait donner mandat au Comité pour que tous les mandats soient examinés avant la tenue du Congrès. Il faut qu'à la première séance, le Congrès soit devant un fait acquis et qu'il approuve ou désapprouve le travail qui sera fait à Paris. C'est une proposition ferme que je dépose au bureau.

Barrière. — Je demande qu'on supprime l'article 34 des statuts qui dit que les mandats qui arrivent au moment du Congrès sont nuls.

Boudet. — Je maintiens ma proposition.

Gogumus. — Camarades, on vient de dire qu'il était regrettable qu'on n'ait pas fait le nécessaire. Mais tout cela ne nous donne pas une solution. Il faudrait que nous sachions s'il faut lever la séance et la renvoyer à demain. Voilà la question que je pose.

Le Président. — Nous sommes en présence de deux ou trois ordres du jour; mais cela ne solutionne pas la question que pose le bureau. Je crois que ce matin, quand vous avez nommé la Commission de vérification, la question aurait été mieux posée s'il s'était agi de savoir si la commission devait statuer sur tel ou tel mandat. En ce moment, nous avons à nous prononcer, étant donné que la commission n'a pas terminé son travail, sur la question de savoir si nous devons lever la séance et la renvoyer à demain ou la reporter à 6 heures.

Boudet. — J'ai fait tout à l'heure une proposition. Mais, avec juste raison, un camarade me fait remarquer que nous ne sommes pas encore en Congrès, puisque nous ne sommes pas encore constitués, et il est évident que nous n'avons rien à faire tant que la Commission de vérification des mandats n'aura pas terminé son travail. On peut donc lever la séance, car cela n'avancera à rien.

Un Délégué. — Il y aura si peu de mandats contestés que nous pouvons très bien siéger.

Le Président. — On vient de dire que le Congrès n'était pas constitué. Par conséquent, nous ne pouvons pas délibérer. Je propose donc de lever la séance et de la renvoyer à demain matin à 8 heures. (*Bruit! — Oui! oui!*).

Une invitation de la Verrerie Ouvrière

Voici ce que nous avons reçu du Syndicat des Verriers et similaires d'Albi :

Sous forme d'appel, le Syndicat des Verriers et similaires d'Albi adresse l'invitation suivante aux délégués de toutes les organisations françaises réunies au Congrès de Toulouse :

Camarades, il y a plusieurs années, quand la Verrerie Ouvrière n'était encore qu'à l'état embryonnaire, les représentants du prolétariat, réunis aujourd'hui au Congrès de Toulouse, décidaient spontanément de se rendre en cortège à Albi. Cette démonstration fut un encouragement pour ceux qui, au prix d'incroyables sacrifices, luttaient pour la défense des libertés syndicales et un avertissement pour l'infâme coalition du patronat et de la réaction soutenus par une magistrature à tout faire qui, chaque semaine, condamnait et emprisonnait par ordre ceux qui combattaient pour la défense de tous.

Camarades, la Verrerie est votre œuvre, menacée aujourd'hui par la concurrence des patrons verriers occupant des ouvriers non syndiqués. Vous répondrez à notre invitation en venant vous rendre compte de ce que nous avons fait; c'est votre appui moral que nous demandons. L'œuvre prolétarienne planant au-dessus des dissensions passagères, c'est à l'unanimité que vous répondrez oui et que, de retour dans vos organisations, vous direz où en est votre œuvre et les moyens de la faire prospérer. En agissant ainsi, vous n'aurez pas seulement mis votre usine à l'abri des mauvais coups, vous aurez travaillé pour toute la corporation.

Pour le Syndicat et par ordre : Le Bureau.

Larroque. — Comme complément à cette lettre de mes amis du Syndicat des Verriers d'Albi, j'ajoute que le Syndicat, représenté par son délégué qui est ici, organise la réception à la Verrerie pour le dimanche matin 9 octobre. C'est inviter ceux qui désirent y venir de l'indiquer à notre camarade délégué des Verriers d'Albi, afin que la réception soit aussi grande que cordiale et aussi imposante que le nombre des délégués qui y assisteront.

Pour les Camarades en lutte

Un autre ordre du jour de sympathie aux camarades actuellement en lutte est proposé et adopté à l'unanimité. Il suscite une autre proposition :

Malot. — Il est bon d'envoyer nos sympathies ; mais je crois qu'il serait préférable d'envoyer une pièce de vingt sous et je demande que tous les délégués ici présents s'imposent une cotisation supplémentaire à verser par les Fédérations pour que tous les camarades congressistes versent.

Le Délégué du bâtiment de Tunis. — Camarades, je trouve extraordinaire la proposition du camarade Malot, d'abord parce que si les Syndicats ont des fonds à verser pour les grèves en cours, ils n'ont qu'à les verser, et ensuite si le camarade Malot était venu ici comme moi à ses frais, je crois qu'il ne proposerait pas aux congressistes de verser quelque chose.

Malot. — Versera qui voudra : mais je demande qu'avec nos sympathies nous envoyions quelques pièces de vingt sous.

Le Président. — Je demande maintenant au Congrès de désigner le bureau pour la séance de demain matin.

Plusieurs voix. — Le même bureau, puisque la séance n'a pas eu lieu.

Le Président. — Le bureau vous adresse ses remerciements, mais n'accepte pas pour demain matin. *(Bruit).*

Un Bureau de Condamnés

Voici les noms qui sont proposés : Ricordeau, comme président.

Barrière. — Je demande au Congrès de ne pas oublier de désigner pour le bureau le camarade Vigneau, des Coiffeurs, qui a fait un an de prison. Je propose donc Vigneau comme un des assesseurs.

Le Président. — Camarades, voici le bureau qui est proposé : Président, Ricordeau ; assesseurs, Roueste et Vigneau.

Adopté.

La séance est levée à 5 heures.

3me SÉANCE. — MARDI 4 OCTOBRE 1910 (matin)

La séance est ouverte à 8 h. 35 sous la présidence du camarade Ricordeau, assisté des camarades Vigneau et Roueste. Le camarade William Foster, de l'Industrial Workers of the Wolld, groupe de Spoken, assiste à la séance.

Le Président. — Le rapporteur de la Commission de vérification des mandats n'étant pas encore arrivé, je vous donne lecture de l'ordre du jour suivant déposé par le camarade Pontonnier, au nom de l'organisation des Chauffeurs et Conducteurs de la Seine :

Seuls seront admis à faire partie de la Commission de modification des statuts les représentants des organisations ayant pris au moins la moitié des timbres confédéraux selon leur effectif.

Un Délégué. — Nous ne sommes pas encore constitués en Congrès et on propose de discuter la nomination d'une commission !

Le Président. — Alors attendons après la vérification des mandats.

Une communication des journalistes

Voici une communication qui est faite par le Syndicat national des journalistes :

Dans votre séance d'hier, vous avez décidé d'accepter les membres de la presse, mais en excluant cependant *Le Matin*, *Le Journal*, *Le Petit Journal* et *Le Petit Parisien*, qui ne paient pas le tarif syndical. Nous n'entendons pas protester contre ce boycottage, cela ne nous regarde pas ; mais nous tenons cependant à présenter au Congrès, au nom du Syndicat national des journalistes professionnels, quelques observations. La mesure prise n'a pas l'effet désiré par les auteurs de la proposition puisqu'elle ne touche les journaux incriminés que moralement. Ceux-ci, en effet, ont sur place des correspondants qui peuvent fournir et fournissent tous les renseignemants sur les travaux du Congrès. Les directeurs de journaux ne sont donc pas frappés par cette mesure; mais, en revanche, ce sont les rédacteurs parisiens salariés, syndiqués comme vous, que vous mettez dans l'impossibilité de faire leur travail. Nous supposons que comme dans les précédents Congrès vous reviendrez, non pas sur votre vote de boycottage des journaux incriminés, boycottage qui peut et doit se faire par les travailleurs eux-mêmes contre le journal lui-même, mais contre l'exclusion prononcée contre des camarades syndiqués. D'ailleurs, nous tenons à faire remarquer que c'est l'amendement à la proposition Boudet, présenté par Bourderon, amendement contre lequel personne n'a protesté.

Pour le Syndicat : Le Secrétaire Général.

La parole est au rapporteur de la Commission de vérification des mandats.

Discussion sur la vérification des mandats

Cas des peintres de Lille

Le camarade Togny, rapporteur, donne lecture de son rapport, *inséré en tête de la brochure.*

Le Président. — Il me semble que pour aller plus vite on devrait procéder par ordre de mandats contestés. Ainsi le premier mandat contesté est celui des ouvriers peintres de Lille. Là il y a une situation spéciale : admission refusée à la Bourse du Travail malgré demandes réitérées.

Le Rapporteur. — Il faut prendre une décision au sujet des ouvriers peintres de Lille. La commission a décidé de soumettre le cas au Congrès.

Péricat. — Je demanderai à ce que le secrétaire de la Bourse du Travail de Lille s'explique sur le cas de non admission de ce Syndicat, qu'il nous donne les raisons pour lesquelles le Syndicat des peintres de Lille n'a pas été admis à la Bourse du Travail.

Saint-Venant. — C'est, somme toute, par la faute du Syndicat lui-même qu'il n'a pas été admis. Nous avons en notre possession une lettre du Syndicat des peintres de Lille du mois de juillet dernier qui déclare ne plus adhérer ni même vouloir assister à nos réunions. Voici un passage de sa lettre :

La Commission du Syndicat a décidé qu'elle ne se ferait plus représenter à aucune réunion de la Bourse du Travail.

D'autre part, depuis le mois de mars de cette année, le Syndicat des peintres n'a plus payé de cotisations à la Bourse du Travail. Nous avons envoyé les lettres au Syndicat comme à toutes les organisations qui n'avaient pas payé de cotisations, et depuis le mois de juillet de cette année le Syndicat des peintres n'a plus assisté à aucune réunion, refusant de payer ses cotisations. Voilà pourquoi nous demandons la radiation du mandat.

Pericat. — Je m'étonne de la contestation de la Bourse du Travail de Lille, je la trouve bien tardive, parce qu'à la Fédération du Bâtiment nous n'acceptons que des Syndicats qui remplissent la triple obligation : nous posons la question à chaque Syndicat nouveau : êtes-vous ou non adhérent à votre Union locale ou départementale? Jusqu'à présent nous ne savions pas que le Syndicat des peintres de Lille n'était pas adhérent à sa Bourse du Travail. Mais il faut dire aussi qu'à Lille il y a une situation très embrouillée, du fait même qu'à la Bourse du Travail de Lille — et c'est le reproche que je ferai à cette Bourse — on a laissé, malgré les protestations nombreuses de la Fédération du Bâtiment, exister une Fédération du Bâtiment régionale qui n'avait pas sa raison d'être, qui ne devait pas exister à côté de la Fédération nationale, et c'est à cause de cela probablement que les peintres de Lille n'ont plus été admis à la Bourse du Travail, parce que tracassés par des Syndicats appartenant à cette Fédération qui combattait justement l'action menée par la Fédération du Bâtiment. Le rapport de la Commission ne dit pas que le Syndicat n'a pas payé ses cotisations, il dit que le Syndicat des peintres de Lille n'a pas été reçu à la Bourse du Travail. Je dis qu'il y a là une situation spéciale créée par la Bourse du Travail elle-même, et je proteste au nom de la Fédération du Bâtiment contre la prétention de la Bourse du Travail de Lille. Je dis que la place des peintres de Lille est au Congrès, parce que s'ils ne sont pas à la Bourse c'est la faute de la Bourse elle-même.

Saint-Venant. — Ce n'est pas du tout pour cela que le Syndicat des peintres voit son mandat contesté. Je vais vous rappeler en quelques mots les incidents qui ont été provoqués par le Syndicat des peintres lui-même. Il s'est produit ceci : c'est que depuis quelques années une décision a été prise à la Bourse du Travail de Lille en ce qui concerne les élections des Prud'hommes; le Syndicat des peintres a voulu s'imposer, il voulait que la Bourse du Travail de Lille donne le mandat de conseiller prud'homme à son Secrétaire, Cocheteux ; nous lui avons fait observer que dans toutes les Bourses du Travail ou Unions locales il existait un règlement que l'on doit respecter, et nous avons proposé la désignation des candidats par catégories. Le Syndicat des peintres est compris dans la catégorie du Bâtiment, et lorsque l'ensemble des délégués a choisi parmi les candidats présentés par les syndicats appartenant à cette catégorie, Cocheteux a été éliminé de la candidature. Il a protesté, il a voulu à nouveau s'imposer comme candidat. Nous avons répondu que Cocheteux, secrétaire du Syndicat des peintres, devait comme les autres délégués se soumettre à la décision prise. Or, en ce qui concerne la Fédération du Bâtiment, il ne faut pas oublier que Cocheteux a tenté lui-même de fonder il y a quelques années une Fédération régionale à Lille.

A la suite de cela, il y a quelques mois, pour l'Exposition de Bruxelles, l'administration municipale de Lille avait décidé la remise de subsides pour l'envoi de délégués à Bruxelles. Le Syndicat des peintres n'ayant pas assisté à l'assemblée où fut discutée cette question chez nous, a voulu quand même une fois de plus imposer le citoyen Cocheteux comme secrétaire pour être délégué à l'Exposition de Bruxelles. Nous avons encore répondu au citoyen Cocheteux : Quand on veut défendre ses droits il faut assister aux réunions de la Bourse du Travail. C'est pour cette raison que Cocheteux nous a envoyé une lettre en nous déclarant que la Commission du Syndicat avait décidé de ne plus assister aux réunions de la Bourse du Travail. Lorsque la Commission de contrôle a fait le relevé des cotisations payées, il a été reconnu que depuis le mois de mars de cette année le Syndicat des peintres de Lille n'avait plus payé de cotisations. Nous avons envoyé des lettres au Syndicat des peintres, et il y a deux mois, lorsque nous discutions la question des mandats pour le Congrès corporatif, nous lui disions :

Les mandats seront contestés pour tous ceux qui ne remplissent pas toutes les conditions confédérales; en conséquence, les décisions qui seront prises seront respectées.

Le Syndicat des peintres de Lille n'a pas daigné envoyer de délégation. Sans tenir compte des délibérations de la Bourse du Travail, il nous répondait par la lettre que voici de Cocheteux :

Nous maintenons notre décision de ne plus assister aux réunions de la Bourse du Travail de Lille.

Il me semble que quand un Syndicat refuse de se soumettre aux délibérations d'une Bourse du Travail, refuse de discuter librement, il me semble que si on ne veut pas discuter avec ses camarades on ne doit pas être admis à un Congrès corporatif.

JOUHAUX. — La Commission de vérification des mandats avait réservé la question pour demander des explications au camarade Saint-Venant, les explications ont été fournies, il n'y a plus qu'à voter sur l'admission.

LE PRÉSIDENT. — Péricat est d'un autre avis que la Bourse du Travail de Lille.

PÉRICAT. — Je dis qu'il y a eu un traquenard de la part de la Bourse du Travail de Lille, parce qu'il est certain que si elle avait fait son devoir au point de vue de la *Fédération du Bâtiment* elle nous aurait averti de la situation. On sent bien qu'il y a une bouillabaisse du Nord concernant les élections prud'homales qui ne nous regardent pas du tout. Je soutiens que c'est le Syndicat des peintres du Nord qui a été le plus partisan de la Fédération du Bâtiment ; il s'est trouvé isolé au milieu d'autres syndicats qui ne voulaient pas adhérer à la Fédération du Bâtiment, qui étaient contre la tactique de la Confédération générale. Je dis qu'il y a là de la part de la Bourse du Travail de Lille presque un guet-apens. Je demande purement et simplement que, les peintres de Lille ayant toujours fait leur devoir au point de vue de la Bourse du Travail même et de la Fédération, malgré le non-paiement des cotisations né de la situation spéciale, soient admis au Congrès.

SAINT-VENANT. — Je tiens à faire observer au Congrès que lorsqu'on dit que le Syndicat des peintres a toujours rempli son devoir, c'est une erreur : il ne faut pas oublier que ce Syndicat avait déjà adhéré à la Fédération générale des peintres, qu'il s'est *ravisé*, s'en est *retiré*, et qu'il n'y a pas si longtemps que cela qu'il adhère à la Fédération du Bâtiment.

PÉRICAT. — Il y a deux ans et demi.

SAINT-VENANT. — Non. On dit que la Bourse du Travail de Lille aurait dû aviser la Fédération du Bâtiment que le Syndicat des peintres n'avait pas payé ses cotisations ; mais, lorsque j'ai su cela j'ai écrit immédiatement pour dire que nous contestions le mandat, j'ai écrit au Secrétaire général de la Confédération.

JOUHAUX. — J'ai reçu une lettre de la Bourse du Travail de Lille un mois avant l'ouverture du Congrès. Lorsque nous avons vérifié ce mandat au siège, j'ai donné lecture de cette lettre à la Commission de vérification qui a réservé le mandat pour demander des explications complémentaires au Secrétaire de la Bourse du Travail de Lille parce que je savais qu'il y avait une situation double qui existait à Lille, situation qui a été expliquée à la Conférence internationale où nous avons vu d'une part une Fédération régulièrement confédérée, et d'autre part une Fédération régionale du Nord entrer en collision l'une avec l'autre et nous empêcher de prendre une décision. Dans le Nord, nous avions à ce moment donné en tant que Conférence internationale une indication à la Bourse du Travail et aux organisations syndicales du Bâtiment et nous espérions qu'elle serait suivie ; elle ne l'a pas été, enregistrons-le et c'est tout.

Saint-Venant. — C'est Cocheteux lui-même qui a fondé cette Fédération du Bâtiment.

Jouhaux. — Ce n'est pas Cocheteux qui la préside.

Verdier. — Je tiens à faire remarquer que si on adopte la motion de la Fédération du Bâtiment il n'y a plus de questions de principe qui se posent ici. Il y a deux ans, au Congrès de Marseille, la même question s'est posée pour les menuisiers de Saint-Etienne ; le Congrès a décidé que les menuisiers de Saint-Etienne n'appartenant pas à la Bourse du Travail n'avaient pas le droit d'être admis au Congrès. Tous les cas qui nous seront soumis comme celui-ci entraîneront des discussions qui dureront des journées entières et nous arriverons à la fin du Congrès sans avoir rien discuté de l'ordre du jour. Je demande, en vertu des statuts de la Fédération, que le Syndicat des peintres de Lille ne soit pas admis, parce qu'alors nous ne savons pas où nous allons. S'il y a quelque chose à faire à la Bourse du Travail de Lille, que la Fédération du Bâtiment soit chargée de trancher la question, mais que le Congrès s'en tienne aux statuts confédéraux et repousse l'admission du Syndicat des peintres de Lille.

Le Président. — Le camarade Verdier propose la non-admission du Syndicat des peintres de Lille ; il est partisan de ne pas l'admettre pour la seule raison qu'il n'appartient pas à la Bourse du Travail de Lille et qu'il serait antistatutaire de l'accepter. Je mets aux voix la proposition Verdier.

La proposition Verdier est repoussée : le Syndicat des peintres de Lille est admis.

Cas des peintres de Nantes

Le Rapporteur. — Nous passons au Syndicat des peintres de Nantes. La Commission de vérification a réservé ce mandat : il est signé, pour la Fédération, de Péricat, mais le Syndicat ne figure pas au Répertoire à la Bourse du Travail de Nantes.

Péricat. — C'est une omission de ceux qui ont fait le Répertoire : ce Syndicat est adhérent à la Bourse du Travail de Nantes.

Blanchard. — En qualité de secrétaire de la Bourse du Travail de Nantes, je déclare que ce syndicat y est adhérent.

Le Président. — Le délégué de la Bourse du Travail de Nantes dit que ce Syndicat est adhérent à la Bourse du Travail : passons alors à une autre contestation.

Cas des Cheminots de Longwy

Le Rapporteur. — Le Syndicat des chemins de fer de Longwy n'est pas adhérent à l'Union de Meurthe-et-Moselle ; son mandat est contesté.

Bidamant. — Le Syndicat général ne voudrait pas contester le travail de la Commission. Pour cette année, nous demandons que les groupes des chemins de fer qui ne se sont pas mis en règle vis-à-vis de la Fédération soient impitoyablement exclus du Congrès corporatif.

Cheminots de Constantine

Le Rapporteur. — C'est entendu. Nous passons à Constantine. Il y a pour ce Syndicat des chemins de fer une situation spéciale : admission demandée à la Bourse du Travail de Constantine et refusée. Le représentant de la Bourse du Travail de Constantine est ici. Je crois qu'il pourrait nous donner les explications nécessaires.

Pochat. — La situation des chemins de fer de Constantine est une situation tout à fait spéciale. Le Syndicat des chemins de fer de Constantine a adhéré à la création de la Bourse en 1897, et il n'a cessé d'y appartenir jusqu'en 1906 ; en 1906, lors du renouvellement annuel du Conseil d'administration, ce Syndicat a reçu la circulaire comme tous les autres Syndicats, mais il n'a pas nommé de délégué. Le Secrétaire de la Bourse et plusieurs camarades ont fait des démarches réitérées auprès du Syndicat des chemins de fer ; on nous renvoyait à plus tard, enfin on ne savait pas pour quel motif on ne voulait pas nommer de délégué. Nous avons écrit des lettres de rappel en décembre 1906, en janvier 1907, nous avons fait des démarches en 1908, et finalement en 1909, voyant que ces camarades restaient toujours en dehors de la Bourse nous avons fait appel à tous les cheminots de Constantine pour organiser une grande réunion ouvrière à la Bourse du Travail et les engager à reconstituer leur Syndicat qui disparaissait ; à cette réunion sont venus dix cheminots sur 400 et quelques inscrits, par conséquent nous n'avons pas pu arriver à former un Syndicat. A la fin de 1909 un Syndicat s'est constitué à nouveau, et il y a quelques mois, deux mois avant le Congrès, nous avons été saisis d'une demande d'admission à la Bourse du Travail par ce Syndicat des chemins de fer.

Il faut vous dire qu'en 1908, lorsque nous avons fait les dernières démarches au Syndicat pour le faire entrer de nouveau à la Bourse du Travail, les cheminots ont organisé un referendum sur le réseau. Je vous demande un peu si c'est l'usage dans les Syndicats d'organiser des referendums pour demander si oui ou non on doit faire partie d'une Bourse du Travail ! C'est une chose tout à fait étrange ! Ce referendum a produit ce résultat : pour l'admission du Syndicat à la Bourse du Travail, 198 voix ; contre, 52 ; abstentions, 21.

Quand la Bourse du Travail a été saisie il y a deux mois d'une nouvelle demande d'admission, elle a répondu par une fin de non-recevoir. Personnellement, comme secrétaire de la Bourse, j'ai engagé les camarades à l'accepter, mais il n'y a pas eu moyen : les camarades ont été outrés de ce referendum organisé par le Syndicat des chemins de fer alors que rien ne justifiait une pareille chose. Je suis autorisé à vous dire que nous ne contestons pas le mandat du Syndicat des chemins de fer ; si ces camarades reviennent à de meilleurs sentiments, si, en somme, ils font preuve de bonne volonté, ils viendront, mais ils ont besoin qu'on leur lave la tête ; on ne fait pas de referendum dans un Syndicat pour savoir si on doit entrer à la Bourse du Travail ; c'est une chose tout à fait extraordinaire !

Bidegaray. — Je constate qu'il n'y a qu'un grief, c'est d'avoir fait un referendum parmi les employés de chemins de fer, mais le camarade ne conteste pas le mandat; je ne vois pas pourquoi il est venu émettre ce grief contre les cheminots; du moment qu'ils veulent entrer à la Bourse du Travail, après des dissentiments intérieurs qu'aujourd'hui on veut oublier, ce serait de leur donner l'exemple et d'accepter les camarades au lieu de leur laver la tête.

POCHAT. — Il sera difficile de faire admettre cela aux camarades de Constantine.

LE RAPPORTEUR. — Je veux simplement vous donner connaissance d'une lettre du camarade Pochat qui descend de cette tribune et dans laquelle il dit :

Dans sa réunion de ce jour la Commission exécutive de la Bourse du Travail a décidé qu'en présence de l'attitude nouvelle prise par les chemins de fer vis-à-vis de la Bourse aucune réponse ne sera faite à votre demande d'admission; la Bourse du Travail attend les événements qui se produiront à Toulouse.

BIDEGARAY. — Je demande que la Bourse du Travail accepte l'adhésion et que le groupe de Constantine soit admis.

LE PRÉSIDENT. — Le Syndicat national des chemins de fer demande que le groupe de Constantine soit admis au Congrès de Toulouse : quelqu'un a-t-il des objections à présenter ?

UNE VOIX. — Mais on ne conteste même pas le mandat !

LE PRÉSIDENT. — Je mets aux voix l'acceptation de la proposition du Syndicat national des chemins de fer.

Adopté.

Cas des Chapeliers de Bellegarde

TOGNY, *rapporteur*. — La section de la Chapellerie de Bellegarde. La Commission de vérification des mandats a contesté celui-ci, parce que cette organisation n'est pas adhérente à l'Union de l'Ain et Jura. Sur le mandat, ces camarades ont mis :

Il n'existe pas de Bourse du Travail ou de Syndicat; nous sommes en pourparlers avec les cheminots pour nous unir.

Or, d'après les renseignements fournis hier, les cheminots sont adhérents à l'Union des Syndicats de l'Ain et Jura, et il existe une Union départementale.

ROUX. — Ce syndicat vient d'avoir une grève et il est de création récente ; mais, en effet, il n'est pas adhérent à l'Union. Néanmoins, nous sommes d'avis d'accepter ce syndicat, et je puis dire qu'il adhèrera à l'Union dès aujourd'hui. La grève s'est terminée dimanche par la victoire. Vous savez que dans la chapellerie toute la Fédération est engagée dans la lutte. Mais ce syndicat veut être confédéré : il est abonné à *La Voix du Peuple*, et dès aujourd'hui nous voulons bien l'accepter.

LE PRÉSIDENT. — Le camarade Roux demande au Congrès d'admettre ce syndicat, parce qu'il prend l'engagement d'adhérer.

Discussion sur l'admission des syndicats contestés à titre consultatif.

ROYER. — J'estime qu'il est logique d'admettre à titre de voix consultative ces syndicats-là ; mais il ne faut pas les admettre pour voter ici. Il y a, en effet, des quantités de syndicats qui, pour être admis dans au Congrès, font des promesses et ne les tiennent jamais. Tous les ans nous voyons se représenter les mêmes syndicats pour être admis au Congrès, mais ils refusent toujours de remplir leurs obligations confédérales. Je demande donc que les syndicats qui n'ont pas rempli toutes leurs obligations ne soient pas admis au Congrès. Il n'y a pas que celui-là il y en a d'autres comme cela.

Klemczinski. — Je suis d'accord que c'est à titre consultatif seulement.

Le Président. — Le camarade Klemczinski se range à l'avis du camarade Royer pour que ce syndicat ne soit admis dans le Congrès qu'avec voix consultative, et cela en s'appuyant sur les statuts. Je mets aux voix cette proposition.

Un Délégué. — C'est une proposition qui englobe toutes les organisations qui sont dans le même cas.

Le Président. — Voici une adjonction qui tend à étendre cette proposition non seulement au Syndicat de la Chapellerie de Bellegarde, mais aussi à tous les syndicats qui sont dans le même cas.

Danis. — Si vous acceptez la proposition du camarade Royer, vous allez vous trouver en face d'équivoques nombreuses, parce qu'il y a des organisations dans les Alpes-Maritimes qui sont absolument réfractaires pour adhérer à la C. G. T. Or, si vous admettez ces mandats contestés avec voix consultative, vous allez nous obliger, nous des Alpes-Maritimes, à mettre les pieds dans le plat. De même que tout à l'heure pour la contestation des mandats des Tabacs et des Préparateurs en Pharmacie, je demande que l'examen de ces questions soit renvoyé à la suite ; mais je m'oppose à ce que l'on permette aux mandats contestés d'avoir voix consultative.

Le Guéry. — Camarades, je ne prétends pas que tous les syndicats doivent être admis. Je dis simplement que si le Congrès jugeait bon d'admettre des syndicats, ces syndicats ainsi admis n'auront que voix consultative.

Savoie. — Je m'oppose à ce que les syndicats contestés puissent assister au Congrès à titre consultatif, d'abord parce qu'il y a des questions de principe et des règlements qui ne permettent pas d'agir ainsi, sans quoi il y a des multitudes d'organisations qui ne font pas partie des Bourses du Travail et qui pourraient venir ici sans jamais prendre part aux délibérations de leur fédération. Eh bien, il ne faut pas que ces syndicats puissent venir discuter ici. Nous avons des syndicats qui ont été exclus de l'Union des Syndicats. Eh bien, je ne crois pas qu'il soit possible que ces syndicats puissent être admis ici à titre consultatif et puissent discuter comme les autres syndicats.

J'entends bien qu'il y a des cas d'espèces : mais il ne faut pas en faire des cas généraux.

Le Président. — Le camarade Le Guéry a voulu dire que ceux qui seraient admis ne pourraient l'être qu'avec voix consultative. Ceux qui sont refusés nettement n'ont rien à faire ici. (*Bruit.*)

Un Délégué. — On ne peut pas admettre qu'un syndicat mis à la porte puisse rentrer par l'escalier de service !

Le Président. — En présence de tant de propositions, je demande purement et simplement, pour couper court à toute discussion, l'application intégrale des statuts. (*Applaudissements*). Ce n'est pas à moi, en ma qualité de président, de faire cette proposition, mais je crois que tout le monde tourne autour, et cependant personne ne veut la faire.

PLUSIEURS VOIX. — Aux voix ! Aux voix !

LE PRÉSIDENT. — Aux voix, quoi ?

LE GUÉRY. — C'est après l'admission du Syndicat de Constantine que j'ai fait ma propsition qui me paraissait rationnelle. Je maintiens donc ma proposition si vous maintenez le vote émis en faveur du Syndicat des cheminots de Constantine, car le Congrès a toujours le droit de juger lès cas d'espèces.

JOUHAUX. — La confusion qui s'établit en ce moment provient de ce fait que nous nous trouvons en présence de situations absolument dissemblables et qu'on veut voter sur une proposition générale. Tout à l'heure, nous avons discuté le cas du Syndicat des chemins de fer de Constantine qui est un cas d'espèce. Maintenant, nous discutons la situation des chapeliers qui est encore un cas d'espèce, et nous ne pouvons prendre une décision qu'en raison du cas d'espèce. Nous ne pouvons pas généraliser, parce que les situations ne sont pas semblables.

LESCORDE. — Si la proposition du président Ricordeau qui consiste à se conformer aux statuts est votée, alors la question est épuisée : au contraire, si, comme le propose Jouhaux, on discute sur chaque cas d'espèce, il n'y a qu'à continuer.

LE PRÉSIDENT. — Jouhaux disait tout à l'heure qu'il y avait des cas d'espèce à propos desquels on ne pouvait pas émettre un vote général: Eh bien, il faudrait pourtant s'entendre. Il y a actuellement deux propositions : une qui consiste à respecter les statuts, et puis voici une proposition présentée par le camarade Maillet, des coiffeurs de Lyon, demandant « que les chapeliers de Bellegarde soient admis à titre consultatif, mais sans que cela soit une mesure générale. » *(Bruit).*

BLED. — Je dis que malgré les situations différentes de ces divers syndicats, cela n'exclut pas pour moi une ligne de conduite générale, sans exclure pour cela l'examen des cas particuliers, et je crois que nous allons être d'accord sur la proposition Le Guéry et même sur celle de Jouhaux. Voici une proposition :

Le Congrès décide que les syndicats non en règle avec la C. G. T., c'est-à-dire ne remplissant pas toutes les obligations statutaires, ne pourront être admis au Congrès qu'à titre consultatif, même si aucune organisation confédérée ne s'opposait à leur admission.

Ces syndicats pourront être admis à titre consultatif, et le Congrès pourra décider pour chaque cas particulier.

UN DÉLÉGUÉ. — Bled, est-ce que ta proposition s'applique à la *Voix du Peuple?*

BLED. — L'abonnement à la *Voix du Peuple* est compris dans les obligations confédérales. Aucun Congrès n'a encore exigé l'application de cette décision. Il faut donc encore décider cette année que l'abonnement à la *Voix du Peuple* rentre dans les obligations des syndicats. J'en parle d'autant plus librement que tous mes syndicats sont abonnés.

LE PRÉSIDENT. — Il y a une proposition d'Arbogast demandant la clôture après les orateurs inscrits. Je mets donc la clôture aux voix.

La clôture est prononcée.

METIVIER. — Camarades, je regrette que la question de la *Voix du*

Peuple se soit greffée sur l'affaire des chapeliers de Bellegarde. Néanmoins, comme il est question de l'admission au Congrès des syndicats remplissant la triple obligation, je demande si le Congrès veut considérer comme sans valeur les décisions prises par les Congrès confédéraux antérieurs. De deux choses l'une : ou bien les décisions prises dans le Congrès et qui, par suite, sont statutaires, doivent s'appliquer à toutes les organisations qui adhèreront à la C. G. T., ou alors elles ne s'appliqueront à aucune.

J'ai un mandat impératif me priant d'insister pour demander à ce que soient exclus du Congrès les syndicats ne remplissant pas la triple obligation.

Une voix. — Mais c'est recommencer la révision des mandats.

Metivier — C'est possible, attendu que dans le répertoire des organisations on ne pouvait pas contrôler les organisations abonnées à la *Voix du Peuple*, et je voulais me réserver, lors de la discussion de la *Voix du Peuple*, pour demander qu'à l'avenir, si on conservait l'obligation de l'abonnement à la *Voix du Peuple*, on mette en regard les organisations abonnées à la *Voix du Peuple*. Il serait alors possible à la Commission de vérification des mandats de faire un contrôle efficace pour déterminer une ligne de conduite conforme aux règles de la C. G. T. Je demande donc que ne soient admises ici que les organisations qui remplissent la triple obligation.

Togny, *rapporteur*. — Le camarade Bourderon demande, comme adjonction à la proposition de Le Guéry, que tous ces syndicats soient admis simplement à titre auditif, et non à titre consultatif.

Le Président. — Camarades, je vais vous lire la poignée de propositions qui sont parvenues au bureau. Voici la première qui est du camarade Maillet, des coiffeurs de Lyon :

Que les chapeliers soient admis à titre consultatif, mais sans que cela soit une mesure générale.

Voici celle de Boudet :

Discuter sur tous les mandats avec un maximum de deux minutes de discussion sur chaque mandat.

Celle de Cathomen, du Bâtiment de Dijon, demandant l'application pure et simple des statuts.

Celle de Mourgues, de l'Union des Syndicats de Bordeaux :

Seules pourront participer aux travaux du Congrès de la C. G. T. les organisations remplissant les trois obligations. Les cas spéciaux motivés seuls seront discutés.

Voici la proposition du camarade Bled :

Le Congrès décide que les syndicats non en règle avec la C. G. T. ne pourront être admis au Congrès qu'à titre consultatif, même si aucune organisation confédérée ne s'oppose à leur admission. *(Bruit.)*

Nombreuses voix. — La priorité pour la proposition du Bâtiment de Dijon.

Le Président. — La priorité étant demandée pour la proposition tendant à l'application pure et simple des statuts, je mets aux voix la priorité. — Adopté.

Le Président. — Je mets maintenant aux voix la proposition de Dijon, c'est-à-dire l'application pure et simple des statuts.

Un Délégué. — Mais on ne peut pas voter la non application aux statuts !

Bidegaray. — Vous allez exclure deux cents délégués du Congrès !

Togny, *rapporteur*. — Je me demande si lorsqu'une proposition est mise aux voix, vous devez, les uns ou les autres, prendre la parole, surtout lorsque la clôture a été votée. Le camarade qui a pris la parole pendant que le président mettait aux voix la proposition a empêché le vote de se faire : de sorte qu'on ne sait pas si l'application des statuts a été votée ou non. Je demande donc qu'à l'avenir les camarades ne prennent pas la parole lorsqu'une proposition sera mise aux voix.

Poulard (des Employés de Toulouse). — Camarades, j'estime que notre façon de procéder nous fait commettre des erreurs graves. Je demande simplement que la discussion qui nous tient depuis deux heures pour la vérification des mandats ne soit pas continuée de cette façon. Je voudrais que les mandats contestés soient renvoyés à la Commission de vérification qui entendrait les camarades qui ont des explications à donner sur ces mandats ; ces explicatione seraient ensuite soumises par le rapport de la commission au Congrès qui trancherait la question en disant qu'il admet ou refuse. *(Bruit)*. Nous aurions ainsi des garanties que nous n'avons pas en ce moment dans la discussion.

Togny, *rapporteur*. — Je m'oppose au renvoi devant la Commission de vérification des mandats contestés, et pour cette excellente raison que lorsque les mandats contestés reviendront devant le Congrès, inévitablement une discussion s'ouvrira à nouveau, et alors nous aurons perdu un temps considérable d'abord à la commission et ensuite ici. Maintenant il est inexact de prétendre que les délégués assistent aux délibérations de la commission de vérification, car si hier, quand la Commission s'est réunie, tous les délégués avaient assisté à la réunion de la commission, nous aurions eu tous les éclaircissements nécessaires. Je demande donc que l'on continue la discussion des mandats contestés.

Un Délégué. — La proposition de Dijon n'a aucune raison d'être, ou alors il aurait fallu la présenter au commencement.

Jouhaux. — Camarades, il est certain qu'on ne peut pas s'opposer au vote de la Fédération du bâtiment demandant l'application des statuts confédéraux. Le Congrès ne peut qu'approuver : mais je dis que cela n'exclut pas la discussion des cas particuliers pouvant se présenter. La preuve, c'est que tout à l'heure, en ce qui concerne le Syndicat des chemins de fer de Constantine, le secrétaire lui-même ne s'opposait pas à l'admission de ce syndicat. Par conséquent, nous ne pouvons faire que comme lui, et l'admission de la proposition du Bâtiment n'empêchera pas de discuter les cas d'espèce.

Le Président. — Par conséquent, camarades, si vous étiez de l'avis de Jouhaux, il y a une motion déposée par le camarade Mourgues, de l'Union des Syndicats de Bordeaux, qui pourrait donner satisfaction à tout le monde, car elle dit :

Seules pourront participer aux travaux de la C. G. T. les organisations remplissant les trois obligations.

Maintenant, il ajoute : « Les cas spéciaux motivés seuls seront discutés ». Il s'agit de savoir si on doit continuer à discuter sur les cas spéciaux ou si on doit prendre purement et simplement la proposition du Bâtiment de Dijon ?

Togny, *rapporteur*. — La priorité en faveur de la proposition de Dijon a été votée : eh bien, votez d'abord sur cette proposition : acceptez-la ou repoussez-la.

Le Président. — Eh bien, je mets aux voix la proposition du Bâtiment de Dijon, c'est-à-dire l'application pure et simple des statuts.

Adopté.

Togny. — En raison du vote qui vient d'être émis par le Congrès, au nom de la Commission de vérification des mandats nous n'avons plus qu'à nous retirer, car vous venez de voter l'application intégrale des statuts et, par conséquent, tous les mandats contestés sont refusés. *(Applaudissements)*.

Le Président. — Voici encore une seconde poignées d'ordres du jour qui viennent de parvenir au bureau et qui ont trait à la discussion qui vient d'avoir lieu.

Voici une proposition du camarade Fonclare, du Bâtiment de Tunis, et de Desmarets, du Bâtiment de Saint-Quentin :

Le Congrès décide de nommer une commission devant laquelle seront renvoyés les mandats contestés, et en attendant passe à l'ordre du jour. *(Bruit.)*

Yvetot. — Camarades, on fait en ce moment un jeu d'enfant : on vote si on doit appliquer les statuts ! Les statuts ont été appliqués par le bureau dans la mesure du possible. La Commission de vérification des mandats a été nommée justement pour voir si réellement les statuts étaient appliqués. On vous soumet des mandats contestés. C'est à vous maintenant de bien comprendre que ces mandats contestés sont à discuter pour savoir s'ils doivent être admis ou non. Il ne faut pas dire : Nous ne devons pas les discuter. Mais si vous voulez appliquer les statuts mieux que nous l'avons fait, je ne sais pas comment vous allez faire, parce qu'avec la meilleure volonté nous n'avons pas pu savoir quelles sont toutes les organisations abonnées à la *Voix du Peuple*, c'est-à-dire remplissant la troisième obligation. Mais je crois que nous ne sommes pas perdus pour cela et qu'il ne faut pas pour cela discuter pendant trois jours. Il y a un remède. Ceux qui remplissent les trois obligations font très bien ; ceux qui ne les remplissent pas encore font très mal, et c'est au Congrès à fixer un délai pour que ces organisations soient reconnues comme non confédérées, si elles ne remplissent pas dans la limite de ce délai la troisième obligation. Quant aux autres contestations qui n'ont pas trait à la *Voix du Peuple*, vous pouvez les discuter et si, au lieu de voter des chinoiseries, on avait discuté les cas, si on avait compris que lorsqu'un syndicat était contesté par une Bourse et que le délégué de cette Bourse venait dire : il n'est plus contesté, il fallait admettre ce syndicat, eh bien, la question serait épuisée à présent.

Je vous invite donc, camarades, à être le plus silencieux possible pour ne pas fatiguer ceux qui ont à dire quelque chose et pour ne pas vous fatiguer vous-mêmes, car nous avons six jours à rester là. Si on continue comme cela, dans trois jours personne ne parlera plus ; on n'aura plus qu'à s'en aller ou qu'à se battre. *(Applaudissements)*.

Togny, *rapporteur*. — D'après ce que vient de dire le camarade Yvetot, je pense, comme lui, du reste, qu'à la Commission de vérification des mandats nous avons appliqué les statuts autant que possible ; mais, cependant, il faut bien admettre une certaine élasticité dans tous les statuts. D'après le vote émis tout à l'heure, comme je vous le disais, je n'avais plus qu'à me retirer, et tous les mandats contestés étaient refusés. Vous êtes maintenant presque obligés de revenir, si vous voulez discuter les mandats contestés, sur le vote émis tout à l'heure. C'est à vous qu'il appartient de trancher la question. Puisqu'au début on a déjà discuté trois mandats, on peut bien discuter les autres! Je demande donc, au nom de la commission, que l'on continue la discussion des mandats contestés.

Un Délégué. — Parfaitement, en fixant une durée de dix minutes pour la discussion de chaque mandat.

Togny, *rapporteur*. — Je le dis pour vous éclairer : à la Commission de vérification des mandats, si nous avions été obligés d'appliquer intégralement les statuts, nous aurions repoussé nombre de syndicats. Vous savez, en effet, que dans beaucoup de départements il n'y a pas d'Union départementale et qu'il n'y a que deux ou trois Bourses du Travail, et alors nous étions en présence de Syndicats n'adhérant à aucune Bourse. Mais, puisqu'il n'y avait pas d'Union départementale, nous ne pouvions pas les forcer à faire 40, 60 ou 80 kilomètres pour adhérer à ces Bourses du Travail. Par conséquent, si on appliquait intégralement les statuts, voilà des syndicats qui ne devraient pas être admis au Congrès.

Le Président. — Le camarade Togny, rapporteur de la Commission de vérification des mandats, demande au Congrès, après les explications du camarade Yvetot, de rouvrir la discussion sur les mandats contestés. Je mets aux voix cette proposition.

Adopté.

Cas des ouvriers des Chais et Entonneurs de Béziers

Togny, *rapporteur*. — Nous sommes alors en présence d'un mandat contesté, celui des Chais et Entonneurs de Béziers. Aucune discussion au sujet de l'adhésion à une Fédération. Le camarade Bourderon vient de nous communiquer une lettre au sujet de cette organisation :

J'ai l'honneur de vous informer que le Syndicat des Chais et Entonneurs a été dissous à la réunion du 21 septembre 1910.

Le Secrétaire du Syndicat des Chais et Entonneurs : Calvet.

Pas de discussion au sujet de ce Syndicat, puisqu'il est dissout.

Cas des Gaziers de Nice

Le Syndicat des Ouvriers et Employés du Gaz de Nice est non adhérent à l'Union départementale des Alpes Maritimes. Il est adhérent à la Bourse du Travail de Nice. Vous savez qu'actuellement il y a un conflit entre l'Union départementale des Alpes maritimes et la Bourse du Travail de Nice, et le représentant de l'Union des Syndicats des Alpes-Maritimes conteste ce mandat.

Malot. — Il n'y a qu'à joindre ce cas à celui de la Bourse du Travail de Nice. — Approuvé.

Suite des mandats contestés

Maréchaux de Lyon — Maréchaux de Bordeaux — Tôliers-fumistes d'Orléans — Métallurgistes de Tullins-Fure — Mineurs et similaires de Lavareix — Ouvriers civils artillerie de Toul — Ouvriers des P. T. T. d'Albi — Sous-Agents des Postes et Télégraphes de la Seine — Tisseurs de Saint-Jouarre-en-Valdaine — Textile de Moirans — Travailleurs municipaux d'Alforteille.

Togny, *rapporteur*. — Voici maintenant la deuxième section du Syndicat national des Ouvriers Maréchaux de Lyon, non adhérente à l'Union des Syndicats du Rhône.

Royer. — Mandat refusé au nom de l'Union du Rhône.

Le Président. — Ce syndicat n'est pas adhérent à l'Union du Rhône; par conséquent, il est refusé.

Togny, *rapporteur*. — Le Syndicat des Maréchaux de Bordeaux quatrième section, non adhérent à l'Union des Syndicats de Bordeaux. On demande l'avis du Secrétaire de l'Union des Syndicats de la Gironde.

Le Secrétaire de l'Union des Syndicats de la Gironde. — Il n'est pas adhérent; par conséquent, il doit être refusé.

Togny, *rapporteur*. — Le Syndicat des Tôliers-fumistes d'Orléans, non adhérent à l'Union du Loiret.

Le Secrétaire de l'Union du Loiret. — Ce Syndicat n'existe plus.

Togny. — Par conséquent, on ne peut pas l'admettre.

Le Syndicat des Ouvriers Métallurgistes de Tullins-Fure, non adhérent à l'Union des Syndicats de l'Isère... Personne ne proteste; par conséquent, il n'est pas admis.

Le Syndicat des Mineurs et similaires de Lavareix, non adhérent à l'Union départementale.

Desmoulins. — Il y a quelques mois, lorsque nous avons organisé un Congrès départemental pour créer une Union dans la Creuse, le Syndicat de Lavareix a été invité à envoyer un délégué; mais il n'en a pas envoyé. Il n'a pas encore adhéré; par conséquent, il ne doit pas être admis.

Cordier. — Le délégué qui représente ce syndicat a reçu en date du 20 septembre une lettre du Secrétaire de ce syndicat où il est dit :

Comme je vous avais promis de le faire avant de nous séparer, je vous adresse les timbres de l'Union des Syndicats de la Creuse que j'ai reçus ce matin.

Ce syndicat serait donc adhérent depuis quelques jours. A vous de décider. Voici d'ailleurs la carte confédérale de ce camarade avec le timbre de l'Union confédérale d'Aubusson.

Le Président. — Je mets aux voix l'admission du Syndicat des Mineurs de Lavareix.

Adopté.

Togny, *rapporteur*. — Le Syndicat des Ouvriers civils de la direction d'artillerie de Toul, non adhérent à l'Union de Meurthe-et-Moselle. — Refusé.

La section des Ouvriers des P. T. T. d'Albi; le mandat ne porte pas le timbre de l'Union. Mais le Secrétaire d'Albi dit qu'il est adhérent; par conséquent, il est accepté.

Le Syndicat national des Sous-Agents des Postes et Télégraphes de la Seine.

Jouhaux. — Pour celui-là, il n'y a pas de contestation; il n'est pas admis.

Togny. — Il n'est pas adhérent à l'Union; par conséquent, refusé.

L'Union des Syndicats des Tisseurs de Saint-Jouarre-en-Valdaine, non adhérente à l'Union des Syndicats de l'Isère. Personne ne proteste : par conséquent, ce Syndicat est refusé.

La section de Moirans (Textile), adhérente à l'Union régionale : ils ont mis sur leur mandat : « Pas de Bourse ». Ce syndicat n'est adhérent à aucune Bourse; par conséquent, puisqu'on n'insiste pas : non admis.

Les Travailleurs municipaux d'Alfortville, non adhérent à l'Union des Syndicats de la Seine : par conséquent : non admis.

Cas des Syndicats de Paris. — La question de la Subvention à l'Union des Syndicats de la Seine.

Le Rapporteur. — La discussion va s'ouvrir maintenant sur le cas de trois syndicats de Paris, le Syndicat des Préparateurs en Pharmacie de Paris, les Pâtissiers, et les Dames de Cafés-restaurants.

Diem. — Je ferai un exposé le plus bref possible de façon à ce que nous ne perdions pas de temps. Il y a une question d'une grande importance en ce qui concerne le Syndicat des Préparateurs en Pharmacie; s'ils le jugent à propos, les autres camarades viendront s'expliquer à la tribune en ce qui concerne les autres syndicats, je ne vais parler que du cas des Préparateurs en Pharmacie. Lorsque la faute qu'on nous a reproché a été commise nous n'avions pas du tout l'idée de porter atteinte à l'autorité des organismes centraux : il y a eu dans le fait une erreur, peut-être même pouvons-nous dire de part et d'autre. Lorsque la Commission administrative a appelé les syndicats au sujet de la question de la subvention, à Paris, les secrétaires d'organisations ont signé une protestation personnelle; c'était une protestation faite pour paraître dans la presse et qui n'était nullement l'engagement des syndicats qui n'avaient pas été consultés. Donc, il n'y a pas eu acte d'indiscipline, il n'y a pas eu trahison. On opposera à cela les timbres des organisations qui ont été apposés sur cette protestation...

Un Délégué. — On n'a pas à discuter les raisons qui ont fait que l'Union des Syndicats de la Seine a exclu le Syndicat des Préparateurs en Pharmacie, il suffit de le constater pour qu'on rejette ce syndicat.

Diem. — J'estime donc, et je suis de bonne foi en vous le déclarant, que le Syndicat des Préparateurs en Pharmacie n'a pas commis de trahison. On a exagéré la sanction prise contre lui : il est certain qu'il y avait quelque chose à faire contre ce syndicat, mais pas ce qu'on a fait. Douze syndicats à Paris avaient été appelés à toucher la subvention, on en a exclu quatre parmi lesquels celui des préparateurs en pharmacie; mais où le cas devient intéressant, c'est que c'est en pleine action : depuis trois mois le Syndicat des Préparateurs en Pharmacie mène une lutte de tous les jours, tous les jours il est sur la brèche : depuis deux mois une quinzaine d'arrestations ont été opérées, six camarades ont été condamnés à la prison, actuellement des poursuites sont exercées contre le secrétaire du syndicat parisien et contre un autre camarade, deux poursuites même sont exercées contre ce syndicat, et c'est à ce moment-là qu'on voudrait le rejeter de l'Union des Syndicats de la Seine ! J'estime que vous ne pouvez pas faire cela. Je demande simplement au Congrès, non pas de nous donner raison, mais de réserver la question, de façon qu'elle revienne devant le Comité Général de l'Union des Syndicats, où une sanction sera prise ; mais il serait désastreux que vous rejetiez purement et simplement ce syndicat de l'Union dans cette séance du Congrès. Je m'en rapporte à vous, camarades, vous déciderez.

Sardin.— La question pour les Pâtissiers est la même que celle du camarade Diem. Nous avons touché la subvention soi-disant contrairement aux décisions de la Commission exécutive. On nous a convoqués, douze syndicats étaient inscrits pour toucher la subvention sur les instances du Préfet de la Seine : nous n'avons pas signé, nous. Une décision avait été prise le 14 janvier à la Bourse du Travail, par les syndicats réunis, de ne pas montrer leur comptabilité, mais il n'était pas dit dans cette décision qu'on ne devait pas toucher la subvention. Nous avons touché la subvention, et après on nous a traité de syndicat rebelle, nous qui avons sur la place de Paris trente ans d'existence et qui avons un passé dans le mouvement syndical ; le Syndicat des Pâtissiers a été un de ceux qui ont fondé la Bourse du Travail, et on nous radie pour des questions de bottes de foin ! Si on posait la question des subventions ici, les trois quarts des délégués seraient obligés de partir ! Je crois qu'on nous donnera satisfaction en disant que la question des subventions n'est rien et que nous devons rester dans la grande famille ouvrière. Nous avons adressé une lettre à l'Union des Syndicats demandant que la question soit soumise à ce Congrès, cette lettre est restée sans réponse. Les trois quarts des organisations parisiennes ont touché la subvention, je ne crois donc pas qu'on ratifiera ici la décision prise : je pense que vous nous donnerez satisfaction et que nous rentrerons dans la grande famille de l'Union des Syndicats.

Savoie. — J'aurais pu demander par une motion d'ordre qu'une discussion soit ouverte sur ce cas, car nous avons la prétention à l'Union des Syndicats de la Seine d'avoir le droit comme toutes les autres organisations à notre autonomie. L'Union des Syndicats a cru devoir exclure les trois syndicats en discussion, et je crois que le Comité Général de l'Union des Syndicats qui se compose de 200 délégués de toutes les organisations doit savoir ce qu'il fait lorsqu'il exclut trois syndicats : mais nous n'avons pas voulu empêcher que ces camarades s'expliquent, c'est pourquoi nous n'avons pas déposé cette motion d'ordre. Ils se sont expliqués et ils vous ont parlé de subvention : mais il n'y a pas de question de subvention, il y a simplement ceci, c'est que le Comité Général a pris une décision demandant aux syndicats qui avaient commis la faute, de reconnaître la faute qu'ils avaient commise ; ces trois organisations ont refusé de reconnaître leur faute, et voilà la raison pour laquelle ils ont été exclus de l'Union des Syndicats, mais non pas pour la question de subvention, car cette question avait été tranchée par un vote préalable où ils n'avaient pas été exclus et la question avait été écartée. Les camarades ont été exclus de l'Union des Syndidats parce qu'ils n'ont pas voulu se conformer à un vote de la majorité du Comité Général. Et on ne les a pas exclus immédiatement, on leur a donné un délai, pendant un mois ils avaient le temps de réfléchir et d'écrire une lettre par laquelle ils reconnaissaient qu'ils avaient eu tort : ils n'ont pas voulu envoyer cette lettre et encore à l'heure actuelle ils refusent de l'écrire ; voilà pourquoi l'Union des Syndicats a exclu ces camarades de son sein ; ce qui ne veut pas dire que lorsqu'ils seront revenus à de meilleurs sentiments ils ne reviendront pas dans l'Union des Syndicats, mais pour le moment je demande au Congrès d'appliquer les statuts simplement à l'égard de ces trois syndicats qui n'ont pas compris leur devoir vis-à-vis de l'Union des Syndicats du département de la Seine.

Constant. — Il est nécessaire que le Congrès entende les explications que l'on fournira au sujet des trois syndicats, on ne peut pas enterrer la chose, c'est impossible. Les faits se sont passés ainsi : au sujet d'une subvention, la commission administrative a décidé de ne communiquer aucun compte, aucune note au Préfet, ce qui avait été demandé non pas d'une façon inquisitoriale mais justement pour toucher cette subvention : il fallait que les organisations fournissent l'état de leurs dépenses pour permettre à la préfecture de s'ingérer dans les organisations. Toutes les organisations, d'un commun accord, en assemblée générale convoquée par la Commission administrative de la Bourse du Travail, ont décidé de maintenir la décision de la Commission administrative. D'un autre côté, une Commission d'arbitrage a été choisie ; devant cette Commission d'arbitrage les pâtissiers ont déclaré ne pas avoir donné de comptes par écrit, mais qu'un monsieur de la préfecture était venu les voir, et ils ont dit : Ce monsieur avait une façon tellement correcte, il nous a demandé des explications d'une façon tellement polie, que nous n'avons pas cru devoir lui refuser les explications qu'il nous demandait.

Nous avons donné raison à l'Union des Syndicats d'avoir prononcé la radiation de ce syndicat en disant aux pâtissiers : Vous devrez reconnaître votre faute, et à cette condition nous vous maintiendrons à l'Union des Syndicats. Dans un but d'union, nous avons dit aux pâtissiers, aux dames de cafés-restaurants et aux préparateurs en pharmacie : Vous n'avez qu'à écrire une lettre reconnaissant que vous avez eu tort d'agir de cette façon, que vous le regrettez sincèrement. Et c'était tout, ce n'était pas difficile à faire. Nous avons agi dans la plus large mesure possible : à la Commission d'arbitrage nous demandions qu'ils viennent déclarer qu'ils s'étaient trompés, qu'ils avaient mal fait. Quand on a fait mal on doit le reconnaître. J'estime que nous avons fait largement notre devoir en disant à ces organisations : Reconnaissez que vous avez eu tort de commettre l'acte que vous avez commis et l'Union des Syndicats vous réacceptera. Nous demandons encore que ces organisations viennent exprimer leurs regrets.

Delpech. — Ce n'est pas une question de subventionnisme, loin de là : elle découle de la subvention, mais elle n'est pas dans son principe question de subventionnisme, mais purement question de solidarité, et elle devait s'accorder simplement ici avec une décision qu'avaient prise non pas seulement la Commission administrative de la Bourse du Travail, mais tous les syndicats admis à l'Union des syndicats et même des syndicats qui n'y étaient pas admis et qui eux ont respecté la solidarité syndicale.

Il faut expliquer quelque peu aux délégués de province ce qu'est la Bourse du Travail de Paris. Elle n'est pas ce que sont les Bourses du Travail de province : c'est un rouage administratif spécial auquel l'Union des Syndicats accepte de s'intéresser uniquement pour faciliter la tâche des organisations qui sont admises dans l'immeuble municipal. Dans ce milieu-là on est sujet à toutes les inquisitions préfectorales. L'Administration préfectorale, voyant dans les organismes syndicaux, à Paris, un centre d'émeute, un centre de révolutionnarisme, tend de plus en plus à s'attacher à désagréger les organisations syndicales. Au moyen des subventions on espère réussir ; et c'est ainsi que graduellement on nous met des règlements qui sont de plus en plus difficiles à supporter. C'est dans cet esprit qu'un règlement nouveau est arrivé à la Bourse du Travail et que l'Union des Syndicats s'y intéressant et inspirée surtout par elle, la Commission administrative de la Bourse du Travail avait réuni les Syndicats pour tâcher de prendre une résolution commune. Cette résolution commune consistait à méconnaître le règlement préfectoral, à méconnaître les exigences de l'Administration pour toucher les subventions et à refuser toute espèce de comptabilité. Les syndicats des préparateurs en pharmacie, des pâtissiers, des dames de cafés-restaurants et un autre syndicat également se soumirent bien à la décision : ils ne montrèrent pas leur comptabilité, et j'accepte très bien leurs déclarations à cet égard ; mais comme le règlement municipal stipulait que pour toucher les subventions il fallait remplir ces conditions, ils étaient censés les avoir remplies pour l'Administration préfectorale ; tout au moins au regard des autres syndicats de la Bourse du Travail, ils étaient considérés comme ayant montré leur comptabilité puisque le contraire ne pouvait pas être prouvé, et du fait même qu'ils touchaient les subventions municipales ; dans ces conditions tout démontrait qu'ils avaient montré leur comptabilité. C'est un danger qui nous est apparu immédiatement parce que cela créait des organismes qui étaient favorisés et que cela pouvait inciter d'autres organisations ayant besoin des subventions à remplir toutes les conditions demandées par la préfecture pour toucher ces subventions. Voilà le danger qui nous était apparu, et c'est pour cela que nous avons pris cette résolution commune. Nous avons fait appeler les organisations intéressées à l'Union des Syndicats, mais auparavant douze Syndicats qui avaient été choisis dans ces conditions par l'Administration préfectorale avaient été convoqués ; on leur a fait voir la situation, et ils l'ont si bien comprise qu'ils ont pris l'engagement de ne pas toucher de subvention tant qu'une autre sanction ne serait pas intervenue venant généraliser la mesure prise pour douze Syndicats favorisés. C'est ici que la question se pose parce que l'engagement pris par le Syndicat des Préparateurs en Pharmacie n'a pas été tenu. Il y a là méconnaissance d'une solidarité étroite de la part du Syndicat des Pâtissiers qui avait été convoqué devant la Commission exécutive de l'Union des Syndicats et à qui on avait montré le danger d'une semblable attitude. Malgré tout on a passé par-dessus la décision prise antérieurement, par-dessus la direction fournie par l'Union des Syndicats, et c'est dans ces conditions que le Comité Général de l'Union des Syndicats a voté l'exclusion à la presque unanimité, il n'y a que quelques voix qui ont voté contre.

Je pense, camarades, que vous êtes suffisamment édifiés et que vous trouverez que la mesure prise par l'Union des Syndicats n'est pas une mesure draconienne ; elle a été prise avec le souci de faire régner plus de discipline ; je vous demande de maintenir ce qui a été fait et de passer à l'ordre du jour sur la question. Si les organisations en question ont le désir de revenir à l'Union des Syndicats, je serai le premier, de même que mes camarades, à voter la réadmission de ces Syndicats ; mais il faut qu'ils viennent avec un sentiment de solidarité et de sympathie et non pas avec un sentiment d'hostilité. Voilà tout ce qu'on leur demande. *(Bravos)*.

Antourville. — Camarades, je prends la parole sur la question parce que j'y suis doublement invité : j'y suis invité parce qu'au nom de la Fédération de l'Alimentation, lorsque j'étais son secrétaire, j'ai eu à faire connaître aux corporations intéressées, qui le sont aujourd'hui particulièrement, qu'elle était l'opinion de notre Fédération sur ce cas. On brouille les cartes et on a continué à les brouiller depuis cet incident : il n'y a là qu'un incident, il n'y a pas faute contre le syndicalisme, et c'est pourquoi notre Fédération par deux fois successives a protesté à trois mois d'intervalle. Personnellement aussi j'ai protesté, et j'ai déclaré par lettre et je déclare encore devant le Congrès qu'il y a eu là une monstruosité commise. Ne brouillons pas les cartes et rétablissons le plus rapidement possible les faits dans l'ordre chronologique: nous vous démontrerons qu'il n'y a pas eu le mal dont on voudrait vous faire constater les effets qui n'ont pas eu lieu.

Il faut d'abord examiner ceci : c'est que le point initial part d'une entente interfédérale. A la Bourse du Travail on n'a jamais considéré, et Delpech l'a déclaré lui-même, que le subventionnisme était en jeu, sans quoi un grand nombre de syndicats pourraient sortir d'ici, nous sommes d'accord, seulement nous considérions qu'il y avait une certaine dignité à tenir pour pouvoir toucher les subventions; là-dessus nous étions d'accord et nous sommes encore d'accord, c'est entendu. Où la dignité a commencé à disparaître pour les uns et pas pour les autres, et nous allons l'examiner, c'est du jour où le camarade Bled, secrétaire de la Commission administrative, instruit des manœuvres du préfet de la Seine tendant à faire cesser notre résistance à toucher des subventions sans porter atteinte à notre dignité, fit une réunion interfédérale, c'est-à-dire qu'il fit appeler les douze syndicats qui avaient été invités par le préfet de la Seine à venir toucher les subventions.

Ici, une parenthèse. Jamais à la Bourse du Travail tous les syndicats n'ont été admis à toucher ensemble et en même temps la subvention, pour la raison majeure que le régisseur ne peut détenir que 20.000 francs à la fois, et comme la subvention est de 115.000 francs, jamais la répartition ne comprend tous les syndicats à la fois. Je sais que Bled avait eu raison, c'est entendu, d'appeler les douze syndicats invités à toucher la subvention alors qu'on aurait pu en comprendre un plus grand nombre : mais où j'appelle l'attention du Congrès et où notre Fédération a appelé l'attention de l'Union des Syndicats et de la C. G. T., et j'aurais voulu que le Secrétaire confédéral donnât lecture de la lettre que nous lui adressions au nom de notre Fédération (cette lettre se basait sur un point statutaire violé par l'Union des Syndicats), nous ne voulons pas protester ni mettre en doute la bonne foi de la commission nommée par la Bourse du Travail, ni demander que l'Union des Syndicats perde son autonomie, mais nous voulons que le Congrès puisse être juge et pour cela nous voulons rétablir les choses telles qu'elles se sont passées.

Notez bien que lorsque le camarade Bled fit appeler les douze syndicats, sur ces douze, il y en a deux qui refusèrent de répondre. Aux pâtissiers de la Seine le Secrétaire dit : Je ne peux pas prendre sur moi la responsabilité d'engager mon syndicat. Pour les dames des cafés-restaurants c'était la même chose ; le syndicat se réunit le même soir et la décision du conseil syndical fut contraire à l'opposition que faisait le camarade Bled. Mais à ce moment aucune décision de l'Union des Syndicats n'était intervenue. Et c'est après cet essai d'entente entre les douze syndicats que la Commission administrative réunit en assemblée générale tous les syndicats adhérents à la Bourse du Travail, aussi bien ceux adhérents à l'Union des Syndicats que ceux n'y adhérant pas. C'est, je crois, le 14 janvier que la décision fut prise au nom de tous les syndicats de la Bourse du Travail, qu'aucun des syndicats ne devrait montrer sa comptabilité, et même mieux, on disait qu'on ne se prêterait à aucun contrôle de la part de l'Administration. Notez bien que cette décision qui fut votée par les pâtisiers de la Seine et peut-être par les préparateurs en pharmacie, vient après la faute, s'il y a une faute commise, en n'acceptant pas cette intervention interfédérale. Depuis ce moment, on ne peut pas reprocher au Syndicat des Pâtissiers pas plus qu'au Syndicat des Dames de Cafés-restaurants d'avoir violé cette décision ; la faute, s'il y avait faute, aurait été commise avant.

J'intervins personnellement à l'Union des Syndicats et aussi en tant que secrétaire de la Fédération, ainsi que Sardin, et on fit si bien que le Conseil après notre intervention rapporta la première décision et désapprouva ce qu'une première réunion du Conseil avait fait. Pourquoi n'a-t-on pas voulu tenir compte de cela ! Pourquoi n'a-t-on pas voulu également tenir compte de la dernière lettre écrite par ces syndicats, rappelant tous ces faits, rappelant tout cet ensemble? Pourquoi la Commission confédérale n'en a-t-elle pas tenu compte et n'a-t-elle pas donné lecture de la lettre que j'adressai et de la lettre du Syndicat des Pâtissiers? Pourquoi cela? Eh bien, on ne nous empêchera pas de le dire, nous l'avons dit déjà, nous considérons qu'il y a là davantage une question de nécessité qu'une question de dignité syndicaliste : nous l'avons dit et nous avons ajouté que ces camarades ne pouvaient pas répondre comme on le voulait. Comment! un vote a lieu, le Comité Général de l'Union des Syndicats décide qu'il n'y a pas lieu à exclusion pour le fait d'avoir touché la subvention avant la décision prise, et ensuite nous voyons intervenir une proposition qui dit : Mais après avoir jugé nous nous réservons le droit cependant, si ces syndicats ne viennent pas faire amende honorable comme les bourgeois de Calais, la corde au cou et reconnaître leur faute, de les exclure. Et comment fallait-il qu'ils la reconnussent cette faute? C'est la question.

La première proposition disait : Il y a trahison caractérisée. Eh bien, je vous demande un peu s'il y avait de la part des Syndicats trahison caractérisée. Il y avait faute d'initiative, nous sommes d'accord, mais auparavant on ne les avait pas prévenus, la faute avait été commise avant que la réunion eût lieu, il n'y avait eu qu'une réunion interfédérale. Ce qu'il y a de plus risible c'est que le camarade des préparateurs en pharmacie qui, de bonne foi, avait dit : « Je ne toucherai pas », comme son syndicat n'a pas voulu suivre sa façon de voir, c'est lui qui a été non pas tourné en dérision, mais c'est sur lui qu'on voulait jeter le discrédit.

Eh bien, camarades, je vous le demande, est-ce que ces trois syndicats qui ont trente, dix et six ans d'existence pouvaient reconnaître qu'ils avaient commis une trahison caractérisée vis-à-vis du syndicalisme? Ces syndicats-là ne pouvaient pas dire par une lettre : Nous reconnaissons avoir commis une trahison caractérisée; et voilà pourquoi ils ne pouvaient pas répondre comme on aurait voulu.

Cependant, je rappelle que pour les pâtissiers de la Seine une décision du Conseil a rapporté la première décision prise; il y avait donc pleine satisfaction donnée. Mais il fallait ouvrir la porte à la possibilité de toucher une subvention pour tous les Syndicats, et on ne voulait pas que la question se posât. Si nous posons la question sur ce terrain et si nous l'examinons sous son vrai jour, nous voyons que la question de trahison caractérisée n'existe pas, et que s'il y a eu un manque de dignité ce n'est pas chez les organisations que nous avons défendues en tant que Fédération.

Je conclus et je dis : Nous n'avons pas à porter atteinte à l'autonomie de l'Union des Syndicats, nous n'avons pas à lui adjoindre de reprendre dans son sein ces Syndicats, nous n'avons pas non plus à demander à ces Syndicats de faire amende honorable parce que ce serait faire une drôle d'éducation, ce serait en vérité remplacer le cléricalisme noir par le cléricalisme rouge, ce serait admettre qu'il est possible de commettre des vilenies, des malpropretés, mais que moyennant qu'on fasse amende honorable on serait lavé de ces vilenies et de ces malpropretés.

En somme, nous demandons, en dehors de la plénitude de l'autonomie de l'Union des Syndicats, qu'une commission spéciale soit nommée ici pour examiner le cas de ces Syndicats, parce qu'il y a là une situation toute particulière et qu'il n'y a pas trahison caractérisée. Vous ne pouvez pas les admettre immédiatement parce qu'il y a deux sanctions, sanction de Fédération locale, sanction de Commission confédérale. A moins que vous ne soyez suffisamment instruits sur le cas, il y a lieu de procéder par une commission nommée par le Congrès qui devra procéder en quelque sorte à la révision du procès sur lequel notre commission s'est déjà prononcée.

Plusieurs voix. — La clôture !

Le Président. — Je mets aux voix la clôture de la discussion, mais bien entendu sur ce point spécial seulement.

La clôture est prononcée.

Jouhaux. — Camarades, je ne croyais pas avoir à intervenir dans ce débat ; mais, étant donné qu'Antourville a déclaré que j'aurais dû lire la lettre envoyée à la Fédération, je crois devoir donner quelques explications, et je m'étonne qu'Antourville vienne maintenant poser la question d'une toute autre façon qu'il l'avait posée au Comité confédéral. Antourville nous a écrit une lettre dans laquelle il prétexte de l'article 5 de l'Union des Syndicats de la Seine qui dit :

Toute organisation qui se mettrait en contradiction avec les principes constitutifs de l'Union sera invitée à s'expliquer devant le Comité confédéral

. . . .

la C. G. T. sera invitée à se prononcer en dernier ressort.

Par conséquent, la Confédération avait donc à nommer une commission d'arbitrage qui devait se prononcer en dernier ressort. Ce n'est pas nous qui avons voulu cela : c'est la Fédération de l'Alimentation elle-même qui, en nous demandant notre intervention, a posé ainsi la question.

Or, aujourd'hui, on ne conteste plus seulement la décision prise par l'Union des Syndicats de la Seine, on conteste encore la décision prise par la Commission d'arbitrage prise au sein du Comité confédéral, et alors je me demande si, pendant l'intervalle des Congrès, des conflits éclatent et viennent devant le Congrès confédéral, que l'on demande la nomination de Commissions d'arbitrage dont les décisions sont déclarées non avenues devant le Congrès confédéral, nous ne ferons aucun travail.

De deux choses l'une : ou bien la Fédération de l'Alimentation a demandé l'intervention du Comité confédéral, et alors ses décisions sont valables ; ou bien alors la Fédération de l'Alimentation n'a pas demandé l'intervention de la C. G. T. en connaissance de cause, et alors on a engagé la C. G. T. dans une voie dans laquelle on n'aurait pas dû l'engager.

Pontonnier. — Camarades, on a oublié de dire aussi quel était l'esprit de tolérance et d'union qui existait à l'Union des Syndicats de la Seine, et je vais vous expliquer comment on a procédé au vote qui a amené cette discussion. La première fois, après que les délégués s'étaient bien consultés, l'exclusion a été prononcée à une assez grande majorité. A ce moment-là, on trouvait qu'il était absolument impossible de se racheter ; nous trouvions à ce moment-là que s'abstenir ne voulait pas dire qu'on trouvait que l'acte avait été bien fait, et quand la motion est venue disant : si ces camarades veulent, dans le délai d'un mois, reconnaître qu'ils ont fauté, alors on passera outre à la décision tragique qu'on a prise. On laissait un laps de temps suffisant pour réfléchir, on donnait toutes facilités pour faire la concorde. Ce sont ces camarades qui n'ont pas voulu.

Par conséquent, je dis qu'il n'y a pas lieu aujourd'hui de nommer une autre commission, car alors ce serait croire que tous les délégués qui étaient présents à l'Union étaient des enfants.

Bled. — On me permettra bien de dire quelques mots et d'exprimer l'avis qu'on n'aurait pas dû discuter ici le fond de cette question. Je vais rappeler la procédure suivie dans cette affaire avec des dates approximatives, étant convaincu que la question telle qu'elle avait été posée par la Fédération de l'Alimentation elle-même ne devait donner lieu à aucune discussion. Voilà donc l'historique de l'affaire.

C'est le 26 novembre 1909, après une modification du décret sur les subventions et après une intervention municipale, que le Conseil municipal, sur la proposition de Lajarrige, rapporteur de la Bourse du Travail, prenait une délibération invitant l'Administration, avant de payer les subventions, à exiger de la Commission administrative la justification de ses états de répartition. Le Préfet disait en effet : Je ne veux pas continuer à payer ces subventions, car on ne m'a pas donné les justifications suffisantes.

C'était déjà le 14 janvier précédent que les syndicats avaient décidé qu'ils ne donneraient aucune justification de leurs dépenses pour les subventions. C'est alors que la Commission administrative ayant fait sa répartition, il y a eu neuf mois de subvention payés sans aucune justification, et quand Antourville vient dire que jamais on n'a payé des syndicats ensemble, c'est une erreur absolue, et c'est la seule fois qu'on a payé neuf mois d'un seul coup. Il ne restait plus que le dernier trimestre des subventions de 1909, trimestre pour lequel les quatre syndicats sont incriminés.

Eh bien, jusqu'au 12 janvier 1910, on ne paie plus de subvention : mais l'administration étant invitée à contrôler les dépenses syndicales, voilà que le 5 janvier les inspecteurs de la préfecture de la Seine viennent dans les syndicats. Immédiatement, l'Union des Syndicats de la Seine informe les syndicats qu'ils ne doivent pas se prêter à cette inquisition préfectorale. On n'incrimine pas les douze syndicats visés d'avoir montré leur comptabilité ; mais ils sont choisis à douze, après que l'administration a visité cinquante syndicats : ils sont choisis à douze, et dans ces douze il y en a quatre qui ont touché, trahissant ainsi la solidarité envers les huit autres et toutes les autres organisations au point de vue du subventionnisme. Ils ont touché avant un réquisitoire violent au Conseil Municipal dont ils ont fait tous les frais. C'est sur les syndicats qui ont touché la subvention qu'on s'est basé pour dire : La Commission administrative, qui est l'émanation des syndicats de la Seine, terrorise les syndicats de la Bourse du Travail, et la preuve c'est que tous les syndicats qui ont été appelés à toucher la subvention se refusent à la toucher, et cependant il y en a qui ont eu le courage de la toucher, malgré les meneurs de la C. G. T. Et c'est alors que Lajarrige demandait au Conseil Municipal, qui approuvait à l'unanimité, qu'à l'avenir les syndicats qui voudraient toucher la subvention devraient montrer leur comptabilité aux agents de la préfecture de la Seine.

Voilà la trahison qui a été commise par les quatre syndicats qui ont touché, et aujourd'hui ils nous disent : on a besoin des subventions, et je rappelle ici la parole prononcée par le Secrétaire du Syndicat des Pâtissiers à une réunion de la Bourse : « Quand même vous décideriez qu'on ne doit plus toucher de subvention, nous vous disons que nous en toucherons quand même, car nous prétendons que les syndicats ont besoin de toucher des subventions. »

Par conséquent, qu'ils ne viennent pas dire aujourd'hui que c'est par purisme qu'ils ont touché cette subvention. Nous disons, nous, qu'on a imposé des obligations nouvelles et qu'on a fait cela en se désolidarisant des autres syndicats. La procédure suivie a eu pour but d'exclure les quatre organisations ; mais les statuts disent qu'il faut que les syndicats soient avisés un mois à l'avance pour prendre une pareille décision et que le vote devra avoir lieu à la majorité des 3/5 des syndicats représentés. On a donc dit : voilà un vote de principe et dans un mois, après avoir avisé les syndicats, ce sera un vote définitif. La question posée brutalement sur l'exclusion n'a pas été votée ; il y avait un nombre à peu près égal de chaque côté. C'est alors qu'une proposition intermédiaire tendant à sauver les syndicats intéressés a été votée sans notre avis ; elle tendait à dire : Reconnaissez que vous avez commis une faute, et vous resterez à la C. G. T. On n'a pas voulu reconnaître cela. On a convoqué ensuite les syndicats à la Commission exécutive de l'Union, et alors la question a été portée à la Confédération, comme le prévoient les statuts. C'est alors qu'une commission s'est prononcée en approuvant l'Union des Syndicats de la Seine.

Eh bien, je vous dis qu'il n'y a pas possibilité aujourd'hui de revenir sur cette décision ; je dis que c'est un cas qui est bien jugé, et le Congrès, sans condamner l'Union des Syndicats de la Seine dans sa grande majorité, ne peut pas ne pas approuver ce qui a été décidé.

Plusieurs voix. — La clôture, la clôture !

Le Président. — Je mets la clôture aux voix après les orateurs inscrits.

La clôture est prononcée.

Savoie. — Je n'aurais pas repris la parole si on n'avait pas apporté ici des affirmations, sinon inexactes, tout au moins qui ne reflètent pas exactement la façon dont les choses se sont passées. Vous avez vu, d'après les explications des camarades Delpech et Bled et des délégués des syndicats intéressés, que l'Union des Syndicats s'est trouvée prise entre les deux parties, c'est-à-dire la Commission administrative qui gère la Bourse et qui a également dans ses attributions la gestion des subventions. Cette commission, qui est nommée par l'Union des Syndicats, devait être soutenue par elle. D'autre part, vous avez entendu les explications des camarades représentant les syndicats qui n'avaient pas cru devoir se conformer à la discipline nécessaire et à un acte de solidarité nécessaire dans un moment où le Préfet de la Seine, par la complicité du Ministre du Travail, prétendait que si les syndicats voulaient des subventions, ils seraient obligés de faire des bassesses, de montrer leur comptabilité et d'avoir fréquemment la visite d'inspecteurs dans leurs bureaux.

Eh bien, la Commission administrative, en la personne de ses deux secrétaires, a voulu faire la part des choses ; elle s'est mise entre les deux parties et elle a dit : La Commission administrative a eu raison de vous prévenir que vous commettiez une mauvaise action en touchant une subvention ; mais, comme nous ne voulons pas que la question des subventions, dont le Préfet se sert comme arme à l'égard des organisations ouvrières, soit une cause de division dans l'Union des Syndicats, parce que si nous avions exclu simplement à raison de la subvention certains syndicats, cela pouvait amener une scission à l'Union. Alors nous avons voulu dire que si ces syndicats n'étaient pas exclus, ils devraient au moins reconnaître qu'ils avaient commis une faute, et nous voulions qu'ils aient le courage de reconnaître qu'ils avaient commis une faute, pour qu'à l'avenir les autres syndicats qui pourraient être tentés de vouloir commettre la même faute soient avertis que ces syndicats avaient manqué d'être exclus parce qu'ils n'avaient pas respecté la solidarité devant exister entre tous les syndicats de l'Union, et aussi pour faire connaître à l'administration préfectorale, au ministre Viviani et au Préfet que dans les syndicats il devait y avoir une discipline et que les syndicats qui n'avaient pas voulu s'y conformer méritaient un blâme. Nous voulions les obliger à reconnaître leur faute. Ils n'ont pas voulu le faire, malgré toute la bonne volonté que les secrétaires de l'Union ont mise pour les soutenir, et c'est là ce qui a motivé la proposition du camarade Fiancette disant que s'ils ne voulaient pas reconnaître leur faute, il fallait les exclure de l'Union des Syndicats.

Il fallait en effet comprendre la situation qui se dégageait. Les camarades, par le fait qu'ils n'avaient pas été exclus par le premier vote, disaient que le Comité Général de l'Union, par le premier vote, disait qu'ils avaient eu raison d'agir ainsi : nous avons eu raison de ne pas suivre la Commission administrative et de recevoir les inspecteurs et d'accepter la subvention.

Voilà pourquoi il était nécessaire que la proposition Fiancette se fasse jour pour que ces syndicats ne puissent pas dire qu'ils avaient eu raison.

Voilà pourquoi, camarades, ces syndicats ont été exclus.

La preuve qu'il n'y a aucun sentiment d'hostilité à leur égard, c'est que, malgré cela, nous avons soutenu les Préparateurs en Pharmacie dans leur lutte dernière, et si le Congrès, par un vote quelconque, laissait permettre à ces camarades d'être représentés ici, ce serait leur donner raison, et alors ils crieraient par dessus les toits que ce sont eux qui ont eu raison de marcher avec les indications du Préfet. C'est pourquoi je repousse toute proposition tendant à ce que ces camarades puissent être représentés ici, parce qu'ils n'ont pas accompli leur devoir et, tant qu'ils n'auront pas rempli leur devoir comme ils doivent le remplir, ils ne doivent pas être admis ici, car on leur a donné tous les moyens de se racheter.

Tendero. — Le camarade Antourville disait tout à l'heure, dans son désir de brouiller les cartes, et le camarade Savoie a continué après lui, que les syndicats en question, après le vote, avaient dit qu'ils avaient eu raison. Eh bien, pas du tout : mais ils auraient dû dire que la proposition Fiancette est venue pour sauver la Commission administrative, car les camarades de cette Commission administrative, se voyant battus par le premier vote des syndicats, ont dit : Nous démissionnerons, et alors, pour sauver la situation, le camarade a présenté sa motion qui ne dit rien du tout. Nous avions trouvé que ces camarades avaient eu tort ; nous les avions blâmés, et c'était tout.

Maintenant, quand on vient dire que ces camarades ont commis une trahison syndicale en touchant la subvention, ce que le camarade Bled oublie de dire, c'est qu'après avoir fait exclure quatre syndicats pour avoir touché la subvention, quatorze autres ont touché la subvention et sont restés. On a convoqué ces camarades et on leur a demandé de signer une lettre pour le Préfet de la Seine, lettre que j'ai signée moi-même...

Bled. — C'est faux!

Tendero. — Comment! c'est faux! Mais j'ai la lettre là. Eh bien, si on vient dire aux organisations : Vous manquez de solidarité en touchant la subvention, comment se fait-il que d'autres en touchent?

Togny, *rapporteur*. — Camarades, je trouve que nombre de camarades qui m'ont précédé à cette tribune ont tenté d'égarer l'opinion des membres du Congrès. Nous n'avons pas ici à nous ingérer dans l'institution de l'Union des Syndicats de la Seine qui est autonome. Il n'y a qu'une chose qui nous intéresse, c'est qu'une décision a été prise à cette Union. On vous a suffisamment expliqué quel avait été l'esprit large de l'Union des Syndicats de la Seine en accordant à ces syndicats un mois pour écrire la lettre qu'on leur demandait d'écrire pour reconnaître qu'ils avaient commis une faute. Ils n'ont pas voulu l'écrire. Or, j'estime que nous n'avons plus actuellement à nous occuper de la question de savoir si ce sont des questions de boutique, comme le prétendent les uns, ou si ce sont questions de manquement à la discipline, comme le prétendent les autres. Vous n'avez à vous occuper que d'une question, c'est que l'Union a exclu ces trois syndicats pour avoir manqué à la discipline syndicale.

Au nom de la Commission, je vous demande de ne pas accepter ici les syndicats qui sont radiés par l'Union des Syndicats de la Seine.

Le Président. — Voici une proposition présentée par les camarades Coste, des Voyageurs de Commerce de Paris; Torton, des Chauffeurs-Mécaniciens de Rouen, et Baujan, des Employés de Toulouse :

Le Congrès, approuvant la décision de l'Union des Syndicats de la Seine, blâme les Syndicats des Préparateurs en Pharmacie, Dames des Cafés-restaurants, Garçons d'Hôtels et Pâtissiers de leur attitude; mais, dans un but d'unité ouvrière, prenant acte de l'engagement de ces organisations d'adopter une tactique plus conforme à l'intérêt général dans l'avenir, décide d'admettre à cette condition absolue les syndicats précités.

Nombreuses voix. — Non! non! Aux voix! aux voix!

Le Président. — Camarades, il y a une autre proposition, celle de Savoie, c'est-à-dire le rejet pur et simple des trois organisations, qui concorde avec les conclusions du rapport de la Commission.

Togny, *rapporteur*. — Vous avez d'abord à voter sur les conclusions du rapport de la Commission.

Le Président. — Le rapport conclut au rejet pur et simple des trois organisations. Par conséquent, je mets aux voix les conclusions du rapport de la Commission.

Adopté à la grande majorité.

Le Président. — Par conséquent, à la grande majorité les syndicats ne sont pas admis.

Le camarade Ferré, des Ferblantiers, propose le bureau suivant pour la séance de cette après-midi :

Loyau, des Métaux, président;

Ingwiller, des Métaux, et Roux, des Chapeliers, comme assesseurs.

Adopté.

Lettre du Maire de Toulouse. — Télégrammes de solidarité des Camarades italiens et allemands.

Le Président. — Camarades, le Maire de Toulouse nous adresse la lettre suivante :

Monsieur le Secrétaire général,
J'ai l'honneur de vous prier de vouloir bien faire connaître à MM. les Membres du Congrès de la C. G. T. que l'Administration municipale est heureuse de leur ouvrir ses trois Musées, ainsi que la Salle des Illustres, où ils seront admis sur la présentation de leur carte de congressiste. (*Bruit*).

Camarades, voici également deux dépêches :

Confédération du Travail d'Italie envoie aux Camarades de France réunis en Congrès l'expression de ses sentiments de solidarité fraternelle.

Gigola. (*Applaudissements*).

Voici maintenant un télégramme d'Allemagne qui a été traduit :

Camarades,
Des travaux urgents nous empêchent d'assister à vos débats et nous vous souhaitons par cette voie le meilleur succès à votre Congrès,

La Commission administrative de la Libre Union des Syndicats allemands. (*Applaudissements*).

La séance est levée à midi.

4me SÉANCE. — MARDI 4 OCTOBRE 1910 (après-midi)

La séance est ouverte à 2 h. 30 sous la présidence du camarade Loyau assisté des camarades Ingwiller et Roux.

Le Président. — La parole est à Delzant pour une communication au Congrès.

Proposition d'une délégation d'ouvriers français en Allemagne.

Delzant. — Camarades, nous avons accueilli avec un immense plaisir l'invitation qui nous fut faite hier par le camarade Sassenbach, des organisations allemandes, d'envoyer une délégation à Berlin : nous l'acceptons avec d'autant plus de plaisir que déjà nous avons fait une manifestation semblable avec nos camarades anglais en nous rendant à Londres ; en conséquence, voici la proposition que nous présentons :

Le Congrès prenant acte de l'invitation par la Commission générale des Syndicats d'Allemagne invitant les organisations françaises à envoyer une délégation d'ouvriers français en Allemagne, accepte son invitation, charge le Comité confédéral d'organiser cette délégation et de s'entendre avec la Commission générale pour fixer la date et les détails de cette démonstration internationale pour la paix.

Signé : Jouhaux, Coudert, Griffuelhes, Marck, Savoie, etc.

En raison du caractère de cette manifestation, nous espérons que les organisations françaises, Fédérations, Bourses et Syndicats, se feront un devoir d'envoyer le plus possible de délégués à la délégation d'Allemagne. *(Applaudissements)*.

Le Président. — Je mets aux voix la proposition qui vient de vous être lue.

Adoptée à l'unanimité.

La parole est au camarade Togny, rapporteur de la Commission de vérification des mandats.

Cas des Cuisiniers de Paris

Le Rapporteur. — Vous allez avoir à examiner le mandat contesté des cuisiniers de Paris en raison de leur exclusion de la Fédération de l'Alimentation. A ce sujet, je demanderai au Congrès de ne pas rouvrir les discussions que nous avons eues ce matin, la discussion sur le cas des cuisiniers de Paris ayant été faite à fond hier à la Commission de vérification. Vous vous trouverez ici en présence d'un mandat déposé avant l'ouverture du Congrès par la Fédération de l'Alimentation sous réserve de la décision prise par cette même Fédération à son Congrès d'Alger; or, la décision prise par le Congrès d'Alger au sujet des cuisiniers de Paris a été l'exclusion. Vous vous trouvez donc en présence d'un syndicat qui ne remplit pas la triple obligation par suite de son exclusion de sa Fédération : vous vous trouvez ici obligés d'appliquer les statuts confédéraux : c'est pourquoi je demande au Congrès de ne pas rouvrir à ce sujet les discussions que nous avons été obligés d'entendre ce matin et qui nous ont pris un temps considérable.

Franchet. — Le rapporteur de la Commission de vérification des mandats vient d'exprimer l'avis et le désir que le Congrès passe outre à toute discussion et prenne simplement acte de ce fait qu'exclus de notre Fédération nous ne pouvons plus siéger au Congrès. Cela, à première vue, pour les camarades qui ne sont pas au courant des faits, peut sembler absolument logique, mais il faut vous dire que si les choses se passaient ainsi le Congrès ratifierait simplement une mesure audacieusement arbitraire. Il y a lieu tout au contraire d'examiner les raisons pour lesquelles nous avons été exclus.

On suppose généralement dans le prolétariat, et les congressistes en grande partie tout au moins supposent que lorsque un Syndicat a été exclu c'est qu'il a commis un acte de trahison syndicaliste ; or, nous mettons au défi qui que ce soit d'établir que nous ayons jamais commis le plus petit acte de trahison syndicaliste ; c'est, au contraire, parce que nous avons protesté contre une mauvaise gestion fédérale que nous sommes exclus. Voilà la raison majeure, et la seule raison. C'est aussi parce que l'on sait que nous continuerions ; nous sommes des gêneurs pour certains dans la Fédération de l'Alimentation, et c'est la raison unique pour laquelle on veut nous exclure. Je vais apporter les raisons tout à l'heure, mais d'ores et déjà je puis dire que tous les camarades militants de Paris qui connaissent la situation savent que c'est nous qui avons raison, malgré que peut-être ils seront obligés, liés qu'ils sont par les statuts confédéraux et par l'autonomie des Fédérations, de ratifier notre exclusion, c'est-à-dire de ne pas ratifier notre mandat.

Je disais, camarades, que nous n'avions commis aucun acte de trahison syndicaliste. La question que vous avez à trancher en ce moment est celle-ci : est-ce qu'un Syndicat a le droit de trouver mauvaise la gestion de tel ou tel fonctionnaire fédéral ? Est-ce qu'il a le droit de protester contre ce qu'il estime mauvais dans l'Administration de sa Fédération ? Si vous dites oui, vous vous interdisez par cela même à tous de protester contre ce que vous pouvez trouver de mal dans la gestion de vos Fédérations, vous vous interdisez également de protester contre ce que vous pourrez trouver de mal dans l'avenir ou dans le passé dans la gestion du Bureau confédéral, car la question ne se pose pas autrement ; d'ailleurs, j'espère bien que la Fédération de l'Alimentation enverra ici des délégués exposer le crime que nous avons commis, et vous verrez que nous n'en avons commis aucun, et que si nous sommes exclus c'est parce que nous sommes des gêneurs à la Fédération de l'Alimentation, c'est parce que nous avons estimé toujours que les fonctionnaires de la Fédération devaient remplir leur tâche, et c'est parce que nous exigions cela, parce que nous avons protesté lorsque cette tâche n'était pas accomplie, que l'on veut nous exclure.

Le motif allégué, si je puis m'exprimer ainsi, pour lequel on veut nous exclure, c'est parce qu'au mois d'août dernier, recevant la circulaire de notre Fédération relativement au Congrès d'Alger qui vient de se tenir, le Conseil du Syndicat a estimé qu'il n'était pas utile d'adhérer à ce Congrès, et dans son ordre du jour de décision il en indiquait les raisons. Je vais vous lire cet ordre du jour, et vous direz si en la circonstance nous avons dépassé le droit qui est reconnu à tous les syndicats comme à toutes les Fédérations. Voici l'ordre du jour que nous votions et qui a motivé l'exclusion... Oh ! pas tant l'ordre du jour, rien n'aurait été de le voter, mais le grand tort que nous avons eu, paraît-il, ça été de le publier dans notre organe corporatif. Or, nous estimons que nous ne sommes pas des roitelets à la tête du Syndicat des Cuisiniers de Paris, nous estimons que nous devons rendre compte de notre mandat, de notre gestion, à nos camarades syndiqués, et alors voici l'ordre du jour que nous avons publié dans notre organe corporatif :

Attendu, étant donné les circonstances présentes, qu'il n'y aurait possibilité de faire aboutir le Congrès fédéral de 1910 qu'à la condition qu'un grand nombre de syndicats fédérés s'y fassent représenter par des délégués directs ;

Attendu que par l'éloignement de son siège et les frais considérables que les syndicats devraient s'imposer, très peu de ces derniers y enverront des délégués directs, que par suite le Congrès sera surtout un Congrès fait par procuration ;

Attendu que le Syndicat des Cuisiniers de Paris s'est efforcé au Comité fédéral de faire décider un referendum aux sections pour leur permettre de ratifier la décision du précédent Congrès fixant Alger comme siège du prochain Congrès ou de désigner une autre ville, que cette proposition était justifiée par le nombre important des syndicats nouveaux venus à la Fédération depuis le Congrès de Bordeaux, mais que ses efforts sont restés stériles devant l'opposition du Secrétariat fédéral ;

Décide de ne pas adhérer à ce Congrès, fait toutes les réserves quant aux décisions qui pourront y être prises, notamment sur l'augmentation des cotisations, qui n'aurait d'autre résultat que de salarier des fonctionnaires fédéraux dont l'utilité n'est pas présentement établie.

Je comprends, camarades, que cet ordre du jour puisse gêner des combinaisons et des espérances individuelles, mais je prétends que nous n'avons pas dépassé notre droit de critique, notre droit de contrôle, notre droit d'examen de ce qui se passe dans notre Fédération.

Voilà pourtant la raison pour laquelle nous sommes exclus.

On dira qu'il y a d'autres raisons, on dira que c'est parce que nous avons mené une campagne de discrédit contre le Bureau fédéral depuis longtemps. Eh bien, camarades, si vous reconnaissez que le fait pour un syndicat d'apporter des propositions qui ne plaisent pas au Bureau fédéral, que le fait pour un syndicat ou pour son délégué de faire des critiques de la gestion fédérale, constitue un crime de trahison, alors vous ne validerez pas notre mandat, vous direz que le Congrès d'Alger a bien fait ; mais je ne crois pas que vous puissiez dire que nous avons outrepassé notre droit en la circonstance.

Le camarade rapporteur disait tout à l'heure : Nous devons sans discussion tenir à l'écart de notre Congrès les syndicats qui ne remplissent pas la triple obligation. Or, camarades, la triple obligation nous la remplissons, et cela depuis plusieurs années, et nous ne la remplissons pas seulement platoniquement : les camarades qui nous connaissent savent que nous agissons dans la mesure de nos moyens comme tous les syndicats qui font dans la circonstance leur devoir.

Voilà la situation. J'aurai sans doute l'occasion de reprendre la parole pour répondre s'il y a lieu aux affirmations, aux critiques ou aux accusations dont mon syndicat sera l'objet, je la reprendrai si on veut bien me l'accorder, mais d'ores et déjà je dis ceci : Est-ce un crime de la part d'un syndiqué, de la part d'un syndicat, de trouver pas conforme à ses vues, pas conforme à l'intérêt ouvrier, telle ou telle action ? Je ne veux pas pour l'instant, je le ferai peut-être tout à l'heure s'il le faut, citer les faits pour lesquels nous avons fait des observations, des protestations, une opposition ; je crois que cela n'intéresse pas le Congrès, mais s'il le faut cependant je dirai ce dont il s'agissait. Je conclus en vous disant : Camarades, si demain le Secrétariat confédéral se contentait de toucher son indemnité de salariés de la C. G. T. et ne remplissait pas son mandat, il est certain qu'il se trouverait une majorité pour lui dire : Camarade, tu ne remplis pas ton mandat, place à un autre ! Voilà ce qui s'est passé dans la Fédération de l'Alimentation, et c'est parce qu'on veut se venger de ce qui s'est passé et qui est un peu notre œuvre que nous sommes exclus.

Le Président. — J'ai reçu une proposition qui a trait à la discussion en cours, elle est du camarade Ferré, il demande qu'il y ait seulement deux orateurs entendus, un pour et un contre, de façon à restreindre la discussion. Je mets cette proposition aux voix.

Adopté à l'unanimité.

On me fait remarquer que le camarade Péricat a assisté au Congrès d'Alger en qualité de délégué de la C. G. T., je lui donnerai la parole après que nous aurons entendu les orateurs restant inscrits. La parole est au camarade Bousquet.

Bousquet. — Camarades, ce n'est pas seulement le camarade Bousquet qui parle, c'est le Secrétaire de la Fédération de l'Alimentation. Je ne me livrerai pour mon compte personnel à aucune injure ni à aucune question personnelle, considérant que le Congrès n'est pas un bateau-lavoir pour discuter des questions personnelles, mais qu'il est ici pour discuter des questions de principe, et je suis d'accord que l'on n'a pas à étouffer la discussion, qu'au contraire, elle doit se faire complètement au grand jour.

Je vais dire d'abord, et c'est indispensable puisque l'on vient d'annoncer qu'il y avait un délégué confédéral, ce qu'a été le Congrès d'Alger de l'Alimentation tenu en vertu du Congrès précédent. Il y avait à Alger, le camarade délégué confédéral pourra me démentir si je me trompe,

82 syndicats de l'Alimentation représentés, or n'oubliez pas qu'il y en a 70 ici de représentés, donc la Fédération n'est pas fictive. Pour les 82 syndicats représentés à Alger il y avait 32 délégués de la métropole envoyés non pas par des Bourses du Travail ou par des Fédérations, mais par des syndicats : il y avait, entre parenthèse, cinq ou six délégués de cuisiniers représentant en personne les cuisiniers de Toulouse, de Lyon, de Bordeaux et d'autres villes ; les camarades cuisiniers avaient donc voix au chapitre, non pas par mandat, par procuration, mais par des délégués qui y étaient.

Tout à l'heure on vous a lu un ordre du jour ; eh bien, moi aussi je vous pose la question. Depuis fort longtemps les camarades d'Algérie, et cela fut voté dans nos différents congrès, avaient demandé — et ils sont dignes d'intérêt — qu'aussi bien pour le Bâtiment que pour la Métallurgie et pour l'Alimentation des tournées de propagande soient faites en Algérie. On vient nous reprocher que le Congrès ait été décidé à Alger, mais c'est le Congrès de Bordeaux qui a décidé que le Congrès aurait lieu à Alger ; ce n'est pas en tous cas le camarade Bousquet qui pouvait le proposer puisqu'à ce moment-là il était retenu par des cas de force majeure sur lesquels je ne veux pas insister. Après trois tours de scrutin réguliers, auxquels le citoyen Franchet assistait, le Congrès a décidé que le prochain Congrès aurait lieu à Alger ; or la résolution du siège du Congrès est une résolution de congrès comme toutes les autres. Le nouveau bureau décida donc de faire le Congrès à Alger comme le lui avait indiqué le vote formel du Congrès de Bordeaux.

J'oppose un démenti courtois quand on vient dire que l'on avait demandé un referendum : si on demande un referendum que je considère comme illogique parce que si après les résolutions prises n'importe quel syndicat vient dire : le siège du Congrès sera trop loin, je dis que c'est la suppression des congrès et que ce n'est pas la peine d'en faire.

Malgré cela le referendum ne fut jamais envoyé officiellement à la Fédération. Ah ! il fut envoyé dans un organe corporatif qui en effet en dehors de l'ordre du jour visé est une des causes de l'exclusion du Syndicat des Cuisiniers. Et quand même le Syndicat des Cuisiniers trouvait que le siège du Congrès était trop éloigné, est-ce que c'était une raison — et l'aveu vient d'en être fait à cette tribune — pour engager les organisations à ne pas aller à ce Congrès ? Car alors ce n'était plus Bousquet ou Antourville qui était en jeu, il y avait une atteinte portée à l'organisme même, au Congrès, aux syndicats qui ont apporté le plus sanglant démenti à Franchet, car tous les autres syndicats y sont allés, il n'y a que le sien qui n'ait pas eu le courage d'y venir.

Le Congrès a eu lieu. Il y avait dans ce congrès des gens qui valent Bousquet et qui valent Franchet : il y avait le Secrétaire de la Bourse du Travail d'Alger, celui de la Bourse du Travail de Lille ; il y avait le délégué confédéral Péricat, le secrétaire de l'Union des Syndicats de la Seine, Savoie ; je ne sais pas si ces hommes, qui représentent peut-être l'arc-en-ciel des opinions, auraient pu se prêter à ce qu'on n'a pas le courage de dire officiellement : que c'était une comédie. Jamais dans nos congrès de l'Alimentation nous n'avons eu autant de syndicats représentés, jamais l'Alimentation n'a été aussi forte, jamais dans un Congrès confédéral de l'Alimentation il y a eu 70 mandats, et cependant nous avons obtenu ce résultat malgré toute l'obstruction qui a pu être faite. Et le rapport du Comité fédéral qui demandait l'exclusion du Syndicat des Cuisiniers, savez-vous à combien de voix il a été adopté à l'appel nominal auquel ont pris part les délégués cuisiniers — je fais appel à Saint-Venant, à Péricat, à Savoie? — Par 81 voix contre une, sur 82 votants. Tous les délégués cuisiniers présents au Congrès d'Alger, où nous demandions l'exclusion, ont voté pour le rapport, et c'est le Syndicat des Laveurs de cafés de Saint-Étienne qui a voté contre, et le Secrétaire de la Fédération a été nommé l'un des secrétaires par 81 syndicats sur 82 présents : camarade Franchet, les camarades cuisiniers de province ont voté pour moi, et j'en suis alors à me demander si ces camarades n'avaient pas bien compris que cette exclusion était justifiée.

Mais il y a d'autres points que nous allons voir. Quelques jours avant le Congrès on n'a pas envoyé simplement l'ordre du jour dont on vous a donné lecture, *ordre du jour qui, à mon point de vue, était syndicaliste*, ordre du jour où l'on disait que l'on faisait des réserves et que l'on ne se rallierait pas aux décisions prises. Tous les syndicats de France confédérés sont représentés ici; eh bien, qu'est-ce qu'on dirait d'un syndicat qui n'aurait pas pu envoyer de délégué et qui viendrait dire, quand le Congrès de Toulouse sera fini, congrès régulier comme l'a été celui de l'Alimentation : « Je ne me rallie pas aux décisions du Congrès de Toulouse ? »

Vous lui diriez qu'il doit s'y rallier, et vous auriez raison.

On disait d'un autre côté que c'était pour augmenter les fonctionnaires. Eh bien, camarades, je fais encore appel à ces secrétaires de Bourses et au Délégué confédéral. Franchet dans son journal écrivait en dehors de l'ordre du jour : « C'est pour augmenter le citoyen Bousquet, délégué à la propagande, » tandis qu'au contraire nous avons dit et nous avons voté : Nous mettrons la cotisation à 20 centimes au lieu de 15 parce qu'il n'y aura plus de part contributive locative dans le local, et dans les tournées de propagandes faites par Bousquet ou par d'autres on ne demandera rien aux Fédérations. Jamais il n'a été question au Congrès d'Alger, ni de la part du bureau ni de la part de n'importe qui, d'augmenter le camarade Bousquet, dont on ne savait pas s'il serait nommé, mais on a dit : La cotisation sera fixée à 20 centimes pour qu'il n'y ait plus de quote-part locative et que tous les frais de tournées et de propagande soient à la charge de la Fédération. Mais on avait dit précédemment et on avait écrit que c'était pour faire augmenter ces hommes!

J'ai la confiance du Syndicat des Boulangers de la Seine, citoyen Franchet, j'en suis le secrétaire réélu à la majorité, il ne m'a jamais retiré sa confiance depuis dix ans, et je puis le dire il a été à la tête des revendications ouvrières, notamment au moment des bureaux de placement, alors que les cuisiniers étaient absents, comme dans toutes les revendications ouvrières. J'ajoute qu'il n'a été nullement question d'augmentation, et que si dans *Le Fraternel* des ouvriers boulangers de la Seine nous avons pris des gens à partie, *Le Réveil des cuisiniers*, édité purement et simplement pour la section des cuisiniers a été envoyé aux sections des boulangers, des limonadiers avec des infamies, disant que le camarade Bousquet gagne 300 francs par mois, qu'à l'époque où il avait 250 francs il n'en faisait pas davantage, tandis que le camarade Bousquet depuis 1900 qu'il est arrivé à Paris n'a jamais gagné 250 francs à la Fédération, le maximum a été de 100 francs, et depuis deux ans il a 75 francs par mois divisés en 140 Syndicats; Fanchet le sait, et cependant il écrivait que j'en gagnais 300. Voilà le mensonge, je le mets au défi de me démentir!

Voilà quels sont les faits. Nous aurions pu mettre dans *Le Fraternel* des insanités pareilles, nous ne l'avons pas fait, on ne trouvera pas dans un organe corporatif des boulangers, des limonadiers ou autres, un seul mot de ce genre.

On vient de parler de questions de tactique. Je reconnais au citoyen Franchet comme à n'importe quel délégué au Congrès d'avoir une tactique différente de celle du camarade Bousquet ou de la majorité de la Fédération de l'Alimentation, mais je dis qu'il y a des procédés qui ne peuvent pas se faire, et que quand un homme est en prison on n'envoie pas des circulaires en cherchant à le salir. Pour mon compte, je suis content, 81 syndicats sur 82 m'ont donné leur confiance, et je ne suis qu'une unité, mais je me considère encore comme utile pour le bien de l'émancipation de l'Alimentation.

Je dis aussi que l'on tape sur les hommes. Dernièrement, quand il y avait une campagne contre la cherté des vivres, au moment où les journaux bourgeois disaient que c'étaient nos exigences qui faisaient augmenter les vivres, où nous, les Syndicats de l'Alimentation, nous étions les premiers à parler, où était-il le Syndicat des Cuisiniers ? Où était-il le camarade Franchet ? Il n'a pas bougé, alors que je puis dire que le camarade Bousquet et la Fédération de l'Alimentation ont aligné plus de 200 réunions.

Je terminerai en disant que le Comité fédéral, en vertu des statuts, et le camarade Franchet les connaît, pouvait exclure le Syndicat des Cuisiniers; mais, il n'a pas voulu le faire, il a voulu au contraire porter la question devant le Congrès, voulant montrer qu'il n'avait pas de parti-pris.

Devant ses pairs, Franchet le savait, la proposition d'exclusion fut votée au Comité confédéral à l'unanimité moins trois voix, le rapport a été voté à l'unanimité moins une voix.

Eh bien, trois points d'interrogation, camarade Franchet. Quand on accuse, quand on a envoyé des circulaires, quand on a la prétention de démasquer quelqu'un, on vient le démasquer devant le Comité fédéral de la Fédération à laquelle on appartient, et on ne vient pas se présenter devant des gens qu'on cherche à induire en erreur. Pourquoi n'êtes-vous pas venu à ce moment? J'en suis encore à me le demander.

Donc, le Comité pouvait voter l'exclusion, il ne l'a pas votée. Vous avez dit ce matin que du moment qu'il y avait une organisation centrale que l'on appelle l'Union des Syndicats qui avait voté l'exclusion il fallait l'appliquer; eh bien je dis qu'une Fédération nationale qui représente 70 syndicats dans le Congrès actuel est aussi une organisation centrale autonome; je dis qu'un syndicat qui envoie des circulaires, des journaux en sollicitant les militants, et qui dit par l'aveu fait ici de ne pas venir à un Congrès, qui fait toutes ses réserves sur les résolutions qui seront prises, a trahi la cause ouvrière, parce qu'il risquait en faisant cela que beaucoup de syndicats ne viennent pas à Alger et que le Congrès soit fictif, tandis qu'au contraire ça a été le Congrès le plus fort. Les votes se sont faits régulièrement, par appel nominal, le délégué confédéral peut le dire, et quant à moi, fort de mon passé, faisant appel à tous les secrétaires de Bourses ici présents qui m'ont vu dans la France entière, et faisant appel, moi aussi, à tous les syndicats de Paris qu'elle que soit leur étiquette, je n'ai rien à craindre.

Quand on dit dans ce journal que le camarade Bousquet était à Draveil (où n'était pas Franchet), qu'il a été arrêté par besoin, et qu'on envoie cela aux syndicats pour leur dire de ne pas aller au Congrès, je dis qu'il y a là quelque chose qui abaisse celui qui l'écrit. Oui, avec mon ami Yvetot, quand nous sommes sortis de Clairvaux, trois mois avant Draveil, nous aurions pu dire : Nous n'y allons pas, et comme cela Franchet tu n'aurais pas pu dire si nous étions près ou loin. J'y ai été pour faire mon devoir, et on n'a pas besoin de venir accuser un militant quand il est sur les bancs de la Cour d'assises; ce sont des procédés qui me répugnent.

Camarades, je suis fort de mon passé, j'ai fait des réunions dans la France entière, j'ai fait adhérer aux Bourses du Travail et j'ait fait syndiquer des quantités de camarades; eh bien, personne ne se lèvera ici pour dire le contraire!

Je demande purement et simplement l'application de la résolution votée ce matin, et sans vouloir aller plus loin je dis : Camarades cuisiniers, vous avez fauté: si plus tard le Syndicat des Cuisiniers veut prendre une autre marche, une autre direction, ne pas suivre les mauvais conseils qu'on lui a donnés jusqu'à maintenant, le camarade Bousquet lui-même oubliera toutes ces questions et la Fédération de l'Alimentation aussi: mais pour le moment je demande qu'on respecte l'autonomie des Fédérations; le Syndicat des Cuisiniers a complètement combattu contre nous, il a voulu faire échouer un Congrès, il en a fait lui-même l'aveu ici; je demande son exclusion du Congrès.

Péricat. — Camarades, les camarades de l'Alimentation m'ont mis en cause dans le conflit qui les divise avec les cuisiniers. Je n'ai assisté au Congrès de l'Alimentation qu'à titre de délégué confédéral, et je crois que je n'ai pas à rentrer dans la discussion. Les camarades qui ont parlé ont suffisamment développé le sujet pour que je n'aie à m'immiscer dans la décision à prendre par le Congrès. Tout ce que je puis dire seulement, c'est que les décisions prises par le Congrès l'ont été à la majorité et qu'on a discuté un jour et demi sur l'exclusion des Cuisiniers de la Seine. Par conséquent, la décision prise contre les Cuisiniers de la Seine a été prise en pleine connaissance de cause.

Franchet *(Cuisiniers)*. — Camarades, devant les tribunaux bourgeois, c'est l'accusé ou l'avocat qui a toujours le dernier la parole pour se défendre. Il semble qu'ici la Fédération de l'Alimentation émette la prétention du contraire et veut que ce soit un délégué du Comité fédéral de l'Alimentation qui parle le dernier afin d'être plus sûr d'influencer la décision à prendre. Je ne sais pas ce que vous déciderez; mais d'ores et déjà je revendique le droit de parler le dernier pour mon syndicat, puisque mon syndicat est accusé. *(Bruit)*.

Camarades, le citoyen Bousquet a estimé bon de faire valoir toutes ses vertus syndicalistes et les services qu'il a pu rendre à la cause ouvrière. Eh bien, je dédaignerai d'en faire autant, parce que je croirais puéril d'exposer ce que j'ai pu faire pour le mouvement ouvrier. Le camarade Bousquet a dit que je l'avais attaqué pendant qu'il était en prison. C'est absolument inexact, et certains camarades pourront dire qu'en cette circonstance notre attitude a été parfaitement correcte, et par conséquent cette accusation ne tient pas debout.

Il y a des points que je traiterai très brièvement et que je relève dans le discours du camarade Bousquet. Il a dit notamment que cet ordre du jour que je vous ai lu tout à l'heure était fait dans l'intention d'amener les syndicats fédérés à ne pas assister au Congrès d'Alger. Or, le numéro d'août, qui contenait cet ordre du jour, n'a été envoyé exclusivement qu'à ceux à qui il est envoyé habituellement, c'est-à-dire aux camarades syndiqués, c'est-à-dire aux camarades membres qui coopèrent à cet organe, mais il n'a pas été envoyé exceptionnellement à tous les syndicats de la Fédération de l'Alimentation. Par conséquent, le grief fait tout à l'heure par le camarade Bousquet à ce sujet ne tient pas debout.

Il dira peut-être que nous avons envoyé le numéro de septembre où, en effet, il y avait quelques-unes des accusations contre lesquelles il a protesté. Mais il faut vous dire que si nous nous sommes permis de tirer le voile qui cache un peu ce que nous avons démontré, c'est qu'on nous avait accusé de trahison et de scélératesse. Par conséquent, nous avons cru bon de nous défendre devant les organisations représentées à Alger.

Le camarade Bousquet disait aussi que le rapport du Comité fédéral de l'Alimentation qui concluait à notre exclusion avait été adopté à l'unanimité moins une voix. Je ne conteste pas cela; je ne conteste pas non plus que notre exclusion ait été régulière. Je dis simplement qu'elle est arbitraire et que le Congrès se doit à lui-même de ne pas la ratifier. J'ajoute, en outre, que s'il est exact que ce rapport a été adopté à l'unanimité, ou presque, il n'en est pas moins vrai que tous les Syndicats de Cuisiniers ont déjà pris la décision de se retirer de la Fédération de l'Alimentation si l'acte d'arbitraire tenté contre nous était consommé, et on ne peut citer aucun témoignage que nous ayons fait quelque chose auprès des Syndicats de Cuisiniers pour déterminer leur décision. Ce sont eux-mêmes qui, outrés par l'arbitraire dont notre syndicat était victime, ont pris cette décision.

Le citoyen Bousquet a voulu faire état que, dans les dépenses que nous présentions dans le *Réveil des Cuisiniers* de septembre, nous disions que l'augmentation serait votée pour permettre l'augmentation de l'indemnité des fonctionnaires fédéraux, et alors il a ajouté : Mais la question n'a même pas été posée au Congrès d'Alger; mais elle a été renvoyée au Comité fédéral et, comme au Comité fédéral c'est la même chose, eh bien, il est évident que je ne disais rien de contraire à la vérité quand nous le disions dans l'organe de notre corporation.

Je m'excuse d'apporter ces explications; si je l'ai fait, c'est parce qu'on a voulu influencer la décision du Congrès en parlant de cela. On a voulu, pour nous accuser et justifier l'exclusion dont nous sommes l'objet, faire état des réserves que nous faisions à la fin de l'ordre du jour que je vous ai lu. Mais, parfaitement, nous avons fait des réserves quant aux décisions qui seraient prises. En effet, nous faisions nos réserves sur l'exclusion dont nous pressentions être l'objet, et cela comme tout le monde a le droit de le faire sur telle ou telle décision. Nous l'avons fait aussi en ce qui concerne la cotisation. Mais, est-ce que cela implique que nous l'aurions refusée? Si nous ne tenions pas à être confédérés, est-ce que nous apporterions tant d'acharnement dans notre défense? Est-ce que nous viendrions ici présenter cette défense au Congrès? Si nous le faisons, c'est parce que nous considérons que c'est un devoir pour nous d'être confédérés. Vous voyez donc que nous aurions subi ces décisions d'Alger, tout en protestant contre elles.

Le citoyen Bousquet a encore voulu faire état de ce que dans un journal qui a paru il y a neuf ou dix mois, on avait écrit — et cela par une erreur typographique — 300 francs au lieu de 250 francs. Il a voulu faire état de cette erreur. Mais, en tout cas, il a dit aussi que jamais il n'avait touché 250 francs. Mais, camarades, la question ne devrait pas être discutée, car j'estime que 250 francs et même 300 francs ne sont pas trop pour un fonctionnaire confédéral qui remplit sa tâche. Mais j'oppose un démenti formel au citoyen Bousquet quand il vient dire qu'il n'a jamais touché 250 francs, car il a touché cela pendant plusieurs mois. Mais cela n'intéresse pas le Congrès. Ce qui l'intéresse, c'est qu'il a entendu les raisons pour lesquelles nous sommes exclus. Eh bien, est-ce que dans ces raisons vous pouvez trouver un acte de trahison syndicaliste? Pouvez-vous trouver autre chose que le droit que doivent avoir tous les syndicats et tous les syndiqués de discuter, de contrôler, de protester contre ce qu'ils estiment mauvais dans la gestion de leur Fédération? Je dis qu'aucun acte antisyndicaliste, qu'aucun acte de trahison n'a été apporté à cette tribune, et pour cause, c'est que nous n'en avons jamais commis. Nous n'avons été exclus que parce que nous avons été des gêneurs dans la Fédération de l'Alimentation. Nous avons fait ce que feraient 99 pour cent des militants dans toutes les organisations. En effet, pas un de vous n'aurait hésité à protester contre ce qui aurait été fait de mauvais dans sa Fédération. Mais je dis que nous n'avons pas dépassé notre droit de critique, de contrôle et de protestation, et c'est parce que nous avons exercé ce droit que, pour une raison de vengeance personnelle, on veut nous exclure, et j'ajoute que nous agirons toujours de même et que jamais nous ne pourrons fermer les yeux en présence de faits qui ne doivent pas se produire, et je dis que vous en auriez tous fait autant. J'ajoute que tous les militants de la C. G. T. qui connaissent la situation le savent parfaitement. Je pourrais citer des militants qui ont l'estime de tous et qui savent que, dans le fond, c'est nous qui avons raison. Mais je sais que le Congrès, malgré les sentiments personnels de ces militants, lié par les statuts confédéraux et par l'autonomie des Fédérations, ne peut que prendre acte de la décision du Congrès d'Alger. Je proteste contre cela, parce qu'il y a là un acte d'arbitraire, et il ne peut pas être possible que le Congrès confédéral commence par ratifier un acte d'arbitraire aussi monstrueux. Ah! ce matin, dans la discussion concernant les Préparateurs en Pharmacie et les autres syndicats, on a parlé de monstruosité! Eh bien, voilà où est la monstruosité! Nous avons été exclus, parce que nous avons été des gêneurs et parce que nous avons démasqué les fautes quand elles ont existé. Vous direz si nous avions le droit de le faire. Mais je rappelle encore qu'au Comité confédéral et au Congrès de Marseille il a été voté une résolution aux termes de laquelle le Comité confédéral est invité à servir d'arbitre dans les conflits qui peuvent s'élever entre les syndicats et les Fédérations. Nous avons fait appel au Comité confédéral. Hier, le camarade Jouhaux disait à la Commission de vérification des mandats : Le Congrès n'a pas le temps d'étudier tous les faits de la cause et ne peut se prononcer. On dira peut-être la même chose aujourd'hui. Soit, le Congrès n'a pas le temps d'étudier tous les faits de la cause; mais alors j'en appelle au Comité confédéral et, s'il dit que nous avons tort, je prends l'engagement que mon syndicat fera amende honorable et s'inclinera. Mais je dis que tant que cette sentence arbitrale n'aura pas été prononcée, mon syndicat est digne de prendre part aux travaux du Congrès.

Voilà, camarades, ce que je vous demande de faire, si vous estimez ne pas pouvoir passer outre à la décision du Congrès d'Alger, et je répète que le Congrès ne peut pas ratifier un acte d'arbitraire aussi monstrueux.

Bousquet — Camarades, le citoyen Franchet dit qu'il n'a pas envoyé les journaux en question. Je trouve ici même un démenti à cette affirmation, car les boulangers de Toulouse les ont reçus.

Franchet. — Celui de septembre, oui.

Bousquet. — Il y a encore une autre aventure. Le camarade Franchet dit : les cuisiniers de Lyon, par un vote régulier, ont décidé de quitter la Fédération de l'Alimentation. Ce matin, vous avez exclu trois syndicats de l'Alimentation, parce qu'ils ne sont pas adhérents à l'Union des Syndicats de la Seine. Croyez bien, camarades, que cette exclusion nous a fait quelque chose. Que diriez-vous, en effet, si les quatorze ou quinze syndicats de l'Alimentation venaient vous dire, parce que vous avez exclu ces trois syndicats : Nous allons tous nous retirer de l'Union des Syndicats de la Seine? Vous la trouveriez mauvaise. Je ne comprends pas qu'un militant comme le camarade Franchet vienne dire cela. Je dis que vous avez respecté l'autonomie des organisations centrales; la Commission de vérification des mandats a estimé que quand un syndicat ne remplit pas les trois obligations, il doit être exclu. Je demande donc la mise aux voix de la décision de la Commission de vérification des mandats, c'est-à-dire l'exclusion de ce syndicat, et cela pour ne pas vous mettre en contradiction avec votre vote de ce matin.

Le Président. — Le bureau a reçu quatre propositions sur cette question. Les voici dans l'ordre. La première émane des camarades Petit, Micheletti, Ricordeau et Fonelar :

Le Congrès déclare s'en rapporter aux conclusions du rapport de la Commission de vérification des mandats et passe à l'ordre du jour.

Deuxième proposition, signée des camarades Coste, des voyageurs de commerce de Paris; Gogumus, des employés d'épicerie de la Seine, et Brunel, des limonadiers d'Alais, etc. :

Le Congrès, considérant que les conflits présentés au Congrès ne peuvent être suffisamment examinés au Congrès et que, d'autre part, cet examen, quoique sommaire, fait perdre un temps précieux au prolétariat organisé, estimant en outre que la C. G. T. doit être une réunion de groupements ouvriers; qu'il importe pour cela d'éliminer des tendances d'appétits individuels qui se manifestent dans certaines Fédérations et afin de faire cesser ou tout au moins d'atténuer ces pratiques préjudiciables à l'unité de l'organisation et à son développement, décide d'admettre au Congrès le Syndicat des Cuisiniers de Paris et renvoie l'examen approfondi de son cas au Comité confédéral qui arbitrera les parties en désaccord, conformément au vœu émis à Marseille au Congrès de 1908.

Voici une troisième proposition qui émane des camarades Larroque et Bedel :

Le Congrès, considérant qu'il n'a pas à statuer sur le fond des griefs qui ont motivé l'exclusion du Syndicat des Cuisiniers de Paris de la Fédération de l'Alimentation;

Considérant qu'il résulte de cette situation que ce syndicat ne remplit pas la condition essentielle pour son admission au Congrès pour avoir voix délibérative;

Invite ces organisations à rechercher un terrain d'entente pour que ce syndicat puisse être réadmis dans la grande famille ouvrière groupée dans la C. G. T., et passe à l'ordre du jour.

Quatrième proposition du camarade Deplante, de la Fédération des Dessinateurs de France :

Etant donné qu'il apparaît que ce sont surtout des personnalités qui sont en jeu et que des organisations ne peuvent être sacrifiées au profit de l'une quelconque de ces personnalités, le Congrès décide d'admettre le Syndicat des Cuisiniers, quitte à le renvoyer ensuite, après la tenue du Congrès, devant une Commission d'arbitrage.

Bousquet. — Je demande la priorité pour la première proposition.

Togny, *rapporteur*. — Camarades, au nom de la Commission de vérification des mandats, nous ne pouvons accepter l'ordre du jour présenté par le camarade Coste et deux autres camarades prétendant qu'on n'a pas pu étudier la question. Le Congrès a, je crois, donné mandat à la Commission de vérification d'étudier les mandats contestés et de rapporter des conclusions. Or, les conclusions de la commission sont l'exclusion du Syndicat des Cuisiniers de Paris.

C'est pourquoi, estimant que le Congrès est assez éclairé à l'heure actuelle pour prendre une décision en pleine connaissance de cause, je demande au nom de la Commission de vérification des mandats de rejeter le mandat du Syndicat des Cuisiniers de Paris. *(Applaudissements).*

Le Président. — Cela est conforme au premier ordre du jour déposé au bureau qui déclare s'en rapporter aux conclusions du rapport de la Commission de vérification des mandats. Je mets donc aux voix les conclusions du rapport de la commission.

Métivier. — Je demande la parole sur le vote. *(Un tumulte s'élève contre cette prétention et Métivier abandonne la tribune).*

La conclusion du Rapporteur est mise aux voix et *adoptée*.

Cas de Nice

Togny, *rapporteur*. — Camarades, vous êtes appelés maintenant à examiner le cas de la Bourse du Travail et des Syndicats de la ville de Nice. Vous avez le mandat des Ouvriers et Ouvrières des Tabacs de la ville de Nice ; il y a le Syndicat des Ouvriers et Employés du gaz de Nice, non adhérent à l'Union départementale, mais adhérent à la Bourse du Travail de Nice. Or, comme vous avez à examiner en même temps le cas de cette Bourse du Travail qui est en conflit avec l'Union des Syndicats des Alpes-Maritimes, les trois mandats vont être discutés en même temps pour cette raison que si vous repoussez l'admission au Congrès du mandat de la Bourse du Travail de Nice, vous repousserez également et par cela même les deux mandats des Tabacs et du Gaz de Nice. Les conclusions de la commission sont de repousser l'admission de ces trois organisations au Congrès.

Morel. — Camarades, comme le cas de Nice est assez important, je demande, conformément au précédent créé dans d'autres Congrès corporatifs, qu'une commission soit nommée, après quoi nous demanderons le droit de répondre au rapporteur de cette commission. C'est ce qui a eu lieu à Marseille et à Amiens pour les cas de Toulon et de Saint-Quentin. Je dépose d'ailleurs dans ce sens la propositlon que voici :

Que le cas de Nice, vu les différents rapports le concernant, soit soumis à une commission de tant de membres.

Danis. — Camarades, le conflit de Nice est très simple. C'est un conflit de principe et de défiance dans l'esprit confédéraliste. Il s'agit de savoir si vous voulez entendre la discussion sur le fond ou simplement entendre la solution que nous apportons immédiatement. Si vous êtes disposés à entendre la discussion sur le fond, nous nous étendrons. Au contraire, comme nous avons besoin de discuter sur des cas beaucoup plus intéressants que celui-là, je ne ferai qu'un exposé de la solution possible et immédiate du conflit.

La Bourse du Travail de Nice n'est pas adhérente à l'Union départementale des Alpes-Maritimes. Le conflit, qui date d'un an, a donné lieu au Comité de la section des Bourses, à une longue et pénible discussion. Le conflit a été examiné scrupuleusement par le Comité des Bourses. Le rapport adressé à ce sujet à toutes les organisations concluait ainsi : Ne peuvent être considérées comme adhérentes à la C. G. T. que les organisations appartenant à l'Union départementale. Actuellement, la Bourse du Travail de Nice cherche à biaiser ; elle demande qu'une Commission d'examen soit nommée afin de ne pas faire perdre de temps au Congrès. Mais nous pouvons très rapidement examiner le fond et éclairer la situation. Si le conflit de Nice est actuellement à l'état aigu, il y a un moyen très simple de le solutionner. Il est né d'un conflit entre l'Union locale de Nice et la Bourse du Travail par souci de coordination, par esprit de simplification des rouages administratifs de l'Union départementale. Or, au Congrès de Menton, le 4 septembre dernier, nous avons supprimé les Unions locales du département pour ne laisser subsister que l'Union départementale. Par conséquent, il n'y a plus de question d'amour-propre et de froissement possible. L'Union locale, qui était la cause de l'obstacle, étant disparue, le conflit est supprimé, puisque les organisations qui veulent être confédérées ont la porte ouverte à l'Union départementale. Il reste purement et simplement à adopter la solution proposée par la Commission de vérification des mandats qui dit : « Ne peuvent être confédérées que les organisations qui appartiennent à l'Union départementale. »

Le Président. — Voici une proposition du camarade Ferré, des Ferblantiers :

Considérant que le conflit de la Bourse du Travail retiendrait trop longtemps le Congrès, nous demandons qu'une commission soit nommée pour étudier la question et établir un rapport qui permettra au Congrès de se prononcer.

Yvetot. — Le Comité des Bourses a étudié très longuement le cas de Nice. En 1902 déjà, il y avait un cas de Nice. A ce moment-là, il y avait une Bourse Municipale, il y avait des subventions ; Bourse Municipale et subventions ont subsisté ; il n'y a que les fonctionnaires qui ont changé : autrefois c'était Corbani qui était le fonctionnaire municipal en même temps que le secrétaire de la Bourse. Avec Morel nous avons lutté contre Corbani et nous avons constitué l'Union des Syndicats de Nice. Puis, quand les choses se sont un peu arrangées, quand les syndicats de Nice n'ont pas su être assez forts pour se subvenir à eux-mêmes, ils ont encore eu recours à la subvention. Mais Corbani était disparu, et les syndicats pensaient : Nous pouvons avoir un militant éprouvé qui est descendu plusieurs fois dans la rue, qui a été frappé par les tribunaux, et avec lui nous serons sûrs d'avoir un secrétaire de Bourse du Travail. Le secrétaire de Bourse du Travail Léon Morel est entré à la Bourse du Travail de Nice, et les chichis alors sont revenus à cause de la subvention municipale. L'Union locale a subsisté, et le Comité des Bourses n'a vu qu'une chose : Une Union locale est créée ; tous les syndicats qui veulent être confédérés doivent être adhérents à l'Union locale. La Bourse du Travail, nous nous en foutons ! C'est un immeuble dans lequel on est à l'abri du vent et de la pluie. Le Comité des Bourses a ainsi solutionné la question, et je vous invite à en faire autant.

Morel. — Je demande la nomination d'une commission ; autrement, je serai obligé de demander la parole jusqu'à ce soir. *(Bruit).* Le camarade Yvetot a parlé à sa façon ; moi, je tiens aussi à discuter.

Bidamant. — Enfin, camarade Morel, nous sommes au courant du conflit de Nice ; nous n'avons qu'à passer outre immédiatement.

Le Président. — Le Congrès doit décider si on doit permettre au camarade Morel d'aborder la question sur le fond, ou si au contraire on doit voter sur les propositions qui sont faites. Si tout le monde est partisan de la nomination d'une commission, je vais vous donner lecture des différents ordres du jour qui sont parvenus au bureau.

Danis. — Pourquoi nommer une commission? Une commission a déjà fonctionné pendant trois mois ; elle a déposé son rapport : par conséquent, il n'y a plus besoin de commission.

Bidamant. — Je demande que les deux principaux intéressés de Nice, c'est-à-dire les camarades Morel et Danis s'entendent. De cette façon, si vous voulez qu'on nomme une commission, ce serait avec un mandat impératif, et nous n'aurions qu'à enregistrer ses décisions. Sans quoi ce serait ouvrir un débat qui serait très long, et alors je demande qu'on remette cette discussion à la fin du Congrès, comme nous avons fait à Marseille. Nous avons entendu le camarade Morel, le camarade Danis ; le camarade Yvetot nous a dit en deux mots ce qu'était le conflit de Nice ; le Congrès sait parfaitement à quoi s'en tenir : par conséquent, il peut décider.

Le Président. — Je donne lecture des propositions parvenues au bureau. Voici la première, qui émane du camarade Danis :

Le Congrès, approuvant la conclusion du rapport de la Commission des Bourses, estime que les syndicats de Nice qui n'adhèrent pas à l'Union des Chambres Syndicales Ouvrières des Alpes-Maritimes ne sont pas confédérées ; engage ces syndicats à adhérer à l'Union des Chambres Syndicales Ouvrières des Alpes-Maritimes, seule adhérente à la Section des Bourses, et passe à l'ordre du jour.

Voici la proposition du camarade Ferré :

Considérant que le conflit de la Bourse du Travail retiendrait trop longtemps le Congrès, nous demandons qu'une commission soit nommée. La commission entendra les témoignages et un rapport sera lu qui permettra au Congrès de se prononcer.

Troisième proposition, de Noyer, Chopineau et Jalbert :

De nommer une commission de quinze membres comme à Marseille pour que cette commission nomme un délégué rapporteur pour les conclusions des deux rapports.

Quatrième proposition, des camarades Lapierre, Voirin, Bréjaud, etc. :

Le Congrès, considérant que cette question de Nice (Alpes-Maritimes) est trop embrouillée, charge une commission de cinq membres d'entendre les deux parties et d'établir un rapport qui lui sera présenté, afin que l'ordre du jour soit immédiatement abordé.

Mallardé. — Ayant des intérêts à la section de Nice, j'estime que, quoi qu'on dise, la situation est devenue impossible tout simplement entre deux personnalités. Il y a d'un côté un organisme dissident ; il y a de l'autre côté des reproches qui sont faits à une partie des camarades qui ne demandent pas mieux que de rentrer à la C. G. T., à une condition, c'est que les individualités qui ont été la cause du désaccord disparaissent. Or, de part et d'autre on se tient sur le terrain conquis. C'est pourquoi je demande qu'une fois pour toutes le différend de Nice soit aplani et, pour cela, qu'une commission d'enquête soit nommée avec un mandat impératif, c'est-à-dire que ses conclusions ne devront pas être discutées.

DANIS. — Le camarade Mallardé dit que la cause du confiit est la présence de deux individualités et que, pour que le conflit cesse, il est nécessaire que ces deux individualités disparaissent. Or, l'Union locale ayant disparu, cette personnalité n'existe plus.

MALLARDÉ. — Vous ne voulez céder ni les uns ni les autres : le Congrès va vous départager.

DORIA. — Camarades, je me rallie à la déclaration du camarade des Tabacs. *(Bruit.)* Il est inadmissible que le Comité confédéral ne fasse pas respecter les décisions prises.

LE PRÉSIDENT. — La priorité a été demandée pour l'ordre du jour déposé par le camarade Danis et que j'ai lu le premier tout à l'heure. Je mets aux voix la priorité.

Adopté.

LE PRÉSIDENT. — Je mets aux voix cet ordre du jour.

Adopté. *(Applaudissements.)*

Transmission de mandats

LE RAPPORTEUR. — Au cas Franchet, des Cuisiniers de Paris, se joignait le cas des Cuisiniers de Montpellier qui étaient représentés par un délégué non confédéré; en conséquence le camarade Franchet transmet son mandat au camarade Saint-Venant, délégué du Syndicat des Confiseurs de Lille.

Nous arrivons au cas des Inscrits maritimes.

Les Inscrits maritimes

GAUTHIER. — Il ne s'agit pas ici de mandats contestés, mais tous les mandats de la Fédération des Syndicats maritimes, par un événement qu'on ne s'explique pas, ne sont pas parvenus à la Fédération ou se sont égarés. Or, en tant que trésorier de la Fédération, je puis affirmer qu'ils sont tous passés par mes mains et que j'ai versé au trésorier de la Confédération le droit d'admission. D'un autre côté, notre camarade Rivelli déclare qu'il a envoyé à Paris les mandats des syndicats de la Fédération maritime. Or, il y a ici tous les camarades qui représentent les syndicats de notre Fédération, ils sont ou secrétaires ou représentants de Bourses : il y a les marins de commerce de Dunkerque, ceux de Saint-Malo, ceux de Saint-Nazaire, que je représente, ceux de Marseille, ceux de Cherbourg, de Lorient. Dans la circonstance nous vous demandons, étant donné que les versements ont été faits et que nos mandats ont été tous égarés, d'admettre les syndicats de la Fédération maritime.

LE PRÉSIDENT. — Je mets aux voix l'admission de ces syndicats.

Adopté.

LE RAPPORTEUR. — Voici quelques nouveaux mandats qui nous sont parvenus et qui sont en règle : Syndicat des ouvriers de la Manutention des bois de Marseille, le Syndicat national des Chemins de fer groupe de Valenciennes, le Syndical du Bâtiment de Nantua, le Syndicat du Bâtiment de Suey-en-Brie, l'Union des Syndicats de Seine-et-Oise.

Adopté.

A propos des mandats

Marty-Rollan. — Des camarades se sont émus parce qu'il y avait des citoyens étrangers dans la salle du Congrès et que, d'autre part, des camarades n'avaient pas reçu leur carte de délégué. Je commence par dire, au nom de la Commission d'organisation du Congrès, que nous déclinons toute responsabilité à ce sujet; je vais plus loin, nous accusons la Commission de vérification des mandats, c'est-à-dire le Comité confédéral, les permanents, les fonctionnaires des Fédérations, de n'avoir pas fait le nécessaire et de ne pas avoir appliqué les décisions du Congrès de Marseille; si cela avait été fait, nous n'aurions pas perdu quarante-huit heures comme nous sommes en train de les perdre. Suivant la décision du Congrès de Marseille, le Comité confédéral devait vérifier les mandats à Paris, et que pour permettre au syndicalisme de poursuivre sa marche toujours ascendante, seuls les mandats contestés devaient être discutés ici, sur le lieu du Congrès, vingt-quatre heures avant son ouverture. Or, qu'avons-nous vu? Dimanche, nous recevions des mandats à tous les courriers, hier la même chose, et aujourd'hui encore on reçoit à chaque instant des mandats. De plus, dans les paquets de mandats il y avait pour certaines Fédérations, sinon pour toutes, des mandats en blanc que les fonctionnaires des Fédérations se préparaient à distribuer aux congressistes présents. Pourquoi cela, camarades? Si nous voulons faire de la bonne organisation, tâchons d'en faire sans nous énerver les uns les autres. Il y a des syndicats qui ont le désir légitime de se faire représenter au Congrès confédéral, seulement ils ne peuvent pas faire les frais de l'envoi d'un délégué; ces syndicats ont confiance dans leurs Fédérations, et alors ils leur écrivent : Nous voulons bien nous faire représenter au Congrès confédéral, voici la formule du mandat et cent sous de droit d'admission; vous nous ferez représenter. Nous disons que cela est très légitime, mais les fonctionnaires des Fédérations devraient tenir la main à ce que les syndicats leur fassent parvenir les mandats au moins quinze jours avant l'ouverture du Congrès. Les fonctionnaires des Fédérations et le Comité confédéral n'auraient pas dû venir à Toulouse samedi dans la nuit ou dimanche matin, même certains lundi à 11 heures, midi ou 4 heures de l'après-midi; ils auraient dû être à Toulouse cinq jours au moins avant le 1er octobre. Si cela avait été fait, tous les mandats auraient été vérifiés. De plus, les Fédérations auraient fait, en suivant les décisions de Marseille, un état des mandats qu'elles avaient, elles auraient fourni cet état à la Commission d'organisation du Congrès et nous aurions pu établir les cartes, les distribuer dans la journée de dimanche et la matinée de lundi, avant l'ouverture du Congrès : alors tout se serait passé régulièrement. Pourquoi cela n'a-t-il pas été fait? A qui la faute? Est-ce au Comité d'organisation? C'est à vous qui n'avez pas appliqué les décisions du Congrès de Marseille; donc si vous avez perdu du temps prenez-vous-en à vous-mêmes. En tout cas, si vous voulez faire de la bonne besogne, vous prendrez note des observations présentées ici, qui ne sont que le rappel des décisions du Congrès de Marseille. *(Applaudissements).*

Le Président. — Il y a sur ce point des ordres du jour qui viendront après la vérification des mandats.

Vendangeon. — Je vais abonder dans le sens du camarade Marty-Rollan et venir protester contre le tour de passe-passe que l'on a fait à la

Commission de contrôle des mandats, en ce sens que nos organisations de Bordeaux ont été obligées, cinq jours avant le Congrès, de s'adresser au camarade Jouhaux pour avoir des mandats blancs, n'ayant pas pu en obtenir de timbrés de notre Fédération, afin de les libeller en temps voulu. Les organisations de Bordeaux, tout en remplissant toutes les obligations, n'ont pas leurs mandats régulièrement établis, c'est-à-dire qu'il leur manque le timbre fédéral. Vous voyez que véritablement, s'il n'y avait pas eu passe-passe, je devais être contesté.

D'autre part, je viens protester contre l'acceptation des mandats des dockers marseillais, des manutentionnaires de bois et des charretiers, parce qu'ils ne remplissent pas les trois obligations, parce qu'ils ont décidé de n'avoir le timbre confédéral et la carte qu'en 1911 ; ils ne devront donc assister au Congrès confédéral qu'en 1912 : quand on ne veut pas se soumettre aux décisions des Congrès il ne faut pas avoir la prétention d'y assister.

Vous ne devez pas ignorer les conditions dans lesquelles notre Conseil central de Fédération nationale a rompu les relations avec la C. G. T., sous prétexte qu'elle avait été insultée et vilipendée à Marseille par le camarade Yvetot. Le camarade Yvetot a dit aux dockers marseillais qu'ils avaient des pontifes et des mauvais bergers, et qu'il leur appartenait de les foutre à l'eau. Ces camarades ont nationalisé cette question, c'est-à-dire qu'ils ont fait prendre le rhume à toute la Fédération nationale des ports et docks et nous ont mis dans une triste situation : à l'heure actuelle, notre Conseil central s'est censé retiré de la C. G. T., contre l'avis général, car des organisations adhérentes ont protesté et ont voulu continuer les relations. Puisque les camarades dockers marseillais ont laissé tomber le gant, j'ai mandat des organisations des ports de le relever et de demander à Yvetot, ainsi qu'au Comité confédéral, de nous donner des explications, de demander à Yvetot pourquoi il a prononcé les paroles qu'il a prononcées et quelles sont les preuves qu'il avait en mains ; il est nécessaire que nous les connaissions à cause du Congrès extraordinaire que nous avons le mois prochain à Paris sur cette question.

Bourderon. — D'un mot, indirectement, le camarade Vendangeon me met en cause. Secrétaire de la Fédération du Tonneau, j'ai envoyé aux organisations confédérées des mandats en blanc, sans qu'il y eût le timbre de la Fédération, parce que les mandats des syndicats doivent revenir avec le montant des droits d'adhésion à la Fédération qui doit les remettre à la Confédération. C'est en conformité justement de ce procédé qui régularise les choses que j'ai envoyé et que nous envoyons aux secrétaires des Fédérations des mandats non timbrés du timbre fédéral : c'est la raison pour laquelle le camarade Vendangeon vous dit que le Syndicat du port de Bordeaux a protesté. Je dis que ce fait est régulier, extra-régulier, parce que c'est la Fédération elle-même qui doit connaître la situation des mandats.

Pajan. — Le camarade Vendangeon vient bien de vous expliquer qu'il n'a pas reçu de mandats, mais le secrétaire de la Fédération viendra vous expliquer aussi qu'il n'a pas reçu d'argent. Le camarade Vendangeon avait la faculté d'imposer au secrétaire de sa Fédération de lui envoyer un mandat contre un mandat de cent sous, ce qu'il n'a pas fait.

Vendangeon. — Vous avez mieux fait : on vous a envoyé à La Palice des mandats et de l'argent, et vous avez tout renvoyé.

Pajan. — Mais non! Quant à la question de validation des mandats, le camarade Vendangeon ne s'est pas élevé lorsqu'il a été question des dockers de Marseille, et les mandats ont été validés.

Vendangeon. — Nous ne les connaissions pas!

Pajan. — Le rapporteur les a mis en masse: ils ont été adoptés.

Vendangeon. — Ce n'est pas vrai.

Pajan. — Je vous indiquerai que la Fédération avait les mandats à la disposition des organisations qui les voulaient.

Jouhaux. — A peu près une quinzaine de jours avant l'ouverture de ce Congrès, je recevais une lettre de Cette, une lettre de La Palisse, et il y a trois ou quatre jours une lettre de Bordeaux: toutes ces lettres concordaient à affirmer que la Fédération n'avait pas voulu transmettre les mandats des organisations des ports et docks à la C. G. T. On prétextait que les rapports entre le Comité fédéral et la Confédération étaient rompus pour ne pas transmettre ces mandats. Je ne veux pas empiéter sur le débat, mais je tiens à relever une inexactitude du camarade Pajan; quant au fond de la question, nous serons obligés de l'aborder tout à l'heure, et nous verrons de quel côté sont les griefs.

Pajan. — Quant à la question des timbres, s'il est à propos, nous la discuterons. La question Yvetot viendra en son temps.

Le Rapporteur. — Plus nous allons, plus nous entrons dans l'incohérence : voici un mandat qui nous arrive: ce n'est pas un nouveau mandat, c'est celui sur lequel on discute; ce mandat est revêtu du timbre de la Fédération et de la Bourse du Travail de Marseille. Un camarade a demandé la parole à ce sujet, il s'est expliqué sur une autre question, je ne vois pas pourquoi. La Commission de vérification des mandats ne peut que vous déposer des conclusions tendant à l'admission de ce syndicat.

Le Président. — Je mets l'admission aux voix.
Adopté à l'unanimité moins trois voix.

Les femmes d'imprimerie. — Cas des ouvrières de Marseille.

Le Rapporteur. — Voici le dernier mandat, c'est celui du Syndicat des femmes de l'imprimerie de Marseille: on demande son admission à titre consultatif.

Pichon. — Nous avons quelques explications à donner en ce qui concerne la demande des ouvrières de l'imprimerie de Marseille. Cette organisation avait formulé une demande d'admission à la C. G. T.: comme ce Syndicat comprend plusieurs professions, il s'en est suivi un malentendu avec le Comité Confédéral. Les camarades ouvrières de Marseille attendaient ensuite que le Congrès de la Fédération lithographique qui s'est tenu à Bordeaux statue sur l'admission ou la non admission des ouvrières à cette Fédération. Le Congrès de la Fédération lithographique s'étant prononcé contre l'admission des ouvrières de l'imprimerie, les camarades ouvrières formèrent à nouveau une demande d'adhésion au Comité Confédéral. Il faut vous dire que le Congrès de la Fédération lithographique ayant eu lieu au mois d'août, la demande d'admission des ouvrières de Marseille n'est arrivée que tardivement au

Comité Confédéral. Là, il y a encore eu malentendu, et c'est pourquoi cette question d'adhésion n'est pas solutionnée. Comme ce syndicat pourrait être réclamé par une Fédération, alors que le Syndicat des ouvrières de Marseille demande à être admis à la Confédération comme syndicat isolé, nous demandons au Congrès de l'admettre ici à titre consultatif et de renvoyer ce cas devant le Comité confédéral.

Jouhaux. — On ne peut qu'appuyer la proposition du camarade Pichon. Nous avions demandé à la Fédération du Livre d'une part, à la Fédération lithographique d'autre part, de nous fournir des renseignements en ce qui concerne l'admission de ce syndicat à l'une ou l'autre de ces Fédérations : les renseignements demandés sont venus un peu tardivement ; aujourd'hui nous les connaissons, le camarade Pichon vient de vous en donner connaissance. Cependant il reste encore une Fédération qui pourrait réclamer ce syndicat, c'est la Fédération du papier. Par conséquent le Congrès ne peut pas admettre définitivement ce syndicat comme syndicat isolé, parce que cela ne trancherait pas la question qui pourrait revenir au Comité confédéral sur opposition de la Fédération du papier.

La Camarade Amblart. — Il y a dix mois que nous avons fait notre demande d'admission à la Fédération lithographique : comme cette Fédération nous avait renvoyées au Congrès fédéral qui a eu lieu au mois d'août, nous avons demandé à la Confédération de vouloir bien nous confédérer isolément jusqu'à l'époque du Congrès lithographique. N'ayant pas reçu de réponse, nous avons chargé le Syndicat des Typos d'écrire de nouveau au Comité confédéral : là on nous a pris pour des conductrices ; mais comme le temps passait et que nous approchions du Congrès des Lithos, nous nous sommes arrêtées-là. Après le Congrès des Lithos qui a dit qu'on ne pouvait pas nous admettre, nous avons écrit de nouveau à la Confédération pour dire ce qui avait été décidé à ce Congrès. Le camarade Jouhaux nous a écrit en nous demandant de plus amples explications ; nous les lui avons données : mais à cette lettre-là nous n'avons eu aucune réponse ; il était un peu tard, il est vrai. Sachant que la question allait être portée ici, nous lui avons écrit de nouveau pour lui demander si en envoyant une camarade elle serait admise au moins à titre consultatif. Il faut que cette question soit tranchée. Nous avons un syndicat qui marche, ce qui est chose assez rare chez les femmes surtout, et puisqu'on nous parle toujours d'organiser les femmes, il nous semble qu'il serait temps que l'on se décide à mettre un peu moins de bâtons dans les roues chaque fois que les femmes veulent se mettre à faire quelque chose. *(Applaudissements.)* La Fédération typographique, d'après ses statuts, ne peut pas nous admettre, la Fédération lithographique non plus : reste la Fédération du papier avec laquelle nous n'avons rien à faire, de laquelle nous sommes tout à fait en dehors de par les conditions dans lesquelles le travail se fait à Marseille. Il n'y a que deux Fédérations auxquelles nous pourrions appartenir, les typos et les lithos ; nous demandons, pour le bon fonctionnement de notre syndicat, pour aider à son progrès, qu'il soit confédéré isolément. Il y a une question qui prime tout : si nous ne sommes pas confédérées, si nous ne partons pas d'ici avec une résolution nette, notre syndicat sera mis hors de l'Union des Chambres Syndicales des Bouches-du-Rhône, ce que nous ne voulons pas. Depuis dix mois nous nous débattons ; aussi nous avons décidé de venir demander à l'ensemble du Congrès de vouloir bien nous donner satisfaction.

Togny. — Si j'interviens dans la discussion, ce n'est pas en tant que rapporteur de la Commision de vérification, c'est en tant que délégué de la Fédération du papier. J'appuierais les déclarations des camarades Pichon et Jouhaux tendant à admettre les ouvrières de l'imprimerie de Marseille à titre consultatif au Congrès de Toulouse, et demandant que la question soit examinée ensuite au Comité Confédéral entre la Fédération lithographique et la Fédération du papier, comme nous l'avons fait tout récemment au sujet des camarades phototypistes.

Réaux. — Je serais heureux que le Congrès puisse permettre que ce syndicat ait non pas voix consultative mais voix délibérative, parce que tout le nécessaire a été fait par lui pour remplir les conditions afin d'être admis à la C. G. T. Ces ouvrières de l'imprimerie ont fait une chose que nous n'avons pas encore su faire : elles ont constitué un syndicat d'industrie qui renferme en même temps les margeuses en typographie et en lithographie; les hommes, beaucoup plus avancés en syndicalisme, ne sont pas encore arrivés à ce point. Depuis dix mois, ce syndicat demande à la C. G. T. de trancher son cas très intéressant; j'estime que le Congrès devrait prendre cette demande en considération, parce que sans cela, au retour du Congrès, il sera mis à la porte de la Bourse du Travail de Marseille.

La Camarade Augier. — On nous invite tous les jours à faire des Fédérations d'industrie, et je suis très étonnée de voir qu'il y a les Fédérations de la typographie, de la lithographie et du papier; je crois que le Congrès devrait émettre le vœu que ces Fédérations se fondent dans une seule; alors il n'y aurait pas de discussions pareilles. Je me rallie à la proposition du camarade Réaux.

Dumas. — Je demande au Congrès d'être logique avec lui-même et de ne pas faire une cote mal taillée : que ce soient des camarades femmes qui dans une industrie donnent l'exemple aux hommes, lesquels dans la spécialité de l'imprimerie se déclarent une guerre acharnée. Elles ont trouvé le moyen de constituer un syndicat d'industrie, et c'est pour cela que les Fédérations constituées au point de vue purement corporatif n'ont pu les admettre parmi elles. Je demande qu'on les admette d'une façon définitive. Au papier elles n'ont rien à faire. Depuis longtemps elles demandent à être fédérées et de tous les côtés on les renvoie comme une balle; eh bien, le Congrès a le devoir de se prononcer et de dire : Nous voulons les avoir avec nous parce qu'elles ont besoin d'être soutenues justement parce que ce sont des femmes et qu'elles sont les plus faibles.

Le Président. — On demande la clôture de la discussion.

La clôture est prononcée.

Marie. — Les ouvrières de l'imprimerie de Marseille se distinguent, par leur situation, des syndicats qui viennent de passer successivement en discussion. En effet, trois Fédérations les appellent, mais aucune n'est en mesure de les admettre. La Fédération du Livre, représentée ici, qui tient ses congrès tous les cinq ans, met les ouvrières de l'imprimerie de Marseille dans l'obligation d'attendre cinq ans avant de pouvoir être confédérées. La Fédération lithographique, de son côté, tout en faisant son possible pour se rapprocher de la Fédération du Livre et également de la Fédération du Papier, ne s'en rapproche qu'autant que la Fédération du Livre le lui permet, parce que celle-ci fait les gros yeux, ne tient pas du tout à ce qu'on pénètre dans son sein pour y apporter une perturbation qui pourrait être à la rigueur révolutionnaire. Il résulte de tout cela que non seulement les ouvrières de l'imprimerie de Marseille sont victimes, mais qu'il en est de même d'autres syndicats qui viendront peut-être comme exemple dans la discussion des statuts. Il y a à Lyon un syndicat composé de 150 membres qui ne peut être confédéré parce que le Livre le refuse, attendu qu'il ne peut trouver deux mêmes syndicats par ville.

Eh bien, je dis que puisque le *Comité confédéral* ne possède pas de sanction pour obliger les Unions et les Fédérations à accepter dans leur sein des syndicats qui font œuvre de bonne volonté, et comme les ouvrières de Marseille donnent l'exemple aux hommes, je dis que c'est à la Confédération Générale du Travail à donner la marche à suivre aux Fédérations rétrogrades.

Le Président. — Il y a deux propositions : la première qui est la conclusion de la Commission de vérification des mandats, qui demande l'admission du syndicat à titre consultatif, la deuxième proposition qui demande son admission à titre délibératif.

Marie. — Je demande la priorité pour cette seconde proposition.

Le Rapporteur. — Je proteste : vous avez à statuer d'abord sur les conclusions du rapport de la commission.

Le Président. — On demande la priorité pour l'admission du syndicat à titre délibératif; je mets cette proposition aux voix.

Adopté à l'unanimité.

Je mets aux voix le fond de la proposition, c'est-à-dire l'admission du Syndicat des ouvrières d'imprimerie de Marseille à titre délibératif.

Adopté à l'unanimité.

Togny, *rapporteur*. — Avant de mettre aux voix le rapport de la Commission de vérification des mandats, je vous donne lecture de la liste des mandats qui n'ont pas été admis.

Cette lecture accuse 18 mandats refusés. Ils sont mentionnés au rapport en tête de la brochure.

Le Président. — Je mets aux voix le rapport de la Commission de vérification des mandats.

Adopté à l'unanimité.

Pour la vérification des mandats dans les Congrès futurs. Résolutions présentées.

Le Président. — Il est parvenu au bureau des propositions qui ont trait à la discussion qui se poursuit depuis hier sur la vérification des mandats. Ces propositions sont une sanction à apporter à toutes les discussions qui ont eu lieu. Voici celle présentée par les camarades Duval et Raynal :

Le Congrès décide qu'à l'avenir les mandats devront être déposés huit jours avant l'ouverture du Congrès. Tous les mandats venant après seront impitoyablement refusés, et cela en raison de la perte de temps que cela fait au Congrès;

Considérant d'autre part que toutes les organisations qui, à l'avenir, ne rempliront pas la triple obligation seront purement et simplement refusées au Congrès, et cela en conformité des statuts.

Voici maintenant une proposition du camarade Caillot, des Travailleurs Municipaux :

Considérant que la C. G. T. est l'émanation même du prolétariat;

Considérant qu'elle doit avoir la confiance de toutes les organisations confédérées, nous demandons qu'à l'avenir toute question de différend entre Bourse du Travail et Fédération ou Syndicat soit tranchée par la C. G. T. et non portée devant le Congrès, pour éviter les questions personnelles.

Troisième proposition, de Marchadier, de la Céramique, et signée d'autres camarades :

Le Congrès,

Considérant la perte de temps occasionnée aux travaux du Congrès par le retard apporté par certaines organisations au dépôt des mandats de délégué,

Décide qu'à l'avenir tout mandat qui ne sera pas parvenu au moins la veille du Congrès, ne sera pas soumis à la vérification et sera considéré comme nul.

Quatrième proposition, présentée par les camarades Ader et Bled :

Considérant le retard considérable qu'apporte dans chaque Congrès la vérification des mandats, nous proposons cette sanction immédiate : que soient refusés tous les mandats non parvenus à ce moment à la Commission d'organisation; qu'à l'avenir soit rigoureusement appliquée la triple obligation confédérale et que tous les cas d'espèces pouvant soulever des contestations soient soumis à une commission spéciale nommée par le Comité confédéral, qui produira un rapport sur chaque cas à l'ouverture du Congrès.

Camarades, vous avez à vous prononcer sur ces propositions.

Bidamant. — Camarades, je regrette personnellement que le Syndicat des Chemins de fer ne soit pas mieux représenté au Congrès confédéral. Cela tient à quelque désarroi dans notre Conseil d'administration : mais ce qui n'a pu se faire cette année, pourra être fait l'année prochaine. C'est pour cela que je propose au Congrès une méthode de travail qui pourrait donner satisfaction au Congrès. Nous demandons à ce que vous nommiez dès maintenant une commission qui serait chargée d'étudier la revision des statuts et en même temps, comme le Conseil d'administration du Syndicat National l'a demandé, vous pourriez étudier un type de carte qui nous donnerait satisfaction. Vous savez que dans les chemins de fer la cotisation est encore minime, un franc tous les trois mois. Malgré tous nos efforts, la cotisation est restée ainsi. Si le Congrès nous donne une indication, c'est-à-dire si on adopte un type de livret pouvant satisfaire les désirs du Conseil d'administration du Syndicat National, nous pourrons voir ce que nous avons à faire. Le camarade Marck me faisait voir tout à l'heure une carte qui pourrait répondre à toutes les exigences. Nous demandons en même temps que nous puissions lier les travaux de la commission à la carte confédérale elle-même, et alors, dès demain, le Congrès pourrait discuter l'article 2 de l'ordre du jour, c'est-à-dire la discussion et le vote sur les rapports du Comité confédéral et du journal. Cela nous permettrait d'apporter ici au Congrès une décision définitive sur la carte confédérale des chemins de fer et ensuite sur les modifications aux statuts.

Pichon. — Camarades, nous devons soulever un petit cas particulier. Dans un ordre du jour qui a été présenté, il est dit qu'il ne sera plus admis aucun mandat à partir de ce moment. Or, j'attire l'attention du Congrès sur ce fait que, délégué au Congrès des lithographes d'Amsterdam, je suis arrivé vendredi matin, et le mandat de la Fédération lithographique a été oublié à Paris. J'attends ce mandat d'un moment à l'autre. Comme les Fédérations ne sont ici qu'à titre consultatif, je pense qu'il n'y aura aucune difficulté, lorsque ce mandat me parviendra, pour que la Fédération lithographique soit représentée au Congrès.

Le Président. — Voici encore une cinquième proposition signée par le camarade Royer, de l'Union des Syndicats ouvriers du département du Rhône :

L'Union des Syndicats du Rhône propose qu'à l'avenir paraisse dans le répertoire l'état des syndicats vis-à-vis de l'abonnement à *la Voix du Peuple;* qu'un délai de six mois soit donné aux syndicats non abonnés pour remplir cette obligation, afin que seuls ceux qui rempliront les trois obligations soient admis au Congrès.

Jouhaux. — Il y a des camarades qui prétendent ici que c'est la revision des statuts. Eh bien, non, c'est simplement l'application des statuts. Jusqu'ici on avait admis les organisations qui ne remplissaient pas la troisième obligation. Il s'agit aujourd'hui de prendre une décision obligeant toutes les organisations à remplir les trois obligations.

Le Président. — La priorité est demandée pour l'ordre du jour Marchadier, que voici :

Le Congrès,
Considérant la perte de temps occasionnée aux travaux du Congrès par le retard apporté par certaines organisations au dépôt des mandats de délégué,
Décide qu'à l'avenir tout mandat qui ne sera pas parvenu au moins la veille du Congrès ne sera pas soumis à la vérification et sera considéré comme nul.

Plusieurs voix. — C'est trop court la veille.

Marchadier. — Mettez trois jours.

Jouhaux. — Avant de dire aux organisations : Vous aurez un délai pour envoyer vos mandats pour le Congrès, j'estime qu'il serait bon de voir si on ne pourrait pas revenir aux anciennes habitudes et de déclarer que la vérification des mandats se fera trois jours à l'avance sur le lieu du Congrès. Je vous assure qu'ainsi toutes les difficultés seraient aplanies.

Décision prise par le Congrès pour la vérification future des mandats.

Le Président. — Camarades, vous avez entendu le camarade Jouhaux. Je crois, d'ailleurs, que c'est l'application stricte des statuts. Je mets donc aux voix la proposition du camarade Jouhaux, c'est-à-dire que les mandats seront vérifiés trois jours avant le Congrès et sur le lieu même du Congrès.
Adopté.

Ordre du jour de solidarité aux Confectionneuses, en grève, de Paris.

Le Président. — La vérification des mandats étant terminée, nous allons aborder l'ordre du jour. Mais auparavant, permettez-moi de vous donner lecture de trois lettres qui sont parvenues au bureau. Voici d'abord un ordre du jour qui est proposé par les camarades Dumas (Pierre), Hackenberger, Royer, Maillet, Bourderon, Dandel et les citoyennes Prat et Augier :

Le Congrès confédéral de Toulouse envoie ses encouragements et l'hommage de son admiration aux ouvrières de la confection, en lutte contre un exploiteur odieux; les engage à persévérer et à défendre courageusement les droits de la femme, victime d'une exploitation honteuse; fait un devoir à tous les prolétaires de mettre rigoureusement à l'index la maison Réaumur et à déserter ses magasins.

Je mets aux voix cet ordre du jour.

Adopté à l'unanimité.

Tendero. — Je propose qu'une certaine somme soit jointe à cette lettre, soit 50 francs, soit autre chose.

Lettre du Parti socialiste

Le Président. — Deuxième lettre :

Le Secrétaire de la Section toulousaine du Parti socialiste S. F. I. O., aux camarades congressistes de la C. G. T.

Camarade Président,

A l'occasion du Congrès confédéral qui tient ses assises à Toulouse, la Section toulousaine du Parti socialiste adresse aux vaillants militants de la C. G. T. ses meilleurs souhaits de bienvenue...

Une Voix. — Vous pouvez mettre cela dans le même sac que la lettre du Comité radical !

Le Président. — ... les assure de toute leur sympathie; les informe qu'un punch-concert est organisé à leur intention dans la salle de l'Apollo, le mercredi 5 octobre, à 9 heures du soir.

La Section socialiste espère trouver auprès des délégués au Congrès le meilleur accueil pour son invitation.

L'entrée aura lieu sur la simple présentation de leur carte de délégué au Congrès pour tous les camarades étrangers à la localité.

Les délégués toulousains trouveront des cartes de punch au prix de 40 centimes au guichet de l'Apollo.

Recevez, camarades, etc.

Niel. — Camarades, je demande au Congrès de ne pas tenir compte de l'invitation faite par le Parti socialiste et de la rejeter comme a été rejetée hier la proposition faite par le Parti radical *(Applaudissements)*.

Le Président. — Je mets aux voix la proposition du camarade Niel qui consiste à ne pas accepter cette proposition.

Adoptée.

Roux. — A raison de ce vote, aucun de nous ne devra rentrer à ce punch avec une carte de délégué au Congrès.

Communication du directeur du Théâtre Lafayette. Le boycottage de cet établissement par les Délégués.

Le Président. — Camarades, voici une troisième lettre qui est parvenue au bureau :

Monsieur le Secrétaire de la Bourse du Travail,

La Direction du Théâtre Lafayette, trop honorée d'apporter sa modeste contribution à la tenue de votre Congrès, est heureuse de vous informer qu'elle accorde à ses membres une réduction de 25 pour cent sur le prix des places de son établissement.

Pour bénéficier de cet avantage, MM. les Congressistes n'auront qu'à présenter leur carte. (*Bruit*).

ELIE. — Camarades, vous venez d'entendre une lettre d'un directeur de théâtre vous disant d'aller à son théâtre avec une réduction de 25 pour cent. Eh bien, au nom de la Fédération du Spectacle, je vous demande de boycotter cet établissement qui n'emploie que des renards: c'est le seul établissement de Toulouse qui ne paye pas le tarif syndical à ses musiciens.

UN DÉLÉGUÉ. — Alors, il faut y aller pour siffler!

ELIE. — Dernièrement il y a eu ici à Toulouse une propagande faite par un délégué des jaunes; ce directeur leur a offert son établissement pour rien, et aujourd'hui il ne met pas son établissement à votre disposition à l'œil. Je dépose donc l'ordre du jour suivant :

Boycottage par tous les Congressistes et les camarades syndiqués de Toulouse, du Théâtre Lafayette.

PRÉVOST (des Musiciens). — Vous venez d'entendre une proposition d'un directeur d'établissement vous offrant de venir engraisser sa caisse en vous alléchant par une réduction de 25 pour cent. Eh bien, je dis qu'il ne manque pas de cynisme ce patron-là! Quand on a dans son établissement des non-syndiqués, qu'on refuse de reconnaître le syndicat ouvrier et d'appliquer le tarif syndical, on ne s'adresse pas à des syndiqués ouvriers pour faire des recettes!

UNE VOIX. — Il faut le saboter!

PRÉVOST. — C'est le seul établissement de Toulouse qui refuse d'employer des syndiqués, et par conséquent les ouvriers syndiqués ne doivent jamais y aller. Quand nous allons dans des établissements semblables, c'est pour donner une petite représentation dont le directeur n'est pas enchanté!

LE PRÉSIDENT. — Je mets aux voix la proposition du camarade Elie consistant à boycotter le Théâtre Lafayette.

Adopté.

Collecte en faveur des grévistes

LE PRÉSIDENT. — Comme consécration au vote d'encouragement que vous avez émis en faveur des ouvrières de la confection en lutte contre les Magasins Réaumur, le camarade Tendero propose qu'une collecte soit faite en faveur des ouvrières en lutte, et le camarade Chevallier demande que le produit de cette collecte soit réparti entre tous les grévistes confédérés. *(Applaudissements)*. Je crois que tout le monde est d'accord, et, par conséquent, je ne mets pas aux voix cette proposition.

Camarades, l'ordre du jour appelle maintenant la discussion et le vote sur les rapports du Comité et du journal.

JOUHAUX. — Je crois qu'il est nécessaire, avant de commencer l'examen des rapports confédéraux, *que l'on nomme deux commissions qui auraient déjà dû être nommées hier : une Commission de modification aux statuts et une Commission de contrôle.* Ces deux commissions pourront fonctionner demain sans que cela porte préjudice à la discussion sur les rapports confédéraux, et cela avancera de beaucoup la besogne que nous avons à faire ici.

Première discussion sur la Maison des Fédérations

MALOT. — Camarades, je ne viens pas combattre la proposition de notre camarade Jouhaux, mais je dis que dans la discussion de l'ordre du jour il y a justement la fameuse question qui nous a tenu si longtemps au Congrès des Bourses de Paris, il y a le cas de la Maison des Fédérations.

Eh bien, au nom des syndicats de la région de la Loire, *je viens vous proposer la nomination d'une commission chargée d'entendre tout ce que pourront dire les intéressés*, et alors, comme au Congrès de Marseille, nous désignerons un camarade de chaque partie qui viendra exposer la théorie de chaque partie, après quoi nous procéderons au vote, ou sans cela, je vous déclare que le Congrès se terminera sans que la question de la Maison des Fédérations ait été solutionnée. Nous allons assister à un déluge d'injures entre camarades, et c'est tout ce que nous aurons fait.

BLANCHARD. — Camarades, le camarade Malot vient demander au Congrès de nommer une commission chargée d'étudier le cas brûlant de la Maison des Fédérations. Je suis d'avis de discuter de suite cette question, car on nous a assez dit que ça ne regardait pas la Confédération. Eh bien, nous estimons, nous, que la Maison des Fédérations regarde la C. G. T. Nous avons demandé à la Conférence des Bourses que l'on nous donne des comptes. On s'est encore refusé à nous les donner. Le camarade Pataud a déposé un ordre du jour qui a été repris par le camarade Luquet ; nous avons demandé au Bureau confédéral, le 12 octobre 1909, de suivre l'ordre du jour déposé par Luquet et voté par la Conférence des Bourses. Le Bureau confédéral nous a dit : Lorsque nous avons demandé des comptes, il nous a été répondu qu'on ne donnerait ces comptes qu'au Congrès de Toulouse. Eh bien! nous sommes ici au Congrès de Toulouse, et il faut qu'ici la discussion se fasse très large, car on nous a assez insulté en province.

BOURDERON. — Citoyens, je crois ne pas être suspect ni des uns ni des autres ; mon attitude au sein du Comité confédéral fut correcte en toutes circonstances. Toutefois, on vient de vous soumettre un mode de travail. Le camarade Malot vous dit de nommer une commission pour examiner la question : le camarade Blanchard vous dit de discuter cette question. Ni le premier procédé ni le second ne peuvent donner une véritable solution. Je veux donc simplement lire une motion préjudicielle qui doit, à mon avis, et je l'espère, rallier la grande majorité du Congrès. Cette motion préjudicielle ne préjuge ni n'étouffe rien, mais elle permet d'examiner d'une façon exempte de toute critique tout ce que vous désirez examiner, et, d'un autre côté, elle évite au Congrès une perte de temps précieux, et elle lui évite aussi de discuter dans une fièvre orageuse un ordre du jour qui sera une déclaration d'impuissance pour les uns ou pour les autres et peut-être pour tous. Aussi, je vous demande de tenir compte de l'irritation que cette question a soulevée ; il faut l'examiner froidement et dans l'esprit que j'ai moi-même indiqué à la Conférence extraordinaire, et c'est dans cet esprit qu'il faut voir comment la situation sera à l'avenir. J'ai donc rédigé à tête reposée, d'une façon froide et réfléchie, une motion qui, comme je viens de vous le dire, est préjudicielle, mais qui n'empêche rien de se faire et qui n'est pas un enterrement. Voici cette motion :

Motion Bourderon sur la M. des F.

Considérant que l'ordre du jour du Congrès confédéral est fixé et réglé ; que l'on ne saurait y introduire, sous question incidente, sur le rapport confédéral, une question sur la Maison des Fédérations ; que, d'ailleurs, le Congrès le voulût-il, il ne pourrait utilement le faire qu'en examinant la comptabilité de la Maison des Fédérations et de ses services ;

Considérant que l'ordre du jour adopté par la Conférence extraordinaire de juin 1909 a défini des moyens pour qu'à la société actuelle, propriétaire de la Maison des Fédérations et de ses services, il lui soit substitué une société qui donnerait à la C. G. T. la direction et la surveillance de la Maison des Fédérations et des services créés à son usage ;

Considérant que rien ne fut fait jusqu'à ce jour pour que la résolution de la Conférence extraordinaire ait la sanction qu'en attendaient les auteurs ;

Le Congrès,

Confirmant la résolution de la Conférence extraordinaire sur la Maison des Fédérations, adjoint au Bureau confédéral une commission de trois ou cinq membres prise parmi les délégués des départements qui auront pour mission d'examiner, dans un délai de six mois, la participation apportée par les organisations confédérées dans l'avoir social de la Maison des Fédérations, d'en établir un rapport qui sera communiqué par les soins de la C. G. T. à toutes les organisations confédérées.

Il y a dans cette résolution tout un mode de travail qui respecte les droits des uns et des autres et qui permettra au Congrès de s'être réuni, non pas pour se quereller sur cette question, mais pour faire œuvre utile, car il y a quelque chose de mieux que la Maison des Fédérations : c'est l'organisation du prolétariat tout entier. (*Applaudissements*).

Bidamant. — J'ai demandé la parole pour une motion d'ordre. Il s'agit de savoir si nous allons discuter le fond de la question ou nommer une commission. Si nous laissons tous les orateurs monter à la tribune, le débat va prendre une ampleur inattendue.

Lévy. — Ce n'est pas moi qui ai apporté la question ici. Généralement, dans les congrès, on discute sur les rapports, et tout ce qui est dans les rapports doit être discuté publiquement. Pour ma part je me refuse complètement, sur une question spéciale comme celle-là, au renvoi devant une commission : c'est devant tous les délégués qu'elle doit être discutée. Il s'agit d'entendre des camarades qui, tous les jours, puisqu'on a parcouru la France, ont été salis et traités du haut en bas : ils ont le droit de se défendre. Des camarades soulèveront sûrement la question et demanderont aux rapporteurs des commissions comment il se fait qu'on n'ait pas parlé de cette question-là. Il n'est pas possible qu'elle soit renvoyée à une commission. Pour ma part, je suis venu au Congrès pour que les camarades ne disent pas que j'ai fui la discussion : je voudrais m'en aller le plus tôt possible, mais je suis venu pour donner les explications les plus amples. Je suis comme le camarade Bourderon, et je souhaite qu'à aucun prix une discussion administrative ne puisse faire le jeu de la presse bourgeoise. Ce n'est pas une question de principe, et s'il y a des camarades qui sont en jeu, comme Lévy et Griffuelhes, qui disparaissent, la Confédération suivra sa voie quand même ; mais je désire que la question soit tranchée, qu'on donne raison à celui qui a eu raison, et s'il y a eu des fautes commises, qu'on ne les continue pas ; c'est pour cela que je demande à m'expliquer devant tous les délégués : Griffuelhes en fera autant. Les questions administratives n'ont pas d'opinion, de tendance, ce sont des questions administratives : c'est pour ces raisons que je demande aux uns comme aux autres de ne pas mettre d'animosité dans ce débat. Pour ma part, je dirai ce que j'ai constaté et ce que je croirai devoir être fait dans l'avenir. Nous pourrons dire ensuite à la presse bourgeoise qu'il n'y a rien dans la Confédération pour entraver sa marche ; chacun peut discuter les questions administratives sans que pour cela la résolution soit retardée de cinq minutes. *(Applaudissements).*

Sur la Modification aux Statuts et le Contrôle

JOUHAUX. — Je reviens encore à ma proposition, non pas que je fuie devant le débat, mais je voudrais qu'on puisse nommer les deux commissions de façon à ce que demain elles fonctionnent et nous apportent des rapports sur lesquels nous discuterions. Je ne me refuse pas à discuter sur les rapports confédéraux, c'est le droit du congrès et c'est le devoir des congressistes : mais je suis certain que, quoi qu'on dise, cette question de la Maison des Fédérations va nous tenir au moins une journée. N'oublions pas que nous avons à l'ordre du jour quatre questions qui demanderont certainement un certain développement ; or, si nous ne constituons pas immédiatement les deux commissions dont je vous ai parlé tout à l'heure, il faudra, à la suite de la discussion sur la Maison des Fédérations, revenir sur la nomination de ces commissions et par conséquent perdre un temps précieux.

Je demande donc au Congrès de constituer immédiatement ces deux commissions. Commission de modifications aux statuts d'une part. Commission de contrôle de la comptabilité de la C. G. T. d'autre part, et de passer ensuite à la discussion sur les rapports confédéraux.

La clôture, mise aux voix, est prononcée.

CLEUET. — La proposition faite par le camarade Jouhaux est évidemment et à première vue une proposition qui est susceptible de faire gagner du temps au Congrès ; cependant je ne sais pas si les travaux de la Commission de modifications aux statuts éviteront la discussion sur certains points très importants à nos yeux ; alors, nous allons faire passer plusieurs heures à des camarades et nous n'éviterons pas le débat ici, ou bien alors le rapport de la commission sera fait en fin de congrès et on ne discutera rien. Le camarade Jouhaux vient de vous dire que la question de la Maison des Fédérations vous demandera une journée : c'est la vérité ; les autres points litigieux vous en demanderont une autre ; nous arriverons ainsi à jeudi soir ; or, nous avons cinq grandes questions à l'ordre du jour. J'estime que la question des retraites ouvrières nous demandera bien une demi-journée aussi ; nous arriverons à samedi et, comme à chaque congrès, une commission lira ici son rapport sur les modifications aux statuts qui sont, vous le savez, au nombre d'une trentaine, et on votera au milieu du bruit alors que des délégués seront déjà partis puisqu'à chaque congrès il y en a qui partent le vendredi soir ou le samedi dans la matinée. Je fais donc d'avance, au nom des organisations que je représente, toutes réserves si des modifications aux statuts importantes sont votées sans discussion préalable.

Proposition Cleuet sur les Modifications aux Statuts

Par conséquent, ma proposition est celle-ci et je pense qu'elle est logique : c'est, si le Congrès n'a pas le temps de les discuter, bien entendu, *de renvoyer à une Conférence des Bourses et des Fédérations analogue à celle qui fut tenue l'année dernière, toutes les propositions de modifications aux statuts apportées au Congrès de Toulouse et celles qui pourront être apportées ultérieurement par les organisations confédérées.* La Conférence des Bourses et des Fédérations ne pourra évidemment pas prendre des mesures définitives, ce sera en quelque sorte une mise au point des statuts de la C. G. T., en s'imprégnant des idées générales qui se sont fait jour depuis quelques années et qui nécessitent précisément cette revision des statuts. Les travaux de la Conférence des Bourses et des Fédérations pourront être adressés à tous les syndicats qui les étudieront et qui ainsi pourront, soit par le mode d'un referendum, soit au prochain congrès se prononcer utilement, en tout cas avec mûre réflexion, sur les modifications aux statuts déjà si nombreuses apportées au Congrès de Toulouse. En conformité de ce que je viens de dire, voici l'ordre du jour que je propose :

Texte de la proposition Cleuet

Une Conférence des Bourses et des Fédérations sera tenue dans le courant de l'année prochaine ; elle aura pour unique ordre du jour l'étude des modifications aux statuts proposées au Congrès de Toulouse et celles qui seront proposées ultérieurement. Le résultat des travaux de la conférence sera adressé à toutes les organisations adhérentes à la C. G. T., afin qu'elles se prononcent pour ou contre les propositions faites par la conférence.

PÉRICAT. — Je me rangerais assez à la proposition Cleuet, à la condition toutefois que les organisations représentées ici déclarent tout d'abord qu'elles sont décidées à appliquer les décisions des congrès antérieurs. Dans la revision des statuts, il y a des questions qui nous intéressent tout particulièrement : l'application de la carte confédérale, son mode et l'application des timbres confédéraux. *Nous nous sommes aperçus à la C. G. T. que beaucoup de fédérations viennent discuter dans le congrès mais ne tiennent jamais compte des décisions prises antérieurement ;* par conséquent, je voudrais tout au moins que ces fédérations, qui jusqu'à présent n'ont pas su ou n'ont pas voulu appliquer les décisions des congrès en ce qui concerne surtout la carte et les timbres confédéraux, nous disent qu'à partir de ce moment elles appliqueront cette carte et ces timbres. Pour toutes les autres décisions je voudrais également la même chose. Nous pourrions alors peut-être remettre la discussion des modifications aux statuts à une conférence, *mais nous voudrions d'abord une déclaration formelle des fédérations au sujet de la carte et du timbre.*

INGVEILLER — Au sujet des modifications aux statuts, il est hors de doute que les organisations ont mandaté leurs délégués sur des questions précises ; si ces modifications aux statuts ont été envisagées dans les organisations, c'est parce qu'on a jugé qu'il y avait une certaine nécessité, en conséquence : je serais absolument contraire au renvoi à une conférence des Bourses qui remettrait des questions urgentes à un délai indéterminé.

En ce qui concerne la commission de 21 membres dont on a parlé, j'estime qu'elle ne pourrait que prendre des résolutions qui seraient de nouveau mises en discussion, et que, par conséquent, il est préférable de suivre l'ordre du jour; cela simplifiera la discussion en ce sens que sur ces questions il ne doit pas y avoir trente-six tendances, ce sont pour la plupart des questions administratives qui, par conséquent, ne peuvent pas passionner le débat.

En conséquence, la solution la plus simple est la discussion de l'ordre du jour dans l'ordre où il est proposé et sans commission préalable.

Critique contre les Timbres et la Carte confédérale

Arbogast. — Si je prends la parole, c'est pour appuyer la proposition du camarade Cleuet. La commission aura justement à rechercher s'il n'y aurait pas lieu d'adopter un système de cartes et de timbres plus commode que celui qui existe. Le double timbre est incommode, il est presque impossible de l'appliquer pour les syndicats qui ont la cotisation à la semaine ou à la quinzaine. J'ai déjà protesté contre ce mode de timbres, parce qu'il y a certains de nos syndicats de l'Ameublement qui paient à la semaine et dont la cotisation est beaucoup plus élevée que ceux qui paient au mois; or, il y a évidemment une gêne pour eux, et comme nous sommes tous à peu près aujourd'hui partisans de l'élévation de la cotisation, nous ne pourrons l'atteindre qu'en mettant le timbre confédéral et en facilitant son application. Seule la commission que vous nommerez pourra faire ce travail.

Vote sur les propositions déposées

Le Président. — Nous sommes en présence de trois propositions :

Celle du camarade Jouhaux qui consiste à nommer une commission de 21 membres chargée d'examiner les modifications aux statuts et une autre chargée de contrôler la comptabilité.

La proposition du camarade Cleuet consiste à renvoyer les modifications aux statuts à l'examen d'une Conférence des Bourses.

Une troisième proposition dit que le Congrès déclare s'en tenir à l'ordre du jour qui a été soumis aux organisations.

Il y a une demande de priorité pour la proposition Cleuet. Je mets la priorité aux voix.

La priorité est repoussée.

Je mets aux voix la proposition du camarade Jouhaux.

Adoptée.

Sur la désignation de la Commission de Modification aux Statuts.

Pontonnier. — Quand on veut modifier des règlements, il faut d'abord exécuter ceux qui ont été adoptés antérieurement : seraient mal venus à faire partie de cette commission les représentants des mineurs, du textile et des municipaux qui n'auraient pris que des sommes infimes de timbres par rapport à leurs adhérents.

La clôture, mise aux voix, est prononcée.

Luquet. — J'estime, contrairement à ce que vient de dire notre camarade Pontonnier, qu'il appartient au contraire à ceux qui ont demandé des modifications aux statuts, par exemple si l'application du timbre leur déplaît, s'ils sont dans l'impossibilité de l'appliquer, d'appartenir à cette commission pour y démontrer l'inopportunité de ce timbre et en même temps la non nécessité. J'estime qu'il n'y a pas une organisation, quel que soit son point de vue au sujet du timbre, qui doive être exclue de la Commision de modification des statuts.

Cordier. — Camarades, je tiens à fournir quelques explications au Congrès. La Fédération des Travailleurs du Sous-sol est de création toute récente. Nous sommes encore en période d'organisation. Lors de l'établissement du rapport, si nous n'avions pas pris un nombre de timbres équivalent au nombre des membres de notre Fédération, c'est parce que nous avons encore dans notre Fédération des mineurs et des syndicats qui payaient autrefois tous les trois mois et qui, naturellement, n'avaient de timbres que pour trois mois. Seulement cette lacune va se combler au fur et à mesure du fonctionnement de notre Fédération, et ce qui le démontre bien, c'est que nous avons pris 50,000 timbres tout récemment, mais après l'établissement du rapport confédéral.

Roche. — Le camarade Pontonnier vient de reconnaître en descendant de la tribune que nous payions pour 12.000 membres alors que nous ne sommes que 11.000.

Yvetot. — Camarades, je crois qu'un congrès corporatif est essentiellement composé de délégués de syndicats. Par conséquent, je crois qu'il faudrait, autant que possible, désigner comme membres de la commission des camarades qui représentent des syndicats et qui sont venus des lieux où les syndicats existent. J'estime que ce serait plus logique que de désigner des camarades connus des Fédérations ou des Bourses, ou de la Confédération. Le Congrès National corporatif est avant tout un congrès de syndicats. Si vous voulez des conseils plus expérimentés, demandez-les à des camarades des Bourses ou des Fédérations, très bien, mais que la commission soit surtout composée de camarades délégués de syndicats.

Le Président. — Il y a une proposition demandant à ce qu'il n'y ait pas plus d'un membre de la même Fédération pour la composition de la commission.

Cette proposition, mise aux voix, est adoptée.

Membres de la Commission de Modification aux Statuts.

Le Président. — Voici les noms qui sont parvenus au bureau pour la composition de la commission :

Clément (Bâtiment), Danrez (Diamantaires de Saint-Claude), Vignal (Métallurgistes de Fumel), Arbogast (Ebénistes de la Seine), Mourgues (Serruriers de Bordeaux), Voirin (Cuirs et Peaux), Lapierre (Bâtiment de Seine-et-Oise), Roux (Chapellerie), Claverie (Gaz), Citoyenne Augier (Tailleuses et Lingères, Marseille), Pierreton, Bary (Musiciens de Paris).

Pontonnier (Chauffeurs-mécaniciens), Chardet, Bonnet (Porcelaine, Limoges), Vandeputte (Textile), Morin (Mouleurs de Tours), Bidamant (Chemins de fer), Moussard (Cochers-chauffeurs, Seine), Fabre (Port et Docks de Cette), Marty (Agricoles du Midi).

Je mets aux voix la liste dont je viens de donner lecture.

Adoptée.

Membres de la Commission de Contrôle

Le Président. — Il vous reste maintenant à désigner sept membres pour la Commission de contrôle. Voici les noms qui sont parvenus au bureau :

Julien, Marchadier, Rougerie, Clenet, Cordier, Astruc, Bouillet (Mouleurs en fer de la Seine).

Je mets aux voix les noms de ces camarades.

Adopté.

Le Président. — Il y a une proposition pour que les deux commissions qui viennent d'être nommées se réunissent dès ce soir, à 9 heures, à la Bourse du Travail.

Adopté.

A propos des Dockers. — Interpellation

Le Président. — Je reçois une proposition du camarade Vendangeon, des Arrimeurs et Camionneurs du port de Bordeaux, *demandant à interpeller le camarade Yvetot sur les paroles qu'il a prononcées à l'encontre des dockers, à Marseille, lors de la grève des Inscrits et au Comité confédéral au sujet de la solution de ce conflit.*

Yvetot. — Camarades, je suis à la disposition du Congrès : c'est à lui de décider s'il veut ou non entendre les explications à propos de ce que j'ai dit sur les dockers lors de la grève des Inscrits à Marseille.

Péricat. — Je demande au Congrès de repousser la proposition du camarade Vendangeon. Il pourra présenter ses observations au moment de la discussion du rapport confédéral.

Yvetot. — Il n'est pas question de cela dans le rapport.

Pajan. — Camarades, en tant que secrétaire adjoint de la Fédération, j'ai mandat du Conseil d'administration du Comité fédéral des ports et docks de ne pas soulever la question Yvetot devant le Congrès, parce que nous devons avoir un congrès extraordinaire à Paris en novembre et que là les organisations appartenant à notre Fédération seront représentées, et qu'alors le camarade Yvetot pourra venir s'expliquer devant toute notre organisation. Mais, en tant que question personnelle et en tant que docker, si on soulève la question, je serai très heureux de prendre la parole.

Boudet. — Et les journaux que l'on distribuait ce matin à la porte !

Yvetot. — Personnellement, cela m'ennuie bien d'être en jeu, car je voudrais bien que le Congrès s'occupe d'autre chose que des militants de la C. G. T. C'est pourquoi, bien que le Comité ait à s'occuper de cet incident, le rapport n'en parle pas. Pour moi, pour nous, l'incident est clos. Mais si on ne voulait pas que la question vînt au Congrès, il fallait commencer par ne pas envoyer à toutes les organisations un journal d'ordures contre moi. Encore tout à l'heure, on distribuait un journal où il n'y a pas un seul article de propagande, mais où, en revanche, il y a contre moi les pires injures. Si je suis vraiment l'individu qu'on représente dans ce journal, si vous prenez au sérieux les injures qui me sont faites, je n'ai pas à rester une minute de plus ici. Aucun congressiste ne doit plus subir mon contact. Qu'un journal bourgeois fasse cela, très bien : mais que ce soit un journal comme celui de Manau, c'est pour le moins écœurant !

La grève des Inscrits. — La question posée à Yvetot

Vendangeon. — Camarades, si j'ai porté la question ici, il faut que j'éclaire votre religion au sujet des accusations que le camarade Yvetot aurait portées à Marseille, lors de la grève des Inscrits, contre les délégués des dockers de Marseille. Or, notre secrétaire général, sous prétexte qu'il n'avait pas obtenu satisfaction, a rompu les relations avec la C. G. T. On nous a mis en présence d'un fait accompli ; on a distribué des journaux, et le Comité confédéral, qui a été insulté, n'a pas cru devoir mettre en demeure le Comité central de s'expliquer. Du moment que le Comité central laissait tomber le gant, les organisations de Bordeaux m'ont chargé de ramasser le gant et m'ont chargé de demander des explications au camarade Yvetot. Nous voulons donc savoir pourquoi il a prononcé les paroles qu'on lui reproche.

Reaux. — Il paraît qu'il n'y a que les dockers et le camarade Yvetot d'intéressés dans la question ! Moi, je dis que c'est tous les confédérés qui sont intéressés. Il y a des secrétaires d'organisations qui ne sont pas toujours ce qu'ils devraient être ; il y a des secrétaires de fédérations qui croient pouvoir salir les militants de la C. G. T., et lorsqu'on voudrait leur demander des comptes dans une réunion, ils trouvent le moyen de ne pas y assister. Peut-être le camarade Manau est-il dans les murs de Toulouse ; dans tous les cas, il n'est pas dans la salle : je ne parlerai donc pas de lui. La question est venue au sujet de la grève des Inscrits maritimes : il paraît que lorsque les Inscrits maritimes veulent le respect des règlements de travail, lorsqu'ils veulent imposer aux armateurs des conditions meilleures et que ceux-ci, obligés de les subir, trouvent une échappatoire en faisant venir des indigènes qu'ils paient 25 ou 30 francs par mois, il paraît que nous ne sommes pas de véritables syndicalistes, parce que nous protestons alors contre la main-d'œuvre étrangère. Eh bien, contrairement aux idées de ces bons syndicalistes, de ces purs camarades, nous croyons pouvoir nous défendre contre des sarrasins qui viennent s'occuper à bord des paquebots aux prix que je viens de vous indiquer, alors que nous sommes payés trois et quatre fois plus. La question a été traitée très largement dans les journaux bourgeois qui nous salissaient au moment de la grève : le camarade Filliol et le camarade Manau ont écrit dans tous les journaux bourgeois de Marseille que la grève des Inscrits maritimes ne se motivait en aucune façon, que si nous avions des indigènes à bord, il fallait faire l'éducation de ces sarrasins ; il paraît que lorsqu'on emploie ceux-ci à 15 francs par mois, les Inscrits ont tort de protester, qu'ils devraient les subir et qu'ils devraient dire aux armateurs : Débarquez tous les européens, vous occuperez des camarades indigènes à 20 et 25 francs par mois ! Voilà les idées syndicalistes de messieurs les dirigeants des organisations de dockers. Et parce qu'au sujet d'une polémique qui s'est envenimée naturellement, le camarade Yvetot a cru devoir relever discrètement — trop discrètement peut-être — l'attitude des dockers, les dirigeants des dockers ont dit : Nous n'aurons plus aucun rapport avec le Comité confédéral.

Ah ! les dockers ne s'embarrassent pas des décisions des congrès : peu leur importe que vous deviez aujourd'hui leur donner tort ou raison, ils disent sans attendre les décisions des congrès confédéraux, sans attendre d'avoir des explications publiques de la part du camarade Yvetot ou de la part du camarade Marck : Dès à présent, nous disons que les camarades qui sont là-bas ne sont pas dignes de nous représenter, nous leur coupons les vivres ! Car ce sont, paraît-il, les militants des dockers qui rétribuent les fonctionnaires de la C. G. T. !

Voilà ce qu'en période de grève les dockers ont osé écrire, et justement nous nous trouvons en face du camarade Pajan, qui prendra peut-être la responsabilité des actes qui ont été commis, des insanités qui ont été dites pendant notre mouvement de grève, mais dans tous les cas nous ne trouvons pas les véritables responsables, nous ne pouvons pas leur parler en face ; mais nous ne ferons pas comme le camarade Manau, nous n'irons pas déblatérer sur lui, nous attendrons qu'il vienne : je ne l'attaque pas personnellement, je dis qu'il est regrettable qu'il ne soit pas là, et que pendant le mouvement de grève que nous avons eu, alors qu'il s'agissait de se défendre contre des sarrasins, il y ait eu des exploités au même titre que nous qui aient osé dire que les Inscrits maritimes sont des gens qui ne comprennent rien au mouvement syndical. Eh bien, je dis que le camarade Yvetot n'a pas de torts, et que s'il en avait eu un, c'est de ne pas avoir suffisamment marqué au fer rouge dans son article les militants en question. *(Applaudissements).*

Pajan. — Je ne croyais pas voir le camarade Réaux venir prendre la parole dans une question où il n'a rien à voir pour le moment : il y a un incident Yvetot, inscrits et dockers, et lorsqu'il voudra s'expliquer sur l'incident inscrits et dockers, nous nous expliquerons. Actuellement, que Réaux soit l'avocat d'Yvetot, je veux bien l'admettre...

Yvetot. — Je n'en ai pas besoin.

Pajan. — Il a feint d'être votre avocat. Comme docker, j'ai le droit de prendre Yvetot, parce que je suis docker et administrateur du conseil des dockers ; alors je le prends comme docker et je ne le prends pas comme fédération, parce que le Conseil fédéral m'a donné un mandat. Je suis un mauvais berger, je suis accusé par Yvetot, moi conseil d'administration des dockers, je suis menacé par Yvetot... *(Bruit prolongé).* Je n'ai encore interrompu personne, j'ai fait preuve de sagesse et je voudrais que vous usiez des mêmes procédés à mon encontre. Je ne veux pas m'étendre sur le conflit Yvetot-dockers, à moins que vous le vouliez... *(Bruit).*

Plusieurs voix. — La clôture !

La clôture est prononcée.

Pajan. — Le conflit est venu du conflit des Inscrits maritimes, voilà pourquoi je commence par les Inscrits maritimes. Le conflit des Inscrits maritimes a éclaté, des bateaux ont débarqué, d'autres ont navigué, et les dockers qui devaient se concerter ne se sont pas concertés. L'interfédération devait être mise à exécution ; bref, la Bourse du Travail réunit toutes les organisations y adhérentes : les organisations, au nombre de je ne sais pas combien, cent si vous voulez, votèrent la grève générale pour un jour fixe. On demanda l'avis des dockers et des charretiers : les dockers indiquèrent qu'ils n'étaient pas en mesure d'assurer l'arrêt général sur les quais par leur défaut d'organisation ; les charretiers, qui sont similaires avec les dockers, ont fait la même observation. Les petites organisations représentant peut-être 40 ou 50,000 membres votèrent la grève générale, ce qui fait que le jour de la décrétation de la grève générale, le mouvement ne réussit pas et que ceux qui votèrent la grève générale ne purent pas faire marcher leurs corporations. Les dockers, qui avaient fait des réserves, dirent : Nous allons faire une tentative de mouvement, nous allons faire notre possible. Ils préparèrent un mouvement de vingt-quatre heures, et, pour être plus sûrs de leur mouvement voulurent marcher avec les tramways, parce que les tramways transportent les dockers sur le port et les portent dans les quatre coins de la ville. Comme nous craignions les dissidents, nous avions dit aux tramways : Vous marcherez avec nous. Seulement les tramways furent obligés de faire leur mouvement avant. Nous, qui n'avions pas pu indiquer que nous ferions la grève générale, nous avons fait un mouvement général : pas une charrette n'est sortie, les deux tiers et demi des dockers n'ont pas travaillé et votre serviteur, camarade Yvetot, était à 4 heures sur les quais pour les faire arrêter ; et le camarade Yvetot était en train de le traiter de mauvais berger dans la Bourse du Travail ! Alors, il y avait deux tiers et demi des dockers qui étaient arrêtés et il y avait l'autre tiers qui travaillait, composé d'Inscrits maritimes, alors que nous faisions le mouvement pour les Inscrits maritimes ! Je regrette que le camarade Réaux se soit mis au courant de cette discussion, mais je ne l'incrimine pas, je ne lui dis pas qu'il est responsable des actes de son syndicat. Camarade Yvetot, vous avez le droit de répondre.

Tabar. — Les incidents que l'on vient de vous raconter sont assurément très regrettables. Il est possible qu'à Marseille les choses ne se soient pas passées tout à fait correctement, il est certain aussi que le camarade Yvetot a été assez vif...

Yvetot. — Pas assez.

Tabar. — C'est possible, mais enfin cette affaire n'est pas du ressort de cette assemblée.

Yvetot — Au contraire, cette affaire nous regarde, c'est une question de salubrité à apporter dans les organisations et c'est pour cela que je demande aux camarades de nous laisser terminer cette affaire, et lorsqu'arrivera le Congrès de Paris, il est probable qu'il n'y aura plus de pontifes.

Fabre. — La question Yvetot a eu dans la Fédération des ports, comme conséquence, de mettre le syndicat dans une fausse situation. On disait cette après-midi qu'on devrait envoyer les mandats huit jours à l'avance ; eh bien, nous avons envoyé notre mandat et on nous a retourné et le mandat et l'argent pour les faire tenir directement à la C. G. T. Je crois que le Comité fédéral a mal agi ; mais l'aveu que nous avons à retenir est celui-ci : si les dockers marseillais ont quelque chose à reprocher au camarade Yvetot, qu'ils le fassent ; mais vous n'avez pas à faire supporter à des syndicats la mauvaise humeur ou la mauvaise volonté des dirigeants de votre fédération qui sont systématiquement opposés à la tactique confédérale.

Réaux. — Assez maladroitement, le représentant de la Fédération des Dockers a tenté une diversion. Il ne s'agit pas de savoir si notre mouvement plaisait ou non aux dockers ; il ne s'agit pas non plus de savoir s'ils nous ont aidés ou non. la question ne se pose pas de cette façon : il s'agit de savoir si lorsqu'une organisation confédérée se trouve en un mouvement qui se justifie, comme je vous le disais tout à l'heure, par l'emploi de sarrasins à bord de paquebots français, des fonctionnaires de syndicats confédérés également peuvent se permettre d'indiquer que nous sommes des fous, que nous sommes des idiots, que le mouvement ne se justifie pas. Ne se justifierait-il pas, qu'on ne doit pas l'écrire comme on l'a fait dans des journaux bourgeois. On doit laisser la partie s'engager entre exploiteurs et exploités. Sous prétexte qu'il y a des idées contraires entre deux fédérations, il est regrettable que l'on voie insérer dans les journaux bourgeois que les Inscrits maritimes lancent l'organisation dans un gouffre sans savoir où ils s'engagent.

Le mouvement se justifiait, et il n'appartenait pas aux dockers d'indiquer que nous voulions lancer notre organisation dans un gouffre pour la détruire. Les sarrasins, qu'ils s'appellent indigènes, qu'il soient de quelque colonie, nous dégoûtent lorsqu'ils travaillent à côté de nous pour 20 ou 25 francs par mois et qu'ils ne demandent absolument rien pour la nourriture que des boules de son avec du riz. Nous disons que nous devons nous défendre contre ces indigènes, de même que nous nous défendrions contre des jaunes qui viendraient travailler à un tarif qui ne serait pas le tarif syndical. Voilà où est la question, et c'est précisément ce qui a incité le camarade Yvetot à indiquer que les fonctionnaires des dockers n'avaient pas bien agi

Le camarade Pajan vient de dire que nous ne les avions pas avertis. Nous n'avions pas à les avertir parce que nous savions que si nous avertissions trop tôt, le mouvement était coulé : il suffisait d'eux pour le couler ; par conséquent nous nous serions bien gardés de les avertir trop tôt. Malgré cela, nous l'avons fait : les dockers ont dit qu'ils ne pouvaient pas nous aider. On a toujours raison de faire grève, de se révolter : et comme nous nous étions révoltés il n'appartenait pas à des confédérés de venir dire que nous devions rester les bras croisés. Cette attitude convient mieux à certains fonctionnaires des dockers, ils aiment extrêmement à rester les bras croisés : il y a longtemps qu'il n'y a plus de grève des dockers; nous n'avons pas à en rechercher les raisons...

Il s'agit, je le répète, des fonctionnaires des dockers de Marseille et pas d'autre chose, et je dis que si le camarade Yvetot a eu un tort, c'est de ne pas les marquer plus profondément au fer rouge parce qu'ils se sont conduits d'une façon dégoûtante pendant notre grève. Je propose comme sanction à ce débat qu'on vote un ordre du jour dans lequel on blâmera le Comité fédéral des dockers d'avoir rompu les relations avec la C. G. T.

La réponse d'Yvetot

Yvetot. — Je vais essayer de vous raconter succinctement cette vilaine histoire. J'ai été à Marseille, appelé télégraphiquement par les Inscrits maritimes. Je me trouvais à Avignon, Jouhaux se trouvait déjà depuis plusieurs jours à Marseille à cette grève, et l'on pensait que je pourrais être utile pour encourager les Inscrits maritimes à ne pas faiblir dans leur grève. Le rôle, le beau rôle des militants de la C. G. T. c'est toujours, non pas de provoquer des grèves comme on l'a dit bêtement, non pas d'être des meneurs ni des gréviculteurs, mais d'encourager toujours les camarades qui se sont mis sur le terrain de la lutte pour qu'ils aient lutté pour quelque chose. Cela a toujours été, en toute circonstance, le rôle que j'ai observé.

Il est survenu des circonstances que je ne vous rappellerai pas, ce serait trop long : il faudrait que je vous lise *le Radical* de Marseille, *le Petit Provençal*, pour que vous sachiez tout ce qui a été écrit contre Rivelli ; il faudrait que je vous lise des numéros entiers du *Journal des Ports* qui appartient à Manau : il faudrait enfin que vous connaissiez tous les conflits et toutes les questions personnelles qui existaient entre Rivelli et Manau pour comprendre pourquoi les dockers de Marseille n'ont pas marché pour les Inscrits maritimes de Marseille.

Quand dans une des assemblées générales des Inscrits maritimes, dans une de ces réunions très chaudes, comme il fallait chauffer à blanc, comme on dit, les braves Inscrits maritimes pour qu'ils ne rentrent pas, pour qu'ils continuent de faire justement ce qu'on fait un peu partout, dans le Bâtiment et ailleurs, le sabotage des renards, il était nécessaire de ne pas les laisser se manger le nez les uns les autres et de ne pas les laisser se décourager ; il y avait des Inscrits qui proposaient de mettre les dockers en dehors de l'Union des Syndicats parce qu'ils n'avaient pas marché dans certaines circonstances, et ceux-là disaient : Comment ! il y a des employés de commerce, il y a des femmes, il y a des couturières qui ont marché pour ce mouvement des Inscrits et il s'est trouvé des dockers, oui, il s'est trouvé des dockers refusant de marcher ! Parce que leur secrétaire avait écrit dans un certain journal de la localité qu'ils n'avaient pas besoin de marcher pour une lutte de races, le Syndicat des Dockers ne marcha pas. Il s'est trouvé alors un Inscrit maritime pour proposer qu'on exclue le Syndicat des Dockers de l'Union des Syndicats. Cela se passait à une réunion quotidienne des grévistes.

Je me trouvais là : vous ne pensez pas que j'allais dire : « Oui, vous avez raison, excluez les dockers ? » Au contraire, j'ai dit autre chose et je n'ai désigné nommément personne, j'ai dit : Vous faites une bien mauvaise proposition, vous avez un bien meilleur moyen, ce n'est pas d'exclure les dockers de la Bourse du Travail ou de l'Union des Syndicats ; ce qu'il faut, c'est faire aux dockers une telle propagande que leur mentalité change, et que s'ils ont de si mauvais bergers qu'on le dit, ils s'en débarrassent. *(Applaudissements).*

C'est le premier grief qui m'est reproché. Quand j'étais à Marseille, dans un numéro de *la Voix du Peuple*, journal confédéral où, je vous assure, je suis obligé bien des fois de restreindre ma façon de penser, dans ce seul journal où j'ai voulu écrire parce que, contrairement à d'autres, j'ai voulu qu'il ne soit pas dit au Congrès de Toulouse que nous nous sommes servis de diverses tribunes, rien que dans *la Voix du Peuple* donc, j'ai dit ma façon de penser en écrivant ceci sous l'impression de la grève des Inscrits au milieu desquels je me trouvais.

D'abord un article intitulé : *Le Premier Mai est proche !* d'où je détache ces lignes que je m'excuse de vous lire :

Les Inscrits maritimes, eux, restent calmes et décidés, comme sûrs d'eux-mêmes et de l'issue efficace de leur belle lutte.

Ce qui eût pu les encourager et les réconforter s'ils en avaient eu besoin, c'est le superbe mouvement de grève générale de toutes les corporations de Marseille pendant vingt-quatre ou quarante-huit heures.

Les travailleurs de Marseille si difficiles à se remuer sous le beau ciel de la Provence ont prouvé cette fois qu'ils étaient capables de sentiments de générosité et d'action altruiste. Je sais bien que tous n'ont pas marché. Certes il serait désirable que toutes les corporations composées d'ouvriers ayant quelque rapport avec les travailleurs de la mer, dans un cas semblable, fassent cause commune avec la catégorie qui entre en bataille.

Il faut vous rappeler qu'on avait été dans tous les ports de mer pour tâcher de relever le moral des Inscrits, pour qu'ils fassent grève également : on avait même tenté de débaucher les dockers, et je connais des ports, que je n'ai pas besoin de nommer — ils n'ont pas besoin qu'on les en félicite — qui ont abandonné le travail tandis qu'on ne l'abandonnait pas à Marseille.

Je continue ma lecture :

C'est ainsi qu'il aurait fallu voir les dockers marcher spontanément avec les Inscrits, quitte à voir dans une occasion prochaine les Inscrits marcher avec les dockers. C'est au milieu des combattants qu'on voit, qu'on sent la nécessité de faire de diverses fédérations dépendantes les unes des autres une sorte d'interfédération.

L'idée en est lancée et les besoins de défense, les conditions de succès en imposeront l'application.

Bien entendu il y aura des réfractaires parmi les meneurs.

Ceux-là veulent faire croire qu'ils sont tout dans la corporation et, oubliant que c'est la corporation qui les a fait quelqu'un, ils s'obstinent à croire que ce sont eux qui font et qui sont la corporation.

Déplorable mentalité !

Heureusement, à mesure que les syndiqués arrivent à ne plus vouloir être menés, les personnalités s'éteignent d'elles-mêmes et le syndicalisme va, de ce fait, devenir plus logique, plus conforme à sa destinée.

Bientôt dockers et Inscrits ne formeront qu'un bloc et, ne se jalousant plus, ne se supplantant plus pour divers travaux, ces deux catégories de travailleurs auront des revendications identiques, des améliorations communes à conquérir et, tous d'accord pour les obtenir, c'est dans une parfaite cohésion qu'ils agiront pour les arracher... par la menace ou par la force.!

C'est le cas de dire aux Inscrits et aux dockers, pour qu'ils en tirent profit : « A l'eau, les pontifes ! »

Voilà quelles réflexions me suggèrent les indécisions, les tergiversations de certaines corporations qui trouvent prétextes à ne pas seconder le bel effort des Inscrits maritimes si justement soulevés pour le respect de leur droit syndical, de leur droit de grève, de leur dignité ouvrière !

Je n'ai pas besoin de vous lire le reste. J'ai dit : « A l'eau, les pontifes ! » Les pontifes se sont sentis morveux, ils se sont mouchés : tant mieux ! Approuvez-moi ou désapprouvez-moi ! (*Applaudissements*).

Pajan. — Ce que j'ai relevé, c'est que vous avez dit à la Bourse du Travail de Marseille : Si les dockers ont de mauvais bergers à leur tête, jetez-les à l'eau. (*Bruit prolongé*).

Yvetot. — Cela prouve que vous n'avez rien compris. Je ne l'ai pas dit à Marseille, mais je l'ai écrit sous la forme textuelle qui vient de vous être lue.

Le Président. — Il est parvenu trois propositions au bureau. La première demande que le Congrès entende les explications des intéressés afin de ne pouvoir laisser perpétuer des injures contre les membres du Comité confédéral. Je crois que les explications ont été données de part et d'autre et que cet ordre du jour n'a plus d'intérêt. Le deuxième ordre du jour demande que les interpellations viennent à la suite de l'ordre du jour. Enfin, voici le troisième ordre du jour, qui est du camarade Péricat :

Ordre du jour Péricat donnant une sanction à l'interpellation.

Le Congrès, considérant que le camarade Yvetot n'a fait que remplir son mandat lors de la grève des Inscrits maritimes;

Considérant que dans un mouvement de grève les organisations ouvrières doivent se prêter un mutuel appui;

Considérant que Manau et Filliol ont failli à leur devoir en cherchant à créer la division entre les dockers et les Inscrits maritimes;

Considérant que le secrétaire de la Fédération des dockers en décidant de rompre tous rapports avec la C. G. T. s'est interdit par cela même le droit de protester au Congrès;

En conséquence, approuve la conduite du camarade Yvetot et réprouve la campagne de diffamation menée par Manau et Filliol.

Je mets ce dernier ordre du jour aux voix.

Adopté à l'unanimité moins une voix.

L'incident est clos.

Vous avez à désigner votre bureau pour demain : les compétitions sont nombreuses, il y a sept listes : j'ai reçu une liste du Bâtiment de Paris, portant : Niel, président : Coupat et Renard, assesseurs.

Ingveiller. — J'ai toujours entendu dire que dans nos organisations syndicales nous n'attendions rien du tout comme récompense : il y a un moyen bien simple, c'est que les sept listes déposées prennent le bureau dans l'ordre où elles ont été déposées : vous éviterez ainsi un débat oiseux. La composition du bureau est une nécessité administrative pour la clarté de la discussion, il n'y a là aucune marque d'honneur.

Le Président. — Je mets aux voix les noms de la première liste, les camarades Niel, Renard et Coupat. *(Protestations).*

Je ne comprends vraiment pas pourquoi il se manifeste une pareille opposition à la liste qui vous est présentée.

Ricordeau. — Le Bâtiment de Paris proteste contre cette liste et il la déchire.

Le Président. — Puisque le Bâtiment renie la paternité de cette liste, elle est reprise par le camarade Ingveiller au nom du Syndicat des Métaux : je la mets aux voix.

Plusieurs voix. — Mais elle n'est plus la première !

Le Président. — Je mets la liste dont j'ai donné lecture aux voix.

Adopté. *(Protestations).*

Péricat. — Je ne comprends pas l'insistance du président à vouloir nous faire nommer un bureau dont nous ne voulons pas. Dans tous les cas, je demande que toutes les listes soient lues et que l'on choisisse parmi les noms ceux qui nous plairont le plus comme président et assesseurs.

Plusieurs voix. — Le vote est acquis.

Bidamant. — Le camarade Niel est un de mes adversaires : mais véritablement il ne me serait jamais venu à l'idée de lui faire une injure pareille. Pourquoi Niel ne serait-il pas président comme un autre ? Où la plaisanterie devient mauvaise, c'est en lui adjoignant Renard et Coupat : je demande, par mesure transactionnelle, à ce qu'on laisse Niel comme président, avec deux autres camarades comme assesseurs.

Le Président. — Une proposition me parvient demandant la remise de la nomination du bureau. (Oui, oui ! Non, non !)

(*Le bureau lève la séance à 7 h. 25 au milieu d'un bruit prolongé.*)

5me SÉANCE. — MERCREDI 5 OCTOBRE 1910 (matin)

Un Incident

Avant l'ouverture de la séance, le camarade Niel monte à la tribune pour y faire une déclaration à propos de la peu sérieuse façon dont certains délégués comprennent les travaux du Congrès et le respect que se doivent entre eux chacun des délégués représentant les organisations syndicales.

Niel, en son nom et au nom des deux assesseurs désignés comme lui par plaisanterie pour former le bureau, décline cet honneur et demande à ce qu'on procède à l'élection d'un nouveau bureau.

Veuillez, dit le président, envoyer un nom comme président.

Plusieurs voix. — Niel, Niel.

Loyau. — Puisque Niel refuse, camarades, le bureau qui a été désigné hier refuse, n'accepte pas la fonction : nous ne pouvons pas le contraindre à accepter. (*Bruit, tumulte*).

Camarades, je reçois une déclaration dont je vais vous donner lecture :

Les délégués soussignés, mandatés des organisations parisiennes du Bâtiment, protestent énergiquement contre la proposition de formation du bureau devant présider la réunion de mercredi matin, bureau proposé par le Syndicat du Bâtiment de Paris qui n'existe pas, la proposition n'étant qu'une fumisterie :

Dayrais, des Cimentiers de la Seine ;
Caire, des Terrassiers de la Seine ;
Roueste, des Briqueteurs de la Seine ;
Pichon, des Terrassiers de la Seine, bétonniers ;
Bernard, des Charpentiers, couvreurs, plombiers ;
Dumont, Maçonnerie et pierres de la Seine ;
Triouleyre, des Tailleurs de pierres ;
Miller, des Ornemanistes de la Seine ;
Hureau, des Peintres de la Seine.

Péricat, au nom du Bâtiment, regrette cette plaisanterie. Nous sommes au Congrès, dit-il, non pas pour nous amuser et faire des fumisteries, mais pour travailler sérieusement.

Loyau. — Eh bien, je mets aux voix le bureau tel qu'il a été désigné hier au soir, c'est-à-dire le camarade Niel comme président avec les camarades Coupat et Renard comme assesseurs.

Adopté.

Le camarade Niel prend la présidence de la séance avec les camarades Coupat et Renard comme assesseurs.

Le Président. — Camarades, la séance est ouverte. J'invite tous les amis à faire le plus grand silence, non seulement pour permettre aux orateurs de se faire entendre, mais aussi pour me faciliter la tâche. J'ai à prendre moi-même sans doute une part à ce Congrès et je ne voudrais pas m'esquinter à cette séance en réclamant à cor et à cri le silence. Je veux me conserver. Si, par hasard, j'étais un peu fatigué, je vous préviens d'avance que j'userais de la faculté que j'ai de me faire remplacer par mes camarades assesseurs pendant un moment.

Ceci dit, voici la première proposition parvenue au bureau et qui émane du camarade Cathomen :

Attendu que le Congrès s'est prononcé pour ouvrir ses séances à heure fixe, 8 heures le matin et deux heures le soir; que, jusqu'à présent, il n'en a été tenu aucun compte; qu'il y a lieu à ce que cet état de chose cesse au plus tôt;

Invite le bureau à ouvrir les séances aux heures fixées, quel que soit le nombre des présents.

Cette proposition doit être acceptée, car les séances doivent commencer à l'heure fixée. Nous prenons acte simplement de la proposition du camarade Cathomen.

La Maison des Fédérations

Hier, si je ne me trompe, la discussion s'est arrêtée à la fin des conflits d'organisations spéciales diverses. On a nommé deux commissions : une pour contrôler les finances de la C. G. T. et une autre pour étudier les modifications aux statuts, et on a amorcé, pour la renvoyer à ce matin, la discussion ayant trait à la Maison des Fédérations. Donc, si je ne m'abuse, la séance doit commencer ce matin sur la question de la Maison des Fédérations. Si le Congrès est de cet avis, je donnerai immédiatement la parole à ceux qui voudront la prendre sur cette question.

Bourderon. — Camarades, j'ai déposé une motion préjudicielle tendant à ne pas discuter le fond de cette question.

Le Président. — Je crois que le camarade Bourderon demande que la motion qu'il a lue hier, tendant à renvoyer à une commission nommée par le Congrès l'examen des comptes, soit prise en considération. Lorsque cette motion a été déposée, le camarade Blanchard a demandé, par une contre-résolution, que le fond soit engagé immédiatement.

Blanchard. — Camarades, hier, j'ai expliqué pour quelles raisons nous voulions voir discuter à fond l'affaire de la Maison des Fédérations. Nous avons lieu de croire que la proposition du camarade Bourderon ne sera pas suivie, parce que, non seulement nous avons vu qu'on nous a refusé des comptes dans le Comité confédéral, mais encore qu'à la Conférence des Bourses, tous les délégués des Bourses du Travail et des Fédérations ont exigé des comptes dans le plus bref délai, et voilà dix-huit mois de cela, et nous n'avons encore aucun compte.

Le camarade Bourderon demande que le Congrès nomme une commission qui comprendrait trois ou quatre camarades de province et que, dans le délai de six mois, on devra donner des comptes. Je dis que c'est encore un enterrement de première classe. Eh bien, nous ne voulons pas de cela : nous exigeons que la question de la Maison des Fédérations soit discutée à fond. Je dis que si on ne veut pas discuter cela de peur que le débat soit public, eh bien, je déclare que je dirai tout ce que je sais à la presse. *(Bruit; tumulte).*

Bourderon. — Le camarade Blanchard doit m'ignorer pour considérer que je serais le fossoyeur de la question de la Maison des Fédérations : mais je me demande s'il y a lieu d'en faire la discussion devant le Congrès, qui ne peut véritablement discuter ici cette question qui nécessite un examen de comptabilité pour savoir comment la loterie et certains versements ont servi, et aussi pour définir suivant l'esprit de la résolution de la Conférence extraordinaire, quelle société se constituera pour prendre la suite de la société actuelle. Est-ce le Congrès qui peut faire cette besogne ? Je vous pose le point d'interrogation. Si vous croyez qu'on peut apporter et ouvrir les livres ici, disséquer la comptabilité dans des discussions de congrès, je vous accorde d'être d'accord avec vous ; mais je crois que nous allons discuter ici des personnalités, des faits grossis ou exagérés, et qu'on sortira d'ici avec une résolution qui ne tranchera rien, et que personne ne pourra saisir où se trouve le vrai ou l'erreur...

Blanchard. — C'est un enterrement de première classe !

Bourderon. — C'est une injure que vous me faites quand vous dites cela. J'ai toujours eu une attitude correcte, cherchant la vérité sur un point comme sur l'autre. J'ai posé la question à la Fédération du Tonneau, modeste fédération, c'est vrai, et mes collègues m'ont dit : Ce serait faire gagner au Congrès un temps précieux et ce serait en même temps faire œuvre utile que le Congrès désignât une commission prise parmi les délégués des départements qui viendrait à Paris et qui, pendant une semaine s'il le faut, examinerait la situation passée de la Maison des Fédérations et de ses annexes, et qui dirait : « Voilà la situation telle qu'elle est », et la société qui voudrait prendre la suite saurait dans quelles conditions elle la prendrait. Le Congrès ne peut vraiment pas dire ici si ce sera une société anonyme, une société civile ou une société en commandite : c'est la commission qui se constituera qui pourra le dire, ce n'est pas le Congrès. C'est dans le repos du cabinet qu'on examine ces questions. Nous ne voulons pas l'étouffement, puisque nous demandons qu'il y ait un rapport établi par une commission et envoyé à toutes les organisations confédérées. Nous voulons un rapport impartial, étudié consciencieusement.

Si vous voulez le débat sur le fond, je me rangerai à l'avis de la majorité : mais je vous demande de considérer la motion que j'ai déposée, et je dis que le Congrès est réuni pour faire une besogne utile et que pour une foutaise nous allons avoir dérangé des centaines de délégués qui dépensent des centaines de francs.

Tendero. — Le camarade Bourderon a beau se défendre d'être le fossoyeur de la question ; il est difficile de concilier sa proposition, qui est de renvoyer la question à une commission et en même temps d'éclairer le Congrès. Il dit que cette commission fera œuvre utile et que les camarades seront éclairés. Je dis que ce n'est pas possible : il y a trop longtemps que cette question dure et que nous en souffrons ; demandez-le à tous les délégués ! Il dit aussi qu'il faut examiner la comptabilité ; eh bien, voilà un compte rendu remis à toutes les fédérations qui ont eu le temps de le remettre à tous les syndicats : par son examen nous pouvons voir la situation. Comme le camarade Blanchard, je demande que la question vienne au grand jour devant le Congrès. On nous a leurrés avec la Conférence des Bourses. Il y a eu la proposition de Luquet et d'Yvetot, qui était contre la nôtre, qui demandait la publication des procès-verbaux. Eh bien, les représentants de cette Maison ont répondu : Nous refusons de donner des comptes au Bureau confédéral. Or, qu'est-ce que c'est que cette Maison ? Est-ce que ce n'est pas nous, prolétariat tout entier, qui l'avons constituée ? On dit : La C. G. T. ne peut pas être propriétaire. Nous le savons, mais ce que nous savons aussi, c'est que la galette du prolétariat a servi à constituer cette Maison. Eh bien, je dis qu'il appartient au Congrès tout entier de connaître ce qui se passe et que nous ne devons pas partir d'ici sans avoir éclairci la situation. C'est pour cela que j'appuie la proposition du camarade Blanchard, en demandant que le débat vienne au grand jour.

Thives. — Les camarades qui sont venus à cette tribune ont demandé, au nom des organisations de province, qu'on vienne faire des déclarations au sujet de ce qui s'est passé à la Maison des Fédérations. Je déclare, au nom des organisations du département de la Loire qui sont ici, avec l'assentiment de tous les délégués, que nous tiendrions nous-mêmes à ce que ces bruits ne viennent pas à cette tribune, particulièrement pour cette raison que des camarades sont déjà venus ici agressifs, avec l'intention de se jeter des insultes ; d'autre part, des déclarations menaçantes ont été faites dans les journaux ; c'est pourquoi nous ne voudrions pas voir le Congrès perdre en vain son temps. Nous savons en province à quoi nous en tenir, et les camarades de province sont scandalisés de ces potins et du bruit qu'on mène : c'est pour cela que nous accepterions la nomination d'une commission qui, après avoir étudié la question sans parti-pris et sans passion, remettrait les choses au point.

Griffuelhes. — Je demande au Congrès de vouloir bien voter la proposition Blanchard, et j'ajoute même que dans ma pensée il s'agit d'un débat public en présence de la presse et du public. Je tiens à mon tour aujourd'hui à venir apporter des explications et, tout à l'heure, non pas à présent, je fournirai les renseignements nécessaires et j'indiquerai pourquoi je réclame un débat public et un débat devant le Congrès. Ainsi donc j'insiste pour que le Congrès veuille bien aborder ce débat; et quelles qu'en soient les conséquences, je n'hésite pas à dire que le débat est loin de m'effrayer : nous expliquerons tout, plus qu'on ne le croit peut-être, et alors le Congrès aura à apprécier et à dire, dans la mesure où il le peut, son sentiment et son opinion. J'ai dit. *(Applaudissements).*

Pichon. — Nous estimons qu'il est très regrettable que le rapport du Comité confédéral ne fasse pas mention, dans la partie réservée à la Conférence des Fédérations et des Bourses, de la décision prise concernant la Maison des Fédérations. Nous estimons, nous, nous conformant en cela à l'ordre du jour voté par notre Congrès de Bordeaux, qui s'est tenu en août dernier, que la situation en 1910 n'est plus la même que celle devant laquelle se trouvait la Conférence des Fédérations et des Bourses. A la Conférence des Fédérations et des Bourses il pouvait y avoir un débat, des explications pouvaient être fournies : c'était en somme la première fois que cette question venait devant des délégués réunis, non pas en congrès c'est entendu, mais en conférence décidée par le Congrès de Marseille. Aujourd'hui la situation n'est plus la même ; il y a une décision de la Conférence des Fédérations et des Bourses ; cette décision vous la connaissez, par conséquent je n'ai pas à la rappeler ; nous demandons purement et simplement qu'on ne revienne pas sur ce qui a été fait à la Conférence des Bourses et que le Congrès de Toulouse décide que cette décision reçoive sa complète exécution. Nous nous rallierons au besoin à la proposition du camarade Bourderon :

mais nous estimons qu'il n'est pas nécessaire d'ouvrir ici un débat public sur cette question, parce que nous estimons que ce débat ne peut aboutir, que ce n'est pas un congrès qui peut examiner des comptes et vérifier une comptabilité. Nous estimons d'autre part qu'il peut y avoir des raisons pour lesquelles nous ne devons pas rendre ce débat public, non pas que nous ayons quelque chose à cacher à nos camarades syndiqués, mais parce que nous n'avons pas besoin de donner nos affaires en pâture à la presse bourgeoise. Dans ces conditions, nous demandons simplement aux membres de la société qui gèrent la Maison des Fédérations, de ne pas mettre leur amour-propre au-dessus de l'intérêt général des camarades syndiqués. Cette question a déjà fait beaucoup de mal au syndicalisme ; il est temps de la régler, mais réglons-la dans des conditions telles que la façon dont nous la règlerons ne puisse pas porter un préjudice considérable à l'organisation syndicale.

Lévy. — Je me rallie complètement à la proposition qui a été présentée ici par le camarade Griffuelhes. Pourtant, j'avais, et c'est tout naturel, une observation à faire sur cette proposition. Je suis partisan que ce soient tous les délégués qui entendent les débats et que ne soient pas admis la presse ni les gens qui n'ont rien à y faire ; c'est la seule proposition que je fais. Il serait regrettable, à mon point de vue, que cette séance soit publique et que chacun puisse rapporter ce qui sera dit au cours de la réunion. Ce n'est pas que je crains le débat ; j'indique une manière de travailler, parce que nous n'avons pas besoin de donner un débat public à des choses que nous avons discutées dans les comités ; les choses que nous pourrons dire à tous les délégués, les autres n'ont pas besoin de les savoir.

Jouhaux. — Le camarade Pichon s'est tout à l'heure étonné que la décision prise par la Conférence des Bourses et Fédérations ne figure pas au rapport moral du Comité confédéral. Cette question me fut posée par le camarade Arbogast au nom de la Fédération de l'Ameublement : je lui répondis que la Conférence des Bourses et des Fédérations avait elle-même décidé que sa séance tenue dans la nuit ne serait pas rendue publique. Par conséquent, étant donnée cette décision prise par la Conférence des Fédérations et des Bourses, elle ne devait pas, ainsi que les commentaires qui devaient logiquement l'accompagner, être portée sur le rapport moral du Comité confédéral, parce que c'était la rendre publique. D'autre part, je dis qu'à l'heure actuelle, quoi que nous fassions, nous ne pouvons pas éviter le débat que l'on a rendu inévitable. Depuis dix-huit mois, nous vivons dans une atmosphère d'équivoque et d'antipathie ; depuis dix-huit mois, le Comité confédéral a eu à surmonter des obstacles considérables : partout, on lui dressa des embûches, partout on essaya de s'opposer à ses efforts, et cependant nous étions à ce moment-là devant une répression qui, pour n'être pas bruyante, n'en était pas moins effective. Je dis que si à l'heure actuelle nous ne faisions pas ce débat, ce serait remettre à deux ans encore les mêmes difficultés et, par conséquent, ce serait empêcher peut-être la Confédération de prendre l'essor qu'elle devrait prendre. Pour ma part, je demande aux congressistes que le débat soit rendu public. Déjà, le lendemain même de l'apparition du rapport moral, la presse déclarait que quoi que le secrétaire confédéral ait voulu faire, il n'empêcherait pas que les débats se produisent au Congrès de Toulouse. J'avais voulu, camarades, et j'avais indiqué dans le rapport qu'il était temps de passer l'éponge sur tous ces faits, de faire l'oubli et d'essayer de nous associer un peu plus solidairement pour marcher vers la conquête d'autres améliorations. On n'a pas voulu écouter la voix de la raison. Aujourd'hui, je déclare que le débat est inévitable et que nous devons l'accepter quelles qu'en soient les conséquences.

Yvetot. — J'ai simplement deux mots à ajouter à ce qu'a dit Jouhaux. Je crois superflues et exagérées les craintes qu'on peut avoir de la presse : tout ce qui a pu être dit a été dit d'un côté seulement : la presse, avec toute la mauvaise foi qui la caractérise, sera bien obligée quand même de dire un peu ce qu'on va dire de l'autre côté : c'est pourquoi il est indispensable que le débat soit public, quelles qu'en soient, comme l'a dit Jouhaux, toutes les conséquences.

Le Président. — La discussion préalable est close. Il y a trois propositions : la première est celle du camarade Bourderon, tendant à renvoyer l'examen de cette affaire au Bureau confédéral et à une commission de quelques membres qui y seraient adjoints ; la deuxième proposition est celle du camarade Blanchard ; elle consiste en la discussion immédiate de cette affaire, et à cette proposition se sont ralliés les camarades Griffuelhes et Lévy ; enfin, il y a une troisième proposition qui consiste à savoir si les débats auront lieu en présence ou en l'absence de la presse. Je vais d'abord mettre aux voix la première proposition.

Plusieurs voix. — Par mandats !

Le Président. — Il y a alors une première proposition : Faut-il voter par mandats ou à mains levées ? Je mets aux voix la proposition de voter par mandats.

Le vote par mandats est repoussé.

Je mets aux voix la proposition du camarade Bourderon.

Repoussée.

Maintenant, des camarades ont proposé que la presse soit exclue de la discussion de la Maison des Fédérations.

Griffuelhes. — Je tiens à dire au Congrès que je ne saurais me prêter qu'à une discussion publique.

Le Président. — Il me paraît qu'en présence d'une telle déclaration, la question tombe d'elle-même : le principal intéressé demandant un débat public, il me paraît que la question est tranchée. Je mets cependant aux voix la question de savoir si le débat aura lieu devant la presse et le public.

Adopté.

Alors, le débat sur l'affaire est ouvert :

Lefil. — Afin de commencer le débat à son point de départ, c'est-à-dire de savoir dans quelles conditions la Maison des Fédérations a été constituée et avant de passer au débat sur le rapport financier qui a paru l'année dernière, je voudrais vous dire ce qu'on a fait à l'Union des Mécaniciens de la Seine pour savoir dans quelles conditions cette Maison des Fédérations avait été constituée. Je vais donc vous donner lecture de la lettre que le camarade Prost, au nom du Conseil d'Administration des Mécaniciens, avait envoyée au camarade Griffuelhes, le 29 mars 1906 :

Au camarade administrateur de la Maison des Fédérations.

Camarade,

Nous vous prions de vouloir bien donner quelques renseignements concernant la Maison des Fédérations. Les renseignements que nous désirons avoir concernent la constitution même de la Maison des Fédérations, tant au point de vue organisation qu'au point de vue financier. Pour mieux me faire comprendre, voici ce que nous désirons savoir : La Maison des Fédérations est-elle constituée par exemple comme la Verrerie Ouvrière, par actions aux mains des organisations ayant souscrit, participant à la direction et ayant la propriété de l'œuvre, ou bien est-elle constituée par des actions souscrites par des organisations ou des camarades isolés ou par tout autre moyen; et, dans l'un ou l'autre cas, comment se répartit la direction et quels sont les droits de chacun?

Notre conseil désire avoir au plus tôt ces renseignements, car il est saisi d'une proposition ayant trait à la Maison des Fédérations. Vous nous obligeriez en nous donnant bientôt une réponse.

Bien fraternelles salutations.

Pour le conseil, *signé* : PROST.

C'était, naturellement, pour venir en aide à la Maison des Fédérations, une fois qu'on aurait su dans quelles conditions elle était constituée. Je vais maintenant vous donner lecture de la réponse du camarade Griffuelhes du 25 décembre 1906 :

Au camarade secrétaire de l'Union corporative des Mécaniciens.

Je n'ai pas répondu plus tôt à votre lettre du 29 de l'écoulé parce que j'attendais la réponse des fédérations adhérentes sur les statuts qui leur ont été soumis. A ce jour, il me manque quelques réponses, ce qui retarde la mise en application des statuts adoptés. Pour éviter de faire attendre une lettre en réponse à la vôtre, je vais vous donner quelques détails. Pour éviter les difficultés de location que nous aurions rencontrées, une société fut formée à la hâte, composée des camarades Lefèvre, Sauvage et le signataire. Des statuts furent établis, enregistrés, et la location fut faite. Naturellement, nous oubliâmes de donner à la propriétaire les noms des véritables locataires — il y aurait eu refus — nous nous fîmes passer pour des industriels. Depuis, l'imprimerie a été montée. Tout a été acheté à crédit et payable par mensualités; mais comme des sommes étaient nécessaires pour payer le terme et autres dépenses, nous avons sollicité des dons, fait des emprunts. Toutes les opérations ont été faites par la société et en mon nom. Comme vous le voyez, nous n'avons pas fait d'émission de lots quelconques ni d'actions. Si nous avions fait appel à des fonds pour créer de toutes pièces une œuvre, on nous aurait répondu : C'est pas possible de réaliser une pareille entreprise. Nous sommes partis de ce point de vue : créons quelque chose sans rien demander aux organisations en les appelant à prendre des mesures; puis, la création faite, notre idée était de dire aux fédérations, après coup, pour leur faire accepter les charges : Voilà une maison installée, nous vous la remettons; faites-la vivre, elle est votre propriété. Puis, l'affaire lancée, les organisations, les militants auraient fini par croire à l'œuvre. C'est pour cela que nous avons lancé une tombola dont les bénéfices devaient servir à faire construire une immense salle pouvant contenir près de 3,000 personnes. Cette salle, nous la voulons appropriée pour donner des fêtes et des bals pouvant donner quelques bénéfices pour solder les dépenses de l'immeuble. Serons-nous compris et suivis? Il faut l'espérer. En tout cas, nous avons voulu créer une Bourse du Travail à nous, en face de la Bourse du Travail officielle, débarrassant ainsi les organisations de la tutelle municipale et de ce qui en est le prix : la subvention. Les statuts dont je parle plus haut sont pour vous un règlement intérieur déterminant le fonctionnement de l'immeuble vis-à-vis les organisations.

Excusez-moi de vous résumer très brièvement ma réponse et agréez mes meilleures salutations.

Signé : GRIFFUELHES.

Vous voyez qu'à l'Union des Mécaniciens de la Seine on était décidé à venir en aide à la Maison des Fédérations; mais, comme vous le comprenez, il était logique de savoir quelle en était la constitution avant de pouvoir y participer; les lettres que je viens de vous lire sont une preuve officielle de ce que j'avance. Or, jusqu'à présent, nous attendons toujours les statuts qui nous été promis pour savoir dans quelles conditions on aurait pu collaborer à l'œuvre. Dans la lettre du camarade Griffuelhes, il était dit que la tombola devait servir à l'édification d'un immeuble. Vous savez tous comme moi qu'il n'en fut absolument rien. Maintenant, je ne sais pas au juste si on pouvait se faire passer pour des industriels; je crois que la propriétaire ne devait pas être dupe; elle devait bien savoir à qui elle avait affaire : des personnalités aussi connues que celles-là ne doivent pas se faire passer longtemps pour des industriels, je ne le pense pas.

Pour commencer le débat, nous voudrions savoir si c'est une société privée en dehors de la société, et, considérant l'immeuble comme appartenant à un simple propriétaire, ça ne nous regarde pas, ou si les organisations doivent organiser le contrôle. Si c'est un immeuble appartenant à un propriétaire, nous demandons que l'organe *la Voix du Peuple* ne soit pas confié à cette organisation de propriétaire : qu'on le donne à une imprimerie communiste plus d'accord avec nos aspirations. Une fois ce point acquis, on pourrait passer à la discussion de la gestion. Voilà ce que j'avais à dire. Qu'on m'y réponde.

Explications de Lévy

Lévy. — Je serai le plus bref possible; j'indiquerai au Congrès les points principaux, mais, avant, je veux vider une petite question. On s'est étonné, et à juste titre, que certains camarades attaqués dans les journaux aient répondu; on a fait toutes les tentatives avant le Congrès pour intimider ceux qui avaient quelque chose à dire. En ce qui me concerne, je n'ai pas, comme on dit vulgairement, « coupé dans le pont ». Ce sont des journaux officiels qui publient des interviews; quand ce n'est pas *la Petite République*, c'est *l'Action*, et c'est la même chose; on y rencontre des passages comme celui-là : « Les preuves sont là, à ce qu'on affirme. On en a réuni un faisceau terrible, écrasant. On montrera au Congrès qu'une main inconnue — ou trop connue — dirigeait au sein même du Comité confédéral les actes et les démarches de plusieurs *faux-frères*. Le gouvernement sera mis en cause; ce sera foudroyant d'effet et merveilleux de résultats. » Si le Congrès croit qu'une question d'administration, de chiffres, a été soulevée pour essayer de porter préjudice à l'organisation ou a été portée pour se débarrasser d'un secrétaire confédéral, je n'ai plus rien à dire, je me retire immédiatement, et la question sera jugé; mais si, au contraire, on croit que des interviews comme celles-là sont maladroites, méchantes, viles, qu'elles n'ont rien à faire dans ce débat, alors je pourrai continuer à parler. Moi, je n'ai pas fait comme le camarade Thil; on est venu me trouver, me dire : Vous voyez ces articles, vous devriez répondre. J'ai répondu aux articles et j'ai les coupures des réponses. Mes interviews n'ont pas été ce que la presse en attendait; j'ai dit ce que j'avais à dire du mouvement ouvrier, mais je n'ai pas parlé des questions administratives; on ne pourra pas trouver chez moi, depuis les incidents, quelque chose qui ait pu porter préjudice à la Fédération. Au contraire, il y en a qui donnent des renseignements, qui parlent à la presse, qui essaient d'insinuer qu'il y a des gens qui sont les alliés du gouvernement et qui font son jeu.

Je n'ai pas à justifier Thil, je n'ai à justifier personne, il aurait dû être ici; mais j'essaie de faire comprendre au Congrès comme on opère dans certains milieux : quelque temps avant l'article de Thil, dans *le Matin*, on disait dans le journal *L'Action* :

Le cas Lévy-Griffuelhes sera bien intéressant, il y a des dessous que bien peu de gens connaissent et qui vont être, paraît-il, étalés au grand jour par les révolutionnaires.

Qui a donné cela au journal *L'Action?* Celui qui l'a donné devrait le signer, avoir le courage de mettre son nom! Le journaliste à qui je demandais qui avait donné ces renseignements, me disait : Je ne peux vous le dire. Je lui ai cité six noms, il m'a dit : Celui qui a donné ces renseignements est dans ce nombre. J'attendais avant de demander la parole que quelqu'un vienne à la tribune s'expliquer sur ce sujet : personne n'a eu le courage de venir; je considère cet incident comme clos. Peut-être tout à l'heure, à la fin de la discussion, quand on aura liquidé la question des comptes, on viendra d'une façon sentimentale essayer d'égarer le Congrès : moi, je ne répondrai à aucune insinuation perfide, malveillante, à aucune attaque. Je continuerai ma besogne d'épuration des comptes, je ne me laisserai pas aller — c'est peut-être ce qu'on avait escompté — à faire ce que j'ai fait à la Conférence des Bourses et des Fédérations où, à minuit, je suis parti après une petite algarade avec un camarade; je regrette d'être parti, j'aurais dû rester jusqu'au bout.

Camarades, je dois, et ce sera peut-être un peu fastidieux, raconter les débuts de l'affaire de la Maison des Fédérations : mais je dois commencer au départ de la Bourse du Travail. Vous savez que la Confédération a été exclue de la Bourse du Travail, tout à son honneur du reste. Au moment de l'exclusion, le trésorier fut chargé de trouver un local. Naturellement le trésorier est tout indiqué pour cette besogne : il est parfois plus vigilant, il a peut-être plus de temps, il est peut-être plus qualifié aussi pour faire ces démarches difficiles que le secrétaire. Il cherche un local, il a beaucoup de mal à le trouver, on ne veut pas louer à la C. G. T.; alors il emploie un moyen, il loue au 10 de la cité Riverin : mais pas au nom de la C. G. T., mais à son nom personnel, et il rentre dans ce local en novembre 1907.

Quelques jours après la location, à peine installé cité Riverin, le camarade Lévy reçoit une lettre du propriétaire qui lui dit : Vous m'avez trompé, vous avez loué pour la Confédération et, au moindre bruit qui sera fait dans ma maison, je vous donnerai congé. La lettre est entre les mains de Griffuelhes, c'est une lettre recommandée entourée de deuil. Je me rends chez le gérant et, d'accord avec Griffuelhes, à mon retour, je signe le congé parce que sans cela, le lendemain, le propriétaire m'aurait amené en référé, avec promesse de celui-ci qu'il m'accorderait le temps de trouver un local. J'ai relevé les lettres sur le copie de lettres de ce propriétaire, en présence de témoins dignes de foi.

J'indique ceci pour donner un démenti à une affirmation donnée au Congrès lithographique et à la Fédération des Bourses que nous avons eu congé à la cité Riverin à cause que j'y faisais trop de bruit : j'étais tout seul, Griffuelhes était malade, Yvetot en prison, et Pouget y venait très peu souvent. Il y a eu des perquisitions, des réunions, des tas de choses qui auraient pu faire donner congé, mais ce ne furent pas là les motifs.

A la suite de ce congé, nous nous sommes réunis au boulevard Magenta. Là, nous avons examiné les moyens par lesquels nous pourrions trouver un local où nous serions seuls. Un jour, passant rue Grange-aux-Belles, Griffuelhes voit une affiche où il y a une maison à louer en totalité avec un terrain de 15.000 mètres carrés : il me raconte l'affaire et me dit : Si nous allions voir cet immeuble de la rue Grange-aux-Belles ? Nous y allons tous les deux, nous le visitons, et, immédiatement, nous disons : Nous ne pouvons pas être difficiles, c'est au fond d'un passage, nous aurons des organisations qui viendront l'habiter : et si nous pouvions l'obtenir, cela ferait bien notre affaire.

La section des Fédérations nous donne mandat de faire les démarches nécessaires. Nous n'indiquions pas l'endroit pour ne pas l'ébruiter, parce que la Préfecture de Police aurait acheté ou loué l'immeuble. Je suis alors chargé d'aller voir l'intermédiaire de la propriétaire qui est ingénieur. Je lui dis que nous allons monter une imprimerie, que c'est une grosse affaire, que nous sommes d'honorables commerçants. Enfin j'avais le devoir d'aller parlementer avec lui et d'essayer de le tromper sur la qualité du locataire pour obtenir la location de l'immeuble.

Cet ingénieur me dit : C'est entendu, je vais prendre des renseignements sur vous et j'irai vous voir demain ou après-demain. Je résiste contre la volonté de l'intermédiaire de venir parce que je ne pouvais que le recevoir à la C. G. T., cité Riverin. Enfin, il insiste. Je n'ai pu faire autrement. Je raconte ce qui s'est passé aux camarades et je leur dis : J'ai bien peur que l'affaire soit manquée : mais enfin nous ferons tout notre possible pour avoir le local. Le lendemain, l'intermédiaire vient à la cité Riverin. Pouget se trouvait dans le bureau de Griffuelhes. Je reçois l'intermédiaire : je le fais pénétrer dans le bureau et je prie Pouget de sortir, comme s'il était un employé, et je raconte à l'intermédiaire qu'il est ici à la Confédération et qu'il a dû s'en apercevoir. Mais je lui dis : Vous êtes un intermédiaire, combien touchez-vous de la propriétaire quand vous louez un immeuble ? 500 francs ? Comme il me dit la somme, je pense que cela va marcher. Je lui dis : Nous paierons la location, vous n'avez rien à craindre, nous vous paierons également les 500 francs et vous serez notre intermédiaire auprès de la propriétaire. Il accepte aussitôt et je lui remets les 500 francs en question.

Quelques jours après, nous avons eu rendez-vous avec Pouget et Griffuelhes, chez la propriétaire, ainsi que l'intermédiaire. Nous discutons la question de la location ; la propriétaire se fait quelque peu tirer l'oreille. Elle nous dit que c'est très difficile, que les affaires vont mal. Elle a des doutes ; elle demande conseil à son intermédiaire ; elle veut aller chez un avocat pour faire faire un bail. Je lui réponds : Mais votre intermédiaire est tout désigné ; c'est un ingénieur, il fera le bail lui-même dans les conditions où vous voudrez.

Comme l'intermédiaire était notre homme, il allait faire le bail comme nous voudrions.

Voilà de quelle façon le camarade Lévy a opéré pour entrer dans le local. On l'obtient et nous signons un bail de dix-huit ans.

Enfin, nous sommes rentrés à la Maison des Fédérations avec le mandat de la Confédération. La Maison des Fédérations devait être gérée par la C. G. T., et voici un procès-verbal qui en fait foi (il y en a d'autres que je n'ai pas, n'ayant pas voulu faire des recherches ; j'ai trouvé que celui-là me suffisait pour indiquer que la Maison des Fédérations, dans mon esprit, devait être sous le contrôle de la C. G. T., devait être son œuvre) :

CONFÉDÉRATION GÉNÉRALE DU TRAVAIL — SECTION DES FÉDÉRATIONS

Résumé de la séance du 28 janvier 1906

Fédérations représentées : Peintres en bâtiment — Ports et Docks — Transports et manutentions — Ameublement — Voiture — Bâtiment — Lithographie — Mineurs — Carriers — Ardoisiers — Charpentiers — Bûcherons — Confection Militaire — Mécaniciens — Bijouterie — Mouleurs — Magasins de la guerre.

Le camarade Garnery préside.

Griffuelhes rappelle l'intention déjà ancienne du Comité de trouver un immeuble hors de la B. du T. Il n'y fut pas donné suite immédiate, jusqu'au jour où fut effectuée l'exclusion de ce local de la C. G. T. A ce moment, les démarches furent reprises; mais, pour ne pas donner prise à des critiques au cas d'échec, elles furent officieuses, jusqu'au jour où il y a eu un résultat. Il indique les démarches faites, d'abord pour louer un immeuble appartenant à l'A. P., enfin celles, toutes récentes, pour la location d'un immeuble qui remplit les conditions désirées; il indique toutes les conditions de location et dit ce qu'a produit la souscription ouverte pour trouver les premiers fonds.

Le Comité se prononce pour l'immeuble, après observations de divers camarades qui ont visité le local.

Il est décidé que son titre serait : « *La Maison des Fédérations* ».

Une commission de cinq membres est nommée, chargée de l'administration de la Maison; sont choisis : Griffuelhes, Sauvage, Thil, Galantus et Lefèvre.

Ces diverses mesures prises, il est décidé d'adresser une circulaire aux Fédérations pour leur demander si elles sont disposées à se loger dans le nouvel immeuble et ce qu'elles pourront payer de loyer.

Il est décidé aussi d'ouvrir une souscription en faveur de la *Maison des Fédérations.*

La séance est levée à 11 h. 3/4.

Camarades, je voulais, en vous lisant ce procès-verbal, bien démontrer que c'est la Confédération qui a constitué la Maison des Fédérations. Je ne dis pas qu'on a eu toutes les facilités pour faire une œuvre comme celle-là. Les camarades qui s'en sont occupés ont eu beaucoup de mal, c'est certain ; ils ont fait des démarches, ils ont recherché les moyens de faire vivre la Maison des Fédérations : mais c'était leur devoir. Ils étaient à la tête de la Confédération : ils devaient faire en sorte que la Confédération puisse être logée, et on ne doit au camarade Lévy ni aux autres camarades, aucun remerciement pour le travail qu'ils ont fait, car ils ont été rétribués pour le faire.

On est rentré dans la Maison des Fédérations ; on a partagé les locaux ; on a établi des loyers et on a créé une imprimerie. Peut-être aurait-on dû au début constituer une société. Mais une commission avait été nommée, qui devait fonctionner et régir la Maison des Fédérations, parce que la Confédération ne pouvait pas être locataire ; elle aurait eu, en effet, immédiatement des démêlés avec les autorités constituées, et c'était pour tourner la loi, pour rendre plus facile la location et l'entrée de la C. G. T. dans le local, qu'on avait nommé une commission. Il était décidé que, pour tourner la loi, chacune des Fédérations nommerait des délégués chargés de régler les questions administratives et de faire marcher la Maison des Fédérations. Il s'est produit des faits qui n'auraient certainement pas dû se produire. Ceux qui ont mission de gérer une affaire comme celle-là doivent se dire : Nous la gérons de telle façon parce que cela nous est imposé, mais nous devons compte de tous nos actes à ceux qui nous ont mandatés. Ce n'est pas cela qui a été fait. On a cru bien faire en faisant à peu près tout seul le travail qui aurait dû être fait en collaboration. Les collaborateurs, on les prend quand on en a besoin pour des besognes déterminées. Ce n'est pas que je récrimine qu'on nous laissait de temps en temps de côté. Tout le monde aurait dû être mis au courant de ce qui se passait à la Maison des Fédérations, des difficultés pour la faire marcher: on aurait dû leur soumettre toutes les propositions et ne pas seulement venir les trouver quand il fallait payer le loyer du local qui était suffisamment cher. Quand on veut loger la C. G. T., il n'y a pas de question de tendance : toutes les organisations font partie de la C. G. T. : elles ont le droit de savoir ce qu'on y fait.

J'ai dit souvent, en ce qui concerne les questions de tendance : Oui, les révolutionnaires ont raison de vouloir imposer leurs désirs, leurs idées et leur manière de voir. Mais, en ce qui concerne les questions administratives, tous ceux qui contribuent à une œuvre ont le droit de contrôle et de savoir ce qui s'y passe. Moi-même le premier, quand l'imprimerie a été constituée, j'ai fait de la propagande en sa faveur. On n'accepta pas tous les clients, pas tous les locataires; on en fit un choix.

Nous comprîmes alors le but de cette sélection qui faisait refuser les uns et accepter les autres.

De cette façon on n'avait de comptes à rendre qu'aux locataires amis acceptés et on pouvait reprocher aux autres de n'avoir pas aidé au développement de l'œuvre.

Je répondrai à cela : Quelles sont les organisations qui ont tant apporté à la Maison des Fédérations? Quels sont les locataires qui ont fait de grands sacrifices ? Est-ce la Fédération des Cuirs et Peaux qui paie 250 francs par an pour son local? Non, tous les locataires étaient pauvres ; ils faisaient chacun ce qu'ils pouvaient pour la Maison des Fédérations, et des gens très favorables à la C. G. T. n'ont pas apporté de l'argent pour une société déterminée, mais apportaient de l'argent pour l'œuvre de la C. G. T. Ce n'est pas à Griffuelhes particulièrement qu'on a apporté des dons, ce n'est pas pour lui qu'on a souscrit à une tombola, mais bien pour la Confédération.

Quand on a vu les difficultés, quand il a fallu payer le loyer, le Comité confédéral a décidé que le trésorier pouvait avancer les premiers fonds. Le trésorier a fait ce que le Comité avait décidé qu'il fasse. Des difficultés ont eu lieu les premiers temps pour payer le loyer, et nous avions obtenu dans les clauses du bail que nous pourrions démolir des bâtisses qui ne servaient à rien, et de cette façon nous avons retiré quelques milliers de francs la première année. Mais, tout d'un coup, il nous vient une idée. Nous allons faire une tombola et une souscription. Cette tombola — je ne l'ai su qu'à mon retour de prison — avait rapporté 21,000 francs. Je dois dire au Congrès que je croyais que cette affaire était du ressort de la C. G. T., que c'était le trésorier de la C. G. T. qui en serait comptable, de la tombola et de la souscription. Il n'en a pas été ainsi, parce qu'on a dit que le trésorier avait trop d'ouvrage, et on lui a enlevé la comptabilité pour la remettre à d'autres camarades. Nous en reparlerons tout à l'heure.

Si j'avais trop d'ouvrage, cela aurait dû au moins être sous ma surveillance et peut-être que j'aurais su plus tôt que cette tombola avait rapporté 21,000 francs, et nous aurions aujourd'hui des comptes que nous n'avons pas encore.

Je dois dire que si on avait, à la première demande de la Conférence, accepté la proposition, qui, au fond, était bonne pour ceux qui en avaient besoin, elle était bien venue à temps, c'était la proposition consistant à remettre les comptes au bureau et à les faire contrôler. Ç'aurait été drôle !

Si on avait accepté cette proposition, mais on ne pouvait pas l'accepter, parce que moi j'ai déclaré, et je persiste à déclarer ici qu'il n'y avait pas de comptabilité du tout à la Maison des Fédérations. J'ajoute qu'à mon retour de prison — et j'arrive au fait — quand je suis sorti de Clairvaux, j'ai repris mon service immédiatement le lendemain matin. J'avais des doutes et des craintes déjà pour la C. G. T., sur le travail qui se faisait à la Maison des Fédérations. J'en avais parlé à Bousquet et à Yvetot, à Clairvaux, qui m'avaient répondu : « Tu nous le dis ici, mais c'est quand tu rentreras que tu feras ton devoir en le disant au sein du Comité confédéral. »

Le camarade Blanchard vint un jour me demander des renseignements. Je lui dis : Je n'ai rien à te dire ; quand je sortirai de prison nous arrangerons l'affaire. Quand je suis revenu, l'affaire a été facile à arranger. Griffuelhes m'a remis les comptes, car en mon absence il avait pris la place de trésorier. Il était trésorier des Cuirs et Peaux, trésorier de la C. G. T., secrétaire de la C. G. T., secrétaire et trésorier de la Maison des Fédérations. Je trouve que c'est beaucoup de travail pour un seul homme. Mais enfin, il l'a fait et il s'expliquera lui-même sur ses diverses fonctions.

Les comptes de la C. G. T. étaient en retard de deux mois environ. C'est sur un brouillard que voici que j'ai établi l'encaisse de la C. G. T. Voici la pièce, et c'est extraordinaire qu'elle soit encore entre mes mains, car lorsque j'ai donné ma démission, je me suis débarrassé de presque tous mes papiers, en les remettant à Marck, n'en conservant seulement que quelques-uns.

J'ai donc relevé sur le brouillon, et j'ai dit à Griffuelhes qu'il me devait 4,718 fr. 40. J'ai relevé qu'à la caisse de la C. G. T. il y avait 3,484 francs ; aux Bourses, 1,613 francs ; aux grèves, 1,644 francs, et à l'agitation, un reliquat de 195 francs.

Quand j'ai établi ce compte, Griffuelhes me dit : C'est entendu, je te dois 4,718 fr. 40 ; voici, nous allons régler. Je croyais recevoir des espèces, et, en guise d'espèces, Griffuelhes m'a remis ceci :

Je reconnais devoir au camarade Lévy la somme de 4,700 francs.

Le 2-6-8. GRIFFUELHES.

Et il sortit de sa poche 18 fr. 40 qu'il me remit. J'ai été étonné immédiatement de la remise du reçu. J'étais très malade et je n'avais pas beaucoup le cœur aux discussions. Je prenais mon travail dans des conditions déplorables, surtout avec une caisse comme celle-là : 18 fr. 40 d'espèces et 4,700 francs en papier sans valeur ! Si la somme avait été juste, on aurait pu le prouver : il n'y avait qu'à ouvrir les livres de la Maison des Fédérations, et, à mon crédit, on aurait pu voir la somme de 4,718 fr. 40. Mais il faut croire que les livres n'existaient pas, puisqu'on m'a reconnu la somme que j'ai indiquée moi-même. C'est là sans doute de la bonne comptabilité, et le Congrès peut approuver cela !

Quelques jours après, je refis mes comptes au net et je m'aperçus qu'il me manquait 120 francs. Je le dis à Griffuelhes, qui me répondit : Pour ne pas recommencer les comptes, comme tu n'a pas touché tous tes appointements en prison, que tu as laissé 100 francs par mois, mets 120 francs pour tes frais de route et tout sera dit. Cette façon de régler des comptes m'a parue étrange et vous le paraîtra certainement à vous tous aussi.

Le lendemain du règlement de compte, on est venu me demander de l'argent, soit pour des fournisseurs de l'imprimerie, soit pour un camarade employé à l'imprimerie qui avait besoin de son salaire. Un jour même, Pouget me demanda de l'argent pour le journal : « Si on ne paie pas, me dit-il, le journal ne paraîtra pas. » Je n'avais pas d'argent ; j'ai pris ma bicyclette, je suis allé chez un camarade et je lui ai emprunté 300 francs. Vous voyez quelle situation. Tous les jours, on me demandait des fonds. Et on voulait que je sois de très bonne humeur, on voulait que je me taise! Quand on sait se taire, on ne vous dit rien et on conserve sa place! Quand on n'est pas content, on menace les camarades malades et on leur fait entendre que s'ils ne veulent pas accepter la situation comme cela, on en fera part au Comité.

Griffuelhes me dit un jour dans le bureau : Eh bien, cela ne va pas tout seul. Il faudra que ça change. La situation est tendue : c'est entre moi et Yvetot.

A un repas auquel Griffuelhes m'invita avec Pouget, on tenta de me faire accepter la manière de voir de Griffuelhes qui consistait à se débarrasser d'Yvetot.

Bien entendu, je ne marchai pas dans cette combinaison que je considérais comme une malhonnêteté envers un camarade sortant, lui aussi, de prison, et qui ne me semblait pas avoir démérité.

Alors on amorça la discussion sur les difficultés de la comptabilité et des moyens pour en sortir; le lendemain on devait alors me montrer le tout, me mettre au courant.

En effet, à la C. G. T., Griffuelhes me dit : Allons donc voir la comptabilité de l'imprimerie. Nous y allons. J'ouvre le livre de caisse et je constate immédiatement qu'il y avait une erreur assez forte, et que, depuis dix-huit mois, il n'y avait pas de comptabilité du tout. Griffuelhes me dit : Qu'est-ce qu'il faut faire? Je réponds : Il faut faire monter le comptable, et alors nous réunissons des camarades dans la Maison des Fédérations.

J'ai donc visité cette comptabilité : on a fait venir le comptable. Je lui ai fait avouer que c'était un gâchis, qu'on n'y comprenait rien. Il a avoué qu'il y avait des malversations, et alors on m'a dit : Qu'est-ce qu'il faut faire? J'ai répondu : Il n'y a qu'à se séparer de cet individu. Alors Griffuelhes a dit au comptable : Ne vous inquiétez pas, dans quelques jours nous vous donnerons un bon emploi où vous n'aurez pas grand'chose à faire. C'était pour récompenser les bons services de ce comptable de la Maison des Fédérations! J'ai souvent résisté, afin que l'on ne donne pas une indemnité à ce personnage renvoyé dans ces conditions-là. Griffuelhes voulait toujours lui donner des indemnités, et moi je me demandais pourquoi, car je trouvais qu'il avait été largement rétribué.

J'ai voulu encore aller plus loin et j'ai essayé de rétablir les livres. J'ai pris, à plusieurs reprises, la comptabilité avec ce comptable pour essayer de rétablir quelque chose. Il a été impossible de rétablir une ligne de brouillard : nous n'y avons rien compris du tout ; il n'y avait aucune pièce, on marchait dans une cuisine sur tous les documents de la Maison des Fédérations : enfin, tous les papiers étaient dans des conditions épouvantables. Un jour, Griffuelhes se trouvait dans la salle et je lui dis : Dans ces pièces-là, il y en a qui ne me paraissent pas suffisantes ; voilà une dépense de 600 francs sur un morceau de papier pour des pourboires à des ouvriers qui ont fait des démolitions : cette pièce ne me paraît pas suffisante pour justifier cette dépense, car il aurait fallu faire signer ceux qui ont reçu. Griffuelhes me répondit : Ceux qui n'ont pas confiance en moi, je les emmerde ! Alors, je lui ai remis les livres et nous n'avons plus parlé de cela qu'au Comité confédéral.

Croirez-vous que c'est une question de tendance cela, qu'une administration, qu'une imprimerie reste pendant dix-huit mois sans comptabilité ! On dira qu'il n'était pas possible d'avoir un contrôle permanent. Mais qui donc était comptable et caissier de la Maison des Fédérations ? J'ai dit souvent que le comptable faisait une besogne commandée, mais qu'il y avait un caissier, qu'il doit y avoir des comptes et que le comptable devait en rendre compte, comme le trésorier de la Confédération, à la Confédération elle-même. Jamais cela ne s'est produit, et jamais on n'a pu savoir ce qui se passait dans cette Maison ! Pendant quatre ans, on n'a rendu aucun compte ; on n'a rien pu savoir, et c'est nous qui sommes les propriétaires ! Mais qui donc a délégué Griffuelhes à la tête de cette Maison ? Jamais on n'a parlé, si ce n'est pour demander à la Confédération l'autorisation de faire un Office d'accidents de travail, une clinique. On a accordé cette autorisation. Le médecin devait donner à la Confédération 25 °/ₒ des recettes qu'il pouvait faire. Eh bien, croyez-vous que jamais, à ce sujet, on ait rendu des comptes à la C. G. T. pour lui dire ce que rapportait ce service chirurgical ? On a traité avec les médecins à forfait, on a signé avec eux un bail de neuf ans dans la Maison : ils sont les maîtres les plus absolus, ils soignent les blessés : cela rapporte je ne sais combien, peut-être 50.000 francs aux médecins, mais cela ne rapporte rien du tout à la C. G. T., sinon un trop faible loyer pour l'apport d'une pareille clientèle.

Je prétends que cela n'est pas une bonne organisation, et si j'interviens, c'est justement pour que cela finisse, pour que, s'il y a des bénéfices à récolter, ces bénéfices aillent à la Maison des Fédérations et non à des commerçants qui nous intéressent peu. *(Applaudissements).*

Je dis que quand on a traité avec les médecins, il devait y avoir un contrôle sur leurs affaires, et je m'aperçois que, dès la première année, au moment où la Maison des Fédérations avait le plus besoin de ses fonds, c'est la première année qu'on a payé l'immeuble complet, l'immeuble de 14.000 francs aux médecins. Un jour, j'en parlais à Garnery et je lui disais : Comment ! vous êtes à court d'argent et vous laissez payer d'un seul coup 14.000 francs sur les bénéfices à revenir ! Mais les médecins ne peuvent donc pas avancer quelque chose !

C'étaient des observations que je faisais à des camarades et je disais qu'il était inadmissible que cela continue ainsi de traiter des affaires d'une façon aussi légère, et je me suis aperçu que plus il y avait de malades à la Maison des Fédérations, moins les médecins versaient, et, en effet, dans ces mois derniers, ils ont diminué les versements de 750 à 650 francs, soit 100 francs.

Que rapporte donc ce service qui devait tant rapporter à la C. G. T. ? Vous n'avez rendu aucun compte. Si, pourtant : à la suite de la Conférence il devait être publié une brochure par les soins du Bureau confédéral. Mais, comme la comptabilité n'existait pas, il fallait prendre un comptable habile pour rétablir la comptabilité. On l'a pris de façon à ce que nous ne puissions pas le connaître, parce qu'alors nous aurions demandé des renseignements. Ce comptable a publié une brochure ; je ne sais pas combien de temps il a mis, mais cela a été difficile et, s'il me montre les livres ici, je démontrerai que j'ai dit toute la vérité et je démontrerai, par un procédé très simple de confrontation d'écritures, qu'il n'y avait aucune écriture à la Maison des Fédérations, et si aujourd'hui des experts voulaient contrôler cette comptabilité, il faudrait du temps, car il est très facile d'arranger une comptabilité, mais il est difficile d'y voir clair. Il fallait en avoir une, et à la Conférence des Bourses on aurait vu quel était celui de nous deux qui disait la vérité.

Tout à l'heure vous avez dit : Nous allons voir tout à l'heure quels sont les imposteurs ! Moi je dis la vérité et c'est vous qui êtes condamné, parce que dans un procès-verbal de la C. G. T. vous avez dit vous-même qu'il y avait des trous. Je dis que vous n'avez pas pu cacher ces trous-là, mais vous avez caché tous les autres ! J'ai découvert le premier trou et je vais lire au Congrès ce que vous avez écrit pour prouver que j'avais raison d'intervenir, et je suis heureux d'être intervenu, non pas pour avoir une victoire facile, mais pour avoir une bonne administration. Si, à Bourges, le trésorier n'était pas intervenu, j'aurais voulu voir la figure du Congrès à l'égard de ceux qui apportaient des comptes !

Je demande au Congrès, si le trésorier Lévy avait rapporté un rapport comme celui-là, ce qu'on lui aurait dit. On n'aurait pas certainement applaudi : on aurait dit qu'il était un incapable : qu'il aille ailleurs et qu'il laisse la place à un autre ! On n'aurait pas accepté un rapport où on fait l'aveu qu'il y a un trou de 4.000 francs, qu'il y a des recettes qui ont été omises et qu'il y a des traites de 1.000 et de 500 francs qui sont également omises.

Je dis qu'on a fait les choses un peu trop à la légère. Ce n'est pas qu'on ne pouvait s'entourer de camarades, mais on n'a pas voulu. Je vous ai dit tout à l'heure qu'on ne les demandait que pour certaines besognes qu'on ne voulait pas faire soi-même. J'étais pour ma part bien placé pour savoir ce qui se passait. Mais Lévy, ce n'est pas un sympathique, il ne pelotte pas, il n'est pas toujours de l'avis de tout le monde, il dit ce qu'il pense : des fois il cède, parce qu'il ne veut pas chercher des chicanes, parce que c'est un bon garçon : il crie, et puis c'est fini : s'il veut arranger la comptabilité, ce sera un bon garçon ; s'il ne veut pas, alors, pas de grâce, on le dira au Comité et on se débarrassera de lui ! Et on réunissait les camarades, on faisait des complots, on se disait : on va se débarrasser de lui et on trouvera un autre trésorier complaisant.

Eh bien, Lévy ne s'est pas laissé faire ; il s'est présenté comme trésorier et, malgré toutes les combinaisons, il a été élu par une majorité, non pas de réformistes, mais de camarades qui n'étaient pas toujours parmi les fonctionnaires, de camarades qui ont écouté la discussion et ont vu comment on faisait les procès-verbaux. J'ai parlé pendant trois séances, et on a vu que dans les procès-verbaux il n'y avait rien de ce que je disais. Je dois dire aussi de quelle façon on procède pour la nomination des fonctionnaires ; moi, je n'ai écrit à personne, je n'ai sollicité personne. Au contraire, j'ai demandé à ceux qui n'avaient pas mes tendances et qui n'étaient pas de mon avis, je les ai priés de ne pas voter pour moi, et c'est de cette façon que j'ai obtenu que Renard, qui est ici, ne vote pas pour moi. Il m'a dit : Je vote pour un trésorier qui fait son devoir, parce qu'un trésorier ne doit pas avoir de tendance : mais si tu es un anarchiste, je ne vote pas pour toi.

Eh bien, je devais être battu avec les manœuvres qu'on a employées, car je dois dire que des manœuvres ont été employées contre moi par un de ceux que j'ai défendus, car s'il est toujours secrétaire de la Fédération des Bourses, c'est un peu grâce à moi. C'est d'Yvetot dont je veux parler...

Yvetot. — Quelles manœuvres ?

LÉVY. — Je m'explique. Le jour du vote, j'étais dans le bureau, et, à 5 et 7 heures du soir, il est arrivé deux mandats (un pour Vignaud, gérant de *la Voix du Peuple*, et un pour le frère de Dret); tous deux, naturellement, votèrent contre moi. Pourtant, je ne fus pas battu. Le soir des élections, jamais il n'y avait eu autant de monde au Comité et, d'un côté comme de l'autre, les opinions étaient partagées. Mais, en tout cas, après m'avoir entendu, on m'a renommé, et le trésorier, pour protester, une fois élu, a donné sa démission. Et cela non pas que la fonction lui déplaise — il est tout prêt aujourd'hui à la reprendre — non pas pour le poste, mais parce qu'il y a toujours accompli sa tâche. Ce n'est pas que je la sollicite, mais le lendemain de ma démission je me suis mis à la disposition de la Confédération, j'ai fait mon devoir comme toujours... car je suis allé dans les conflits.

Tenez, voici le procès-verbal, pour vous montrer dans quel état d'esprit j'étais, car il n'y avait pas beaucoup moyen de causer : on essayait d'étouffer la discussion et de m'empêcher de dire ce que je voulais dire, et les procès-verbaux de trois séances, rédigés par Pouget, faisaient le silence à peu près complet sur mes observations irréfutables et justifiées :

Pour la troisième fois ce soir nous sommes réunis et, après des accusations mutuelles contre tous les précédents, nous ne sommes pas plus avancés. Griffuelhes m'a accusé de l'avoir traité de voleur et d'escroc et j'ai moi apporté, à travers l'incohérence de la discussion, des faits précis et des chiffres. Je prie tous les membres du Comité confédéral présents de ne pas perdre de vue que je suis le trésorier de la C. G. T. et non pas ce que j'aurais pu être : le caissier de la Maison Griffuelhes & Cie. J'ai trop souci de la charge que j'ai assumée depuis le Congrès de Bourges pour oublier que la C. G. T. est l'organisme suprême dans lequel les individualités ne doivent pas compter et où seules les convictions, les courages et surtout la clarté doivent régner.

Ceci dit, pouvons-nous admettre, malgré ce qu'en pense Griffuelhes, qui baptise lui-même ses agissements de procédés pas très honnêtes au point de vue bourgeois, de trucs, de combinaisons, d'incorrections, qu'il soit possible que la C. G. T. soit la locataire d'elle-même, d'une maison qu'elle n'a pas, d'un propriétaire qu'elle ignore?

Est-il admissible que 300,000 confédérés que vous êtes censés représenter ici puissent servir d'appoint, par l'apport de leurs cotisations, à une comptabilité qui n'existe pas, à des combinaisons que je ne veux pas approfondir, à des procédés que je ne veux pas qualifier?

Est-il admissible que les ressources péniblement amassées pour les grèves, mitraille ouvrière envoyée aux frères en conflit, puissent être détournées, ne serait-ce qu'une minute, de leur destination urgente au bénéfice ou de la Maison des Fédérations ou de l'imprimerie?

Je dois dire, camarades, que dans les 4.700 francs dont j'ai le reçu de Griffuelhes, il y avait des fonds pour les grévistes : il n'y avait heureusement que 1.600 francs ; ils ont pu s'en passer pendant quelque temps, mais il y en aurait eu plus, ç'aurait été la même chose. J'ai trouvé que c'était véritablement léger de prendre les fonds des grévistes sans même les demander au Comité : on aurait demandé au Comité de prendre la somme, il l'aurait autorisé, mais on ne lui a rien demandé : on a puisé dans la caisse parce que la situation commandait d'y puiser : on pouvait avoir une crainte de revers, mais cela ne faisait rien.

Est-il croyable que depuis plus de deux ans la C. G. T., sur le dos de laquelle ont été fondées : 1° la Maison des Fédérations, 2° l'imprimerie, 3° la clinique, ne soit pas mise à même de juger la gestion, que l'on fait en son nom, d'immeuble dont on dit l'avoir voulue propriétaire et de prérogatives médicales et judiciaires dont elle ne pouvait se dessaisir que contre des garanties morales à l'abri de toutes suspicions et de toutes critiques?

Pour les détails relatifs au numéro exceptionnel paru pendant la détention des camarades à Corbeil, j'ai répondu, et au surplus je suis prêt à déposer entre les mains du président la preuve que Griffuelhes se trompait volontairement quand il affirmait que Mouchebeuf avait été envoyé auprès de moi pour m'informer de la décision prise.

Je prie les camarades, amis ou adversaires, intéressés ou désintéressés à mon maintient en fonction, de ne pas oublier que je suis un caissier, que j'ai des comptes fidèlement tenus et contrôlés le 5 janvier, une heure avant la question de confiance posée par Griffuelhes, qu'en un mot je suis un comptable qui ne permettra pas qu'on rature ses chiffres ou qu'on veuille les dénaturer.

Par conséquent, je fais appel au sang-froid et à la sagesse des délégués pour faire abstraction de tout ce qui, dans ces trois séances consécutives, n'aura été que du colportage de mauvaises langues, des potins ridicules qui n'ont rien à voir dans les graves questions qui concernent la C. G. T.

1° Lorsque, au mois d'avril, en sortant de la prison de Clairvaux, j'ai repris possession de mes fonctions de trésorier, j'aurais dû, ainsi qu'au premier examen me le montraient les livres, entrer en possession d'une somme en espèces sonnantes et trébuchantes de 4,718 fr. 40.

Au lieu de cela, Griffuelhes m'a remis un reçu de 4,700 francs, que je tiens à votre disposition, et une quinzaine de jours après, une somme de 120 francs, sous forme d'indemnité, pour régulariser les erreurs que j'avais constatées en relevant les comptes au net.

Vous avouerez que c'était pour moi une singulière façon de reprendre la trésorerie, à la veille du Congrès et au milieu des difficultés nombreuses où se débattait la C. G. T., qu'il ne faudrait pas perdre de vue.

Pendant plusieurs mois, un mutisme absolu a été gardé sur cette créance de la C. G. T. sur la Maison Griffuelhes & Cie. Ce n'est qu'à partir du mois d'août que les remboursements se précipitent et que, par les mains du délégué Garnery, il m'est remboursé une somme de 3,440 francs. Il reste donc dû à ce jour une somme de 1,260 francs à la caisse confédérale. Cette situation est-elle régulière? C'est la première question que je pose à la conscience des délégués.

2° Durant les mois de mars et avril, la caisse de grève a été alimentée de 1,200 francs, en chiffre rond, par les souscriptions ayant un but nettement déterminé; pendant cette même période, il n'a été affecté, comme secours aux camarades en grève, qu'une somme de 40 francs par les mains de Griffuelhes.

Pourquoi 1,160 francs, plus l'encaisse au 28 février, ont-ils été immobilisés, quant à l'usage auquel ils étaient destinés, et employés à un objet pour lesquels ils ne seraient jamais entrés dans les caisses de la C. G. T.? C'est la seconde question que je pose à la conscience des délégués.

3° *Imprimerie.* — Aux yeux de tous les affiliés à la C. G. T., l'imprimerie est un organe de confédération elle-même. Par les intentions avouées de Griffuelhes, elle est destinée à lui faire un jour retour. Il nous appartiendrait donc, en notre qualité de Comité confédéral, d'avoir sur elle l'œil bienveillant du père de famille et de savoir si tout s'y passe à peu près régulièrement. Tout d'abord, pouvons-nous, tandis que nous cherchons l'unification des salaires, accepter que des camarades aient 8, 10 ou 12 francs, suivant ou leur capacité ou le degré d'estime dans lequel ils sont tenus? Pouvons-nous accepter qu'un camarade tombé victime dans un conflit, délégué par la C. G. T., Marck, en l'espèce, voie son salaire diminué de 2 francs à son retour de prison, parce que considéré comme nouveau rentrant?

Ce sont des faits qui ne paraissent pas graves, mais Marck est comme moi, comme d'autres: il fait exprès d'aller en prison, il fait exprès comme moi de se faire arrêter: et quand il revient, c'est un imbécile: on le diminue de 2 francs pour lui apprendre à vivre, et surtout pour qu'il s'en aille. Maintenant, il est trésorier, mais s'il n'était pas trésorier, on l'aurait foutu à la porte!

Malgré que ce soit, comme veut nous le dire Griffuelhes, la même caisse qui marche, est-il logique que la C. G. T. paie pour certains de ses imprimés et particulièrement pour son Répertoire, une somme de 2,300 francs pour un opuscule de 132 pages tiré à 3,000 exemplaires, tandis qu'elle fit faire celui de 1906, à 4,000 exemplaires, de 192 pages, pour 2,150 francs, chez Simart, imprimeur bourgeois?

Si l'imprimerie est l'imprimerie de la Confédération, qu'est-ce que cela peut nous faire de payer les imprimés très cher? Mais si ce n'est pas l'imprimerie de la Confédération, le trésorier a le droit de savoir ce qu'on lui fait payer les imprimés. Les fonds de la propagande ne doivent pas sortir de la caisse du trésorier pour entrer dans une imprimerie dont on n'a pas le contrôle. J'ai donc protesté contre ce fait.

On a de singulières façons de régler les questions à la Société Griffuelhes & Cie; on a trouvé des moyens faciles de faire des opérations comptables. J'avais déjà payé 1,800 francs sur les Répertoires; on m'a passé une pièce où on me disait : Voilà 500 francs, nous sommes quittes. Je disais : Ce n'est pas comme cela que les opérations doivent être passées; ou j'ai payé la brochure 1.800 francs ou je l'ai payée 2.300. On voulait, tout en la payant 2.300 francs, qu'elle ne figure que pour 1,800 francs. J'ai forcé Garnery à me donner un reçu en règle, et en payant 2.300 francs à l'imprimerie pour une brochure, j'ai payé 1.000 francs trop cher.

En ce qui concerne le *Manuel du Soldat*, on le payait 310 francs les 10,000; on pouvait le vendre 3 fr. 50 le cent; ce n'est pas que nous voulions avoir du bénéfice, mais nous voulions retirer nos frais parce que la Confédération a un budget d'administration très faible: elle ne peut pas donner les brochures pour rien. Pendant mon absence, je m'aperçois qu'on a augmenté de 80 francs sur le tirage de la brochure: je dis : On la paie maintenant 3 fr. 90, alors qu'on la vend 3 fr. 50.

J'ai parlé du *Manuel* parce qu'il me semblait qu'on disposait des deniers confédéraux un peu légèrement en payant 3 fr. 90 une publication que l'on vendait 3 fr. 50 et que nous payons toujours 310 francs.

Tout cela, ce sont des chiffres.

Il y a eu encore d'autres imprimés: il y en a un dont on n'a pas voulu me donner même une épreuve; j'ai protesté, mais cela n'a rien fait : Lévy trésorier, cela ne compte pas, on en fait ce qu'on veut; s'il n'est pas content, il n'a qu'à s'en aller! Il crie de temps en temps, mais on n'a qu'à crier plus fort que lui! Oui, mais cela n'a pas été jusqu'au bout.

Abordons maintenant la situation spéciale créée par le passage de Tenvenin à la comptabilité et à la direction technique de l'imprimerie.

Je laisse à de plus compétents que moi le soin de juger la valeur professionnelle, au point de vue typographique, de Tennevin, mais au point de vue comptable, j'ai le droit d'être surpris qu'on ait toléré l'absence complète de brouillard pendant 18 mois, mettant ainsi dans l'impossibilité absolue Griffuelhes & Cie de produire, même avec complaisance, des livres réguliers à ceux qui un jour pouvaient prétendre avoir le droit de les voir. Durant 18 mois, par conséquent sans que Griffuelhes l'ignore, on a payé les ouvriers, amorti les machines, emprunté à des fédérations et à des syndicats, renvoyé, avec ou sans indemnité, des employés de l'imprimerie; on a encaissé des centaines de factures, opéré des paiments aux fournisseurs sans qu'ils puissent être nettement déterminés. Pendant 18 mois donc, le plus beau gâchis qui conduit généralement les commerçants à la faillite, a été connu et tacitement approuvé par celui qui détenait des fonds qui ne lui appartenaient pas et dont il était, en même temps que le gardien, le comptable.

Je le disais à l'époque où je n'avais pas encore vu le rapport : je peux dire aujourd'hui que j'ai dit ce qui est dans la brochure : on ne pouvait pas ne pas le dire, parce qu'au comptable, on lui dicte les opérations ; le comptable, c'est l'employé soumis qui ne dira jamais rien, qui est mort et qui n'a jamais rien dit : *heureusement* qu'il est mort, mais on lui a donné un mois pour mourir, et il est mort juste un mois après !

Quelques jours après mon retour, en avril ou mai, Griffuelhes me pria d'examiner la comptabilité de l'imprimerie. Dès le premier examen, je bondis, comme c'est ma coutume, subissant ma crise journalière, en m'apercevant qu'aucune garantie comptable n'avait été observée. Je répondis à Griffuelhes qu'il était impossible d'y rien comprendre, et le priai de faire venir son comptable. Mandé, Tennevin donna des explications embrouillées et finit par l'aveu de ses malversations. La seule solution possible, et que je proposai, était le renvoi de Tennevin.

Il se fit, en effet ; mais ce qui me stupéfia et me stupéfie encore, ce fut la promesse faite par Griffuelhes à Tennevin de lui donner sous peu un emploi où il n'aurait pas grande besogne. Il était à souhaiter pour le futur employeur de Tennevin qu'il ne s'occupât pas d'une façon aussi diligente qu'à la Maison Griffuelhes & Cie de ses propres intérêts !

Dernier détail : Tennevin, entré en fonction comme comptable à l'imprimerie, n'était pas syndiqué.

Ce n'est que sur mon énergique intervention que Tennevin fut renvoyé sans indemnité.

La troisième question qui se pose aux délégués est relative à l'imprimerie ; elle comprend donc : 1° les différences de salaires, 2° la diminution de Marck, 3° le Répertoire, 4° le *Manuel du Soldat*, 5° l'incohérence comptable de ses directeurs.

Voilà donc résumés les différends existant entre Griffuelhes et le trésorier de la C. G. T. A côté de ces points, qui tous reposaient sur des chiffres, à la dernière heure, Pouget a greffé une insinuation qui laisserait croire que j'ai trompé le Congrès sur le nombre des abonnés de *la Voix du Peuple*. En soi, le fait serait possible, puisque comme chacun je peux me tromper. Mais là n'est pas le cas. Lorsque Pouget a fait cette insinuation, il la savait toute gratuite, ainsi que peut le prouver une lettre de Pouget à Desplanques.

Cette lettre donne à Desplanques les explications nécessaires pour arriver au chiffre exact. Si, comme tout le laisse croire, Desplanques s'est conformé aux instructions du secrétaire de *la Voix du Peuple*, ma démonstration n'a pas besoin de se poursuivre, puisque Desplanques est en réalité le père du chiffre que l'on me reproche.

(*Manque le document*).

J'ai voulu consigner, pour qu'elles soient versées au procès-verbal, ces différentes explications en face desquelles, je l'espère du moins, il ne sera permis à aucun délégué de se dérober. Peut-être, dans le feu des discussions, il aurait pu échapper à certains la précision qu'ont certains faits et certains chiffres. Je crois avoir suffisamment synthétisé les griefs et les reproches pour laisser à votre conscience le soin de se prononcer. Quelque soit votre vote, je tiens à vous dire que pendant tout le temps que j'ai rempli les fonctions de trésorier, je ne me suis jamais cru obligé de m'inféoder ni à une direction ni à des individus, et je continue.

Voilà, camarades, les explications que j'avais à donner, voilà les conditions dans lesquelles j'ai repris mes fonctions. Je dois vous dire que j'ai trouvé encore certaines choses qui, en faisant les comptes, pour faire le rapport au Congrès, m'ont surpris. On a fait une brochure de 25.000 exemplaires de livres-statuts : je relève dans les comptes la vente de ces brochures et j'en trouve 7.500 vendues : je demande à Griffuelhes : Comment se fait-il qu'il n'y en ait plus? Il dit : Je n'en sais rien. En ce qui concerne le *Manuel du Soldat*, c'est la même chose, la moitié a disparu. J'ai été à l'imprimerie pour les demander, on m'a dit : Il nous en reste non reliées. C'était probablement celles qu'on ne m'avait pas livrées !

Il est nécessaire qu'on explique ici comment on draine les fonds de la Maison des Fédérations. On édite à la Maison des Fédérations deux brochures : il y en a une qui ne compte pas, c'est *Travail et surmenage*, c'est une brochure du docteur Pierrot ; cette brochure était attribuée à un service de librairie dont je n'ai jamais su le fin mot : on n'a jamais retrouvé la recette. Mais il y a autre chose : un individu, peut-être pas très recommandable, a offert des documents : c'est un nommé Gautier ; ces documents, il en voulait beaucoup d'argent, il en demandait 500 francs. Nous examinons la question avec Griffuelhes et nous disons : C'est très intéressant, il faudrait acheter ces documents. Je dis : Nous n'avons pas d'argent. Je me rends immédiatement au bureau du camarade Galantus, ici présent, pour avoir de l'argent : il résiste, il veut une décharge des 500 francs pour acheter les documents qui ont servi à faire la brochure *Les Rouges et les Jaunes*. Je suis arrivé à payer les 500 francs à Galantus de la façon suivante : J'étais très embarrassé pour les trouver : je ne voulais pas les prendre dans la caisse de la Confédération : j'ai vu qu'il paraissait un feuilleton dans *le Matin* : j'ai été trouver l'administrateur et je lui ai dit : Cela pourrait vous servir dans ledit feuilleton que vous publiez ; nous avons payé ces documents telle somme : si cela vous faisait plaisir d'avoir ces documents, nous vous les donnerions au même prix. Il a dit à première vue : Cela pourrait faire notre affaire. On a fait photographier les documents, on n'a pas donné les originaux et nous nous sommes fait rembourser la somme. Ces documents doivent être entre les mains de Jouhaux : ils appartiennent à la Confédération.

La brochure a été publiée par la Maison des Fédérations. Qu'a-t-on fait de cette brochure? On vous dit dans le rapport que la brochure figure aux dépenses, mais il n'y a rien aux recettes. Cela n'a rien d'étonnant. On pourrait demander à la Maison des Fédérations : Voulez-vous nous dire où sont passées ces brochures? On en a envoyé à des Fédérations, mais il en est resté dans le bureau. Vous ne pouvez pas savoir où sont passées vos brochures? Quand je suis revenu de prison, elles traînaient par terre : c'est moi-même qui les ai fait relier, qui ai adressé d'autorité une circulaire aux Bourses du Travail pour les liquider : ce n'est pas vous qui l'avez fait. Vous parlez de votre administration, je parle de la mienne. Les secrétaires de Bourses du Travail savent comment on opère pour ne pas avoir de perte, mais vous, vous avez laissé traîner une brochure qui a coûté si cher, et je vous mets au défi de montrer un compte, puisqu'il y a encore quelques jours votre administrateur de l'imprimerie me demandait des comptes de cette brochure. J'ai dit : Marck a un compte des brochures expédiées par moi, mais les vôtres, je ne sais pas où elles sont passées ; j'ai voulu en sauver une partie ; nous reconnaissons à la Confédération vous les devoir, parce que c'est nous qui les avons envoyées.

Eh bien, voilà ce qui s'est fait, et je n'en finirais pas si je voulais dire toutes les choses qui se sont passées.

Vous dites : Lévy s'est plaint à des camarades de la situation. Oui, je me suis plaint à des camarades de Griffuelhes ; ils se sont tous unis contre moi, ils ont mené une cabale : c'est facile, quand on n'est plus de la coterie, on se débarrasse de vous. Et puis, il y a des situations critiques, on n'a pas d'argent, on se plaint à des camarades qu'on ne peut pas continuer à faire le service de la Confédération, mais tout est arrangeable. Quand les camarades ont été arrêtés, ma première chose a été de mettre de côté leurs 250 francs par mois, et, autant que possible, de ne pas y toucher. Je n'avais pas beaucoup d'argent ; je vous ai expliqué tout à l'heure comment j'étais entré à la Confédération.

Pour moi, je me suis refusé à distraire un sou de l'argent destiné aux victimes, malgré les demandes de Luquet, secrétaire intérimaire. C'est comme cela que dans le bureau il y avait des discussions parfois acerbes ; que voulez-vous, quand on me demande de distraire des fonds d'une caisse pour aller dans une autre ! On veut que je dispose des fonds, je ne peux pas en disposer, alors je ne suis pas bon à jeter au panier, et pendant que les camarades étaient en prison, je les ai diffamés, dit-on.

On ne compte pas les discussions précédant l'affaire qui a eu lieu entre moi et Griffuelhes devant Yvetot, quand je lui ai dit : Je n'ai pas confiance en toi.

Au Congrès de Marseille, la question de la Maison des Fédérations aurait été déjà soulevée, si je n'avais pas déclaré à la commission de contrôle que tout était bien dans la Maison des Fédérations. Et on me reproche cela ! Je dis que rien n'a été dit par moi à personne en dehors des amis de Griffuelhes, que ma conduite a été régulière, que quand on m'a diffamé j'ai répondu, mais que je n'ai jamais livré à la presse les comptes de la Confédération, tandis que vous avez fait le contraire ; vous avez voulu laisser croire que j'avais rempli un rôle dégoûtant, que j'avais fait des démarches pour ne pas être arrêté au moment de Villeneuve-Saint-Georges : mais j'ai répondu aux insinuations perfides des journaux, à *l'Action* particulièrement. Au lendemain de Villeneuve-Saint-Georges j'ai fait des démarches — et je sais qui a donné les renseignements — pour continuer ma campagne. J'ai répondu au journal *L'Action*, bien informé puisqu'il émarge, paraît-il, aux fonds secrets : Oui, j'ai fait une démarche, une seule, c'est auprès de M. Régismanset, juge d'instruction à Corbeil, pour lui dire : J'ai pris part à la manifestation, et vous ne m'avez pas arrêté, tandis que certains autres camarades ont été arrêtés sans avoir joué aucun rôle à cette manifestation ! Et cependant, je venais de sortir de prison : ce qui n'a pas empêché de dire, à certains, que puisque je ne suis pas arrêté, je suis un mouchard et un vendu !

J'ai expliqué toute la question, et il n'est pas facile de traiter une question comme celle-là au pied levé. Je connais d'avance les discours qu'on va tenir car je les ai déjà entendus, ce sont des questions de sentiment :

« Je suis malade, j'ai fait pour la Confédération un effort surhumain, je vais vous donner la Maison des Fédérations, mais j'ai eu des difficultés. »

C'est la vérité, personne n'en disconvient, mais cela ne justifie pas qu'on ne doit pas présenter les livres à la Confédération ; je prétends que ces livres appartiennent à la Confédération, que la tombola a été faite pour la Confédération ; il n'y a pas une organisation de province qui puisse dire que les billets de tombola n'appartenaient pas à la Confédération. Mais il n'y avait pas de label, c'est donc que vous pensiez que c'était à côté de la Confédération et que vous vouliez garder pour vous le produit de cette tombola ?

Et les souscriptions, elles sont faites aussi au nom de la Confédération, *la Voix du Peuple* en fait foi ; tout le monde a cru que cette Maison c'était à la Confédération. Les moyens employés pour la faire vivre vous ne les avez pas demandés comme il fallait les indiquer : il fallait indiquer comment vous viviez, quelles sommes vous aviez reçues : moi, trésorier, je ne le savais pas : il est probable qu'on ne voulait pas me le dire parce qu'on n'avait pas confiance en moi. Il est inadmissible qu'une œuvre comme celle-là soit laissée entre les mains de ceux qui ont été mandatés et que les comptes ne soient pas rendus ; il est inadmissible qu'on nous apporte aujourd'hui un rapport de quatre années de comptes sans être signé, alors que dans trois mois on aura le courage de dire : Ce n'est pas moi qui ai fait cela. On s'est foutu des gens en leur donnant ces comptes-là parce qu'ils ne peuvent pas les lire. Il est impossible à l'expert le plus expérimenté de lire une ligne de votre rapport. Si, on peut lire des passages en blanc, des « mémoires ». J'ai eu le livre-journal entre les mains ; eh bien, il n'y avait pas une ligne écrite. Comment alors avez-vous établi cette comptabilité ? Je déclare devant le Congrès que cette comptabilité est fausse en tous points. J'ai fini.

La séance est suspendue cinq minutes.

La séance est reprise à 11 heures.

Paroles de Blanchard

Le Président. — La parole est au camarade Blanchard.

Blanchard. — Camarades, le camarade Lévy, dans son exposé de tout à l'heure, a parlé de certains points que je me proposais de traiter moi-même. Je pourrais donc aller un peu plus vite pour ne pas fatiguer le Congrès. Je dois également indiquer comment s'est formée la Maison des Fédérations, à mon point de vue, puisque je ne sais pas le fond des choses ; mais j'ai estimé que, pour constituer cette Maison, on avait fait une tombola et des souscriptions ; comme je m'étais beaucoup occupé dans l'Est pour faire vendre une quantité de billets de la tombola, il me semblait que j'avais le droit de savoir comment marchait la Maison des Fédérations. Je disais aux camarades à qui je voulais faire prendre des billets : Vous avez vu ce qui s'est passé à Paris ; le gouvernement, craignant la C. G. T., croit, en rejetant la C. G. T. en dehors de la Bourse du Travail, pouvoir enrayer le mouvement ascendant de la Confédération, et je leur demandais alors de prendre des quantités de billets, de faire de la propagande auprès de leurs camarades d'ateliers ou d'usines, de façon à ce qu'on puisse édifier la grande salle de la Confédération où nous pourrions faire la propagande désirable sans que le gouvernement puisse y voir quelque chose.

J'ai voulu demander comment cela s'était passé, j'ai demandé combien avaient rapporté la tombola et la souscription. Un jour je fus attristé quand je demandai à un de mes camarades combien la souscription avait rapporté. Ce camarade me répondit : Je ne puis pas le dire exactement, mais cela n'a pas dépassé 3,000 francs. Je me dis alors : les camarades ne sont pas beaucoup conscients dans les organisations, car, puisqu'on veut édifier une grande salle, il est regrettable que la tombola n'ait pas rapporté davantage. Une autre fois, dans une discussion avec différents camarades, j'entends dire que la tombola aurait rapporté 10,000 francs. Je me demande comment il se fait qu'à un moment on dise 3,000 francs et qu'après on dise 10,000 francs.

J'ai demandé des renseignements au sujet de la Maison des Fédérations, et on me répondit : Nous ne pouvons rien dire, et d'ailleurs ce n'est pas la peine, car la Maison des Fédérations ne regarde pas la C. G. T.

Eh bien, camarades, j'estime que cela regarde la C. G. T., parce que tous les camarades y ont concouru en donnant de l'argent, soit en prenant des billets de tombola, soit en souscrivant aux listes de souscription qui étaient sur *la Voix du Peuple*, et j'ai des extraits de *la Voix du Peuple* où il est dit que c'est bien pour l'organisation en général que l'on fait cette souscription et cette tombola. J'ai donc trouvé très mal qu'on nous refuse des comptes. Surtout quand je voyais qu'à Paris je ne pouvais avoir aucun compte et que, chose bizarre, on disait tout le temps : Oui, nous devons des comptes, mais rien qu'aux locataires de l'immeuble. Je ne sais pas si c'est vrai, mais Blanchard, comme tous les camarades délégués de la Métallurgie, sont tous locataires de cet immeuble, et la Fédération des Métaux a son siège à la Maison des Fédérations. Je suis locataire; donc j'aurais dû avoir des comptes.

Eh bien, on me demandait partout où je passais si la Maison des Fédérations allait bientôt édifier sa salle.

Eh bien, camarades, j'ai menti à des organisations. Dans certains milieux on me disait : Est-ce que la Maison s'édifie, est-ce que vous allez bientôt avoir votre salle montée? Je répondais dans certains endroits : J'ai vu les devis, cette salle va être très bien. J'espérais, en effet, qu'on allait commencer les travaux, car je croyais que la somme était assez forte pour pouvoir les commencer, et c'est pour cela que je mentais en disant que j'avais vu les devis. A d'autres moments je disais : Les fondations sont commencées, parce que je ne pouvais pas dire qu'il n'y avait encore rien de fait. Et alors, qu'est-ce que je fis? Je partis un jour à Clairvaux pour voir Lévy, car je pensais que Lévy pourrait me donner des comptes, et alors, devant les camarades Yvetot et Bousquet, à Clairvaux, dans la prison, je demandai à Lévy où en était la Maison des Fédérations? Le camarade Lévy ne me répondit pas; il me dit que lorsqu'il serait sorti il verrait ce qu'il aurait à faire; mais il ne me donna aucun compte.

Eh bien, j'estime qu'il y a de quoi pousser la curiosité des camarades pour avoir des comptes, et alors j'ai demandé à plusieurs reprises à la C. G. T., c'est-à-dire au Comité confédéral, j'ai demandé des comptes. Et alors, toutes les fois que nous demandions des comptes, on ne voulait pas nous en donner, et cependant il faut bien se mettre dans l'idée que jamais, pour ma part et pour beaucoup d'autres camarades, nous n'avons cru que Griffuelhes ait mis quelque chose dans sa poche; mais je dis qu'il y a eu des désordres. C'est pour cela que j'estimais qu'on devait donner des comptes et contrôler ce qui se passait, parce qu'il est inadmissible qu'une organisation comme la Maison des Fédérations ne soit pas contrôlée depuis plusieurs années, alors qu'un syndicat de dix membres seulement se fait contrôler tous les trois mois par sa commission de contrôle pour donner la confiance aux camarades!

Eh bien, j'estime qu'on doit contrôler les organismes de la C. G. T. pour donner confiance à tous les camarades confédérés et j'estime que tous les rouages de la Maison des Fédérations qui, pour moi, est une

Maison qui appartient à la classe ouvrière confédérée, doivent être contrôlés. On devait donc donner des comptes.

Eh bien, quand nous avons voulu savoir ce qui se passait, ah ! de suite on a vu qu'il ne faisait pas bon de s'attaquer à certaines personnalités. J'ai eu pour ma part toutes les insultes, et c'est pourquoi ce matin j'ai été un peu agressif, parce que je croyais qu'on n'allait pas encore discuter cette question. Je suis trop heureux de dire ici qu'il est malheureux et qu'il est inadmissible, lorsque des camarades veulent suivre les principes du syndicalisme et veulent que tous les rouages de la C. G. T. soient visibles pour tout le monde, de voir comment on salit des camarades militants quand ils vont en province. J'ai vu des lettres envoyées contre moi dans des localités où je n'avais pas encore été. Et alors, quand la Fédération des Métaux m'envoyait faire de la propagande à Grenoble, par exemple, j'ai vu cinq ou six camarades me tourner le dos, des camarades qui ne m'avaient jamais vu, mais qui avaient une lettre contre moi. Et alors j'ai vu, pendant six jours que je suis resté à Grenoble, ces six camarades me suivre pas à pas et voir si ce qu'on avait dit dans la lettre était bien exact. Enfin, le sixième jour, ces six camarades m'ont dit : Est-ce que tu n'as pas trouvé notre attitude mauvaise ? Je leur ai répondu : Votre attitude a été dégoûtante vis-à-vis de moi, car vous auriez dû me dire ce que vous aviez contre moi. Alors, mes camarades m'ont dit : Puisque tu t'en vas, nous allons discuter, parce que nous estimons que nous avons été trompés ; viens déjeuner avec nous demain et nous te ferons voir une lettre.

Eh bien, camarades, ces procédés sont dégoûtants. Tout à l'heure, Lévy a oublié de parler d'une personnalité, celle qui a prêté 93,000 fr. Eh bien, cette personne, pour ne pas la nommer, s'appelle Louzon. Eh bien, à Chaumont, crapuleusement, parce que je ne connais pas cette personne, cette personne a été dire que Blanchard était vendu à Briand et qu'il faisait la propagande de Briand pour faire tomber la C. G. T. ; et vous voudriez qu'on ne s'emporte pas et qu'on soit tout le temps de petits agneaux quand on apprend toutes ces saloperies ! Non, camarades, et c'est pourquoi je me révolte aujourd'hui, et j'espère que par ce Congrès on arrivera à faire cesser de pareils procédés.

Et, camarades, quand on vient dire que Blanchard est réformiste ! Eh bien, dans la salle, il y a des camarades qui m'ont vu faire des réunions, et je dis qu'il est regrettable...

Une voix. — Mais ce n'est pas une flétrissure !

Blanchard. — Pour certains, c'est une flétrissure, et j'estime que dans le syndicalisme il ne devrait pas y avoir ces étiquettes qu'on accole à droite et à gauche... (*applaudissements*)... car si on veut accoler des étiquettes, changeons les statuts de la C. G. T. ! Disons qu'il y a une Confédération de révolutionnaires, disons qu'il y a une Confédération de réformistes, disons qu'il y a des personnages qui n'ont pas de conception bien définie, et alors on saura à quoi s'en tenir.

Eh bien, je dis qu'il est regrettable de voir toutes ces insinuations, et quand on venait dire à Blanchard : Tu es un réformiste, Blanchard répondait : C'est possible, mais je suis en bonne compagnie, car il y a Péricat, du Bâtiment, qui pense comme moi ; il y a Janvion, qui est pourtant anarchiste et qui pense comme moi : car, comme moi ils réclament les comptes de la Maison des Fédérations. Est-ce que les chiffres et les livres ont une tendance ? Non, les livres n'ont pas de tendance : les chiffres ne sont ni réformistes ni révolutionnaires ; ce sont simplement des additions, de l'administration, et alors on est mal venu d'essayer de salir à droite et à gauche !

Eh bien, camarades, nous estimons, nous, qu'il faut un peu envisager ce qui se passe. Quand on vient nous dire : Mais la Maison des Fédérations n'a rien à voir avec la C. G. T., je réponds : Si, et tout à l'heure, s'il le fallait, je lirais tous les extraits des procès-verbaux de *la Voix du Peuple*, et on verrait que c'est par décision de la section des Fédérations que cette affaire s'est faite. Cela regarde donc bien la C. G. T. Il est inadmissible que toutes les fois qu'on réclame des comptes, on ne veuille pas les donner. J'ai vu quelques comptes qui ont été donnés, et ces comptes prouvent qu'il y a du désordre. J'ai des comptes qui ont été donnés deux fois, une première fois avant les incidents Lévy et Griffuelhes : c'est mon camarade Hanot qui avait pris ces chiffres et qui me les a donnés. Ces comptes sont sur les procès-verbaux de la Fédération de la Métallurgie. Un camarade sociétaire est venu apporter des comptes à notre camarade secrétaire, ceci avant les incidents, et comme c'était alors le camarade Hanot qui était le secrétaire de la Métallurgie, on nous avait donné des comptes ; et le lendemain, on venait dire au camarade Hanot : Les chiffres qu'on a donnés hier comportent quelques petites erreurs, mais nous allons les rétablir, et on les a rétablis.

Eh bien, il ne faut pas se contenter de ces comptes : il faut que ce soit une Commission de contrôle, une Commission d'enquête qui vérifie tous les comptes, se mette au courant de tout, de façon qu'à l'issue de ce Congrès nous puissions faire de la bonne besogne au point de vue du recrutement, parce que nous estimons que cette Maison des Fédérations a été néfaste pour la C. G. T. ; j'estime que cela lui a porté un préjudice énorme, parce que des camarades militants étaient obligés de rétablir les faits, et alors il y avait dans toutes les localités scission entre ceux qui voulaient des comptes et ceux qui n'en voulaient pas, tandis que s'il n'y avait pas eu cette Maison des Fédérations, il n'y aurait pas eu toutes ces discussions entre les camarades, et alors le mouvement syndicaliste en aurait profité.

Tout à l'heure, le camarade Lévy s'est expliqué au point de vue des comptes et, ce qui m'a fait prendre la parole, c'est une chose qui m'a déplu : c'est que Lévy avait dit qu'il y avait une somme qui était destinée aux grévistes et qui avait changé de direction.

Eh bien, je vous demande, camarades, si lorsque vous recevez des listes de souscription, lorsque vous retirez de votre caisse syndicale une somme de 10 ou de 20 francs pour telle ou telle grève et que vous faites passer cette somme par la C. G. T., il est admissible qu'on détourne cette somme pour la mettre au service de l'imprimerie ? Mais, camarades, est-ce que c'est dans trois mois que les grévistes ont faim ? Non, ils ont faim tout de suite, ils ont des femmes, des femmes qui font que, très souvent, les conflits ne réussissent pas, car lorsqu'elles voient leurs enfants souffrir de la faim, elles insistent auprès de leurs maris pour qu'ils reprennent le travail, et j'estime que cet argent ne devait pas être détourné une seule minute, et on vient nous dire cependant que cet argent a été détourné ! (*Applaudissements*).

Camarades, si, au point de vue de la comptabilité, il y a quelque chose, je n'en peux rien dire, parce que je n'y connais rien. Mais, chose bizarre encore et qui me pousse toujours à demander le contrôle, tout à l'heure je vous disais qu'on m'avait parlé de 3.000 francs que la tombola avait rapportés et qu'après c'était une somme de 10.000 francs. Eh bien, quel fut mon étonnement, à la deuxième séance des incidents Lévy et Griffuelhes, d'entendre Griffuelhes venir nous dire que la tombola avait rapporté 21.000 francs! Alors je dis : Comment se fait-il qu'on dise une fois 3.000 francs, une autre fois 10.000 francs, une troisième 21.000 francs et une quatrième fois 21.497 francs ? Cela fait quatre chiffres différents. Je me dis alors : Il n'y a donc aucune comptabilité, et alors j'ai appris avec plaisir, à Paris, que c'était le camarade Sauvage qui était chargé de la tombola : et c'est avec plaisir que j'ai appris sa venue ici, parce que j'espère bien qu'il nous donnera des comptes.

A part cela, il y a d'autres points qui touchent le syndicalisme. Nous luttons contre le patronat, nous luttons contre les vexations qui se commettent contre les ouvriers, et alors si on lutte contre tout cela, si on nous parle de communisme comme société idéale pour remplacer la société que nous subissons, il faudrait au moins mettre les actes en corcordance avec les paroles. Nous tapons sur le patronat qui fait une demande reconventionnelle devant le Conseil de Prud'hommes : nous crions et nous disons que cette juridiction est néfaste parce qu'elle lèse les intérêts des travailleurs. Eh bien, j'estime qu'à la Maison des Fédérations on ne devrait pas se servir de la demande reconventionnelle. J'estime que l'individu, le nommé Balayé, qui était avant à la tête de la Maison des Fédérations, j'estime que c'est un sale individu, mais j'estime aussi qu'il aurait été préférable qu'on lui donne tout ce qu'il nous demandait et qu'il nous fiche la paix, et que Griffuelhes ne fasse pas comme les patrons, c'est-à-dire qu'il n'aille pas au Conseil de Prud'hommes pour aller ensuite, avec une demande reconventionnelle, devant une juridiction que nous ne reconnaissons pas.

Eh bien, je ne voudrais pas que cela continue à exister, car je considère que les congressistes ne peuvent pas accepter les choses qui sont employées par les patrons.

Il y a encore d'autres points, camarades, et ils sont également bizarres. Tout à l'heure, le camarade Lévy en a touché un : il vous a parlé de l'affaire du camarade Marck. Eh bien, voyons, qui a délégué le camarade Marck à Nantes, pour la grève des dockers, qui est-ce qui l'a envoyé, ainsi qu'Yvetot, si ce n'est le Comité confédéral ? C'est au nom de la C. G. T. que ces deux camarades sont partis à Nantes, et ces deux camarades, parce que leur propagande ne plaisait pas au gouvernement, furent arrêtés et condamnés : l'un à quatre ans, et l'autre à un an de prison. Eh bien, Marck pouvait penser qu'il avait sa place de droit à la Maison des Fédérations à sa sortie de prison. Mais non, lorsqu'il est revenu pour prendre son travail, Griffuelhes voulait le ficher à la porte, et c'est Nicolet, l'ancien secrétaire de la Fédération du Bâtiment, qui protesta et qui dit : Nous ne voulons pas que tu renvoies le camarade Marck : et alors Griffuelhes recula devant cette mesure, mais il diminua le camarade Marck de quarante sous par jour!

Vous allez peut-être dire que vous, dans vos ateliers, vous n'accepteriez pas une diminution de deux francs par jour. Mais il s'agit de voir dans quelle situation se trouvait le camarade Marck. Tout le monde connaissait Marck, tout le monde savait qu'il venait de faire de la prison, et alors vous savez que les patrons n'aiment pas employer des militants; on ne l'aurait pas embauché, et il a été contraint de rester. D'autre part, nous voyons bien qu'il y avait une espèce d'animosité contre le camarade Marck, car, malgré qu'on l'ait déjà diminué de quarante sous par jour, on voulait aller encore plus loin, parce que nous avons vu que pendant les incidents Lévy-Griffuelhes, il y a eu des votes émis, et lorsqu'on a demandé de voter pour le trésorier, il y avait à l'imprimerie un camarade, le camarade Grosvogel... Ah ! je sais que l'on va dire que c'était un camarade qui n'en foutait pas un coup ; mais alors je fais observer que je trouve drôle qu'on ait attendu trois ans pour le foutre à la porte !

Eh bien, camarades, qu'avons-nous vu ? Parce que Grosvogel n'a pas voté dans le sens qu'aurait désiré le camarade Griffuelhes, on donna son compte au camarade Grosvogel, puis on se tourna vers Marck et on lui dit : Tu as de la chance d'être trésorier de la C. G. T. ; comme lui, je te foutais à la porte. Eh bien, camarades, je ne sais pas si cela c'est réellement du syndicalisme, je ne sais pas si l'on peut concevoir cela comme une bonne propagande.

Les camarades qui travaillent à l'imprimerie affichent de mes idées, sans dire qu'ils sont libertaires ; eh bien, ils devraient d'abord exiger que l'on établisse une imprimerie sur la base communiste, et, d'autre part, empêcher ce qui s'est passé pour Grosvogel, et dire : C'est nous qui voyons ici la production que nous avons à faire ; s'il y en a un qui ne veut pas travailler, c'est à nous à lui faire comprendre que sa place n'est pas parmi nous.

Je vais vous dire une chose qui va tous vous démonter : A l'imprimerie dite confédérale, il y a eu le secrétaire d'un syndicat jaune du papier qui y a travaillé pendant plusieurs jours ! Eh bien, je ne sais pas, camarades, si on ne doit pas s'entourer de tous les renseignements quand l'on prend des ouvriers, je ne sais pas si on ne doit pas savoir si tel ou tel individu est un militant et si l'on peut compter sur lui. Non, on avait dit simplement au marchand de papier : Nous avons besoin d'un homme pour rogner au massicot. Au lieu d'aller à la Chambre syndicale, c'est au marchand de papier qu'on a demandé un homme, et tout bonnement le marchand de papier a envoyé le secrétaire d'un syndicat jaune qui travailla quelque temps, et c'est le camarade Garrau, ex-délégué à la propagande de la Fédération du papier, qui a été protester à l'imprimerie, et c'est sur son invitation qu'on a mis cet individu à la porte.

Ces faits doivent-ils continuer toujours, doivent-ils exister constamment ? J'estime que non : cela doit cesser ; et, pour les faire cesser, que faut-il faire ? Est-ce qu'il faut laisser tout le temps aux mains des mêmes personnalités cette Maison des Fédérations ? Mais non, camarades.

On va nous dire peut-être que la Confédération ne peut pas être propriétaire d'un immeuble. Mais il y a tout au moins une autre organisation qui pourrait en être propriétaire, c'est l'Union des Syndicats de la Seine.

On a dit dans un Congrès fédéral de la Fédération du Bâtiment : A partir du 25 janvier 1910, la Maison des Fédérations et toutes ses annexes seront la propriété de l'Union des Syndicats. Qui a dit cela ? C'est le camarade Thuillier qui a déclaré qu'il le tenait du camarade Griffuelhes, et, autant que je peux me rappeler, voici la déclaration du camarade Thuillier : « Je puis dire que le camarade Griffuelhes a promis que les comptes de la Maison des Fédérations et des services qui en dépendent seront remis entre les mains de l'Union des Syndicats à la date du 15 janvier 1910. »

Nous avons passé depuis quelques mois le 15 janvier et on n'a encore rien remis à l'Union des Syndicats de la Seine.

Quand même, comme je le disais hier à la Conférence des Bourses, on avait donné mandat au Bureau confédéral de demander des comptes et de les donner aux organisations: on refusa encore de donner des comptes; et j'ai applaudi ce matin Griffuelhes quand il s'est rallié à ma proposition; j'étais heureux, parce qu'il va nous expliquer comment il se fait qu'étant ancien secrétaire de la Confédération, étant encore trésorier de la Fédération des Cuirs et Peaux, il peut être secrétaire d'organisation et patron, et même plus, être propriétaire également. Je dis qu'il y a là un non-sens.

Tout à l'heure, je vous ai expliqué l'autoritarisme de Griffuelhes vis-à-vis de Grosvogel et de Marek, mais il y a encore d'autres points. On vous a parlé tout à l'heure de la clinique: à cette clinique, il y a un infirmier, un camarade qui travaille pour les pansements; mais il paraît que ce camarade est aussi un militant et que tout ne lui plaît pas à la Maison des Fédérations, et que quelquefois il va dire son mot. Il paraîtrait que le camarade Griffuelhes serait allé trouver M. Dupinay et lui aurait dit : Vous allez renvoyer votre infirmier; et M. Dupinay lui aurait répondu : Je ne sais pas comment vous savez faire vos souliers, moi je sais que mon infirmier est un bon infirmier qui fait bien son travail, je ne le renvoie pas, je le garde.

Camarades, je ne veux pas tenir plus longtemps la tribune; je voudrais qu'on nous dise, une bonne fois pour toutes, combien ont rapporté la tombola et la souscription; je voudrais savoir si le camarade Griffuelhes a eu raison ou non, si nous avons raison de protester contre ce qu'il a fait au point de vue de demande reconventionnelle; je voudrais aussi que l'on nous dise si, en tant que secrétaire de la Confédération, il a eu raison de profiter, qu'en même temps il était patron, pour renvoyer des camarades qui n'ont pas les mêmes idées que lui parce qu'ils avaient fait un autre vote. Il s'agit de savoir si, par autoritarisme, il a eu le droit de diminuer de 2 francs par jour le camarade Marek; plus encore : nous protestons tout le temps contre les qualificatifs que l'on donne aux pauvres filles-mères et que l'on regrette de voir quelquefois rejetées à la rue; à la Maison des Fédérations, il y a eu une fille-mère qui, pendant quelque temps, a travaillé : cette pauvre fille a perdu depuis peu de temps son père; elle avait sa mère et sa sœur qui ne travaillaient pas et son frère malade; eh bien, on l'a renvoyée sans attendre qu'elle ait trouvé quelque chose. Et après, on va nous faire du sentiment! Eh bien, non!

C'est à tout cela qu'il faudra répondre; il faudra dire si le syndicalisme est réellement l'organisme de tous les travailleurs ou si le syndicalisme consiste à courber la tête tout le temps devant quelqu'un qui se croit un dieu. Pour ma part, je dis que je ne reconnais pas de dieux; il faut que tous, dans le syndicalisme, soient des syndiqués au même titre et non pas des autoritaires. *(Applaudissements).*

Paroles d'Yvetot

YVETOT. — Camarades, vous n'attendez pas de moi que je me fasse l'avocat de Griffuelhes. J'ai d'abord été, à un certain moment, un adversaire prononcé de Griffuelhes, et les camarades qui sont ici et qui étaient à Marseille doivent se souvenir que si j'avais été moi-même à Marseille, comme on dit vulgairement, Griffuelhes aurait pris quelque chose...

Entendons-nous : ç'aurait été sur des questions de tactique, sur des questions de démarches que je trouvais inutiles, sur toutes sortes de raisons qui se rattachent à l'organisation syndicale et au rôle du militant confédéral. Oui, j'étais contre Griffuelhes : je le lui ai dit d'abord en face et je le lui aurais dit publiquement à l'occasion, chacun le sait. D'ailleurs, je me suis déjà suffisamment expliqué là-dessus à la Conférence des Bourses et des Fédérations, en juin de l'année dernière. Ce n'est pas seulement ce que reproche Lévy à Griffuelhes, qui me fait désapprouver Lévy, ce sont surtout les circonstances dans lesquelles les griefs ont été portés, les insinuations faites. Avec d'autres, Griffuelhes était en prison quand circulèrent les bruits des malversations. Tout d'abord, Lévy nous dit qu'il a voulu faire œuvre de salubrité. Je me rappelle, moi, que ce n'est pas Lévy, mais Griffuelhes lui-même qui voulut des explications sur les calomnies lancées et mises plus ou moins en circulation contre lui. C'était un point à poser cela.

Tout ce qu'a reproché Lévy à Griffuelhes au point de vue comptable peut être vrai : Griffuelhes, je crois, saura se justifier ; je n'ai pas à entrer dans les comptes, pour une bonne raison : c'est que je n'y connais pas grand'chose moi-même et que j'étais bien heureux, quoique membre du bureau, que Griffuelhes nous donnât l'assurance qu'il nous donnerait les comptes nécessaires pour que soit fait le rapport qui devait être soumis au Comité confédéral, puis au Congrès, ainsi qu'il en avait été convenu et décidé.

Ce qui m'amène ici, ce sont surtout les motifs, les raisons pour lesquelles le cas Griffuelhes-Lévy a été soulevé. Dire quelque chose de juste, apporter des critiques, c'est très bien ; mais il est un peu nécessaire quand même de savoir pourquoi, dans quelles circonstances ont été trouvées ces critiques, pourquoi elles ont été formulées et pourquoi elles ont été exprimées.

Vous souvenez-vous que la C. G. T. fut un moment sur le point d'être sans local ? Vous vous souvenez tous que la Confédération fut mise à la porte de la Bourse du Travail. Cela est tout à son honneur, car si elle avait été ce qu'on aurait voulu, ce que quelques-uns d'entre nous qui sont ici auraient voulu, la Confédération n'aurait jamais été mise à la porte de la Bourse du Travail ; elle n'avait qu'à se confiner dans un rôle exclusivement corporatif ; elle n'avait qu'à ne pas se mêler à toute l'agitation nécessaire pour qu'une propagande syndicale en France ait réalisé des résultats ; elle n'avait, enfin, qu'à être sage au point de vue bourgeois, et elle serait encore à la Bourse du Travail. Mais il fallait qu'elle ait un abri.

Il fallait lui trouver un local ; le local fut trouvé, comme Lévy nous l'a expliqué, cité Riverin.

Lévy aurait tort de se poser en victime en disant qu'il était obligé de prendre le titre de locataire. Lévy aime beaucoup à se croire indispensable ; Lévy a, en maintes circonstances, fait toutes les démarches possibles pour qu'on s'aperçoive qu'il était là, qu'il savait se rendre utile, qu'il était nécessaire. Alors, quand on aime à être quelqu'un, quand on aime à faire quelque chose, il est mal de se poser ainsi en victime. Il n'y a pas lieu de se plaindre, en certaines occasions, de ce qu'on a fait, alors qu'on s'en vante en certaines autres occasions.

Ceci dit, comment payer le loyer de la cité Riverin ? Les membres du Comité confédéral qui sont ici doivent se souvenir qu'une décision a été prise sur la demande du bureau : Lévy, Griffuelhes, Pouget, Yvetot proposèrent, d'un commun accord, de laisser 25 francs sur leurs appointements, et ils ont laissé cette somme prise sur leurs appointements pendant un bon bout de temps. A ce moment — et ce n'est pas un reproche que je fais, c'est simplement une remarque — jamais personne des Fédérations si *riches*, jamais personne des organisations qui ont de grosses caisses, jamais personne de ceux qui disent que la Maison des Fédérations doit appartenir à toutes les fédérations, jamais aucun de ceux-là n'est venu dire : Il n'est pas admissible que les fonctionnaires syndicaux paient le loyer: *(Applaudissements)*.

A la cité Riverin, Lévy a eu raison de le dire, on n'était pas chez soi. Je me souviens même qu'un jour, un joueur de piston qui venait nous charmer sous nos fenêtres, puisque nous étions chez nous, comme des locataires bourgeois, se mit à jouer l'*Internationale* et la *Carmagnole* sur notre prière ; ce musicien ne se faisait pas longtemps prier, pourvu qu'on lui envoyât quelque chose, et cela nous faisait plaisir de lui entendre jouer autre chose que *Viens Poupoule*. Le camarade Griffuelhes, qui voyait sans doute plus loin que nous, commença par nous dire : Écoutez, si cela vous fait plaisir de faire des blagues, cela ne me plaît pas ; je voudrais, autant que possible, que nous puissions rester ici parce qu'il y a beaucoup de difficultés à trouver un local. A cela, nous répondîmes, Lévy et moi : Si nous sommes cité Riverin pour être plus esclaves qu'à la Bourse du Travail, cela devient em..... ; nous estimons que si nous sommes ici chez nous, nous devons faire comme des gens qui sont chez eux ; d'ailleurs, ce n'est pas bien coupable de faire cela.

Je me rends compte aujourd'hui que Griffuelhes avait d'autres soucis et voyait peut-être plus sagement que nous, et, ma foi, je ne lui reprocherais pas aujourd'hui ce que je lui aurais reproché ce jour-là. En effet, quand nous avons été mis à la porte ou quand le congé a été donné au locataire Lévy, nous avons dû partir, et il a bien fallu trouver un local. On s'est mis en route, on a cherché partout : les uns cherchaient d'un côté, les autres cherchaient d'un autre : Lévy cherchait du sien, moi, je ne cherchais pas beaucoup du mien : — vous savez, en affaires, je ne suis pas bien compétent. — mais quand on m'a dit qu'à tel endroit il y avait quelque chose à voir, j'y suis allé voir et j'ai trouvé que c'était épatant ; puis, quand on m'a appris plus tard qu'on pourrait peut-être trouver une combinaison pour que cette propriété fût la nôtre, j'ai dit : C'est encore plus beau !

Des événements sont survenus, nous avons été emprisonnés à plusieurs. Quand nous étions en prison, Bousquet, Lévy et moi, quand nous avons vu Griffuelhes monter une imprimerie, en qualité de typo, ma première exclamation a été : Il en fait une boulette ! Il faut vraiment qu'il ne soit pas de la corporation pour entreprendre une chose pareille !

Griffuelhes n'était pas tout seul à entreprendre cela ; il avait à côté de lui un camarade qui prétendait — je dis « qui prétendait », tant pis s'il s'en vexe — avoir beaucoup de connaissances en imprimerie et même en hommes d'imprimerie, c'est Pouget. L'homme qu'il trouva l'émerveilla sans doute, parce qu'à l'imprimerie de la rue du Croissant il gagnait beaucoup d'argent ; et comme Pouget sans doute lui fit entrevoir tout ce qu'il y avait à faire et les bénéfices que l'on pourrait réaliser, quelle belle situation ce camarade qui s'appelait Balayé pourrait avoir, il n'a pas été difficile à ce camarade peu scrupuleux de dire : « Cela va marcher, nous aurons des machines, du papier, tout ce qu'il nous faudra. Comptez sur moi. »

Je vous assure qu'en matière d'imprimerie, je suis tout simplement ouvrier et que je n'aurais pas eu la malhonnêteté de tromper un camarade, de l'éblouir avec des connaissances que je n'ai pas. Si un imprimeur d'ici, un camarade qui s'établirait demain ou qui le serait déjà, me disait : Yvetot, je te prends comme prote, je lui dirais : Mon ami, prends-moi comme typo, et c'est déjà beaucoup, mais comme prote je n'accepte pas, je ne connais pas les prix, je ne connais pas les papiers, etc., enfin, j'ignore un tas de choses qui doivent être de la compétence d'un homme appelé à diriger une imprimerie.

Balayé n'eut pas cette loyauté. En plus de cela, cet ouvrier pour lequel il avait été fait un engagement avait un dédit. Certes, c'est embêtant à dire, mais c'est nécessaire : dans une imprimerie, quand on veut être le directeur, non pas seulement du personnel, mais du travail, il faut avoir au moins quelque chose qui vous fasse respecter des camarades avec lesquels on collabore : le camarade typo n'avait pas cela : un typo qui boit, comme n'importe quel ouvrier, n'est jamais considéré par ses camarades : aussi, il n'avait aucune influence. Des chichis sont venus à l'imprimerie, je ne les rappellerai pas ; s'il plaît à d'autres camarades qui les connaissent mieux que moi ou qui les ont vécus de les rappeler, c'est leur affaire : en tout cas, je croyais que le seul conseil que je pouvais donner, c'était de faire qu'il n'y eût pas de directeur ni de prote ayant autorité sur le personnel et qu'il y eût simplement un bordereau qui enregistrerait le travail quand il passe à la composition, qui serait remis ensuite à la machine, enfin, à la brochure, et qui reviendrait au bureau, d'où il était sorti. Ce bordereau était, à mon avis, le seul vrai directeur du travail, le seul prote, et cela laissait les camarades en parfaite union s'ils voulaient s'organiser en commandite. D'ailleurs, les camarades typos d'ici savent très bien que ce système de la commandite égalitaire est tout à fait applicable et qu'il y a même, sans les vanter, des imprimeries communistes qui ont su appliquer ce système de travail où, malgré les différences de caractères, de tempéraments, malgré toutes sortes de choses diverses entre eux, ces camarades-là s'accordent parfaitement dans leur travail et réussissent très bien. Ils auraient encore bien mieux réussi si la C. G. T., quand on l'en a priée, si les organisations ouvrières, quand on les a sollicitées, avaient voulu s'intéresser à eux. Certes, je ne suis pas pour un sou partisan des coopératives de production, mais, en la circonstance, j'aurais voulu qu'on aide ces camarades qui promettaient, qui montraient de bonnes dispositions, et je demandais tout simplement à ce qu'on vérifie leurs bénéfices, à ce qu'on voie leur comptabilité, à ce qu'on fasse en sorte que les bénéfices soient attribués à des œuvres sociales. Eh bien, camarades, dans les organisations parisiennes surtout, si vous vous en souvenez, on a envoyé ces camarades « se baigner », et même j'ai entendu des choses très drôles : on a dit : Des typos qui s'émancipent du patronat, nous irions les aider ! Nous ne marchons pas ! Plus tard, quand ces camarades ont un peu réussi et qu'après s'être affranchis du patronat ils ont voulu, comme nous le voulons tous sans doute, s'affranchir du propriétaire et du concierge, quand ils se sont associés pour louer du terrain et se mettre chez eux, on a dit : Vous voyez comme ils réussissent, ces salauds-là : non seulement ils sont patrons, mais ils sont encore propriétaires !

A la Maison des Fédérations, on ne pouvait pas faire les mêmes griefs. Les ouvriers ne sont pas devenus patrons, je crois qu'ils étaient incapables de l'être ; ils étaient incapables de se diriger eux-mêmes, sauf quelques exceptions : l'imprimerie de la Maison des Fédérations a vraiment joué de malheur dans une partie de son personnel. C'est qu'on n'avait pas, comme dans les imprimeries auxquelles je viens de faire allusion. laissé le personnel se recruter lui-même. se sélectionner. On l'avait pris comme il se trouvait.

Bien entendu. cela ne pouvait pas durer longtemps. il devait y avoir quelque chose qui n'irait pas. Quand les échéances arrivaient et que Griffuelhes était obligé de les payer, le personnel de l'imprimerie n'avait pas à s'en soucier. Et quand il sollicitait les fédérations qui se trouvaient dans cette Maison des Fédérations de lui venir en aide, au moins de leurs conseils, de leur appui, en premier lieu, c'est vrai, quelques camarades venaient; à la Métallurgie surtout, on venait assidûment et l'on donnait les conseils de diminuer les ouvriers, de les remplacer s'ils ne produisaient pas assez. Mais on n'apportait pas le concours pécunier que mendiait Griffuelhes, et, petit à petit, on ne venait plus du tout parce que la question était toujours la même. On ne peut pas faire à Griffuelhes un reproche de cela : il n'avait pas besoin de réunir les locataires quand tout allait bien : quand il les réunissait, c'était quand tout allait mal et quand il disait : « Il faut, *pour demain ou dans deux ou trois jours*, trouver telle somme »; alors, à force de leur faire toujours la même demande, les camarades ne venaient plus.

C'est ainsi que Griffuelhes a dû grouper autour de lui des camarades qui ne se désintéressaient pas complètement de l'œuvre, et ceux-là ont fait tout ce qu'ils ont pu pour que, quand même, on reste possesseur de ce qu'on avait.

Le camarade Blanchard a fait tout à l'heure allusion au propriétaire de la maison, celui qui, très discrètement, très simplement, a mis 90,000 francs pour acheter la Maison des Fédérations pour la Cie Griffuelhes, le camarade Louzon... Je dis le camarade Louzon sans arrière-pensée, bien qu'il soit un membre fortuné du parti socialiste et que je n'en sois pas : mais je l'estime à sa valeur. Quant au reproche que lui fait Blanchard, il l'a déjà fait : j'ai voulu savoir personnellement à quoi m'en tenir en m'adressant à ce camarade pour savoir si réellement il était allé à Chaumont et avait fait la propagande que lui avait reprochée Blanchard. Ce camarade, que je crois loyal, jusqu'à preuve du contraire, m'a dit : Je ne suis pas allé à Chaumont, je ne me souviens pas d'avoir, n'importe où, parlé de Blanchard. Et je le crois, car c'est peut-être le camarade le plus discret, le plus réservé et le plus modeste que je connaisse. Ah ! ce n'est pas celui-là qui a fait savoir partout qu'il était le propriétaire de la Maison des Fédérations : c'est un autre, un politicien arrivé par le syndicalisme qui, publiquement, l'a fait savoir et qui l'a fait ainsi renvoyer lui-même de l'usine où Louzon était comme ingénieur. Il l'accusa aussi de mettre à la porte des ouvriers : or, je déclare cela absolument faux parce que je me suis renseigné également, et que, d'autre part, il n'avait pas la direction du personnel : je le répète, il était ingénieur, il n'avait en aucune façon affaire au personnel : c'était donc une calomnie, une méchanceté ou une ignorance de plus de la part de celui qui le dénonçait.

Une voix. — C'est Lajarrige, tu peux bien le nommer !

Les camarades qui sont venus ici ont dit qu'ils ne voulaient pas faire du sentiment. Je vous assure que je n'en ferai pas beaucoup. Si Griffuelhes veut en faire, il en fera : mais, jusqu'à présent, on ne nous a fait que du sentiment, sans doute pour qu'il n'en reste plus à faire. On a parlé de Marck. Certes, j'étais en prison avec Marck, et quand j'ai appris qu'il était diminué de deux francs, cela ne m'a pas fait plaisir, et j'ai dit aussi : « Griffuelhes est un salaud ! »

Depuis, on m'a dit que Griffuelhes n'était pas tout seul dans l'imprimerie et que, quand une pareille mesure avait été prise, le personnel de l'imprimerie y était un peu intéressé et que si le personnel de l'imprimerie s'y était opposé, cela ne se serait pas fait. Le personnel de l'imprimerie aurait pu dire, en effet : Diminuer un camarade dans ces conditions-là, nous nous y opposons. Je ne sais pas si cela a été fait : mais on pourra le savoir tout à l'heure. Pour cette diminution, on a, paraît-il, prétexté que Marck avait été employé comme manœuvre. C'est un métier qu'il a eu plus des nombreux qu'il a faits pour vivre et que lui reprochait précisément le président des assises. En tout cas, manœuvre ou non, on ne pouvait pas lui reprocher d'être un paresseux, pas plus qu'on ne pourrait lui reprocher aujourd'hui d'être un paresseux, dans sa nouvelle fonction. Très modestement je vous avoue qu'il en fait au moins cinq fois plus que moi. Ce n'est pas le même travail, c'est possible, mais si j'étais comptable et que je sois obligé de passer des heures comme lui, je ne le ferais pas : ma santé, mon tempérament et mes goûts s'y opposeraient. On m'a dit que lorsqu'il avait été employé à l'imprimerie de la Maison des Fédérations, il avait été employé surtout comme militant et qu'il n'avait pas toujours été indispensable à l'imprimerie. Ce n'était pas une raison pour le diminuer, je l'avoue, et c'était encore moins une raison pour le mettre à la porte. Il n'a pas été mis à la porte, parce qu'il a été nommé trésorier. On ne peut donc que reprocher à Griffuelhes ce qu'il se proposait de faire, prétend-on.

Enfin, il est d'autres questions de sentiment. Il en est une surtout qu'il m'est pénible d'aborder, et j'aimerais autant que ce soit Griffuelhes qui la prenne : c'est l'histoire de la fille-mère. La fille-mère, il y a des camarades ici qui la connaissent, comme ils connaissent le père. Aussi, je vous assure que si j'avais été aussi ami avec Blanchard qu'autrefois, j'aurais pu lui dire : Mon vieux, laisse cette fille-mère qui est, certes, très intéressante : crois-moi, n'en parle pas, car il pourrait se faire que quelqu'un demande qui l'a faite fille-mère, qui l'a abandonnée et qui l'a recommandée à l'imprimerie des Fédérations. (*Applaudissements*).
Cet argument de sentiment se retourne contre ceux qui te l'ont soufflé.

Blanchard. — Qui est le père?...

Yvetot. — Oh ! ne te défends pas, Blanchard, ce n'est pas toi.
Enfin, on aurait pu demander aussi pourquoi, sortant d'une imprimerie, on la recommandait à une autre imprimerie, et quand la fille-mère a été prise comme comptable, il n'était pas stipulé non plus que cette jeune fille fût embauchée à perpétuité, même quand on n'avait rien à lui donner à faire, même quand les ressources ne permettaient pas de la payer, et quand le personnel de l'imprimerie décida qu'il fallait réduire le personnel, on a remercié cette jeune fille qui passait seulement des demi-journées, je crois, à l'imprimerie : elle le fut en même temps que d'autres camarades dont il n'est pas question et qui n'étaient peut-être pas aussi intéressants et dont l'un s'appelle Monatte. Celui-là a bien été mis à la porte, et personne n'a rien dit, pas même lui. Quand on est remercié dans une imprimerie, on est remercié quand il n'y a plus de travail ou de ressources pour payer. C'est l'usage partout.

Voilà donc les questions de sentiment à peu près liquidées. Je ne sais pas, en effet, si je dois parler de la question Grosvogel? Bien que je fasse des manœuvres pour faire venir mes amis au Comité des Bourses — ce qu'on ne m'a pas prouvé et ce que je démens — quand Grosvogel m'a dit : Je voudrais bien une Bourse, je lui ai répondu ce que je réponds à tous les autres : Si tu es confédéré, si on n'a rien à te reprocher à ton syndicat, ma foi, fais comme tous les autres, écris-moi une lettre et, quand on demandera des candidats pour les Bourses, j'enverrai ton nom. Il en est peut-être qui ont reçu la liste des candidats où figurait Grosvogel. Or, quand Grosvogel m'écrivit sa lettre, il me donna une bonne raison pour être délégué au Comité des Bourses : « Je suis militant et, comme je travaille à la Maison des Fédérations, je pourrai militer à mon aise; en conséquence, je te demande de me porter candidat à la section des Bourses ».

Vous voyez que ce camarade comprenait très bien que le travail n'était *pas réellement un esclavage dans l'imprimerie des Fédérations*, puisqu'il disait : Là, je pourrai militer à mon aise, c'est-à-dire que lorsque j'aurai passé jusqu'à onze heures ou onze heures trente à une séance du Comité des Bourses, eh bien, ma foi, le lendemain matin j'arriverai quand je pourrai, comme les fonctionnaires syndicaux d'ailleurs.

Je dois aussi faire remarquer que quand il y a eu des difficultés dans le personnel, j'en connais un — que je ne nommerai pas, parce qu'il n'est pas ici — qui ne faisait pas non plus de sentiment et qui disait : Il y a dans notre corporation une commission; quand cela ne marche pas il n'y a qu'à les foutre à la porte! Je crois que celui-là ne faisait pas de sentiment non plus, et chaque fois qu'il y avait des chichis *à l'imprimerie, il disait : Il n'y a qu'à les mettre* à la porte!

Je dois reconnaître que Lévy et moi, nous nous sommes souvent opposés à ce qu'on les mette à la porte.

Enfin, vous voyez qu'au fond, pour la question morale — je ne parle pas de la question des chiffres, je crois que Griffuelhes est assez grand pour se défendre, — vous voyez que pour le sentiment, jusqu'à présent, ce ne sont pas les partisans de Griffuelhes qui en ont fait. En tout cas, rien de tout cela ne peut justifier Lévy d'avoir choisi le moment où Griffuelhes était en prison, pour mettre un tel scandale sur le tapis. C'est cela surtout que je lui reproche. Et, aujourd'hui, j'estime que Griffuelhes eut raison, à sa sortie de prison, de poser la question, bien que je fûs de ceux qui lui conseillèrent alors le *contraire*.

Maintenant vous savez très bien comment nous avons été divisés : vous savez trèz bien que de bons camarades d'autrefois sont obligés de se défier les uns des autres; nous n'avons pas à être hypocrites, disons-le, nous nous suspectons mutuellement, et des camarades pour lesquels ont avait de l'affection sont devenus pour nous, et nous sommes devenus pour eux, nécessairement des adversaires. Les amis d'autrefois sont aujourd'hui très en froid. Cela pourrait cesser; cela aurait pu cesser si Griffuelhes, comme je lui ai reproché de ne pas l'avoir fait, était venu à la Conférence des Bourses; cela aurait pu cesser déjà si les militants, qui se posent en victimes aujourd'hui, qui disent qu'on les a salis partout, avaient commencé, au lendemain de la Conférence des Bourses et même avant, à ne pas créer un organe spécial pour salir les camarades. *(Applaudissements.)* Si ceux-là avaient fait comme j'aurais voulu le voir et même comme leurs meilleurs amis s'attendaient à le voir — si ceux-là avaient fait, à la place d'un organe d'inaction ouvrière et de division syndicale, une revue économique propre; si ceux-là avaient fait quelque chose qu'on ne peut pas nier comme utilité; si ceux-là avaient montré que les révolutionnaires que nous sommes ne sont que des imbéciles et qu'ils ne savent rien faire ni rien dire au point de vue organisation, alors la partie, pour eux, eût été belle ici. Il n'y a qu'eux qui se prétendent *réformistes*, et ils nous font un grief de les appeler ainsi...

Il ne faut pas parler des révolutionnaires, camarades: mais ils ne font que cela. Nous sommes bien obligés de nous déclarer révolutionnaires, puisqu'ils se déclarent réformistes, et quand on veut aller au fond des choses, nous sommes toujours obligés de reconnaître que, selon les circonstances, des camarades qui se déclarent réformistes sont révolutionnaires et inversement. C'est ce que je disais dernièrement à une réunion des camarades préparateurs en pharmacie. Alors, les étiquettes de réformistes et de révolutionnaires, c'est de la blague au point de vue organisation et au point de vue militant, mais ce n'est pas de la blague au point de vue des individus. Quand des gens vont dans des réunions et disent, par exemple : Moi, je ne suis pas un gréviculteur, je ne suis pas un révolutionnaire farouche, il me semble qu'ils disent cependant quelque chose. Quand ces gens, qui s'étiquettent eux-mêmes et qui reprochent ensuite qu'on les étiquette, viennent dire dans un organe que nous sommes capables de tout hormis le bien, ils montrent eux-mêmes qu'ils sont capables de se salir en voulant nous salir. Ils sont comme ces gamins qui sautent dans la boue en disant : « Je vais me salir, mais j'éclabousserai autour de moi! » C'est ce qu'ils ont fait avec leur *Action Ouvrière*. (*Applaudissements*).

Le Bureau confédéral, lui, a pris l'engagement, jusqu'à ce Congrès, de n'écrire que dans *la Voix du Peuple*.

Ce fut un engagement moral. Nous l'avons tenu et nous nous en félicitons. Nous nous sommes dit : Il arrivera bien le jour où, lorsqu'ils auront rempli leurs tombereaux d'ordures, cela sentira mauvais et l'on s'éloignera d'eux. (*Applaudissements*). Voilà notre attitude.

Vous savez qu'à la Bourse du Travail de Paris, les syndicats sont subventionnés pour la plupart. Vous n'ignorez pas non plus les petites saletés auxquelles cela conduit quelquefois, et vous avez vu au commencement de ce Congrès les chichis qui se sont produits, parce qu'il y a cette putain de subvention dont nous voudrions bien affranchir toutes les Bourses, et nous avons fait un essai quand nous avons dit aux camarades : Fondez partout des Unions locales et départementales.

Vous voyez bien, camarades, que nous faisons tout ce que nous pouvons pour affranchir les syndicats et les mettre chez eux.

Griffuelhes, auquel je ne reconnais pas toutes les qualités, vous le savez bien, Griffuelhes, lui, a voulu faire mieux : il s'est dit : Pour édifier une maison comme la Maison des Fédérations, il faut ne pas être bavard, il faut ne pas être indiscret, il faut ne pas être vaniteux à l'excès et, s'il y a quelque chose à faire, il faut le faire entre camarades excessivement sérieux, et je dois même vous dire que je n'étais pas de ceux-là. (*Rires*). Et alors, quand nous aurons surmonté toutes les difficultés, nous apporterons l'œuvre faite et nous dirons au prolétariat parisien : Non seulement vous avez une salle, mais vous avez même le terrain sur lequel cette salle est construite qui vous appartient !

Voilà, je crois, quel était le rêve de Griffuelhes. Vous allez lui reprocher que la salle n'est pas édifiée : et comment voudriez-vous qu'elle le fût ? Quand l'Union des Syndicats a ouvert une souscription, la souscription s'est arrêtée net après la petite besogne qui a été faite contre la Maison des Fédérations. (*Applaudissements*).

Je crois, camarades, puisque nous avons dit que nous nous déchargerions tous, que nous pouvons le faire franchement, et peut-être qu'après nous ne nous en voudrons pas davantage. Je crois sincèrement que si nous savons dire ce que nous avons tous sur le cœur, il en sortira quelque chose de meilleur. non seulement pour nous-mêmes. mais surtout pour tous les camarades de province.

Ah ! on a fait des chichis en province ! Mais. bien entendu... Moi-même... ah ! pas contre Blanchard ; mais il m'est arrivé que quand on me demandait des renseignements sur la Maison des Fédérations. sur Griffuelhes et sur d'autres. j'avais un mot qui est un peu ma façon de voir. je disais : Attendez un peu. laissez donc faire. soyez patients : qu'est-ce que c'est que la vie d'un militant dans une évolution sociale ? Attendez un peu. tout cela se dissipera ; il y a des nuages. mais le soleil va revenir. On a attendu et on a vu déjà. depuis la Conférence des Bourses. que les nuages se sont un peu dissipés. Des hommes qui reprochaient la fameuse loterie à Griffuelhes. la loterie dont il ne reste plus rien. pas même dans la poche de Griffuelhes. propriétaire et patron ! Mais la plupart de ceux qui lui reprochaient. ceux-là. s'ils avaient eu un comptable comme Lévy pour examiner leurs loteries à eux... (*applaudissements*)... on aurait vu que les choses étaient moins sérieuses !... A la Conférence des Bourses. Griffuelhes fut bien malmené par un militant notable. Il est disparu. celui-là. tant mieux ; d'autres disparaîtront encore. Enfin. tout ce qui a été dit dans la presse. est-ce que c'est bien de nous ? Ce que reprochait Lévy tout à l'heure, qui n'était pas signé. peut-il dire que c'est de quelqu'un qu'il connaît ? Si c'est vrai, je crois que s'il est ici. il dira bien que c'est lui. Mais il y a eu des articles signés : il y a eu des camarades qui sont venus au Comité confédéral et qui ont relevé les procès-verbaux avec un désintéressement exemplaire. car ils se sont fait payer 100 francs pour cela. et qui les ont relevés en double pour pouvoir les divulguer partout !

Il y a eu aussi la circulaire Lévy. et je le nomme parce qu'il est là. Quand on avait pris la décision de ne pas publier les procès-verbaux. Lévy ne s'est pas gêné pour envoyer une circulaire. disant de demander les procès-verbaux. Eh bien. ce n'était pas bien du tout. cela ; par conséquent, s'il y a eu des manœuvres. elles ne sont pas venues toutes du côté de Griffuelhes ; elles sont venues surtout de l'autre côté. et puisque Lévy m'a mis en jeu. il sait bien que je suis allé dans tous les endroits où il y a une Bourse du Travail. et que partout où on m'a parlé de Lévy. j'ai toujours eu l'occasion de dire ce que je pensais, et que je n'ai jamais dit : Retirez le mandat à Lévy. qui ne pense pas comme moi. et les mandats qui sont arrivés le jour des élections ne sont pas arrivés sur mon entremise : les camarades sont ici, les délégués aussi et. s'il y a lieu. ils pourront dire comment la chose s'est faite. Tout à l'heure. un camarade me disait : J'ai envie de choisir un tel pour représenter ma Bourse. Je lui ai dit : Mon cher. cela ne me regarde pas. tu peux t'entendre avec ce camarade. et quand tu seras là-bas. tu feras apprécier à ton conseil et tu m'enverras le mandat pour le camarade.

Voilà comme je fais. Quand on me demande des listes de candidats. je fais mon possible pour mettre d'abord ceux qui n'ont pas de Bourse. afin que lorsqu'un camarade est absent. ce ne soit pas un camarade qui représente deux ou trois Bourses. Vous savez bien qu'on a dit tout à l'heure que je faisais mon comité. et cela surtout on l'a dit à la Fédération du Livre. Eh bien, de cela. je me défends. C'est faux. La preuve. c'est que quand il y eu mon élection au lendemain de Bourges. il est arrivé une multitude de mandats, que je n'avais pas demandés. ceux-là. tous pour des typos ; ils sont venus voter contre moi. puis ces typos ne sont plus jamais reparus après. (*Applaudissements*). Vous voyez comment je fais mon comité.

Maintenant, si vous croyez que je manœuvre pour être réélu, je dois vous rappeler qu'en certaines circonstances on disait, des amis ou prétendus amis disaient, que c'était moi qui étais la cause des chichis ou de la mésentente entre la Fédération du Livre et la Confédération; je n'ai pas craint de dire à ces camarades : Ecoutez, si c'est moi, c'est bien simple, je n'ai qu'à ne plus rester. Ces camarades ont dit : C'est tout ce que nous demandons. C'étaient des amis ! Ils m'ont dit : Va-t'en, et la Fédération du Livre ne dira plus rien. J'ai dit : Je veux bien m'en aller, mais vous savez quelle est ma prétention ; quoique modeste, assez modeste au moins pour reconnaître que celui qui m'a précédé à la section des Bourses avait une autre valeur que la mienne, je me crois cependant utile : mais si vous voulez me foutre à la porte, ce n'est pas difficile : votez contre moi ! De la quinzaine de camarades qui voulaient m'évincer, pas un n'a voté contre moi. Ils sont aussi d'eux-mêmes disparus, ceux-là. Voilà comment je manœuvre. Si vous croyez que ce sont de sales manœuvres, vous n'avez qu'à le dire : mais je continuerai, car j'ai la conviction d'agir loyalement et de remplir ma fonction scrupuleusement.

Une voix. — Ce n'est pas la question.

Yvetot. — La question est que si vous voulez rendre les syndicats indépendants, vous devez entendre les raisons pour lesquelles on a édifié la Maison des Fédérations ; vous devez étudier et juger dans quelles circonstances on a édifié une Maison des Fédérations et vous devez vous rendre compte des difficultés que l'on a rencontrées pour faire cela. Il y a ici des camarades de Saint-Nazaire et de Bourges qui ont traversé des moments difficiles pour arriver à se mettre chez eux. C'est sur eux que je compte pour édifier les autres camarades, surtout les camarades parisiens qui n'ont jamais travaillé à édifier quoi que ce soit. (*Applaudissements*).

Le Président. — La discussion est close pour ce matin. Avant de sortir, voici quelques rapides communications. — D'abord, un télégramme :

Les Confectionneuses, en grève, envoient leur salut fraternel et leur étroite solidarité aux camarades congressistes. — Martin.

La Commission de modification aux statuts demande que les organisations qui ont proposé des modifications lui remettent un rapport écrit sur chacune de ces modifications.

Voici maintenant le bureau qui est proposé pour la séance de ce soir, en suivant les listes qui ont été proposées hier et que le Congrès a décidé de suivre à tour de rôle :

Le camarade Péricat, président, et les camarades Barrière et Bouvet, comme assesseurs.

Mais j'ai reçu, au cours de la séance, une proposition dont vous ferez ce que vous jugerez : la voici :

Au nom du Syndicat des Tailleuses et Lingères de Marseille et du Syndicat des Repasseuses de Toulouse, nous demandons que le bureau de cette après-midi soit ainsi composé :

Président : Constant, de la Voiture, de Paris; assesseurs : la citoyenne

Prat, des Dames de l'Habillement, de Toulouse, et la citoyenne Amblard, ouvrière de l'Imprimerie, de Marseille.

Signé : Citoyenne Tajan ; veuve Augier.

Je mets aux voix cette proposition.
Adopté à l'unanimité.
La séance est levée à midi 20.

6me SÉANCE. — MERCREDI 5 OCTOBRE 1910 (après-midi)

La séance est ouverte à 2 h. 30, sous la présidence du camarade Constant, assisté des citoyennes Prat et Amblard.

Paroles d'un vieux militant. Témoignages de solidarité

Le Président. — Avant d'ouvrir la séance, je tiens à remercier les camarades du Bâtiment d'avoir cédé leur place au bureau à des dames de l'Habillement et à leur camarade Constant. Je les remercie en leur nom et au mien. En ce qui me concerne, je suis particulièrement heureux de l'honneur qui m'est fait, parce que l'ouverture de ce Congrès marque ma 62e année d'âge et ma 47e année de lutte ouvrière. (*Applaudissements prolongés et chaleureux.*)

Voici l'ordre du jour qui nous est parvenu :

Le Congrès confédéral apprenant les arrestations arbitraires dont sont victimes les camarades de la Chaussure, de Lyon, en lutte contre le patronat, leur envoie l'expression de sa plus vive sympathie et ses meilleurs encouragements.

Adopté à l'unanimité.

Les préliminaires de la Maison des Fédérations. On s'occupe des questions de personnalités.

Landoux. — Je ne viens pas prendre position dans le débat engagé ce matin parce que je ne le connais pas assez : cependant je tiens à faire, dans l'intérêt de la vérité, une rectification au discours du camarade Yvetot en ce qui concerne la personnalité de M. Louzon. Le camarade Yvetot nous a dit ce matin que M. Louzon, qui était avant son départ de la Société du Gaz de Paris sous-régisseur à l'usine de Boulogne, n'avait pas sous ses ordres une partie du personnel de la Société. C'est une erreur : M. Louzon, qui était entré à la Compagnie du Gaz sur la recommandation de M. Adolphe Carnot, président de l'Alliance démocratique, avait si peu la direction du personnel qu'au moment des événements de Draveil-Villeneuve-Saint-Georges il a fait attraper quinze jours de mise à pied à un de nos camarades arrêté au moment des événements et qui était arrivé en retard à l'usine.

Yvetot. — Je m'inscris en faux ! Je sais Louzon incapable de cela. C'est une calomnie de Lajarrige !

Bidamant. — Peut-on mentir comme ça ?

Landoux. — Je considère que la bonne foi du camarade Yvetot a été surprise. Je dis qu'il a été trompé quand il nous a dit que M. Louzon n'avait pas sous ses ordres une partie du personnel, puisqu'il était le régisseur et par conséquent le maître de l'usine. Par suite, ce n'est pas le citoyen Lajarrige qui est cause du départ du citoyen Louzon : C'est à la suite d'une assemblée générale des travailleurs du gaz, et sur la plainte qu'y fit le camarade Breuillet qui avait eu quinze jours de mise à pied. Par conséquent je considère que le camarade Yvetot s'est trompé quand il nous a dit ce matin que M. Louzon n'avait pas la responsabilité du personnel. Je rétablis simplement un fait : un point, c'est tout.

Yvetot. — Camarades, je ne veux pas discuter là-dessus, mais je tiens à faire remarquer que quand l'accusation a été portée je me suis empressé de la communiquer à Louzon qui a ri en me disant : « Il n'est pas possible que je mette qui que ce soit à la porte, parce que je ne me suis jamais occupé du personnel ». Si j'ai ma confiance à mettre en quelqu'un, je la mettrai plutôt en quelqu'un que j'estime qu'en un Lajarrige !

Un Délégué du gaz. — Si Louzon était régisseur d'usine, il avait sous sa coupe tout le personnel de l'usine, cela est un fait : quant à Lajarrige je ne m'en occupe pas, je me fous de Lajarrige ! Allez lui dire ce que vous voulez lui dire, il vous répondra. (*Bruit*).

Yvetot. — Je voudrais bien ne pas m'occuper de Lajarrige, mais je suis obligé de rappeler ce que tout le monde sait, c'est qu'un secrétaire ouvrier de syndicat, M. Lajarrige, conseiller municipal, ait assez d'influence à la Compagnie du Gaz pour faire expulser un ingénieur qui est par malheur coupable d'avoir été assez riche pour pouvoir nous acheter un terrain qui nous rend libres ! (*Applaudissements. Bruit*).

Le Président. — Les altercations particulières ne parviennent pas jusqu'au bureau du compte rendu. Il n'est pas question ici de Lajarrige ni de personne : la question à l'ordre du jour est celle de la Maison des Fédérations.

Péricat. -- Camarades, voulez-vous montrer aux syndiqués de Toulouse que vous êtes capables d'avoir une discussion disciplinée ? Je demande, au nom de la Fédération du Bâtiment qui, je le dis, non pas par orgueil, mais par nécessité, est une force de la C. G. T., que nous ayons tous le respect des camarades qui parlent : quelles que soient leurs opinions nous avons pour devoir de les écouter en silence, sinon nous donnerons le spectacle de gens qui ne sont pas capables de se diriger.

Doria. — Vous avez dans ce Congrès, à deux reprises différentes, prouvé que vous étiez les adversaires des politiciens quelle que soit leur étiquette. Sans vous en douter, vous venez de faire de la réclame à un politicien dont je m'abstiendrai de prononcer le nom.

Ceci dit, je m'adresse à ceux qui composent l'association de la Maison des Fédérations : je m'y adresse parce que, comme délégué des chambres syndicales du Var à la Conférence des Bourses et des Fédérations, c'est votre serviteur qui souleva le lièvre que l'on discute aujourd'hui, et je trouve extraordinaire pour mon compte que le rapport financier ait été communiqué aux uns et pas aux autres. J'ai pu avoir cependant ce rapport grâce à l'ami Pontonnier qui est à côté de moi. Cette brochure rouge a appelé mon attention. J'y ai lu : « Maison des Fédérations, rapport financier » : j'ai demandé aux camarades des Bourses de province.

s'ils avaient reçu cette brochure parce que j'imaginais qu'on avait pu faire une omission et que l'Union des Chambres syndicales ouvrières du Var aurait pu être omise : mais personne, paraît-il, en province, ne l'a reçue...

PLUSIEURS VOIX. — Si!... Si!...

DORIA. — Vous avez été plus heureux que nous. Je dis que la majorité des Bourses du Travail, des Unions locales, des Unions départementales, n'ont pas reçu cette brochure.

UNE VOIX. — Cela ne les regarde pas.

DORIA. — Ah! vous estimez que cela ne les regarde pas? Mais peut-être ce qui vous intéresse davantage c'est la galette que nous vous envoyons! (*Rires*). Vos rires ne sont pas faits pour m'émotionner: j'avais une constatation à faire au Congrès et je dis qu'il est inadmissible, en principe, que lorsqu'on fait partie de la grande famille confédérale, on pense aux uns et on daigne oublier les autres : c'est tout ce que j'avais à dire : je tenais à le signaler.

LE GUÉRY. — Camarades, si j'interviens dans le débat, c'est parce que des confusions ont pu s'établir après des propos qui ont été tenus, lancés, colportés par quelques camarades : c'est parce que j'ai à rendre compte aux organisations qui me connaissent et que je représente des conditions dans lesquelles j'ai été appelé à prendre une part assez active à la discussion au sujet de la Maison des Fédérations. On a colporté le bruit qu'il y avait des révolutionnaires qui se prêtaient à la besogne qu'essayaient d'accomplir des camarades catalogués réformistes. J'estime qu'il faut que nous disions pourquoi nous avons essayé de donner une solution à la question de la Maison des Fédérations et que nous nous expliquions sur nos intentions.

Tout comme je le fus hier, comme je le serai demain encore, révolutionnaire je reste ; je n'ai rien à faire avec les menées des camarades catalogués réformistes ; je ne suis pas du tout de leur côté, nous sommes aux antipodes ; mais ce que je tiens à déclarer, c'est que si j'ai été amené à prendre parti dans la question de la Maison des Fédérations, c'est parce que j'ai fait certaines constatations qui ne m'ont pas donné du tout ce que je désirais.

Le camarade Lévy, on l'a colporté aussi, avait, prétend-on, essayé de jeter le discrédit sur le secrétaire de la Confédération, que j'estimais, qui était un ami, et pour lequel j'ai encore la même estime au point de vue de l'homme. J'ai demandé à Lévy ce qu'il y avait de vrai dans ce qu'on a raconté ; Lévy m'a dit qu'il n'avait jamais eu l'intention de faire passer Griffuelhes pour un voleur ou un escroc. Ces propos ont été tenus par lui devant le camarade Thuillier, de l'Union des Syndicats, et lorsqu'il eut tenu ces propos, je lui déclarai que s'il avait quelque chose à dire, c'était devant le Comité confédéral qu'il devait s'expliquer. D'autres ont enjoint à Lévy d'agir de cette façon. La question fut portée devant le Comité confédéral, et là, nous eûmes un spectacle auquel nous ne nous attendions pas : au lieu que la question se solutionnât devant ce Comité confédéral, comme pour ma part je l'aurais désiré, au lieu que la question fût posée comme j'aurais voulu la voir poser, j'ai constaté moi-même un acte d'autoritarisme du secrétaire de la Confédération générale qui m'a déplu : Griffuelhes a dit : Lévy ou moi : Lévy a tenu de tels propos sur mon compte, qu'il est matériellement impossible que nous restions en compagnie pour travailler, la collaboration devient impossible entre nous : il faudra savoir si je suis un voleur, une crapule et un escroc, il faudra que le Comité confédéral se prononce contre lui ou contre moi.

Ce n'était pas ainsi que je voulais voir poser la question. Je considérais que le jour où l'élection du trésorier de la Confédération Générale du Travail devait se faire, il fallait qu'on laissât s'accomplir cette élection, et que surtout lorsque le secrétaire de la Confédération devait être élu, il fût élu dans les mêmes conditions, sans que rien fût apporté concernant les propos soi-disant tenus. Voilà quelle était ma conception. Au lieu de cela, j'ai constaté qu'il y avait une espèce d'ostracisme contre l'élection d'un camarade ; j'ai constaté qu'on posait la question absolue pour rester ou ne pas rester, pour admettre ou ne pas admettre un camarade à une fonction qui n'avait rien à voir en l'occurence au point de vue des idées et des conceptions. Je me suis insurgé contre cela. J'aurais voulu que le camarade Griffuelhes posât la question de la façon que je viens d'indiquer, et qu'il dise ensuite : Je demande, puisque de tels propos sont parvenus à mes oreilles, qu'une commission d'enquête soit nommée au sein du Comité confédéral pour savoir si réellement ces propos sont exacts, si Lévy a raison dans ses prétentions, s'il a tenu ces propos, et alors que l'un de nous deux, celui qui sera reconnu coupable d'avoir tenu de tels propos inexacts, ou l'autre d'avoir accompli ce que le premier prétend, celui des deux qui sera coupable, devra être mis en demeure de se retirer.

C'est la véritable solution que j'aurais voulu voir intervenir au Comité confédéral, et si la question avait été posée dans ces conditions, je déclare que je crois réellement qu'il n'y aurait pas aujourd'hui à tenir une séance complète, peut-être davantage, du Congrès, alors que nous avons une besogne plus utile à accomplir.

Eh bien, lorsque la question fut posée, le camarade Lévy nous fit des déclarations, celles qu'il vous a signalées ce matin, à savoir que lorsqu'il sortit de la prison de Clairvaux, Griffuelhes lui remit un reçu de 4,700 francs, dans lequel étaient compris 1,600 francs qui n'avaient pas été envoyés en temps voulu à des grèves. Il nous signala qu'au sujet de la tombola de 21,000 francs, il n'en avait jamais eu de comptes, qu'il lui semblait extraordinaire que cette tombola n'ait pas passé par les mains du trésorier de la Confédération Générale du Travail. Il nous fit savoir aussi, qu'à chaque instant, lorsqu'il y avait besoin de fonds à l'imprimerie de la Maison des Fédérations, on venait le trouver, le mettre en demeure d'avoir à donner l'argent nécessaire sans qu'il pût s'insurger contre ces demandes réitérées. Il nous déclara aussi que les médecins qui étaient soi-disant à la Confédération Générale du Travail, étaient simplement dans la Maison des Fédérations.

Lorsque nous eûmes constaté nous-mêmes, après ce que nous eut dit le camarade Lévy, qu'il n'y avait pas de comptabilité qui puisse être fournie, je vous garantis que si j'étais sceptique auparavant sur ce qu'avait pu dire Lévy, à ce moment les affirmations de Lévy éveillèrent mes soupçons. Et surtout ce qui fit que je pris parti dans cette affaire, c'est parce que je vis que Griffuelhes opposa toujours un refus catégorique à ce que le Comité confédéral demandait, c'est-à-dire que des comptes soient fournis. Griffuelhes prétendait que la Maison des Fédérations n'appartenait pas à la C. G. T., il disait qu'il n'avait pas de comptes à rendre au Comité confédéral, parce que la Maison des Fédérations appartenait seulement aux fédérations qui étaient locataires, et qu'à elles seules des comptes devaient être fournis, qu'elles seules pouvaient en réclamer.

Je vous garantis que mon esprit se révolta à ce moment, parce que je considérais que la Maison qui était ainsi montée pour donner satisfaction à la classe ouvrière, devait être une Maison non pas à quelques-uns, mais à toute la classe ouvrière. Je le demande au Congrès, comment peut-on prétendre que cette Maison des Fédérations n'appartient pas à la C. G. T. ? Est-ce que, par exemple, à chaque instant, on ne s'est pas servi des fonds de la C. G. T. ? Est-ce que les 4.700 francs dont Lévy n'a pas touché le numéraire, mais simplement un papier reconnaissant la dette, n'étaient pas des fonds de la C. G. T. ? Est-ce que les 1.600 francs qui n'étaient pas parvenus directement aux grèves en temps utile, n'étaient pas encore des fonds envoyés de tous les centres prolétariens pour la C. G. T., afin qu'elle les distribuât à tous les travailleurs en lutte ? Avait-on le droit aussi de se servir des 21,000 francs de la tombola ?

Ah ! je sais qu'on va nous opposer des subtilités : on l'a déjà fait à la Conférence des Bourses, où on est venu déclarer que cette tombola n'était pas pour la C. G. T., mais qu'elle était pour la Maison des Fédérations directement, et on se prévaut de ce que sur les listes de souscription il n'y a pas le timbre confédéral.

Cela est exact, les listes de souscription ne portaient pas le timbre confédéral, mais je dois dire que dans l'esprit de tous, lorsque les listes de souscription furent lancées, lorsque la tombola fut connue, c'était pour la C. G. T. qu'on la faisait, et les camarades de province qui sont présents à ce Congrès pourront déclarer si tous ceux auxquels ils ont fait verser des fonds n'ont pas pensé les verser en faveur de la C. G. T.

Les 21,000 francs n'ont pas été distraits de leur destination, puisque c'était pour l'établissement d'une Maison pour la C. G. T., mais ils ont servi à monter quelque chose dont nous n'avons pas les bénéfices jusqu'à présent.

Je me demande aussi si on avait le droit d'installer une clinique médicale appartenant à la Maison des Fédérations seulement : est-ce que ce ne sont pas les travailleurs de toutes les corporations qui viennent se faire soigner dans cette clinique médicale, qui en font la fortune et qui lui apportent des bénéfices ? A ce titre, je ne vois pas logiquement comment on pourrait prétendre que ces bénéfices doivent être versés à quelques-uns et ne pas être répartis à l'organisation ouvrière tout entière. Du reste, la prétention que la clinique médicale appartient à la Maison des Fédérations est erronée pour nous, parce que de l'aveu même du médecin Dupinay, lorsqu'il a traité avec Griffuelhes, ce n'est pas avec Griffuelhes en tant que propriétaire qu'il a traité, mais avec le secrétaire de la Confédération Générale du Travail. Dupinay a déclaré qu'il croyait traiter avec la C. G. T. Ainsi, je dis qu'on n'avait pas le droit, puisque des fonds destinés à la C. G. T., versés par les membres y adhérant dans tous les centres, ont été employés à combler certains vides qui pouvaient exister dans la Maison des Fédérations, puisque la clinique médicale payait son loyer et fournissait une certaine partie des bénéfices qu'elle recueillait, ayant cru traiter avec la C. G. T., je dis que, pour toutes ces raisons, il n'est pas admissible qu'on ait refusé le contrôle de tous ces fonds employés et le contrôle même sur la Maison des Fédérations.

C'est pour cela, camarades, que je me suis refusé à marcher dans la voie que Griffuelhes voulait nous tracer : non pas, je vous le déclare encore, que j'avais de l'antipathie pour lui, c'était le contraire ; je sais bien que Griffuelhes peut-être craignait de voir disparaître l'œuvre qu'il avait essayé de mettre debout : mais j'estime que ces craintes n'étaient pas fondées et que le motif n'était pas sérieux, parce qu'il y avait possibilité pour lui d'essayer de faire marcher cette œuvre avec tout le prolétariat : il pouvait en faire part à l'organisation ouvrière tout entière, mettre au courant ceux des délégués du Comité confédéral qui devaient faire savoir aux organisations de province ce qui se passait : il devait rechercher la collaboration de tous, et j'ai la certitude qu'il y avait intérêt pour la Maison des Fédérations à avoir cette collaboration de toutes les unités ouvrières. Je dis que la prospérité de la Maison des Fédérations, et c'est une prétention qu'on essaiera tout à l'heure de démolir, dépendait même de cette collaboration de tous.

Yvetot, ce matin, n'a pas dit ce qu'il a dit à la Conférence des Bourses : il disait à la Conférence des Bourses, que Griffuelhes était un orgueilleux et que c'était par excès d'orgueil qu'il avait péché...

Yvetot. — Qu'il avait péché à la Conférence des Bourses en ne venant pas.

Le Guery. — Je veux bien admettre cela. Je dis même que Griffuelhes pouvait avoir un orgueil légitime d'avoir essayé de mettre une œuvre comme celle-là debout, mais je dis que Griffuelhes a eu tort de vouloir agir ainsi, que s'il s'était comporté comme il aurait dû le faire, la question ne serait pas posée aujourd'hui : il a voulu agir seul, c'est son plus grand tort.

Voilà quel est le plus grand grief que nous apportons. Il y a de la part de Griffuelhes un orgueil incontestable : c'est pour cela qu'il a toujours mis de la mauvaise volonté à donner les comptes : c'est pour cela qu'il n'a pas voulu donner satisfaction, même aux camarades révolutionnaires qui ne pensaient pas tout à fait comme lui en l'occurence.

Comme le disait Yvetot, il y a des sympathies froissées. On ne peut pas tolérer que des hommes se mettent au-dessus des organisations. Nous croyons que les organisations syndicales ne doivent pas avoir des maîtres : elles ne doivent pas les subir : nous voulons que les organisations syndicales ne soient pas les vassales d'individus, mais qu'au contraire ce soient elles qui donnent l'impulsion et qui disent dans quelles conditions on doit marcher.

Eh bien, camarades, après tous les incidents qui se sont passés, après la Conférence des Bourses, lorsque la décision fut prise que le bureau devrait s'entremettre avec le comité de la Maison des Fédérations, nous croyions qu'une solution serait donnée, que la décision qui avait été prise à cette Conférence des Bourses serait appliquée. Nous avons été déçus, la mise en application n'a pas été faite, nous n'avons rien su par la suite : quelques-uns, et je suis de ceux-là, ont connu le bilan financier de la Maison des Fédérations, mais en province on n'a rien su : tout à l'heure, le camarade Doria le déclarait à cette tribune et je le savais déjà.

Aujourd'hui, la question est posée très largement. Le camarade Griffuelhes avait peut-être voulu se réserver pour le Congrès ; je ne sais s'il a eu tort ou raison d'attendre jusqu'à présent, mais je dis que quand même, il devait observer envers les délégués un peu plus de camaraderie qu'il ne l'a fait, et surtout ne pas passer par-dessus la décision prise dans une séance de la Conférence qui avait été tenue à cet effet.

Le Congrès doit se prononcer aujourd'hui, il doit le faire sans faiblesse et sans acrimonie; ce que nous cherchons ce n'est pas, pour ma part, je le déclare, à tomber ou à lutter contre un homme, c'est essayer de dissiper les équivoques qui ont pu exister jusqu'à maintenant. Nous savons que le prolétariat souffre de la situation qui lui est faite depuis deux années; s'il y a eu des menées, nous les déplorons tous et nous les combattrons dans l'avenir lorsque la situation nette sera bien établie: mais nous disons qu'il faut une solution pratique qui intervienne, et pour ne pas abuser des instants du Congrès, je déclare que je me range à la proposition que faisait ce matin le camarade Bourderon: j'estime que c'est la proposition la plus rationnelle et la plus raisonnable qui pouvait être faite, elle n'est empreinte d'aucun caractère de parti-pris: nous connaissons assez le camarade Bourderon pour savoir qu'il a agi dans un sentiment large, qu'il a voulu que, si on faisait la lumière dans cette affaire, il n'en subsiste qu'une chose dans l'avenir: l'œuvre plus forte qu'on a essayé d'édifier. La solution, pour nous, est convenable; je l'accepte de grand cœur. La proposition n'a pas été repoussée: le camarade Bourderon voulait qu'on passe au vote de cette proposition immédiatement, sans aucune discussion, de façon à ne pas abuser des instants du Congrès et à ne pas perdre un temps précieux; le Congrès a décidé qu'il devait y avoir discussion large afin que tout soit éclairé: je suis satisfait de cette discussion, parce que nous avons pu nous expliquer, parce que nous pourrons dissiper des équivoques, des malentendus, et voir peut-être dans l'avenir une plus grande fraternité régner dans le monde ouvrier. Je dis que cette satisfaction nous sera accordée avec le vote de la motion qu'a présentée le camarade Bourderon, et j'invite ceux qui ont lutté les uns contre les autres, ceux mêmes qui voyaient dans cette affaire des questions personnelles contre lesquelles ils devaient s'insurger, ceux qui combattaient des individus, je les invite à se rallier à cette proposition parce qu'elle seule peut donner satisfaction à tous... Peut-être des modifications en ce qui concerne le nombre des délégués, pourront-elles y être apportées, mais en tout cas, si elle est adoptée, c'est tout ce que je désire: elle me donne entière satisfaction, et je vous invite à la voter.

Le Président. — Je ne sais pas si je puis mettre cette proposition aux voix... (Non! non!).

Bourderon. — Cette proposition ne peut être mise aux voix qu'après tout le débat.

Le Président. — Voici une motion du camarade Lescalié :

Le Congrès invite les camarades qui n'ont pas d'indications nouvelles à fournir sur la Maison des Fédérations à s'abstenir de prendre la parole, considérant qu'il manquera ensuite du temps nécessaire pour discuter les questions très importantes inscrites à l'ordre du jour.

Jouhaux. — Camarades, j'ai dit ce matin qu'il était trop tard pour que le débat public soit reculé. J'ai déclaré qu'on a essayé au Comité confédéral, et tous les délégués qui placent l'intérêt général du prolétariat au-dessus de leurs intérêts particuliers avaient essayé de passer l'éponge sur ce passé et de donner à la Confédération, resserrant les liens d'amitié et de solidarité entre les délégués, une puissance plus grande, et cela avant l'ouverture de ce Congrès. On n'a pas voulu entendre la voix de la raison. Ce matin, on a décidé de ne pas voter l'ordre du jour Bourderon. On ne peut pas maintenant revenir sur ce vote qui reste acquis. Il y a ici des responsabilités qui doivent être prises : nous devons tous les assumer quelles qu'en soient les conséquences : nous ne devons pas reculer, et je demande au Congrès de continuer le débat, de façon à ce que nous assumions tous ces responsabilités et que la décision qui sera prise ait une valeur et une force qui permette au Comité confédéral de reprendre avec fruit la propagande qu'il doit entreprendre. (*Applaudissements*).

Lévy. — Camarades, tout à l'heure un camarade a répondu à Yvetot. Je croyais que c'était une méthode de travail et j'ai demandé la parole, et je n'ai qu'une observation à faire à ce qu'il a dit.

Yvetot m'a reproché, ainsi qu'à d'autres, d'avoir fait du bruit autour de cette question et de l'avoir rendue publique. Je lui ai répondu que c'était la vérité, que j'avais fait une circulaire que j'avais envoyée aux Bourses et aux Fédérations, mais que cette circulaire était la réponse à une autre que j'ai entre les mains et dont je vais vous donner lecture. Je vous lirai ensuite la mienne, et vous verrez combien je suis resté dans la forme où je croyais devoir rester :

Camarade Secrétaire de la C. G. T.

Pour nous conformer à une décision de notre Comité fédéral, nous adressons une copie de la lettre suivante à toutes les Fédérations adhérentes à la C. G. T. ....
....
....
..il décide la communication à la presse et l'insertion à *la Voix du Peuple*.

C'est un journaliste d'un journal bourgeois qui m'a remis cela à la Bourse du Travail, et ce journal c'est *la Libre Parole*. Voici ma réponse :

Camarades,

Les organisations ont reçu du Comité de la Fédération des Cuirs et Peaux une communication dans laquelle je suis en cause.........................
....
...................................un véritable danger pour la Confédération.

Voilà ma réponse, que j'ai adressée seulement aux Bourses du Travail et aux Fédérations : mais cette circulaire n'a pas été rendue publique, et personne n'a pu la voir dans les journaux.

Une voix. — Elle a été répandue par les amis de Lévy.

Lévy. — Je ne sais pas quels sont les amis de Lévy, mais je répète que j'ai envoyé cette circulaire aux Bourses du Travail et aux Fédérations.

Réault. — Camarades, pour beaucoup de délégués il pourra paraître surprenant que je prenne la parole dans la question de la Maison des Fédérations, et je vais indiquer tout d'abord pourquoi je dois prendre la parole. Mandaté par ma Fédération pour protester contre l'interprétation donnée au sein du Comité confédéral lorsque nous avons présenté la candidature du camarade Marck comme trésorier confédéral, on s'est imaginé que nous présentions cette candidature contre le camarade Griffuelhes, alors que c'était tout simplement pour trancher un débat que nous n'avions pas pu éclaircir malgré toutes les lettres adressées à la Confédération par notre délégué. Il semble aujourd'hui qu'on vienne nous révéler un mystère. Or, la question de la Maison des Fédérations n'était un mystère pour aucun confédéré, parce que chaque Fédération a des délégués au sein du Comité confédéral, et là tous les délégués connaissaient cette question. On n'a par conséquent rien révélé, et en supposant même que les délégués confédéraux n'aient pas été mis au courant de cette question, moi qui n'habite pas Paris, par des journaux qui n'ont rien de bourgeois, par *la Guerre Sociale*, je connaissais cette question telle qu'elle a été exposée ce matin, et je me demande alors pour quel motif on fait un mystère d'une question administrative qui n'est, somme toute, qu'une question de personnes.

On a dit, ce matin, que les chiffres n'avaient pas de tendance, que c'était une question de mathématique intrinsèque. Je crois cependant que les chiffres, depuis ce matin, ont des vertus que je ne leur connaissais pas. On a trouvé le moyen, avec des chiffres, de faire le mariage de la carpe et du lapin ; il s'est trouvé précisément que ces chiffres, qui n'avaient pas de tendance, ont su rallier et mettre d'accord à un moment donné les réformistes et les révolutionnaires pour combattre la C. G. T. sur la tête de Griffuelhes...(*Bruit, tumulte*)... Je m'explique, camarades. Ce n'est que par la démonstration que vous pourrez juger de mon attitude maintenant. (*Bruit*)... Vous ne savez pas ce que je veux dire et du bruit s'élève dans la salle... D'autres camarades se sont cependant expliqués en toute indépendance.

Mallardé. — Camarade, vous demandez comment il se fait qu'il y a des interruptions ; mais c'est parce que nous pouvons vous juger par des actes que vous avez commis antérieurement envers des militants qui sont allés en province et que vous avez traités de menteurs !

Réault. — Il n'est pas surprenant alors que le camarade Mallardé, impatient, veuille se substituer à moi dans mes explications.

Mais je continue. Au mois d'octobre 1909, nous avions eu un Congrès fédéral à Bordeaux et, comme il y avait très longtemps que je ne m'étais pas arrêté à Tonneins où il y a une manufacture des tabacs...

Nombreuses voix. — La question ! La question !

Réault. — Vous disiez ce matin que les chiffres n'avaient pas de tendance. Eh bien, je vais vous montrer que les chiffres, dans la Maison des Fédérations, ont une tendance et une tendance bien marquée. On ne s'est pas contenté d'indiquer que la question de la Maison des Fédération était une question mathématique, que c'était une question administrative ; on a traité cette question sur un autre terrain, et j'ai bien le droit de soutenir ma tendance ainsi en disant qu'on a voulu donner à cette question simplement administrative un autre caractère.

Des délégués fédéraux se sont arrêtés sous le prétexte de donner des explications en indiquant que sur le compte de Griffuelhes il y avait des choses qui ne pouvaient être divulguées, et à la suite de ces paroles, il y a des syndicats en entier qui ont dit : Tant que Griffuelhes sera à la tête de la C. G. T., nous n'appartiendrons pas à cette C. G. T. et nous ne paierons plus les cotisations.

La question n'était pas mathématique alors, les chiffres avaient une tendance, et c'est ce que je voulais indiquer.

J'ajoute qu'après ces insinuations malveillantes détournant une organisation de la C. G. T., nous avons vu des camarades révolutionnaires, nous avons vu le camarade Lévy dire à Mallardé qu'il se tenait à sa disposition pour aller faire une conférence à Tonneins pour montrer que le langage tenu par Mallardé était celui d'un membre de la C. G. T.

Voilà ce que je voulais dire, camarades. Mon siège est fait sur cette question, qui n'est pas du tout une question administrative. On a voulu insinuer, on a voulu ne pas aborder le fond de la question : mais toute la question est là. Il ne s'agit pas de savoir s'il y a eu des irrégularités dans la comptabilité... *(Bruit)*... Je n'incrimine pas les camarades révolutionnaires qui se sont prêtés inconsciemment à la manœuvre soulevée par les réformistes ; mais les réformistes ont exploité la question de la Maison des Fédérations à un tel point qu'il ne nous est plus permis de nous solidariser avec les camarades réformistes, même sur l'examen de la question des chiffres de la Maison des Fédérations. *(Applaudissements)*.

Dret. — Camarades, si je viens ici, ce n'est pas non plus pour remplir la besogne que Griffuelhes se chargera de remplir : mais c'est parce que Lévy, tout à l'heure, montant à cette tribune pour justifier l'envoi d'une circulaire aux Bourses et aux Fédérations, a signalé l'envoi d'une circulaire par la Fédération des Cuirs et Peaux à toutes les organisations. Or, j'étais avec le camarade Voirin, secrétaire de cette Fédération, et puisque Lévy, pour les besoins de son argumentation, n'a pas dit ce qui avait motivé de la part de cette Fédération l'envoi de cette circulaire, je vais être obligé de le dire.

Dans une des trois réunions du Comité confédéral, où fut discuté le cas Griffuelhes-Lévy — parce qu'à ce moment-là c'était bien le cas Griffuelhes-Lévy qui se posait — Lévy accusa le camarade Griffuelhes d'avoir détourné les fonds de la Fédération des Cuirs et Peaux et de n'avoir jamais pu faire voir ces fonds lorsque la Commission de contrôle de notre Fédération les lui avait demandés. Immédiatement, le lendemain, en ma qualité de secrétaire fédéral, j'ai convoqué tous les membres de la Commission de contrôle, et ces camarades, justement indignés d'une accusation fausse en tous points et qui n'avait d'autre but que de jeter le discrédit sur un camarade, sur une œuvre et sur une tendance, la Commission de contrôle et le Comité décidèrent l'envoi de cette circulaire.

Voilà ce qui a motivé l'envoi de cette circulaire. A vous de dire, camarades, si ce n'était pas ignoble de la part d'un camarade de s'occuper de la gestion intérieure d'une fédération ; et c'était d'autant plus cynique qu'il savait pertinemment que la faute était commise par lui.

Les explications de Griffuelhes

Griffuelhes. — Camarades, tout d'abord j'indiquerai les raisons pour lesquelles aujourd'hui je vais parler, alors que jusqu'à ce jour je m'étais refusé à donner des renseignements.

Je parle aujourd'hui, parce que les conséquences des déclarations que je peux rendre publiques sont complètement différentes de ce qu'elles eussent été il y a un an et dix-huit mois.

Aujourd'hui, l'affaire est dans une situation florissante : elle ne l'était pas il y a un an, et elle l'était encore moins il y a dix-huit mois. Aujourd'hui que par suite de circonstances, quelles qu'elles soient, — qu'elles proviennent de fournisseurs inquiets des déclarations que je vais faire et qui pourraient prendre à notre égard certaines mesures — il résulte l'obligation d'opérer une liquidation, je suis certain aujourd'hui que la liquidation pourra se faire dans des conditions honorables, c'est-à-dire que toutes les dettes contractées seront entièrement payées, et qu'ainsi nul de ceux qui nous ont rendu des services dans les moments difficiles ne subira le moindre dommage. Cela établi, il importera peu pour ma part que l'affaire disparaisse, puisque les engagements pris personnellement vis-à-vis de quelques personnes auront pu être tenus et respectés jusqu'au bout.

L'an dernier.... il y a dix-huit mois.... j'avais des dettes énormes, écrasantes même, et au moment même où les incidents se déroulaient au sein du Comité, j'avais dans ma poche un papier timbré de la maison Walter Behrens, fournisseur de machines, à laquelle nous étions redevables d'une forte somme : à cette maison, nous avions acheté un matériel pour plus de 50.000 francs ; nous lui devions des billets de mille pour des paiements qui n'avaient pas été effectués, et la maison Behrens exigeait le paiement immédiat de ses arriérés et, comme il nous était difficile et même impossible d'opérer ces paiements arriérés, il y eut le papier timbré. Je fus assigné devant le Tribunal : comme je viens de le dire, je ne pouvais effectuer le moindre paiement à ce moment-là, et je n'étais pas dans un état d'esprit favorable et propice pour me prêter à des démarches nouvelles en vue de sauver l'affaire. Le jugement fut prononcé et la maison Behrens obtint le droit de nous enlever tout le matériel. Ce sont des actes publics : qu'on aille au Palais-de-Justice et on retrouvera le jugement auquel je fais allusion. Le fournisseur Behrens avait le droit, non seulement d'enlever les machines, mais encore de faire vendre l'immeuble et le reste du matériel soldé, à l'effet de se payer des versement arriérés. Que les typos, qui sont au courant, qui savent dans quelles conditions les machines s'achètent, qui savent que c'est sous la forme de location pendant une période donnée, et que pendant cette location, le client n'est nullement propriétaire des machines ; que la location à un tarif donné doit toujours recevoir son paiement, que les typos disent si je me trompe ! Comme nous n'avions pas fait le paiement de cette location, la maison Behrens, en vertu de nos contrats, avait le droit de tout enlever, pour se rattraper des sommes que nous lui devions et qui dépassaient le chiffre de 7,000 francs. Tout le reste partait... Je dus cependant me rendre à l'évidence et accepter un concours que Lafont m'offrit de lui-même et par lequel il mettait à ma disposition une forte somme, de façon à calmer immédiatement les exigences de la maison Behrens, et c'est ainsi que je pus surmonter les difficultés d'alors. Mais ces difficultés n'étaient pas résolues parce que la maison Behrens avait accepté mille francs sur les sept mille et plus qui lui étaient dus. Je pris des engagements pour de nouveaux paiements mensuels, paiements qui, grâce aux perfectionnements et à l'amélioration de la marche de l'affaire, ont pu être effectués, et tout récemment, ces jours derniers, nous avons passé avec la maison Behrens la dernière convention par laquelle aujourd'hui nous cessons d'être des locataires pour devenir les propriétaires des machines, et c'est parce que cette situation propre à la maison Behrens est identique à celle des autres fournisseurs qu'aujourd'hui, je le répète, il m'importe maintenant de parler, que je n'ai rien à cacher et que je montrerai tout, tout, parce que maintenant, ai-je dit, les conséquences ne sont plus les mêmes, et qu'elles me sont maintenant légères.

Rappelons maintenant les conditions dans lesquelles la question a été posée publiquement. Je parle de la question telle qu'elle se formule aujourd'hui devant le Congrès.

Nous sommes en juillet 1908, au lendemain de Villeneuve-Saint-Georges. Le premier août, nous sommes arrêté. Immédiatement, la campagne commence. Nous ne sommes pas là. Quelques jours après, en prison, nous sommes mis au courant de la campagne entamée. Dire que cela me fit plaisir serait, vous le comprendrez tout de même, affirmer un mensonge. Je ne fus pas satisfait. Il y eut — et c'était légitime — un moment d'amertume qu'il fallut exhaler lorsque les circonstances se produisirent, et ces circonstances se produisirent le jour où, devant le Comité confédéral, se posait l'élection du trésorier. Je soulevai la question, non pas dans l'esprit affirmé par Le Guéry... Qu'il y ait parfois dans mon langage une forme âpre, rude, c'est possible : chacun parle selon sa nature et comme il le conçoit, et comme il le juge utile. Ce jour-là, je dis au Comité : Il n'est pas possible, pour la bonne marche de la C. G. T. elle-même, qu'entre les fonctionnaires principaux, il y ait une hostilité telle que le fonctionnement en sera paralysé et qu'ainsi l'organisme sera frappé. Le Comité ne me donna pas raison, je le reconnais. Je partis sans faire la moindre difficulté, et pendant des mois je me suis tenu à l'écart, en arrière, pour ne pas qu'on puisse dire que je voulais par ma présence continuer le malaise, le prolonger et participer ainsi à l'état présent créé, non pas par moi, mais par ceux que, ce matin, vous avez entendus.

Oui, c'est vrai, je me suis refusé à parler jusqu'ici. Je viens de l'indiquer ; je n'y reviendrai pas, mon intention étant de passer rapidement sur les faits et de simplement les condenser dans leur forme générale, à charge ensuite par le Congrès d'apprécier et de juger.

Quelle que soit sa décision, je tiens à dire dès le début que, pour ma part, je n'ai rien à me reprocher. J'ai travaillé beaucoup, j'ai produit un grand effort et je considère que j'ai le droit de dire que si d'autres ont travaillé, j'ai travaillé comme eux.

Au moment du procès de Corbeil, ou plutôt dans le dossier du procès de Corbeil, nous eûmes l'occasion d'éprouver en le compulsant une légitime surprise. Nous avions été arrêtés, pourquoi ? Pour un délit plus ou moins déterminé. Mais qu'importe, nous avions été arrêtés parce qu'il y avait eu un rapport du préfet de Seine-et-Oise, Autran (ce rapport fut publié dans *la Voix du Peuple* de l'époque, dans le numéro exceptionnel qui contient tout le résumé du dossier relatif à l'affaire de Villeneuve-Saint-Georges). Autran avait lui-même établi son rapport sur deux rapports policiers. Ces deux rapports policiers disaient qu'il y avait sur le théâtre des événements un tel, un tel, un autre, tous ceux en un mot qui furent l'objet d'une arrestation, en dehors des camarades de Villeneuve-Saint-Georges qui furent arrêtés sur la dénonciation des habitants de leur localité. Dret, Bousquet, Yvetot, Maucolin, Pouget et moi, nous fûmes arrêtés parce que le rapport du préfet nous désignait. Mais le rapport du préfet était incomplet ; les rapports policiers contenaient d'autres noms, et ces noms ne furent pas retenus par le rapport du préfet Autran : ils furent éliminés ; pourquoi ? Je n'en sais pas la raison. On a le droit de se demander s'il n'y a pas là quelque chose ? En tout cas, je constate que le rapport des policiers désignait trois hommes qui ne furent pas inquiétés : c'étaient Tesche, Latapie et Lévy. Tesche était présent comme journaliste, et alors on s'explique très bien qu'il ne fût pas l'objet du moindre mandat. Latapie eut un mandat d'arrêt lancé contre lui ; il y eut une démarche faite auprès de Briand, qui fit déchirer le mandat. J'ignore pour le troisième s'il y eût quoi que ce soit ; je note que c'est le lendemain que la campagne commença.

Puis, il y a autre chose. Toutes les hypothèses sont possibles, mais rien que des hypothèses. Ces hypothèses paraissent devoir prendre un caractère de vraisemblance si l'on connaît les faits que je vais indiquer et que, depuis quatre ans, j'ai gardés pour moi seul. J'ai des témoignages qui pourront sortir, et il faudra qu'ils sortent : j'ose espérer que les personnes en cause se décideront enfin à ouvrir la bouche et à dire tout ce qu'elles savent.

Nous étions en 1906, au mois de juillet ou d'août, avant le Congrès d'Amiens ; il y avait à l'ordre du jour le contrat collectif. Déjà le gouvernement avait préparé un projet sur le contrat collectif, et un jour, dans le cabinet de Briand, il y avait un homme. Avec cet homme, Briand parla du contrat ; il s'efforça de l'amener à l'acceptation de son projet. Y eut-il un échange de promesses ? En tout cas, quelque temps après, Briand, dans les bureaux de la Chambre, déclarait à quelques députés qu'il était certain qu'au Congrès d'Amiens, son projet sur le contrat, son projet annoncé sur la participation dans les sociétés ouvrières du personnel ouvrier, ne rencontreraient pas une hostilité de la part du Congrès, parce qu'il s'était mis d'accord avec un militant influent du Congrès de la C. G. T.

Quelle était cette personne ? C'était Latapie, et lorsqu'après le Congrès j'eus l'occasion — et ce fut le hasard — de me trouver en présence de quelques députés, ceux-là me dirent : Mais c'est extraordinaire que votre Congrès ait voté cela ! Je répondis : Pourquoi ? Parce que, quelques-uns d'entre nous, nous nous étions laissé dire que Briand avait reçu la promesse d'un de vos amis très influent qui, dans la discussion relative à ces projets au Congrès d'Amiens, devait peser pour leur acceptation. Je répondis à ces personnes : C'est sans doute que Briand a mal compté, car il ne suffit pas d'avoir un seul concours, il faut dans un Congrès en avoir beaucoup et beaucoup ?

En tout cas, voilà quel était le procédé employé par Briand, et voilà quel était l'homme qui se prêtait à ses manigances, et dans l'affaire de la Maison des Fédérations on retrouve, par derrière et en dessous, la main du même individu ! Je sais qu'il ne s'est pas montré : il s'est tenu à l'écart, se contentant de faire marcher les autres ; il excitait, il surexcitait et, au lieu d'apporter l'élément qui apaise et qui calme, il versait à pleines mains l'élément qui surexcite, qui aiguise et, par conséquent, déchaîne davantage les passions et généralise les conflits en présence. Et j'ai le droit de me demander, dans ces conditions, s'il n'y a pas quelque chose derrière. Oh ! je ne dis pas que de la part de ceux qui ont été mes adversaires dans cette question, il y ait eu le moindre rapport, et je ne dis pas non plus qu'il me soit possible d'établir la moindre corrélation. Mais il me suffit de savoir qu'il y a un fait, et il est de la plus haute importance, car il témoigne des procédés employés, des manœuvres auxquelles on a recours et grâce auxquelles on espère prendre dans le filet les militants, de façon à faire que le mouvement soit bien sage et bien calme, comme le disait Yvetot ce matin.

Nous avons été congédiés de la Bourse le 12 octobre 1905, et sur ce point je reconnais bien vite que les explications données par Lévy en ce qui concerne la location de la Cité Riverin sont exactes. Nous ne pûmes avoir ce local que parce que nous nous cachâmes, et aussitôt que le propriétaire sut qui nous étions, il y eut le congé, c'est-à-dire l'expulsion dans les délais légaux.

Lévy a également expliqué, sauf quelques détails sans importance et dont je vous parlerai, les conditions dans lesquelles fut loué l'immeuble de la rue Grange-aux-Belles. Mais je préciserai un point pour montrer quelles furent, quant à moi, mes préoccupations et en même temps mon désir et les moyens que je croyais utiles pour parvenir à dresser une œuvre dans laquelle la C. G. T. trouverait un asile et un abri illimités.

Ah ! ceux qui ont vécu les six mois de la Cité Riverin, et je m'adresse à eux, car ils savent ceux-là !... savent combien l'éloignement de la C. G. T., laissée toute seule, était dangereux. Les militants venaient plus rarement pour se rencontrer, et ce foyer de discussion que doit être la C. G. T. semblait devoir être entamé et diminué : il y avait éloignement, et là nous sentîmes bien, pendant ces six mois, qu'il fallait s'atteler à la besogne à l'effet de créer un foyer dans lequel nous pourrions nous rencontrer matin et soir pour permettre que l'action syndicale n'arrive pas à s'amoindrir.

Ce fut la première préoccupation morale qui se posa à notre esprit. La deuxième, d'ordre matériel, était la conséquence de la première. Nous nous disions : Comment ! nous sommes à peine connus comme locataires que déjà le congé s'annonce ! Il en sera ainsi tous les six mois, et ce seront des déménagements perpétuels !

Il fallait donc un immeuble qui serait bien à nous et dont on ne pourrait pas nous déloger sans de grandes difficultés. On trouva ce local, et on ne trouva que celui-là. D'aucuns ont dit, et c'est vrai, je le reconnais : Au point de vue topographique, il offre de grands inconvénients. Mais je demande à ceux-là de se mettre en route dans le centre de Paris, et ils compteront sur le bout de leurs doigts le nombre des immeubles qui, au moment où nous étions mis dehors, étaient disponibles et étaient susceptibles, par leur emplacement et leur proportion, de se prêter à des agrandissements au fur et à mesure que notre force grandirait et que nos besoins croîtraient. Nous avons pris celui que nous avons trouvé, et nous l'avons pris en nous cachant, en nous faisant passer pour ce que nous n'étions pas, en donnant un pot-de-vin à l'intermédiaire, à l'ingénieur dont Lévy a parlé, et c'est parce qu'on ferma les yeux à ce personnage avec cinq billets de cent francs qu'il dit à la propriétaire que nous étions des gens solvables et honorables et que le bail fut passé. Il fut passé le 30 janvier 1906, et l'immeuble avait été découvert huit jours auparavant. Nous voulions aller vite, parce que nous ne voulions pas que l'affaire s'ébruite et qu'on sût quels étaient nos projets. Nous savions qu'il y aurait des intrigues, intrigues policières d'une part et intrigues d'une autre nature, et nous craignions que ces intrigues ne nous empêchent de louer: nous voulions aller vite de façon à ne pas laisser le temps de trop s'enquérir sur nos personnalités et sur nos qualités. On fit vite, et il s'agissait de donner à la hâte les noms des personnes qui seraient énumérées sur le bail, et des cinq camarades dont les noms ont été cités par Lévy et qui sont : Galantus, Thil, Lefèvre, Sauvage et votre serviteur: il se trouva qu'au moment où le bail allait être signé, Thil et Galantus n'étaient pas à Paris et, comme il fallait signer le bail et que les noms y soient mentionnés avec les signatures, nous fûmes obligés de nous borner à mettre les noms des trois qui seuls se trouvaient à Paris. Et comment le choix de ces cinq camarades s'était-il fait ? Je vais vite l'indiquer. D'aucuns ont été surpris et ont prétendu que dans ce bail j'avais voulu éliminer Yvetot, Pouget et Lévy : que j'avais voulu simplement rester seul avec quelques comparses, de façon à pouvoir agir selon ma fantaisie. Eh bien, je vais dire pour la première fois quelles sont les raisons qui m'ont guidé en proposant ce choix auquel ces camarades se rallièrent eux-mêmes.

Je me disais : Il est bon de chercher un local, il est bon de prendre les responsabilités et d'assumer des charges énormes ; mais, ce qui importe surtout, c'est de pouvoir faire face à ces charges, et alors que faut-il ? Engager le plus possible d'organisations, de façon à ce qu'une fois engagées, elles soient, comme on dit, sur une planche savonnée et ainsi obligées d'aller jusqu'au bout à l'effet de donner à l'œuvre nouvelle la vie qu'il fallait lui infuser.

Nous prîmes alors, non pas Yvetot, membre de la Fédération du Livre que, je le savais à l'avance, il n'amènerait pas 33, rue Grange-aux-Belles ; non pas non plus ni Lévy, ni Pouget, membres de la Fédération des Employés, organisation qui n'était pas disposée à venir, 33, rue Grange-aux-Belles ; nous prîmes donc la Métallurgie avec Galantus, la Lithographie avec Thil, la Bijouterie avec Lefèvre, les Mouleurs avec Sauvage, et, dans ma pensée, je voulais mettre cinq organisations dans l'affaire, de façon à ce qu'elles puissent y trouver des garanties pour elles-mêmes et qu'elles soient incitées à donner, comme je le disais tout à l'heure, les moyens à l'œuvre de vivre et de grandir. C'est ainsi que Sauvage fut suivi par les Mouleurs, Lefèvre par la Bijouterie, Galantus par la Métallurgie, et votre serviteur par la Fédération des Cuirs et Peaux. J'avais ainsi trouvé un moyen, diplomatique si l'on veut, d'engager des organisations dans une certaine mesure, et, par conséquent, de créer un noyau central au sein duquel viendraient se rallier, afin de pouvoir mieux se développer, d'autres fédérations si elles le décidaient, car je savais que toutes les fédérations n'y viendraient pas, et je vais le démontrer.

Oui, c'est vrai, la location fut décidée en Comité de fédération qui eut lieu le dimanche 28 janvier 1906. La réunion eut lieu par convocations sur cartes-télégrammes lancées le matin et tenue, pour la première fois, un dimanche soir. Comme le dit le procès-verbal lu ce matin, l'affaire fut acceptée par le Comité, l'envoi de la circulaire fut effectué, toutes les fédérations ayant leur siège à Paris furent saisies de la question de la location et invitées à prêter leur concours et à venir y installer leur bureau. Beaucoup répondirent à cet appel et à cette invitation, peu acceptèrent de participer à la vie de l'œuvre. Quelles furent celles qui acceptèrent de venir constituer ce noyau moral si nécessaire, afin de pouvoir grandir, et combien acceptèrent de venir apporter des subsides si indispensables pour faire face aux charges que je vais indiquer ? Il y eut la C. G. T., naturellement !... elle n'avait plus de local ! la Métallurgie, la Bijouterie, les Coiffeurs ! les Cuirs et Peaux, les Mouleurs.

J'irai bien vite tout à l'heure quand j'aurai exposé les points principaux, parce que j'ai à mettre le Congrès non pas en présence d'une situation qui aujourd'hui est prospère, solide, mais en présence de la situation première faite toute de difficultés, et, pour pouvoir apprécier la mesure des difficultés surmontées, il faut cependant mettre les délégués dans la situation même dans laquelle nous nous trouvions.

Nous avions à payer 8.000 francs de loyer, 1.400 francs d'impôts, l'assurance pour un billet de 1.000 francs, le camarade chargé de garder l'immeuble, le chauffage et l'éclairage : c'était un total annuel de près de 12.000 francs.

Les fédérations que j'indiquais tout à l'heure répondirent et fixèrent elles-mêmes le taux du loyer qu'elles pouvaient payer ; et quel était ce montant ? C'était : la C. G. T., pour 960 francs, ce qu'elle payait Cité Riverin ; la Métallurgie, pour 500 francs ; les Mouleurs, pour 400 francs ;

l'Alimentation, pour 300 francs; les Coiffeurs, pour 100 francs; les Cuirs et Peaux, pour 200 francs. C'était donc une somme de 2,500 francs environ, avec laquelle nous avions à payer près de 12,000 francs.

Il fallait bien trouver la différence: ce n'était tout de même pas dans ma poche que je pouvais la prendre; il fallait donc faire des combinaisons, faire des emprunts, solliciter des dons, il fallait en un mot donner confiance à la classe ouvrière elle-même, lui montrer qu'une affaire de cette nature était possible, qu'on pouvait se libérer moralement et matériellement de la tutelle préfectorale, et pour cela appeler les organisations à venir s'enrôler et, par conséquent, à participer à la vie de l'œuvre elle-même. C'est ainsi que nous opérâmes; tout le monde fut invité: seules quelques fédérations répondirent. Le silence ou le refus des autres n'indiquait-il pas leur indifférence à l'égard de l'œuvre elle-même? Est-ce que leur souci de rester à l'écart ne témoignait pas de leur volonté de ne rien faire pour que l'œuvre se développe et même pour qu'elle vive? Mais il y eut mieux, non seulement des organisations se refusèrent à venir, mais des organisations intriguèrent pour que l'affaire ne réussit pas, je vais le prouver maintenant.

Le bail fut signé le 30 janvier 1906 — je précise les dates à mon tour, tout cela est bien figé dans mon esprit — quelque temps après, un membre du Conseil de prud'hommes de Paris nous disait : « Vous venez de louer un immeuble, comment allez-vous faire face aux frais? Je connais une personne riche, toute disposée à vous donner de l'argent à l'effet de créer quelque chose. »

C'était un bon bourgeois... je dis que c'était un bon bourgeois parce que je ne le connais pas, je ne l'ai jamais vu de ma vie, mais il paraît que c'est un philanthrope ayant pas mal de billets de mille francs et les dépensant, paraît-il, avec facilité. Pouget — car j'étais absent de Paris à ce moment — fut mis en relations avec cette personnalité et lui exposa nos projets; au premier aspect ils lui plurent, il fut séduit et il promit d'étudier profondément l'affaire et de donner une réponse. Il vint quelques jours après trouver Pouget et lui dit : « Je regrette beaucoup, mais je ne peux pas faire ce que je m'étais promis, parce que j'ai consulté des militants de grandes fédérations, Martinet, des Employés, par exemple, et ils m'ont dissuadé de vous aider dans l'édification de votre affaire. » Ceux-là avaient déclaré à cette personnalité que ce n'était pas intéressant, que nous étions des énergumènes et des rêveurs incapables de faire œuvre positive et réelle, et que, par conséquent, s'attacher à nous et nous aider serait donner une aide sans résultat et sans profit aucun, parce que nous étions incapables de gérer l'affaire et de l'administrer.

Quelque temps après, lorsque l'imprimerie fut ouverte, imprimerie dont la création s'imposait, comme l'a dit Lévy, parce que nous nous étions fait passer pour des éditeurs et qu'il nous fallait un grand terrain pour y construire une usine et une imprimerie afin de faire nous-mêmes notre propre édition, que vit-on? Est-ce que dans cet ordre d'idées nous rencontrâmes les concours de certains militants? Il y a l'ancien secrétaire de la 21e section du Livre, Meynier, que beaucoup parmi vous connaissent, qui est représentant de la maison Renault, fondeur en caractères d'imprimerie; immédiatement, nous lui demandâmes de bien vouloir être notre fournisseur: mais comme Meynier n'avait pas confiance en nous, au lieu de nous aider, il refusa de faire l'affaire.

Il y a mieux. La maison Behrens avait dans son personnel l'ingénieur Thomas, qui fut candidat à Paris au Conseil municipal dans le quatrième arrondissement ; cet ingénieur, chargé par la maison Behrens d'établir les contrats, fut dissuadé par un membre de la Fédération du Livre. Jusserand, qui lui dit : « Mais vous êtes fou de prêter des machines à ces gens-là, ils ne vous paieront jamais : ne prêtez donc pas de matériel à ces gens-là ! » Thomas, qui au fond était un charmant garçon, se borna à écouter le membre de la Fédération du Livre sans en tenir compte, et, selon les ordres donnés par la maison Behrens, nous poursuivîmes ensemble nos pourparlers et nous conclûmes l'affaire.

L'imprimerie fut fondée. Au début, notre intention était d'y établir la commandite, car nous ne sommes pas tellement idiots que nous ne sachions pas reconnaître que le patron lui-même a les meilleures garanties dans la commandite dans son atelier ; nous voulions donc la créer, et ce fut Sieurin, un des membres les plus actifs du groupe lynotypiste dans la section du Livre de Paris, qui nous déclara qu'il n'était pas permis de créer une commandite avec des lynotypes. Nous fûmes alors obligés de recourir à la forme actuelle, et nous décidâmes ensemble — car je n'étais pas seul — de prendre comme salaire minimum le salaire de jour du lynotypiste, qui était de 10 francs pour 8 heures, et nous convînmes de payer 10 francs à tout le monde.

Les difficultés surgirent : il rentrait le plus souvent beaucoup moins d'argent qu'il n'en fallait pour payer les salaires. Les difficultés se succédaient sans interruption : il fallut les surmonter, et lorsque nous parvînmes à l'époque à laquelle nous devions effectuer nos paiements à la maison Behrens nous fûmes souvent obligés de renvoyer son agent en lui disant : Nous n'avons pas d'argent encore aujourd'hui. Les protêts s'accumulèrent les uns sur les autres et nous fûmes à plusieurs reprises dans l'incertitude la plus grande sur le point de savoir si nous n'aillions pas être obligés de crouler.

Ce fut à ce moment-là que Marck revint de prison, et qu'ensemble nous convînmes, ne voulant pas à cause des patrons imprimeurs décider en fait une diminution dans les prix établis, que, pendant une période, nous n'embaucherions plus de nouveaux rentrants qu'au prix de 8 francs. C'est ainsi que le frère de Dret, ouvrier typographe, fut embauché pendant plusieurs mois à 8 francs par jour, et que Marck et le papetier qui rentrèrent après lui furent employés au taux de 8 francs.

Je reconnais bien vite aujourd'hui que pour Marck ce fut une faute de le diminuer, mais nous étions dans une situation tellement difficile que nous ne savions où nous raccrocher et que nous en étions réduits à prendre des mesures, même maladroites. En tout cas, à Nicollet je n'ai jamais tenu le langage apporté par Blanchard ce matin : je ne dis pas que Blanchard ment, je dis que Nicollet l'a mal renseigné ou que Blanchard a mal compris. Dans tous les cas, il n'a pas été question de ne pas reprendre Marck, cela n'est jamais venu à notre pensée, et pendant qu'il était en prison cependant nous ne l'avons pas remplacé ; mais, comme l'a dit Yvetot, Marck sait s'employer là où il se trouve, et je n'hésite pas à reconnaître, comme je le lui ai dit, qu'il a une somme de travail extrême, qu'il sait bien et beaucoup s'employer et que par conséquent il est d'une grande utilité là où il se trouve.

Je l'ai dit, la situation était difficile, la fermeture était là, et avec la fermeture c'était la faillite et par conséquent les inconvénients pour moi.

On dit que j'ai gardé tout pour moi : Ah ! oui, parlons-en de cela ! Au début, je le demande à tous ceux qui ont vécu de très près cette affaire, est-ce qu'eux-mêmes parfois n'ont pas été saisis du doute ? Je le sentais en eux-mêmes : et non pas de temps à autre, mais toujours. Non seulement j'avais à lutter contre les difficultés, il me fallait souvent remonter le moral de ceux qui étaient autour de moi. Je me souviens que lorsque je leur ai proposé l'achat de l'immeuble, alors que nous ne pouvions pas payer notre terme, ils me regardèrent d'un air ahuri en se disant : Griffuelhes doit devenir fou, il propose d'acheter un immeuble de cent et quelques mille francs, alors qu'on ne peut pas payer le loyer ! Cependant je leur indiquai le moyen de se rendre propriétaire et je leur dis : J'ai une grande partie de l'argent, je l'ai trouvé auprès d'un ami. Et tous s'empressèrent de me demander : Quel est donc ce type extraordinaire qui est tout décidé à nous remettre une somme de cent et quelques mille francs ? Je leur répondis de suite : Si vous voulez le connaître, l'affaire n'est plus possible : non pas qu'il ne fût pas possible de faire l'affaire, mais parce que je craignais, en faisant connaître le nom, des indiscrétions : et aussi je craignais, et je m'excuse auprès de Louzon de mon doute, qu'il y eût des intrigues et qu'au moment de s'engager il se refusât à effectuer le prêt. Je gardai pour moi, avec Pouget, le nom de Louzon et nous ne le fîmes connaître que lorsque l'achat fut effectué et que Louzon ne put plus se dédire, car il avait payé.

Voilà comment nous sommes devenus propriétaires, et en devenant propriétaires nous avons réduit le prix du loyer, qui était de 8.000 francs, à 3.200 francs, d'où une économie de 4.800 francs qui nous paraissait être la différence, que par la suite il nous eût été difficile de combler, parce que nous ne pouvions pas indéfiniment recourir à des procédés de fortune et à des combinaisons quelconques.

Cette diminution de loyer, puisqu'il y a seulement intérêt, nous a permis de faire face aux dépenses, et aujourd'hui nous sommes dans une situation, je ne dis pas florissante, mais solide, et si, comme je le disais au début, nous sommes obligés de liquider, nous le ferons dans des conditions honorables. C'est à mes yeux le point capital auquel depuis quelques mois je me suis d'une façon particulière attaché, et je me trouve satisfait d'être parvenu à ce résultat.

Ah ! si nous sommes dans cette situation florissante, ce n'est pas la faute à ceux qui ont dirigé des coups sans interruption. Tout à l'heure je le disais, les incidents ont éclaté aux moments les plus difficiles et les plus dangereux, et cependant je n'en connais pas les causes, je ne parviens pas encore à les saisir ; n'empêche qu'au fur et à mesure que les coups nous tombaient dessus, l'affaire grandissait et se développait : nous n'avons jamais si bien payé nos fournisseurs que par la suite, c'est-à-dire depuis le mois de mai 1909 ; depuis, sans interruption, nous avons fait face à nos engagements, et non seulement nous avons payé nos mensualités régulières qui se poursuivaient l'une après l'autre, mais nous nous sommes libérés de tout le passé relativement à l'arriéré de chez Behrens. Et il paraît que je suis orgueilleux ! C'est possible ; si cela peut faire plaisir, je ferai cette concession au Congrès. C'est vrai, j'ai eu un moment d'orgueil ; il était légitime à mes yeux : j'étais content, satisfait : les moments d'amertume un peu dissipés, et ils se dissipaient parfois dans mon esprit, j'étais satisfait de pouvoir montrer que malgré les coups portés à l'affaire elle-même, il était possible à cette affaire de se développer ; et en décembre dernier, quelques mois après les bourrasques, nous faisions l'achat de rotative, de moteurs nouveaux, et nous faisions des transformations ; le tout nous a coûté 24 ou 25.000 francs. J'ai voulu montrer par cette nouvelle installation que l'affaire était solide, qu'elle était vivante, qu'elle pouvait se survivre, et qu'il suffisait que chacun y apporte une part de bonne foi pour qu'il me devînt possible, dans ma dignité, de me prêter à des arrangements que j'étais prêt à remplir, avant que les incidents éclatent, et je vais le démontrer.

Ah ! c'est facile aujourd'hui d'essayer de dresser sur moi anathème et flétrissure! C'est facile lorsque, à part quelques-uns, on est resté à l'écart des difficultés, de se dresser en adversaires à mon égard ; c'est aisé, et c'est parce que c'est aisé que j'ai eu le droit, à des moments donnés, de me renfermer en moi-même et de me cantonner dans une obstination peut-être jugée mauvaise par d'aucuns, mais qui, en tout cas, était compatible avec ma dignité personnelle.

Comment! je suis en prison, on me ravale à ce moment-là, on veut me traîner dans la boue, et lorsqu'on sait que sur mon travail d'organisation il est difficile de trouver à redire, parce qu'on sait que dans des débats publics et sur des questions d'idées et de conceptions il est difficile aussi de me prendre, on veut procéder par des moyens détournés et on se dit : Puisque la lutte en face n'est pas possible, on va jeter la suspicion, soulever des questions toujours délicates comme les questions d'argent, et ainsi nous créerons une atmosphère telle, qu'il sera obligatoire pour Griffuelhes de déguerpir!

Je l'ai fait, je ne me suis pas fait prier, je suis parti bien vite pour moi-même, et je vais m'expliquer : je suis parti parce que je sentais que si j'avais voulu m'obstiner à rester —et j'aurais pu le faire — il m'eût été difficile de poursuivre ma tâche dans les conditions anciennes. Une situation confuse venait de se révéler, et j'ai senti que dans cette situation confuse il me serait bien difficile et bien malaisé de me remuer, de m'agiter, et qu'ainsi je courais le risque de laisser croire que le caractère de l'action que je m'étais attaché à donner au mouvement syndical se trouvait modifié par ma propre faute et ma seule responsabilité : on n'aurait peut-être pas su y démêler la véritable raison, c'est-à-dire la confusion, et j'ai préféré m'en aller, laisser la place à d'autres, dans l'espérance qu'il leur serait possible de poursuivre la tâche que depuis sept ans j'avais poursuivie et à laquelle je m'étais ardemment attaché.

J'ai montré, camarades, que le montant des loyers n'était pas excessif, et je réponds à ceux qui disent que le bénéfice de la tombola aurait dû être réservé à l'édification de la salle : Ils ont raison en principe; mais lorsque je réunissais les camarades pour leur dire : « Il y a le terme.... telle chose à payer, il faut de l'argent », nous nous regardions tous et nous disions : Tout de même, pour pouvoir édifier une salle, il faut d'abord conserver le terrain que l'on a : car ce n'est pas sur le canal ou sur la place de la République que nous pourrons édifier notre salle : il nous faut donc conserver le terrain que nous avons déjà, et, par conséquent, nous étions obligés de prendre dans le bénéfice de la loterie pour payer le loyer.

On s'est borné ce matin à prétendre que le bénéfice de la tombola a été entièrement à l'imprimerie. C'est faux, archi-faux, et je vais le démontrer.

Nous avons payé, du 1er avril 1906 au 15 juillet 1907, 14.000 francs de loyer, et ces 14.000 francs étaient loin d'être couverts dans la même période, puisque nous ne touchions au début que 2.500 francs par an, qui se sont accrus le jour où la Fédération du Bâtiment est venue à son tour, et là nous avons eu une rentrée nouvelle de 700 francs, puis sont venus s'ajouter les 180 francs payés par les reporteurs lithographes. Mais nous étions loin des 12,000 francs, et nous avons pris dans la tombola : la tombola a servi à payer les loyers, par conséquent à permettre à la C. G. T. d'avoir un local, de pouvoir poursuivre son action en toute indépendance et en toute autonomie, sans avoir à craindre du vautour que je suis la moindre menace ni le moindre congé ! Elle a pu, dans les moments les plus difficiles, s'agiter, se remuer, sans avoir rien à craindre du côté du propriétaire. Et cela ne vaut pas quelque chose ? Cela n'est pas quelque chose, et cela n'explique pas et ne justifie pas dans une certaine mesure la nécessité dans laquelle nous nous sommes trouvés de prendre dans le bénéfice de la loterie les moyens et les ressources pour faire face aux charges de l'immeuble qui, à côté de l'imprimerie, avait son budget propre et ses besoins propres qu'on ne pouvait pas assurer avec les simples loyers ?

C'est en septembre 1906 que nous avons eu l'occasion de créer le service chirurgical. Ici, tout d'abord, je tiens à dégager ma responsabilité sur les suites qui peuvent survenir ; je tiens à ce que le Congrès établisse bien que ce n'est pas moi qui ai commencé, que ce n'est pas moi qui ai, de moi-même, donné des explications qui se retourneront contre nous ; mais que je n'ai fait que répondre à des invitations pressantes, je pourrais même dire des sommations brutales et parfois insolentes.

En septembre 1906, lorque nous nous débattions et que notre souci devait être d'étendre les ressources en multipliant les services, nous fûmes saisis d'une offre par le docteur Dupinet ; il vint nous trouver et nous dit : « Voilà ce que nous pourrions faire ensemble. » D'accord avec les camarades, nous décidâmes d'accepter en principe, mais pour la réalisation nous déclarâmes au docteur qu'il fallait que lui-même fasse les installations parce que nos ressources ne nous le permettaient pas. Je demande en particulier aux ouvriers du Bâtiment de Paris de se mettre dans la situation et de reconnaître qu'à ce moment-là il n'y avait jamais eu une création de cette nature, que nul médecin ne pouvait prévoir les bénéfices que cela aurait donnés, que nul ne pouvait annoncer et fixer à l'avance quels seraient les revenus et les rendements de cette clinique parce que jamais, jusqu'à ce jour, nulle n'avait été créée.

Lorsque les médecins vinrent nous dire : « Vous n'aurez rien à débourser, c'est nous qui ferons les frais et nous vous donnerons comme loyer 25 % sur les bénéfices », à l'époque nous nous dîmes : C'est une belle aubaine pour nous, et pour deux raisons, c'est que d'une part cette création nouvelle à laquelle nous adjoindrons le conseil judiciaire donnera un caractère d'utilité et un complément à l'œuvre elle-même, et ne pourra que lui donner une autorité morale plus grande, et, d'autre part, nous aurons un revenu. Nous adoptâmes donc les conditions, et nous les reconnaissions avantageuses parce que nous ne savions pas ce que cela allait donner. Si nous avions su à l'époque ce que cela donne, nous aurions été peut-être plus exigeants, nous aurions fait comme les maçons du XVIIe, comme au XIIIe, nous aurions voulu un pourcentage plus élevé ; mais si au XVIIe et au XIIIe il a été possible d'obtenir un pourcentage plus élevé, c'est parce que les médecins s'étaient rendu compte que ce service de clinique pouvait être fructueux et avantageux pour eux et que, par conséquent, il leur était possible d'accepter un pourcentage plus élevé que celui que nous avions fixé nous-mêmes. Pourquoi ? Parce qu'ils voyaient de visu les rendements, parce qu'ils pouvaient se rendre compte par notre fonctionnement de ce que cela pouvait donner et qu'ils pouvaient accepter un loyer plus élevé. J'ai trouvé étrange et j'ai regretté que des camarades du XIIIe n'aient pas compris qu'à ce moment-là nous n'étions pas à même de nous rendre compte de ce que cela rendrait et que nous devions estimer que 25 % c'était déjà quelque chose. En tout cas, au XIIIe et au XVIIe, les médecins laissent 50 %, à nous on ne nous paye que 25 % : les compagnies d'assurances vont pouvoir dire maintenant dans leur campagne contre le tarif Dubief, que le tarif est beaucoup trop élevé, puisque les médecins peuvent distraire de leurs honoraires jusqu'à 50 %. *(Applaudissements.)* Souvenez-vous de la campagne menée il y a trois ans contre les compagnies d'assurances, qui voulaient réduire le tarif; à ce moment-là, je me gardai bien de rendre publiques les conventions intervenues entre nous et les médecins ; nous ne voulions pas de nous-mêmes prendre la responsabilité de l'usage que les compagnies allaient pouvoir en faire ; et maintenant que j'ai parlé en réponse aux sommations que j'ai dites tout à l'heure, il sera bien reconnu que s'il y a des conséquences, elles ne seront pas de mon fait et de ma responsabilité.

Dumont. — Tu as parlé des maçons du XIIIe et du XVIIe ; permets-moi de te faire remarquer que ce ne sont pas les maçons seuls qui ont agi, mais le comité intersyndical du Bâtiment de la région et des autres corporations ; en conséquence, c'est l'ensemble des organisations et non pas les maçons seuls. C'est la seule rectification que je tenais à te faire faire.

Griffuelhes. — Je l'accepte bien vite, Dumont, parce que c'est la réalité.

Le service chirurgical nous a donc rapporté une somme relativement élevée. Nous avons payé, selon les conventions établies dans les conditions que je viens de rappeler, la construction dont le montant s'élève à 14.000 et quelques francs, et nous avons encaissé depuis, en espèces sonnantes, environ 15 à 16.000 francs. C'est donc, depuis trois ans et demi que le service chirurgical a fonctionné, une somme de 30.000 francs environ que, sans rien débourser, sans effort aucun de notre part, nous avons retirée, et, en même temps, nous avons permis à l'Union des Syndicats de la Seine d'augmenter le nombre des camarades affectés au conseil judiciaire, puisque c'est sur la part qui nous revient du service chirurgical, que la fameuse Société Griffuelhes et Cie donne à l'Union des Syndicats la somme nécessaire pour payer Beausoleil qui, 33, rue Grange-aux-Belles, donne les renseignements judiciaires.

Beausoleil. — Permettez-moi de vous rappeler que Beausoleil était déjà payé.

Griffuelhes. — Je viens de dire que cela avait permis à l'Union des Syndicats d'augmenter le nombre des camarades affectés au service du conseil judiciaire, je n'ai pas voulu dire du tout qu'on avait créé l'emploi pour vous, puisque vous y étiez déjà : mais c'est un point secondaire sur lequel il n'y a pas lieu de s'arrêter.

Je reviendrai tout à l'heure sur les considérations générales ; laissez-moi aborder les points de fait : je le ferai rapidement. On a parlé de la fille-mère, de prud'homie et de Grosvogel ; je vais m'expliquer rapidement, d'autant que le camarade Yvetot en a déjà parlé.

Pour la fille-mère, j'en appelle au camarade Hervier, de Bourges, qui me recommanda cette jeune fille qui était dans une situation difficile, et, alors qu'à l'imprimerie il n'était besoin de personne, pour rendre service à cette fille-mère, nous l'embauchâmes, et pendant dix mois elle resta au service de l'imprimerie. Je rappelle à Hervier, que lorsqu'en juillet il s'en allait à Bruxelles, je lui dis : Hervier, tu nous as recommandé une jeune fille. Latapie, à son tour, nous l'a également recommandée ; cette jeune fille n'est pas apte à faire la besogne que tu nous as indiquée dans ta recommandation, elle ne nous rend aucun service : je te prie de la voir toi-même, de lui faire des observations que moi je ne peux pas lui faire, parce que je me rends compte de sa situation difficile : dis-lui qu'elle s'attelle un peu plus à sa besogne. C'est ce que fit Hervier : mais cela ne changea rien, la jeune fille-mère continua à faire comme par le passé, et, comme l'a dit Yvetot, il fallut supprimer l'emploi en même temps qu'on supprima l'emploi de correcteur tenu jusqu'alors par Monatte. On la garda pendant dix mois, on la prit alors qu'on n'en avait nul besoin, et quatre mois avant le renvoi j'avais dit à Hervier quelles étaient sa valeur et ses aptitudes : je lui avais dit : Dis-lui donc qu'elle se débrouille davantage de façon à ce qu'elle ne permette pas qu'il y ait sur son attitude des appréciations ennuyeuses pour elle-même. Hervier peut en témoigner.

C'est dans ces conditions qu'elle a été prise et qu'elle est restée dix mois chez nous, et je considère qu'en l'occurence elle n'a pas à se plaindre de nous. Certes, je reconnais et je n'hésite pas à dire que j'aurais préféré quant à moi la garder à cause de sa situation, mais tout de même il y a des situations commerciales, il y a des budgets à boucler, et si nous voulions recueillir toutes les filles-mères du pays, nous en aurions quelques-unes à notre charge : et, comme l'a dit ce matin Yvetot, ce n'est pas moi qui l'ai engrossée, c'est un directeur d'imprimerie ouvrière, l'ami de Latapie ; et lui ne l'a pas gardée, et *on* nous l'a collée à nous ! Nous sommes assez bons garçons et assez idiots pour l'accepter et nous créer des difficultés futures ! Ah ! si nous avions pu prévoir cela, ta recommandation, Hervier, n'aurait pas été suffisante !

J'arrive à Grosvogel ; je n'en dirai que deux mots : Grosvogel partit de chez nous, il s'en fut à l'imprimerie Collongy et Lévy ; il y travailla deux mois ; il tomba malade, et lorsqu'il voulut reprendre son travail, on lui dit : La place est prise. Ce n'est pas nous qui avons fait cela, et quand on a fait ainsi à l'égard de Grosvogel, on est mal venu à venir protester contre nous.

On a parlé du papetier qui serait un jaune ; eh bien, voici une lettre du Syndicat du Papier de la Seine, datée du 1er octobre dernier, c'est-à-dire de samedi, qui dit :

> Je certifie que le camarade Colombo était syndiqué pendant qu'il travaillait à la Maison des Fédérations, 33, rue Grange-aux-Belles.

Cependant, au Congrès des Lithos, à Bordeaux, ce fut le gros argument qu'on sortit contre la Maison des Fédérations, et qui fut fourni par Garrau, ex-secrétaire de la Fédération du Papier, qui était plutôt dépité de ce que nous ne lui ayons pas dit de venir travailler à la Maison des Fédérations.

Lévy a parlé de la brochure *Les Jaunes*, et il s'est fait à son avantage, je le concède, une petite histoire en partie exacte, en partie inexacte : mais qu'importe ? La brochure des Jaunes est portée dans les recettes sur les livres, mais elle n'est pas portée sous son nom exact pour la raison suivante : c'est que nous escomptions des poursuites qui du reste se sont exercées, puisque Vignaud et Merrheim ont été condamnés à une amende à l'égard de Biétry ; nous ne voulûmes pas la porter sur les livres pour que, en cas de poursuites, s'il y avait des perquisitions on n'en trouvât pas trace ; mais on trouve sur les livres trace d'un autre travail au nom d'une autre organisation et sous une autre dénomination, avec sa rentrée qui est, si je ne me trompe, de 1.100 francs. Mais ce que je dois dire, c'est que la brochure des Jaunes fut un beau bouillon, comme on dit en matière d'impression : il y en a 5.000 en feuilles chez Dreyfus, à la Persévérante, que nous n'avons jamais, faute d'argent, pu retirer ; il y en a une quantité qui est restée, non pas comme l'indiquait Lévy, mais qu'on n'a pas vendue ; en tout cas, il y a sur les livres une rentrée de près de 1,100 francs provenant de la vente de la brochure des Jaunes que nous avons pu écouler. Toutes ne sont pas parties ; à qui la faute ? Est-ce la nôtre ? Il s'agit de savoir si en faisant cette édition à notre compte, et qui est restée pour la différence au passif de l'imprimerie, nous n'avons pas voulu faire œuvre utile en fournissant des documents dont Lévy lui-même signalait l'importance. Qu'il ait été les vendre au *Matin*, je le lui concède : mais je me souviens que c'est Dumas, député du Cher aujourd'hui, qui fut le premier pour en parler au *Matin*.

J'arrive à Tennevin. Tennevin était un vieux militant que nous avions pris comme comptable et administrateur de l'imprimerie : il était de son métier comptable, et nous l'avions pris parce qu'un peu âgé et nous supposions que par son âge il pourrait exercer sur le personnel une autorité morale, et qu'ainsi il pourrait donner à la maison une marche régulière. Mais il se trouva, je le reconnais, que cet homme d'un certain âge fut au bout de quelques mois noyé par le travail, il fut dépassé ; il lui fut difficile de se mettre au niveau du travail qu'il avait à effectuer d'une façon régulière, et alors les livres furent mal tenus ou ne furent pas tenus : seul le livre à colonnes fut tenu ; je ne dis pas bien tenu, je dis qu'il fut tenu ; le grand-livre et le livre-journal ne furent pas tenus ou furent insuffisamment tenus, et souvent les uns et les autres nous disions à Tennevin : Il faut cependant que vous mettiez vos livres à jour ou alors nous ne pourrons pas vous garder. En dernier lieu, nous lui avions donné un délai de trois mois pour faire ce travail, et ce délai expira au moment où les camarades revinrent de Clairvaux : à ce moment on lui donna congé dans les conditions indiquées par Lévy, sauf le détail que je vais donner.

Nous retirâmes l'administration à Tennevin, et en la lui retirant, je lui déclarai : Nous tâcherons de vous trouver quelque chose qu'à votre âge vous pourrez remplir. Mais à ce moment, ni Lévy ni moi nous n'avions encore regardé dans les livres, nous avions simplement constaté qu'ils n'étaient pas à jour : nous n'avions pas fait la balance et nous ne savions pas ce qu'il devait y avoir en caisse ni ce que Tennevin avait dans sa poche. Ce n'est qu'après que, sur les livres qu'il nous soumit, nous n'eûmes qu'à faire la soustraction des recettes et des dépenses pour constater que l'argent qu'il avait dans sa poche ne correspondait pas à l'encaisse. Je feuilletai les livres, et non pas Lévy tout seul, car je m'aperçus d'une chose que moi seul pouvais savoir, et qui est la suivante : J'avais remboursé au Syndicat des Chapeliers, trois ou quatre mois auparavant, une somme de 2.000 francs, mais je n'avais pu la rembourser qu'en l'empruntant ailleurs ; or, en parcourant les livres de Tennevin après qu'il eut reçu son congé et que je lui eus promis de lui trouver une place, je constatai que la somme de 2.000 francs était portée aux paiements, mais qu'elle n'était pas portée aux rentrées comme elle aurait dû l'être, parce qu'il n'y avait qu'un passement : paiement d'un côté, recette de l'autre. Ce paiement, moi seul le connaissais, et c'est moi qui m'en aperçus. Naturellement, à ce moment-là, je décidai que dans un mois il fallait que Tennevin crève, et en effet il creva un mois après ! Un mois après, d'un cancer à l'anus, Tennevin disparaissait, et c'est moi qui l'avais voulu !

Oui, je reconnais que nous avons une part de responsabilité, que, nous aurions dû faire moins de sentiment à l'égard de Tennevin : nous en avons trop fait, mais il n'est pas le seul à l'égard duquel nous avons fait du sentiment : pour la fille-mère, quand nous l'avons prise, nous n'avons agi que par sentiment ; dans d'autres circonstances, trop nombreuses, nous avons obéi à des questions de sentiment. Je ne le regrette pas pour ma part ; d'abord, j'aurais des regrets que cela n'avancerait guère la situation et que cela ne la modifierait pas du tout. Sentimental, nous l'avons été ; ferme nous ne l'avons pas été souvent, et en tout cas nous l'avons été bien moins souvent que certains qui sont parmi nos adversaires. J'ai là le rapport à l'assemblée des actionnaires de la Verrerie Ouvrière, tenue le 29 mai dernier, et j'y trouve des passages comme celui-ci :

Chevallier. — Pour le jaugeage, on s'est plaint que le travail était mal fait; cela n'arriverait pas si le Conseil agissait. Mais il est d'une trop grande faiblesse, et de là le laisser-aller...

Je reconnais que nous avons agi un peu comme la Verrerie Ouvrière, que nous avons laissé un peu trop aller, et on nous reproche d'avoir été fermes.

Mais il y a un autre langage tenu un peu plus loin. Reiss, dit :

S'il y a inconscience, c'est au conseil d'agir; au besoin, d'avoir une poigne de fer.

C'est Reiss qui dit cela à la Verrerie Ouvrière, et c'est d'un de ces gens-là que s'élèvent des reproches à mon égard, consistant à m'attribuer une poigne de fer. Je suis loin de l'avoir eue.

La séance est suspendue pendant quelques instants.

La séance est reprise à 5 h. 30.

Félicitations aux soldats de Portugal

Le Président. — Voici un ordre du jour qui vient de parvenir au bureau et qui est proposé par les camarades Marty-Rollan, secrétaire de la Bourse du Travail de Toulouse; Jouhaux et Yvetot, secrétaires de la C. G. T :

Sous l'impression des nouvelles réconfortantes parvenues de Lisbonne, le Congrès félicite l'armée et la marine de Portugal du beau geste par lequel elles sont passées avec le peuple en révolte contre son gouvernement.

Puisse l'exemple des soldats de Portugal être contagieux pour les armées de toutes les nations, surtout au moment d'une révolution sociale. *(Applaudissements.)*

Antourville. — Je demande qu'on remplace les mots « armée et marine » par le mot « révolutionnaires » : « félicite les révolutionnaires », parce que l'armée nous a donné souvent des surprises.

Yvetot. — Nous n'avons pas à entrer dans ce qui se passe en Portugal : nous avons simplement à constater un fait : c'est que l'armée et la marine du Portugal se sont mises au service du peuple contre son gouvernement, et nous souhaitons tout simplement qu'il en arrive chaque fois autant. *(Applaudissements).*

Péricat. — Un ordre du jour a été présenté ; je demande qu'il soit voté, pour qu'on ne puisse pas dire demain qu'il a été escamoté.

LIOCHON. — Je demande l'ordre du jour pur et simple, parce que l'ordre du jour qui vient d'être présenté a un caractère nettement politique.

LE PRÉSIDENT. — Il y a un camarade qui demande l'ordre du jour pur et simple. (*Oui! oui!*)... D'autres camarades demandent de voter l'ordre du jour qui vient d'être communiqué. (*Oui! oui!*). Je mets d'abord aux voix l'ordre du jour pur et simple.

L'ordre du jour pur et simple est repoussé.

LE PRÉSIDENT. — Je mets aux voix l'ordre du jour que j'ai lu tout à l'heure et qui a été déposé par les camarades Marty-Rollan, Jouhaux et Yvetot.

Adopté. (*Applaudissements*).

Griffuelhes continue

GRIFFUELHES. — Camarades, tout à l'heure, je me suis arrêté aux points de détail. J'en ai un dernier à fournir, et j'arriverai à ce que je considère comme la partie essentielle de mes explications.

Ce matin, on a parlé d'une question prud'homale et, à dessein, sous une forme qui voulait frapper le Congrès dans son imagination, mais non dans son raisonnement, on a montré le patron Griffuelhes au conseil de prud'hommes. Le secrétaire de la C. G. T. devant les prud'hommes!...

Qu'est-ce donc que cette affaire? Comme celles qui ont précédé, ramenons celle-là aussi à ses justes proportions. Nous avons embauché, comme a dit Yvetot ce matin, un typo chargé d'administrer l'imprimerie. Ses appointements étaient bien au-dessus du tarif ordinaire donné dans les maisons patronales aux ouvriers ou aux hommes chargés de ces fonctions. Il gagnait 350 francs par mois, et lorsqu'il a voulu s'en aller — et j'avoue que nul de nous ne l'a regretté — il a voulu demander une forte somme, sous le prétexte qu'elle lui était due, malgré qu'il reconnût qu'il avait touché chaque mois 350 francs. Je crus devoir, et les camarades crurent devoir lui refuser cette somme, non parce qu'elle était trop élevée, mais en réalité parce qu'elle n'était pas due. Et je place les délégués en face de cette situation : Qu'auraient-ils dit si, au lendemain de mon départ, je m'étais retourné vers Niel, mon successeur, vers Marck et vers Yvetot, et si je les avais assignés en justice pour leur réclamer une indemnité pour mon séjour aux fonctions de secrétaire pendant une durée de huit années? Vous auriez dit : Griffuelhes est un cochon et un répugnant et, sous prétexte que vous auriez eu peur d'aller en justice, vous m'auriez donné tout ce que j'aurais réclamé? Non, et vous auriez eu raison. De même, sous prétexte qu'un personnage qui ne nous a rendu aucun service, au contraire, et qui a reçu chaque mois un bon salaire, surtout pour les services qu'il rendait, demandait une somme de 400 francs, il eût fallu la lui donner? Nous avons cru devoir répondre : Non. Et c'est Tennevin qui, de lui-même, formula — et je le regrette — une demande reconventionnelle, et dès qu'au retour des prud'hommes il m'en informa, je lui dis : Retirez-la bien vite. Elle fut retirée. Elle fut lancée à mon insu ; je n'aurais pas voulu qu'une pareille demande fût déposée : j'aurais préféré demander aux camarades d'accepter les 400 francs. Il y a eu là une erreur du comptable : je suis tout le premier à le regretter, je l'ai toujours regretté, mais j'ai jugé inutile de crier mon regret sur les toits : je me suis borné à arrêter l'affaire et à en rester là.

J'arrive maintenant à ce qui constitue, ai-je dit tout à l'heure, le gros morceau, en ce sens que c'est cela surtout qu'on dresse sur ma tête et que c'est avec cela qu'on voudrait essayer de tirer du Congrès un vote dans un sens que je ne soulignerai pas davantage.

J'ai fait des virements; c'est vrai. C'est vrai ce qu'a dit Lévy, et je m'adresse ici aux délégués. Combien ici, dans des situations graves, n'ont pas recouru parfois à des procédés de cette nature?

Gautier. — J'en ai fait autant.

Griffuelhes. — Les coopératives de production comme les coopératives de consommation en sont réduites à leur début à des procédés de fortune, et je connais un cas où un comptable d'une maison de commerce prit dans le coffre-fort de son patron la somme nécessaire pour faire face aux échéances; il la rendit quelques jours après: mais il avait dû recourir à ce moyen extrême, parce qu'il lui fallait trouver, à tout prix, cette somme pour sauver une situation extrême.

J'ai viré une somme de 4.700 francs, non pas en une fois, mais en plusieurs fois, et j'y insiste pour y revenir dans un court passage : c'est parce que nous n'avons pas été aidés comme nous aurions dû l'être, parce qu'une campagne de dénigrement systématique se poursuivait, parce qu'il y eut des procédés qui avaient pour but de nous empêcher d'édifier l'œuvre, que, sans doute, j'ai été obligé de recourir aux procédés qu'on veut flétrir si énergiquement. Mais ceux-là qui les flétrissent, est-ce qu'ils oseraient dire qu'ils n'ont pas parfois recouru à ces procédés? Thil lui-même — et je regrette son absence — n'a-t-il pas fait un virement de 12.000 francs à la fois? Mais en 1906, je me suis laissé dire qu'il s'est rendu à Bordeaux, auprès du Syndicat des Lithographes, et qu'il leur a demandé de vouloir bien lui faire un prêt de 12.000 francs, et je me suis laissé dire aussi que lorsque le secrétaire du syndicat, saisi par Thil, lui objecta qu'il fallait réunir le conseil syndical, Thil répondit bien vite : Inutile de le convoquer, parce qu'il refuserait la somme; il est préférable que je reparte; je m'arrangerai d'une autre façon; et le trésorier du syndicat remit, paraît-il, la somme de 12.000 francs à Thil, et il paraît que cette somme fut rapidement remboursée...

Une voix. — Il y a erreur.

Griffuelhes. — Il peut y avoir erreur de détail, mais non pas dans le fait général que je signale.

Oui, ai-je dit, j'ai fait des virements. Je le regrette, moi tout le premier, parce que depuis ces dix-huit derniers mois j'en ai subi toutes les conséquences, car c'est sur moi que toutes les responsabilités sont retombées. En tout cas, ce que je sais bien, c'est que si j'ai fait ces virements, c'est pour faire vivre l'œuvre, parce que j'y ai été obligé, parce que les concours promis n'ont pas tous été tenus, parce que l'hostilité n'a pas manqué et parce que de certains côtés on a tout fait pour qu'on ne réussisse pas.

Ah ! je vois d'ici par l'esprit, en me reportant en arrière de trois ou quatre années, je vois ceux-là qui par la première circulaire étaient incités à venir s'abriter avec nous et à concourir à l'édification de la même œuvre, je les vois derrière des piliers, nous regardant fonctionner, nous les énergumènes! nous les incapables! je les vois derrière les piliers attendant à l'affût que Griffuelhes disparaisse pour venir sur ses débris! Ah ! il y en a quelques-uns qui ont eu cette attitude à cette époque. Ah ! à ce moment-là, on ne songeait pas à revendiquer une part de propriété parce qu'il y avait des risques : on voulait se réserver la possibilité de nous tomber dessus si nous venions à échouer.

Puis, lorsque l'œuvre a grandi et quand on a eu constaté que nous n'avions pas mis la clef sous la porte, nous avons eu de ce même côté des velléités d'emprise : de ce côté se sont manifestés des désirs de devenir co-propriétaire... je ne dis pas co-participant, ce qui n'est pas la même chose : ils ont voulu être co-propriétaires, et une partie de ceux-là... je ne parle pas de Blanchard... et une partie de ceux-là ont crié bien haut : L'œuvre a été faite par la C. G. T. et pour la C. G. T. ; c'est donc à elle que l'œuvre doit revenir. Mais il fallait dire cela au début et dire dès le premier jour : Mais cette œuvre est à nous tous et nous voulons y participer.

A ce moment-là, il y avait danger, d'où incertitude ; on craignait l'insuccès, et autour de moi la plupart de mes amis craignaient même l'insuccès. Oh ! à ce moment-là les mains ne s'avançaient pas : elles se reculaient. Aujourd'hui le spectacle est différent, et on voudrait mettre une emprise en écrasant bien bas celui qui a eu la plus grande part dans ces difficultés. Et vous croyez que je suis un homme à me laisser faire comme cela !

Je ne sais pas si quelques-uns ont eu quelques instants l'illusion que je ne serais pas à même de puiser d'abord l'obstination et la volonté de résister à toutes les secousses pour mettre à l'abri l'œuvre d'une façon définitive et pour me retourner ensuite lorsqu'il n'y aurait plus, comme je le disais tout à l'heure, aucun danger et que les risques auraient disparu. Il fallait, dis-je, venir plus tôt, et qu'on ne dise pas... de votre côté... que vous avez ignoré, par le seul fait que vous aviez répondu ou par un silence ou par un refus, que l'affaire s'était modifiée. Vous ne l'ignoriez pas que l'affaire s'était modifiée, que le caractère de l'œuvre s'était transformé, par le seul fait que vous n'avez pas voulu venir avec nous y participer dans une faible mesure. Mais la preuve en est dans une lettre que j'adressais au Syndicat des Chemins de fer, à Guérard, lettre du 27 décembre 1906, ou j'écrivais cette phrase propre : « La Maison des Fédérations est devenue la propriété des fédérations locataires. » C'est à ce moment-là qu'il fallait contester, Guérard, et dire : Ah ! non, nous ne voulons pas que l'immeuble soit la propriété des locataires ; c'est pour la C. G. T. que vous l'avez faite.

Mais à ce moment-là, on escomptait l'insuccès. Cette lettre ne peut pas disparaître : elle est du 27 décembre 1906...

Cleuet. — Cette lettre ne s'adressait pas à tout le prolétariat.

Griffuelhes. — Guérard m'a écrit pour me demander ce renseignement, et je le lui ai donné. Si, à ce moment-là, le Syndicat national avait répondu : Pardon, nous ne sommes plus dans les conditions du début, nous aurions pu discuter et même examiner si ensemble nous ne pouvions pas élargir le cadre de façon à élargir l'œuvre elle-même. J'y insiste pour la troisième fois : on escomptait et on désirait l'insuccès : il fallait que les énergumènes que nous sommes fissent un aveu d'impuissance, de stérilité !

Mais cet aveu n'est pas venu ; le succès, au contraire, est venu. Les livres, certes, ne sont pas réguliers, je l'ai déjà dit : mais je voudrais tout de même dire qu'après avoir enduré pendant dix-huit mois une série d'outrages, s'il y a quelqu'un qui doit se plaindre, c'est moi qui, pendant des mois, me suis tu et me suis retiré. Il fallait à ce moment-là venir nous aider, et nous n'aurions pas eu besoin de recourir à ces extrêmités dernières auxquelles on se résout avec appréhension et avec regret, mais qu'on ne peut éviter lorsqu'on est lancé et parti et qu'il y a à terminer une besogne qui est nécessaire quoi qu'on dise, indispensable quoi qu'on dise. et qu'on est obligé de la mener à bonne fin, dans l'intérêt du mouvement syndical, à Paris surtout où la question des subventions prenait un degré d'acuité incomparable, où depuis des années et des années nous assistons là-bas à ce spectacle ridicule et profondément répugnant qui met aux prises le Préfet et les syndicats solliciteurs de subventions. Il y a des années que l'on n'hésite pas à aller tendre la main au Préfet pour demander de l'argent, et on voudrait faire les dédaigneux et les puritains parce qu'il s'agit de quelques virements pour une œuvre sur laquelle le Préfet n'a rien à voir et dans laquelle il n'aura jamais à établir un règlement qui pourrait à un moment donné s'imposer à la volonté des organisations qui y ont leur siège. Jusqu'à ce jour, elles ont pu s'y réunir et faire ce qu'elles ont voulu sans qu'il n'y ait jamais eu la moindre entrave de notre part ni la moindre difficulté.

Oui, je dis que l'œuvre est utile, qu'elle est nécessaire. Certes, on aurait pu agir différemment : à qui la faute ? Mais ce matin on l'a dit : L'Union des Syndicats a voulu créer une Maison des Syndicats et elle a réuni à grand'peine quelques billets de mille francs, bien insuffisants pour acheter un terrain et payer un immeuble dont le prix s'élèvera au moins à deux ou trois cent mille francs. Nous sommes loin. Bled et Boudet, vous deux qui êtes chargés. l'un comme secrétaire, l'autre comme trésorier, de vous occuper de cela, nous sommes loin de la réalisation de cette affaire. Nous, nous sommes arrivés à un résultat ; il n'est pas ce qu'il aurait pu être, mais il y a déjà quelque chose, et il y a quelque chose dont tout le bénéfice matériel et moral ne va pas à moi, mais va aux organisations elles-mêmes.

Au lendemain de l'expulsion, on voit les journaux se réjouissant de l'expulsion : on espère que la C. G. T., désemparée, manquant de local, sera obligée de se promener ici ou là à la recherche d'un abri, d'un refuge où elle pourra poursuivre son action : à ce moment-là on voit la C. G. T. aux prises avec de grandes difficultés : on voit qu'elle va se diminuer, qu'elle va être obligée de réduire son action, et alors que l'on rit et que l'on sourit de la voir se réfugier dans ce local de la Cité Riverin, formé de bureaux où on ne voyait même pas clair à midi, on voit tout à coup surgir un immeuble à la veille de mai 1906 ; on voit la C. G. T., qu'on croyait diminuée, rebondir et venir s'installer dans un immeuble où il sera difficile de la déloger, à moins d'un arbitraire devant lequel, je le sais, le gouvernement ne reculerait pas, s'il le fallait pour lui. Mais enfin, il y a une manifestation de dignité autrement importante que celle qui consiste à aller solliciter un local au Préfet et lui demander chaque année des subsides. *(Applaudissements).*

Eh bien, j'ai la satisfaction d'avoir contribué pour ma part à déterminer dans bien des syndicats de Paris le désintéressement vis-à-vis des subventions ; j'ai la satisfaction, pour ma part, d'avoir travaillé autant que quiconque pour ce résultat, et non pas par mes déclarations, mais j'ai voulu le faire par l'exemple, et j'y suis arrivé. Je dis que si dès les premiers jours les syndicats l'avaient voulu, nous aurions maintenant l'œuvre complètement édifiée sans aucune difficulté : si on avait voulu une forme de propriété différente et avec des conditions différentes, elle représenterait une œuvre qui aurait son importance et surtout sa signification dans l'ordre moral comme dans l'ordre matériel. On ne l'a pas voulu; la faute ne m'en incombe pas et j'en laisse aux autres toute la responsabilité.

Je tiens à dire un mot tout de même, parce qu'en réalité j'ai quelque droit à le faire, puisque je ne fais que suivre l'exemple qui m'a été donné.

Guérard n'est pas là, je le regrette; mais je dirai tout de même quelques mots sur lui. C'est qu'en effet, il ne s'est pas gêné, quand je n'étais pas à Paris, pour dire quelques mots sur moi. Mais ce que je tiens à dire, c'est que j'aurais pu, au moment des incidents, mettre en cause la loterie des chemins de fer. Je connaissais les faits, et Guérard le sait bien, car j'en avais parlé à un de ses amis pour qu'il le lui répète. Il savait que je connaissais les dessous, que je connaissais l'acquéreur des trois millions de billets qui lui ont été vendus pour 60.000 francs et qui lui ont rapporté 340,000 francs!... Moi..., je n'ai pas mis dans la poche d'un bourgeois, j'ai pris dans la poche d'un bourgeois qui s'appelle Louzon. Au lieu d'y mettre 93,000 francs, je les lui ai pris pour solder l'immeuble et, s'il n'avait compté que sur moi, je lui aurais dit de s'adresser à Guérard... (*Applaudissements*).

Ah! je vois d'ici aussi l'attitude de Guérard dans cette nuit aujourd'hui historique! Je le vois indigné, je le vois hautain à son tour, lui qui ose me traiter d'orgueilleux, lui à qui il aurait fallu passer les manchettes et cirer les souliers: je me souviens lorsqu'il voulait faire de moi un domestique; je n'ai pas voulu, moi, car j'aime mieux être le larbin d'un bourgeois que celui d'un ouvrier! Je le vois, Guérard, hautain, essayant de m'écraser au nom de la pureté, Guérard qui, quelques mois auparavant, avait mis dans la poche de Déjean 300.000 francs volés dans la poche des travailleurs des chemins de fer!

Ce sont ceux-là qui ont voulu me flétrir, espérant que je disparaîtrais et qu'ainsi il y aurait dans le clan révolutionnaire un homme de moins qu'ils considéraient comme dangereux pour les idées qu'il défendait.

Niel. — Je n'ai personne à défendre ici. Guérard est un homme qui est capable de se défendre quand on l'attaque en face. Tout ce que je puis dire, c'est qu'après un Congrès national des chemins de fer où la question a été minutieusement examinée et discutée, la parfaite honnêteté de Guérard a été établie.

Bidamant. — Oh! non, non, non, je proteste, et je demande la parole.

Griffuelhes. — Je reviens à la question des virements. Il y a, paraît-il, une somme qui était réservée aux grèves et qu'on a utilisée, et ce matin on a fourni le chiffre de 1.600 francs qui, en avril, se trouvaient en caisse et qui auraient dû être adressés aux grévistes.

Si je lis le rapport soumis au Congrès — et je dis cela sans critique aucune — mais je tiens cependant à puiser mes arguments là où je les trouve — je constate qu'au 30 juin 1910 il y a comme reliquat à la caisse des grèves plus de 2,000 francs. On va me dire — et je crois que c'est vrai — que cet argent est disponible. C'est vrai, mais on devrait mentionner l'argent qui était disponible dans la caisse des grèves au 30 avril 1908, et il y avait une forte somme disponible, au même titre que fin juin dernier il y a dans la caisse tenue par Marck une forte somme et, de ce qu'il y a cela, je ne songe pas du tout à en faire grief à Marck, parce que cet argent est là dans une forme régulière.

Oui, j'ai utilisé, je le reconnais, une somme; mais elle n'est pas si élevée qu'on le dit, car il faut déduire cette somme disponible, et cette somme disponible dépasse la somme de 600 francs. Il reste donc une somme de mille francs; c'est beaucoup, c'est trop, je le reconnais aussi. Mais il faut se rappeler que de mai 1907 à avril 1908, nous avons vécu une époque où l'activité ouvrière a été bien affaiblie. Consultez la statistique des grèves et vous verrez qu'à cette époque les conflits sont bien moins importants, et relisez encore *la Voix du Peuple* dans les souscriptions reçues, et vous y verrez qu'à cette période il y a eu très peu de conflits et qu'en réalité il n'y a pas eu ce grand malaise ni ces femmes, comme disait Blanchard ce matin, se serrant la ceinture et le ventre parce qu'il leur manquait une somme de mille francs qui aurait dû leur être distribuée, je le reconnais!

Ne grossissons pas ces incidents regrettables pour les uns et pour les autres; mais, tout à l'heure, j'ai indiqué à qui en remontait surtout la responsabilité...

BLANCHARD. — Camarades, si j'ai posé la question des 1.600 francs, j'espère que le Congrès me permettra de m'expliquer quelques instants tout à l'heure, car j'ai appris beaucoup de choses que j'ignorais au cours de la discussion d'aujourd'hui. Si j'ai parlé de l'argent des grèves et si j'ai dit qu'il y avait des personnes qui souffraient pendant la lutte et que cet argent devait aller là-bas, c'est que, de passage à Montluçon, un an et demi après la grève des verriers, deux camarades de ce syndicat, recevant une somme de 15 francs venant de la Confédération, ont dit : Chic, voilà 15 francs pour faire la bombe! C'est pour cela que j'estime que l'argent des grèves devrait partir immédiatement, car alors il ne se trouverait pas des individus qui feraient la bombe avec l'argent destiné aux grévistes. (*Applaudissements*)... C'est chez Haupas qu'on m'avait dit cela; mais on me dit à l'instant que c'est le secrétaire de la Bourse qui a pris cet argent, et j'en suis très heureux.

GRIFFUELHES. — Je vais donner quelques chiffres et j'arriverai aux paroles apportées ce matin par Blanchard, relativement aux déclarations dans les procès-verbaux de la Fédération du Bâtiment, ayant trait à l'Union des Syndicats de la Seine.

La situation, aujourd'hui, est excellente si on la compare à ce qu'elle a été. Nous sommes aujourd'hui à la tête d'un capital réel de 200.000 francs. Sur ces 200.000 francs, je le reconnais, une partie est encore due; mais ce que je me permets de souligner au Congrès, c'est que nous avons l'entière jouissance et l'entière propriété, et l'entière disponibilité de ce capital de plus de 200.000 francs. L'imprimerie rentre pour une part en tant que matériel, machines et caractères, pour 92.730 francs. Là-dedans ne sont pas compris les frais d'installation et les frais de réparations propres à l'intérieur de l'imprimerie: je parle simplement du matériel et, sur ce matériel, vendredi dernier 60.400 francs étaient payés. C'est à mes yeux quelque chose; cela a une valeur financière, cela a une valeur commerciale et surtout une valeur d'utilité pour le mouvement syndical, puisque là il y a un abri pour les Fédérations qui ont bien voulu s'y installer.

L'imprimerie, après mille et mille difficultés — et qui le sait mieux que moi-même — je n'insisterai pas, car je ne tiens pas à étaler quelles furent les fautes commises par les ouvriers se rattachant au Livre; cela ne me paraît d'aucune utilité, ni pour la cause que je défends, ni surtout pour l'intérêt des ouvriers du Livre non plus. Ce que je retiens, c'est que l'imprimerie aurait pu nous rendre de grands services. Comme nous l'avions établie et conçue, avec un personnel différent, se rendant compte du rôle qu'il pouvait jouer dans l'imprimerie, appréciant le rôle exact et les services réels que pouvait rendre l'imprimerie avec un fonctionnement régulier, nous aurions pu faire ce que nous n'avons pas pu faire, hélas! Je me souviens..... de mai 1906...... l'imprimerie était à peine ouverte, nous sortions de la grève des sous-agents des postes: cette grève les avait mis à bout et, pour se remonter, ils voulurent créer un journal et ils vinrent me trouver: ils me dirent : Il faut que tu t'arranges pour nous aider à faire un journal, il nous le faut si nous voulons pouvoir nous relever. Et, immédiatement, nous décidâmes que nous ferions le journal aux sous-agents en y perdant dessus, en le donnant à un prix inférieur au prix de revient. On voit ainsi, par cet exemple, et nous aurions pu renouveler le fait dans bien des cas et pour bien des organisations, que nous pouvions rendre bien des services. Nous ne l'avons pas fait pour une cause que j'ai indiquée : le personnel un peu indolent, des difficultés financières extrêmes et ensuite l'hostilité de beaucoup d'organisations.

Nous n'avons donc pas pu atteindre ce but. Je suis un de ceux qui le regrettent avec le plus d'acuité.

En tout cas, voilà les chiffres; nous possédons cela, et il suffirait, si les organisations le voulaient et l'avaient voulu, d'un léger effort pour que cette situation fût définitivement liquidée, en ce sens que nous aurions pu nous débarrasser des difficultés et des charges les plus pénibles et les plus dures pour pouvoir rajeunir et élargir la marche elle-même de l'affaire. Il n'en est pas ainsi. Y ai-je une part de responsabilité? C'est possible; mais la part des autres n'est pas non plus sans importance.

On a parlé de l'Union des Syndicats et on a dit que j'avais promis au 15 janvier dernier de remettre la Maison des Fédérations à l'Union des Syndicats de la Seine. Je n'ai pas fixé de date ; mais, en tous cas, des camarades qui sont ici, je crois, et qui font partie de la commission issue de l'Union des Syndicats chargée de dresser, d'élaborer et de construire la Maison des Syndicats, savent qu'en février dernier ils m'invitèrent à une de leurs réunions, que je m'y rendis... c'était, si je ne me trompe, le dimanche où eut lieu le meeting de Tivoli sur les retraites ouvrières, en février dernier... et là ils étudièrent le moyen d'établir juridiquement une société, et j'attends toujours que l'Union des Syndicats veuille bien trouver le temps et surtout le moyen et le procédé légal grâce auquel elle pourrait faire cette opération. Je l'attends toujours, et ce n'est pas de ma faute si à l'Union des Syndicats on n'est pas parvenu à surmonter les difficultés qui s'attachent à une œuvre de cette nature. Ce qu'on oublie un peu trop, c'est ce que contient l'ordre du jour que peut-être samedi seulement nous aborderons et qui a trait à la capacité commerciale des syndicats. Ah ! vendredi ou samedi le Congrès sera presque unanime pour déclarer que ce serait un danger que les syndicats possèdent pour leur propre compte, parce qu'il y aurait pour eux responsabilité pénale et responsabilité civile surtout. C'est pour cela que le gouvernement nous apporte, attaché et lié au projet sur le contrat et sur les grèves, le projet de loi relatif à la capacité commerciale des syndicats, et ce matin d'aucuns semblaient avoir le désir de rattacher la Maison des Fédérations à la C. G. T. sous une forme qui serait contraire même à la résolution qui d'avance est presque arrêtée dans l'esprit des congressistes relativement à ce projet de loi.

Vous voulez que la C. G. T. possède; sous quelle forme? L'avez-vous jamais dit? Vous voulez que l'Union des Syndicats possède : l'avez-vous jamais dit ? Non, vous vous êtes bornés à formuler une réclamation, alors que vous n'auriez pas dû formuler une réclamation, mais par une participation permettre justement d'examiner des transformations dans des conditions normales et régulières. Qui donc m'a apporté, du point de vue juridique, la personnalité qui pourrait avoir qualité de posséder la Maison des Fédérations ? Lorsqu'on l'aura apportée nous examinerons, mais on ne saurait cependant accepter une proposition inexistante, et on ne saurait non plus se rattacher à une formule qui fait encore défaut. Que par la suite l'Union des Syndicats ou les fédérations locataires décident, libre à elles; mais ce que je tenais à dire c'est que la promesse ou l'engagement, ou les paroles dites relativement à l'Union des Syndicats, si elles ne sont pas en application, la faute ne m'en incombe pas. Je n'ai trouvé rien devant moi pour opérer, si toutefois il y a lieu de l'opérer, une transformation ou une transposition, si vous aimez mieux.

Maintenant, qu'il me soit permis de formuler un désir et un souhait : c'est que ceux qui en réalité avaient vu d'un mauvais œil s'édifier la Maison des Fédérations parce que la C. G. T. y a son indépendance, et qui en réalité dans la campagne poursuivie veulent la fin de l'œuvre... cela ne se dit pas, oh ! non, cela ne se dit pas, mais c'est le but déguisé et masqué... que ceux-là viennent ici, ils sont dans ce Congrès, qu'ils viennent eux-mêmes dire que les moyens employés sont répugnants, et pour éviter le renouvellement de semblables faits et supprimer la cause, qu'ils demandent que la C. G. T., dans la mesure où elle y a droit, propose aux fédérations locataires la fermeture de l'immeuble, et je m'engage à l'avance à voter cette proposition ; et là je me séparerai de mes amis et je me rapprocherai de mes adversaires. Croyez que je n'aurai pas plaisir à voir s'écrouler une affaire qui ne m'a causé que des difficultés ; mais, faites cette proposition, c'est tout ce que je demande, vous me soulagerez d'un grand poids et d'une grande responsabilité, et ainsi nous aurons vécu, pour n'y songer que par le souvenir, des heures difficiles et des heures troubles qui sont venues jeter la confusion dans nos rangs et qui ont été pour une bonne part comme une sorte d'élément de paralysie dans la vie du mouvement syndical dans ces dernières années.

Qu'on propose la disparition: je la vote de suite, et on n'en parlera plus. Et alors j'attendrai que mes adversaires à leur tour s'attachent à la même besogne; j'attendrai de les voir au pied du mur s'acharner à ce même travail, s'efforcer à édifier une œuvre de cette nature, et je ne souhaite qu'une chose, c'est que mieux que moi ils sachent rester purs, éloignés de tout contact des impropretés; je souhaite qu'ils parviennent à mieux faire que moi, c'est ce que je désire le plus; mais que tout d'abord il y ait une proposition que je voterai avec satisfaction et avec empressement.

Vous voyez quelle est ma préoccupation, quel est mon état d'esprit ! ce n'est pas une chose nouvelle pour les amis que j'ai : ils connaissent mon état d'esprit, mes intentions et mes dispositions; mais ce que je veux dire, c'est que ce n'est pas moi qui prendrai la responsabilité de cette proposition; j'attends qu'elle se fasse, je souhaite et je désire qu'elle se fasse pour les raisons que je viens d'indiquer.

Et maintenant, qu'il me suffise de dire, et ce sera mon dernier mot, je tenais à le garder pour la fin, que j'ai eu à un moment donné l'intention très arrêtée d'introduire des modifications essentielles dans le fonctionnement de l'affaire, et que si je n'ai pas pu arriver, la faute en est non pas à moi, mais à l'incarcération dont je fus l'objet en 1908, et voici comment : Le 26 juillet 1908, Duchêne, des Peintres, réunissait sur ma demande, rue Grange-aux-Belles, les Syndicats du Bâtiment de Paris, et je leur fournissais des chiffres, — le procès-verbal existe encore, il fut fait par un membre du Bâtiment, — et je disais : Il faudra dans une réunion prochaine aborder entièrement cette question-là, et nous efforcer enfin de grandir l'œuvre de façon à ce qu'elle réponde à nos besoins et à sa destination.

Je fus arrêté, je ne pus par conséquent pas faire moi-même cette réunion ; elle eut lieu salle de l'Egalitaire quelque temps après, et là Garnery y donna les renseignements qu'il possédait, — je n'y assistais pas, je le réitère, — et à cette réunion s'il n'y avait pas eu les incidents que je viens de rappeler d'un court mot, il y aurait eu les transformations que j'ai indiquées. Mais lorsque je me suis vu en face de la situation créée pendant mon absence, comme je le disais au début, j'ai cru pour moi-même n'avoir plus le droit de me prêter avec la même facilité à des transformations comme je l'avais fait le 26 juillet, parce qu'on m'avait créé une situation qui pour moi était telle que j'avais à envisager le problème sous un aspect sensiblement différent. Qu'on me reproche d'avoir eu cet état d'âme, c'est possible ; que ceux-là se mettent à ma place et l'on verra quelles sont leurs impressions, et ensuite quelles sont leurs intentions et leurs résolutions.

Je vais terminer en demandant au Congrès de se prononcer en toute liberté, en lui demandant que surgisse de son sein la résolution que j'ai esquissée à l'instant, et qu'enfin ce cauchemar qui pèse sur tous disparaisse, et peut-être alors la paix (?) l'union morale (?) l'unité morale (?) tant désirées et tant souhaitées apparaîtront enfin au grand soleil. *(Applaudissements prolongés. — Griffuelhes descend de la tribune au milieu d'ovations répétées).*

Le Président. — Il y a encore douze orateurs inscrits ; je demande si après les explications que vient de fournir notre camarade Griffuelhes les orateurs inscrits maintiennent leur demande de parole. D'autre part on demande la clôture de la discussion, après les orateurs inscrits naturellement.

La clôture est prononcée.

Il y a une proposition d'entendre deux orateurs seulement de chaque côté et de limiter le tour de parole à cinq minutes.

Bidamant. — Il est indispensable que l'incident Lévy-Griffuelhes soit liquidé ce soir ; je vous demande de voter une séance de nuit ; cela est indispensable sous peine d'étrangler le débat.

Arbogast. — Vous avez décidé hier de nommer une Commission pour la revision des statuts et une Commission de contrôle de la gestion financière ; elles se réunissent ce soir après le Congrès : nous désirons assister au Congrès, c'est pour cela que nous ne nous sommes pas réunis dans la journée ; si vous décidez qu'il y aura séance de nuit nous ne nous réunirons pas ; je demande que vous laissiez fonctionner les commissions.

Le Président. — Je mets aux voix la proposition de tenir une séance de nuit.

Repoussée.

Après Lévy et Griffuelhes, les explications des Camarades.

Arbogast. — Je suis un de ceux qui, lorsqu'ils ont eu l'occasion d'aller en province et qu'on leur posait des questions sur la Maison des Fédérations, n'ont jamais apporté une critique contre la gestion ou contre le camarade Griffuelhes, mais qui disaient et répétaient partout qu'ils ne croyaient pas du tout à la malhonnêteté du camarade Griffuelhes. Cela a été dit et répété maintes fois au Comité confédéral ; j'ai défendu également Griffuelhes à mon Organisation de l'Ameublement et au Syndicat des Ebénistes, où cela est venu maintes et maintes fois, où on demandait des comptes. J'ai soutenu qu'il ne pouvait pas y avoir de malversations, j'ai dit ce qui existait. A un moment, au début, Griffuelhes nous demandait, à nous Fédération de l'Ameublement, s'il nous était possible de venir à la Maison des Fédérations pour aider l'œuvre en payant un loyer minime. La situation financière de la Fédération de l'Ameublement ne permettait pas que l'on fasse aucune dépense sur cette question. A côté de cela, à un moment, on disait : Cela ne regarde pas la C. G. T., cela ne regarde que les organisations locataires de la Maison des Fédérations. Nous eussions été d'accord si on n'avait pas englobé des sommes provenant de la tombola et de la souscription pour les grèves ; j'aurais été de ceux qui auraient dit : En effet, cela ne nous regarde pas. Mais lorsqu'on englobe des fonds d'une organisation, d'une tombola, quelle que soit l'amitié qui puisse me lier à un camarade, je ne peux pas admettre qu'il ne veuille pas rendre des comptes. Ce qui a amené les acrimonies, les difficultés dans nos organisations, c'est parce que le camarade Griffuelhes n'a pas voulu nous rendre compte. D'après la situation qu'il nous a expliquée aujourd'hui, il a réussi : mais s'il n'avait pas réussi aussi bien qu'il l'a fait, tous ceux qui l'ont applaudi auraient certainement bafoué Griffuelhes. Eh bien, il est impossible que nous laissions applaudir un camarade sur la réussite ou la malchance. Il faut que l'organisation confédérale soit une maison de verre dans laquelle on puisse voir. Il est impossible de permettre à un camarade, secrétaire d'une organisation ouvrière, de ne rendre compte que lorsque cela lui plaît ; c'est pour cela que je viens protester ici, pas pour autre chose. Si vous approuvez aujourd'hui Griffuelhes de ne pas avoir rendu des comptes plus tôt, vous donnerez toute latitude à tous les camarades de ne rendre des comptes que lorsque cela leur plaira ; c'est ce qu'il n'est pas possible d'admettre dans nos organisations.

Togny. — Je proteste, au nom de la Fédération du Papier, contre les paroles du camarade Blanchard, qui a prétendu que la Maison des Fédérations avait employé un papetier jaune. Je tiens à déclarer que les deux Colombo, Delenne et le secrétaire fédéral, qui ont travaillé à la Maison des Fédérations, étaient tous les quatre syndiqués au Syndicat du Papier. D'ailleurs, lorsque nous avons discuté, jeudi dernier, mon mandat à la fédération, au sujet de la question de la Maison des Fédérations, le camarade Garreau n'a nullement parlé de la question qu'il avait soulevée au Congrès de la lithographie, à Bordeaux. Garreau s'est vengé un peu, je crois, pour certaines raisons personnelles.

PÉRICAT. — Si je prends la parole, c'est parce que des camarades m'ont mis en cause : le camarade Blanchard d'une part, et cette après-midi, indirectement, le camarade Réaux. On a dit que ceux qui avaient demandé des comptes à la Fédération des Bourses, lors de la conférence sur la Maison des Fédérations, marchaient derrière des politiciens, derrière Briand ou derrière Clemenceau, peu importe ; dans tous les cas, ce que je tiens à déclarer, non pas au nom de ma fédération, mais au nom des syndicats que je représente, c'est que quand au Congrès de la Fédération des Bourses j'ai pris la parole, j'étais mandaté pour le faire, et que c'est nanti de ce mandat que je suis intervenu. Que les camarades disent qu'il y a manœuvre, qu'il y a campagne, libre à eux. En ce qui me concerne, je me dégage de toute manœuvre et de toute campagne. J'ai agi loyalement. C'est parce que je considérais que dans une organisation comme la C. G. T. il n'y avait pas de camarades qui tiennent, que ces camarades s'appellent Griffuelhes, Jouhaux, Marck ou Yvetot, peu m'importe ; je dis que la Maison des Fédérations, en me basant sur les décisions du Comité confédéral, était un organisme essentiellement confédéral, et que conséquemment il appartenait aux fédérations d'intervenir dans la gestion de cette maison et de demander qu'une Commission de contrôle tout au moins vérifiât comment cette maison fonctionnait.

Que, dans le passé, des fédérations n'aient pas fait leur devoir au point de vue de la Maison des Fédérations, il y a des faits qui le prouvent ; mais ce n'est pas une raison pour qu'à une date déterminée, alors que nous, jeunes militants, nous étions décidés à apporter notre concours moral et pécuniaire dans la gestion de la Maison des Fédérations, immédiatement on nous dise que cela ne nous regardait pas. Je dis que sur tous les points cela nous regardait essentiellement, et les déclarations du camarade Griffuelhes lui-même ont dû vous le faire comprendre.

Griffuelhes, Lévy et tous ceux qui m'ont précédé, ont dit d'une part que la tombola avait servi à la Maison des Fédérations, que d'autre part, si les listes de souscription ne portaient pas le label confédéral, les billets de tombola le portaient ; les organisations de province avaient donc le droit d'intervenir et de voir comment la Maison des Fédérations fonctionnait. C'est à ce titre-là que nous sommes intervenus.

Je dis que les camarades avaient déclaré que la Maison des Fédérations appartenait aux fédérations locataires. Je crois qu'on ne me prendra pas comme suspect : je suis d'une fédération révolutionnaire et je le suis moi-même, mes actes l'ont prouvé ; par conséquent, vous ne direz pas que je suis un réformiste. Je n'insulte pas les camarades réformistes, ils ont le droit d'être réformistes, comme j'ai le droit d'être révolutionnaire ; mais je dis que lorsque la discussion est venue à la Fédération du Bâtiment, j'ai établi ma manière de voir et j'ai dit que nous n'avions pas le droit, alors que les listes de souscription avaient été envoyées dans tout le prolétariat français, de dire : Vous, syndicats réformistes, cela ne vous appartiendra pas. J'ai dit : C'est une œuvre essentiellement du prolétariat confédéral et nous n'avons pas le droit, quels que soient les dissentiments qui nous séparent des réformistes, de leur dire : Vous ne viendrez pas dans cette maison. Ils doivent avoir leur part ; quelles que soient les fautes du passé, nous n'avons pas à faire supporter, pas plus aux réformistes qu'aux révolutionnaires, les actes d'un Guérard ou d'un autre. Je dis que les militants, les fédérés, les syndiqués qui appartiennent aux fédérations réformistes seraient volés si nous leur disions : Cela ne vous appartiendra pas.

Je ne suis pas du tout partisan de la proposition formulée par Griffuelhes, qui consiste à dire : Votez que demain on liquidera la Maison des Fédérations. Je dis que nous n'avons pas suspecté Griffuelhes, je déclare que je le considère comme un parfait honnête homme. J'ai été par toute la France, et je défie qui que ce soit de dire que j'ai fait la critique de Griffuelhes. J'ai eu une fois une conversation avec Constant sur la Maison des Fédérations : il ne peut pas dire que j'ai méprisé Griffuelhes. J'ai critiqué la forme de la Maison des Fédérations ; mais dans tous les autres endroits où on m'a posé la question, j'ai dit : Je n'ai pas à parler de cela.

Je demande que maintenant nous liquidions cet incident, que les uns et les autres, révolutionnaires ou réformistes, nous disions : Le passé est disparu, nous ne voulons plus en tenir compte : mais à partir de maintenant, les fédérations appartenant à la C. G. T. nommeront un délégué chargé de la gestion de cette Maison des Fédérations, parce que je dis que cela ne doit pas être la propriété de l'Union des Syndicats de la Seine, je dis que c'est la propriété confédérale. Laissons une société, laissons même la Société Griffuelhes et Cie fonctionner, en y adjoignant d'autres camarades des fédérations, mais tout au moins ayons le contrôle, la direction, et qu'un camarade, quel qu'il soit, n'ait pas le droit d'indiquer sa marche à suivre. Je veux que Griffuelhes, aussi bien que nous, soit soumis au contrôle confédéral ; je veux que l'œuvre continue sous notre égide, et que les uns et les autres, débarrassés de nos divisions, nous puissions faire vivre l'œuvre. Je connais des organisations parisiennes qui iront apporter de l'argent à l'œuvre pour qu'elle continue. J'espère que demain, débarrassés de nos divisions, nous apporterons tous à la Société Griffuelhes et Cie, élargie, notre concours moral et financier, et que nous verrons dans quelques années s'élever, à la barbe de Briand et de Clemenceau, un asile confédéral. Camarades, je vous convie à ce travail ! (*Applaudissements*).

Roux. — En présence de la belle proposition du camarade Péricat, je voudrais, avant de prendre la parole, demander ce qu'en pense le camarade Griffuelhes. J'attends qu'il me réponde.

Une voix. — Il n'a pas à répondre.

Roux. — C'est entendu, mais en admettant que le Congrès accepte cette proposition, quelle sera alors l'attitude du camarade Griffuelhes ?

Bidamant. — C'est une indication.

Roux. — Je voudrais qu'il me le dise, lui, parce que je dois vous dire que j'aurais bientôt fini de parler s'il acceptait la proposition Péricat.

Camarades, à la Conférence des Bourses et des Fédérations, on a dit que seules les organisations locataires avaient droit au contrôle dans la Maison des Fédérations ; on a dit même qu'il n'y avait pas le label confédéral sur les billets de la tombola ; on a dit que cela n'intéressait pas la C. G. T., et cependant, nous militants dans la Fédération de la Chapellerie, nous avons été assez heureux d'apporter à la maison Griffuelhes et Cie une somme d'environ 10,000 francs, et nous n'avions pas le droit, jusqu'à l'heure actuelle, vous m'entendez bien, de rien savoir.

Lorsque le camarade Griffuelhes est venu au Congrès de la Fédération de la Chapellerie, le 17 juillet 1906, est-ce au nom des Cuirs et Peaux qu'il a demandé mille francs ? Est-ce au nom de la Maison des

Fédérations? Est-ce au nom de la Société Griffuelhes? Non, c'est au nom de la C. G. T. Lorsque nous avons demandé à tous nos syndicats de province d'aider à la création de cette Maison des Fédérations, nous avons demandé cela parce que c'était une œuvre destinée à la C. G. T. Le Syndicat des ouvriers Chapeliers de Lyon vient de me dire qu'il a envoyé 100 francs pour des billets de tombola qu'il n'a pas pu vendre, mais enfin il les a payés, et un prêt de 100 francs : on ne lui a même pas accusé réception. C'est pourquoi, camarades, j'aurais préféré, pour ne pas éterniser ce débat, pour ne pas dire des choses semblables, pour ne pas prouver qu'il n'y avait pas de comptabilité, que le camarade Griffuelhes accepte la proposition de Péricat.

Croyez-vous qu'il n'est pas malheureux de voir, comme à la Conférence des Bourses et des Fédérations, Péricat dire à peu près la même chose, supplier Griffuelhes et lui dire : Mais enfin, quelle est la somme nécessaire pour que la Maison des Fédérations soit bien à la G. G. T.? J'ai mandat de la Fédération du Bâtiment de certifier que notre Fédération donnera ce qui est nécessaire. Pourquoi Griffuelhes n'a-t-il pas répondu? Est-ce que ce n'était pas alors le moyen de solutionner le débat? Est-ce que ce n'était pas une perche qu'on lui tendait, qui lui permettait de terminer cette question qui est, en effet, une question brûlante? Pour mon compte personnel, je n'aurais pas voulu que cela vînt ici, car nous avons souffert. Je ne désire qu'une chose, c'est que la proposition Péricat soit adoptée, et je la voterai des deux mains ainsi que les délégués de la Chapellerie.

Bourderon. — Citoyens, je serai bref, d'autant mieux que je demandais, avant même la discussion, qu'elle n'eût pas lieu ; je suis cependant obligé, puisque le débat existe, de dire quelques mots.

J'ai souffert de ce malaise autant que quiconque : j'en ai souffert d'autant plus que jamais je n'ai eu un sentiment d'inimitié ni d'hostilité contre l'une ou l'autre des parties en cause. Je fus un jour de service en prud'homie et c'est là que se passa l'événement que tout à l'heure on a signalé à propos des poursuites d'un employé de la Société Griffuelhes et Cie, et ce jour-là j'eus un désagrément qu'il était possible d'éviter en se présentant devant le bureau de jugement des prud'hommes et en défendant soi-même l'affaire au lieu d'avoir un jugement de défaut. Les conseillers prud'hommes ouvriers et patrons auraient peut-être compris par des explications, que le demandeur au principal abusait véritablement en faisant une pareille demande, et il est certain que nous aurions accédé à ce que le défendeur eût satisfaction comme il l'a eue devant la chambre d'appel. C'est justement cela qui a été l'occasion que j'ai été trouver notre collègue Griffuelhes et lui ai dit le soir même : Je regrette que vous ne fussiez pas présent ou représenté, vous avez mis les conseillers prud'hommes dans la dure nécessité de condamner non pas Griffuelhes, car l'idée morale qui dominait était que c'était la C. G. T. qui était condamnée, et je souffrais d'être obligé d'accomplir cet acte même d'une condamnation par défaut contre la Société Griffuelhes et Cie qui, dans l'esprit, représentait la C. G. T.

Eh bien, ce sont des fautes. On en a commis d'autres et Griffuelhes a certainement une large part de vérité quand il dit que certains employés de l'imprimerie ou du service de la Maison des Fédérations n'étaient pas consciencieusement des travailleurs et des syndicalistes. Hélas! c'est vrai : vous avez fait une allusion à la Verrerie Ouvrière : vous pourriez l'étendre, Griffuelhes, à toutes les sociétés coopératives de production et à celles de consommation pour dire que les travailleurs ne sont pas conscients de leur rôle de producteurs quand ils ont l'indépendance! *(Applaudissements).*

UNE VOIX. — Il faudrait qu'on y ajoute les administrateurs aussi.

BOURDERON. — C'est exact. C'est donc dire que réformistes et révolutionnaires, sans esprit de tendance, sont des hommes encore dans cet état mental de ne pas comprendre leurs devoirs.

Je m'arrête sur ce terrain. Je ne veux pas répéter ce que d'autres ont dit; mais il est nécessaire que la proposition Péricat soit précisée, et cette proposition ne précise pas suffisamment. Il faut, à mon avis, que la situation actuelle de la Maison des Fédérations soit établie, financièrement parlant, et elle ne peut l'être que par une commission qui examinera l'apport que les syndicats ont pu faire, l'apport que la Société Griffuelhes et Cie a fait, et établisse ce que l'on peut appeler un inventaire, pour désintéresser dans la mesure où cela doit être fait ceux qui ont fait un apport.

Il est possible de prendre les lieu et place de Louzon par la constitution d'une société conforme aux lois de 1867 et de 1893, qui donne aux uns et aux autres des garanties, mais pour cela il faut l'examiner, et le Congrès ne peut pas dire : il faut admettre que seulement les Fédérations auront le contrôle moral, si elles n'ont pas la responsabilité en même temps qu'elles pourront exercer le contrôle; cela devient une nécessité de compléter la proposition Péricat, et l'idée que j'émettais ce matin a toujours été celle-ci : c'est que la commission qui pourrait être nommée, ayant l'impartialité qu'on désire, examinera la question et dira : Voilà l'apport des syndicats; voilà l'apport de la société civile constituée actuellement, et il faut qu'une nouvelle société qui sera établie dans les conditions légales prenne les lieu et place de la société civile, et que les fédérations comme les syndicats fassent l'apport pour prendre possession de la société civile.

Voilà, camarades, ce qu'il faut; mais vous ne pouvez le faire qu'à la condition de compléter l'œuvre, et là ce sera l'organisation confédérale par ses mandataires, par ses délégués, qui aura un contrôle sur l'œuvre que vous aurez faite, et c'est sur ce point que vous devez prendre une résolution. Je suis d'accord avec le camarade Péricat pour que nos deux propositions aboutissent dans ce sens.

BOUDET. — Camarades, je n'aurais certainement pas abusé des instants du Congrès, après les explications très simples fournies de part et d'autre, si je n'avais pas un mandat particulier sur la question, mandat de la 21e section de la Fédération du Livre. J'avais d'abord mandat de protester contre l'emploi des fonds de la tombola ayant servi à édifier l'imprimerie. Les explications du camarade Griffuelhes sont suffisantes, puisqu'il nous dit que l'argent de la tombola et de la souscription n'a pas servi à agencer et à faire vivre l'imprimerie, mais à acheter le local de la rue Grange-aux-Belles.

Il y a un autre point que je dois soumettre au Congrès; c'est qu'à l'encontre de ce que propose Griffuelhes — et je comprends que ce soit un peu séduisant pour lui de le proposer au Congrès — à savoir que le Congrès décide d'abandonner cette Maison des Fédérations, j'ai le mandat de demander au Congrès de décider que, dans le plus bref délai, cette Maison des Fédérations soit placée sous le contrôle ou de la C. G. T. ou de l'Union des Syndicats de la Seine. Je sais que nous allons nous heurter à des difficultés dont Griffuelhes nous a fait le tableau. Eh bien, moi aussi j'ai connu des difficultés, car, faisant partie de la commission d'édification de la Maison des Syndicats de la Seine, dont je suis le trésorier, avec Bled, nous avons connu toutes les difficultés que ces camarades avaient rencontrées ; nous avons vu que quand il aurait fallu de la prudence et du soutien, il n'y avait eu ni l'un ni l'autre. Je sais bien que dans le Congrès, Lévy, Blanchard et tous les camarades qui ont parlé, ont dit : Nous ne mettons pas en doute l'honnêteté de Griffuelhes, nous savons que ses mains sont nettes. On a toujours affirmé cela au Congrès ; mais si on dit cela au Congrès, dans les petits coins on fait courir le bruit que Griffuelhes est un malhonnête homme... (*Applaudissements*). Nous qui faisons de la propagande syndicale et qui sommes convaincus que ce n'est que par le nombre que nous arriverons à quelque chose, nous sommes écœurés par ces campagnes et de voir salir ces hommes qui apportent toute leur âme au développement de ces œuvres. Il ne faut pas, camarades, que par la nomination d'une commission, tout le prolétariat français n'ait pas une solution nette. Il faut que le Congrès dise purement et simplement : d'abord, si Griffuelhes a fait ce qu'il devait faire, si les camarades qui étaient avec lui ont fait également leur devoir et, après avoir reconnu cela d'une façon solennelle et pris ses responsabilités, il faudra aussi que le Congrès dise s'il a l'intention de voir continuer l'œuvre de cette Maison des Fédérations. Le camarade Bourderon nous a dit qu'il serait peut-être possible de constituer une autre société. Ce n'est pas facile et, pour ma part, je dois vous dire que nous avons pris des consultations : nous avons fait marcher des avocats, nous avons demandé conseil à certains banquiers, à des contentieux de divers banquiers, qui nous ont dit : Il ne vous sera pas facile de posséder quelque chose : vous serez toujours forcés de mettre ce que vous possédez entre les mains d'une société civile, et il faudra que ce soit toujours trois, quatre ou cinq individus qui prennent la responsabilité de cette œuvre. Par conséquent, ce qu'il faut, c'est que le contrôle s'exerce d'une façon efficace et que la C. G. T. puisse contrôler la société civile que nous pourrons former.

Sur un autre point, Griffuelhes nous disait que quand il avait fondé l'imprimerie confédérale, il aurait bien voulu fonder la commandite, mais que malheureusement les éléments qui composaient cette imprimerie ne se prêtaient pas à ce mode de travail, et qu'ayant consulté un de nos camarades, celui-ci lui avait dit qu'il n'était pas possible d'établir une commandite dans une imprimerie. Eh bien, il est incroyable que de pareils renseignements lui aient été donnés. Griffuelhes a été trompé. Le camarade Sicurain, en pareille occurrence, s'est grossièrement trompé. En effet, la 21e section a interdit le travail à la machine, mais ce qu'elle veut essayer d'instaurer partout, c'est le système de la commandite, la commandite qui maintient aussi bien l'homme qui travaille à la machine que celui qui travaille à la main. Ainsi donc, il n'y avait pas impossibilité matérielle à l'installation d'une commandite.

Je ne veux pas abuser de vos instants. L'enseignement qu'il faut tirer de cela, camarades, c'est qu'on se plaint souvent, dans toutes nos organisations, qu'il ne faut pas de pontifes qui pensent pour eux ; mais nous voyons qu'il a fallu qu'un homme et quelques amis s'attèlent au chariot, parce que la masse ne voulait rien faire et qu'elle ne voulait pas apporter sa pierre à l'édifice de la Maison des Fédérations. (*Applaudissements*). Après s'être crevé à la peine, vous voyez les reproches qui sont faits à cet homme. Eh bien, pourquoi ces reproches ? Il a bien fallu que ces hommes prennent la responsabilité de faire cela ! Eh bien, que ce soit un enseignement et, puisque nous voulons nous passer des bourgeois, ayons la volonté de faire notre éducation et de nous décrasser nous-mêmes. (*Applaudissements*).

Pouzet. — Camarades, je ne serais pas intervenu dans le débat si je n'avais pas fait en petit dans la région du Centre ce qu'a fait Griffuelhes à Paris. Dans la région du Centre nous étions boycottés par les maîtres-imprimeurs qui voulaient nous faire payer trop cher; on ne voulait même pas nous imprimer, parce que nos affiches et nos circulaires ne plaisaient pas aux patrons. Nous avons été obligés de fonder une imprimerie, et c'est parce qu'en fondant cette imprimerie nous avons eu des difficultés semblables à celles qu'a rencontrées Griffuelhes à la Maison des Fédérations que je me fais un devoir de venir le défendre ici, car je comprends les difficultés avec lesquelles il a été aux prises.

Camarades, c'est d'abord avec beaucoup de difficultés qu'on peut acheter un matériel d'imprimerie, et vous savez que lorsque les traites arrivent et que les syndicats ne sont pas suffisamment aidés, nous sommes obligés de taper et d'aller demander au trésorier 100 ou 200 francs pour que notre œuvre ne disparaisse pas, et bien souvent il m'a été donné, à moi ou à mes camarades qui ont fondé une imprimerie, d'éprouver de grandes difficultés, et c'est pourquoi je comprends toute l'étendue du sacrifice fait par le camarade Griffuelhes.

Camarades, ce n'est pas seulement à ce point de vue, mais encore au point de vue administratif que nous avons été dans la même situation que lui. En effet, si l'imprimerie communiste du Centre n'a pas été sous le contrôle de la Fédération, elle n'a pas pu être non plus sous le contrôle des Syndicats qui l'avaient fondée, et aujourd'hui, ces Syndicats pourraient nous faire le même reproche. Si nous n'avons pas sombré, c'est qu'à l'encontre de Griffuelhes il y a eu des amis conscients et un personnel conscient: il y a eu des amis qui, après avoir fait huit heures de travail chez leur patron, sont allés au travail et sont allés trier les journaux, et c'est pour cela qu'après six mois d'existence nous n'avons pas non plus de comptabilité. C'est pourquoi nous venons déclarer que le camarade Griffuelhes a été logique.

Bidamant. — Griffuelhes a répondu, je crois, victorieusement à ses adversaires: mais le camarade Niel a fait appel à moi pour préciser un point qu'on pourrait appeler historique. Il a voulu que je donne un brevet d'honorabilité à Guérard. Eh bien, malgré toute ma bonne volonté, je ne le puis pas, parce que véritablement il est impossible de le faire. J'excuse le camarade Niel; il n'est pas du métier, quoi qu'il soit typo, et à l'Est comme secrétaire du Comité du réseau. Mais nous qui sommes du bâtiment, nous tous savons ce qui s'est passé: les employés des chemins de fer sont aux chemins de fer, et nous savons ce qui se passe. Mais laissons cela de côté.

Il y a ici deux camarades, et je suis autorisé à citer leurs noms, qui pourraient répondre victorieusement à la question que Niel a soulevée: c'est Cholet et Imbert, qui faisaient partie de la commission secrète qui a jugé le cas Guérard: ils pourraient vous dire de quelle façon l'enquête a conclu, et je suis autorisé, en leur nom, à dire que si le cas Guérard n'a pas été livré à la publicité, c'est par crainte d'un grand scandale, et cela est si vrai que moi, qui ai été l'accusateur de Guérard, j'ai été réadmis par la grande majorité du Congrès.

Je termine en disant que la question de la tombola de Griffuelhes a été habilement amorcée par Guérard et ses amis. On voulait cacher un autre scandale qui menaçait d'éclater. Quand nous autres, des chemins de fer, nous nous sommes aperçu que des irrégularités avaient eu lieu dans la loterie, quand nous avons vu un journaliste de Paris, le citoyen Déjean, prendre 3.039.000 billets sur 4 millions et toucher 340.000 francs, quand nous avons vu Guérard et ses amis, pour le cacher, essayer de susciter le scandale de la tombola Griffuelhes, nous n'avons pas voulu que cela soit.

Aujourd'hui, nous sommes libérés et je conclus en disant : Guérard est parti, et depuis le mois de novembre 1909, le Syndicat national des chemins de fer a pris une orientation de combat et il a fait 40.000 adhésions nouvelles. *(Applaudissements).*

Niel. — Je demande à lire au Congrès l'ordre du jour qui a été pris en faveur de Guérard...

Voix nombreuses. — Ce n'est pas la question.

Bidamant. — Je dis que la commission secrète n'a pas pu dévoiler tout ce qui se passait, dans la crainte d'un grand scandale.

Savoie. — Comme des camarades ont, non pas mis en jeu l'Union des Syndicats de la Seine, mais ont posé dans leur argumentation la question des rapports qui furent quelque peu amorcés entre l'Union des Syndicats de la Seine et la Maison des Fédérations, il est nécessaire que les représentants de cette Union des Syndicats, présents à ce Congrès, soient fixés, et je demande qu'il sorte de ce Congrès, non pas simplement une résolution ou un vote quelconque en ce qui concerne le camarade Griffuelhes, mais surtout une résolution qui implique bien quelle sera la situation demain de la Maison des Fédérations, car là est tout le conflit. Je ne crois pas que les attaques contre Griffuelhes et contre de soi-disant irrégularités de la comptabilité, aient eu simplement pour but de porter atteinte à l'honorabilité d'un camarade. C'était surtout, sans doute, pour savoir qu'elle serait la destination de cette œuvre et comment elle fonctionnerait. Par la suite, comme le camarade Griffuelhes l'a expliqué, l'œuvre n'a plus eu la même envergure; il a vu qu'il ne pouvait pas lui donner le même caractère,

Au nom de l'Union des Syndicats de la Seine, je demande au Congrès de prendre une résolution afin que l'Union des Syndicats de la Seine sache si elle doit continuer à espérer ou à penser qu'elle pourrait utiliser la Maison des Fédérations pour édifier la Maison des Syndicats. Vous comprendrez qu'il y a là une question importante pour l'Union des Syndicats, et si la proposition du camarade Péricat, appuyée par le camarade Roux, est adoptée, c'est-à-dire que ce soit la C. G. T., non pas qui soit la propriétaire, mais qui forme la société civile propriétaire et gérante de l'immeuble, nous saurons à quoi nous en tenir.

Le Président. — On demande le renvoi de la suite de la discussion à demain matin. Je mets cette proposition aux voix.

Adopté.

Le Président. — Voici la composition du bureau pour la séance de demain matin :

Péricat, président;

Barrière et Rouvet, assesseurs.

La séance est levée à 7 h. 30.

7me SÉANCE. — JEUDI 6 OCTOBRE 1910 (matin)

La séance est ouverte à 9 h. 5, sous la présidence du camarade Péricat, assisté des camarades Barrière et Rouvet.

La Chasse aux renards

Le Président. — Voici un ordre du jour déposé par la délégation du Sous-Sol et le camarade Marty-Rollan :

Pour les Mineurs de Salsigne (Aude)

Le Congrès,

Prévenu de la condamnation qui frappe trois camarades femmes trieuses de pierre et trois camarades ouvriers mineurs aux mines de Salsigne (Aude), qui ont soutenu avec tous leurs frères de l'industrie minière de la région qu'ils habitent, une grève héroïque de six mois, condamnation à six jours de prison avec sursis et 100 francs d'amende pour les femmes, et à 100 francs d'amende pour les hommes, sous prétexte d'entrave à la liberté du travail et sans que le Tribunal ait eu la moindre certitude, la plus petite preuve matérielle des faits qui lui étaient reprochés,

Estimant que ces camarades, en supposant qu'ils fussent les véritables auteurs de la chasse aux renards qu'on leur reproche et pour laquelle ils ont été condamnés, ont bien agi au nom de la défense ouvrière, qui doit être toujours plus énergique et plus dure, leur envoie l'expression de leur solidarité, le témoignage de leur admiration, et prévient une fois de plus les exploiteurs et les magistrats à leur dévotion, que les prolétaires useront de tous les moyens en leur pouvoir pour défendre leur pain et faire triompher la grève.

Adopté.

Voici un ordre du jour déposé par les camarades G. Rome et Coupard :

Le Congrès envoie son salut fraternel et son appui moral aux camarades Durand, secrétaire du Syndicat des Charbonniers du Havre, Boyer (Henri), secrétaire adjoint, et Boyer (Gaston), trésorier, arrêtés et mis en prison sous l'inculpation de préméditation au meurtre dans une chasse aux renards décidée dans une réunion de grévistes.

Il constate une fois de plus que le gouvernement tente d'étouffer les grèves par l'arrestation des membres du bureau du syndicat et qu'en général c'est le syndicalisme qui est visé.

Adopté.

Sympathies à Rousset

Les camarades du Bâtiment invitent les congressistes à envoyer des cartes à Rousset et à son assassin Sabatier, à Montélimar. Il n'y a pas de vote à émettre là-dessus.

Suite de la Maison des Fédérations

SAVOIE. — Je justifie mon intervention dans ce débat, par le fait qu'au cours des explications fournies par les camarades Lévy et Griffuelhes, l'Union des Syndicats fut citée. Le camarade Lévy rappelait que Thuillier, dans une réunion du Comité fédéral du Bâtiment, avait déclaré que Griffuelhes lui avait promis qu'il remettrait la Maison des Fédérations à l'Union des Syndicats pour le 15 janvier 1910. Griffuelhes a déclaré ici qu'il avait parfaitement tenu le propos, mais qu'il n'avait pas cité de date. Il ajoutait : « Depuis que j'ai fait cette offre à l'Union des Syndicats du département de la Seine, j'attends encore qu'elle me réponde et me donne un avis sur la question. »

Eh bien, camarades, l'Union des Syndicats n'a pas cru devoir prendre une résolution en ce qui concerne les rapports qu'elle pourrait avoir avec la Maison des Fédérations, ou tout au moins avec la nouvelle situation qui pourrait se créer avec la Maison des Fédérations, parce qu'il était nécessaire que les explications qui ont été fournies hier dans ce Congrès soient données, et que la situation pénible qui existait prenne fin, parce que cette question de la Maison des Fédérations a suscité beaucoup de division au sein de l'Union des Syndicats de la Seine, qui a eu beaucoup à souffrir de ces dissentiments. C'est pourquoi nous sommes heureux qu'aujourd'hui enfin des explications claires et précises soient formulées, qui feront disparaître les malentendus qui pouvaient exister.

Griffuelhes expliquait certains faits qui, d'après lui, permettaient de lui faire supposer qu'il y avait quelque chose qui d'après des corrélations d'actes et de faits de certaines personnalités, laissaient soupçonner qu'il y avait des complices du gouvernement, de la part de camarades qui demandaient des comptes; que le gouvernement cherchait à profiter des dissentiments qui existaient entre certains camarades et dans la Confédération, en ce qui concerne la Maison des Fédérations, pour porter un coup à la classe ouvrière. Il a oublié d'apporter un fait à l'appui de sa thèse, qui est celui-ci : Lorsqu'en 1908, à la suite des événements de Draveil-Villeneuve-Saint-Georges, l'Union des Syndicats de la Seine fut chassée de la Bourse du Travail de Paris, juste au moment où une quantité de militants de la C. G. T. et de l'Union des Syndicats étaient en prison avec d'autres camarades, où avaient dû quitter Paris pour se soustraire aux menées de la police et de la justice, le préfet de la Seine, sur l'ordre certainement du ministre de l'Intérieur, signifiait à l'Union des Syndicats que dans les quarante-huit heures elle devait quitter la Bourse du Travail. Il y avait encore là une corrélation qu'il était bon de signaler et qui prouve que le gouvernement, au lendemain des événements de 1908 de Draveil-Villeneuve-Saint-Georges, avait bien l'intention de porter un coup définitif à l'organisation ouvrière en France et surtout à l'organisation parisienne. Il y avait là un acte arbitraire, car de deux choses l'une, ou l'Union des Syndicats n'était pas une organisation en conformité avec la loi de 1884 et devait être dissoute, où elle était en conformité avec la loi et alors le préfet n'avait aucun droit de la chasser de la Bourse du Travail.

Malgré cela, camarades, lorsqu'il nous fut signifié qu'il fallait sortir de la Bourse du Travail, nous l'avons fait avec plaisir, avec soulagement, parce que nous en avions assez de cette pétaudière, qui était une cause de division pour beaucoup de camarades. C'est là, camarades, où il y a une grande importance et où on verra que la Maison des Fédérations a eu son utilité. A côté des petits faits que l'on peut reprocher au camarade Griffuelhes, il faut penser que cette Maison des Fédérations a rendu d'immenses services, car si la Maison des Fédérations n'avait pas existé, l'Union des Syndicats aurait été en vagabondage, obligée de subir les mêmes péripéties et de passer par les mêmes phases qu'avait passées la C. G. T. pour trouver un local. Elle a été heureuse de pouvoir trouver la Maison des Fédérations, qui lui a permis de venir s'installer dans des bureaux dont depuis quelques mois elle payait la location, parce qu'elle savait que l'œuvre avait sa nécessité, avait besoin de vivre, avait besoin d'argent, et qu'elle savait que quand même le préfet ne nous aurait pas chassés de la Bourse, nous aurions été de bon gré à la Maison des Fédérations.

Ceux qui ont constitué cette Maison des Fédérations ont donc rendu service aux organisations parisiennes: car si l'Union des Syndicats, au lendemain des événements de Draveil, avait été obligée de parcourir toutes les rues de Paris pour chercher un local, elle se serait trouvée amoindrie.

C'est grâce à la Maison des Fédérations que le fonctionnement de l'Union des Syndicats a pu continuer, que son activité normale a pu être suivie et que, par la suite, elle a pris l'extension qu'elle a prise, car nous pouvons dire que depuis 1908, contrairement à l'espoir du préfet de la Seine, contrairement à l'espoir peut-être de Briand et de Clemenceau, l'Union des Syndicats a pris de plus en plus d'extension, car on espérait bien que, chassée de la Bourse du Travail, elle perdrait son autorité sur les organisations qui la composent et qui sont locataires en partie de la Bourse du Travail: on espérait bien que quantité de syndicats qui habitent la Bourse du Travail se détacheraient de l'Union des Syndicats et que, peut-être, une scission se produirait. Cela ne s'est pas produit: l'Union des Syndicats a trouvé un local à la Maison des Fédérations, ce qui lui a permis de continuer l'œuvre de coordination qu'elle avait commencée.

Voilà la preuve que la Maison des Fédérations a rendu des services, et il est regrettable d'être obligé, pour des questions où il n'y a pas d'intérêt du prolétariat, pour une question de virement, de dire qu'une somme a été attribuée à une chose plutôt qu'à une autre, et de voir qu'on vienne décrier une œuvre qui a une aussi grande utilité.

Lorsque l'Union des Syndicats a été à la Maison des Fédérations, est-ce que vous croyez qu'un seul instant, dans l'idée des camarades, nous allions chez Griffuelhes, propriétaire, patron? Cela peut se dire dans des polémiques, dans des discussions: cela peut se laisser croire par des apparences, mais pour ceux qui vivent à Paris, pour ceux qui ont suivi les événements, nous savions parfaitement bien que la Maison des Fédérations était l'œuvre des organisations ouvrières, et que l'Union des Syndicats, en allant dans cette Maison des Fédérations, n'allait pas du tout chez Griffuelhes, propriétaire, patron, mais allait dans une maison qu'elle considérait comme lui appartenant, et l'installation que l'Union des Syndicats a faite par la suite à la Maison des Fédérations montre bien qu'il était dans notre idée que Griffuelhes n'était pas propriétaire, que nous étions chez nous, et que personne ne nous en aurait chassés.

De ce que Griffuelhes soit un de ceux qui aient le plus participé à la création de la Maison des Fédérations, il ne fallait pas en tirer qu'il en était le patron ou le propriétaire. Dans tous les cas, pour ma part, je n'ai rien appris des explications qui ont été fournies hier; pour mon compte personnel, tous les chiffres fournis, soit par Lévy, soit par Griffuelhes, il y a plus d'un an et demi que j'en ai entendu l'énumération au Comité confédéral ou en d'autres circonstances. Il y avait certainement, malgré tout, nécessité à ce que cela fût produit publiquement, surtout devant la presse et devant les délégués de province, pour bien faire voir que s'il y avait quelques camarades qui avaient raison de critiquer certains actes de Griffuelhes, certains faits qui ne se sont pas passés aussi régulièrement que cela aurait dû se faire, les camarades doivent penser que Griffuelhes avait sur le dos une œuvre grandiose et qu'on pouvait bien lui faire quelques concessions, d'admettre que dans les difficultés qu'il avait rencontrées, il avait été obligé d'opérer comme il avait opéré, et la preuve c'est que nous étions d'accord pour reconnaître qu'on ne pouvait pas lui en faire un grief.

Eh bien, camarades, ce qui nous intéresse surtout, nous, Union des Syndicats, c'est ce qui se passera demain pour la Maison des Fédérations. L'Union des Syndicats, qui a réussi grâce à la Maison des Fédérations à s'affranchir de la tutelle préfectorale et à sortir de la Bourse du Travail, a fait le projet de construire une maison des syndicats, à Paris, pour permettre à ses organisations de s'émanciper à leur tour de la tutelle préfectorale et de sortir à leur tour de cette pétaudière de la Bourse du Travail. Cette œuvre est grandiose, et si jusqu'à présent nous n'avons pas obtenu les résultats que nous aurions voulu obtenir, c'est à cause des dissentiments qui se sont fait jour au sujet de la Maison des Fédérations. Il faut donc, par une résolution qui sortira de ce Congrès et dissipera tous les doutes, permettre à l'Union des Syndicats de fonder la Maison du Peuple, de trouver une combinaison qui permette que les deux œuvres marchent de pair, ou que l'Union des Syndicats continue à pousser son œuvre de création d'une Maison du Peuple indépendante, si elle ne peut arriver à une entente avec la Maison des Fédérations. Dans tous les cas, je dis que l'Union des Syndicats a besoin, pour cette œuvre, d'une grande liberté, car c'est une œuvre grandiose, et il ne faudrait pas l'enserrer dans un ordre du jour qui ne lui permettrait pas d'établir l'œuvre qu'elle a rêvée, qui permettra à la majorité des syndicats parisiens d'être chez eux. Je dis que, quelles que soient les résolutions qui seront votées, l'Union des Syndicats poursuivra son œuvre de création d'une Maison du Peuple indépendante, ou bien, si on veut y mettre de la bonne volonté, collaborera à la Maison des Fédérations, ce qui serait peut-être préférable; mais si cette entente ne pouvait pas se faire, l'Union des Syndicats poursuivra toute seule son œuvre de création de Maison des Syndiqués.

Gautier. — Camarades, je suis un de ceux qui, en province, ont passé aussi par des phases analogues à celles que l'on a reprochées au camarade Griffuelhes, et je suis un de ceux aussi qui n'ont pas propagé les critiques qui lui ont été faites. Il y a des camarades qui se sont étonnés que ces critiques se soient répandues un peu dans toute la France: eh bien, je dis pour débuter que si, au lieu de les propager, on avait attendu des explications que l'on savait devoir venir à leur heure, il n'y aurait pas eu le malaise que l'on reproche aujourd'hui dans l'organisme confédéral.

Ceux qui, en dehors de leurs fonctions syndicales, en dehors de la propagande qu'ils peuvent faire par la parole ou par la plume, se sont attelés à des œuvres syndicales, à l'édification de Maisons du Peuple, de

Bourses du Travail indépendantes des coopératives de production, ceux-là ne sont pas étonnés du tout et ne seront pas étonnés du tout des critiques, fondées ou non, que l'on peut adresser à Griffuelhes.

On a dit qu'il y avait eu des virements qui n'auraient pas dû exister; mais la grande question, ce qu'on lui reproche surtout, c'est de ne pas avoir une comptabilité, de ne pas fournir de livres, de chiffres que l'on puisse discuter, sur lesquels on pourrait encore mener des critiques pour savoir si 5 ou 600 francs sont bien justifiés dans leur emploi. Eh bien, camarades, je le répète, ceux qui ont créé quelque chose envers la bourgeoisie et le patronat, envers aussi quelques organisations syndicales et des syndiqués, car si la Maison des Fédérations a été édifiée, il faut bien qu'on le dise, c'est contre des organisations et contre des camarades qui n'en voulaient pas, par conséquent on a puisé là où l'argent se trouvait. On vient dire : On a puisé jusque dans le trésor de guerre, jusque dans la caisse des grèves. Nous aussi, camarades, nous en avons fait autant, nous avons puisé non seulement dans les caisses syndicales, mais dans la caisse de la Bourse du Travail et dans le trésor de guerre. Et quel est le meilleur trésor de guerre? N'est-ce pas celui qui permet de mettre à l'abri des attaques patronales et bourgeoises les organisations des syndicalistes français? Est-ce que ce n'est pas renfermer le trésor de guerre que de chercher à créer une organisation comme la Maison des Fédérations?

Demandez aux camarades de toutes les régions de France, dans les petites Bourses, les petites villes comme Saint-Malo, Fougères, Saint-Claude, chez nous, demandez-leur si nous n'avons pas mieux fait de créer des Bourses du Travail par tous les moyens possibles, même quand on ne l'a pas voulu!

Maintenant, peut-être, dira-t-on encore d'un certain côté que les explications de Griffuelhes ne suffisent pas et qu'il n'est pas démontré qu'il y avait en réalité comptabilité et chiffres. Cependant, camarades, le bilan qu'il a apporté sur papier, démontre qu'aujourd'hui la Maison des Fédérations est beaucoup plus riche, puisqu'il faut employer ce mot, qu'elle ne l'était au début, et que toutes les accusations ne sont pas fondées et, par conséquent, ne tiennent plus debout.

Je suis de ceux, non par sympathie, mais par principe et aussi parce que c'est nécessaire, qui disent qu'il faut, comme le disait tout à l'heure le camarade Savoie, que les camarades essaient de se tirer des griffes gouvernementales et patronales par tous les moyens possibles. Par conséquent, nous disons aux camarades que Griffuelhes a bien fait, qu'il a eu parfaitement raison dans des moments difficiles de faire ce qu'il a fait, et j'invite même les camarades envers quelquefois contre ceux qui se mettent en travers de leur route, à en faire autant.

Je dis aussi qu'il faut que le prolétariat prenne, comme le veut la Confédération, une tactique absolument indépendante de la bourgeoisie, du patronat et du gouvernement, et, dans les villes où on est en lutte contre le patronat, on peut se douter des difficultés rencontrées par Griffuelhes. Voilà pourquoi, au nom des camarades de Saint-Nazaire et d'autres camarades, je dépose l'ordre du jour suivant :

Ordre du jour de Saint-Nazaire

Le Congrès,

Après avoir entendu les critiques du camarade Lévy et les explications du camarade Griffuelhes, relativement au conflit soulevé sur la question de la Maison des Fédérations, constate que seul l'intérêt de la C. G. T. et du prolétariat a guidé l'attitude du camarade Griffuelhes, approuve pleinement les déclarations de ce dernier et lui exprime toute sa confiance.

Signé : GAUTIER, PÉRICAT, BOURDERON, IMBERT, ADER, BORNET, TOGNY, MERRHEIM, LENOIR, BARRIÈRE, VIGNAUD.

BLANCHARD. — Je ne peux pas causer. Péricat : je le regrette, mais je me rallie à la proposition que tu as faite.

Réplique de Lévy

LÉVY. — Camarades, au début du discours de Griffuelhes, et c'est ce qui sûrement a le plus frappé le Congrès, il nous a donné une explication sur l'affaire de Villeneuve-Saint-Georges à laquelle je ne pouvais pas rester indifférent. Il a fait une insinuation toute gratuite à mon égard. Je dis à Griffuelhes que, le lendemain de l'affaire de Villeneuve-Saint-Georges, j'ai vu dans un rapport des initiales : il y avait deux L et un T, avec les indications des délits commis. J'ai demandé à Mᵉ Lafont, ici présent, si je figurais dans le rapport : Mᵉ Lafont m'a déclaré que je n'y figurais pas. J'ai demandé si je pouvais me rendre auprès d'Yvetot, aller à Corbeil pour lui servir de témoin ; Mᵉ Lafont m'a dit qu'il y avait assez d'arrêtés et que je ne devais pas y aller : c'est la même opinion qu'a formulée Mᵉ Bonzon, avocat d'Yvetot. Je dois déclarer ici que Griffuelhes a complété les initiales par des noms. Le rapport dit qu'à 5 heures je me trouvais à tel endroit en compagnie de L., L. et T. Nous étions trois ; eh bien, ce n'est pas moi qui étais à cet endroit. Après, j'ai ouvert une petite information, parce que je n'arrive jamais sans preuve ; eh bien, c'est Luquet, Latapie et Tesche, voilà les trois noms. Donc, l'insinuation toute gratuite, il faudra que Griffuelhes l'envoie à son ami Luquet. Ce n'est pas que je dise que Luquet a fait quelque chose pour ne pas être arrêté, mais dans tous les cas il ne s'agit pas de moi.

A une époque, on a critiqué des gens qui employaient ces moyens-là pour tuer leurs adversaires, et je vois ici encore des camarades qui, à cette époque, faisaient voir le spectre de Girier-Loriot qui, pour se justifier des accusations qu'on portait contre lui, a tué un agent. Si on en faisait autant, ce n'est pas un agent qu'on pourrait tuer ! Je ne veux pas employer ces moyens, j'ai pitié de celui qui emploie de ces moyens contre moi.

Je dis que dans cette affaire de Villeneuve-Saint-Georges j'y étais ; j'étais en tête de la manifestation pendant la charge, j'ai refusé de m'en aller, et c'est grâce à ma canne que j'ai pu parer quelques coups de sabre qui m'étaient destinés...

YVETOT. — Tu nous fais rire en disant qu'avec ta canne tu as paré des coups de sabre !

LÉVY. — Yvetot m'interrompt aujourd'hui, mais il se rappelle que le jour de Villeneuve-Saint-Georges on nous invita tous les deux à une promenade pour aller voir si les troupes étaient fraîches, et que nous nous y sommes refusés ; nous sommes allés à la manifestation quand même parce que nous voulions être dans les manifestants. Voilà ce que je rappelle à Yvetot ; il n'était pas d'accord ce jour-là avec Griffuelhes.

Les faits sont graves. On a inséré des choses dans les journaux, on s'est servi de cela ; eh bien, il ne faut pas que cela subsiste, et je dis au

Congrès que le L en question ce n'était pas Lévy, c'était Luquet. J'ai demandé au juge d'instruction de vouloir bien me dire si je figurais dans le dossier, parce que j'étais à la manifestation : le juge d'instruction m'a dit qu'il n'avait vu mon nom nulle part, parce que je lui disais : « J'ai des choses à vous dire », et que je voulais, voyant une insinuation se faire jour, m'attribuer des actes que je n'avais pas commis.

On vient ici — et j'en suis très content parce qu'il y aura des procès-verbaux — justifier une attitude ; on dit, et je ne l'ai pas nié, qu'il y a eu des difficultés ; mais j'ai dit aussi que cela ne justifie pas la non-existence d'une comptabilité ; on peut avoir des difficultés, on peut faire des virements, les virements ne sont pas les faits coupables, quoi qu'on n'aurait pas dû retenir les fonds des grèves et laisser la Confédération sans le sou. Gautier dit : J'en ai fait autant. Mais vous avez demandé à votre comité avant de puiser dans les diverses caisses...

Gautier. — Jamais !

Lévy. — Eh bien, vous avez mal fait, et cela étant consigné au procès-verbal, les organisations jugeront ceux qui de leur propre autorité font ce qu'ils veulent des fonds. Dans tous les cas, ce sont de mauvaises justifications. J'ai déclaré ici que je me suis refusé à distraire des fonds qui avaient une destination, et je me refuserais, en qualité de détenteur de fonds, à me servir de ces fonds sans en avoir l'autorisation, parce que je ne me considère pas comme le maître des fonds que l'on me remet, je m'en considère comme comptable.

Mais ce n'est pas là le fait : Griffuelhes ne nous a pas apporté ses livres. Griffuelhes ne nous a pas dit comment ont été enregistrées les sommes qu'il avait puisées dans la caisse de la Confédération. J'ai déclaré de quelle façon j'avais réglé les comptes de la Confédération avec lui : si vous êtes satisfaits, cela m'est égal, votez par acclamations que tout est pour le mieux, mais il n'en est pas moins vrai que je n'ai apporté que des chiffres et des comptes. Tout à l'heure, la Commission de contrôle va revenir, je pourrai demander la parole pour lui poser une question. J'aurais pu venir vous dire : J'ai eu besoin d'argent pour diverses difficultés ; j'ai employé l'argent de la Confédération comme je l'ai entendu ; je n'ai pas à présenter mes livres à la Commission de contrôle, mes déclarations verbales doivent amplement suffire. Je ne sais pas comment j'aurais été accueilli, car, au Congrès de Bourges, pour une erreur de quinze centimes, on a fait un scandale, et le rapport de la Commission de contrôle a manqué de ne pas avoir la majorité, justement parce qu'on avait reconnu quelques petites erreurs de détail...

Yvetot. — D'où venaient-elles les critiques, à Bourges ?

Lévy. — Elles venaient de ceux qui avaient le droit de les faire, et c'est Lévy lui-même qui a rétabli les faits, et c'est Lévy encore qui s'est rendu à Reims auprès du secrétaire de la Commission de contrôle pour lui expliquer les faits avec le camarade Robert. On ne peut pas me reprocher d'avoir pris conseil, sauf de Bousquet et d'Yvetot ; je l'ai fait sur l'appel de Griffuelhes...

Yvetot. — Quand il était en prison !

Lévy. — C'est inexact, je démens formellement Yvetot. C'est devant Yvetot, dans le bureau, que s'est passée la première discussion entre nous, c'est en sa présence que les livres ont été mis entre mes mains ; je n'ai pas pu les débrouiller ; je prouverais ici, les livres entre les mains, qu'ils n'étaient pas faits à cette époque, et je maintiens cette affirmation.

C'est net, c'est précis. S'il convient au Congrès de voter des félicitations à des gens qui font une administration pareille, c'est son affaire; quant à moi, je n'en prends pas la responsabilité! On me dit : il est trop tardif de faire ces critiques. Mais c'est encore trop tôt, parce que quand on veut être bien vu on aboie avec les loups, on ne risque pas sa situation, son travail; quand on dit comme tout le monde, on est très bien vu de la camarilla...

Yvetot. — Pour qui dis-tu cela?

Lévy. — A la Commisssion de contrôle on contrôle les livres; j'aurais pu apporter la caisse, apporter cent kilos au Congrès, tous les livres, tous les carnets de reçus. Ce n'est pas cela qu'on a fait aujourd'hui, on est venu vous donner des explications verbales. Je dis qu'elles ne suffisent pas; c'est un contrôle régulier qu'on doit vous apporter. J'ai tout fait à mon syndicat d'employés pour qu'il soit à la Maison des Fédérations : j'ai fait solder une ou deux années en retard par oubli, parce que nous avons la fusion, pour rester locataires de la Maison des Fédérations. On nous apporte aujourd'hui des comptes de quatre ans, pourquoi? Les organisations sont contrôlées tous les mois; pourquoi une administration comme celle-là n'a-t-elle jamais été contrôlée? Même celui qui a fait le rapport n'a pas eu le courage d'y mettre une signature, et peut-être que dans un ou deux ans personne n'aura le courage de dire : C'est moi qui ai fait cela.

J'ai confiance, moi, parce que ce n'est pas la première fois que j'aurai sauvé une œuvre en signalant ses vices. Hier, les camarades de la *Verrerie Ouvrière* m'invitaient à la visiter; il y a quinze ans, on m'aurait jeté des bouteilles, et ce n'est qu'après que j'ai fait avouer que le rapport de l'expert près les tribunaux était un faux; cependant, voilà pourquoi j'ai passé comme un vendu à Rességuier! J'ai confiance d'avoir dit la vérité, d'avoir fait mon devoir partout où on m'a demandé, d'être resté aujourd'hui ce que j'étais hier, de ne pas être resté l'allié de ceux qui sont mes adversaires, et j'avais le devoir de faire une démarcation nette.

Ceux qui croient pouvoir se servir de moi se trompent; demain je rentrerai dans le rang, j'attendrai que les événements m'appellent là où mon devoir m'appellera; j'y serai à côté de ceux qui ne sont pas partisans de l'action directe, j'y serai à côté de ceux qui n'écrivent pas des articles de violence, mais qui répondent « Présent » quand les organisations les demandent, même quand ils ne sont pas fonctionnaires de la Confédération Générale du Travail! *(Applaudissements)*.

Yvetot. — Ce que je reproche à Lévy, je le précise. Quand il a fait des critiques bien fondées, j'étais toujours avec lui; j'étais avec lui pour qu'il formule ses critiques à Pouget et à Griffuelhes. Mais j'étais contre lui quand il criait continuellement à la Maison des Fédérations et qu'il ne disait plus rien quand Griffuelhes et Pouget arrivaient.

Je lui reproche ensuite d'avoir mené sa campagne contre Griffuelhes lorsque celui-ci était en prison. On me dit : C'est assez drôle qu'il faille que tu soies en prison pour passer de son côté. On n'a pas trouvé drôle que je sois contre lui quand j'étais en prison et qu'il n'y était pas. Mais il est facile de constater que quand on est loin des individus on les connaît bien moins, et Griffuelhes est un de ceux qui est assez renfermé pour qu'on soit obligé de l'approcher de près pour le connaître. Lévy, au contraire, n'est pas renfermé, et il devrait l'être davantage. On le connaît et on sait que lorsqu'il a quelque chose à dire, il le dit trop haut.

Est-ce à dire que, quand il était en prison à Corbeil, Griffuelhes devait être pour tout le monde un voleur ? Ah ! quand on a porté l'accusation, et Lévy devrait être plus modeste, car si ce scandale a été lancé, il n'a pas été lancé par Lévy ouvertement, il a été lancé par Griffuelhes à sa sortie de prison, quand il a dit : Il faudra savoir si je suis un voleur, et alors je dois disparaître : au contraire, si celui qui a fait croire que je l'étais n'a pas dit vrai, il faudra qu'il disparaisse.

Il ne faut pas qu'on dise ceci ou cela, et qu'on vienne nous raconter, comme Lévy tout à l'heure, qu'on a paré des coups de sabre avec une canne ! Nous étions tous à Villeneuve-Saint-Georges ; j'ai vu des camarades violents qui ne recevaient pas des coups de sabre, alors que d'autres qui n'étaient pas violents en recevaient.

Eh bien, camarades, on ne devrait pas rappeler ces choses ; on ne devrait pas reprocher aux uns ou aux autres des circonstances dans lesquelles ils se sont trouvés. Quand Lévy dit que nous sommes allés à Villeneuve presque malgré nous, c'est faux. Puisque nous étions révolutionnaires, nous avions l'occasion de manifester notre révolutionnarisme en n'abandonnant pas nos camarades du Bâtiment. Griffuelhes devrait être au contraire glorifié d'avoir été contre la manifestation et d'y être allé tout de même et d'y avoir risqué, comme tant d'autres aussi, des coups de sabre comme Lévy et des balles. La chance a voulu qu'il ne soit pas atteint. Mais moi-même, vous pouvez dire que j'ai pris la fuite, et je suis sûr qu'on l'a dit. J'ai en effet emmené un blessé à la Maison des Fédérations, et quand j'ai pris le chemin de fer, j'étais bien parti de Villeneuve, mais j'étais à Draveil. D'ailleurs, Latapie m'a dit, à la veille du Congrès d'Amiens : Si tu dis un mot — parce que j'en avais gros sur le cœur pour Latapie — si tu dis un mot, je dirai ta conduite à Rouen. Eh bien, à Rouen, j'y suis allé et, comme il y avait une grève à Rouen, à Sotteville et à Darnetal, Yvetot s'appuyait trois conférences dans la matinée. Or, les journaux disaient : Les camarades de Darnetal, chauffés à blanc par cet énergumène de la C. G. T. sont allés dans la rue, mais les meneurs ont pris la fuite lorsqu'il s'est agi de descendre dans la rue.

J'ai alors répondu à Latapie : Tu peux y aller ; quand tu raconteras ce que j'ai fait à Rouen, des camarades seront là, je l'espère, pour te démentir.

De mon côté, je pourrais dire aussi tout ce que je sais et tout ce qu'on m'a dit. Vous voyez que si nous voulions nous reprocher un tas d'histoires, nous n'en finirions pas.

Enfin, camarades, Lévy, comme comptable, a cru bien faire, mais il ne tient pas compte des difficultés. Gauthier, de Saint-Nazaire, qui a dit qu'il en avait fait autant que Griffuelhes, doit être mis au même rang que Griffuelhes, et si vous répudiez Griffuelhes, vous devez répudier tous les camarades qui ont essayé de mettre quelque chose debout, comme dans le Jura, comme à Saint-Nazaire, comme partout ailleurs. Je sais ce qui se passe dans le Jura, je sais ce qui se passe à Saint-Nazaire et également partout où il y a des camarades qui ont une individualité assez forte, un caractère assez bien forgé pour se passer des conseils et être toujours approuvés par ceux qui les connaissent. Hier, Lévy me disait : Comment se fait-il que pour Lorient tu aies voté contre moi ? J'ai répondu à Lévy : A Lorient, on me donne un blanc-seing, on connaît Yvetot, et quand il vote quelque chose, on a confiance en lui. Les Bourses que je représente, la Marine, qui n'est pas très révolutionnaire, sait bien comment je vote, et je vous affirme que lorsque je représente un groupement qui n'a pas complètement mes idées et mon tempérament, j'étudie d'abord ce qu'il m'ordonne. Pour la Marine, j'ai des mandats fermes, et en toutes circonstances je marche selon ma conscience, et je ne voudrais pas qu'on insinue que je suis de ceux qui tiennent à leur place et qui craignent qu'on dise quelque chose. Mais, dans des circonstances comme celles-là, adversaire de Griffuelhes, j'étais de ceux qui étaient contre lui, et quand il y a eu la moindre fissure et qu'on se disait : c'est bizarre, on ne peut pas le démolir, alors par la fissure sont passés beaucoup de ceux qui n'osaient rien dire, et alors c'est à ce moment que j'ai dit : S'il y a une lâcheté à commettre, ce n'est pas moi qui la commettrai, et j'admire Griffuelhes d'avoir fait ce qu'on ne devrait jamais lui reprocher...

Arbogast. — Alors, Yvetot, tu approuves qu'il n'ait pas voulu rendre des comptes, malgré la décision de la Conférence des Bourses ?

Yvetot. — A la Conférence des Bourses, je me suis expliqué. Le bureau avait un mandat, et quand Griffuelhes a dit : je donnerai des chiffres, et quand il a expliqué hier pourquoi il avait gardé le silence, j'estime que Griffuelhes a eu raison ; et partout, en province, quand on me disait : Dis-nous quelque chose, je répondais : Je n'ai rien à dire, attendez, patientez et je vous assure que vous serez édifiés.

Je crois à présent que le Congrès est édifié, et tout ce qu'on pourra dire et faire n'empêchera pas qu'il y aura contre Griffuelhes, Lévy vexé de ne pas avoir raison, Lévy méconnu dans ses qualités de comptable, comme il y aura également avec Lévy, pour d'autres raisons, des gens qui ne pardonneront pas à Griffuelhes de ne pas s'être expliqué, parce qu'il y a dans la vie sociale des nécessités où des règles doivent être violées. La fin justifie les moyens est un mauvais proverbe, c'est entendu... (*applaudissements*) : mais quelquefois, quand un camarade est susceptible d'édifier quelque chose et vient vous dire : Pour telles raisons, j'ai fait mal, c'est entendu : mais vous allez juger si j'ai eu raison de mal faire en comparaison du bien qui a été fait ; eh bien, est-ce qu'on peut lui en faire un grief ?

C'est ce qu'a fait Griffuelhes hier, avec un talent que je ne lui connaissais pas. Je crois que quand on parle avec conviction et courage, on a toujours raison, et je crois que le Congrès en jugera ainsi.

Le Guéry. — Alors, selon toi, Yvetot, les camarades qui ont demandé des éclaircissements ont tous commis des lâchetés ?

Yvetot. — Je n'ai jamais dit cela. Je dis simplement que les uns sont venus avec leurs idées de tendance, que les autres sont venus avec leur conviction que Griffuelhes avait mal fait. Griffuelhes lui-même a avoué qu'il avait mal fait, puisqu'il n'a pas réfuté les erreurs relevées par Lévy. Il n'a pas cessé de le dire. Il vous a même dit qu'au point de vue bourgeois il était à mettre en prison. Par conséquent, vous ne pouvez pas obtenir quelque chose de plus. Seulement je dis qu'il a agi comme il l'a fait pour les raisons qu'il vous a développées, et j'espère que dans ces conditions vous l'approuverez. (*Applaudissements*).

Luquet. — Camarades, j'étais décidé à ne pas intervenir dans ce débat, d'abord parce que nombreux étaient ceux qui avaient à apporter des faits. Mais j'ai été mis en cause à deux reprises différentes : hier, sans qu'on me nomme, ce matin en me nommant. Je crois donc devoir donner quelques explications au Congrès. Pour hier, je m'expliquerai tout à l'heure et je montrerai de quels arguments on se sert contre Griffuelhes, la sincérité qu'ils ont et si l'origine qu'on leur attribue est exacte.

Pour ce matin, Lévy prétend que l'un des L contenus dans un des rapports policiers du dossier de *Corbeil* désignait Luquet, et cela pour dire que cet L ne désignait pas Lévy, naturellement. J'aurais le droit de demander maintenant à Lévy, comment il sait que cet L désignait Luquet ? Où a-t-il puisé ce renseignement ?

Une voix. — Il l'a dit.

Lévy. — Quand j'ai vu les initiales dans *la Voix du Peuple*, je ne me serais pas ému que ce soit moi qui sois indiqué. Mais ce n'était pas moi, puisque je n'étais pas là. J'ai demandé à Tesche : Veux-tu me dire si tu m'as vu pendant la manifestation? Il m'a d'abord dit : Oui, c'est toi. Puis il a dit : Non, c'était Luquet qui était là. Il a répété cette conversation à Almereida.

Luquet. — Eh bien, je dois vous dire que si à Villeneuve je me suis trouvé sur le lieu des événements en compagnie de Tesche et de Monatte, je ne me suis à aucun moment trouvé avec Latapie.

Lévy. — Je n'ai pas dit que tu étais avec Latapie; tu pouvais être avec Tesche. Tu n'as pas fait de démarches pour ne pas être arrêté, et on aurait pu t'arrêter aussi bien que *moi*. Il y avait d'autres camarades qui étaient là, et ils n'ont pas été signalés. Moi, je n'y étais pas.

Luquet. — Lévy, pour te dégager des suspicions que les déclarations de Griffuelhes font peser sur toi, tu mets mon nom à la place du tien. J'ai trop vécu les heures pénibles de Villeneuve, j'ai trop pris de responsabilités dans les jours qui suivirent pour ne pas avoir le droit ici de venir attester de ma conduite à ce moment-là, pour qu'à aucun moment la suspicion puisse subsister sur ma modeste personnalité. Comment! il pourrait se faire que ce soit Luquet que le gouvernement ait voulu protéger et supprimer de ce rapport policier, pour lui éviter l'arrestation! Mais, est-ce que Luquet, à un moment quelconque, a rendu des services au gouvernement! Mais alors que beaucoup de ceux qui avaient assisté avec moi aux tragiques événements de Draveil et de Villeneuve-Saint-Georges disparaissaient pour éviter l'arrestation qu'ils croyaient inévitable, alors qu'avec Garnery nous prenions une succession lourde de responsabilité et qu'en nous plaçant à la tête de l'organisation nous nous désignions aussi pour les coups gouvernementaux, puisque nous savions que Draveil et Villeneuve n'avaient été faits que pour décapiter la C. G. T., est-ce que Garnery, moi et d'autres, avons eu, un instant quelconque, quelques sourires pour le pouvoir? Avons-nous fait à un moment donné, lors de notre présence au bureau intérimaire de la C. G. T., un sourire quelconque au pouvoir? Rappelle-toi, Lévy, que pendant quelques jours après Villleneuve, alors qu'il n'y avait pas de fonds, alors que le trésorier s'était mis à l'abri et que nous cherchions des fonds pour faire face aux besoins de la C. G. T., nous devions en même temps chercher Lévy, trésorier de la G. G. T., et nous étions là, nous, à notre poste, et le lendemain même, quand on procédait à des arrestations en masse, nous allions à l'enterrement du camarade Marchand, à Villeneuve. Et puis les trois mois qui suivirent le Congrès de Marseille, ne sont-ils pas un démenti à ceux qui voudraient faire croire que Luquet a pu, à un moment quelconque, être protégé par le gouvernement?

Aussi, camarades, j'ai la conviction qu'il n'est pas nécessaire de m'expliquer bien longtemps, car vous êtes maintenant convaincus qu'à aucun moment Luquet n'a eu la faveur du pouvoir.

Lévy. — Le lendemain de Villeneuve, j'étais à l'hôpital Saint-Antoine auprès de Dret. Puis je suis allé à la Société Générale pour retirer les fonds que j'ai remis à Pataud. J'ai été ensuite au Palais-de-Justice pour savoir s'il y avait un mandat d'ameuer contre moi. Je suis rentré dans l'après-midi du dimanche à la C. G. T., et j'y suis rentré en regardant autour de moi pour voir si on n'allait pas m'arrêter. Je n'avais pas couché chez moi, c'est vrai, mais ma disparition n'avait d'autre but que de me permettre de retirer les quelques sous qui étaient déposés, et Pataud peut en témoigner, comme Dret peut témoigner que le lendemain de Villeneuve je me suis rendu à l'hôpital Saint-Antoine, et que j'ai versé 5 francs à tous les blessés. J'étais avec Mme Dret. Voilà simplement l'explication de ma disparition.

Luquet. — Je ne sais pas, Lévy, comment tu as employé ton temps pendant ces cinq jours. Ce que je sais, c'est qu'au lendemain de Draveil et de Villeneuve, alors que Pouget, Yvetot, Griffuelhes avec d'autres camarades étaient arrêtés, alors que ces trois membres de la C. G. T. disparaissaient, il n'y avait plus de trésorier. Voilà ce que je sais. Mais je n'accuse pas Lévy d'avoir fait acte de froussard et de lâcheté; il avait peut-être raison de disparaître; mais je constate qu'en fait, il a disparu et qu'il a fallu que d'autres prennent les responsabilités pour assurer la vie de l'organisation.

Sur le fait d'hier, Lévy a essayé de tirer un gros effet d'une lettre qu'il a lue à cette tribune, lettre qui contenait une demande d'argent et à lui adressée par le secrétaire de la C. G. T. Sans doute que cette lettre n'émanait pas de Griffuelhes : il était en prison. Cette lettre émanait de celui qui le remplaçait, c'est-à-dire de moi-même. Oui, je réclamais 100 francs à Lévy, parce qu'il était extrêmement difficile d'obtenir de Lévy, bon trésorier, vigilant gardien de la caisse, sans doute, les fonds nécessaires à l'administration de l'organisation, et il fallait insister, parfois se disputer, et ce n'est pas le moindre grief que je formulerai contre Lévy. En effet, il est très difficile de faire de l'administration avec lui, car à chaque instant il faut se disputer pour obtenir ce que l'on veut. Par conséquent, cette lettre n'est pas de Griffuelhes, mais de Luquet, qui en prend toute la responsabilité.

Merrheim. — Camarades, je ne serai pas longtemps à cette tribune et, avant d'aborder le motif qui m'y amène, j'ai à lire la déclaration d'un camarade qui va donner satisfaction à Luquet, à qui je tiens également à apporter mon témoignage.

Griffuelhes et moi, nous avons eu le dossier de l'affaire en mains pour la confection du numéro exceptionnel de *la Voix du Peuple*, et c'est là que nous avons lu le rapport de police, où étaient écrits en toutes lettres les noms de Latapie, de Tesche et de Lévy. C'est nous qui les avons biffés.

Signé : Pouget.

Après cette attestation, il est inutile d'insister. Ceci dit, je dois à la vérité de déclarer que je ne parle pas ici au nom de la Fédération des Métaux, mais au nom du Syndicat des Coffres-forts de Paris et du Syndicat des Métallurgistes de Troyes, pour établir les responsabilités, besogne douloureuse et pénible pour moi, de la Fédération de la Métallurgie dans l'histoire de la Maison des Fédérations. J'apporte ici mon témoignage à celui que j'ai toujours défendu au sein de cette Fédération de la Métallurgie : à Griffuelhes, pour qu'on sache, une fois pour toutes, que tout ce qu'il a dit est exact, et au-dessous de la vérité. Je le démontrerai par un document que les intéressés ne pourront pas nier, puisqu'il figure dans un des copies de lettres. En ce qui concerne la Maison des Fédérations dans ce qu'a dit Griffuelhes à cette tribune, camarade Malot, as-tu trouvé autre chose dans le rapport que je t'adressai, en 1909, comme délégué de la Bourse du Travail de Saint-Etienne? Tout ce qu'a dit Griffuelhes ici était dans ce rapport, était dans les procès-verbaux de la Métallurgie, parce qu'il l'avait dit au Comité confédéral. On le savait, et malgré cela on continua la campagne contre Griffuelhes. C'est pourquoi j'ai toujours dit et déclaré qu'il y avait là une question de tendance et, si je voulais ajouter un fait, je montrerais que pour la clinique, Griffuelhes aurait pu dire ce qu'il a dit pour le reste. On ne voulait pas que la clinique se fasse.

Qu'a dit Griffuelhes? Il a cité l'entente entre Latapie et Briand pour le contrat de travail. C'est exact. J'étais l'auteur de la proposition qui fut déposée à Amiens: j'étais d'accord avec Griffuelhes à ce moment-là. Comme nous connaissions cette situation, je fis signer par Latapie l'ordre du jour, qui fut déposé juste au moment de monter à la tribune, et je revois encore le geste de colère de Latapie jetant son porte-plume après avoir signé cet ordre du jour. Il ne me le pardonna jamais.

Pour les événements de Villeneuve, il cria partout que j'avais fui, qu'on ne m'avait pas arrêté parce que M. Hamard m'avait protégé. C'était le contraire, je le savais, car dans le train de Saint-Amand un député du Nord m'avait dit : Ah! Latapie, ça été dur: Clemenceau ne voulait rien savoir: mais Briand et Viviani ont emporté le morceau, c'est-à-dire fait déchirer le mandat d'arrêt.

A la veille du Congrès de Marseille, j'ai protesté parce qu'on avait mis mon nom sur une lettre adressée au ministre du Travail pour l'envoi d'un délégué à Londres, et quand *la Guerre Sociale* a publié la petite note qui disait : Pour ceux qui ont voulu aller à Londres, le ministre a exigé une lettre et il y a eu des fédérations révolutionnaires qui ont signé, c'était Latapie qui continuait son œuvre, et voilà la lettre envoyée :

Paris, le 11 septembre 1908.

A Monsieur le ministre du Travail et de la Prévoyance sociale.

Monsieur le Ministre,

Les multiples délégations ouvrières qui se rendent en ce moment à l'Exposition de Londres nous obligent à attirer votre attention sur l'ostracisme dont, sur ce point, semble être frappée l'*Union fédérale des ouvriers Métallurgistes de France.*

Nous ne nous expliquons pas, en effet, pour quelles raisons — lors des Expositions internationales de Chicago et de Milan — nous n'ayons pas, au même titre que d'autres corporations, été sollicités de choisir dans le sein de notre Union un ou plusieurs délégués aux dites Expositions.

Vous n'ignorez cependant pas, Monsieur le Ministre, que, depuis quelques années, notre Fédération est, en France, sinon la plus importante, mais l'une des plus puissantes et des mieux organisées. Forts de cela, nous ne comprenons donc pas quels sont les motifs qui font que nous ne soyons pas traités et considérés sur le même pied d'égalité que certains autres groupements moins conséquents que le nôtre.

Dans l'espoir que vous réserverez à la présente réclamation la suite logique qu'elle comporte, recevez, Monsieur le Ministre, l'assurance de ma parfaite considération.

Pour l'Union fédérale : l'un des Secrétaires, Jean LATAPIE.

Voilà la lettre exigée, qu'on osa envoyer à un ministre qui avait approuvé l'emprisonnement de Griffuelhes, Pouget et des autres militants : qui s'apprêtait à les envoyer au bagne pour en finir avec l'action révolutionnaire de la Confédération.

Cette lettre, je l'ignorai longtemps. Elle ne fut jamais communiquée ni à la Commission exécutive ni au Comité fédéral de la Métallurgie. Elle fut suivie d'une seconde — qu'on communiqua au Comité — contenant une liste de candidats pour la délégation à Londres. Malgré que je fusse absent de Paris, sans me consulter, on y avait mis mon nom, probablement afin de m'engager et de m'imposer silence.

Il n'aurait pas fallu protester et, parce que j'ai protesté, la campagne la plus ignoble qui puisse être menée contre un militant, fut menée contre moi, au même titre que contre Griffuelhes, dont on voulait faire disparaître la personnalité gênante !... et que je défendais à la Métallurgie concernant la Maison des Fédérations.

BLANCHARD. — Tu n'as pas été le seul à protester.

MERRHEIM. — Blanchard, tu as simplement déclaré au Comité que si tu avais laissé volontairement mettre ton nom sur la seconde lettre, avec les noms des autres candidats à la délégation, c'était parce que tu étais certain de ne pas y aller. (*Applaudissements*). C'est dans les procès-verbaux cela.

BLANCHARD. — J'ai peut-être dit au Comité que j'étais sûr de ne pas y aller, parce que le 18 j'étais à Lyon pour faire une conférence, et que les délégués partaient le 15.

MERRHEIM. — C'est dans cet ensemble de faits qu'il faut rechercher la source de toute la campagne qui a été menée contre Griffuelhes et ceux qui défendaient la Maison des Fédérations.

Il me faut, pour montrer que c'était une question de tendance qui était à la base de cette campagne, citer un dernier fait : Guérard avait pris l'intérim. Un jour, nous avions reçu une dépêche de Bône, concernant l'affaire de l'Ouenza. Je dis à Guérard : Laissez-la de côté. C'est plutôt louche. Il me répondit : Prenez garde, il paraît que *la Voix du Peuple* a touché, et il ajouta : Votre probité est au-dessus de tout soupçon. Immédiatement j'écris à la Commission de *la Voix du Peuple*, et je suis convoqué. Guérard avait promis d'apporter le nom de son informateur. Je l'attends encore : c'était Latapie qui continuait sa campagne.

Ah ! cela, ce n'est pas l'histoire de la Maison des Fédérations ? Mais si, car on en a fait, je le répète, une question de tendance pour faire disparaître Griffuelhes et déconsidérer tous ceux qui avaient le courage de le défendre. Vous avez dit : On aurait dû nous tenir au courant. Mais vous avez donc oublié l'intervention du Congrès d'Amiens. Le camarade Cleuet a fait la brochure, et voici ce qu'il a mis :

TURPIN (voiture). — Je ne viens pas faire l'apologie de notre mouvement, mais seulement critiquer certaines attitudes de la Confédération ; il s'agit de la Maison des Fédérations de la rue Grange-aux-Belles ; un bail est trop court, relativement aux sacrifices d'aménagements consentis.....

Voilà ce que tout le monde peut lire, page 102 de la brochure du Congrès d'Amiens.

On n'a pas voulu s'occuper alors de la Maison des Fédérations. Pourquoi ? Tout simplement parce qu'on avait peur des responsabilités pécuniaires que Griffuelhes a eu le courage de prendre.

Pourquoi n'a-t-on pas à ce moment-là traité cette question, étant donné qu'il y avait des responsabilités à prendre? C'est alors qu'on aurait dû poser la question pour savoir si la Maison des Fédérations pouvait appartenir à la C. G. T. Vous saviez bien qu'elle ne pouvait pas lui appartenir.

CLEUET. — Il est exact qu'à Amiens, en 1906, on a déjà parlé de la Maison des Fédérations. Mais j'étais l'année dernière à la Conférence des Bourses, dans le même état d'esprit en ce qui concerne les comptes de la Maison des Fédérations. Je ne m'en suis pas occupé, et je vous assure que c'est avec une entière bonne foi que je me suis rendu à la Maison des Fédérations pour voir les livres et étudier la comptabilité, parce que je pensais que la comptabilité était tenue par la C. G. T. C'est tellement exact que le camarade Hervier, de Bourges, pensait trouver comme moi les comptes à la Maison des Fédérations. Jamais je n'ai eu d'autre intervention au point de vue de cette question.

MERRHEIM. — C'est possible, mais que disait l'ordre du jour reflétant vos conclusions? Que vous n'aviez pas trouvé dans la comptabilité confédérale la comptabilité de la Maison des Fédérations. Mais vous le saviez parfaitement, puisque les livres de la Société Griffuelhes sont soumis à la Chambre de commerce.

CLEUET. — Ce n'est pas vrai, car je luttais avec des idées et non pas avec toutes ces combinaisons. C'est un débat déloyal.

MERRHEIM. — Eh bien, quand la personnalité de Griffuelhes était en jeu, vous aviez une occasion de vous affirmer en le disant que ce n'était pas une question de tendance! La question viendra au rapport...

CLEUET. — Si le camarade Griffuelhes était venu à la Conférence des Bourses et des Fédérations donner, sur les points qui n'intéressent pas la situation financière, les éclaircissements qu'il a donnés hier, les nuages se seraient dissipés et, s'il avait fait appel à notre conscience en disant qu'il y avait des situations financières qu'il serait déplorable d'étaler au grand jour, je vous assure que presque tous les camarades de ce que vous appelez notre tendance auraient alors donné en quelque sorte une adhésion tacite à ce qui a été dit hier.

LE GUÉRY. — Merrheim, tu as déclaré que c'était une campagne soudoyée par le gouvernement.

MERRHEIM. — Il y en avait toujours un, je ne dis pas tous.

LE GUÉRY. — Merrheim, je te demande si tu crois que Péricat, Blanchard et Le Guéry ont agi comme soudoyés du gouvernement?

MERRHEIM. — Mais enfin, quand on vient dire : Nous ne marchions pas pour le compte du gouvernement, je ne prétends pas que vous faisiez cela. Je constate simplement qu'il y avait quelqu'un — dont on a apporté les preuves de ses relations suivies et étroites avec des ministres — qui savait où il allait, qui a été l'auteur de la campagne contre la Maison des Fédérations, et qui savait comment avait été constituée la Société Griffuelhes et Cie; comment les apports avaient été faits, apports fictifs que Griffuelhes ne pouvait pas déclarer alors, comme je l'ai expliqué plusieurs fois à la Métallurgie. Dans l'état d'esprit de la Conférence, si Griffuelhes était venu donner des explications orales, on lui aurait répondu : Ce n'est pas cela qu'il nous faut, ce sont des chiffres. Aujourd'hui, c'est facile de dire le contraire; mais s'il l'avait fait à ce moment-là, dans la presse, le lendemain, on aurait répété ce qu'il avait déclaré. C'est parce qu'on savait dans quelle situation était Griffuelhes, qu'on voulait des chiffres : c'est parce qu'on savait qu'il ne pouvait pas parler qu'on a mené toute cette campagne ignoble.

Et la question des fonds de grève ? On a détourné, dit-on, les fonds de grève. Mais qu'est-ce que c'est que ce fonds de grève ? ce sont des sommes qui arrivent après que les grèves sont terminées, deux, trois, quelquefois quatre mois après; et alors, que fait-on de ces sommes? on les met dans la caisse des grèves pour servir ensuite à d'autres grèves. On le savait aussi. Cela n'a pas empêché de mener la campagne que l'on poursuivait contre la Confédération, et j'y insiste parce qu'on en avait fait une question de tendance (*Applaudissements*).

MARIE. — Camarades, je ne voudrais pas que mon intervention pût, comme à la Conférence des Bourses, permettre à certains camarades de dire que je viens défendre mon patron. J'occupe une situation dans l'œuvre et, évidemment, ceux qui ne me connaissent pas pourraient croire que je défends ma situation et mon pain. Or, la Maison des Fédérations, dans laquelle je travaille, est la 33e imprimerie que je fais; la 34e viendra peut-être demain, et pour me mettre bien à l'aise, je déclare que moi aussi maintenant et antérieurement j'ai fait et j'ai peut-être encore à faire des quantités de reproches à Griffuelhes, tant sur son caractère que sur des façons de procéder dont il était irresponsable au point de vue technique, puisqu'il n'est pas imprimeur.

Ceci dit, je voudrais bien cependant que certains camarades qui ont pris part d'une façon ouverte à cette campagne de dénigrement ne cherchent pas aujourd'hui à esquiver leur responsabilité. Ceux-là disent : Nous n'avons jamais dit que Griffuelhes était un voleur, nous n'avons jamais suspecté son honorabilité. — Cela est faux; je me souviens d'une séance du Comité confédéral où Lévy disait : Griffuelhes empoche l'argent à l'imprimerie, c'est lui qui touche les reçus, c'est lui qui manipule les fonds; il manque de ces fonds, où sont-ils passés? Ce sont les paroles textuelles de Lévy : ne voulait-il pas dire que Griffuelhes était un voleur? C'est alors que je m'élevais contre cette accusation qui était fausse, et je pourrais en appeler au témoignage de Marek, qui vécut pendant quelques semaines de gestion du malheureux Tennevin, et Marek sait bien que c'est Tennevin qui touchait les factures, qui était comptable et caissier, et qu'on n'avait affaire à Griffuelhes que lorsque Tennevin n'avait plus d'argent dans sa poche.

On m'a accusé aussi de faire du sentiment. Était-ce faire du sentiment que de dire que je vivais dans un milieu plus ou moins sociable, où les camarades étaient imprégnés de plus ou moins de conscience syndicale; car il faut dire qu'il y a des camarades syndicalistes qui entrent dans les imprimeries amies pour travailler en camaraderie, en coopérative ou en commandite, souvent avec l'objectif de devenir des petits rentiers du syndicalisme, là où il faut être présent, faire des efforts. Dans le sein de cette imprimerie il y avait une perturbation grande, un désarroi, un mésentente, une mésintelligence; le personnel ne voulait pas comprendre, et c'est là où je dis moi-même à Griffuelhes qu'il avait une petite part de responsabilité. Nous-mêmes, à l'imprimerie, nous disions : Il serait peut-être préférable que nous eussions notre autonomie. La commandite s'imposait, et ainsi vivant entre nous, nous pouvions, les uns et les autres, nous faire des reproches mutuels, ramener au travail et à l'assiduité celui qui s'en égarait, ne pas faire de l'imprimerie un refuge pour les vieillards, ni même pour les filles-mères. Il eût fallu pour cela que le personnel fût autonome; mais pour l'être, il aurait fallu aussi qu'il gère l'imprimerie et Griffuelhes s'y opposait sans nous donner de raisons. Nous ne nous expliquions pas pourquoi: aujourd'hui je me l'explique, parce que des fournisseurs nous disaient : Votre boite ne tient pas, vous n'êtes pas solvables, nous allons vous couper le crédit. Ils nous envoyaient l'huissier, ils nous envoyaient même des matières premières sabotées : c'était bien assez bon pour la C. G. T., qui n'avait pas d'argent! C'est pour cela que Griffuelhes ne mettait pas le personnel au courant, parce qu'alors le personnel, peut-être plus bavard que Lévy lui-même, aurait causé un préjudice, non seulement à lui, mais à l'œuvre tout entière, et ce que je reprochais bien durement à Griffuelhes, je ne le lui reproche plus aujourd'hui.

L'imprimerie fonctionne, la Maison des Fédérations est debout, mais elle n'a pas encore doublé le cap des difficultés: il lui reste bien des efforts à faire, et la commandite dont parlait Boudet hier s'impose encore: mais la commandite que nous réclamons est mise en échec par quelques-uns des membres de la typographie qui y travaillent; je dis que tant pis et qu'il faut même à la rigueur que la société, que l'Union des Syndicats, que la C. G. T. fassent abstraction de leurs idées libertaires, syndicalistes, pour devenir pendant quelque temps une autorité qui mette de l'ordre dans l'imprimerie d'où il a disparu. Je parais me désolidariser d'avec quelques camarades, mais je dois dire qu'il y en a qui ne sont pas dignes de travailler en camaraderie dans une imprimerie.

Fin de la discussion. — Les ordres du jour

Le Président. — La liste des orateurs est épuisée : je vais donner lecture des différents ordres du jour qui ont été déposés sur le bureau :

PREMIER ORDRE DU JOUR

Le Congrès,

Approuvant l'œuvre confédérale, la Maison des Fédérations, dans son ensemble et dans son but,

Après avoir entendu les nombreuses critiques et observations contre son administrateur principal, le camarade Griffuelhes, et pris acte des loyales et franches explications de ce dernier, et particulièrement en ce qui concerne les obligations engagées, se déclare satisfait et passe à l'ordre du jour.

Signé : Antourville.

DEUXIÈME ORDRE DU JOUR

Après les explications nettes et loyales du camarade Griffuelhes au sujet de son attitude sur la Maison des Fédérations, le Congrès déclare lui accorder pleine confiance et blâme l'attitude de ses détracteurs.

Signé : Castagnède, Miremont, Berthaud.

TROISIÈME ORDRE DU JOUR

Une commission de direction de la Maison des Fédérations, à dater du Congrès de Toulouse, sera nommée par le Congrès. Cette commission sera responsable devant le Congrès prochain.

Signé : Pontonnier.

QUATRIÈME ORDRE DU JOUR

Le Congrès, après avoir entendu la discussion sur la Maison des Fédérations, décide qu'une mesure soit prise pour qu'une commission désignée rende un compte sur la comptabilité de la Maison des Fédérations, et que des mesures soient prises pour une cotisation extraordinaire pour que la Maison des Fédérations appartienne, dans le plus bref délai, à l'organisation ouvrière confédérée.

Signé : MORIN, CHASLE.

CINQUIÈME ORDRE DU JOUR

Après les explications fournies par les différents orateurs qui ont pris la parole sur la question de la Maison des Fédérations, et afin d'éviter le retour des regrettables discussions personnelles, le Congrès décide qu'il y a lieu de transmettre le plus tôt possible, entre les mains d'une organisation prolétarienne ou société en participation, la propriété de l'immeuble de la rue Grange-aux-Belles et le fonds de commerce en dépendant,

Et, à cet effet, le Congrès nomme une commission de quinze membres, qui sera chargée de rechercher les moyens pratiques afin de donner une solution à cette question délicate; cette commission aura qualité pour traiter après avis favorable du Comité confédéral.

Signé : FAURE.

SIXIÈME ORDRE DU JOUR

Le Congrès, après les explications détaillées du camarade Griffuelhes, sur la question de la Maison des Fédérations, reconnaissant les difficultés de toutes sortes qu'il a eu à surmonter, déclare que Griffuelhes a agi au mieux des intérêts qui lui étaient confiés, intérêts qui avaient pour but de créer les services de la C. G. T. dans un immeuble à elle.

Le Congrès regrette que des camarades de la C. G. T. critiquent dans des journaux et surtout dans des journaux hostiles à notre classe les actes des militants, il blâme sévèrement l'attitude des camarades placés par leurs fonctions à la tête de la C. G. T. qui commettent les mêmes faits, faits qu'il considère comme antisyndicalistes.

Le Congrès, considérant qu'il y a urgence à ce que la question de la Maison des Fédérations soit solutionnée; qu'il est nécessaire que le siège des services de la C. G. T. soit installé définitivement dans un immeuble à elle; qu'il est également nécessaire que l'Union des Syndicats de la Seine possède un immeuble pour ses différents services, donne mandat à une commission de douze membres de rechercher dans quelles conditions la Maison des Fédérations pourrait être utilisée à ces usages.

Il est entendu que les services de l'imprimerie ouvrière restent en dehors de la C. G. T.

Cette commission de douze membres est ainsi composée : six membres du Comité confédéral, dont les membres du bureau, et trois membres du Comité confédéral, désignés par lui; six membres de l'Union des Syndicats de la Seine.

La commission devra examiner la situation de la Maison des Fédérations et faire le nécessaire pour que le transfert des services de la C. G. T. et de l'Union des Syndicats ait lieu dans le plus bref délai possible dans un immeuble leur appartenant.

Signé : HACKENBERGER.

SEPTIÈME ORDRE DU JOUR

Le Congrès,

Après avoir entendu les critiques du camarade Lévy et les explications du camarade Griffuelhes, relativement au conflit soulevé sur la question de la Maison des Fédérations, constate que seul l'intérêt de la C. G. T. et du prolétariat organisé a guidé l'attitude du camarade Griffuelhes, approuve pleinement les déclarations de ce dernier et lui exprime toute sa confiance.

Signé : GAUTIER, PÉRICAT, etc.

HUITIÈME ORDRE DU JOUR

Le Congrès,

Après avoir entendu le camarade Griffuelhes dans ses déclarations, approuve sa conduite et passe à l'ordre du jour.

Les congressistes proposent qu'à l'avenir les comptes de la Maison des Fédérations soient contrôlés par la Commission de contrôle de la C. G. T.

Signé : ALBOUZE.

NEUVIÈME ORDRE DU JOUR

Confiant aux circulaires distribuées par la Maison des Fédérations, à faire exécuter nos travaux à l'imprimerie confédérale. Or, comme il a été dit ce matin que les imprimés revenaient plus cher à la C. G. T., il serait désirable que des éclaircissements fussent apportés, afin que les organisations de province ne puissent pas délaisser l'imprimerie des fédérations.

Signé : AUPART.

DIXIÈME ORDRE DU JOUR

Les délégués au Congrès de Toulouse, après avoir entendu les explications fournies par les intéressés sur la Maison des Fédérations,

Constatent que les bruits qui ont circulé sur les militants chargés de mener à bien cette œuvre n'ont rien de fondé, les explications fournies par Griffuelhes ne pouvant laisser subsister aucun doute pour personne,

Chargent le Comité confédéral, d'accord avec l'Union des Syndicats de la Seine, de rechercher et établir un projet pour que la Maison des Fédérations soit sous le contrôle effectif des syndicats adhérents à la C. G. T.

Signé : MERZET.

Discussion à propos de l'ordre du jour de Saint-Nazaire.

BIDAMANT. — Je demande la priorité pour l'ordre du jour présenté par les camarades Merrheim, Périeat et d'autres camarades.

MOURGUES. — Je suis tout disposé à voter sur l'ordre du jour qui a été présenté, mais j'estime qu'il est incomplet en ce sens qu'il ne parle pas du fonctionnement futur de la Maison des Fédérations.

MERRHEIM. — C'est une question distincte.

LE PRÉSIDENT. — Voulez-vous me permettre de donner mon avis personnel ? J'ai signé cet ordre du jour pour différentes raisons : d'abord, parce que j'ai la promesse qu'il y aura une Commission d'organisation à la Maison des Fédérations, qui sera chargée de la gérance de l'immeuble. Je vous déclare qu'à la suite de cet ordre du jour, il va y en avoir un deuxième dans le sens des déclarations que j'ai faites hier à la tribune ; par conséquent, le camarade Mourgues aura satisfaction.

IMBERT. — J'estime, en la circonstance, que la première partie qui a engagé ce conflit sur la Maison des Fédérations doit être liquidée par un ordre du jour ; je l'ai signé parce que, après cette question liquidée, nous avons l'intention de présenter un deuxième ordre du jour qui règlera l'avenir.

LE GUÉRY. — Puisque des faits qui ont été apportés ici aucun n'a été infirmé par Griffuelhes, au contraire, j'estime qu'il n'y a pas à constater s'il y a des torts des uns ou des autres, qu'il n'y a qu'à conclure une affaire, et que vous ne devez pas voter un second ordre du jour indiquant dans quelles conditions la Maison des Fédérations pourra fonctionner dans l'avenir. Il faut assurer immédiatement aux congressistes qu'il y aura des garanties ; c'est pour cela que je demande que l'on prenne acte simplement des déclarations qui ont été faites, qu'on n'en fasse pas un désaveu au Congrès, au contraire, mais que l'on y joigne aussi ce que l'on voudra faire dans l'avenir, c'est-à-dire dans quelles conditions déterminées fonctionnera la Maison des Fédérations. Je me rallierai pour ma part à un ordre du jour ainsi conçu, et je demanderai aux camarades qu'ils veuillent bien modifier le leur, auquel je me rallierai par la suite.

Une voix. — Il n'y a qu'à renvoyer cela devant une commission, qui établira un ordre du jour.

Pauron. — Je viens déclarer au nom du Syndicat national des ouvriers des Postes, que nous voterons l'ordre du jour qui est présenté. Il était nécessaire que les explications données par Griffuelhes le fussent ; cela ne veut pas dire que l'on n'ait pas eu raison de les demander : je me suis abstenu de prendre part au débat, non pas que je n'y aie pas été mêlé ; nous sommes peut-être la seule organisation qui ait donné de l'argent pour fonder la Maison des Fédérations. Je dis qu'il est impossible de ne pas voter un ordre du jour très précis, ne laissant aucun soupçon quelconque. Après les explications de Griffuelhes, il semble bien que s'il y a eu des virements, il n'y a pas eu malhonnêteté ; c'est pourquoi nous lui accorderons notre confiance. Je crois qu'il est nécessaire que cet ordre du jour soit voté d'abord, car nous avons la promesse de Griffuelhes, qui d'ailleurs ne demande pas mieux que de faire ce que décidera le Congrès. Dans ces conditions, nous voterons l'ordre du jour qui est présenté.

Moret. — Partisan de l'ordre du jour présenté par Péricat, je demanderai que le deuxième ordre du jour dont il nous a parlé soit mis aux voix en même temps, c'est-à-dire que les deux ordres du jour soient soudés ensemble, parce que si le premier règle la situation du passé, il faut que le deuxième vienne immédiatement nous dire ce que sera dans l'avenir l'organisation de la Maison des Fédérations, car j'estime qu'elle doit devenir au plus tôt la propriété de la C. G. T.

Le Président. — La liste des orateurs sur les ordres du jour est épuisée : seulement, il m'est parvenu depuis cinq ordres du jour. Je mets aux voix la priorité sur l'ordre du jour Péricat, Gautier, etc.

La priorité est votée à l'unanimité moins 10 voix.

Je mets aux voix cet ordre du jour.

Voix nombreuses. — Le vote par mandats.

Le vote par mandats est décidé.

Pauron. — Beaucoup de camarades désireraient savoir si dans l'esprit de ceux qui ont présenté cet ordre du jour, il implique un blâme pour ceux qui ont demandé des explications.

Voix nombreuses. — Non, non !

Pauron. — Il me semble que le camarade Péricat, qui a demandé des explications lui-même et qui est signataire de l'ordre du jour, n'a jamais eu l'intention d'infliger un blâme à ceux qui ont demandé des explications ; il est nécessaire qu'on le dise.

Le Président. — Six noms me sont parvenus pour la Commission de recensement des votes : Luquet, Merrheim. Renard. Cleuet, Thomas et Costes ; je mets aux voix ces six noms.

Adopté.

Il est procédé au vote par mandats

Togny. — Le vote accuse 1,436 mandats : or, comme rapporteur, je vous affirme qu'il n'y a pas 1,436 mandats ; en conséquence, je demande au Congrès qu'il nous accorde une demi-heure pour que nous fassions exactement le compte des mandats, et alors nous vous dirons le compte exact.

Adopté.

La majorité est acquise à l'ordre du jour de Saint-Nazaire.

Le Président. — Malgré les observations du rapporteur de la Commission de vérification des mandats, il n'en est pas moins vrai que le résultat du vote est concluant, et malgré qu'il y ait quelques erreurs, l'ordre du jour Gautier, etc., est adopté. Voici le résultat : 1,025 oui, 65 non, 333 abstentions, plus 13 abstentions pour protestation contre le bureau : par conséquent, le vote est acquis. Les camarades de la commission vont procéder à la vérification et nous donneront les résultats exacts.

Voici un ordre du jour de solidarité qui ne souffrira pas de discussion. Il est présenté par le Bureau confédéral :

Ordre du jour de solidarité

Le Congrès,

En présence des deux grands lock-outs dans lesquels sont engagés 250,000 ouvriers de l'industrie du tissage de coton et 50,000 ouvriers constructeurs de navires, auxquels leurs exploiteurs refusent toute espèce d'améliorations, même lorsque leurs serfs se montrent des plus disposés à transiger, envoie à nos camarades anglais leurs plus sincères saluts et leurs plus énergiques encouragements pour la lutte entreprise, leur souhaite un plein succès,

Constate une fois de plus qu'en présence de l'intransigeance de plus en plus grande du patronat international en général et des moyens d'exploitation et de répression qui sont mis à la disposition du capitalisme mondial par les gouvernants, le prolétariat ne pourra sortir victorieux d'une pareille bataille qu'en recourant à la grève générale.

Signé : Marck, Yvetot, Jouhaux, Monatte.

Déclaration sur le vote

Voici maintenant une protestation contre le vote que vous venez d'émettre :

Les soussignés déclarent s'abstenir sur l'ordre du jour présenté sur la question de la Maison des Fédérations, cet ordre du jour ne reconnaissant qu'à Griffuelhes l'intention d'avoir travaillé dans l'intérêt général, laissant ainsi un doute sur ceux qui ont apporté des critiques, dont quelques-unes reconnues exactes par Griffuelhes.

Signé : Le Guéry, Tendero, Henri Verbeurgt, Arthur Danrez, Klemczynski, Galantus, Chevallier, Duval, Blanchard, Diem.

Blanchard. — C'est une déclaration que nous faisons sur notre vote, ce n'est pas une protestation que nous faisons.

Le Président. — C'est entendu.

L'Avenir de la Maison des Fédérations

Bourderon. — Camarades, signataires du premier ordre du jour, je n'ai pas voulu blâmer ceux qui ont véritablement demandé des explications, puisque je fus de ceux-là. Mais le vote de cet ordre du jour ne tranche, dans le différend qui vient de se dérouler devant nous, que le côté moral de la discussion qui, en réalité, s'est limitée à cela. Il reste à trancher le côté matériel et pratique pour la suite. Mais avant que cet ordre du jour soit adopté, il est nécessaire, à mon avis, que le camarade Griffuelhes fasse une déclaration, malgré que dans ses explications d'hier il ait déclaré que la société actuelle était prête à céder sa place à une organisation future. Il est nécessaire que sur ce point précis il vienne dire que la société actuelle s'engage à céder à la société qui se constituera sous l'égide de la Confédération, et l'ordre du jour qui doit suivre, à mon avis, est celui qui doit être conçu dans l'esprit que j'indiquais hier avant la discussion, c'est-à-dire une commission qui examinera, d'accord avec la société actuelle, la situation de la Maison des Fédérations, qui examinera aussi dans quelles conditions et en conformité avec la loi quel genre de société sera constituée, donnant à toutes les organisations de la France entière la possibilité de participer à la gestion et à la surveillance de la Maison des Fédérations. Ce point doit être posé ainsi, et je suis certain que le camarade Griffuelhes répondra dans le sens affirmatif à la question que je lui pose.

Loyau. — J'ai demandé la parole pour expliquer mon vote sur l'ordre du jour de tout à l'heure.

On a donné une certaine signification à cet ordre du jour, signification qu'il n'a pas, et c'est pour cela que je ne voudrais pas qu'il y ait d'équivoque. Nous n'avons pas entendu, en votant cet ordre du jour, infliger un blâme à ceux qui ont demandé des explications, parce que ce serait un non-sens. Mon organisation a demandé des explications sans formuler aucune accusation. Mais comme les explications fournies par le camarade Griffuelhes nous donnent entière satisfaction, nous votons cet ordre du jour dans cet esprit. Nous n'entendons pas non plus approuver les irrégularités et les petites fautes que le camarade Griffuelhes a reconnues lui-même à cette tribune : mais nous trouvons qu'elles ont une large excuse dans les difficultés qu'il a eu à surmonter pour mettre debout l'œuvre de la Maison des Fédérations.

Griffuelhes. — Camarades, je répondrai au camarade Bourderon, et cela m'est d'autant plus facile, que je prévois déjà les conséquences qui en résulteront.

Mais tout d'abord, je tiens à dire deux mots afin de dégager une fois de plus ma responsabilité dans les conséquences ultérieures.

Il résulte des explications échangées hier, que la Maison des Fédérations est la propriété des organisations. Cela est enregistré dans des procès-verbaux, cela devient public, et par conséquent demain il deviendra possible à la justice de justifier et de prouver que l'immeuble est bien aux organisations et que, dans ce cas, si des poursuites viennent à être engagées par la suite contre X. ou Y.. délégué officiel d'un organisme reconnu et proclamé comme propriétaire, la justice aura le droit de mettre la main dessus. On n'aura qu'à produire les procès-verbaux des débats de ces séances pour poursuivre.

Je réponds à Bourderon que nous sommes tout prêts à examiner, avec les organisations qu'on désignera, et n'importe lesquelles, à rechercher les moyens d'introduire dans le fonctionnement de la Maison des Fédérations des conditions nouvelles, et à rechercher aussi quelles seront les formes juridiques et légales auxquelles on pourra s'arrêter pour faire une mutation.

Par conséquent, le camarade Bourderon doit avoir satisfaction et — je ne sais pas si le Congrès jugera ainsi — mais en tout cas je ne puis pas promettre davantage. *(Applaudissements).*

Déclaration de la Fédération du Sous-Sol

Le Président. — Voici une déclaration qui est parvenue au bureau :

« Nous, délégués des Syndicats de la Fédération du Sous-Sol,

Déclarons nous être abstenus sur la question de la Maison des Fédérations pour les raisons suivantes :

1° Nous avons craint que l'ordre du jour mis aux voix n'impliquât un vote de blâme à ceux qui posèrent cette question ;

2° Parce que, considérant que les explications fournies par notre camarade Griffuelhes n'avaient pas besoin d'être sanctionnées par un vote de confiance qui pouvait laisser supposer qu'il pût y avoir à certains moments des méfiances de notre part sur son compte.

Signé : Merzet, Gemin, Cordier, Clergue, etc.

Deuxième ordre du jour complétant l'ordre du jour de Saint-Nazaire.

Voici maintenant le deuxième ordre du jour présenté par les camarades Ader, Péricat, Clément, Pichon :

Le Congrès décide de nommer une commission chargée d'étudier avec les administrateurs actuels de la Maison des Fédérations, qui l'acceptent, le moyen de mettre cet immeuble et ses filiales, en rendant réelle leur collaboration, sous le contrôle effectif des organisations confédérées.

Cette commission comprendra deux délégués de l'Union des Syndicats de la Seine et dix délégués désignés par la section des Fédérations. Le Bureau confédéral sera adjoint à cette commission.

Cette commission aura à statuer sur la situation dans un délai qui ne pourra dépasser le 1er mars 1911.

Le Bureau confédéral est chargé de convoquer cette commission dont il établira les procès-verbaux de ses réunions, qu'il devra communiquer au Comité confédéral.

Voilà l'ordre du jour qui complète le premier et qui donne satisfaction à tous au point de vue du contrôle de la Maison des Fédérations.

Je tiens encore à déclarer que la question propriété n'a pas été mise en cause ; que c'est une société anonyme qui restera encore propriétaire et que, par conséquent, devant la loi, ce n'est pas la Confédération qui est co-propriétaire et que, par suite, on ne pourra pas toucher à un immeuble qui ne lui appartiendra pas.

Blanchard. — Camarades, si, tout à l'heure, quand nous avons demandé et qu'on n'a pas voulu nous lire le second ordre du jour et que, par conséquent, ignorant ce qu'il contenait, nous nous sommes abstenus sur le premier, nous tenons aussi à faire une déclaration. Maintenant le deuxième ordre du jour, pour ma part, après les explications de Griffuelhes, bien qu'il n'ait pas répondu exactement à tout ce que j'aurais voulu, mais ayant néanmoins satisfaction dans le deuxième ordre du jour, je déclare que j'aurais voté les deux ordres du jour.

Bousquet. — Camarades, au nom de la Fédération de l'Alimentation, locataire de la Maison des Fédérations, je déclare — et je puis presque dire au nom de tous ses mandats — que l'ordre du jour actuel nous donne complètement satisfaction, et je demande, pour l'avenir du prolétariat, que toutes les haines soient oubliées et que nous continuions tous ensemble la lutte révolutionnaire. (*Applaudissements*).

Bourderon. — Camarades, il y a un point qu'il faut éclaircir. Dans l'ordre du jour qu'on vient de lire, on semble ne mettre que le contrôle. Eh bien, c'est insuffisant le contrôle. On doit d'abord décider que cette commission aura pour mission de constituer une société anonyme qui, dès qu'elle sera constituée, prendra la place de la société civile actuelle. Voilà l'esprit que l'ordre du jour doit revêtir, car il faut qu'il y ait une société qui se constitue, et après cela la C. G. T., moralement, par ses membres, contrôlera. Voilà, en réalité, ce que doit dire l'ordre du jour. (*Applaudissements*).

Le Président. — Le camarade Bourderon pourrait soumettre une adjonction qui donnerait satisfaction à tout le monde.

Morin. — Camarades, s'il est du devoir du Congrès de décider qu'une commission devra élaborer un projet pour la Maison des Fédérations, j'estime aussi qu'il est du droit du Congrès de décider, dès aujourd'hui, comment seront perçues les sommes qui seront nécessaires pour rembourser... (*Bruit, tumulte*)... Je dépose donc la motion suivante :

Pour que la Maison des Fédérations devienne, le plus tôt possible, la propriété des organisations, le Congrès décide qu'une cotisation extraordinaire sera imposée à tous les confédérés; en conséquence, la carte confédérale de 1911 sera vendue aux organisations, extraordinairement, cinquante centimes.

Pour tous les confédérés, cela ferait une somme de 60,000 francs.

Delpech. — Je tiens à faire une réserve en ce sens que la commission désignée par le Congrès ou par le Comité confédéral, ne sera qu'une commission transitoire, chargée de remettre la propriété à une nouvelle commission qui sera désignée par l'Union des Syndicats de la Seine... (*Bruit, non! non!*).

Camarades, c'est une déclaration que je fais. Cela n'oblige pas les camarades à partager nos sentiments, et j'appelle l'attention des délégués de province sur la situation particulière faite à Paris. Beaucoup de villes de province ont leur immeuble ; la Bourse du Travail y conserve une autonomie complète. L'Union des Syndicats de la Seine a la même obligation et fait tous ses efforts pour obtenir ce résultat. A cet effet, elle a obligé les organisations syndicales et les syndiqués parisiens à verser une cotisation supplémentaire de 2 francs, qui est intégralement réservée pour la Maison des Syndicats. Et alors, il est probable que cette Maison de l'Union des Syndicats aura son siège à la Maison des Syndicats : il est possible que par les fonds versés par les syndicats parisiens nous ayions notre Bourse du Travail à la Maison des Fédérations, et alors, je vous demande s'il serait régulier, dans ce cas, non pas d'éliminer les syndiqués parisiens, mais tout de même qu'ils se trouvent englobés par une trop grosse majorité de fédérations, et je le dis, non parce que cela me gênerait de voir une commission désignée par les organisations, mais je crains que cette situation anormale ne soit une cause que les syndiqués parisiens aient une hésitation à verser dans la crainte de ne pas avoir leur autonomie parisienne.

C'est sous cette réserve-là que je voterai la proposition qui nous est soumise.

Le Président. — Dans l'esprit des camarades qui ont présenté l'ordre du jour, il est entendu que deux membres de l'Union des Syndicats de la Seine feront partie de cette commission. Eh bien, l'Union des Syndicats de la Seine et les Fédérations étudieront ensemble le meilleur moyen de gestion de la Maison des Fédérations. Tous, en commun, auront cette gestion et auront la propriété au nom de la C. G. T. Alors, je ne vois pas pourquoi nous discuterions sur un titre de propriété qui n'a rien à voir dans l'affaire. Les fonds, de quelque côté qu'ils viennent, de Paris ou de province, permettront d'avoir quelque chose qui nous appartienne, et alors le gouvernement ne pourra rien sur cette maison. Alors qu'à l'étranger nous voyons des immeubles magnifiques, appartenant aux organisations ouvrières, il est malheureux de voir qu'en France il n'en soit pas ainsi. Par conséquent, prenons cet ordre du jour dans son esprit le plus large et votons-le dans ce sens. (*Marque d'assentiment*).

Bled. — Il n'est pas question de régler aujourd'hui au Congrès la situation de la Maison des Syndicats quand on dit que l'Union des Syndicats de la Seine sera représentée dans la commission par deux de ses membres. Mais dans l'avenir, quand la situation de la Maison des Fédérations sera réglée, alors l'Union des Syndicats de la Seine verra s'il y a lieu de réunir la Maison des Fédérations et la Maison des Syndicats qui aujourd'hui sont deux œuvres distinctes.

Le Président. — Je relis une dernière fois l'ordre du jour en question :

Vote de l'ordre du jour

Le Congrès décide de nommer une commission chargée d'étudier avec les administrateurs actuels de la Maison des Fédérations, qui l'acceptent, le moyen de mettre cet immeuble et ses filiales, en rendant réelle leur collaboration, sous le contrôle effectif des organisations confédérées.

Cette commission comprendra deux délégués de l'Union des Syndicats de la Seine et dix délégués désignés par la section des Fédérations. Le Bureau confédéral sera adjoint à cette commission.

Cette commission aura à statuer sur la situation dans un délai qui ne pourra dépasser le 1er mars 1911.

Le Bureau confédéral est chargé de convoquer cette commission, dont il établira les procès-verbaux de ses réunions et qu'il devra communiquer au Comité confédéral.

Bourderon. — Péricat dit que la commission a pour but de préparer une société.

Le Président. — Le camarade Bourderon me dit et me prie de déclarer au Congrès que la commission aura à établir une société nouvelle. Je suis d'accord avec lui sur ce point, et je crois que le Congrès votera l'ordre du jour en lui donnant ce sens.

Je mets aux voix l'ordre du jour dont je viens de donner lecture.

Adopté à l'unanimité.

Détail d'organisation dans le Congrès

Le Président. — Voici un autre ordre du jour déposé par les camarades Royer et Maillet :

Propose que l'état des syndicats qui sont admis à participer aux travaux du Congrès soit à la disposition des délégués, afin qu'ils puissent connaître les organisations qui y sont représentées, pour la régularité.

Adresse de sympathie au Dr Lafontaine

Autre ordre du jour présenté par le camarade Antourville :

Le Congrès, indigné du jugement de classe demandé et obtenu par les médecins mercenaires des Compagnies d'assurances contre le docteur Lafontaine, médecin dévoué de l'Union des Syndicats de la Gironde, jugement privant ce camarade de son droit d'exercice professionnel et le livrant aux aléas de la misère, affirme une fois de plus la haine du prolétariat organisé contre les suppôts du capital et vote une adresse de sympathie bien fraternelle au camarade docteur Lafontaine.

Adopté.

Le Président. — Voici une déclaration des camarades Mazars, Duranton, Mayoux et Terrasson, des Travailleurs du Sous-Sol, qui « déclarent que s'ils ont voté l'ordre du jour de confiance à Griffuelhes, ils n'ont pas agi dans le but d'infliger un blâme à qui que ce soit. »

Rapport de la Commission de contrôle

Je vais maintenant donner la parole au camarade Cleuet, rapporteur de la Commission de contrôle, qui a terminé son rapport.

Cleuet, rapporteur de la Commission de contrôle :

Camarades,

La Commission de contrôle financier que vous avez nommée dans votre séance de mardi s'est réunie le soir même à la Bourse du Travail pour remplir le mandat que vous lui avez confié.

La comptabilité de la C. G. T. se divise en trois grands comptes : une caisse centrale pour le compte des deux sections (Bourses et Fédérations), le compte du journal et la caisse des grèves.

Cette comptabilité est parfaitement tenue par le trésorier, notre camarade Marck. Nous nous plaisons à faire la même constatation en ce qui concerne les livres et pièces auxiliaires nécessaires au compte de *la Voix du Peuple* et à celui des cartes et des timbres confédéraux.

Toutes les opérations portent un numéro d'ordre qui correspond au numéro de la pièce justificative. Aussi, la vérification peut s'opérer très rapidement.

La Commission de contrôle a examiné chaque compte. Ses membres ont demandé divers renseignements à Marck, qui a fourni chaque fois toutes explications suffisantes.

La commission doit cependant vous signaler, non une irrégularité, mais un virement fait par la section des Bourses en faveur de la caisse du journal.

Le 27 octobre 1908, en effet, la caisse de la section des Bourses avançait une somme de 1,500 francs à *la Voix du Peuple*. Cette somme est comprise dans les 1,600 fr. 40, sous la rubrique « divers », d'octobre 1908, du chapitre des dépenses de la section des Bourses (page 84 de la brochure des rapports).

Et conséquemment, cette même somme figure au chapitre des recettes du rapport financier de *la Voix du Peuple*. (Elle est comprise dans 1,512 fr. qui figurent en octobre 1908 sous la rubrique « divers », page 112).

Donc, rien d'irrégulier, mais simplement l'oubli d'une rubrique spéciale dans le bilan de la section des Bourses, afin que les organisations sachent que les dépenses diverses ne s'élèvent pas à 2,955 fr. 70, mais à 1,455 fr. 70.

Nous avons constaté, par l'apposition de signatures sur les livres, que la Commission de contrôle qui vérifie, à Paris, d'un congrès à un autre, les comptes de la C. G. T., accomplit très régulièrement son travail.

Nous vous invitons donc à adopter le compte rendu financier qui vous est présenté.

Pour le virement de 1,500 francs dont nous venons de vous parler, vous aurez à décider si *la Voix du Peuple* doit en faire le remboursement à la caisse centrale ou bien si cette somme doit être abandonnée définitivement en faveur du journal.

Nous aurons terminé ce bref rapport quand nous aurons appelé l'attention du Comité confédéral sur le travail considérable qui incombe au trésorier, notamment depuis l'application de la carte et des timbres confédéraux. A notre avis, le besoin d'un aide se fait absolument sentir.

Déclaration du Trésorier

Marck. — Camarades, j'ai une explication à fournir relativement à cette somme qui appartient à la caisse des Bourses et qui a été versée à *la Voix du Peuple*. C'est la première fois que j'assiste à un congrès ; mais mon prédécesseur, le camarade Lévy, m'a dit qu'il était de coutume, lorsque la caisse de *la Voix du Peuple* ne bouclait pas son budget, de prendre sur une autre caisse. Ce prélèvement de 1,500 francs a été fait sous l'administration Lévy. En ce qui me concerne, j'ai pris moi-même 1,600 francs que j'ai remboursés. En ce qui concerne cette somme de 1,500 francs que je n'ai pas pu rembourser, je pense qu'il est inutile de songer à faire ce remboursement de 1,500 fr., bien que je les ai en caisse. Vous avez vu que les comptes ont été largement étalés et que la caisse de *la Voix du Peuple* a aujourd'hui un bénéfice de 1,500 et quelques francs. Permettez-moi de garder cette somme pour le cas d'un déficit, ce que je ne pense pas. La caisse de *la*

Voix du Peuple ne remboursait seulement que des sommes de cinq à six cents francs. Il n'y a pas un mois maintenant, à partir d'octobre de l'année dernière, où j'ai reçu moins de 1.000 francs, et quand nous recevons 1.000 francs, *la Voix du Peuple* boucle son budget. Si nous avions la chance que tous les syndicats comprennent leur devoir vis-à-vis de *la Voix du Peuple*, nous aurions peut-être la possibilité d'ici quelque temps, alors que nous cherchons à faire autant de propagande qu'il est possible, de faire des numéros spéciaux que nous pourrions peut-être envoyer gratuitement lorsque de grands mouvements se présentent, comme ceux d'Espagne par exemple.

Voilà pourquoi je vous demande de ne pas rembourser cette somme. Nous avons l'intention, à un prochain congrès, de venir avec un résultat meilleur : mais il faudrait pour cela que les organisations ouvrières de la Confédération n'oublient pas que *la Voix du Peuple* c'est la Confédération, et que ses ressources viennent grossir les bénéfices de la Confédération, qui nous permettent de faire cette agitation. J'ai dit.

Lévy. — Marck vient de dire que c'est sous mon ministère que ce virement a été fait. Ce n'est pas un virement, car que ce soit de l'argent de *la Voix du Peuple* ou d'ailleurs, c'est de l'argent qui appartient à la Confédération.

Je suis très heureux du rapport de la Commission de contrôle, car il s'adresse aussi à ma gestion et je vois que la commission n'a rien trouvé à dire sur les comptes que j'ai établis moi-même.

Le Président. — Comme le rapport pose un point d'interrogation et que Marck propose de maintenir la somme qui a été virée, je mets aux voix la proposition de Marck.

Adopté.

Le Président. — Je mets maintenant aux voix le rapport de la Commission de contrôle.

Adopté à l'unanimité.

Bourderon. — Le rapport pose un point d'interrogation : c'est celui qui dit que Marck se trouve débordé par le travail. Il y a donc lieu de donner une indication pour que le Comité confédéral puisse désigner un trésorier adjoint ou un aide.

Jouhaux. — Je demande qu'on retienne le point d'interrogation posé par le rapport de la Commission de contrôle, parce qu'en continuant la discussion sur les rapports moraux de la Confédération, il se posera une autre question quand nous discuterons le rapport de la grève générale, et alors nous aurons à solutionner ensemble ces deux questions, au lieu d'avoir deux discussions.

Le Président. — Voici le bureau qui est proposé pour la séance de cette après-midi :

Mallardé, président.

Devertus et Aupart, assesseurs.

Adopté.

La séance est levée à 11 h. 45.

8me SÉANCE. — JEUDI 6 OCTOBRE 1910 (après-midi)

La séance est ouverte à 2 h. 25, sous la présidence du camarade Mallardé, assisté des camarades Devertus et Aupart.

Sur les Rapports confédéraux

Le Président. — L'ordre du jour appelle la discussion et le vote des rapports du Comité confédéral et du journal.

Les critiques du délégué du Livre

Liochon. — Camarades, j'ai mandat d'expliquer le vote de la Fédération du Livre sur la gestion du Comité confédéral. Je pense qu'il est intéressant pour tous que nous puissions librement exprimer nos sentiments sur la façon dont on dirige la C. G. T. Néanmoins, avant d'aborder les raisons qui dictent notre attitude, étant donné que je n'ai pas pu prendre la parole à propos de l'incident de nos camarades syndiqués de Marseille, et que Marie est intervenu, je me permets d'abord de dire deux mots à propos des femmes de l'imprimerie de Marseille. Je déclare que nous nous préparons à admettre les femmes dans l'imprimerie et que nous n'acceptons pas les leçons de Marie. Nous ne voterons pas le rapport du Comité confédéral pour quatre raisons principales que je vais essayer d'énumérer aussi clairement que je pourrai : première question, l'antimilitarisme et l'antipatriotisme. Je ne fais pas grief au Comité confédéral de ne pas avoir respecté la délibération de Marseille ; c'est justement parce qu'il l'a respectée, que, d'une manière absolue, sur la question de principe, nous n'approuvons pas ce qui a été fait. C'est donc une protestation de la minorité contre les décisions de la majorité, et je pense que dans chaque congrès on a le droit d'aborder les questions qui ont même été solutionnées dans les congrès précédents.

Nous considérons qu'au Congrès de Marseille on a tranché la question de l'antimilitarisme par une solution qui était d'une inspiration purement doctrinaire et anarchiste ; on a déclaré au Congrès de Marseille que la classe ouvrière n'avait pas de patrie ; or, nous considérons qu'en prenant cette décision, le Congrès de Marseille a dépassé les bornes du syndicalisme, et c'est parce que le Comité confédéral a respecté cette décision, que sur la question de principe nous voterons contre son attitude.

Je sais qu'on a créé une équivoque en ce qui concerne l'antimilitarisme. Parce que les soldats sont appelés dans les conflits, parce qu'ils sont parfois obligés de prendre la place de nos camarades en grève, parce que nous devons résister contre cette attitude du pouvoir, on en conclut dans les congrès de la C. G. T. qu'on est forcément antipatriote. Eh bien, tel n'est pas notre avis, et lorsque dans les numéros spéciaux de *la Voix du Peuple*, dans l'organisation de la propagande, on fait une action antipatriotique, nous disons que ce n'est pas de notre ressort et nous protestons. Je tiens à déclarer, en ce qui concerne l'attitude de la C. G. T., disant qu'on doit s'efforcer d'amener, en cas de déclaration de guerre, l'insurrection et la grève générale, que cela n'est pas de notre ressort syndicaliste... (*Protestations*), et c'est pourquoi nous voterons contre le rapport du Comité confédéral, que cela vous plaise ou ne vous plaise pas ! (*Bruit*).

Un Délégué. — Pourquoi n'avez-vous pas fait vos réserves au Congrès de Marseille ?

Liochon. — Est-ce que les décisions des congrès sont irrévocables ? (*Bruit*).

Pour terminer sur ce premier point, je déclare, au nom de la Fédération du Livre, que nous nous désolidarisons complètement avec la propagande antipatriotique.

Est-ce que ce n'est pas le Comité confédéral qui, par son action, par sa décision, a mis le camarade Niel dans l'obligation de démissionner? Eh bien, c'est là-dessus que je tiens à m'expliquer.

La deuxième raison pour laquelle nous ne voterons pas le rapport confédéral, c'est parce que dans la question de la Maison des Fédérations qui a été liquidée ce matin, c'est entendu, mais elle a été liquidée sur le nom, sur la personnalité, sur l'action particulière du camarade Griffuelhes, et on n'a pas abordé l'attitude qu'a prise le Comité confédéral dans cette question, et ce matin je me suis abstenu quand il s'est agi de se prononcer sur la façon dont le camarade Griffuelhes a dirigé l'entreprise que vous connaissez ; mais il faut se rappeler qu'à la Conférence des Bourses et des Fédérations de juin 1909, le Comité confédéral avait reçu mandat, non pas de nous, mais de la majorité, de rechercher les conditions dans lesquelles fonctionnaient les services accessoires de la Maison des Fédérations : or, dans le rapport du Comité confédéral, aucune solution n'apparait, ce qui indique qu'il n'a pas respecté la décision de la Conférence de juin 1909. Si je n'ai pas voulu me prononcer contre le camarade Griffuelhes, c'est parce que je sais que dans les difficultés de la lutte on rencontre des embûches et que certaines faiblesses peuvent parfois s'expliquer, et je voudrais bien que lorsque dans nos organisations nous nous trouvons en présence de difficultés, les hommes de la majorité aient la même conception vis-à-vis de mes amis qui sont à la tête de la Fédération du Livre.

Eh bien, en ce qui concerne le Comité confédéral, je dis qu'il n'a pas rempli son mandat et que nous voterons contre lui, parce qu'il avait le mandat de donner des éclaircissements, quelle que soit la résistance, quelle que soit la volonté de ne rien faire de la part de celui qui était l'objet de recherches, je dis que le Comité confédéral avait le devoir de dire aux organisations : Voilà ce qui s'est fait.

La troisième raison pour laquelle nous ne voterons pas le rapport du Comité confédéral, c'est parce que dans des circonstances difficiles, il a mis le camarade Niel dans l'obligation de démissionner. (*Protestations*).

Je sais bien que le départ du camarade Niel n'a pas été simplement le résultat d'une décision du Comité confédéral ; je sais bien que préalablement au vote dont je vais parler il avait l'intention de se retirer parce que les libertaires qui siégeaient à la Maison des Fédérations lui rendaient la vie absolument impossible. Je n'ai pas à savoir si Niel, pour défendre et propager ses idées personnelles, a cru devoir rentrer dans un parti ; vous, vous défendez vos doctrines philosophiques et sociales dans les syndicats : c'est parce que Niel n'en est pas partisan, qu'il croit devoir défendre ses idées dans un parti politique : vous devriez bien en faire autant.

Nous ne pouvons pas approuver l'attitude du Comité confédéral à l'égard du secrétaire régulièrement nommé. Niel n'a pas été blâmé, non, seulement on lui a fait comprendre qu'il n'avait plus la confiance confédérale. Mais pourquoi cette attitude? Pourquoi a-t-il été traduit à la barre? C'est parce que dans des moments extrêmement graves, alors que le syndicalisme français était en jeu, il a eu le courage de crier la vérité et de dire aux camarades syndiqués : « Pour l'avenir du syndicalisme, n'allez pas à l'abattoir! » C'est parce que Niel a eu le courage de dire la vérité.....

Niel. — Ce n'est pas moi qui ai prononcé le mot d'abattoir.

Liochon. — Dans son discours de Lens, Niel, formulant une opinion personnelle, disait : « La Confédération tout entière a le devoir de venir en aide, d'aider nos camarades postiers dans la lutte qu'ils entreprennent contre l'arbitraire gouvernemental. » Mais cela ne voulait pas dire que la seule façon d'aider nos camarades postiers était de faire la grève générale. C'est parce qu'il croyait que cette tentative de grève générale n'aurait pas de résultat et était dangereuse pour le syndicalisme français, que Niel a eu le courage de le dire publiquement, et c'est parce que Niel a eu le courage de dire une vérité que le Comité confédéral a donné ce spectacle à l'opinion publique d'un fonctionnaire qui n'avait pas le droit de crier une vérité à la classe ouvrière organisée. C'est là une faiblesse qui n'est pas faite pour augmenter l'influence morale du syndicalisme et c'est pourquoi nous voterons contre le rapport du Comité confédéral...

Une voix. — Cela ne fait rien!

Liochon. — Rassurez-vous : je ne viens pas faire ici du prosélytisme, je ne viens pas faire de la propagande pour mes idées, parce que je sais bien qu'à l'avance nous sommes condamnés : c'est une satisfaction — et c'est une des rares que nous ayons à la C. G. T. — de dire simplement ce que nous pensons. Un point c'est tout.

La quatrième raison pour laquelle nous ne voterons pas le rapport du Comité confédéral, c'est que nous considérons que la façon dont la propagande est faite, la façon dont l'action syndicale est organisée au Comité confédéral ne répond pas, selon nous, aux aspirations de la classe ouvrière organisée... *(Protestations)*. Je n'ai pas la prétention d'exprimer votre avis, vous êtes assez grands garçons pour l'exprimer vous-mêmes, mais je dois vous dire qu'en fait nous constatons une chose au Comité confédéral : c'est qu'on y fait davantage de la propagande d'idées, de la propagande libertaire... *(Bruit)*.

Hé oui! que voulez-vous? c'est mon opinion.

Je n'aurais pas voulu faire ici de personnalités, mais si j'en fais, c'est pour personnaliser une action, et la personnalité que je vais prendre est celle que je connais le mieux : c'est pourquoi je me permettrai de parler de mon camarade Yvetot. Yvetot, avec qui j'ai fait mes modestes débuts de propagandiste, je le connais bien depuis un certain nombre d'années; eh bien, Yvetot est celui qui représente le mieux les tendances de la C. G. T., tout au moins c'est celui qui avec le plus de franchise, le plus de conviction, affirme que l'organisation syndicale, si elle veut être véritablement syndicaliste, selon lui, doit être anarchiste : le syndicalisme, pour lui, c'est l'anarchie sans le mot.

J'en demande pardon au camarade Yvetot, mais qu'il me permette d'appuyer mon argumentation sur son nom. Pour Yvetot, qui est secrétaire fédéral à la Fédération des Bourses, il n'y a de bons syndiqués que lorsqu'ils sont devenus anarchistes, parce que si on n'est pas anarchiste, on est politicien, on est partisan de la conquête des pouvoirs publics, on est partisan de la neutralité politique dans l'organisation syndicale, et comme l'action préconisée par Yvetot est le contraire de la neutralité politique, le camarade qui ne partage pas les idées d'Yvetot n'est pas un bon syndicaliste. Eh bien, c'est la pensée de la majorité du Comité confédéral, et c'est aussi, je pense, celle de la majorité du Congrès. Et c'est parce que nous considérons que le rôle du Comité confédéral ne doit pas être un rôle de propagande doctrinaire, mais un rôle d'organisation syndicale, que nous voterons contre le rapport.

Quel est le but qui doit attirer les organisations syndicales au sein de la C. G. T.? C'est l'espérance que la C. G. T. sera le prolongement effectif et réel de la solidarité ouvrière. Malheureusement, il n'en est pas ainsi : je ne dis pas que ce ne soit pas la faute de la jeunesse de la C. G. T., parce qu'en somme elle est encore dans un état embryonnaire puisqu'elle ne représente qu'une infime minorité de la classe ouvrière. Nous voudrions que tout au moins la majorité du Comité confédéral, puisque la minorité n'y est généralement pas entendue, qui a la responsabilité de diriger, de coordonner la propagande syndicale, le fasse avec des arguments autres que les arguments de doctrine qui ont été employés jusqu'à maintenant. Nous voudrions que la C. G. T. soit réellement le prolongement de la solidarité ouvrière, et que lorsque des camarades d'un syndicat quelconque sont en lutte contre le patronat, on ne se contentât pas seulement de voter des ordres du jour révolutionnaires d'encouragement, mais qu'on leur apporte un appui réel, effectif, par une solidarité qui ne se fait pas avec du vent et de la déclamation révolutionnaire. Nous voudrions que lorsque des camarades sont en lutte pendant un certain nombre de jours ou de semaines, ils puissent compter sur une solidarité effective de la Confédération ; que lorsque les camarades dans les syndicats sont déjà un peu essoufflés dans la lutte par leurs propres forces, ils puissent être certains de trouver dans l'organisme central un appui qui leur permette de continuer la lutte.

Le malheur, c'est que nous ne voyons pas cela dans la Confédération ; le malheur c'est que rien n'est organisé au sein de la Confédération pour propager cette résistance dans la lutte ouvrière. Il faut que nos camarades se servent d'un procédé qui, vraiment, n'est pas digne d'une organisation sérieuse : des camarades, lorsqu'ils sont en grève, savent bien qu'il ne faut pas s'adresser à la Confédération, où on est impuissant à leur venir en aide ; alors, que font-ils ? Ils envoient des listes de souscriptions dans les syndicats confédérés, et ce sont les syndicats qui se substituent à la Confédération pour venir en aide aux camarades qui luttent.

Eh bien, nous disons, nous, que c'est le rôle du Comité confédéral d'organiser d'une façon solide, résistante, cette solidarité ouvrière, dont la C. G. T. doit être le prolongement et l'expression la plus élevée.

Je crois que les chiffres du rapport financier indiquent suffisamment quelle a été la nature de l'action du Comité confédéral dans les conflits ouvriers comme dans la propagande. Nous voyons que les recettes se sont élevées à 67.981 fr. 15 et les dépenses à 64.904 fr. 80, que les frais d'impressions se sont élevés à 20.385 fr. 10. Je ne conteste pas que l'impression soit nécessaire, mais je ne crois pas qu'une organisation sérieuse doive faire sa principale dépense, ses plus lourds sacrifices pour faire des imprimés. En effet, ce n'est pas moi qui le dis, c'est le rapport du Comité confédéral lui-même qui nous expose les travaux qui ont été faits par lui, et voici l'énumération des travaux, voilà l'action engagée par la Confédération qui vient en aide, paraît-il, à nos camarades qui sont en lutte contre le patronat, voilà comment s'est caractérisée cette action : Il y a eu d'abord un manifeste, puis une affiche, un autre manifeste ; je ne dis pas que ce ne soit pas extrêmement intéressant pour assurer la vie et la prospérité de l'imprimerie de la Maison des Fédérations, mais, pour ma part, je considère que les dépenses en imprimés ne doivent pas représenter le grand effort d'une organisation. Nous avons eu un deuxième manifeste pour les postiers, un manifeste après la grève, un manifeste contre l'arbitraire, un manifeste pour la deuxième grève des postiers, un manifeste pour les Espagnols, un manifeste contre les retraites, le manifeste du 1er mai, et enfin la Conférence des Fédérations où on a décidé de donner mandat au Comité confédéral de demander des comptes, ce qu'il n'a pas fait.

Il y a eu également une conférence à Lille ; je n'en connais pas encore le résultat, je ne m'arrêterai donc pas là-dessus. Il y a encore un nouveau manifeste avant les élections législatives. Enfin, il y a eu une chose sur laquelle je m'arrête davantage, parce que c'est un changement dans l'attitude du Comité confédéral, c'est la Conférence internationale.

A ce sujet, je me permets une petite réflexion. J'ai la conviction que si Griffuelhes et Pouget étaient restés à la tête de la C. G. T., cette Conférence internationale ne se serait pas produite ; je considère que c'est la présence de Niel au Comité qui a permis la réunion de cette Conférence, et c'est peut-être aussi la présence de Niel qui permet aujourd'hui l'organisation internationale et que d'autres organisations nationales puissent assister à ce Congrès...

Un Délégué. — Il faut le faire décorer !

Liochon. — Voilà donc quelle a été l'action du Comité confédéral et voilà comment il est venu en aide aux organisations en lutte contre le patronat. Eh bien, nous persistons à dire que ce n'est pas du vent, des affiches ou même des meetings qui suffisent pour caractériser l'action de la C. G. T...

Je dois m'arrêter à une partie du rapport confédéral, concernant la caisse des grèves et la grève générale. Nous voyons dans le rapport signé de Marck, que la caisse des grèves a reçu des dons volontaires, ce qui nous semble peu sérieux pour une organisation ; il ne devrait pas y avoir de dons volontaires, cela a l'allure d'une aumône, et quand des camarades en lutte sont obligés de demander des souscriptions dans les autres syndicats, je dis que ce n'est pas de la bonne organisation. Nous voyons que par ces souscriptions volontaires, depuis le Congrès de Marseille, on a touché la somme de 61.000 francs. C'est peu. Cela ne veut pas dire qu'il n'y a pas de solidarité entre les syndicats adhérents à la Confédération ; je sais bien que ce n'est pas la conclusion, et je ne pense pas qu'on puisse se servir de mon argumentation pour dire que la C. G. T. est faible, et qu'il n'y a pas besoin d'avoir peur d'elle : mais il n'y a pas heureusement que la C. G. T. qui compte ; lorsque des camarades sont en lutte, ils sont soutenus non pas par elle, mais par les syndicats des autres corporations. A ce sujet, je tiens à faire une déclaration, car on pourrait exploiter les paroles que je viens de prononcer. La C. G. T. n'étant pas un organisme centralisant les moyens de résistance, organisant la solidarité effective, il faut cependant que nos exploiteurs sachent que, lorsque nous sommes en lutte, si notre C. G. T. n'est pas encore suffisamment armée pour organiser cette solidarité effective, elle se manifeste de syndicats à syndicats, et les grandes Compagnies de chemins de fer le verront, elles dont le personnel est à la veille de faire une grève générale, grève qui, je crois, se produira parce que les Compagnies y acculeront nos camarades.

Je dis que si la majorité du Comité confédéral veut diriger la Confédération dans cette direction, elle aura le concours absolu de toutes les organisations syndicales. Quant à nous, nous ferons pour les camarades des chemins de fer ce que nous avons fait dans toutes les circonstances, particulièrement pour les mineurs, quand ils ont fait leur grève générale.

Il y a cependant quelque chose que je signale à notre camarade Marck : dans son rapport, il semble enthousiasmé d'un mouvement extraordinaire de solidarité qui s'est manifesté dans le cours de ces deux années. Il dit, avec un enthousiasme qui s'explique, que lorsqu'on a appris que des camarades avaient été fusillés à Draveil-Villeneuve-Saint-Georges, on a envoyé pour eux une somme de 22.931 fr. 50. Or, il est pénible de constater que pour que la C. G. T. réunisse les moyens susceptibles de faire réellement de la solidarité, il faut que ce soit à l'occasion d'un massacre de nos camarades. C'est là la déduction pénible que j'ai faite du rapport du camarade Marck, et j'aurais préféré qu'elle n'y soit pas. Non, camarade Marck, il ne faudrait pas donner cet argument à nos adversaires, que c'est seulement quand nos camarades sont fusillés que les souscriptions abondent à la Confédération Générale du Travail. C'est un spectacle pénible, et c'est parce que nous ne voudrions pas que des faits semblables se produisent, que nous voudrions voir la C. G. T. organiser réellement la résistance et la solidarité : c'est notre plus cher désir. Peut-être ne vais-je pas rencontrer l'assentiment du Congrès, mais je crois que tant que vous ne vous serez pas décidés à faire cette action de solidarité effective dans la C. G. T., vous ne pourrez pas vous assurer le concours de toutes les organisations ouvrières.

Voilà, camarades, les raisons pour lesquelles nous ne voterons pas le rapport du Comité confédéral.

Limitation pour chaque orateur du temps de parole à un quart d'heure.

Le Président. — Le bureau a été saisi de la proposition suivante qui, en effet, se formule à son heure, car il y a déjà douze orateurs inscrits. Voici cette proposition :

Attendu que l'ordre du jour est excessivement chargé et qu'il importe, vu l'importance des questions posées, d'épuiser ledit ordre du jour, le Congrès décide que le temps dévolu à chaque orateur est limité à un quart d'heure, étant donné que la langue française permet de résumer tous les arguments.

Signé : Ingveiller.

Je mets aux voix cette proposition.

Adopté.

Plusieurs voix. — La clôture !

La clôture, mise aux voix, est prononcée.

Observations sur la vie syndicale

LAMARQUE. — Camarades, je ne suis pas du tout de l'avis de mon prédécesseur en ce qui concerne l'attitude du Comité confédéral. J'approuve entièrement sa conduite, encore que j'ai cru utile d'apporter ici quelques observations que la vie syndicale de ces deux dernières années m'a permis de faire.

Il s'agit de se rendre compte que le Comité confédéral a eu à lutter contre un adversaire de plus en plus agressif. L'Etat, joint au patronat, a pris vis-à-vis de la classe ouvrière une attitude de plus en plus violente et systématique, et par conséquent on est mal venu, quand le Bureau confédéral a suivi les décisions du Congrès de Marseille, à lui reprocher d'avoir accompli scrupuleusement sa besogne.

Je dois dire, cependant, qu'il est non moins remarquable de venir prétendre ici que le Comité confédéral devrait faire preuve de plus de souplesse, de plus d'apaisement à l'époque où nous avons à enregistrer des abus de pouvoir comme on n'en avait jamais constaté, à l'heure où le gouvernement sabote lui-même les lois qu'il a faites jadis pour nous brimer et nous décréter tous hors la loi !

Camarades, il y a bien mieux, d'ailleurs. Dans le projet du gouvernement, nous voyons qu'il y a un tel mépris pour nous, qu'on a mis de plus en plus l'armée au service des patrons. A Marseille, il paraît que l'intérêt général du pays fut que les navires partent, et alors on a mis la troupe sur les navires. A Dunkerque, où les patrons décrètent le lock-out, il n'est pas nécessaire que les navires partent, et alors on met les soldats pour empêcher les navires de partir; et vous voudriez qu'on méconnaisse nos intérêts ! Laissez cela à d'autres. Quant à nous, nous déclarons formellement que nous sommes des antimilitaristes et, par voie de conséquence, nous sommes des antipatriotes. (*Applaudissements*).

Nous devons d'ailleurs relever d'autant plus le gant contre le gouvernement et le patronat qui le pousse, que, dans son accès de colère contre nous, le gouvernement a imaginé des choses encore plus abominables ! Il ne s'est pas encore trouvé un homme pour protester contre l'emploi des chiens contre les ouvriers: et vous voudriez que nous ne soyons pas des révoltés et des violents ! Mais c'est notre devoir le plus sacré pour nous et pour les nôtres, dont nous défendons le pain !

Maintenant, on veut encore mettre le fouet dans les prisons; et vous voudriez qu'à cette heure-là la C. G. T. devienne quelque chose de calme et de paisible ! Jamais de la vie ! nous sommes trop conscients de la situation qui nous est faite et nous déclarons que, quand même nous ne le voudrions pas, l'attitude qu'on prend contre nous, nous oblige à l'attitude que nous avons.

Camarades, il est certain que nous avons des torts et que nous devons les reconnaître. D'abord, je déplore ces étiquettes que nous sommes en train de nous accoler. La vie syndicale oblige les ouvriers, chaque fois qu'ils entrent dans l'action, à avoir une attitude unique. Par conséquent, venir nous raconter qu'on a telle ou telle théorie, n'est pas une chose admissible. Nous n'avons qu'à constater l'action que nous accomplissons et à nous inspirer des circonstances. En effet, camarades, que signifient ces termes de réformiste et de révolutionnaire ? Par le seul fait que vous faites une grève, vous êtes des révolutionnaires. En effet, vous déniez à ce moment-là au patronat sa domination économique, vous vous révoltez et, par conséquent, vous êtes des révolutionnaires. Camarades, il est aussi bien certain que lorsque dans une grève vous réclamez une amélioration de salaire, c'est évidemment une réforme que vous réclamez ; il est bien évident aussi que votre patron s'empressera de faire payer à tout l'ensemble du pays, et par conséquent aux ouvriers, l'augmentation du salaire. Alors, à quoi bon vous disputer sur les termes, quand dans l'action vous vous conduisez de cette façon ? Il est bien certain qu'à côté de la théorie et du texte officiel qui prétend que la C. G. T. est d'une neutralité parfaite en matière politique ; il est bien certain que les individus, dans la vie syndicale, affichent leurs opinions en approuvant certains camarades et en en désapprouvant d'autres. Eh bien, il est regrettable, quand on a une fonction, de montrer qu'on approuve telle ou telle conduite. Voyons, camarades, débarrassons-nous un peu des passions et rendons-nous compte de ce que nous faisons. Nous allons faire de l'agitation pour faire changer la loi sur les retraites ouvrières, nous allons faire une action sur le monde politique. Eh bien, est-ce que nous avons les uns ou les autres la prétention d'être infaillibles et de décréter que telle autre action en dehors de la nôtre ne vaut absolument rien ? N'est-il pas possible que des camarades de bonne foi, dans d'autres partis, exercent une action et espèrent aboutir à une modification de cette façon ? Il y en a des deux camps, il y a des réformistes et des révolutionnaires dans les deux partis. Je voudrais que lorsque nous parlons, nous nous abstenions de juger la conduite politique des uns et des autres. C'est là un procédé déplorable dont la classe ouvrière peut faire tous les frais. Nos camarades se demandent si véritablement il n'y a pas là une comédie à laquelle nous assistons au Parlement, où les députés ont des étiquettes et où, en réalité, ils se disputent des emplois ! Eh bien, chez nous, je dis que le bon syndicaliste n'a pas d'étiquette ; il est syndiqué, un point c'est tout, parce que son action s'applique à tous ceux qui doivent participer à cette action.

Je veux vous faire remarquer qu'à côté des critiques qu'on pourrait adresser, il est cependant une conduite qu'il nous faut modifier dès aujourd'hui. Nous avons trop l'habitude de faire des grèves corporatives, de faire du corporatisme étroit et mal organisé. A l'heure où le patronat s'organise fortement contre nous, il est nécessaire que nous prenions nos précautions. Tandis que dans une localité nous faisons grève, dans la localité voisine les ouvriers font l'ouvrage du patron. Ils ne le savent pas, c'est entendu ; mais il serait nécessaire que nous soyons renseignés, et c'est toujours possible. Dans les ateliers on a des renseignements, et si les services confédéraux et fédéraux usaient comme il convient de leurs pouvoirs, ils sauraient organiser ce service de renseignements, qui ferait que les grèves aboutiraient. Il est obligatoire, camarades, que dans la période que nous traversons, nous usions de procédés plus élargis, et vous avez remarqué qu'à Paris toutes les organisations se mettent en branle, soit pour soutenir les midinettes, soit pour soutenir les autres corporations. D'ailleurs, il y a un mouvement considérable à côté de vous : il y a une action formidable chez les fonctionnaires.

Cela signifie simplement que vous avez à vous préoccuper d'autre chose que de la besogne quotidienne de revendication des salaires, mais aussi de l'action du gouvernement.

On ne veut pas entendre de discours

Le Président. — Voici une proposition, au nom de la Fédération des Ouvriers de Santé, qui demande *que les camarades qui ne combattent pas les rapports du Comité se dispensent de faire des discours qui font perdre du temps au Congrès, le vote sur lesdits rapports leur donnant par la suite toute satisfaction.*

C'est simplement une indication pour les orateurs futurs qui se sont fait inscrire.

Contre l'armée, contre l'idée de patrie

Bousquet. — Camarades, vous permettrez à un secrétaire de fédération, et d'une fédération qui est peut-être la plus victime de l'intervention de l'armée dans les grèves, de venir exprimer son opinion. Dans les corporations de l'Alimentation, et principalement dans celle à laquelle j'appartiens, les ouvriers boulangers, nous avons, non seulement l'armée dans la rue, sous le prétexte de maintenir l'ordre, mais nous avons encore l'armée qui vient dans l'atelier, dans le fournil, faire œuvre complète de renard, c'est-à-dire de nous remplacer et de faire de la production : et alors je dis amicalement à mon camarade Liochon et je lui demande s'il ne trouve pas logique que dans nos corporations nous protestions, et je vais vous citer un exemple local : En 1891, le citoyen Bousquet était soldat ici à Toulouse, à la 17e section ; les camarades boulangers de Paris étaient en grève, et on obligeait ce soldat, comme d'autres actuellement, à faire le pain contre les grévistes parisiens de l'époque. Mais, d'ailleurs, est-ce que nous ne trouvons pas partout l'armée contre nous? Et je fais appel ici à une Bourse du Travail qui ne représente pas mon opinion dans son intégralité, la Bourse du Travail de Dunkerque, où j'étais délégué pour le 1er mai. Eh bien, contre les camarades du Bâtiment, la ville de Dunkerque était en état de siège et les coups de sabre pleuvaient. Ah! on ne regardait pas si on était réformiste ou révolutionnaire, on sabrait et on fusillait partout! Et alors vous voudriez blâmer le Comité confédéral d'avoir mis en application la résolution de Marseille! Je dis qu'il a bien fait, parce que ce n'est pas le lapin qui a commencé! Il y a assez de flics et de policiers! C'est le gouvernement de bourriques que nous avons actuellement qui a peur de laisser échapper le pouvoir et qui assassine le peuple, et quand on parle d'antipatriotisme, et quand on fait des emprunts pour massacrer nos frères de Russie, pour donner de l'argent au tsar assassin, est-ce qu'ils sont patriotes les capitalistes français à ce moment-là! Et on voudrait venir nous dire que nous ne devons pas être contre cette chose monstrueuse qu'on appelle le patriotisme! Je dis que si.

J'ajoute que dans la grève des cimetières, on a vu mettre l'armée au service du capital pour descendre les macchabées! Moi, je prétends que les soldats doivent être sabotés comme de vulgaires renards... (*Applaudissements*), et je termine en criant, nous qui rêvons une société future : A bas les patriotards et vive la patrie de l'humanité tout entière! (*Applaudissements*).

La défensive et l'offensive ouvrière

Péricat. — Camarades, les critiques formulées par le camarade Liochon sur le rapport du Comité confédéral, pourraient avoir quelque valeur si elles étaient formulées, je crois, par un camarade d'une autre fédération. Sur l'antipatriotisme et sur l'antimilitarisme, le camarade Liochon, pas plus que les autres camarades, qui ne sont pas de nos idées, ne peuvent pas dire que le Bureau confédéral n'a pas agi d'accord avec la décision du Congrès de Marseille. En ce qui concerne l'antipatriotisme et l'antimilitarisme, le Bureau confédéral a bien agi. Sur un autre point, quand vous venez demander au Comité confédéral d'avoir des ressources suffisantes pour soutenir les grèves, eh bien, je dois dire que lorsque, dans nos congrès, dans nos conférences, nous proposons l'augmentation de la cotisation, c'est la Fédération à laquelle vous appartenez qui s'y oppose. *(Applaudissements).*

Liochon. — J'en ai donné les raisons, camarade. Je ne veux pas augmenter la cotisation pour faire la propagande.

Péricat. — Je dis que vous êtes mal placé pour nous faire ce reproche. Je dis que toutes les Fédérations qui n'ont pas apporté à la Confédération l'aide pécuniaire et morale dont elle avait besoin, sont mal placées maintenant pour faire des critiques. Je dis que dans nos mouvements, si vous, vous n'avez pas contre vous l'armée, parce que la plupart du temps vous ne bougez pas, nous qui bougeons et qui nous agitons nous avons la prétention de dire que nous combattrons par tous les moyens en notre pouvoir l'intervention de l'armée dans nos grèves, et que nous combattrons l'idée patriotique : nous disons que nous n'avons pas de patrie, nous disons qu'il y a des camarades dans tous les pays qui ont droit à notre solidarité et, à ce point de vue, je dis que nous continuerons la besogne que nous nous sommes tracée, surtout quand cette ligne de conduite est d'accord avec les décisions du congrès. Vos arguments n'ont aucune valeur pour moi : vous ferez ce que vous voudrez ; mais ce que j'ai remarqué, c'est qu'en ce qui concerne l'augmentation de la cotisation et l'application de la décision des congrès, jamais vous n'avez voulu en tenir compte, et alors nous vous demandons : si de ce Congrès sortent des résolutions, vous voudrez bien les appliquer? Vous êtes comme certains syndiqués dans les syndicats, et vous nous mettrez dans l'obligation d'appliquer les décisions de la majorité, et alors vous devrez le faire...

Liochon. — Pas pour l'antimilitarisme, parce que ce ne sont pas des décisions syndicales. *(Bruit).*

Péricat. — Vous dites que l'antimilitarisme n'est pas une question syndicale. Comment! ce n'est pas une question syndicale! Quand nos camarades terrassiers, que vous avez salis souvent quand vous avez dit que nous les avions conduits à la boucherie... *(Bruit)*, je dis que vous avez dit cela... *(Bruit)*. Eh bien, nous, nous considérons que lorsque des camarades de notre Fédération et même des autres sont touchés, nous sommes touchés nous-mêmes ; nous considérons que dans une affaire comme celle de Draveil, quand des gendarmes tirent dessus par les fenêtres, je dis que nous serions des lâches, si nous les laissions faire et si nous ne protestions pas! (*Applaudissements*).

Je suis en désaccord avec mes camarades qui disent que la manifestation de Villeneuve était voulue. Je ne le crois pas. Mais j'estime que cette manifestation était nécessaire. Nous avons été à Villeneuve : nous avons fait là ce que nous devions faire : nous avons été sabrés, c'est vrai, et c'est encore une raison pour laquelle nous sommes contre l'armée.

Je dis encore que l'armée intervient dans tous les conflits qui se produisent à chaque instant dans n'importe quelle fédération. Nous voyons intervenir l'armée, non seulement pour les boulangers, mais encore dans la grève des électriciens, dans la grève des Inscrits maritimes, dans la grève encore des chemins de fer de l'Etat et dans la grève du Bâtiment. Par conséquent, l'armée est une pépinière de jaunes, et nous devons détruire cette pépinière. Nous devons éduquer nos enfants, et c'est par notre propagande que nous arriverons à faire de nos enfants des individus conscients ; il y aura peut-être à une époque des baïonnettes conscientes ; eh bien, à ce moment-là nous ne respecterons pas la légalité, comme vous voulez la respecter, car les bourgeois ne la respectent pas. Nous considérons que le gouvernement ne respecte pas notre propre liberté ; quand il s'agit de partir au régiment, il ne nous demande pas si cela nous plaît ! Eh bien, quand nos camarades sont en cause, nous n'avons pas à lui demander si cela lui plaît de nous voir intervenir. Nous continuerons à faire ce que nous avons fait et nous continuerons à appliquer l'atteinte à la liberté du travail. Nous considérons que nous avons donné l'exemple d'une Confédération forte et puissante et qui continuera à augmenter ; nous étions 9.000 en 1897, et nous sommes maintenant près de 100.000 syndiqués. Faites comme nous, et vous aurez le droit de critiquer : mais jusqu'à présent vous n'en avez pas le droit.

Maintenant, camarades, sur le rapport du Comité confédéral je suis obligé d'intervenir, non pas sur le rapport lui-même, mais contre une décision du Comité confédéral, qui est celle de l'admission des peintres de Levallois. Je demande que cette question soit discutée et liquidée dans le Congrès.

Marie, du Livre, réplique à Liochon, du Livre

Marie. — Le camarade Liochon disait tout à l'heure, au nom de la Fédération du Livre : Nous ne voterons pas le rapport du Comité confédéral, parce que nous ne sommes pas antimilitaristes, et ensuite parce que les décisions de la Conférence des Bourses n'ont pas été appliquées. Eh bien, Liochon, permets que j'apporte ici la preuve que la Fédération du Livre est antimilitariste.

Liochon. — Elle n'est pas antipatriote.

Marie. — Liochon apporte ici surtout son opinion personnelle. Le Comité central de la Fédération du Livre n'avait pas l'intention d'envoyer un délégué au Congrès confédéral, ne le jugeant pas suffisamment important ; c'est sur une lettre de Keufer qu'il fut décidé d'en envoyer un, et c'est moi-même qui ai proposé Liochon, mais jamais le rapport confédéral ne fut discuté.

Liochon. — C'est faux !

Marie. — J'ai assisté à toutes les séances.

Liochon. — Tu n'y étais pas dimanche ! je le nie !

Marie. — De plus, en 1901, au moment où tout le prolétariat organisé envoyait un délégué à Londres, en vue de manifester pour la conférence en faveur de la paix, à propos des incidents de Fachoda. Keufer y fut au nom de la Fédération du Livre, avec Yvetot et bien d'autres, et cette manifestation était pour beaucoup une manifestation à tendances antipatriotiques. Eh bien, si la Fédération du Livre envoya officiellement Keufer à cette manifestation, elle combattit le militarisme sous une de ses formes principales et sous une autre forme, celle de l'intervention de l'armée dans les grèves : elle le fit à Marseille, et récemment à son Congrès de Bordeaux, en votant un ordre du jour réprouvant cette intervention. Donc, la Fédération du Livre est antimilitariste. Elle n'ose pas, elle ne veut pas se prononcer au même titre que lorsqu'il s'agit d'appliquer les décisions des congrès : elle ne veut pas se dire confédérée, elle refuse d'appliquer sur ses imprimés le label confédéral.

Ah ! Liochon, tu reprochais tout à l'heure au Comité confédéral de faire un abus des imprimés ; mais à la suite du Congrès du Livre de Bordeaux, il y eut un opuscule qui était avant sa mort le panégyrique de Keufer : ce petit opuscule fut tiré à 10.000 exemplaires pour être distribué à tous les syndicats. Je proposai au Comité central d'apposer sur la couverture le label confédéral, et Liochon s'y refusa ouvertement. Voilà comment on respecte les décisions des congrès !

Liochon. — J'ai dit en effet qu'il n'était pas utile de mettre le label confédéral, parce que dans le label du Livre il y a le label confédéral.

Marie. — J'ajoute qu'au moment où, il y a quelques années, on discutait à la C. G. T. le dessin du label confédéral, le Livre ne voulut pas mettre en exergue les lettres C. G. T. Relis la collection de la *Typographie française*, Liochon, et tu verras la déclaration de Keufer, qui dit qu'il n'est pas nécessaire de se discréditer aux yeux des patrons en s'affirmant pour la C. G. T.

On a reproché à l'imprimerie de la Maison des Fédérations d'avoir omis de mettre le label du Livre sur le compte rendu : nous l'avouons, c'est une omission : mais les décisions des congrès, respectez-les donc vous-mêmes, camarades !

Boudet, tu m'excuseras, mais tu apportais au Congrès du Livre un argument qui avait sa valeur. On accusait la Maison des Fédérations de s'être servie de caractères d'imprimerie d'une maison à l'index, et Griffuelhes répondait au syndicat plaignant, que l'affaire était faite et qu'il était trop tard. Liochon et les autres faisaient chorus contre la Maison des Fédérations. Mais à la Fédération du Livre, vos imprimés, vos en-têtes de lettres et d'enveloppes sont confectionnées avec des caractères de maisons à l'index : et, Boudet, je regrette de le dire, le cours professionnel de la rue de Savoie se fournit dans la même maison. Camarades du Livre, respectez donc les décisions des congrès !

On apporte ici des reproches à propos du rapport financier : cela est prématuré, mais ce que vous ne savez pas, c'est qu'à l'issue de la Conférence des Bourses et des Fédérations adoptant le timbre et la carte confédérale, conférence à laquelle Liochon assistait, le 30 juin, la fédération n'avait pas rempli les conditions décidées par le congrès.

Au Congrès de Bordeaux, j'ai posé à Liochon et à d'autres du Comité central de la Fédération du Livre, cette question bien nette : Avez-vous payé intégralement pour votre effectif les timbres confédéraux que vous deviez retirer? Et, indigné, Burgard me répondit : Vous suspectez notre honorabilité ; mais oui, nous l'avons pris.

Il y a trois semaines le rapport de Marck est sorti : il prouve que vous n'avez pris que la moitié de vos timbres seulement. Lorsqu'on a su que le rapport de Marck spécifiait que le Livre n'avait pris que 5.000 timbres au lieu de 10.000, immédiatement le Comité central de la Fédération du Livre écrivit à Marck pour faire retirer ce passage du rapport ; Marck s'y refusa, il pourra l'attester.

Voilà ceux qui critiquent la gestion du Comité confédéral !

Mais moi aussi je voudrais, au nom des Syndicats ouvriers de Vaucluse, apporter une critique, non pas au rapport mais à la gestion, et cette critique est délicate. On m'a donné mandat, sans attirer de sanction, sans apporter de blâme ni d'observation, mais pour que cela serve purement et simplement à titre indicatif, de demander au Comité confédéral la justification de l'indemnité de 500 francs accordée au camarade Niel pour son déplacement, et de celle de 100 francs accordée au camarade Thil pour recopier des procès-verbaux qu'il donna à la presse. Quoique cette question soit assez délicate, il est bien permis quand même de faire des observations et de dire qu'il y a peu de parcimonie dans la distribution des fonds confédéraux. Est-ce une nouvelle mœurs du syndicalisme ? Serait-ce une indication nouvelle qui permettrait de faire croire que le fonctionnarisme syndical deviendra un métier et qu'on se fera accorder des indemnités pour des déplacements, des indemnités pour brusque renvoi ; qu'on pourra se faire payer à l'heure pour des besognes de propagande, d'action, de sacrifice et de désintéressement ?

Je pose la question, et je demanderai à Jouhaux d'y répondre.

Qui est-ce qui a fait venir Niel ? Il serait peut-être difficile de prouver que les trois ou quatre fédérations qui se sont concertées ont envoyé un délégué dans le Nord et un autre à Montpellier pour solliciter Niel. Que ceux-là prennent la responsabilité de son déplacement : mais les syndiqués ont le droit de demander des explications.

J'ajoute que je ne demande pas de sanction. Je voterai quand même le rapport confédéral ; je le voterai parce qu'il y a depuis deux ans une augmentation notable d'effectif, une augmentation des résultats obtenus, et que ce ne seront pas ces à-côtés qui empêcheront de donner confiance aux camarades révolutionnaires et d'être un encouragement pour eux à l'audace révolutionnaire.

La leçon d'un vieux militant

Constant. — Camarades, on prétend mettre tout le syndicalisme de son côté en venant combattre le rapport de la C. G. T.

On combat d'abord l'antimilitarisme, on reproche à la C. G. T. d'avoir appliqué strictement les décisions du Congrès de Marseille. Eh bien, nous marchons contre l'armée en faisant de l'antipatrie, de l'antimilitarisme ; j'estime que la C. G. T. n'a pas assez rempli son devoir, qu'elle n'a pas été assez loin ; j'estime qu'il n'y a pas encore assez de révolutionnarisme, et je vais dire pourquoi. Est-ce que cette armée pour laquelle nous combattons, pour laquelle nous donnons nos fils, sert à quelque chose ? Je ne suis pas antipatriote : l'armée sert dans les grèves, je la combats pour cela. Quand on va faire la conquête du Maroc, quand on va combattre d'autres nations, pourquoi donc y va-t-on ! Quelle besogne y va-t-on faire ? On appelle cela du bluff, de la rapine, du pillage... Je dis que l'on doit être antimilitariste. Bousquet a oublié de dire que pour sa profession on envoie des militaires travailler dans les fournils, pétrir et cuire le pain à la place des camarades en grève. On a mis des militaires dans les cimetières, et si la grève des vidangeurs avait duré plus longtemps, on aurait mis des fils de travailleurs comme ouvriers vidangeurs !

On vient reprocher à la C. G. T. d'avoir fait des affiches, d'en avoir placardé partout, pour la grève des postiers, d'avoir soulevé des manifestations pour d'autres causes, pour Draveil et pour la grève générale, ainsi que pour les retraites ouvrières. Mais, est-ce qu'il ne faut pas que le peuple sache dans quel traquenard on l'entraîne ? Est-ce qu'il ne faut pas que les prolétaires sachent à quoi la classe ouvrière est exposée tous les jours ? Je dis que des affiches il n'y en a pas assez et que, pour moi, elles ne sont pas assez violentes. On dit que la C. G. T. est jeune ; moi aussi j'ai été jeune, moi aussi j'ai combattu. Aujourd'hui je suis vieux : eh bien, mon vieux sentiment se réveille comme au jeune âge, la révolution gronde dans mes vieilles veines, et je voudrais que dans les vôtres la révolution grondât plus fort. (*Applaudissements répétés*).

Voilà pourquoi nous voterons le rapport du Comité confédéral et nous l'amplifierons encore si nous pouvons.

(A sa descente de la tribune, le camarade Constant est accueilli avec une grande sympathie par de nombreux camarades qui le reçoivent avec effusion).

Jacquemin. — Je dois dire que les mêmes raisons qui incitent le Livre à voter contre les rapports confédéraux, seront celles qui entraîneront les organisations que je représente à voter ces mêmes rapports.

En effet, au sujet de l'antipatriotisme, je considère que nous devons donner une affirmation catégorique aux représentants des organisations étrangères qui sont venus assister aux assises de notre Congrès. Je considère qu'ils doivent repartir chez eux, sachant fort bien que les ouvriers français n'iront pas s'abriter derrière des questions politiques pour motiver leur abstention dans une question aussi importante, et qu'ils déclareront catégoriquement qu'étant les principaux intéressés et les premiers à payer les pots cassés si la guerre se déclarait contre leur intérêt, ils seraient les premiers à refuser d'aller massacrer ou se faire massacrer par des ouvriers qui ont le même intérêt qu'eux et qui sont fédérés dans leurs corporations de métiers. (*Applaudissements*).

Il faudrait aussi rétablir un petit peu les faits. Lorsqu'on prête au camarade Niel l'influence d'avoir fait organiser la Conférence internationale à Paris, il faudrait se rappeler aussi que le Comité confédéral, à cette époque, a voulu faire une manifestation de solidarité internationale, et que ce n'est pas seulement le camarade Niel qui l'a voulu. Il faudrait dire aussi, lorsqu'on parle des obstacles que le camarade Niel a rencontrés au sein du Comité confédéral, qu'un ancien libertaire, sous prétexte de neutralité, ayant profité des incidents créés au sein du Comité confédéral pour venir se glisser à la tête de la C. G. T., n'avait pas le droit, en qualité de neutraliste, de se ranger du côté des réformistes contre les révolutionnaires.

Salutations des charretiers de Béziers

Le Président. — Voici une dépêche que le bureau reçoit :

Les ouvriers charretiers de Béziers, victimes du lock-out, adressent leurs saluts confraternels aux congressistes.

Jacquemin. — On me permettra de dire que ce n'est pas au moment où les postiers, battus par le gouvernement, étaient près de l'échec, au moment où les mineurs venaient de voter un ordre du jour en leur faveur, de venir dire que la classe ouvrière n'était pas prête à entrer en lutte. Niel savait bien que les paroles prononcées auraient leur répercussion sur le mouvement. En effet, nous avons vu, au lendemain du discours de Lens, des camarades se réfugier derrière les paroles du camarade Niel pour dire : « Oui, hier, nos organisations étaient peut-être prêtes à marcher, mais aujourd'hui elles craignent d'être les seules dans le mouvement, elles ne sont plus prêtes à marcher. » Et on a assisté à ceci, c'est qu'il n'y a que les camarades du Bâtiment qui ont relevé le gant.

Au sujet des frais d'impression, j'estime, à l'encontre du camarade Liochon, que ce n'est pas la vingtaine de mille francs dépensés pour les frais d'impression qui pourraient aider efficacement les camarades des chemins de fer lorsqu'ils seront en grève, et je voudrais précisément lui demander si malgré toutes les caisses de solidarité qu'on aurait pu avoir, nous aurions pu soutenir d'une façon plus efficace les postiers, alors que des organisations peut-être en dehors de la C. G. T., par leur action violente et continue, ont forcé le gouvernement à réintégrer les postiers. Demain, si les chemins de fer se mettent en grève, ce n'est pas la caisse confédérale qui sera capable de les soutenir ; mais en dehors peut-être même, et je le regrette, de la Confédération, les organisations de lutte disséminées sur tout le territoire sauront, par leurs moyens propres, assurer peut-être la grève des cheminots.

D'autres camarades ont dit déjà une partie de ce que je voulais dire : j'ajouterai seulement que ce qui m'incite à voter le rapport, c'est l'extension de la C. G. T., c'est le nombre toujours grandissant des organisations qui viennent se confédérer, ce qui prouve que jusqu'à présent la C. G. T. est dans la bonne voie et qu'elle continuera toujours à s'organiser de la même façon.

Tendero. — Camarades, au crédit des fédérations figure une créance de trois mois de cotisations impayées en 1909 ; ces trois mois ont été payés par le trésorier sortant, par Tendero, et je ne voudrais pas que le Congrès puisse croire que c'est nous, bureau sortant, qui avons été la cause de cette gestion. Je ne sais pas si le camarade Marck a eu le temps d'examiner cela. Dans tous les cas, je tiens d'abord à dire que c'est justement celui que vous avez radié l'autre jour qui est la cause de cela.

Et maintenant, je comprends que des camarades d'une association puissante comme celle du Livre ne puissent pas concevoir l'action que le Comité confédéral a essayé d'engager et à défendre par tous les moyens depuis le Congrès de Marseille. Ce sont les demi-privilégiés de la classe ouvrière ; pour eux une partie de la révolution est faite, ils ont presque toute la jouissance. Ce sont eux qui, associés avec les camarades employés, ayant aussi une situation de demi-privilégiés, ne connaissant rien des souffrances ouvrières, viennent aujourd'hui s'élever contre le rapport. Je dis que s'il y a encore des révolutionnaires, c'est parce qu'il y a encore des réformistes, et c'est pour cela que nous affirmons notre révolutionnarisme.

On rappelle des chiffres

Dret. — Il est beau, du côté de ceux que l'on a catalogués réformistes — vous ne serez pas surpris que j'emploie cette expression sans lui donner un sens injurieux — voir toujours se poser en martyrs ceux qui sont les premiers à essayer d'imposer leurs volontés aux autres. Je m'explique. On ne veut pas, quand on discute, que l'on dise qu'il y a des révolutionnaires et des réformistes à la C. G. T., seulement Liochon est venu lui-même déclarer qu'il y avait un élément libertaire qui voulait imposer sa manière de voir. Or, soyons logiques, et dites vous-mêmes qu'il n'y a à la C. G. T. que des confédérés, et alors vous ne permettrez pas la réponse facile de ceux qui démontrent qu'ils ont en face d'eux des réformistes qu'il est nécessaire de démasquer.

Tout à l'heure Liochon, sur l'intervention de Marie, disait que s'il n'avait pas voté l'augmentation de la cotisation à la Conférence des Bourses, c'était parce qu'il ne voulait pas subventionner l'antimilitarisme. Il n'a pas complété exactement quelle était la pensée motrice qui faisait agir le Livre. Je rappellerai que dans la période qui sépare le Congrès de Bourges de celui d'Amiens, pour la question des huit heures et de la grève générale, la Fédération du Livre n'avait versé que la somme de 45 francs, et je rappellerai encore que dans la période séparant le Congrès d'Amiens du Congrès de Marseille, la Fédération du Livre est portée sur le rapport comme n'ayant pas versé un seul sou. Il n'y a donc pas une hostilité qui la fait se prononcer contre le rapport du Comité confédéral parce qu'il a fait de l'antimilitarisme ou de l'antipatriotisme, il y a aussi une propagande faite par elle contre la propagande pour la grève générale qui, mieux que les grosses caisses, pourrait permettre au prolétariat de se libérer.

L'utilité des manifestes confédéraux

Lescalier. — Camarades, dans les critiques apportées à cette tribune tout à l'heure, contre le rapport confédéral, on a surtout soulevé la question des 20.000 francs dépensés pour impressions. On avait peut-être raison de critiquer cela. Mais, si vous le permettez, nous examinerons quels sont les coupables en l'espèce. Nous, dans le Gard, nous étions allés dans les centres ruraux pour faire de la propagande, et il n'a pas été possible d'organiser une réunion. Au contraire, quand nous avons reçu le manifeste de la Confédération, et que nous l'avons affiché dans ces milieux, nous n'avons pas eu la peine de demander si nous devions aller dans ces milieux, car ce sont les camarades paysans qui nous ont appelés, et nous avons ainsi amené deux ou trois mille adhérents à la C. G. T.

Eh bien, est-ce là une dépense folle et de l'argent inutilement dépensé? Oui, c'est une dépense inutile quand ces manifestes sont conservés dans les placards des fédérations, et j'ajoute qu'il serait utile qu'on ne déserte pas le Congrès à titre de protestation, comme certains l'ont fait, quand des propositions qui ne leur plaisaient pas ont été adoptées.

Le cas des peintres de Levallois-Perret

HUREAU. — Camarades, je voudrais soulever un petit incident au sujet du rapport confédéral. Je suis le représentant du Syndicat des Peintres de la Seine, et, à ce titre, je demande au Congrès de confirmer la résolution adoptée à Marseille et d'obliger le Syndicat des Peintres de Levallois-Perret à adhérer à la Fédération du Bâtiment. Pour les camarades qui connaissent l'historique de l'unité du Bâtiment, il est inutile d'expliquer les raisons qui ont fait que ce Syndicat n'a pas voulu adhérer à l'organisation unitaire. Je dis qu'il y a eu de la part du Comité confédéral une mauvaise interprétation de la décision de Marseille et qu'en ce sens, le Congrès doit obliger cette organisation à rallier la Fédération du Bâtiment. Il y a eu, au moment où le Congrès de Marseille avait dit que la Fédération de la Peinture devait, dans les trois mois, rallier la Fédération du Bâtiment, il y a eu mauvaise volonté de la part de camarades qui n'ont pas voulu se plier à la discipline syndicale. Le Congrès de Marseille avait dit que la Fédération des Peintres devait, dans les trois mois, remettre ses comptes, livres et archives à la Fédération du Bâtiment. Cela n'a pas été fait, et plutôt que d'obliger cette fédération à remetre ses archives à la Fédération du Bâtiment, on a accepté à la Confédération un syndicat de sept ou huit camarades, alors que la Fédération du Bâtiment aurait pu logiquement admettre nos camarades dans son sein.

On objectera peut-être que la Fédération du Bâtiment avait refusé le Syndicat des Peintres de Levallois, et cela parce que les statuts de la Fédération du Bâtiment ne permettaient pas d'accepter ce syndicat en tant que syndicat. Mais on pouvait admettre ces camarades en tant que section des peintres de la Seine. On ne l'a pas voulu, et je pense que le camarade Péricat, qui est mieux qualifié que moi pour traiter cette question, donnera de plus amples explications. Mais, au nom du Syndicat que je représente, je demande au Congrès de donner une nouvelle indication, afin que l'unité soit complète dans le Bâtiment.

La question du timbre unique

BOUDET. — Camarades, à la page 12 du rapport confédéral, nous voyons que, sous le tire « Conférence des Bourses et Fédérations », on a traité de la question de la carte et du timbre. Comme je ne peux pas insister, ne représentant pas une Union locale ou une Bourse, permettez-moi de vous faire connaître les idées de la 21e section. La 21e section voudrait un timbre unique et, bien que je sache que je n'ai aucune chance d'être écouté de vous, je voudrais cependant que, vous en référant à ce que la Conférence extraordinaire, tenue à Paris, a décidé pour ce timbre, que ce timbre soit véritablement appliqué comme il a été décidé, c'est-à-dire que les trésoriers et fonctionnaires syndicaux aient entre les mains un timbre qui aurait la partie supérieure imprimée et la partie du bas blanche, qui permettrait d'expliquer d'une façon plus rationnelle le second timbre, sans attendre la présence des syndiqués. C'est simplement le vœu que je formule au nom des camarades de la 21e section, aux camarades qui auront à examiner cette question dans la Conférence à l'issue du Congrès.

Pour le viaticum

Je voudrais également que la question du viaticum soit l'objet d'une application sérieuse. Nous avons demandé que ce viaticum soit appliqué à tous les camarades passant par Paris, pour soutenir les malheureux d'entre nous.

Les caractères des Maisons à l'index

Ces deux questions tranchées, que Marie me permette de répondre que dans l'incident qu'il a soulevé au sujet de nos cours professionnels de la 21e section où, paraît-il, après enquête, on aurait trouvé des caractères sortant de maisons à l'index, le camarade Marie a été trompé. En effet, à nos cours professionnels, on peut trouver des caractères sortant de maisons mises à l'index. Mais ce que le camarade Marie n'a pas dit, c'est que nos caractères ont été pris dans ces maisons avant 1906, c'est-à-dire avant leur mise à l'index. Je devais le signaler pour l'édification du Congrès.

Réponse aux critiques de Liochon

Le camarade de la Fédération du Livre a apporté ici des critiques, et il nous a dit pourquoi, au nom de la Fédération du Livre, il ne pouvait pas voter le rapport confédéral. Je ne veux pas le suivre sur tous les points qu'il a traités ; mais ce que je tiens à dire, c'est qu'en effet la Fédération du Livre et ses représentants ne peuvent pas adopter le rapport confédéral. Pourquoi ? C'est parce que l'action que nous faisons dans la Confédération a pour but la suppression du salariat et la guerre au capital, et que la Fédération du Livre veut l'entente avec le capital. (*Applaudissements*). Car, à propos de l'antimilitarisme, est-ce que le camarade Burgard, au dernier Congrès de la C. G. T., n'a pas signé en même temps que Niel un ordre du jour antimilitariste ? Est-ce que les camarades du Livre ne savent pas comme nous que, quand il y a des grèves, les grévistes sont remplacés par des soldats ?

Le camarade du Livre a dit également qu'il ne voterait pas le rapport parce qu'il était contre la grève générale, qui n'est pas du domaine syndical...

Liochon. — Je n'ai pas dit cela.

Boudet. — Mais alors, où allons-nous ramener l'action confédérale, l'action du syndicat, l'action des fédérations, si nous n'avons pas pour but, petit à petit, de jour en jour, suivant nos forces de plus en plus grandes, d'essayer de terrasser le capital ? Est-ce que ce n'est pas par la grève générale que nous pourrons y arriver ? Je sais que c'est un moyen qui sera appliqué je ne sais quand. Mais nous savons, nous, que c'est lorsque les instruments de production s'arrêteront de produire que nous pourrons faire le cataclysme nécessaire qui pourra faire changer les conditions sociales du pays. Nous sommes, comme les délégués du Livre, non pas des partisans des catastrophes, non pas les partisans du tout ou rien, non pas les partisans du sang répandu, mais nous voulons une organisation : ce que nous voulons, c'est, avec la C. G. T., essayer, par l'éducation et une propagande de tous les instants, de faire changer l'état social et de supprimer le salariat, tandis que la Fédération du Livre ne veut pas la suppression du salariat...

LIOCHON. — Elle ne veut ni de l'antimilitarisme, ni de l'antipatriotisme.

BOUDET. — Je voudrais laisser de côté les pages un peu trop noires de l'action de la Fédération du Livre. J'estime que ces questions, qui se rapportent strictement à notre métier, doivent être traitées entre nous dans nos fédérations.

LIOCHON. — Il n'y a pas de pages noires.

BOUDET. — Nous nous sommes expliqués à Bordeaux : ce n'est pas le moment de le faire ici. Mais je tenais à faire connaître au Congrès que, d'une part, le Livre ne pouvait pas voter et être d'accord avec le rapport de la C. G. T. Les camarades du Livre devraient savoir cependant qu'un grand effort est fait pour l'organisation, et que par conséquent on doit en tenir compte.

Une autre question a été soulevée : c'est la personnalité du camarade Niel. (*Bruit*). Je veux simplement dire que si dans la C. G. T. le Livre est convaincu que trop de violences sont faites, eh bien, au lieu d'envoyer le camarade Niel pour remplacer une personnalité, il fallait que les délégués du Livre fassent une action plus efficace, il fallait que leurs efforts se joignent à ceux des militants des autres fédérations, comme je l'ai fait moi-même à l'Union des Syndicats de la Seine, où je ne suis pas toujours d'accord avec tous les délégués, mais où j'essaye d'apporter ma cote-part d'efforts et de bonne volonté ; tandis que vous, délégués du Livre, vous n'avez pas fait cela ; vous avez voulu changer un personnel, et pas autre chose, et par conséquent je comprends pourquoi vous ne voulez pas voter le rapport confédéral.

Vous avez dit encore que le genre de propagande employé ne vous convenait pas. Eh bien, je ne sais pas ce que vous entendez par là. Toujours est-il qu'une propagande doit être faite par la C. G. T. Mais comment doit-elle être faite ? Quand un syndicat ou une fédération a besoin d'un concours, il s'adresse au Comité de la C. G. T., qui envoie un ou deux délégués. Mais, quelle propagande voulez-vous faire ? Est-ce que la C. G. T., par l'envoi d'Yvetot, de Griffuelhes ou de Jouhaux, va imposer une façon de voir, va imposer une grève, va imposer un mouvement de solidarité ou de revendication de salaire ? Non, les camarades envoyés par la C. G. T. viennent pour soutenir le mouvement déjà entamé, et par conséquent j'estime que la propagande de la C. G. T. ne peut revêtir qu'un caractère d'ensemble et ne peut donner aucune acuité aux conflits quand ils sont déjà entamés.

Par conséquent, j'estime qu'il n'est pas juste de faire tomber sur le dos du rapport confédéral une critique pour la propagande. Mais je sais que nous ne pouvons pas être d'accord pour la propagande, parce que vous, délégués du Livre, vous ne voulez pas faire des révoltés ! Nous, nous voulons élever la dignité humaine, tandis que vous, vous mettez tout en œuvre pour l'abaisser.

Détails d'organisation se rapportant au Spectacle.

PRÉVOST. — Camarades, ce n'est pas la critique du rapport que je viens faire et — rassurez-vous — je ne parlerai pas de la Fédération du Livre. Je veux simplement relever quelques erreurs de fait qui se trouvent dans le rapport, et il suffira que le secrétaire en fonction promette de les rectifier pour que nous nous déclarions satisfait.

A la page 32 du rapport, on cite parmi les fédérations ayant fusionné: *La Fédération des Choristes et celle des Musiciens disparaissent pour constituer la Fédération générale du Spectacle.* Il y a déjà une erreur en ce sens que les choristes n'ont jamais eu de fédération, mais sont constitués en Syndicat national. L'autre erreur, c'est que la Fédération des Musiciens n'a pas fusionné avec les choristes pour constituer la Fédération générale du Spectacle. Mais ces organisations se sont entendues avec d'autres organisations pour constituer un organisme nouveau : La Fédération générale du Spectacle. Mais, par le fait de la constitution de la Fédération générale du Spectacle, la Fédération des Artistes Musiciens n'a pas disparu, comme il est dit à la page 77 du rapport, je crois. La Fédération des Artistes Musiciens continue à exister comme fédération de métier, et cela parce que son existence est absolument indispensable au mouvement corporatif des musiciens. De même dans le répertoire des organisations, nous trouvons : « Fédération générale du Spectacle, formée par Fédération des Musiciens et Artistes dramatiques ». Encore une erreur qui s'est glissée dans l'établissement du répertoire. Les Artistes dramatiques ne possédaient pas de fédération et, en outre, ils n'étaient pas adhérents à cette époque à la Fédération générale du Spectacle. On cite ensuite tous les syndicats locaux de musiciens comme adhérents à la Fédération générale du Spectacle. C'est encore une petite erreur, attendu qu'il n'y a qu'une seule organisation adhérente à la Fédération du Spectacle : c'est la Fédération de métier des Musiciens, et les syndicats locaux sont adhérents à la Fédération du Spectacle par l'intermédiaire de leur Fédération de métier.

Nous demandons simplement que ces petites erreurs soient rectifiées, parce qu'elles ont apporté une grande confusion dans nos organisations, et nous nous déclarerons satisfaits.

ELIE. — Camarades, à propos de la question qui vient d'être traitée, je demande au Congrès de dire si une fédération de métier doit être adhérente à une fédération d'industrie.

UNE VOIX. — Non.

ELIE. — Eh bien, moi, je dirai oui.

JOUHAUX. — Il faudrait d'abord vous entendre tous les deux avant de poser la question.

ELIE. — Chez nous, on n'est pas d'accord, et je demande au Congrès de nous mettre d'accord. Je demande qu'après la discussion des rapports, cette question soit mise en discussion.

J'en viens alors au rapport de *la Voix du Peuple.*

Il n'y a pas d'ordre dans la discussion

Yvetot. — J'aurais voulu que le président dise : Nous discutons d'abord le rapport général du Comité, ensuite le rapport de la Section des Fédérations, puis le rapport moral de la Section des Bourses, celui de *la Voix du Peuple*, et enfin celui des grèves. De même, le camarade président aurait dû mieux présider en disant : Les camarades qui prennent la parole, c'est pour critiquer ou apporter des arguments contre le rapport. Autrement, pour dire que le rapport est bien, ce n'est pas nécessaire. Il faut discuter les rapports, et ce sera ensuite aux membres du bureau à se disculper.

A propos de « la Voix du Peuple »

Elie. — Je dirai donc, à propos du rapport de *la Voix du Peuple*, qu'il n'y a pas d'organisation au sujet de *la Voix du Peuple :* il y a des commissions qui ne se réunissent jamais, et je le vois même dans le rapport. J'ai assisté aux séances du Comité confédéral, où il a été question de la nomination d'un gérant. Le secrétaire du journal disait : Le gérant n'a qu'à donner son nom pour se faire mettre en prison. Eh bien, si un gérant d'un journal bourgeois fait cela, cela ne doit pas se faire chez nous. Je dis que c'est un manque d'administration, et je demande au Congrès de renvoyer au Comité confédéral pour faire de *la Voix du Peuple* un journal de propagande avec une bonne administration.

L'attitude des mineurs

Cordier. — Camarades, la Fédération des Travailleurs du Sous-Sol, à l'unanimité, décide d'accepter le rapport confédéral, parce qu'il est conforme aux décisions du Congrès de Marseille. Ce n'est pas une raison, parce que nous acceptons le rapport confédéral, que nous admettions tout ce qui a été décidé au Congrès de Marseille. Mais nous nous inclinons devant les décisions du Congrès de Marseille, et nous considérons que le Comité confédéral, du moment qu'il respecte les décisions des congrès, est dans son rôle et dans ses attributions.

Ceci dit, je voudrais rectifier quelques inexactitudes qui ont été faites tout à l'heure par des membres du Congrès qui ont pris la parole. Il y a le camarade Tendero, de l'Alimentation, qui a fait allusion aux Mineurs et au Livre, et qui a dit que les Mineurs étaient associés au Livre.

Eh bien, je veux rectifier ces paroles en ce sens que nous ne sommes pas plus associés au Livre, nous la Fédération du Sous-Sol, que nous le sommes à la Fédération du Bâtiment : mais nous sommes, au même titre que le Livre et le Bâtiment, des adhérents à la C. G. T.

Ensuite, le camarade Jacquemin, des maréchaux, a commis une erreur également quand il a déclaré que le camarade Niel, dans son discours de Lens, au lendemain d'une décision du Congrès des Mineurs décidant de faire la grève pour soutenir les postiers, leur avait déconseillé de faire la grève. Or, le discours de Niel avait été contre la décision du Congrès de Lens. Eh bien, il est nécessaire de dire ici que le Congrès de Lens n'avait pas décidé de se solidariser par la grève avec les postiers : que c'est à la suite d'une démarche faite par le Comité fédéral des P. T. T. et après des pourparlers avec la fédération qu'il a été décidé que nous ne pouvions pas voter la grève, parce que les délégués au Congrès n'avaient pas mandat de la voter pour soutenir les postiers, et alors le délégué des P. T. T. nous a dit : Eh bien, qu'on fasse une séance secrète pour encourager les postiers dans leur mouvement, et c'est alors là que nous avons voté un ordre du jour.

On accorde à Niel de parler plus d'un quart d'heure

Le Président. — Le camarade Niel, ayant d'assez longues explications à fournir, demande qu'on lève pour lui la période d'un quart d'heure, qui a été accordée jusqu'à présent aux autres orateurs; il estime, avec juste raison, que son titre d'ancien secrétaire de la C. G. T. lui permet de demander pareille tolérance, qui a été déjà accordée au camarade Griffuelhes.

Adopté.

Discours de Niel

Niel. — Camarades, je ne demande à personne ici de s'associer, d'une façon quelconque, aux opinions que j'émettrai, mais je demande à tous, quelles que soient les leurs, de vouloir bien m'écouter dans le plus grand silence, ainsi qu'on a écouté, avant moi, d'autres camarades qui avaient, comme moi, des explications sérieuses à fournir.

On a dit, on a écrit beaucoup d'erreurs, beaucoup de calomnies, beaucoup de méchancetés sur mon élection, sur les fonctions que j'ai exercées pendant quelques mois et sur ma démission; j'estime que j'ai à fournir à la majorité qui m'avait fait l'honneur de me nommer secrétaire de la Confédération, ainsi du reste qu'aux autres camarades, des explications complètes, des explications aussi claires, aussi larges que possible. Ces explications, camarades, je les fournirai, je vous le dis tout de suite, autant que possible sans rancune, mais je ne garantis pas de les fournir sans quelque amertume.

Tout d'abord, voulez-vous me permettre de déblayer un peu le terrain de deux petites questions, dont une bien misérable, qui viennent d'être apportées à la tribune par quelques camarades. Il y en a une qui a trait à une indemnité de 500 francs que le Comité confédéral m'aurait votée, et on a dénoncé ce vote presque comme un scandale. Que les camarades qui seraient outrés de ce vote me permettent de leur apprendre que c'est contre ma volonté qu'il a été fait; que ces camarades sachent que la proposition n'a pas été faite par moi ni par mes amis, qu'elle a été faite par ceux qui, au Comité confédéral, ne partageaient pas mes conceptions. D'autre part, que ces camarades sachent que lorsque j'ai vu que l'on proposait au Comité confédéral une telle indemnité pour mon déménagement et mon déplacement de Montpellier à Paris, j'ai été tout le premier à dire, alors que je n'y étais pas contraint, alors que je pouvais garder cela pour moi, que la Bourse de Montpellier m'avait voté déjà une indemnité de 150 francs. J'aurais pu, je le répète, garder cela pour moi, ne pas le dire : je l'ai dit, afin que le Comité confédéral sache bien que j'avais déjà reçu une indemnité de 150 francs pour mon déplacement et qu'il se base là-dessus pour voir quelle indemnité lui-même pourrait voter. Enfin, que les camarades sachent que ceux qui ont l'air de me reprocher qu'on m'ait voté une indemnité de 500 francs, ont voté eux tous les premiers une indemnité de 500 francs pour le camarade Griffuelhes, lorsqu'étant fatigué, il est allé se reposer quelques jours dans les Pyrénées.

La deuxième question, dont je veux déblayer tout de suite le terrain, c'est une équivoque à propos des résolutions du Congrès de Marseille. On a parlé, tout à l'heure, d'antimilitarisme et d'antipatriotisme, et on a continué ici encore l'équivoque qui dure depuis très longtemps, c'est-à-dire qu'on continue d'essayer de nous faire passer, nous qui n'avons pas voté la résolution de Marseille, pour des adversaires de l'antimilitarisme. C'est là qu'est l'équivoque. Je ne veux pas rouvrir les débats du Congrès de Marseille ; mais laissez-moi vous dire que nous avons dit, que nous répétons sans cesse tous les jours que nous faisons une distinction entre ce que vous appelez l'antimilitarisme et ce que nous appelons l'antipatriotisme. Si par antimilitarisme on entend la propagande à faire pour empêcher l'intervention de l'armée dans les grèves, sous la forme soit de fusils, soit d'outils, nous sommes antimilitaristes ; tous les jours nous faisons de la propagande dans ce sens, et dans ce sens vous n'en ferez jamais de plus violente que celle que nous ferons nous-mêmes. *(Applaudissements).*

Après ces explications, je défie qu'on puisse continuer, sans injustice ou sans calcul, de nous présenter comme adversaires de l'antimilitarisme syndical.

Je voudrais maintenant, avant d'expliquer les diverses raisons d'ordre un peu psychologique qui ont amené les incidents de la C. G. T., exposer d'abord mon élection, mon passage et ma démission à un point de vue plus matériel, plus objectif, faire d'abord une espèce d'historique rapide.

J'ai été nommé secrétaire de la Confédération à la suite de deux circonstances dont je connaissais toute l'importance et qui, certes, devaient me rendre la tâche extrêmement difficile. La première, c'est que nous venions du Congrès de Marseille : j'y avais eu une attitude qui semblait et qui était, en effet, en opposition avec la majorité du Congrès de Marseille, et l'on pouvait trouver assez drôle que celui qui, au Congrès de Marseille, avait combattu toutes les propositions que la C. G. T. avait fait accepter, fût celui qui, comme secrétaire de la Confédération, aurait la charge de faire appliquer ces décisions. Sur ce premier point, camarades, je dirai que si la suspicion pouvait quelque peu être permise, elle n'était pas légitime : les camarades ignoraient quelle serait mon attitude, en ma qualité de secrétaire confédéral, en face des résolutions du Congrès de Marseille : mes camarades paraissent oublier que je pouvais parfaitement avoir voté à Marseille selon mes convictions contre certaines propositions, sans que cela m'empêchât, en ma qualité de secrétaire confédéral, reconnaissant le caractère exact de cette fonction, d'appliquer aussi fidèlement que possible les résolutions du Congrès de Marseille.

La seconde circonstance, à la suite de laquelle mon élection est venue, est une circonstance qui a fait l'objet, ici, d'un débat très sérieux, liquidé maintenant : c'est la circonstance qui s'applique à la question de la Maison des Fédérations. Je veux tout de suite, camarades, que vous me rendiez au moins cette justice que depuis que ce débat est soulevé dans le monde syndical, depuis qu'il fait l'objet d'incidents divers, à Paris, en province, partout, jamais je n'ai fait la moindre allusion à ces événements, jamais je n'ai voulu apporter la moindre parole de critique contre la gestion de la Maison des Fédérations et contre celui qui la gérait, le camarade Griffuelhes.

Ce n'est pas que je ne connusse point la question : j'avais été moi-même mis au courant d'une façon très amicale, il y avait deux ou trois ans, par le camarade Griffuelhes, un soir qu'il m'avait invité à dîner chez lui, en compagnie d'autres camarades; et lorsque j'ai eu l'occasion, malgré le mutisme auquel je m'étais volontairement condamné, de dire à quelques camarades ce que j'en pensais, j'ai toujours dit : la question de la Maison des Fédérations ne peut pas se retourner contre le camarade Griffuelhes, il n'y a là-dedans qu'une suite de difficultés qu'il a rencontrées, qu'une suite d'obstacles; en réalité, son intention était excellente et je crois à sa parfaite honorabilité.

Mais si je n'ai pas pris parti sur cette question, c'est parce que je ne voulais pas avoir l'air, moi qui succédais au camarade Griffuelhes, d'être l'adversaire de mon prédécesseur sur une misérable question personnelle. Je ne voulais pas que l'on pût dire : Niel est devenu le secrétaire de la C. G. T. à cause de cette misérable question, il s'associe à ceux qui ont soulevé ce débat. — Non, j'ai gardé le silence parce que je voulais que ma position dans la succession du secrétaire confédéral fût celle d'un homme qui a accepté d'opposer ses conceptions et ses méthodes syndicales aux conceptions et aux méthodes de son prédécesseur. J'estime qu'en cela je ne faisais qu'exercer librement le droit que tous les syndiqués ont d'exposer leurs opinions, leurs méthodes, et de les faire triompher dans la mesure du possible. Cette position d'adversaire d'un homme qui avait une conception différente, était une position saine, morale : c'est la seule que je voulais accepter.

C'est dans ces conditions que je suis venu à la Confédération. Qui m'y a envoyé? Au moment où à Paris les incidents de la Maison des Fédérations commençaient de prendre quelque acuité, il y avait quelques organisations qui avaient songé à la possibilité de la retraite du camarade Griffuelhes, et, en effet, cette retraite se produisit. Avant qu'elle ne se produisît, on m'avait demandé si j'accepterais d'être candidat au secrétariat de la Confédération et j'avais répondu non : je ne voulais pas, en effet, être l'adversaire, dans une candidature quelconque, de ceux qui étaient en fonctions, et qui manifestaient le désir d'y rester, car, si j'avais voulu accepter cette proposition, je l'aurais acceptée bien avant : elle m'avait été faite bien avant par d'autres camarades, non pas de Paris, mais de province, non pas contre Griffuelhes, mais contre un autre, le camarade Yvetot. Je n'ai jamais voulu accepter d'être candidat contre le secrétaire en fonctions qui manifestait le désir d'y rester : ce n'est, je le répète, que lorsque j'ai vu Griffuelhes décidant définitivement de se retirer, que j'ai accepté la proposition.

Par qui a-t-elle été faite? Par un certain nombre de camarades, par un certain nombre d'organisations, mais, officiellement, par une organisation, la Fédération des Mineurs, qui a elle-même proposé au Comité confédéral ma candidature.

Un camarade a dit, ces temps derniers, dans une interview qui a paru, si je ne m'abuse, dans *la Petite République*, que j'étais entré à la Confédération par la petite porte, par la porte des artistes, à tel point que ma propre fédération, la Fédération du Livre, ne voulait pas me présenter, que ce n'était même pas ma fédération qui me présentait, qu'il avait fallu que je me fasse présenter par une fédération étrangère, et que j'étais passé ainsi à la Confédération par une porte dérobée.

Celui qui a dit cela ne savait pas ce qu'il disait. Il ne savait pas que j'avais une lettre de la Fédération du Livre me disant, au contraire : « Le Comité central s'est associé, sans réserves, à la présentation de votre candidature à la succession du camarade Griffuelhes. »

Ce n'était donc pas contre ma fédération que j'y entrais, c'était avec elle : mais c'est la Fédération des Mineurs qui, officiellement, m'a présenté. Elle m'a présenté sous la forme suivante, elle a envoyé une circulaire à tous les syndicats pour indiquer le caractère de ma candidature, en disant :

Camarades,

Votre circulaire du 28 janvier nous indique que les secrétaires de la C. G. T. ne se présentent pas. S'il en avait été autrement, notre fédération aurait continué d'observer la réserve qu'elle s'est imposée en entrant à la C. G. T., et nous nous serions bien gardés d'opposer une candidature quelconque aux camarades investis de la confiance du prolétariat organisé, pour qu'on ne puisse pas interpréter notre intervention comme un acte d'hostilité à leur égard. La retraite du bureau sortant crée une situation nouvelle. Nous pouvons donc, aujourd'hui, sortir de notre réserve en présentant aux fédérations une candidature susceptible, croyons-nous, de rallier les suffrages de tous. Il est indispensable, à notre avis, que le nouveau bureau s'inspire de l'ardent désir qu'ont tous les militants de réaliser à la C. G. T. une union de plus en plus étroite. Les querelles entre organisations de telle ou telle tendance, ou plus exactement de telle ou telle méthode, doivent s'effacer dans l'intérêt même du syndicalisme. C'est à cette règle que la Fédération des Mineurs a obéi. Elle veut, à tout prix, l'union non seulement entre les mineurs, mais entre tous les travailleurs. C'est pourquoi nous présentons la candidature du camarade Niel, secrétaire de la Bourse du Travail de Montpellier qui, par son esprit conciliant, avisé et affirmé, par sa valeur incontestée, nous paraît susceptible d'être le trait d'union entre les organisations des diverses méthodes. Il nous faut à la Confédération un homme respectueux des opinions de tous, partisan de l'autonomie absolue des groupements, et Niel présente, à notre avis, toutes les qualités requises pour occuper la fonction. Nous considérons sa candidature comme une candidature d'union, et c'est à ce titre que nous la présentons.

Voilà, camarades, le caractère exact de ma candidature. Elle n'était pas une candidature dite réformiste au sens où, d'habitude, l'on entend ce mot du côté de ceux qui aiment bien se dire des révolutionnaires : c'était, si je puis dire, pour me servir moi-même du texte de la Fédération des Mineure, une candidature de trait d'union, une candidature qui avait pour objet de réaliser dans la C. G. T. ce que j'ai appelé et ce qu'hier notre ami Griffuelhes appelait, après moi, à la fin de son discours, l'unité morale.

Mais on n'a pas vu cela, on n'a pas voulu voir cela : on y a vu tout simplement une candidature nettement réformiste contre la tendance dite révolutionnaire : on y a vu que j'étais l'instrument aveugle, que j'allais obéir à tous les ordres qui viendraient du côté de mes camarades pour mener la bataille contre la tendance dite révolutionnaire, bataille que déjà ces camarades, tout au moins quelques-uns d'entre eux, menaient depuis longtemps.

C'est là la première faute commise. On n'a pas voulu voir le caractère exact de ma candidature, et alors, évidemment, j'allais entrer à la Confédération dans des conditions bien mauvaises : je m'en rendais bien compte moi-même, je n'en étais pas dupe, à tel point que je consultais mes amis plus d'un mois avant en leur demandant : Faut-il y aller? Je savais ce qui m'y attendait, je savais la vie qui allait m'être faite au sein du Comité confédéral, je sentais bien la bataille qui allait s'engager contre ma personne — j'en dirai tout à l'heure les raisons. Si j'ai accepté tout de même, j'ai dit : Je vais essayer; si après avoir fait tous mes efforts, après avoir apporté toute ma bonne volonté à réaliser cette union entre les uns et les autres, je n'y aboutis pas, eh bien, la preuve sera faite que cela n'est pas possible, pour moi tout au moins, que je ne peux pas être l'homme de cette réconciliation : je me retirerai. Mais je croyais tout de même, quelles que fussent mes préventions et mes craintes, que parmi mes adversaires... et quand j'emploierai ce mot adversaires n'y voyez rien d'hostile à l'égard de personne, j'entends par là ceux qui ne pensent pas comme moi... je croyais que, quelles que fussent leurs opinions personnelles, ils seraient assez généreux, assez conciliants, assez aimables, assez conscients pour attendre, avant de me livrer la bataille qui m'a été livrée avant même que j'aille à la Confédération, que j'aie pu exercer mes fonctions, pour voir de quelle manière je les exercerais, pour voir comment je me tirerais de mon rôle, et ensuite si, par hasard, ils s'étaient aperçus que je n'étais pas l'homme de la situation, que je venais pour faire la guerre et non la paix, que je venais pour propager des doctrines en vertu d'ordres que je recevrais de mes camarades, alors, oui, j'aurais compris que ces camarades me livrassent la bataille la plus acharnée. Du reste, je n'aurais pas attendu bien longtemps, je serais parti de moi-même.

Mais non, sans savoir ce que je ferais, sans savoir ce que je pensais, systématiquement, tout de suite, la bataille contre moi a commencé. Que dis-je tout de suite? Avant que j'y aille, j'ai été l'objet, dans un journal qui en fait de *révolution* avait réussi tout juste à la faire déclarer dans le syndicalisme, d'attaques calomnieuses en même temps que ridicules. Il y en a un qui avait trouvé comme argument contre moi, qu'à l'âge de 12 ans j'avais fait ma première communion! Pour me discréditer de toute façon, on se servait de tout!

Je n'ai pas voulu répondre à ce journal, parce que d'abord il y en avait trop : je ne pouvais pas répondre à toutes les injures, à toutes les calomnies, et je ne voulais pas, avant d'entrer en fonctions, polémiquer et discuter avec des adversaires.

Mais, dès que je suis entré, la bataille a commencé alors dans le Comité confédéral. Oh! certes, je n'y ai pas trouvé, je ne dis pas la sympathie absolue, mais la sympathie relative que je pouvais espérer et qu'on me devait. J'étais malgré tout, qu'on le veuille ou qu'on ne le veuille pas, l'élu régulier du prolétariat confédéré : il y avait eu un vote à l'appel nominal, cela ne s'était pas fait en cachette, le vote était régulier; la majorité était petite — oh! certes, d'une voix — mais enfin, qu'importe? j'étais l'élu régulier d'une majorité. Elu régulièrement par une majorité, je répète qu'on me devait sinon le respect absolu, tout au moins le respect relatif que l'on doit à celui qui a été choisi par l'ensemble des organisations pour gérer le secrétariat général. Eh bien, non, je n'ai pas trouvé même cette amitié, cette sympathie relatives. Tout de suite ç'a été la glace, une attitude froide, hostile : je ne pouvais pas faire une proposition au Comité confédéral : dès que je parlais, immédiatement, avec un ensemble parfait, dix, vingt camarades disaient : « Je demande la parole ». Certes, on avait le droit de me répondre, mais où l'hostilité manifeste se voyait, c'était dans la spontanéité, dans la rapidité et dans la succession des demandes de parole chaque fois que j'ouvrais la bouche au Comité confédéral.

Je ne pouvais pas envoyer un article à *la Voix du Peuple* sans que par suite d'une coïncidence vraiment mystérieuse, ceux qui recevaient mon article eussent en même temps, pour mettre *dans le même numéro*, la réponse qu'ils voulaient faire au réformiste Niel. J'avais fait un article intitulé : « A l'œuvre tous pour des résultats »; dans le même numéro, et avant le mien, il y avait un article intitulé : « A l'œuvre tous pour la grève générale ». Le titre seul indiquait l'intention. J'avais fait un autre article intitulé : « La valeur réformiste du 1er mai ». Dans le même numéro, avant que quelqu'un ait pu connaître mon article, il y en avait un autre intitulé : « La valeur révolutionnaire du 1er mai ».

Cela continuait ainsi tous les jours. Lorsque même j'arrivais à faire insérer mes articles dans *la Voix du Peuple*, je m'estimais heureux, car une fois je n'ai pas pu faire insérer un article, et cela a même donné lieu à un incident. En effet, les esprits étaient tellement montés, il y avait entre moi et les camarades du Bureau confédéral un état de surexcitation tel, que nous sommes arrivés à nous flanquer des coups de poing! Un jour, nous nous sommes battus avec Yvetot! Si j'étais resté à la Confédération, il est probable que nous nous serions battus tous les jours, et si la conviction révolutionnaire se manifeste à l'exercice du biceps, il est probable que j'aurais été aussi révolutionnaire qu'un autre. (*Applaudissements et murmures*).

Camarades, je ne nie pas que j'aie lancé le premier coup de poing; je ne l'ai jamais nié... (ah ! ah !), mais c'est ici l'histoire du chasseur et du lapin. Il s'agit de savoir si c'est le chasseur qui a voulu tuer le lapin ou si c'est le lapin qui a voulu se faire tuer, et je prétends que si j'ai donné le premier coup de poing, c'est que j'avais reçu d'autres coups, pas sur la figure, mais dans le cœur : j'avais été victime de tant de saletés, que j'en avais le cœur gros, et alors il est évident qu'un jour il fallait qu'à la faveur du plus petit incident ce flot de colère, de dégoût, se traduisît par un acte physique, et il s'est traduit par un coup de poing. Est-ce moi qui ai commencé? Je vous laisse juges...

Yvetot. — Et les saletés, est-ce que c'était moi?

Niel. — Tous à la fois ! C'était peut-être toi qui trinquais, Yvetot, et il y avait à cela deux raisons. La première, c'est qu'en effet nous étions côte à côte tous les jours, et que ce côte à côte n'avait pas eu pour résultat de nous faire estimer, mais, au contraire, de nous faire détester encore davantage, non pas que je ne fisse rien pour me rapprocher de toi, mais parce que je ne vis pas la moindre intention de ta part de te rapprocher de moi, et aussi parce que toi, à cause de ta violence, tu étais le plus acharné contre moi. Tu étais peut-être celui qui synthétisait cette bataille continuelle, collective et indigne contre moi, et alors ce sont évidemment ces deux circonstances qui ont fait que c'est toi qui as reçu mon premier coup de poing.

Camarades, on a dit dans le rapport du Comité confédéral, à la page 12 — et je suis bien parconséquent dans le débat — à propos de la grève des P. T. T. :

> Cette grève générale avait fait naître divers incidents, dont celui qui fut cause de la démission des camarades Niel et Thil, secrétaire et secrétaire adjoint de la C. G. T.

C'est tout ce qu'il y a dans le rapport sur ces incidents-là. Je ne veux pas reprocher à mes camarades d'avoir réduit à deux lignes seules un incident qui a rempli en quelque sorte l'histoire syndicale pendant un an. Non ; je connais leur intention : ils essaient autant que possible de passer l'éponge sur tous ces incidents, d'éviter des discussions, d'éviter des querelles peut-être encore. Leur intention était excellente : je ne la blâme pas. Mais là où je ne puis pas les approuver, c'est dans la nature du motif qu'ils donnent de mon départ. Cela n'est pas exact. Je ne suis pas parti à la suite des incidents de la grève des P. T. T. Ne confondons pas. Je ne suis pas parti à cause de ces incidents, car au moment où je vous ai donné connaissance de ma lettre de démission — je vous l'ai dit, du reste, si mes souvenirs sont bien exacts, au Comité confédéral — il y avait trois semaines que j'avais cette lettre de démission dans ma poche et, si je ne me trompe pas, il y a une personne dans le Congrès — je m'excuse de la citer — mais c'est la seule qui le savait : c'est le citoyen Albert Thomas, député. C'est avec lui que j'avais rédigé, trois semaines au moins à l'avance, ma lettre de démission. Il n'est donc pas exact de dire que j'ai donné ma démission à la suite de la grève des P. T. T., car elle n'avait pas encore éclaté.

Pourquoi n'ai-je pas démissionné plus tôt ? Tout simplement, camarades, parce qu'au moment où j'avais pris la décision définitive de partir, tout à coup les événements se sont succédé, les incidents, la révocation des camarades des P. T. T. qui avaient fait grève une première fois sont venus. On a senti... comment dirai-je ?... la colère grandir à nouveau dans le prolétariat des P. T. T. : j'ai senti moi-même qu'il était possible qu'une nouvelle grève des P. T. T. éclatât bientôt ; je prévoyais un orage nouveau, je prévoyais une grève nouvelle. D'autre part, nous étions à la veille du premier mai, et je disais : Si tu t'en vas à ce moment-là et qu'ensuite il arrive une nouvelle grève des P. T. T., vraiment tu vas paraître déserter ton poste : on va dire que tu as senti des dangers, des difficultés s'amonceler sur ta tête et que tu es parti.

Et alors j'ai dit : Non, je vais attendre quelques jours : si les événements font que la grève des P. T. T. n'éclate pas, je m'en irai ; si les événements font qu'une nouvelle grève des P. T. T. éclate, tu seras là, tu recevras l'averse quoi qu'il advienne, tu recevras tout, mais au moins on ne pourra pas dire que tu as déserté ton poste, et après, quand de nouveau tout cela sera éclairci, tu partiras.

Voilà les conditions exactes de ma démission. Elle n'est pas due aux incidents de la grève des P. T. T., elle est due à l'ensemble des...

Jouhaux. — Aux conséquences.

Niel. — Elle est due à l'ensemble des incidents dont j'ai eu à me plaindre du premier au dernier jour, dans le bureau du Comité confédéral, de la part de ceux qui ne partageaient pas mes conceptions, sauf quelques exceptions auxquelles je me plais à rendre hommage ; mais de la part des autres, j'ai eu à subir tellement d'avanies, que c'est là que subsiste la cause de ma démission. La grève des P. T. T., certes, n'était pas faite pour me faire changer d'opinion. Ah ! si vous voulez dire que la grève des P. T. T. a été une cause nouvelle, je veux bien. Si vous voulez que je vous fasse cette concession que la grève des P. T. T. a été la goutte d'eau qui a fait déborder le vase, je le veux bien : mais ce n'est pas la cause principale, c'est une cause secondaire.

Je suis parti aussi, camarades, non pas seulement à cause de l'attitude — je le dis sans hésiter — vraiment indigne de mes adversaires, attitude que, quelles que soient les opinions qu'on ait, on ne peut que flétrir quand on est honnête, je suis parti aussi à cause de l'attitude de mes propres amis. Mes amis, ceux qui m'avaient nommé, ceux qui m'avaient fait venir au Comité confédéral, ne *m'ont* pas soutenu comme il était de leur devoir de me soutenir. (*Applaudissements*). Ces amis-là le savaient ; je leur avais dit à eux, avant de venir à la Confédération : Savez-vous bien ce que vous faites ? Etes-vous bien décidés, au cas où je serais élu, à me seconder, à m'aider, à me soutenir, le cas échéant ? Ils avaient répondu oui, parce qu'ils ne pouvaient pas répondre non. La vérité est que lorsqu'il a fallu que je compte sur leur concours, ce concours m'a fait défaut ; je n'ai pas eu au Comité confédéral l'appui assidu de tous ceux qui auraient dû être là au Comité confédéral ; je n'ai pas eu dans la France, en dehors du Comité confédéral et de Paris, je n'ai pas eu l'appui que je pouvais espérer du fait que j'avais été élu par des organisations qui ont des syndicats dans toute la France ; je n'ai pas entendu les échos d'une sympathie que j'espérais, d'un concours que j'espérais. J'accuse à la fois mes adversaires d'idées d'avoir été les premiers, les principaux auteurs de ma démission, et en même temps mes propres amis d'avoir failli à leur devoir de solidarité. (*Applaudissements*).

Une voix. — Décidément, les réformistes ne valent pas grand chose !

Niel. — Oh ! les révolutionnaires ont été si gentils !... En tout cas, je vous donne là une preuve de mon impartialité loyale.

Yvetot. — Tu aurais mieux fait de rester de notre côté : on ne t'aurait jamais abandonné.

Niel. — Je ne sais pas de quel côté se trouve la somme principale de vertus, je ne sais pas si c'est du côté de ceux qu'on appelle les réformistes ou du côté de ceux qu'on appelle les révolutionnaires ; ce que je puis dire, en tout cas, c'est que nul n'a accaparé toutes les vertus, alors que du côté des révolutionnaires on prétend les avoir monopolisées toutes. (*Bruit*). Je m'explique, camarades. Si vous aviez le degré de camaraderie, le petit degré que nous exigeons de vous, vous reconnaîtriez au moins que si du côté des réformistes il n'y a pas votre pensée intime, il n'y a pas vos doctrines dans leur ensemble, il y a quelque chose qui sert le syndicalisme dans une certaine mesure, puisqu'ils sont dans les mêmes organisations, qu'ils collaborent à la même œuvre et qu'ils poursuivent le même but avec des tempéraments différents. Mais non, pour vous, il n'y a rien de bon de l'autre côté, tout ce qui n'est pas vous *tout à fait*, est *tout à fait* mauvais. Voilà où vous prétendez accaparer toutes les vertus. (*Applaudissements et bruit*).

Péricat. — Du côté révolutionnaire, il y a certainement assez de vertus, puisqu'au moment de la grève générale des postiers, nous nous sommes interposés pour empêcher que des camarades aillent te sortir.

Niel. — Je vais en parler. J'ai dit tout à l'heure que je rendais hommage à quelques camarades de la tendance dite opposée à la mienne, pour les sentiments de sympathie qu'ils m'avaient manifestés ; c'est une première allusion à ce que tu viens de dire. Je vais en reparler.

Eh bien, camarades, pourquoi cette guerre, pourquoi cette bataille, cette lutte contre moi ? Il y a là quelques raisons diverses, et ce sont ces raisons que je veux me permettre de vous expliquer.

La première, c'est mon discours de Lens. On m'a tellement reproché ce fameux discours comme un crime épouvantable, que je suis trop heureux de saisir l'occasion qui m'est offerte de m'expliquer là-dessus.

Mon discours de Lens? Est-ce que ceux qui me l'ont reproché, aussi bien à Paris qu'ailleurs dans tous les points de la France, est-ce que ceux-là le connaissent? Est-ce que ceux-là l'ont lu? Il n'y en a pas un, sauf peut-être les camarades qui habitent Lens, parce qu'un journal de Lens, le seul journal qui l'ait fait, a inséré, à peu près in-extenso, à peu près sténographiquement, mon discours. Ce discours a été publié ensuite par une société qui s'appelle...

YVETOT. — Le journal de Lens serait *le Réveil du Nord?*

NIEL. — Je crois que oui. En tout cas, ce n'est pas là que je l'ai lu; je l'ai retrouvé reproduit dans une brochure publiée par une société qui s'appelle *L'Union pour la Vérité*, à laquelle j'ai du reste adhéré plus tard. Cette société a publié ce discours. Ce discours, camarades, a trop fait de bruit pour que vous ne me permettiez pas d'en lire les passages que l'on a critiqués, seulement ceux-là.

UN DÉLÉGUÉ. — Il ne faut pas oublier que tu nous as donné en quelque sorte le sommaire de ton discours au Comité confédéral, et les camarades qui ont émis une opinion sur ton discours, ont émis cette opinion sur ce que tu leur as dit au Comité confédéral.

NIEL. — Je ne dis pas non; remarquez que je ne répudie pas le discours que j'ai prononcé, et je vais du reste vous lire les passages qui ont été incriminés; vous jugerez vous-mêmes, et je vous prie de bien retenir à la lecture tout ce qui pourrait vous paraître une faute, car je veux fournir le plus possible d'explications. Si, quand j'aurai fini, il y avait encore des camarades qui continueraient de faire peser sur mon compte des suspicions, plus : des accusations à propos de ce discours, laissez-moi vous le dire, alors je ne croirai plus alors à la vertu, pas même à la possibilité de la vertu des hommes.

Voici ce discours, ou plutôt voici ce qu'on a tant critiqué :

Nous ne sommes pas assez forts pour opposer victorieusement nos forces à celles de l'armée, de la police, de la magistrature. Il faut nous organiser et surveiller en même temps l'adversaire pour ne pas tomber dans ses pièges où la C. G. T., déjà puissante, pourrait trouver sa mort.

Quand je parlais des pièges, j'étais loin de me douter que le Comité confédéral, quelques jours après, émettrait une opinion semblable à celle que j'exprimais alors. Je parlais des pièges que quelques soudoyés du gouvernement pourraient nous tendre en faisant systématiquement une surenchère pour faire le jeu du gouvernement. J'étais loin de me douter que le Comité confédéral, en faisant un manifeste à la fin de la grève des P. T. T., dirait exactement la même chose en disant que la grève des P. T. T. était un traquenard de M. Clemenceau. Je ne disais pas autre chose en disant : « Il faut nous méfier de ne pas tomber dans les pièges. »

Et c'est même et surtout quand l'heure est dangereuse, qu'il faut plus de sang-froid. Ceux qui ont la charge d'organiser les forces prolétariennes doivent conserver toute leur raison. Lorsque le navire est désemparé et que la panique règne à bord, il ne dépend peut-être que d'une fausse manœuvre pour tout perdre. Si le capitaine perd son sang-froid, le navire est englouti et la responsabilité de la catastrophe retombe sur lui.

Notre navire prolétarien, dont les organisations sont les passagers et dont nos militants sont le capitaine, est menacé par tous les flots patronaux; il suffirait d'une fausse manœuvre pour l'engloutir.

C'est pourquoi la raison, la réflexion sont nécessaires. C'est l'heure plus que jamais de veiller et de faire appel à toute notre froide réflexion.

C'est ce que va faire demain la C. G. T. Demain le Comité confédéral se réunit à Paris pour étudier la situation, pour voir où va le navire prolétarien, quels sont les écueils, les récifs qu'il peut rencontrer, quels sont les moyens d'action dont il dispose pour porter secours aux postiers qui réclament le concours de tout le prolétariat.

Et je détruis tout de suite là encore ou une erreur, ou une calomnie, quand on a dit que j'avais dit à Lens qu'il ne fallait pas porter secours aux postiers. Je n'ai pas dit cela: du reste, tout à l'heure, je vous donnerai une opinion que vous ne contesterez pas. J'ai dit que le Comité confédéral, au contraire, allait se réunir le lendemain pour voir dans quelle mesure on pouvait porter secours aux postiers.

Mais, puisque je parle de la C. G. T., je veux vous donner quelques explications sur son rôle exact. Certains de nos amis, placés à l'extrême gauche du mouvement, croient qu'il suffirait au Comité confédéral de se réunir solennellement et de décréter la grève générale pour qu'elle soit réalisée comme une trombe avec la révolte de tous les travailleurs. Hélas! non. Le Comité confédéral n'a ni cette puissance, ni ce droit; il n'est pas un concile infaillible dont les ordres sont exécutés à la lettre, comme ceux d'un gouvernement. Non; c'est la réunion des représentants des organisations pour coordonner leurs efforts quand elles ont résolu d'agir; ce n'est pas un organe directeur, mais un organe exécuteur. Le secrétaire de la C. G. T. n'est pas un empereur; *son opinion ou son ordre ne suffisent pas pour qu'il soit obéi.*

Et ici encore une parenthèse. On a souvent essayé de dire, et on a tout à l'heure encore prétendu — je crois que c'est le camarade Marie, si je ne me trompe — que c'était parce que j'avais prononcé le discours de Lens que les mineurs n'avaient pas marché, et d'autres ont dit : C'est parce que Niel a dit que nous n'étions pas prêts qu'on n'a pas marché.

Prétexte misérable d'une impuissance qu'on ne voulait pas avouer, qu'on a avouée après! Prétexte malhonnête dont on s'est servi pour achever de faire disparaître l'adversaire qui gênait quelque peu, mais prétexte qui n'était qu'un prétexte!

Comment! moi, secrétaire confédéral, qui ai de cette fonction cette conception qu'il ne doit pas être un empereur et que ses ordres ne doivent pas être obéis, il aurait suffi, moi, que je dise qu'il ne fallait pas marcher pour que le prolétariat restât immobile! Mais alors, et les révolutionnaires, ceux qui ne partagent pas mes convictions, ceux qui n'ont pas besoin d'ordre, ceux qui, au contraire, avaient plutôt intérêt à marcher, ceux-là, pourquoi n'ont-ils pas marché? En supposant que j'aie pu arrêter quelques timorés, ceux qui croient à la C. G. T. comme on croit à la religion catholique, apostolique et romaine, ceux-là peut-être j'ai pu en arrêter quelques-uns, et encore c'est une hypothèse et rien qu'une hypothèse; mais les autres, les conscients, ceux-là pouvaient et devaient marcher, surtout quand quelques-uns d'entre eux avaient dit : nous marcherons. Eh bien, ils n'ont pas marché!

J'affirme, camarades, que mon discours de Lens n'a pas été la cause que le prolétariat ne s'est pas engagé dans la grève générale. C'est, je le répète, un prétexte et un prétexte malhonnête!

Nous n'avons pas fait la Grande Révolution pour rétablir des empereurs dans l'ordre syndical; nous n'avons pas démoli l'autocratie politique pour la remplacer par une autocratie syndicale. C'est la seule autorité d'en bas que nous reconnaissons : celle qui part des soldats et des hommes.

Il n'appartient donc pas au Comité confédéral de décréter la grève générale ou la révolution sociale. Il peut seulement provoquer un échange de vues. C'est ce qu'il fera demain et, plus que jamais, ceux qui le composent doivent réfléchir.

Mais ce n'est pas encore assez que de réfléchir.

Pour que l'action soit efficace et victorieuse, il faut encore que les organisations existent réellement et pas sur le papier, pas théoriquement, avec quelques petits soldats dans les cadres. Il faut, dans ces cadres, de véritables bataillons d'hommes syndiqués.

Hélas! il n'y a pas de honte à déclarer qu'en France l'organisation syndicale est loin d'avoir acquis la puissance numérique et l'éducation nécessaires pour renverser les bastilles capitalistes.

Nous pouvons espérer que l'heure de la délivrance définitive sonne le plus tôt possible — et j'imagine que tous, ici, nous le désirons ardemment — mais le désir et la réalité sont deux. Vouloir et désirer, ce n'est pas pouvoir et réaliser.

Ce serait une faute impardonnable que de ne pas dire toute la vérité, que de ne pas mettre le prolétariat en face, non seulement de sa force mais aussi de sa faiblesse. Ce serait un crime que de bluffer dans l'action syndicale.

Ayons le courage de nos propres opinions. Envisageons nos forces. Etudions quel est leur degré de conscience. Et quand nous aurons fait cela, nous verrons *dans quelle mesure* nous pouvons engager le combat.

Le prolétariat est-il assez pénétré de ses devoirs pour engager une action capable *aujourd'hui* de détruire le patronat par la grève générale? Non. Mon opinion est que nous ne sommes pas suffisamment forts, suffisamment conscients et révoltés.

Voilà mon discours de Lens.

Une voix. — Cela manque d'énergie.

Niel. — En avez-vous à revendre, camarade? Je pourrais vous en acheter quelques kilos!

Boudet — Ce n'était pas de circonstance.

Niel. — Je vais avoir fini. Je sais bien, camarades, quelle est l'objection que l'on fait à ce discours : on dit : il n'était pas de circonstance.

Yvetot. — Pas autre chose.

Niel. — Je vais m'expliquer. Il n'était pas de circonstance? Laissez-moi d'abord vous dire, camarade Boudet et les quelques autres qui, à l'heure actuelle, vous contentez d'émettre cette critique acceptable, laissez-moi vous dire que ce n'est pas par cela qu'on a commencé ; on n'a pas commencé par dire que j'avais fait un discours inopportun. Oh! certes, si on n'avait dit que cela, j'aurais accepté la critique, la reconnaissant moi-même quelque peu juste. Mais non, tout de suite on a dit : C'est une trahison! Niel est un traître. Niel est vendu au gouvernement! On ne peut pas, du reste, penser différemment de ses adversaires sans que quelque pur vous dise aussitôt : c'est un vendu, un traître! J'étais un vendu, j'avais trahi, j'étais un traître, vendu au gouvernement, j'avais palpé, j'avais vu des ministres, j'étais l'« homme du gouvernement »!...

Yvetot. — Qui est-ce qui disait cela?

Niel. — Je ne cite personne. Il y a ici des membres du Comité confédéral : ils sont là pour dire si l'accusation a été portée oui ou non. N'y tenant plus, je dis un jour au Comité confédéral, après avoir fourni quelques explications : Je consens à m'expliquer, mais à partir de maintenant, malheur à celui qui, le premier, reprononcera ce mot de trahison! Je vous le dis, camarades, sans hésiter : si on avait répété ce mot à ce moment-là, j'aurais fait un sale coup, tellement j'étais outré d'une pareille accusation qui ne reposait sur rien que sur la calomnie, que sur le désir de faire du mal et d'abattre un adversaire.

On ne l'a plus répété : mais puisque je sais que cette opinion est encore dans l'esprit de quelques-uns, puisque je sais que le doute n'a pas été détruit, je suis trop heureux de dire ici ce que je pense.

Non, ce n'était pas une trahison : non, ce n'était pas une faute au sens où on l'a compris, ni l'exécution d'un ordre du gouvernement. Je n'avais vu aucun ministre, depuis non plus, et je n'en ai pas vu encore. Je disais à la Conférence des Bourses que je n'avais jamais vu de ministre dans ma vie que dans l'*Illustration*. Depuis, j'en ai vu un qui s'appelle Millerand, mais je l'ai vu au Musée Grévin, en cire. C'est le seul ministre que j'aie vu de ma vie ! *(Rires)*.

Yvetot. — Moi, j'en ai vu en chair, et ils ne sont pas épatants ! *(Rires)*.

Niel. — Tu as plus de chance que moi, car je n'ai pas encore eu l'occasion d'en voir.

Yvetot. — Ce n'est pas un honneur pour moi !

Niel. — Je n'ai pas encore eu l'occasion d'aller, sous quelque prétexte que ce soit, légitime ou illégitime, faire une visite à un ministre.

Yvetot. — Parce qu'on ne t'y a pas envoyé.

Niel. — C'est possible, mais je le constate ; on m'y aurait envoyé, j'y serais allé : toi qui as parlé avec des ministres, tu n'es pas accusé d'avoir trahi qui que ce soit : moi qui n'ai jamais parlé à aucun ministre, j'étais tout de suite l'exécuteur des volontés des ministres, c'était moi qui exécutais les pensées du gouvernement !

Je répète qu'on ne peut plus porter un tel jugement sur mon discours sans commettre la plus infâme des accusations et des calomnies. J'ai émis une opinion ; vous avez le droit de discuter cette opinion. Ce n'était pas le moment, dites-vous. Je veux bien vous faire cette concession. Mais en admettant que j'aurais commis une faute d'opportunité...

Une voix. — Ça serait la deuxième !

Niel. — Quand ce serait la centième ou la millième, et quand cela serait la millionième, cela ne changerait rien à l'argumentation que je vais fournir.

Je dis : en admettant que cela serait vrai, eh bien, il y avait alors tout simplement entre vous et moi une différence d'opinion : vous aviez une opinion, j'en avais une autre : le problème se réduisait en somme à une question d'opinion. Mais vous admettrez bien, camarades, que pour une simple différence d'opinion, j'avais le droit d'être surpris de voir que, pour cela seul, j'étais accusé des pires choses, j'étais accusé des pires trahisons, alors qu'une différence d'opinion devait faire simplement l'objet d'un échange d'opinions.

Mais tenez, camarades, je ne peux pas résister à vous dire cela, et au fond toute la querelle est là et pas ailleurs : je n'ai pas votre opinion ! Voilà tout ! Il n'y a pas autre chose. Et c'est vous, les plus farouches défenseurs de la liberté d'opinion, vous autres qui considérez la liberté d'opinion comme la chose la plus sacrée, vous autres qui, lorsque le gouvernement de Clemenceau avait frappé nos camarades postiers pour délit d'opinion, n'aviez pas de cris assez forts, assez haineux à lancer contre ce gouvernement, c'est vous autres qui avez été les premiers et êtes tous les jours les premiers à frapper, à exécuter vos camarades pour des opinions! (*Applaudissements*). C'est vous autres qui élevez la liberté des opinions à la hauteur du plus pur système syndicaliste, c'est vous autres qui ne pouvez pas souffrir qu'un camarade ait une autre opinion que la vôtre!

Je dis qu'il est permis d'avoir une autre opinion que la vôtre et que cela ne peut pas faire l'objet d'accusations: cela peut faire l'objet d'un échange de vues, et voilà tout.

Eh bien, sur la question d'opportunité, voici ce que j'en pense. Je dis que c'était le moment où, véritablement, il y avait du danger pour la C. G. T. Ah! certes, si je n'avais eu en vue que l'intérêt seul des postiers, intérêt respectable, certes; si je n'avais été préoccupé que des camarades postiers, je n'aurais pas eu les mêmes scrupules, les mêmes préoccupations. Si respectable, si intéressante que fût la cause des camarades postiers, en ma qualité de secrétaire de la Confédération, je voyais autre chose; je voyais la C. G. T., et je croyais très sincèrement que si la C. G. T. se lançait dans un mouvement de grève générale, il y avait danger de mort pour elle, et je ne voulais pas tuer la Confédération Générale du Travail! Vous pouvez avoir l'opinion contraire, mais je répète qu'il n'y a alors entre vous et moi qu'une question d'opinion. Moi, je ne voulais pas tuer la C. G. T., et je craignais qu'on la tuât par là. Du reste, camarades, voici exactement ce que j'ai dit aux postiers et des postiers, et cela, je l'extrais de l'organe même des mineurs de Lens.

Je dis cela ici pour les quelques camarades postiers qui sont présents, surtout pour le camarade Lamarque, dont je n'ai pas ignoré un seul instant l'attitude d'hostilité à mon égard; c'est pour lui que je le dis; je veux ici encore détruire une erreur ou une calomnie : je n'ai pas été contre le mouvement des postiers. Voici au contraire ce que j'ai dit :

J'approuve, avait dit Niel, le mouvement des postiers contre l'Etat-patron; j'approuve qu'ils aient essayé de secouer le joug, et même par l'action directe essayé d'améliorer leur situation, et c'est pourquoi, au nom de tous, j'envoie nos sympathies et notre solidarité aux vaillants camarades postiers.

Et le camarade Cordier, auteur de l'article d'où j'extrais ces quelques lignes, ajoutait : « Qu'avait dit Niel à Lens? En toute franchise, en toute sincérité, il avait dit ce qu'il savait être la vérité en ce qui concernait la grève des postiers et un mouvement de grève générale. *Ses paroles avaient reçu l'approbation de 4.000 syndiqués*, réunis dans la Maison des Associations, *également de la Fédération nationale des Mineurs, en la présence de ses délégués au Congrès.* »

J'avais dit cela alors, et je demande à ceux qui veulent bien raisonner sans parti-pris, froidement, si dans cette pensée, qui était la pensée dominante de mon discours, la moindre opinion défavorable aux postiers, défavorable à leur mouvement, peut être relevée, et si, au contraire, il n'y a pas la confirmation de ce que je disais après dans mon discours, à savoir que le lendemain le Comité allait se réunir pour voir *dans quelle mesure* la C. G. T. pourrait apporter son concours aux camarades postiers. Voilà la vérité, camarades des P. T. T. : si, comme je ne veux pas en douter, vous êtes des honnêtes hommes, vous le direz à vos camarades des P. T. T.

Lamarque. — Je m'étonne que le camarade Niel vienne dire que j'ai manifesté quelque hostilité à son égard. Je tiens à dire que, dans l'affaire des organisations ouvrières, j'ai été partisan de demander l'adhésion des organisations ouvrières, qui pourraient le faire, à la condition que les postiers marchent, mais j'étais hostile à la grève générale dans la C. G. T. parce que c'était un bluff qui aurait fait mourir la C. G. T. Voilà mon opinion personnelle.

Niel. — Je suis heureux d'enregistrer ces explications: elles prouvent qu'il n'y avait pas entre vous et moi les sentiments d'hostilité que je croyais: j'enregistre cela avec beaucoup de plaisir, camarade Lamarque.

Et alors, camarades, que s'est-il passé? Le voici. Le lendemain, le Comité confédéral s'est réuni: on a discuté s'il fallait voter la grève ou ne pas la voter: on a consulté les organisations: les unes ont répondu oui — très peu: — les autres ont répondu non: d'autres: « Nous verrons ». Bref, après une discussion très longue, très passionnée, la grève générale a été votée.

Il m'est pénible de dire « la grève générale a été votée »: cela me paraît aussi ridicule que de dire: La Confédération Générale du Travail a voté la révolution! On ne vote pas la grève générale, on la fait: on ne décrète pas la révolution, elle se déchaîne à la faveur d'un événement imprévu et elle se déroule après.

Le Comité confédéral a voté la grève générale. Laquelle? Ah! camarades, si on avait voté la grève générale de 24 heures, de 48 heures, une suspension de travail pour quelque temps, ou encore si on avait voté, comme on l'avait fait le lendemain de Villeneuve-Saint-Georges, une suspension de travail des corporations parisiennes, certes, loin de moi la pensée d'avoir critiqué le Comité confédéral pour la grève générale. Et pourtant il n'a pas l'excuse de ne pas avoir été prévenu: j'en appelle ici à ceux qui assistaient à cette séance qu'on peut appeler désormais historique.

Lorsqu'on discutait cela, il y avait derrière moi notre ami Griffuelhes, qui, lui aussi, apportait sa part dans ce concours d'attaques personnelles et d'hostilité systématique contre ma personne. Et puisque l'occasion m'en est offerte, qu'il me permette de lui dire que j'ai eu pour sa personne et pour sa fonction un peu plus de respect qu'il n'en a eu pour moi. Je n'ai jamais prononcé contre lui la moindre parole. Je n'ai pas l'habitude, d'ailleurs, moi, de débiner ou calomnier mes adversaires en parcourant la France. Je n'ai jamais eu une attitude d'hostilité à son égard. Lui, au contraire, n'a pas été aussi beau joueur. J'ai beaucoup regretté pour lui de voir, dans un article de l'almanach de la *Guerre sociale*, article, je le dis sans hésiter, qui n'est pas à sa louange, qu'il a dit de moi des choses extrêmement pénibles. Lui aussi a parlé de trahison, lui aussi a dit que j'étais un ambitieux, un homme du gouvernement, un incapable. Je ne sais pas jusqu'à quel point le camarade Griffuelhes peut lui-même juger de la capacité des autres, je ne juge pas la sienne! Mais, en tout cas, alors que nous étions dans une situation où la moindre parole entre nous pouvait être interprétée d'une façon inexacte, passionnée, il aurait pu avoir à mon égard l'attitude correcte que j'avais eue au sien.

Griffuelhes, donc, était là et disait: Si le Comité confédéral ne fait pas la grève générale, nous sommes quelques-uns là qui sommes tout décidés à nous retirer, à nous réunir à part, à côté, et alors nous-mêmes, seuls, nous voterons la grève.

Je me retourne vers lui et je lui dis (faites bien attention à la valeur de ces paroles): De quelle grève générale veux-tu parler, Griffuelhes? — Je sais ce que je dis, me répondit-il, sans pouvoir tirer d'autre précision, sentant trop bien la valeur de ma gestion...

Me tournant vers le Comité confédéral, je dis : S'il s'agit de la grève générale des corporations parisiennes, laissez-moi vous faire observer que tout cela ne nous regarde pas, il y a une organisation qui s'appelle l'Union des Syndicats de la Seine, c'est de sa compétence, ce n'est pas de celle du Comité confédéral; s'il s'agit de la grève générale de toutes les corporations et de toute la France, nous n'avons pas qualité pour la décréter; nous pouvons établir un échange de vues, consulter les organisations, et ce sont elles qui décideront.

Après avoir fait ces observations, le Comité confédéral vota la grève générale tout court, c'est-à-dire la vraie, la grève générale de toutes les corporations dans toute la France, sans limite de territoire ni de temps, la vraie grève générale, quoi ! Voilà la suprême surenchère par laquelle il fallait répondre à ma prudence réformiste !

Je fus une heure après — je vous demande mille pardons de vous fournir ces détails, mais ils sont très sérieux — je fus, une heure après, trouver nos camarades postiers, réunis rue de Sambre-et-Meuse, dans la salle de l'Egalitaire, pour leur faire connaître la décision du Comité confédéral.

Alors, il ne restait plus qu'une chose à faire : faire connaître au pays ouvrier la décision prise et lancer, si vous me permettez cette expression militaire, l'ordre de mobilisation générale. Par quel moyen le faire savoir? Par des télégrammes? Ils auraient été interceptés; nous ne pouvions nous servir des télégraphistes alors qu'ils étaient en grève. Par des lettres? Elles auraient mis deux ou trois jours. Il ne restait plus — c'est ce que j'ai proposé moi-même — que la presse; seulement, comme à ce moment-là la presse qui pouvait le plus nous être utile, la grande presse d'informations, était boycottée, mise à l'index par la 21e section du Livre, nous étions encore devant un nouvel obstacle. Alors je dis tout le premier, et mes camarades acceptèrent : Il n'y a pas d'index, il n'y a pas de boycottage qui tienne, nous n'avons qu'à violer la mise à l'index et donner à la presse l'ordre de mobilisation. Ainsi demain par toute la France on saura la décision qui a été prise. Et voilà comment la Confédération Générale du Travail donna la première l'exemple d'une violation d'une décision syndicale, la mise à l'index des grands journaux de Paris.

Mais que disait cet appel, camarades? C'est moi qui l'ai rédigé. Lorsque j'avais commencé de le rédiger, j'étais seul; au bout d'un moment, les membres de la Commission, parmi lesquels, si je ne me trompe, Péricat, Yvetot, Pataud, d'autres vinrent et me trouvèrent en train de rédiger. Il fut entendu que, puisque j'avais commencé, je terminerais la rédaction, que je la leur soumettrais, et que s'il y avait quelque chose à y changer on le changerait. Je termine la rédaction, je dis aux camarades : Voilà. Ils en prennent connaissance et ils disent tous : c'est très bien, il n'y a rien à changer; c'était la première fois qu'une prose de réformiste était approuvée par une majorité de révolutionnaires!

En effet, on n'y changea rien. Mais le camarade Pataud eut l'idée suivante, extrêmement heureuse du reste, il me dit : Ecoute, il faudrait que tu intercales dans ce texte un alinéa qui dirait, en substance, à peu près ceci : « Maintenant que la Confédération générale est en bataille, trêve de querelles entre nous, trêve de rivalités; il n'y a plus de tendances, il n'y a plus de révolutionnaires ni de réformistes, il y a simplement des confédérés, des syndiqués qui sont tous invités à faire leur devoir et qui le feront dans la mesure de leur possible. »

L'idée était vraiment trop conforme à ce que je pense encore aujourd'hui même, trop belle pour que je ne sautasse pas dessus; je l'acceptai et j'intercalai en effet ce texte.

Or, savez-vous, camarades, ce qui arriva? C'est pour vous dire à quel degré était monté le parti-pris révolutionnaire contre moi. Le même soir, il y avait à la Bourse du Travail de Paris une réunion organisée par la Chambre syndicale des Employés de la région parisienne: il y avait là de toute espèce d'auditeurs, non pas seulement des employés, mais des camarades du Bâtiment, des terrassiers; eh bien, le même homme qui, l'après-midi, avait eu cette idée si heureuse, si honnête, le même homme, dans cette réunion, faisant allusion au discours de Lens, réveillant les passions, réveillant les querelles, jetant pour ainsi dire du pétrole sur le feu, le même homme parla contre moi, contre mon attitude, excita, si je puis dire, par ses paroles, l'auditoire qui l'écoutait, et alors qu'il avait été entendu, l'après-midi, que c'était la trêve générale des querelles, des tendances et des inimitiés, le même homme violait cyniquement, le soir même, à la Bourse du Travail: cet armistice qui devait nous réconcilier tous, au moins pour quelque temps.

Et quel fut le résultat? Le résultat fut que trois jours après, alors que le mouvement était terminé, alors que suivant une formule qui restera célèbre, on avait réuni le tribunal révolutionnaire de la C. G. T. pour juger les coupables et établir les responsabilités, nous étions deux traduits à la barre : Pataud et moi. Pataud avait été accusé, non pas d'avoir arrêté le mouvement, mais de l'avoir lancé, encouragé par des concours qu'il n'avait pas apportés après les avoir promis. Pataud avait promis des concours qui ne vinrent pas.

Je n'avais rien promis, moi: je n'avais pas menti, moi ou, tout au moins je n'avais pas dit une chose inexacte qui ne s'était pas réalisée: j'avais parlé librement, sincèrement, honnêtement, peut-être inopportunément — c'est la concession que je vous fais: — mais Pataud et d'autres avaient, au contraire, promis des concours sur lesquels on comptait. Nos propres camarades terrassiers, nos propres camarades du Bâtiment de Paris, qui avaient fait grève, non pas seulement parce que ce sont toujours les premiers à la bataille — c'est une justice à leur rendre, — mais encore parce qu'ils escomptaient d'autres concours et entre autres ceux-là, voyant que ces concours ne venaient pas, trouvèrent un jour Pataud devant la Bourse du Travail de Paris, et je ne sais à quelle circonstance il dut de ne pas recevoir une belle frottée sur les oreilles.

Mais Pataud fut traduit, je le répète, devant le tribunal révolutionnaire de la C. G. T.: il s'expliqua : il fut acquitté. Moi, je m'expliquai : je fus condamné: je dirai comment. Il ne fallait évidemment pas acquitter le réformiste et condamner le révolutionnaire : quel scandale pour l'Etat confédéral!

Pataud. — Je demande au Congrès s'il me sera permis, après les explications de Niel, de donner à mon tour des explications.

Voix nombreuses. — Oui, oui.

Un Délégué. — Je demande la parole pour une motion d'ordre. Je demande qu'on fasse une séance supplémentaire pour entendre les explications de Niel et de Pataud. *(Protestations)*.

Niel. — Camarades, après que le Comité confédéral se fut prononcé sur le cas Pataud, il se réunit dans son local de la rue Grange-aux-Belles pour se prononcer sur le cas Niel. Je dois rendre cette justice à mes camarades, que le ton de l'accusation avait fortement baissé : je n'étais plus accusé de trahison, je n'étais plus accusé d'être l'homme du gouvernement, j'étais accusé d'avoir prononcé un discours, d'avoir commis si vous voulez un discours qui avait pu, dans une certaine mesure, — c'était l'opinion de mes adversaires — arrêter le mouvement des postiers ou le mouvement de grève générale.

Pendant que je m'expliquais, pendant que nous délibérions de cela dans une salle du premier étage, les fenêtres ouvertes, il y avait en bas de l'immeuble, sous les fenêtres, une réunion de terrassiers amenés là je ne sais par qui, je ne sais comment, je ne veux pas le savoir, il y avait une réunion de plusieurs centaines de terrassiers, parmi lesquels il y en avait sans doute qui avaient entendu les excitations de la réunion de la Bourse du Travail, ou qui en avaient reçu les échos, et qui criaient comme des fous : « Qu'on le descende, ce Niel, nous voulons sa tête, c'est sa tête qu'il nous faut ! »

Plusieurs voix. — C'est vrai.

Niel. — Camarades, ce que je dis est la pure vérité, et je dis même qu'à ce moment-là ces camarades terrassiers étaient surexcités à un tel point, que si j'étais descendu, il est possible qu'un malheur se fût produit. Je ne leur en veux pas à eux, ce ne sont pas les terrassiers qui criaient ainsi qui sont les responsables. Je ne dirai pas, moi, comme un autre avait dit, que cela était dû au trop d'Aramon qu'ils avaient dans le ventre : je ne dirai pas cela, je ne veux faire aucune injure ni aucune accusation; je répète que je ne leur en veux pas; ce ne sont pas eux les responsables, c'est l'ensemble de tous ceux qui avaient créé autour de moi cette atmosphère d'accusations, de suspicions, de haines, de colères, c'étaient ceux-là qui avaient amené ce triste spectacle de deux ou trois cents ouvriers réclamant le secrétaire confédéral pour lui faire un mauvais coup !

Je dis, camarades, que ce fut un spectacle ignoble, dégoûtant. Que ceux qui en sont les auteurs en portent la flétrissure toute leur vie ! (*Applaudissements*).

On n'excite pas ainsi des ouvriers dont on connaît l'inconscience quelquefois, dont on connaît le manque de jugement, l'absence de jugement, l'insuffisance de jugement; on ne les excite pas à ce point contre un homme qui a fait son devoir. C'est pourtant le spectacle, camarades de province, auquel nous avons assisté à Paris, dans la cour même de la C. G. T. !

Ricordeau. — Tu as dit, Niel, qu'il y avait des camarades qui avaient amené les camarades à la Bourse, et que tu ne savais pas pourquoi, que c'était pour te pendre. Eh bien, les terrassiers s'étaient réunis rue Grange-aux-Belles : ils étaient convoqués à une réunion en même temps qu'il y en avait une à Tivoli Vaux-Hall et une autre à Saint-Paul. Ils n'étaient donc pas venus pour te pendre.

Niel. — Je n'ai pas dit qu'ils s'étaient réunis intentionnellement pour me faire le coup : je dis même que je ne veux pas savoir pourquoi ils s'étaient réunis. Il n'en est pas moins vrai que l'acte qui s'est passé là était le résultat direct de cet état d'âme particulier créé par l'atmosphère de haine et de colère, et que cela seul suffit pour juger les militants qui ont amené ce résultat.

Je dois — et c'est ici, camarade Péricat, que je te rends justice — je dois reconnaître que dans cette circonstance pénible, quelques camarades sont restés à côté de moi dans le bureau confédéral, qu'ils se sont constitués, si je puis ainsi dire, ma garde du corps, et qu'ils n'ont pas voulu que personne me touche. Ce sont des camarades révolutionnaires. (*Bruit*).

Péricat. — Je considère que j'avais le droit de te défendre, surtout parce que je ne partage pas tes opinions. Si, au contraire, j'avais été à la Bourse du Travail quand les terrassiers ont attaqué Pataud, je ne serais pas intervenu. (*Applaudissements*).

Yvetot. — J'aurais voulu que le camarade Niel puisse voir ce qui se passait, car il n'y a pas seulement que sa garde du corps qui a empêché les terrassiers de faire quelque chose. J'en connais de plus modestes, de moins gros et de moins forts, qui sont allés trouver les terrassiers et leur ont dit d'être plus raisonnables et d'être des hommes. J'en connais également qui, contrairement à Péricat, auraient protégé Pataud comme ils ont protégé Niel.

Niel. — Camarade Péricat, je rends hommage publiquement, et ce n'est pas la première fois, à la sincérité de tes intentions, à la sincérité de ton attitude à l'égard de tes adversaires. Je sais que nous ne sommes pas du même courant : il n'y en a pas que deux, du reste : il y en a autant que de syndiqués ; nous ne sommes pas du même courant, je le sais, et dans maintes circonstances tu m'as prouvé ta sincérité. Laisse-moi te faire une confession : je m'étais trompé sur ton compte dès les premiers jours de mon passage à la C. G. T. ; mais cela n'a pas duré longtemps : j'ai vite vu que je me trompais, et je suis heureux encore de dire que tu as été un adversaire acharné et déterminé, mais on ne peut plus loyal. (*Applaudissements*).

Il y avait là, parmi ces camarades, Péricat, Blanchard, Le Guerry, Hanaült, et dans une autre circonstance ultérieure, c'est le camarade Pataud lui-même — deux ou trois jours après, si je ne me trompe — qui voulut bien m'accompagner pour sortir d'une salle où nous nous trouvions et où un homme que nous ne connaissions pas, à la face pas sympathique du tout, était venu me demander certaines explications et était, paraît-il, prêt à me faire mon compte lui aussi. J'étais de tout côté menacé de revolvers, de coups de couteau ! (*Bruit*).

Il est bon, camarades, que vous connaissiez ces faits, que vous connaissiez ces incidents de l'histoire du syndicalisme, car c'est la page la plus sale de cette histoire ! (*Applaudissements*).

Une voix. — Cela nous arrive tous les jours, aux militants, d'être menacés d'un revolver ou d'un poignard.

Niel. — J'ai dit, camarades, ce que j'avais à dire sur ces incidents pénibles ; j'ai fait la part des uns et des autres de mes adversaires lorsqu'ils le méritaient. Je n'en dirai pas davantage sur ces incidents.

Mais, qu'est-ce que j'avais fait en prononçant le discours de Lens ? J'avais essayé de donner ce qu'on peut appeler un conseil, si tant est que je pusse donner un conseil ; j'avais voulu en quelque sorte, et il ne faut pas voir autre chose dans mon discours, donner un conseil de prudence. Est-ce que j'ai été le premier à faire cela ? Est-ce que d'autres n'ont pas donné des conseils de prudence dans des circonstances aussi solennelles, aussi tragiques, parmi ceux qui m'ont accusé et auxquels on n'a rien reproché du tout ? En voici un. Il y a eu une réunion à Paris, à la veille des événements de Villeneuve-Saint-Georges, réunion qui n'était pas publique, c'est exact : c'était une réunion où il y avait des militants de toutes les corporations ou à peu près. Mais si cela est exact également, je crois qu'il y avait quelques journalistes... (*Non! non! — si! si!*)... ou ils étaient dehors peut-être...

Une voix. — Ils étaient dehors.

Niel. — Ils étaient dehors, qu'importe. Le camarade Griffuelhes, qui était à cette réunion et qui était secrétaire de la C. G. T., donna des conseils de prudence, et je l'approuve. Il s'en est expliqué devant le Bâtiment de la façon suivante :

Je devais, dans une réunion plénière de la Bourse du Travail, réunion dite des lampions, donner des comptes. Mais il me fut impossible de le faire. Quelques jours après eut lieu la réunion de la rue Charlot, où seul contre tous je me prononçais contre le projet du Bâtiment de faire une manifestation à Draveil-Vigneux. Vous avez passé outre à mes conseils; je pensais que des meetings organisés dans Paris donneraient davantage de résultats. Vous avez décidé la manifestation, vous en avez toute la responsabilité.
La manifestation a eu lieu le 30 juillet; vous vous rappelez les massacres et ensuite les arrestations.
Je suis arrêté et emprisonné, et aussitôt commence contre moi une campagne due a une manifestation dans laquelle je n'avais aucune responsabilité (1).

Savez-vous ce que lui répond le camarade Péricat à ce propos? Le voici :

Griffuelhes parle de la réunion de la rue Charlot. Il déclare n'avoir aucune responsabilité dans les événements de Villeneuve-Saint-Georges. Je tiens à déclarer que j'étais le seul membre du bureau qui était partisan de la manifestation, et j'ai tout fait pour arriver à ce que le Comité se prononce pour la manifestation; j'ai, avec d'autres camarades, participé à la construction des barricades et je prenais là mes responsabilités.
Griffuelhes dit que nous sommes les responsables, il dit encore avoir déconseillé la manifestation; alors pourquoi le lendemain de la manifestation qu'il avait combattue la veille, écrivait-il un article (2) où il faisait l'apologie de cette même manifestation? Pourquoi tirait-il parti d'un acte qu'il avait désapprouvé?
Je dis qu'il est mal, de la part d'un militant, de vouloir faire supporter à d'autres militants la responsabilité d'une ou plusieurs arrestations et j'ajoute que si, par malheur, il arrivait que demain des camarades des Cuirs et Peaux étaient assassinés par les gendarmes comme nos camarades de Vigneux et que la Fédération des Cuirs et Peaux décide une manifestation de protestation, je me ferais un devoir d'y participer, et s'il m'arrivait d'être arrêté, j'aurais la réserve et la pudeur, camarade Griffuelhes, de ne pas vous le reprocher et de ne pas vous faire supporter la responsabilité (1).

Il y a eu encore un conseil de prudence donné tout dernièrement, à propos du premier mai, par ceux qui m'ont accusé. Le premier mai à Paris, organisé par l'Union des Syndicats de la Seine, se présentait dans des circonstances défavorables pour eux et, après l'avoir annoncé pourtant, ces camarades ont eu le courage, dont je les félicite, de donner le conseil de prudence de ne pas aller se mettre bénévolement sous les baïonnettes du gouvernement; ils ont eu le courage de dire : Ne tombez pas dans le piège, vous risquez de vous faire écraser. N'y allez pas. Je

(1) Procès-verbal du Comité fédéral du Bâtiment du 7 janvier 1910.
(2) Dans *le Matin*.

ne disais pas autre chose, moi, à Lens, quand je donnais le conseil de prudence; je disais : Attention, vous risquez de perdre la C. G. T., de perdre le syndicalisme.

Une voix. — Pour le premier mai, il y avait des ordres spéciaux donnés par le ministre.

Niel. — Ah ! il y avait des ordres spéciaux donnés par le ministre? Comme s'il n'y en avait pas *toujours*, dans pareilles circonstances ! Et c'est vous, qui êtes contre le gouvernement, qui venez dire que tel jour il est mal disposé et que tel autre jour il est bien disposé !

Dernièrement encore, on a donné un conseil de prudence, et c'est le camarade Jouhaux, à Paris, dans une réunion des chemins de fer. Répondant à cette idée qui court un peu dans le public, que la grève des chemins de fer, si elle éclate, doit être la révolution... qu'il peut en découler la révolution... (ici une parenthèse; remarquez que cette opinion répandue par les bourgeois est également l'opinion de pas mal de révolutionnaires qui prétendent, en effet, que si la grève des cheminots éclate, c'est le commencement de la *révolution*), Jouhaux a eu le courage d'aller à l'encontre de cette *opinion* révolutionnaire et de dire à ceux qui ont cette opinion : Non, la grève des chemins de fer sera corporative, pour des raisons corporatives; s'il est nécessaire qu'après, la *Confédération* apporte son concours à la grève des chemins de fer, elle le lui apportera dans la mesure où elle pourra; mais, sachez bien, a-t-il dit, que la grève des chemins de fer ne peut pas être la révolution. Cela ne sera pas la *révolution*, parce que nous ne sommes pas prêts pour faire la révolution. *(Applaudissements).*

Jouhaux. — Je dirai tout à l'heure dans quelles circonstances j'ai été amené à faire ces déclarations. Elles revêtent un autre caractère que que celui que tu leur donnes.

Niel. — Sache bien qu'en ce moment je ne veux leur donner aucun caractère spécial. J'ai lu dans les journaux des comptes rendus un peu infidèles de ta réunion; mais des camarades qui étaient présents m'ont dit ce que je dis. Si, par hasard, ce n'était pas l'expression exacte de la vérité, je veux que tu saches que ce n'est pas moi qui me trompe.

Voilà, camarades, divers conseils de prudence qui ont été donnés par d'autres que moi dans des circonstances à peu près analogues et contre lesquels je ne vous ai pas vus, camarades révolutionnaires, élever la moindre protestation.

Mais, inutile de continuer plus longtemps. Tout le monde sait très bien que, quoique j'eusse dit, il fallait le *critiquer*: c'était de Niel, c'était d'un *réformiste*, et vous savez comment on a l'habitude de mettre dans ce mot tout ce qu'il peut contenir de méchanceté et de haine : il n'y a pas de flétrissure plus grande que celle de réformiste...

Une voix. — A Paris, mais pas en province.

Niel. — S'il est permis d'entendre une pareille réflexion! Hélas! camarades, je ne sais pas si vous voyez bien le mouvement syndical; mais je le vois, moi, parce que je parcours constamment le pays de tous les côtés, je vais partout...

Une voix. — Surtout dans l'Est.

Niel. — Parfaitement, et il est probable que je continuerai autant qu'il me plaira, et malgré toi.

Mais je dis que cette passion est partout : elle n'est pas qu'à Paris.

camarades, elle est partout. La vérité, disons-le, c'est que toutes ces passions, toutes ces querelles ont inoculé au syndicalisme un virus qui empoisonne tout son sang, car partout ces incidents se reproduisent : dans toutes les organisations, dans les plus petits syndicats comme dans les fédérations, il y a tous les jours des disputes, des querelles, quelquefois des coups de poing; il y a des inimitiés de particuliers, non pas parce qu'on a commis des fautes, mais simplement parce qu'on est d'une opinion différente, d'une tendance différente, et toutes les discussions des Bourses du Travail, des Comités confédéraux et des syndicats ne roulent depuis quelques années que sur ce thème horripilant : *réformiste, révolutionnaire*. Ce sont ces mots qui inspirent les hommes qui parlent; c'est toujours autour de ces deux préoccupations, réformiste ou révolutionnaire, que roulent toutes les réunions syndicales. C'est un virus qui, s'il n'est pas détruit par un contre-poison quelconque, finira par empoisonner le syndicalisme, tellement qu'il en crèvera ! *(Bruit)*.

Camarades, il faut que je dise en terminant quelque chose qui est, au fond, l'explication de tout cela. Savez-vous d'où vient, après tout, cette campagne des révolutionnaires contre moi? Oh! pas de tous, la plupart n'ont fait qu'épouser des querelles qu'ils ne connaissaient pas, mais de quelques-uns.

J'ai, dans mon passé, professé, pendant les premières années de ma vie déjà assez longue de militant, des opinions anarchistes; j'ai été libertaire. J'ai cessé, non pas peut-être d'être libertaire, mais j'ai cessé de fréquenter les camarades anarchistes, et c'est là toute l'explication. La vérité est que je traîne après moi cet acte d'avoir changé la forme de mes opinions, je ne dis pas le fond. Et les quelques militants anarchistes qui président aux destinées du syndicalisme ne me pardonneront jamais cela. Ils ne me pardonneront jamais de n'avoir pas voulu continuer avec eux d'anarchiser le syndicalisme, et ils se complaisent à expliquer par je ne sais quelles ambitions politiques, un changement d'opinion qui s'explique si simplement par le libre jeu de la réflexion et de la raison. Je ne peux pas me présenter quelque part, aller dans une réunion quelconque sans que, s'il y a quelques camarades anarchistes, immédiatement cela revienne sur le tapis : Tu étais anarchiste autrefois, tu ne l'es plus...

Une voix. — Briand non plus!

Niel. — C'est vrai, camarades, j'étais ce que je ne suis plus exactement aujourd'hui. Je n'ai jamais caché cela; je n'ai pas changé d'opinion et je n'ai pas abandonné mes camarades d'opinion comme un homme honteux de son action, en peureux, en fuyard, je l'ai dit publiquement dans une tribune publique, la tribune des idées mêmes que j'avais, dans *le Libertaire*, en polémique avec un homme dont la sincérité n'est pas contestée : Charles Malato. J'ai dit : les opinions anarchistes ne correspondent plus à mon état d'esprit. Je le ressentais; il y avait depuis quelque temps dans ma conscience un changement, une lutte, et un beau jour je l'ai dit. Est-ce que, camarades, un homme qui a le courage, alors qu'il sait la lutte que cela peut provoquer, les injures ou les insinuations que cela pourra entraîner, est-ce qu'un homme qui sait tout cela et qui le dit quand même, est-ce qu'il ne donne pas par là même la preuve de sa conviction? Est-ce défendu de changer d'opinion?....

Grandjouan. — Et d'entrer dans un parti de profits?

Niel. — Je ne suis pas le seul, camarades, à avoir changé d'opinion: il y en a tous les jours d'un côté comme de l'autre, il y en a des quantités dans l'histoire; Proudhon lui-même a eu des opinions successives, et je ne sache pas qu'on lui en ait fait un crime. Or, vous, défenseurs de la liberté d'opinion, tout ce que vous m'avez reproché n'est pas autre chose, au fond, qu'un crime d'opinion, un délit de pensée!

Eh bien, camarades, quand j'étais venu à la Confédération, quand j'avais accepté le poste de secrétaire, je vous avoue franchement que je n'avais pas rêvé tout cela. Car moi aussi j'avais fait un rêve. Yvetot a parlé du rêve qu'avait fait le camarade Griffuelhes, rêve qui s'est réalisé, et tant mieux pour lui. Le mien ne s'est pas réalisé, parce que sans doute ce rêve ne devait pas se réaliser sur le même terrain. L'un s'est réalisé sur le terrain des choses pratiques, positives, matérielles, et somme toute, sauf les difficultés qu'on peut rencontrer, ces rêves sont, après tout, réalisables.

Le mien, hélas! je me demande s'il le sera jamais!... Moi j'avais rêvé ce que je disais au début de mes explications : j'avais rêvé d'apporter dans la C. G. T. des mœurs nouvelles, un esprit nouveau qui auraient réalisé ce que j'appelle l'unité morale, ce qui aurait complété l'unité matérielle, et après avoir été — chacun a ses petites ambitions, que voulez-vous, — après avoir été un des premiers et un des principaux artisans de l'unité ouvrière, de l'unité statutaire et organique, il me semblait que je pouvais peut-être quelque peu collaborer à l'unité morale et essayer de compléter ainsi l'unité ouvrière. L'unité ouvrière, je ne la conçois pas possible autrement qu'en la complétant maintenant par quelque chose de nouveau, par un accord entre tous les hommes, entre tous les syndiqués qui entrent dans la C. G. T., et alors, camarades, de deux choses l'une : ou bien vous reconnaissez avec moi que cet accord n'est pas impossible, et alors, si vous n'y collaborez pas, vous êtes des coupables : ou bien vous proclamez qu'il n'est pas possible et, si vous le proclamez, moi je vous dis que le syndicalisme n'est pas possible. Le syndicalisme n'est possible que par cela, parce que le syndicalisme, ne l'oublions pas, et c'est là au fond toute la question, le syndicalisme n'est pas fait d'opinions, — ce n'est pas moi qui dis cela, c'est un homme que vous ne suspecterez pas non plus, c'est Pouget — c'est un groupe d'intérêts corporatifs, et qui dit intérêts ne dit pas surtout intérêts de demain, mais dit avant tout intérêts d'aujourd'hui et immédiats; le syndicalisme amène des hommes de toutes les couleurs, et la preuve c'est que vous dites vous-mêmes qu'il se tient en dehors de toute préoccupation politique. Et puis c'est vous, camarades, qui vous donnez un démenti en faisant un syndicalisme de plus en plus politique. Nous n'avons plus aujourd'hui un syndicalisme qui s'occupe des intérêts strictement professionnels, qui, ainsi que les statuts le disent, doit être circonscrit dans l'étude et la défense des intérêts professionnels. Aujourd'hui, nous avons un syndicalisme qui s'occupe de tout, qui s'occupe des guerres, qui s'occupe de l'antipatriotisme... *(Bruit)* un syndicalisme qui s'occupe de néo-malthusisme. *(Bruit)*... Je vous prie, camarades, encore une fois, de ne pas recommencer la faute que vous avez commise à Marseille. Je ne dis pas que je suis contre l'antipatriotisme, contre le néo-malthusisme; je dis que vous qui, jusqu'ici, aviez du syndicalisme une conception telle que ces choses devaient se faire en dehors, vous les avez mises là-dedans aujourd'hui : c'est un syndicalisme qui, hier encore, criait : Vive la République; c'est un syndicalisme qui a cessé d'être professionel pour devenir un syndicalisme de préoccupations politiques.

Eh bien, camarades, je ne suis pas pour ce syndicalisme-là du tout. L'expérience démontrera plus tard lequel de nous avait raison. Il est possible que ce soit vous: il est possible que le syndicalisme doive, en effet, être étendu à tous les problèmes de la vie: mais alors, si cela est vrai, je vous demande d'être conséquents avec vous-mêmes, de cesser l'équivoque, d'être logiques avec vos conceptions, de supprimer des statuts des choses qui ne doivent plus y être. Ne dites pas que la Confédération se tient en dehors de toutes préoccupations politiques et religieuses; ayez le courage de l'opinion qui est derrière votre tête et qui vous anime toujours. Dites que le syndicalisme poursuit la suppression du patronat, du salariat *et de l'État*: allez jusque-là. *(Oui! oui! Applaudissements)*... Je vous demande de le dire, non pas ici, mais dans les statuts, afin que l'équivoque n'existe plus, car c'est une équivoque qui ne peut plus durer, et alors, si ce syndicalisme est le seul qui corresponde aux nécessités de la vie, eh bien, le prolétariat en fera l'expérience. Ceux qui veulent accepter ce syndicalisme teinté de politique l'accepteront. Quant à ceux qui ne veulent pas l'accepter, ils feront ce qu'ils voudront. Mais je dis, camarades, que lorsque le prolétariat aura fait cette expérience pendant quelques années, il verra qu'il n'est pas possible d'établir sa puissance et la base de son succès autrement que dans le concours de tous et dans l'unité morale du syndicalisme syndicaliste. *(Applaudissements)*.

Réplique d'Yvetot

Yvetot. — Camarades, je crois que si vous voulez écouter pendant vingt minutes, nous en aurons fini.

D'abord, à part les critiques de Niel, il n'y en a pas; les critiques de Liochon n'existent pas: on ne peut pas critiquer le bureau d'avoir appliqué les décisions du Congrès de Marseille: ce sont des félicitations cela! Liochon a voulu montrer que la Fédération du Livre restait ferme dans ses convictions; il a dit: La décision de Marseille a dit qu'on pouvait faire de l'antimilitarisme et de l'antipatriotisme: nous trouvons le contraire, et nous estimons que le Comité confédéral a eu tort de faire ce qu'il a fait. C'est son opinion: un point, c'est tout.

Je ne discuterai pas les opinions de Liochon: je ne vais m'attacher très succinctement qu'à une seule question. Il m'a mis en jeu en disant que je représentais à la C. G. T. l'idée anarchiste. Camarades, ce n'est pas de ma faute, je suis bien victime, si le syndicalisme aboutit aux mêmes fins que l'anarchisme. En effet, comme anarchistes — si toutefois je le suis, on me le conteste assez, allez! — comme anarchistes, nous voulons l'émancipation intégrale de l'individu: comme syndicalistes, nous voulons l'émancipation intégrale de la classe ouvrière, et comme en tant qu'anarchistes nous voulons l'émancipation de l'individu, dans le syndicalisme nous faisons abnégation de l'individu et nous ne parlons plus que de l'ouvrier, nous sommes sur un bon terrain, et tout ce qui opprime l'individu, presque toujours opprime l'ouvrier.

Vous ne voulez pas faire de la propagande antimilitariste jusqu'au delà de ses conséquences; vous avez tort, on peut vous le démontrer sans discours. Faire de l'antimilitarisme rien que pour la question corporative, ce n'est pas dangereux, ce n'est pas méchant et cela ne tient pas. Les juifs, les sillonnistes, tous ceux qui ont des idées plus ou moins persécutées, font de l'antimilitarisme: les moines qui, dernièrement, ont été expulsés, faisaient de l'antimilitarisme et disaient: Ce n'est pas la besogne des soldats d'expulser des moines! Et là-dessus ils avaient raison. Comme syndicalistes, nous disons : Ce n'est pas la besogne des soldats de remplacer les ouvriers, et ce n'est pas non plus leur besogne de les fusiller. Mais si vous voulez empêcher cela, il faut bien que vous alliez jusqu'au bout et que vous compreniez que cela existe justement pour cela. Mais comme on ne vous dira jamais que c'est pour cela, vous n'allez pas trouver, je suppose, qu'un gouvernement puisse être sincère, étant domestiqué à un système de société : vous n'allez pas exiger que ce gouvernement vous dise : Mais non, ce n'est pas pour la patrie qu'on veut des soldats, ce n'est pas pour des expéditions qui rapportent aux financiers, qui répondent à des opérations financières, qu'on fait cela, ce n'est pas non plus pour mater l'ouvrier en œuvre d'émancipation que nous voulons l'armée, ce n'est pas pour cela, c'est pour la patrie.

Nous sommes obligés par conséquent de faire de l'antipatriotisme, nous sommes obligés de démontrer à l'ouvrier, dont nous voulons l'émancipation totale, que la patrie est une blague comme tant d'autres, est un mensonge comme tant d'autres. Nous comprenons très bien que des gens de gouvernement, des gens qui sollicitent des mandats aux pouvoirs électifs, n'osent pas dire cela. Nous n'avons pas que ces raisons pour dire cela, nous avons d'autres raisons : c'est qu'en tout temps, en toute période, dans n'importe quel cas, c'est la classe ouvrière qui paie les pots cassés, et nous avons le devoir de demander aux ouvriers si réellement ils ont une patrie : et nous faisons du syndicalisme quand nous faisons cela, parce que nous disons aux ouvriers : C'est avec cela qu'on maintient l'armée, c'est avec ce mensonge un peu dégoûtant qu'on vous entretient; et vous voudriez croire à la patrie? Mais faites au moins que les gens qui viendront après vous soient émancipés assez pour ne plus couper dans cette saloperie-là !

Le parlementaire est forcé d'être patriote. A la Chambre on ferait comme on fait quelquefois ici, quand on est intolérant, quand on ne veut pas laisser parler un révolutionnaire ou un réformiste ; on ferait du pétard et on dirait : Nous ne voulons pas laisser parler celui-là, il est antipatriote! C'est compréhensible, et je vais jusqu'à dire que celui qui oserait, à la Chambre, être carrément antipatriote, ferait presque une blague. Quand on est antipatriote, on n'a rien à foutre à la Chambre. A la Chambre il est nécessaire d'être patriote parce que la masse des élus a besoin de la masse des électeurs : mais quand les électeurs seront assez émancipés pour ne plus couper dans ce panneau-là, vous verrez tous les élus commencer par dire qu'il ne faut plus de guerres, plus d'armées, et enfin finir par dire que la patrie est une vieille chose, une vieille blague, une vieille religion. Nous, nous les devançons, nous leur préparons le terrain, et si par bonheur nous arrivons à faire l'émancipation au point de vue patriotique, nous arriverons peut-être à faire l'émancipation au point de vue parlementaire. C'est pourquoi tout s'enchaîne. Le camarade Niel nous disait tout à l'heure : Avouez donc que vous êtes contre l'Etat! — Et Niel me l'avait déjà dit en particulier. Bien sûr qu'on est contre l'Etat : est-ce qu'on a besoin de le dire? Mais cela va de soi, puisqu'on veut l'émancipation ouvrière et que chaque fois qu'il y a un élan, quelque chose, un mouvement de la classe ouvrière, c'est l'Etat qui envoie l'armée! Je suppose qu'elle ne vient pas toute seule?

Niel. — De même qu'il va de soi qu'on est contre le patronat et le salariat, et on le dit, de même dis donc dans les statuts qu'on est contre l'Etat! Puisque c'est vrai, dis-le dans les statuts !

Yvetot. — Vous allez voir la belle logique de Niel comme de tous ses camarades ! Nous voulons, vous entendez-bien, recruter, et pour recruter nous disons : Il faut faire quelque chose, former des syndicats où l'on fera son éducation, où l'on fera l'émancipation ouvrière. Est-ce que quand vous voulez faire des syndicats, vous dites à l'ouvrier : Tu sais, tu vas lutter contre ton patron, tu vas faire une autre éducation ?...

Plusieurs voix. — Ah ! ah !

Yvetot. — Attendez, camarades. Je connais des milieux où l'on n'ose même pas dire cela ; je connais des milieux dans des syndicats confédérés où l'on dit : Nous voulons nous syndiquer pour nous soutenir les uns les autres, pour faire des caisses de chômage, des caisses de maladie, et pour nous entendre avec nos patrons...

Un Délégué. — Ceux qui font des caisses de chômage ont toujours dit qu'ils luttaient contre les patrons, et ils n'ont jamais été vous chercher pour lutter contre eux !

Yvetot. — Ne vous énervez pas. Je ne vous dis pas que toutes les organisations fassent cela. Vous êtes toujours la même chose : aussitôt qu'on vous dit quelque chose, vous vous sentez morveux ; ce n'est pas de ma faute, voyons ! Il y a bien des organisations révolutionnaires qui ont des caisses de chômage et de maladie ; elles ne prennent pas cela pour elles ; alors, pourquoi le prenez-vous pour vous ?

Le même Délégué. — Alors, à qui vous adressez-vous ?

Yvetot. — Je m'adresse à ceux qui disent : Il faut oser dire qu'on est contre l'Etat, de façon à ce que l'Etat puisse dire : Ce syndicat ne doit pas exister. Or, nous sommes des hypocrites dans la lutte sociale, et, voulez-vous cette franchise ? des anarchistes comme moi viennent dire aux camarades : C'est selon la loi de 1884 qu'il faut vous syndiquer : j'irai demain à la mairie déposer les statuts : osez donc être administrateurs ou secrétaires de ce nouveau syndicat. Et vous croyez que je serais assez bête de dire à ces camarades : Soyez antimilitaristes, antipatriotes, soyez contre l'Etat ? Je leur dis : Groupez-vous selon la loi de 1884. Et quand ils seront groupés selon la loi de 1884 pour leurs intérêts immédiats, comme je ne suis pas sans idéal, je dirai à ces camarades : Il y a autre chose que la question du ventre, il y a autre chose que la question des salaires, il y a autre chose que les questions corporatives. Et on pourra peut-être alors parler d'unité morale, quand nous aurons assez groupé les ouvriers ayant déjà leur émancipation faite, quand nous aurons assez groupé des individus décidés à faire quelque chose. Mais est-ce que nous sommes justement à cette période-là ? Nous groupons, nous recrutons tant que nous pouvons, avec tous les tempéraments... Vous ne me prenez pas pour un homme capable de dire le contraire de ce qu'il pense ? Eh bien, malgré cela, est-ce que selon les milieux, je ne sais pas m'assimiler sans rien renier de mes idées ?

Vous avez lu une petite brochure que j'aurais voulu faire adopter par le Comité confédéral et qui n'a pas été adoptée par deux camarades, l'un délégué de la Fédération du Livre, l'autre représentant plutôt une idée politique ; ils n'ont pas voulu, je ne les ai pas priés et j'ai retiré ma brochure ; tout a été dit. L'un ne voulait pas, parce que je disais que la mutualité ce n'était pas suffisant, qu'on en fasse seulement au pis-aller pour recruter. Un camarade de la Fédération du Livre, Guénard, je crois, m'a dit : C'est la Fédération du Livre qui est visée, et je ne peux pas l'adopter. L'autre camarade, parce que dans cette brochure je disais :

Ne faites jamais de politique dans les syndicats, il n'y a rien à attendre de la politique, m'a dit : Tu vises le parti socialiste ; je ne marche pas.

Voilà, camarades, les raisons pour lesquelles j'ai retiré ma brochure. Dans cette brochure j'expose je crois toute mon idée ; je l'expose comme je sais, avec le peu de moyens que j'ai ; mais je la crois assez claire puisque les ouvriers la demandent et la répandent.

Nous allons graduellement : nous groupons l'ouvrier pour ses intérêts matériels, corporatifs d'abord ; nous lui disons qu'il y a des augmentations de salaire ou des maintiens de salaire, et nous lui disons ensuite, petit à petit, qu'il y a des heures de travail à diminuer et qu'il y a quelque chose de mieux que la question du ventre : c'est la question du cœur et la question de la tête ; nous lui disons qu'il y a quelque chose de plus grand : c'est la fédération ; qu'il y a quelque chose de mieux que la fédération des métiers : c'est la fédération d'industries, et nous lui disons enfin qu'il y a encore quelque chose de mieux encore que toutes ces fédérations ou tous ces syndicalismes catalogués : c'est l'union des syndicats, où toutes les idées s'élargissent et où l'on discute toutes les idées. Nous disons aussi dans cette brochure que nous voulons des Maisons du Peuple...

Coupat. — Où cela se trouve-t-il ?

Yvetot. — C'est l'*a b c syndicaliste* tiré à 200.000 exemplaires. C'est comme si vous disiez que vous ignorez le *Manuel du soldat !*

Je crois avoir maintenant assez répondu à Liochon ; d'ailleurs, je l'ai dit, Liochon ne nous reprochait rien, ou du moins il nous reprochait d'avoir fait notre devoir ; alors tout va bien de ce côté-là.

Pour Niel, c'est autre chose ; Niel nous en reproche davantage, et à moi particulièrement. Niel dit qu'on a eu des méchancetés contre lui bien avant qu'il fût élu. En ce qui me concerne, et Niel s'en rappelle, j'ai écrit dans ce fameux journal éphémère : *La Révolution*, un article où quand tout le monde semblait craindre que Niel arrive, j'ai écrit le contraire, parce que je le pensais ; j'ai dit que l'arrivée de Niel au Comité confédéral ce n'était pas dangereux parce que Niel, secrétaire confédéral, était obligé d'appliquer les décisions des Congrès de Marseille et d'Amiens et toutes les décisions révolutionnaires.

Niel est venu. Il a été proposé, dit-il, par les mineurs ; mais il a été demandé par les chemins de fer et mandaté par le Livre ; je crois que cette entrée dans la Confédération comme secrétaire avait bien sa signification ; il n'est pas drôle du tout que des camarades se soient dit : Décidément, en voilà un qui a du culot ! Le Congrès, par exemple, a été révolutionnaire, la majorité agissante de la C. G. T. se déclare révolutionnaire, et il vient en s'étiquetant, qu'il le veuille ou non, réformiste, en se cataloguant contre les décisions de Marseille, bien qu'il soit décidé à les exécuter !

D'ailleurs, si j'avais été à la place de Niel et que les décisions à exécuter comme celles de Marseille et d'Amiens n'eussent pas été les miennes, je n'aurais pas accepté le poste. Il l'a accepté. Je veux croire qu'il l'a accepté avec l'idée qu'il disait tout à l'heure : de faire l'union morale ; mais voyons, Niel, il ne faut pas l'oublier, est-ce que l'union morale est possible quand des individus ont toutes sortes de raisons pour penser différemment, quand Niel lui-même, qui pensait d'une façon il y a peu de temps, pense autrement aujourd'hui ? Il n'est pas possible de fonder d'unité morale dans ce cas-là.

Niel a dit qu'au Comité confédéral, particulièrement, il a trouvé une hostilité, et qu'au bureau surtout il en a trouvé une autre. Niel sait très bien, comme tout le monde le sait d'ailleurs, que de mon naturel je suis fort peu aimable; Niel étant amené pour collaborer avec moi, ne pensait pas que j'allais lui faire des sourires du matin au soir...

Niel. — Je ne voulais pas cela.

Yvetot. — Tu ne voulais pas cela? Mais tu sais bien, au fond, que je ne t'ai pas montré une hostilité caractérisée comme tu sembles le dire...

Niel. — Eh bien, merde alors! *(Rires dans toute la salle).*

Yvetot. — Mon chér, pour un parlementaire, tu aurais pu dire autre chose... Moi, cela ne m'étonne pas, parce que je me rappelle qu'une fois que j'avais été grossier avec toi, tu l'as été un peu plus avec moi: alors je commence à être fixé.

Mais pour en arriver au fait, puisque Niel était convaincu de ce qui lui arriverait...

Niel. — Je le supposais.

Yvetot. — C'est assez drôle de venir, dans un milieu qui n'est pas le sien...

Niel. — Oh!...

Yvetot. — Il ne faut pas mal interpréter ce que je dis...

Niel. — Au fond, c'est bien cela.

Yvetot. — Enfin, tu es une victime?

Niel. — Oui.

Une voix. — C'est une victime de l'anarchie.

Yvetot. — Oui, Niel est arrivé dans des circonstances particulières, comme je l'ai dit, avec des idées contraires à celles du Congrès de Marseille, pour appliquer les décisions de Marseille; c'est déjà assez étrange. Niel arrive sachant bien que le bureau lui sera plutôt opposé, le Comité confédéral également, et il trouve drôle qu'aussitôt qu'il prend la parole pour exprimer ses idées, tout le monde la demande pour lui répondre! Mais quand on se serait lassé de répondre à Niel, il se serait peut-être lassé également d'émettre ses idées, il aurait peut-être fini — du moins je l'espère — par comprendre qu'il y avait des décisions à appliquer et qu'avec l'anarchiste Yvetot il aurait pu collaborer aux décisions révolutionnaires, aux vœux, aux formules qu'il était nécessaire de mettre en application selon le Congrès. Alors, nous nous serions peut-être entendus; moi-même je le souhaitais, et j'avais dit : Niel vient à nous malgré lui, tant mieux; il changera encore une fois et il reviendra dans le bon chemin. Tu vois, Niel, que je ne désespérais pas.

Niel dit qu'on lui a reproché sa première communion. Eh bien, ma foi, c'est à peu près aussi bête que ceux qui m'ont reproché d'avoir sarrasiné à 18 ans en sortant d'une maison religieuse; n'est-ce pas, Coupat?

Coupat. — Vous ferez ce reproche à Sergent.

Yvetot. — Je le lui ai fait, camarade Coupat: si cela peut vous satisfaire?...

Coupat. — Il ne m'a pas dit que vous aviez 18 ans quand vous aviez sarrasiné.

Yvetot. — Dernièrement, un autre camarade — on va dire que j'attaque un absent — le camarade Thil, m'a fait le même reproche. Le camarade Marck pourrait consoler le camarade Coupat en m'évitant la peine de dire que le Procureur général de Nantes s'est justement servi de la polémique de Coupat et a dit : Vous voyez ce farouche anarchiste, c'est un ancien sarrasin ; vous entendez, messieurs les jurés, vous entendez, messieurs : cet homme, c'est un sarrasin : cela veut dire un individu qui a remplacé des grévistes... Ce que je n'ai jamais fait de ma vie, car quand j'étais sarrasin, j'avais beaucoup plus de sang dans les veines que beaucoup de syndiqués du Livre, et mon camarade qui m'avait fait entrer dans cette bonne maison de *la Patrie* a fait comme moi. Comme il n'y avait pas moyen de se faire payer, lui a pris la pendule et moi j'ai pris les deux chandeliers ! (*Applaudissements*).

Maintenant, le camarade Niel a sur le cœur ce que je lui ai fait, croit-il, par méchanceté. Quand il envoyait un article à *la Voix du Peuple* : « A l'œuvre pour le réformisme », moi, chargé de *la Voix du Peuple* comme typo, peut-être un peu par prétention, croyant faire un bon journal, je voulais mettre l'article de Niel en bonne place, et je trouvais très intelligent — c'était peut-être très bête — de mettre un autre article...

Niel. — Je ne l'ai trouvé que pour moi, pas pour les autres.

Yvetot. — C'est parce que les autres, leurs articles ne valaient pas les tiens. Quand le camarade Niel faisait un article intitulé : « A l'œuvre tous pour le réformisme »...

Niel. — Non : « A l'œuvre tous pour des résultats », car réformisme, chez toi, c'est une obsession !

Yvetot. — C'est entendu, je suis obsédé, je n'en dors pas ! Donc : « A l'œuvre pour des résultats », dit Niel ; et moi, paraît-il, j'ai fait un article en pendant : cela fait très bien en première page : « A l'œuvre pour la grève générale ». Une autre fois, Niel a fait un article : « La valeur réformiste du premier mai », et j'ai fait un article en pendant : vous allez voir si c'était bien : « La valeur révolutionnaire du premier mai ». Une autre fois encore, ce pauvre Niel envoie un article...

Niel. — Pourquoi « ce pauvre Niel ? »

Yvetot. — Je dis ce pauvre Niel parce qu'il n'a pas de chance, que je m'entête à cela. Enfin, Niel envoie un article : « Pourquoi une armée ? » ; je fais un autre article : « Et pourquoi une patrie ? »

Niel dit que je n'ai fait cela que pour lui. Vous pouvez prendre *la Voix du Peuple*, et vous verrez avec quelle application on cherche à faire des titres correspondants pour qu'au moins la première page ait l'air d'avoir un peu d'harmonie typographique.

Quand Niel est arrivé, il y a eu des mots aigre-doux ; je me souviens qu'un jour Niel, en discutant avec moi, m'a dit : Mais enfin, tu ne détiens pas le monopole de la sincérité, tout de même : tu peux bien croire que je suis sincère. J'ai répondu à Niel : Je voudrais bien croire que tu es sincère si, au lieu d'être révolutionnaire comme tu l'étais avant pour ne plus l'être, tu avais été autre chose que révolutionnaire pour le devenir : quand on évolue, je crois à la sincérité des gens ; quand on involue, je crois le contraire...

Niel. — Qu'est-ce que cela involuer !

Yvetot. — Oh ! je n'ai pas le temps de t'expliquer çà, tu es trop intelligent pour ne pas le comprendre ! Niel me répondit : Cela n'empêche pas ma sincérité. Je lui dis : Que veux-tu, j'ai le caractère assez mal fait pour croire que ceux qui changent en reculant doivent avoir des motifs d'intérêt, que cela leur rapporte. Niel m'a assuré que cela ne lui rapportait pas et m'a retourné la balle en me disant : Rien ne me prouve. du moins je pourrais en faire l'hypothèse, que cela ne te rapporte pas.

Niel. — Je n'ai pas dit cela exactement, tu te rappelles mal.

Yvetot. — J'ai répliqué : Si je vais en prison, tu as raison, c'est que j'ai un motif, un prétexte, et ce motif d'intérêt, ce motif qui me rapporte, c'est que je suis tranquille en prison, tandis qu'avec ma femme et mes gosses, que je n'aime pas, je ne le suis pas!

Tout cela, vous le voyez, ce n'est pas bien méchant.

Arrive cependant le coup de poing, puisqu'il n'y en a qu'un qui ait lancé un coup de poing, et c'est moi qui l'ai reçu. Il ne m'a pas fait bien mal, heureusement. Mais pourquoi ce coup de poing? Vous allez voir dans quelles circonstances.

Niel était parti à Rouen; il s'agissait d'une réunion pour Marck et Torton; Niel me dit : De là-bas, si je n'ai pas le temps de revenir, et je crois que je pourrai revenir, je t'enverrai l'article, le compte rendu de ma réunion. J'attendis le compte rendu de la réunion; Niel n'arrivait pas et l'article non plus. Quand l'article arriva, *la Voix du Peuple* était bâclée. Je dis à Niel : C'est trop tard; mais cela n'a pas d'importance, parce que moi j'ai fait immédiatement un article sur le cas de Marck et de Torton, et d'ailleurs l'article que tu m'as envoyé parle bien moins de Marck et de Torton que ton discours: mais enfin, cela fera très bien qu'on en parle cette fois-ci et qu'on en parle encore la fois prochaine. Le numéro suivant, quand j'ai voulu mettre l'article de Niel, il y avait des événements, il y avait des circonstances nouvelles; je crois que c'était à ce moment-là la grève des P. T. T., et il était nécessaire de faire un article un peu vif, montrant qu'on s'inquiétait de la grève des P. T. T. Je bâcle cet article et je demande à Niel de le mettre à la place du sien. Niel me dit : Ah! non alors! Je monte sur la terrasse et j'appelle Merrheim, un des fidèles collaborateurs de *la Voix du Peuple*, et je lui demande de supprimer son article habituel sur la question spéciale qu'il traite. Merrheim consent, et c'est entendu. En bas, à l'Union des Syndicats, on avait vu les épreuves de l'article de Niel, et Thuillier vient à moi et me dit: Mais tu ne vas pas mettre cela dans *la Voix du Peuple*, c'est tout à fait le discours de Lens!

Enfin, on arrive à se disputer pour ce fameux article, et finalement ce fameux article n'est pas inséré. On se dispute à cause de lui et, sur un mot, Niel me traite de menteur. Cela devenait grave. Je lui dis : Menteur toi-même! La discussion s'envenime, et savez-vous sur quel mot? Ce n'était pas une conférence, comme je l'avais dit, c'était un meeting, et c'est pour ce mot qu'on s'est traité de menteur et qu'on s'est donné des coups de poing.

Eh bien, je dis que Niel m'avait choisi comme victime, et il se disait : Si je pouvais foutre sur la gueule à celui-là, cela me poserait peut-être dans le Comité confédéral. Voilà ce que j'ai pensé. Je l'ai oublié et lui aussi probablement, parce que quelque temps après il m'a fait très bonne mine...

Niel. — Ce qui prouve que je ne suis pas rancunier.

Yvetot. — Maintenant, le cas principal, celui sur lequel Niel a tant insisté, il faut que je vous en dise deux mots. Il s'agit simplement du discours de Lens.

Eh bien, Niel, que cela lui plaise ou non, a fait un énorme bluff. Le discours qu'il a fait, on l'a dit, Jouhaux l'a fait, moi je l'ai fait aussi en maintes circonstances. Mais il y a, je le répète, des circonstances. Comment! au moment où allait éclater la grève des P. T. T., au moment où cette vieille canaille de Clemenceau se demandait peut-être si cette grève des P. T. T. n'allait pas avoir des conséquences, voilà Niel qui dit dans le Pas-de-Calais : Il y a une impossibilité matérielle à faire la grève générale, on n'est pas prêt pour la faire! Je dis que Niel a fait, ce jour-là, une grosse gaffe, parce qu'il rassurait ainsi cette vieille canaille de Clemenceau qui pouvait alors dire : Eh bien, les P. T. T., ils peuvent venir, je les attends; la grève générale ne peut pas être faite, le secrétaire de la C. G. T. l'a dit. J'estime que cela est très grave, et Pauron, que je vois ici, a été le premier à dire à Niel : Niel, tu as fait une faute.

Niel. — Pauron m'a dit lui-même qu'il s'était trompé lorsqu'il m'avait dit cela.

Yvetot. — Mais à ce moment-là Pauron disait bien que c'était une maladresse et que quand on était à la veille d'une bataille et qu'on était à la tête des troupes, on ne devait pas dire : Je ne suis pas très prêt.

Pauron. — Je m'étais trompé sur un point bien déterminé. Je croyais que Niel avait empêché les mineurs de faire la grève. Mais en ce qui concerne son discours, je suis toujours du même avis; je trouve qu'il ne devait pas le faire; mais je m'étais trompé en croyant qu'il avait empêché les mineurs de voter la grève. Or, Cordier m'a déclaré que les mineurs avaient décidé, avant l'arrivée de Niel, de ne pas faire la grève. C'est sur ce point seulement que j'ai déclaré que je m'étais trompé; mais en ce qui concerne le discours de Lens, je le déclare encore aujourd'hui, je crois que ce n'était pas le moment de le prononcer.

Yvetot. — Enfin, camarades, vous voyez que Niel avait fait quelque chose que nous avions le droit de trouver mal, et lui-même a dit qu'il nous concédait qu'il avait mal fait en cette circonstance. C'est tout ce que nous lui avons reproché.

Quant aux histoires des terrassiers qui sont venus et l'ont mis en danger, j'affirme à Niel qu'il a peut-être tort de dire que ce sont les révolutionnaires qui sont la cause de cela, parce que les journaux avaient reproduit suffisamment son discours, l'avaient suffisamment commenté pour que les camarades soient montés contre lui. Maintenant, si des camarades se sont opposés à ce qu'il y ait un malheur de fait, je vous assure que Niel ne les connaît pas tous, et je vous répète que j'en ai vu dans la cour qui faisaient mieux que de protéger Niel et qui essayaient de persuader aux terrassiers combien était mauvaise leur action de venir aussi nombreux contre un camarade pour une histoire comme celle-là. Je dis que cela valait mieux que de se mettre autour de Niel et de dire : Nous te ferons un rempart de notre corps, quoique cela soit très courageux. Moi, je n'avais pas l'occasion de défendre Niel, mais je crois que Niel me croit capable de le défendre dans une occasion où une lâcheté serait exercée contre lui, soit une lâcheté physique, soit une lâcheté morale. Pour la lâcheté morale, je crois m'être assez affirmé en faveur de Griffuelhes. Pour la lâcheté physique, je n'ai pas besoin de dire à Niel si je me suis affirmé, et cela me suffit.

J'estime, camarades, que c'est le bluff que nous faisons qui est quelque chose dans la vie, qui est quelque chose dans l'action. Il paraît, d'après Coupat, que la journée de Villeneuve était une journée de bluff!

Coupat. — Il ne s'agit pas de Villeneuve!

Yvetot. — Alors, laquelle? Oui, quand il s'agissait d'aller au Bois de Boulogne, j'estimais que c'était du bluff, car que voulez-vous que fassent tous les confédérés devant l'armée? Mais j'estime que quand ces individus sont capables de se défendre contre leurs patrons, contre la police et contre les gouvernants, j'estime que ce bluff est salutaire, comme les petites confectionneuses si mièvres, si faibles, qui descendent dans la rue et vont se faire cogner par les flics, sans même qu'il y ait là les corporations pour les soutenir! (*Applaudissements*). Quand ces petites vont devant Réaumur, elles font du bluff; mais ce bluff est efficace, utile et salutaire. Nous faisons constamment du bluff; car si nous cognons, nous savons bien qu'il y a toujours contre nous quelque chose, et que si nous avons des brownings, il y a derrière les fusils Lebel et les canons!

Ah! vous ne voulez pas de bluff; eh bien, faites pour cela la propagande que nous demandons: faites assez de propagande antimilitariste, assez de propagande antipatriotique, pour que ceux qu'on enverra contre nous se mettent de notre côté. (*Applaudissements*).

Le Président. — En raison de l'heure tardive, le camarade Jouhaux demande à ce qu'on remette le vote à demain.

Voici maintenant le bureau qui est proposé pour la séance de demain matin :

Rougerie, président;

Merzet et Marchadier comme assesseurs.

Adopté.

Sympathie des Terrassiers de Milan

Le Président. — Voici un télégramme des terrassiers milanais, qui assurent le Congrès de toute leur sympathie.

La séance est levée à 7 h. 30.

9me SÉANCE. — VENDREDI 7 OCTOBRE 1910 (matin)

La séance est ouverte à 8 h. 20, sous la présidence du camarade Rougerie, assisté des camarades Merzet et Marchadier.

Le Président. — Hier, sur la question des rapports, nous nous sommes arrêtés au moment où le camarade Jouhaux allait avoir la parole; je lui donne la parole.

Le vote sans plus de discussions

Jouhaux. — J'estime qu'aucune objection sérieuse n'a été apportée contre les rapports et j'estime qu'il est temps aussi que l'on fasse dans ce Congrès autre chose que des questions de personnalités. Si l'unité morale doit exister, les personnalités doivent commencer par disparaître: le syndicalisme n'est pas l'expression de quelques personnalités, mais l'ensemble des intérêts généraux du prolétariat, et pour cette raison je voudrais que le Congrès s'affirme une fois pour toutes sur les rapports confédéraux et que nous passions à la discussion des questions à l'ordre du jour qui doivent être, par les résolutions adoptées, autant d'indications et de lignes de conduite au Comité confédéral pour l'action future. Ce qui doit sortir de ce Congrès, ce sont des indications nettes, claires et précises, qui permettent aux militants d'orienter l'action de la C. G. T. et de lui donner une puissance plus grande encore.

Je ne m'étendrai pas plus longuement et je demanderai simplement aux congressistes de voter sur les rapports confédéraux : si nous avons sur ces rapports une grande majorité, c'est que nous aurons fidèlement appliqué, comme le disait Cordier hier, les décisions du Congrès de Marseille, et qu'en ce qui concerne la question des retraites ouvrières, le Comité confédéral aura accompli ce qu'il devait accomplir. *(Applaudissements).*

Vote sur les Rapports confédéraux

BOURDERON. — Je demande le vote par mandats.

JOUHAUX. — Il est absolument nécessaire que nous votions par mandats : c'est peut-être la question la plus importante pour le Congrès, que celle de l'approbation de la gestion du Comité confédéral !

Rectification du vote sur la Maison des Fédérations

TONY. — Vous savez qu'hier j'étais venu vous apporter une protestation à cette tribune en disant qu'il y avait eu plus de votes exprimés qu'il n'y avait de mandats, et je vous avais demandé un moment pour établir le total définitif des mandats ; le voici : le total des mandats par syndicat est de 1.390. Le camarade Merrheim va venir également à cette tribune vous dire qu'il y a encore plus de votes que de mandats ; nous avons compulsé ensemble et nous avons trouvé qu'il y avait certaines fédérations qui avaient 6 ou 7 votes de plus que les mandats qu'elles avaient. Il y a 46 Fédérations et 94 Bourses du Travail représentées.

Chiffres exacts

MERRHEIM. — Nous avons été obligés de confronter les votes et les mandats qui sont arrivés au Congrès, et nous avons constaté une erreur assez grande. Il y a d'abord une vingtaine de fédérations qui ont voté ; or les camarades doivent savoir que si les fédérations sont admises au Congrès, elles ne doivent pas participer aux votes ; nous avons par conséquent éliminé les fédérations qui ont voté. Ensuite il y a eu 23 mandats qui portaient : Protestation contre le bureau ; nous avons également éliminé ces mandats. Voici les résultats définitifs du vote :

1.390 mandats.
1.345 votants.
Pour l'ordre du jour Gautier, etc., 904 voix.
Abstentions, 323.
Contre, 65.
Nuls, 23.
N'ont pas pris part au vote, 75 organisations.

Le rapporteur de la Commission de vérification des mandats me fait remarquer que bon nombre de délégués n'ont pas signé leurs votes : il veut protester, mais j'estime que nous n'avons pas le droit d'écarter ces mandats parce qu'ils ne sont pas signés. Nous invitons les délégués à ne plus voter désormais sans mettre leur signature.

TOGNY. — Le camarade Merrheim s'est un peu mépris sur ce que je voulais dire. Il y avait un mandat signé d'un nom qui n'était pas celui du délégué porté sur le mandat : or, nous considérions que c'était un vote par procuration : or, je crois qu'ici nous n'avons pas le droit de voter par procuration.

Le cas des Peintres de Levallois (Seine)

LE PRÉSIDENT. — Nous passons à la proposition ainsi conçue, déposée sur le bureau :

Le Congrès de Toulouse, en ce qui concerne l'admission par le Comité confédéral du Syndicat des Peintres de Levallois (Seine) comme syndicat isolé au sein de la C. G. T.,

Déclare que ce n'est que par une fausse interprétation de la décision de Marseille que cette admission a été faite ;

Précise qu'en prenant cette décision, le Congrès de Marseille n'avait pour but que de parfaire l'unité dans le Bâtiment :

1° En rayant des contrôles de la C. G. T. la Fédération de la Peinture, qui ne voulait pas se dissoudre, et l'invitant à remettre ses livres, comptes et caisses à la Fédération du Bâtiment ;

2° En avisant les syndicats y adhérents, que leur devoir était de rallier la Fédération unitaire s'ils veulent rester confédérés.

Mais, attendu que l'admission du Syndicat des Peintres de Levallois n'est pas conforme à l'esprit de la résolution du Congrès de Marseille ;

Qu'il y a lieu de préciser à nouveau,

Le Congrès de Toulouse confirme la résolution de Marseille, dit que le Syndicat de Levallois sera, dans les trois mois qui suivront le présent Congrès, rayé des contrôles de la C. G. T. et sera invité à rejoindre son organisation, la Chambre syndicale des Peintres du département de la Seine, qui devra l'admettre sans aucune réserve ; le Syndicat de Levallois, par réciprocité, s'engagera à y rentrer dans les mêmes conditions.

Dit aussi que dans le même laps de temps les livres, comptes, caisses et archives de la Fédération de la Peinture, devront être remis à la Fédération nationale des Travailleurs du Bâtiment.

Le Comité confédéral (section des fédérations) est chargé de l'application de cet ordre du jour.

JOUHAUX. — Le Congrès de Marseille avait déclaré que la Fédération de la Peinture devait disparaître et que tous les syndicats de cette fédération devaient rallier la Fédération du Bâtiment : mais il n'avait pas indiqué sous quelle forme précise ces organisations devaient rallier la Fédération du Bâtiment. Or, lorsqu'il a voulu appliquer cette décision qui avait déjà reçu pour les Syndicats de province une application intégrale, le Comité confédéral s'est trouvé dans cette situation que le Syndicat des Peintres de la Seine adhérent à la Fédération du Bâtiment demandait non seulement que le Syndicat des Peintres de la Seine, adhérent à l'ancienne Fédération de la Peinture, disparaisse et rentre dans la Fédération du Bâtiment, mais que les unités de ce Syndicat rallient le Syndicat de la Peinture de la Seine. Alors, comme d'autre part les camarades de la peinture protestaient, le Comité confédéral a donc admis, en appliquant intégralement, je le dis encore, la décision de Marseille, que puisque le Syndicat des Peintres de la Seine formulait lui-même une impossibilité à ce que le Syndicat de la Peinture de la Seine rallie la Fédération du Bâtiment, ce syndicat était admis, à titre transitoire, à la section des Fédérations en tant que syndicat isolé, c'est-à-dire qu'il était admis jusqu'à ce qu'une décision ultérieure fût prise sur ce cas.

Péricat. — Je trouve que la décision du Comité confédéral était mauvaise, qu'elle était contraire aux statuts, parce que si nous lisions les différentes propositions que nous avons faites aux peintres de Levallois, on verrait que nous avons mis toute la bonne volonté nécessaire pour que ce syndicat rentre en section aux peintres de la Seine. Nous avions même décidé de dire aux peintres de Levallois que nous les prendrions comme syndicat isolé avec un délai de six mois pour fusionner avec les peintres de la Seine.

Au Comité confédéral, on pouvait espérer arriver à une solution, et je croyais même à un moment donné que ma manière de voir allait être adoptée, puisque Robert lui-même, qui en l'occurence représentait les peintres de Levallois, acceptait les conditions présentées par la Fédération du Bâtiment. C'est le camarade Luquet qui est intervenu et qui a dit : « Nous n'avons pas à tenir compte si Robert et Péricat sont d'accord pour admettre les peintres de Levallois avec un délai, nous n'avons qu'à tenir compte des décisions du Congrès de Marseille. » Eh bien, à mon point de vue, les décisions du Congrès de Marseille n'étaient pas celles-là, et elles étaient que la Fédération du Bâtiment devait admettre tous les syndicats composant la Fédération de la Peinture, mais qu'il y avait justement pour le département de la Seine une situation spéciale, c'est-à-dire que pour le département de la Seine nous avons, non pas des syndicats par localité, mais tous les syndicats qui appartiennent à la Fédération du Bâtiment sont des syndicats départementaux, et par conséquent le Syndicat des Peintres de Levallois faisait double emploi. Il faut que le Congrès sache bien que pour la Fédération du Bâtiment nous ne devons avoir qu'un syndicat par corporation différente pour le département de la Seine, et cela nous devons le déclarer. Dans l'avenir, si un syndicat voulait se créer à Champigny, à Charenton ou ailleurs, nous devrions nous y opposer.

Savoie. — L'Union des Syndicats de la Seine, comme la Fédération du Bâtiment, a protesté au Comité confédéral au moment du vote où ce syndicat a été admis comme syndicat isolé. Il y a à ce syndicat environ douze personnalités, et lorsqu'elles font une réunion, elles sont deux ou trois. Eh bien, il est ridicule de voir qu'un syndicat ainsi composé puisse égaliser une Fédération au Comité confédéral, et que, d'autre part, trois organisations centrales telles que l'Union des Syndicats, la Confédération Générale et la Fédération du Bâtiment n'aient pas réussi à faire comprendre à ce syndicat qu'il avait un devoir à remplir : celui de rejoindre son syndicat départemental.

Il y a dans l'ordre du jour un passage qui peut être mal interprété ; on dit que ce syndicat devra rejoindre son organisation locale ; je voudrais que les camarades du Bâtiment spécifient ce qu'ils entendent par organisation locale : si c'est l'Union des Syndicats, les camarades de la Fédération du Bâtiment savent bien qu'elle se refusera à admettre le Syndicat des Peintres de Levallois, parce qu'il fait double emploi avec le Syndicat des Peintres de la Seine.

Une voix. — Nous disons qu'il doit rejoindre le Syndicat des Peintres de la Seine en tant que section.

Savoie. — Il y a là une question d'interprétation : je demande à ce que dans l'ordre du jour ceci soit rectifié afin qu'à l'avenir on n'ergote pas : il faut que cette situation finisse une fois pour toutes.

Le Président. — La discussion est close. Je mets aux voix l'ordre du jour concernant le Syndicat des Peintres de Levallois, avec l'addition présentée par le camarade Savoie.

Adopté à l'unanimité.

Pour l'abonnement à « la Voix du Peuple »

Le Président. — Voici une autre proposition de l'Union des Syndicats ouvriers du département du Rhône :

Les soussignés demandent, au nom des Syndicats qu'ils représentent, qu'à l'avenir, sera joint à la brochure dite Répertoire, l'état exact des syndicats au point de vue de leur abonnement à *la Voix du Peuple*. Cela permettrait réellement de contrôler les syndicats qui remplissent la triple obligation, afin qu'à l'avenir seuls ils soient admis à participer aux travaux des Congrès confédéraux.

Cordier. — Cette question a trait à la triple obligation et, comme une question semblable est soumise à la Commission de modification des statuts, je demande qu'on passe à l'ordre du jour.

Royer. — J'accepterai certainement la proposition qui vient d'être faite, à la condition qu'on réserve l'examen de cette question et qu'elle ne soit pas éliminée. J'estime, en effet, qu'il est indispensable que nous connaissions l'état des Fédérations, des Syndicats, des Unions locales ou départementales au point de vue de leur abonnement à *la Voix du Peuple*. Déjà au Congrès de Bourges toutes les organisations devaient remplir la triple obligation. Or, six ans se sont écoulés, et on passe toujours sur la troisième obligation. Eh bien, j'estime que puisqu'il a été décidé dans des congrès que toutes les organisations devaient remplir cette troisième obligation, il est absolument indispensable qu'elles la remplissent.

La Fédération des Mécaniciens et la Fédération des Métaux.

Le Président. — Voici une proposition du camarade Loyau :

Considérant que la Fédération des Mécaniciens, en vertu de la décision du Congrès confédéral de Marseille 1908 (page 137) devrait être aujourd'hui dans la Fédération des Métaux;

Considérant que cette fédération n'a pas observé cette décision et que rien ne peut justifier son attitude hostile à la fusion réalisée par la Fédération des Mouleurs et cinq syndicats des Mécaniciens,

Le Congrès décide qu'un délai de trois mois, à compter du présent Congrès, est donné à la Fédération des Mécaniciens pour réaliser la fusion; faute de quoi, le Comité confédéral la rayera de ses contrôles en avisant les organisations y adhérentes, que leur devoir est de rejoindre la Fédération des ouvriers des Métaux et similaires de France.

Loyau, Dufil, Boisson, Verliac.

Une Protestation

Un Délégué. — Il y a un ordre du jour pour les travaux du Congrès. Si on arrive avec une avalanche de propositions et qu'on se mette à les discuter, nous allons retarder continuellement l'ordre du jour et nous ne discuterons aucune question. Je demande donc que toutes ces questions-là viennent à la suite de l'ordre du jour.

Mécaniciens et Métaux

Loyau. — Camarades, au Congrès de Marseille, la résolution suivante a été prise à une énorme majorité :

Le Congrès — dans les mêmes conditions adoptées à Amiens, en ce qui concerne l'union des diverses Fédérations corporatives qui existent dans l'Industrie du Bâtiment — unité que les faits démontrent comme précieuse à tous les points de vue — donne mandat au Comité confédéral de provoquer et d'organiser, dans un laps de temps d'environ six mois, un Congrès auquel devront être conviés les syndicats affiliés aux Fédérations des Mouleurs, des Mécaniciens et Métallurgistes, ainsi que ceux qui ne sont pas fédérés nationalement.

Le Congrès ne devra comporter qu'une seule question : L'Unité dans les Fédérations des Mouleurs, Mécaniciens et Métallurgistes.

Les secrétaires des trois Fédérations susnommées ne seront admis à ces assises qu'à titre consultatif.

Camarades, je n'ai pas à rechercher les motifs qui ont guidé les délégués au Congrès de Marseille à voter cette proposition. Je me place simplement en présence du fait accompli : une résolution a été votée et elle n'a été suivie que partiellement. Cette décision demandait qu'un Congrès soit convoqué dans les six mois. Ce Congrès a eu lieu ; mais n'y assistaient que les délégués de la Métallurgie, des Mouleurs et de cinq syndicats des Mécaniciens. La majorité des syndicats des Mécaniciens s'étaient refusés à prendre part aux travaux de ce Congrès, et cela à la suite d'une circulaire tendancieuse envoyée par le Conseil fédéral, qui était opposé à la fusion.

La Fédération des Mécaniciens s'abstint donc de venir au Congrès unitaire, sous le prétexte que dans ce Congrès la majorité se trouverait infailliblement du côté des Métallurgistes et que la discussion ne pourrait pas se poursuivre librement pour tous.

Eh bien, nous, Syndicats des Mécaniciens, qui n'avons pas voulu suivre la Fédération des Mécaniciens dans la voie qu'elle avait choisie, c'est-à-dire dans l'hostilité vis-à-vis de la proposition votée à Marseille, nous avons assisté au Congrès unitaire et nous avons pu constater que les discussions y furent courtoises, que chacun put s'y exprimer librement et que les craintes exprimées par la Fédération des Mécaniciens, et qui avaient fait que la majorité des syndicats n'avaient pas voulu participer à ce Congrès, étaient vaines, qu'elles n'existaient pas. D'autre part, les principaux arguments donnés et consistant à dire que la discussion serait étranglée et que les institutions constituant la méthode de la Fédération des Mécaniciens seraient détruites par ce Congrès, n'avaient aucune valeur, car les institutions créées par la Fédération des Mécaniciens pouvaient subsister quand même au sein de la nouvelle Fédération.

Il n'y avait donc rien qui puisse motiver l'abstention et l'hostilité de la Fédération des Mécaniciens au Congrès unitaire et, au lendemain de ce Congrès, quand les faits vinrent démolir la thèse soutenue, que les craintes exprimées avant le Congrès furent détruites par les résultats du Congrès, et que les cinq syndicats de Mécaniciens ayant participé à ce Congrès demandèrent à la Fédération des Mécaniciens de bien vouloir organiser un Congrès extraodinaire de la Fédération des Mécaniciens pour exposer les travaux du Congrès unitaire et en montrer les résultats, à ce moment, on prit une mesure d'exclusion contre nous, parce que nous demandions la convocation d'un Congrès unitaire.

Je trouve que cela est mauvais. La Fédération des Mécaniciens ne peut pas conserver plus longtemps l'attitude qu'elle a adoptée à l'égard de la décision de Marseille, et les faits qui se sont déroulés depuis, lui montrent qu'aujourd'hui son devoir est d'adhérer à la Fédération des Métaux. Encore si on pouvait nous montrer qu'en adhérant à cette fédération, la Fédération des Mécaniciens verrait disparaître ses méthodes, que ses méthodes étaient les meilleures et ont pu permettre un développement de l'organisation, nous pourrions peut-être avoir des scrupules et dire : En effet, ils ont peut-être raison. Il n'en est malheureusement pas ainsi. La Fédération des Mécaniciens ne peut pas prétendre que ses méthodes sont bonnes, attendu que les résultats les condamnent.

Eh bien, camarades, en présence de cette situation, il n'y a aucune raison de tergiverser et d'attendre ; il faut prendre une résolution, et celle que vous prendrez est celle qui est dans l'ordre du jour que nous avons déposé et qui implique pour la Fédération des Mécaniciens de réaliser la fusion dans un délai de trois mois, faute de quoi vous serez obligés d'indiquer la sanction : qui sera l'exclusion de la Fédération des Mécaniciens de la C. G. T. (*Applaudissements répétés*).

Coupat. — Camarades, je ne veux pas retenir longtemps votre attention, car je suis de ceux qui ont perdu beaucoup de leurs illusions et qui savent que lorsqu'on fait appel au sentiment de la liberté chez la majorité des libertaires, on est sûr d'être réglé d'avance (*bruit*)... Ce n'est pas sur la liberté de parole que je parle, c'est sur l'issue du débat. Je viens faire une affirmation ; je désire me tromper.

Nous estimons qu'un Congrès confédéral n'a pas le droit, pas plus celui de Marseille que celui-ci, de traiter la question des fédérations de métier et d'industrie par espèce. Si le Congrès de Marseille avait pris une mesure générale, s'il avait visé toutes les organisations qui ont un caractère de métier plutôt que d'industrie, nous aurions dit : On ne nous vise pas. Mais il est étrange qu'on n'ait visé que trois fédérations dans les Métaux, simplement parce que la nôtre a eu une méthode qui déplaît et qui gène, et qu'on a voulu à jamais l'étouffer au sein de la Confédération. C'est si vrai que je vous demande la permission de vous lire toutes les fédérations qui subsistent encore dans les Métaux et auxquelles vous ne touchez pas. Il y a la Bijouterie, la Ferblanterie, la Maréchalerie (*bruit*)... et je fais abstraction de quantités d'autres professions, de celles des établissements administratifs de l'Etat ; mais celles que je viens de citer n'ont pas été visées par cette résolution : on les laisse s'organiser comme bon leur semble. Ces fédérations ont-elles un nombre d'adhérents si considérable qu'elles aient pu obliger le Congrès de Marseille à respecter leur autonomie ? Je ne sache pas que l'une de ces fédérations soit plus considérable que la nôtre. Si je laisse de côté ce qui vise spécialement les Métaux, vous verrez combien d'autres professions ont encore des fédérations qu'on laisse tranquilles : c'est ainsi qu'il y a la Chapellerie.

l'Horticulture, le Livre, les Papetiers: dans les Tissus, il y a la Fédération des Teinturiers-dégraisseurs, la Fédération de la Teinturerie et Apprêts. On laisse en paix toutes ces fédérations et, parce qu'il plaît à une fédération de ne pas nous laisser vivre et de nous voir développer, alors, comme les enfants irrités qui abandonnent l'ancien giron, il faut que nous disparaissions!

Eh bien, j'appelle votre attention: nous avons la tête dure, nous ne nous laisserons pas faire, et, quelle que soit la décision que vous prendrez, notre fédération subsistera.

Eh bien, réfléchissez à ce que vous allez faire. Nous avons l'ardent désir de continuer à vivre avec la Confédération et de vivre en bonne harmonie avec toutes les organisations, de continuer à travailler au développement de l'organisation syndicale en France, et si vous votez contre cette résolution, ces syndicats préféreront rester ce qu'ils sont plutôt que de subir une résolution de contrainte qui ne vise qu'une seule organisation. Si nous n'avions fait entendre aucune protestation, vous pourriez dire que nous sommes des indisciplinés. Mais s'il appartient à une fédération de dire: Un tel me gêne, est-ce que vous allez donner satisfaction à ce caprice? Vous ne le pouvez pas, si vous désirez pratiquer réellement la liberté. Je concède que vous puissiez dire que tel mode de groupement ne donne aucun résultat: mais je vous demande si vous avez le droit de dire: Vous ne pensez pas comme moi, vous serez brisé, ou bien vous rentrerez à tel endroit? Si la Fédération du Livre venait vous dire demain, parce qu'elle se sent forte: La Fédération de la Lithographie doit rentrer dans notre sein...

Une voix. — Elle ferait bien.

Coupat. — C'est possible qu'à votre avis elle ferait bien: mais je suis persuadé que vous en subiriez les conséquences et que si vous supposiez que l'esprit de la Fédération de la Lithographie ne peut pas déteindre sur la Fédération du Livre, vous ne l'accepteriez pas, et si vous étiez certains que le Livre peut faire adopter sa méthode, vous ne le voudriez pas.

Eh bien, ce que vous ne feriez pas pour une fédération, pourquoi le feriez-vous pour une autre? Je ne sais si j'ai trouvé le chemin de la raison et si vous n'allez pas laisser vivre une organisation comme elle veut, malgré le désir d'un seul syndicat. Je ne dis pas que la fusion ne se fera jamais. Quand la fédération aura suffisamment soutenu ses grévistes, nous verrons ce que nous aurons à faire. Nous avons des cotisations de 30 centimes par mois, et c'est cette organisation qui a permis de faire augmenter partout les salaires, qui a fait diminuer la journée de travail, et nous avons su maintenir ce que nous avons conquis, et quand la Fédération des Mécaniciens faisait suivre sa méthode à Paris, il n'y avait pas un seul atelier où le syndicat n'était admis.

Vous nous dites que nous ne nous développons pas. Mais, est-ce que vous suivez de près ce que nous faisons?

Devertus. — Oui.

Coupat. — Je fais appel au camarade Veyriat: c'est vous qui avez déterminé sa conversion. Il est allé vous trouver...

Devertus. — Je n'ai eu à convertir personne.

Coupat. — Vous lui avez dit que la cotisation n'était que de 30 centimes et qu'on avait l'intention de l'augmenter et que vous aviez des craintes de défection.

Devertus. — Je ne connais pas cela du tout.

Coupat. — Dans votre journal, je n'ai eu qu'à lire un article signé Paillot, où il est dit que les cotisations de 30 centimes par mois et par membre sont insuffisantes pour soutenir la lutte.

Eh bien, jamais nous n'avons fait appel aux souscriptions des autres organisations; nous avons soutenu nos grévistes, et dans les luttes que nous avons soutenues, nous sommes sortis victorieux aussi bien en province qu'à Paris. C'est cette méthode qu'on veut détruire, et ce sont les syndicats qui en ont bénéficié et qui l'ont appréciée, qui ne veulent pas se laisser faire.

Eh bien, je fais appel à vos sentiments de liberté et je vous demande, lorsqu'un congrès s'est trompé et a pris une mesure d'exception ne visant qu'une seule organisation, si vous allez maintenir cette mesure? Je vous répète hautement que nous désirons, si vous nous laissez vivre, vivre en paix avec la C. G. T. et en même temps nous dirons hautement ce que nous pensons chaque fois que nous serons au Comité confédéral. Je vous demande de revenir sur la résolution de Marseille que je considère comme extrêmement fâcheuse et comme une mesure d'exception. Je vous demande, à vous camarades épris de liberté, si vous ferez au sein de votre Confédération ce que vous reprochez au gouvernement et aux patrons qui frappent des ouvriers parce qu'ils les gênent! Nos syndicats ne considèreront qu'on ne les frappe que parce qu'ils ont une méthode qui déplait.

Laissez-nous vivre: si nous avons tort, nous aurons vite fait de disparaître; si nous n'avons pas notre raison d'être, il en sera bientôt fait de notre organisation et vous aurez la satisfaction de nous avoir écrasés sans avoir fait une entorse à vos principes. En terminant, je fais appel à vos sentiments d'équité et, si vous êtes réellement équitables, vous nous laisserez vivre.

Une voix. — Si cette mesure devait s'étendre aux ferblantiers-boîtiers, accepteriez-vous la fusion?

Coupat. — Je vous ai dit que nous accepterions si cette mesure s'étendait à tout le monde. Nous vous déclarons que quand la Fédération des Métaux aura fait ses preuves, nous verrons ce que nous devons faire. Mais nous ne sommes pas des gens à nous payer de mots et de simples hypothèses: quand nous serons en présence d'un bilan, nous verrons. Je vous déclare que nous réfléchirions si la mesure était générale pour toutes les professions que je vous ai indiquées. Il y a chez nous un sentiment de fierté et de dignité que l'on peut peut-être trouver exagéré; mais nous estimons qu'il est de notre dignité de ne pas nous incliner devant une mesure d'exception. Nous ne sommes pas des indisciplinés, attendu que nous avons toujours protesté et que nous avons fait entrevoir les conséquences de cette mesure.

J'ajoute que je suis bien surpris de cette nouvelle orthodoxie de fusion. Je ne veux pas citer tous les arguments qu'on nous a envoyés pour combattre la fusion, et si, par moment, je peux avoir des brusqueries de langage, je suis de ceux qui considèrent que la discussion doit toujours rester élevée et qu'on doit laisser de côté les misérables procédés de discussions personnelles, de petits papiers, de mouchardage, qui sont indignes de gens qui se respectent et qui veulent simplement faire prévaloir leur opinion, et je termine en disant : allez-vous faire une œuvre d'équité ou allez-vous faire une œuvre d'exception?

Voix nombreuses. — La clôture!

Le Président. — J'entends demander la clôture. Je la mets aux voix. La clôture est prononcée.

Résultat du vote sur les Rapports confédéraux

Merrheim. — Voici les résultats du vote sur les rapports confédéraux : Il y a exactement 1,302 votants. Ont voté pour : 1,087. Ont voté contre : 97. Abstentions : 118. N'ont pas pris part au vote : 88 organisations.

Reprise de la discussion

Péricat. — Camarades, j'aurais désiré que les principaux intéressés en l'occurrence, c'est-à-dire les camarades de la Fédération des Métaux, prennent la parole pour nous donner les raisons qui militent en faveur de la fusion des mécaniciens avec les métaux. Je crois, en effet, que ce sont eux les mieux placés pour nous éclairer et nous donner ces raisons. Si je me place au point de vue de la Fédération du Bâtiment, il est bien entendu que je suis partisan de la fusion des Mécaniciens avec la Fédération des Métaux. Mais il y a des questions techniques, il y a des questions professionnelles, il y a des faits qui militent en faveur de cette fusion, et les mieux placés pour les expliquer seraient peut-être Blanchard, Merrheim et Verliac, et ce sont eux qui auraient dû demander la parole.

La délimitation des Fédérations

D'un autre côté, je suis d'accord sur un point avec Coupat : c'est que moi aussi je voudrais voir disparaître de la C. G. T. un tas de fédérations qui n'ont pas leur raison d'être, et je demanderai justement au Congrès de décider qu'une commission soit nommée au sein de la C. G. T. pour faire la délimitation des différentes fédérations. (*Très bien, très bien*). De cette façon-là, nous verrions disparaître des organismes qui n'ont pas lieu d'exister et nous aurions ainsi une unité plus grande dans l'action.

Après ces déclarations, je regrette de dire à Coupat, malgré que son discours soit plein de sympathie pour nous, que malheureusement, tout en disant qu'il veut rester à la C. G. T., il déclare que si notre décision lui déplaît, il s'en retirera, et il déclare aussi qu'il est prêt à marcher avec nous. Mais encore, comme pour les camarades du Livre, j'ai consulté le rapport de la Confédération des Bourses et des Fédérations, et vous qui parlez d'aider la Confédération pécuniairement et moralement, je m'aperçois que, quand nous avons posé la question de l'augmentation de la cotisation fédérale, vous avez voté contre le principe de cette augmentation.

Coupat. — Pour protester, parce que je suis contre la proportionelle.

Péricat. — D'autres camarades ne veulent pas contribuer à l'action de la C. G. T. parce qu'ils sont contre l'antimilitarisme. Et alors, camarades, c'est là, à notre point de vue, l'intérêt que nous avons à la fusion pour qu'il y ait unité d'action, et alors, quand nous voterons la grève générale, nous ne verrons pas des organismes se retrancher toujours derrière un motif pour ne pas marcher. Toutes les fédérations ont intérêt à marcher la main dans la main, et la Fédération du Bâtiment ne demande pas mieux que de marcher d'accord avec la Fédération des Mécaniciens ; mais encore faut-il que vous marchiez également d'accord avec nous.

BOISSON. — Camarades, c'est une simple déclaration que je viens faire ici au nom de mon Syndicat.

Le camarade Coupat a déclaré que, quelle que soit la décision du Congrès, la Fédération des Mécaniciens resterait. Il s'agit maintenant de savoir si les syndicats qui sont adhérents à cette Fédération des Mécaniciens suivront une pareille tactique et une pareille décision.

Au nom de mon syndicat, le Syndicat des Tourneurs-Robinetiers, qui appartient à la Fédération des Mécaniciens, je suis autorisé à déclarer que ce syndicat se retirera de la Fédération des Mécaniciens au cas où elle ne s'inclinerait pas devant la décision du Congrès (*Applaudissements*). Nous pouvons nous demander si cette décision prise par le Syndicat des Tourneurs-Robinetiers ne sera pas suivie par d'autres syndicats de la Fédération des Mécaniciens. Le camarade Coupat sait très bien qu'au dernier Congrès de la Fédération des Mécaniciens, où j'ai soutenu la fusion de la Fédération des Mécaniciens avec les Métaux, il sait bien que plusieurs camarades m'ont suivi. Il y a, par exemple, le Syndicat de Tourcoing qui a fait une proposition presque analogue à la mienne, et nous verrons plus tard si vous ne serez pas la cause de la dissolution morceau par morceau de votre fédération. *(Applaudissements).*

LOYAU. — Coupat a parlé d'une question de méthode et il prend au compte de la Fédération des événements qui se sont passés dans le département de la Seine, et il dit que les résultats qui ont été obtenus avec les différentes maisons de mécaniciens du département de la Seine l'ont été grâce à la méthode de la fédération.

Eh bien, qu'il me permette de lui dire que c'est surtout grâce à l'action du Syndicat des Mécaniciens de la Seine que ces résultats ont été obtenus.

Croyez-vous réellement que ce soit la présence d'un homme à la tête de la Fédération des Mécaniciens qui ait pu influencer l'attitude que pouvaient avoir les grévistes? Je dis *non*. Cette attitude était dictée par les circonstances, et ils subissaient plutôt l'influence et le stimulant de leur syndicat plutôt que celui de la fédération.

Eh bien, aujourd'hui, la situation n'est pas changée pour nous au point de vue de la méthode et, camarade Coupat, je puis vous faire remarquer qu'au mois de juin nous avons eu une grève à la maison Clément, que j'y suis allé, que j'ai vu le patron et que j'ai pu obtenir la solution du conflit en obtenant la journée de dix heures. Par conséquent, dans ces circonstances, nous n'avons aucune gêne venant de la Fédération des Métaux. Les syndicats sont indépendants, ils sont autonomes, ils dirigent les conflits qui sont de leur ressort suivant leurs aspirations, suivant leurs principes, suivant les circonstances ; mais la méthode de la fédération ne va pas jusqu'à dire à un syndicat : Vous serez contraints d'adopter telle ou telle méthode en cas de conflit.

Je crois qu'il y a là deux questions bien distinctes : la méthode n'a pas cet effet, et quand vous parlez de la question des institutions au sein de l'organisation fédérale, eh bien, là encore vous commettez une erreur.

Et qui vous dit également que la cotisation n'a pas pu augmenter et qu'elle est toujours de 30 centimes? Eh bien, je vous fais ce reproche à vous et à toute la Fédération des Mécaniciens de ne pas avoir voulu consentir à venir discuter au Congrès unitaire, car — et nous l'avons rappelé dans la circulaire de convocation du Congrès extraordinaire — nous avons énuméré les résultats obtenus et nous avons prouvé par le vote émis que, si la Fédération des Mécaniciens avait voulu faire son devoir et assister au Congrès, nous aurions obtenu l'augmentation de la cotisation fédérale. Par conséquent, aujourd'hui, vous ne pouvez pas vous servir de cet argument qui se retourne contre vous, car si la cotisation fédérale n'a pas été augmentée, c'est votre faute et c'est grâce à votre abstention.

Je me demande maintenant pourquoi on a refusé le Congrès extraordinaire que nous demandions? Nous étions de bonne foi: nous avions été au Congrès pour voir ce que serait la discussion et ce que nous pourrions obtenir en vue de notre méthode, et le résultat pour nous était satisfaisant, et j'estime que si le Congrès extraordinaire n'a pas eu lieu, c'est simplement parce que des influences se sont fait sentir et qu'on craignait qu'en présence des résultats obtenus, le Congrès se prononce en faveur de notre proposition. En effet, le Congrès ne pouvait pas faire autrement, et même aujourd'hui, dans le Congrès des Mécaniciens qui s'est tenu, je relève que des syndicats de mécaniciens, et les plus importants de la fédération, ont fait des propositions sur la fusion avec la Fédération des Métaux. C'est donc qu'il y a quelque chose, c'est donc qu'il y a un courant très fort qui entraîne l'organisation vers la fusion, et l'obstacle n'est pas si considérable qu'on ne puisse aujourd'hui le surmonter, et je dis que les raisons invoquées par le camarade Coupat sont puériles et ne peuvent pas légitimer l'attitude adoptée dans son organisation.

Aujourd'hui, dans la Fédération des Métaux, nous, ouvriers mécaniciens, nous pouvons encore conserver les institutions qui existent dans la Fédération des Mécaniciens. Ah! vous avez effrayé les fédérés en leur disant : Si vous allez au Congrès et si vous allez à la Fédération des Métaux, c'en est fait des organisations de prévoyance et de résistance que vous avez créées; là-bas, on est contre la caisse de chômage et contre tout.

Eh bien, là justement était l'erreur; ce n'était pas ainsi, et la preuve c'est que si vous étiez venu, vous, Fédération des Mécaniciens, eh bien, sans transition aucune, nous passions d'une fédération à l'autre, sans qu'il soit porté atteinte à vos institutions, et nous aurions pu les renforcer par le Syndicat des Mouleurs.

J'estime donc pour ma part que quand on croit détenir la vérité et avoir pour soi la bonne méthode, on ne doit pas craindre la discussion, on ne doit pas fuir le débat; on doit y aller et essayer de faire triompher ce que l'on considère comme la vérité.

Eh bien, vous avez eu tort de ne pas y aller, car vous auriez obtenu avec nous des résultats plus considérables. Mais, je le répète, rien ne s'oppose aujourd'hui à votre entrée dans la Fédération des Métaux. Vos arguments sont puérils. Ah! vous arguez de la valeur de votre méthode et vous en prenez prétexte pour dire : Nous ne pouvons pas y aller. Eh bien, voyons ce qu'a donné votre méthode, et c'est justement là où je vous attendais. Si vous aviez pu apporter ici des résultats, des effectifs nombreux, si vous aviez pu dire: Notre Fédération, grâce aux méthodes employées, a pu grandir...

Coupat. — C'est ce qu'elle a fait : elle a triplé à Albert, elle a triplé à Lyon, et vous, vous êtes descendus de 1.000 à 750 *(Bruit)*.

Loyau. — Coupat dit que les résultats ont été satisfaisants. Eh bien, moi, je ne les constate qu'au nombre des adhérents, et je constate que la fédération est inscrite à la Confédération pour un millier de membres. Le camarade Coupat use de cet argument que nous sommes descendu à 750 membres. Eh bien, oui, nous étions descendus à 700 ou 800 membres ; mais à ce moment nous étions encore fédérés à la Fédération des Mécaniciens, mais aujourd'hui que nous sommes aux Métaux, nous sommes 2.000 membres *(Applaudissements)*. Les chiffres sont là, et le trésorier de la fédération pourra le dire. Ah ! vous rapprochez cette situation de notre départ de votre fédération ! Là est votre erreur, car lorsque nous sommes descendus, nous étions fédérés avec vous. Mais cela tient à d'autres causes, et c'est parce que la situation industrielle est prospère, que nous montons tous les jours. Notre propagande est toujours restée la même, et c'est justement là ce qui vous condamne, parce que vous dites que si la fédération adhère, elle sera obligée de modifier la propagande. Non, c'est une erreur, nous n'avons pas modifié notre façon de faire la propagande. Mais ce que nous pouvons dire, c'est que toutes les craintes que vous avez exprimées et qui ont fait que les camarades de la province ont eu peur de réaliser l'unité avec nous, ces craintes étaient vaines ; elles ont disparu à la lumière des faits, et c'est justement ce qui vous condamne, parce que je dis qu'aujourd'hui aucune raison valable ne peut s'opposer à l'exécution de la résolution de Marseille. Tout ce qu'a dit Coupat ne peut pas justifier son attitude ; les faits, au contraire, la condamnent, et c'est pourquoi j'ai confiance en votre vote et je pense que vous confirmerez purement et simplement la décision du Congrès de Marseille.

Mourgue. — Etendrez-vous la même résolution à la Fédération des Maréchaux et à celle des Ferblantiers-Boîtiers ?

Une voix. — Mais la Fédération des Ferblantiers n'a rien à faire dans la Métallurgie !

La question de délimitation des Fédérations

Bouderon. — J'ai une simple déclaration à faire pour préciser mon vote dans cette question toute particulière. Je ne veux pas entrer dans le fond du débat particulier de nos camarades de la Métallurgie et des Mécaniciens. A Marseille, j'avais le même esprit qu'ici, et rien de nouveau dans la vie confédérale ne me l'a fait modifier : c'est qu'on devrait, dans la Confédération, déterminer, comme l'a dit Péricat, où commencent et ce que sont des fédérations d'industries. Il faut laisser aux événements le soin de les faire ; la Fédération des Mineurs et des Ardoisiers, qui est devenue sans contrainte du Congrès la Fédération des Travailleurs du Sous-Sol, est un exemple frappant de la cohésion, de l'entente des travailleurs dans une industrie. Je demande de ne pas faire des obligations d'espèces, mais de faire des déterminations d'ordre général.

Mourgues. — J'estime que la proposition qu'a faite le camarade Péricat et que j'avais l'intention de formuler moi-même, enlève déjà une grande partie de ce que j'avais à dire. Cette proposition a une très grande valeur ; il importe que dans un délai relativement rapproché le

Comité confédéral fasse la classification des fédérations de métiers qui deviendraient par elles seules des fédérations d'industries. Si je pose la question de la Fédération des Maréchaux et surtout des Ferblantiers-Boîtiers, c'est en raison de la situation particulière de certains syndicats de cette industrie. Il est nécessaire qu'une fois pour toutes nous en finissions avec ces divisions qui se produisent dans diverses catégories. Je suis on ne peut plus partisan de la fusion : ainsi le Syndicat des Mécaniciens de Bordeaux, qui appartenait à la Fédération des Mécaniciens et qui s'est fait représenter au Congrès unitaire des Métaux, a décidé de rallier cette fédération et y adhère dès sa constitution ; il en a été de même du Syndicat des Ferblantiers-Articles de ménage ainsi que des Mouleurs en métaux.

Jérome. — Nous sommes pour les fédérations d'industries, parce que nous cherchons à détruire le préjugé de corporation chez les individus ; nous sommes d'autre part partisans des fédérations d'industries, parce que ces dernières peuvent donner de très bons résultats, exemple le Bâtiment. Je me rappelle que Coupat disait à Marseille que dans sa fédération, grâce à ses fortes cotisations, il pouvait se dispenser d'user des vieilles marmites, faisant allusion aux cuisines populaires lorsqu'il s'agit d'organiser la résistance. Cependant le Syndicat des Mouleurs a pu et su résister pendant de longs mois, grâce aux formidables secours qu'il avait reçus de la Fédération de la Métallurgie ; si nous n'avions pas eu fusionné à ce moment, je vous prie de croire qu'il n'eût jamais été possible à ce syndicat de résister aussi longtemps, car la Fédération des Mouleurs n'aurait pas pu subvenir à ses besoins ; si nous avons lutté contre une puissante compagnie aussi longtemps, si nous avons obtenu une victoire morale, c'est grâce à la fédération d'industrie des métaux. D'autre part, et c'est la question la plus importante, c'est à ceux qui travaillent les métaux, à nous démontrer les avantages et les inconvénients d'une fédération d'industrie. Or, puisque Coupat est remonté à la tribune, je lui pose la question : quelle différence y a-t-il entre un mécanicien et un métallurgiste ? Est-ce que l'ajusteur, le tourneur, les machines-outils, tous ceux qui travaillent dans ce genre ne sont pas des mécaniciens ? Est-ce que ceux qui travaillent aux mêmes machines-outils ne sont pas des métallurgistes ?

Nous pourrions demander l'application des statuts, car il ne devrait pas y avoir deux fédérations de la même industrie dans la C. G. T. ; il ne devrait y avoir qu'une seule et même fédération qui englobe toutes les mêmes professions. J'espère que Coupat, tout à l'heure, me donnera satisfaction en me démontrant qu'il y a une certaine différence entre un métallurgiste et un mécanicien.

D'autre part, nous avons éprouvé quelques difficultés dans la propagande. Quoique jeune, il y a longtemps que je milite ; en 1901 — et j'appelle ici le témoignage de notre camarade Klemizinski — à Lille, nous eûmes plusieurs fois la visite des camarades Latapie, Galantus et bien d'autres qui vinrent et tentèrent de fédérer les métallurgistes qui ne l'étaient pas, et nous eûmes ce spectacle navrant de voir cette promenade de saint Roch et son chien, car lorsque Galantus ou Latapie passait, nous vîmes arriver Coupat, et ils se disputaient celui qui aurait le syndicat de Lille dans son sein. C'était navrant pour nous, et c'était désastreux pour l'organisation.

D'un autre côté, lorsqu'il y a deux syndicats dans la même ville, un Syndicat de Mécaniciens et un Syndicat de Métallurgistes, et que leurs membres sont dispersés dans différentes usines, nous avons encore le même spectacle que les uns et les autres se déchirent pour avoir les membres.

Eh bien, il est triste, il est navrant, je le répète, qu'une telle situation se prolonge. Je demande au Congrès d'appliquer les décisions de Marseille. Coupat a tort de demander que cette question soit générale, car si nous avions limité à la Fédération des Métaux, des Mouleurs et des Mécaniciens cette décision de fusion, c'était précisément parce qu'il y avait nécessité, parce que ces corporations étaient unanimes et travaillaient toutes dans les mêmes usines. C'est ainsi que, je l'ai expliqué au Congrès de Marseille, il n'y aura pas une cloche pour les mouleurs ni une cloche pour les métallurgistes lorsqu'il s'agira de l'application de la journée de huit heures : même les mécaniciens travaillant dans la même usine ont besoin et doivent avoir recours au même organisme, au même syndicat et à la même fédération. Si vous aimiez la Confédération, camarade Coupat, si vous ressentiez pour elle certaine sympathie, vous auriez dû, comme l'a déjà dit un camarade, venir au Congrès, respecter ses décisions, et si vous les trouviez mauvaises, dangereuses, il était alors temps au Congrès de Toulouse de venir nous montrer les inconvénients : mais cela vous sera bien difficile, car, comme l'a dit Loyau, vous êtes descendus à un chiffre tellement inférieur que vous serez, bon gré mal gré, obligés de venir à la Fédération des Métaux ; que vous le vouliez ou non, vous serez obligés d'y adhérer si vous voulez avoir encore une force.

Camarade Coupat, en toute logique, je vous dis : Si vous aimez la Confédération, n'essayez pas de la réduire, de la déchirer, venez avec nous, comme tous les mouleurs ont fait, la fortifier. Les mouleurs ont tenu autrefois le même langage que vous. Lorsque j'étais à leur Congrès, j'étais en minorité; les mouleurs ont été battus au Congrès de Marseille : par esprit de discipline, d'organisation, de camaraderie, ils ont obéi à la décision de Marseille, et je suis sûr que pas un mouleur ici présent, pas même les militants de l'ex-Fédération des Mouleurs ne s'en plaint : au contraire, ils s'en félicitent tous.

Par conséquent, pour toutes ces raisons, pour faire disparaître l'esprit corporatif du cerveau de nos camarades, pour renforcer les fédérations et simplifier les travaux de la C. G. T., nous demandons la disparition et la fusion des petites corporations pour en faire de grandes et de très vastes.

Réplique de Coupat

Coupat. — Je répondrai tout d'abord à Loyau, qui nous a demandé pourquoi nous ne sommes pas venus. Eh bien, vous vous êtes adressé aux syndicats par différentes circulaires, vous avez pu leur parler, leur demander de venir, vous leur avez fait tout entrevoir : ils ne sont pas venus. S'il n'y avait eu que le Conseil fédéral pour s'adresser à eux, on pourrait dire que nous avons dénaturé les faits ; mais vous n'avez rien ménagé pour leur faire connaître tous les avantages qu'il y avait à prendre part au Congrès unitaire : ils ne sont pas venus ; seuls sont venus ceux qui s'étaient prononcés antérieurement pour la fusion. Il faut dire la vérité maintenant : en voulant assister à ce Congrès unitaire, quantité de nos amis voulaient se prêter à une plaisanterie que nous trouvions indigne : ils disaient : Nous ferons une série de propositions qui ne seront pas adoptées, qui nous permettront de nous retirer, et nous dirons : Vous voyez, ce n'était pas sérieux. Voilà ce que nous disaient une partie des membres du Conseil fédéral, cela figure sur les procès-verbaux : mais l'immense majorité des syndicats n'ont pas voulu y venir. Nous ne nous sommes même pas dérangés, nous n'avons même pas fait une réunion dans un seul syndicat pour lui dire : Allez-y, ou n'y allez pas.

LOYAU. — Vous avez envoyé des circulaires !

COUPAT. — Est-ce que ce n'était pas notre droit ? Permettez-moi de vous dire que ce serait assez singulier ! Une fédération n'aurait pas le droit de s'adresser quand bon lui semble à ses adhérents ? Nous vous avons donné les noms et adresses de tous les syndicalistes : vous avez correspondu avec eux comme vous avez voulu, vous correspondez encore, vous employez des procédés si bas, si mesquins, qu'ils déshonorent ceux qui les emploient... Je fais allusion à ceux qui écrivent à Reims. Quand on attaque quelqu'un, on l'attaque en face ! Quand j'ai écrit à quelqu'un, celui qui était intéressé pouvait me répondre en face ! Mais cela me répugne d'entrer dans ces détails.

Les syndicats ont librement refusé d'assister au Congrès unitaire. On envoyait des circulaires, on ne nous les communiquait même pas : elles nous revenaient par l'un des syndicats pour que nous en prenions connaissance et que nous puissions y répondre. Voilà comment les choses se sont passées. Nous avons répondu à toutes les circulaires que vous avez faites ; j'estime que c'était notre droit : nous ne sommes pas nés moutons, et ce n'est pas notre intention de l'être.

Voilà un an que votre fusion est faite et vous n'avez même pas pu vous entendre pour faire ce que nous avions établi très facilement, et quand vous l'aurez fait, ce ne sera peut-être pas encore une raison pour que nos Syndicats s'inclinent devant ce que vous désirez : ils seront consultés par referendum sur la décision du Congrès, et ils feront ce que bon leur semblera.

J'appelle simplement l'attention du Congrès sur la résolution prise par les syndicats réunis en congrès : dans nos congrès, le syndicat est représenté par quelqu'un pris dans son sein, librement choisi, dont les frais sont payés par lui, et les parisiens ne sont pour ainsi dire rien : dans le congrès qui s'est tenu récemment, on ne peut pas arguer que les résolutions ont été prises par surprise ou dans l'intérêt de quelqu'un, puisque la résolution votée sur ce point a été rédigée par des représentants de province ; l'un des auteurs est ici.

Je répondrai quelques mots à Jérôme qui me demande ce que c'est qu'un mécanicien et un métallurgiste. Un mécanicien est un ouvrier qui contribue à la constitution d'une machine quelconque, c'est un terme générique. Eh bien, dans beaucoup de cas, il est imprudent, dans un atelier, de vouloir mêler tout le monde à un mouvement : quand une seule profession réclame une augmentation, il est utile, nécessaire, de limiter le mouvement, quand on peut le faire, à la seule profession intéressée ; cela nous a toujours réussi.

Vous me dites : Mouleurs et mécaniciens travaillent ensemble. Eh bien, si nous avions écouté, il y a quelques années, les mouleurs qui nous réclamaient une grève de solidarité à Chartres, nous ferions encore grève : les patrons étaient résolus à supprimer les fonderies, et on réclamait une grève de solidarité pour empêcher cela ! Je vous demande si c'est possible ! Si on avait fait cette grève, on aurait perdu les avantages acquis. Nous ne sommes pas de ceux qui disent qu'ils ne doivent pas se rendre solidaires des autres ; dans certains cas nous devons le faire, mais ce serait imprudent et quelquefois servir les intérêts des patrons que de le faire sans avoir réfléchi. Je n'en veux pour preuve que la grève de la voiture : on a demandé la solidarité des mécaniciens, mais les ouvriers de la voiture nous ont dit : Ne le faites pas, si vous le faites vous arrêtez la fabrication des machines et c'est surtout la fabrication de la carrosserie qui arrête la fabrication des voitures, et si vous arrêtez la fabrication de toute l'automobile, les patrons pourront résister. C'est parce que nous avons suivi ce conseil que les ouvriers de la voiture ont pu sortir victorieux de la lutte. Eh bien, nous serons toujours prêts à examiner les cas quand ils se produiront.

On me dit : Pourquoi une fédération de mécaniciens et pas d'industrie ? Mais, et c'est par là que je veux terminer, si votre principe est vrai au point de vue des fédérations, il doit l'être au point de vue des syndicats. Pourquoi une seule fédération et peut-être trente-six syndicats dans la région parisienne? Si votre méthode doit grouper sous la même bannière tous les ouvriers qui travaillent le métal, vous ne devez faire qu'un seul syndicat ; or, je vous mets au défi de le faire au point de vue syndical.

Un Délégué. — Je ferai remarquer au camarade Coupat qu'à Saint-Etienne un syndicat de métallurgistes récemment créé groupe dans son sein des mécaniciens, des ajusteurs, des ouvriers du cycle, ainsi que des ouvriers de la métallurgie, et que nous sommes en très bonne compagnie.

Coupat. — Je limite mon exemple à Paris et je vous dis que si votre méthode est bonne, si une seule fédération doit abriter tous les ouvriers, alors vous devez la généraliser et ne faire qu'un seul syndicat pour Paris. Qu'on le fasse, nous verrons après. Nous estimons qu'en matière d'organisation on doit procéder par la méthode d'expérimentation et non pas par la méthode subjective.

On a posé la question au Comité confédéral, on lui a demandé : Quand vous fusionnez, est-ce que le total des adhérents des syndicats qui étaient antérieurement organisés sous une bannière purement corporative, doit suivre ? Il n'a pas répondu.

A Lyon, quand le syndicat des mécaniciens était adhérent chez nous, il comptait cinq cents membres payants, et quand nous avons pris à Marseille le total de vos adhérents pour Lyon, il y en avait à peine quarante.

Si vous voulez contraindre des camarades à aller où vous voulez, ils préféreront ne pas être syndiqués ; ils ne veulent pas entendre dans les syndicats des théories purement libertaires ou néo-malthusiennes.

Loyau. — J'ai dit tout à l'heure à la tribune que la Fédération des Mécaniciens nous avait exclus de son sein parce que nous avions réclamé un congrès extraordinaire.

Coupat. — Je vous remercie de l'observation que vous présentez. Je n'aime pas le jeu des petits papiers, mais enfin je vous ai écrit et, s'il le faut, je montrerai la lettre à Veyriat. Vous avez l'art d'écrire et de parler pour ne rien dire, vous ne répondez jamais par oui ou par non. On vous a dit : Voulez-vous poser la question de la fusion à l'Union des Mécaniciens? Vous avez répondu d'une façon détournée, et puisque vous m'obligez à le dire, je vous déclare que nous n'avons pas voulu être volés de notre caisse de chômage !

Plusieurs voix. — L'ordre du jour !

COUPAT. — Comment! l'ordre du jour! Mais si je descends de cette tribune sans répondre, vous direz que j'ai eu peur de répondre! On me dit : Pourquoi nous avez-vous exclus? Je dis que vous altérez la vérité, pour ne pas employer une autre expression. On vous a dit que vous étiez suspendus et quand vous auriez pris la résolution de ne pas rester on vous rembourserait ce qui vous était dû. On vous a renvoyé vos cotisations; au moment où vous apportiez de l'argent, nous vous avons dit : Nous n'avons qu'en faire.

VEYRIAT. — On a voulu rester confédérés à l'Union des Mécaniciens, et c'est pourquoi nous sommes partis.

COUPAT. — Alors ne dites pas que nous vous avons mis dehors. Nous avons suspendu des syndicats; vous n'avez qu'à désigner trois membres, nous montrerons leurs procédés de mauvaise foi : ils essayaient de ruiner la caisse et le trésorier de ces syndicats n'hésitait pas à dire : Lorsque nous aurons ruiné la caisse de chômage, nous entamerons celle de résistance. Nous n'avons pas voulu de cela, et comme on ne voulait pas nous montrer les chômeurs, nous n'avons pas eu la naïveté ni la bêtise de tomber dans des procédés qui sont indignes d'un homme qui pratique la délicatesse élémentaire!

LOYAU. — C'est inexact!

COUPAT. — Vous savez bien que ce n'est pas inexact. Apprenez dans votre vie à répondre oui ou non et à ne pas employer des procédés dilatoires.

Je termine et je vous dis que, pour les raisons que vous connaissez, nous ne faisons qu'interpréter les résolutions de notre congrès qui s'est réuni il y a à peine deux mois et qui, librement consulté, a déclaré qu'il voulait maintenir son autonomie. Nous vous déclarons que quand vous aurez pris une résolution, si elle est contraire à la sienne, tous nos syndicats seront consultés par voie de referendum et que notre Conseil fédéral s'inclinera devant la majorité de nos membres, parce que c'est d'eux seuls que nous relevons pour le moment.

La question de délimitation des Fédérations

CORDIER. — Camarades, au Congrès de Marseille, lorsqu'est venue la question de la fusion des métaux avec les mécaniciens, les mineurs, nouvellement entrés à la C. G. T., ne se sont pas prononcés sur la question; mais ce qui démontre bien que les mineurs étaient partisans, d'une façon générale, de la transformation des fédérations de métiers en fédérations d'industries, c'est que nous avons considéré que nous devions réaliser, non pas d'après une décision du Congrès de Marseille puisque la question ne s'était pas posée pour nous, mais de réaliser le vœu de la C. G. T. de transformer notre Fédération des Mineurs en fédération d'industrie, et nous avons fait, comme l'a dit tout à l'heure Bourderon, la Fédération des travailleurs du Sous-Sol des mines, minières et carrières. Et dans quelles conditions l'avons-nous fait? Les mineurs étaient classés comme fédération réformiste : nous avons fusionné avec une fédération qui était classée comme fédération révolutionnaire, et nous nous sommes entendus, malgré nos conceptions diverses, ce qui démontre bien que les conceptions sont des mots. Nous avons réalisé non seulement la fusion des mineurs et des ardoisiers, mais nous avons réalisé l'unité morale. Alors qu'au point de vue de la représentation nous votions par unité de syndiqués, par représentation de syndiqués ; alors que dans nos congrès nous comptions un syndiqué une voix, pour faire la majorité dans les congrès, les ardoisiers comptaient un syndicat une voix. Eh bien, nous nous sommes entendus, nous avons fait la part des choses, et nous sommes tombés d'accord pour un système de représentation qui a été accepté par l'unanimité des deux fédérations fusionnées. C'est vous dire que nous avons réalisé cette fusion sans une obligation du Congrès confédéral ni de la Confédération.

Tout à l'heure, le camarade Bourderon est venu expliquer ici un système général ; nous, nous pensons qu'il ne faut pas en faire une obligation, qu'on ne doit pas repousser à brûle-pourpoint la fusion des métaux avec les mécaniciens, mais que nous devrions accepter la proposition du camarade Bourderon, qui consiste à faire une question générale, à délimiter, dans la mesure du possible, comment toutes les fédérations de métiers qui ont des similitudes de travail, au point de vue industriel, doivent fusionner en fédérations d'industries.

Nous considérons que les deux propositions qui sont faites se combattent l'une l'autre, et je tiens à déclarer ici que nous ne pouvons pas accepter, malgré notre entière approbation de la fusion des fédérations de métiers en fédérations d'industries, que nous ne pouvons pas accepter l'obligation parce que nous considérons que la chose doit se faire d'elle-même, par la force des choses, par les différentes méthodes employées, par les différents modes d'action.

Il n'est pas besoin de revenir sur les décisions du Congrès de Marseille : le Congrès peut laisser la question en l'état, ne pas délimiter de temps, laisser en suspens la décision du Congrès de Marseille et voter la proposition Bourderon. Au prochain congrès, nous verrons ce que nous aurons à faire.

Le Président. — Après la déclaration du camarade Cordier, nous allons passer au vote.

Il est procédé au vote par mandats.

Diverses communications

Le Président. — Je vais vous donner connaissance de quelques communications parvenues au bureau :

D'abord un télégramme de Nice

Félicitons Congrès nous avoir rendu justice. Envoyons meilleurs sentiment révolutionnaires.

Ansaldi.

De Paris

Conseil Syndical ouvriers Photograveurs blâme camarade Thil pour article paru dans journal bourgeois et se désolidarise d'avec lui. — Envoie son salut fraternel aux congressistes.

Pour le Conseil syndical, le Secrétaire : Dubois.

Un autre télégramme

Aux délégués du Congrès confédéral,

Au nom de certains camarades et du mien qui croient à la nécessité des doctrines révolutionnaires et à la propagande de la C. G. T., je vous envoie, avec plus sincère amitié, meilleurs souhaits pour votre Congrès. Le syndicalisme, dans cette voie, fait en Angleterre de grands progrès et nous en attendons le plus grand succès.

Avec nos camarades français, nous condamnons l'ignoble conduite de la police de Berlin et admirons le splendide courage de ces travailleurs allemands dans leur lutte révolutionnaire.

Vive la Révolution Sociale! TOM MAN, Londres.

La suppression des étrennes aux facteurs

Voici une autre communication au camarade Péricat qui prie le bureau d'en donner connaissance au Congrès :

Camarade Péricat,

Permettez-moi, en tant que facteur syndiqué, deux fois révoqué pour faits de grève, de vous demander de rappeler aux congressistes, que le Congrès d'Amiens, en 1906, a émis un vœu invitant tous les syndiqués à refuser les étrennes aux facteurs. Le Conseil fédéral, d'accord avec le Conseil syndical, mena une campagne d'affiches en décembre 1906.

A la même époque, en 1909, le Conseil confédéral, malgré les avis contraires et partagés du Conseil syndical des P. T. T., mena une campagne d'affiches, en se basant sur les décisions prises au Congrès d'Amiens.

J'ose espérer, camarade Péricat, que, tenant compte de ce qui précède et aussi de l'attitude des facteurs en mai 1909, quand la classe ouvrière se levait pour aider les grévistes dans leur magnifique mouvement de révolte, vous ferez renouveler par le Congrès le vœu émis en 1906.

D'autre part, je ne crois pas enfreindre la discipline syndicale, puisque le Congrès des sous-agents, en 1909, au mois de décembre, donna au conseil actuel mandat de poursuivre la suppression des étrennes par tous les moyens. Cette décision fut prise par les congressistes à l'unanimié moins deux voix.

Vous voudrez bien me faire savoir la suite donnée à ma demande.

Recevez, camarade Péricat, avec mes remerciements, mon salut fraternel et syndicaliste.

M. CALVET.

Pour délimiter les Fédérations

Voici la proposition de Péricat, au nom de la Fédération du Bâtiment, avec adjonction d'Antourville, de l'Alimentation :

En conformité avec les décisions du Congrès de Marseille, le Congrès, estimant que les Fédérations d'industrie ont démontré les avantages de ce mode d'organisation et constatant la faiblesse d'action des fédérations de métiers, charge le Comité confédéral de désigner une commission qui déterminera les limites des organisations fédérales et décidera quelles sont les fédérations de métiers existantes qui doivent fusionner entre elles pour former des fédérations d'industries, ou adhérer à des fédérations d'industries déjà constituées, indiquera aussi à quelles fédérations doivent adhérer les syndicats isolés.

Signé : PÉRICAT, de la Fédération du Bâtiment;
TOGNY, de la Fédération du Papier;
VOIRIN, Agricoles de Morandis;
LAPIERRE, Métallurgistes de Limoges;
HUREAU, de l'Union des Syndicats de la Sarthe;
MOURGUES, Union des Syndicats de la Gironde.

Et voici l'adjonction proposée par Antourville :

.... et délimitera par industries les fédérations s'y rattachant.

Je mets aux voix cette proposition avec son adjonction.
Adopté à l'unanimité.

Différents ordres du jour

Le Président. — J'ai reçu plusieurs ordres du jour. Le premier :

Le Congrès proteste contre les poursuites arbitraires engagées contre les travailleurs du Bâtiment, qui furent crapuleusement fusillés par le trop zélé gardien du sénateur Le Roux, à Margency, et, au moment de sa comparution devant le Tribunal correctionnel, envoie au camarade Gorion, victime d'un délit d'opinion, ses encouragements et l'expression de la plus vive sympathie des représentants du prolétariat organisé.

Signé : Bréjaud, Dessale, Devertus, Lapierre, Ribot, Voirin, Gibault, Clément.

Je mets cet ordre du jour aux voix.
Adopté à l'unanimité.

Le Président. — Le deuxième :

Le Congrès de la C. G. T., réuni à Toulouse, adresse aux travailleurs des imprimeries de Grenoble, en grève, l'assurance de toute sa solidarité, les engage à persévérer jusqu'au bout dans leur entente intersyndicale pour lutter efficacement contre un patronat intransigeant, qui fait tout pour faire sombrer les organisations syndicales.

Le Congrès assure de toute sa sympathie, de sa solidarité les militants frappés en raison de leur action syndicale à la suite des grèves des Papetiers du Rioupéroux (Isère) et des Mineurs du bassin de La Mure.

Une protestation

Un Délégué. — Je demande que tous les ordres du jour qui parviennent à chaque instant au bureau soient renvoyés à la fin du Congrès. Sans cela, nous allons passer tout notre temps à entendre lire des ordres du jour. Non, mais y aura-t-il de l'ordre à la fin dans ce Congrès?

Sur la délimitation des Fédérations

Le Président. — Voici une proposition qui se rattache à celle que vous venez de voter tout à l'heure et qui est présentée par le camarade Danis, des Employés de Banque et de Bourse de Nice :

Le Congrès, reconnaissant que les Employés de Banques et de Bourses, de par leurs fonctions, n'appartiennent ni à l'industrie, ni au commerce, mais se placent à côté de ces deux formes d'activité sociale; qu'en conséquence, leur classement dans l'organisation du prolétariat du commerce constitue une anomalie, estime qu'il y a lieu de leur faciliter leur recrutement et leur action en laissant leurs syndicats se constituer en fédération autonome lorsqu'ils considéreront le moment opportun; invite la Fédération des Employés à n'y apporter aucune opposition.

Cleuet. — Je fais des réserves au point de vue de cette proposition.

Boudet. — Je demande au Président de bien vouloir lire la proposition que j'ai déposée au nom de la 21e section du Livre.

Reprise des propositions

Le Président. — Voici la proposition du camarade Boudet :

Le Congrès décide :

Tous les ordres du jour, propositions, déclarations devant amener des discussions, ne seront discutés qu'à la fin de l'ordre du jour du Congrès.

Cleuet. — Je me rallie à la proposition de Boudet, à la condition que cette proposition ait un effet rétroactif sur la proposition déposée par le camarade Danis, car, au nom de la Fédération nationale des Employés, je fais des réserves sur la proposition relative aux employés de banques et de bourses.

Un Délégué. — Camarades, c'est avec plaisir que je me rallie, au nom des Syndicats de l'Isère, à la proposition Boudet. Mais voulez-vous me permettre de vous dire qu'il y a à Grenoble les trois syndicats de l'imprimerie et les typos qui sont en grève? Eh bien, j'estime que nos camarades qui sont en grève seraient heureux de voir le Congrès se rallier à l'ordre du jour déposé par le camarade Pierreton.

Le Président. — Je mets aux voix la proposition du camarade Boudet.

Adopté.

Le Président. — Voici une autre proposition du camarade Constant, de l'Union de la Voiture :

L'Union de la Voiture demande que toutes les organisations, par la voix de leurs délégués au Congrès, prennent l'engagement de faire tout ce qui sera en leur pouvoir pour arriver à ce que *la Voix du Peuple* devienne quotidienne.

Constant. — Je demanderai la parole à la suite du rapport de la Commission de modification des statuts.

Le Président. — Autre proposition, également du camarade Constant, de la Voiture :

Nous demandons que, pour être confédérées et avoir le droit de participer au Congrès, les organisations syndicales remplissent la triple obligation : c'est-à-dire être adhérentes à leur fédération, à leur union locale ou départementale et être abonnées à *la Voix du Peuple*.

Cette proposition est également renvoyée à la suite de la discussion du rapport de la Commission de modification aux statuts.

Une proposition du camarade Montoux, de l'Eclairage :

Le Congrès, considérant que la coordination et l'homogénéité du groupement pourront seules donner à la classe ouvrière la force dont elle a besoin pour mener à la solution la lutte contre la classe capitaliste, que d'autre part, les statuts confédéraux ne donnent aucun moyen au Comité confédéral pour empêcher une fédération d'accepter dans son sein un syndicat dissident d'une autre fédération,

Regrette que la Fédération des Mécaniciens, chauffeurs automobilistes, industries électriques, etc., ait accepté, sans une entente préalable avec la Fédération nationale de l'Eclairage, un syndicat dissident des travailleurs du gaz;

Engage ce syndicat à reprendre sa place, à titre individuel, dans son syndicat de métier et sa fédération d'industrie.

(Exclamations diverses. Brouhaha).

Cette proposition est déposée depuis ce matin. Par conséquent, je ne pouvais pas faire autrement que de vous la lire... *(Bruit).*

Un rappel à l'ordre

JOUHAUX. — Camarades, je demande si nous assistons en ce moment à un Congrès ou à des colloques particuliers? Nous prenons des décisions sans savoir ce que nous faisons, dirait-on. Nous sommes dans un Congrès : les questions personnelles se videront après, mais elles n'ont absolument rien à voir dans nos assises *(Applaudissements).*

LE PRÉSIDENT. — Si vous voulez que nous éliminions toutes ces propositions, dites-le. *(Oui! oui!).*

Eh bien, je consulte le Congrès et je mets aux voix le renvoi de toutes ces propositions après la discussion du rapport de la Commission de modification des statuts.

Adopté.

Les Cuisiniers de Paris protestent

LE PRÉSIDENT. — J'ai reçu la dépêche suivante :

Le Conseil syndical des Cuisiniers de Paris, réuni en assemblée extraordinaire, le jeudi 7 octobre, proteste énergiquement contre son exclusion du sein du prolétariat organisé, envoie au Congrès son salut révolutionnaire.

Président de séance : OTTO.
Secrétaire par intérim : LOUBIER.

L'ordre du jour appelle la discussion du rapport de la Commission de modification aux statuts.

LAPIERRE, rapporteur. — Camarades, au nom de la Commission de modification aux statuts, nous demandons l'application des décisions prises au Congrès de Marseille.

Maintenant, nous demandons que la discussion du rapport de la Commission de modification des statuts vienne après l'étude des quatre questions qui sont à l'ordre du jour.

LE PRÉSIDENT. — Je mets aux voix cette proposition.

Adopté.

LE PRÉSIDENT. — L'ordre du jour appelle la question des retraites ouvrières. Mais, étant donné qu'il est près de midi, je demande au Congrès de s'ajourner à deux heures.

Voici la composition du bureau pour la séance de cette après-midi :

Président : Darbois, des Charpentiers de Marseille; assesseurs : Royer, Union des Syndicats du Rhône; Cathomen, du Bâtiment de Dijon.

La séance est levée à 11 h. 40.

10me SÉANCE. — VENDREDI 7 OCTOBRE 1910 (après-midi)

La séance est ouverte à 2 h. 15, sous la présidence du camarade Darbois, assisté des camarades Royer et Cathomen.

Fusion des Fédérations des Métaux. Résultats du vote.

Merrheim. — Avant de vous donner connaissance du résultat du vote de ce matin, j'ai à vous soumettre la demande d'un délégué qui était malade : le camarade Badin n'a pas pu participer au vote de ce matin sur les rapports confédéraux ; il avait cinq mandats appuyant le vote des rapports, il m'a prié de vous demander si vous acceptiez que ces cinq mandats soient joints à la liste qui a été trouvée ce matin (Adhésion). En conséquence, voici les résultats du vote :

Nombre de mandats admis, 1.390.
Votants, 1.302.
N'ont pas participé au vote, 88.
Pour l'ordre du jour Loyau, 866.
Contre, 363.
Abstentions, 73.

Le Président. — Nous passons à la question des retraites ouvrières.

Retraites ouvrières

Constant. — Camarades, j'ai mandat de mon organisation de voter contre les retraites ouvrières telles qu'elles ont été votées à la Chambre, d'abord parce que la cotisation ouvrière est inadmissible, ensuite parce qu'il est dit dans les retraites ouvrières que les fonds versés par les patrons et par les cotisations ouvrières seront à la disposition des patrons pour faire fructifier leurs usines, pour donner une marche plus active à leur industrie.

Il y a une double cotisation, celle du patronat et celle de l'ouvrier : de n'importe quelle façon qu'on s'y prenne, si l'ouvrier refuse de payer cette cotisation, le patron la prendra encore sur le salaire de l'ouvrier. C'est donc encore quelque chose qui est à repousser.

Et puis, dans l'établissement même de ces retraites, il y a des sinécures qui vont s'établir : il y aura des directeurs, des sous-directeurs, des contentieux, des répartiteurs ; autant de fils à papa qui seront là et qui grèveront le budget des retraites ; il y aura des sinécures à 100,000, 60,000, 20,000 francs par an, que paieront les travailleurs. Par conséquent, j'estime qu'il y a là un crime contre la société et contre les travailleurs.

D'un autre côté encore, comment ces fonds seront-ils emmagasinés, comment seront-ils répartis? Avec le système de la capitalisation, on aura six sous par jour ; et quand même on viendrait à donner 1 franc ou 1 fr. 50, est-ce qu'avec ça un vieillard de 65 ans peut arriver à vivre, à l'âge où il a besoin de plus grandes douceurs, de plus grands soins ? Il faut pourtant qu'il mange, vive et se blanchisse ! Nous n'en sommes plus au temps où un célèbre économiste pensait qu'avec 60 centimes par jour on pouvait exister. Quand il a fait cette publication, je lui ai envoyé une lettre lui disant : « Peut-être avez-vous dépensé 400,000 francs à acheter de la glace pour trouver cette solution ! » Je lui ai offert le logement, le blanchissage et le chauffage, et les 60 centimes par jour, à la condition qu'il vive pendant un mois ; j'attends encore sa réponse.

Un autre aussi, à la Chambre, disait qu'un ouvrier pouvait facilement vivre avec 2 fr. 50 par jour. J'ai écrit à ce brave député qui préconisait la vie large à l'ouvrier avec 2 fr. 50 par jour, en lui offrant, avec le logement gratis, de venir vivre chez nous. Des préconisateurs, on en trouve beaucoup, mais quand il faut mettre en application les principes, il y a loin de la coupe aux lèvres.

Je dis que cette retraite ne signifiant rien du tout, il faut la combattre pour en faire une autre. Certainement les vieux ont besoin de quelque chose ; tout le monde n'a pas la même faveur que moi : on en voit beaucoup à mon âge qui sont morts. Eh bien, il faut permettre au travailleur d'arriver à l'âge où il peut avoir sa retraite.

Je tiens à faire remarquer que nous ne devons pas accepter une exploitation quelconque contre la masse des travailleurs, et pour ces raisons nous repoussons, au nom de l'Union de la Voiture, les retraites telles qu'elles sont.

Bousquet.— Camarades, si la majorité des Fédérations et des Bourses du Travail ont abordé par le referendum la question des retraites ouvrières, cela prouve que cette question intéresse la classe ouvrière et qu'elle est vue par elle sous diverses formes ; il serait donc maladroit de nous contenter des critiques perpétuelles que nous faisons dans nos divers syndicats sans venir prendre une résolution ici où nous sommes nationalement réunis.

On a fait, à un certain moment, un reproche à la C. G. T. ; on lui a dit, dans la presse bourgeoise, qu'elle était partie trop tard dans sa campagne, et que si nous avions une loi des retraites ouvrières mal faite, elle avait une part de responsabilité. Mais il y a quelque chose aujourd'hui où nous ne sommes pas trop en retard, c'est pour les décisions que nous avons à prendre sur l'application de cette loi bourgeoise, et étant donné qu'il y a presque unanimité dans le prolétariat pour reconnaître que cette loi est une loi électorale et d'escroquerie sociale, il est impossible que nous nous contentions comme des perroquets de constater ce fait et de ne pas prendre des décisions ici en tant que Congrès.

Les boulangers de la Seine et d'autres organisations m'ont donné quelques indications que très brièvement je développerai au Congrès.

On a parlé des retraites ouvrières au moment où la cherté des vivres se fait sentir de plus en plus, où les difficultés de la vie matérielle deviennent de plus en plus difficiles ; et nous aurions tendu une gorge innocente, et nous nous serions inclinés devant cette escroquerie ?

N'oubliez pas, malgré que la politique n'ait rien à faire ici, que dans tout le monde du travail on a senti qu'il y avait une véritable duperie dans la question des retraites ouvrières. Eh bien, camarades, nous devons prendre des mesures contre cela. Quelles sont ces mesures ? Les voici, à mon point de vue : Je dis que sans faire de surenchère, nous devons rechercher les moyens de décréter l'insurrection contre les versements que l'on veut nous imposer.

On parle de l'âge que nous avons. J'appartiens à une profession où il n'y a aucun bourgeois qui viendra contester que la majorité des ouvriers n'arrive jamais à l'âge de 65 ans, pas plus d'ailleurs que dans les autres professions. Cette loi des retraites à 65 ans est antisociale : pourquoi pas quand on sera mort ? Mais le camarade charpentier qui à l'âge de 35 ans, de 28 ans quelquefois, tombe du haut de l'échafaudage et dégringole sur le champ d'honneur du travail, bien plus noble celui-là que le champ d'assassinat des batailles, est-ce que cet homme-là ce n'est pas la société qui devrait s'en occuper malgré qu'il n'ait pas 65 ans ? Est-ce que quand nous n'avons pas de quoi donner le nécessaire aux gosses, nous, taillables et corvéables à merci comme au temps de la féodalité, un gouvernement qui se dit républicain et libéral ne devrait pas prendre à sa charge cette enfance qui souffre, et, quand on est vieux, est-ce qu'on ne devrait pas être à la charge de l'Etat ?

Je dis en terminant qu'il y a là une duperie, et je demande à la C. G. T. de protester par la force contre cette loi inique.

Fédération américaine du Travail

Le président donne lecture d'une lettre de la Fédération américaine du Travail, adressée au camarade Jouhaux :

Washington, le 26 septembre 1910.

M. L. Jouhaux, 33, rue de la Grange-aux-Belles, Paris-France.

Cher Monsieur et Camarade !

Je suis en possession à ce moment même de la communication de M. Legien, secrétaire du secrétariat international, dans laquelle il transmet copie de votre lettre du 1er septembre demandant de notifier à tous les centres syndicaux nationaux du Congrès de la C. G. T. en France, qui se tiendra à Toulouse du 3 au 10 octobre, et qui sollicite que tous les centres syndicaux soient représentés par un délégué fraternel.

J'ai beaucoup de regret que la Fédération américaine ne peut être représentée au Congrès. Il est plus que probable que si nous avions été avertis en temps nécessaire d'avance, des arrangements auraient pu être faits pour que nos délégués envoyés au Congrès des Trades Unions britanniques qui s'est tenu à Sheffield le 12 septembre aient pu nous représenter au Congrès de Toulouse. Ces délégués sont maintenant sur le chemin de retour dans leur pays, ce qui fait qu'il est trop tard pour faire des arrangements.

Avec les meilleurs souhaits pour le succès de votre Congrès, veuillez présenter nos respects à M. Georges Yvetot et tous nos amis ; nous espérons d'apprendre de vos nouvelles souvent.

Je suis sincèrement et fraternellement votre

Signé : SAM GOMPERS, *président de la Fédération américaine du Travail.*

Je propose de voter des remerciements par acclamations à la Fédération américaine du Travail.

Adopté à l'unanimité.

Reprise de la discussion

INGVEILLER. — Je ne reviendrai pas sur l'immense bluff et l'immense escroquerie qu'est la capitalisation en matière de retraites ouvrières.

Un autre projet qui semble avoir la faveur de la classe ouvrière dans son entier est plutôt à l'ordre du jour, c'est celui qui consiste dans la répartition. Or, il faudrait tout de même raisonner un peu d'une façon logique dans l'ensemble des organisations ouvrières. L'article premier des statuts de la C. G. T. dit que nous sommes groupés pour la suppression du patronat et du salariat, et on vient à chaque instant avec des réformes de façade qui justement détruisent cet article premier. En effet, examinons un peu la répartition, puisque la capitalisation a été largement discutée dans tous les groupements.

Qu'est-ce que la répartition ? C'est l'ensemble des sommes versées, versements patronaux et ouvriers, réparti sur l'ensemble des futurs rentiers. On oublie toujours, lorsqu'on dit qu'il faut supprimer les versements ouvriers, que le versement patronal sera comme l'impôt et par voie d'incidence prélevé exclusivement sur les salaires. En effet, le patron, pour se rattraper sur ses versements, qu'il les fasse seul ou en double, les prendra entièrement sur la masse de production, et nous nous trouvons en face du problème qui consiste à payer des retraites dont les trois quarts ne profiteront pas. On a discuté sur l'âge de la retraite, 65 ou 60 ans ; mais quel que soit l'âge, il est toujours trop tard. Il faut penser à ceci : c'est que le problème des retraites ouvrières se résout toujours pour les dirigeants dans une mesure de conservation sociale. On dit à l'ouvrier jeune : Tu crèveras à la peine si c'est nécessaire, tu seras soumis et obéissant, et moyennant cette obéissance et cette soumission, nous te tendrons un os à ronger et tu n'auras rien à dire.

Evidemment, c'est pendant que l'ouvrier jeune peut jouir de la vie que nous devons avoir des retraites ; je ne parle pas des retraites dans l'oisiveté, je parle des retraites par notre travail ; que notre travail nous donne la satisfaction de nos besoins pendant que nous sommes jeunes, que nous sommes vivants, que nous produisons, et je vous assure que le problème des retraites ouvrières sera vite résolu. En ce moment, ce qui retarde l'émancipation, c'est l'impossibilité de satisfaire à ses besoins, car, il faut le dire, la masse ouvrière, dans son ensemble, est une masse veule. J'en appelle à tous les camarades ouvriers : lorsque des faits d'injustice se produisent dans des ateliers, lorsqu'on veut obtenir un mouvement de solidarité, des camarades disent : Ce serait une augmentation de salaire, certes nous marcherions ; mais un camarade écrasé, en voilà une belle foutaise, qu'il s'arrange tout seul ; et lorsqu'il y a un sentiment moral à mettre en évidence, l'ouvrier dit : Je ne marche pas, parce que ce n'est pas mon avantage. Ceci, bien entendu, provient d'un défaut d'éducation de la classe ouvrière, parce qu'un trop grand nombre vont vers l'avantage immédiat ; on dit à l'ouvrier : 50 ou 75 centimes de plus, c'est pour toi le bonheur, le bien-être. Au fond, c'est de la blague, on sait très bien que ces 50 ou 75 centimes sont payés par l'ensemble de la classe ouvrière.

On ne dit pas à l'ouvrier que s'il s'affranchissait et que si, dans les ateliers, les injustices ne se produisaient pas, la question des salaires se résoudrait elle-même.

Pour en revenir à la question qui nous occupe, j'ai mandat de mon organisation, l'Union syndicale des ouvriers sur Métaux, de déposer un projet qui comporte le rejet complet des retraites ouvrières sous quelque forme que ce soit, et, de plus, qu'une commission soit prise dans le sein du Comité confédéral, chargée d'étudier les moyens de faire échec à la loi, et une fois ces moyens envisagés, soit à l'aide de juristes, soit de toute autre façon, de les porter à la connaissance des organisations pour qu'on fasse échec à ce projet dans tous les cas où il se présentera.

Laporte. — Nous sommes ici les représentants de la classe ouvrière, non pas seulement des 600.000 camarades syndiqués, mais en réalité des huit millions de salariés. Je viens ici avec un mandat impératif des métallurgistes de Vierzon, ainsi que des ouvriers du Bâtiment et du Gaz de Vierzon. Les orateurs qui m'ont précédé veulent repousser intégralement le projet des retraites ouvrières, tel que le présente le gouvernement. Il est entendu qu'il ne nous donne pas satisfaction : mais est-ce une raison pour repousser le principe des retraites ouvrières? Si nous repoussons ce principe, soyez certains que nous rentrerons immédiatement dans les vues de nos adversaires, qui ne demandent qu'à voir les militants syndicalistes repousser ce principe.

Il est entendu aussi que l'âge est beaucoup trop avancé et qu'à 65 ans il y en a plus de quatre parmi nous qui auront, en fait de retraite, deux mètres de terre sur la figure. Il est certain qu'on ne peut pas blâmer la C. G. T., pas plus que nous sommes à blâmer si le projet des retraites ouvrières se présente sous une aussi mauvaise forme. C'est précisément parce que nous avons derrière nous une masse trop inconsciente, trop indifférente et trop avachie qui ne connait pas ses intérêts; tandis que si le Parlement voyait derrière lui une masse organisée comme elle devrait l'être, il est certain que le projet qui va être mis en vigueur incessamment aurait été meilleur. C'est nous les responsables, c'est la classe ouvrière et non pas vous les militants; ce sont les indifférents, ce sont les avachis.

Il est certain, camarades, que si le gouvernement n'avait pas instauré le système de la capitalisation dans les retraites ouvrières, il y aurait eu un terrain d'entente avec les organisations ouvrières. Nous ne pouvons pas admettre ce système de capitalisation ; il est ignoble, car nous pouvons craindre que les capitaux servent, non pas aux retraites, mais surtout pour faire construire des engins de guerre. J'estime que le système de la répartition donnera plus de satisfaction à la classe ouvrière. Il ne s'agit pas de faire ici des effets de tribune et de dire qu'il faut tout rejeter. Il est entendu que je parle à l'ensemble de la classe ouvrière : nous sommes la minorité consciente, et il faut que de cette minorité consciente il sorte une réalité : il s'agit d'être contre le bluff qu'on veut nous imposer, mais il s'agit aussi de savoir si le principe des retraites ouvrières et si cette petite amélioration doivent être acceptés. Eh bien, sans hésiter, je dis oui, surtout si nous pouvons faire adopter le principe des retraites ouvrières avec le système de la répartition, et je termine en disant que nous aurons ainsi bien mérité de la classe ouvrière.

Ricordeau. — Camarades, je prends la parole pour protester contre les retraites ouvrières dans tout ce qu'elles ont de mauvais, et ce que nous, nous entendons surtout par mauvais, aux Terrassiers, c'est la capitalisation qui nous entraîne, non seulement au point de vue du versement, mais encore nous oblige à avoir un livret sur lequel seront portés les versements du patron et de l'ouvrier; ce livret nous suivra partout et cela depuis l'âge de 20 ans jusqu'à l'âge où nous claquerons. Chez nous, depuis deux ans, nous appliquons des cartes de vieillesse à l'âge de 60 ans, et nous avons tout au plus aux Terrassiers cinq cartes de vieillesse sur mille travailleurs : c'est-à-dire que sur douze ou treize mille cotisants que nous sommes au Syndicat des Terrassiers, il y a à peu près une soixantaine de cartes de vieillesse. Où sont donc les camarades qui ont dépassé l'âge de 60 ans? Ils sont ni plus ni moins à Pantin ou à Bagneux : s'ils ne sont pas morts accidentés du travail, ils sont morts de vieillesse à l'hôpital à 40 ou 45 ans! Il y a des organisations, au point de vue de la mortalité, qui sont encore bien plus éprouvées que les terrassiers, car si nous autres nous avons un travail musculaire, on a au moins un travail de santé; mais chez les peintres, par exemple, qui emploient la céruse, eh bien, où sont les peintres de 60 ou de 65 ans? Il y en a encore moins que des terrassiers. C'est pourquoi nous avons refusé, nous, les retraites ouvrières. Nous les acceptons sous une seule forme, c'est-à-dire que si le gouvernement veut nous donner de l'argent, nous ne pouvons pas le refuser; mais qu'il nous le donne sans aucun contrôle.

Ce que les terrassiers refusent avant tout, ce n'est pas encore la capitalisation, parce que si nous discutions proprement, eh bien, le pognon, on s'en moque, qu'on le paye d'une manière ou de l'autre, c'est le producteur qui paye; mais ce que nous voulons conserver, c'est notre liberté, et nous ne voulons pas avoir un casier judiciaire qui nous suivra depuis le commencement de notre vie jusqu'à ce qu'on crève! Ce livret nous suivra partout, et dans toutes les organisations où l'on a discuté les retraites ouvrières, j'ai entendu les camarades discuter sur le livret qui nous suivra partout. De cette façon, le gouvernement saura partout où nous avons été, saura combien nous avons travaillé de jours ou de mois dans le courant de l'année.

C'est pourquoi les organisations que je représente se refusent totalement à l'application du livret et des retraites ouvrières. Il n'y a qu'un moyen, c'est de faire comme on fait pour l'assistance publique : lorsque nous voudrons toucher de l'argent, nous n'aurons qu'à présenter notre bulletin de naissance et un certificat d'indigent. Mais quant à recevoir un livret qui nous servira de casier judiciaire, au point de vue du travail, nous ne pouvons pas l'admettre, et c'est pourquoi les terrassiers sont disposés, par l'action directe, à refuser les versements. *(Applaudissements).*

Rougerie. — A mon sens, la classe ouvrière, directement intéressée et représentée par les organisations syndicales, se trouve dans l'alternative ou de refuser l'affirmation d'un principe de solidarité essentielle, ou de repousser le projet présenté par le gouvernement, parce qu'il ne représente pas le principe même de la solidarité que nous voudrions lui voir.

En effet, nous ne disons pas, nous syndicalistes et syndiqués : Nous ne voulons pas des retraites ouvrières. Nous disons au contraire : Nous voulons des retraites ouvrières, mais nous voulons des retraites ouvrières qui ne soient pas une charge de plus, ajoutée aux autres charges sociales que le gouvernement fait peser sur le dos des travailleurs. Or, en présence du projet, il faut que nous nous affirmions pour le principe, il faut que nous disions : Oui, en principe, il n'est pas admissible que, dans une société, le travailleur n'ait pas, lorsqu'il a épuisé les forces de ses bras et de son cerveau, le moyen de se subvenir; il faut qu'il ait de quoi vivre, quand il n'a plus la force de travailler. Nous disons qu'il faut lui donner quand il ne peut plus travailler et au moment où il cesse de pouvoir enrichir la société et la nation. Il faut le lui donner au moment où il peut encore jouir de la vie et profiter des richesses qu'il a créées. Mais, d'autre part, en affirmant ce principe et en refusant d'une façon nette et catégorique le présent qu'on veut nous faire en nous faisant une retenue, nous devons examiner par quel moyen il sera possible de pouvoir refuser, non pas le cadeau qu'on nous fait, mais l'impôt qu'on veut prélever sur le travail. Et comment ferons-nous pour le refuser? La question se pose là d'une façon un peu différente que les questions se sont posées jusqu'alors devant les travailleurs. Nous allons nous trouver en face d'adversaires de classe, qui ont intérêt, eux, à ce qu'un prélèvement soit fait, parce que par derrière on fait miroiter qu'ils pourraient se servir de ses capitaux pour développer leur industrie et pour acquérir des travailleurs une force d'oppression toujours et toujours plus grande, et alors, lorsque la loi interviendra, leur apportera un pouvoir direct plus efficace, il faut examiner si nous aurons réellement la force et le courage de pouvoir dire : Non, nous ne verserons pas, et il faut examiner par quel moyen nous pourrons nous soustraire au versement qu'on veut nous imposer.

Eh bien, je vous avoue, camarades, que pour mon compte personnel, dans les milieux où je me trouve, nous avons examiné très attentivement cette question avec les camarades et nous avons été très embarrassés en présence de la force de défense dont nous disposons, quand nous la comparons à la force d'oppression qui veut imposer de semblables prétentions. Nous nous sommes dit : Comment ferons-nous pour ne pas nous laisser retenir sur les salaires ce qu'on nous retiendra d'office? Car le patron aura mandat déterminé par la loi et par le gouvernement bourgeois pour retenir sur le travailleur la somme qu'il devra retenir, et cette retenue sera imposée par toutes les forces coercitives de la bourgeoisie, aussi bien que par tous les moyens dont elle dispose, et ils sont nombreux.

Eh bien, pour nous opposer à cela, nous n'aurons que notre force de conscience ou la force de nos groupements, et je me demande, en pareille circonstance, si tous nos camarades auront la force et si nos groupements auront la force d'empêcher une semblable retenue. Je crains bien que nous n'aurons pas cette force et que nos camarades n'aient pas suffisamment de conscience. Mais, en tout cas, il appartient ici, aux organisations confédérées, il appartient à la classe ouvrière réunie dans son Congrès confédéral de déterminer d'abord dans quelle mesure elle peut envisager la résistance qui peut être faite, et comment elle peut indiquer où la société actuelle, qui vit sur le travail de l'ouvrier, doit prendre les ressources nécessaires pour donner aux vieux travailleurs ce dont ils ont besoin.

Voilà comment se pose le problème. Pour mon compte, j'attendrai que d'autres camarades viennent nous présenter d'autres explications plus précises, ayant peut-être examiné la question d'une façon différente. Mais, pour moi, je ne vois d'abord que l'affirmation nette, précise et unanime sur ce point, pour repousser la retenue sur les salaires pour constituer la retraite, unanime également au point de vue de la réduction de l'âge de la retraite et unanime pour affirmer que cette retraite doit être prise sur la richesse constituée par le travail au profit de la nation. *(Applaudissements).*

Télégramme de Parme (Italie)

Le Président. — Voici une dépêche des révolutionnaires italiens :

La Chambre du Travail de Parme salue les représentants du prolétariat français en les assurant de leurs communes aspirations dans l'idéal et les méthodes de lutte du syndicalisme révolutionnaire.

Vive l'Internationale Ouvrière!

Le secrétaire : MASOTTI.

(Applaudissements).

Reprise de la discussion

BIDAMANT. — Ce que je désire dire au Congrès, c'est tout simplement la situation paradoxale dans laquelle les cheminots vont se trouver. On a fait une loi comme toutes les lois ; le gouvernement a le désir de la violer avant qu'elle soit appliquée. La loi des retraites pour les cheminots, qui doit être appliquée le premier janvier 1911, est déjà quelque peu mort-née. En effet, il y a ici une question financière au même titre que la situation financière qui intéresse les travailleurs de l'industrie.

Vous savez, camarades, que la question des retraites chez nous est subordonnée à une part contributive des administrations des chemins de fer. Or, j'ai vu avec quelque surprise que ceux qui, au Parlement, sont les défenseurs les plus attitrés du parlementarisme, ont dit que dans la question des cheminots qui, quoi qu'on dise, au point de vue juridique, est intimement liée à la question des retraites de l'industrie, devenait une loi bâtarde, si le gouvernement ne mettait pas en demeure les administrations des chemins de fer d'appliquer intégralement la loi.

Or, savez-vous dans quelle situation nous nous trouvons aujourd'hui? La loi doit être appliquée dans trois mois: un règlement d'administration publique devait paraître le premier juillet de cette année. Rien n'est encore paru. Ah ! si, les compagnies de chemins de fer se sont remuées, elles se sont réunies, elles ont nommé une délégation chargée de se pourvoir devant le Conseil d'Etat, de manière à éliminer tous les désavantages de la loi.

Voici la thèse développée par les Compagnies de chemins de fer : elles disent à l'Etat, elles renouvellent l'argument présenté dans les conventions Raynal, on désire faire supporter par le public français toutes les charges de la loi : on dit : il est prouvé par l'expérience que les Compagnies de chemins de fer sont obligées de faire appel à la garantie d'intérêt, et les Compagnies ajoutent que si on veut appliquer intégralement la loi des retraites des cheminots, elles seront aussi dans l'obligation de faire appel à l'Etat lui-même, et la question est pendante devant le Conseil d'Etat. Le Conseil d'Etat, très prochainement, va être obligé de dire si les cheminots doivent avoir intégralement leur retraite, ou si, au contraire, la nation française doit payer tous les pots cassés d'une loi.

Je vous ai dit cela, camarades, simplement pour vous prouver que nous sommes dans un dilemne; que vous, travailleurs de l'industrie, vous avez parfaitement raison de refuser ce cadeau, car c'est un cadeau qui vous coûtera cher. Nous en avons, nous, fait l'expérience. Mon camarade Imbert avait l'intention tout à l'heure de développer de quelle façon on appliquera la capitalisation : il vous aurait démontré comment les cheminots vont être bernés. C'est pourquoi nous sommes en droit, avec notre modeste expérience de cheminot, de crier aux travailleurs de l'industrie : Casse-cou : votre loi est une loi de duperie, de vol ; ne l'acceptez pas, parce que véritablement le prolétariat aurait fait alors un marché de dupes. *(Applaudissements).*

Claverie. — Camarades, je suis un de ceux qui par leur situation sont en quelque sorte désintéressés dans la question qui vous passionne : celle des retraites ouvrières ; j'appartiens, en effet, à une administration, celle du Gaz de Paris, où depuis fort longtemps la question des retraites se trouve résolue, et je puis vous dire tout de suite, pour répondre à une des préoccupations essentielles des membres de ce Congrès, que je subis personnellement sur mon traitement une retenue qui est supérieure à 20 francs, qui monte jusqu'à 25 francs par mois. Eh bien, je vous déclare net qu'en ce qui me concerne je ne suis nullement humilié de cette retenue et que je ne me trouve pas spolié.

Chez nous, la retraite se donne à 60 ans : je n'en suis pas bien loin, cependant je ne suis pas sûr d'y arriver ; eh bien, je puis déclarer ceci : c'est que je suis très satisfait de la retenue que je subis parce que je suis tranquille sur mon avenir.

Je viens vous faire une démonstration et je vous dis que pour la question qui vous intéresse il y a lieu de retenir tout simplement ceci : c'est que peu importe après tout la question de savoir si on jouira de sa retraite... (*Protestations*). Je dis pourtant des choses très naturelles et qui ne sont pas de nature à passionner le débat. Je veux tout simplement expliquer ceci : c'est qu'il importe que le travailleur, au moment où il examine son avenir, où il jette un coup d'œil sur l'heure où il aura des cheveux blancs, où la vieillesse sera venue et où ses forces auront décru, puisse se poser cette question : Mon avenir est-il assuré dans une limite quelconque ou ne l'est-il point ? Voilà ce qui l'intéresse, et je dis que du moment qu'on peut avoir la sécurité de son avenir on est tranquille, et par conséquent c'est une angoisse de moins dans la vie du travailleur.

Eh bien, camarades, permettez-moi de ramener cette question à ses justes proportions.

Je dis qu'il y a là-dedans toujours la même préoccupation de la part d'une partie de cette assemblée : c'est tout simplement de manifester en toute occasion sa haine du parlementarisme : voilà la question, et alors peu importe que les travailleurs, un jour, aient un morceau de pain plus ou moins sec assuré : l'essentiel pour vous c'est que vous n'acceptiez pas une loi qui vous est apportée par des parlementaires.

Si vous pouvez vous passer des parlementaires, s'il est possible pour vous de faire que vous organisiez à ce point les syndicats qu'ils puissent suffire à tout, représenter tous les intérêts, et qu'ils puissent leur donner satisfaction, à cela je vous dirai : Pourquoi n'avez-vous pas vous-mêmes, par vos propres forces, par vos propres moyens, constitué une retraite pour les vieux travailleurs dans vos syndicats ? Voilà la question que je vous pose.

Si vous avez à vous plaindre de la loi qui a été votée par le Parlement, je vous donne entièrement raison, parce que cette loi est certainement insuffisante, parce qu'elle porte à un âge trop élevé l'époque où le vieux travailleur doit profiter de sa retraite, parce que le taux de la retraite n'est pas suffisant et qu'il ne constitue pas, en réalité, un moyen de se reposer ou de faire face aux besoins de la vie, parce que quelque âge que l'on ait on a besoin de vivre et on dépense quand même.

Eh bien, je considère que la préoccupation du Congrès à l'heure actuelle n'est pas d'essayer une œuvre impossible, celle d'empêcher l'application de la loi, mais de s'entendre avec ceux qui au Parlement ont, dans une certaine mesure, contribué à cette loi. Le parti socialiste a pris l'engagement, dans un congrès extrêmement récent, d'améliorer très prochainement la loi, de faire abaisser l'âge auquel on doit en profiter et de faire remonter, dans une large mesure, le taux de la retraite. Eh bien, je considère que c'est là l'action efficace que vous devez poursuivre ; mais venir dire ici que la loi constitue une escroquerie, un vol, cela, camarades, je considère que c'est du bluff et que ce n'est pas avec cela que vous arriverez à préoccuper véritablement l'esprit public : cela porte à faux, absolument à faux, croyez-m'en, c'est ma conviction absolue : ces moyens ne font illusion à personne, et si vous voulez une conclusion rapide, eh bien, je vous dis que je voudrais voir le Congrès prendre une décision non pas de dénégation, mais de protestation contre la loi, sur les détails qu'elle comporte, et je voudrais que, par une décision ferme, le Parlement sache bien que votre décision n'est pas de vous soustraire aux obligations de la loi, mais d'en profiter dans une large mesure.

Cordier. — Camarades, comme le camarade Bidamant l'a dit pour les chemins de fer, je le dis pour les mineurs : notre situation ici, au point de vue des retraites, est une question liquidée, non pas que nous voudrions l'avoir, mais enfin les mineurs ont la retraite. Il n'en est pas moins vrai que dans ce Congrès nous devons apporter chacun notre pensée et dire ce que nous pensons faire au sujet de la question qui est posée.

Il y a selon moi une question primordiale à trancher par le Congrès, c'est, comme l'a dit un précédent orateur, la question du principe de la retraite, et il a dit avec juste raison que le Congrès devait se prononcer d'une façon unanime sur le principe de la retraite pour les vieux travailleurs. Ensuite nous nous trouvons en présence d'un problème à résoudre ; le Parlement vous met en présence d'un projet de retraites, ce projet est critiquable à tous les points de vue : il y a d'abord la question du versement et certains camarades disent : On ne doit pas obliger les ouvriers à verser, vu les maigres salaires dont ils disposent ; d'autres disent, au contraire : On ne peut pas faire de retraites sans verser.

Eh bien, camarades, tant que nous serons dans la société actuelle, tant que nous n'aurons pas transformé la société qui nous régit aujourd'hui, que ce soit l'ouvrier qui verse, que ce soit le patron qui verse, que ce soit l'Etat qui verse, ce seront toujours les travailleurs qui devront payer quelle que soit la façon dont le patron récupérera l'argent sur l'ouvrier.

Au point de vue de l'obligation du versement, nous ne pouvons pas aller contre le versement puisque nous-mêmes chez les mineurs nous versons, les patrons versent également et l'Etat verse pour sa part. Mais il y a un système qui n'est pas bon dans la loi, c'est le système de capitalisation, et nous considérons, nous mineurs, qui depuis 1894 avons versé à la Caisse nationale des retraites des ouvriers mineurs 106 millions, nous considérons qu'on n'a pas besoin d'immobiliser des capitaux pour faire des retraites, alors qu'on pourrait très bien, par un système de répartition, faire des retraites plus élevées avec des versements moindres. C'est pourquoi, nous qui sommes régis par le système de capitalisation, nous protestons à l'heure actuelle contre ce système, et nous demandons aux pouvoirs publics de transformer ce système en système de répartition.

Maintenant il y a une autre critique à apporter à la loi. La loi actuelle donne des retraites à 65 ans ; eh bien, certainement, comme on l'a dit avec juste raison, c'est à peu près la retraite pour la mort, et nous considérons que ce n'est pas à 65 ans que l'on devrait donner la retraite aux vieux travailleurs, au moment où ils ne peuvent plus en profiter, parce qu'ils sont disparus ou au moment où ils sont près de descendre dans la tombe ; c'est à l'âge où ils peuvent encore profiter, pendant un certain temps, des jouissances de la vie et se reposer des services qu'ils ont rendus au patronat et à leurs exploiteurs.

Nous disons que l'âge de 55 ans pour les mineurs est trop élevé. Nous n'avons pas voulu, parce que le gouvernement disait qu'il ne fallait pas empêcher, par une modification de la loi de 1894 sur les retraites des mineurs, les retraites ouvrières d'être votées, nous n'avons pas voulu l'empêcher et nous avons attendu ; mais maintenant nous sommes décidés, nous mineurs, à demander le système de *répartition*, à demander que l'âge de la retraite soit descendu à 50 ans, et nous demandons que cette retraite soit suffisamment élevée, parce que le système de répartition permettra de l'élever.

Nous ne pouvons pas nous prononcer ici d'une façon absolue. Je ne suis pas de l'avis du camarade Bidamant, et je ne voudrais pas dire, malgré que la loi soit critiquable, aux autres travailleurs, alors que nous nous profitons actuellement d'une retraite, qu'ils n'acceptent pas en partie ce qui leur est proposé. Il y a des moyens de protester : vous protestez d'abord contre la capitalisation, vous protestez contre l'âge qui est trop élevé, et vous protestez ensuite contre la modicité de la pension qui n'est pas une pension, qui est une aumône dérisoire.

Et ensuite nous vous disons ceci, camarades : Quel que soit ce que vous obtiendrez, quelles que soient les protestations que vous ferez, nous pensons que nous, dans la Confédération Générale du Travail, nous ne sommes pas en mesure de nous insurger contre l'application de la loi : mais ce que nous devons faire, c'est protester contre ses défectuosités, c'est de tâcher de présenter quelque chose de meilleur et de dire aux pouvoirs publics : « Voilà ce que nous présentons », et si les pouvoirs publics ne le font pas, c'est à nous de voir les moyens qu'il faut employer, car quelles que soient les conséquences il faudra absolument que les versements se fassent d'une façon ou d'une autre.

Dret. — Tout à l'heure, un camarade disait ici qu'il ne fallait pas, sous peine de trahison envers les intérêts du prolétariat, repousser le principe des retraites ouvrières ; or, jamais, dans n'importe quel congrès ouvrier, il n'a pu venir à l'idée de personne de repousser le principe des retraites ouvrières. Il s'agit d'examiner comment on pourra faire échec, non pas à un projet de loi mais à une loi qui bientôt va être mise en application, et j'aurais été heureux de voir monter à cette tribune non pas des adversaires de la loi, mais ceux qui, lorsque la Confédération menait la campagne contre la loi actuelle, ont signé un opuscule qui fut expédié, se solidarisant presque avec ceux qui avaient déposé le projet de loi...

Niel. — Quel crime y a-t-il à cela ?

Dret. — Je ne dis pas que ce soit un crime : mais voulant entendre librement les opinions, j'aurais été désireux d'entendre un de ces camarades. Dans tous les cas, je tiens à répondre ici aux paroles prononcées par le camarade Claverie. C'est bizarre, l'orateur qui l'avait précédé avait presque donné à entendre que si nous n'étions pas prêts, c'est parce que peut-être, sous un certain mode d'organisation, nous ne nous étions pas dirigés vers certains groupements qui auraient pu, dans une certaine mesure, faire que la loi soit meilleure. Ah ! laissez-moi protester, parce qu'en effet il y a eu des referendums au sujet des retraites ouvrières, et chaque fois les organisations ouvrières se sont prononcées à une grande majorité contre la capitalisation. Et qu'avons-nous vu ? Nous avons vu ce parti socialiste, vers lequel on voudrait que nous nous dirigions, se prononcer au congrès de Nîmes contre la décision de la majorité des organisations ouvrières. Voilà ce que nous avons vu. Par conséquent, que l'on ne vienne pas nous dire aujourd'hui que c'est du côté du Parlement que nous devons nous incliner et que c'est parce que cette loi vient du Parlement que nous ne voulons pas nous incliner. Nous savons très bien que ce n'est pas pour faire plaisir à la classe ouvrière, aux miséreux, aux gueux, aux crève-de-faim, que cette loi fut votée, c'est bien dans un but électoral qu'elle a été votée, ainsi que l'indiquait un camarade : c'est une loi de duperie et de vol, une loi de cynisme et de brigandage dont il faut empêcher l'application.

Lamarque. — Il y a une différence essentielle entre la situation du fonctionnaire employé de l'Etat et la situation de l'ouvrier qui peut avoir un grand nombre de patrons. Lorsqu'un fonctionnaire veut faire de l'action, il risque d'être révoqué — et c'est mon cas — et de perdre le bénéfice de tous les versements qu'il a faits. Il est conséquent que pour ce fonctionnaire la question de ces versements est une gêne dans l'action syndicale, parce qu'il peut craindre à chaque instant de perdre le bénéfice des versements antérieurs. Mais pour un ouvrier qui changera de patron après une grève, il est certain que la situation est différente; cet ouvrier continuerait, si la loi s'appliquait, ses versements et, à la fin de sa carrière, il toucherait sa retraite, quelle qu'eût été son action syndicale.

J'ai le mandat de voter contre toute application de la loi et de mettre en œuvre tous les moyens pour empêcher que la loi s'applique tant qu'elle contiendra une disposition relative au versement obligatoire. Mais, comme nous aurons à nous prononcer sur trois points, je demande qu'on divise le débat en trois parties. Le premier consiste à savoir si oui ou non nous voulons des retraites ; le second point est celui de savoir, si ayant accepté, quelles sont les dispositions à introduire dans cette loi ; enfin, le troisième point est celui de savoir par quels moyens nous nous arrangerons pour faire modifier la loi. Si on veut bien tenir compte de ma proposition, nous discuterons ainsi.

Sur le premier point, pour moi, la loi des retraites ouvrières est une chose utile. On nous a dit : nous la paierons nous-mêmes. Mais, est-ce que nous ne payons pas nous-mêmes également toutes nos améliorations ? Quand nous avons diminué l'heure du travail, quand nous avons obtenu la loi du repos hebdomadaire, quand nous obtenons une augmentation de salaire, c'est toujours sur le prolétariat que, pour la plus grande part, le patronat récupère ses sacrifices. Je prétends que la masse comprendrait très mal que, systématiquement, nous refusions une loi qui aura pour effet immédiat de donner un peu de pain à quelques vieux qui n'en avaient pas avant. Rendez-vous compte dans votre propagande de demain, lorsque vous irez parler aux ouvriers des revendications, ils vous diront : Vous aviez du pain tout trouvé pour les vieux travailleurs, et vous menez une action sans pouvoir rien leur donner vous-mêmes ! Je prétends que ce serait aller à l'encontre des sentiments du prolétariat, que de nous opposer à cette loi de prévoyance : par conséquent, je suis partisan des retraites ouvrières.

Opposé à la capitalisation, je suis également opposé au versement, par mandat de mon syndicat.

Enfin, en troisième lieu, je voudrais attirer votre attention sur un point afin que votre sentiment de solidarité ne vous fasse pas commettre une injustice. Maintenant, je voudrais que dans cette loi il y ait des dispositions particulières suivant les risques particuliers des différentes professions. Il est certain, en effet, qu'un bureaucrate ne doit pas toucher sa retraite au même âge qu'un ouvrier que les dangers de sa profession risquent de faire disparaître tous les jours. Par conséquent, sur ce point-là, il faut que nous demandions une application de la loi particulière à chaque corporation. Je prétends que c'est faire de la basse démagogie que d'exiger une unité à ce point de vue et qu'il faut s'inspirer des dangers que courent les ouvriers dans leurs professions diverses.

Nous avons à aborder le premier point, qui est celui de savoir par quels moyens nous ferons améliorer la loi des retraites ouvrières. Si nous la considérons telle qu'elle est actuellement, nous savons que le gouvernement aura, par un moyen ou par un autre, à obtenir de nous des versements. Eh bien, la question se pose d'une façon bien simple. Si vous ne voulez pas de la loi présente jusqu'à ce qu'elle soit *modifiée*, il n'y a qu'un moyen : il faut refuser les versements. Voilà le seul moyen. Il est certain que s'il y a une majorité qui soit animée du même sentiment pour marcher contre la loi, c'est-à-dire que nous ayons l'assurance que tous les syndiqués, c'est-à-dire plus de quatre cent mille assujettis sans compter tous les autres, se refuseront à verser, il est certain que nous pouvons marcher avec assurance et que, dans ces conditions, nous obtiendrons des modifications probables de cette loi.

Mais il faut nous dire également et nous demander si vos camarades des syndicats ne sont pas capables de mener cette action, quelle est celle que vous mènerez ? C'est ici que nous revenons à un point plus délicat. Il va s'agir d'exercer une action sur le Parlement. Comment allons-nous l'entendre ? Nous ferons, disait tout à l'heure le camarade Bousquet avec une confiance que j'admire et que, sans doute, le courage des camarades de l'Alimentation lui inspire, nous ferons l'insurrection. Mais, hélas ! nous avons vu que les ouvriers, même bien organisés, n'étaient pas pour faire l'insurrection, et alors je vous demande si ce moyen sera suffisant. Nous ferons des meetings, des brochures, de la propagande syndicale, oui. Mais le gouvernement se dira : Chaque meeting se clôture par une haie de policiers placés devant la porte, et cela n'a pas d'autre effet. Quant aux brochures ou aux articles, le gouvernement se préoccupera de savoir si cela déterminera dans les esprits le mouvement que vous proposerez et, s'il ne se produit pas, vos brochures les plus éloquentes seront des morceaux de papier syndicalistes ajoutés à d'autres...

Bousquet. — Alors, si tout va mieux dans le meilleur des mondes, supprimons le syndicalisme, et tout sera dit !

Lamarque. — Je ne dis pas cela pour que nous nous découragions et pour que nous ne travaillions pas ensemble. J'ai moi-même fait toute la campagne nécessaire pour faire refuser les versements, et je prétends que si vous obtenez cela, cela sera suffisant pour faire capituler le Parlement. Mais enfin, nous n'en sommes pas certains et il existe un autre moyen d'action que d'autres camarades emploient et dont nous devons nous inspirer.

Il est indéniable, vous le savez, que les députés n'obéissent que lorsque leurs préoccupations d'ordre électoral sont en jeu. Le député n'agit et ne transforme ses opinions que lorsque les électeurs lui font modifier ses opinions. Si les socialistes ont voté la loi, c'est parce qu'ils ont voulu duper le peuple avec une loi d'apparence ouvrière. *(Bruit).*

Camarades, je prétends que l'habitude d'indifférence qu'on nous a toujours recommandée vis-à-vis des pouvoirs organisés de ce pays, est une attitude qui n'est pas toujours conforme aux intérêts du prolétariat. *(Applaudissements).* Je prétends, pour l'avoir constaté, et les fonctionnaires le savent bien, que nous pouvons exercer dans la pleine liberté de nos conditions, une action sur le Parlement. C'est un mode d'action à un point de vue professionnel, en tant qu'ouvriers et syndiqués, que vous exerceriez sur le Parlement, et je prétends que si vous exercez en matière électorale une action directement ouvrière, sans préoccupation d'opinion, vous serez absolument certains de mettre là vos opinions en harmonie avec celles de beaucoup de camarades qui n'osent pas employer le procédé correctionnel du camarade Bousquet, mais qui vous aideront néanmoins à faire modifier une loi qu'il faut nécessairement modifier.

Envoi des Pupilles de La Pallice

Le Président. — Le Congrès vient de recevoir une carte des Pupilles de La Pallice, que voici :

Les Pupilles de la Bourse du Travail de La Pallice envoient aux congressistes leur meilleur souvenir.

Reprise de la discussion

Savoie. — Je ne crois pas nécessaire de faire le procès de la loi sur les retraites ouvrières. Ce qui nous inquiète aujourd'hui, et ce dont nous devons nous préoccuper, c'est de son application et des difficultés que nous allons rencontrer pour résister à cette application de la loi.

Ce que nous devons retenir, ce sont les versements ouvriers obligatoires qui sont compris dans cette loi, et lorsqu'à l'Union des Syndicats du département de la Seine, nous avons discuté quelle devrait être l'attitude des camarades délégués de l'Union à ce Congrès, en ce qui concerne ces versements, la plupart des camarades ont bien compris qu'il y avait là un problème difficile à résoudre, qu'une situation très délicate se présentait et qu'il fallait qu'une discussion ait lieu : qu'il fallait examiner dans quelles conditions la C. G. T., le prolétariat organisé, pourrait tenir ses engagements et ses promesses pour suivre la même attitude qu'il avait eue jusqu'à présent, car lorsque la C. G. T. a combattu les versements et le projet de loi actuel, je crois qu'il serait difficile maintenant à un Congrès de venir déclarer qu'il est partisan de la loi et qu'il acceptera de faire ses versements sans aucune protestation.

Nous n'avons pas à dire si nous sommes partisans du principe des retraites. Oui, nous sommes partisans du principe ; mais nous sommes contre toutes les obligations qui tombent sur le dos des travailleurs par la loi qui vient d'être votée, et voilà pourquoi je dis que la C. G. T. a bien fait, et que le Congrès ne peut pas démentir toute la campagne faite jusqu'à présent contre le versement, et qu'il faudra qu'aujourd'hui, s'il est difficile d'apporter des indications, une motion ou une résolution soit prise, qui déclarera que toutes les organisations seront obligées d'accepter de faire une campagne active contre les versements ouvriers. Nous pouvons toujours laisser entendre qu'il faut que la C. G. T. continue sa campagne contre les versements, contre tout ce qu'il y a de mauvais dans la loi votée actuellement, et cela donnera une indication aux camarades terrassiers, du Bâtiment et de n'importe quelle autre industrie qui voudront résister contre l'application de la loi. On ne peut pas adopter une résolution qui dirait que nous acceptons la loi en protestant simplement contre le versement obligatoire ou l'âge trop reculé. Non, il faut que la résolution soit telle qu'il n'y ait pas plus tard une fraction de la C. G. T. qui dise aux camarades boulangers et aux camarades terrassiers qu'ils ont eu tort de protester et de s'opposer au versement ouvrier, car ceux qui pourront refuser le versement et qui pourront conseiller utilement à leurs membres de ne pas verser la cotisation ou de ne pas permettre aux patrons le prélèvement, ceux-là feront beaucoup plus que n'importe qui pour obliger le gouvernement à changer son projet de loi et à apporter des améliorations.

Voilà pourquoi il faut que la C. G. T. reste sur ses propositions, condamne encore la loi actuelle des versements ouvriers et conseille à toutes les organisations de résister contre les versements, car ce sera le meilleur moyen d'obtenir du gouvernement et des parlementaires la modification de la loi.

GIBAULT. — Tout à l'heure on a dit qu'au Congrès de Nimes, le parti socialiste avait adopté le système de la capitalisation. Au Congrès de Nimes on a été unanime pour reconnaître les imperfections de la loi, mais on a dit : Telle qu'elle est, il faut la prendre. Et, savez-vous la principale raison, à mon sens, qui a fait qu'on a accepté la loi et qu'on doit ensuite faire une agitation pour la modifier? La principale raison consiste en ceci : c'est qu'il y a un régime transitoire. On paraît oublier que, dès le lendemain de la loi, une quantité de travailleurs recevront quelque chose.

Le principe de la capitalisation est à peu près condamné par tout le monde. Le camarade Cordier vous disait tout à l'heure qu'il n'était plus pour la capitalisation, que même ceux qui ont essayé de ce système sont contre la capitalisation, et je crois que le Congrès fera bien, en même temps qu'il déclarera qu'il veut absolument modifier la loi, de déclarer que toute son action doit porter sur ces points : l'abaissement de l'âge de la retraite, la suppression des cotisations ouvrières.

A mon sens, il est bon que la loi des retraites soit votée, parce qu'au lieu de discuter sur un mythe, sur quelque chose d'inexistant, qui n'est pas encore fait, nous discutons sur quelque chose de concret, dont nous pouvons toucher du doigt et indiquer les imperfections, de telle sorte que nous en pourrons indiquer les remèdes. Voilà, pour moi, en quoi consiste la grande supériorité d'avoir une loi.

Qu'on ne vienne pas dire que cela va être une vaste entreprise délibérée d'escroquerie. Je crois que certains bons militants ont absolument abandonné cet argument, qui ne manquait pas d'une certaine puérilité. En tout cas, ce serait donc en France seulement, que le prolétariat élèverait cette crainte-là; ce serait donc en France seulement qu'une tentative d'escroquerie pourrait se faire parce que, et personne ne l'a signalé, je vous demande de ne pas oublier que dans d'autres nations fonctionne déjà un système de retraites ouvrières, et un système de retraites ouvrières avec capitalisation, et la classe ouvrière allemande, si je ne me trompe, par l'organe de ses militants syndicaux, se félicite même de l'adoption de cette loi ouvrière...

LUQUET. — Ils sont pris dans l'engrenage.

GIBAULT. — Ils sont pris dans l'engrenage, dites-vous, Luquet, mais cet engrenage n'a pas l'air de les faire particulièrement souffrir, puisqu'ils ne demandent qu'à continuer. Ils demandent à continuer parce que nous sommes en société capitaliste, ne l'oubliez pas, et ce qui fait la force d'une organisation, quelle qu'elle soit, c'est encore le capital, demandez-le plutôt à Griffuelhes, à propos de la Maison des Fédérations, et si, par votre action, l'énorme capital qui sera mis à la disposition du gouvernement, était sous le contrôle de la classe ouvrière, et ce sera par votre faute s'il n'y est pas, car, en Allemagne, il y est en partie...

UNE VOIX. — C'est dans la loi.

GIBAULT. — Oui, mais je crois que la part de contrôle qui est donnée à la classe ouvrière n'est pas suffisante, et c'est pour cela que je vous demande d'appuyer surtout sur ce point. Je ne veux pas, car il y a des voix plus autorisées que la mienne, rentrer dans les détails de la loi; on me taxerait d'outrecuidance peut-être si je voulais faire un grand discours, je ne m'étendrai pas davantage, car on me dirait : « Tu es bavard ». Je dis donc simplement ceci : c'est qu'en Allemagne, la classe ouvrière, par ses représentants, a été amenée à une partie de la gérance, et c'est parce que en régime capitaliste elle a eu pour des œuvres propres qui lui appartiennent un capital à sa disposition, qu'elle se félicite dans sa quasi-unanimité de la mise en œuvre de la loi des retraites.

Un avantage de la loi des retraites ouvrières, c'est d'amener le prolétariat lui-même à une organisation nouvelle. Ah ! vous vous plaignez et nous nous plaignons de ne toucher par notre propagande qu'une toute petite partie du prolétariat industriel grandissant sans cesse, mais vous savez bien qu'il y a un prolétariat qui, dans sa presque unanimité, est réfractaire à notre propagande, c'est le prolétariat paysan : et je vous dis que l'adoption d'une loi des retraites même imparfaite, que vous pourrez modifier et améliorer, sera pour vous la facilité de pénétrer dans ces milieux fermés à votre propagande, d'aller leur dire : Voilà de quelle façon fonctionne la loi, les vieux vont toucher déjà quelque chose dans le régime transitoire, il faut l'augmenter. Vous parlerez au prolétariat paysan le langage de son intérêt, il vous comprendra ; et en même temps vous lui direz : En régime transitoire, si tu rallies la C. G. T., tu pourras espérer par son action concertée faire augmenter les sommes qui sont mises à la disposition des vieux travailleurs ; en même temps, tu pourras par ce même régime concerté, abaisser l'âge de la retraite, faire diminuer ta part contributive, la faire supprimer même.

En régime capitaliste et dans la société bourgeoise, c'est quelque chose que je tiens à vous dire, on n'obtient jamais tout ou rien, c'est tout un système de compromis qu'on est obligé d'accepter, à moins de faire tout de suite la révolution. Eh bien, je vous dis : puisque c'est un système de compromis auquel on aboutit, vous aboutirez ainsi par votre action à rallier autour de vous des forces paysannes avec lesquelles vous devez compter; vous les intéresserez et vous arriverez à augmenter le quantum des recettes, et peut-être pas à avoir le système complet de répartition, mais, en tout cas, à augmenter dans des proportions considérables le système de répartition qui est trop minime dans la loi actuelle.

J'ai fini. Je répète que je voulais marquer seulement ces quelques points au Congrès, mais que je n'ai jamais eu l'outrecuidance de présenter un ordre du jour complet. *(Applaudissements).*

LUQUET. — Vous avez fourni des arguments intéressants à l'appui de la loi ; je ne dis pas qu'ils soient convaincants, mais il est un point où vous avez négligé de donner votre pensée, c'est en ce qui concerne la capitalisation : êtes-vous pour ou contre la capitalisation ?

GIBAULT. — Je ne peux pas répondre par oui ou par non à cette question. S'il ne dépendait que de mon sentiment, je répondrais : mon sentiment personnel, ma pensée tout entière m'incline vers le système de capitalisation. Mais il ne s'agit pas ici de mon sentiment personnel, il s'agit de savoir, étant donné vos sentiments à vous, si vous aurez la force nécessaire de faire aboutir un système de capitalisation pure ou si, au contraire, ne l'ayant pas, vous devrez accepter ce que vous aurez pu arracher. Comme je le disais tout à l'heure, j'ai été heureux qu'on ait voté la loi ; malgré ses imperfections, elle a substitué à rien quelque chose, quelque chose de mauvais sans doute, mais c'est vous qui l'améliorerez si vous ne faites pas abdication de votre fonction.

Je ne repousse pas la capitalisation, je l'accepte si je ne peux faire autrement. Je fais la même chose que les ouvriers dans les grèves, ce n'est pas ici mon opinion qui comptera ; lorsque les ouvriers se mettent en grève pour obtenir un franc d'augmentation et qu'au résultat ils sont obligés de rentrer avec 50 centimes, j'imagine qu'ils ne repoussent pas ce qu'ils ont pu déjà obtenir. De même pour la loi sur les retraites et, comme pis-aller, j'accepterais un système de capitalisation.

J'aurai fini lorsque j'aurai dit : quand même ce système qui ne me paraît pas bon serait adopté, si la C. G. T. voulait s'appliquer à en tirer le meilleur parti possible, elle pourrait, avec les capitaux fournis par le système de capitalisation, en tirer à l'avantage de la classe ouvrière un profit absolument certain.

NIEL. — Camarades, étant donné l'esprit et le caractère antiparlementaire de notre syndicalisme, toutes les lois ouvrières placent la C. G. T. en face d'une situation singulière, mais il n'y a pas de loi qui soit de nature à placer cette C. G. T. dans une situation plus particulière que la loi des retraites ouvrières. Il y a d'un côté des militants syndicalistes qui acceptent le projet actuel, et il y a d'un autre côté des camarades qui ne veulent aucun système de retraites ouvrières. La C.G.T. se place au milieu, entre les deux. Je dis qu'elle se place entre les deux, parce qu'elle ne peut pas se placer ailleurs. La C. G. T. ne peut pas, évidemment, étant donné qu'elle représente la classe ouvrière, qu'elle défend les intérêts de la classe ouvrière, dire : « Je ne veux pas des retraites », parce que les millions et les millions de travailleurs qui ne sont pas encore groupés, diraient : « La C. G. T. n'est pas notre organisation », parce qu'il y a des millions et des millions de travailleurs qui veulent des retraites, et si l'organisation qui prétend parler en leur nom disait : « Nous ne voulons pas des retraites », ces travailleurs renieraient cette C. G. T. D'autre part, il lui est bien difficile de dire « j'en veux » d'une façon nette, en indiquant de quelle façon elle les veut, en indiquant un système bien établi, bien étudié, bien précis, parce qu'étudier un système de cette façon-là pour une C. G. T. dont l'esprit de lutte contre le Parlement est connu, ce serait presque faire l'aveu qu'il peut y avoir dans l'action du Parlement quelque chose d'utile.

Voilà la situation singulière et équivoque de la C. G. T. ; cette équivoque amène certaines inconséquences que je voudrais signaler.

D'abord, lorsque je dis qu'il y a des militants syndicalistes qui sont contre tout projet de retraites, je ne voudrais pas que vous vous contentiez d'une affirmation ; il y a un camarade qui n'a pas signé son article dans un journal, mais il y en a un autre qui l'a signé, c'est le camarade Pontonnier, et son article est intitulé d'un titre qui ne laisse pas de doute : « Pas de retraites ». Il y a même un des secrétaires de la Confédération, Yvetot, qui a émis dans *la Voix du Peuple* une opinion nettement hostile à toutes retraites; la voici : « D'ailleurs, plus on s'attardera à octroyer cette logique, raisonnable et juste revendication, *plus on hâtera l'heure de la révolution* ». Toute la pensée est là, elle n'est pas ailleurs. On rejette systématiquement, non pas le principe — on n'ose pas — mais tous les projets, ce qui revient à dire même le principe, parce qu'on a cette idée que si par hasard une loi de retraites est établie, les travailleurs y trouvent une certaine satisfaction, et il est à craindre que cela les endorme et recule pour je ne sais combien d'années la révolution. Voilà la pensée d'Yvetot, qui est la secrète pensée des dirigeants de la C. G. T.

Voilà, camarades, l'équivoque. Cette équivoque a produit une autre inconséquence. La C. G. T. s'est prononcée depuis 1901, depuis le Congrès de Lyon, constamment contre les versements ouvriers et constamment elle s'est prononcée pour la répartition. Eh bien, je vous prie, camarades qui avez eu jusqu'à ces derniers jours cette opinion-là, de me dire ce que vous vouliez répartir. Vous étiez en même temps contre les versements ouvriers et pour la répartition : la répartition de quoi ? Vous n'étiez pas seulement contre les versements ouvriers, vous étiez aussi contre les versements patronaux, vous étiez contre toute espèce de versement : alors, je répète une dernière fois : que vouliez-vous répartir ?

BOUDERON. — L'impôt.

NIEL. — J'ai posé la question pour m'attirer cette réponse. Je vais vous faire voir que vous vous trompez.

Le système de répartition dont on a parlé pour la première fois, si je ne m'abuse, au Congrès de Lyon, venait d'un contre-projet qui était d'Escudier ; c'est là en quelque sorte qu'est née l'idée, le mot de répartition. Le projet Escudier avait été établi, en effet, sur le système de la répartition annuelle des versements ouvriers et patronaux ; et je demande à ceux ici qui n'avaient pas encore peut-être réfléchi suffisamment à ce point, si quand on parle de répartition, il n'était pas entendu qu'on voulait dire la répartition annuelle des versements ouvriers et patronaux. Or, dans son manifeste du 23 avril, la C. G. T. dit elle-même ceci : « Comme en 1901, la C. G. T. estime que le premier devoir d'un gouvernement démocratique est d'assurer l'existence des travailleurs des deux sexes âgés ou dans l'incapacité de travailler ». Sur ce point, je dis à la C. G. T. que si elle considère que le premier devoir d'un gouvernement démocratique ou pas démocratique est d'assurer la vie aux vieux travailleurs, elle ne peut pas nier que ce gouvernement ne peut le faire qu'en vertu de dispositions légales, législatives, et je retiens en passant l'aveu que la C. G. T. fait en disant : Il est possible, en effet, de tirer quelque chose de la législation. D'autre part, elle dit : « Il faut clamer bien haut que nous sommes contre le système de la capitalisation, que nous protestons contre les versements ouvriers, que nous nous élevons contre l'âge trop avancé de l'entrée en jouissance, que nous nous insurgeons contre le taux dérisoire de cette retraite qui ne peut permettre aux vieux travailleurs de vivre. Il nout faut affirmer notre volonté d'obtenir des retraites ouvrières à un âge moins élevé, sur un taux plus équitable *et sur la répartition* ».

Camarade Bourderon, vous m'avez posé une question qui est vraiment très intéressante. J'en suis fort heureux, car vous me donnez l'occasion d'établir, d'une part, que la retraite par la répartition n'est pas la retraite par l'impôt, qu'à l'idée de répartition s'est toujours trouvée attachée celle de versements ouvriers ou patronaux ; d'autre part, que, durant neuf années, la C. G. T. a commis l'inconcevable inconséquence de se prononcer pour la répartition alors qu'elle se prononçait contre tout versement. Voici un ordre du jour, inséré dans *la Voix du Peuple*, qui est édifiant à ce sujet et qui a dû vous passer inaperçu :

Le Comité général de l'Union des Syndicats, appelé à étudier l'économie des trois projets de loi ayant pour objet la constitution d'une caisse des retraites ouvrières et paysannes, dont la discussion se poursuit au Luxembourg, déclare que satisfaction n'est point accordée à la classe ouvrière qui, deux fois consultée, a fait entendre sa voix et voit ses doléances méconnues.

Le Comité s'élève *contre les versements ouvriers et patronaux*, impôt déguisé et source de conflits à venir. Les prolétaires, créateurs de toutes les richesses, doivent avoir ce qu'il faut pour vivre quand l'âge et les infirmités arrêtent leur production, sans prélèvement sur des salaires insuffisants.

Le Comité se prononce en outre contre l'âge de la retraite qui, de 65 ans, pourrait être abaissé à 60 ans, le système de la *capitalisation totale des versements ouvriers et patronaux*, dont le danger a d'ailleurs été dénoncé à la tribune sénatoriale et auquel *il oppose le système de la répartition*, bien moins onéreux pour les intéressés par le chiffre restreint des fonctionnaires comptables. *La répartition permettrait de distribuer* aux ayants droit, dès la première année d'application de la loi, *les sommes recueillies dans l'exercice précédent*, **y compris la majoration de l'Etat.**

Ainsi, voilà une organisation qui se prononce contre les versements ouvriers et en faveur de la répartition, et sa pensée est très nette : elle entend par répartition, la répartition des versements ouvriers et patronaux, car si, par répartition, elle avait entendu l'impôt, elle n'aurait pas ajouté : « y compris la majoration de l'Etat ». Or, savez-vous ce qu'a fait la C. G. T. en insérant cet ordre du jour? Elle l'a fait précéder de quatre lignes qui sont une perle !

Pour ne pas publier tous les ordres du jour relatifs aux retraites ouvrières, nous publierons seulement ceux qui, comme celui de la Bourse du Travail de Mèze, reflètent le mieux la conception du syndicalisme en face de ce problème.

Voilà une inconséquence extraordinaire, phénoménale ! Et la C. G. T. dit : Voilà qui reflète le mieux notre opinion. Eh bien, je dis, camarades, que lorsqu'on se trouve en présence de pareilles inconséquences, on a fait la preuve que la C. G. T. est placée en face d'un problème qui la trouble.

Vous êtes pour le principe, dites-vous. Oui, mais le principe ne peut rester toujours dans le domaine du principe et de la pure théorie ; il faut que le principe tombe un jour sur la terre de la pratique, de la réalité, des réalisations.

Eh bien, je prétends que la loi qu'on a votée, si mauvaise qu'elle soit, et je la trouve encore peut-être plus mauvaise que vous, fait descendre le principe des hauteurs de la pure théorie sur le terrain de la pratique. Voilà le principe réalisé ; mal, très mal, c'est entendu, mais enfin réalisé, matérialisé.

Ah ! camarades, avouez que la partie vous serait trop belle de continuer toujours à dire : nous sommes pour le principe, et de repousser tout ce qui viendrait...

Yvetot. — Au point de vue syndicaliste, c'est tout à fait logique, car un Parlement ne peut rien donner de bon.

Niel. — Je retiens l'aveu, il est vraiment trop beau ! Yvetot dit : Le Parlement ne peut jamais rien donner de bon. Or, j'allais dire que vous n'avez pas critiqué le projet actuel parce que vous l'avez trouvé trop mauvais, ce qui impliquerait que s'il avait été moins mauvais, vous l'eussiez adopté, mais que vous l'avez critiqué comme vous auriez critiqué tout autre, parce que, sans oser le dire, vous préféreriez que le Parlement ne votât aucune loi de retraite.

Yvetot. — Je te dis qu'on le critiquera tout le temps, parce qu'il ne peut pas être bon, puisqu'il est parlementaire.

Niel. — Mais nous le critiquons ensemble, aussi bien nous que vous autres, et le fait pour nous d'accepter la loi votée n'implique pas une adhésion formelle de notre part au projet adopté. Nous critiquons comme vous critiqueriez un autre projet ; seulement, il ne s'agit pas de critiquer pour repousser le projet, il faut le critiquer pour le faire améliorer.

Yvetot. — C'est ce que l'on fait.

Niel. — Quand on veut faire améliorer des projets, camarades, on ne se borne pas à critiquer, on indique des systèmes, on oppose au système critiqué un autre système, au texte officiel le texte confédéral.

Yvetot. — Ils sont payés 15.000 balles par an, pour trouver des systèmes, là-bas !...

Niel. — Et nous, nous le sommes également pour faire aboutir les désirs immédiats des travailleurs.

Yvetot. — Nous sommes payés pour montrer qu'on ne veut pas se laisser monter le coup !

Jouhaux place la discussion où elle doit se placer : La C. G. T. est contre tout versement ouvrier ; lorsqu'elle s'explique sur le principe, elle exprime son opinion sur le projet ou sur la loi.

Une voix. — Mais vous êtes pour la répartition tout de même ?

Niel. — Ce que je dis est exact, et je ne crois pas que vous le contestiez. (*Bruit*)... Camarades, je ne crois pas que vous contestiez l'opinion du camarade Griffuelhes. Griffuelhes reconnaissait très bien que si on établissait le système de la répartition à cette condition-là, et à la condition que le taux de la retraite fût un peu plus élevé et l'âge un peu abaissé, il acceptait les versements ouvriers. C'est Griffuelhes qui l'a écrit, ce qui veut dire que tous ceux qui réfléchissent entendent par répartition, la répartition des versements ouvriers. Or, camarade Jouhaux, si la répartition vous apparaît comme la meilleure solution, ayez au moins la logique de reconnaître et d'avouer que la répartition implique les versements ouvriers et patronaux ! (*Bruit*).

Jouhaux. — Je te dis que tu n'établis pas la différence de situation. Tu parles au point de vue principe et au point de vue situation. Il y a deux situations dont tu dois tenir compte.

Niel. — Mais, sur le principe, nous avons dit que tout le monde était d'accord ! Nous ne discutons plus le principe.

Jouhaux. — Alors ne fais pas de phrases, comprends-bien que tu n'es pas ici pour faire une réunion publique. (*Applaudissements*).

Niel. — Camarade Jouhaux, si nous étions en présence du principe seul, il est certain que la discussion changerait de ton et de caractère. Nous sommes en présence d'une réalité maintenant, d'une application : par conséquent, la période du principe est passée ; nous sommes maintenant en face d'un fait : la loi est votée. Comment va-t-elle être appliquée ? Comment pouvons-nous l'améliorer, dans quelle mesure ? Voilà la question.

Eh bien, la capitalisation — c'est la question posée par Luquet tout à l'heure — vous la condamnez formellement ; je ne dis pas que je suis pour... (*Bruit*)... Je dis que lorsqu'on étudie le problème des retraites ouvrières et qu'on est en présence du système de la répartition et du système de la capitalisation, on est en présence de deux systèmes très compliqués l'un et l'autre, et qu'il y a pour chacun de nombreux arguments *pour* et *contre* ; je dis que le problème des retraites ouvrières est un des problèmes les plus difficiles et que nous en parlons souvent plutôt sentimentalement que par raisonnement ; je dis qu'en présence des difficultés qu'il y a de savoir si la répartition est préférable à la capitalisation, ou *vice versa*, c'est l'expérience qui doit nous fixer, et il vaut mieux que l'on commence l'expérience par la capitalisation, et cela pour quelques raisons. La première raison, c'est parce qu'il me semble que si, par la suite, l'expérience démontrait que la répartition offre des inconvénients, des défauts, des désavantages tels qu'elle ne peut pas continuer, il serait extrêmement difficile de passer du système de la répartition au système de la capitalisation ; tandis, au contraire, que si l'expérience démontrait que le système de la capitalisation a des vices tels qu'il ne peut plus fonctionner sans danger pour le prolétariat, il serait extrêmement facile, si on voulait continuer à avoir des retraites ouvrières, de passer du système de la capitalisation à celui de la répartition, sans interrompre le fonctionnement des retraites.

La deuxième raison, c'est que le système de la répartition ne me paraît pas solide : il est exposé au premier danger venu, au premier incident sérieux qui peut se produire dans la vie ; il n'y a pas de réserve, il n'y a pas de fonds, il n'y a pas de caisse, et il peut arriver que, par suite d'un incident quelconque, ou d'un trop grand chômage, ce système fasse faillite.

Enfin, troisième raison, c'est que je crois que l'on n'a pas peut-être suffisamment saisi ce qu'on entendait par capitalisation. La capitalisation n'est pas la capitalisation au sens où l'entendent beaucoup de nos camarades. La capitalisation n'est autre chose que de la répartition différée. Savez-vous pourquoi ? Parce que toutes les sommes qui sont versées par une même génération d'assurés, sont capitalisées séparément pour chaque génération annuelle, et lorsque chaque génération arrive à l'âge de la retraite, ses survivants se répartissent toutes les sommes de cette génération, capital et intérêts.

Voilà les diverses raisons, camarades, pour lesquelles il me paraît plus utile de commencer par la capitalisation que par la répartition.

Enfin, pour terminer, que la Confédération me permette de lui dire qu'à mon sens elle n'a pas fait tout ce qu'il fallait faire pour avoir des retraites ouvrières. Je sais bien qu'en 1901 un congrès s'est prononcé : qu'en 1906, un ordre du jour a été voté et un referendum établi. Je sais bien enfin qu'à la fin de 1909 la C. G. T. est à nouveau intervenue dans le débat sur les retraites ouvrières. Mais qu'elle me permette de lui dire que lorsqu'elle est intervenue la troisième fois, le débat sur les retraites ouvrières était déjà publiquement engagé ; qu'elle me permette de lui dire que de 1901 à 1906 cinq années se sont écoulées, que de 1906 à 1909 trois années se sont écoulées pendant lesquelles la campagne sur les retraites a été arrêtée. Puis la C. G. T. dira : Nous voulons des retraites ! Mais, camarades, si vraiment vous vouliez des retraites, laissez-moi vous dire que votre intervention n'aurait pas dû être intermittente comme cela ; il fallait constamment faire de l'agitation, de la propagande, faire du bruit, et j'ai la prétention de dire que si, par bonheur, la C. G. T. avait pu, par l'agitation, même extrêmement violente, qu'elle aurait faite, laisser dans l'esprit du prolétariat cette idée que les retraites ouvrières qu'on a votées, si mauvaises qu'elles soient, sont dues à l'effort de la Confédération, cela lui aurait amené des centaines de mille de prolétaires qui n'y sont pas encore venus.

Yvetot. — La C. G. T. n'a fait aucune agitation tant qu'on ne parlait pas des retraites ouvrières, parce que la majorité de la C. G. T. savait bien que quand une législation qui concerne les ouvriers est en chantier, elle met au moins 20 ou 25 ans pour aboutir. Or, quand la question est venue pour des intérêts électoraux et financiers, la C. G. T. a commencé à s'agiter, et je dois vous faire un aveu, ce n'est pas de ma faute, parce que mon avis à moi était qu'on devait s'en désintéresser, et la meilleure preuve c'est qu'en s'étant intéressée, le Parlement ne s'en est pas soucié, car ses intérêts électoraux passent avant nos opinions.

Niel. — La seule réponse que je puisse faire à Yvetot, c'est que si un projet de loi met 20 ou 25 ans à aboutir, il en mettrait 40 ou 45 si la C. G. T. ne faisait pas d'agitation, et je dis que si elle double ou triple son agitation, le temps qu'il faudra pour faire aboutir la loi sera réduit d'autant. Par conséquent, je crois pouvoir me plaindre avec raison de l'absence d'un programme de réalisation pratique de la Confédération dans lequel elle aurait pu comprendre les retraites ouvrières, programme qu'elle aurait fait aboutir peu à peu par une agitation constante. Vous ne l'avez pas fait, camarades, et aujourd'hui je le regrette pour la C. G. T., parce que je l'estime autant que vous, camarade Yvetot ; je regrette qu'il ne soit pas dit dans l'esprit du prolétariat que la réforme des retraites ouvrières, même imparfaite, qui a été votée, n'est pas due à l'action de la C. G. T.; je le déplore profondément pour la Confédération, et c'est dans ce sens que tout à l'heure je déposerai un ordre du jour.

Marchadier. — Camarades, je ne suis pas un adversaire résolu de la loi sur les retraites ouvrières et je considère, au nom des organisations qui m'ont délégué ici, qu'il y avait lieu malgré cela de faire entendre la protestation des travailleurs qui n'acceptent et n'accepteront jamais les versements ouvriers que l'on veut imposer au prolétariat.

La loi des retraites votée, nous sommes obligés, quoi qu'on dise et quoi qu'on fasse, de l'accepter. Il s'agit aujourd'hui pour nous de savoir si oui ou non nous l'accepterons telle qu'ont voulu nous la donner nos gouvernants. Pour ma part, je dis que nous ne devons pas nous en tenir là et que la campagne entreprise par le Comité confédéral doit continuer jusqu'à ce que nous ayons obtenu les satisfactions qui nous sont nécessaires. Il y a donc lieu d'envisager les moyens par lesquels nous pourrions arriver à faire amender la loi dans le sens que nous désirons.

Eh bien, sommes-nous décidés à accepter les versements tels qu'on veut nous les imposer? Malgré que l'on nous dise que nos patrons verseront eux aussi la cotisation que l'on nous imposera, nous nous trouvons en face de cette situation, et c'est au nom des prolétaires gagnant à peine 25 ou 30 sous par jour que je viens m'opposer aujourd'hui à cette cotisation de 9 francs par an qu'on veut nous obliger à verser. Il y a des mesures à prendre et quelque chose à faire et nous disons que si nous nous sommes désintéressés quand la loi des retraites est venue en discussion au Parlement, nous ne devons pas nous désintéresser aujourd'hui pour essayer de faire modifier cette loi dans son essence même et nous devons indiquer à ceux qui nous ont doté de cette loi des retraites les moyens par lesquels nous entendons que les ouvriers puissent arriver à toucher, à un âge qui ne sera pas celui où ils seront morts, la retraite qu'ils désirent, et les moyens sont multiples. Il serait puéril de vous les énumérer tous. Mais nous pouvons exiger du Parlement qu'il commence par faire le monopole de la « houille blanche », et alors peut être ainsi trouvera-t-on les ressources nécessaires sans demander au prolétariat ni aux patrons des versements quelconques pour que les retraites soient selon notre vœu. Je dis aussi que nous devons continuer la campagne pour empêcher les versements ouvriers, et c'est à un ordre du jour dans ce sens que je me rallierai, c'est-à-dire qu'il nous faut continuer la campagne jusqu'à la mise en application de la loi, de façon à arriver à empêcher les versements des travailleurs.

Bidegaray. — Camarades, je n'ai qu'une simple déclaration à faire au nom du Syndicat national des Chemins de fer. La question des retraites pour nous, comme l'a dit le camarade Cordier tout à l'heure, est une question non résolue mais toujours dans l'attente d'une solution prochaine. La question des retraites pour nous devrait être, à mon point de vue, une indication pour les futures retraites ouvrières; c'est pour cela que nous ne pouvons pas combattre la question des retraites ouvrières du prolétariat. Je dis que chez nous aussi les capitalistes ont cherché à dénaturer le sens même de la retraite. Cette retraite, qui a été conçue par le Syndicat national, a été ébréchée de telle façon, que vous n'ignorez pas l'agitation et le mouvement qui ont lieu actuellement dans les chemins de fer; le Parlement, ainsi que le gouvernement, en ont jugé d'une autre façon: la loi a été sériée en trois catégories différentes : 60 ans pour les sédentaires, 55 ans pour le service actif et 50 ans pour les chauffeurs et mécaniciens. Cela veut dire que chez nous aussi nous ne trouvons pas la loi parfaite, et l'agitation qui continue et qui aboutira à un résultat est créée justement par cette division de constitution des retraites. Nous prétendons que dans les cheminots comme dans toute la classe ouvrière organisée, il ne doit y avoir qu'une seule et unique retraite à un âge unique, c'est-à-dire à 50 ans. Nous ne nous contentons pas, comme les autres organisations, de faire abaisser l'âge de 60 ans à 55 ans, nous voulons la retraite à 50 ans, parce que nous estimons que l'homme arrivé à cet âge est arrivé à un tel état d'épuisement, qu'il doit profiter du travail qu'il a produit pendant toute son existence.

Comme je l'ai dit, je voterai pour la loi sur les retraites ouvrières. Si j'avais quelque chose à ajouter, ce serait de vous conseiller d'accepter la loi et, par votre agitation, de tâcher de la modifier pour le plus grand profit du prolétariat.

Merrheim. — Je ne ferai pas comme certains camarades qui m'ont précédé à cette tribune : retourner en arrière pour regarder ce que les partisans ou les adversaires de la loi ont fait; j'examinerai simplement ce qui m'apparaît comme les deux points faibles justifiant l'agitation contre la loi. J'aurais aimé que les partisans viennent s'inscrire et réfuter les arguments que je vais tirer de la loi, mais ils ne l'ont pas fait. Tout d'abord, je prétends que venir dire que la loi existe c'est avancer un fait très contestable au point de vue de son application, et il n'y a qu'à prendre la loi elle-même pour s'apercevoir que, pour qu'elle soit appliquée, il faut compter sur les articles 2, 3, 7, 12, 15, 17, 19, 20 et 34 des règlements d'administration publique que nous ne connaissons pas, car il existe onze règlements d'administration publique sans compter les décrets. Ce qui fit dire à des hommes tels que MM. Grousseau et Thierry et au citoyen Vaillant, dont on ne contestera pas la probité au point de vue politique :

Le législateur n'a fait, en somme, qu'une partie de la loi, et ce sont les règlements d'administration publique, suivant une méthode regrettable, *qui doivent régler les parties déterminantes de la loi*. La valeur de la loi dépendra beaucoup de ce que seront les règlements d'administration publique et de l'esprit dans lequel ils seront rédigés.

Telle fut, le jour du vote définitif de la loi, la déclaration de Vaillant.

Or, par qui seront établis ces règlements d'administration publique? Ils seront faits par le Conseil d'Etat. Ainsi on établit bien les lois, seulement le Conseil d'Etat, le véritable Parlement qui existe et auprès duquel l'autre n'est rien, vient dire son mot et régler, suivant les intérêts capitalistes, les lois votées par le Parlement. Rien que cela justifie toute l'opposition que nous faisons à toute l'action parlementaire, qui se retourne à chaque instant contre la classe ouvrière; rien que ces onze règlements d'administration publique prévus, justifient notre attitude et la continuation de l'agitation que nous voudrions voir mener par les organisations.

Mais prenons la loi elle-même : je ne la prendrai que sur deux points pour ne pas être trop long. Je la prendrai non pas au point de vue des avantages qui seront donnés immédiatement, je la prendrai au point de vue des avantages qu'on a appelés moraux qu'en pourrait retirer la classe ouvrière. L'article 3 déclare :

Ceux qui justifieront être déjà adhérents et payer leurs cotisations à une société de secours mutuels ou de prévoyance faisant la retraite; ceux qui justifieront avoir contracté un engagement pour l'achat ou la construction d'une habitation à bon marché, ou pour l'acquisition d'une petite propriété (champ ou jardin) conformément aux conditions des lois des 30 novembre 1894, 30 avril 1904, 12 avril 1906 et 10 avril 1908, pourront être autorisés à continuer à appliquer à ces œuvres les versements auxquels ils sont tenus par la présente loi.

Ils conserveront le bénéfice de la contribution des employeurs et la subvention complémentaire de l'Etat.

J'ai pris cet article parce qu'au point de vue moral on s'en est servi énormément. Mais le dernier paragraphe de l'article 17 détruit le dernier paragraphe de l'article 3 lorsqu'il déclare :

Les sommes déposées par les sociétés à la Caisse des dépôts et consignations, en exécution de la présente loi, formeront un fonds de retraite distinct et aliénable et les sociétés ne bénéficieront, en raison de ces versements, ni des subventions de l'Etat prévues par la loi du 1er avril 1898, ni de la bonification d'intérêt prévue par la loi des finances du 31 mars 1903.

Ainsi, dans l'article 3 on parle de donner quelque chose à ceux qui voudront profiter de la loi, et dans l'article 17 on leur retire ce qu'on leur a promis. Comme équivoque, c'est déjà bien.

Il y a mieux : quand la question vint en discussion, on amena le ministre à préciser. Il déclara que l'ensemble même du dernier paragraphe de l'article 3 n'existe pas. Et voici ce qu'on peut lire à l'*Officiel :*

M. le Président de la commission : l'article 3 a été reconnu comme étant l'expression d'un vœu.

M. le Rapporteur. — Ces trois paragraphes ne comptent pas.

M. le Président de la commission. — Cela résulte de la déclaration de M. Ribot. (1)

M. le Ministre du travail. — L'amendement Fortier a été voté par surprise à main levée, il est venu s'insinuer dans la loi.

J'ai répondu quant à moi, que je considérais également cet amendement comme un vœu et qu'il ne jouerait qu'au prix d'une loi spéciale qui pourra être incorporée dans une loi de finances. (2)

Ainsi, vous voyez, camarades, à ce double point de vue, la valeur du grand avantage moral que l'on a montré à la classe ouvrière. Mais je passe sur ce premier point, je ne l'ai pris que pour signaler une des imperfections de la loi, et il y en a bien d'autres. Je prends l'article 19, et c'est là que j'attire l'attention de tous les camarades. Quand on parla pour la première fois de la loi sur les retraites, c'était en 1891, le Comité des forges ne perdit pas de temps ; il se dit : Il nous faut profiter des lois d'assistance sociale que l'on va voter, et dans une circulaire, datée de 1891, il déclara :

Ce qu'il importe, c'est que, lorsqu'à la rentrée des Chambres les débats s'ouvriront à nouveau, on se trouve en présence d'une œuvre accomplie.

C'est-à-dire d'une caisse de retraites qui fonctionne. Et vous allez voir comme il attachait peu d'importance à cette caisse, car elle a été fondée en 1894, et savez-vous combien elle compte d'inscrits à l'heure actuelle ? 7,935.

Et voici ce qu'en 1910 on peut lire dans les données générales de cette caisse, publiées par le Comité des forges de France :

Les pensions en cours de service à cette date, au nombre de 787, représentaient un chiffre annuel de 27,357 fr. 06, et les réserves destinées, d'après les calculs de l'actuaire de la caisse, à assurer le paiement des pensions en cours de service ou d'acquisition s'élevaient au chiffre de 1.972,887 fr. 74.

Une simple opération montre que la moyenne des rentes, par retraité, est de 37 francs par an.

Ce n'est donc pas dans l'intérêt des travailleurs de la métallurgie qu'elle a été créée. Mais prenez la loi actuelle et vous verrez que l'article 19 représente exactement ce qu'avait décidé le Comité des forges en 1891 ; depuis, on a fait des progrès dans le monde patronal. Du côté de nos camarades du Bâtiment, est-ce que l'on ne prévoit pas que l'on pourra appliquer la loi sans rien faire payer aux ouvriers ? Je dirai, tout à l'heure, comment on escompte un peu cette application. Mais passons à l'article 19 ; il dit ceci :

Un règlement d'administration publique déterminera le fonctionnement des caisses départementales, régionales, patronales, syndicales, des caisses de garantie solidaires et des caisses de syndicats professionnels.

Il ne faut pas qu'on se leurre, camarades : dans la situation présente, si le paragraphe premier décide qu'il y aura des caisses de syn-

(1) *Officiel,* 1re séance du 30 mars 1910, page 1781, 3e colonne.
(2) *Officiel,* 1re séance du 30 mars 1910, page 1782, 1re colonne.

dicats professionnels visées à l'article 14, c'est tout uniment parce qu'il aurait été un peu trop fort de faire avaler, même au Sénat, qu'il n'y aurait eu que les syndicats de garantie qui auraient pu prendre cette loi et l'appliquer à leur point de vue. Mais continuons :

Les employeurs et les salariés qui adhèrent aux caisses patronales ou syndicales, ou à des caisses de syndicats de garantie solidaire visées au présent article, peuvent être dispensés, par le décret qui en autorisera la constitution, des versements prévus à l'article 2, à la condition que les pensions soient au moins égales à celles qui seraient obtenues dans les mêmes périodes en vertu de l'application de la présente loi.

C'est-à-dire que les patrons qui justifieront avoir une caisse de retraites particulière ou d'appartenir à un syndicat de garantie de leur industrie ayant une caisse de retraites, seront dispensés des versements que prévoit la loi. Et on vient nous dire : « La loi est faite ». Mais c'est la fissure par laquelle toute la loi s'écroulera, si le patronat sait intelligemment s'y prêter.

Et quel contrôle aura la classe ouvrière ? Aucun, car le paragraphe suivant déclare :

Ils seront en tout cas dispensés des appositions de timbres prévues par l'article 3 de la présente loi.

Qu'un patron remplisse les conditions stipulées dans l'alinéa que je viens de citer et soit autorisé à assurer la retraite de ses ouvriers, non seulement ces derniers n'auront aucun contrôle, mais il pourra faire payer les cotisations aux assujettis comme aux non-assujettis à la loi.

En effet, examinons la situation dans les grandes villes. Vous avez des camarades qui dans le même atelier seront ou ne seront pas assujettis à la loi, les uns parce que gagnant moins de 3,000 francs devront payer, les autres parce que gagnant plus de 3.000 francs ne devront pas payer, et alors le patronat pourra faire un prélèvement général sur tous les salaires ; comme il est dispensé de l'apposition du timbre, il rétablira simplement le prélèvement de 2 % qui était établi avant la création de la loi sur les accidents du travail. Il y a encore là, en quelque sorte, un avantage pour lui, c'est qu'il ne devra pas justifier des versements, c'est qu'il les prélèvera de son côté comme il le voudra.

Ce système existe pour nos camarades mineurs : or, M. Ribot a dit au Sénat : « Sur 158.000 mineurs qui sont assujettis à la loi, il y a à l'heure actuelle 100.000 livrets en souffrance ». Que sera-ce quand il y aura 10 millions d'assurés comme le prévoit la loi, pour peu que les caisses patronales ou syndicats de garantie s'imposent ?

Je continue. Voici un autre paragraphe :

Si les caisses patronales ou syndicales reçoivent des employeurs des cotisations supérieures aux contributions fixées à l'article 2, elles sont tenues seulement de capitaliser au compte de chaque ouvrier la partie de la cotisation correspondant à la contribution obligatoire et peuvent, avec le surplus, soit constituer des réserves, soit accorder des avantages supplémentaires aux bénéficiaires ou à leur famille, dans les conditions déterminées par leurs statuts et approuvées.

On peut être certain que les « avantages » dont on parle seront dans les statuts.

C'est la sauce qu'on a mise autour de ce paragraphe, mais là encore, il y a un point dont le patronat saura profiter pour écarter de la loi tout ce qui peut le gêner dans son action. Ensuite, comment appliquera-t-on cet article 19 ? Le voici :

Les salariés ne pourront valablement s'engager à adhérer à une caisse patronale ou syndicale pour une période supérieure à celle pendant laquelle ils appartiennent à l'entreprise affiliée à la caisse patronale ou à des entreprises affiliées à la caisse syndicale.

En bon français, « à la caisse ou syndicats de garantie ».

Dans la grosse métallurgie la situation des ouvriers sera nette. La caisse de retraite du Comité des forges se transformera en syndicat de garantie. Insensiblement tous les patrons y adhèreront. Tous poseront comme condition d'embauchage l'affiliation de l'ouvrier à cette caisse ou syndicat de garantie. La liberté pour l'ouvrier d'adhérer à une caisse de son choix n'existera plus. Telle est la conclusion à tirer de ce paragraphe qui, à première vue, semble réserver la liberté de l'ouvrier d'adhérer ou de ne pas adhérer à une caisse patronale.

Mais voici un autre paragraphe qui permet aux patrons de placer les capitaux des retraites dans leur industrie et d'en retirer des bénéfices. Ce paragraphe dit :

Indépendamment des placements prévus par l'article 15, les fonds des caisses patronales ou syndicales prévues au présent article pourront être employés en prêts garantis par premières hypothèques sur les immeubles appartenant aux entreprises auxquelles correspondent lesdites caisses et jusqu'à concurrence de la moitié seulement de leur valeur.

Ici, camarades, je dois faire une déclaration. Tout à l'heure, je causais avec le camarade Coupat qui me disait : Ne vous fiez pas trop sur cela, les règlements d'administration publique empêcheront que les patrons puissent mettre dans leur propre entreprise le tiers comme le prévoit la loi des versements des ouvriers et des patrons.

Je veux bien faire crédit au camarade Coupat jusqu'à l'apparition du règlement d'administration publique, mais il me permettra de lui dire qu'en toute conscience je ne puis pas le croire, parce qu'il y a un principe en droit, dont on ne se départit jamais, c'est qu'on ne peut pas interdire à un employeur de s'assurer de la façon qu'il veut...

Coupat. — Voulez-vous me permettre un mot ? Les règlements qui sont élaborés doivent être définitivement mis au point, au point de vue du droit, par le Conseil d'Etat. Les industriels hésitent à constituer des syndicats de garantie. Je vous ai dit que je ne croyais pas qu'un industriel puisse utiliser les fonds pour sa propre entreprise, qu'il ne pouvait les utiliser que par un syndicat de garantie : or, les syndicats de garantie, je crois, ne peuvent pas être constitués parce qu'on ne leur permet pas de se dissoudre d'une façon très rapide. Voilà où en est la discussion actuellement.

Merrheim. — Je reprends mon argumentation. Je dis qu'en droit, il y a un principe duquel on ne se départit jamais, c'est de ne pas empêcher l'employeur de prendre, sous sa responsabilité propre, pourvu qu'il donne des garanties, l'assurance à quelque point de vue que ce soit dans son industrie, et c'est pour cela qu'aujourd'hui nous voyons les industriels s'écarter de plus en plus des compagnies d'assurances et aller aux syndicats de garantie qui leur appartiennent, parce que là ils sont les maîtres, ils font la liquidation chaque année, se partagent les bénéfices ou ajoutent ce qui manque à la caisse. C'est pourquoi je ne peux pas croire qu'un règlement d'administration publique puisse empêcher les patrons de prendre le tiers. En tout cas, il y a une promesse de Viviani à la Chambre qui vraiment vient bien cadrer avec ce que je dis ; il disait à la séance de la Chambre du 5 novembre :

Je veux faire, Monsieur Touron, avec la collaboration du Conseil d'Etat, bien entendu, un règlement d'administration publique qui respectera l'autonomie et la souplesse des caisses patronales.

Ensuite, M. Touron monta à la tribune, il déclara prendre acte de la déclaration de M. Viviani, il retira son amendement et demanda que l'on consulte les principales caisses existantes pour trouver avec elles le moyen de les laisser vivre. Viviani promit de faire une enquête, disant :

Elle sera assez complète pour que je puisse me rendre compte du maniement des caisses patronales, afin d'insérer dans les règlements un minimum de règles générales qui ne soient pas trop lourdes pour elles.

Eh bien, vous le voyez, quand nous examinons tous ces points, nous ne pouvons pas faire autrement de penser que cette situation se retournera contre la classe ouvrière.

Prenons une entreprise adhérente à un syndicat de garantie : je ne veux pas prendre de chiffres trop élevés, mettons en comparaison un capital de 300,000 francs puisé dans la caisse des retraites et un millier d'ouvriers. Que fera l'industriel ? S'il a besoin de capitaux il demandera au syndicat de garantie ce capital de 300,000 francs, le placera dans son industrie en obligations, parce que entre l'action et l'obligation, il y a une différence : l'obligation touche un taux fixe et, en cas de liquidation, doit être remboursée par le capital ; tandis que l'action, en cas de liquidation, de mauvaises affaires ou de transformation du capital, n'a à prétendre que ce qu'on peut lui donner ; mais la différence dans le rapport, c'est qu'en industrie, l'action rapporte en moyenne 10 % et l'obligation 4 %. Eh bien, ce patron pourra avec ces 300,000 francs qui, placés dans son industrie, lui rapporteront 10 %, c'est-à-dire 30.000 francs, payer 9 francs pour chacun de ses 1.000 ouvriers, soit 9,000 francs, il aura trois fois la cotisation qu'il doit verser pour la classe ouvrière.

Je ne puis pas penser que les industriels qui, en réalité, conduisent les affaires du pays, qui sont les maîtres absolus du pays, ne fassent pas comme dans la Métallurgie et le Bâtiment, c'est-à-dire ne recherchent pas avec la loi, quittes à faire des sacrifices au début, le moyen de prélever des fonds sur la classe ouvrière, de faire 40 % de bénéfice et de développer leur industrie, c'est-à-dire d'étendre les racines du capitalisme et, par la loi des retraites, de le rendre plus puissant et plus fort que jamais.

Voilà un des dangers que je signale au Congrès. Il ne faut pas oublier que les syndicats de garantie, à côté des caisses patronales, ont les mêmes droits. Ainsi les patrons adhèreront certainement aux caisses patronales, puis aux syndicats de garantie ; le prélèvement sera double alors.

Le dernier paragraphe de l'article 19 vient renforcer l'argumentation que j'apporte sur ce point. Il complète le précédent en disant :

Les syndicats de garantie solidaire sont soumis aux dispositions du présent article. Indépendamment des placements prévus à l'article 15, leurs fonds peuvent être employés jusqu'à concurrence du tiers, en immeubles situés en France et jusqu'à concurrence d'un dixième, confondu dans le tiers précédent, en commandites industrielles ou en prêt à des exploitations industrielles de solvabilité notoire et ayant leur siège en France.

C'est net. La preuve que l'argent qu'on va prélever sur nos salaires pourra servir à développer et à renforcer la puissance capitaliste. Que le capitalisme se développe, c'est logique et dans l'ordre des choses actuelles. Mais qu'il se développe, accroisse sa puissance d'exploitation et d'oppression en prélevant sur nos salaires, nos privations, les moyens de le faire, c'est une escroquerie, un vol contre lequel nous devons véhémentement nous élever dans ce Congrès.

Et n'oublions pas que l'article 15 prévoit le placement des fonds en prêts à l'Etat, aux départements, communes, colonies, chambres de commerce, etc. Prêts qui seront dépensés en travaux utiles, me répondra-t-on. Peut-être! Mais alors qu'on avoue que dans la société actuelle toutes les charges sont pour le prolétariat, tous les bénéfices pour le capitalisme et que, désormais, la classe ouvrière ne doit plus connaître l'Etat.

Voilà, camarades, la vérité, et c'est là, pour le prolétariat ouvrier, pour ceux qui voudraient voir la C. G. T. arrêter son agitation, c'est là où est la fissure par où peut s'écrouler la loi. Par conséquent, même étant partisan de la loi, on devrait nous aider dans cette action et la continuer avec nous, sans jeter un regard sur le passé. Nous avons été contre les versements. Quand nous avons vu que la loi allait être votée, nous avons été sympathiques à la répartition. Quand notre camarade Griffuelhes disait que si la loi était votée, il ne l'accepterait qu'avec la répartition, c'est parce qu'il prévoyait qu'on imposerait les versements. Qu'on supprime ces derniers et la capitalisation n'existe plus. Nous voudrions voir la classe ouvrière compter sur elle-même, agir par elle-même et assez puissante pour que de son action sortent les initiatives individuelles; tandis que, de l'autre côté, on veut tout ramener à l'Etat, tout devant se faire par l'Etat: et c'est pourquoi j'ai été pour la répartition et non pas pour la capitalisation, et si nous examinons la loi à un point de vue plus général, nous pouvons être pour les versements; mais il faut alors qu'il y ait répartition et non pas capitalisation. *(Applaudissements).*

Maintenant, il est un point particulier que je tiens à signaler au Congrès, pour lui montrer comment va être appliquée la loi. Ce sera un renseignement dont vous pourrez profiter, et vous allez voir quel organisme lourd et qui ne sera pas manœuvrable, pour ainsi dire, va être encore créé et se retourner contre la classe ouvrière en quelque sorte.

D'abord, Viviani a rendu un décret le 18 juillet, où on détermine les conditions dans lesquelles sera établi l'Office du Travail. On a réservé la petite porte par où on pourra faire entrer les amis qui aspirent à être fonctionnaires, par l'article 3 disant :

Le personnel de l'Office National des retraites ouvrières et paysannes est exclusivement recruté par voie de concours, dans des conditions qui seront ultérieurement déterminées. Toutefois et tant que ces concours ne pourront pas être institués, les agents qui sont attachés à l'Office seront directement nommés par des arrêtés ministériels, qui détermineront dans la limite des crédits inscrits à cet effet au budget du ministère du Travail et de la Prévoyance sociale le montant des allocations ou salaires qui leur seront accordés.

On crée également au ministère des Finances un bureau spécial des retraites: coût : fonctionnaires et directeur, 30.000 francs; un inspecteur des finances, 16,500 francs; un receveur des finances, 50.000 francs. Au ministère de l'Intérieur, pour l'extension de la loi aux vieillards, et cependant cette loi est appliquée déjà, on doit connaître le nombre des vieillards et il n'est pas besoin de nommer de nouveaux fonctionnaires pour verser 8 fr. 35 par mois à un certain nombre de vieillards qui atteindront 65 ans au moment de l'application de la loi. D'autant plus que cette somme ne sera versée qu'à ceux n'ayant *aucune ressource*, c'est-à-dire aux vieillards ne recevant aucun secours de leurs enfants. Ceux à qui leurs enfants viendront en aide ne toucheront rien. Ce n'est pas suffisant, dans le budget de 1911 on a prévu une dépense de 14 millions, dont 7 millions pour les six derniers mois de 1911 ! Pour l'Office National des retraites, 2,370,000 francs. Ce n'est pas tout ! Au ministère du Travail on créera le bureau spécial des retraites, le service de la mutualité, coût : 38,255 francs au-dessus des 15 millions nécessaires à tous les fonctionnaires qu'on va créer de tous les côtés !

On établira douze divisions, correspondantes aux douze divisions de l'inspection du travail, qui seront les succursales de l'Office national du ministère. Elles auront à leur tête un directeur, des contrôleurs chargés de l'application de la loi.

Bref, la dépense prévue pour les six derniers mois de 1911 s'élève à 45.394.938 francs, y compris la dépense de 29.500.000 francs prévue pour les allocations et bonifications.

Voilà, camarades, les explications que j'ai à donner. Le camarade Luquet pourra reprendre et discuter mon point de vue, mais je dis que, pour nous, c'est du côté du patronat que nous devons tourner les yeux. Je ne veux pas m'étendre plus longuement, mais je dis que ceux qui viennent prétendre qu'on a voulu donner une loi de retraites à la classe ouvrière française, ceux-là ne disent pas la vérité. Ce qu'on a voulu, c'est remplir un engagement qu'on avait pris, mais qu'on a rempli à moitié et qu'on n'a même pas rempli du tout, parce que la loi est inapplicable parce que, au lieu d'une loi de retraite c'est, en fait, une loi d'assistance que l'on a bâtie. *(Applaudissements)*.

Coupat. — Camarades, j'interviens dans les plus déplorables conditions. Je me proposais ce matin d'intervenir et d'apporter une documentation que j'ai laissée, me considérant dans une situation tout à fait fausse et estimant que je n'avais plus à prendre part au débat. Je n'ai pas pu résister à l'appel qui m'a été fait, et, en quelques mots, je veux préciser certains points.

En ce qui concerne tous ces syndicats de garantie, je crois que c'est un peu spécieux, parce que, si ma mémoire est fidèle, dans toutes ces entreprises où une partie des cotisations ouvrières seront employées, les ouvriers devront être représentés. Voilà ce que je crois pouvoir affirmer.

Yvetot. — Ce n'est pas une garantie, cela.

Coupat. — Permettez-moi de dire ce que je pense sur cette loi. Chaque fois qu'il s'agit d'une loi sociale, c'est toujours la même chose. Je me souviens qu'au moment de l'application de la loi de 1898 on appelait l'attention de la classe ouvrière, et on lui disait que les pères de famille seraient exclus des ateliers, parce qu'en cas de mort on aurait à payer des rentes aux veuves et aux orphelins, et qu'on préférerait les étrangers qui ne comporteraient aucun danger. Eh bien, je fais appel à ceux qui connaissent l'industrie ; la loi est appliquée, et s'il prenait fantaisie à l'Etat d'abroger la loi sur les accidents, si mauvaise qu'elle soit du fait des compagnies d'assurances et parce que l'Etat n'a pas mis sur elles sa main forte et puissante, si on voulait l'abroger, je suis persuadé qu'on soulèverait un tolle général de la part des ouvriers, parce qu'il sont sûrs, maintenant, d'avoir quelque chose en toutes circonstances, tandis qu'avant une veuve n'avait jamais rien quand son mari était mort d'un accident de travail : aujourd'hui, quand un ouvrier est mutilé, il a quelque chose.

Il en sera de même pour la loi sur les retraites ouvrières. Je dis qu'elle laisse beaucoup à désirer : je considère que la limite d'âge de 65 ans est déplorable : mais rien n'est définitif. Je considère que si, au lieu de bouder, nous nous étions attelés, si nous avions voulu arracher, bribe par bribe, des concessions du Parlement, c'est à notre profit que la loi aurait été faite, tandis que — je fais cette concession — ce sont les mutualistes qui en profiteront le plus et non les patrons.

On a critiqué la capitalisation. Eh bien, je considère que cette théorie relève plutôt des mathématiques, et que c'est un terrain bien difficile sur lequel nous nous aventurons. Mais si nous voulons examiner avec la méthode expérimentale, la seule que nous devons employer, et si je regarde l'organisation allemande, si je me souviens bien, on a commencé là par la répartition. Mais elle a donné tant de déboires, que ce sont les ouvriers eux-mêmes qui ont réclamé la capitalisation, et les ouvriers allemands qui versent actuellement, dans les professions aux salaires les plus élevés, 80 pfennigs par semaine à l'État, sont tout prêts à ajouter à ce versement, pour avoir des tarifs plus élevés. Ils défendent la capitalisation et, grâce à elle, au lieu de laisser fuir la loi dans les entreprises patronales, ils ont mis la main dessus. Ils ont déterminé un vaste courant d'hygiène et des modifications dans les habitations : ils ont fait bâtir des maisons hygiéniques, et je voudrais qu'un jour le Congrès confédéral puisse aller en Allemagne : on reviendrait en France et on rougirait de honte, parce que nous habitons dans des taudis, tandis qu'en Allemagne, les ouvriers habitent dans des maisons saines...

Yvetot. — On a été en Angleterre et on n'a pas rougi de honte !

Coupat. — Eh bien, moi, j'ai rougi de honte.

Yvetot. — J'ai vu des délégués de la coopérative, à 10.000 francs par an !

Coupat. — Vous voulez faire dévier le débat par des interruptions. Je vous dis qu'en Allemagne, grâce à la participation des organisations ouvrières, les ouvriers sont représentés dans toutes les administrations : l'Etat y est représenté ainsi que les patrons et les ouvriers, et on craint tellement la gestion des ouvriers en Allemagne, que le gouvernement allemand prépare un projet de loi par lequel il paiera tout, les ouvriers n'ayant plus rien alors à payer et, par conséquent, rien à administrer. Eh bien, les ouvriers allemands s'insurgent contre cette dépossession et ils préfèrent encore verser davantage et pouvoir administrer.

Je vous demande pardon si j'interviens, mais je suis un adversaire résolu et déterminé de la capacité commerciale ; je ne suis pas un coopérateur, surtout au point de vue de la production, cela endort les ouvriers, et je dis que le syndicat est un instrument de combat et non pas une œuvre commerciale. *(Applaudissements).* J'estime que les cotisations qu'on verse à un syndicat sont sacrées et, qu'en toutes circonstances, elles doivent être mises à la disposition de ceux qui veulent lutter. C'est pourquoi je protesterai avec énergie pour que les syndicats ne fassent jamais œuvre commerciale et œuvre mercantile, parce qu'ils perdraient toute leur beauté et leur générosité, que je désire leur voir conserver.

Eh bien, si nous avons besoin d'acquérir des habitudes d'administration, cette loi des retraites nous donnera le moyen de gérer des fonds, dans lesquels nous n'aurons mis qu'une partie; nous pourrons voir ce que feront ces entreprises, dans lesquelles nous aurons versé et apporté de nos cotisations. Je sais bien qu'au début, les ouvriers n'auront pas toute l'habileté nécessaire, qu'ils se laisseront rouler, passez-moi l'expression ; mais c'est précisément parce que nous ne savons rien et que beaucoup se laisseront rouler, que nous apprendrons beaucoup à cette commune administration et que nous ne ferons pas des égoïstes de ceux que nous désignerons, parce que leur nomination dépendra de nous et, lorsqu'ils ne défendront pas suffisamment nos intérêts, les organisations syndicales qui les nommeront pourront les révoquer.

Voilà pourquoi je crois surtout à l'efficacité de la capitalisation, plutôt que de la répartition, car la répartition, voulez-vous me dire ce que c'est? Nous la pratiquons dans les syndicats. Une grève éclate, ce sont les souscriptions qui viennent de droite et de gauche et que nous répartissons immédiatement. La capitalisation, ce sont les cotisations que nous avons accumulées et dont nous donnons une partie et que nous distribuons immédiatement en cas de conflit avec le capital, et je suis convaincu que, si nous avions pratiqué la capitalisation, les patrons supputeraient la chance de la durée d'une grève, tandis que, sachant qu'il n'y a rien derrière nous, ils se disent : Il y en a pour tant de semaines ou tant de jours, et nous avons devant nous des années de surexploitation.

Eh bien, en ce qui concerne la matière des retraites, la capitalisation permet de corriger les effets des années maigres, des années où les cotisations ne suffiraient pas. Dans les périodes de crise intense, lorsque l'ouvrier ne travaillera pas, il ne versera pas sa cotisation. S'il y a 25 ou 30 % d'ouvriers en chômage, c'est 30 % en moins dans la caisse et, cependant, le nombre des vieillards est le même, et je suis persuadé que la longévité de la vie humaine augmentera du fait de la loi des retraites, car si tous les vieillards touchaient la rente à laquelle ils ont droit, ils ne succomberaient pas avant l'âge, c'est-à-dire à 60 ou 65 ans.

Voilà, en deux mots, ce que, je crois, sera l'efficacité de la capitalisation.

Un autre caractère de la loi, sur lequel je veux attirer votre attention, est celui-ci : On a souvent dit : la retraite pour les morts. C'est exact, si l'âge de la retraite reste fixé à 65 ans. Je ne crois pas cependant qu'il y ait des statistiques sur les hommes qui ont dépassé ou atteint l'âge de 65 ans.

Je serais avec vous pour tout ce que vous voudrez et pour abaisser la limite d'âge ; mais je termine en appelant votre attention sur un article de la loi dont je ne peux indiquer le numéro : c'est la clause d'invalidité où il est dit que tout invalide du travail bénéficiera immédiatement des avantages de la loi. Comment peut jouer cette clause d'invalidité ? Dans chaque ville, un conseil d'invalidité, composé d'ouvriers désignés par le conseil de prud'hommes, fonctionnera. Dès qu'un ouvrier se jugera incapable de travailler, il se fera délivrer, comme dans la loi sur les accidents du travail, un certificat d'incapacité de travail qui sera déposé au conseil d'invalidité qui désignera, lui, un médecin pour examiner définitivement devant ce conseil l'invalidité et, s'il est jugé incapable de travail, aurait-il 50 ans, y en aurait-il 100 ou 200 dans une localité, et je me retourne du côté des camarades de Roubaix où on n'attend pas 60 ans, c'est à vous de bien composer votre comité ; et j'en appelle à ceux qui ont vu des ouvriers se courbant devant des patrons, il suffit d'avoir des hommes de caractère pour leur faire baisser pavillon; vous choisirez votre médecin, et la centaine d'ouvriers qui auront de 50 à 60 ans et incapables de travailler seront jugés par ce médecin et bénéficieront de la loi avant l'âge maximum de 65 ans. Voilà le caractère de la loi.

Eh bien, je vous demande en terminant si vous vous laisserez prendre aux théories et aux sentiments qui sont expliqués et exposés par les libertaires qui disent : Rien de l'État! *(Bruit).* Que voulez-vous, on l'a expliqué tout à l'heure; moi, qu'on m'appelle réformiste, je n'en rougis pas. Est-ce que je froisserais quelques-uns en leur donnant l'épithète dont ils se réclament? Eh bien alors, acceptons la liberté de nos opinions!

Eh bien, je dis et je termine en disant qu'au lieu de faire une œuvre négative, qu'au lieu de voter une résolution par laquelle vous déclarerez vouloir faire la grève des cotisations, je vous dis : Acceptez la loi et puis attelons-nous du même cœur, du même entrain pour la faire modifier; elle ne sera pas longue à être changée si nous apportons le quart de notre vigueur à modifier cette loi, et nous qui n'avons pas besoin de président d'honneur, si nous agissions nous-mêmes, nous pourrions d'abord faire cette perception des cotisations dans les ateliers; elle est permise par la loi, elle sera permise par le règlement d'administration publique. Nous pourrions empêcher le Comité des forges de prélever sur les ouvriers ces 75 centimes qu'il prélève. Si, au lieu de nous enfermer dans un syndicalisme étroit et de bluff dont on a voulu parler hier, nous avions un vaste syndicalisme comprenant les 75 % des ouvriers, le Comité des forges ne pourrait pas prélever les 75 centimes par ouvrier; c'est le collecteur du syndicat qui les prélèverait et nous pourrions employer cela à la construction d'habitations ouvrières. Voilà ce que nous pourrions faire avec la loi actuelle, au lieu de la bouder. Eh bien, c'est à cette œuvre que je vous convie, camarades; elle n'est pas négative; elle est au contraire régénératrice de progrès; essayez-en quelque temps, et vous verrez que c'est autrement vivifiant que de toujours nier et de ne jamais rien édifier. *(Applaudissements).*

Luquet. — J'abrègerai mes explications, car j'arrive bien tard dans un débat déjà très long. Nous avons entendu quelques partisans de cette loi, quelques-uns de ses défenseurs; je constate pourtant avec plaisir qu'ils sont moins nombreux dans cette salle que je les ai trouvés, il y a quelque temps, dans une autre ville du Midi; mais puisque cette loi a trouvé des défenseurs ici, je ne le regrette pas, parce que je pourrai réfuter leurs arguments.

Tout d'abord, je prendrai Coupat qui vient de descendre de cette tribune, et je veux retenir de ses déclarations ceci; il a dit en terminant : C'est nous syndicats qui paierions au lieu et place des patrons et du Comité des forges. Camarade Coupat, vous me semblez bien connaître la loi, mais avez-vous lu un certain article de cette loi, l'article 19; j'attire tout particulièrement votre attention là-dessus et je compte sur votre bonne foi pour, après l'avoir examiné avec moi, dire : En effet, je me suis trompé lorsque j'avais cru que les syndicats ouvriers, s'ils le voulaient, pourraient percevoir eux-mêmes les cotisations ouvrières. Il est dit, en effet, dans cet article :

Les salariés ne pourront valablement s'engager à adhérer à une caisse patronale ou syndicale pour une période supérieure à celle pendant laquelle ils appartiennent à l'entreprise affiliée à la caisse patronale ou à une des entreprises affiliées à la caisse syndicale.

Qu'est-ce à dire? C'est-à-dire, à première lecture, avec son texte un peu amphigourique, que cette phrase n'a pas l'air méchant; mais il faut, dans la pratique, la comprendre et l'interpréter à contrario. Lorsqu'il est dit que les salariés ne pourront valablement s'engager, c'est dire en même temps que les patrons pourront pratiquement forcer leur personnel à s'engager à ne verser leurs cotisations pour la caisse des retraites qu'à la caisse patronale. L'ouvrier est-il maître d'accepter ou de refuser toujours les conditions que lui font les patrons? Lorsque tirant la langue, ayant les petits qui souffrent à la maison, il va de porte en porte, d'usine en usine, frapper pour avoir du travail, si le patron lui dit : Je veux bien que vous travailliez chez moi, mais chez moi il y a une caisse des retraites, ou je suis affilié à telle caisse syndicale, et c'est à cette caisse que devront aller vos versements; vous voudriez qu'à ce moment l'ouvrier qui a faim, qui tire la langue, qui a besoin de travailler, refuse et dise au patron : Pardon, je suis affilié à mon syndicat, c'est mon syndicat qui percevra les cotisations? Ah! non, Coupat, vous ne pouvez pas prétendre plus longtemps que nos camarades seront libres de faire leurs versements où ils le voudront.

Coupat a dit aussi : Mais pourrons-nous nous plaindre de ce que les cotisations pour la caisse des retraites soient affectées à certaines entreprises industrielles? Ce sera, dit-il avec sa connaissance des règlements qui ne sont pas encore élaborés, le moyen d'avoir un contrôle sur ces entreprises, car pour bénéficier de ce crédit à elles fait par la caisse des retraites il faudra que ces entreprises acceptent dans leur gestion le contrôle de la classe ouvrière.

Eh bien, vraiment, camarades, c'est là un des pires pièges de cette loi. Ah! si vraiment elle a un caractère de paix sociale, c'est bien à ce point de vue! Comment! Ce serait nous qui irions prendre une part de responsabilité dans la gestion des caisses patronales! On ne pouvait rien imaginer de mieux pour enrayer le mouvement syndical et surtout le mouvement révolutionnaire! Ah! il peut ne pas vous plaire ce mouvement révolutionnaire du syndicalisme français, il n'en est pas moins du syndicalisme, et cela ne veut pas dire, contrairement aux affirmations de Niel, qui cherche des arguments parfois bien puérils pourtant, cela ne veut pas dire que nous soyons, envers et contre tous, des partisans du tout ou rien, des adversaires de toute réforme. Nul de nos contradicteurs n'a le droit d'affirmer, en toute bonne foi, que les révolutionnaires sont adversaires d'une réforme, à la condition, toutefois, que ce soit une véritable réforme et non pas une mystification! Est-ce que nous sommes adversaires de la loi limitant la journée de travail à 10 heures? Est-ce que nous sommes adversaires de la loi sur le repos hebdomadaire? Est-ce que nous sommes adversaires de la loi sur les accidents du travail? Non, au contraire, nous nous plaignons que ces lois ne soient pas appliquées ou soient trop mal appliquées. Nous ne sommes donc pas systématiquement des adversaires de la loi...

Niel. — Ce n'est pas toi.

Luquet. — Je le sais, Niel, ce reproche s'adresse surtout à Yvetot, je le sais bien, mais Yvetot, j'en suis convaincu, ne me contredira pas lorsque je dirai qu'à lui seul il ne synthétise pas la pensée du syndicalisme révolutionnaire.

Yvetot. — Je prie Luquet de prendre ma méthode pour quelque chose de sérieux. Yvetot n'a jamais été l'adversaire des réformes; Yvetot estime que c'est parce qu'il exige beaucoup que le syndicalisme obtient un peu, et que s'il n'exigeait qu'un peu, il n'obtiendrait rien du tout.

Luquet. — Je me félicite que cet incident ait amené Yvetot à répondre à Niel qu'il n'était pas adversaire des réformes, et j'espère, Niel, que dorénavant tu ne te serviras plus d'Yvetot contre nous.

Niel. — Cela dépendra de ce qu'il dira et de ce qu'il fera.

Luquet. — Il est un autre point dans la loi que vous a disséquée quelque peu le camarade Merrheim en vous montrant l'incohérence, car c'est un monument de contradictions inexplicables, je le crois comme lui. Il est un point qu'il est bon de souligner car il indique combien peu on a eu le souci de l'égalité même entre les travailleurs, lorsqu'on a élaboré cette loi. Ce que l'on veut surtout, c'est amener les ouvriers à acquérir une apparence de petite propriété.

J'imagine que je fasse l'acquisition d'un terrain sur lequel je veux construire; mes cotisations pourront aller directement à la liquidation de l'achat; c'est un achat fait par moi d'un terrain, j'en jouis immédiatement, au moment même où je me sers de mes cotisations de la caisse des retraites pour payer mon acquisition. La situation n'est pas la même pour le camarade qui ne fait pas d'acquisition de terrain ou de maison; lui, il fait ses versements directement, ils vont à la caisse des retraites qui les centralise, qui les capitalise et qui lui dit : Lorsque tu seras vieux, si tu vis encore dans 40 ou 50 ans, je te servirai l'intérêt de tes versements. Alors que le premier jouit immédiatement de ses versements, le second devra attendre trop souvent d'être mort. Alors, vous le voyez, il y a là une inégalité frappante; celui qui sera petit propriétaire jouira immédiatement de ses versements, celui qui ne le sera pas, qui ne pourra pas le devenir ou qui ne le voudra pas, n'en profitera peut-être jamais, car il sera mort avant d'arriver à l'âge de la retraite. C'est une inégalité, je le répète, qu'il faut dénoncer, et déjà sur ce point une modification devrait intervenir.

Maintenant, camarades, on s'est quelque peu gaussé des craintes que nous avons exprimées que la loi ne soit qu'une vaste escroquerie. Le camarade Gibault, de Bordeaux, a dit à cette tribune : Comment pouvez-vous nous dire cela sérieusement ? J'ai la conviction que vous en êtes revenus et que vous ne pensez plus ainsi.

Vous vous trompez, camarade Gibault, pour ma part je pense toujours que si la loi ne doit pas être fatalement une escroquerie, elle peut devenir une escroquerie...

Niel. — Ce n'est pas la même chose.

Luquet. — Ce n'est pas la même chose? Mais lorsqu'on pressent, lorsqu'on craint un danger, ne doit-on pas tout faire pour l'éviter, et si je préfère la répartition, au cas où le versement nous serait imposé, à la capitalisation, c'est pour éviter ce danger, c'est une des raisons pour lesquelles je préfère la répartition à la capitalisation.

On a parlé ici de la caisse allemande, qui n'a pas encore été barbottée par le gouvernement allemand, mais pourquoi ? C'est que le gouvernement allemand n'en a pas eu besoin jusqu'ici. Je me rappelle dans la campagne d'agitation faite par la Confédération m'être servi d'un argument auquel vous me permettrez bien de recourir encore une fois. Il peut se faire que nous ne soyons pas toujours dans la période que nous traversons. Il y a eu des nuages, il y a quelque temps, à la frontière, il peut y en avoir demain encore, il peut en surgir dans vingt ans, lorsqu'il y aura 10 ou 12 milliards dans la caisse des retraites...

Coupat. — Nous n'aurons pas fait la révolution avant?...

Luquet. — Oh! je vous en prie, Coupat, votre suffisance réformiste ne vous permet pas de prendre les révolutionnaires pour des imbéciles! La révolution peut être faite avant vingt ans, je désirerais qu'elle le fût.

Coupat. — Moi aussi!

Luquet. — Je suis heureux de l'enregistrer; travaillons ensemble à la préparer.

Claverie disait que ce qui constituait notre opposition à la loi c'est que nous ne voulons rien admettre du Parlement. J'ai répondu tout à l'heure en montrant qu'il y avait certaines lois pour l'application desquelles nous ne négligions aucun effort. Nous sommes pour les lois qui peuvent servir la classe ouvrière, nous ne sommes pas pour celles qui peuvent la duper.

Gibault disait : Aujourd'hui, un ouvrier ne touche rien lorsqu'il arrive à l'âge de 60 ou 65 ans, il crève dans la misère; l'Etat ne vient pas à son secours ni vous non plus, tandis que la loi sur les retraites ouvrières va donner quelque chose aux vieux travailleurs.

Ah! en êtes-vous bien sûr, camarade? Ce n'est pas très certain que la loi vous donne quelque chose, la loi promet quelque chose, elle ne tient pas encore ; mais la loi exige quelque chose, cela est bien certain, et alors que la loi dès son application, si elle tient ses promesses, donnera environ 100 millions par an aux vieux ouvriers, elle retirera à la classe ouvrière plus de 200 millions par an, vous m'entendez bien! C'est cela une loi avantageuse pour la classe ouvrière, une loi qui fera que, dès son application, elle tiendra ses promesses? C'est cela quelque chose d'avantageux pour la classe ouvrière? Ce n'est pas soutenable.

On a dit encore qu'il était bon que la loi soit votée pour pouvoir la modifier. Je ne peux plus dire maintenant que je préfèrerais que la loi ne soit pas votée, elle l'est, mais je préfère pour ma part qu'elle ne soit pas appliquée avant qu'elle ne soit modifiée.

Oh! là, nous avons un critérium sur lequel nous pouvons faire quelques expériences, nous avons pu voir combien il était difficile de faire modifier une loi. Nous réclamons des modifications à la loi sur la journée de dix heures, vous savez bien quelle résistance nous trouvons. Nous voulons des modifications à la loi sur le repos hebdomadaire, vous savez combien il est difficile de les obtenir. Nous voulons que la loi sur les accidents du travail soit améliorée, vous savez qu'on s'y refuse. Et non seulement on se refuse à améliorer ces lois, mais encore, si imparfaites qu'elles soient, il nous faut les défendre contre ceux qui les attaquent. En 1908, il fallait que la Confédération fasse une vaste agitation pour empêcher que la loi de dix heures échappât au prolétariat. Il a fallu défendre également la loi sur le repos hebdomadaire et la loi sur les accidents du travail. Vous voyez donc bien que lorsqu'une loi est votée il est extrêmement difficile aux ouvriers de la faire modifier : ils sont trop souvent dans l'obligation de défendre ce qui ne les satisfait pas pleinement.

Lorsqu'on aura appliqué cette loi avec la capitalisation, alors que les patrons, les Chambres de commerce et l'Etat auront pris l'habitude de puiser à pleines mains dans les caisses de retraites, alors qu'ils y trouveront les ressources qu'ils ne trouvent plus chez les financiers qui préfèrent faire l'exode des capitaux français de l'autre côté de la frontière, vous voudriez que tout d'un coup on supprime la capitalisation, que l'on supprime ces caisses où ils auront l'habitude de puiser à pleines mains ? Ah non ! Que la loi soit appliquée pendant quelques années avec le système de la capitalisation, et je ne crois pas me tromper en affirmant qu'alors il ne sera plus possible de revenir à la répartition.

Enfin, puisque la répartition a vos préférences, pourquoi ne pas mener avec nous campagne contre l'application avant qu'on l'est modifiée ? Car c'est ce que nous voulons : nous voulons qu'il y ait une loi de retraites ouvrières, mais nous voulons que les retraites ouvrières ne servent pas à tromper les ouvriers, à les exploiter avec les versements opérés sur les maigres salaires du prolétariat. Ne serait-il pas possible que cette loi se fasse sans même que les ouvriers soient dans l'obligation de faire des versements prélevés sur leurs salaires, et conformément à nos principes syndicalistes à tous, aussi bien à ceux de Coupat qu'à ceux d'Yvetot, aussi bien à ceux de Niel qu'à ceux de Griffuelhes ou de Merrheim ? Ne serait-il pas possible que l'Etat organise un système de retraites sans que les ouvriers aient à opérer des versements ? Ne serait-il pas possible de réclamer que la société monopolise quelques-unes des grandes entreprises financières ou industrielles au profit de la classe ouvrière ? Si c'est possible, réclamons-le. Et si nous ne pouvons pas arriver à ce but, que nous soyons dans l'obligation de nous soumettre au versement, réclamez avec nous, puisque vous en êtes partisans, que l'on supprime la capitalisation et que l'on procède par la répartition. Mais ce qu'on veut faire en réalité c'est un organisme social, une caisse des retraites obligatoire à laquelle les ouvriers n'auront pas le droit de se soustraire légalement.

Gibault. — De quel système de répartition parlez-vous ?

Luquet. — Mais je l'indiquais tout à l'heure : répartir les profits des grosses exploitations monopolisées par l'Etat, ce qui est possible, et si cela n'est pas possible, si nous ne pouvons pas arriver à ce but, répartir annuellement les versements auxquels nous ne saurions pas nous soustraire opérés l'année précédente.

En réalité, est-ce qu'il n'en est pas ainsi dans le budget de l'Etat tout entier, pour tous les services publics, pour l'armée, la magistrature ou la construction de routes ou de canaux ? Nous attendrons pour faire fonctionner ces services publics que nous ayons capitalisé des fonds qui nous donnent des revenus suffisants ? Non, l'Etat n'a pas dit cela ; eh bien, il ne peut pas dire autrement en ce qui concerne le service social de la caisse des retraites !

Jouhaux. — Camarades, si j'ai tenu à prendre la parole, ce n'est pas pour recommencer la discussion. J'estime, puisque ce matin même on a approuvé les rapports confédéraux, qu'on a approuvé en même temps la campagne d'agitation entreprise par le Comité confédéral contre les retraites ouvrières. *(Applaudissements).*

Mais comme j'ai, d'autre part, au nom de plusieurs camarades, un ordre du jour à présenter, ordre du jour qui peut différer dans sa forme du mandat reçu par certains camarades, je tiens à expliquer cet ordre du jour et je dis à ces camarades : Aujourd'hui, nous sommes devant un fait accompli : la loi est votée, qu'elles qu'aient été les influences qui l'ont fait voter. Nous devons donc tenir compte de ce fait et, si nous voulons que notre propagande porte ses fruits, si nous voulons obtenir des résultats, il faut nous emparer des faits nouveaux qui ont pu nous être donnés pour orienter notre campagne future, et c'est pour cela que je demande aux camarades qui auraient reçu un mandat qui pourrait différer par la forme de mon ordre du jour, de se rallier à cet ordre du jour, parce que seul il nous permettra d'orienter notre propagande et d'obtenir des résultats.

D'autre part, on attend de ce Congrès une résolution précise et nette ; nous devons la donner, parce qu'en d'autres circonstances et au nom de la classe ouvrière, on a donné une autre résolution. Voici l'ordre du jour que je présente :

Motion Jouhaux

Le Congrès, soucieux de poursuivre l'action engagée par le Comité confédéral en ce qui concerne les retraites ouvrières et paysannes, considère qu'il y a lieu, pour les organisations ouvrières, d'accentuer leur opposition à l'application de la loi au moment où elle entrera en application ;

Signale les projets patronaux prétendant faire servir à leur profit les cotisations ouvrières contrairement aux intérêts de la classe des producteurs ;

Le Congrès signale comme moyen l'opposition à toutes retenues sur les salaires opérées pour le fonctionnement de la loi, tant qu'il ne sera pas apporté à cette dernière des modifications devant assurer aux producteurs une retraite normale à un âge moins reculé ;

Le Congrès ajoute qu'il ne saurait se résoudre à accepter le principe du versement que si la loi reposait sur le système de la répartition ;

Compte sur les organisations ouvrières et les militants ouvriers pour exercer tous leurs efforts à l'effet d'empêcher l'application d'une loi utile dans son principe, contraire à nos intérêts dans ses dispositions.

Signé : JOUHAUX, Paul ADER, PÉRICAT, etc., etc.

LE PRÉSIDENT. — Je crois qu'après le dépôt de cet ordre du jour, nous sommes suffisamment éclairés et qu'il ne nous reste plus qu'à voter.

VOIX NOMBREUSES. — Aux voix ! aux voix ! par mandats ! par mandats !

LE PRÉSIDENT. — Voilà encore un ordre du jour de plusieurs camarades ; c'est le camarade Niel qui l'oppose à celui lu par le camarade Jouhaux.

NIEL. — Voici simplement l'ordre du jour qu'au nom de plusieurs amis je dépose au bureau :

Motion Niel

Considérant que l'établissement de conditions ayant pour but d'assurer la vie aux travailleurs durant leur vieillesse et de détruire ainsi une des plus cruelles angoisses qui les étreignent, constitue un problème intéressant au plus haut point la classe ouvrière ;

Considérant que dans l'état actuel de nos mœurs et du progrès social, ce problème ne peut pas recevoir la solution la moins imparfaite qu'avec le concours de la loi ;

Considérant qu'en régime capitaliste, les lois sociales arrachées au patronat gouvernant ne donnent et ne peuvent jamais donner pleine satisfaction à la classe ouvrière ; que si la loi votée avait été meilleure qu'elle n'est, des travailleurs l'eussent sans doute trouvée encore trop mauvaise pour l'accepter ;

Considérant que les lois, comme les règlements, les statuts et les idées, ne sont pas immuables et qu'elles sont toutes susceptibles de recevoir les perfectionnements que notre conscience, notre volonté et notre action peuvent leur faire subir ;

Le Congrès déclare que la situation créée par la loi des retraites est préférable à celle qui résulterait de l'absence de toute loi ;

Mais, convaincu des vices nombreux contenus dans cette loi et résolu à les détruire, le Congrès décide qu'une vaste, incessante et énergique agitation sera entreprise par toutes les organisations confédérées dans le but :

1° De faire abaisser la limite d'âge des ayants droit au moins jusqu'à 55 ans ;

2° De faire élever le taux de la retraite au moins jusqu'à 2 francs par jour ;

3° De faire étendre le bénéfice de la loi à tous les travailleurs résidant en France, sans distinction de nationalité ;

4° D'associer la classe ouvrière au contrôle et à la gestion de la caisse des retraites ;

5° D'exiger que la part contributive de l'État soit de plus en plus grande, jusqu'à ce que, par un système général d'assurance sociale, les travailleurs soient garantis, non seulement contre la vieillesse, mais aussi contre le chômage, la maladie et tous les risques d'invalidité, sans qu'aucun prélèvement soit effectué sur leurs salaires.

Signé : Niel, Liochon, Cleuet, etc., etc.

Le Président. — Je vais mettre aux voix le premier ordre du jour.

Jouhaux. — Je demande que le vote sur les deux ordres du jour s'effectue par mandats. Ceux qui voteront pour l'ordre du jour que j'ai déposé, voteront en mettant « ordre du jour Jouhaux », ceux qui voteront pour l'ordre du jour déposé par le camarade Niel, mettront : « ordre du jour Niel ».

Il est procédé au vote par mandats.

Télégramme de Lyon

Le Président. — Voici une dépêche que le bureau vient de recevoir de Lyon :

Adresse vœux pour réalisation unité ouvrière. — Union Syndicale Chaussure, Lyon.

Bureau pour la séance de samedi matin :

Bidamant, président : Bousquet et Soffray, assesseurs.

La séance est levée à 7 h. 45.

11me SÉANCE. — SAMEDI 8 OCTOBRE 1910 (matin)

La séance est ouverte à 8 h. 15, sous la présidence du camarade Bidamant, assisté des camarades Bousquet et Soffray.

Le Président. — L'ordre du jour appelle la discussion sur la diminution des heures de travail. Il n'y a jusqu'à présent aucun orateur inscrit; c'est donc que le Congrès désire confirmer purement et simplement les décisions prises à Marseille.

Diminution des heures de travail

Hackenberger. — Camarades, je me présente au nom de la Fédération de l'Habillement, pour demander au Congrès d'accepter la résolution que je vais lire. Le Congrès a une décision ferme à prendre en ce qui concerne la diminution des heures de travail, surtout en ce qui concerne les femmes. Vous savez tous, camarades, combien la femme est exploitée par tout le patronat ; vous savez que la femme jusqu'à présent n'a pas eu assez d'énergie pour pouvoir arriver à se débarrasser du patronat, mais si elle n'a pas pu y arriver, ce n'est pas elle qui en est responsable, c'est nous, membres de la C. G. T., qui n'avons pas su aller chercher les femmes où nous devions aller les chercher; c'est nous, militants de la C. G. T., qui aurions dû aller leur faire connaître quels étaient leurs devoirs et quelles étaient les raisons qu'elles pouvaient invoquer pour arriver à une diminution des heures de travail.

La Fédération de l'Habillement, comme vous savez, a commencé un mouvement à Paris ; son secrétaire général, qui devrait être à ma place, a été obligé, mercredi soir, rappelé brusquement par dépêche, de retourner à son poste de combat. Je crois qu'il est absolument inutile de faire ici un discours pour demander la diminution des heures de travail. La question pour ramener la journée de travail à 8 heures, est plutôt une question fédérale qu'une question confédérale. Que le Comité confédéral appuie en bloc les revendications de la classe ouvrière, je suis absolument de cet avis, mais c'est à nous, dans nos fédérations, à nous coaliser pour arriver petit à petit à la journée de 8 heures. Par conséquent, je prétends, et je suis logique, que c'est aux fédérations qu'incombe ce travail. Nous avons commencé un mouvement à Paris, ce mouvement s'étendra partout : mais ce n'est qu'une question de fédération, c'est la fédération qui est apte à comprendre, à diriger ce mouvement. La C. G. T., je le sais, nous aidera de tout son pouvoir : l'Union des Syndicats à Paris est avec les couturières qui sont en grève. Je sais tous les efforts qui ont été faits non pas pour localiser ce mouvement, mais pour l'étendre de plus en plus dans toute la province.

A Toulouse, nous avons un syndicat de femmes qui est très puissant ; eh bien, ce syndicat est déjà arrivé par sa force, par sa cohésion, à avoir ce qui n'existe dans aucune ville de France, à avoir déjà quelques patrons qui ont accepté que les ouvrières de la couture ne travaillent que 8 heures par jour. Eh bien, camarades, ceci n'est pas le fait du Comité confédéral, il nous y a aidés, mais c'est le fait de la Fédération de l'Habillement.

Il y a déjà une loi, la loi du 8 novembre 1892, qui régit le travail de la femme ; cette loi a été faite pour protéger la femme : malheureusement ce que l'on nous a donné de la main droite, on nous l'a retiré de la main gauche par les dérogations. La loi a été tournée, faussée par les dérogations et, dans certains ateliers, aussi bien ici qu'ailleurs, la femme est obligée de travailler 12 et 14 heures par jour. Les dérogations qui ne devraient avoir lieu que pendant une durée de 60 jours par an, ont lieu pendant 3, 4, 5 et 6 mois par an. Nous nous élevons avec force contre cet abus des dérogations, et je prie le Congrès, tout en déclarant que la journée de 8 heures doit être accordée, de faire une addition à l'ordre du jour qui sera adopté, addition que je me permets de vous lire :

Le Congrès,

Considérant que la loi du 2 novembre 1892 n'est pas appliquée pour les femmes employées à des travaux de couture ; que par suite des dérogations, des filles et des femmes travaillent pendant 12 et 14 heures par jour, et cela pendant cinq ou six mois par an, par suite des complaisances des inspecteurs du travail ;

Donne mandat à la Fédération de l'Habillement de faire cesser cet état de choses par l'abolition complète des dérogations ;

Il invite également tous les membres de la C. G. T. à aider leurs camarades ouvrières dans toutes leurs revendications.

Le Président met aux voix cet ordre du jour. Il est adopté à l'unanimité.

Vote sur les Retraites ouvrières

Voici le résultat du vote émis hier sur les retraites ouvrières :

Inscrits, 1.390 ;
Votants, 1.325 ;
Pour l'ordre du jour Jouhaux, 1.049 ;
Pour l'ordre du jour Niel, 251 ;
Abstentions, 19 ;
Nuls, 6 ;
N'ont pas pris part au vote : 65 organisations.
En conséquence, l'ordre du jour Jouhaux est adopté.

Le président signale que les Bûcherons de Niherne, Neullay, Vendeuvre, Luant et le Bâtiment de Châteauroux déclarent que si les circonstances le leur avaient permis, ils auraient voté pour l'ordre du jour Jouhaux ; par contre, le Chemin de fer de Châteauroux et les Travailleurs municipaux de Châteauroux déclarent qu'ils auraient voté pour l'ordre du jour Niel.

Reprise de la discussion

Miller. — Je viens simplement vous faire une déclaration et vous dire au nom de la corporation que je représente, les Ornemanistes de la Seine. Ayant fait une grève de 96 jours, conformément aux décisions des congrès fédéraux et confédéraux, nous sommes arrivés à la diminution des heures de travail. Nous demandions la journée de 8 heures pendant six mois et de 9 heures pendant les six autres mois : nous ne sommes arrivés qu'à celle de 9 heures pendant toute l'année. Nous sommes arrivés à la destruction du marchandage, du travail aux pièces et en collectivité. Nous avons fait œuvre syndicaliste et révolutionnaire. Ce n'est qu'avec cette méthode seule que les syndicats arriveront à un résultat: nous vous engageons donc à faire de même que nous.

Jouhaux. — Dans ce Congrès, nous devons donner une indication : ce serait de recommencer l'agitation qui fut faite en 1906, sans fixer de date, pour la diminution des heures de travail et sans fixer aussi la diminution de ces heures; en un mot, il devrait sortir de ce Congrès une résolution qui permette à la Confédération d'orienter l'agitation de façon à obtenir dans le plus bref délai possible la réduction la plus grande sur les heures de travail.

Pontonnier. — L'agitation est nécessaire, mais c'est surtout les ouvriers qui devraient commencer. Dans la corporation que je représente, on fait encore 24 heures: dans les conducteurs-chauffeurs-mécaniciens, il y a des patrons qui exigent de faire 24 heures dans les services à feu continu. Si les camarades eux-mêmes, dans les syndicats, ne font pas la propagande nécessaire, et si les salariés ne refusent pas de faire ces heures considérables, nous serons en contradiction nous-mêmes avec l'agitation que nous demandons de faire dans le Congrès. C'est surtout l'agitation à faire dans les syndicats qui amènera la diminution des heures de travail.

Gogumus. — Les employés désireraient que la campagne pour la diminution des heures de travail soit orientée dans le sens de la semaine anglaise, ce qui leur permettrait de pouvoir eux aussi obtenir une diminution des heures de travail; ils estiment qu'aucune corporation ne refuserait son concours pour donner aux employés un peu plus de bien-être, car aujourd'hui ils veulent marcher dans ce sens et apporter autant qu'ils le pourront leur appui pour faire obtenir également à tous leurs camarades une diminution des heures de travail.

Boudet. — A l'encontre de ce que dit le camarade des employés, au nom de la 21e section du Livre, et cela paraîtra peut-être étrange à mes camarades du Congrès, nous voyons un très grand danger dans l'application de la semaine anglaise. Il serait peut-être trop long d'entrer dans les détails: je vous dis simplement que cela ferait l'affaire des maîtres-imprimeurs qui accentueraient le chômage dans notre corporation. J'estime donc qu'il vaudrait mieux que l'addition proposée par le camarade des employés ne figure pas dans une résolution votée par le Congrès, car cela pourrait faire du tort à des corporations. Ce sont des cas d'espèce qui peuvent être tranchés dans le sein des fédérations.

Péricat. — J'ai rédigé un ordre du jour qui, dans son sens général, pourrait, je crois, être adopté, le voici :

Le Congrès, désirant intensifier davantage encore la propagande pour la diminution des heures de travail, engage les syndicats, pour faciliter la tâche des fédérations et de la C. G. T., à adresser à ces organisations centrales un rapport détaillé donnant tous renseignements utiles sur la durée des journées de travail et sur l'application du repos hebdomadaire;

Engage les Bourses du Travail et Unions de Syndicats à adresser un rapport sur la même question à la Section des Bourses en ce qui concerne leur centre ou leur région.

Les Syndicats, les Bourses, les Unions de Syndicats, les Fédérations, la C. G. T., chacun en ce qui le concerne, devront accentuer la propagande, à seule fin d'arriver le plus vite possible à la journée de 8 heures; ce, conformément aux décisions des congrès précédents.

L'ordre du jour Péricat, mis aux voix, est adopté à l'unanimité.

Le Président. — Je mets aux voix un nouvel ordre du jour du camarade Clément. Voici cet ordre du jour :

Considérant que seule la réduction des heures de travail permettra à la classe ouvrière de poursuivre son émancipation et lutter avec efficacité contre le chômage résultant du progrès toujours incessant du machinisme,

Le Congrès

Invite toutes les organisations à mettre en tête de leurs revendications la diminution des heures de travail et à concentrer tous leurs efforts pour arriver à la journée de 8 heures.

L'ordre du jour Clément est adopté à l'unanimité.

L'ordre du jour suivant, du camarade Coste, est également adopté :

Conformément à la motion Périeat, du Bâtiment, au sujet de la nomination d'une commission chargée de procéder à la classification et organisation des fédérations et des syndicats, le Congrès, estimant qu'il y a un intérêt supérieur de propagande et de recrutement à étudier les propositions soumises au Comité confédéral par les voyageurs et représentants de commerce ainsi que par les employés de banque et de bourse, décide de donner pleins pouvoirs à ladite commission pour examiner leur demande.

Également adopté à l'unanimité l'ordre du jour suivant, de Boudet, du Livre de Paris, ordre du jour auquel s'était rallié Gogumus, qui demandait à toutes les organisations d'étudier l'application de la semaine anglaise :

Le Congrès laisse aux fédérations l'application de la semaine anglaise.

Boudet.

Contrat collectif. — Capacité commerciale des Syndicats. Arbitrage obligatoire.

Lapierre. — Nous luttons, nous, pour avoir des contrats collectifs ; mais nous considérons que le contrat collectif tel qu'il existe aujourd'hui, c'est-à-dire sans sanction légale, doit être maintenu. Nous sommes adversaires du contrat collectif le jour où une loi viendra le sanctionner, parce qu'alors ce contrat collectif fera des ouvriers de simples machines. Nous restons donc contre le contrat collectif du jour où il deviendra légal, parce que nous ne voulons pas faire des syndiqués de simples machines à cotiser, ne venant plus aux réunions parce que le contrat collectif légal les aura rendus assez dociles et attachés à leurs patrons.

D'autre part, le contrat collectif légal serait la disparition du syndicalisme ou du moins le châtrement, pour ainsi dire, du syndicalisme révolutionnaire, parce qu'avec la capacité commerciale des syndicats les militants seraient poursuivis et condamnés à des dommages-intérêts, et on ne trouverait plus d'hommes assez résolus pour faire la besogne qu'ils font aujourd'hui.

Soffray. — Camarades, au nom de l'organisation des ouvriers en instruments de musique, je dois vous indiquer les résolutions qui ont été votées dans notre organisation au sujet du contrat collectif. Nous n'en sommes pas partisans au point de vue légal ; nous en sommes partisans au point de vue de ce qu'il constitue une nécessité dans l'organisation capitaliste actuelle, en ce sens qu'il est nécessaire que les ouvriers soient liés, soient coalisés et, par conséquent, déterminent des règles communes pour leurs conditions de travail. Il est impossible actuellement de faire que l'ouvrier puisse, lui-même, défendre son droit et sa vie dans la société capitaliste, et pour cela nous sommes partisans du contrat collectif du travail.

Nous ne sommes pas, nous, dans notre profession, soumis aux dures règles qui sont imposées dans les bagnes capitalistes, dans les grandes sociétés métallurgistes ou minières ; mais cependant nous considérons que pour l'intérêt général de la classe ouvrière, il est bon qu'il y ait des contrats collectifs pour défendre l'ouvrier contre les exactions patronales.

Mais où nous nous séparons de ceux qui estiment qu'il faut que ce contrat doit être légalisé, c'est parce que nous avons remarqué que lorsqu'on établit des règles sociales qu'on appelle des lois, très souvent les ouvriers n'ont aucune conscience de ce qu'ils doivent faire, et alors, parce que la loi est intervenue pour donner un droit égal aux deux parties, l'ouvrier se désintéresse très souvent de ce droit et ne pense plus à revendiquer ce droit pour lui-même.

On dira peut-être que la classe capitaliste est organisée de telle façon que les organisations ouvrières ne peuvent plus imposer ce qu'elles veulent. C'est peut-être vrai, et dernièrement on voyait encore, au sujet de la grève des emballeurs, les patrons se refuser à accepter le contrat collectif des travailleurs parce que la loi n'était pas encore intervenue et parce qu'il n'y avait pas assez de surface de la part des ouvriers.

C'est le gros argument des patrons, et c'est l'argument dont se sert le gouvernement, et il est évident que la presse bourgeoise est d'accord avec les patrons pour résister au contrat collectif parce qu'il n'est pas légal, et ce, en disant aux ouvriers qu'ils ne pourront rien obtenir par leurs propres forces et qu'on espère les amener ainsi à accepter le contrat collectif légal.

Or, quels sont les résultats qu'en attendent nos gouvernants? Vous savez qu'il y a une condition absolue : c'est l'arbitrage obligatoire, et vous savez dans quelles conditions cet arbitrage devra intervenir entre patrons et ouvriers. Déjà M. Millerand avait eu la pensée de traduire cette idée en un projet, et nous savons quelles sont les idées qui ont poussé M. Millerand à déposer ce projet de loi pour permettre aux capitalistes de pouvoir mieux asservir les ouvriers. Vous savez comment l'arbitrage est compris et de quelle manière on espère pouvoir canaliser les mouvements de révolte des ouvriers : vous savez comment on comprend que les ouvriers devront obligatoirement prévenir leurs patrons un mois à l'avance lorsqu'ils voudront déclarer la grève, et cela est une des principales raisons pour s'opposer au contrat collectif et à l'arbitrage obligatoire. Je ne dis pas qu'ils ne doivent jamais recourir à l'arbitrage, mais cela doit être décidé d'accord entre les parties en présence, et vous avez vu que maintes fois on n'a pas rejeté l'arbitrage dans les organisations, mais ce contre quoi on proteste, c'est contre l'arbitrage obligatoire tel qu'on veut l'organiser.

On proteste contre l'imposition voulue et déterminée en règles de loi d'abus qui n'ont rien de commun avec les ouvriers et qui seront imposées entre les parties pour sanctionner et mettre fin aux conflits. Eh bien, cela n'est pas possible, quels que soient les risques et les dures obligations que s'imposent les grévistes. Il faut laisser aux ouvriers la possibilité de faire eux-mêmes leurs affaires pour qu'ils puissent faire leur émancipation complète. Là où est le danger, c'est qu'on veut enlever aux ouvriers la possibilité de savoir pourquoi ils se révoltent ; on veut, par une sorte de délégation indirecte, faire que des gens pris en dehors seront souverains dans la solution des conflits. Il n'est pas possible de limiter la révolte ouvrière et de la canaliser de cette façon.

Je me résume en disant que l'opposition qui doit être faite au projet, doit résider dans ce fait que nous n'envisageons pas les conflits économiques de la même façon que les gouvernants. Nous ne devons voir que les revendications présentées d'une manière directe par les ouvriers, quels qu'en soient les conséquences et les risques. Si la lutte devient plus dure, c'est aux ouvriers à puiser en eux-mêmes la conscience et la force nécessaires pour imposer au patronat ce qu'ils considèrent comme indispensable à l'amélioration de leur existence, parce qu'ils auront conquis le moyen de faire la révolution.

Dret. — Si nous sommes contre le contrat collectif, c'est d'abord à cause de sa source même : venant du Parlement, il n'implique rien de bon pour la classe ouvrière. Nous sommes contre le contrat collectif également à cause de ce qu'il dit d'abord et ensuite par ce qu'il laisse comprendre et deviner, et je dis que sans capacité commerciale pour les syndicats, il n'y a possibilité pour le gouvernement ni pour le patronat, d'accepter le contrat collectif obligatoire. Je dis que la capacité commerciale est une conséquence inévitable du contrat collectif obligatoire et, par conséquent, je dis qu'il est nécessaire qu'on la discute ici. Mais, qu'entendez-vous par capacité commerciale ? Est-ce que vous voulez juger de la capacité commerciale des syndicats ? Non, ce sont des dangers que cache cette capacité commerciale et qui viennent du contrat collectif. Ah ! je voudrais qu'ici se trouve notre camarade Tom Mann, qui revient d'Australie, où le contrat collectif obligatoire et l'arbitrage existent ! Il vous dirait que les ouvriers de là-bas sont obligés de lutter contre le gouvernement pour reprendre toutes les libertés qu'on leur a prises en leur imposant le contrat collectif et l'arbitrage obligatoire, et alors toute la discussion serait close et le Congrès se prononcerait contre le contrat collectif obligatoire. Ah ! oui, dans différents articles, nous avons vu que si la classe ouvrière, dans les conflits qui existaient entre elle et le capital, acceptait le contrat collectif, c'est que deux forces se trouvaient en présence pour déterminer leurs intérêts réciproques. Aujourd'hui, par le contrat collectif obligatoire que paternellement, mais aussi hypocritement, on voudrait imposer demain à la classe ouvrière, c'est une force de plus qui s'ajouterait à celles dont dispose déjà le gouvernement en faveur du patronat, et j'espère que le Congrès se prononcera très catégoriquement contre le contrat collectif et aussi contre la capacité commerciale.

Constant. — Le contrat collectif obligatoire est impossible pour bien des raisons. Je commence d'abord par dire pour MM. les entrepreneurs, qu'en fait de contrat, dans leurs cahiers des charges, on leur impose des conditions de travail vis-à-vis des ouvriers, et ils commencent par ne pas les appliquer. C'est déjà là une façon de contrat collectif. A côté des charges qui leur sont imposées, ils font des contrats individuels, couverts par la loi, même en disant que tout individu est libre de contracter librement avec son employeur. Voilà une chose qui est détruite rien que par ce contrat particulier et couvert par les articles 1121 et 1136 du Code civil, et nous voyons tous les jours au tribunal de la prud'homie des ouvriers se présentant contre leurs patrons et les patrons faire état de ces contrats particuliers contre le contrat collectif. Maintenant, pour l'arbitrage, vous aurez des ouvriers, des patrons et des membres du gouvernement, c'est-à-dire deux éléments contraires à l'élément ouvrier et, dans ces conditions, il ne sera pas possible d'obtenir quelque chose qui soit conforme aux intérêts de la classe ouvrière. Rappelons-nous ce qui s'est passé dans notre grève de 1905 où un contrat collectif a été passé entre la chambre syndicale patronale et la chambre syndicale ouvrière. Qu'en est-il résulté ? Le contrat portait bien la réglementation des heures de travail, le délai congé prévu une semaine à l'avance, l'abolition du marchandage. Tout cela a passé au bleu, de par la volonté des patrons et aussi par la nonchalance des travailleurs, car au lendemain de ce contrat passé, les patrons ont établi des règlements détaillés. Le premier jour on a protesté ; mais, petit à petit, les patrons ont supprimé le travail, ont débauché leur personnel et ils ont dit aux nouveaux : vous signerez ce contrat particulier. Un patron signe individuellement, les ouvriers aussi, mais un patron seul passe un marché avec cinquante ou soixante ouvriers. Nous ne pourrons avoir un contrat collectif sérieux que le jour où la classe ouvrière sera assez éduquée et assez forte pour imposer elle-même son contrat collectif en spécifiant bien que toutes les clauses contraires à ce contrat seront considérées comme nulles et non avenues, et on incorporera dans ce contrat même tout ce qui se rattache à cette industrie. Nous entendons des patrons qui disent : Moi, je n'appartiens pas à la chambre patronale. Et il y a des ouvriers qui disent : Moi, je veux faire ce que je veux. Eh bien, non, il faut que cela disparaisse. Mais le contrat collectif obligatoire vous imposera des conditions autres, car il y aura la loi qui sera là pour dire : vous avez signé cela, il faut vous y conformer. Il faudra, en vertu de ce contrat, que vous demandiez la permission aux signataires du contrat et au gouvernement de cesser le travail et de faire vos revendications. Je dis que c'est l'esclavage de la classe ouvrière et l'anéantissement complet de l'organisation syndicale. C'est par l'organisation syndicale, c'est par la force de l'action ouvrière et par la force de la volonté, que nous saurons imposer nos contrats nous-mêmes et les rompre à volonté. Nous ne voulons rien accepter du gouvernement qui n'a que de la tromperie à nous offrir ! L'arbitrage obligatoire et la capacité commerciale, seront là pour vous forcer à faire ce que voudront les patrons, car si vous ne respectez pas le contrat, la capacité commerciale vous fera marcher.

Camarades, il faut du sang et de l'énergie pour arracher ce qu'on ne veut pas nous donner de bonne volonté ! *(Applaudissements).*

Martin. — Camarades, je n'ai pas l'intention de discuter le contrat collectif pour nos camarades de l'industrie privée : seulement, je tiens à faire ici, au nom d'une fédération des ouvriers de l'Etat, une déclaration. Si nous demandons le contrat collectif avec gestion administrative, ce n'est que sur le terrain professionnel, pour essayer d'améliorer la situation de tous nos camarades. Dans les administrations de l'Etat où le personnel est groupé, le contrat collectif a sa raison d'être. L'évolution économique fait que l'ouvrier dans les ateliers est appelé à travailler en collectivité ; or, si nous laissons la latitude à ceux qui nous dirigent de travailler isolément, nous arriverons à la diminution des salaires. Vous savez que l'on nous a imposé des règlements de travail aux pièces que nous condamnons dans nos congrès, et, malgré nos protestations, des camarades se sont laissés prendre au piège : des camarades syndiqués inconscients ont poussé à tel point la production, que des camarades âgés ont eu des diminutions sur leur salaire. Nous voudrions remplacer le travail aux pièces par le contrat collectif. Les camarades de l'industrie qui voteront pour le contrat qu'on leur offre, ne verront pas les camarades des établissements de l'Etat d'un mauvais œil, car nous voulons rendre nos camarades plus conscients de leurs devoirs. Le camarade Griffuelhes disait à propos de son imprimerie que les ouvriers ne sont pas conscients. Comment voulez-vous critiquer le travail en commandite ? Nous le demandons donc justement pour répartir la tâche, afin d'éviter que les chefs d'atelier au gré des têtes fassent du favoritisme. Nous disons aux camarades : Si nous voulons travailler consciencieusement, nous pourrons améliorer notre situation et donner aux camarades usés par l'âge un poste un peu plus doux.

Voilà, camarades, dans quel sens nous comprenons le contrat collectif; nous le voulons avec une part de gestion administrative, nous voulons traiter de puissance à puissance.

MOURGUES. — Nous sommes pour le contrat collectif, mais nous ne sommes pas pour le contrat collectif obligatoire, et nous voudrions attacher à ce contrat collectif une valeur légale sérieuse. Que sera cette valeur légale ? A l'heure actuelle, toutes nos organisations qui luttent pour obtenir une amélioration nouvelle, ne luttent que pour obtenir le contrat collectif. Ce contrat n'a aucune valeur; pourquoi? Parce qu'il ne lie que les membres des syndicats qui l'ont consenti. Nous voudrions que lorsqu'un contrat collectif intervient dans un centre ou dans une ville, entre une organisation patronale et une organisation ouvrière, ce contrat ait force légale pour tous les représentants, alors même qu'ils ne seraient pas syndiqués, des professions qui ont contracté cet engagement. Nous voudrions que ce contrat collectif permette de dire, lorsqu'il y aura une diminution des heures de travail ou un minimum de salaire consenti, que cela s'applique à tous les ouvriers de la profession engagée par ce contrat collectif alors même qu'ils ne sont pas syndiqués.

On me répondra que le gouvernement ne voudra pas nous donner le contrat collectif sous cette forme. C'est entendu, camarades, mais nous sommes ici justement pour discuter quelle forme nous entendons donner à un véritable contrat collectif.

Il faudrait se rendre compte si quand on attache une valeur légale à quelque chose, cette valeur légale n'engage pas tout le monde. Est-ce que dans la loi sur les accidents du travail, il n'est pas dit que toute convention contraire à cette loi est nulle ? Est-ce que lorsqu'il a été convenu dans des contrats que des ouvriers laisseraient une parcelle de leur salaire pour l'application de la loi sur les accidents du travail, quand ils ont redemandé cette parcelle, ils ne l'ont pas obtenue ? Nous disons que l'ouvrier pourra devant la juridiction compétente, prud'hommie ou juge de paix dans les endroits où il n'y a pas de prud'homie, puisse dire : Nous avons accepté ces conditions de travail parce que nous y avons été contraints; nous demandons le retour des sommes qui nous ont été indûment retenues. Voilà quelle valeur légale doit avoir le contrat collectif.

Certes, si on nous disait que le contrat collectif doit être obligatoire, si on nous disait que dans tous les centres même non organisés, les travailleurs et le patronat doivent s'entendre pour établir ce contrat collectif, nous dirions : Nous n'en voulons pas, parce que les travailleurs non organisés seraient obligés de subir les exigences du patronat.

Je voudrais répondre au camarade Constant qui disait que dans les cahiers des charges où interviennent des conditions de travail, ces conditions sont déjà un contrat collectif, et que la jurisprudence a admis que tous les contrats individuels permettent également les contrats collectifs. Voyons, est-ce que les décrets du 10 août ne donnent pas aux travailleurs la force nécessaire, s'ils ont été lésés, pour avoir le retour des sommes indûment perçues ? Il a été admis que les conditions de travail insérées dans des cahiers des charges avaient la force nécessaire pour faire reverser aux ouvriers qui avaient été lésés des sommes à prendre soit sur les sommes versées à titre de cautionnement, soit encore sur les sommes dues par des administrations.

Dans certains centres, nous laissons pour commanditer des entreprises communales ou départementales, c'est ainsi que nous pouvons, dans une certaine mesure, faire concurrence et surtout démontrer aux travailleurs qu'ils peuvent faire quelque chose par eux-mêmes.

Renard. — Je viens ici défendre l'idée du contrat collectif, et je vous dis d'avance qu'il m'importe peu que le contrat soit le fait d'une loi ou l'action des forces ouvrières organisées ; je ne vois qu'une chose, c'est la nécessité de conclure des contrats collectifs. Dans la grande industrie le contrat collectif est la seule forme de contrat, autrement il n'y a pas de contrat entre le patron et les ouvriers. Dans les grandes usines, dans les mines, dans les grands chantiers, dans les filatures, dans les hauts-fourneaux, dans les tissages, dans les raffineries et même dans les chemins de fer, on ne discute pas avec les ouvriers. Partout où l'industrie a revêtu cette forme de grande propriété, le patron individuel, nominal ou anonyme, fait la loi, il est le maître souverain à trois points de vue : il exerce le pouvoir exécutif, le pouvoir législatif et le pouvoir répressif. Quand les ouvriers se présentent aux usines pour y travailler, ils sont dans les grandes usines très nombreux et souvent à la porte des usines 15, 20, 25 pour solliciter du travail. Ces 25 ouvriers n'ont pas la faculté de discuter avec le patron, avec la direction de l'usine, les conditions du travail ; ils sont trop heureux très souvent, pressés par le besoin, d'être admis dans l'usine ; ils franchissent la porte, et en la franchissant ils ont signé tous les contrats et toutes les volontés du maître ; que les règlements soient léonins, draconiens, ils ont tout accepté par le fait qu'ils sont entrés dans l'usine.

C'est pour cela que nous disons que le contrat collectif représente pour les ouvriers de la grande industrie la seule forme de contrat de louage de travail possible et compatible avec les intérêts des ouvriers, parce que le contrat, pour pouvoir être pratique d'une façon sérieuse, oblige les ouvriers à l'organisation syndicale. Sans organisation syndicale les contrats collectifs ne peuvent avoir de valeur et les ouvriers ne peuvent être que trompés.

Dans bien des circonstances nous avons, nous autres, dans l'industrie textile, retiré de grands avantages du contrat collectif. Nier le contrat collectif ce serait nier le soleil, la lumière, la vérité même : il est la seule forme possible dans la grande industrie ; nous en avons une quinzaine dans l'industrie textile et nous pousserons nos camarades à en contracter de plus en plus. Il y a contrat collectif à Calais entre les patrons et les ouvriers tullistes, il y a contrat collectif à Caudry, à Lyon, à Oullins, à Armentières où les ouvriers ont fait la grève retentissante que vous connaissez. C'est à la suite de grèves que ces contrats ont été dressés entre la collectivité ouvrière et patronale. Dans toute la région du Midi où on travaille les draps et la laine cardée il y a contrat collectif. Nos camarades se trouvent bien des contrats collectifs, parce qu'ils sont tranquilles, quand ils les ont passés, pendant deux ou trois ans sur la question des tarifs, et que, d'autre part, les employeurs peuvent traiter avec les gens avec qui ils commercent pour cette durée. C'est une tranquillité dans l'industrie pendant trois ans si l'on observe de part et d'autre les conventions telles qu'elles ont été passées. Je dis que dans les industries où il y a, comme dans la nôtre, hommes, femmes et enfants au nombre de 400,000, il est très utile de conclure ces contrats, parce que cela donne aux organisations ouvrières la faculté de se retourner, d'emplir les caisses pendant ces périodes de paix pour se trouver plus fortes lorsque les contrats arrivent à échéance pour faire de nouvelles revendications.

Voilà pourquoi nous préconisons les principes du contrat collectif qui nous a donné des avantages. Je veux vous montrer un exemple : Il y a dans le département de la Somme des patrons énormément riches et puissants que l'on appelle les frères Saint ; ce sont des industriels textiles, ils ont dix ou douze usines dans le département de la Somme ; ils ont des règlements léonins, draconiens, à tel point que les pauvres ouvriers qui ont quitté une des usines de ces fiefs capitalistes sont obligés d'aller chercher chez eux deux pièces de cent sous pour pouvoir être réadmis dans une autre usine : le contremaître leur dit : Je ne peux pas vous embaucher, allez me chercher deux pièces de cent sous, et quand vous les aurez vous retravaillerez. C'est, en quelque sorte, un petit empire moscovite dans le département de la Somme. Eh bien, il y a quelques syndicats que nous avons créés dans cet endroit ; si les ouvriers conscients, au moment où ils sont en grève, arrivaient à amener le patron, sous l'empire de la crainte, à conclure des contrats collectifs, ce sont précisément les minorités agissantes qui agiraient dans l'intérêt de la grande masse ouvrière, des 10,000 ouvriers qui sont occupés là-dedans.

Nous disons, nous, qu'il y a intérêt à ce que les ouvriers concluent partout des contrats collectifs dans la grande industrie, parce que c'est la seule forme de contrat possible qui permette à l'ouvrier de faire entendre sa voix. Je considère la forme de contrat de travail d'aujourd'hui comme la monarchie absolue dans l'usine, et le contrat collectif comme le régime constitutionnel introduit dans l'usine, c'est-à-dire que les ouvriers arrivent à discuter les conditions du travail et des salaires avec les patrons. C'est pour cela que nous préconisons les contrats collectifs.

Je crois qu'il était utile d'indiquer que les ouvriers, partout où ils le peuvent, doivent contracter ces sortes de contrats, parce que c'est le régime de la discussion introduit dans l'atelier, autrement c'est le régime moscovite, c'est le régime russe que les ouvriers subissent, c'est la volonté patronale toute-puissante contre laquelle ils n'ont rien à dire. C'est pour cela que je suis contre le contrat individuel qui a fait son temps dans la grande industrie, qui pourra encore subsister dans la petite. Mais dans la grande, la seule forme de travail possible c'est le contrat collectif.

Joffroy. — Je demanderai au camarade Renard s'il comprend aussi dans les contrats collectifs l'organisation des syndicats.

Renard. — J'ai dit que le contrat collectif ne pourrait être pratiqué qu'autant que les ouvriers seraient organisés fortement. J'invite les ouvriers à mettre de fortes cotisations dans leurs syndicats pour imposer leurs volontés aux patrons.

Clément. — Nous sommes tous d'accord à la Fédération du Bâtiment pour approuver le contrat collectif, mais je crois qu'ici il y a une question de plus haute importance, c'est la légalité de ce contrat collectif.

Renard. — Voici ce que j'entendrais par légalité du contrat collectif : c'est que ce contrat, chaque fois qu'il a été dressé entre les patrons et les ouvriers, ait force de loi.

SAVOIE. — Voulez-vous répondre en ce qui concerne le contrat collectif obligatoire ?

RENARD. — Je ne suis pas partisan du contrat collectif obligatoire. Je dis que l'on doit arriver au contrat collectif par la puissance des organisations ouvrières, et j'entends par légal la force de loi à donner au contrat chaque fois qu'il sera dressé.

CONSTANT. — Ce que tu entends, c'est qu'une clause contraire serait considérée comme nulle et non avenue?

RENARD. — C'est cela.

MERZET. — Si je monte à la tribune, c'est pour expliquer la situation dans laquelle la Fédération du Sous-Sol se trouve. Il y a des camarades qui nous disent : Vous êtes contre le contrat collectif. Nous sommes contre le contrat collectif qui serait obligatoire, c'est-à-dire légalisé par la loi. Nous ne sommes pas contre le principe, mais nous voulons que ce soit à la volonté des organisations ouvrières. Si demain la loi était établie, à l'usine Schneider on ne pourrait pas l'appliquer; la preuve c'est que chaque fois qu'un camarade est blessé il vient à Montceau pour que nous lui indiquions un avocat pour défendre sa cause. Nous voterons contre le contrat collectif obligatoire parce que nous considérons que c'est une fumisterie.

BOUDET. — Comme le disait Clément, ce qui nous importe le plus, camarades, c'est de savoir si nous sommes d'accord sur la légalité du contrat. Je me suis procuré une petite brochure de 1906 qui s'appelle : *La Grève et l'Organisation ouvrière*, et qui est faite par Millerand. Vous devez savoir qu'avant 1906 Millerand avait essayé d'empêcher les grèves et tous les mouvements ouvriers. Millerand est un homme de gouvernement: il représente un système et une politique. Il avait essayé de faire cesser les conflits entre le patronat et le salariat. Je vais vous lire quelques extraits de cette brochure, et vous verrez quelle a été l'idée directrice de ceux qui lancent le contrat collectif, la capacité commerciale et l'arbirage obligatoire. Je ne sais pas quelles ont été les idées de derrière la tête de Millerand en faisant sa conférence devant l'Association nationale de la protection des Travailleurs. Je ne pense pas que ce soit pour donner plus de force aux efforts ouvriers; toujours est-il qu'il a la prétention de parler et de proposer des projets pour le bien de la classe ouvrière. Voici ce qu'il disait :

Nous ne faisons pas disparaître, comme on nous en a accusé, le syndicat. Nous laissons seulement à côté des organisations usinières le syndicat comme un régulateur, comme un conseil et un guide. Même, nous ne nous contentons pas de le maintenir, nous faisons *mieux* : nous travaillons à lui donner son vrai rôle et toute sa valeur.

C'est un ministre qui donne à la classe ouvrière le moyen de mettre sa puissance en valeur. Il dit un peu plus loin :

Eh bien, quelle est la moralité qui se dégage avec une puissance éclatante de ce tableau? C'est que la classe ouvrière, chez nous, n'est pas organisée. Pour ceux qui, comme moi, estiment qu'il n'y a pas de nécessité plus urgente que d'organiser la classe ouvrière, une loi qui fera à l'ouvrier une obligation et par suite une habitude de s'organiser, de discuter avec ses camarades de travail ses intérêts corporatifs, constitue un progrès considérable, et c'est en vérité une dérision que de la représenter comme pouvant diminuer les syndicats et éloigner les ouvriers des organisations corporatives. C'est, au contraire, j'ose le dire, la loi la plus éducative, et par conséquent la plus pacificatrice, qu'on puisse faire au point de vue ouvrier.

Il était intéressant de vous faire connaître les prémisses de cette loi sur le contrat collectif, la capacité commerciale et l'arbitrage obligatoire. Je vais vous faire connaître des extraits du projet de loi Millerand de 1906, et vous verrez que, quoique se plaçant au point de vue de l'intérêt ouvrier, le principal but poursuivi est, au contraire, l'émiettement des forces ouvrières par l'application de ce contrat collectif. En effet, dans la même brochure, page 6, je trouve :

La grève ne pourra être décidée, soit pour l'ensemble de l'établissement, soit pour un ou plusieurs ateliers ou magasins énumérés expressément, que par un vote régulier du personnel, émis dans les conditions suivantes......

J'attire l'attention du Congrès sur ce point : c'est qu'à l'encontre des orateurs qui, depuis ce matin, ont parlé sur la question, on voit que, dans l'application de ce contrat collectif, nous ne sommes plus en présence d'un syndicat, d'une fédération ouvrière et, de l'autre côté, d'un syndicat ou d'une fédération patronale; mais nous voyons déjà l'émiettement des forces ouvrières; nous voyons que ce projet de loi, dont je vais montrer l'esprit avec une citation de la page 41, a bien l'intention de nous diviser. Nous voyons donc à l'article 6 :

Tout établissement comptant 150 ouvriers ou employés forme, au moins, une circonscription électorale.

Circonscription électorale qui va décider, avant tout conflit, s'il y a lieu ou non de faire grève.

Au delà de cet effectif, l'établissement devra être divisé par le chef de l'établissement en circonscriptions, soit territoriales, soit professionnelles. Chaque circonscription comprend au moins 50 et au plus 150 ouvriers et employés; elle est représentée par un délégué et par un délégué adjoint.

J'estime que par cet article de l'avant-projet de 1906, de Millerand, nous trouvons la preuve que la légalité du contrat collectif n'est, assurément, que pour remplacer l'organisation ouvrière, pour émietter ses forces et pour que, dans les conflits contre le patronat, on ne se trouve pas devant une fédération ou même devant un syndicat représentant les intérêts d'une même corporation. Millerand veut que le patronat se trouve devant une partie de cette force et qu'avec les sentiments d'égoïsme des hommes on puisse désorganiser les ouvriers en détruisant l'intérêt collectif du syndicat.

A un autre point de vue — et je parle maintenant de la capacité commerciale — pour que le patronat, pour que les gouvernants puissent faire adopter le contrat collectif, il faut des garanties. Par la loi de Waldeck-Rousseau, de 1884, le syndicat peut posséder, l'Union des Syndicats ne peut pas posséder. Il faut donc que le syndicat ait le moyen d'augmenter ses ressources; c'est pourquoi il faut que les Unions de Syndicats possèdent; il faut donner la capacité commerciale, et pourquoi cela? C'est que, comme vous l'a dit le camarade Dret, en citant l'exemple de l'Australie, c'est que, avant tout conflit, par cette obligation du contrat collectif légal, les organisations ouvrières qui, par l'énergie de leur action ne voudraient pas se courber ou reconnaîtraient qu'il y a trop d'abus, voudraient se débarrasser du joug de ce contrat, il faudrait que l'oppression capitaliste puisse se manifester d'une façon directe sur la caisse des organisations ouvrières. Keufer et Renard, au Conseil Supérieur du Travail, ont été contre la capacité commerciale. Je dois cependant dire que le camarade Keufer a voulu apporter un tempérament à cette capacité commerciale, en admettant qu'on puisse acheter en commun les quelques matériaux nécessaires pour faire vivre le syndicat. C'était une concession qui, à mon avis, n'aurait pas dû être faite. Je ne veux pas abuser de vos instants, mais j'estime que la capacité commerciale, comme elle fonctionne en Australie, n'est encore qu'une source nouvelle d'oppression.

Au sujet de l'arbitrage obligatoire, il vaut encore mieux que cet arbitrage soit le fait des intéressés.

Liochon. — En ce qui concerne la capacité commerciale, nous serions partisans que les Unions de Syndicats puissent posséder un immeuble pour l'habiter.

Boudet. — En ce qui concerne l'arbitrage obligatoire, nous estimons qu'il ne pourra donner des résultats que quand les intéressés eux-mêmes, qui suivant les phases de la lutte engagée, voudront choisir un arbitre. Mais j'estime qu'il serait aussi dangereux qu'une légalité bourgeoise nous oblige à accepter un arbitrage obligatoire pour éviter tous les conflits. Je sais que c'est avec une idée de conservation sociale que tous ces projets veulent se faire jour ; je sais que c'est pour éviter les conflits entre le capital et le travail. On dirait que les élus ont la prétention folle et chimérique de proposer que, sous une forme législative, on pourrait éviter l'incendie et les flammes de se communiquer quand le brasier est déjà ardent : on dirait véritablement que, dans un conflit économique, avec un texte de loi, on pourrait éviter la lutte de ceux qui n'ont rien contre ceux qui ont tout ! J'estime que ce n'est pas avec un texte législatif que l'on fera cesser les conflits sociaux. Comme le disait le camarade Martin, nous devons être partisans du groupement collectif dans l'atelier du patronat. Je suis partisan convaincu du système de commandite égalitaire, qui groupe tous les ouvriers, qui fait cesser tous les privilèges, et qui fait disparaître l'odieux travail aux pièces individualisé et les combinaisons de primes qui font que les ouvriers sont des ennemis entre eux, par les différences de salaires. Je suis partisan du contrat collectif, parce que ce sont les ouvriers qui s'uniront contre le patronat et pour qu'entre eux il y ait une égalité, non pas simplement en paroles et en écrits, mais une égalité effective, une égalité dans le travail qui fera que chacun sera employé suivant ses forces et ses capacités, qui fera, comme le disait le camarade Martin, que lorsque dans un chantier il y aura de vieux ouvriers ne pouvant plus travailler, ce seront les jeunes, les adultes qui viendront en aide à ceux qui seront vieux et qui se seront usés et dépensés pour la collectivité. C'est en raccourci ce que devrait être la société tout entière. Avec notre effort et notre organisation nous mépriserons tous les faux bonshommes qui, parlant au nom de la vertu et de l'honnêteté, ont le toupet de nous offrir des lois comme celle des retraites qui va donner un morceau de pain dur à des vieux de 65 ans n'ayant plus de dents pour le manger ! Quelle ironie ! !

J'estime que nous n'avons rien à attendre des projets de loi, car, sans attendre le concours de quelque puissance que ce soit : Etat, caisse patronale, assistance ou mutualité, c'est par une mutualité dans l'organisation du travail que les ouvriers pourront se soutenir. Nous sommes solidaires de celui qui a passé de longues années dans les ateliers, comme nous sommes solidaires également de celui qui, par une mauvaise éducation technique, est souvent, à tort, considéré, par ceux qui ont la prétention de connaître tout le prix de leur travail, comme un ennemi. Eh bien, par un système de commandite et d'organisation dans le travail, nous égaliserons tous les intérêts qui n'en feront qu'un seul ; nous essaierons de faire un intérêt collectif là où la société bourgeoise dresse, les uns contre les autres, des intérêts individuels. C'est pourquoi je suis partisan du contrat collectif, à la condition qu'il ne vienne que de l'organisation ouvrière. Il ne s'agit pas de trouver des formules légales, car, malgré des formules légales et malgré le dernier projet du ministre Viviani, j'estime que même si ce projet de loi était voté, il ne nous apporterait aucun résultat, ni aucun fruit. Je vois, en effet, que dans l'article premier de son projet de loi, M. Viviani nous dit :

Les représentants d'un syndical professionnel ou de tout autre groupement d'employés peuvent passer avec un employeur ou tout autre groupement d'employeurs des conventions collectives.

Et, pour terminer, j'appelle votre attention sur le danger de l'article 9. Vous y verrez les inconvénients que le camarade Dret vous signalait tout à l'heure au sujet de la capacité commerciale :

Les syndicats ou les individus liés par le contrat collectif sont passibles, en cas de violation des engagements contractés par eux, de dommages-intérêts qui peuvent leur être réclamés, soit par les syndicats professionnels ou les individus, membres de la collectivité avec laquelle a traité celle dont ils font partie, soit par les syndicats professionnels ou les individus membres de la collectivité dont ils font partie.

Il ne faut pas nier l'évidence. J'estime qu'après cela vous devez comprendre ce qu'on veut et ce qu'on a entendu par le contrat collectif, la capacité commerciale et l'arbitrage obligatoire. Quand le Congrès aura tenu ses assises, que chacun aura repris sa place à la tête d'une fédération, d'un syndicat ou à l'atelier, chaque délégué devra faire, auprès des exploités, des syndiqués comme des autres, une propagande montrant que c'est seulement par l'effort ouvrier et l'organisation syndicale que nous arriverons à améliorer notre sort. Malgré tous les projets de loi, le producteur sera toujours dans la misère. Par notre organisation seulement, nous arriverons à changer les conditions sociales.

Bourderon. — Camarades, le camarade Boudet a apporté ici des affirmations et des indications que je partage avec lui. Je veux simplement indiquer à nos camarades quelques points particuliers du désagrément profond qui pourra résulter pour la classe ouvrière d'une nouvelle loi légalisant le contrat collectif et l'arbitrage obligatoire.

Indiscutablement, le contrat collectif peut s'exercer dans la forme du droit usuel actuel. Il n'est nullement besoin de légiférer actuellement pour l'exercice d'un contrat. Toute législation qui viendra, aujourd'hui, ne sera qu'une entrave au droit que nous pouvons librement exercer.

Ce point acquis, si on veut légiférer, ce n'est absolument que pour permettre aux travailleurs, ou tout au moins pour vouloir que les travailleurs, si je puis ainsi dire, présentent une garantie pécuniaire pour l'exécution du contrat collectif, c'est-à-dire qu'ils soient solvables. Voilà pourquoi on veut établir la capacité commerciale des syndicats ouvriers. Dans l'état actuel, qui répond de la violation du contrat du côté patronal? C'est l'usine, c'est l'entreprise. Qui répond de la violation du côté ouvrier? Est-ce la caisse syndicale? Dans certains cas, l'entreprise patronale dit : Il n'en existe pas, et il y a des poursuites qui peuvent être exercées contre les administrateurs des syndicats, et c'est sur ce point que j'appelle votre attention. La loi qu'on veut créer sur ce point particulier est faite pour inciter le monde du travail à posséder d'une façon collective, afin qu'il y ait emprise sur vous, afin que tout jugement puisse être exécuté et qu'on puisse prendre dans l'avoir syndical ouvrier.

Eh bien, mes amis, je serais très désireux qu'il y ait de la part du Congrès une affirmation très nette; elle serait théorique, c'est entendu, mais elle aurait sa valeur. Le Code en lui-même n'a défini des droits qu'à ceux qui possèdent, et il est une chose à qui on ne concède aucun droit : c'est le travail. Il n'est pas une ligne dans le Code qui considère que le travail ait une valeur. Par conséquent, on ne concède au travail aucune valeur, on le nie; et alors pourquoi veut-on qu'il donne une garantie à un contrat qu'il doit faire? On ira loin, camarades, dans la voie de la législation. Les projets présentés par Millerand et par Viviani sont de toute beauté dans ce qui ressortira du système parlementaire. Voyez la loi sur les retraites ouvrières; dans son projet initial, il semblait y avoir quelque chose; même lorsqu'elle a passé devant la Chambre elle est sortie à peu près potable; mais quand elle a été disséquée par le Sénat, il n'en est plus rien resté qui vaille. Il en est de même des lois de protection ouvrière. Le Sénat, rouage de conservation bourgeoise, de réaction, fera tout ce qui lui conviendra pour que les organisations ouvrières soient obligées de céder. On ira même jusqu'à vous dire que l'argent que vous possédez devra être en titres nominatifs du syndicat, qui devront être déposés en garantie des conventions que vous aurez signées. (*Applaudissements*). Il est donc nécessaire que nous affirmions, par notre puissance corporative et organique, notre volonté de contracter librement. Dans l'état actuel des choses nous subirons, peut-être, des désagréments par des jugements rendus contre des camarades administrateurs, c'est possible; mais nous conserverons au moins une caisse qui nous permettra de soutenir la lutte, parce que le contrat collectif ne sera pas toujours bilatéral. En effet, la situation des ouvriers n'est pas équivalente à celle de l'entreprise patronale: le droit du travail n'est pas reconnu, et c'est pourquoi ce travail, qui est la principale valeur, je dirai presque l'unique valeur, on ne vous accordera pas son respect, et c'est pourquoi j'appelle votre attention sur ce point particulier. Je n'ai dit que quelques mots; je veux que vous en fassiez votre profit, s'il est possible, afin que, dans la résolution qui sortira du Congrès, il y ait une décision de résistance contre cette législation. Car, enfin, camarades, j'y reviens : on ne peut légiférer qu'en modifiant la base du Code, et en disant dans le Code que l'ouvrier a autant de valeur à l'usine que le patron, que son travail a une valeur. C'est pourquoi le contrat collectif n'aura d'efficacité que si vraiment, à la base, il y a une modification profonde; c'est là que réside tout le problème, et ce n'est que lorsque nous aurons fait cette révolution, montrant la valeur du travail, que nous pourrons discuter. J'ai terminé ces explications, espérant que le Congrès en fera son profit. (*Applaudissements nombreux et répétés*).

GOGUMUS. — Le contrat collectif, personne ne le nie, que ce soit d'un côté ou de l'autre, tout le monde reconnaît qu'il existe partout où des organisations syndicales assez puissantes ont pu l'imposer au patronat. Alors, nous nous demandons pourquoi ce projet de loi qui veut établir légalement le contrat collectif. Il n'est pas difficile de se rendre compte de l'idée qui a guidé les parlementaires et le gouvernement à légaliser ce contrat collectif, car nous savons fort bien que les organisations syndicales, grandissant de jour en jour, sauront l'imposer partout où il n'existe pas. Mais le légaliser, ce contrat collectif, est un véritable traquenard, et voici pourquoi : il est incontestable que du jour où une loi consacrera le contrat collectif, les organisations syndicales posséderont une capacité que l'on a oublié de signaler avec l'arbitrage obligatoire et la capacité commerciale, c'est la capacité juridique. Il faudra bien que, lorsqu'un contrat liera une organisation au patronat, on puisse l'attaquer et rendre civilement responsable l'organisation qui l'aura contracté. C'est pourquoi on veut que le syndicat possède pas mal pour qu'on puisse faire main basse sur sa caisse. C'est pourquoi, pour enrayer le mouvement syndical, on voudrait pouvoir attaquer et rendre responsables ceux qui sont à la tête du syndicat. Et alors, voyez le danger du contrat collectif?

Nomination d'une Commission

Une commission, composée des camarades Boudet, Renard, Merrheim, Bernard et Griffuelhes, est nommée. A cette commission sont soumis tous les ordres du jour déposés sur le contrat collectif, la capacité commerciale, l'arbitrage obligatoire, avec mission d'en tirer une résolution unique.

Explications personnelles de Cordier, du Sous-Sol

Cordier. — Camarades, ce matin il a été distribué une circulaire et un journal attaquant un des syndicats que je représente ici. Je tiens à déclarer que ce qui est dit dans cette circulaire est faux. Si le Congrès le veut, je m'expliquerai sur tous les points. Quant aux injures qui sont faites à mon adresse dans le journal, je les renvoie à celui qui me les a adressées. Maintenant, si le Congrès veut que je m'explique, je suis prêt à le faire.

Le Président. — Au nom du Congrès, nous prenons acte des déclarations du camarade Cordier, et ce sera inscrit au procès-verbal du Congrès lui-même: par conséquent l'incident est clos.

Propagande antimilitariste

Delpech. — Camarades, la question qui figure à l'ordre du jour a été traitée dans différents congrès. La discussion, je pense, ne nous apprendra rien de nouveau. Je crois que, dans l'esprit des organisations qui ont proposé la question au Congrès, ce n'a été que pour faire une manifestation nouvelle: aussi je prierai les camarades de bien vouloir se rallier à ma proposition de discuter simplement sur des ordres du jour, mais pas sur le fond de la question. Toutes nos idées sont faites et bien arrêtées là-dessus. Dans cet esprit, je vais me retirer en déposant un ordre du jour. Toutefois, si, malgré mon désir, le Congrès décide d'entreprendre une discussion, j'attendrai mon tour de parole.

Soffray. — Je me rallie à la proposition du camarade Delpech: si elle n'était pas acceptée, je demanderais qu'on limite le nombre des orateurs à deux de chaque côté.

Jouhaux. — Pourquoi ne pas se reporter à la décision du Congrès de Marseille, qui est beaucoup plus explicite que la proposition Delpech?

Le Président. — La question est de savoir si nous allons discuter sur le fond. Le Congrès est-il partisan de discuter sur le fond de la question de l'antimilitarisme? (*Repoussé*).

Alors, seuls les ordres du jour seront présentés ici.

Delpech. — Voici l'ordre du jour que quelques camarades et moi nous présentons :

Le Congrès,

Confirmant et précisant les décisions de Marseille et d'Amiens;

Considérant que l'armée tend de plus en plus à remplacer à l'usine, aux champs, à l'atelier, le travailleur en grève quand elle n'a pas pour rôle de le fusiller comme à Narbonne, Raon-l'Etape et Villeneuve-Saint-Georges;

Considérant que l'exercice du droit de grève ne sera qu'une duperie tant que les soldats accepteront de se substituer à la main-d'œuvre civile et consentiront à massacrer les travailleurs;

Le Congrès, se tenant sur le terrain purement économique, préconise l'instruction des jeunes pour que du jour où ils auront revêtu la livrée militaire, ils soient bien convaincus qu'ils n'en restent pas moins membres de la famille ouvrière et que, dans les conflits entre le capital et le travail, ils ont pour devoir de ne pas faire usage de leurs armes contre leurs frères les travailleurs;

Charge le Comité confédéral de prendre toutes dispositions nécessaires pour organiser méthodiquement et d'une façon continue cette propagande dans le sens indiqué par l'ordre du jour Péricat.

En conséquence, les syndicats sont engagés à constituer une caisse du sou du soldat.

Il décide que les syndicats devront dresser une liste de leurs membres au régiment avec toutes indications utiles; le double de cette liste devra être envoyé au secrétaire de la Section des Bourses, à la C. G. T.

Le secrétaire de cette section devra à son tour dresser une liste des soldats syndiqués par centre ou par région et adresser cette liste aux Bourses ou Unions de syndicats intéressés.

Les soldats sont invités à fréquenter les Bourses du Travail.

Les secrétaires de Bourses auront à viser les cartes confédérales des soldats.

Les organisations confédérées ont pour devoir d'intensifier la propagande par l'organisation de réunions, par la brochure, les journaux, les papillons et tous autres moyens.

Considérant que les frontières géographiques sont modifiables au gré des possédants, les travailleurs ne reconnaissent que les frontières économiques séparant les deux classes ennemies : la classe ouvrière et la classe capitaliste.

Le Congrès rappelle la formule de l'internationale :

« Les travailleurs n'ont pas de patrie ! »

Qu'en conséquence, toute guerre n'est qu'un attentat contre la classe ouvrière, qu'elle est un moyen sanglant et terrible de diversion à ses revendications.

Le Congrès déclare qu'il faut, au point de vue international, faire l'instruction des travailleurs, afin qu'en cas de guerre entre puissances, les travailleurs répondent à la déclaration de guerre par une déclaration de grève générale révolutionnaire.

Une courte discussion a lieu, au cours de laquelle Péricat, sous forme de motion, indique un moyen d'organiser la propagande antimilitariste. Cordier présente l'ordre du jour sur la question voté au Congrès des travailleurs du Sous-Sol, à Albi. Jouhaux propose la confirmation à nouveau de la résolution votée à Marseille, en enregistrant la motion Péricat, sous forme d'adjonction. Liochon propose, sur la question, l'ordre du jour présenté au Congrès de Marseille par Guérard, Niel et leurs amis, et qui n'obtint pas la majorité. Avant le vote, Delpech se rallia à la motion Péricat. Il est procédé au vote, par mandats, avec cette indication : Les partisans des ordres du jour Jouhaux-Péricat écriront « Jouhaux », les partisans de l'ordre du jour Liochon écriront « Liochon », les partisans de l'ordre du jour du Sous-Sol à Albi écriront « Cordier »,

Ordre du jour Jouhaux

Le Congrès de Toulouse, confirmant les décisions de Marseille et d'Amiens;

Considérant que l'armée tend de plus en plus à remplacer à l'usine, aux champs, à l'atelier, le travailleur en grève, quand elle n'a pas pour rôle que de fusiller comme à Narbonne, Raon-l'Etape et Villeneuve-Saint-Georges;

Considérant que l'exercice du droit de grève ne sera qu'une duperie tant que les soldats accepteront de se substituer à la main-d'œuvre civile et consentiront à massacrer les travailleurs, le Congrès, se tenant sur le terrain purement économique, préconise l'instruction des jeunes pour que du jour où ils auront revêtu la livrée militaire ils soient bien convaincus qu'ils n'en restent pas moins membres de la famille ouvrière et que dans les conflits entre le capital et le travail, ils ont pour devoir de ne pas faire usage de leurs armes contre leurs frères les travailleurs;

Charge le Comité confédéral de prendre toutes les dispositions nécessaires pour organiser méthodiquement et d'une façon continue cette propagande dans le sens indiqué par l'ordre du jour Péricat.

En conséquence, les Syndicats sont engagés à constituer une caisse du sou du soldat; il décide que les syndicats devront dresser une liste des membres du régiment avec toutes les indications utiles; le double de cette liste devra être envoyé au secrétaire de la section des Bourses, à la C. G. T. Le secrétaire de cette section devra à son tour dresser une liste des soldats syndiqués, par centre ou région, et adresser cette liste aux Bourses ou Unions des Syndicats intéressés. Les soldats sont invités à fréquenter les Bourses du Travail. Les secrétaires de Bourse auront à viser les cartes confédérales des soldats.

Les organisations confédérées ont pour devoir d'intensifier la propagande par organisations, réunions, par brochures, journaux, papillons et tous les autres moyens.

Considérant que les frontières géographiques sont modifiables au gré des possédants, les travailleurs ne reconnaissent que les frontières économiques séparant les deux classes ennemies: la classe ouvrière et la classe capitaliste. Le Congrès rappelle la formule de l'internationale : « Les travailleurs n'ont pas de patrie! » Qu'en conséquence, toute guerre n'est qu'un attentat contre la classe ouvrière, qu'elle est un moyen sanglant et terrible de diversion à ses revendications.

Le Congrès déclare qu'il faut, au point de vue international, faire l'instruction des travailleurs, afin qu'en cas de guerre entre puissances les travailleurs répondent à la déclaration de guerre par une déclaration de grève générale révolutionnaire.

Adjonction Péricat

Le Congrès, constatant que de plus en plus le gouvernement met l'armée au service du patronat;

Constatant que l'intervention des soldats dans les conflits ouvriers, soit comme jaunes ou comme assassins, est nuisible à nos intérêts de classes, est une monstruosité; qu'en conséquence nous avons pour devoir de nous opposer par tous les moyens en notre pouvoir à l'intervention de l'armée dans nos conflits;

Le Congrès décide que nous ne saurions nous arrêter à adopter un ordre du jour platonique; mais qu'il est indispensable d'organiser la propagande antimilitariste pratiquement et méthodiquement.

Le Congrès engage les syndicats à instituer une « caisse du sou du soldat »; il décide que les syndicats devront dresser une liste de leurs membres aux régiments avec toutes les indications utiles; le double de cette liste devra être envoyé au secrétariat de la Section des Bourses, à la C. G. T.

Le secrétaire de cette section devra à son tour dresser une liste des soldats syndiqués par centre ou par région et adresser cette liste aux Bourses ou Unions de Syndicats intéressées.

Les soldats sont invités à fréquenter les Bourses du Travail.

Les secrétaires des Bourses auront à viser les cartes confédérales des soldats.

Les organisations confédérales ont pour devoir d'intensifier la propagande par l'organisation de réunions, par la brochure, les journaux, les papillons et tous autres moyens.

Accidents du Travail

Le Président. — L'ordre du jour appelle maintenant la discussion sur les accidents du travail.

Beausoleil. — Camarades, à l'heure où se présente cette question, il serait peut-être difficile, pour vous comme pour moi, de vous accabler d'un long discours, et cependant permettez-moi de vous dire avec quelle passion, dans les ateliers et dans les *milieux ouvriers*, on attend les mesures que vous allez prendre pour une question d'un ordre aussi élevé que celle des accidents du travail. Ah! nous avons mis quatre jours pour nous nettoyer *mutuellement*, et en quelques minutes nous allons trancher les misères et les douleurs de plusieurs milliers d'accidentés. Voilà l'œuvre des syndicats d'aujourd'hui. Ah! combien je déplore que nous ne puissions avoir plus de temps pour exposer tout ce qui se passe devant les tribunaux et dans les assurances, comment nos camarades sont volés, estampés et broyés de toutes les manières. Je vous en supplie, que dans les Bourses du Travail on se préoccupe un peu de ces questions. Ah! nous faisons beaucoup d'action sur bien des choses; mais ne pourrions-nous pas aussi consacrer, de temps en temps, quelques centaines de francs et quelque ardeur pour venger nos camarades, qui ne peuvent pas le faire eux-mêmes. C'est là la grosse question, si nous avons à envisager la question des accidents du travail sur le terrain législatif pour les réformes à apporter, et nous n'avons pas beaucoup d'illusion à nous faire, car nous savons ce que valent ces espoirs et nous savons aussi que ces *modifications ne seront* faites qu'autant que les compagnies d'assurances y trouveront quelques profits. C'est ainsi que prochainement on va nous introduire la branche *maladies* à côté de la branche *accidents*. Mais prenons garde qu'on ne profite pas de cette circonstance pour amputer le peu de garanties que nous avons actuellement.

Je vous prie donc de prêter quelque attention au rapport qui a été dressé par le Conseil judiciaire de l'Union des Syndicats ouvriers de la Seine. J'espère que vous trouverez dans ce rapport résumé tout ce que nous pourrions réclamer et, si vous voulez me le permettre, je crois que le mieux que nous aurions à faire serait d'adopter ce rapport dans ses termes généraux, et de renvoyer aux Bourses du Travail le soin de poursuivre la réalisation des desiderata qui y sont contenus. Je me réserve, si l'occasion se présente, devant la Fédération des Bourses, où la question sera peut-être examinée plus en détail, de donner de plus amples explications, laissant maintenant aux camarades de province le soin de nous dire si, dans leurs milieux, les blessés sont massacrés de la même façon et s'ils sont disposés à faire de l'action. Nous aurions à visiter les tribunaux et à encourager nos camarades à manifester contre les tribunaux, contre les experts, et peut-être même nous aurions à faire subir, à quelques-uns de ces voleurs et de ces assassins de nos blessés, quelques accidents du travail. Ce serait le seul moyen de faire respecter nos victimes. En terminant, je demande que le rapport auquel je viens de faire allusion soit inséré dans le compte rendu du Congrès.

LES ACCIDENTS DU TRAVAIL DEVANT LE CONGRÈS DE TOULOUSE

Rapport adopté par le Conseil Judiciaire de l'Union des Syndicats Ouvriers de la Seine.

Si, dans le présent exposé, nous ne devions signaler que les imperfections de la loi au point de vue exclusivement légal, il y aurait déjà beaucoup à dire.

Quelles que soient les réformes que nous puissions reconnaître nécessaires, si modestes soient-elles, si nous tenons compte des lenteurs ordinaires de la législation ouvrière, nous ne pouvons avoir que peu d'espoir en une prompte réalisation.

Ne pouvant cependant négliger ce côté de la question, nous nous bornerons à examiner les lacunes les plus évidentes de la loi du 9 avril 1898.

Pour plus de clarté, nous diviserons donc notre rapport en deux parties. Dans la première, nous exposerons les réformes les plus urgentes à réclamer dans le texte de la loi : Réformes législatives. Dans la deuxième, nous examinerons les mesures à prendre pour assurer dans la pratique l'application de la loi existante et le respect des garanties acquises : Action syndicale.

A. — Réformes législatives

Pour faciliter cet examen, nous devons suivre l'ordre dans lequel ont été placés les articles de la loi qui appellent notre attention.

L'article premier limite l'assujettissement ; à l'origine, la loi était très limitative pour son application, et maintenant encore, malgré la modification apportée par la loi du 12 avril 1906, qui en étend l'application aux entreprises commerciales, il n'en reste pas moins que si l'on tient compte de toutes les exceptions qui subsistent, on peut encore affirmer que la majorité des travailleurs est exclue du bénéfice de la loi.

Les travailleurs de la terre, ouvriers agricoles, bûcherons, maraîchers, horticulteurs, constituent déjà un contingent très important auquel nous devons ajouter les ouvriers et ouvrières en chambre, le personnel domestique, etc., etc., qui ignorent encore les avantages de la loi sur les accidents du travail.

Nous avons, il est vrai, la loi du 18 juillet 1907, qui décide que tout employeur non assujeti à la loi du 9 avril 1898 a la faculté de se placer sous le régime de ladite loi.

Ne sommes-nous pas déjà suffisamment édifiés sur le peu de respect qu'inspirent aux employeurs les lois de protection ouvrière lorsqu'elles sont obligatoires, pour affirmer qu'elles ne sont qu'une duperie lorsqu'elles ne sont que facultatives?

Tant d'efforts sont faits déjà pour se dérober aux premières que les secondes sont totalement ignorées ; aussi pensons-nous que ce n'est pas pour la crainte de froisser la modestie patronale que l'on s'est abstenu jusqu'à présent de publier les statistiques des patrons qui se sont volontairement assujettis à la loi.

L'exemple vient d'ailleurs d'en haut, et il est utile qu'il soit connu : l'Etat, les départements, les communes, qui imposent à l'industrie privée des lois ou des ordonnances pour la protection du travail, ne sont-ils pas les premiers à s'y dérober?

Les tribunaux n'ont pas encore osé affirmer en termes absolus que les administrations publiques n'étaient pas assujetties à la loi de 1898 à l'égard de leurs salariés, mais dans la presque totalité des cas, jugeant par espèce, on a su trouver dans le maquis de la procédure quelques motifs concluants pour débouter les accidentés de leurs demandes. La loi et la jurisprudence, en ce qui concerne les administrations publiques, sont si indécises, si incertaines, si douteuses, que les juristes les plus compétents ne peuvent encore affirmer, après plus de dix ans d'expérience, si elles sont ou non assujetties. (Voir Rec. du min. du Travail; v. Recueil spécial des acc. du trav., etc., etc.).

Nous avons pu connaître également que de puissantes sociétés financières ayant pour objet l'achat de terrains et d'immeubles de rapport, la construction et l'exploitation de la propriété, faisant construire elles-mêmes leurs immeubles, sans passer par l'intermédiaire des entrepreneurs, occupant pour leurs travaux plusieurs centaines d'ouvriers dans les mêmes conditions que tout entrepreneur, n'étaient pas assujetties à la loi parce que non patentées comme entrepreneurs. Ainsi en ont jugé le tribunal civil de la Seine et la Cour d'appel pour le cas d'un ouvrier peintre gravement blessé au service de l'une de ces sociétés et qui fut débouté de sa demande de rente. L'affaire est actuellement en instance devant la Cour de cassation et nous n'avons pas perdu tout espoir de voir casser le premier jugement. (V. « V. du P. », 9-16 janvier 1910).

Dans toutes les grandes villes, il existe de ces sociétés financières; il résulterait donc, si la jurisprudence était confirmée par la Cour de cassation, que des milliers d'ouvriers du Bâtiment, se croyant protégés contre les accidents du travail par la loi de 1898, ne le seraient pas.

Notre avis sur ce point est donc que l'assujettissement devrait être obligatoire pour tout employeur, que ce soit l'État, un entrepreneur ou un particulier. C'est-à-dire que tout travailleur n'ayant que son salaire journalier pour vivre devrait être garanti, à la charge de son employeur, quel qu'il soit, contre les risques d'accidents pouvant survenir au cours de son travail. Devrait être réputé de droit accident du travail toute lésion produite sur le lieu et pendant le travail; sauf preuves contraires à la charge de l'employeur, le doute doit bénéficier à la victime. L'application de cette garantie ne sera peut-être pas facile, mais elle n'est certes pas impossible. Nous devons également demander l'extension de la loi aux maladies professionnelles; cette revendication a déjà été tant de fois formulée que nous ne croyons pas devoir nous y étendre davantage.

Dans l'article 2, les législateurs ont prévu un maximum au bénéfice des dispositions de la loi, en décidant que lorsque le salaire annuel dépasse 2.400 francs, le surplus ne compte que pour le quart. N'y aurait-il pas lieu logiquement de demander qu'il soit également fixé un minimum. Ce serait un frein à la hideuse exploitation par les compagnies d'assurances des petites mains dans certaines industries.

L'application de l'article 3 est livrée à l'appréciation des tribunaux; elle a donné lieu depuis plusieurs années à des abus scandaleux. Sous l'influence des organes patronaux, le taux des rentes ou indemnités allouées aux accidentés dans les cas d'incapacité permanente a été considérablement diminué. Les incapacités légères, jusqu'à 5 et 6 %, ont même, dans de nombreux cas, été supprimées. (Voir assemblées des présidents des Chambres de commerce de France à Paris, le 9 novembre 1908. Compte rendu).

Les réclamations que nous pourrions formuler sur ce point étant d'ordre juridique plutôt que législatif, nous en reparlerons plus loin en examinant les mesures à prendre pour assurer le respect des garanties déjà acquises par la loi actuellement en vigueur Nous estimons cependant qu'il serait désirable de voir introduire dans la procédure appliquée aux accidents du travail, l'intervention d'arbitres professionnels pour l'évaluation des incapacités comme pour l'évaluation des salaires, la compétence des prud'hommes pourrait être reconnue pour connaître des accidents en ce qui concerne les indemnités temporaires.

Avant de quitter l'article 3, signalons la restriction apportée relativement à la rente allouée aux ascendants: la loi comporte l'obligation pour les ascendants de prouver qu'ils étaient à la charge de la victime décédée à la suite d'un accident. Cette restriction nous a parue arbitraire dans un grand nombre de cas. Il nous paraîtrait légitime de tenir compte des sacrifices que des parents ont pu faire pour assurer un métier à leur enfant, comptant sur l'avenir pour les en dédommager. Il y aurait là une question très intéressante à étudier pour les législateurs.

L'article 4 comporte pour l'accidenté le libre choix du docteur, en accordant au patron le droit de choisir un médecin contrôleur ayant accès hebdomadaire auprès de la victime et le droit de requérir devant le juge de paix la désignation d'un expert.

Les rigueurs de l'article 30, si rarement appliquées d'ailleurs, sont impuissantes à réagir contre les manœuvres des patrons et des compagnies d'assurances qui essayent toujours, par l'influence ou la menace, d'imposer leur docteur aux accidentés. (Pour les blessés que l'on envoie dans les hôpitaux, nous renvoyons à l'intéressant rapport présenté au conseil judiciaire par le camarade Merma). Quant au droit de contrôle dont nous parlons plus haut, il donne lieu à de fréquents conflits, parce que la loi ne précise pas le droit des parties pour fixer le lieu d'examen, soit pour le contrôle, soit pour l'expertise. Quand il s'agit d'une expertise, elle a généralement lieu au cabinet de l'expert, le blessé a le droit de se faire assister de son médecin traitant; mais, par un hasard étrange, les expertises se font presque toujours aux heures de consultation dudit médecin, de sorte qu'il ne peut s'y rendre; en outre, nous devons ajouter que les frais de vacation n'étant pas prévus au tarif Dubief, le médecin se soucie peu de s'y rendre, n'étant pas payé, à moins que sa note d'honoraires soit en cause; dans le cas contraire, il se borne à promettre, quitte à ne « pas pouvoir s'y rendre », à moins que le blessé offre de le payer. Cette critique ne s'adresse pas aux médecins consciencieux qui s'intéressent à leur blessé.

Dans un grand nombre de cas, la présence du médecin à l'expertise est cependant très importante, les assurances le comprennent si bien que leur docteur y assiste toujours. Il serait donc logique de comprendre comme frais médicaux les honoraires du médecin du blessé assistant à une expertise ou à une autopsie. Ajoutons que l'autopsie devrait être de droit et ordonnée d'urgence chaque fois qu'il y aurait contestation du patron ou de son assurance.

Quand il s'agit des visites de contrôle, le médecin contrôleur s'obstine à vouloir examiner le blessé à son cabinet au domicile de ce dernier; il y a dans cette pratique de fréquents prétextes à conflits, nous pensons que :

1° La faculté devrait être légalement reconnue au blessé, pour ce qui concerne exclusivement le traitement médical, de faire élection de lieu chez le docteur qu'il a choisi et que les visites de contrôle ou d'expertise puissent, sur la demande du blessé, être faites chez un docteur;

2° Lors des vistes de contrôle, les docteurs devraient établir en commun un procès-verbal de leurs observations dont copie serait délivrée au blessé;

3° Il serait désirable que lorsqu'au cours du traitement, le juge de paix est saisi par le patron d'une demande d'expertise, conformément au septième alinéa de l'article 4, le blessé en soit informé quarante-huit heures avant la désignation de l'expert;

4° Tout patron qui, ayant été régulièrement informé du choix du docteur, négligerait son droit de contrôle, devrait être considéré comme acceptant le traitement;

5° Pour toute lésion dont le traitement aurait duré plus d'un mois, l'accidenté devrait être prévenu dix jours à l'avance de la date de consolidation, ce qui lui permettrait de se retourner, soit pour retrouver une occupation si la consolidation n'est pas contestée, soit pour se défendre si elle est contestée.

Les mesures que nous venons d'indiquer auraient très souvent pour résultat de mettre un terme à la manœuvre suivante si fréquemment employée par les assurances : Supposons un blessé en traitement depuis trois mois; si la consolidation est proche, rien n'est plus facile pour l'Assurance de contester l'utilité des soins pour une quinzaine de jours au moins. Ce blessé se présente, par exemple, un samedi, pour toucher son demi-salaire; supposons que ce soit un premier du mois, on le paiera comme d'habitude, puis on le priera de passer à la visite du médecin de l'assurance dans le courant de la semaine suivante, ledit docteur l'examinera sans lui faire aucune observation relative à la consolidation, lui insinuant plutôt qu'il peut laisser continuer les soins.

Le samedi suivant, si le blessé se présente pour toucher, on trouve quelque vague prétexte pour retarder le paiement pendant au moins une semaine encore. Enfin, vers le 15 ou le 20, on lui annonce qu'il résulte de la visite du docteur que celui-ci l'a consolidé depuis le premier du mois.

Pendant quelques jours, le blessé démarche, s'informe, hésite, puis vers le 20 se décide à en appeler devant le juge de paix. Après plus d'une semaine perdue pour l'inutile formalité de conciliation, l'affaire vient à l'audience, elle est renvoyée à expertise et souvent remise à trois ou quatre semaines. Comme le blessé ne sera examiné que deux ou trois jours avant que l'affaire revienne, pendant cette période, c'est-à-dire pendant cinq à sept semaines, le médecin traitant, confiant autant que le blessé en l'issue de l'affaire qui lui paraît certaine, a continué le traitement qui a pu améliorer le blessé.

Quand l'expert examinera, parfois le blessé sera réellement consolidé, mais comme il ne sera plus possible de déterminer une date précise à la consolidation, l'expert soucieux de conserver l'estime de l'assurance pour obtenir les fructueuses expertises futures, acceptera la date proposée par l'assurance et le blessé sera débouté de sa demande; tout au plus pour sauver les apparences, lui accordera-t-on une huitaine de jours; de sorte qu'il sera frustré de plus d'un mois de son demi-salaire et que les frais médicaux de cette période lui incomberont s'il plaît au docteur de les lui réclamer. Ce qui n'empêchera pas l'Assurance de bénéficier de l'amélioration acquise par le traitement.

Quant aux huit et dix jours, s'ils ont été accordés, il ne les touchera encore qu'un mois après, car les greffiers et huissiers demanderont souvent plus d'un mois pour l'exécution d'un jugement; de sorte qu'un blessé aura pu être consolidé par l'assurance le 1er janvier, par l'expert le 10, en réalité très légitimement traité jusqu'à fin février, et il ne touchera ses dix jours qu'à la fin de mars. Il lui restera à payer le docteur pour plus d'un mois. Les mesures que nous proposons plus haut remédieraient souvent à cet état de choses.

En poursuivant notre examen de la loi, nous ne pourrions passer l'art. 11 sans signaler les graves inconvénients résultant des déclarations faites par les employeurs.

En effet, le patron peut, à l'insu du blessé, faire les déclarations les plus fausses et déposer des certificats incomplets. Il serait nécessaire que l'accidenté puisse prendre communication des déclarations et certificats déposés par le patron, et s'il le juge utile, déposer lui-même une autre déclaration et un autre certificat.

Nous ne pourrions passer sous silence les insuffisances de la loi en ce qui concerne la procédure; il devient indispensable d'assurer aux victimes plus de garanties contre les manœuvres et les pièges dressés par les assurances. Nous avons vu plus haut comment un accidenté peut attendre trois mois pour toucher son demi-salaire.

Lors de l'enquête devant le juge de paix, les Compagnies d'assurances continuent d'exercer leur habileté en procédure, soit en s'abstenant d'y comparaître, soit en faisant des réserves ménageant de menaçantes surprises contre l'intérêt des victimes. Ils refusent par exemple de déclarer un salaire annuel sur lequel le patron est souvent plus fixé cependant que l'ouvrier lui-même, ce qui permettra ultérieurement de chicaner le taux du salaire de base, si l'on ne peut échapper à une évaluation équitable de l'incapacité. Le salaire annuel déclaré à l'enquête par le blessé devrait être considéré comme implicitement accepté par le patron, à défaut de déclaration par celui-ci.

Nous considérons également qu'en tout état de cause, l'année ouvrable devrait être basée sur 300 jours au minimum.

Nous pourrions encore réclamer que la loi fixe un maximum de délai pour toute procédure concernant les accidents; l'exécution sur minute et sans provision de tous jugements en résultant, et jusques et y compris un appel, ainsi que le libre choix par le blessé de son avoué et de son avocat. Actuellement, les accidentés attendent souvent plus d'une année une solution devant le tribunal civil.

Nous terminerons cette série de réclamations par le désir d'une application plus stricte des sanctions de l'article 30, ainsi que du paragraphe de l'article 27, qui pourrait s'appliquer à toute Compagnie d'assurances qui, par des manœuvres systématiques et constantes, entravent l'application de la loi.

Nous ne parlerons pas ici du monopole des assurances par l'Etat, cette proposition est soutenue de divers côtés. Nous pensons toutefois que les travailleurs ne doivent envisager cette éventualité qu'avec la plus extrême prudence et la plus grande circonspection. Cette question devra être préalablement l'objet d'une étude spéciale et approfondie, ce sera l'œuvre de demain des Conseils judiciaires ouvriers dont nous parlons plus loin.

En attendant la réalisation des réformes que nous venons d'exposer, nous devons activement nous préoccuper des mesures à prendre pour assurer les garanties actuellement acquises par la loi en vigueur; cette action relève de l'organisation syndicale et fait l'objet de la seconde partie de la présente étude.

B. — Action syndicale.

Il serait difficile de concevoir œuvre syndicale actuellement plus intéressante, plus utile et surtout plus urgente, qu'une organisation à base exclusivement ouvrière pour la défense des accidentés du travail, tant au point de vue judiciaire qu'au point de vue médical.

Nous avons chaque jour l'occasion de constater que la loi de 1898 est peu à peu détruite par la coalition de toutes les puissances capitalistes et judiciaires et que, dans la limite où elle est encore appliquée, elle rapporte plus à la fraction bourgeoise qui en vit qu'aux victimes.

La loi de 1898 permet aux patrons de paraître bons apôtres en se retranchant pour les responsabilités derrière leurs assurances, se déchargeant sur celles-ci du soin de duper les victimes d'accidents.

Nous pouvons affirmer qu'il n'est pas un blessé auquel il soit payé intégralement tout ce qui lui est dû; les assurances trouvent toujours quelque prétexte pour retenir une partie de ce qu'elles doivent payer — quand elles paient.

Il faut reconnaître que la classe ouvrière, par son insouciance de la connaissance de ses droits, même les plus simples à connaître, par son ignorance et la négligence de ses propres affaires, contribue quelque peu à cet état de choses. Combien d'ouvriers ignorent même le nom ou la raison sociale de l'entreprise qui les emploie! Combien sont incapables d'établir leurs comptes de salaires; on ne saurait croire le nombre de jugements mal rendus pour ces causes.

Il n'en est pas moins incontestable que les Compagnies d'assurances obtiennent depuis quelque temps des jugements scandaleux, grâce à leur puissance capitaliste et l'influence qu'elle leur permet d'exercer pour s'assurer la complicité de tout ce monde qui gravite autour des accidents comme les corbeaux sur les champs de bataille.

Dès les premiers instants de son accident, l'ouvrier ne voit que sa chair meurtrie, il ne prend aucune des dispositions indispensables pour les suites, conséquences et conditions toujours contestées que comporte son affaire. Il s'en rapporte à la « bonne foi » du patron ou de son assurance, car il se croit assuré, ignorant qu'en principe c'est son patron qui est assuré « contre les risques » (on devrait dire « contre les obligations ») de la loi du 9 avril 1898.

On ne saurait s'imaginer le nombre et la variété des ruses employées par les assurances pour ne pas payer. La moindre insuffisance de témoignage suffit pour contester l'accident. La victime obligée de s'adresser aux tribunaux commence à gravir un autre calvaire. Elle se heurtera d'abord à des greffiers parfois insolents, peu scrupuleux, paraissant tout ignorer de la loi, — on voit encore certains greffiers soutirant aux blessés quelques sous pour les citations, alors qu'en matière d'accidents du travail tout est gratuit, — puis dénaturant sciemment les demandes, arrivent à dresser toutes les pièces de procédure de façon défectueuse. C'est ainsi que citations et enquêtes sont souvent établies en ce qui concerne la matérialité de l'accident et le salaire sur les indications de l'assurance, sans tenir compte de celles du blessé, comme cela devrait être.

La matérialité de l'accident est-elle irréfutablement établie, que l'on contestera la quotité du salaire journalier et du salaire annuel; enfin on discutera la durée du traitement médical, la nature et les conséquences de l'incapacité.

C'est alors que le concours d'un médecin consciencieux devient indispensable; mais très peu de médecins osent déplaire aux assurances; pour beaucoup, le souci de leur note d'honoraires l'emporte sur l'intérêt du blessé, car plus l'assurance donnera au blessé, plus elle regimbera pour régler le docteur et inversement. Or, le docteur, craignant toujours les difficultés que ne manquera pas de lui soulever l'assurance pour le règlement de sa facture, se montrera très prudent ou très imprécis dans les termes des certificats qu'il délivrera au blessé. Il faut avoir lu ces certificats ironiques pour les apprécier. Combien de docteurs semblent ignorer les règles les plus élémentaires, et de la politesse et du secret professionnel qu'ils doivent à leurs clients (car les accidentés sont des clients qui, quoique ouvriers et surtout parce que victimes, n'en sont pas moins respectables). Ils communiquent à l'assurance, et à l'insu du blessé, leurs appréciations. Nous avons vu des docteurs remettant aux victimes des lettres cachetées (ce qui est déjà incorrect) pour remettre aux patrons ou aux assurances, lettres contenant des appréciations désobligeantes ou même préjudiciables aux blessés, sans autre souci que celui de ne pas déplaire à l'assurance.

Mais où ces réserves, ces imprécisions, ces réticences prennent un caractère beaucoup plus grave, c'est lorsque après le traitement, l'accidenté est atteint d'incapacité permanente, totale ou partielle.

Alors, sortant de la juridiction du juge de paix, il tombe dans la procédure civile. Ceux qui n'ont jamais assisté à une audience de conciliation à Paris (j'imagine qu'il doit en être de même en province) ne peuvent s'imaginer cette triste comédie. Là siège un juge, bourru envers le blessé, mais obséquieusement affable envers le représentant de la riche et puissante Compagnie d'assurances. C'est ce dernier qui conduit le débat; impossible au blessé de placer un mot, tous les arguments sont employés pour l'influencer et l'engager à accepter l'indemnité toujours dérisoire qui lui est offerte, ou un examen par un « expert » que l'assurance demande et que le juge ne refuse pas. Le blessé ignore le plus souvent qu'il a le droit de refuser cette expertise et qu'il y a souvent intérêt à la refuser. (V. art. 303 et suiv. du C. de proc. civ.).

Si, passant outre à ce simulacre de conciliation, le blessé refuse, l'assistance judiciaire lui donne un avoué et un avocat qui le plus souvent ignorent la loi (à Paris, les avocats désignés sont toujours des stagiaires). Tels sont les éléments de défense du blessé contre les puissantes Compagnies d'assurances qui ont à leur service des avoués et des avocats spécialisés, et surtout la complaisance de toute la gent judiciaire, y compris particulièrement les experts.

C'est ainsi que des millions sont dérobés chaque année aux accidentés du travail. On peut affirmer que les bénéfices réalisés par les assurances, les médecins, avoués, avocats, huissiers, juges, experts, etc., sont certainement supérieurs aux indemnités accordées aux victimes.

La plus grande partie de ces bénéfices est constituée par ce qui devrait être payé aux accidentés. Les assurances dépensent en procédure près de 50 % des sommes qu'elles votent aux accidentés, grâce à une magistrature trop complaisante, aux avoués et avocats incapables, et surtout aux experts soumis et dévoués aux puissantes Compagnies, alors que le plus grand nombre des affaires pourraient être réglées en conciliation si les juges le voulaient.

Ce bref exposé, appuyé sur des milliers d'exemples, démontre l'utilité de créer des services ouvriers pour la défense des accidentés du travail dans toutes les villes un peu importantes. L'urgence s'impose par l'audace croissante des assurances, et parce que si nous tardons à y pourvoir nous-mêmes, nous serons incessamment sollicités par des docteurs ou avocats plus ou moins philanthropes, qui, sous le couvert des organisations ouvrières, multiplieront des institutions, cliniques ou autres, dans lesquelles l'intérêt du blessé passerait souvent au second plan.

Dans tout accident du travail, on est généralement enclin à ne voir *à priori* que le côté médical ; mais si l'on considère que souvent l'intérêt du docteur vient concurrencer celui du blessé, on est amené à reconnaître que toute clinique ou dispensaire pour accidentés, qui se recommande des organisations ouvrières, ne peut être utile et efficace qu'à la condition expresse d'être placée sous le contrôle rigoureux et vigilant de ces organisations ouvrières. Ce contrôle, purement moral, bien entendu, serait dans une institution consciencieusement comprise, plutôt une collaboration exercée par un délégué ouvrier ayant une certaine compétence et une expérience éprouvée en tout ce qui concerne la procédure pour accidentés.

Pour la constitution des dossiers, les pièces médicales ont une grande importance, depuis le certificat d'origine jusqu'au certificat de consolidation.

Les médecins attachés à ces dispensaires doivent donc s'engager :

1° A délivrer au blessé, au début du traitement, un certificat détaillant leurs premières constatations ;

2° A ne fournir aux patrons, aux assurances, ou même aux experts, aucun document ni renseignement concernant le blessé, sans en fournir le double à celui-ci ;

3° A traiter le blessé jusqu'à complète consolidation, sans tenir compte de l'avis toujours intéressé des médecins d'assurances ;

4° A délivrer, à la fin du traitement, un certificat détaillé sur les conséquences des blessures, en se plaçant exclusivement au point de vue médical (l'évaluation du pourcentage incombe plus particulièrement au conseiller judiciaire qui, pour ses évaluations, joint aux considérations médicales les considérations d'ordre professionnel et autres) ;

5° A assister aux expertises, autant qu'il sera nécessaire aux intérêts des blessés ;

6° A se soumettre aux mêmes obligations envers les blessés qu'ils traiteraient en dehors de la clinique.

Sans ces obligations, les accidents du travail n'étant envisagés qu'au point de vue du traitement, les blessés pourraient trouver de bons docteurs partout, mais dans un dispensaire ouvrier, ils doivent être envisagés au double point de vue médical et judiciaire. Ce résultat ne peut s'obtenir qu'à condition absolue que le dispensaire ne soit pas la propriété exclusive d'un seul docteur. Si l'on veut sauvegarder le libre choix du docteur par le blessé et les intérêts de ce blessé, un dispensaire ouvrier doit nécessairement être une œuvre collective à laquelle doivent collaborer plusieurs docteurs qui, en échange de la clientèle assurée que leur procure l'organisation ouvrière, peuvent et doivent accepter la collaboration d'un délégué ouvrier comme conseiller judiciaire et contribuer aux charges qu'il comporte.

Il est donc indispensable que ce service judiciaire soit à proximité même du dispensaire pour que le délégué puisse, autant que de besoin, assister aux visites, particulièrement aux visites de contrôle des médecins d'assurances, afin de se tenir au courant du traitement et échanger avec les docteurs toutes observations nécessaires dans l'intérêt du blessé, pour ce qui concerne la date de consolidation, etc., etc. Ce service judiciaire est surtout ce qui distingue un dispensaire ouvrier des autres dispensaires; les ouvriers y viennent surtout pour cette garantie.

En effet, nous devons remarquer que si les patrons font tous leurs efforts pour que leurs ouvriers accidentés aillent se faire soigner chez leurs médecins d'assurances, ce n'est pas par raison d'économie médicale, mais parce que ces docteurs fournissent tous renseignements pour défendre le patron et n'en fournissent jamais à l'ouvrier. Dans le fonctionnement des assurances, les frais médicaux et les frais de contentieux se confondent pour la défense des intérêts du patron; un service ouvrier doit donc comporter inséparablement les soins médicaux et le guide juridique pour la défense du blessé.

Pour toutes ces raisons, le service judiciaire doit être tenu par un délégué ouvrier. Nous devons insister sur cette qualité de délégué, car il ne peut être l'employé subordonné des docteurs; il doit offrir des garanties de dévouement aux ouvriers et d'indépendance envers les docteurs que seules les organisations ouvrières peuvent assurer.

Un conseiller judiciaire avocat ne prendra jamais les menues précautions que nécessitent les nombreux cas de peu d'importance; il aura toujours tendance à mener les affaires aux fins de plaidoiries, il dédaignera enseigner aux justiciables les moyens de se défendre eux-mêmes devant les tribunaux de justice de paix, et comme il ne s'y rendra pas souvent lui-même, il en résultera que la plupart des petites causes seront abandonnées par les victimes, ou mal préparées et mal soutenues; elles se compliqueront afin de fournir matière à procédure pour le plus grand profit des intermédiaires de la justice. Tandis qu'un conseiller judiciaire ouvrier, plus familiarisé avec ses camarades, comprenant mieux leur langage et leurs besoins, se fera mieux comprendre par eux. Il guidera ou au besoin assistera les blessés pour toute la procédure de début devant le juge de paix et jusqu'à la conciliation devant le tribunal civil. N'ayant aucun intérêt à compliquer les choses, apportant au contraire tous ses soins à solutionner rapidement pour l'intérêt de ses camarades, il tentera tout le possible pour solutionner à la conciliation. Si la conciliation est impossible, si l'affaire doit être plaidée devant le tribunal civil, alors seulement il la remettra à un avocat agréé par les organisations ouvrières, avec tous les éléments nécessaires.

Nous devons nous attendre prochainement à ce que dans toutes les villes industrielles un peu importantes, les Syndicats ouvriers soient sollicités par des docteurs pour créer des cliniques pour accidentés du travail; il importe de veiller à ce que dès leurs débuts ces cliniques soient conçues et instituées avec toutes les garanties que nous venons d'exposer, que nous considérons indispensables et sans lesquelles ces institutions pourraient devenir plus funestes qu'utiles aux blessés et pourraient même dans l'avenir compromettre les organisations ouvrières qui les auraient recommandées. Il sera donc prudent de ne faciliter ces créations qu'avec beaucoup de circonspection, et que lorsqu'une clinique aura été créée dans une grande ville nous ne facilitions la création d'une autre tant que la première n'aura pas atteint son maximum de prospérité.

A notre avis et pour conclure, nous pensons que les Bourses du Travail ou Unions de Syndicats doivent tout d'abord constituer dans leur centre une Commission judiciaire. Cette Commission serait composée de plusieurs délégués ouvriers, trois docteurs et trois avocats au moins, selon l'importance de la ville ou de la région. Elle se réunirait au moins une fois par mois pour étudier toutes les questions de jurisprudence et d'hygiène intéressant le monde du travail.

Alors seulement, si la création d'un dispensaire ou clinique est envisagée nécessaire et possible, ce ne sera plus l'œuvre plus ou moins spéculative d'une seule personnalité, mais l'œuvre de cette commission, c'est-à-dire une œuvre essentiellement ouvrière.

Nous sommes convaincus que ces institutions ne seront pas onéreuses; nous pensons au contraire que les moyens ne manqueront pas pour assurer les ressources nécessaires et qu'en outre elles seront un élément de propagande assurément plus précieux, plus puissant et conséquemment plus efficace que le « Service de placement gratuit » dans lequel se confinent tant de Bourses du Travail, sans autre but que celui de justifier d'aléatoires subventions municipales, qui, le cas échéant, ne seraient pas moins justifiées par un service judiciaire ouvrier.

C'est grâce à ces institutions que les travailleurs trouveront les soins éclairés de bons et consciencieux docteurs dans les cas d'accidents de travail, et les conseils nécessaires pour se défendre en toutes circonstances; par elles nous nous imposerons à l'estime des travailleurs et au respect de nos adversaires.

La mission de ces Services Judiciaires est toute indiquée par ce qui précède. En ce qui concerne les accidentés du travail, dès qu'un accident est signalé à l'un de ces services, il devra d'urgence :

1° S'assurer si la déclaration a été faite conformément à la loi;

2° S'assurer les témoignages nécessaires en vue des contestations possibles relativement aux circonstances et à la matérialité de l'accident;

3° Faire établir le premier certificat par un médecin indépendant et éviter que le blessé soit traité par le médecin de l'assurance et même à l'hôpital;

4° Conseiller au blessé de se faire payer régulièrement son indemnité temporaire et, dès la moindre contestation, présenter l'affaire devant le juge de paix. Quand l'affaire vient à l'audience, déposer des conclusions écrites, aussi précises et aussi détaillées que possible;

5° S'informer exactement du salaire journalier et du salaire annuel;

6° Lors de l'enquête, ne négliger aucun détail pouvant être utile à la cause du blessé.

La plupart des cas bien conduits jusqu'à l'enquête se présenteraient à la conciliation du tribunal civil dans les conditions les plus favorables; si ces mesures élémentaires étaient prises dès le début pour chaque accident, les neuf dixièmes des affaires qui sont plaidées, après de longues attentes, seraient avantageusement solutionnées à la conciliation. Quant aux cas graves n'ayant pu être conciliés, comme il est souvent dangereux d'accepter une expertise amiable, le plus prudent est d'attendre que l'affaire soit plaidée pour exiger trois experts comme la loi le permet. Il est alors indispensable de remettre à l'avoué et à l'avocat tous les éléments nécessaires pour établir de bonnes conclusions et présenter une bonne plaidoirie. Quand l'affaire est définitivement solutionnée, s'assurer que toutes les pièces du dossier soient remises au blessé en prévision d'une revision possible.

Il sera utile, dans l'avenir, que les services judiciaires ouvriers entretiennent des rapports entre eux pour se tenir mutuellement au courant de leur action.

Nous ne doutons pas que devant ce redoublement de vigilance des travailleurs, tous nos adversaires soient quelque peu surpris et emploient tous moyens pour se défendre. Dès le début, nous ne vaincrons pas sans quelques difficultés les insolences des employés d'assurances et des mairies, les scandaleuses spéculations des greffiers, docteurs, avoués et avocats. MM. les juges et les experts renonceront difficilement à leur avantageuse sollicitude pour les assurances, et ces dernières à leurs profits.

C'est alors que pour certains cas, une action énergique s'imposera. Nous ne devrons laisser échapper aucune occasion de protester contre tous les abus qui nous seront signalés. Mais il ne suffira pas toujours de protestations ou de requêtes platoniques (ces moyens, d'ailleurs, s'ils permettent de faire réparer un cas d'espèce, sont généralement impuissants à supprimer la pratique).

Nous devrons recourir à la publicité par la presse, l'affichage, la brochure, pour dénoncer au public tous les abus, toutes les injustices commises contre les accidentés du travail, et si même cela devient nécessaire, nous recourrons à des manifestations plus énergiques. Quelques meetings jusque dans les salles d'audience, quelques visites collectives dans les bureaux d'assurances, voire même chez les experts.

Si, malgré ces mesures énergiques, il reste quelques juges, quelques experts ou autres auxiliaires réfractaires à la raison et à la loi qu'ils ont charge de faire respecter, il suffira qu'ils soient à leur tour victimes d'un « accident du travail » pour inspirer le respect des accidentés.

Septembre 1910.

C. Beausoleil,
Secrétaire au Conseil judiciaire de l'Union des Syndicats ouvriers de la Seine.

Citoyenne Augier. — Camarades, notre syndicat a présenté, au Congrès confédéral de Marseille, un rapport sur les accidents concernant les femmes et a adopté un ordre du jour. Dernièrement le Congrès fédéral de l'Habillement, tenu au mois d'août, a adopté à l'unanimité un nouveau rapport que je vous demande la permission de vous faire connaître :

SYNDICAT DES OUVRIÈRES TAILLEUSES, LINGÈRES ET SIMILAIRES DE MARSEILLE

Rapport sur les accidents du travail. — Modifications à apporter à la loi sur les accidents en ce qui concerne les femmes.

Camarades,

Permettez-nous de revenir sur une question que nous avions déjà soulevée dans un précédent congrès et qui nous tient particulièrement à cœur.

Nous voulons parler de la loi sur les accidents qui nous place dans une situation d'infériorité regrettable et inhumaine pour nous.

En voici l'exposé :

La loi de 1898, sur les accidents du travail, est, dit-on, une œuvre de protection ouvrière. Ceux qui ont compulsé, étudié ses multiples rouages, nous diront qu'ils sont amenés à cette conclusion : « que l'ouvrier a besoin d'être protégé contre la loi qui le protège ».

Indépendamment de cette constatation et malgré les modifications apportées par les lois de 1899, 1906 et 1907, le législateur ne s'est pas aperçu ou n'a pas voulu s'apercevoir, qu'une lacune regrettable causant un préjudice considérable à la femme accidentée, lui rendait cette loi antipathique.

Cependant, *a priori*, il semble que la loi de 1898 donne les mêmes droits à la femme et que par conséquent elle devrait se déclarer satisfaite. Elle le serait certainement s'il en était ainsi. Or, chacun sait que les conditions sociales de la femme ne sont pas comparables à celles de l'homme. En effet, les salaires de l'homme varient de 4 à 8 francs par jour, alors que ceux de la femme varient entre 1 fr. 50 à 2 fr. 50 par jour, ce qui la met dans un état d'infériorité manifeste.

Ainsi, en cas d'accident du travail n'entraînant qu'une incapacité temporaire, la femme a droit, conformément à l'article 3 de la loi, à une indemnité journalière ou demi-salaire de 0 fr. 75 à 1 fr. 25 par jour, selon qu'elle aura un salaire de 1 fr. 50 ou 2 fr. 50; ce qui, vous l'avouerez, est absolument insuffisant pour qu'elle attende sa guérison, sans que la misère ne prenne place à son foyer.

Elle se trouve donc sans conteste dans l'impossibilité de subvenir à ses besoins, et ne peut, par suite de sa blessure, s'occuper du ménage dont elle a toute la charge.

Ceci, évidemment, n'est qu'une gêne passagère dont elle aura cependant beaucoup de peine à se relever; mais si, au lieu d'un accident n'entraînant qu'une incapacité temporaire, elle est victime d'un accident entraînant une incapacité permanente, partielle ou absolue, la pension qui lui sera accordée, basée sur son salaire, sera dérisoire.

Je cite un exemple : la blessée subit l'amputation de la main droite; selon la loi et la jurisprudence, tout travail ne lui est pas impossible. On estime donc que la perte de la main droite lui donne droit à une réduction de 65 %. Elle gagnait 2 fr. 50 par jour — nous prenons le maximum pour faire une démonstration impartiale. — Il y a 300 jours ouvrables par an, son salaire était donc de 750 fr. La réduction de 65 °/₀ nous donne exactement 487 fr. 50 que nous divisons par 2, toujours selon la loi, et nous obtenons une pension de 243 fr. 75, soit 0 fr. 65 par jour environ.

Si vous tenez compte que, tant au point de vue de la réduction qu'à celui des salaires, nous avons pris un chiffre maximum, vous serez certainement de notre avis pour déclarer que cette démonstration se passe de commentaires.

Nous demandons donc au Congrès qu'il donne mandat à la Fédération de faire une active propagande pour que l'on accorde à la femme blessée dans un accident un minimum de salaire permettant à la femme de vivre dignement.

Nous demandons à ce que la question soit portée au Congrès confédéral de Toulouse et ce par la Fédération.

Le Syndicat des ouvrières Tailleuses, Lingères et parties similaires de Marseille.

Le Président. — Je mets aux voix cet ordre du jour. *(Adopté).*

Saint-Venant. — Camarades, j'exprime la même opinion que le camarade Beausoleil, à savoir qu'il est regrettable que nous n'ayons pas plus de temps pour discuter sur la loi des accidents du travail et sur son application, et c'est de votre faute, car il ne fallait pas soulever ici des questions personnelles.

Il faut donc voir dans quelles conditions la loi sur les accidents du travail est appliquée. Il faut tenir compte non seulement des jugements rendus, mais aussi de la façon dont on interprète cette loi, soit pour défendre les intérêts des blessés, soit pour en faire une question commerciale. La question se pose, même à la Conférence des Bourses, sur une proposition qui a pour but de déterminer les Bourses ou Unions locales à organiser des consultations ou des cliniques pour défendre et soigner les blessés. Il serait impossible de discuter aujourd'hui sur toutes les modifications que nous demandons. Je ne veux pas vous donner communication de tout le rapport que j'ai là ; mais, au nom de mes camarades de Lille, je vous demande de vouloir bien insérer, dans la brochure du Congrès de Toulouse, toutes les modifications que nous demandons, de façon à ce que les Bourses du Travail puissent se rendre compte, ainsi que la C. G. T., pour qu'elles fassent toute la propagande nécessaire pour obtenir satisfaction, parce que nous ne pouvons pas tolérer plus longtemps de laisser les juges de paix rendre des jugements comme bon leur semble, sans tenir aucun compte des termes de la loi et, étant donné que le Conseil d'Etat rend lui-même des arrêts contraires à la loi, il faut que nous obtenions satisfaction sur tous ces points.

ACCIDENTS DU TRAVAIL

Depuis l'élaboration de la loi sur les accidents du travail, son vote en 1898, puis les modifications, nous constatons qu'elle conserve encore des lacunes et des imperfections.

Quoique l'on dise que malgré ses obscurités, son insuffisance et ses difficultés d'interprétation et d'application, elle n'en marque pas moins un progrès considérable, au point de vue économique et social, sur l'état anarchique qui la précédait, nous devons constater que cet état anarchique existe néanmoins de par la volonté de ceux chargés de l'application de cette loi, qui, à tout instant, ouvrent la porte aux abus et constituent, par le fait même des appréciations personnelles, une illégalité dans la voie légale.

Pour donner à nos vœux l'importance et l'attention qu'ils méritent, nous n'avons pu mieux faire que de se rapporter et d'en appeler à la compétence bien connue de Me Balavoine, avocat, non seulement par ses conseils, mais aussi par les renseignements qu'il apporte sur la législation, dans son *Recueil judiciaire*.

Les commentaires et appréciations, aussi caractéristiques que justifiés, dénotent que nous pouvons en toute franchise nous en rapporter à ses documents pour tenter d'obtenir des modifications à la loi.

En l'article premier, nous demandons, d'une manière générale, extension de la loi à toutes les entreprises, afin que les termes de la loi ne visent pas seulement les entreprises industrielles et commerciales. Nous considérons que la loi doit s'étendre à toutes entreprises agricoles, ainsi qu'au contrat du travail entre maitres et domestiques, servantes, bonnes, etc., etc.

Aux articles 2 et 3, nous demandons que les indemnités journalières comptent dès le premier jour de l'accident :

a) Sur le salaire de base, l'ouvrier n'a, la plupart du temps, aucun document. D'autre part, la jurisprudence estime que la déclaration du patron faite à l'enquête ne le lie pas définitivement et qu'il peut rectifier cette déclaration par un relevé de salaire. Ce relevé de salaire, en l'absence de documents de l'ouvrier, fait foi. Il serait avantageux que, comme dans certaines concessions minières, l'ouvrier ait un double carnet de paye : l'un qui resterait au bureau du patron, l'autre que conserverait l'ouvrier. A chaque paye, la mention serait portée sur chaque livret. En cas d'accident l'ouvrier aurait une arme.

Nous demandons donc, pour garantir le salaire de base, en cas d'accident, qu'il soit obligatoirement établi le carnet de paye en double expédition, dont l'un pour le patron ou chef d'entreprise et l'autre pour l'ouvrier.

b) Qu'en ce qui concerne le taux de réduction, qui est déterminé par les tribunaux d'une manière uniforme sans tenir compte de la profession du blessé, qu'un barème soit établi eu égard aux professions pour établir le préjudice que l'ouvrier retire.

c) En ce qui concerne les petites incapacités, l'article 3 porte :

« Losqu'il y a une incapacité partielle et permanente, l'ouvrier a droit à une rente égale à la moitié de la réduction que l'accident aura fait subir au travail. »

Nous considérons certainement comme des dénis de justice et nous nous élevons contre la jurisprudence suivie par quelques tribunaux qui, tout en reconnaissant, d'accord avec le docteur, déclarant qu'il est dû à la victime une indemnité de 5 % et qu'en raison de la réduction de moitié, ne portant pas un taux suffisamment élevé, passe outre à la déclaration du docteur, déboute l'ouvrier de sa demande et bien souvent le condamne aux frais.

Exemple, en date du 14 février 1910, Cour d'appel de Douai (1re ch.) : L'ouvrier Hochedez a perdu la phalangette de l'index gauche avec une légère limitation de flexion de la phalangette du médius;

Confirme le jugement entrepris; dit que Hochedez ne reste atteint d'aucune infirmité permanente pouvant avoir une répercussion sur ses salaires;

Déclare Hochedez non recevable et mal fondé dans ses demandes, fins et conclusions, tant principales que subsidiaires, l'en déboute, le condamne à l'amende et aux dépens.

En conséquence, nous demandons qu'il soit dit dans la loi que toute incapacité, dès qu'elle est appréciée médicalement, donne droit à une rente.

d) Pour la rente aux ascendants, lacune grave de la loi.

Selon la loi de 1898, l'ascendant n'a droit à la rente que s'il était à la charge de la victime au moment de l'accident et la jurisprudence se montre très rigoureuse à ce sujet.

Selon le droit commun (art. 1382 du C. civ.), l'ascendant a droit à des dommages et intérêts, toutefois qu'il y a faute du patron. Donc, lorsqu'un ouvrier, couvert par la loi de 1898, décède dans son travail, ses ascendants n'ont droit à aucune indemnité que s'ils étaient à sa charge.

Au contraire, lorsqu'un ouvrier non couvert par la loi de 1898 (ouvriers agricoles, etc.), décède dans son travail, ses ascendants, même non à sa charge, sont fondés à actionner le patron, s'il y a eu faute de celui-ci.

Nous demandons donc que dans la loi de 1898 il soit indiqué que toutes les fois que le ou les ascendants d'un ouvrier garanti par la loi, pourront démontrer qu'il y a faute du patron, il pourra être actionné contre ce dernier selon les termes de l'article 1382 du C. civ.

Article 4. — Droit de naissance. La Cour de cassation a jugé que l'enfant qui n'était pas né avant l'accident qui a entraîné la mort de son père ne pouvait être admis à participer à l'indemnité. Cette interprétation est en contradiction formelle avec le Code civil qui a prévu la désignation d'un curateur au ventre pour sauvegarder les intérêts de l'enfant qui doit naître.

Nous basant sur l'humanité et la justice, nous demandons qu'un article modificatif à la loi de 1898 porte spécialement :

L'enfant né postérieurement à l'accident qui a entraîné la mort de son père a droit à l'indemnité prévue à l'article 3.

L'article 8 soulève deux questions.

Pour le petit ouvrier de moins de 16 ans, de même d'ailleurs que pour les apprentis, la loi dit que le salaire de base sera celui d'un ouvrier valide le moins payé. Or, la jurisprudence de la Cour de cassation s'obstine à considérer comme ouvrier valide, celui de plus de 16 ans qui n'est atteint d'aucune infirmité. On doit, au contraire, entendre par là l'ouvrier qui a atteint le plein développement de sa capacité ouvrière.

C'est ainsi que pour un bacleur de moins de 16 ans, ou un tireur de cordes de moins de 16 ans, où on doit prendre pour salaire de base celui d'un bacleur ou d'un tireur de cordes de plus de 16 ans, puisque ces ouvriers ne sont pas ce qu'on peut appeler, au sens de la loi, des ouvriers valides, on devrait prendre le salaire minimum d'un rattacheur pour le bacleur et celui d'un tisserand pour le tireur de cordes. Donc, le salaire de base d'un ouvrier de moins de 16 ans serait celui de l'ouvrier fait.

Pour les apprentis, la question est cependant différente. La Cour de cassation admet maintenant qu'il peut y avoir des apprentis de plus de 16 ans. Donc, quand un apprenti de moins de 16 ans sera blessé il n'y a pas lieu, par application de l'article 8 de la loi, de prendre pour salaire de base celui de l'apprenti de plus de 16 ans, puisque pour celui-ci même on prend le salaire d'un ouvrier sorti de l'apprentissage.

Mais qu'est-ce que l'apprenti ?

Pour les tribunaux, il faut, pour qu'il y ait apprentissage, que l'instruction professionnelle soit à la base du contrat de louage ; d'autres exigent même, mais c'est l'exception, que le contrat de louage soit fait pour une durée déterminée. La formule exacte en elle même, reçoit des tribunaux une application souvent inexacte. Dans des cas nombreux, les tribunaux se refusent à considérer comme apprentis des blessés qui cependant pourraient bien, d'après leurs occupations effectuées sous la surveillance spéciale d'un ouvrier fait, n'être que des apprentis.

En conséquence, nous demandons que la loi donne comme définition de l'apprenti et à considérer comme tels ceux qui travaillent sous la direction spéciale d'un ouvrier fait, travaillant à s'assimiler les connaissances techniques indispensables.

Qu'en outre, que la loi indique que pour les ouvriers de moins de 21 ans, on devra prendre le salaire de l'ouvrier normal et valide de plus de 21 ans.

L'article 10, § 2, de la loi de 1898, sur la détermination du salaire de base de l'ouvrier occupé depuis moins de douze mois dans l'entreprise, porte que le salaire, effectivement reçu par le blessé, doit s'augmenter de la rémunération moyenne qu'ont reçue pendant la période nécessaire pour compléter les douze mois, les ouvriers de la même catégorie. L'application de ce texte a donné matière à discussion.

En outre, pour ceux dont le travail n'est pas continu, la jurisprudence distingue : s'il y a une période de chômage régulière et longue, comme dans les distilleries, on complète le salaire pour la période de chômage. Si le chômage ne revêt pas ce même caractère de régularité, bien qu'il soit fréquent, on ne complète pas le salaire reçu. Ainsi dans le peignage, il est presque constant que, chaque semaine, les ouvriers chôment un ou plusieurs jours, cependant on ne complète pas leurs salaires.

Ainsi, par exemple, un ouvrier de peignage, âgé de 35 ans, valide, avait comme salaire de base moins de 600 francs. Cependant cet ouvrier sachant que dans sa profession on chôme beaucoup, a appris un métier pour exercer chez lui pendant la période de chômage. Il est clair que la rente devait être calculée sur la totalité des rémunérations que cet ouvrier avait pu recevoir pendant l'année chez le patron du peignage et celui d'ailleurs.

Il n'en fut pas ainsi, sa rente fut déterminée sur la base de 600 francs.

Nous demandons donc que pour les ouvriers occupés depuis moins de douze mois dans l'entreprise, que l'on complète le salaire sur la base du dernier salaire qu'ils gagnaient avant l'accident.

En ce qui concerne l'article 15 :

a) Lorsque la victime d'un accident du travail soutient, avec un certificat médical à l'appui, que l'incapacité est permanente, le juge de paix est tenu de se déclarer incompétent pour déterminer la date de consolidation de la blessure; mais il doit fixer l'indemnité journalière et condamner le chef d'entreprise à payer à la victime l'indemnité fixée.

b) Le juge de paix dessaisi par la procédure poursuivie devant le tribunal civil, ne peut recouvrer la compétence qu'il a perdue.

Il en est notamment ainsi, lorsque la victime d'un accident, déboutée de sa demande en payement de rente, par une décision du tribunal civil qui ne fixe pas la date de consolidation, porte ensuite une demande de paiement de demi-salaire devant le juge de paix.

Nous demandons que la loi dise que le juge de paix sera seul compétent pour fixer le demi-salaire et condamner à le payer jusqu'à ce que le tribunal soit saisi par une assignation en paiement de rente. Avant que le tribunal n'ait statué et après que l'assignation a été lancée, le président du tribunal civil pourrait statuer par voie de référé et allouer une provision. Après le jugement définitif, le juge de paix recouvrerait sa compétence, s'il restait encore à solutionner quelques difficultés relatives aux demi-salaires.

En cas d'appel de la décision du juge de paix, le tribunal d'appel devrait statuer dans le mois.

La faute inexcusable prévue par l'article 20, doit s'entendre, ainsi que l'ont établi les travaux préparatoires, d'une faute plus grave que la faute lourde, moins grave que la faute intentionnelle. En outre de l'imprudence, de l'omission ou de l'infraction aux règlements que comporte la faute lourde, la faute inexcusable implique la volonté d'omettre ou d'enfreindre la négligence volontaire ou coupable. Elle diffère de la faute intentionnelle en ce qu'elle ne suppose pas l'intention dolosive et que, si elle a voulu la négligence, l'infraction, l'omission, elle n'en a pas voulu les effets dommageables.

Suivant plusieurs jugements, on conçoit que la jurisprudence ne soit pas uniforme relativement à l'appréciation de l'étendue du « mauvais vouloir » nécessaire pour impliquer la faute inexcusable, et que, suivant la part plus ou moins grande qu'elle attribue à l'élément personnel, sa définition de la faute inexcusable oscille de la façon lourde, à la faute intentionnelle.

Nous en rapportant à un jugement du 27 octobre 1908, par la Cour d'appel de Grenoble qui estime que, constitue une faute inexcusable « le fait de décider de sa propre autorité, l'inutilité des prescriptions réglementaires dans des conditions déterminées, précautions étant seules susceptibles d'assurer la sécurité des travailleurs. »

En conséquence, nous demandons que la loi définisse que la faute est inexcusable dans les cas d'infraction aux prescriptions, ordres ou règlements, commise sans motif, en toute connaissance du danger qui en résulte.

Nous demandons également que l'assistance judiciaire soit accordée pour l'appel et la cassation, comme elle l'est pour la première instance.

L'assistance judiciaire étant refusée en maintes circonstances, il s'ensuit pour les victimes d'accidents du travail, faisant défaut, la perte des procès quoique cependant ayant eu gain de cause en première instance.

En outre des considérations énoncées plus haut et des vœux qui en résultent, nous demandons :

a) Que la loi indique, en conformité au jugement rendu par le tribunal civil de Nancy, le 28 avril 1902 :

« Juge que la rupture de l'urèthre accompagnée de complications graves et multiples, constitue une infirmité permanente et absolue, lorsque la victime, par suite de sa maladie, doit être considérée comme incapable de trouver une place et de se livrer sérieusement à des occupations lui permettant de subvenir à ses besoins. »

b) Qu'a droit à l'indemnité légale, l'ouvrier qui, bien qu'ayant continué son travail après l'accident, a par suite d'un faux pas, glissade ou autres circonstances, contracté une hernie. (Tribunal civil de Lille).

c) Qu'on ne peut imposer à une victime d'un accident une opération délicate et pouvant offrir un danger. (Jugement du tribunal civil de Lille.)

d) Que soit fondée l'action en revision intentée par la victime lorsque, bien que son état anatomique n'ait pas varié, son état pathologique s'est aggravé par la persistance d'une gêne douloureuse qui a rendu permanent l'état d'incapacité jugé d'abord comme temporaire. (Jugement du tribunal civil de Valenciennes, 14 avril 1910).

e) Il importe que des peines sévères soient édictées contre les agents d'assurance ou d'affaires véreuses qui s'immiscent dans les questions de réglements d'indemnités ou même de déclarations d'accidents. Pour manifester leur zèle, il arrive souvent que ces agents ne répugnent pas à se prêter à de louches combinaisons absolument préjudiciables aux intérêts des sinistrés qui n'ont pas une connaissance suffisante de leurs droits. Il serait juste que ces agents soient tenus à une réserve dont ils ne devraient se départir sous aucun prétexte. En outre, toute lettre ou document relatifs à la loi de 1898 pouvant être produite pour soutenir ou établir des droits ou réclamations quelconques, devraient, si l'intéressé est illettré, être revêtus de la signature de deux témoins, légalisées par le maire.

En outre, afin d'éviter les multiples abus et prévenir avec plus d'efficacité le libre choix du médecin, nous demandons la nationalisation des assurances, en une seule, garantie par l'Etat. Et que soient institués par chef-lieu de canton, des tribunaux professionnels qualifiés (par suite de la désignation des jurés par les syndicats professionnels ouvriers et patrons, à nombre égal) pour apprécier la réduction de la capacité de travail résultant d'une blessure.

Pour les syndicats de Lille adhérents à leurs fédérations nationales,
SAINT-VENANT.

ROUX. — Camarades, en ma qualité de secrétaire de la Fédération du Sciage et peut-être, pourrais-je dire, de la Fédération des mutilés, je dois dire qu'il est malheureusement regrettable de voir, aujourd'hui, dans quelles conditions sont traités les accidentés du travail et, pour ma part, et au nom des divers camarades qui sont dans la même situation que moi, nous ne pouvons pas admettre qu'on fasse traîner les jugements si longtemps et qu'on permette à des juges de violer la loi. Je demanderai donc au Congrès de bien vouloir examiner le rapport qui a été présenté par l'Union des Syndicats de la Seine et qui nous donne satisfaction dans une certaine mesure, en ce sens que les modifications qui y sont proposées doivent donner plus de garantie et de sécurité aux travailleurs. Il faut donc que le Congrès donne une indication ferme pour que, dans l'avenir, on puisse organiser la résistance et qu'on ne permette pas à des juges d'interpréter la loi en la violant, comme cela se produit actuellement. Vous verrez également dans ce rapport des observations en ce qui concerne la durée des jugements, durée que nous trouvons excessive, attendu qu'il faut attendre presqu'une année, quelquefois dix-huit mois pour obtenir satisfaction, et c'est mon cas, car depuis le 28 février, que j'ai été victime d'un accident du travail, on n'a pas encore pu me donner satisfaction. On a prétendu que MM. les juges étaient en vacances. Je ne conteste pas qu'ils puissent prendre des vacances, c'est entendu, ils ont tellement de travail! Mais, quand il s'agit d'un camarade poursuivi pour avoir commis une action syndicaliste, ah! là, il n'y a pas de vacances, on le condamne tout de suite, et cela ne traîne pas. Eh bien, nous demandons que pour les accidentés du travail on fasse la même chose, de façon à ce que les victimes des accidents du travail puissent, tout au moins, recouvrer leurs frais pour l'indemnité qui leur est due.

J'appuie donc, camarades, le projet déposé par l'Union des Syndicats de la Seine, et je vous demande qu'il soit consigné dans la brochure du Congrès, comme l'a demandé le camarade Beausoleil.

Jeannot. — Camarades, comme mon prédécesseur, je viens ici protester contre les irrégularités et contre les accrocs qui sont portés à la loi de 1898. Ils partent du premier principe, c'est-à-dire celui concernant le juge de paix. Là, vous trouvez, quand vous vous présentez, un homme qui est tout disposé à vous rendre service: il a le droit de désigner un expert, et ce sont toujours les mêmes qui sont désignés, et il est rare que les experts désignés n'aient pas d'accointances avec les compagnies d'assurances. Vous voyez alors dans quelles conditions se trouvent les sinistrés.

En second lieu, quand vous arrivez à avoir raison devant la justice de paix et qu'il y a un jugement à signifier, il y a des officiers ministériels qui laissent les sinistrés en panne pendant 10 ou 15 jours; on fait opposition et, de ce fait, on attend encore 20 jours. Alors, en cas d'appel, vous êtes envoyé devant le Tribunal civil où, là, vous avez affaire à des compagnies d'assurances. D'abord, il y a la conciliation. A ce sujet, il y a beaucoup de sinistrés qui disent que les camarades des Bourses ne peuvent pas les représenter. Eh bien, si, camarades, tous les sinistrés ont le droit de se faire représenter par un tiers, et alors il ne faut pas que ce soit un agent d'affaires, mais quelqu'un de conscient. Comme cela vous pouvez vous défendre. Si un camarade ne sait pas ce qu'il y a à faire, eh bien, vous pouvez le défendre.

Puis, s'il n'y a pas conciliation, on va devant le Tribunal civil. Là encore, les compagnies d'assurances ont pour les défendre tout ce qu'il y a de plus élevé dans le barreau: et à vous, qu'est-ce qu'on vous donne? Un stagiaire, c'est-à-dire un homme qui sort de l'école et qui ne sait pas se présenter devant le tribunal. Voilà comment les sinistrés sont défendus!

Et encore là, lorsque vous arrivez devant le président du Tribunal civil et que vous trouvez le moyen d'avoir un défenseur qui cherche à se créer des dividendes, il arrive alors qu'il se demande s'il ne pourrait pas tirer parti des sinistrés, et alors s'il y a un point gênant pour la compagnie, il lui dit: je n'en parlerai pas. C'est pourquoi il est bon qu'il y ait là un camarade pour tenir en respect l'expert ou la compagnie d'assurances, et ce camarade doit intervenir et montrer au Tribunal que cet avocat fait fausse route et qu'il ne défend pas les intérêts du sinistré. Par conséquent, il est de toute utilité qu'il y ait dans vos syndicats un homme qui s'occupe de la question, sans quoi le sinistré est seul pour se défendre. Eh bien, j'estime que, puisqu'il y a un rapport, on doit l'envoyer aux Bourses du Travail.

Cordier. — Ce n'est pas une proposition que je viens vous soumettre : je voudrais simplement que le Congrès admette que les modifications que nous demandons à la loi sur les accidents du travail, et que nous avons déjà décidées dans nos congrès de mineurs, soient inscrites dans la brochure avec les considérants que je ne vous lirai pas. Voici les modifications que nous demandons : que nul patron ne pourra être son propre assureur ; que l'Etat abaisse le taux des primes d'assurance à l'effet d'écarter les raisons qui lui font préférer les compagnies d'assurances : que toutes coalitions patronales soient interdites sous la dénomination de syndicats de garantie ; le Congrès demande que, coopérant avec les avoués, les avocats soient traités sur le même pied ou qu'il leur soit alloué une somme d'au moins 15 francs par affaire ; le taux de 10 % sera élevé à 20 % afin de rapprocher davantage la somme des subsides que l'enfant procure aux parents lorsque ceux-ci sont atteints d'invalidité ; qu'il soit accordé une somme de 1,000 francs au moins dans tous les cas.

Nous demandons que ces modifications soient inscrites dans la brochure.

Le Président. — Je demande au Congrès s'il est d'avis d'incorporer dans la brochure, sur la demande du camarade Cordier lui-même, les observations qu'il vient de faire. (*Approbation*).

Ordres du jour

Nous sommes en présence de trois ordres du jour : voici le premier, déposé par le camarade Beausoleil :

Le Congrès, approuvant le rapport du Comité judiciaire de l'Union des Syndicats de la Seine, confie aux Fédérations et Bourses du Travail la mission de poursuivre la réalisation des vœux qui y sont exposés.

Voici l'ordre du jour du camarade Bled :

Le Congrès décide qu'à l'agitation faite au sujet de l'application et de la modification des lois sur les accidents du travail, doit être jointe celle tendant à l'extension de ses lois à tous les travailleurs qui n'en bénéficient pas encore, notamment tous les travailleurs de la terre.

Voici une addition proposée par le représentant des mineurs-métallurgistes de Briey :

Considérant que l'élément étranger est d'autant plus victime de l'interprétation fantaisiste de la loi ; que les juges n'hésitent pas, particulièrement en Meurthe-et-Moselle, de menacer publiquement le blessé d'expulsion, demande qu'un pareil état de chose cesse, constituant une négation de l'esprit de la loi, et demande au Congrès de protester énergiquement contre de telles mœurs d'intimidation qui frappent les malheureux ouvriers étrangers attirés en France par l'élément patronal.

Voici l'ordre du jour déposé par les représentants de l'Algérie :

Considérant que la loi sur les accidents du travail n'est pas applicable à l'Algérie ni aux autres colonies, qu'il ne saurait y avoir deux façons différentes de traiter les travailleurs, attendu qu'ils sont exploités de la même façon ;

Par ces motifs :

Les organisations algériennes demandent à être traitées sur le même pied d'égalité que leurs camarades de la métropole, et engagent la C. G. T.

à faire une agitation constante à seule fin que cette loi soit applicable à l'Algérie et aux autres colonies.

Je mets aux voix en même temps les ordres du jour de nos camarades d'Algérie et de Meurthe-et-Moselle. (*Adopté*).

Je mets aux voix l'ordre du jour du camarade Beausoleil avec l'addition proposée. (*Adopté*).

Voici maintenant un ordre du jour du camarade Duval :

Considérant que la plupart des accidentés du travail se font soigner dans les hôpitaux tant parisiens que de la province, il y a lieu de faire une police dans les établissements hospitaliers pour aider les camarades dans les démarches, expertises, poursuites.

Considérant que la plupart des médecins experts sont des médecins d'hôpitaux ou de compagnies d'assurances,

Demande que le rapport présenté par le Syndicat de Paris soit joint à la brochure du Congrès pour l'édification des camarades.

Le Syndicat de Paris et les syndicats adhérents à la Fédération des services de santé feront tout leur possible pour aider les camarades et leur dénoncer tous les trucs qui existent dans la confection des certificats d'accidents du travail.

Adopté.

A propos du sou du soldat

Voici une lettre qui nous parvient :

Les secrétaires ou trésoriers d'organisations qui envoient de temps à autre des mandats à leurs membres encasernés sont invités à redoubler de précautions pour qu'aucune indication ne puisse laisser soupçonner l'origine de ces mandats, afin d'éviter aux camarades soldats les tracasseries dont ils ont été l'objet dans certains régiments, notamment à Tulle et à Brive.

Les Travailleurs du Spectacle

Considérant que tout travailleur quel qu'il soit et à quelque profession qu'il appartienne, par le fait même qu'il vit du produit de son travail, ne peut être considéré autrement que comme un salarié ;

Considérant que ce principe absolu n'existe pas lorsqu'il s'agit des travailleurs du « Spectacle », artistes, musiciens, choristes, etc., et que leur classification légale comme « professions libérales » est un non-sens social ;

Considérant qu'à l'appui de la négation de ce principe il suffit de citer que les travailleurs du « Spectacle » n'ont pu obtenir du Parlement, notamment : l'assimilation aux bureaux de placement des agences théâtrales, le bénéfice de la loi sur les accidents du travail, le repos hebdomadaire, le privilège des salaires en cas de faillite, la suppression de la concurrence militaire, etc. ;

Le Congrès déclare :

Qu'il ne peut exister dans une société de traitements particuliers selon les professions et que tous les travailleurs du « Spectacle » sont des salariés au même titre que tous les ouvriers.

Adopté.

Le bureau pour l'après-midi sera ainsi composé : Bled, président : Tabard et Bayle, assesseurs.

La séance est levée à midi.

12me et DERNIÈRE SÉANCE. — SAMEDI 8 OCTOBRE 1910 (après-midi)

La séance est ouverte à 2 h. 35, sous la présidence de Bled, avec Tabard et Bayle comme assesseurs.

Vote sur l'antimilitarisme

Le Président. — Voici les résultats du vote sur la proposition relative à l'antimilitarisme :

Nombre de mandats : 1.390.
Votes exprimés : 1.357.
Pour la proposition Jouhaux : 900.
Pour la proposition Liochon : 307.
Pour la proposition Cordier : 123.
Abstentions : 19.
Contre : 2.
Bulletins nuls : 6.
N'ont pas pris part au vote : 33 organisations.

En conséquence, c'est la proposition Jouhaux qui est adoptée par 900 voix. *(Applaudissements).*

A propos des Margeuses de Marseille

Togny. — Le Comité fédéral du Papier, dans la lettre qu'il m'écrit, prétend, d'après l'insertion dans les journaux, que je me suis rallié à la proposition des Margeuses de Marseille à titre définitif. Or, je tiens à protester en disant que, d'accord avec le camarade Pichon, nous avons décidé d'accepter les Margeuses de Marseille à titre consultatif. Voici cette lettre :

Notre Comité central, réuni hier soir 6 courant, après avoir commenté sur le compte rendu au sujet de l'adhésion, en tant que Syndicat isolé, des ouvrières Margeuses de Marseille, tenons à déclarer que, jamais, ce Syndicat ne nous a fait de demande d'adhésion. Nous avons reçu, le 18 août, une lettre du camarade Coste, secrétaire de la Bourse de Marseille, que je joins à cette lettre. Réponse lui a été donnée à ce sujet et figure sur le copie de lettres. Comme nous ne connaissons pas cette organisation, celle-ci ne figure pas dans la liste des Syndicats signalés par nous à Marseille.

Notre Comité central déclare que, s'il avait reçu une demande d'adhésion de ces camarades, il se serait fait un devoir de l'accepter, ainsi que les autres organisations marseillaises précitées.

En conséquence, nous demandons que tu donnes connaissance de notre lettre ainsi que des pièces y étant jointes, à une séance du Congrès, laissant celui-ci juge en la circonstance.

Le Président. — Je demande au Congrès de prendre acte de cette lettre et de considérer l'incident comme clos. *(Oui, oui!)*

Je vais donner la parole au camarade Merrheim pour le dépôt d'une proposition relative à toute loi concernant le contrat collectif, la capacité commerciale et l'arbitrage obligatoire, et cela au nom de la presque totalité de tous les camarades qui avaient déposé des ordres du jour.

Rapport sur le contrat collectif, la capacité commerciale, l'arbitrage obligatoire.

Pas de restrictions au droit nouveau créé par l'action du prolétariat. et toute législation est une restriction au droit nouveau. Voilà la première idée sur laquelle la commission s'est mise d'accord. Ce qu'il faut. c'est que les militants se pénètrent de cette idée qu'ils doivent exercer sur les contrats un contrôle incessant. Merrheim donne lecture de la résolution suivante :

1. Question du contrat de travail :

Le Congrès,

Déduit de l'expérience que les contrats existants sont la résultante des luttes soutenues par la classe ouvrière organisée;

Qu'ainsi le contrat collectif est lié à la manifestation d'une force solidaire commune, représentée par les Syndicats;

Reconnait que le contrat collectif est susceptible d'apporter des garanties de stabilité et de sécurité passagères, à la condition, toutefois, que les salariés exercent, pour l'application des contrats, et cela par la force de l'organisation, le contrôle, la surveillance, sans lesquels le patron, poussé par ses intérêts, violerait les clauses dudit contrat;

Qu'il y ait lieu pour les travailleurs de recourir au contrat; mais de telle façon, qu'il assure de meilleures conditions de travail en dehors de toutes nouvelles stipulations légales qui constitueraient des restrictions;

Pour ces motifs, le Congrès repousse le projet du contrat légal.

2. Sur l'arbitrage obligatoire :

De ce point de vue, il découle que l'arbitrage obligatoire est incompatible avec la fonction dévolue aux organisations syndicales et par là affaiblirait leur indépendance, leur autorité.

Le Congrès,

Repousse également tout projet de loi rendant obligatoire l'arbitrage.

3. En ce qui concerne la capacité commerciale :

Le Congrès,

Considérant que les Syndicats ouvriers ont pour but de combattre d'abord l'exploitation des travailleurs par les capitalistes et le patronat quels qu'ils soient;

Qu'ils doivent s'occuper, surtout, d'améliorer les salaires, l'hygiène des ateliers, de réduire les heures de travail et toutes les prétentions arbitraires des employeurs; en un mot, d'orienter leurs adhérents, et partant de là, la classe ouvrière vers un état social meilleur;

Considérant, en outre, que dans la situation actuelle des choses, ce rôle de défense des intérêts généraux du prolétariat leur suffit, sans ajouter à leur lourde tâche des préoccupations d'ordre industriel et commercial, que voudraient leur attribuer des législateurs plus ou moins bien intentionnés;

Considérant, d'autre part, que l'expérience des faits permet d'affirmer que les Syndicats qui y sont employés n'ont rencontré que difficultés et désillusions;

Considérant encore que les Sociétés coopératives sont suffisamment indiquées pour réaliser les opérations commerciales dont ils ont besoin;

Le Congrès déclare,

Mettre en garde les syndicats contre la capacité civile et commerciale, dont on veut les doter;

Que celle-ci n'aurait pour effet que de les anéantir ou les détourner de leur vraie destination, qui consiste à dresser le prolétariat contre la classe capitaliste;

Pour ces motifs,

Repousse la capacité civile et commerciale.

Le Président. — Le camarade Prévost propose que pour faire une manifestation éclatante de la volonté des congressistes, on procède au vote par mandats sur l'ordre du jour proposé par la commission.

La proposition est approuvée : on procède au vote par mandats sur la résolution-ordre du jour lue et brièvement commentée par Merrheim à la tribune.

A propos du compte rendu du Congrès

Marty-Rollan. — Camarades, vous savez avec quelles difficultés et quelle longueur de temps s'établit la brochure du Congrès donnant le compte rendu exact des délibérations. Voulant remédier à cet inconvénient et permettre que les camarades délégués à Toulouse puissent rentrer dans leurs organisations avec les délibérations du Congrès aussi complètes que possible, la Commission d'organisation s'est entendue avec une imprimerie de Toulouse qui imprime *le Midi Socialiste*, et, d'accord avec *le Midi Socialiste*, le secrétariat du Congrès a établi un compte rendu presque sténographique, en tout cas très complet des délibérations du Congrès. Dans un quart d'heure, vous pourrez avoir des feuilles vous donnant le détail de toutes les séances du Congrès jusqu'à hier soir. Ceux de nos camarades qui resteront pour la Conférence des Bourses ou qui ne partiront que lundi, auront le compte rendu complet et détaillé de tout le Congrès confédéral. Ceux qui voudront se le faire envoyer dans leurs organisations, pourront le faire.

Modifications aux Statuts

Lapierre, rapporteur de la commission, donne lecture intégrale de son rapport.

Si vous le voulez bien, nous allons reprendre point par point les quatre questions retenues par le rapport. Voici pour la carte confédérale :

La commission ne croit pas devoir vous proposer la suppression de la carte confédérale qui est, avec le double timbre, le meilleur contrôle de nos organisations, et qui tend à faire disparaître rapidement l'esprit corporatif dans les syndicats, par le fait que tous les syndiqués ont la même carte confédérale et les mêmes timbres; cependant elle croit nécessaire que le Congrès décide d'apporter à la carte les quelques modifications suivantes :

Tout en laissant la carte annuelle comme celle de l'année 1910, il faudrait y réserver des cases pour les changements de syndicats, afin que la carte ne soit pas changée chaque fois qu'un syndiqué change d'organisation; il faudrait également que cette carte puisse servir de carte de viaticum, et il serait facile de réserver la quatrième page à cet usage. Pour conserver la carte dans un parfait état de propreté, des carnets servant de cartes d'identité, dans lesquels les syndiqués pourront conserver les cartes de plusieurs années et les statuts fédéraux ou syndicaux, seront joints aux cartes de l'année 1911, qui devront être remises aux Fédérations avant le 1er décembre 1910.

Delpech. — Les camarades qui ont lu le rapport sur le Comité de la grève générale et des 8 heures, ont pu constater qu'il y avait une conclusion : cette conclusion consistait à désigner un secrétaire permanent du Comité de la grève générale. Le rapport a été adopté dans son ensemble ; par conséquent, on peut considérer que cette conclusion est adoptée également ; mais pour éviter aucune équivoque, je pense qu'il est utile d'établir une discussion sur ce point : et je la crois d'autant plus utile, que la fonction de ce secrétaire permanent répond à une grande nécessité. Je demande au Congrès d'ajouter cette question aux quatre questions présentées par le rapporteur.

LE PRÉSIDENT. — La question du permanent dont parle le camarade Delpech, sera examinée après le rapport de la commission. Il y a déjà douze orateurs inscrits.

Vote sur le contrat collectif, la capacité commerciale, l'arbitrage.

Voici le résultat du scrutin sur le contrat collectif, la capacité commerciale et l'arbitrage :

Inscrits : 1,390.
Votants : 1,247.
Pour le rapport de la commission : 1.229.
Contre : 11.
Abstentions : 7.
N'ont pas pris part au vote : 143 organisations.

Discussion sur la carte et les timbres confédéraux

MARTY-ROLLAN. — Camarades, au nom de la Fédération nationale des brossiers, tabletiers, peignes et parties similaires, j'ai le mandat absolu de demander au Congrès de donner l'indication au Comité confédéral de rechercher l'institution d'un timbre unique en remplacement du timbre fédéral et confédéral. Ce timbre devait être envoyé aux organisations par la C. G. T. elle-même, de façon à éviter les erreurs qui peuvent se produire dans la distribution de ce timbre par les trésoriers et collecteurs, aux syndiqués payant leurs cotisations.

Je sais que le Comité confédéral a envisagé la division de ce que l'appellerai la France confédérale en régions. Les divisions administratives que nous subissons, ne suffisent pas pour notre propagande, ou plutôt entravent notre propagande ; dans tel département, il y a plusieurs Bourses du Travail, dans tel autre, plus important, il n'y en a qu'une, et, dans tel autre, pas du tout. La division administrative par département est absolument incompatible avec notre propagande. Je sais que le Comité confédéral a envisagé les divisions de la France, en ce que j'appellerai des régions prolétariennes, et que le timbre et la carte confédéraux correspondront à ces divisions. J'invite donc le Congrès à donner une indication au Comité confédéral, pour qu'il s'occupe, dans le plus bref délai possible, de diviser la France par régions, de façon que nous ayons dans chaque région une sorte de chef-lieu prolétarien, et que nous sachions d'où sort la propagande.

Pour Rousset

Le Président. — Le camarade Réaud, qui a un télégramme à envoyer, demande l'approbation du Congrès.

Le Congrès joint ses protestations à celles des camarades de Marseille, assistant à la conférence organisée contre les atrocités commises dans les bagnes d'Afrique, et réclame la libération du courageux Rousset.

C'est à l'unanimité que le Congrès se solidarise avec cette motion. *(Adhésion).*

Reprise de la discussion

Lescalier. — Camarades, je demande, contrairement à la proposition faite par la commission, que la feuille soit volante (la partie ayant trait au viaticum) attendu que neuf fois sur dix passent, dans les Bourses du Travail, des camarades syndiqués de la ville, qui ont obtenu des livrets de complaisance, et c'est là un mauvais service à rendre au syndicalisme. Ces camarades viennent et, s'ils sont munis d'une page ayant trait à la case du viaticum, bien qu'il n'y ait qu'un jour qu'ils sont syndiqués, ils vont travailler pendant un ou deux mois pour estamper les Bourses du Travail. Eh bien, je dis qu'il faudrait que ces camarades aient au moine six mois de présence. Je demande donc que la page ayant trait au viaticum ne soit pas adhérente à la carte, et qu'elle ne le soit que lorsque les camarades sont syndiqués depuis au moins six mois.

Bidegaray. — Camarades, l'application de la carte confédérale a rencontré chez nous des difficultés pour ainsi dire insurmontables, à cause que la perception des cotisations chez nous est trimestrielle, tandis que l'application de la carte confédérale nous oblige à une cotisation mensuelle.

Ainsi, nous sommes forcés de voler la C. G. T. avec nos cotisations. Il est absolument impossible, actuellement, à la C. G. T. de contrôler nos cotisations, parce que nos timbres étant trimestriels, certains groupes peuvent l'appliquer alors que d'autres ne peuvent pas.

Je dis donc que la C. G. T. peut très bien avoir le monopole de la confection de nos timbres et ainsi elle aura le contrôle exact de nos cotisations, et la perception de nos adhérents aura lieu par la C. G. T.

Bidamant. — Le camarade Bidegarray a l'air de dire que la cotisation n'est pas en conformité avec les statuts de la C. G. T.; mais je me suis engagé à faire tous mes efforts pour qu'au Congrès prochain, la cotisation au Syndicat national soit mensuelle, au lieu d'être trimestrielle, et cela serait déjà fait sans quelques amis. Nous avions demandé, en effet, nous, les révolutionnaires, de mettre la cotisation mensuelle. On ne l'a pas voulu, parce qu'au Syndicat national il y a une lutte sourde contre la C. G. T. Mais je vous affirme que cela sera et, au Congrès prochain, nous demanderons que la cotisation devienne mensuelle, et, alors, l'application de la carte confédérale aura lieu.

Merzet. — Camarades, je ne veux pas combattre la proposition de la commission. Vous savez tous qu'à la Chambre Syndicale des Mineurs de Monteeau, nous avons examiné quelle était l'utilité de la carte confédérale. Nous avons alors conclu que la carte confédérale pouvait se supprimer. En effet, nous constatons chez nous, où nos ouvriers sont sédentaires, que moi qui reçois les timbres, j'en distribue à peu près 200 par mois, alors que j'en ai pour douze ou treize cents, et alors nous disons que la carte confédérale ne peut en rien servir l'action de la C. G. T. et que si on appliquait, en supprimant la carte, le timbre confédéral qui remplacerait le timbre fourni par les organisations syndicales, aucun syndiqué ne pourrait ne pas être confédéré. En effet, dans tous les syndicats vous avez des timbres; eh bien, ces timbres-là seraient supprimés, et on ne porterait, sur les livrets des syndiqués, que le timbre confédéral. De cette façon, la carte confédérale serait supprimée, et cela aurait un avantage, car, si le timbre seulement était envoyé aux organisations directement, cela éviterait un travail de plus en plus grand au trésorier de la Confédération, il y aurait une économie et ainsi les ouvriers sédentaires seraient obligés d'accepter le timbre confédéral qui remplacerait le timbre de la Fédération.

Diem. — Camarades, la proposition que je viens vous faire a également trait à la carte confédérale. On nous dit, en effet, et on a raison de dire, qu'à la C. G. T. il n'y a qu'une seule grande famille syndicale. Mais, dans les différentes organisations qui la composent, il y a des moyens différents de percevoir les cotisations. A côté de cela, il y a également des tarifs de perception, qui sont différents pour chaque syndicat. Alors, nous estimons que le système actuel donne le meilleur résultat, bien que chez nous, nous ayions certaines difficultés; car, chez nous, les cotisations sont perçues par la poste. Eh bien, nous nous arrangeons quand même, pour faire que chaque syndiqué ait sa carte confédérale et que, trimestriellement ou par semestre, selon les cas, nous adressions en bloc les timbres à apposer sur cette carte. Donc, chez nous, où les difficultés seraient les plus grandes, nous trouvons quand même le moyen d'appliquer le timbre et de délivrer à chaque adhérent sa carte confédérale. Ce système a encore pour but surtout de détruire ce que nous voulons tous détruire, c'est-à-dire l'esprit corporatif. Il faut que tous les syndiqués, qu'ils appartiennent à l'industrie, au commerce ou à n'importe quelle organisation, soient syndiqués et confédérés au même titre ou qu'il n'y ait aucune différence entre eux. C'est pourquoi j'ai déposé au bureau un ordre du jour qui demande à ce qu'un camarade syndiqué, lorsqu'il change d'organisation, n'ait pas à payer dans la nouvelle organisation où il rentre un nouveau droit d'adhésion. Nous n'avons pas à savoir s'il y a des différences dans les cotisations ou le droit d'adhésion, ou s'il y a des systèmes quelconques; ce que nous savons, nous, c'est que tous les syndiqués, adhérents à la C. G. T., sont tous syndiqués au même titre et peuvent changer d'organisation, à la condition d'être à jour de leurs cotisations, lorsqu'ils sont obligés de changer de métier et qu'ils présentent une carte confédérale à jour.

Voilà le but de ma proposition, et je la résume en disant que les camarades syndiqués, à jour des cotisations, peuvent passer d'un syndicat à un autre, sans un nouveau droit d'adhésion à payer.

La proposition du camarade Diem, mise aux voix, n'est pas adoptée.

Clément. — Camarades, on a fait des objections sur la carte confédérale. Le rapport de la commission conclut à un livret qui renfermera cette carte confédérale et qui contiendra, pour ainsi dire, l'état civil du camarade syndiqué. C'est après les articles de Merzet et de différents autres camarades qui déclaraient qu'il était impossible pour eux d'avoir la carte confédérale parce que cela leur créait trop de travail annuel de bureaucratie. Voilà pourquoi nous, au Bâtiment, qui pendant cette année avons distribué 159,000 cartes, nous avons estimé qu'il était bon pour nous d'adopter cette couverture de façon à ce que toutes les autres organisations adoptent également la carte confédérale obligatoire. C'est la concession que nous pouvons faire.

Mais il y a autre chose dans ces cartes. Pour le viaticum, vous savez très bien qu'il y a une infinité de camarades qui voyagent sans cesse, et vous distribuez les secours sur la présentation d'un livret de viaticum. Or, jusqu'à présent, la délivrance de ces livrets n'était faite par les Fédérations que sur la présentation d'un livret de syndiqué. Eh bien, nous avons constaté que beaucoup de camarades, lorsque leur livret était près d'être terminé, réclamaient des secours avec leur carte confédérale. Eh bien, avec le projet de la commission, vous avez immédiatement votre carte où l'on voit si vous êtes à jour de votre cotisation, et à la quatrième page, vous avez la feuille du viaticum qui permet de voir quel est le viaticum exact auquel ont droit les camarades. De cette façon, c'est un contrôle efficace.

Certaines organisations disent : Il est impossible d'appliquer la carte et le timbre confédéral parce qu'il y a des cotisations hebdomadaires ou trimestrielles. Allons! voyons! est-ce qu'il est difficile pour cela d'appliquer la carte et le timbre confédéral? Je dis que non, car vous n'avez qu'à prendre trois timbres, et lorsque le camarade paie sa cotisation trimestrielle, vous n'avez qu'à apposer les trois timbres. De cette façon tout est réglé. Si chacun veut apporter un peu de bonne volonté, nous pouvons faire l'unité d'action dans la C. G. T. Eh bien, nous, nous l'avons appliqué chez nous et nous avons obtenu des résultats merveilleux. Eh bien, dans les chemins de fer, cela peut avoir également des résultats merveilleux, car nous voulons savoir à qui nous nous adressons pour donner le viaticum. Nous ne voulons pas connaître les statuts fédéraux de telle ou telle fédération; nous tenons essentiellement à cette carte confédérale, parce que nous voulons contrôler s'il y a parmi nous des camarades confédérés, ce qui est impossible à l'heure actuelle, et c'est pourquoi je vous dis, camarades, que si vous voulez avoir un contrôle efficace, il faut absolument que vous adoptiez la carte confédérale.

Maintenant, il y a le timbre unique. Ici, je déclare que je me rallie entièrement à la proposition de la commission, et j'ai ici à vous entretenir d'un projet, et ce ne sera pas long. C'est un projet d'avenir qui, à mon avis, simplifiera beaucoup de rouages dans l'organisation et qui peut apporter des améliorations surtout dans la propagande. J'ai étudié la question du timbre unique, et je me suis arrêté à ce moyen : le timbre unique pourrait être délivré par la Confédération, ou bien une cotisation supplémentaire d'un sou serait demandée à tous les confédérés, et cette cotisation serait la cotisation de la Section des Bourses. Au lieu de payer à leur Union, les camarades paieraient à leur Fédération, et immédiatement se trouverait résolu le problème du timbre unique.

Klemczinski. — Supprimez les Unions et cela ira bien plus vite!

Clément. — Cette cotisation unique, au lieu de supprimer les Unions, va, au contraire, les faire vivre, car il y a actuellement des Unions qui ne peuvent pas vivre parce qu'elles n'ont pas le nombre de syndiqués nécessaires pour assurer leur existence. Nous sommes 400,000 confédérés; à un sou, cela ferait 20,000 francs par mois. Eh bien, ces 20,000 francs par mois seraient perçus dès le premier mois par le trésorier confédéral. Où iraient ces 20.000 francs? A 200 francs par mois pour les camarades faisant de la propagande, cela ferait 10.000 francs pour eux, et alors de quoi payer leurs voyages, et vous voyez qu'ainsi la propagande serait assurée, et vous voyez également comment, d'un autre côté, se ferait la centralisation de toutes les cotisations ouvrières.

Mais je vous répète que cela n'est qu'un projet. J'en ferai un article spécial dans *la Voix du Peuple*, de façon qu'au prochain Congrès on puisse discuter sur les chiffres. Mais actuellement, je vous demande d'adopter le rapport de la commission et, surtout, après la décision du Congrès, je demande que cette décision soit appliquée intégralement. Il y a là l'unité d'action, et c'est surtout cela que nous devons respecter. *(Applaudissements).*

Le Président. — Evidemment, la proposition relative à l'organisation d'Unions régionales avec cotisations particulières n'est pas en discussion; la commission l'a rejetée; mais il faut retenir de ce qu'a dit le camarade Clément, l'obligation de la carte confédérale pour tout le monde.

Tesche. — Je serai très court, parce que je tiens à m'appuyer, au nom de la Fédération des Transports, non sur des discours, mais surtout sur des chiffres. Nous aussi, au début, nous avons éprouvé quelque peu de résistance dans l'application de la carte confédérale et du timbre confédéral. Nous avons passé outre à ces difficultés: nous avons dit qu'il y avait une décision du Congrès et que cette décision, prise à la majorité, devait être exécutée. Nous avons dit que la Fédération des Transports devait appliquer la carte confédérale et le timbre confédéral. On pourrait croire qu'étant donné cette résistance, nous n'avons pas pu aboutir à faire appliquer cette carte et ce timbre. Eh bien, contrairement à l'avis de Bidegaray, des Chemins de fer, et bien qu'éprouvant dans notre Fédération les mêmes difficultés, alors que la Fédération des Transports ne payait avant l'application de cette carte et de ce timbre que pour 5,000 adhérents, nous sommes arrivés dans l'espace de neuf mois à faire que 31,500 cartes confédérales ont été prises, que nous avons pu prendre 102,200 timbres, et qu'à l'heure actuelle, grâce à cette carte confédérale, grâce à la propagande qu'elle a faite dans nos milieux, nous sommes arrivés, sans compter la fusion qui vient de se faire à notre dernier congrès, à 16.500 cotisants payant à la C. G. T. Nous ne comptons pas là-dedans ceux qui, à notre dernier congrès, il y a huit jours, au nombre de 20 syndicats, représentant plus de 8.000 travailleurs, sont venus affirmer leur solidarité avec la Fédération des Transports et aussi avec la C. G. T. Je dis donc qu'il a suffi que la C. G. T., dans la dernière Conférence des Bourses, prenne une décision énergique, pour que l'on puisse prouver que dans toutes les fédérations on peut arriver au même résultat. C'est pourquoi je dis, au nom de la Fédération des Transports, que dans la Fédération des Chemins de fer, comme dans toutes les autres, on peut arriver au même résultat.

Marck. — Je m'attendais certainement à entendre, contre l'application du timbre et de la carte, d'autres arguments que ceux que j'ai entendus jusqu'à présent. Notre camarade Marty-Rollan demande par exemple que le timbre soit unique. Nous avons étudié, nous aussi, la possibilité d'appliquer sur la carte confédérale un timbre unique, et il y a peut-être un point sur lequel nous pourrions tomber d'accord avec la commission : ce serait de faire que le timbre soit entier; je me rallie à cela, étant donné que la distribution est faite par moi et que je m'aperçois du travail qui incombe aux organisations.

Il n'en est pas de même en ce qui concerne la carte confédérale. Il faut se placer ici sur un terrain absolument général. Notre camarade Tesche vous a dit justement ce que j'avais l'intention de dire à cette tribune : c'est que je suis bien placé pour voir quels sont les bienfaits qui ont été apportés à la C. G. T. par l'application de la carte; il vous a dit qu'une seule fédération, la sienne, payait primitivement à la C. G. T. pour 5.000 membres, et qu'aujourd'hui, après avoir pris plus de 20.000 cartes, il y avait 16.500 cotisants. La Fédération des Employés, qui payait primitivement à la la C. G. T. pour 3.000 membres, aujourd'hui paie pour plus de 9.000. Je sais bien qu'on m'objectera qu'il y a des fédérations qui ne l'appliquent pas, mais nous demandons, non pas aux dirigeants des fédérations, non pas aux dirigeants des syndicats, de l'appliquer, parce qu'il y en a qui sont contre, sous prétexte que cela leur fait beaucoup de besogne : NOUS DEMANDONS DONC AUX SYNDIQUÉS DE LA RÉCLAMER, car ce sont eux qui ont été cause que la carte s'applique comme aujourd'hui.

J'ai pris l'initiative d'établir une carte confédérale composée de deux parties, et qui demande toute votre attention, étant donné que, si vous l'acceptez, j'y tiendrai, en ce qui me concerne, la main pour que nous ne revenions pas dans les congrès avec des bilans comme ceux que nous vous présentons et qui ne représentent pas la totalité des camarades syndiqués qui appartiennent à la C. G. T. On vole la C. G. T. en tant que cotisations, et cela ne peut pas exister.

La carte confédérale a été critiquée par certaines grandes organisations, avec juste raison. On nous objectait qu'avec la carte employée, les secrétaires étaient obligés de faire, chaque année, leur rapport sur la feuille spéciale, destinée à l'apposition des noms, adresses, etc. Je conçois très bien que, par exemple pour le Syndicat des Terrassiers de Paris, qui a 14.000 membres, cela demande un travail considérable. Bidegaray vous disait, tout à l'heure, que refaire cela tous les ans était un travail considérable et au-dessus des moyens du Syndicat des Chemins de fer. Je l'ai compris d'autant mieux, que j'ai établi cette carte pour qu'elle existe continuellement : on n'a à la faire qu'une seule fois, et quelle que soit la situation dans laquelle se trouve le syndiqué, cette carte peut lui servir pour sauter d'un syndicat dans un autre : il n'y aura plus besoin de la reconstituer.

On me dira : Alors, comment ferez-vous pour établir la carte sur laquelle s'apposeront les timbres? La commission a eu entre les mains la carte que j'ai établie, et ce spécimen n'a été critiqué que par une seule fédération, celle des travailleurs du Bâtiment. Sa critique ne porte, du reste, que sur un point, celui-ci : c'est que je pensais que la carte pourrait servir deux ans, et la Fédération du Bâtiment dit qu'elle distribue des cartes tous les ans et qu'il lui faut une place pour inscrire les passages qui arrivent d'un syndicat dans un autre.

Je suis heureux que la commission ait accepté cette carte : s'il m'avait été donné d'en pouvoir fournir une à chaque délégué, je ne pense pas que nous aurions rencontré d'objection nulle part. Il n'y a peut-être qu'un seul point sur lequel on aurait pu protester, c'est en ce qui concerne le prix de revient de cette carte, mais je pense que cela n'arrêtera pas le Congrès. Nous avons vendu l'ancienne carte 12 francs le mille, et la carte telle qu'elle est instituée-là, avec celle qu'elle aura à l'intérieur, vaudra environ 13 francs le cent ; vous voyez qu'il y a un grand écart, mais il ne faut pas oublier que cette carte-là durera continuellement.

En ce qui concerne la question posée par le camarade Merzet, demandant que les timbres seulement soient employés, permettez-moi de reprendre la thèse soutenue par un camarade qui m'a précédé à cette tribune : il vous disait que lorsqu'un camarade serait possesseur de cette carte il pourrait se présenter n'importe où et que, de cette façon, il n'aurait pas de droit d'entrée à payer. Quelqu'un, à côté de moi, me disait : Mais cela n'existe pas, on passe d'un syndicat dans un autre en ayant sa carte confédérale. Malheureusement, cela n'existe peut-être que sur le papier ou dans les paroles. Nous avons vu un camarade serrurier, appartenant à un syndicat parisien, se trouvant momentanément sans travail, voulant s'employer malgré tout, car il était à l'index à la suite d'une grève, aller sur un chantier où on l'embaucha : il avait sa carte confédérale, et cependant, il se trouva des camarades du Bâtiment pour lui refuser son admission au travail, s'il n'acceptait pas de faire son transfert dans la Fédération des Métaux et de repayer un droit d'entrée de 3 francs, je crois. Eh bien, cela ne doit pas exister. Ces transitions, que la Fédération du Bâtiment demande, vous voyez qu'il est nécessaire qu'on puisse les faire.

D'un autre côté, on a demandé qu'il y ait une feuille volante pour l'application du viaticum, pour que le syndiqué prouve qu'il l'est au moins depuis six mois pour avoir droit au viaticum. Or, je demande quel est le meilleur contrôle que puisse avoir une organisation quelconque, pour savoir si le camarade est bien à jour de ses cotisations, que cette carte confédérale où sur des feuilles sont apposées les sommes qui lui sont versées à son passage dans une ville quelconque. Vous voyez donc que la carte s'impose, non seulement pour les motifs que je vous indiquais tout à l'heure, mais également pour le contrôle de la C. G. T.

Un Délégué. — Quantité de secrétaires vendent six timbres d'avance : alors, quand le camarade passe dans une Bourse, il n'est pas à jour quelquefois, et il fait du raffut : il dit : On m'a estampé mon argent, je veux avoir mon droit au viaticum. C'est pour cela que nous voulons que la carte soit volante.

Marck. — Vous ne serez pas à l'abri des escroqueries, au contraire, vous le serez moins encore. En tout cas, je dis que nous n'avons jamais eu la possibilité à la C. G. T. d'établir des statistiques qui auraient pu nous donner, approximativement même, le nombre de nos adhérents. On a augmenté les cotisations : or, je dois déclarer qu'en ce qui concerne les sommes reçues, elles n'ont pas été ce qu'elles auraient dû être. Il faut fatalement arriver à ce moyen, je l'ai indiqué dans les rapports confédéraux. Il n'y a qu'un moyen d'obvier à cet inconvénient, c'est de contraindre les Fédérations à faire appliquer la carte et le timbre à leurs syndiqués, de contraindre les Bourses du Travail à obliger leurs syndicats à adhérer aux Bourses du Travail et à appliquer le timbre.

La commission a absolument résumé les intentions du Comité confédéral et les décisions qui avaient été prises par les Congrès antérieurs sur l'application du timbre et de la carte. Mais ce qui doit être fait, c'est nommer une commission qui aura pour mandat, non pas pour 1911, car il est trop tard, mais à partir de 1911, pour arriver au Congrès de 1913, d'étudier les modifications à apporter à la carte, après étude pendant deux années. Je crois que, pour l'instant, il est impossible d'apporter d'autres modifications que celles que nous proposons aujourd'hui.

L'application de la carte pour 1910 vous a montré les résultats qu'elle était capable de donner; il y a eu certainement des difficultés dans son application, mais nous ne sommes pas à même, aujourd'hui encore, de dire quels sont les bienfaits qu'elle apportera continuellement, ou les critiques qu'on pourra y faire. Conséquemment, je demande au Congrès de voter, d'une façon définitive, l'application de cette carte et du timbre. Je répète qu'il ne peut pas être fait autrement au point de vue du contrôle de la Confédération.

Le Président — Je mets aux voix l'adoption des conclusions de la commission, au sujet de la carte confédérale.

Adopté à l'unanimité moins deux voix.

Boudet. — Je suis mandaté par la 21e section du Livre pour voter contre.

Merzet. — J'ai voté contre la carte, mais je suis pour le timbre; je vais faire cependant tous mes efforts pour qu'elle soit adoptée.

Lapierre. — Pour le timbre, nous apportons une légère modification : il y aura une partie blanche pour coller le timbre de l'Union sur les timbres des fédérations : cela simplifiera le travail des collecteurs.

Klemczinski. — Ne pourrait-on pas s'arranger de façon que la différence des timbres soit plus sensible? Des collecteurs disent qu'on peut se tromper.

Le Président. — Le bureau confédéral aura à prendre en considération le vœu que la couleur des timbres soit différente. Je mets aux voix les conclusions de la commission au sujet du timbre.

Adopté à l'unanimité moins deux voix.

Lapierre. — Voici les conclusions de la commission sur le viaticum :

La commission, tout en reconnaissant les difficultés qu'a rencontrées le Bureau confédéral pour appliquer le viaticum obligatoire, demande au Congrès de décider :

Que le Bureau confédéral, en se basant sur les renseignements dont il dispose, présente à la Conférence des Fédérations et des Bourses, qui aura lieu en 1911, une augmentation du timbre des Bourses proportionnée à la mise en vigueur du viaticum obligatoire qui devra être appliqué régulièrement le 1er janvier 1912.

Le Président. — Voici, sur ce point, une proposition des Bourses d'Alger et de Constantine :

Considérant qu'il n'est pas possible pour l'Algérie d'appliquer le viaticum obligatoire, à cause de l'éloignement des Bourses du Travail dont la plus près est à 450 kilomètres, exemple : Alger et Constantine et, en deuxième lieu, Marseille, les frais que nécessite le voyage des camarades ne pourraient être supportés par les Bourses; à cet effet, le Congrès décide qu'exception sera faite pour les Bourses du Travail de l'Algérie où le viaticum restera facultatif, ou qu'un système spécial à l'Algérie soit mis à l'étude.

Etes-vous d'avis de renvoyer cette proposition à la Conférence des Bourses?

Renvoyé.

Une voix. — De combien est l'augmentation proposée des cotisations pour les Bourses du Travail?

LAPIERRE. — La commission ne peut pas le savoir. Nous disons que le Bureau confédéral présentera un chiffre pour augmenter le timbre, à la Conférence de 1911.

UN DÉLÉGUÉ. — J'estime que quand il s'agit de cotisations, cela regarde les Syndicats et non pas les Bourses.

LAPIERRE. — Il s'agit de renvoyer la question à la Conférence des Bourses de 1911, à laquelle on a renvoyé toutes les modifications aux statuts.

LE PRÉSIDENT. — La proposition de la commission tend à ce que le Comité confédéral dépose un rapport à la Conférence des Bourses et des Fédérations de 1911, tendant à l'augmentation des cotisations, pour mettre en pratique le viaticum à partir du 1er janvier 1912. Je mets cette proposition aux voix.

Adoptée à l'unanimité moins deux voix.

LAPIERRE, rapporteur — *Obligation pour les syndicats de remplir la triple obligation confédérale :*

La commission considère que la première obligation peut toujours être remplie, car sont confédérées seulement les organisations dont les adhérents sont porteurs de la carte confédérale. Elle demande au Congrès de décider que les Unions de Syndicats, locales ou régionales, ne pourront pas admettre des syndicats non fédérés.

Pour la deuxième obligation, le Congrès invite les fédérations d'industrie ou de métiers à refuser les timbres fédéraux à tous les syndicats qui n'adhéreraient pas à leur Union régionale ou locale de syndicats, exception faite pour les syndicats des régions où il n'existe pas d'Unions locales ou régionales de syndicats.

Ces deux obligations devront être remplies par toutes les organisations avant le 1er juillet 1911.

Pour la troisième obligation, la commission reconnaît que souvent les syndicats ignorent qu'ils doivent être abonnés à *la Voix du Peuple* et que, malgré les rappels aux statuts qui pourront être faits, la situation restera toujours la même, quelques fédérations seulement s'informant si leurs syndicats remplissent cette obligation. La commission demande au Congrès de décider que le service d'abonnement à *la Voix du Peuple* sera assuré obligatoirement par les fédérations nationales, qui seront libres de se faire rembourser les montants de ces abonnements par leurs syndicats.

Après un bref échange de points de vue entre différents délégués, le président met aux voix les conclusions ci-dessus, qui sont adoptées à l'unanimité.

LAPIERRE, rapporteur. — Nous arrivons au cas des fonctionnaires : *Rééligibilité des fonctionnaires confédéraux, article 24, paragraphe 1, modifié :*

Les bureaux des sections, le trésorier et le trésorier adjoint sont renouvelés après chaque congrès confédéral. Ils sont élus et révocables par les comités dont ils dépendent. Ils sont rééligibles.

Les fonctionnaires confédéraux ne pourront faire acte de candidat à une fonction politique. Leur acte de candidature impliquera leur démission de leur fonction confédérale.

CLEUET. — Camarades, j'avais prévu, lorsque j'avais déposé, il y a quelques jours, une demande de renvoi des modifications aux statuts qui sont des questions importantes ou relativement importantes en tout cas, comme celles qui viennent d'être discutées et votées, qu'elles arriveraient dans une fin de congrès. Il nous manque déjà un grand nombre de délégués. L'attention n'est plus soutenue; le temps pour élargir le débat manque absolument. Or, la question qui vient d'être rapportée par la commission pose deux points : la question de la rééligibilité des fonctionnaires et la question des élus, qui n'intéresse, il est vrai, que les fonctionnaires de la C. G. T., mais dont on se servira dans les syndicats et dans les fédérations pour en obtenir l'application et, en tout cas, pour mener une lutte contre ceux qui, en même temps qu'il sont des fonctionnaires des fédérations et des syndicats, sont élus conseillers municipaux et autres.

Je me demande si, à l'heure actuelle, le Congrès peut discuter une question aussi importante que celle-là... (*Oui! oui!*)... sur la rééligibilité des fonctionnaires. Je ne vous en parlerai presque pas, parce que je n'appartiens pas à l'organisation qui a déposé la proposition. Mais, dans l'intérêt même des fonctionnaires de la C. G. T., alors qu'il y a des organisations qui demandent qu'ils ne soient plus rééligibles, je demande si c'est dans une fin de congrès qu'on va régulariser leur situation pour l'avenir. Je leur demande s'ils le veulent et s'ils consentent à ce que nous abordions la modification aux statuts dans des conditions semblables? Si vous voulez discuter la question des élus et des fonctionnaires de la C. G. T., cette question se posera par voie de répercussion dans tout le mouvement syndical français et, avant de discuter, je vous demande de renvoyer cette question, pour une étude plus complète, à la prochaine Conférence des Bourses et des Fédérations, afin que, si une décision est prise, elle le soit en connaissance de cause et afin que personne ne puisse contester la validité de la décision qui serait prise dans une fin de congrès comme celle-là.

Le Président. — Je mets aux voix la proposition du camarade Cleuet, consistant à renvoyer l'étude de cette question à la prochaine Conférence des Bourses et des Fédérations.

Adopté.

Un Délégué. — Je demande que tu mettes le rapport de la commission aux voix.

Le Président. — Je croyais qu'il n'était pas nécessaire de le faire adopter en entier, puisqu'il avait été adopté par morceaux. Je mets aux voix l'adoption du rapport, sauf la partie renvoyée à la Conférence des Bourses.

Adopté.

Le rapport de la Commission de modifications aux statuts portait que toutes les questions qu'elle n'avait pas retenues seraient pour la Conférence des Bourses. Si vous êtes de cet avis, cela supprime les autres orateurs. Je demande au Congrès s'il est d'avis de donner la parole à d'autres camarades sur d'autres modifications aux statuts.

Delpech. — J'ai demandé la parole sur le vote que demande le camarade président; c'est toujours sur la même question que je reviens, pour faire préciser un vote qui a été équivoque, selon certains camarades. Pour moi, l'équivoque n'existe pas : en votant le rapport du Comité de la grève générale, on a voté sa conclusion, et, alors, je demande de bien préciser si vous voulez le tenir comme définitif ou si vous en demandez le renvoi à une conférence. La propagande intensive que l'on fait au sein de la C. G. T. exige de nouveaux permanents, de nouveaux propagandistes; c'est une nécessité qui comporte certaines obligations auxquelles nous ne pouvons pas nous soustraire. Je désire qu'on ratifie la proposition du Comité de la grève générale.

Jouhaux. — On ne saurait admettre qu'en votant les rapports confédéraux on ait en même temps admis et voté toutes les propositions qui y sont contenues. Il y a une proposition qui tend à établir un trésorier adjoint, il y en a une autre qui tend à établir un secrétaire de la grève générale; ce sont là deux propositions qui doivent être sorties des rapports confédéraux et examinées tour à tour, parce que, vraiment, elles ont une importance tellement grande, qu'on ne peut pas les accepter en les passant par-dessous la jambe. Je demande qu'on vote, à titre d'indication, qu'en ce qui concerne la besogne du trésorier, il sera peut-être nécessaire qu'avant l'anné prochaine il s'adjoigne un camarade.

Marck. — Le trésorier adjoint est statutaire.

Jouhaux. — Je demande qu'on vote cela à titre d'indication, en disant : Le Comité confédéral est chargé d'appliquer les statuts confédéraux en ce qui concerne le trésorier adjoint si les besoins de travail de la trésorerie le font sentir.

Le Président. — Sous le bénéfice des observations que vient de faire le camarade Jouhaux, toutes les questions qui n'ont pas été retenues par la Commission de modifications des statuts, sont renvoyées à la Conférence des Bourses : c'est bien cela? *(Adhésion).*

Voici un ordre du jour du camarade Gogumus :

Le Congrès,

Considérant, d'une part, qu'il est contraire aux principes mêmes du syndicalisme d'adhérer à plusieurs organisations à la fois, d'autre part qu'il est préjudiciable à la bonne marche des organismes centraux qu'une organisation adhère à deux fédérations;

Décide qu'à partir du 1er janvier 1911 aucun camarade ne pourra être inscrit à deux syndicats et qu'aucune organisation ne pourra faire partie de deux fédérations.

Adopté.

Voici une autre adhésion du camarade Cordier :

Le Congrès décide qu'à l'avenir toutes les résolutions qui n'auront pas trait aux questions à l'ordre du jour des congrès confédéraux devront être déposées sur le bureau de la première séance. Il sera donné lecture de ces résolutions au début du congrès, lesquelles seront renvoyées à une commission spéciale qui les examinera, en fera un ou des rapports qui seront discutés après que le congrès aura épuisé son ordre du jour.

Toutes les résolutions relatives aux questions à l'ordre du jour devront autant que possible être communiquées au congrès avant d'entamer la discussion, de façon que cette discussion puisse se faire sur les résolutions en présence.

Adopté.

Voici une adresse de sympathie :

Le Comité de défense sociale de Toulouse adresse son salut révolutionnaire au Congrès confédéral de la C. G. T.,

Et le prie d'accepter ses plus énergiques félicitations pour le geste admirable en faveur de Rousset, le mettant, par son engagement d'obtenir au plus tôt sa libération, sous la sauvegarde de tout le prolétariat français, et empêchant ainsi qu'un crime de plus soit commis par les lâches tortionnaires galonnés, couverts par l'ignoble gouvernement bourgeois qui tient la France dans ses griffes de vautour.

Solidarité et Révolution.

Pour le Comité de défense sociale et par sa volonté,

Le Secrétaire.

Le Congrès prend acte.

Voici une proposition du camarade Tillet :

Au Congrès confédéral de Marseille de 1908, fut accepté un vœu présenté par la Fédération nationale de la Céramique invitant les camarades à accepter et à vulgariser la langue internationale l'Esperanto ; mais par la suite c'est avec regret que nous avons constaté que peu nombreux ont été les camarades qui ont suivi ce vœu dans son application, qui pourtant est appelée, comme presque tous le reconnaissent, à rendre à la classe ouvrière internationale de signalés services dans leurs rapports internationaux.

C'est pourquoi nous nous permettons de renouveler ce vœu devant le Congrès de Toulouse, avec l'espoir qu'il sera encore une fois accepté et espérant surtout qu'il sera dans l'avenir mieux suivi d'effet par tous les travailleurs, pour le plus grand bien de notre fraternisation internationale ouvrière.

Adopté.

Une protestation contre l'attitude du gouvernement au sujet des concessions minières de Meurthe-et-Moselle.

Voici le texte de cette protestation, déposée par le camarade Adolphe Chalbos, des ouvriers mineurs-métallurgistes de Briey :

Considérant que malgré les protestations des organisations (Union des Métaux et C. G. T.), le gouvernement s'apprête à signer les décrets de concessions de Meurthe-et-Moselle en faveur du patronat international associé de la métallurgie ;

Considérant que ce patronat obtient ces concessions sans se voir imposer aucune garantie pour la classe ouvrière ;

Que les travailleurs de Meurthe-et-Moselle, en grande majorité de nationalité étrangère, sont victimes de l'arbitraire le plus absolu ;

Qu'il leur est interdit de parler dans leur langue maternelle pour grouper leurs camarades ;

Qu'ils sont expulsés par simple mesure administrative dès qu'ils veulent défendre leurs droits !

Considérant que toutes les lois dites de protection ouvrière sont cyniquement violées par le patronat avec la complicité des autorités policières et administratives ;

Que la loi sur les accidents du travail y est cyniquement violée ;

Qu'aucune liberté de réunion n'existe, au point que, les autorités locales suppriment, même par la force, les assemblées générales des syndicats ;

Considérant que la liberté et les droits des travailleurs étrangers doivent être défendus par le prolétariat, en Meurthe-et-Moselle plus qu'ailleurs ;

Pour tous ces motifs, le Congrès engage le Comité confédéral à poursuivre la propagande d'opposition qu'il a faite jusqu'ici sur cette question, et à faire dans la région intéressée une agitation intense pour obliger les gouvernants et les capitalistes à mettre fin au régime d'exception existant en Meurthe-et-Moselle.

Un nombre considérable de signatures de délégués suivait la présente protestation qui fut accueillie par des applaudissements et adoptée à l'unanimité.

Autres vœux

Voici un vœu déposé par le camarade Marie :

Le Congrès invite les syndicats à ne se fournir d'imprimés que dans les maisons qui se fourniront à l'avenir de caractères dans les fonderies payant le tarif syndical.

Un vœu de la Chambre syndicale des Passementiers de Tours, tendant à la suppression du marchandage.

Voici une protestation des camarades Duval et Raynal :

Le Congrès confédéral proteste contre l'arrêt de la Chambre criminelle de la Cour de cassation en date du 14 mars 1908, arrêt dont le Procureur général de Toulouse s'est servi pour dissoudre le syndicat du personnel de l'asile de Saint-Lizier ;

Considère que le personnel des hôpitaux et asiles de France doit être considéré comme des travailleurs et non comme des fonctionnaires, c'est du reste l'avis de la majorité des organisations de la Fédération ;

Estime que l'on ne peut laisser passer un pareil procédé sans protester, procédé qui aurait pour but d'anéantir les bonnes volontés du prolétariat des administrations publiques.

Un vœu qui invite le Comité confédéral et les Bourses du Travail à poursuivre énergiquement la campagne contre la cherté des vivres.

Voici un vœu du camarade Cathomen :

Par suite du manque d'explications dans les circulaires au sujet des modifications aux statuts présentées par diverses organisations, les syndicats n'ont pu statuer utilement, plusieurs de ces modifications prêtant à équivoque. Nous demandons qu'à l'avenir toute proposition de modification aux statuts soit accompagnée d'un rapport afin de dissiper tout malentendu dans les congrès futurs.

On peut prendre ce vœu en considération? *Adopté.*

Un vœu tendant à protester contre la main-d'œuvre exécutée dans les pénitenciers et les prisons.

Voici un vœu des camarades Monatte. Griffuelhes, Vendangeon et plusieurs autres :

Le Congrès confédéral tient à proclamer sa solidarité avec le prolétariat argentin odieusement persécuté à la suite de la grève générale de Buenos-Aires ;

Signale à l'indignation du prolétariat international les crimes de sauvage répression commis par la jeunesse dorée et par le gouvernement républicain de l'Argentine : saccage des locaux des syndicats, incendie des immeubles des journaux ouvriers, arrestations en masse, déportation à la Terre de Feu de vingt militants ainsi condamnés à une mort certaine ;

Invite les organisations ouvrières et particulièrement nos camarades des ports, à soutenir vigoureusement l'agitation en faveur de la libération des martyrs argentins par tous les moyens susceptibles d'être employés.

Le Congrès s'associe à ce vœu.

Les camarades de Salsigne

Avant de passer à la désignation du lieu du futur congrès, je donne la parole au camarade Marty-Rollan.

Marty-Rollan. — Parmi les ordres du jour que vous avez votés au cours de vos séances, vous en avez voté un qui a une importance capitale et que j'ai le devoir ici, par suite d'une lettre que nous avons reçue, de vous signaler : cet ordre du jour a trait à la chasse aux renards. Je ne reviens pas sur la question : vous savez qu'à l'heure actuelle, la question économique, accusant une importance de plus en plus grande, les ouvriers emploient tous les moyens à leur disposition pour défendre leur pain et faire triompher les grèves ; vous savez aussi que la magistrature, poussée par la bourgeoisie, frappe les militants. Dans votre ordre du jour, vous avez envoyé le témoignage de votre solidarité à des camarades mineurs, situés à 80 kilomètres de Toulouse et à 20 kilomètres de Carcassonne qui, il y a huit mois, ignoraient la C. G. T., à des camarades qui demain recevront les camarades Cordier, de la Fédération du Sous-Sol, et Blanchard, de la Métallurgie — ils ont fait également appel à moi, mais je me suis excusé — à des camarades qui ont suivi avec attention dans tous les journaux vos discussions et vos délibérations, qui marchent et qui veulent marcher de plus en plus carrément avec vous. Eh bien, ces camarades ont écrit ceci : « C'est avec joie que nous avons lu sur *le Midi Socialiste* l'adoption par le Congrès de Toulouse de l'ordre du jour présenté par vous ; soyez nos interprètes auprès des congressistes, pour leur exprimer toute notre gratitude. Malgré le patronat, la magistrature et le gouvernement, qui cherchent à anéantir le syndicat, les ouvrières et les ouvriers de Salsigne marcheront avec tous les camarades prolétaires organisés, et crient avec joie, avec ardeur et avec beaucoup plus d'énergie que jamais : Vive la C. G. T. ! à bas le patronat et le salariat ! *(Applaudissements)*.

Camarades, les travaux du Congrès confédéral sont terminés, il ne m'appartient pas de souligner votre fièvre et votre impatience, je les ai partagées dans les autres villes où se sont tenus des congrès ; je comprends donc parfaitement ce que vous ressentez à ce moment-ci ; cependant, permettez-moi de vous rappeler que lundi s'ouvre, à la Bourse du Travail de Toulouse, la Conférence qui suit tous les Congrès confédéraux ; là on fera du travail administratif ; la commission d'organisation a le plaisir de vous rappeler que cette Conférence s'ouvrira lundi à 8 heures, dans la grande salle de l'Union des Syndicats.

Togny. — Je demande au Congrès un vote pour protester contre la tendance que le gouvernement prend à faire condamner les secrétaires d'organisations pour responsabilité morale ; exemple, le camarade Jour, des plombiers de Paris. Je tiendrais à ce que le Congrès se rende bien compte des inconvénients qu'il peut y avoir, dorénavant à laisser s'instituer un état de choses semblable. Je demande donc au président de mettre ma proposition aux voix.

Le Président. — Je mets aux voix la proposition du camarade Togny. *Adoptée.*

Le Président. — Il reste à désigner le lieu du prochain Congrès. *Plusieurs villes sont proposées : Bordeaux, Tours, Paris, Lyon* et *Le Havre.*

(Il est procédé par voie d'élimination; les villes de Bordeaux, Lyon et Paris sont successivement éliminées; le délégué des organisations d'Indre-et-Loire se rallie à la désignation du Havre).

Le Président. — Le prochain Congrès aura lieu au Havre.

Puisqu'il m'échoit de clôturer ce Congrès, je dois adresser des félicitations aux camarades organisateurs, parce que je ne peux pas en adresser aux camarades congressistes. Tout de même, à travers toutes les difficultés que nous avons traversées pendant ce Congrès, nous pouvons dégager une leçon, et je crois faire plaisir à notre camarade Niel en tirant cette conclusion : qu'il se dégage de ce Congrès une plus grande unité morale, parce que les majorités qui se sont produites ont été plus considérables que les années précédentes. Je vous demande d'être encore plus conscients dans les futurs congrès; je déclare le XVIIe Congrès terminé.

La séance est levée à 6 h. 5.

TABLEAUX DES VOTES PAR MANDATS

(Chiffres rectifiés après pointage)

FÉDÉRATION DE L'ALIMENTATION

DÉLÉGUÉS	ORGANISATIONS	Maison des Fédérations	Fusion des Fédérations des Métaux.	Rapports confédéraux	Retraites ouvrières	Contrat collectif Capacité comm^le des Synd^ts Arbitrage	Antimilitarisme
SAINT-VENANT....	Cuisiniers de Montpellier...........	a.	c.	a.	p.		p.
MOURGUES.......	Cuisiniers de Bordeaux..............	a.	p.	a.	c.	p.	p.
B. JAMMES........	Cuisiniers et Pâtis. de Carcassonne..	a.	p.	a.	p.	c.	p.
A. COLIN.........	Bouchers-Charcutiers d'Amiens.....	a.	c.	n.	p.	p.	p.
VAYME...........	Boulangers de Tulle................	c.	a.	n.	p.		p.
ANTOURVILLE....	Fondeurs Margariniers de la Seine..	p.	p.	p.	p.	p.	p.
A. ROYER.........	Des Boulangers de Lyon............	p.	p.	p.	p.	p.	p.
ANTOURVILLE.....	Boulangers de Rochefort...........	p.	p.	p.	p.	p.	p.
—	Abattoirs de la Seine...............	p.	p.	p.	p.	p.	p.
—	Boulangers de Grenoble............	p.		p.	p.	p.	p.
A. BOUSQUET....	Boulangers de Dijon...............	p.	p.	p.	p.	p.	p.
—	Boulangers de Bordeaux...........	p.	p.	p.	p.	p.	p.
—	Limonadiers de Paris..............	p.	p.	p.	p.	p.	p.
—	Laitiers-Crémiers de Paris.........	p.	p.	p.	p.	p.	p.
—	Boulangers de Montpellier.........	p.	p.	p.	p.	p.	p.
—	Boulangers de la Seine............	p.	p.	p.	p.	p.	p.
—	Limonadiers de Lyon..............	p.	p.	p.	p.	p.	p.
—	Boulangers de Tours..............	p.	p.	p.	p.	p.	p.
—	Boulangers de Limoges............	p.	p.	p.	p.	p.	p.
RYNKOWSKY.....	Limonadiers d'Alger..............	p.	p.	p.	c.	p.	
—	Boulangers de Saint-Raphaël.......	p.	p.	p.	c.	p.	
A. SAVOIE.......	Boulang. d'Eure-et-Loir (Chartres).	p.	p.	p.	p.	p.	p.
—	Boulangers de Beauvais...........	p.	p.	p.	p.	p.	p.
—	Boulangers de Niort..............	p.	p.	p.	p.	p.	p.
—	Boulangers (Aube)................	p.	p.	p.	p.		
—	Boulangers (Aube)................	p.		p.	p.	p.	p.
—	Boulangers de Saint-Germain.......	p.	p.	p.			p.
RINSKOWSKY.....	Limonadiers de Marseille..........	p.	p.	p.	c.	p.	p.
—	Boulangers d'Alger...............	p.	p.	p.	c.	p.	
Ch. GOGUMUS....	Synd^t des Empl. de l'Ep^rie de la Seine.	p.	p.	p.	p.	p.	p.
ANTOURVILLE.....	Cuisiniers de Lyon................	p.	p.	p.	p.	p.	p.
—	Cuisiniers de Nantes..............	p.	p.	p.	p.	p.	p.
—	Confiseurs de Paris...............	p.	p.	p.	p.	p.	p.
—	Charcutiers de la Seine...........	p.	p.	p.	p.	p.	p.
T. BAZERBRE.....	Boulangers de Perpignan..........	p.		p.		p.	p.
A. POCHAS........	Cuisiniers-Pâtissiers de Constantine.	p.	p.	p.		p.	
SAINT-VENANT....	Confiseurs de Lille...............	a.	p.	p.	p.		p.
T. BAZERBRE.....	Cuisiniers-Pâtissiers de Perpignan..	p.		p.		p.	p.
Marc HENRY.....	Syndicat des Ouvriers Boulangers et Meuniers de l'arr^t de Saint-Malo..	p.	p.	p.	p.	p.	p.
De FONCLARE.....	Alimentation de Tunis.............	p.	p.	p.	p.	p.	p.

DÉLÉGUÉS	ORGANISATIONS	Maison des Fédérations	Fusion des Fédérations des Métaux	Rapports confédéraux	Retraites ouvrières	Contrat collectif Capacité comle des Syndts Arbitrage	Antimilitarisme
A. Royer........	Tripiers-Boyandiers de Lyon.......	p.	p.	p.	p.	p.	p.
G. Morel........	Boulangers d'Amiens..............	p.		p.	p.	p.	p.
M. Tennaudre...	Boulangers de Périgueux..........	p.		p.	p.	p.	p.
G. Métivier.....	Biscuitiers-Pâtissiers-Cuisiniers.....		p.	p.	p.	p.	p.
M. Danis........	Employés d'hôtel, Restaurateurs des Alpes-Maritimes..................	p.	p.	p.	p.	p.	p.
G. Métivier.....	Biscuitiers de la Seine............		p.	p.	p.	p.	p.
C. Dekooninck..	Alimentation de Dunkerque........	p.	p.	p.	p.	p.	p.
V. Legueux......	Boulangers de Saint-Nazaire........	p.	p.	p.	p.	p.	p.
Léon Vorton....	Boulangers de Rouen..............	p.	p.	p.	p.	p.	p.
Fort............	Syndicat des Boulangers de Toulouse	p.	p.	p.	c.	p.	p.
Jeannet.........	Chocolatiers de Noisiel............	p.	p.	p.	p.	p.	p.
A. Savoie........	Boulangers de Melun..............	p.	p.	p.	p.	p.	p.
—	— de Grenoble...........	p.	p.	p.	p.	p.	p.
—	— de Bayonne...........	p.	p.	p.	p.	p.	p.
—	— de Corbeil............	p.	p.	p.	p.	p.	p.
A. Boudet.......	Boulangers de Brive.............	p.	p.	p.	p.	p.	p.
Brunel..........	Limonadiers d'Albi..............	c.	p.	p.	p.	p.	p.
Flament........	Alimentation de Tourcoing........	a.	c.	a.	p.	p.	p.
E. Tendero.....	Meuniers de Rennes..............		p.		p.	p.	p.
—	— de la Seine............		p.		p.	p.	p.
—	— de Lorient.............		p.		c.	p.	p.
—	Boulangers de Nice..............		p.		c.	p.	p.
—	— de Menton...........		p.		c.	p.	p.
—	— de Vallauris..........		p.		c.	p.	p.
—	— d'Alais...............		p.		c.	p.	p.
—	Boucherie de Paris..............		p.		c.	p.	p.
—	Meuniers de Marseille............		p.		c.		p.
Duclos..........	Boulangers de Toulouse...........				p.		

FÉDÉRATION DES ALLUMETTIERS

L. Jouhaux	Syndicat des Allumettiers de Dantin-Aubervilliers..............	p.	p.	p.	p.	p.	p.
—	Syndicat des Allumettiers de Trélazé.	p.	p.	p.	p.	p.	p.
—	— — de Saintines	p.	p.	p.	p.	p.	p.
Coudert........	— — d'Aix......	p.	p.	p.	p.	p.	p.
—	— — de Bègles..	p.	p.	p.	p.	p.	p.
—	— — de Marseille	p.	p.	p.	p.	p.	p.

FÉDÉRATION DE L'AMEUBLEMENT

V. Vandeputte ..	Syndicat des Travailleurs du bois d'Halluin.........................	a.	c.	a.	p.	p.	p.
Ch. Kesteman ..	Syndicat des Ébénistes de Nancy ...	a.		a.		p.	p.
Dreyer.........	— — de Bordeaux.	c.	c.	a.	p.	p.	p.
—	Syndicat des Sculpteurs sur bois de Lyon............................	a.	c.	a.	p.	p.	p.

DÉLÉGUÉS	ORGANISATIONS	Maison des Fédérations	Fusion des Fédérations des Métaux.	Rapports confédéraux	Retraites ouvrières	Contrat collectif Capacité comle des Syndts Arbitrage	Antimilitarisme
BATRONNEUVE....	Syndicat des Sculpteurs d'Angers...	p.	p.	p.	c.	p.	p.
Georges CASPAR .	— de l'Ameublement de Nantua	p.	p.	p.	p.	p.	p.
—	— — de Bourg.	p.	p.	o.	p.	p.	p.
DREYER..........	— des Ebénistes de Lyon....	a.	c.	p.	p.	p.	p.
HERVIER.........	— de l'Ameublement de Bourges	p.	p.	p.	p.	p.	p.
MIREMONT........	— des Bois ouvrés de Bayonne	p.	p.	p.	p.	p.	p.
Ch. KESTEMAN...	— des Facteurs de pianos de Paris..............................	p.	p.	p.		p.	p.
— ..	Syndicat des Ebénistes de Gap......	p.	p.	p.		p.	p.
IZARD (Pr Bigot empêché).	— — de Castres...	c.	c.	p.	p.	p.	p.
—	— — de Bastia....	c.	c.	p.	p.	p.	p.
—	— des Sculpteurs de Castres.	c.	c.	p.	p.	p.	p.
J. BATAVE........	— des Ouvriers tapissiers en meubles de Marseille.............	p.	p.	p.	p.	p.	c.
F. BOUSQUET.....	Syndicat des Menuisiers en fauteuils de Toulouse.....................	p.	p.	p.	p.	p.	p.
MORIN...........	Syndicat de l'Ameublement de Tours.	p.	p.	p.	p.	p.	p.
E. ARBOGAT......	Menuisiers en sièges de Paris.......	a.	p.			p.	p.
Ch. KESTEMAN...	Syndicat des Pianos de Marseille....	p.	p.			p.	p.
E. ARBOGAT......	— des Sculpteurs de Limoges.	p.	p.			p.	p.
—	— des Ebénistes de Limoges..	p.	p.			p.	p.
—	— des Sculpteurs de Nantes..	p.	p.			p.	p.
—	— des Tapissiers de Paris....	p.	p.			p.	p.
—	Sculpture de Paris................	p.	p.			p.	p.
—	Ebénistes de la Seine...............	p.	p.			p.	p.

FÉDÉRATION AGRICOLES DU NORD

JEANNET.........	Travailleurs agricoles de Provins...	p.	p.	p.	p.	p.	p.
VOIRIN..........	— — de Morangis..	p.	p.	p.	p.	p.	

FÉDÉRATION AGRICOLES DU MIDI

Simon CASTAN...	Syndicat des Ouvriers cultivateurs de Narbonne....................	p.	p.	n.	p.	p.	p.
L. CAMY.........	Syndicat de ferme d'Arles..........	p.	p.	p.	p.	p.	p.
Paul ADER.......	Ouvriers agricoles d'Aspiran........	p.	p.	p.	p.	p.	p.
—	— — de Marseillargues	p.	p.	p.	p.	p.	p.
—	Travailleurs de terre de Canohès...	p.	p.	p.	p.	p.	p.
—	Cultivateurs de Coursan............	p.	p.	p.	p.	p.	p.
—	Agriculteurs de Cuxac-d'Aude.......	p.	p.	p.	p.	p.	p.
—	— de Mèze.............	p.	p.	p.	p.	p.	p.
MADTIF..........	Ouvriers agricoles de Vias (Hérault)..	p.	p.	p.	p.	p.	p.
—	— — d'Ornaison (Aude)	p.	p.	p.	p.	p.	p.
—	— — de Portel (Aude)..	p.	p.	p.	p.	p.	p.
—	— — d'Aimargues (Gard).	p.	p.	p.	p.	p.	p.
REYMOND........	— — de Muret.........	p.	p.				p.
VOIRIN..........	Travailleurs agricoles de Marangis..						p.
Paul ADER.......	Presseurs de paille de Muret........				p.	p.	

DÉLÉGUÉS	ORGANISATIONS	Maison des Fédérations	Fusion des Fédérations des Métaux.	Rapports confédéraux	Retraites ouvrières	Contrat collectif Capacité com[le] des Synd[ts]. Arbitrage	Antimilitarisme

FÉDÉRATION DU BATIMENT

DÉLÉGUÉS	ORGANISATIONS						
Bréjaud.........	Bâtiment de Corbeil................	p.	p.	p.	p.	p.	p.
—	— de Villeneuve-St-Georges.	p.	p.	p.	p.	p.	p.
Voisin...........	— de Dourdan..............	p.	p.	p.	p.	p.	p.
C. Andrieu......	Charpentiers en fer de la Seine.....	p.	p.	p.	p.	p.	p.
J. Thomas.......	Maçons de Brive (Corrèze).........	p.	a.	p.	p.	p.	p.
J.-B. Constant...	Bâtiment de Romorantin...........	p.	p.	p.	p.	p.	p.
Noel............	Syndicat du Bâtiment de Narbonne.	p.	p.	p.	p.	p.	p.
C. Andrieu......	Couvreurs de Nantes...............	p.	p.	p.	p.	p.	p.
Gibault.........	Bâtiment de Sucy-en-Brie...........	p.	p.	p.	p.	p.	p.
—	— de Montmorency	p.	p.	p.	p.	p.	p.
Jeannet.........	— d'Annet	p.	p.	p.	p.	p.	p.
Gibault.........	— de l'Isle-Adam...........	p.	p.	p.	p.	p.	p.
—	— du Raincy..............	p.	p.	p.	p.	p.	p.
Dumont.........	Granitiers de Nantes et Chatenay...	p.	p.	p.	p.	p.	p.
—	Bâtiment de Trouville..............	p.	p.	p.	p.	p.	p.
—	— de Valenciennes...........	p.	p.	p.	p.	p.	p.
—	— de Dunkerque...........	p.	p.	p.	p.	p.	p.
H. Cordie.......	Monteurs et Poseurs de stores de Paris	p.	p.	p.	p.	p.	p.
M. Teynaudie...	Maçons de Périgueux..............	p.		p.	p.	p.	p.
Hureau.........	Bâtiment du Mans.................	p.	p.	p.	p.	p.	p.
—	Peintres de Nantes................	p.	p.	p.	p.	p.	p.
Hervier.........	Bâtiment de Saint-Florent (Cher)....	p.	p.	p.	p.	p.	p.
—	Carriers et Tailleurs de pierre de Saint-Florent (Cher).............	p.	p.	p.	p.	p.	p.
—	Bâtiment général de Bourges.......	p.	p.	p.	p.	p.	p.
E. Ribot.........	Syndicat des Maçons et Tailleurs de pierre de Versailles.............	p.	p.	p.	p.	p.	p.
—	Syndicat des Menuisiers de Versailles	p.	p.	p.	p.	p.	p.
—	— des Serruriers de Versailles.	p.	p.	p.	p.	p.	p.
—	— des Peintres de Versailles..	p.	p.	p.	p.	p.	p.
—	— du Bâtiment de Saint-Germain-en-Laye..................	p.	p.	p.	p.	p.	p.
Georges Caspar.	Syndicat du Bâtiment de Nantua....	p.	p.	p.	p.	p.	p.
—	— — de Bourg.....	p.	p.	p.	p.	p.	p.
Werth..........	— des Maçons de Besançon...	a.	p.	p.	a.	p.	c.
E. Guillet.......	— des Ferblantiers d'Angers..	p.	p.	p.	p.	p.	p.
J. Blanchard....	— des Maçons de Nantes.....	a.		p.	p.		p.
— ...	— des Menuisiers de Nantes..	a.		p.	p.		p.
Péricat.........	— du Bâtiment d'Aix-les-Bains	p.	p.	p.	p.	p.	p.
Dayrac..........	— des Cimentiers et Aides de la Seine.................	p.	p.	p.	p.	p.	p.
Trioulèyre.....	— des Tailleurs de pierre de Périgueux.............	p.	p.	p.	p.	p.	p.
—	— des Tailleurs de pierre de Paris..................	p.	p.	p.	p.	p.	p.
Péricat.........	— du Bâtiment d'Epernay....	p.	p.	p.	p.	p.	p.

DÉLÉGUÉS	ORGANISATIONS	Maison des Fédérations	Fusion des Fédérations des Métaux.	Rapports confédéraux	Retraites ouvrières	Contrat collectif Capacité comlle des Syndts Arbitrage	Antimilitarisme
TRIOULEYRE	Syndicat des Tailleurs de pierre blanche de Nantes et Chatenay	p.	p.	p.	p.	p.	p.
—	— du Bâtiment d'Epernon....	p.	p.	p.	p.	p.	p.
PÉRICAT	— des Maçons de Chambéry..	p.	p.	p.	p.	p.	p.
—	— du Bâtiment de Melun.....	p.	p.	p.	p.	p.	p.
ANDRIEU.........	— des Mines de chaux de Comte-les-Pins..............	p.	p.	p.	p.	p.	p.
PICHON..........	— du Bâtiment de Quimper...	p.	p.	p.	p.	p.	p.
—	— des Terrassiers de la Seine.	p.	p.	p.	p.	p.	p.
—	— du Bâtiment d'Amiens......	p.	p.	p.	p.	p.	p.
DANÈS...........	— — de Nice	p.	p.	p.	p.	p.	p.
PICHON..........	— des Bétonniers et Bitumiers de Paris................	p.	p.	p.	p.	p.	p.
TRÉVENEC.	— des Maçons de Port-Louis..	p.		p.	p.	p.	p.
—	— du Bâtiment de Quimperlé.	p.	p.	p.			p.
BERNARD	— — d'Epinal	p.	p.	p.	p.	p.	p.
—	— — de Niort	p.	p.	p.	p.		p.
—	— des Charpentiers de la Seine.	p.	p.	p.	p.	p.	p.
—	— des Couvreurs-Plombiers de la Seine.................	p.	p.	p.	p.	p.	p.
—	— des Parqueteurs de la Seine.	p.	p.	p.	p.	p.	p.
—	— des Dessinateurs-Commis de la Seine.................	p.	p.	p.	p.	p.	p.
—	— des Menuisiers de la Seine.	p.	p.	p.	p.	p.	p.
—	— du Bâtiment de Desvres ...	p.	p.	p.	p.	p.	p.
J. LAPORTE	— — de Vierzon ...	p.	p.	p.	p.	p.	
Henry MARC......	— — de Dinan.....	p.	p.	p.	p.	p.	p.
—	— — de St-Malo, St-Servan, Parau, Dol, Cancale	p.	p.	p.	p.	p.	p.
G. TURIN	— du Bâtiment de Châteauroux	p.	p.	p.		p.	p.
V. FONCLARE.....	— des Similaires des pavés de Mantes..................	p.	p.	p.	p.	p.	p.
A. DARBOIS	— des Menuisiers de Marseille.	p.	p.	p.	p.	p.	p.
—	— des Charpentiers de Marseille	p.	p.	p.	p.	p.	p.
—	— des Plombiers-Zingueurs de Marseille...............	p.	p.	p.	p.	p.	p.
—	— des Carrières de la Ciotat..	p.	p.	p.	p.	p.	p.
CHEREAU	— des Serruriers de Rennes..	p.	p.	p.	p.	p.	p.
—	— des Charpentiers de Rennes.	p.	p.	p.	p.	p.	p.
—	— des Menuisiers de Rennes..	p.	p.	p.	p.	p.	p.
—	— des Peintres de Rennes....	p.	p.	p.	p.	p.	p.
—	— des Plâtriers de Rennes....	p.	p.	p.	p.	p.	p.
—	— des Maçons de Rennes.....	p.	p.	p.	p.	p.	p.
PICHON..........	— des Terrassiers de Toulon.	p.	p.	p.	p.	p.	p.
JEANNET	— du Bâtiment de Villeparisis.	p.	p.	p.	p.	p.	p.
—	— — de Meaux	p.	p.	p.	p.	p.	p.
—	— — de Provins....	p.	p.	p.	p.	p.	p.
—	— — de Quincy-Ségy	p.	p.	p.	p.	p.	p.
—	— — de Lagny......	p.	p.	p.	p.	p.	p.
—	— — de Chelles.....	p.	p.	p.	p.	p.	p.

DÉLÉGUÉS	ORGANISATIONS	Maison des Fédérations	Fusion des Fédérations des Métaux.	Rapports confédéraux	Retraites ouvrières	Contrat collectif Capacité comm des Synd. Arbitrage	Antimilitarisme
RICORDEAU	Syndicat du Bâtiment d'Avignon	p.	p.	p.	p.	p.	p.
—	— — de Reims.....	p.	p.	p.	p.	p.	p.
—	— des Terrassiers de Nantes..	p.	p.	p.	p.	p.	p.
—	— des Ouvriers du Canal du Nord, Libermont........	p.	p.	p.	p.	p.	p.
—	— du Bâtiment d'Angillon	p.	p.	p.	p.	p.	p.
BARELLE.........	— du Bâtiment, Bourse du Travail de Saint-Chamond ..	p.	p.	p.	p.	p.	p.
TRÉVENEC.	— des Maçons de Lorient.....	p.	p.	p.	p.	p.	p.
—	— des Couvreurs de Lorient..	p.	p.	p.	p.	p.	p.
RICORDEAU	— du Bâtiment de Germigny..	p.	p.	p.	p.	p.	p.
—	— des Chaufourniers de Belfres	p.	p.	p.	p.	p.	p.
TRÉVENEC	— du Bâtiment de Lorient....	p.	p.	p.	p.	p.	p.
FONCLARE........	— — de Tunis	p.	p.	p.	p.	p.	p.
DROUILHET	— des Charpentiers d'Auch...	c.		p.	c.	p.	p.
KLEMCZINSKY	— des Menuisiers-Charpentiers d'Oyonnax..............	a.	a.	p.	c.	p.	a.
TRÉVENEC	— des Menuisiers de Lorient..	p.	p.	p.	p.	p.	p.
—	— des Peintres de Lorient....	p.	p.	p.	p.	p.	p.
—	— des Terrassiers de Lorient.	p.	p.	p.	p.	p.	p.
AUPART..........	— du Bâtiment de Montluçon.	p.	p.	p.	p.	p.	p.
ROUESTE.........	Bâtiment de Saint-Dié (Vosges)......	p.	p.	p.	p.	p.	p.
HUREAU	Peintres de la Seine..............	p.	p.	p.	p.	p.	p.
DESSALLE........	Treillageurs de Versailles..........	p.	p.	p.	p.	p.	p.
—	Bâtiment de Chaville	p.	p.	p.	p.	p.	p.
CONSTANT........	Bâtiment d'Orléans.................	p.	a.	p.	p.	p.	p.
CHASLE..........	Bâtiment de Tours..................	p.	p.	p.	p.	p.	p.
CORDIE..........	Chambre Syndicale des Ouvriers Serruriers de la Seine............	p.	p.	p.	p.		p.
CHASLE..........	Bâtiment de Thouars...............	p.	p.	p.	p.	p.	p.
—	Bâtiment de Chinon................	p.	p.	p.	p.	p.	p.
HUREAU	Bâtiment d'Alençon	p.	p.	p.	p.	p.	p.
—	Bâtiment de Flers (Orne)...........	p.	p.	p.	p.	p.	p.
—	Marbriers de Sablé	p.	p.	p.	p.	p.	p.
DE FONCLARE.....	Bâtiment d'Herbillon..............	p.	p.	p.	p.	p.	p.
NOYER	Plâtres de Lurcy-Levy..............	p.	p.	p.	p.	p.	p.
CHOPINAUD	Zingueurs-Plombiers de Lyon......	p.	p.	p.	p.	p.	p.
BRÉJAUD.........	Carriers de Seine-et-Oise...........	p.	p.	p.	p.	p.	p.
—	Bâtiment de Meudon...............	p.	p.	p.	p.	p.	p.
—	Bâtiment de Saint-Cloud...........	p.	p.	p.	p.	p.	p.
—	Bâtiment de Rambouillet...........	p.	p.	p.	p.	p.	p.
PITET (Toulouse).	Maçons de Marseille...............	p.	p.	p.	p.	p.	p.
—	Aide-Maçons de Marseille..........	p.	p.	p.	p.	p.	p.
CHEVILLIÉ	Peintres en Bâtiment de Toulouse..	p.	p.	p.	p.	p.	p.
DUMONT	Maçonnerie pierre de Paris.........	p.	p.	p.	p.	p.	p.
—	Fumistes de Paris..................	p.	p.	p.	p.	p.	p.
CORDIE..........	Bâtiment de Saint-Vallier...........	p.	p.	p.	p.	p.	p.
CHEREAU	Syndicat des Manœuvres de Rennes.	p.	p.	p.	p.	p.	p.
DUPUY...........	— du Bâtiment d'Auxerre....	p.		p.	p.	p.	p.
LAMBERT.........	— des Menuisiers d'Angers..	p.	p.	p.	p.	p.	p.

DÉLÉGUÉS	ORGANISATIONS	Maison des Fédérations	Fusion des Fédérations des Métaux	Rapports confédéraux	Retraites ouvrières	Contrat collectif Capacité comm^le des Synd^ts Arbitrage	Antimilitarisme
Lambert.........	Syndical des Charpentiers d'Angers.	p.	p.	p.	p.	p.	p.
—	— des Peintres d'Angers.....	p.	p.	p.	p.	p.	p.
Pierreton.......	— du Bâtiment de Voiron....	a.	p.	p.	p.	p.	p.
—	— des Menuisiers de Voiron.	a.	p.	p.	p.	p.	p.
Rochet..........	— Maçons de Clermont-Ferr^d.	p.	p.	p.	p.	p.	p.
U. Sarrat.......	— des Menuisiers de Brive...	p.	p.	p.	p.	p.	
L. Bénazet......	— des Maçons de Toulouse..	p.	p.	p.	p.	p.	p.
—	— Plâtriers de Montpellier...	p.	p.	p.	p.	p.	p.
L. Laurens......	— du Bâtiment de Cherbourg.	p.	p.	p.	p.	p.	p.
Desmoulins.....	— — de Guéret....	a.	a.	p.	c.	p.	p.
Cyr............	— — Firminy (Loire).	p.	p.	p.	p.	p.	p.
Brunel..........	— — d'Alais.......	c.	p.	p.	p.	p.	p.
G. Rome.........	— — du Havre.....	p.	p.	p.	p.	p.	p.
Gardies.........	— — de Mazamet...	p.	c.	p.	p.	p.	p.
J. Bled..........	— des Scieurs de pierre tendre de Paris...........	p.	p.	p.	p.	p.	p.
—	— des Scieurs de pierre dure de Paris...............	p.	p.	p.	p.	p.	p.
L. Perrin.......	— des Tailleurs de pierre de Vichy.................	p.	p.	p.	p.	p.	p.
—	— des Plâtriers de Vichy....	p.	p.	p.	p.	p.	p.
Tartarin........	— des Menuisiers de Vichy..	p.	p.	p.	p.	p.	p.
Provost........	— des Maçons et Tailleurs de pierre de Cérilly........	p.	p.	p.	p.	p.	p.
Charial.........	Maçons de Villefranche (Rhône)....	p.	p.	p.	p.	p.	p.
—	— de Lyon..................	p.	p.	p.	p.	p.	p.
—	— de Roanne (Loire).........	p.	p.	p.	p.	p.	p.
Cudet..........	Terrassiers du Rhône.............	p.	p.	p.	p.	p.	p.
—	Tailleurs de pierre de Lyon........	p.	p.	p.	p.	p.	p.
—	Marbriers du Rhône...............	p.	p.	p.	p.	p.	p.
Cathomen.......	Bâtiment de Dijon..................	p.	p.	p.	p.	p.	p.
Cudet..........	— de Grenoble............	p.	p.	p.	p.	p.	p.
Cathomen.......	Maçons de Dijon...................	p.	p.	p.	p.	p.	p.
Ragot..........	Terrassiers de Bordeaux...........	p.	p.	p.	p.	p.	p.
Gazagnes........	Terrassiers de Toulouse...........	p.	p.	p.	p.	p.	p.
Chopinaud......	Menuisiers de Saint-Etienne........	p.	p.	p.	p.	p.	p.
Gazagnes........	Bâtiment de La Rochelle...........	p.	p.	p.	p.	p.	p.
Noyer..........	Peintres-Plâtriers de Roanne.......	p.	p.	p.	p.	p.	p.
—	Charpentiers de Lyon..............	p.	p.	p.	p.	p.	p.
—	Tailleurs de pierre de Roanne......	p.	p.	p.	p.	p.	p.
Camboville.....	— de Toulouse....	p.	p.	p.	p.	p.	p.
Raynaud........	Charpentiers de Toulouse..........	p.	p.	p.	p.	p.	p.
Jalbert........	Marbriers de Paris................	p.	p.	p.	p.	p.	p.
—	— de Toulouse...........	p.	p.	p.	p.	p.	p.
Rouzaud........	Carreleurs de Marseille...........	p.	p.	p.	c.	p.	p.
—	Serruriers de Marseille............	p.	p.	p.	c.	p.	p.
Bazerle.........	Terrassiers, Aides-Maçons de Perpignan..........................	p.		p.		p.	p.
Bénazet........	Menuisiers de Toulouse............	p.	p.	p.	p.	p.	
Hureau.........	Plâtriers de Nantes................	p.	p.	p.	p.	p.	p.

DÉLÉGUÉS	ORGANISATIONS	Maison des Fédérations	Fusion des Fédérations des Métaux.	Rapports confédéraux	Retraites ouvrières.	Contrat collectif Capacité comm. des Synd. Arbitrage	Antimilitarisme
L. Torton.......	Menuisiers d'Elbeuf...............	p.	p.	p.	p.	p.	p.
L. Miller.......	Bâtiment de Rouen.................	p.	p.	p.	p.	p.	p.
—	Sculpteurs-Décorateurs de la Seine..	p.	p.	p.	p.	p.	p.
—	Ornemanistes de la Seine...........	p.	p.	p.	p.	p.	p.
—	Bâtiment de Rochefort.............	p.	p.	p.	p.	p.	p.
—	Plâtriers de Boulogne-sur-Mer......	p.	p.	p.	p.	p.	p.
—	Bâtiment Paris-Plage..............	p.	p.	p.	p.	p.	p.
Laigne..........	Syndicat général du Bâtiment de Fougères.....................	p.	p.	p.	p.	p.	p.
Démaret........	Bâtiment de Saint-Quentin.........	p.	p.	p.	p.	p.	p.
Voirin..........	Bâtiment d'Arpajon................	p.	p.	p.	p.	p.	p.
Triouleyre.....	Tailleurs de pierre de Chât.-Landon.	p.	p.	p.	p.	p.	p.
—	Carriers de Châteaumeillant........	p.	p.	p.	p.	p.	p.
Roueste.........	Paveurs et Aides de la Seine.......	p.	p.	p.	p.	p.	p.
—	Piqueurs de moellons de la Seine...	p.	p.	p.	p.	p.	p.
—	Bâtiment de Sens (Yonne)..........	p.	p.	p.	p.	p.	p.
—	Menuisiers de Sens (Yonne).........	p.	p.	p.	p.	p.	p.
—	Peintres de Sens (Yonne)...........	p.	p.	p.	p.	p.	p.
—	Carriers-Plâtriers de la Seine.......	p.	p.	p.	p.	p.	p.
—	Briquetiers et Aides et Similaires de la Seine..........................	p.	p.	p.	p.	p.	p.
Lapierre........	Bâtiment de Rueil.................	p.	p.	p.	p.	p.	p.
—	Bâtiment de Pontoise..............	p.	p.	p.	p.	p.	p.
—	Bâtiment d'Argenteuil.............	p.	p.	p.	p.	p.	p.
Michelletti.....	Bâtiment de Constantine...........	p.	p.	p.	p.	p.	
—	Maçons de Saint-Etienne..........	p.	p.	p.	p.	p.	p.
H. Gautier......	Union du Bâtiment de Saint-Nazaire.	p.	p.	p.	p.	p.	p.
V. Vandeputte...	Syndicat du Bâtiment d'Halluin.....	a.	c.	a.	p.	p.	p.
Werbeurg.......	— du Bâtiment de Roubaix..	a.	p.	a.	p.	p.	p.
Dreyer..........	— des Menuisiers en Bâtiment de Lyon................	a.	c.	a.	p.	p.	p.
A. Damez........	— du Bâtiment de St-Claude.	a.	p.	p.	p.		p.
Clément.........	— des Carriers de Monthermé.	p.	p.	p.	p.	p.	p.
Mourgues.......	— des Peintres de Bordeaux.	p.	c.	p.	p.	p.	p.
—	— des Ferblantiers-Zingueurs de Bordeaux...........	p.	c.	p.	p.	p.	p.
Clément.........	— de Saint-Brieuc..........	p.	p.	p.	p.	p.	p.
G. Rigaud........	— des Maçons d'Albi.........	p.	p.	p.		p.	p.
C. Beausoleil...	— du Bâtiment de Chantilly..	p.	p.	p.			p.
Mourgues.......	— des Serruriers de Bordeaux.	p.	c.	p.	p.	p.	c.
—	— des Menuisiers de Bordeaux	p.	c.	p.	p.	p.	p.
—	— des Maçons de Bordeaux..	p.	c.	p.	p.	p.	c.
Clément.........	— du Bâtiment de La Pallice.	p.	p.	p.	p.	p.	p.
—	— — de Charleville.	p.	p.	p.	p.	p.	p.
—	— — de Dôle.......	p.	p.	p.	p.	p.	p.
Petit............	— des Chaufourniers de La Guerche................	p.	p.	p.	p.	p.	p.
—	— des Maçons d'art de Paris.	p.	p.	p.	p.	p.	p.
—	— du Bâtiment de Cognac....	p.	p.	p.	p.	p.	p.
—	— des Maçons de Ch.-s/-Marne	p.	p.	p.	p.	p.	p.

DÉLÉGUÉS	ORGANISATIONS	Maison des Fédérations	Fusion des Fédérations des Métaux	Rapports confédéraux	Retraites ouvrières	Contrat collectif Capacité comm^{le} des Synd^{ts} Arbitrage	Antimilitarisme
BAHONNEUX......	Syndicat des Granitiers de Bécon...	p.	p.	p.	c.	p.	p.
E. RIBOT.........	— du Bâtiment de Meulan....	p.	p.	p.	p.	p.	p.
—	— — de Poissy....	p.	p.	p.	p.	p.	p.
—	— des Charpentiers de Versailles.................	p.	p.	p.	p.	p.	p.
—	— des Couvreurs Plombiers de Versailles..........	p.	p.	p.	p.	p.	p.
A. ROYER........	Plâtriers-Peintres de Lyon.........	p.	p.	p.	p.	p.	p.
ROCHET..........	Menuisiers et Ébénistes de Clermont-Ferrand.........................	p.	p.	p.	p.	p.	p.
—	Serruriers de Clermont-Ferrand....	p.	p.	p.	p.	p.	p.
Marius MALLET...	Syndicat des Cimentiers-Gacheurs de Marseille.......................	p.	p.	p.	p.	p.	p.
PIERRETON.......	Cimentiers de Saint-Laurent-du-Pont	a.	p.	p.			p.
MARTY-ROLLAN...	Ferblantiers-Plombiers-Zingueurs de Toulouse.......................	p.	p.		p.	p.	p.
— ...	Colleurs de Papiers peints de Toulouse...........................	p.	p.		p.	p.	p.
ROUGERIE........	Tailleurs de pierre de Limoges.....	c.	p.		p.	p.	p.
L. MILLER.......	Ornemanistes de Lyon.............	p.	p.		p.	p.	p.
A. DARBOIS......	Terrassiers de Marseille...........	p.	p.		p.	p.	p.
GIBAULT.........	Bâtiment de Maisons-Laffitte.......	p.	p.		p.	p.	p.
P. ALAUX........	Peintres de Cahors (Lot)...........	p.	p.		p.	p.	p.
BRAVAIS.........	Plâtriers de Valence...............	a.					
VASSANTI........	Terrassiers d'Auch................	c.	p.		c.	p.	p.
C. COURT........	Terrassiers de Vichy..............		p.		p.	p.	p.
C. ANDRIEU......	Bâtiment de Digne.................				p.	p.	p.
L. NIEL.........	Syndicat des Menuisiers de Poitiers.				a.	p.	
PUNCTOUS.......	Cimentiers de Saint-Laurent-du-Pont				p.	p.	

FÉDÉRATION DES BROSSIERS ET TABLETIERS

Arthur DANREZ...	Pipiers de Saint-Claude............	a.	c.	p.	p.	p.	p.
C. BEAUSOLEIL...	Tabletiers de l'Oise...............	p.	p.	p.			p.
KLEMCZYNSKI....	Peignes Oyonnax..................	a.	c.	p.	a.	p.	a.
C. BEAUSOLEIL...	Brossiers de Mouy.................	p.	p.	p.			p.
F. BOUSQUET.....	Scieurs mécaniques d'Hermes (Oise).	p.	p.	p.	p.	p.	

FÉDÉRATION DE LA BIJOUTERIE-ORFÈVRERIE

Arthur DARNEZ...	Diamantaires de Saint-Claude......	a.	p.	p.	p.	p.	p.
— .	Lapidaires d'Ain-Jura.............	a.	p.	p.	p.	p.	p.
LE GUÉRY........	Diamantaires de Nantua-La Cluze...	a.	p.	p.	p.	p.	p.
—	— de Divonne-les-Bains.	a.	p.	p.	p.	p.	p.
—	— de Paris..............	a.	p.	p.	p.	p.	p.
Georges CASPAR..	— de Thoiry (Ain).......	c.	p.	p.	p.	p.	a.
WERTH..........	Décorateurs de boîtes de montres de Besançon.........................	a.	a.	p.	a.	p.	

DÉLÉGUÉS	ORGANISATIONS	Maison des Fédérations	Fusion des Fédérations des Métaux.	Rapports confédéraux	Retraites ouvrières	Contrat collectif Capacité comm[le] des Synd[ts]. Arbitrage	Antimilitarisme
Chuard..........	Bijouterie-Orfèvrerie de Lyon......	p.	c.	p.	p.	p.	p.
Garnery.........	Gainiers de Paris..................	p.	c.	p.	p.	p.	p.
—	Bijoutiers de Saumur...............	p.	c.	p.	p.	p.	p.
—	Diamantaires de Feltin.............	p.	c.	p.	p.	p.	p.
—	Potiers d'étain de Paris...........	p.	c.	p.	p.	p.	p.
—	Lapidaires de Paris................	p.	c.	p.	p.	p.	p.
V. Lefèvre......	Bijoutiers de Marseille............	p.	c.	p.	p.	p.	p.
—	Lamineurs et Tréfileurs de Paris...	p.	c.	p.	p.	p.	p.
—	Bijoutiers de Valence	p.	a.	p.	p.	p.	p.
—	— de Saint-Amand..........	p.	c.	p.	p.	p.	p.
G. Delpech......	Industrie de la Bijouterie-Joaillerie-		c.				
	Orfèvrerie de Paris................	p.	c.	p.	p.	p.	p.
V. Lefèvre......	Diamantaires de Nemours...........		a.		p.	p.	p.

FÉDÉRATION DES BLANCHISSEURS

Dessalle........	Blanchisseurs de Rueil.............	p.	p.	p.	p.	p.	p.

FÉDÉRATION DES BUCHERONS

Arthur Danrez ..	Bûcherons de Dôle.................	a.	p.	p.	p.	p.	p.
Bornet..........	— de Civray...............	p.	p.	p.	p.	p.	p.
—	— de Vieilles-Maisons.........	p.	p.	p.	p.	p.	p.
—	— de la région du Nouvion.	p.	p.	p.	p.	p.	p.
—	— de Cernoy...............	p.	p.	p.	p.	p.	p.
H. Aupart.......	— de Tronçais (Allier).....	p.	p.	p.	p.	p.	p.
—	— de Couleuvres-Ile et Bardais (Allier)...........	p.	p.	p.	p.	p.	p.
Bondoux.........	— de Groises..............	p.	p.	p.	p.	p.	p.
—	— de Vataux...............	p.	p.	p.	p.	p.	p.
Dessalle........	— de Seine-et-Oise.........	p.	p.	p.	p.	p.	p.
Hervier.........	— de Levet (Cher)..........	p.	p.	p.	p.	p.	p.
—	— de Farges-en-Septaine...	p.	p.	p.	p.	p.	p.
Bornet..........	— de Jussy-le-Chaudrier...	p.	p.	p.	p.	p.	p.
—	— de Torteron.............	p.	p.	p.	p.	p.	p.
—	— de Bigny-Vallenay.......	p.	p.	p.	p.	p.	p.
—	— de Dun-sur-Auron.......	p.	p.	p.	p.	p.	p.
—	— de Saint-Aubin-les-Forges	p.	p.	p.	p.	p.	p.
—	— de Reuilly..............	p.	p.	p.	p.	p.	p.
J. Turin........	— de Niherne..............	a.	p.	p.		p.	p.
—	— de Neuillay (Indre)......	a.	p.	p.		p.	p.
—	— de Luant (Indre)........	a.	p.	p.		p.	p.
—	— de Vendœuvre (Indre)...	a.	p.	p.		p.	p.
L. Jouhaux......	— de Cuffy................	p.	p.	p.	p.	p.	p.
—	— de Feux.................	p.	p.	p.	p.	p.	p.
Eugène Leroux ..	— de la Neuville-en-Hez...	p.		p.	p.	p.	p.
Bondoux.........	— de Saint-Pierre-de-Jards.	p.	p.	p.	p.	p.	p.

DÉLÉGUÉS	ORGANISATIONS	Maison des Fédérations	Fusion des Fédérations des Métaux	Rapports confédéraux	Retraites ouvrières	Contrat collectif Capacité com^le des Synd^ts Arbitrage	Antimilitarisme
	FÉDÉRATION NATIONALE des TRAVAILLEURS des CHEMINS DE FER						
CHALLAIX	Syndicat de Chalons-sur-Marne	p.	p.	p.	p.	p.	p.
—	— de Béthune..............	p.	p.	p.	p.	p.	p.
—	— de Valenciennes..........	p.	p.	p.	p.	p.	p.
—	— de Rennes................	p.	p.	p.	p.	p.	p.
—	— de Paris.................	p.	p.	p.	p.	p.	p.
—	— de Lons-le-Saulnier	p.	p.	p.	p.	p.	p.
—	— de Juvisy	p.	p.	p.	p.	p.	p.
COUDERT.........	Chemins de fer de l'Est, groupe de Pantin..........................	p.	p.	p.	p.	p.	p.
KINOBÉ..........	Chemins de fer de Nimes..........	p.	p.	p.	p.		p.
IZARD (Pr Bigod empêché).	Syndicat national des chemins de fer, groupe de Castres...........	c.	c.	p.	p.	p.	p.
PROVOST.........	Syndicat des chemins de fer, groupe de Montluçon	p.	p.	p.	p.		p.
P. PETITOT.......	Groupe de Langres.............	p.		p.	p.	p.	p.
MORIN...........	Tours-Etat....................	p.	p.	p.	p.	p.	p.
BIDEGARAY.......	Groupe de Clermont-Ferrand.......				p.	Vote *pour* le contrat, sans la loi. *Contre* la capacité.	p.
—	— de Rouen-Etat.............				p.		p.
—	— d'Epernay................				p.		p.
—	— de Roubaix...............				p.		p.
—	— d'Oullins.................				p.		p.
—	— d'Angers.................				p.		p.
—	— d'Allais..................				p.		p.
M. DORIA........	Chemins de fer P.-L.-M. de Toulon.				p.	p.	
E. GUERNIER.....	Groupe de Gray..............		c.	a.	p.		p.
—	— d'Amagne-Lucquy.........		c.	a.	p.	p.	p.
L. NIEL..........	Chemins de fer de Meaux..........			a.	a.	p.	
—	— — de Charleville......			a.	a.	p.	
—	— — de Provins.........			a.	a.	p.	
—	— — de Reims...........			a.	a.	p.	
—	— — de Vireux-Molhair..			a.	a.	p.	
Marius DORIA....	— — de Toulouse........	c.	p.	c.			
T. AUNAL........	— — d'Argenteuil........	p.	p.	p.	p.	p.	p.
—	— — de Bastia...........	p.	p.	p.	p.	p.	p.
—	Nice P.-L.-M	p.	p.	p.	p.	p.	p.
G. TURIN........	Chemins de fer de Châteauroux	a.	p.	p.		p.	p.
KLEMCZYNSKI.....	Groupe du S. N. de Bellegarde (Ain).	a.	a.	p.	c.	p.	a.
OSTRIC..........	Syndicat du chem. de fer de Toulouse	p.		p.	p.		p.
Léon TORTON.....	Chemins de fer, groupe de Sotteville	p.	p.	p.	p.	p.	p.
A. IMBERT.......	Chemins de fer de Marseille........	p.	p.	p.	p.	p.	p.
DÉMARET.........	— — de Saint-Quentin...	p.	p.	p.	p.		p.
SILVE...........	Synd. des ch. de fer de Constantine.	p.	p.	p.	p.	p.	p.
—	Syndicat des chemins de fer de Bône.	p.	p.	p.	p.	p.	p.
—	Syndicat des chemins de fer de Tunis.	p.	p.	p.	p.	p.	p.
A. CAITSOMER....	Chemins de fer de Dijon...........	p.	p.	p.	p.		p.
BAUJEAN.........	Employés chem. de fer de Montauban.	p.	p.	p.	p.	p.	p.
CHALLAIX........	— — — de Gisors.....	p.	p.	p.	p.	p.	p.
—	— — — de Dôle......	p.	p.	p.	p.	p.	p.

DÉLÉGUÉS	ORGANISATIONS	Maison des Fédérations	Fusion des Fédérations des Métaux	Rapports confédéraux	Retraites ouvrières	Contrat collectif Capacité comle des Syndts Arbitrage	Antimilitarisme

FÉDÉRATION DE LA COIFFURE

J. Blanchard....	Coiffeurs de Nantes................	a.		p.	p.	p.	p.
Viguarel........	Garçons coiffeurs de Saint-Nazaire.	p.	p.	p.	p.	p.	p.
F. Pont..........	Syndicat des Ouvriers coiffeurs de Marseille et des Bouches-du-Rhône	p.	a.	p.	p.	p.	p.
H. Vignaux......	Coiffeurs de Paris................	p.	a.	p.	p.	p.	p.
—	— de Toulon...............	p.	a.	p.	p.	p.	p.
—	— d'Angoulême............	p.	a.	p.	p.	p.	p.
—	— de Troyes..............	p.	a.	p.	p.	p.	p.
G. Rome.........	— du Havre...............	p.	p.	p.	p.	p.	p.
M. Faillet.......	Syndicat des Coiffeurs de Lyon.....	p.	p.	p.	p.		p.
Provost.........	— — de Montluçon	p.	p.	p.	p.	p.	p.
A. Luquet.......	Coiffeurs de Tours...............	p.	a.		p.	p.	p.
—	— de Grenoble............	p.	a.		p.	p.	p.
—	— de Bordeaux............	p.	a.		p.	p.	p.
Maillet.........	— de Dijon...............					p.	

FÉDÉRATION DE LA CÉRAMIQUE

L. Bonnet.......	Syndicat des Faïenciers de Saint-Amand (Nord)..................	c.	p.	p.	p.	p.	p.
—	Syndicat des Faïenciers de Saint-Vallier (Drôme)...............	c.	p.	p.		p.	p.
—	Syndicat de la Céramique de Limoges		p.	p.		p.	a.
J. Tillet.......	— des Journaliers en poterie de Vallauris............		p.	p.	p.	p.	p.
—	— des Artistiques en poterie de Vallauris............		p.	p.	p.	p.	p.
—	— des Engobeuses en poterie de Vallauris............		p.	p.	p.	p.	p.
—	— des Potiers de Vallauris...	p.	p.	p.	p.	p.	p.
—	— — d'Orléans......	p.	p.	p.	p.	p.	p.
—	— des Céramistes de St-Henri.		p.	p.	p.	p.	p.
—	— des Potiers de Roanne.....	p.	p.	p.	p.	p.	p.
—	— des Céramistes de Vierzon.		p.	p.	p.	p.	p.
L. Bonnet.......	Syndicat de la Céramique de Limoges	c.		p.	a.		
J. Tillet.......	— des Céramistes de la Seine.	p.	p.	p.	p.	p.	p.
Cnudde..........	— des Faïenciers de Lille....		c.	p.	p.	p.	c.
A. Boyer........	— de la Céramique de Lyon..	p.	p.	p.	p.	p.	p.
J. Rougerie......	— des Crématoires de Limoges	c.	p.	p.	p.	p.	p.
Marchadier.....	— des Céramistes de Brière-Allichamps (Cher).......	c.	p.	p.	p.	p.	p.
—	— des Céramistes de Mehun-sur-Yèvre (Cher)........	c.	p.	p.	p.	p.	p.
—	— des Faïenciers de Montereau (Seine-et-Marne)...	c.	p.	p.	p.	p.	p.

DÉLÉGUÉS	ORGANISATIONS	Maison des Fédérations	Fusion des Fédérations des Métaux	Rapports confédéraux	Retraites ouvrières	Contrat collectif Capacité comle des Syndts Arbitrage	Antimilitarisme
MARCHADIER	Syndicat des Peintres de Nancy (Meurthe-et-Moselle).....	c.	p.	p.	p.	p.	p.
—	— Apprêteurs en Kaolin de Saint-Yriex (Hte-Vienne).	c.	p.	p.	p.	p.	p.
E. ARQUIER	— des Céramistes de Givors..	p.	p.	p.	p.	p.	p.

FÉDÉRATION DE LA CHAPELLERIE

DÉLÉGUÉS	ORGANISATIONS	Maison des Fédérations	Fusion des Fédérations des Métaux	Rapports confédéraux	Retraites ouvrières	Contrat collectif Capacité comle des Syndts Arbitrage	Antimilitarisme
ROUX............	Syndicat des Chapeliers de Chazelles-sur-Lyon.........................	p.	p.	p.	p.	p.	a.
—	Syndicat des Chapeliers de Bort.....	p.	p.	p.	p.	p.	p.
—	— — de Romans..	p.	p.	p.	p.	p.	p.
—	— — d'Essonnes..	p.	p.	p.	p.	p.	p.
—	— — de Bellegarde	p.	p.	p.	p.	p.	p.
—	— — de Nancy....	p.	p.	p.	p.	p.	p.
—	— — de Vienne...	p.	p.	p.	p.	p.	p.
—	— — de Caussade.	p.	p.	p.	p.	p.	p.
—	— — de Bordeaux.	p.	p.	p.	p.	p.	p.
L. COMBE	— — de Mantes...	p.	p.	p.	p.	p.	p.
E. ARQUIER	— — de Givors....	p.	p.	p.	p.	p.	p.
MILAN...........	— — de Paris.....	p.	a.	p.	p.	p.	p.
JAUSY............	— — d'Espéraza ..	p.		p.	p.	p.	p.
SAINT-VENANT....	— — de Lille	a.	c.	p.	p.		p.
L. COMBE	— — de Lyon.....	p.	p.	p.	p.	p.	c.
RIVIÈRE..........	— — de Toulouse.	p.			p.	p.	p.

FÉDÉRATION DES CUIRS ET PEAUX

DÉLÉGUÉS	ORGANISATIONS	Maison des Fédérations	Fusion des Fédérations des Métaux	Rapports confédéraux	Retraites ouvrières	Contrat collectif Capacité comle des Syndts Arbitrage	Antimilitarisme
F. BOUSQUET	Malletiers de Toulouse.............	p.	p.	p.	p.	p.	p.
J. BAD...........	Chaussures d'Yzeaux...............	a.	p.	p.	p.	p.	p.
BARTHÈS.........	Mégissiers de Mazamet............	p.	p.	p.		p.	p.
J. ROUGÉRIE	Ouvriers et Ouvrières en chaussures de Limoges.......................	c.	p.	p.	a.	p.	p.
BARTHÈS.........	Exploitation de la Peau de Mouton de Mazamet.....................	p.	p.	p.	p.	p.	p.
ROCHET..........	Cuirs et Peaux et Confections militaires de Clermont-Ferrand......	p.	p.	p.			
LAMBER	Unité de la Chaussure d'Angers.....	p.	p.	p.	p.	p.	p.
A. CATHOMEN	Chaussures de Dijon..............	p.	p.	p.	p.	p.	p.
G. MOREL........	Cuirs et Peaux de Grenoble.........	p.		p.	p.	p.	p.
—	Corps de Colliers de Poitiers........	p.		p.	p.	p.	p.
—	Cuirs et Peaux d'Issoudun (Indre)...	p.		p.	p.	p.	p.
VOIRIN..........	Chaussure d'Arpajon..............	p.	a.	p.	p.	p.	p.
—	Chaussure d'Alais................	p.	a.	p.	p.	p.	p.
—	Travailleurs de la Peau de Lyon....	p.	a.	p.	p.	p.	p.
A. CALVIGNAC....	Syndicat des Travailleurs des Cuirs et Peaux de Romans.............	p.	p.	p.	p.	p.	p.

DÉLÉGUÉS	ORGANISATIONS	Maison des Fédérations	Fusion des Fédérations des Métaux.	Rapports confédéraux	Retraites ouvrières	Contrat collectif Capacité comm des Synd Arbitrage.	Antimilitarisme
A. Calvignac....	Syndicat des Moutonniers de Graulhet (Tarn)........................	p.	p.	p.	p.	p.	p.
—	Syndicat des Cuirs et Peaux de Rodez	p.	p.	p.	p.	p.	p.
L. Humbert......	Chaussure d'Avignon...............	p.	a.	p.	p.	p.	p.
Chosley.........	Cuirs et Peaux d'Ambroise (Indre-et-Loire).........................	p.	p.	p.	p.	p.	p.
Voirin..........	Cordonniers de Versailles..........	p.	a.	p.	p.	p.	p.
L. Humbert.....	Chaussure de Nancy................	p.	a.	p.	p.	p.	p.
—	Polissonneurs de Chaumont........	p.	a.	p.	p.	p.	p.
Voirin..........	Galochiers Saint-Pierre-ès-Champs..	p.		p.	p.		p.
—	Chaussures de Blois..............	p.	a.	p.	p.	p.	p.
L. Humbert......	Chaussures de Troyes.............	p.	a.	p.	p.	p.	p.
—	Chaussures de Saint-Donat (Drôme)	p.	a.	p.	p.	p.	p
Voirin..........	Tanneurs d'Henrichemont...........	p.	a.	p.	p.	p.	p.
Laigre..........	Syndicat en Chaussures de Fougères.	p.	p.	p.	p.	p.	p.
—	Siège Cuirs de Paris..............	p.	p.	p.	p.	p.	p.
—	Cuirs et Peaux de Rennes..........	p.	p.	p.	p.	p.	p
—	Cuirs et Peaux d'Auxerre..........	p.	p.	p.	p.	p.	p.
Marius Anglade.	Selliers de Toulouse..............	p.	p.	p.	p.	p.	p.
H. Aupart.......	Cuirs et Peaux de Montluçon.......	p.	p.	p.	p.	p.	p.
C. Beausoleil...	Cordonniers de Liancourt..........	p.	p.	p.	p.		p.
A. Colin........	Cuirs et Peaux d'Amiens...........	a.	p.	p.	p.	p.	p.
H. Danis........	Cordonniers de Nice...............	p.	p.	p.	p.	p.	p.
Berteaux........	Cordonniers de Biarritz...........	p.	p.	p.	p.	p.	p.
J. Blanchard....	Cordonniers de Nantes.............	p.		p.	p.		p.
Dret............	Chaussures de Roanne..............	p.	p.	p.	p.	p.	p.
—	Cuirs de Périgueux................	p.		p.	p.	p.	p.
—	Polissonneurs de Périgueux........		p.	p.			
—	Chaussures de Valence.............	p.	p.	p.	p.	p.	p.
—	Selliers de Bordeaux..............	p.	p.	p.	p.	p.	p.
—	Chaussures de Bordeaux............	p.	p.	p.	p.	p.	p.
Evifin..........	Spécialités Peau de Paris.........		p.	p.	p.	p.	p.
—	Chaussures de Paris...............	a.	p.	p.	p.	p.	p.
—	Bourrellerie de Paris.............		p.	p.	p.	p.	p.
Dret............	Chaussures Silliams...............	p.	p.	p.	p.	p.	p
C. Beausoleil....	Cuirs et Peaux de Mouy............	p.	p.	p.			p.
Dret............	Boursiers de Paris................	p.	p.	p.	p.	p.	p.
—	Chaussure de Lyon.................	p.	p.	p.	p.	p.	p.
Evifin..........	Cuirs de Bourges..................		p.	p.	p.	p.	p.
—	Chaussures de Rouen...............		p.	p.	p.	p.	p.
—	Cuirs de Quimper..................		p.	p.	p.	p.	p.
—	Cuirs de Niort....................		p.	p.	p.	p.	p.
—	Mégissiers de Chaumont............		p.	p.	p.	p.	p.
—	Peaux de Paris....................		p.	p.	p.	p.	p.
Trévenec........	Cuirs et Peaux de Lorient.........	p.	p.	p.	p.	p.	p.
H. Dret.........	Polissonneurs de Millau...........	p.	p.		p.	p.	p.
A. Duédra.......	Ouvriers en Chaussures de Toulouse.	p.	p.	p.	p.	p.	p.

FÉDÉRATION DES DOCKERS

DÉLÉGUÉS	ORGANISATIONS	Maison des Fédérations	Fusion des Fédérations des Métaux.	Rapports confédéraux	Retraites ouvrières	Contrat collectif Capacité com^le des Synd^ts Arbitrage	Antimilitarisme
M. Mario........	Dockers, Toulon..................	c.	p.	c.	p.	p.	p.
Vignaud.........	Union des usines de La Pallisse.....	p.	p.	p.	p.	p.	p.
E. Tabard.......	Union syndicale des Déménageurs de la Seine......................	p.	p.	p.	p.	p.	p.
—	Syndicats des Camionneurs et Rouliers de Toulouse...............	p.	p.	p.	p.	p.	p.
—	Syndicat général des transports et manutentions de la Seine.........	p.	p.	p.	p.	p.	p.
Marc Henry.....	Syndicat des ouvriers Charbonniers des ports de St-Malo, St-Servan...	p.	p.	p.	p.	p.	p.
Vignaud.........	Dockers de La Rochelle............	p.	p.	p.	p.	p.	p.
—	— de La Pallisse............	p.	p.	p.	p.	p.	p.
Fabre...........	Bois du Nord et Sapins de Cette....	p.	p.	p.	p.	p.	p.
—	Bois merrains de Cette............	p.	p.	p.	p.	p.	p.
E. Tabard.......	Syndicat des Layetiers-Emballeurs de la Seine......................	p.	p.	p.	p.	p.	p.
—	Syndicat général des transports et manutent^s de la région de Rainey (Seine)........................	p.	p.	p.	p.	p.	
A. Debrock......	Syndicat des ouvriers du port de Dunkerque....................	p.	p.	p.	p.	p.	p.
J. Vendangeon...	Arrimeurs et Manœuvres du port de Bordeaux.......................	p.	p.	p.	p.	p.	p.
— ...	Transporteurs-Camionneurs de Bordeaux.......................	p.	p.	p.	p.	p.	p.
— ...	Boucleurs-Morutiers du port de Bordeaux.......................	p.	p.	p.	p.	p.	p.
— ...	Arrimeurs-Trieurs et Transporteurs de bois merrains de Bordeaux....	p.	p.	p.	p.	p.	p.
H. Coupard......	Synd^t des ouvriers du port du Havre.	p.	p.	p.	p.	p.	p.
Marc Henry.....	Syndicat des Dockers des ports de St-Servan, St-Malo...............	p.		p.	p.	p.	p.
H. Coupard......	Syndicat des ouvriers voiliers du Havre.........................	p.	p.		p.	p.	p.
—	Syndicat des ouvriers et employés des docks du Hâvre.............	p.	p.		p.	p.	p.
—	Syndicat des ouvriers camionneurs du Havre.......................	p.	p.		p.	p.	p.
Rougerie........	Camionneurs et Rouliers de Limoges	c.			p.	p.	
E. Tapiau.......	Dockers de Marseille..............	a.					
—	Charretiers-Chargeurs de Marseille.	a.					
—	Bois du Nord et Sapins de Marseille.	a.					

FÉDÉRATION DES DESSINATEURS DE FRANCE

DÉLÉGUÉS	ORGANISATIONS	Maison des Fédérations	Fusion des Fédérations des Métaux.	Rapports confédéraux	Retraites ouvrières	Contrat collectif Capacité comle des Synd. Arbitrage	Antimilitarisme
Ch. Deplan......	Syndicat Dessinateurs-Graveurs de Paris..........	p.	p.	p.	p.	p.	p
—	Syndicat Dessinateurs métallurgie de Paris..........	p.	p.	p.	p.	p.	p.
—	Syndicat Dessinateurs de Rouen....	p.	p.	p.	p.	p.	p.
—	— — de Nantes....	p.	p.	p.	p.	p.	p.
—	— — de Bordeaux.	p.	p.	p.	p.	p.	a.
—	— — de St-Nazaire.	p.	p.	p.	p.	p.	p

FÉDÉRATION DE L'ÉCLAIRAGE

DÉLÉGUÉS	ORGANISATIONS	Maison des Fédérations	Fusion des Fédérations des Métaux.	Rapports confédéraux	Retraites ouvrières	Contrat collectif Capacité comle des Synd. Arbitrage	Antimilitarisme
J. Laporte.......	Gaz, Vierzon....................	p.	p.	p.	p.	p.	p
Rhul............	— Mazamet....................	a.	c.	a.	p.	c.	p
—	— Havre....................	a.	a.	a.	p.	c.	p.
M. Claverie.....	— Paris....................	a.	a.	a.	p.	c.	p
Bravais.........	— Valence....................	a.	c.	a.	p.	p.	p.
Montaut.........	— Reims....................		p.	a.	p.	p.	c.
—	— Périgueux....................	a.	p.	a.	p.	p.	c.
Joseph Blanchard	— Nantes....................	a.		a.	p.		p.
Joseph Delfino...	— Toulon....................	c.	p.	c.	p.	p.	p
L. Émery........	— Belfort....................	a.	p.	p.	p.	p.	p
Paisenaud.......	— Orléans....................	a.	p.	a.	p.	a.	c.
—	Allumeurs de Paris....................	a.	p.	a.	p.	a.	c

FÉDÉRATION DES EMPLOYÉS DE COMMERCE

DÉLÉGUÉS	ORGANISATIONS	Maison des Fédérations	Fusion des Fédérations des Métaux.	Rapports confédéraux	Retraites ouvrières	Contrat collectif Capacité comle des Synd. Arbitrage	Antimilitarisme
Poulard.........	Employés de commerce de Bergerac.	p.	c.	p.	p.	p.	p.
—	— — du Havre...	p.	c.	p.	p.	p.	a.
Castagnède......	— de Biarritz..............	p.	p.	p.	p.	p.	p.
Barrière........	— de Cette..............	p.	p.	p.	p.		p
—	— de Béziers..............	p.	p.	p.	p.		p.
—	— de Marseille..............	p.	p.	p.	p.		p.
H. Gansy........	— de coopérative et de commerce de St-Nazaire..............	p.	p.	p.	p.	p.	p.
Ch. Gogumus.....	Syndicat des employés de la ville d'Elbeuf..............	p.	p.	p.	p.	p.	p.
—	Syndicat des employés de la région parisienne..............		p.	p.			p.
Poulard.........	Employés de commerce de Toulouse.	p.	c.	p.	c.	p.	p
J. Coste........	Voyageurs de commerce de Paris...	p.	p.	p.	p.	p.	p
A. Pochas.......	Employés de commerce de Constantine..............	p.	p.	p.		p.	
J. Coste........	Voyageurs de commerce de Lille ...	p.	p.	p.	p.	p.	p.
T. Bazerbe......	Employés de commce de Perpignan.	p.		p.		p.	p.
R. Dekooninck...	— de Dunkerque..............	p.	p.	p.	p.	p.	p.

DÉLÉGUÉS	ORGANISATIONS	Maison des Fédérations	Fusion des Fédérations des Métaux.	Rapports confédéraux	Retraites ouvrières	Contrat collectif Capacité comm^le des Synd^ts Arbitrage	Antimilitarisme
Démaret	Employés de comm^ce de St-Quentin	p.	p.	p.	p.	p.	p.
Léon Torton	— de commerce de Rouen	p.	p.	p.	p.	p.	p.
A. Giraud	Union des commis et comptables de la Gironde	c.	c.	p.	p.	p.	p.
Danis	Employés de commerce de Nice	p.	p.	p.	p.	p.	p.
—	— de banque et bourses de Nice et des Alpes-Maritimes	p.	p.	p.	p.	p.	p.
A. Savoie	Sténo-dactylo, Paris	p.	p.	p.	p.	p.	c.
Blanchard	Employés de commerce de Nantes	a.		p.	p.		p.
Werth	— de Besançon	a.	p.	p.	a.	p.	p.
H. Gauthier	Secrétaires-Comptables de St-Nazaire	p.	p.	p.	p.	p.	p.
Bahonneau	Employés de commerce d'Angers	p.	p.	p.	c.	p.	p.
Eug. Leroux	— de l'Oise	p.		p.	p.	p.	p.
Arthur Danrez	— du Jura	a.	p.	p.	p.	p.	p.
E. Guernier	Syndicat des Employés de Reims	a.	c.	a.	p.	p.	p.
Bravais	Employés de Valence	a.	c.	a.	p.	p.	p.
—	— d'Orléans	a.	c.	c.	a.	p.	c.
—	— de Lyon	a.	c.	c.	a.	p.	c.
—	— d'Amiens	a.	c.	c.	a.	p.	c.
—	Clercs d'huissiers de la Seine	a.	c.	c.	a.	p.	c.
—	Comptables de la Seine	a.	c.	c.	a.	p.	c.
—	Employés de Roanne	a.	c.	c.	a.	p.	c.
—	— d'Abbeville	a.	c.	c.	a.	p.	c.
—	— de Troyes	a.	c.	c.	a.	p.	c.
—	— de Poitiers	a.	c.	c.	a.	p.	c.
V. Daïdé	— de commerce des deux sexes de Narbonne	a.	p.	c.	p.	p.	p.
Dessalle	Employés de Seine-et-Oise	p.	p.	p.	c.	p.	c.
Hervier	— de Bourges (Cher)	p.	p.	p.	p.	p.	p.
Georges Yvetot	— de Niort		p.	p.	p.	p.	p.
A. Danrez	Syndicat des Employés de Banque et de Bourse		c.		p.		p.
—	Syndicat des Employés Ain-Jura		a.				

FÉDÉRATION DES FERBLANTIERS

Ferré (P. Lévy empêché)	Syndicat des Ferblant^s de Bordeaux			p.			
A. Ferré	— des Ferblantiers-Boîtiers de Belle-Isle-sur-Mer	p.	a.	p.	p.	a.	a.
—	Syndicat des Ferblantiers de Nantes	p.	a.	p.	p.	a.	a.
—	— — Concarneau	p.	a.	p.	p.	a.	a.
—	— — Turballes	p.	a.	p.	p.	a.	a.
—	— — Sables-d'Olon^ne	p.	a.	p.	p.	a.	a.

DÉLÉGUÉS	ORGANISATIONS	Maison des Fédérations	Fusion des Fédérations des Métaux.	Rapports confédéraux	Retraites ouvrières	Contrat collectif Capacité comm. des Synd. Arbitrage	Antimilitarisme

FÉDÉRATION DES MAGASINS DE LA GUERRE

DÉLÉGUÉS	ORGANISATIONS	Maison des Fédérations	Fusion des Fédérations des Métaux.	Rapports confédéraux	Retraites ouvrières	Contrat collectif Capacité comm. des Synd. Arbitrage	Antimilitarisme
Dreyer..........	Habillement militaire de Lyon......	c.	p.	p.	a.	c.	p.
L. Born.........	Magasin central de Toulouse.........	c.	c.	a.	p.		p.
Galice...........	Syndicat confédéré de Paris.........	c.	c.	a.	p.		p.
—	— de Clermont-Ferrand......	c.	p.	a.	p.	p.	p.
—	— de Marseille...............	a.	c.	a.	p.		p.
—	— de Reims..................	c.	c.	a.	p.		p.
—	— d'Alger....................	c.	c.	a.	p.		p.
—	— de Nantes..................	c.	c.	a.	p.		p.
—	— de Toulon..................	c.	c.	a.	p.		p.
—	— de Lille...................	c.	c.	a.	p.		p.
—	— d'Amiens...................	c.	c.	a.	p.		p.
—	— de Montpellier............	c.	c.	a.	p.		p.
L. Gaubel........	Direction d'artillerie de La Rochelle.	p.	c.	c.	p.		c.
Saint-Venant....	Personnel civil de l'artillerie de Lille.	a.	c.	p.			p.
E. Lucain........	Etablissements militaires de Bourges.	a.	c.	c.	p.		c.
—	Direction d'artillerie de Marseille...	c.	c.	c.	p.		c.
Vaysse..........	Manufacture d'armes de Tulle.......	c.	a.	c.	p.		p.
—	Syndicat d'artillerie de la Seine.....	c.		c.	p.		p.
—	Etablissement de Vernon...........	c.	a.	c.	p.		p.
Valette..........	Cartoucherie de Toulouse..........	p.	c.	c.			p.
Martin...........	Atelier de construction de Rennes..	p.	c.	c.	p.		p.
—	Arsenal de terre de Toulon.........	p.	c.	c.	p.		p.
—	Direction d'artillerie de Clermont...	p.	c.	c.	p.		p.
Valette..........	Arsenal de Douai..................	p.		c.	p.		p.
Berlier..........	Manufacture d'armes de St-Etienne.	p.	c.	c.	p.		c.
—	Personnel civil de la cartoucherie de Valence..........	p.	c.	c.	p.		c.
Moiroud.........	Etablissements militaires de Lyon..		c.	c.	p.		c.
—	Cartoucherie d'Alger..............	c.	c.	c.	p.		c.
—	Manufacture Nationale d'armes de Châtellerault..................	c.	c.	c.	p.		c.
E. Lucain........	Direction d'artillerie de Nantes.....	a.	c.	c.	p.		c.
—	Guerre, Cherbourg.................	p.	a.		c.		a.
L. Born.........	Syndicat du Magasin régional d'Orléans..........................	c.	c.	a.	p.	c.	
Pichon...........	Syndicat du Personnel civil libre de l'arsenal de Tarbes.............	p.	a.				
Rochet..........	Chaussures militaires de Clermont-Ferrand.........................				p.		p.
Hervier.........	Habillement militaire de Bourges...		p.	p.	p.	p.	p.

FÉDÉRATION DE L'HABILLEMENT

DÉLÉGUÉS	ORGANISATIONS	Maison des Fédérations	Fusion des Fédérations des Métaux.	Rapports confédéraux	Retraites ouvrières	Contrat collectif Capacité comm. des Synd. Arbitrage	Antimilitarisme
A. Colin.........	Coupeurs-Tailleurs d'Amiens........	a.	p.	p.	c.	c.	p.
Miremont.......	Tailleurs d'habits de Bayonne......	p.	p.	p.	p.	p.	p.
Bondoux........	— — de Nevers........	p.	p.	p.	p.	p.	p.

DÉLÉGUÉS	ORGANISATIONS	Maison des Fédérations	Fusion des Fédérations des Métaux	Rapports confédéraux	Retraites ouvrières	Contrat collectif Capacité comle des Syndts Arbitrage	Antimilitarisme
Hackenberger...	Habillement de Vaucluse...........	p.		p.	p.	p.	p.
— ...	Tailleurs d'habits de Bordeaux.....	p.		p.	p.	p.	p.
— ...	Ouvriers de l'habillement d'Amiens.	p.		p.	p.	p.	p.
— ...	Habillement de la Seine...........	p.		p.	p.	p.	p.
Tajan...........	Tailleurs d'habits de Nantes.........	p.	p.	p.	p.	p.	p.
Albertine Prat...	Dames de l'habillement de Toulouse.	p.	p.	p.	p.	p.	p.
Elisa Augié......	Tailleuses-Lingères de Marseille....	p.	p.	p.	p.	p.	p.
—	Habillement de Limoges............	p.	p.	p.	p.	p.	p.
Hackenberger...	Coupeurs-Chemisiers de Toulouse..	p.		p.	p.	p.	p.
— ...	La Couture de Bourges.............	p.		p.	p.	p.	p.
Royer...........	Coupeurs-Chemisiers de Lyon......	p.	p.	p.	p.	p.	p.
Gardiès.........	Tailleurs d'habits de Mazamet......	p.	c.	p.	p.	p.	p.
Rochet..........	Habillement civil de Clermont-Ferrand..........................	a.	p.	p.	p.	p.	p.
Hackenberger...	Coupeurs-Chemisiers de la Seine...	p.		p.	p.	p.	p.
Gisquet..........	Tailleurs d'habits de Toulouse......	p.		p.	p.	p.	p.
Hackenberger...	— — de Vichy.........	p.		p.	p.	p.	p.
Tajan...........	— et Costumiers de Grenoble.	p.	p.	p.	p.	p.	p.
Morin...........	— d'habits de Tours.........	p.	p.		p.	p.	p.
Dreyer..........	Habillement militaire de Lyon.....	a.					p.
Bravais.........	Tailleurs-Coupeurs de Valence......	a.			p.	p.	p.
Rochet..........	Cuirs et Peaux et Ouvriers de l'habillement militaire..................	a.				p.	

FÉDÉRATION NATIONALE HORTICOLE

DÉLÉGUÉS	ORGANISATIONS	Maison des Fédérations	Fusion des Fédérations des Métaux	Rapports confédéraux	Retraites ouvrières	Contrat collectif Capacité comle des Syndts Arbitrage	Antimilitarisme
Bahonneau......	Jardiniers d'Angers.................	p.	p.	p.	p.	p.	p.
Henry Marck....	Syndicat du jardinage et Ouvriers agricoles de l'arrondt de St-Malo.	p.	p.	p.	p.	p.	p.
Gérooms.........	Syndicat agricole du Havre.........	p.	p.	p.	p.	p.	p.
J. Bled..........	Agricole de Mesnil-Aubry (Seine-et-Oise)...........................	p.	p.	p.	p.	p.	p.
—	Agricole de Châteaufort (Sne-et-Oise).	p.	p.	p.	p.	p.	p.
—	Maraîchers de Montesson (Sne-et-Oise).	p.	p.	p.	p.	p.	p.
—	Champignonnistes de Conflans......	p.	p.	p.	p.	p.	p.
—	Cultivateurs de Montreuil-sous-Bois.	p.	p.	p.	p.	p.	p.
—	Travailleurs de la terre Vitry-s-Seine.	p.	p.	p.	p.	p.	p.
—	Jardiniers de Paris.................	p.	p.	p.	p.	p.	p.

FÉDÉRATION DES INSCRITS MARITIMES

DÉLÉGUÉS	ORGANISATIONS	Maison des Fédérations	Fusion des Fédérations des Métaux	Rapports confédéraux	Retraites ouvrières	Contrat collectif Capacité comle des Syndts Arbitrage	Antimilitarisme
L. Rémy.........	Syndt Inscrits maritimes de Marseille.			p.	p.		p.
H. Gautier......	Navigateurs civils de St-Nazaire....	p.	p.	p.	p.	p.	p.
—	Marins du commerce, St-Nazaire....	p.	p.	p.	p.	p.	p.
—	Chauffeurs et Marins du commerce de Cherbourg.................	p.	p.	p.	p.	p.	p.
—	Marine, Cherbourg................	p.	p.	p.	c.	p.	a.
Lassalle.........	Syndicat des Maîtres-d'hôtel et Garçons navigateurs, Marseille.......	p.	a.	p.	p.	p.	p.

DÉLÉGUÉS	ORGANISATIONS	Maison des Fédérations	Fusion des Fédérations des Métaux	Rapports confédéraux	Retraites ouvrières	Contrat collectif Capacité comle des Syndts Arbitrage	Antimilitarisme
Henry Marck....	Syndicat des Pêcheurs terreneuviers et Marins du commerce...........	p.	p.	p.	p.	p.	p.
Trévennec.......	Inscrits maritimes de Lorient........	p.	p.	p.	p.	p.	p.
Dekooninck......	Marins-Pêcheurs, Dunkerque	p.	p.	p.	p.	p.	p.
G. Yvetot.......	Travaillrs de l'Etablisst de l'Indret...	p.	p.	p.	p.	p.	p.
—	— — de Brest.....		p.	p.	p.	p.	p.
—	— — de Guérigny.	p.	p.	p.	p.	p.	p.
—	Ouvriers du port de Lorient........	p.	p.	p.	p.	p.	p.
—	Laboratoire central de Paris.........	p.	p.	p.	p.	p.	p.
—	Travaillrs de l'Etablisst de Ruelle....	p.	p.	p.	p.	p.	p.
—	— — Sidi-Abdalah.	p.	p.	p.	p.	p.	p.
L. Réaud........	Union syndicale des Marins et Pêcheurs du Commerce de France (section de Marseille)............	p.	p.			p.	

FÉDÉRATION DES INSTITUTEURS

DÉLÉGUÉS	ORGANISATIONS	Maison des Fédérations	Fusion des Fédérations des Métaux	Rapports confédéraux	Retraites ouvrières	Contrat collectif Capacité comle des Syndts Arbitrage	Antimilitarisme
Péricat..........	Instituteurs, Ardèche..............		p.	p.	p.	p.	p.
—	— Savoie................		p.	p.	p.	p.	p.
Dessalle.........	— Seine-et-Oise..........	p.	p.	p.	p.	p.	
Lambert.........	— Angers..................	p.	p.	p.	p.	p.	p.
L. Rémy.........	— Marseille...............	p.	p.	p.	p.	p.	p.

FÉDÉRATION DU LIVRE

DÉLÉGUÉS	ORGANISATIONS	Maison des Fédérations	Fusion des Fédérations des Métaux	Rapports confédéraux	Retraites ouvrières	Contrat collectif Capacité comle des Syndts Arbitrage	Antimilitarisme
Cazanave........	55e section, Union Typographique Toulousaine..........................	p.	a.	p.	p.	p.	p.
Boudet..........	Syndicat des Typographes de Paris.	p.	a.	p.	a.	p.	
Henry Marck....	87e section des Travailleurs du Livre,					p.	
	St-Malo..............................	p.	p.	p.	p.	p.	p.
Bazerbe.........	Syndt des Typos de Perpignan......	p.		p.		p.	p.
Rouchouse......	— — de Brive (146e)......	p.	p.	p.	p.	p.	p.
M. Rospori......	— — de Constantine (8e).	p.	a.	p.	p.	p.	
Marie...........	— de l'Imp. Typog. Parisienne..	p.	p.	p.	p.	p.	p.
—	— des Typograp. de Limoges...	a.	p.	p.	p.	p.	p.
Gérooms.........	— — du Havre.....	p.	p.	p.	p.	p.	p.
Izard............	— — de Grenoble...	a.	p.	p.	p.	p.	p.
H. Gautier......	— — de St-Nazaire.	p.	p.	p.	p.	p.	p.
Provost.........	— — de Montluçon.	p.	p.	p.	p.	p.	p.
Morin...........	— — de Tours......	p.	p.	p.	p.	p.	p.
L. Niel..........	— — de Reims......			a.	a.	p.	
Bravais.........	— — de Soissons....	a.	c.	a.	p.	p.	p.
—	— — de Limoges...	p.	c.	a.	p.	p.	p.
—	— — de Roanne....	a.	c.	a.	p.	p.	p.
—	— — de Valence....	a.	c.	a.	p.	p.	p.
Liochon	— — de Belfort.....	a.	c.	c.	c.		c.
—	— — d'Alger........	a.	c.	c.	c.		c.
—	— — de Lunéville..	a.	c.	c.	c.		c.
—	— — de Charleville.	a.	c.	c.	c.		c.

DÉLÉGUÉS	ORGANISATIONS	Maison des Fédérations	Fusion des Fédérations des Métaux.	Rapports confédéraux	Retraites ouvrières	Contrat collectif Capacité comle des Syndts Arbitrage	Antimilitarisme
Liochon..........	Syndicat des Typog. de Bourges....	a.	c.	c.	c.		c.
—	— — de Bourg......	a.	c.	c.	c.		c.
—	— — d'Epinal......	a.	c.	c.	c.		c.
—	— — de Poitiers....	a.	c.	c.	c.		c.
—	— — de Caen.......	a.	c.	c.	c.		c.
Masson..........	— — de Nevers.....	a.	c.	c.	c.		c.
—	— — de Bayonne...	a.	c.	c.	c.		c.
—	— — de Nancy.....	a.	c.	c.	c.		c.
—	— des Fondeurs Typos de Paris.	a.	c.	c.	c.		c.
—	— des Typog. de Lille..........	a.	c.	c.	c.		c.
—	— — de Valenciennes...	a.	c.	c.	c.		
Doria..........	— — de Toulon (73e)....	c.	p.	c.	p.	p.	p.
Richard Coolen..	— — de Nantes.........	a.	c.	c.	c.	p.	a.
Aug. Carrié.....	— — de Montauban (43e)	a.	p.	p.	p.	p.	p.
Werth..........	— — de Besançon......	a.	p.	p.	p.	p.	c.
Jeannet..........	— — de Meaux.........	p.	p.	p.	p.	p.	p.
Sillières..........	— — d'Auch (129e)......	c.	c.	p.	c.	p.	p.
Démaret..........	— — de Saint-Quentin..	p.	p.	p.	p.	p.	p.
Reymond..........	— — de Bordeaux......	a.	c.		c.		c.
—	— — de Montpellier....	a.	c.		c.		c.
—	— — d'Angers..........	a.	c.		c.		c.
—	— — d'Amiens..........	a.	c.		c.		c.
—	— — de Saint-Etienne..	a.	c.		c.		c.
—	— — de Lagny.........	a.	c.		c.		c.
—	— — de Cherbourg.....	p.	a.		p.		p.

FÉDÉRATION LITHOGRAPHIQUE

DÉLÉGUÉS	ORGANISATIONS	Maison des Fédérations	Fusion des Fédérations des Métaux.	Rapports confédéraux	Retraites ouvrières	Contrat collectif Capacité comle des Syndts Arbitrage	Antimilitarisme
Pichon..........	Lithographes d'Epinal..............	p.	p.	p.	p.	p.	c.
—	— d'Orléans.............	a.	a.	p.	p.	p.	a.
—	— de Caen...............	a.	a.	a.	p.	p.	a.
—	— de Nantes.............	a.	a.	a.	p.	p.	p.
—	Dessinateurs-Graveurs-Ecrivains de Paris..............................	a.	a.	a.	p.	p.	c.
—	Reporteurs lithos de Paris..........	a.	a.	a.	p.	p.	p.
—	Résistance des Imp. litho de Paris...	a.	a.	a.	a.	p.	a.
P. Modan..........	Ecrivains-Graveurs litho, Bordeaux.	a.	c.	p.	p.		p.
—	Imprimeurs de Rennes............	a.	c.	c.	p.		p.
—	— de Poitiers............	a.	c.	a.	p.		p.
—	Imprimeurs litho de Bordeaux......	c.	c.	c.	p.		p.
Lèguevaques....	Lithographes de Montpellier........	p.	a.	p.	p.	p.	p.
—	— de Nancy............	a.	a.	a.	p.	p.	p.
—	— de Toulouse..........	a.	a.	a.	c.	p.	p.
L. Niel..........	— de Reims............			a.	a.	p.	
Rochet..........	— de Clermont-Ferrand.	c.		p.	p.	p.	p.
Arthur Danrez..	— de Dôle.............	a.	c.	p.	p.	p.	p.
Eissabé..........	— de Nimes............	p.	p.	p.	p.	p.	p.
Huc..........	— d'Amiens............	a.	c.	c.	p.	p.	c.
Royer..........	— de Lyon.............	p.	p.	p.	p.	p.	p.
Lèguevaques....	Lithographes de Limoges...........				a.	p.	p.

FÉDÉRATION DES MÉCANICIENS DE FRANCE

DÉLÉGUÉS	ORGANISATIONS	Maison des Fédérations	Fusion des Fédérations des Métaux.	Rapports confédéraux	Retraites ouvrières	Contrat collectif Capacité com^le des Synd^ts Arbitrage	Antimilitarisme
L. Niel..........	Syndicat des Mécaniciens de Reims..			a.	a.	p.	p.
Rochet..........	— de Clermont-Ferrand..........................	a.	c.	c.	p.	p.	p.
Boissières......	Syndicat des Mécaniciens d'Orléans (Ajusteurs)....................	a.		c.	c.		p.
P. Coupat.......	Syndicat des Mécaniciens de Caen ..	a.	c.	c.	c.		p.
André...........	— d'Albat ...			c.	c.		
E. Guillet.......	— d'Angers..	a.	c.	c.	p.	p.	p.
P. Coupat.......	Fédération des Mécaniciens, Troyes	a.	c.	c.			p.
—	Synd. des Mécaniciens de Chartres..	a.	c.	c.	c.		p.
—	— de Nantes....	a.	c.	c.	c.		p.
—	— de Soissons..	a.	c.	c.	c.		p.
—	— de Tarbes....	a.	c.	c.	c.		p.
—	— de Tourcoing	a.	c.	c.	c.		p.
—	— de Morlaix...	a.	c.	c.	c.		p.
—	— de Flers.....	a.	c.	c.	c.		p.
—	Syndicat des Mécaniciens-Tourneurs d'Orléans........................	a.	c.	c.	c.		p.
Boissières......	Synd. des Mécaniciens de Jeumont..	a.	c.	c.	c.		p.
—	— de Marpant..	a.	c.	c.	c.		p.
Redon...........	— d'Albert......	a.	c.	c.	p.		p.
—	— de St-Etienne	a.	c.	c.	p.		c.
—	— de Cherbourg	p.	c.	p.	p.		p.
Boisson.........	Syndicat des Tourneurs-Robinetiers	a.	p.	p.	p.		p.
Rogalle.........	— des Mécan. de Toulouse...	a.	c.	c.	c.		p.
L. Torton.......	Chauffeurs-Mécaniciens de Rouen ..						p.
—	Mécaniciens de Chaluz............					p.	

FÉDÉRATION DES CHAUFFEURS-MÉCANICIENS-ÉLECTRICIENS

DÉLÉGUÉS	ORGANISATIONS	Maison des Fédérations	Fusion des Fédérations des Métaux.	Rapports confédéraux	Retraites ouvrières	Contrat collectif Capacité com^le des Synd^ts Arbitrage	Antimilitarisme
Passerieu......	Industries Electriques.............	p.	p.	p.	p.	p.	p.
Pataud..........	Chauffeurs-Mécaniciens de Lyon...	p.	p.	p.	p.	p.	p.
Léon Torton....	— de Rouen..	p.	p.	p.	p.	p.	
E. Hinoux.......	Couleurs et Garçons de lavoir, Paris	p.	p.	p.	p.	p.	p.
E. Pontonnier...	Chauffeurs-Conducteurs de Caudry-Nord..........................	p.	p.	p.	p.	p.	p.
— ...	Chauffeurs-Conducteurs de Paris....	p.	p.	p.	p.	p.	p.
— ...	— de Bordeaux	p.	p.	p.	p.	p.	p.
Marie...........	Union syndicale des Gaziers de Paris	p.	p.	p.	p.	p.	p.
—	Chauffeurs et Conducteurs de Troyes	p.	p.	p.	p.	p.	p.

FÉDÉRATION DES MINES, MINIÈRES ET CARRIÈRES

DÉLÉGUÉS	ORGANISATIONS	Maison des Fédérations	Fusion des Fédérations des Métaux.	Rapports confédéraux	Retraites ouvrières	Contrat collectif Capacité com^le des Synd^ts Arbitrage	Antimilitarisme
Cordier........	Mineurs d'Anzin..................	a.	c.	p.	p.	p.	p.
—	— de Trets.....................	a.	c.	p.	p.	p.	p.

DÉLÉGUÉS	ORGANISATIONS	Maison des Fédérations	Fusion des Fédérations des Métaux	Rapports confédéraux	Retraites ouvrières	Contrat collectif Capacité comm. des Synd. Arbitrage	Antimilitarisme
GEMIN	Syndicat des Ardoisiers de Haybes..	a.	p.	p.	p.	p.	p.
—	— de Bel-Air et Combré	a.	p.	p.	p.	p.	p.
CORDIER..........	Mineurs de Valdonne.............	a.	c.	p.	p.	p.	p.
—	— de Commentry...........	a.	c.	p.	p.	p.	p.
—	— du Nord..................	a.	c.	p.	p.	p.	p.
—	— de Firminy	a.	c.	p.	p.	p.	p.
—	— de Gardanne..............	a.	c.	p.	p.	p.	p.
—	— de Bessèges..............	a.	c.	p.	p.	p.	p.
—	— de Brassac.................	a.	c.	p.	p.	p.	p.
—	— du Pas-de-Calais...........	a.	c.	p.	p.	p.	p.
BAHONNEAU......	Mines de la Bellière, St-Pierre, Montlimard	p.	p.	p.	c.	p.	p.
DURANTOU	Mineurs de la Loire et Saint-Étienne réunis............................	p.	c.	p.	p.	p.	p.
—	Syndicat des Ouvriers Mineurs des Mines d'Albi.....................	a.	c.	p.	p.		
MAYOUD	Chambre syndicale des Ouvriers Mineurs de St-Bel..................	p.	c.	p.	p.	p.	p.
TERRASSON	Mineurs et similaires de Roche-la-Molière, Villars, St-Genest, Lerpt..	p.	c.	p.	p.	p.	p.
ABGRALL.........	Mineurs de Lavareix-les-Mines et Fourneaud	a.	c.	p.	p.	p.	p.
—	Mineurs de Monvicq..............	a.	c.	p.	p.	p.	p.
—	— de Bizanel	a.	c.	p.	p.	p.	p.
V. MAZARS.......	— de l'Aveyron-Decazeville ...	p.	c.	p.	p.	p.	p.
—	— Mineurs du bassin houiller d'Aubin	p.	c.	p.	p.	p.	p.
E. MERZET	Mineurs et similaires d'Espirac		p.	p.	p.	p.	p.
—	— de Monteau-les-Mines............................	a.	p.	p.	p.	p.	p.
J. ROUGERIE......	Mineurs du Châtelet, Creuse........	c.	p.	p.	p.	p.	p.
BRUNEL..........	— d'Alais......................	c.	p.	p.	p.	p.	p.
—	— de St-Martin-Nord d'Alais...	c.	p.	p.	p.	p.	p.
INADI...........	— du bassin de la Mure.......	a.	p.	p.	p.	p.	p.
A. CLERGUE......	— de Salsigne	a.	p.	p.	p.	p.	p.
—	— de Carmaux...............	a.	c.	p.	p.	p.	p.
GEMIN	Ardoisiers de Trélazé............	a.	p.	p.	p.	p.	p.
—	— de Fumay............	a.	c.	p.	p.	p.	p.
—	— de Renazé............	a.	p.	p.	p.	p.	p.
—	— de Misengrain...........	a.	p.	p.	p.	p.	p.
—	— de Labassère...........	a.	p.	p.	p.	p.	p.
—	— de Coesmes............	a.	p.	p.	p.	p.	p.
—	— de Segré............	a.	p.	p.	p.	p.	p.
PUEL..........	— Cagnac-Albi				p.	p.	p.
BRUNEL..........	— Saint-Martin............		p.				

DÉLÉGUÉS	ORGANISATIONS	Maison des Fédérations	Fusion des Fédérations des Métaux	Rapports confédéraux	Retraites ouvrières	Contrat collectif Capacité comle des Syndts Arbitrage	Antimilitarisme

SYNDICAT NATIONAL DES MARÉCHAUX

DÉLÉGUÉS	ORGANISATIONS	Maison des Fédérations	Fusion des Fédérations des Métaux	Rapports confédéraux	Retraites ouvrières	Contrat collectif Capacité comle des Syndts Arbitrage	Antimilitarisme
E. Jacquemin.....	5e section, Toulouse..............	p.	a.	p.	p.	p.	p.
—	11e section, Narbonne.............	p.	a.	p.	p.	p.	p.
—	3e section, Marseille.............	p.	a.	p.	p.	p.	p.
—	1re section, Seine................	p.	a.	p.	p.	p.	p.
—	6e section, Saint-Etienne..........	p.	a.	p.	p.	p.	p.
—	8e section, Versailles.............	p.	a.	p.	p.	p.	p.

FÉDÉRATION DES MÉTAUX

DÉLÉGUÉS	ORGANISATIONS	Maison des Fédérations	Fusion des Fédérations des Métaux	Rapports confédéraux	Retraites ouvrières	Contrat collectif Capacité comle des Syndts Arbitrage	Antimilitarisme
Legros..........	Mouleurs d'Angers.................	p.	p.	p.	p.	p.	p.
E. Arquier......	— de Givors.................	p.	p.	p.	p.	p.	p.
—	Métallurgistes de Givors............	p.	p.	p.	p.	p.	p.
Werth..........	— de Pontarlier.........	a.	p.	p.	a.	p.	p.
Lapierre........	— d'Etampes..........	p.	p.	p.	p.	p.	p.
—	— Port-Marly...........	p.	p.	p.	p.	p.	p.
Chattras........	Ouvriers Mineurs-Métallurgistes de Briey...........................	p.	p.	p.	p.	p.	p.
Mourgues.......	Ajusteurs, Tourneurs, Monteurs, Forgerons, Mécaniciens de Bordeaux.	p.	p.	p.	p.	p.	p.
C. Bourdeil......	Métallurgistes de Moulins...........	p.	p.	p.			p.
A. Danrez.......	Lunetiers de Morez.................	a.	p.	p.	p.	p.	p.
—	Métallurgistes de Dôle.............	a.	p.	p.	p.	p.	p.
L. Dumas........	— de Turc.............	p.	p.	p.	p.	p.	p.
—	— de Commentry.......	p.	p.	p.	p.	p.	p.
Mourgues........	Ferblantiers, Articles de ménage, Bordeaux........................	p.	p.	p.	p.	p.	p.
Nojan...........	Mouleurs de Niort..................	p.	p.	p.	p.	p.	p.
—	Mécaniciens de Niort...............	p.	p.	p.	a.	p.	a.
—	Métallurgistes de Montceau-les-Mines	p.	p.	p.	a.	p.	p.
Sauvage.........	Mouleurs de St-Quentin.............	p.	p.	p.	p.	p.	p.
E. Chareille.....	Métaux de Vienne..................	p.	p.	p.	p.	p.	p.
Grandjouan.....	Syndt des Métallurgistes de Nantes..	p.	p.		p.	p.	p.
Géroms.........	Mouleurs de Caudebec-les-Elbeuf...	p.	p.		p.	p.	p.
E. Lécussan.....	Electriciens de Toulouse...........	p.	a.		p.	p.	p.
G. Vignal.......	— de Biarritz..........	a.	p.		p.	p.	p.
—	Métallurgistes de Pauillac..........	a.	p.		p.	p.	p.
F. Bousquet.....	Scieurs mécaniques, Hermes (Oise)..						p.
Lapierre........	Métallurgistes de Juvisy............	p.	p.	p.	p.	p.	p.
—	— de Livry...........	p.	p.	p.	p.	p.	p.
C. Jannot.......	— de Cette............	p.	p.	p.	p.	p.	p.
Démaret.........	Chaudronniers de St-Quentin.......	p.	p.	p.	p.	p.	p.
—	Mouleurs de Guise..................	p.	p.	p.	p.	p.	p.
St-Venant.......	— de Lille..............	a.	a.	p.	p.		p.
Legros..........	Métallurgistes de Nouzon..........	p.	p.	p.	p.	p.	p.
—	Mouleurs de Flers..................	p.	p.	p.	p.	p.	p.
—	— de Sérigné............	p.	p.	p.	p.	p.	p.
—	— d'Armentières...........	p.	p.	p.	p.	p.	p.

DÉLÉGUÉS	ORGANISATIONS	Maison des Fédérations	Fusion des Fédérations des Métaux.	Rapports confédéraux	Retraites ouvrières	Contrat collectif Capacité com[le] des Synd[ts] Arbitrage	Antimilitarisme
Legros	Métallurgistes de Nancy	p.	p.	p.	p.	p.	p.
—	Mouleurs de Marquise	p.	p.	p.	p.	p.	p.
Merrheim	Métallurgistes d'Anzin	p.	p.	p.	p.	p.	p.
—	— d'Alais	p.	p.	p.	p.	p.	p.
—	— d'Aulnoye	p.	p.	p.	p.	p.	p.
—	— d'Escaupont	p.	p.	p.	p.	p.	p.
—	— de Monthermé	p.	p.	p.	p.	p.	p.
—	— de St-Amand	p.	p.	p.	p.	p.	p.
—	— de Troyes		p.	p.	p.	p.	p.
—	— de Villefranche	p.	p.	p.	p.	p.	p.
—	Coffres-forts de Paris	p.	p.	p.	p.	p.	p.
—	Polisseurs de Lyon	p.	p.	p.	p.	p.	p.
M. Blanchard	Métallurgistes, Isle-sur-Doubs	a.	p.	p.	p.	p.	p.
—	— de Belfort	a.	p.	p.	p.	p.	p.
Aupart	— de Montluçon (Allier)	p.	p.	p.	p.	p.	p.
M. Blanchard	— de Ronchamps	a.	p.	p.	p.	p.	p.
—	— de Rouen	a.	p.	p.	p.	p.	p.
—	— de Domène	a.	p.	p.	p.	p.	p.
—	— de Vendôme	a.	p.	p.	p.	p.	p.
—	Mouleurs, Freteval	a.	p.	p.	p.	p.	p.
—	— Grenoble	a.	p.	p.	p.	p.	p.
—	Polisseurs de Paris	a.	p.	p.	p.	p.	p.
Berlios	Mouleurs en cuivre de Pontchardon	p.	p.	p.	p.	p.	p.
A. Dufil	Mécaniciens de la Seine	p.	p.	p.	p.	p.	p.
Nojan	Lits en fer et cuivre de Paris	p.	p.	p.	p.	p.	p.
—	Caoutchoutiers de Valence	p.	p.	p.	a.	p.	p.
Bouyé	Mouleurs en fer de Lyon	p.	p.	p.	p.	p.	p.
—	— de Stenay	p.	p.	p.	p.	p.	p.
—	— en fer de Paris	p.	p.	p.	p.	p.	p.
—	— de Chauny	p.	p.	p.	p.	p.	p.
—	— de Caen	p.	p.	p.	p.	p.	p.
—	— de Soyons	p.	p.	p.	p.	p.	p.
—	— de Rennes	p.	p.	p.	p.	p.	p.
A. Dufil	Métallurgistes de Melun	p.	p.	p.	p.	p.	p.
Bouyé	— du Havre	p.	p.	p.	p.	p.	p.
A. Dufil	Horlogers de Badevel	p.	p.	p.	p.	p.	p.
Berlios	Mouleurs en cuivre d'Orléans	p.	p.	p.	p.	p.	p.
—	— — de Roanne	p.	p.	p.	p.	p.	p.
—	— — de Soyons	p.	p.	p.	p.	p.	p.
Gérooms	— de Dreux	p.	p.	p.	p.	p.	p.
—	— du Havre	p.	p.	p.	p.	p.	p.
B. Liothier	— en cuivre de Lyon	p.	p.	p.	p.	p.	p.
—	Synd[t] des Armuriers de St-Etienne	p.	p.	p.	p.	p.	p.
Albert Ferré	Tourneurs-Repousseurs de la Seine	p.	p.	p.	p.	p.	p.
—	Ferblantiers de la Seine	p.	p.	p.	p.	p.	p.
B. Liothier	— de Lyon	p.	p.	p.	p.	p.	p.
—	Métallurgistes de St-Etienne	p.	p.	p.	p.	p.	p.
—	Mouleurs de St-Etienne	p.	p.	p.	p.	p.	p.
P. Blanc	Métallurgistes de Rive-de-Gier	a.	p.	p.	p.	p.	p.
Chevrier	Serruriers de Lyon	p.	p.	p.	p.	p.	p.

DÉLÉGUÉS	ORGANISATIONS	Maison des Fédérations	Fusion des Fédérations des Métaux	Rapports confédéraux	Retraites ouvrières	Contrat collectif Capacité comle des Syndts Arbitrage	Antimilitarisme
CHEVRIER	Travailleurs sur cuivre de Lyon	p.	p.	p.	p.	p.	p.
TYR	Ferblantiers de Clermont-Ferrand	p.	p.	p.	p.	p.	p.
—	Métallurgistes de Chambon (Loire)	p.	p.	p.	p.	p.	p.
NOJAN	Tourneurs en optique de Paris	p.	p.	p.	p.	p.	p.
M. BLANCHARD	Outilleurs, Découpeurs, Estampeurs, Paris	a.	p.	p.	p.	p.	p.
E. CHEVALLIER	Métallurgistes, St-Juéry	a.	p.	p.	p.	p.	p.
PIERRETON	Mouleurs de Voiron	a.	p.	p.	p.	p.	p.
—	Métallurgistes de Voiron	a.	p.	p.	p.	p.	p.
THÉZENAS	Bronze de Lyon	p.	p.	p.	p.	p.	p.
SMOLINSKI	Métallurgistes de Decazeville	p.	p.	p.	p.	p.	p.
—	— de Toulouse	p.	p.	p.	p.	p.	p.
E. CHEVALLIER	— du Boucau	a.	p.	p.	p.	p.	p.
INGWEILLER	— de Reims	p.	p.	p.	p.	p.	p.
—	— de Fourchambault	p.	p.	p.	p.	p.	p.
—	Union syndicale des Ouvriers sur métaux de la Seine	p.	p.	p.	c.	p.	p.
L.-E. VERLIAC	Métallurgistes de la Rochelle	p.	p.	p.	p.	p.	p.
DEVERTUS	— de St-Dizier	p.	p.	p.	p.	p.	p.
—	— d'Outreau	p.	p.	p.	p.	p.	p.
FALANTIN	— de Déville-les-Rouen	a.	p.	p.	p.	p.	p.
—	— de Cousance-aux-Forges	a.	p.	p.	p.	p.	p.
—	— de Cambrai	a.	p.	p.	p.	p.	p.
—	— de Dunkerque	a.	p.	p.	p.	p.	p.
—	— de Douai	a.	p.	p.	p.	p.	p.
—	Tôliers de la Seine	a.	p.	p.	p.	p.	p.
—	Métallurgistes de Maubeuge	a.	p.	p.	p.	p.	p.
—	— de Limoges	a.	p.	p.	p.	p.	p.
—	Graveurs-Ciseleurs de la Seine	a.	p.	p.	p.	p.	p.
INGWEILLER	Métallurgistes de Jeumont	p.	p.	p.	p.	p.	p.
DUPUY	— d'Auxerre	p.	p.	p.	p.	p.	p.
Victor PONTIS	Syndt des Mécaniciens de Marseille	p.	p.	a.	p.	p.	p.
—	— des Mouleurs de Marseille	p.	p.	a.	p.	p.	p.
—	— de Chambéry	p.	p.	a.	p.	p.	p.
—	— des Constructions navales de la Seyne-sur-Mer	p.	p.	a.	p.	p.	p.
M. VERBEURGT	Union de la Métallurgie de Roubaix	a.	p.	a.	p.	p.	p.
—	— — de Lille	a.	p.	a.	p.	p.	p.
—	Mouleurs, Marpent (Nord)	a.	p.	a.	p.	p.	p.
—	Métallurgistes de Flize (Ardennes)	a.	p.	a.	p.	p.	p.
E. CHEVALLIER	Instruments de précision	a.	p.	a.	p.	p.	p.
M. DORIA	Métallurgistes de Toulon	c.	p.	c.	p.	p.	p.
FALANTIN	— de Trith-St-Léger	a.	p.	p.	p.	p.	p.
MORIN	Mécaniciens de Tours	p.	p.	p.	p.	p.	p.
—	Mouleurs de Tours	p.	p.	p.	p.	p.	p.
—	Ferblantiers de Saumur	p.	p.	p.	p.	p.	p.
—	Mouleurs de la Ferté-St-Aubin	p.	p.	p.	p.	p.	p.
E. LEROUX	Métaux de Creil	p.		p.	p.	p.	p.
G. VIGNAL	Métallurgie de Fumel	a.	p.	p.	p.	p.	p.

DÉLÉGUÉS	ORGANISATIONS	Maison des Fédérations	Fusion des Fédérations des Métaux.	Rapports confédéraux	Retraites ouvrières	Contrat collectif Capacité comm. des Synd. Arbitrage	Antimilitarisme
H. Gauthier.....	Métallurgistes du Pellerin..........	p.	p.	p.	p.	p.	p.
—	— Basse-Indre..........	p.	p.	p.	p.	p.	p.
—	— de St-Nazaire........	p.	p.	p.	p.	p.	p.
—	— de Couëron..........	p.	p.	p.	p.	p.	p.
E. Chevallier...	Opticiens de Paris................	a.	p.	p.	p.	p.	p.
G. Vignal.......	Métallurgistes de St-Uze...........	a.	p.	p.	p.	p.	p.
Gardiès.........	— de Mazamet..........	p.	p.	p.	p.	p.	p.
Soffray..........	Mouleurs de Maubert-Fontaine.....	p.	p.	p.	p.	p.	p.
—	Instruments de musique de Château-Thierry..........................	p.	p.	p.	p.	p.	p.
Berlios..........	Mouleurs en cuivre de Paris........	p.	p.	p.	p.	p.	p.
E. Chareille....	Métaux de Mazières................	p.	p.	p.	p.	p.	p.
A. Cathomen.....	Mouleurs de Dijon..................	p.	p.	p.	p.	p.	p.
St-Venant.......	Modeleurs de Lille.................	a.	c.	p.	p.		p.
Soffray.........	Métallurgistes de Chalon-sur-Saône.	p.	p.	p.	p.	p.	p.
—	Instruments de musique de Paris...	p.	p.	p.	p.	p.	p.
—	Monteurs-Tourneurs en fumisterie de Paris..........................	p.	p.	p.	p.	p.	p.
—	Métallurgistes de Rocroi...........	p.	p.	p.	p.	p.	p.
—	Ouvriers en limes de Paris.........	p.	p.	p.	p.	p.	p.
—	— en scies de Paris.........	p.	p.	p.	p.	p.	p.
J. Laportes......	Métallurgistes de Vierzon..........	p.	p.	p.	p.	p.	p.
—	— de Denain............	p.	p.	p.	p.	p.	p.
—	— de Tonnerre.........	p.	p.	p.	p.	p.	p.
—	— Imphy (Nièvre).......	p.	p.	p.	p.	p.	p.
—	Ouvriers en limes de Cosne.........	p.	p.	p.	p.	p.	p.
R. Lenoir........	Mouleurs d'Amiens..................	p.	p.	p.	p.	p.	p.
Pierreton.......	Métallurgistes, St-Laurent-du-Pont..	a.	p.	p.	p.	p.	p.
E. Chareille....	Métaux de Valence..................	p.	p.	p.	p.	p.	p.
—	— de St-Florent et Rosières....	p.	p.	p.	p.	p.	p.
Nojan...........	Monteurs-Etalagistes de Paris......	p.	p.	p.	a.	p.	p.
—	Caoutchoutiers de Paris............	p.	p.	p.	p.	p.	p.
M. Mallet.......	Ouvriers en métaux de Marseille....	p.	p.	p.	p.	p.	p.
Royer...........	Métallurgistes de Lyon.............	p.	p.	p.	p.	p.	p.
G. Morel........	— du Vimeu..........	p.		p.	p.	p.	p.
—	— d'Amiens............	p.		p.	p.	p.	p.
Métivier........	Mouleurs de Chartres...............		p.	p.	p.	p.	p.
Démaret.........	Mécaniciens de St-Quentin..........	p.	p.	p.	p.	p.	p.
L. Hureau.......	Métallurgistes du Mans.............	p.	p.	p.	p.	p.	p.
—	— de Connerré (Sarthe).	p.	p.	p.	p.	p.	p.
Bondoux.........	— de Nevers...........	p.	p.	p.	p.	p.	p.
Lapierre........	— d'Argenteuil.........	p.	p.	p.	p.	p.	p.
—	— de Corbeil..........	p.	p.	p.	p.	p.	p.

FÉDÉRATION DES OUVRIERS DES P. T. T.

Vaysse..........	P. T. T. de Clermont..............	p.	c.	p.	a.		p.
—	— de Grenoble..............	p.	c.	p.	a.		p.
—	— de Perpignan.............	p.	c.	p.	a.		p.
—	— de La Rochelle...........	p.	c.	p.	a.		p.

DÉLÉGUÉS	ORGANISATIONS	Maison des Fédérations	Fusion des Fédérations des Métaux	Rapports confédéraux	Retraites ouvrières	Contrat collectif Capacité comm^le des Synd^ts Arbitrage	Antimilitarisme
CHOBEAUX	Ouvriers des P. T. T. de Lille	p.	c.	p.	p.	p.	p.
—	— de Rouen.....	p.	c.	p.	p.	p.	p.
—	— de Blois......	p.	c.	p.	p.	p.	p.
—	— de Laon......	p.	c.	p.	p.	p.	p.
—	— de Nancy.....	p.	c.	p.	p.	p.	p.
—	— de Bar-le-Duc	p.	c.	p.	p.	p.	p.
—	— de Dijon......	p.	c.	p.	p.	p.	p.
—	— de Nantes	p.	c.	p.	p.	p.	p.
—	— de Sens......	p.	c.	p.	p.	p.	p.
—	— de Chalons-s/-Marne..........................	p.	c.	p.	p.	p.	p.
VAYSSE..........	P. T. T. de Bordeaux..............	p.	c.	p.	a.		c.
—	— d'Angers..................	p.	c.	p.	a.		p.
GERVAISE........	— de Saint-Brieuc	p.	c.	p.	p.	p.	p.
—	— de Tulle	p.	c.	p.	p.	p.	p.
—	— d'Agen....................	p.	c.	p.	p.	p.	p.
—	— de Roanne..................	p.	c.	p.	p.	p.	p.
—	— de Belfort.................	p.	c.	p.	p.	p.	p.
—	— de Gap....................	p.	c.	p.	p.	p.	p.
—	— d'Aurillac.................	p.	c.	p.	p.	p.	p.
—	— de Rennes	p.	c.	p.	p.	p.	p.
SAINT-VENANT....	— de Lille..................	a.	c.	p.	p.		p.
HERVIER.........	— de Bourges	p.	p.	p.	p.	p.	p.
BERLIER.........	— de Rodez	p.	c.	p.	p.	p.	c.
—	— du Puy	p.	c.	p.	p.	p.	c.
—	— de Montauban	p.	c.	p.	p.	p.	c.
—	— de Nice..................	p.	c.	p.	p.	p.	c.
—	— d'Auxerre.................	p.	c.	p.	p.	p.	c.
DUTAILLE........	— de Vesoul.................	p.	c.	p.	p.	p.	p.
—	— d'Angoulême	p.	c.	p.	p.	p.	p.
—	— de Lorient	p.	c.	p.	p.	p.	p.
—	— de Périgueux..............	p.	c.	p.	p.	p.	p.
—	— de La Roche-sur-Yon.......	p.	c.	p.	p.	p.	p.
—	— d'Orléans	p.	c.	p.	p.	p.	p.
—	— de Poitiers...............	p.	c.	p.	p.	p.	p.
—	— de Lons-le-Saulnier........	p.	c.	p.	p.	p.	p.
—	— de Paris	p.	c.	p.	p.	p.	
—	— de Châteauroux............	p.	c.	p.	p.	p.	p.
L. JOUHAUX......	Sous-Agents de la Loire..........	p.	p.	p.	p.	p.	c.
—	— de Lille...........	p.	p.	p.	p.	p.	c.
—	— de Bordeaux	p.	p.	p.	p.	p.	p.
—	— de l'Isère	p.	p.	p.	p.	p.	c.
	— de Marseille..........	p.	p.	p.	p.	p.	p.
L. BORN.........	— de Nîmes..............	p.	c.	p.	p.		c.
—	— de Chaumont..........	p.	c.	p.	p.		c.
GERVAISE........	— de Toulon.............	p.	c.	p.	p.	p.	p.
SAMAZAN.........	P. T. T. de Carcassonne..........	p.	c.	p.	p.	p.	p.
—	— de Toulouse	p.	c.	p.	p.	p.	p.
—	— d'Avignon.................	p.	c.	p.	p.	p.	p.
—	— de Saintes................	p.	c.	p.	p.	p.	p.

DÉLÉGUÉS	ORGANISATIONS	Maison des Fédérations	Fusion des Fédérations des Métaux.	Rapports confédéraux	Retraites ouvrières	Contrat collectif Capacité comle des Syndts Arbitrage	Antimilitarisme
SAMAZAN	P. T. T. d'Alençon	p.	c.	p.	p.	p.	p.
—	— de Laval	p.	c.	p.	p.	p.	p.
—	— de Bayonne	p.	c.	p.	p.	p.	p.
—	— d'Auch	p.	c.	p.	p.	p.	p.
—	— de Béziers	p.	c.	p.	p.	p.	p.
—	— de Tarbes	p.	c.	p.	p.	p.	p.
H. PAURON.......	— de Valence	p.	c.	p.	p.	p.	p.
—	— de Nevers	p.	c.	p.	p.	p.	p.
—	— de Mâcon	p.	c.	p.	p.	p.	p.
—	— de Cahors	p.	c.	p.	p.	p.	p.
—	— de Troyes	p.	c.	p.	p.	p.	p.
—	— de Boulogne-sur-Mer	p.	c.	p.	p.	p.	p.
—	— de Moulins	p.	c.	p.	p.	p.	p.
—	— de Saint-Etienne	p.	c.	p.	p.	p.	p.
—	— de Melun	p.	c.	p.	p.	p.	p.
L. BORN	— d'Albi	p.	c.	p.	p.		c.
—	— de Bourg	p.	c.	p.	p.		c.
—	— d'Amiens	p.	c.	p.	p.		c.
GARIVEN	— de Limoges	p.	c.	p.	p.	p.	c.
—	— de Niort	p.	c.	p.	p.	p.	c.
—	— Montpellier	p.	c.	p.	p.	p.	c.

FÉDÉRATION DU PAPIER

DÉLÉGUÉS	ORGANISATIONS						
A. TOGNY	Papetiers de Brignoud	p.	p.	p.	p.	p.	p.
—	— de Nancy	p.	p.	p.	p.	p.	p.
—	Coloristes enlumineurs de Paris	p.	p.	p.	p.	p.	p.
—	Papetiers de Roubaix	p.	p.	p.	p.	p.	p.
—	— de Lalinde	p.	p.	p.	p.	p.	p.
Richard COOLEN .	Syndicat des Papetiers de Lille	a.	c.	p.	c.	p.	p.
IZARD	Papetiers de Grenoble	a.	p.	p.	p.	p.	p.
—	— de Domène (Isère)	a.	p.	p.	p.	p.	p.
LAMARQUE	Papier-carton de Paris	p.	p.	p.	a.	p.	p.

FÉDÉRATION DES POUDRERIES ET RAFFINERIES

DÉLÉGUÉS	ORGANISATIONS						
LARROQUE	Poudrerie de St-Chamans	a.	c.	p.	p.	p.	c.
—	— d'Angoulême	a.	c.	p.	p.	p.	c.
—	— de St-Médard-en-Jalles ...	a.	c.	p.	p.	p.	c.
Richard COOLEN .	Syndicat des Poudres et Salpêtres de Lille	a.	c.	p.	c.	p.	p.
LARROQUE	Poudrerie du Moulin-Blanc	a.	c.	p.	p.	p.	c.
—	— de Serran-Livry	a.	c.	p.	p.	p.	c.
—	— de Vouges	a.	c.	p.	p.	p.	c.
BEDEL	Syndicat des Ouvriers et Ouvrières de la Poudrerie de Toulouse		c.	p.	p.	p.	p.

FÉDÉRATION DES PRÉPARATEURS EN PHARMACIE

DÉLÉGUÉS	ORGANISATIONS	Maison des Fédérations	Fusion des Fédérations des Métaux	Rapports confédéraux	Retraites ouvrières	Contrat collectif Capacité comle des Syndts Arbitrage	Antimilitarisme
LIERRE..........	Syndicat des Préparateurs en Pharmacie de Nice....................	a.	c.	p.	p.	p.	p.
J. ROUGERIE.....	Préparateurs en Pharm. de Limoges.	c.	p.	p.	p.	p.	p.
—	Syndicat des Préparateurs en Pharmacie de St-Etienne..............	a.	c.	p.	p.	p.	p.
—	Syndicat des Préparateurs en Pharmacie de Bordeaux...............	a.	c.	p.	p.	p.	p.
—	Syndicat des Préparateurs en Pharmacie de Calais..................	a.	c.	p.	p.	p.	p.
—	Syndicat des Préparateurs en Pharmacie de Bourges................	a.	c.	p.	p.	p.	p.
—	Syndicat des Préparateurs en Pharmacie de Toulon.................	a.	c.	p.	p.	p.	p.
—	Syndicat des Préparateurs en Pharmacie de Nimes..................	a.	c.	p.	p.	p.	p.
—	Syndicat des Préparateurs en Pharmacie de Troyes.................	a.	c.	p.	p.	p.	p.
ROYER...........	Préparateurs en Pharmacie de Lyon	a.	p.	p.	p.	p.	p.

FÉDÉRATION DES PRODUITS CHIMIQUES

DÉLÉGUÉS	ORGANISATIONS	Maison des Fédérations	Fusion des Fédérations des Métaux	Rapports confédéraux	Retraites ouvrières	Contrat collectif Capacité comle des Syndts Arbitrage	Antimilitarisme
Ch. STRETÈS.....	Syndicat des Ouvriers et Ouvrières des Huileries de Marseille........	p.	c.	p.	p.	p.	p.
—	Syndicat des Ouvriers et Ouvrières en crin de Marseille............	p.	c.	p.	p.	p.	p.
—	Syndicat des Ouvriers et Ouvrières de l'Usine des Produits chimiques de Prémery......................	p.	c.	p.	p.	p.	p.
—	Syndicat des Ouvriers Caoutchoutiers de l'Usine l'Anglès, à Chalette	p.	c.	p.	p.	p.	p.
C. DEKOONINCK..	Des Tordeurs d'huile de Dunkerque			p.			

FÉDÉRATION DU SCIAGE ET FAÇONNAGE MÉCANIQUE DU BOIS

DÉLÉGUÉS	ORGANISATIONS	Maison des Fédérations	Fusion des Fédérations des Métaux	Rapports confédéraux	Retraites ouvrières	Contrat collectif Capacité comle des Syndts Arbitrage	Antimilitarisme
ROYER...........	Ouvriers des Scieries mécaniques de Lyon.............................	p.	p.	p.	p.	p.	p.
CHEREAU.........	Scieurs et Découpeurs à la mécanique de Rennes...................	p.	p.	p.	p.	p.	p.
E. ROUX.........	Mouluriers finisseurs à la main de la Seine............................	p.	p.	p.	p.	p.	p.
—	Scieurs, Découpeurs, Mouluriers de Paris.............................	p.	p.	p.	p.	p.	p.
—	Travailleurs du bois de Villers-Cotterets..............................	p.	p.	p.	p.	p.	p.

DÉLÉGUÉS	ORGANISATIONS	Maison des Fédérations	Fusion des Fédérations des Métaux	Rapports confédéraux	Retraites ouvrières	Contrat collectif Capacité comle des Syndts Arbitrage	Antimilitarisme

FÉDÉRATION DES SABOTIERS-GALOCHIERS

A. Boudet.......	Syndicat des Saboliers de Brive....	p.	p.	p.	p.	p.	p.
G. Caspar.......	— de l'Ain.....	p.	p.	p.	p.	p.	p.
Rougerie........	Sabotiers-Galochiers de Limoges....	c.	p.	p.	p.	p.	p.
V. Marchadier..	— de Romans....	c.	p.	p.	p.	p.	p.
— ..	— de Bort (Corrèze).	c.	p.	p.	p.	p.	p.
— ..	— de l'Allier, Corne de Rollay........................	c.	p.	p.	p.	p.	p.
— ..	Sabotiers-Galochiers de la Gironde, Bordeaux........................	c.	p.	p.	p.	p.	p.
Provost.........	Sabotiers-Galochiers de Montluçon.	p.	p.	p.	p.	p.	p.
Evifin...........	Galochiers de Toulouse............		p.	p.			p.
Voirin...........	— de St-Pierre-des-Champs.		a.			p.	

FÉDÉRATION DU SPECTACLE

Provost.........	Musiciens de Rouen...............	a.	c.	p.	p.	p.	p.
—	— de Marseille............	a.	c.	p.	p.	p.	p.
—	— de Bône..................	a.	c.	p.	p.	p.	p.
—	— de Béziers...............	a.	c.	p.	p.	p.	p.
Bary............	— de Paris.................	a.	c.	p.	p.	p.	p.
Taverne.........	— de Toulouse............		c.	p.	p.	p.	p.
Elie............	Syndicat National des Choristes....	a.	c.	p.	p.	p.	p.
—	Artistes lyriques..................	a.	c.	p.	p.	p.	p.
—	Petit personnel des théâtres et concts	a.	c.	p.	p.	p.	p.

FÉDÉRATION DU SERVICE DE SANTÉ

Marius Doria....	Hospices civils de Toulon..........	c.	p.	c.	p.	p.	p.
B. Jammes.......	Infirmiers et Infirmières de Carcassonne..........................	a.	p.	p.	p.	p.	p.
G. Duval........	Asiles Nationaux..................		c.	p.	p.	p.	p.
—	Infirmiers libres de Paris..........		c.	p.	p.	p.	p.
—	Asile de Pierrefeu................		c.	p.	p.	p.	p.
—	Non-gradés de Paris...............		c.	p.	p.	p.	p.
—	Asile de Naugeat..................		c.	p.	p.	p.	p.
—	Médecine Sociale..................		c.	p.	p.	p.	p.
—	Asile de Montpellier..............		c.	p.	p.	p.	p.
—	Hôpitaux de Nice..................		c.	p.	p.	p.	p.
—	Asile Charité-sur-Loire............		c.	p.	p.	p.	p.
Reynal..........	Infirmiers de Lyon................	p.	c.	p.	c.	p.	p.
—	Asiles de Bron (Rhône)............	p.	c.	p.	c.	p.	p.
—	Asiles de Cadillac................	p.	c.	p.	c.	p.	p.
—	Infirmiers de Toulouse............	p.	c.	p.	c.	p.	p.

DÉLÉGUÉS	ORGANISATIONS	Maison des Fédérations	Fusion des Fédérations des Métaux.	Rapports confédéraux	Retraites ouvrières	Contrat collectif Capacité comle des Syndts. Arbitrage	Antimilitarisme

FÉDÉRATION DES TEINTURES ET APPRÊTS

C. Dandol.......	Union des Travailleurs de la Teinture de Lyon....................	a.	c.	p.	p.	p.	p.
A. Bauche.......	Syndicat des Teinturiers d'Amiens..			a.			p.
B. Charvet......	— de Paris..	a.	c.	p.	p.	p.	p.
—	Apprêteurs de Roanne............	a.	c.	p.	p.	p.	p.
—	Teinturiers de Troyes.............	a.	c.	p.	p.	p.	p.
—	— de Saint-Étienne........	a.	c.	p.	p.	p.	p.
Rougerie........	Teinturiers et similaires d'Aubusson (Creuse)........................						p.

FÉDÉRATION DES TRANSPORTS

L. Niel..........	Tramways de Reims..............			a.	a.	p.	
Ch. Gaches......	Employés des tramways de Lyon...	c.	p.	a.	p.	p.	p.
—	Syndt des tramways de St-Étienne..	c.	p.	a.	p.	p.	p.
Soubrière......	Tramways du départmt de la Seine..	p.	p.	a.	p.	p.	p.
Moussard.......	Cochers et Chauffeurs............	p.	p.	a.	p.	p.	p.
Bayles..........	Syndicat des Employés des tramways électriques de Limoges...........	p.	p.	a.	p.	p.	p.
Tesch...........	Métropolitain......................		p.	p.	c.	p.	p.
Dekooninck......	Employés des tramways, Dunkerque.	p.	p.	p.	p.	p.	p.
Dessalle........	Transports de Versailles...........	p.	p.	p.	p.	p.	p.
L. Métivier.....	Tramways de la Cie génle parisienne.		p.	p.		p.	p.
Sauvage........	Transports Tréports..............	p.	p.	p.	p.	p.	p.
J. Rougerie......	Camionneurs-Rouliers de Limoges..		p.	p.			p.
H. Coupard......	Syndicat des Camionneurs du Havre.			p.			
—	— des Ouvriers et Employés des docks-entrepôts du Havre.....			p.			
—	Syndt des Ouvriers voiliers du Havre.			p.			
Gardiès.........	Charretiers de Mazamet..........	p.	p.	p.	p.	p.	p.
Tramoni.........	Syndicat des tramways de Marseille.	p.			p.	p.	p.
Baladier........	Est-Parisien......................	p.			p.	p.	p.
Mazaud..........	Union syndicale des Travailleurs des transports et manutention de Paris.	p.	p.		p.	p.	p.
Gardiès.........	Syndicat des omnibus de la Seine...	p.			p.	p.	p.

FÉDÉRATION DES TRAVAILLEURS MUNICIPAUX

E. Guernier.....	Travailleurs municipaux de Reims..		c.	a.			
Cnudde..........	— — de Lille...	a.	c.	p.	p.	p.	c.
Albouze.........	Égoutiers de Paris................	p.	a.	p.	a.	p.	p.
Caillot..........	Travailleurs munic., Lyon.........	p.	a.	p.	a.	p.	p.
—	— — Rennes........	p.	a.	p.	a.	p.	p.
—	— — Villeurbanne..	p.	a.	p.	a.	p.	p.
—	— — Amiens........	p.	a.	p.	a.	p.	p.

DÉLÉGUÉS	ORGANISATIONS	Maison des Fédérations	Fusion des Fédérations des Métaux.	Rapports confédéraux	Retraites ouvrières	Contrat collectif Capacité comm[le] des Synd[ts] Arbitrage	Antimilitarisme
CAILLOT..........	Trav. municipaux de Cernay-la-Ville.	p.	a.	p.	a.	p.	p.
—	— — Nimes.........	p.	a.	p.	a.	p.	p.
Louis SICRE......	— Toulouse......	p.	p.	p.	a.	p.	p.
HERVIER.........	— — Bourges (Cher).	p.	p.	p.	a.	p.	a.
G. TURIN.........	— — Châteauroux...	a.	p.	p.		p.	p.
DEKOONINCK......	Services municipaux, Dunkerque...	p.	p.	p.	p.	p.	p.
LAURENS.........	Travailleurs municip., Cherbourg...	p.	p.	p.	p.	p.	a.
ROCHE...........	Synd[t] des Travailleurs municipaux d'Angers........	a.	c.		p.	p.	p.
—	Synd[t] central des Travailleurs municipaux de Paris..........	a.	c.		p.	p.	p.
—	Ouvriers et Ouvrières de l'Assistance publique..................		p.			p.	

FÉDÉRATION DES TABACS

BARLAN..........	Tabacs, Toulouse..................	a.	c.	c.	c.	p.	c.
—	— Reuilly..................	a.	c.	c.	c.	p.	c.
—	— Bordeaux..................	a.	c.	c.	c.	p.	c.
—	— Lyon..................	a.	c.	c.	c.	p.	c.
MALLARDÉ.......	— Lille..................	a.	c.	c.	c.	p.	c.
—	— Limoges..................	a.	c.	c.	c.	p.	c.
BARLAN..........	— Dijon..................	a.	c.	c.	c.	p.	c.
—	— Bordeaux (transit)..........	a.	c.	c.			c.
MALLARDÉ.......	— Nantes..................	a.	c.	c.	c.	p.	c.
—	— Orléans..................	a.	c.	c.	c.	p.	c.
—	— Pantin..................	a.	c.	c.	c.	p.	c.
—	— Tonneins..................	a.	c.	c.	c.	p.	c.
—	— Issy-les-Moulineaux........	a.	c.	c.	c.	p.	c.
—	— Riom..................	a.	c.	c.	c.	p.	c.
—	— Tonneins (feuilles)..........	a.	c.	c.	c.	p.	c.
—	— Marmande..................	a.	c.	c.	c.	p.	c.
BARLAN..........	— Dieppe..................	a.	c.	c.	c.	p.	c.
—	— Marseille..................	a.	c.	c.	c.	p.	c.
—	— Morlaix..................	a.	c.	c.	c.	p.	c.
—	— Châteauroux..................	a.	c.	c.	c.	p.	c.

FÉDÉRATION DU TEXTILE

A. BANCHE.......	Synd[t] textile, Frénest (P.-de-Calais)..	a.	c.	a.	p.	p.	p.
P. BAILLEZ.......	— Paix-du-Nord..........	a.	c.	a.	p.	p.	p.
—	— Pont-de-Nieppes.......	a.	c.	a.	p.	p.	p.
—	— Flers-de-l'Orne.......	a.	c.	a.	p.	p.	p.
—	— Cholet..............	a.	c.	a.	p.	p.	p.
VOLT-CATTEAU....	Syndicat des Tisseurs d'Haspres....	a.	c.	a.	p.	p.	p.
Flam[t] CONSTANT..	— textile de Tourcoing.......		c.	a.	p.	p.	p.

DÉLÉGUÉS	ORGANISATIONS	Maison des Fédérations	Fusion des Fédérations des Métaux.	Rapports confédéraux	Retraites ouvrières	Contrat collectif Capacité comle des Syndts Arbitrage	Antimilitarisme
Flamt Constant..	Syndicat triage de Tourcoing.......	a.	c.	a.	p.	p.	p.
—	— textile d'Houplines.........	a.	c.	a.	p.	p.	p.
—	— Rubaniers de Comines.....	a.	c.	a.	p.	p.	p.
—	— textile de Trélong-Glageon.	a.	c.	a.	p.	p.	p.
A. Banche.......	— — de Sains-du-Nord...		c.	a.	p.	p.	p.
—	— du lin, chanvre et jute de Lille.....................	a.	c.	a.	p.	p.	p.
E. Guernier....	— Brodeurs de St-Quentin...	a.	c.	a.	p.	p.	p.
Auda............	— tissage mécanique de Lyon.	a.	c.	a.	a.	p.	p.
E. Guernier.....	— Tissrs de St-Menges (Ardnes).	a.	c.	a.	p.	p.	p.
Auda............	— tissage mécaniq. de Tarare.	a.	c.	a.	a.	p.	p.
E. Guernier.....	— Trieurs de laine de Reims.	a.	c.	a.	p.	p.	p.
—	— rémois de l'induste lainière.	a.	c.	a.	p.	p.	p.
P. Monatte......	— Bonnetiers de Romilly.....	p.	p.	p.	p.	p.	p.
E. Guillet.......	— textile d'Angers...........	p.	p.	p.	p.	p.	p.
Cocholat........	Tullistes de Lyon...............	c.	c.	p.		p.	p.
Léon Torton.....	Syndt textile de Rouen..............	p.	p.	p.	p.	p.	p.
E. Leroux.......	— de Mouy et environs....	p.	p.	p.	p.	p.	p.
Léon Torton.....	— de la vallée de Maromme.	p.	p.	p.	p.	p.	p.
—	— d'Elbeuf (la Ruche elbeuvienne)..........................	p.	p.	p.	p.	p.	p.
Démaret.........	Syndicat des Pareurs de St-Quentin.	p.	p.	p.	p.	p.	p.
—	— des Tisseurs de St-Quentin.	p.	p.	p.	p.	p.	p.
—	— — de Bahain....	p.	p.	p.	p.	p.	p.
Yvetot..........	Bonnetiers de Ganges............	p.		p.	p.	p.	p.
Vandeputte......	Syndicat textile d'Erquinghem-Lep.	a.	c.	a.	p.	p.	p.
—	— de St-Ouen.........	a.	c.	a.	p.	p.	p.
—	— de Launay.........	a.	c.	a.	p.	p.	p.
—	— de Roncq..........	a.	c.	a.	p.	p.	p.
—	— d'Halluin...........	a.	c.	a.	p.	p.	p.
V. Renard.......	Industrie textile de Troyes..........	a.	c.	a.	p.	p.	p.
—	Filature lin, chanvre et jute de Lille.	a.	c.	a.	p.	p.	p.
—	Imprimeurs sur étoffes de Puteaux..	a.	c.	a.	p.	p.	p.
—	Tisseurs de Cublize (Rhône)........	a.	c.	a.	p.	p.	p.
—	— à la main d'Avesnes-les-Aubert (Nord).....................	a.	c.	a.	p.	p.	p.
—	Drapiers de Romorantin............	a.	c.	a.	p.	p.	p.
—	Cotonniers de Condé-le-Noireau....	a.	c.	a.	p.	p.	p.
—	Syndt textile de St-Maurice-s-Moselle.	a.	c.	a.	p.	p.	p.
—	— d'Aumontzey (Vosges)..	a.	c.	a.	p.	p.	p.
Lepers..........	Syndicat des Passementiers à la main de Paris..........................	a.	c.	a.	p.	p.	p.
—	Syndt textile de Labastide-Rouairoux.	a.	c.	a.	p.	p.	p.
—	— de Neuvilly............	a.	c.	a.	p.	p.	p.
—	Syndicat des Fileuses de St-Hippolyte-du-Fort......................	a.	c.	a.	p.	p.	p.
—	Syndicat textile de St-Dié...........	a.	c.	a.	p.	p.	p.
—	— d'Armentières......	a.	c.	a.	p.	p.	p.
—	— de Fourmies.......	a.	c.	a.	p.	p.	p.
—	— de Roubaix........	a.	c.	a.	p.	p.	p.

DÉLÉGUÉS	ORGANISATIONS	Maison des Fédérations	Fusion des Fédérations des Métaux	Rapports confédéraux	Retraites ouvrières	Contrat collectif Capacité comm[le] des Synd[ts]. Arbitrage	Antimilitarisme
VANDEPUTTE......	Syndicat textile d'Amiens...........	a.	c.	a.	p.	p.	p.
A. BANCHE.......	— de Lille...........	a.	c.	a.	p.	p.	p.
G. MOREL........	— d'Amiens...........	p.	p.	p.	p.		p.
DEKOONINCK......	— de Dunkerque......	p.	p.	p.	p.	p.	p.
PIERRETON.......	— des scieries de Voiron.....		p.	p.	p.	p.	p.
ROUGERIE........	— des Teinturiers et Similaires d'Aubusson.............	c.	p.	p.	p.	p.	
—	— des Tapissiers d'art d'Aubusson..................	c.	p.	p.	p.	p.	p.
—	— des Tapissiers de Felletin (Creuse)...............	c.	p.	p.	p.	p.	p.
GÉROOMS.........	— textile du Havre	p.	p.	p.	p.	p.	p.
L. FERRAN.......	— de Mazamet........	c.	c.	p.	p.	p.	p.
MORIN...........	— des Passementiers de Tours	p.	p.	p.	p.	p.	p.
V. RENARD.......	— des Tisseurs de Haspres...	a.					
A. LUQUET.......	Tisseurs de la Seine..............	p.	a.			p.	p.
AUDA............	Textile des forges de Charionoud (Vosges)..........................					p.	p.
A. BANCHE.......	Teinturiers d'Amiens...............		c.		p.	p.	p.
A. LUQUET.......	Tisseurs de Puteaux................				p.		

FÉDÉRATION DU TONNEAU

DÉLÉGUÉS	ORGANISATIONS	Maison des Fédérations	Fusion des Fédérations des Métaux	Rapports confédéraux	Retraites ouvrières	Contrat collectif Capacité comm[le] des Synd[ts]. Arbitrage	Antimilitarisme
B. JAMMES........	Tonneliers de Carcassonne.........	a.	p.	a.	p.	p.	p.
DEKOONINCK......	— de Dunkerque...........	p.	p.	p.	p.	p.	p.
C. JANNOT........	Ouvriers soutireurs de Cette........	p.	p.	p.	p.	p.	p.
—	Foudriers de Cette................	p.	p.	p.	p.	p.	p.
—	Tonneliers de Cette................	p.	p.	p.	p.	p.	p.
J. VUEIL..........	— et Similaires de la Seine.	p.	a.	p.	p.	p.	p.
—	— cavistes de Valence......	p.	a.	p.	p.	p.	p.
—	— de Limoges	p.	a.	p.	p.	p.	p.
—	— de Montauban...........	p.	a.	p.		p.	p.
A. BOURDERON....	— cavistes de Reims.......	p.	c.	p.	c.	p.	p.
—	— d'Aubagne	p.	c.	p.	p.	p.	p.
—	— de Bordeaux...........	p.	a.	p.	p.	p.	p.
—	Bouchonniers de Lavardac.........	p.	c.	p.	c.	p.	p.
—	Tonneliers de Mèze................	p.	c.	p.	p.	p.	p.
—	— de Cognac	p.	c.	p.	c.	p.	p.
—	— d'Orléans	p.	c.	p.	c.	p.	p.
—	— de Lézignan...........	p.	c.	p.	p.	p.	p.
—	— de Perpignan..........	p.	c.	p.	c.	p.	p.

FÉDÉRATION DES VANNIERS

DÉLÉGUÉS	ORGANISATIONS	Maison des Fédérations	Fusion des Fédérations des Métaux	Rapports confédéraux	Retraites ouvrières	Contrat collectif Capacité comm[le] des Synd[ts]. Arbitrage	Antimilitarisme
Henry MARCK....	Syndicat des Ouvriers Vanniers de St-Malo, St-Servan-sur-Paramé....	p.	p.	p.	p.	p.	p.
A. DUFIL.........	Vanniers de Paris..................	p.	p.	p.	p.	p.	p.

DÉLÉGUÉS	ORGANISATIONS	Maison des Fédérations	Fusion des Fédérations des Métaux	Rapports confédéraux	Retraites ouvrières	Contrat collectif Capacité comle des Syndts Arbitrage	Antimilitarisme

FÉDÉRATION DES VERRIERS

DÉLÉGUÉS	ORGANISATIONS	Maison des Fédérations	Fusion des Fédérations des Métaux	Rapports confédéraux	Retraites ouvrières	Contrat collectif Capacité comle des Syndts Arbitrage	Antimilitarisme
MOURGUES.......	Syndicat des Verriers de Belle-Isle-St-Augustin, Bordeaux...........	p.	c.	p.	p.	p.	p.
—	Syndicat des Verriers de Mérignac (Gironde)........................	p.	c.	p.	p.	p.	p.
P. MONATTE......	Syndicat des Verriers de Romesnil..	p.	p.	p.	p.	p.	p.
—	— de Masnières.	p.	p.	p.	p.	p.	p.
—	— de Bességes..	p.	p.	p.	p.	p.	p.
Ch. MARCK	— de Terrasson.	p.	p.	p.	p.	p.	p.
DELZANT.........	— d'Aniche.....	p.		p.	p.	p.	p.
—	— de Vierzon-Ville...........................	p.	p.	p.	p.	p.	p.
—	Syndicat des Verriers de Vierzon-Forges..........................		p.	p.	p.	p.	p.
—	Syndicat des Verriers de Dorignies	p.	p.	p.	p.	p.	p.
—	— de Bordeaux (verre noir)......................	p.	p.	p.	p.	p.	p.
....	Syndicat des Verriers de Fresnes-Escaupont......................	p.	p.	p.	p.	p.	p.
—	Syndicat des Verriers de Fresnes (verre à vitres)..................	p.	p.	p.	p.	p.	p.
—	Syndicat des Verriers de Morières..	p.	p.	p.	p.	p.	p.
BOYER...........	— de Villeurbanne	p.	p.	p.	p.	p.	p.
A. CATHOMEN....	— de Dijon.....	p.	c.	p.	p.	p.	p.
P. ROUVET.......	— d'Albi........	p.	p.	p.	p.	p.	p.
P. BLANC........	— de Rive-de-Gier (verre blanc)..............	a.	p.	p.	p.	p.	p.
—	Syndicat des Verriers de Rive-de-Gier (verre à vitres)............	a.	p.	p.	p.	p.	p.
—	Syndicat des Verriers de Rive-de-Gier (verres blancs réunis).......	a.	p.	p.	p.	p.	p.
MALOT...........	Syndicat des Verriers de St-Etienne.	p.	p.	p.	p.	p.	p.
DELZANT.........	— de St-Germier	p.	p.	p.	p.	p.	p.
—	— de Lyon......	p.	p.	p.	p.	p.	p.
—	— de Venissieu..				p.	p.	

FÉDÉRATION DE LA VOITURE

DÉLÉGUÉS	ORGANISATIONS	Maison des Fédérations	Fusion des Fédérations des Métaux	Rapports confédéraux	Retraites ouvrières	Contrat collectif Capacité comle des Syndts Arbitrage	Antimilitarisme
L. BONNET.......	Syndicat des Carrossiers de Limoges	c.	p.	p.	p.	p.	p.
—	Voitures de St-Etienne.............	p.	p.	p.	p.	p.	p.
CONSTANT.......	— de Roubaix................	p.	p.	p.	p.	p.	p.
—	— de Rennes.................	p.	p.	p.	p.	p.	p.
—	Union de la Voiture de Paris.......	p.	p.	p.	p.	p.	p.
—	Voitures de Dinan..................	p.	p.	p.	p.	p.	p.
—	— de Bourges...............	p.	p.	p.	p.	p.	p.
—	— de Lille..................	p.	p.	p.	p.	p.	p.
—	— de Moulins................	p.	p.	p.		p.	c.

DÉLÉGUÉS	ORGANISATIONS	Maison des Fédérations	Fusion des Fédérations des Métaux.	Rapports confédéraux	Retraites ouvrières	Contrat collectif Capacité comle des Syndts Arbitrage	Antimilitarisme
CONSTANT........	Voitures de St-Amand..............	p.	p.	p.	p.	p.	p.
—	— de Bordeaux.............	p.	p.	p.	p.	p.	p.
—	— de Vichy..................	p.	p.	p.	p.	p.	p.

FÉDÉRATION DES SYNDICATS ISOLÉS

GERVAISE........	Monnaies et Médailles..............	p.	c.	c.	p.	p.	p.
Carolne AMBLARD	Ouvrières d'Imprimerie de Marseille	p.	p.	p.	p.	p.	p.
BARRIÈRE........	Crieurs de Journaux...............	p.	p.	p.	p.		p.
DEKOONINCK.....	Voiliers de Dunkerque	p.	p.	p.	p.	p.	p.
Ch. GOGUMUS....	Syndicat des Employés de la région parisienne......................	p.			p.	p.	p.

TROISIÈME PARTIE

Quatrième Conférence des Bourses du Travail ou Unions de Syndicats.

NOMS DES BOURSES OU UNIONS ET DE LEURS DÉLÉGUÉS RESPECTIFS

Prenant part à la 4e Conférence des Bourses

BOURSES OU UNIONS	DÉLÉGUÉS
Abbeville	CLEUET
Agde	—
Agen	GRAS
Ain-Jura	KLEMCZYNSKI
Aix	BARRIÈRE
Alais	BRUNEL
Albi	CAVAGNAC
Alpes-Maritimes	DANIS
Amiens	CLEUET
Angers	BAHONNEAU
Angoulême	LENOIR
Arles	CANY
Auch	DROUILHET
Auxerre	DUPUIS
Belfort	CHEVALIER
Besançon	DANREZ
Béziers	VIALA
Blois	H. VIGNAUX
Bouches-du-Rhône	RÉAUD
Bourges	HERVIER
Brives	A. BOUDET
Cahors	ROCHET
Calais	CH. MARCK
Calvados	LUQUET
Carcassonne	JAMMES
Castres	IZARD
Cette	JEANNOT ET FABRE
Chartres	MÉTIVIER
Châteauroux	TURIN
Commentry	PROVOST
Constantine	POCHAT
Creuse	ROUGERIE
Côtes-d'Or	CATHOMEN
Dunkerque	DEKOONINCK
Elbeuf	H. VIGNAUX
Epernay	LUQUET
Firminy	MALOT
Fougères	LAIGRE
Gironde	MOURGUES
Indre-et-Loire	MORIN
Havre	G. ROME
Isère	BADIN
Issy-les-Moulineaux	LE GUERRY
La Guerche	HERVIER
La Palisse	E. VIGNAUX
La Rochelle	CLÉMENT
Lille	SAINT-VENANT
Limoges	ROUGERIE
Loiret	CONSTANT

Lorient	TRÉVENEC
Mâcon	KLEMCZYNSKI
Manche	YVETOT
Mazamet	GARDIÈS
Mehun-sur-Yèvre	HERVIER
Meurthe-et-Moselle	M. BLANCHARD
Mèze	TRANCHIMANT
Montluçon	PROVOST
Montpellier	ESTOR
Moulins	GALANTUS
Nantes	M. BLANCHARD
Narbonne	DAIDÉ
Nièvre	BONDOUX
Nimes	LESCALIER
Niort	TOGNY
Oise	LEROUX
Orne	HURAUD
Pantin-Aubervilliers	COUDERT
Périgueux	TEYSSANDIER
Perpignan	BAZERBE
Poitiers	NIEL
Puy-de-Dôme	ROCHET
Reims	GUERNIER
Rhône	M. ROYER
Rennes	CHÉRAUD
Rives-de-Gier	P. BLANC
Roanne	LENOIR
Rochefort	VIGNAUX
Romorantin	YVETOT
Romilly-sur-Aube	NIEL
Roubaix	VERBEURGT
Saint-Brieuc	GRIFFUELHES
Saint-Chamond	BARRELLE
Saint-Etienne	MALOT
Saint-Malo	H. MARC
Saint-Nazaire	GAUTIER
Saint-Quentin	DÉMARET
Sarthe	HURAUD
Savoie	CLÉMENT
Seine	SAVOIE ET BEAUSOLEIL
Seine-et-Marne	JEANNET Fils
Seine-et-Oise	BRÉJEAUD ET LAPIERRE
Soissons	GUERNIER
Tarare	JOUHAUX
Tarbes	LESCAMELA
Toulouse	F. BOUSQUET ET MARTY-ROLLAN
Troyes	SAVOIE
Tulle	VAYSSE
Valence	BRAVAIS
Valenciennes	DELZANT
Var	M. DORIA
Vaucluse	TRANCHIMANT
Vichy	ROCHET
Vierzon	LAPORTE
Voiron	PIERRETON

QUATRIÈME CONFÉRENCE

DES

BOURSES DU TRAVAIL

Ou UNIONS DE SYNDICATS

Tenue à l'issue du Congrès confédéral, à la Bourse du Travail de Toulouse, les 10 et 11 Octobre 1910

ORDRE DU JOUR :

a) Les accidents du travail ; institution de cliniques et de conseils judiciaires dans les Bourses du Travail, sous le contrôle des Syndicats ;

b) Pour l'organisation de la résistance dans les grèves : matériel de soupes communistes ;

c) Le viaticum ; son fonctionnement définitif ; système de ressources à adopter ;

d) Les Unions départementales ou régionales : délimitation raisonnable en accord avec les principes fédéralistes ;

e) Subventionnisme et coopératisme syndical ;

f) Ecoles syndicales ;

g) Timbres et cartes confédéraux. Dispositions administratives à prendre entre les secrétaires de Bourses ou Unions et le trésorier de la C. G. T.

Conformément aux décisions prises au Congrès de Montpellier et formulées par l'article 35 des statuts confédéraux, la Section des Bourses, après avoir consulté les Unions adhérentes, organisa, d'après leur avis et l'ordre du jour choisi par elles, une Conférence à l'issue du XVIIe Congrès national corporatif tenu à Toulouse du 3 au 9 octobre 1910.

Cette quatrième Conférence des Bourses dura une journée et demie et se tint les lundi 10 et mardi 11 octobre 1910 dans la grande salle de la Bourse du Travail de Toulouse.

PREMIÈRE SÉANCE (10 Octobre, matin)

La première séance est ouverte à 9 heures et demie.

Le camarade Yvetot, secrétaire de la Section des Bourses, ouvre la séance et demande la nomination d'un bureau.

Sont désignés : Marty-Rollan (Toulouse), président ; Constant (Loiret) et Savoie (Seine), assesseurs ; Yvetot (bureau) et Klemczynski (Ain-Jura), secrétaires.

L'appel des Bourses ou Unions départementales et régionales accuse la représentation de **104** Unions ou Bourses mandatant **90** délégués.

Le Président donne lecture de l'adresse suivante :

Les délégués de la Conférence des Bourses adressent au camarade Bousquet (Alimentation) leurs sentiments de sympathie et leurs condoléances pour la perte cruelle qu'il éprouve en la mort subite de sa femme.

Savoie (Seine). — Le Congrès s'associe à ces condoléances.

*
* *

Pochat (Constantine) explique qu'en Algérie les travailleurs sont plus malheureux qu'en France : les lois ouvrières sont rarement applicables, particulièrement celle sur les accidents du travail. Il demande de vouloir bien faire de l'agitation dans les journaux de la métropole sur la situation des travailleurs algériens, afin que la loi sur les accidents du travail soit applicable aux colonies. Il dépose l'ordre du jour suivant, qui est adopté :

Texte de l'Ordre du jour ou Proposition

Dans la première séance de la Conférence des Bourses et des Fédérations, tenue à Toulouse le 10 octobre 1910, l'assemblée proteste énergiquement contre la non-application à l'Algérie des lois dites ouvrières, principalement celle du 9 avril 1898 contre les accidents du travail;

Engage toutes les Bourses ou Unions, enfin toutes les organisations syndicales, adhérentes à la C. G. T., par esprit de solidarité, à réclamer avec instance que les travailleurs de la colonie algérienne soient traités de même façon que ceux de la Métropole et les engage également à faire de l'agitation tant que les camarades d'Algérie n'auront pas obtenu satisfaction, surtout pour l'application de la loi sur les accidents du travail.

Pour les Syndicats adhérents aux Bourses du Travail d'Alger, d'Oran, de Bône et de Constantine,

A. Pochat.

La Suppression des Conférences

Niel fait une proposition préjudicielle. Il demande que la Conférence des Bourses propose qu'à l'avenir il ne soit plus tenu de Conférence après le Congrès.

Yvetot s'est rendu compte qu'en principe il n'y avait pas lieu de faire des conférences. Il a fait un référendum. Toutes les Bourses et Unions, à quelques exceptions près, ont décidé qu'il devait y en avoir une. Chaque fois que le Congrès ne pourra résoudre les questions intéressant les Bourses, les conférences auront lieu d'exister. La Conférence de 1911 sera tout à fait administrative. Au Congrès, les Bourses n'ont pas voix au chapitre; les Congrès n'ont pas la physionomie qu'on leur souhaiterait... Il faudra arriver à ce que les Congrès ne soient composés que des délégués directs des Syndicats... Cette insuffisance oblige les militants des Bourses et Unions, qui jouent un grand rôle dans le mouvement syndical, à repousser la proposition de Niel. Il y aura toujours des raisons pour que les Bourses s'occupent de leurs questions administratives.

Si on veut l'unité ouvrière, il faut qu'il y ait de ces consultations, autrement on verra des Congrès des Bourses qui ne seront plus en harmonie avec l'Unité ouvrière.

Niel. — Yvetot estime qu'on trouvera des raisons pour maintenir les Conférences des Bourses... reste à savoir si ce sont de bonnes raisons. C'est d'abord un surcroît de dépense. Les Conférences des Bourses ne peuvent rien faire de définitif, elles n'ont aucun pouvoir.

Le caractère statutaire de la Conférence des Bourses est consultatif, c'est un échange de vues entre les secrétaires de ces organisations — qui ne donne pas grands résultats.

Pour le viaticum, par exemple, la Conférence des Bourses n'a pu rien solutionner.

Une autre raison pour laquelle je suis contre la Conférence des Bourses après le Congrès, c'est au sujet de l'Unité ouvrière.

Avant l'Unité ouvrière, il y avait les deux confédérations, qui tenaient respectivement leurs congrès. Quand on a réuni ces deux confédérations dans une seule, quand on a voulu unifier on a désiré n'avoir qu'un seul congrès. On s'est heurté alors à des habitudes acquises. La Fédération des Bourses a bien voulu accepter, à la condition que ses congrès subsisteraient sous une forme nouvelle. On décida, afin de ménager une période de transition, en attendant une unité plus parfaite, de former deux sections, qui sont comme deux espèces de confédérations.

On décida qu'à l'issue des grands Congrès, chacune des deux sections pourraient tenir des conférences. La Section des Fédérations n'a pas voulu en tenir. La Section des Bourses, au contraire, a persisté à les tenir. C'est une dépense qui n'est pas justifiée; on peut toujours trouver un ordre du jour, mais cela ne prouve pas que ce soit une bonne méthode. Aussi, serait-il préférable de faire des référendums sur les questions administratives importantes et de renvoyer à la Conférence extraordinaire des Bourses et des Fédérations les questions plus spéciales. Cette méthode serait plus conforme à l'Unité ouvrière.

Yvetot. — On ne saurait mieux dire, que la Section des Bourses ne sert de rien. Au moment où les Fédérations, en augmentant leurs forces, sont tenues nécessairement de se centraliser furieusement, il est un contre-poids naturel : ce sont les Unions locales et régionales de syndicats divers, c'est-à-dire la Section des Bourses.

Dans les grèves on s'en rend bien compte au moment où les secrétaires ne restant plus sur leurs chaises font de la propagande dans leur région, vont soutenir les grévistes avec leur matériel pour soupe communiste.

L'ordre du jour de la Conférence des Bourses n'a pas été fantaisiste. Le Comité confédéral a permis un référendum et celui-ci a démontré que les Unions entendaient traiter très sérieusement les problèmes qui les concernent plus spécialement. Je sais que cette Conférence ne fait pas tout ce qu'elle devrait faire, elle ne fait pas de statistique, mais une expérience a prouvé que ce n'était pas si facile.

La question des accidents du travail, soulevée par notre camarade de Constantine, indique bien toute l'importance de notre rôle. Il y a mieux à faire que de discuter la loi, c'est de créer dans les Bourses des dispensaires.

La question des Unions départementales ou régionales pourrait se discuter pendant deux jours. Il y a des Unions qui semblent s'agrandir de trop, d'autres qui ont besoin de s'agrandir. Il y a des Bourses qui restent purement locales, faisant de leur ville une capitale, tandis que dans d'autres, les militants prennent les bicyclettes, sortent de la paperasserie et sont toujours sur les routes. L'exemple de la Manche démontre cette expansion.

Et la question du subventionnisme et de la coopération syndicale! Croyez-vous que c'est au Congrès qu'on peut parler de cela?

Il y a beaucoup de syndicats, dans ma profession la première, qui ne connaissent pas ce que sont les Unions départementale ou régionales.

La Conférence enfin est utile en raison des compétences. Les Écoles syndicales, le Viaticum, le Sou du soldat, n'est-ce pas surtout dans les Conférences des secrétaires des Bourses que ces questions doivent s'étudier et trouver leur application pratique?

Puisque vous avez décidé une Conférence des Bourses, vous ne pouvez, à l'aide d'une proposition préjudicielle, nous retirer une fonction qui est statutaire.

Du reste, en dehors des satuts, il y a une question d'initiative qui ne peut et ne pourra jamais nous être enlevée.

Niel. — L'action administrative et l'action de combat sont inséparables. Nous ne pouvons continuer le duel qui a existé autrefois. Il y a, chez Yvetot, une survivance de ce vieil esprit qui mettait les Bourses du Travail comme organisations premières. Yvetot reconnaît qu'on a tenté de faire de la statistique, du référendum et qu'on a rencontré des difficultés. Ce n'est, en effet, pas encore dans nos mœurs; mais ces mœurs sont à créer pour que ces enquêtes donnent des résultats. Le Congrès de la C. G. T., tenant compte de ce qu'il n'est pas possible de séparer l'administration et la lutte, mais que ces deux choses s'enchaînent, peut, à l'avenir, mettre dans son ordre du jour deux parties : l'une relative à l'action, l'autre à l'administration.

Cleuet appuie les observations de Niel. Il estime que Yvetot a commis une confusion. La suppression de la Conférence des Bourses s'impose. Il y a une forme nouvelle de consultation ouvrière qui nous donne satisfaction : c'est la Conférence des Bourses et des Fédérations, dans laquelle on traitera les questions administratives.

Gérome, contrairement à la proposition de Niel, déclare qu'il est chargé de demander des Conférences semestrielles des Bourses et des Unions.

Niel. — Ce n'est pas contraire à ma pensée, pourquoi dire cela?

Gérome. — Nous demandons que ces Conférences continuent à se tenir plus fréquemment, et qu'elles discutent les problèmes d'organisation, d'éducation et d'administration syndicales.

Klemczynski (Ain-Jura). — Je suis étonné qu'on invoque des raisons statutaires en faveur de la disparition de conférences administratives de la plus haute utilité, quand des faits, autrement influents, viennent de démontrer la pitoyable insuffisance des grands Congrès. Je n'hésite pas à dire que je sors écœuré de cette semaine de discussions, indignes, trop souvent, du grand avenir du syndicalisme. Ce n'est pas le Congrès de Toulouse qui aura relevé le pompon de la Confédération. Que de temps précieux, abandonné au hasard des bavardages, rappelant si fréquemment la réunion publique; que de forces gaspillées dans les interminables histoires à scandales, alléchant la majorité de délégués, finissant par manquer de dispositions, à la fin de la semaine, pour aborder l'ordre du jour sérieux. Le Congrès de Toulouse a étalé nos faiblesses sans discontinuer : nos forces, cependant réelles, n'ont pas eu l'occasion d'apparaître. Les oppositions de tendances, qui illustrèrent le Congrès de Bourges, les préoccupations de celui d'Amiens n'étaient plus là, c'est vrai. Nous assistons à une décomposition ou à un recueillement de forces syndicales, hier en lutte, et les Congrès, déjà compromis par le trop grand nombre de délégués et l'inexpérience de beaucoup d'entre eux, manquent de plus en plus de relief. Ce qui sauverait nos assises, ce serait nos relations plus fréquentes entre les organisateurs des Unions et des Fédérations. De notables problèmes, touchant l'orientation du syndicalisme et les moyens pratiques de développer son influence, seraient alors abordés avec méthode et les frais si sérieux qu'entraînent les délégations se traduiraient par l'éducation générale des militants, toujours plus nécessaire. L'heureux effet moral dont la C. G. T. a besoin pour se dégager des légendes qu'on répand sur elle, viendrait récompenser ces utiles relations de militants ordinairement perdus dans le train-train d'organisation limité à une région ou à une industrie.

Ces raisons me font être partisan des rendez-vous fréquents et parfois même extraordinaires des militants dans des Conférences des Bourses-Unions et des Fédérations. Une plus grande étude des problèmes essentiels s'en dégagerait, un peu moins de malentendus subsisteraient entre camarades affligés en présence de oiseux conflits de personnes et qui désirent une Confédération toujours plus mobile et plus vivante.

NIEL déclare retirer sa proposition pour se rallier à l'idée générale exprimée par Klemczynski et se prononcer pour une fréquence des Conférences extraordinaires des Bourses et des Fédérations.

(Le statu quo est maintenu à l'unanimité).

Les Accidents du Travail

BEAUSOLEIL (Union Seine) regrette que les Bourses du Travail et Unions ne se soient pas intéressées suffisamment aux questions relatives aux accidentés du travail. Il explique comment la plupart des médecins se prêtent aux manœuvres des Compagnies d'assurances. Il désirerait que les Conseils judiciaires soient institués dans la plupart des Bourses du Travail. Il n'y a pas plus de dix Bourses du Travail qui, en France, s'occupent sérieusement de ce service. Cependant, une longue expérience est venue nous prouver que les ouvriers, lorsqu'ils sont très accoutumés à ce travail, peuvent autrement que les avocats professionnels garantir les accidentés. Il passe en revue les avantages des cliniques médicales et l'ensemble de toutes les dispositions administratives, juridiques et pratiques sur la question. Il estime indispensable qu'il soit adjoint un conseiller judiciaire au docteur chargé de ce service médical. Le Conseil judiciaire est, à Paris, absorbé par d'innombrables demandes de consultations. Il faudrait joindre au docteur, qui souvent a des intérêts contradictoires en jeu, un délégué ouvrier, connaissant à fond la loi.

Comment vivront ces services? Les docteurs sont, dans les Bourses du Travail, assurés d'une grande clientèle. Ils peuvent, en échange de cette clientèle que la Bourse leur assure, laisser un important pourcentage à l'organisation. A Toulouse, j'ai constaté qu'avec la seule branche des accidents du travail, la Bourse pourrait retirer une somme annuelle de 30.000 francs. Pour cela il faut de l'action. Il faut que les secrétaires des Bourses fassent de la propagande pour expliquer les lois bourgeoises et montrer aux ouvriers les bénéfices qu'à leur détriment font les Compagnies d'assurances. On pourrait estimer par millions les sommes volées par les grandes assurances et les industries.

Mallot (Saint-Etienne). — Nous voudrions qu'aucun exploiteur ne puisse délivrer de billet indiquant le médecin à prendre. On a bien le libre choix du médecin, mais, si on n'accepte pas celui du patron, on est privé de son pain. Il faudrait que la loi interdise cela. Il montre des exemples sur le truquage des expertises.

Beausoleil (Seine). — Nous pourrions envisager trois ordres d'idées :

1° Les réformes législatives;

2° L'action dans les Bourses pour les droits existants:

3° Les cliniques.

Mallot (Saint-Etienne). — 80 pour cent des camarades vont au médecin de l'assurance parce que, dans les grandes usines, le patron leur a donné le billet pour y aller.

Saint-Venant (Lille). — Nous avions de multiples raisons pour discuter en congrès et surtout ici sur la valeur des institutions diverses. tentées dans les Bourses du Travail pour le soutien des accidentés.

A Lille, nous avions un Syndicat de Médecine sociale. Dans ce Syndicat, l'un des membres a fini par éliminer ses collègues et à créer le service exclusivement pour lui. Ce médecin s'est fait jusqu'à 70,000 francs dans l'année.

Donnant lecture de documents du plus vif intérêt, concernant l'organisation médicale et judiciaire de la Bourse du Travail de Lille, il dénonce irréfutablement les subterfuges des médecins de la clinique ouvrière pour échapper à tout contrôle de l'Union des Syndicats ouvriers et se procurer, au détriment de cette Union, le plus de ressources possible. Il fournit, pièces en mains, des exemples de spéculations des médecins, même de ceux qui font profession de soutenir, de parti pris, les accidentés, en majorant la réduction de la capacité de travail. Il faut, à tout prix, le contrôle de l'organisation pour que les médecins ne soient pas à la fois médecin et avocat. La conclusion, dit-il, est qu'il est très difficile de faire une institution honnête. Les agissements du Syndicat de Médecine sociale tendant à faire de leurs rapports avec les syndiqués un véritable monopole d'exploitation éhontée, il fallait réagir. Il passe en revue les dispositions prises par la Bourse de Lille pour mettre un frein à cette organisation, visant le rançonnement des blessés et des Syndicats. Il a fallu éviter le reproche qu'on nous faisait d'être les complices des médecins et ne plus passer pour des carottiers.

Il demande, en conséquence, que l'institution des cliniques, très utiles d'ailleurs, soit sous le contrôle vigilant du Syndicat des Médecins.

Lescalier (Nimes) apporte aussi de très intéressantes explications au sujet du service des accidentés dans la Bourse du Travail de Nimes. Un bureau judiciaire a été composé. Il se réunit tous les mois et tous les conseillers prud'hommes ouvriers y assistent. Deux avocats, en dehors des consultations juridiques qu'ils donnent, donnent tous les mois des conférences aux prud'hommes. Deux docteurs sont ensuite chargés d'examiner les blessés sous le contrôle des camarades syndiqués qui constituent le bureau juridique. Non seulement nous nous occupons des affaires d'accidents, mais encore des autres affaires. On devrait, dans toutes les Bourses du Travail: avoir un bureau juridique. Nous aurions voulu aussi une clinique, mais nous n'avons pas pu, jusqu'ici, nous en occuper.

GÉROOMS (Le Havre). — Nous nous sommes aperçus que les cliniques avaient des dangers comme des avantages.

Il montre quelle est la bonne méthode à employer :

1° Acquisition de l'immeuble;

2° Rapport avec un médecin.

Ces deux éléments peuvent s'obtenir. Il est facile, notamment, de trouver un docteur qui collaborera avec la Bourse et lui cédera une partie de ses honoraires.

Il est difficile, dans les petites Bourses du Travail, d'avoir des Conseils judiciaires. Nous voulons, de moins en moins, avoir affaire aux avocats, lesquels, bons, sympathiques, etc.... sont presque toujours des rouleurs.

Il faut rendre confédéral le Conseil judiciaire.

Il conviendrait de laisser au Conseil judiciaire de la Seine les ressources provenant du pourcentage, afin de créer des cliniques dans les Bourses pauvres.

On pourrait aussi créer un journal juridique, publiant des conclusions et des arrêts de jurisprudence, mis ainsi à la disposition des secrétaires des Bourses. Ainsi, on n'abandonnerait plus aux avocats les bénéfices de ce travail. La Bourse du Travail du Havre peut faire un effort, sinon elle va étendre sa clinique et construire une maison de 40.000 francs pour hospitaliser les blessés.

ESTORG (Montpellier) apporte également des considérations inspirées par l'expérience acquise en cette ville.

BADIN (Isère) demande le statu quo, les initiatives devant se produire en toute liberté et suivant les moyens dont chaque milieu dispose.

LEROUX (Oise) soutient que ce soient les secrétaires des Bourses du Travail qui suivent les accidents. Les instructions doivent être données aux blessés, pour qu'ils ne reprennent le travail qu'après qu'ils s'en jugent capables. Il doit y avoir une convalescence entre la date de consolidation juridique ou scientifique et la reprise effective du travail. Dans les Bourses du Travail nous devons suivre les blessés et établir la proposition d'incapacité de travail, loin des complaisances des uns et de l'hostilité des autres. Il entreprend une application sur ces différents points, afin de faire mieux apprécier la valeur de ce service.

Les documents ne manquent pas pour s'initier aux choses juridiques. Le ministère du Travail édite le répertoire de toutes les décisions judiciaires rendues en matière d'accident de travail; chaque Bourse peut demander cette brochure. Il faut aussi et enfin avoir un docteur spécialement attaché à la Bourse, chargé d'examiner les blessés, d'établir des certificats et obligé de donner un pourcentage à l'organisation ouvrière.

(Plusieurs délégués estiment qu'il convient de ne pas prolonger la discussion et demandent une commission).

MARTY-ROLLAN, président, dit qu'il a reçu une demande pour la nomination d'une commission, composée des camarades : Beausoleil, Saint-Venant, Gérooms, Lescalier, Guernier, Jeannot, Leroux et Niel, chargée d'établir un rapport sur l'installation des cliniques et la création de Conseil judiciaire dans les Bourses du Travail.

(Cette proposition, mise aux voix, est adoptée).

Niel demande si cette commission ne s'occupera que des Conseils judiciaires ou de la maladie professionnelle.

(Il est entendu que la question de maladie professionnelle fait partie de l'étude sur les accidents, mais qu'elle sera traitée ultérieurement s'il y a lieu).

Klemczynski (Ain-Jura) propose, pour éviter une perte de temps considérable, qu'on adopte pour toutes les autres questions à l'ordre du jour de la Conférence la même méthode que pour les accidents. Les commissions se réunissant dans l'après-midi, déposeraient leurs rapports le lendemain.

Après les observations de plusieurs camarades, il en est ainsi décidé. La Conférence se divisera en autant de commissions qu'il y a de questions à l'ordre du jour. Il est procédé à la nomination des commissaires, étant bien entendu que les délégués auront le droit de participer aux travaux des commissions qu'il auront choisies.

On procède à la nomination des commissions; sont désignés :

Commission de résistance dans les grèves. Matériel pour soupes communistes :

Métivier, Marty-Rollan, Renault, Lapierre, Brunel, Bodin, Dupuy, Danis, Gardiès.

Viaticum

La question du viaticum est renvoyée à la Conférence des Bourses. Il n'est pas, en conséquence, nommé de commission sur cette question.

Commission des Unions départementales ou régionales

Constant (Loiret) propose de lier à cette question celle des timbres et cartes confédéraux. Sont désignés : Cleuet, Savoie, Clément, Klemczynski, Yvetot, Constant, Guernier, Cathomen, Mourgue, Laurens, Carlier, Royer, Estorg, Pierreton, Lethouy.

Subventionnisme, Coopératisme syndical, Ecoles syndicales :

Viala, Réaud, Laporte, Bondoux, Morin, Danrez, Jeanès, Boudet.

(Il est décidé que les commissions se réuniront dans l'après-midi, à la Bourse, et rédigeront chacune leur rapport sur les questions précitées).

Constant demande que se réunissent les délégués des Bourses qui ont dans leur région des usines de produits chimiques de Saint-Gobain.

La « Voix du Peuple »

Le Président donne lecture des deux ordres du jour suivants, qui sont adoptés :

Les délégués de la 4e Conférence ordinaire des Bourses, tous militants, se déclarent entièrement prêts à manifester leur bonne volonté de collaborer à l'organe de la C. G. T. en lui adressant de temps à autre des articles d'ordre économique et syndical et surtout des renseignements exacts, précis, succincts sur l'agitation ouvrière et sur les grèves de leurs localités.

Les délégués des Unions de Syndicats, à la 4e Conférence ordinaire des Bourses, prennent l'engagement moral, non seulement de multiplier leurs efforts, pour qu'aucun de leurs syndicats ne soient en dehors de leur Fédération, mais encore pour qu'ils soient tous, au plus tôt, abonnés à *la Voix du Peuple.*

Luquet propose à la Conférence que l'imprimerie du *Midi Socialiste* imprime les rapports des commissions, lesquels rapports seront ainsi distribués, imprimés, aux membres de la Conférence.

La Conférence s'ajourne au lendemain, 8 heures.

SÉANCE DU MARDI 11 OCTOBRE

La séance est ouverte à 8 h. 40.

Bureau : Savoie, président ; Constant, assesseur ; Klemczynski, secrétaire.

LECTURE DES RAPPORTS

Accidents du Travail

Gérooms (Le Havre) donne lecture du rapport suivant, au nom de la Commission sur les Conseils judiciaires et les cliniques :

Votre commission a examiné toutes les modifications à la loi sur les accidents de travail, exposées au Congrès de la C. G. T. Ces modifications sont exposées dans les rapports du Conseil judiciaire de l'Union des Syndicats de la Seine, ainsi que d'autres rapports, déposés également au Congrès de la C. G. T. Elles nécessiteront une action spéciale sur les pouvoirs publics, afin d'obtenir ces réformes.

La commission a particulièrement retenu, en ce qui concerne l'extension de la loi aux maladies professionnelles, une motion présentée par le camarade Niel. Cette motion fut adoptée par un Congrès médical en 1905 à Liège, en Belgique, et résumée dans la forme suivante, dont la précision ne peut nous échapper :

« Toute perturbation de l'organisme produite par le travail ou à l'occasion du travail qui, en affaiblissant les facultés physiques ou physiologiques de l'ouvrier, entraîne une perte partielle ou totale, temporaire ou permanente de la qualité productive, *est un accident de travail* ».

En ce qui concerne la loi actuellement en vigueur : Considérant l'émotion produite dans les milieux ouvriers par les abus et les violations de la loi par les assurances et les tribunaux, également énoncées dans les rapports cités, la Conférence des Bourses espère que les organisations syndicales, comme en maintes circonstances qui ont nécessité leur ardeur et leurs sacrifices, sauront organiser, dans leurs milieux respectifs, toute agitation nécessaire et par tous moyens que les circonstances commanderont, aux fins d'obliger les juges, les experts et tous auxiliaires de la justice au respect de la loi.

Dans ce but, une campagne devra être prise, tant par la C. G. T. que par toutes les organisations qui en dépendent, par voie d'affiches, meetings, manifestations de toutes formes, etc.,

Pour obliger la magistrature et ses séides au respect des accidentés et de la loi qui doit les protéger.

Pour aboutir à ces fins et garantir l'avenir, la nécessité, l'urgence même s'impose d'instituer des Conseils judiciaires dans toutes les Bourses du Travail (en outre des accidents du travail, ces conseils judiciaires auront à connaître de tous rapports concernant le travail, ruptures de contrats, etc.).

Lesdits conseils judiciaires devront, dans le plus bref délai, étudier la possibilité d'instituer des cliniques médicales dans les conditions prévues dans le rapport de l'Union des Syndicats de la Seine.

Afin de centraliser et de coordonner les travaux de ces conseils judiciaires et d'assurer l'exécution des résolutions qui précèdent, la Conférence des Bourses demande (en attendant la création d'un organe spécial) qu'à la commission de *la Voix du Peuple* il soit adjoint un membre ayant exclusivement pour attribution de réunir des éléments nécessaires à la propagande relative à l'action judiciaire concernant les lois ouvrières et que deux colonnes soient réservées à chaque numéro pour ces questions.

Ce rapport est adopté sans observations.

Unions départementales et régionales

KLEMCZYNSKI, un des rapporteurs de cette commission, donne lecture du rapport suivant :

La Conférence des Bourses et Unions, après avoir, dans une assemblée composée des différents secrétaires de Bourses, Unions locales, départementales et régionales de Syndicats divers, examiné le problème de la « délimitation raisonnable » de ces organes confédéraux, a apporté les considérations suivantes :

Elle rappelle que la formation et l'extension des Unions de Syndicats divers a eu pour cause principale la nécessité de répondre aux besoins sans cesse éveillés et accrus du syndicalisme.

Afin de permettre le défrichement de régions jusqu'ici réfractaires, d'actifs militants ont étendu leur action dans un plus grand réseau, recherchant ainsi une contribution d'autant plus sérieuse numériquement que la cotisation devait être réduite en vertu de la formation parallèle des fédérations d'industrie, dont le développement fait croître chaque jour les exigences financières.

Ainsi se sont formées, par de multiples moyens, des Unions d'étendues diverses, expliquées par l'ordre des difficultés ou des facilités rencontrées.

La Conférence ne peut que constater l'existence d'un fait correspondant au développement de l'organisation et de l'action syndicale.

A titre d'indication, elle demande, dans l'intérêt général :

1° Que les Unions locales ne soient point sacrifiées et puissent se mouvoir librement dans ces rouages nouveaux, dont la formation actuelle est transitoirement respectée.

2° Que des congrès régionaux fréquents, composés des Unions, Bourses et Syndicats isolés aient lieu, aux fins d'étudier les meilleures conditions de groupement et les limitations raisonnables des Unions régionales, en tenant compte, pour leur fonctionnement, des causes économiques, morales et pratiques dont les intéressés sont les meilleurs juges.

3° Que les militants de ces Unions, ainsi que les auteurs des projets, expliquent dans *la Voix du Peuple* les raisons justifiant leurs initiatives et les résultats qu'elles déterminent.

4° Ces données permettront une étude plus approfondie du problème de laquelle surgiront les solutions les plus en harmonie avec l'unité toujours plus souple et plus sûre de notre Confédération générale du Travail, ainsi utilement et normalement décentralisée suivant les principes qu'elle s'est constitués, formant un logique contre-poids au centralisme obligatoire de lutte des Fédérations Nationales d'industries.

Elles favoriseront et maintiendront le principe fédéraliste du syndicalisme, surtout en sachant toujours plus et mieux, et de leurs propres moyens, rendre indépendantes les Unions des Syndicats.

Les rapporteurs : Klemczynski (Ain-Jura), Lapierre (Seine-et-Oise), Laurens (Manche).

Le secrétaire : Georges Yvetot.

Constant (Loiret) propose qu'une carte géographique établie par la Section des Bourses et Unions soit envoyée à chacune d'elles.

Le rapporteur apporte l'addition suivante en ce qui concerne cette proposition omise :

Que le Comité des Bourses établisse une géographie confédérale, en s'inspirant des formations prises et de celles que peuvent guider la structure économique de la France et des Colonies.

Ce projet de délimitation sera adressé aux Unions, deux mois au moins avant la Conférence, afin qu'il puisse être modifiable suivant les avis des intéressés et se rapprocher le plus possible des besoins de propagande, d'action, d'éducation et surtout d'organisation du syndicalisme.

Ecoles syndicales

Au nom de la Commission des Ecoles syndicales, le camarade Togny (Niort), un des rapporteurs, donne lecture de la résolution suivante :

La commission chargée de discuter la question de l'Ecole syndicale présente à la quatrième conférence ordinaire des Bourses le rapport suivant :

« Il est hors de conteste que l'enseignement primaire, tel que l'ont fait les programmes et les méthodes, ne correspond pas aux besoins des producteurs manuels. Trop de fadaises inutiles sont enseignées au détriment des notions utiles que l'ouvrier ignore. De plus, la façon même dont il est trop souvent donné, fait qu'il reste sans portée, ne laissant pas de trace dans les esprits.

« Cela vient de ce que l'on a fait apprendre au lieu de faire comprendre. Ce verbalisme qui caractérise l'enseignement, est encore aggravé par la vie même qui oblige l'ouvrier à quitter l'école à l'âge où il pourrait le mieux s'y instruire. Et c'est sans préparation aucune qu'il est jeté dans le tourbillon de la vie active, qui a tôt fait de le transformer en résigné (qui peut-être un jour regimbera) ou en désabusé (qui ne demandera qu'à parfaire son savoir pour s'émanciper).

« Bien des syndicats ont voulu corriger le néant de l'éducation générale par l'enseignement professionnel, donné par des praticiens du métier ; ils ont même quelquefois substitué à l'enseignement factice et inefficace de toutes les connaissances, un enseignement pratique basé uniquement sur la connaissance du métier.

« La réaction est peut-être un peu forte, car s'il y a dans ces cours, purement professionnels, comme une école d'apprentissage très utile, ce n'est pas, croyons-nous, la meilleure école de la vie.

« L'ouvrier ne vit pas qu'à l'atelier ou à l'usine, il doit vivre dans les groupements, lutter pour des droits collectifs. Le renfermer dans les bornes étroites de sa profession, c'est limiter le développement de son intelligence, c'est le mettre dans de mauvaises conditions pour remplir sa fonction sociale, car il n'aura pas conscience de la solidarité des métiers.

« Nous ne parlerons que pour mémoire des « travaux manuels » organisés dans nos écoles primaires : il n'y a là qu'un trompe-l'œil pour les parents, une illusion donnée à l'élève sur son habileté manuelle.

« L'enseignement général a le défaut d'être factice et sans résultat; l'enseignement professionnel exclusif nous paraît aussi un danger pour la pleine émancipation de l'ouvrier. Chacun d'eux ne peut exister isolément; quant à les superposer, ce serait ajouter à l'un les inconvénients de l'autre.

« A notre avis, il faut qu'ils se pénètrent l'un l'autre pour constituer « un « enseignement réaliste » basant l'éducation générale sur la lutte pour la vie, afin d'atteindre à la réalisation non de l'homme idéal des littérateurs, mais de l'*homme-créateur* qui pense et agit. C'est la noble préoccupation des Bourses du Travail, des Maisons du Peuple et des esprits affranchis qui cherchent pour le Prolétariat un avenir meilleur, et qui estiment, avec juste raison, que « l'homme véritable est l'homme qui travaille. » La glorification du travail, la dignité et la solidarité du métier seront les principes de cet enseignement nouveau; la formation de l'esprit, la satisfaction de tous les besoins des producteurs en seront le but.

« Comment y parvenir? Une foule de moyens s'offrent à nous simultanément, quelques-uns peuvent être appliqués et le sont déjà par les éducateurs conscients, d'autres dépendent de la bonne volonté et de l'ardeur que la classe ouvrière mettra pour les conquérir.

« Parmi ces moyens, citons :

« 1. Modifier les méthodes d'enseignement de façon à développer surtout les facultés d'observation et de raisonnement;

« 2. Faire agir l'enfant pour qu'il s'habitue à l'action nécessaire au travailleur conscient;

« 3. Donner des applications pratiques de toutes les matières enseignées (problèmes sur les réalités quotidiennes, lettres usuelles);

« 4. Faire converger vers l'utilité sociale toutes les notions : la science pour ses applications domestiques et l'hygiène, l'histoire pour l'éducation du citoyen, etc.;

« 5. Donner à l'éducation physique une place importante et particulièrement à l'éducation des sens : dessin, travaux manuels, couture, etc. Des tentatives, même officielles, ont été faites dans ce dernier ordre d'idées, mais, faites isolément, elles ont perdu leur véritable caractère d'utilité sociale. Il faut les généraliser et en faire non des « hors-d'œuvre de l'ensei- « gnement, mais des plats de résistance ».

« Dans la deuxième série des moyens, citons :

« 1. *Briser les cadres* des programmes trop rigides en les adaptant aux besoins régionaux ou locaux;

« 2. *Elaguer* tout ce qui est pure spéculation littéraire ou philosophique;

« 3. *Introduire* les notions usuelles et pratiques que l'ouvrier, quelle que soit sa profession, est à même d'appliquer.

« Tous ces moyens concourront à donner à l'enfant le sens de la vie, et il sortira de l'école mieux armé pour la satisfaction de ses besoins, la défense de ses intérêts et la défense de ses droits.

« A ce titre, l'œuvre de la réorganisation de l'enseignement selon les nécessités de la vie ouvrière intéresse tous les syndiqués.

« Mais, vu l'impossibilité de mettre immédiatement en pratique les moyens préconisés plus haut, la commission présente à la Conférence l'ordre du jour suivant :

« La Conférence des Bourses et Unions invite les Bourses du Travail « et les Maisons du Peuple à instituer dans leurs locaux des garderies « d'enfants, après leur sortie de l'école primaire, et pour les jours de congé, « d'y créer des groupes de pupilles avec cours du soir et des groupes « sportifs permettant d'éduquer la jeunesse prolétarienne dans un but syn- « dicaliste et antimilitariste, afin de soustraire ces éléments aux fâcheux « contacts des sociétés de préparation militaire. »

« Et cela, en outre des résolutions déjà prises à la Conférence tenue à Marseille en 1908. »

Pour la Commission :

Les Rapporteurs :

A. Togny, *Bourse du Travail de Niort.*
L. Réaud, *Bourse du Travail de Marseille.*

Yvetot, secrétaire de la Section des Bourses. — Il y a une relation très sérieuse entre les « Ecoles syndicales » et l'autonomie des Bourses du Travail. Avoir des locaux à nous, telle est la base de la question. Les Maisons du Peuple, franchement autonomes, créées, bâties par nos propres mains, voilà ce qu'il convient de préconiser partout.

La coopération de consommation, considérée non comme moyen de commerce, mais pour se procurer des ressources, voilà une indication des plus précieuses, dont les exemples sont déjà là vivants et tangibles.

Il n'est pas très facile de fonder des écoles avec les éléments actuels... Nous sommes encore éloignés d'une solution bien pratique, mais il suffit de proclamer, comme syndicalistes, notre volonté d'agir dans le sens indiqué par le rapporteur, pour que des essais soient tentés, qui donneront au problème un intérêt croissant.

Puisque nous n'en sommes pas encore là, je tiens à rappeler qu'il y a, à Paris, une ligue ouvrière d'enseignement. Il faudrait encourager cette ligue. Le premier acte de cette précieuse ligue c'est le lancement d'un journal pour les enfants.

Le vœu suivant est voté à ce sujet par la Conférence :

Pour la Ligue et pour le Journal de l'Enfance

La 4e Conférence des Bourses du Travail, par les militants qui la composent et les organisations qu'ils représentent, déclare s'intéresser vivement à la ligue ouvrière de protection de l'enfance; elle veut seconder les louables efforts de cette ligue et encourager, aider, en la répandant, la publication nécessaire du *Journal de l'Enfant* qui doit paraître.

Klemczynski (Ain-Jura). — Au Congrès de Marseille, il y a deux ans, nous avions déjà senti que, pratiquement, nous n'étions pas en mesure de créer quelque chose de correspondant à nos désirs. Une motion très prudente avait été adoptée, qui se limitait à une « adaptation de l'enseignement aux besoins de la classe ouvrière ».

Le rapport, dont les indications détaillées et judicieuses ont une portée incontestable, se borne à une critique de l'enseignement actuel et ne fournit pas, pratiquement, les moyens de changer profondément les choses. A Saint-Claude, nous avons beau nous trouver dans des conditions extrêmement favorables : Maison du Peuple autonome, groupement ouvrier d'éducation tout à fait actif, intitulé : « Université Ouvrière ». Bibliothèque remarquable, Groupe de pupilles, nous ne pouvons prétendre avoir effleuré le problème.

Ce qu'il faut surtout considérer, c'est la pédagogie... les qualités de ceux qui doivent participer à l'enseignement des enfants. A mon point de vue, ce sont les instituteurs et institutrices qui doivent se rapprocher des producteurs. L'effort qu'une partie d'entre eux fait pour se rapprocher des syndiqués et se mêler à leurs luttes, nous donne le droit d'escompter de plus en plus leur concours dans ce qui est immédiatement réalisable.

Il faudrait, surtout, éviter que des ouvriers, si bien intentionnés soient-ils, aient la prétention d'enseigner avec des méthodes toutes nouvelles, dont l'expérience n'aurait pas donné une valeur éminente. Les groupes d'enfants, les groupes d'études et lectures en commun, les promenades au grand air sont actuellement dans nos moyens. Ce sera déjà beaucoup, si nous parvenons à tirer quelque chose de cet effort, si le milieu nocif, immoral, dans lequel nous nous débattons ne vient pas nous entraîner dans des courants contraires. Les syndicats d'instituteurs, leurs sections confédérées sont qualifiées pour nous fournir leurs lumières. Attendons leur collaboration moins timide.

Je propose, comme conclusion, l'addition suivante au rapport Togny-Réaud :

1. Se procurer, par l'utilisation consciente du pouvoir de consommation les locaux indépendants, aménagés en conformité avec les besoins de la distraction et de l'éducation enfantines.

2. Se mettre en rapport avec les syndicats confédérés d'instituteurs, afin d'augmenter les moyens pratiques d'une adaptation toujours plus effective de l'enseignement aux besoins de la classe ouvrière.

Togny, rapporteur, fait remarquer que l'étude de la commission tient bien compte des préoccupations soulevées par Yvetot et Klemczynski. Il cite, notamment, les côtés pratiques des garderies d'enfants, des groupes sportifs surtout, qui ont pour effet d'enlever les enfants, les adultes aux sociétés de préparation militaire, instituées avec un zèle particulier par la bourgeoisie. Il estime, en effet, que l'entente avec les instituteurs pour des cours du soir serait du plus utile effet.

Le rapport, ainsi que l'addition de Klemczynski, sont adoptés à l'unanimité.

Subventionnisme et Coopératisme

La commission, après avoir étudié la question, conclut par la motion suivante, lue par le camarade Danrez (Besançon) :

Considérant que le subventionnisme est une entrave au libre développement du syndicalisme; que le syndicalisme se doit, afin de conduire à bien son œuvre de transformation sociale, de se libérer de tout ce qui peut gêner sa démarche;

Considérant que le prolétariat doit lui-même, dans la plus large mesure possible, travailler à son affranchissement intégral; qu'il doit pour cela compter surtout sur son propre effort;

Attendu que la coopérative de consommation, en même temps qu'elle supprime des intermédiaires parasites, laisse aux consommateurs la libre disposition des sommes considérables qui peuvent servir au développement des œuvres syndicales;

La quatrième Conférence ordinaire des Bourses invite les Bourses du Travail ou Unions à faire la propagande nécessaire pour que se créent dans leur centre des coopératives de consommation à bases communistes, dont les syndiqués deviendraient, non seulement les adhérents, mais encore les gérants, et les bénéfices réalisés, les fonds nécessaires pour créer des « Maisons du Peuple », où les Syndicats ouvriers seront véritablement chez eux et où ils pourront créer en toute indépendance des œuvres d'émancipation.

La quatrième Conférence déclare qu'il est du devoir des camarades syndiqués d'adhérer à ces coopératives qui aideront au développement des œuvres syndicales aux fins de transformation sociale, ou de faire évoluer dans ce sens les coopératives à bases capitalistes.

Le rapporteur : Réaud.

Ces conclusions sont adoptées à mains levées, sans débat.

La Résistance dans les Grèves

Marty-Rollan (Toulouse), rapporteur, donne lecture du résumé ci-dessous des travaux accomplis par cette commission :

La Commission de résistance dans les grèves a désigné comme rapporteur le camarade Marty-Rollan, qui a élaboré un rapport où sont envisagées toutes les phases de la grève.

Après avoir marqué les caractères de la grève et des grévistes, examiné les moyens employés par les délégués pour conseiller et agir et enfin dit pourquoi et comment il faut organiser la défense ouvrière, le rapporteur conclut par cette résolution soumise à la Conférence au nom de la commission :

« La Conférence,

« A propos des grèves, des lock-outs, au point de vue de la défense ouvrière et de la solidarité matérielle;

« Considérant qu'une grève est un acte de guerre, auquel le patronat répond par un lock-out, et que la victoire ne sera acquise au prolétariat organisé qu'à la condition de frapper fort et vite,

« Déclare :

« 1. Que les corporations en grève auront pour devoir de signaler le conflit, avec toutes ses causes et sans aucun retard;

« 2. Les Bourses ou Unions auront pour devoir d'obliger les Syndicats qui les constituent, et jusqu'à la fin du conflit, à un versement minimum mensuel;

« 3. Les Syndicats auront pour devoir d'obliger leurs adhérents, et jusqu'à la fin du conflit, à un versement minimum mensuel.

« Les Syndicats fixeront eux-mêmes le minimum du versement individuel, en tenant compte des salaires que gagnent les ouvriers adhérents au Syndicat. Tous les versements seront insérés dans les journaux corporatifs de la région et dans *la Voix du Peuple*.

« Au point de vue d'organisation pratique :

« La Conférence fixe à un délai de cinq jours de grève la première organisation de secours ;

« Les Bourses ou Unions devront faire l'acquisition d'un matériel de soupes communistes facilement transportable;

« Et pour l'achat du matériel de soupes communistes, pour l'exode des familles ouvrières, les Bourses ou Unions désigneront un centre de région qui serait la Bourse ou Union la plus importante, soit au point de vue géographique, soit au point de vue du mouvement syndicaliste.

« La constitution de ces régions d'organisations syndicalistes avec un point central sera l'œuvre de la Conférence extraordinaire des Bourses ou Unions et Fédérations qui se tiendra à Paris en 1911. »

Adopté par la commission nommée à la Conférence des Bourses.

Marty-Rollan, Gardiès, Métivier, Danis, Bréjaud.
Le rapporteur : Marty-Rollan.

Marty-Rollan commente son rapport. Il insiste surtout sur la nécessité pour les secrétaires d'Unions de Syndicats d'aller aider de leurs efforts les grévistes. Pour les soupes communistes, il cite des exemples précieux et, en ce qui concerne les exodes d'enfants, il dégage toute la délicatesse de ce moyen si on désire étendre son influence morale si grande et souvent si décisive dans le résultat des conflits. Il faut, dit-il, que Bourses et Syndicats choisissent avec beaucoup d'attention les familles auxquelles on doit confier les petits des camarades en lutte.

Cathomen (Dijon) indique, comme moyens de ressources dans les grèves, la vente de brochures qui a l'avantage de répandre des idées et donne un sens élevé aux chômages volontaires.

Royer (Rhône) critique la mauvaise méthode de l'envoi des secours dans les grèves. Certaines grèves sont délaissées. Pour être réparti plus équitablement, l'argent devrait être adressé aux Unions ou Fédérations pour que ces organisations centrales apportent un plus judicieux emploi des ressources adressées au petit bonheur.

Marck (trésorier confédéral) déclare faire le possible pour envoyer les fonds aux secrétaires des Unions. Trop de syndicats font des appels directs; cela multiplie les appels de la solidarité qui émoussent la ferveur solidariste et fatiguent même les organisations. Roger a certainement raison de remarquer qu'il est des souscriptions pour grèves qui rapportent beaucoup, d'autres rien. Pour remédier à ces sorts si différents, si injustes, il faudrait que les appels fussent lancés par les Unions, la Fédération ou la C. G. T. elle-même.

Rochet (Clermont-Ferrand). — A peine en grève, des organisations envoient des appels. Nous avons pensé à une caisse confédérale des grèves. En attendant que cette caisse centrale fonctionne, ce que nous désirons au plus tôt, nous envoyons des fonds directement à la C. G. T.

Danis (Alpes-Maritimes) pense qu'il serait préférable de laisser les choses en l'état présent. Il objecte que la proposition Royer créerait de grandes difficultés pratiques.

Bahonneau (Angers) est partisan d'une caisse confédérale des grèves mais estime que la répartition doit être rapide avant tout.

Boudet (Brive). — La centralisation des fonds paraît toute indiquée. Il faudrait répartir les ressources recueillies suivant un barème à établir. Un quotient de base servirait à répartir proportionnellement à l'importance du mouvement, au nombre des grévistes.

Le Président. — Cette discussion manque de précision. Je prie les camarades d'apporter des conclusions pour éviter de nous éterniser.

Viala (Béziers) demande que l'on n'écoute que les appels parus dans *la Voix du Peuple*. Il se prononce contre la centralisation, qui ferait parvenir les secours après les grèves. Les retards pourraient être funestes à un mouvement.

Métivier (Eure-et-Loir) se prononce aussi contre la centralisation qui surchargerait le trésorier et qui n'est pas compétent pour s'inspirer des besoins si variables. Il demande que ce soient les Fédérations qui soient exclusivement chargées de ce service, et qui répartiraient à leurs syndicats. Les Unions locales ou régionales n'ont pas du tout la faculté d'envoyer ces sommes... (*Protestations*).

Marty-Rollan (rapporteur). — Le syndicat dans une Bourse ou Union est bien relié avec les autres syndicats, il vit avec eux : il est tout naturel que les Unions aient le droit de centraliser les fonds. Il faudrait fixer un versement minimum mensuel.

Il fait prévoir une difficulté dans le système de Métivier. Un syndicat en grève, de telle région déterminée, voudra être aidé par les syndicats adhérents à l'Union départementale, et c'est tout naturel et logique. La solidarité s'impose, et c'est par les moyens indiqués dans les résolutions de votre commission que cette solidarité deviendra obligatoire. Il faut, dans les souscriptions, non pas un seul geste de solidarité qui semblerait un geste d'aumône, mais un geste constamment renouvelé. Il faut établir la pénétration réciproque des syndicats.

Métivier insiste de nouveau pour que les Fédérations d'industries soient chargées de ce service.

Danis (Nice) parle dans le même sens.

Yvetot (secrétaire) préfèrerait que les délégués de province, représentant directement leur Bourse ou Union, participent à cette étude, qui les concerne particulièrement.

Klemczynski (Ain-Jura) craint que ces propositions improvisées n'aboutissent à rien de remarquable. On ne changera pas facilement ces choses avant que la formation confédérale ne soit achevée sous l'influence des nécessités.

Mieux vaudrait maintenir le statu quo et recommander dans *la Voix du Peuple* l'avantage des appels lancés par la C. G. T., les Fédérations, les Unions et les Bourses sur ceux émanant isolément des syndicats. Cela se fait de plus en plus ailleurs.

Lescalier (Nîmes). — Nous envoyons d'abord 5 francs aux grèves comme premier secours. Le Comité administratif juge ensuite s'il y a lieu d'envoyer de nouveaux fonds.

Lapierre (Seine-et-Oise) proteste contre l'assertion de Danis et de Métivier. Il n'est pas exact de venir dire ici que les rapports entre syndicats n'existent pas dans les Unions locales et départementales. (*Approbation*).

Il y a heureusement des preuves qui sont un démenti formel contre une telle injure.

Nous avons, dans les grèves, une influence en matière de secours moral et pécunier, que ne peuvent pas toujours avoir les Fédérations d'industries. Nous connaissons, au moins autant qu'elles, les besoins d'une région, d'une localité, et avons déjà mis en pratique les propositions émises. Comme Klemczynski, j'estime que ce ne sont pas des résolutions hâtives qui remédieront aux insuffisances actuelles de notre résistance et de la distribution hasardeuse des secours, mais j'ai tenu à ce qu'on ne disqualifie pas les Unions dans un rôle qu'elles commencent à prendre et qui ira en se développant. (*Approbation*).

Après quelques explications de Marck, trésorier confédéral et d'Yvetot, secrétaire de la Section, qui fait remarquer que la Caisse centrale des grèves ne peut être établie dans cette Conférence en raison de la modification qu'elle entraînerait dans les statuts, le statu quo est maintenu ; la discussion est close par l'ordre du jour suivant :

La Conférence des Bourses, à titre d'indication, invite les syndicats ouvriers à ne jamais faire directement d'appel en faveur d'un mouvement dans leur corporation respective.

Cette façon de procéder, jusqu'alors employée, n'a eu d'autre résultat que d'entraîner de grandes dépenses d'impression et de frais d'envois.

Engage les Fédérations ou Unions locales ou régionales à prendre l'initiative de lancer les appels pour les grèves de leurs centres et de centraliser les fonds destinés aux grévistes.

Le rapport de la commission est adopté avec l'addition suivante de Marty-Rollan :

En ce qui concerne les fonds versés par les syndicats similaires au syndicat en grève en dehors de la région ou localité où s'exerce la grève, l'envoi sera fait à la Fédération à laquelle appartient le syndicat en grève.

En ce qui concerne les fonds versés par les syndicats en dehors du métier ou de l'industrie du syndicat en grève et en dehors de la région ou localité où s'exerce la grève, l'envoi sera fait directement au trésorier du Comité de grève.

En ce qui concerne les fonds qui devront être versés par les syndicats de la localité ou de la région où s'exerce la grève, la centralisation sera faite par le trésorier de l'Union départementale, régionale ou locale.

Jeunesses syndicalistes

Yvetot demande la création de Jeunesses syndicalistes. Il cite même des groupes de militaires, comme à Besançon, qui s'emploient aux œuvres de propagande afférentes à leur situation. Ces jeunesses rendent partout de signalés services. Elles entraînent à l'action sérieuse et à la responsabilité des jeunes gens que d'autres groupements n'absorberont pas.

Gérooms (Le Havre) appuie cette proposition de résultats tirés dans sa région.

La suivante motion, présentée par Yvetot, est adoptée à l'unanimité, sauf la voix de Rougerie (Limoges) :

La Conférence des Bourses, convaincue de l'efficacité que peuvent avoir les groupes de jeunes gens de la classe ouvrière sous le nom de « Jeunesses syndicalistes », encourage les Bourses ou Unions qui acceptent dans leur sein des groupes de Jeunesses syndicalistes à continuer et engage celles qui ne le font pas à commencer de le faire.

L'ordre du jour est épuisé.

Le président lève la séance et recommande aux délégués de suivre les indications et les décisions prises.

La Situation des Cheminots

Jouhaux (secrétaire de la C. G. T.) informe les délégués de la situation tendue chez les cheminots, et félicitant les délégués de l'esprit de décision, qui leur a permis de liquider rapidement un laborieux ordre du jour, leur demande de mettre à profit le temps qu'ils ont su économiser.

Savoie (Seine), président, fait remarquer à son tour combien la Conférence des Bourses a eu de tenue et de sens pratique et demande aux militants, avant de se séparer, de suivre les indications et décisions prises. Puis il lève la séance à midi.

Les présidents :

Marty-Rollan (Toulouse) ;
Savoie (Seine).

Le secrétaire de la Conférence,

Ernest Klemczynski
(Ain-Jura).

TABLE DES MATIÈRES

Pages

Statuts de la Confédération Générale du Travail.................... III
Ordre du jour du Congrès.................... XI
Modifications aux Statuts (nomenclature des questions).................... XIII
Rapport de la Commission de vérification des mandats.................... XV

PREMIÈRE PARTIE

Rapports des Comités et des Commissions pour l'exercice 1908-1910 présentés au XVIIe Congrès corporatif (XIe de la C. G. T.).

Rapport du Comité confédéral (deux sections réunies).................... 3
— de la Section des Fédérations nationales.................... 29
— moral de la Section des Bourses (1908-1910).................... 43
— de *la Voix du Peuple*.................... 61
— du Comité des grèves, de la Grève générale et des Huit heures. 65
— financier de la Section des Fédérations.................... 69
— financier de la Section des Bourses.................... 81
— financier de la Caisse centrale.................... 93
— financier de *la Voix du Peuple*.................... 111
Bilan des Huit heures et de la Grève générale du 1er juillet 1908 au 31 décembre 1909.................... 117
Bilan de la Caisse des grèves.................... 120
Rapport de la Commission de contrôle.................... 122

DEUXIÈME PARTIE

Compte rendu sténographique des travaux du Congrès

SÉANCES

Première, lundi 3 octobre, matin.................... 1
Deuxième, lundi 3 octobre, après-midi.................... 7
Troisième, mardi 4 octobre, matin.................... 12
Quatrième, mardi 4 octobre, après-midi.................... 37
Cinquième, mercredi 5 octobre, matin.................... 76
Sixième, mercredi 5 octobre, après-midi.................... 114
Septième, jeudi 6 octobre, matin.................... 155
Huitième, jeudi 6 octobre, après-midi.................... 183
Neuvième, vendredi 7 octobre, matin.................... 234
Dixième, vendredi 7 octobre, après-midi.................... 257
Onzième, samedi 8 octobre, matin.................... 296
Douzième, samedi 8 octobre, après-midi.................... 333

Préliminaires du Congrès

Pages

Discours d'ouverture 1
Déclaration des délégués d'Allemagne 3
Déclaration des délégués d'Angleterre 4

Vérification des Mandats

Nomination de la Commission de vérification 6
Discussion 9
Cas de différents syndicats 13
Décision prise par le Congrès pour la vérification future des mandats. 59

Discussion et vote sur les Rapports des Comités et du journal

Première discussion 183
Discours de Niel à propos de son passage au Secrétariat de la C. G. T. 204
Résultat du vote sur les Rapports confédéraux 243

Modifications aux Statuts

Sur la Modification aux Statuts et le Contrôle 64
Proposition Cleuet 65
Nomination de la Commission de modification 67
Rapport de la Commission 335
Discussion 336
Renvoi à la Conférence des Bourses et des Fédérations 345

Retraites Ouvrières

Discussion 257
Motion Jouhaux, motion Niel 294
Résultat du vote sur les retraites ouvrières 297

Diminution des Heures de Travail

Discussion 296
Ordres du jour sanctionnant la discussion 299

Contrat collectif. Capacité commerciale des Syndicats. Arbitrage obligatoire.

Discussion 299
Nomination d'une commission d'étude des ordres du jour déposés sur les questions 311
Rapport de la commission, résolution présentée 334
Résultat du vote sur le contrat collectif, la capacité commerciale, l'arbitrage obligatoire 336

Propagande antimilitariste

Pages

Discussion 311
Ordre du jour Jouhaux, adjonction Péricat 313
Résultat du vote sur l'antimilitarisme 333

Accidents du Travail

Discussion 314
Les ordres du jour 331

Maison des Fédérations

Première discussion 62
Motion Bourderon 63
Reprise de la discussion 77
Explications de Lévy 83
Paroles de Blanchard 98
Paroles d'Yvetot 104
Reprise de la discussion 114
Explications de Griffuelhes .... 123 à 138
Les explications des camarades 147
Reprise de la discussion 156
Ordre du jour de Saint-Nazaire 159
Réplique de Lévy 160
Fin de la discussion, les ordres du jour 171
Discussion à propos de l'ordre du jour de Saint-Nazaire 173
L'avenir de la Maison des Fédérations 176
Deuxième ordre du jour complétant l'ordre du jour de Saint-Nazaire. 177
Résultat du vote sur la Maison des Fédérations 235

Fédération des Mécaniciens et Fédération des Métaux

Proposition Loyau 238
Discussion 239
Question de délimitation des Fédérations .... 243 à 251
Réplique de Coupat 248
Pour délimiter les Fédérations, proposition Péricat 253
Résultat du vote sur la fusion des Fédérations des Métaux 257

Tableaux des votes par mandats 351

TROISIÈME PARTIE

Quatrième Conférence des Bourses du Travail ou Unions de Syndicats.

Noms des Bourses ou Unions et de leurs délégués respectifs 391
Ordre du jour 393
Première séance, lundi 10 octobre, matin 393
Deuxième séance, mardi 11 octobre, matin 401

	Pages
La suppression des Conférences	394
Les accidents du travail	397
Nomination de commissions sur les questions portées à l'ordre du jour	400
Rapports des Commissions — Accidents du travail	401
Rapports des Commissions — Unions départementales et régionales	402
Rapports des Commissions — Ecoles syndicales	403
Rapports des Commissions — Subventionnisme et Coopératisme	406
Rapports des Commissions — La résistance dans les grèves	407
Jeunesses syndicalistes	410
La situation des cheminots	410

Imprimerie Ouvrière, rue Bayard, 6, Toulouse.

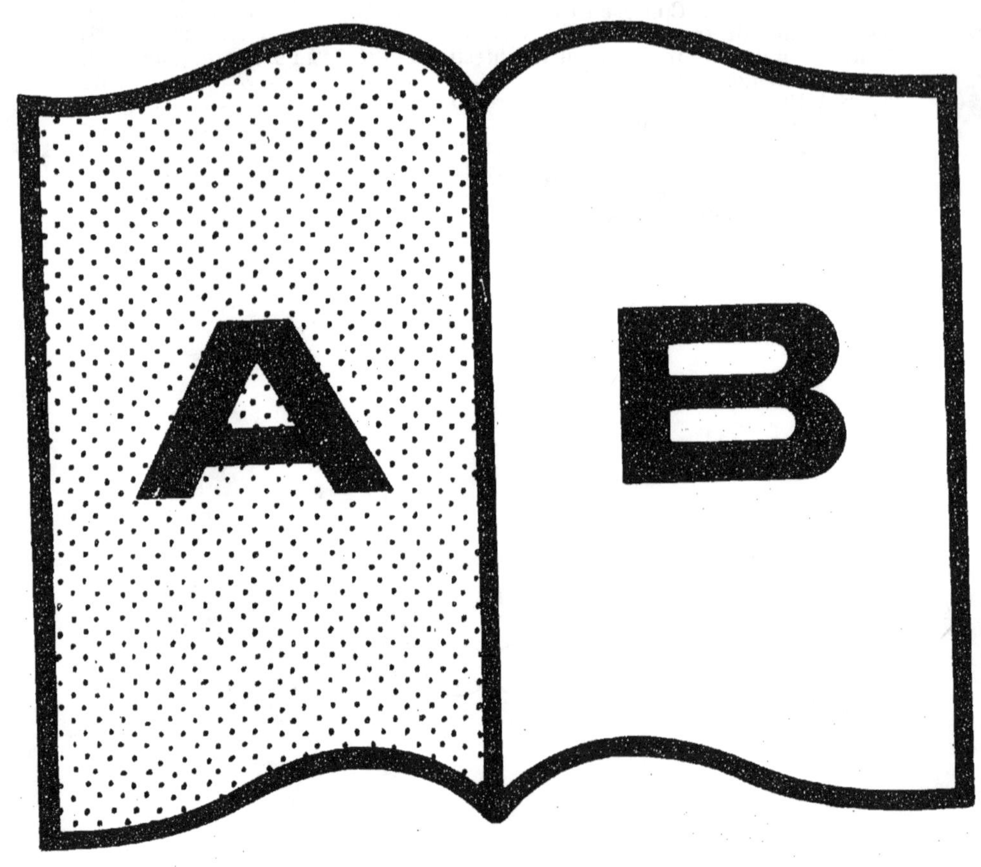

Contraste insuffisant

NF Z 43-120-14

www.ingramcontent.com/pod-product-compliance
Lightning Source LLC
Chambersburg PA
CBHW060841220326
41599CB00017B/2356

* 9 7 8 2 0 1 1 3 1 2 5 2 5 *